荒ぶる

作詩　小野田　康一
作曲　早稲田大学音楽部

荒ぶる吹雪の
逆巻くなかに
球蹴る我等は
銀魂くだく
早稲田のラグビーは
斯界になびき
いざゆけ我等が
ラグビーワセダ
ラ　ラ　ワセダ
ラ　ラ　ワセダ
ラ　ラ　ラ　ラ　ワセダ

早稲田ラグビー
百年史

早稲田大学 R.O.B.倶楽部 ⟨編⟩

早稲田大学出版部

写真で振り返る100年の歩み

現存する最古の写真とみられる。右から3番目が1918年創部時の井上成意・初代主将

1919年1月に行われた初試合の三高戦。戸塚球場

1922年の第1回早慶戦。握手する早稲田・大町主将（左）と慶応・大市主将

1927年には歴史的な豪州遠征をおこなった

1931年の早慶戦。10回目の対戦で2勝目を挙げた

1933年1月、初の全国制覇。京都・八百政での祝勝会

3度目の全国制覇を遂げる1936年の菅平での夏合宿

戦前の黄金期、1937年度に2度目の連覇を達成した川越主将ら

戦時の1942年前期に3度目の連覇を達成

1948年の早明戦に快勝し、戦後初の全国制覇も達成

1953年度は戦後初の連覇を達成し、全九州にも快勝

第3回日本選手権（1966年）。山本の劇的な
PGで八幡製鉄を下し、初の日本一

1971年に2度目の日本一になり表彰を受ける大東主将

1972年には三菱自工京都を下し、唯一の連続日本一に

第52回早明戦（1976年）に快勝し、
2年ぶりに大学王座奪還へ

1978年の韓国遠征

1981年度、「大西魔術」で対抗戦を制したが、大学選手権では敗れた

1982年、初の英仏遠征でオックスフォード大と対戦

夏合宿の一コマ（1985年頃）

第25回日本選手権（1988年）、東芝府中を下し、学生最後の日本一＝ベースボール・マガジン社

1988年夏には61年ぶりに豪州遠征へ

東伏見3代目のラグビー部寮

雪の東伏見グラウンド

清宮監督と談笑する故・奥克彦さん、2002年のアイルランド・英国遠征の一コマ

東伏見時代の「耕し」

2002年の「サヨナラ東伏見」のイベントには約1万4千人が詰めかけた

第39回大学選手権決勝（2003年）で山下主将のトライが13年ぶりの大学日本一を引き寄せた

2004年夏、ウィルキンソンからキック指導を受ける五郎丸

2006年、大学選手権を連覇し、晴れやかな表情の佐々木主将ら

第43回日本選手権（2006年）ではトップリーグのトヨタ自動車を撃破

旧国立競技場での熱き応援

2009年の大学選手権で連覇し、最多優勝回数を15に伸ばす

夏合宿の打ち上げ

2018年の早明戦を制し、対抗戦8年ぶりの優勝を決めた

創部100周年記念式典
2018年11月25日・東京ドームホテル

大東和美OB倶楽部会長

パスのしぐさもまじえ挨拶する田中愛治総長

河野洋平・稲門体育会会長

鏡開き

岡村正・日本ラグビー協会長

乾杯の音頭をとる奥島孝康元総長

佐藤真吾主将のリードで部歌をたからかに

閉会の挨拶をする松嶋敏泰部長

相良南海夫監督

会場を埋め尽くしたOBら

「物故OB慰霊祭」

物故者名を謹んで読み上げる
伊藤隆OB倶楽部副会長

謝辞を述べる長沼恵美子さま

献花するOBら

ご 挨 拶

早稲田大学 R.O.B. 倶楽部会長

大 東 和 美

　早稲田大学ラグビー蹴球部は、大正7（1918）年11月7日、僅か数名の有志で産声を上げました。初代主将は井上成意先輩です。

　早稲田大学ラグビー蹴球部が百年の歴史を経て、1932名のOBと136名の現役部員を有する大きな組織に変貌することを、当時の誰が想像したことでしょう。私は、百年の重みと、先人たちの偉大な足跡に深い感慨を覚える次第です。これもひとえに、関係各位の皆様方は勿論のこと、早稲田ラグビーを応援いただいている全国の多くのラグビーファンの温かいご指導・ご鞭撻の賜物でございます。

　少し歴史に触れますと、創部7年目の大正14（1925）年には、強固なOB組織の根幹が構築され、初代OB会長は木村文一さんと文献に記されています。そして創部9年目の昭和2（1927）年に、2か月半かけてオーストラリア遠征を挙行し、『ゆさぶり戦法』を編み出しました。

　我々の根底には校歌にも歌われている『進取の精神』の血が脈々と流れており、現状に満足することなく常に改革を求め、組織の進化と発展を目指して邁進しております。

　次の100年に向け、早稲田大学ラグビー蹴球部は荒ぶる〜常に勝者たれ〜を心に刻み、これからも挑戦し続けて参る所存です。常に勝者である為に、学生・OBが密接な連携を元に一層の精進を続けることをお誓い申し上げます。それが早稲田ラグビーの発展のみならず、ひいては大学ラグビーの発展、日本ラグビーの発展の為であると確信しております。

　結びに、皆様方のご多幸を祈念し、より一層のご指導・ご鞭撻を賜りますことを重ねまして、衷心よりお願い申し上げ、ご挨拶とさせて頂きます。

早稲田ラグビーの誇りを胸に

早稲田大学ラグビー蹴球部部長

松嶋 敏泰

　早稲田大学ラグビー蹴球部は創部 100 周年を迎えることとなりました。創部時代の先輩から現部員まで一人一人が大切に引き継いできた一世紀という時間の重みを深く受け止めております。それは時間の長さだけではなく、対抗戦、全国大学選手権、日本選手権等におきまして記録と記憶に残る輝く足跡を残してまいりました。さらに、常に様々な分析・研究から革新的な戦術や戦法を生み出し、ラグビー理論の進化に多大な影響をあたえてまいったと自負しております。

　また、早稲田大学ラグビー蹴球部の誇りは日本ラグビー界を牽引する多くの卒業生を輩出し続けていることであります。もちろんそれはラグビー界に留まるものではありません。すべての分野において日本を、いや世界をリードする人材を一世紀に渡り輩出し続けてまいりました。これこそが我が早稲田ラグビーの最大の誇りと思っております。

　このような活動を続けてまいることができましたのも、いつの時代もライバルとして切磋琢磨させていただいている各大学の関係者の方々のおかげであり、日本ラグビーフットボール協会、関東ラグビーフットボール協会のご支援の賜物と思っております。早稲田ラグビーが花開いている時も蕾で冬を耐えている時も、常に熱い声援を送っていただいている早稲田ラグビーファンの皆様をはじめ、早稲田ラグビーを愛し様々な面からサポートいただいている全ての皆様にこの場を借りて感謝申し上げます。

　このような感謝の気持ちと、100 年の貴重な歩みを残すべく、ここに『早稲田ラグビー百年史』を発刊する運びとなりました。　ご一読いただけましたら幸いです。

　今後も弊部は早稲田大学ラグビー・オールド・ボーイズ倶楽部と一体となり、周囲の皆様に支えていただきながら、この伝統を引き継ぐと共に、常に革新的視点から抜山の威力と蓋世の意気でチャレンジを続け早稲田ラグビーを進化させていく所存です。引き続き変わらぬご支援をお願い申し上げます。

早稲田ラグビー百年にあたって

早稲田大学総長

田中 愛治

　早稲田大学ラグビー蹴球部が創部100周年を迎えられましたことを心からお慶び申し上げます。輝かしい歴史の数々を創り上げてこられたOB・OGの皆様、現役選手諸君、日頃から温かいご支援ご協力をいただいている全ての関係者の方々に、早稲田大学を代表して心からの敬意を表し、深く御礼申し上げます。

　早稲田大学ラグビー蹴球部は、大正7（1918）年に創部され、東京専門学校が早稲田大学に改称した後、正式な体育部として10番目に発足した、歴史ある体育各部のひとつです。これまで数々のタイトルを獲得してきましたが、2018年の関東大学対抗戦では見事8年ぶりの優勝を飾り、創部100周年に大きな花を添えてくれました。

　早稲田大学は、一世紀以上にわたり、人材育成におけるスポーツの必要性を重視してきました。現在は「WAP（早稲田アスリートプログラムスポーツ）」のもと、体育各部の学生達が、競技に真摯に取り組むだけでなく、幅広い教養を身に着け、多様な分野において世界中で活躍できる人材となれるよう積極的な支援を展開しています。早稲田大学ラグビー蹴球部が我が国のスポーツ振興に多大な影響を与え、早稲田スポーツの主導的立場として活躍してきたことに心からの賛辞をおくるとともに、これからも勝利への執念を燃やし、自らの限界に挑み続けるとともに、健全な肉体と精神をもち、豊かな人間力と実行力を兼ね備えたリーダーを率先して送り出す、体育各部の模範的存在になられることを期待しています。

　創部100周年を機に早稲田大学ラグビー蹴球部が、更なる飛躍を見せてくれることを楽しみにしています。現役選手諸君には、これからも厳しい練習で磨き上げた力と技を発揮し、果敢に挑戦し続けることを期待するとともに、OB・OGの皆様のますますのご活躍・ご健勝をお祈りし、お祝いの挨拶とさせていただきます。

計り知れない日本ラグビー界への貢献

日本ラグビーフットボール協会会長

岡村　正

　早稲田大学ラグビー蹴球部が百周年を迎えられたことに、心よりお祝い申し上げます。また、創部から今日に至るまでにラグビー蹴球部を支えて来られました大学の関係者の皆さま、早稲田大学R.O.B.倶楽部と現役選手、全ての関係者の方々に敬意を表します。

　1918年11月7日に早稲田大学ラグビー蹴球部の歴史が始まり、以降、数々の名選手、名将を輩出され、日本ラグビー界への貢献は計り知れません。日本ラグビーフットボール協会、3地域支部協会、各都道府県協会にも沢山のOBの方々が要職に就かれ、日本ラグビーの発展、普及育成に多大なご協力とご支援をいただいており、早稲田大学ラグビー蹴球部と共に日本ラグビー界は歩んできたといっても過言ではございません。早稲田大学ラグビー蹴球部の全ての関係者の皆さまに感謝申し上げます。

　1964年に始まり、今年度で55回大会を終えた全国大学ラグビーフットボール選手権では、最多となる15回の優勝を誇り、名門、古豪、強豪という名に相応しいチームであることは言うまでもございません。また、優勝回数もさることながら、早稲田ラグビーの哲学に基づいた独自の戦法は、ラグビーファンや国民を魅了し、そして感動を与えてきました。早稲田大学ラグビー蹴球部の考案した戦法は、そのまま日本代表が海外のチームと戦う戦術の参考にもなり、早稲田ラグビー哲学に基づいた戦法は常に時代の最先端を走ってきました。そのラグビーに取り組む考え方は今も変わらず、早稲田ラグビーの戦法は日本ラグビーの目指す姿でもあります。

　大正、昭和、平成と、時代の流れと共に早稲田大学ラグビー蹴球部は変革を続け、そして発展してきましたが、ラグビー界に限らず政界、財界、教育という様々な場所で沢山のOBの方々が活躍されているのも、早稲田大学ラグビー蹴球部の哲学の素晴らしさです。次の百年に向けても、早稲田大学ラグビー蹴球部が益々発展し、日本ラグビー界をリードしていかれることを期待しております。

　最後に、早稲田大学、早稲田大学R.O.B.倶楽部とそのご家族、現役選手、全ての関係者の皆さまのご健勝とご多幸をお祈り申し上げます。

LEGEND 早稲田ラグビー

黒黄会会長

中﨑　修

　創部100周年おめでとうございます。心からお祝い申し上げます。早稲田ラグビーの輝かしい歴史と功績に深甚なる敬意を表する次第です。

　日本ラグビーは119年前に慶應義塾で始まり、大学を中心に育ちました。創部9年目に豪州遠征を敢行され、揺さぶり戦法を構築された早稲田ラグビーがそのリーダーでありました。揺さぶり戦法が長期間日本ラグビーの中心的潮流となり、大西鐵之祐先生が開発された展開・接近・連続戦法に繋がってゆきます。更に、カンペイやシャロ―ディフェンス等が加わり、昭和44年から52年秋の早慶戦まで、対抗戦60連勝の快記録が樹立されました。早稲田不敗神話なる言葉が生まれ、多くの高校生が早稲田に憧れ、マスコミ界は早稲田贔屓になってゆきました。これを打破するために、多くの大学は打倒早稲田を掲げて挑みましたが、打ち破ることができませんでした。早稲田選手間に真のExceedの気概と実力が宿っていたからだと思います。

　親友の一人に40年超親交をいただいている早稲田ラグビーOB（元SS）がおりますが、ある時彼に早稲田ラグビーの強みを尋ねたところ、二つの返答が返ってきました。一つは、ラグビー部員は必修科目として、夜大西ラグビーゼミを受講し、ラグビー理論を叩き込まれたこと。もう一つは、個人レベルに求められたプレーを完全にプレーできるようになるまで徹底的にやらされたこと。所謂愛情ある「しぼり」練習ですが、アカクロを着たい一心で乗り越えたと話しておりました。

　例として挙げた二つを通して、早稲田ラグビーの伝統である緊張と創造と継承の精神が伝承されていったのだと思います。

　慶應義塾にとって、打倒早稲田はいつまでも大きな目標でありますので、今後とも切磋琢磨しながら成長してゆきたいと願っております。より一層の成長とご発展を祈念しております。

早稲田ラグビー部百年にあたって
―祝辞とたくさんの謝辞―

東京大学ラグビー部OB会会長

大谷 剛彦

　早稲田大学ラグビー蹴球部の創部百周年を心からお慶び申し上げますとともに、記念式典に参加する機会をいただき、鏡割りで「ヨイショー！」させていただく光栄に浴しましたことに深く感謝申し上げます。改めてぎっしりと詰まった貴部の栄光の記録に接し、常に「大学日本一」を追求して妥協なき練習を続け、栄光を積み上げられてきた選手はじめ、OB、関係者の方々のご功績に深く敬意を表する次第であります。力に勝ると思われる相手に対し、勝つための理論を練り、そのための技を鍛え上げ、激しい闘志で競り勝つ一貫した合理的ラグビースタイルは、観る者に大きな感動を与え、日本のラグビーの発展にも寄与されました。百年も続けば単なるスタイルに留まらず、日比野弘早大名誉教授の『早稲田ラグビー史の研究』の対象にもなるラグビーカルチャーに進化していると言えましょう。選手、スタッフの弛まぬ努力で育み、DNA に取り込んで継承してきたこの伝統文化は、非力な我が東大ラグビーにとっても見上げ、見習うべき文化となっていました。この間、選手が短期間で入れ替わる大学チームにとって平坦な道ばかりではなかったかと思いますが、これを物心両面で補い、強固な結束と組織力で支え、文化の発展と継承に貢献された R.O.B. 倶楽部の活動の歴史も、運動部 OB 会の模範となるべきものであります。

　私ごとになりますが、私は昭和 44（1969）年の卒部になりますところ、最終年の昭和 43 年のシーズンは貴部の 50 周年で、百周年の折り返し点に当たります。早稲田大学が対抗戦で全勝し、大学選手権で慶應と白熱戦で引き分け、両校優勝となるドラマが生まれました。山本巌キャプテンが率い、大東和美選手が 2 年生でデビューしたシーズンでありました。このようなチームと秋シーズンで戦えたことは、老ラガーの人生の誇りとなっています。44 年卒の対抗戦のメンバーは、その後も「69 会」と称して毎年交流を続けられ、東大メンバーも参加させていただきました。東大は平成 14 年を最後に、対抗戦の B グループに降格しましたが、それまで 80 年近く続いた「対校戦」の誼（よしみ）で、タイトな日程の中に引き続き定期戦を組み入れていただき、貴部文化に接する絶好の機会となっています。また、OB は、敬老の日に開かれる早慶明立東の 40 歳以上の「五大学 OB 対抗戦」にも参加させていただいています。数々の機会は、永き交誼からのご厚情によるものと感謝に耐えません。

　その東大も歴史は古く、慶應、同志社、早稲田に次いで、2021 年に創部百周年を迎えることになります。これも早稲田大学はじめ各大学のご厚情に負うところ大きいと存じています。百周年に因み、祝辞に併せ、100 年の謝辞を述べさせていたく次第であります。

共に大学ラグビーをリードしていく存在に

明治大学ラグビー部オールドボーイズ倶楽部会長

森　重隆

　早稲田大学ラグビー蹴球部100周年並びに『早稲田ラグビー百年史』のご刊行、誠におめでとうございます。心よりお祝い申し上げます。

　これまで貴部が積み上げてこられた100年の歳月は、日本のラグビーに大きな貢献を果されました。大正期にそのスタートを切られて以来、輩出してきた名選手、名指導者には枚挙にいとまがなく、また、数々の名勝負を繰り広げ、それを支えたワセダラガーマンたちはその時々のラグビー界のみならず、社会全体に大きな勇気を与え続けてきました。世代から世代へと脈々と続くワセダラグビーに最大の敬意を表するものであります。

　私ども明治大学ラグビー部も4年後に100年を迎えますが、この歴史を遡りますと、創部期以来、常に早稲田ラグビーは最強・最大のライバルとして明治ラグビーの前に立ちはだかってきました。シーズン初めには「今年はいける！」、と思ってみても、春、夏シーズンを経た早稲田は、12月の第一日曜日にはしっかりと磨き上げてトップチームとして登場する。結果を見れば、過去の対抗戦94試合のうち38勝54敗2分、選手権試合では8勝5敗ですが、合計すれば107試合戦って明治の46勝59敗2分けと勝ち越せていません。

　日本でラグビーワールドカップが開催される本年、明治は22年振りの大学選手権優勝を果たせました。これからも更に早稲田ラグビーを凌駕し続ける存在として進化し続け、明治ラグビーは勝ち続けます。そして、共に大学ラグビーをリードしていきたいと願っております。

　貴部の100周年を重ねてお祝い申し上げます。

貴部を模範として

立教大学ラグビー部OB会会長

中澤 久人

　早稲田大学ラグビー蹴球部創部百年おめでとうございます。

　ひとえに100年と言っても歴史の長さだけでなく、常に輝き結果を出しているところに大学ラグビー界を牽引している早稲田ラグビー蹴球部の姿が読み取れます。

　各校とも勝利をめざして取り組んでいるなかで、早稲田ラグビー蹴球部には勝つことが求められているとよく聞きます、その精神が部員の一人一人に浸透していると思われます。

　たまたま小生が高校生の頃、早稲田大学のグリーンハウスをお借りしておこなわれていた保善高校の合宿に参加させてもらっていたときは、たまたま早稲田が2部に降格した時でした、そこで練習を垣間見る機会がありました、全部員がベクトルをひとつにして一糸乱れることなく、まだいつ果てるか分からないランニング中心の練習に打ち込む姿を見たとき目標に向かって取り組む大学ラグビーの激しさを感じました。見事に翌年は1部に返り咲くとともに、1部の優勝校に勝ったことを記憶しています。

　本学も数年後には百年を迎えます。歴史の長さだけでなく輝かしい結果を出すべく、ベクトルがブレルことなく勝利に向かってOBは勿論、部員の一人一人が同じ方向をむいている早稲田ラグビー蹴球部を模範として追従していきたいと思います。

　改めまして創部百年おめでとうございます。

目　次

第1章　歴史の流れ————————————————————————————1

1　創世期（大正）————————————————————————2

11月7日、呱々の声／グレートベアーで善戦／服部が貴重な初
トライ／大隈総長亡くなる／初の夏合宿、部歌、そして早慶戦
へ／関東大震災にめげず、明治と初対戦／関東ラグビー協会設
立／OB倶楽部誕生、鉄笛創刊／大正天皇崩御、試合も中止に

2　初の全国制覇へ（昭和1ケタ年代）————————————18

歴史的な豪州遠征／東伏見グラウンド誕生／外国人コーチ招聘
／ROB倶楽部関西支部設立／盛況の「一升会」？／初の菅平か
ら全国制覇へ／7大学リーグ戦制し、全国連覇／全国3連覇な
らず

3　第1期黄金時代（昭和10年代）——————————————39

ダブリン戦法の明治に屈す／満州・朝鮮遠征から3度目の全国
制覇／練習試合も負けなし／創部20周年記念行事は中止／エ
イトFWへの模索／「和」基盤のチーム作り／早明戦翌日、真
珠湾攻撃／異例の春シーズン／十分な練習できず／学徒出陣／
第2次世界大戦のため部活動休止

4　復興から第2期黄金時代（昭和20年代）————————61

復興宣言／対抗戦早くも再開／東京ラグビー場完成／戦後初の
全国制覇／ROB倶楽部九州支部設立／8度目の全国制覇／再
び菅平へ／初来日のオックスフォード大に善戦／戦後初の連覇
／3連覇の夢消える

5　天国と地獄（昭和30年代）————————————————88

少数精鋭で踏ん張る／早明中の三すくみ／慶明倒すが優勝逃す
／冨永主将男泣き、5年ぶりのV／日大に不覚、4位に沈む／5
位に沈む／ついに最下位／再起のシーズン／A・Bグループ制
廃止／法政に2度屈す

6　第3期黄金時代（昭和40年代）——————————————117

初の日本選手権制覇／初の大学選手権連覇／東伏見新寮完成／
慶大と友情の引き分け／日体大に2度屈す／2度目の日本選手
権制覇／大学勢唯一の連続日本一／公式戦35連勝で止まる／
大学王座奪還／連覇で7度目V

目　次　ix

7　栄光からの試行錯誤（昭和50年代）——————————————155

明治の壁に3連覇逃す／王座奪還とクラブの隙／対抗戦60連勝で止まる／5位からの代打出場／3年ぶりの正月越え／専大にまた涙／大西マジック／ひたむきな明治に屈す／交流戦の道断たれる／慶大、同大に敗れる

8　学生最後の栄冠（昭和60年代）——————————————188

同大の4連覇阻む／大東大に初栄冠許す／16年ぶりの日本一／盛大に70周年式典

9　初代王者から苦難の時（平成1ケタ年代）————————202

平成初の大学王座／明治を越せず／交流試合で冷や汗／シーズン中の急成長／福岡で散る／力負けで痛恨の2敗／明大に雪辱される／再びあと一歩及ばず／年越せず

10　第4期黄金時代（平成10年代）——————————————230

苦難のシーズン／慶大の復活に花／いばら道／11年ぶり対抗戦V／13年ぶりの大学日本一／関東学院に雪辱許す／大学王座奪還／トヨタから歴史的勝利／悲願の3連覇ならず／14度目の頂点

11　最後の連覇から帝京時代へ（平成20年代）——————267

連覇再び／帝京に苦杯／あと一歩届かず／年越し逃す／新時代へ／最後の国立／東海大に苦杯／英国遠征／激動のシーズン／一度も正月越えられず／8年ぶりの対抗戦V

第2章　海外遠征史 ——————————————————————303

1　豪州遠征〈昭和2年7月13日〜9月23日〉———————————304

2　上海遠征〈昭和8年1月8日〜1月26日〉————————————304

3　満州・朝鮮遠征〈昭和11年3月23日〜4月16日〉———————305

4　韓国遠征（第1回）〈昭和45年6月18日〜6月28日〉——————305

5　韓国遠征（第2回）〈昭和53年5月12日〜5月20日〉——————305

6　韓国遠征（第3回）〈昭和54年6月23日〜6月27日〉——————306

7　英仏遠征（早大建学100周年記念）〈昭和57年2月21日〜3月13日〉——306

8　台湾遠征〈昭和60年3月14日〜3月25日〉———————————307

9　アイルランド遠征〈昭和62年2月24日〜3月18日〉——————308

10　豪州遠征（第2回・創部70周年記念）〈昭和63年7月20日〜8月9日〉——308

11　英国遠征（創部75周年記念）〈平成4年2月17日〜3月30日〉————310

12　アイルランド・英国遠征（創部80周年記念）〈平成9年2月25日〜3月18日〉——311

13　オーストラリア強化遠征〈平成10年7月16日〜7月27日〉————312

14　アイルランド・英国遠征（創部85周年記念）〈平成14年2月19日〜3月12日〉—312

15　高麗大定期戦による遠征〈平成17年5月5日〜〉————314

16　英国・オックスフォード遠征〈平成27年9月11日〜9月23日〉————315

17　創部100周年英国・オックスフォード遠征〈平成30年3月7日〜3月13日〉—316

第3章　公式試合全記録 ———————————319

巻末資料 ———————————————————415
　日本代表でキャップを獲得した早大出身選手 ——————416
　歴代部長・監督・主将・主務・OB会長 ———————418
　創部から100年間のできごと ————————————421

編集後記 ———————————————————444

函写真：ベースボール・マガジン社、フォート・キシモト提供

本書の記述について

(1) 公式試合の定義

創部の頃はすべての試合を公式戦のつもりで戦ったと思われるが、早大ラグビー部では下記
の試合を公式戦と定めている。

① 早大ラグビー部国内試合（春の招待試合は除く）

関東大学対抗戦、関西の大学との試合（三高戦を含む）、交流試合、大学選手権試合、
日本選手権試合、朝日招待試合、関東大学春季大会、その他大学生との試合。

② 早大ラグビー部国際試合

早大、全早大として対戦するすべての国際試合（戦前の満州、韓国、上海駐在の日本人
チームとの試合を含む）。

③ 全早大の国内試合

全早大として対戦するすべての国内試合。本書では記録の掲載を見合わせた。

(2) 対抗戦の呼称

伝統的にかつては対校戦と記されたこともあるが、本書では対抗戦という呼称に統一した。

(3) 得点内容の表示

昭和46年度以前は、トライの後ゴールが成功するとトライが消えてゴール1で5点と計算さ
れる表示法だったが、本書ではすべてトライ1、ゴール1と計算する現在の得点表示法に統
一した。これによりトライの得点は時代によって異なるものの、各校との試合におけるトラ
イ数の集計ができるようにした。

(4) ポジションの表示

試合メンバーのスペースの制約のため、早大がセブンシステムを採用していた時代にはHB
が8番の位置になっている。早大側に会わせたので相手の8番がHBでない場合が多い。

(5) メンバーの表示

可能なかぎりフルネームで表示した。改姓した場合には（　）内に新姓を書き、それぞれ初
出の箇所だけに記した。

外国チームの氏名については可能なかぎり英字で書き、分からないときは片仮名で書いた。

(6) 敬称

文中の敬称は例外を除いて省略した。

(7) 引用文中、必要と思われる個所には〔　〕内に著者の注を挿入した。

第 *1* 章
歴史の流れ

【凡例】
1　改名は（　）が新姓名で原則的に初出
のみ記載した
2　氏名（専）は専門部卒などを示した
3　氏名*は卒業年次に部に在籍していな
かった者ら。氏名#は部には在籍してい
ない推薦会員。近い年代の同姓同名に
は出身校を補った
4　部員数は原則的に、昭和37年度以前
は片岡春樹のいわゆる「片岡メモ」、昭
和38年度以降は早大体育局資料とラグ
ビー部資料によるが、倶楽部センターの
ボードも基準とした

1　創生期（大正）

大正7年度（1918年度）　創部1年目

主　　将　　井上成意
主　　務　　なし
委　　員　　勝丸信三、角谷定正、国光素介、峰波雄、大久保謙治
卒業年次部員　なし
部　　長　　北沢新次郎（初代部長）
監　　督　　なし
コ ー チ　　大久保次郎、諏訪広胖、露無文雄
部 員 数　　21名
夏 合 宿　　なし
シーズン成績　0勝1敗
試合成績
【公式試合】
　＜対抗戦＞
　　No.1　T8.1.7　● 早稲田大学 0-15 ○ 第三高等学校　戸塚　R（レフリー。以下同）塩川潤一

▌11月7日、呱々の声

　この年の秋、早稲田大学ラグビー蹴球部は誕生した。創設者であり、初代主将の井上成意が『Waseda Rugby Football』第4号（昭和15年10月）に「早大ラグビー部創生記」と題し、つぎのように書き残している。

　「大正7年11月7日が我がラグビー部誕生の日である。目下近衛内閣は政治の上に、経済の上に新体制の樹立に奔走しているが、凡そ事の成るのは一朝一夕の業ではない。わがラグビー部も相当の胎教と試練を経て呱々（ここ）の声（産声）をあげたのである。筆者は大正5年3月に京都同志社中学を卒えて（原文のまま、以下同じ）、母校の商科予科に入学することになった。当時のわが国ラグビー界は未だ揺籃時代を出ず、東京に慶應義塾（明治32年＝1899年創部）が斯技輸入の本山として横浜外人と定期の試合をなすのみ。西では神戸外人と京都に三高（明治43年＝1910年創部）、同志社（明治44年創部）の両者、慶應義塾と交互に試合を交換するにとどまっていた。この時代にあって、筆者

は斯技の発達のためには早慶の野球のそれの如く、早慶の間に対抗的にこの競技を行なうことを念願し、かつ、いやしくも私大の雄、早稲田にラグビーの如き勇壮なる競技の存在せざることを遺憾として、幼年より親しめる楕円球を初めて戸塚球場に持ち来り、同志と共に、蹴球せるがそもそも早稲田ラグビーの濫觴（物事のはじまり）である」。

　メンバー集めに苦労する中、虎肉懇親会を開き部員を募った記録もある。

　「大正6年中秋の某日グラウンド上（現馬場口交差点辺り）のさくら肉屋に同志を糾合して、朝鮮より渡来の虎肉を餌となし、すき焼きに混じて試食をなし、一同意気軒昂、新入部員の歓迎会をなした次第であった。羊頭狗肉ならぬ虎頭馬肉とはこのことであろう」。

　長くOB会長を務めた木村文一も『OB会報45-6』に創部にいたる経緯を書いている。

　「大正7年当時、独法科に在席していた同志社中学出身の西村聡くんは、クラスメートの慶應普通部出身の岩崎粂雄くんと親しくなり、毎日のように西村くんの下宿先、北誠館（戸塚球

創立当時の部員（大正7年秋）

場の上あたり）で会っていた。岩崎くんも慶應時代にラグビーをやっていた。西村くんも中学時代にラグビーを知っていた。ある日雑談のうちに、たまたまラグビーの話が出て、早稲田にラグビーがないのはおかしい、ひとつ同志を募って始めようじゃないかと話はまとまったものの、両君とも創設なんて仕事は苦手、そこで中学時代西村君の一年先輩の井上成意君に話を持ち込んだのである。井上君自身中学時代ラグビーを知っていたので、話はとんとん拍子に進み、井上君自ら陣頭にたって熱心に部の創立にとりかかった」。

大正7年11月7日、学校当局に体育部に加入を申請した。予算の関係であって新規の部の加入は容易でなかったが、井上と昵懇の柔道部大将の尽力も大きかった。当時学校の体育部には柔道、剣道、相撲、競走、端艇、弓道、水泳、野球、庭球の9部があり、蹴球部は10番目の運動部になった。

ラグビー部が早大体育会（体育局となり、現在は競技スポーツセンター）に正式に加入を認められたときの名称は「早稲田大学蹴球部」だった。その後、大正13年にサッカーが加入したときにラグビーがラ式蹴球部、サッカーがアソシエーションからとってア式蹴球部となった。昭和43年に50周年を迎えたのを機に、ラグビー蹴球部と改称した。

記念すべき第1戦は、大正8年1月7日に三高との間で行なわれた。京都の第三高等学校（現京都大学など）は日本で2番目にラグビー部が誕生した学校だ。たまたま慶應との定期戦に上京することを聞いた早稲田が、三高の主将谷村敬介氏に招請状を送り、快諾されて実現した。

ジャージーを持っていなかったので、早速、京都の水野運動具店に依頼して白地にエンジの横縞を入れたジャージーを作って、この戦いに備えた。当時、1着2円50銭だったという。

初試合は戸塚のグラウンドで行なわれたが、あいにくの雪解けによる泥濘戦となり早大は0－15で敗れた。試合後、風呂屋に案内しようとしたが、正月早々で銭湯は休業中。道場わきの井戸で体をぬぐい、高田牧舎のミーティングへ向かったといわれる。せっかく出向いてくれた三高の方には寒中、お気の毒な思いをさせた。

1 創世記（大正時代） 3

大正8年度（1919年度）　創部2年目

主　　将　　井上成意
主　　務　　名和野秀雄
委　　員　　角谷定正、勝丸信三、国光素介、峰波雄、大久保謙治
卒業年次部員　井上成意、瀬戸口一夫#、渡部迪（専）
部　　長　　北沢新次郎
監　　督　　なし
コ　ー　チ　　なし
部 員 数　　28名
夏 合 宿　　なし
シーズン成績　公式戦なし
試合成績
【準公式試合（招待試合など。以下同）】
　T8.11.9　　● 早大GB 0-6 ○ 慶普OB　三田　R高地（慶大の招待試合。早慶戦が禁止されていたので、慶大は普通部OB、早大はGBで対戦した）
　T8.11.29　● 早稲田大学 0-11 ○ YCAC　根岸　R不明

京都の合宿（大正8年）

グレートベアーで善戦

　新大学令の施行を控え、卒業生はなく、主将以下委員らはそのまま留任となった。

　この年より大学から部費が支給される。当局は体育費の総額を体育会に提示。体育会は予算委員会を開き、各部委員が集まり自治的に割り振りを決める仕組みになっていた。

　ラグビーのような新参の部は、他の部の好意に頼るほかなく、主務の名和野は苦労したようだ。幸い柔道部と剣道部の尽力で、80円支給されることになった。

　当時のラグビー部員の中には他の運動部と掛け持ちの選手もおり、春から秋の始めにかけては顔を見せず、自主トレーニングを任されているようなものだった。本格的に練習に入るのは、戸塚球場が使える10月中旬から。時期が重なるように、慶應から校内大会に招待を受けた。創部時から慶應との対戦は夢だったが、当時、早慶のスポーツは明治39年の早慶野球戦での応援団の紛争をきっかけに、公式対校戦は禁止されていた。そのため、慶應は普通部OBチーム、早稲田は大隈重信総長の大隈をもじったGreat Bearの頭文字をとり、グレートベアー（GB）チームと名乗り対戦した。

　早稲田はこの時代から2軍にあたるチームにもGBの名を付けていた。この由緒ある名称、チームは昭和4年度のシーズン以後使われなくなった。理由は不明だが、その後は「早大2軍」の名称を使い、それも次第に定期的スケジュールを持たなくなった。

　11月9日正午から三田綱町グラウンドで行われ、レフリーは慶應OBの高地氏。当時の時事新聞によると次のようだった。

　「この試合はこの大会のメイン・エベントとして大いに興味を添えた。

　GBのキックオフで開始、技量の差は恐ろしいもので慶普OBは巧に敵の虚を突いて25ヤード線に攻め入る。スリークォーターの活躍でついに北野トライ。なおもゴールに迫るが得点出来ず。後半は依然として25ヤード線内で一進一退、GBのハーフ諏訪の好守に阻まれていたが慶普1トライを加えて6対0に終る」。

　GBはなかなか健闘した。なお、GBのハーフ諏訪は同志社で名の知れたハーフだった。理由は不明だが、上京して毎日のように早稲田の練習に顔を出しコーチしていたという。11月にはYCACと戦い11対0で敗れた。年末には、約10名が京都へ出向き、同志社と合同練習を行ったという。

大正9年度(1920年度) 創部3年目

主　　　将	石丸五郎
主　　　務	名和野秀雄
委　　　員	岩崎粂雄、黒沢昌弘、名和野秀雄
卒業年次部員	勝丸信三*、峰波雄*、角谷定正、河野
部　　　長	北沢新次郎→神尾錠吉(2代)
監　　　督	なし
コ ー チ	なし
部 員 数	41名
夏 合 宿	なし
シーズン成績	0勝1敗

試合成績
【公式試合】
　＜対抗戦＞
　No.2　T10.1.6　● 早稲田大学 0-17 ○ 第三高等学校　三田　R大市信吉
【準公式試合】
　T9.12.5　● 早稲田大学 3-43 ○ YCAC　根岸　Rグリッパー

服部が貴重な初トライ

　初代の北沢部長が退任され、第2代部長に神尾錠吉教授を迎えた。
　非公式戦の12月のYCAC戦は43-3と大差がついたが、貴重な創部「初トライ」を記録した。FWの服部憲照がゴール前のこぼれ球を拾って飛び込んだ。石丸五郎主将のコンバートは不成功だった、と本人が語っている。
　2回目の三高戦に備えて、12月22日から小田原で強化合宿を張った。総勢17人。ところが、宿舎に泥棒が入り、所持品を盗まれる事件が起きたという。1月6日の試合当日に合宿を打ち切り、会場の三田綱町へ直行したが、零封負けした。

YCAC戦。チーム初トライを挙げた(大正9年12月5日、横浜根岸グラウンド)

大正10年度（1921年度）　創部4年目

主　　将　　石丸五郎
主　　務　　名和野秀雄
委　　員　　黒沢昌弘、大町清
卒業年次部員　服部庄三郎（憲照）、石丸五郎、国光素介*、森茂*、名和野秀雄、小原兵蔵*、大久保謙治、斉藤亀四郎、佐藤正成、佐東福次郎*、瀬尾俊三、増田修、坪田富太郎
部　　長　　神尾錠吉
監　　督　　なし
コ ー チ　　なし
部 員 数　　45名
夏 合 宿　　なし
シーズン成績　0勝1敗
試合成績
【公式試合】
　＜対抗戦＞
　No.3　T11.2.11　● 早稲田大学 0-18 ○ 第三高等学校　豊中　R杉本貞一（大学高専大会）
【準公式試合】
　T10.11.19　● 早稲田大学 0-41 ○ YCAC　根岸　R不明
　T10.11.27　●　〃　　　 0-27 ○ YCAC　戸塚　R不明
　T11.3.26 　●　〃　　　 3-18 ○ AJRA（All Japan Rugby Association）　戸塚　R香山蕃

▎大隈総長亡くなる

　秋にYCACと2試合戦い、ともに零封負けした。暮れから小田原で合宿中、1月10日、大隈総長死去の報に接し、合宿どころではなく、帰京となった。
　シーズンも終わりかと思われたが、突然、大阪毎日新聞社から第5回日本フットボール優勝大会ラ式蹴球大学高専の部への招請状が舞い込んだ。帰省中の選手を慌てて呼び戻して練習を再開した。大会参加チームは三高、大阪高商、早稲田の3校だった。早稲田の1回戦（準決勝）の相手は三高。2月11日、無風快晴の豊中運動場で午後2時キックオフ。前半、早稲田は相撲出身の選手ら重量FWで圧力をかけて健闘したが、技術に勝る三高はバックスへの展開などで2トライを奪った。後半、早稲田は浅岡があわやトライという場面もあったが、相手防御を最後まで崩せなかった。この時の毎日新聞の記事が、早稲田にとって最初の新聞記事と言われている。

AJRA戦（大正11年3月26日、戸塚球場）

大正11年度（1922年度）　創部5年目

主　　将　　大町清
主　　務　　中村元一
委　　員　　木村文一、黒沢昌弘、玉井伯次郎、山崎一雄
卒業年次部員　　堀田正♯、岩崎粂雄、木村文一、黒沢昌弘、小山大学、野瀬（竹内）忠治、大町清、小野田康一、太田幸郎、高草木喬、武田（上野）保、山中佐太郎*、山崎一雄
部　　長　　神尾錠吉
監　　督　　なし
コ ー チ　　橋本寿三郎（夏合宿）、増田鉱太郎（秋季）
部 員 数　　47名
夏 合 宿　　沓掛（中軽井沢）（第1回）
シーズン成績　　0勝2分2敗
試合成績
【公式試合】
　＜対抗戦＞
　No.4　T11.11.23　● 早稲田大学　0-14　○ 慶應大学　三田　R香山蕃
　No.5　T12.1.9　△　〃　　3-3　△ 第三高等学校　戸塚　R大市信吉
　No.6　T12.1.11　●　〃　　0-3　○ 同志社大学　戸塚　R増田鉱太郎
　No.7　T12.1.28　△　〃　　0-0　△ 東京大学　本郷　R大市信吉
【準公式試合】
　T11.4.23　● 早稲田大学　6-9　○ AJRA　三田　R大市信吉
　T11.10.15　○　〃　　12-0　● AJRA　戸塚　R大市信吉
　T11.10.31　○　〃　　5-0　● AJRA　戸塚　R笠原
　T11.11.5　●　〃　　0-15　○ YCAC　根岸　Rグリッパー
　T11.11.12　○　〃　　6-0　● 東西連合　三田　R香山蕃
　T11.12.10　○　〃　　8-0　● AJRA　戸塚　R中村元一

▎初の夏合宿、部歌、そして早慶戦へ

　前年度のシーズンが終わって間もないある日、銀座の街角で浅岡は慶應のロック益田とバッタリ出会った。ともに万能選手で五種競技などの好敵手ということもあり、話は三高戦の体験などから、俺たちもやろうではないかという方向へエスカレートしていった。この軽い話が意外にも飛躍していった。両校不戦はもはや10数年前の事件、スポーツが年々盛んになり、当時の敵対感は薄れて、〝不戦〟がむしろ矛盾を感じる世相になっており、2人の話に誰も異論があるわけでなく急速に問題は進展し始めた。慶應の大市主将の話しによると、3月上旬、当時

の銀座松坂屋横通りにあった喫茶店カフェパウリスタで早慶4名による第1回の会議を開いた。双方望んでいたことであり、実現に努力すると意見の一致をみた。

　万来舎や高田牧舎などで情報交換は続いた。早慶戦不戦の議決を廃止するまでには到らなかったが、体育会長の板倉卓造理事から黙認するとの了解を取り付け、4月半ばに両校は大筋で合意に達した。

　創部以来4年の間は対戦相手に恵まれず、細々と命脈を保つだけの状態だったが、ここに来て、がぜん、活気を帯びてきた。

　明治39年以来途絶えていた早慶戦をラグビーによって復活させるという報は、他の体育部に

大きな衝撃を与え、これを機に全競技で復活できたのは、両校ラグビー関係者の熱意によるもので、スポーツ全般の発展にも寄与することになった。

初の早慶戦を前に最大の課題はチームの強化だった。当時の部員だけでは頼りなく、即戦力の補強が必要だった。幸い、同志社中出身の原槙、兼子、片岡の3人が入部した。いずれも中学時代に全国大会優勝の経験を持っていた。
各校のOBで作ったクラブチームのAJRA（All Japan Rugby Association）が早稲田の強化にも一肌脱いでくれた。大正11年3月の強化試合で、早稲田は敗れたが、石沢が早稲田の公式試合初のトライを挙げた。秋までに力を付け、10月15日の対戦で初めて勝利の味を噛み締めた。

8月には信州沓掛（現中軽井沢）で最初の夏合宿を張り、慶應の橋本壽三郎氏にコーチを受けた。この合宿中に、部員の川浪良太が、スコットランド民謡『マーメイド』（Mermaid＝人魚）の曲にあわせて作詞したものが、現在の第一部歌『北風』になった。現在の赤黒のジャージーが使用されたのもこのシーズンからだ。優勝したときにしか歌えない歌となった『荒ぶる』も、この時代の部員小野田康一によって作詞されたが、その時期ははっきりしていない。作曲は早稲田大学音楽部となっている。

「スポーツ交流断絶」という学生間の域を超えた問題解決には、社会的地位があり責任も負えるOBの力と支援が必要だったのか、第1回の早慶戦はAJRA主催で行われた。不祥事を防止するため、試合前に①観戦の学生は制服制帽または袴着用、②拍手以外の応援は厳禁、③場内の警備に銃剣道部員を委嘱、④混乱を避けるため開始30分前の午後2時閉門、が打ち出された。

早慶戦後、年明けの三高戦では粘って引き分けに持ち込んだ。東大との初対戦もあり、例年試合数は2、3に過ぎなかったが、ここに来て10試合をこなすほど盛んになってきた。

第1回早慶戦（大正11年11月23日、三田綱町）

第1回早慶戦

大正11年11月23日　三田綱町

●早大0－14○慶大

▌初対戦は早稲田の善戦及ばず

　1899（明治32）年にルーツ校として日本にラグビーを導入し、以来、後発の国内チームのチャレンジを20年間寄せ付けなかった慶應に対して、創部5年目の早大が対戦した。戦前の予想を見ても慶大の優位は動かず、新興の早大がどこまで迫るかに期待が持たれていた。

　慶大はFWに清水、宮地、金子、益田が、BKには、西、陳、主将大市、山口、北野らの名手がおり、当時のトッププレヤーが揃うチームだった。対する早大は片岡、原槙ら京都でラグビーを経験した選手が入学し、大町主将を中心にようやく慶大にチャレンジできるチームになったところである。早大は格上の慶大に対し果敢に健闘したが、実力の差は如何ともしがたく零敗を喫した。

　観衆は道場の屋上にまで溢れた。この雰囲気にのまれたのか両校とも緊張気味だった。前半、技量に勝る慶應は優位に立ち攻めるが、バックスにミス多く、早稲田の敢闘によって一進一退していた。片岡のキックを慶應の葉がチャージ、渡された大市が独走して最初のトライを挙げ、北野がゴールを成功させた。早稲田は組織的なプレーに欠け、ときおり浅岡が突進をみせたが、後続がなく単発に終わった。

　後半、緊張がほぐれてきた慶應FWはほとんどの球をバックスへ展開。防戦一方となった早稲田の疲労の色は濃く、17分に慶應は西－陳とわたりトライ。22分には北野、26分にも宮地のトライで加点した。

　実力差からすれば、早稲田はまずまずの内容だったというのが一般の評価だった。審判を尊敬しフェアプレーに終始した展開は、観衆から称賛され好印象をもたれた。この時の試合時間は30分ハーフ。観客数は約3千人で入場は無料だった。

　当時の早慶断絶の壁を破ったものは、ぜひ慶大の胸を借りたいという早稲田ラグビー部員の情熱と、それに応えてくれた先輩校、慶應の友情であった。折衝の中心になったのが慶大主将の大市と早大マネジャーの中村だった。中村は早慶戦の試合日を決めるために気象庁で調べ、一番雨が少ない11月23日に決めたことで知られている。お陰で早慶戦に雨が降ったのは数えるほどで、いつも素晴らしいコンディションで戦うことができる。毎年の試合日が決まっていた定期戦は1月1日の慶應－京大などがあったが、大学選手権の導入などで固定化が崩れ、今も伝統を守り続ける数少ない対戦となっている。

　この第1回早慶戦は、日本ラグビーの幕開けとして長く語りつがれるものであるが、ラグビーによる早慶戦をきっかけに両校の雪解けに拍車がかかり、時を経ずしてすべての種目において早慶戦が復活したことは、ラグビーの持つノーサイドの精神が、他の種目に影響を与えたものだろう。

　なお、この試合に早稲田のバックスで出た原槙は在籍1年で慶應に転学、12、13年には慶應から早慶戦に出場している。

公式試合	No.4		大正11年度	第1試合 対抗戦		
早大		慶大		早大		慶大
0	－	14	1	清水　定夫　FW	1	岩下秀三郎
0	前	5	2	玉井伯次郎	2	木下　米松
0	後	9	3	大沢　初造	3	中村米次郎
0	T	1	4	国盛　孝雄	4	益田　　弘
0	G	1	5	小山　大学	5	白田　六郎
0	PG	0	6	兼子　義一	6	高橋　正夫
0	DG	0	7	朝桐　尉一	7	宮地　秀雄
0	T	3	8	石沢誠之助　HB	8	陳　　啓環
0	G	0	9	片岡　春樹	9	西　　元雄
0	PG	0	10	浅岡　信夫	10	清水　吉雄
0	DG	0	11	原槙　真二　TB	11	北野　幸也
	反則		12	黒沢　昌弘	12	葉　　鴻燐
大正11年11月23日			13	滝川　末三	13	大市　信吉
G 三田			14	大町　　清	14	山口　六助
R 香山　蕃　KO 14:00			15	吉岡（浮田）恒治　FB	15	萩原　丈夫

1　創世記（大正時代）　9

大正12年度（1923年度）　創部6年目

主　　将	朝桐尉一
主　　務	中村元一
委　　員	石沢誠之助、川浪良太、玉井伯次郎、吉岡（浮田）恒治
卒業年次部員	浅岡信夫、朝桐尉一、粟屋健三、石沢誠之助、磯部秀景*、伊藤広宣（専）、川浪良太、国盛孝雄、中村元一（専）、岡本喜一、奥野祐一#（専）、境野清雄、沢善之助（善九郎）、鈴木謙*（専）、玉井伯次郎、辰巳芳雄、山本（倉田）雄三郎（専）、山中和彦*、吉原万治*、上野徳太郎#
部　　長	神尾錠吉
監　　督	なし
コ ー チ	橋本寿三郎、大脇順路（短期）
部 員 数	38名
夏 合 宿	なし
シーズン成績	4勝3敗

試合成績
【公式試合】
　＜対抗戦＞
　No.8　T12.5.22　○　早稲田大学　39-3　●　大阪高校　大阪第2築港G　R藤本（第6回極東大会1回戦）
　No.9　T12.5.23　○　〃　　　　　58-0　●　関西大学　大阪第2築港G　R竹上四郎（同大会準決勝）
　No.10　T12.5.27　●　〃　　　　　6-11　○　慶應大学　大阪第2築港G　R竹上四郎（同大会決勝）
　No.11　T12.11.23　●　〃　　　　　3-20　○　慶應大学　戸塚　R香山蕃
　No.12　T12.12.24　○　〃　　　　　42-3　●　明治大学　戸塚　R白田六郎
　No.13　T13.1.16　○　〃　　　　　14-0　●　商科大学（現一橋大学）　戸塚　R朝桐尉一
　No.14　T13.1.24　●　〃　　　　　0-3　○　東京大学　戸塚　R大市信吉
【準公式試合】
　T12.4.22　○　早稲田大学　14-0　●　AJRA　戸塚　R大市信吉
　T12.10.28　○　〃　　　　　5-0　●　全関東　三田　R増田鉱太郎
　T12.12.16　○　〃　　　　　23-0　●　全関東　三田　R井場

関東大震災にめげず、明治と初対戦

　5月大阪で極東大会が開かれた。このころ、ラグビーを行っていたのは日本だけで、国内の7校で競った。決勝は早慶戦に。秩父宮殿下がご観戦になり、殿下とラグビーの出会いといわれる。早稲田はプレーに進歩の跡が見られた。特にFWは慶應を苦しめ、前半は互角の戦いだった。後半17分、慶應は相手ゴール前のスクラムから岩下のトライ（ゴール）で早稲田を振り切った。

　春の遠征で部費を使ったこともあり、夏合宿は張れず、9月1日から強化練習を行うことになっていた。朝方は土砂降りの雨だったが、正午近くにやみ、青空が見え始めた頃、歴史的大地震が関東を襲った。関東大震災は10万人を超える死者・行方不明者を出したが、大学の被害は大きくなく10月から授業は再開された。

　秋には米国のタックルマシンが届いた。なかなか倒れず、日本選手にはハードなものだった。部費調達の方策として早慶戦での入場料徴収を提案した。慶應側に賛否両論あり、結論は持ち越された。

第2回早慶戦（大正12年11月23日、戸塚球場）

第2回早慶戦
大正12年11月23日　戸塚球場

●早大 3 – 20 ○慶大

▋ 慶應、後半に突き放す

　前半は接戦になった。4分、慶大は陳のマークからのゴールで3点を先行した。当時、どの地域でもフェアキャッチが認められており、相手のゴールを狙うことができた。PGではなく、その他のゴールにあたる（記録上はPGに入れた）。早大は吉岡のPGで同点にしたが、14分、慶大は北野から山口六、大市、山口享とパスをつないでトライ、前半は3－6と早大が健闘した。後半は慶大が猛攻を見せた。7分、中央のスクラムから陳のパントで攻め込み、大市がトライ。9分には、FWのドリブル攻撃で前進し、最後は陳がサイドをもぐってトライ、萩原ゴール。13分、ゴール前で展開し、北野―山口六と回し、最後は山口享がトライ。終了間際には、原槇から山口享にパスしてトライと快勝した。

　戸塚球場に約3万人が集まり、試合前から緊張に包まれたが、野次などはなく、最後まで紳士的に試合を見守った、といわれる。

第1回早明戦
大正12年12月24日　戸塚球場

○早大 42 – 3 ●明大

▋ 一方的勝利

　明治ラグビー部の創部は大正12年4月1日。デビュー戦はルーツ校の慶應だった。同年12月18日、0－60の大敗を喫した。ベストに近い陣容で対戦した慶應も立派だった。

　早稲田との試合が明治の創部2試合目だった。この試合で明治は創部初トライを挙げた。後半5分、キックで早大陣に攻め入り、早稲田HBのパントを中西がチャージし、そのまま左隅にトライとなった。

　記念すべき第1回の得点経過が、大差のためか明確でない。当時の朝日新聞によると、「前半、早大先蹴、明大は対慶應戦の一戦を経てやや試合の運びを覚えたものの、技量に相違あるは勿論のこととて、早大はスクラムの球を自在にパスして敵陣を破り、石沢、片岡の活動に続いてTBの活躍に兼子、大松、西野、片岡等7トライを挙げた。後半、早大兼子直ちにトライ、ゴール、その後本領、大松のトライは何れもゴール、更に平沢、片岡のトライで加点した」。

公式試合 No.11　　大正12年度　第4試合　対抗戦

早大		慶大		早大			慶大	
3	—	20	1	大沢 初造	FW	1	岩下秀三郎	
3	前	6	2	玉井伯次郎		2	木下 米松	
0	後	14	3	沢 善之助		3	中村米三郎	
0	T	1	4	清水 定夫		4	鈴木 増雄	
0	G	0	5	山本雄三郎		5	吉本 祐一	
1	PG	1	6	朝桐 尉一		6	宮地 秀雄	
0	DG	0	7	鈴木 謙		7	高橋 正夫	
0	T	4	8	片岡 春樹	HB	8	陳 啓環	
0	G	1	9	石沢誠之助		9	萩原 丈夫	
0	PG	0	10	兼子 義一		10	原槇 慎二	
0	DG	0	11	井田 拡	TB	11	北野 幸也	
	反則		12	大松 勝明		12	山口 六助	
大正12年11月23日			13	滝川 末三		13	大市 信吉	
G 戸塚			14	粟屋 健三		14	山口 享	
R 香山 蕃　KO 14:30			15	吉岡 恒治	FB	15	葉 鴻燐	

公式試合 No.12　　大正12年度　第5試合　対抗戦

早大		明大		早大			明大	
42	—	3	1	大沢 初造	FW	1	島崎 軍二	
21	前	0	2	助川 貞次		2	吉田	
21	後	3	3	沢 善之助		3	川又 務	
7	T	0	4	清水 定夫		4	安田 正道	
0	G	0	5	山本雄三郎		5	大里弼二郎	
0	PG	0	6	玉井伯次郎		6	中西 光雄	
0	DG	0	7	古賀 健次		7	木幡	
5	T	1	8	片岡 春樹	HB	8	小林	
3	G	0	9	平沢 進一		9	鎌田久眞男	
0	PG	0	10	石沢誠之助		10	縄田喜三雄	
0	DG	0	11	西野 綱三	TB	11	大槻(井上)文雄	
	反則		12	大松 勝明		12	池松鶴之助	
大正12年12月24日			13	兼子 義一		13	能美 一夫	
G 戸塚			14	粟屋 健三		14	城後和吉郎	
R 白田六郎　KO 15:00			15	本領信治郎	FB	15	矢飼 健介	

大正13年度(1924年度)　創部7年目

主　　将	吉田光一
主　　務	なし
委　　員	大松勝明、大沢初造、山中利一、吉岡恒治
卒業年次部員	福田文男(早高)、井田拡、古賀健次(専)、丸山(米道)嘉市*(専)、大畑楢彦、大松勝明、大沢初造(専)、笹尾栄*、吉田光一、吉岡(浮田)恒治
部　　長	神尾錠吉
監　　督	なし
コ ー チ	なし
部 員 数	35名
夏 合 宿	沓掛(第2回)
シーズン成績	4勝2敗

試合成績
【公式試合】
　＜対抗戦＞

No.15	T13.10.26	○	早稲田大学	34-0	●	明治大学	戸塚	R増田鉱太郎
No.16	T13.11.23	●	〃	0-17	○	慶應大学	三田	R増田鉱太郎
No.17	T13.12.10	○	〃	31-3	●	商科大学	戸塚	R香山蕃
No.18	T13.12.27	○	〃	42-0	●	立教大学	戸塚	R大町清
No.19	T14.1.9	○	〃	5-3	●	同志社大学	戸塚	R香山蕃
No.20	T14.1.14	●	〃	3-9	○	東京大学	戸塚	R橋本寿三郎

【準公式試合】

T13.6.29	○	早稲田大学	35-0	●	早大OB	戸塚	R井場
T13.10.12	○	〃	18-0	●	全関東	戸塚	R山口六助
T13.11.16	○	〃	19-0	●	YCAC	根岸	R山口六助
T14.1.5	○	〃	15-0	●	慶大OB	三田	R秋山

関東ラグビー協会設立

6月20日に関東ラグビー協会創立総会が開かれた。その設立趣意書は

「ラグビー蹴球の本邦に伝えられてより既に20有余年、其の剛健勇猛にして節義秩序を失わざる競技精神はわが国民性によって純化振興せられ、今や全国に普及してまさに各種運動競技の中心たらんとす。この勢いをしていよいよ盛んならしめ、ラグビー蹴球の健全なる発達を図らんにはまず斯界の中心たるべき統一機関の存在を必要とするは何人も疑わざるところ、すなわちわれら相謀り、全日本ラグビー蹴球協会の設立を期してここに関東ラグビー蹴球協会を組織し、もって競技の普及発達を図るべき中枢機関たらしめんとする所以なり」。

関東協会初代会長には慶應にラグビーを伝えた1人の田中銀之助が就任した。

立教との対戦が始まり、早稲田にOBチームが誕生したのもこのシーズンだった。真紅のジャージーの胸に白の楕円の中にWの字を切り抜いていた。

沓掛の夏合宿(大正13年8月)

第2回早明戦
大正13年10月26日　戸塚球場
○早大33－0●明大

▎早稲田、初の零封勝ち

　シーズンの初戦として行なわれた。動きは早稲田に一日の長があり、清水のドロップキックによる先制点にはじまり快勝する。特にバックスの展開で勝り、前半は4トライ（1ゴール）を追加し17点を奪った。後半早々にも1トライ（ゴール）を加えた。その後、明治も意地をみせしばらく得点できなかったが、終盤にかけて3トライと1ゴールを加え、無失点に抑えた。

　兼子が前半だけで3トライの「ハットトリック」を達成したという伝聞などもあるが、得点者は清水のドロップキック以外は不明。当時ドロップゴールは4点で、早稲田の得点は34点になるが、清水はPKからドロップキックでゴールを決めたのであろう。

　早稲田はYCAC戦を経て、11月の早慶戦とほぼ同じメンバーで対戦していることから、この年はベストメンバーで戦ったことが推測できる。

第3回早慶戦
大正13年11月23日　三田綱町
●早大0－17○慶大

▎慶應の牙城揺るがず

　この試合が日本で初めてのラグビーの有料試合となった。この年に設立された関東ラグビー協会の主催で行なわれ、入場料は当日の諸経費を差し引き、残額を早慶両校と協会で三分割することにした。「入場料30銭、入場者3,585名、売り上げ1,075円50銭、当日の経費263円55銭、残りを三分割して、それぞれの配分金270円65銭であった」（関東協会50年史）。前年の観客3万というのは、いかにもオーバーに感じる。

　試合は早稲田奮闘のかいなく3連敗となった。よく戦ったが実力的にかなりの差があった。慶應は特にHB陳の動きが光って独壇場の感さえあった。前半15分の先制トライや、後半にはDGも決めた。

　早稲田はFW戦を優位に戦いながらゲームに生かせなかった。早稲田は慶應に教えられたラグビーを一生懸命にやっているだけで、まだ、早稲田独自のラグビー理論は何も持っていなかったのだろう。

公式試合　No.15　　大正13年度　第1試合　対抗戦

早大		明大		早大			明大	
33	－	0	1	大沢	初造	FW	1	島崎　軍二
17	前	0	2	岡本	喜一		2	木元規矩男
16	後	0	3	吉田	光一		3	五十嵐元春
4	T	0	4	清水	定夫		4	矢飼　健介
0	G	0	5	石田栄三郎			5	小森　秀雄
1	PG	0	6	古賀	健次		6	中西　光雄
0	DG	0	7	丸山	守一		7	田辺　（穴田）
4	T	0	8	片岡	春樹	HB	8	大槻　文雄
2	G	0	9	本領信治郎			9	芦田万寿夫
0	PG	0	10	大松	勝明		10	鎌田久眞男
0	DG	0	11	木原	耕三	TB	11	能美　一夫
	反則		12	兼子	義一		12	赤星　輝也
大正13年10月26日			13	滝川	末三		13	久我　善久
G　戸塚			14	井田	拡		14	野呂瀬丁児
R　増田鑛太郎　KO 14:30			15	吉岡	恒治	FB	15	西坂　秀雄

公式試合　No.16　　大正13年度　第2試合　対抗戦

早大		慶大		早大			慶大	
0	－	17	1	大沢	初造	FW	1	岩下秀三郎
0	前	5	2	斉藤卯三九			2	小林　精吉
0	後	12	3	吉田	光一		3	中村米次郎
0	T	1	4	清水	定夫		4	吉本　祐一
0	G	1	5	石田栄三郎			5	鈴木　増雄
0	PG	0	6	古賀	健次		6	宮地　秀雄
0	DG	0	7	丸山	守一		7	高橋　正夫
0	T	2	8	片岡	春樹	HB	8	陳　　啓環
0	G	1	9	本領信治郎			9	萩原　丈夫
0	PG	0	10	大松	勝明		10	原槙　慎二
0	DG	1	11	西野	綱三	TB	11	山口　享
	反則		12	兼子	義一		12	高野四万治
大正13年11月23日			13	滝川	末三		13	山口　六助
G　三田			14	井田	拡		14	葉　　鴻燐
R　増田鑛太郎　KO 14:30			15	中島	章	FB	15	富沢　慎二

（DGは4点）

1　創世記（大正時代）　　13

大正14年度（1925年度）　創部8年目

主　　将	兼子義一	
主　　務	五百旗部佐一	
委　　員	本領信治郎、片岡春樹、清水定夫、滝川末三	
卒業年次部員	平沢進一（専）、三浦（山田）孝太郎（専）、中田謙二（専）、西野綱三、野村助三、末永（興膳）武生、山中利一、秋山懋#（専）	
部　　長	神尾錠吉	
監　　督	なし	
コーチ	なし	
部 員 数	40名	
夏 合 宿	なし	
シーズン成績	6勝1敗	
試合成績		

【公式試合】
＜対抗戦＞

No.21	T14.11.3	○	早稲田大学	11-3	●	明治大学	戸塚	R北野貞作
No.22	T14.11.23	●	〃	3-8	○	慶應大学	戸塚	R奥村竹之助
No.23	T14.12.2	○	〃	12-3	●	商科大学	戸塚	R橋本寿三郎
No.24	T14.12.13	○	〃	9-3	●	東京大学	本郷	R馬場二郎
No.25	T14.12.30	○	〃	9-0	●	京都大学	京大	R竹上四郎
No.26	T15.1.3	○	〃	18-3	●	第三高等学校	三高	R目良篤
No.27	T15.1.6	○	〃	10-3	●	同志社大学	同大	R竹上四郎

OB倶楽部誕生、鉄笛創刊

　これまで試合は対戦校同士間で随意に決められていたが、試合数が増えるにつれ調整が難しくなってきた。この年から関東協会のもとで慶、早、東、商、明、立の6校が一堂に会して取り組み、これがリーグ戦方式による対抗戦の最初となった。

　関東勢との対戦を終えた後、これまでは関西勢を迎えていたが、初めて関西へ遠征した。京大に勝った後、年が明け、最も古い対戦相手の三高にも快勝した。三高からの初勝利となったが、この後対戦がなく、通算1勝3敗1分けと、早稲田にとって唯一、負け越している学生チームになっている。

　OB倶楽部の誕生は大正14年4月1日、初代のOB会長には井上成意が推挙された。

　部の機関誌『鉄笛（てってき）』も大正14年5月15日に第1号が創刊された。

第4回早慶戦（大正14年11月23日、戸塚球場）

第3回早明戦

大正14年11月3日　戸塚球場

○早大11 − 3●明大

▎若いFWで苦戦

　明治が急速に力を付けてきた。シーズン初戦の対戦だったが、実はこの前に立教と対戦しているらしい。スケジュールは組まれたが、何らかの都合で不戦になったか、新聞などに記録が残っておらず幻の対戦になった。

　明治戦はFWが若いだけに押されて苦戦となった。それでも球をTBに回し、三浦のトライで先行した。この後、パスミスを相手TBに拾われて3−3に追いつかれた。勝負の後半、早稲田は少ない好機を何とかものにした。清水のPGとSH本領のスクラムサイドを突いたトライ（ゴール）で逃げ切った。明治重量FWの追い上げに手を焼いたが、相手の反則が多く、救われる形となった。

　トライ数では、2つと1つの大接戦に。早稲田が打倒慶應で夢中になっている間に、新興の明治がひたひたと追い迫ってきていた。

第4回早慶戦

大正14年11月23日　戸塚球場

●早大3 − 8○慶大

▎早稲田初トライで接戦に

　早稲田がようやく慶應を脅かす力を付けてきた。FW一辺倒で策なしと評されていたが、創意工夫を試み、オープンプレーを挑んで初トライを奪った。

　前半19分、スクラムから慶應の萩原がサイドを抜きポスト下にトライ。後半8分、早稲田スクラムからの球を展開し馬場、滝川から三浦へ回し、30ヤードを走ってゴールポスト真下にトライして同点に追いついた。16分、慶應は山口が走りぬけ北野へパス、北野良く走ってトライと思われたが、早大中島の好タックル。お互い転倒している隙に、フォローしていた岩下が拾って決勝のトライ、萩原がゴールも成功させた。早稲田のトライは、慶應が創部以来関東のチーム相手に初めて許したトライでもあった。

　敗れはしたが積極的に攻撃を仕掛けた早稲田の姿勢に賛辞が送られた。試合直前に清水が病気になり、石田も負傷と両ロックの欠場は痛かった。

公式試合 No.21　　大正14年度 第1試合 対抗戦

早大		明大	早大		明大
11	−	3	1 寺田 半三 FW	1	五十嵐元春
3	前	3	2 渥美 利三	2	松田
8	後	0	3 坂倉 雄吉	3	岩間 信一
1	T	1	4 清水 定夫	4	木元規矩男
0	G	0	5 石田栄三郎	5	田辺
0	PG	0	6 中村 英作	6	柳 茂行
0	DG	0	7 助川 貞次	7	木村 誠三
1	T	0	8 片岡 春樹 HB	8	川名 軍一
1	G	0	9 本領信治郎	9	芦田万寿夫
1	PG	0	10 丸山 守一	10	市川龍太郎
0	DG	0	11 西野 綱三 TB	11	山根
	反則		12 兼子 義一	12	赤星 輝也

大正14年11月3日
G 戸塚
R 北野貞作 KO 14:30

13 滝川 末三	13 大槻 文雄
14 三浦孝太郎	14 久我 善久
15 中島 章 FB	15 西坂 秀雄

公式試合 No.22　　大正14年度 第2試合 対抗戦

早大		慶大	早大		慶大
3	−	8	1 寺田 半三 FW	1	岩下秀三郎
0	前	3	2 渥美 利三	2	小林 精吉
3	後	5	3 坂倉 雄吉	3	中村米次郎
0	T	1	4 芝原 一雄	4	吉本 祐一
0	G	0	5 助川 貞次	5	鈴木 増雄
0	PG	0	6 斉藤卯三九	6	宮地 秀雄
0	DG	0	7 兼子 義一	7	門倉 恒雄
1	T	1	8 片岡 春樹 HB	8	萩原 丈夫
0	G	1	9 本領信治郎	9	岸田 勇次
0	PG	0	10 丸山 守一	10	高橋 正夫
0	DG	0	11 西野 綱三 TB	11	山口 享
	反則		12 馬場 英吉	12	高野四万治

大正14年11月23日
G 戸塚
R 奥村竹之助 KO 14:30

13 滝川 末三	13 北野 幸也
14 三浦孝太郎	14 丸山 脣喜
15 中島 章 FB	15 富沢 慎二

大正15年度（1926年度） 創部9年目

主　　将	片岡春樹
主　　務	五百旗部佐一
委　　員	本領信治郎、兼子義一、清水定夫、滝川末三
卒業年次部員	五百旗部佐一、岩崎角之助、井沢権、片岡春樹、芝原（高師）一雄、友田正一、陣内恒雄、原槙慎二*、平沢郷勇#
部　　長	宇都宮鼎（3代部長）
監　　督	なし
コ ー チ	なし
部 員 数	50名
夏 合 宿	なし
シーズン成績	5勝1分

試合成績
【公式試合】
　＜対抗戦＞
　早大は対抗戦無敗だが、大正天皇崩御のため関西勢との試合は中止された。
　No.28　T15.9.24　〇　早稲田大学　63-0　● 法政大学　高円寺　R本領信治郎
　No.29　T15.10.6　〇　〃　　　　　36-0　● 東京高師（現筑波大学）戸山原　R橘広
　No.30　T15.10.20　〇　〃　　　　　31-0　● 商科大学　戸山原　R橋本寿三郎
　No.31　T15.11.4　〇　〃　　　　　31-5　● 立教大学　立大　R馬場次郎
　No.32　T15.11.11　〇　〃　　　　　12-0　● 明治大学　成増　R清瀬三郎
　No.33　T15.11.23　△　〃　　　　　 8-8　△ 慶應大学　神宮　R馬場次郎

▍大正天皇崩御、試合も中止に

宇都宮鼎教授が第3代部長に就任した。

11月30日に日本協会が設立され、田中銀之助が名誉会長となり、会長は空席。昭和3年度に高木喜寛が初代会長となった。

12月25日、大正天皇の崩御により、服喪することになり、東大戦や東上して対戦する予定だった関西勢との対戦は中止になった。

関東勢と6試合行ったが、失点したのは立教と慶應の2試合のみ。無敗でシーズンを終えることになった。

第5回早慶戦、神宮競技場で初試合（大正15年11月23日）

16　第1章　歴史の流れ

第4回早明戦
大正15年11月11日　成増兎月園
○早大12－0●明大

▌明治フッカー、北島登場

　明治がホームグラウンドとした成増の兎月園で行なわれた。明治は、北島がフッカーとしてレギュラーに定着した。大正、昭和、平成の3時代にわたり実に70年間、早稲田と死闘の歴史を築き上げた人物のスタートの年でもあった。

　後半15分、早大は明大陣25ヤードのルーズから右に回し三浦がトライ。18分TBパスで兼子左隅にトライ、22分、25分TBパスで三浦がトライ、12－0と突き放したが、早稲田としては、まったくの苦戦だった。この試合でSHを務めた片岡はノートにこう書き残している。「明大の台頭は実に驚くべきで、在学中のゲームでこの試合ほど緊迫を感じたことはなかった。創部4年目にしてFWの戦力は当時、既に最強になっていたのではないか」。こんなメモも残したが、真偽のほどは定かではない。「明大は早大のオープンプレーを防ぐためにタッチラインを狭めたとの話が残っている」。

第5回早慶戦
大正15年11月23日　神宮競技場
△早大8－8△慶大

▌互いに譲らず、初の引き分け

　追い上げてきた早稲田が遂に慶應に並んだ。だが、歴史や伝統の壁は厚く、突き破ることは出来なかった。チャンピオンを倒すためには、力が並んだだけでは勝てない。6分4分の力を持って初めて互角と思わなければならない。

　この頃からラグビー人気も年ごとに高まってきた。舞台が神宮競技場に移されさらに盛り上がりを見せてきた。メインスタンドは1円、一般の芝生席は50銭だったという。

　前半15分、早稲田の三浦が相手をかわして右隅にトライ。18分、慶應は北野が約70ヤードを独走して左中間にトライして同点に追いついた。31分、早稲田は滝川がドリブルで抜いてポスト下にトライ、本領のゴールも決まり、5点リードで折り返した。

　後半、慶應は再び北野が独走してトライ、ゴールも成功して再び同点とした。数少ない好機を得点に結びつけたのはさすが。早稲田は最後まで勢いを保てなかった。

公式試合 No.32　大正15年度 第5試合 対抗戦

早大		明大		早大			明大	
12	－	0	1	寺田	半三	FW	1	五十嵐元春
0	前	0	2	渥美	利三		2	北島 忠治
12	後	0	3	坂倉	雄吉		3	後藤 金司
0	T	0	4	清水	定夫		4	木元規矩男
0	G	0	5	石田栄三郎			5	知葉 友雄
0	PG	0	6	友田	正一		6	柳 茂行
0	DG	0	7	中村	英作		7	西坂 秀雄
4	T	0	8	片岡	春樹	HB	8	川名 軍二
0	G	0	9	本領信治郎			9	芦田万寿夫
0	PG	0	10	丸山	守一		10	市川龍太郎
0	DG	0	11	兼子	義一	TB	11	西野 静三
	反則		12	馬場	英吉		12	赤星 輝也
大正15年11月11日			13	滝川	末三		13	木村 誠三
G 成増			14	三浦孝太郎			14	片岡 巌
R 清瀬三郎	KO 14:30		15	中島	章	FB	15	中村不二男

公式試合 No.33　大正15年度 第6試合 対抗戦

早大		慶大		早大			慶大	
8	－	8	1	寺田	半三	FW	1	岩下秀三郎
8	前	3	2	渥美	利三		2	鈴木 増雄
0	後	5	3	坂倉	雄吉		3	中村米次郎
2	T	1	4	清水	定夫		4	近藤 信一
1	G	0	5	石田栄三郎			5	吉本 祐一
0	PG	0	6	友田	正一		6	綾部 新一
0	DG	0	7	助川	貞次		7	高橋 茂雄
0	T	1	8	片岡	春樹	HB	8	萩原 丈夫
0	G	1	9	本領信治郎			9	上野 祝二
0	PG	0	10	丸山	守一		10	高橋 正夫
0	DG	0	11	兼子	義一	TB	11	丸山 侟喜
	反則		12	馬場	英吉		12	北野 幸也
大正15年11月23日			13	滝川	末三		13	富沢 慎二
G 神宮			14	三浦孝太郎			14	浜田 鋭一
R 馬場二郎	KO 14:30		15	中島	章	FB	15	高野四万治

2　初の全国制覇へ（昭和1ケタ年代）

昭和2年度（1927年度）　創部10年目

主　　将　本領信治郎（豪州遠征まで）→滝川末三（秋のシーズンから）
主　　務　なし
委　　員　兼子義一、丸山守一、清水定夫
卒業年次部員　馬場英吉、遠藤三吉、古川登久茂*、林英智*、本領信治郎、石田栄三郎*、兼子義一、
　　　　　　木原耕三、丸山守一、籾山寛一、中島章、斉藤卯三九*、佐野九州男、清水定夫、助川
　　　　　　貞次（専）、滝川末三、加藤、代田、真鍋
部　　長　宇都宮鼎
監　　督　木村文一（豪州遠征のみ）
コ ー チ　なし
部 員 数　38名
夏 合 宿　なし
シーズン成績　4勝2敗
試合成績
【公式試合】
　＜対抗戦＞
　No.34　S2.11.12　○　早稲田大学　34-5　●　東京高師　池袋　R本領信治郎
　No.35　S2.11.23　○　〃　8-6　●　慶應大学　神宮球場　R奥村竹之助
　No.36　S2.12.4　○　〃　9-6　●　明治大学　神宮　R奥村竹之助
　No.37　S2.12.17　●　〃　6-19　○　東京大学　神宮　R奥村竹之助
　No.38　S3.1.4　○　〃　16-8　●　同志社大学　神宮　R橋本寿三郎
　No.39　S3.1.7　●　〃　11-14　○　京都大学　神宮　R橋本寿三郎
　＜国際試合＞
　国際1　S2.7.23　●　早稲田大学　0-6　○　ノーマッズ　マニラ　R不明（以下、国際8まで豪州
　　　　遠征。往路マニラで対戦）
　国際2　S2.8.13　●　〃　19-57　○　ビクトリア州選抜　メルボルン　Rワンディン
　国際3　S2.8.16　●　〃　12-35　○　メ・シ大学連合　メルボルン　R不明
　国際4　S2.8.20　●　〃　6-31　○　N.S.W.　シドニー　Rマーチン
　国際5　S2.8.24　●　〃　23-33　○　メトロポリタン　シドニー　Rキルナー
　国際6　S2.8.26　●　〃　3-17　○　シドニー大学　シドニー大学　Rコーエン
　国際7　S2.9.12　○　〃　6-3　●　ノーマッズ　マニラ　R不明（復路マニラで対戦）
　国際8　S2.9.15　○　〃　21-6　●　香港　香港　R不明（復路香港で対戦）
　国際9　S3.2.5　●　〃　0-8　○　上海ウエールズ連隊　神宮　R橋本寿三郎（上海ウ
　　　　エールズ連隊来日）
【準公式試合】
　S2.7.10　○　早稲田大学　24-0　●　全関東　戸塚　R香山蕃（壮行試合）
　S2.10.2　○　〃　59-0　●　全関東　豊島園　R香山蕃（帰国歓迎試合）
　S2.11.6　○　〃　18-3　●　YCAC　根岸　R不明
★シーズンの優勝チーム★
　第1回全国優勝　京都大学（1回目）
　東西大学対抗　○　京都大学　11-5　●　慶應大学
　　　　　　　　○　〃　14-11　●　早稲田大学

早慶戦祝勝会（昭和2年11月23日）

歴史的な豪州遠征

　本領主将は、打倒慶應のためにラグビー先進国を訪れ、本場のラグビーを体験したいと熱望した。彼らの情熱が荒唐無稽と思われたオーストラリア遠征を実現させた。

　大反対もあったが、大阪毎日新聞社に相談、金銭的援助は受けられなかったが、交渉と後援を取り付け、実現につなげた。

　5戦して全敗したが、強豪を相手によく善戦した。遠征の往路、復路にマニラ、香港で3戦し、ツアーとしては8試合。遠征メンバーは喜多壮一郎教授を団長に、木村文一監督以下選手18名。木村は長くOB会長を務めた。今の時代と違い、当時は一サラリーマンが3か月もの大遠征に参加できるはずないが、木村はきっぱり職を辞して遠征に参加。人生、意気に感じるラガーマンらしい生き方でもある。7月13日に出発した一行が帰国したのは9月23日。実に73日間の大遠征だった。選手18人で外国チームと8試合も戦った。今なら30人は連れていく。選手の交代ができなかった時代、3人しか余っていないのだからよく戦え、怪我も少なかったようだ。

　豪州遠征から帰国後、人心の一新をはかり、主将の本領が滝川にバトンをゆずりシーズンに入った。豪州で学んだ速いテンポの展開ラグビーは、その後早稲田流に工夫改善され、今日の早稲田ラグビーの基盤となる「ゆさぶり戦法」として揺るぎないものになるのだが、このときはまだ確固たる理論の裏づけがあったわけではない。しかし、本場の胸を借りてきた自信と、長い遠征で築き上げられてきたチームプレーは見事に結実。無敵を誇った慶應を倒したのだ。東大、京大には敗れ、全国優勝の野望は断たれた。

第6回早慶戦

昭和2年11月23日　神宮球場

○早大8－6●慶大

■ ついに常勝慶應を破る

早稲田のオーストラリア遠征の成果と王者・慶應の対応ぶりを見ようと大観衆がスタンドを埋めた。

前半4分、早稲田はドリブルしてインゴールに迫り、転々とする球を抑えてトライ。6分、慶應は相手ゴール前のラインアウトからTBパス、ウイング丸山が右隅にトライ。さらに30分、萩原のPGが決まり、6－3とリードして前半を終了した。

後半3分、早稲田はFWがドリブルで攻め込み、ゴール前から飯田がサイドをもぐってトライ、坂倉がゴールを決め逆転に成功した。その後、慶應はたびたび早稲田を脅かしたがTBの拙攻でチャンスを逸した。早稲田は必死の防御で、王者が守ってきた28年間の無敗記録を打ち破った。

新しい歴史を築いた早稲田、遂に無敗の歴史を失った慶應には、それぞれに万感の涙があった。

第5回早明戦

昭和2年12月4日　神宮競技場

○早大9－6●明大

■ 薄氷の勝利

早稲田にメンバー変更があり、FWの動きがいま一つだった。最初の20分あたりまで明治の8人制FWに押され、球はほとんど明治に取られ防御一方の戦いであった。17分、明治は相手25ヤード辺りのラインアウトからの球を得て突進、更にゴール前からFWのショートパスで川名が右中間にトライを決め先行した。早稲田は31分、相手10ヤードから飯田が抜けて兼子にパス、TBをかわして進み、最後は中島が右中間にトライして3－3で前半を終えた。

後半、早稲田が次第に力を出し、ゴール直前で木村が球を取り倒れ込んでトライ。20分明大10ヤードで反則、清水がドロップキックでこのPGを決めて9－3。明大はその後反撃に出て24分、力業でスクラムトライを奪った。早大はPGの差で辛勝した。

明治は初勝利こそ逃したが、初めてスクラムトライを奪ったことで、この後の早明戦史に大きな影響を与えることになった。

公式試合 No.35		昭和2年度 第2試合 対抗戦			
早大	慶大		早大		慶大
8	－ 6	1	寺田 半三	FW 1	中村米次郎
3	前 6	2	渥美 利三	2	川津 尚彦
5	後 0	3	太田 義一	3	矢飼 督之
1	T 1	4	清水 定夫	4	門倉 恒雄
0	G 0	5	木村 興人	5	吉本 祐一
0	PG 1	6	坂倉 雄吉	6	高橋 茂雄
0	DG 0	7	助川 貞次	7	高野四万治
1	T 0	8	丸山 守一	HB 8	萩原 丈夫
1	G 0	9	飯田 講一	9	上野 祝二
0	PG 0	10	兼子 義一	10	鄭 守義
0	DG 0	11	藤井 正義	TB 11	丸山 冪喜
	反則	12	馬場 英吉	12	富沢 慎三
昭和 2年11月23日		13	滝川 末三	13	長沖 彰
G 神宮球場		14	中島 章	14	浜田 鋭一
R 奥村竹之助 KO 14:30		15	小船 伊助	FB 15	堤 正安

公式試合 No.36		昭和2年度 第3試合 対抗戦			
早大	明大		早大		明大
9	－ 6	1	渥美 利三	FW 1	五十嵐元春
3	前 3	2	山下 竜雄	2	北島 忠治
6	後 3	3	太田 義一	3	後藤 金司
1	T 1	4	清水 定夫	4	木元規矩男
0	G 0	5	木村 興人	5	知葉 友雄
0	PG 0	6	坂倉 雄吉	6	岡田 由男
0	DG 0	7	寺田 半三	7	梶 晃
1	T 1	8	代田	HB 8	川名 軍二
0	G 0	9	飯田 講一	9	野呂瀬丁児
1	PG 0	10	兼子 義一	10	芦田万寿夫
0	DG 0	11	砂堀 功	TB 11	安田 種臣
	反則	12	馬場 英吉	12	西野 静三
昭和 2年12月 4日		13	滝川 末三	13	片岡 巌
G 神宮		14	中島 章	14	中村不二男
R 奥村竹之助 KO 14:30		15	小寺 三郎	FB 15	木村 誠三

昭和3年度（1928年度） 創部11年目

主　　　将　寺田半三
主　　　務　藤井（三村）正義
委　　　員　渥美利三、小船伊助、太田義一、坂倉雄吉
卒業年次部員　井上智仁、三浦富次郎、宮地二郎、清水正仁、田中嘉蔵、寺田半三、淀川良介、有村直義
部　　　長　宇都宮鼎
監　　　督　本領信治郎（初代監督）
部　員　数　36名
夏　合　宿　静岡県島田市
コ　ー　チ　なし
シーズン成績　4勝4敗、関東大学対抗戦3位
試合成績
【公式試合】
　＜対抗戦＞
　No.40　S3.10.10　○　早稲田大学　53-0　●　法政大学　高円寺　R山田
　No.41　S3.10.29　○　〃　　　　　14-3　●　立教大学　立大　　R橋本寿三郎
　No.42　S3.11.10　○　〃　　　　　28-3　●　商科大学　東伏見　R目良篤
　No.43　S3.11.23　●　〃　　　　　 5-16 ○　慶應大学　神宮　　R目良篤
　No.44　S3.12.8 　●　〃　　　　　 3-11 ○　明治大学　神宮　　R奥村竹之助
　No.45　S3.12.16　●　〃　　　　　11-16 ○　東京大学　神宮　　R目良篤
　No.46　S4.1.2 　 ○　〃　　　　　 6-0 　●　同志社大学　同大　R別所安次郎
　No.47　S4.1.7 　 ●　〃　　　　　 6-9 　○　京都大学　京大　　R別所安次郎
★シーズンの優勝チーム★
この年から関東5大学対校リーグ戦開始。
第1回関東大学対抗戦優勝　慶應大学（1回目）
第2回全国優勝　京都大学（2年連続2回目）
東西大学首位対戦　○　京都大学　12-3　●　慶應大学

東伏見グラウンド誕生

　この年早稲田大学は、上保谷の土地を西武電鉄から寄贈され、総合グラウンドとして利用することにした。グラウンドに悩んでいたラグビー部は一番乗りをして、部員が力を合わせグラウンドとして使用できるように整地した。当時は長いこと雨が降ると、もとの田圃に逆戻りしてしまうような状況だったらしい。

　専用グラウンドを持ったことが、その後のラグビー部の発展に、どれほど大きな役割を果たしてくれたか計り知れない。東伏見の地名は、この地の繁栄を祈念するために西武電鉄が京都の伏見稲荷の分社を建立し、駅名を東伏見としたことから始まった。

　秋には慶應、早稲田、東大、明治、立教の5大学リーグが始まった。最初のシーズンは立教から1勝を挙げるにとどまった。

　明けて昭和4年1月7日の京大戦で早稲田は惜敗した。ゲーム後、本領監督はレフリーの判定を不服として、京大と、京大出の別所レフリーを痛烈に非難した。これに対し京大は早稲田にラフプレーが多く、怪我人が出たことを理由に、以後試合をしないということになり、7年間、不戦の期間が続いた。

　早稲田は約20のペナルティを取られ、京大は0。ルールの解釈をめぐる論議は大いにやるべきだが、論戦を挑む時と所を考える必要がある。ちなみに早稲田の監督第1号はこの本領で、早稲田は昭和3年度から現在と同じ監督制を敷いている。

東伏見グラウンド整地作業（昭和3年8月）

第7回早慶戦
昭和3年11月23日　神宮競技場
●早大5－16○慶大

▍魂のラグビーの原点

　早慶の激突を中心にラグビー熱は高まり、第1期の隆盛期を迎えた。早稲田は前年のメンバーから9名が卒業しメンバーが一新された。これで第1回早慶戦から出場していた創世期のメンバーがいなくなった。いわば新しいスタートとも言えるシーズンだった。一方の慶應は屈辱に泣いた前年のメンバーが11名残った。力が均衡しているときに勝負を決するものは、その日の出来栄えだけでなく、1年間の努力の積み重ねでもある。創部以来の敗戦に涙した部員のこの1年にかける意欲と努力がどんなものだったか。慶大がこのゲームにかける意欲が早稲田を上回った。これが今に生きるタイガー軍団の魂のラグビーのルーツなのであろうか。

　前半、慶大は石井のパントを堤が取ってトライ（ゴール）。後半、慶大が1トライ追加した後の8分、早大は坂倉がトライ（ゴール）したが反撃もここまで。慶大に2トライ（1ゴール）を加えられた。

第6回早明戦
昭和3年12月8日　神宮競技場
●早大3－11○明大

▍北島主将、早稲田から初勝利

　打倒早稲田を成し遂げた明治ラグビーの主将は北島氏だった。『明大ラグビー史』に、この日の勝利についてご自身が書いている。

　「早大には大西、寺田、木村君など、錚々たるフォワードに、飯田、西尾、砂堀、坂倉君など、聞こえたバックメンが健在でした。いざゲームになると、スクラムセンターである私は夢中で、ただ時々聞こえるホイッスルの音と、ボールをヒールアウトする自分の足が目につくだけでした。しかし幸いに、私たちは17分新人フッカー都志（この当時は1番、3番もフッキングをしフッカーと呼ばれていた）の強引なトライと、芦田のプレースが決まって5点、21分にはTBの田中がトライをし、ハーフタイム直前にも木村のPGが決まって11対0のまま前半を終りました。後半はたしか砂堀君に、開始8分ごろトライされ、ちょっと冷汗をかきましたが、その後良く頑張って11対3の大勝に、味方同士相擁して悦びあった次第でした」。

公式試合　No.43　　昭和3年度　第4試合　対抗戦

早大		慶大	早大			慶大		
5	−	16	1	大西	栄造 FW	1	中村米次郎	
0	前	5	2	渥美	利三	2	川津	尚彦
5	後	11	3	太田	義一	3	門倉	恒雄
0	T	1	4	黒河内重五郎		4	阿部(山本)清二	
0	G	1	5	木村	興人	5	吉本	祐一
0	PG	0	6	寺田	半三	6	鄭	守義
0	DG	0	7	山下	竜雄	7	高野四万治	
1	T	3	8	増野	道雄 HB	8	萩原	丈夫
1	G	1	9	飯田	講一	9	上野	祝二
0	PG	0	10	中村	英作	10	藤井	貢
0	DG	0	11	小寺	三郎 TB	11	丸山	扂喜
	反則		12	西尾	重喜	12	石井	太郎
昭和 3年11月23日			13	坂倉	雄吉	13	長沖	彰
G 神宮			14	砂堀	功	14	堤	正安
R 目良 篤　KO 15:00			15	小船	伊助 FB	15	伊藤	次郎

公式試合　No.44　　昭和3年度　第5試合　対抗戦

早大		明大	早大			明大		
3	−	11	1	大西	栄造 FW	1	都志	悌二
0	前	11	2	黒河内重五郎		2	北島	忠治
3	後	0	3	井上	智仁	3	千葉	忠
0	T	2	4	田川	潔	4	木元規矩男	
0	G	1	5	木村	興人	5	知葉	友雄
0	PG	1	6	寺田	半三	6	岡田	由男
0	DG	0	7	山下	竜雄	7	芦田万寿夫	
1	T	0	8	森	茂喜 HB	8	大滝	正宣
0	G	0	9	飯田	講一	9	木下	太郎
0	PG	0	10	中村	英作	10	松原	健一
0	DG	0	11	小寺	三郎 TB	11	田中	一郎
	反則		12	西尾	重喜	12	西野	静三
昭和 3年12月 8日			13	坂倉	雄吉	13	西坂	秀雄
G 神宮			14	砂堀	功	14	中村不二男	
R 奥村竹之助　KO 14:30			15	小船	伊助 FB	15	木村	誠三

昭和4年度（1929年度） 創部12年目

主　　　将　坂倉雄吉
主　　　務　藤井（三村）正義
委　　　員　飯田（井上）講一、小船伊助、太田義一
卒業年次部員　渥美利三、飯田講一（専）、狩野祐己、木下敏男（専）、西尾重喜、坂倉雄吉、砂堀功、
　　　　　　　鈴木惣一、山下竜雄、黒河内重五郎、藤井（三村）正義、高石勝男[#]
部　　　長　宇都宮鼎
監　　　督　本領信治郎
部 員 数　41名
夏 合 宿　なし
コ ー チ　なし
シーズン成績　5勝3敗、関東大学対抗戦4位
試合成績
【公式試合】
　＜対抗戦＞
　No.48　S4.10.21　○　早稲田大学　59-3　●　法政大学　東伏見　R清瀬三郎
　No.49　S4.11.9　●　　〃　　14-19　○　立教大学　神宮　R清瀬三郎
　No.50　S4.11.15　○　　〃　　69-0　●　商科大学　石神井　R清瀬三郎
　No.51　S4.11.23　●　　〃　　3-6　○　慶應大学　神宮　R清瀬三郎
　No.52　S4.12.8　●　　〃　　0-5　○　明治大学　神宮　R清瀬三郎
　No.53　S4.12.29　○　　〃　　32-0　●　北海道大学　戸塚　R橋本寿三郎
　No.54　S5.1.5　○　　〃　　15-0　●　東京大学　神宮　R目良篤
　No.55　S5.1.12　○　　〃　　23-0　●　同志社大学　神宮　R目良篤
【準公式試合】
　S4.12.15　○　早稲田大学　17-14　●　YCAC　根岸　R不明
★シーズンの優勝チーム★
　第2回関東大学対抗戦優勝　立教大学（1回目）
　第3回全国優勝　京都大学（3年連続3回目）
　東西大学首位対戦　○　京都大学　12-8　●　明治大学
　　　　　　　　　　△　　〃　　9-9　△　慶應大学（立教大学と京都大学の対戦なし）

外国人コーチ招聘

　5月1日から10日間、早稲田は外国人コーチのジョージ・ケイジャー氏を招聘。オックスフォード大学出身。豪州遠征の時に世話になったNSW州ユニオンのマーチンの紹介だった。4月18日来日、5月1日から10日間の公開講習会を開催したところ、関西からも多数参集した。主として基本的プレーの実技講習を行なった。

　慶應に勝って宿願は達成したが、もう1つ大きな壁を乗り切れず、全国優勝達成のための力にしたかったのであろう。このチャンスを早稲田だけのものとせず、広く一般に開放したこと、それに応えて勉強の機会を求めて、多くの人が集まったことに意義があった。

　シーズンは東大から1勝しただけで、関東大学対抗戦は4位だった。立教が充実したチーム作りに成功、早稲田は初めて敗れた。立教は対抗戦を制したが、関西覇者の京大との対戦することはなかった。

第8回早慶戦
昭和4年11月23日　神宮競技場
●早大3－6○慶大

▎1Tの早稲田、2PGに屈す

　慶應をノートライに押さえながら敗れた。

　前半、早大は3回のPGの機会があったが成功せず0－0でハーフタイム。後半7分、早大は坂倉の突進からFWのショートパスでゴールに迫ったが、慶大の好守に返される。その後、慶大のドリブルからの突進を早大ヘルド（ノット・リリース・ザ・ボール）、萩原がPGを決めて先行した。20分、早大は坂倉のショートパントを引っ掛けて前進、柯にパスして左中間にトライして追い付いた。30分スクラムで早大に反則があり、再び萩原がPGを決めて3－6で慶大が競り勝った。両校とも闘志溢れ、1分の緩みもない好ゲームだった前半、風上の早大はFWが健闘、多くの球を取ったが追い風もあってパスが思うようにつながらず、再三のチャンスを失った。だが、攻撃の欠点を指摘するよりも、むしろ両校の防御を称するべきである。

第7回早明戦
昭和4年12月8日　神宮競技場
●早大0－5○明大

▎零封負けで連敗

　すでに立教、慶應に敗れ早明戦を迎えていた。結果は屈辱の零敗。前半、当初早大は優勢に戦ったが、球が取れずFWの劣勢により追い返されて得点にいたらず、明大の好防を賞すべきである。後半5分、中央から柯のキックでゴール寸前に攻め入ったが球を落としドロップアウトに終る。以後明大のFW良く球を取り、13分WTB中村突進、左隅のスクラムから木下ブラインドを突いたが成功せず。その後両軍一進一退、29分中央から松原のパントこれを鳥羽拾ってタッチ沿いに走り、中央に回り込み貴重なトライ（ゴール）を得た。

　明治の勝因はFWの敢闘によるもの。90％の球を取り、良くバックスを走らせたが、TBは早大の好防に多くのチャンスを失った。早大のセブンFWは常に押され、好球をBKに回すことが出来ず、加えてBKの連携プレーが悪く最後に1ゴールを許してしまった。

公式試合 No.51　昭和4年度　第4試合　対抗戦

早大		慶大		早大			慶大	
3	－	6	1	大西	栄造	FW	1 真野	喜平
0	前	0	2	太田	義一		2 矢飼	督之
3	後	6	3	黒河内重五郎			3 斉藤	昌平
0	T	0	4	渥美	利三		4 津田不二夫	
0	G	0	5	木村	興人		5 川津	尚彦
0	PG	0	6	中村	英作		6 清水	精三
0	DG	0	7	山下	竜雄		7 阿部	黎二
1	T	0	8	増野	道雄	HB	8 上野	祝二
0	G	0	9	林	芳雄		9 萩原	丈夫
0	PG	2	10	西尾	重喜		10 藤井	貢
0	DG	0	11	小寺	三郎	TB	11 堤	正安
	反則		12	柯	子彰		12 丸山	麻喜
昭和4年11月23日			13	坂倉	雄吉		13 石井	太郎
G 神宮			14	砂堀	功		14 長沖	彰
R 清瀬三郎　KO 14:30			15	小船	伊助	FB	15 伊藤	次郎

公式試合 No.52　昭和4年度　第5試合　対抗戦

早大		明大		早大			明大	
0	－	5	1	大西	栄造	FW	1 都志	悌二
0	前	0	2	太田	義一		2 松田	久治
0	後	5	3	黒河内重五郎			3 伊集院	浩
0	T	0	4	田川	潔		4 三宅	良吉
0	G	0	5	木村	興人		5 増永	洋一
0	PG	0	6	中村	英作		6 岡田	由男
0	DG	0	7	山下	竜雄		7 知葉	友雄
0	T	1	8	増野	道雄	HB	8 大滝	正宣
0	G	1	9	林	芳雄		9 木下	太郎
0	PG	0	10	西尾	重喜		10 松原	健一
0	DG	0	11	小寺	三郎	TB	11 鳥羽差次郎	
	反則		12	柯	子彰		12 田中	一郎
昭和4年12月8日			13	坂倉	雄吉		13 安田	種臣
G 神宮			14	砂堀	功		14 中村不二男	
R 清瀬三郎　KO 15:30			15	小船	伊助	FB	15 西野	静三

昭和5年度（1930年度）　創部13年目

主　　　将　　小船伊助
主　　　務　　赤星昂
委　　　員　　中村英作、太田義一
卒業年次部員　五十嵐重次（専）、小寺三郎（専）、小船伊助、増野道雄（専）、三輪（中村）鉦次郎、中村英作（専）、田中泰造、藤田忠興、西郷左＊
部　　　長　　宇都宮鼎
監　　　督　　馬場英吉（2代監督）
コ　ー　チ　　なし
部　員　数　　43名
夏　合　宿　　河口湖（1回目）
シーズン成績　6勝2敗、関東大学対抗戦3位
試合成績
【公式試合】
　＜対抗戦＞
　No.56　S5.10.18　○　早稲田大学　63-0　●　法政大学　東伏見　R清瀬三郎
　No.57　S5.10.26　○　　〃　　　56-6　●　文理大学（現筑波大学、旧東京師範、旧教育大学）東伏見
　　R兼子義一
　No.58　S5.11.8　○　　〃　　　14-8　●　立教大学　神宮　R清瀬三郎
　No.59　S5.11.15　○　　〃　　　14-6　●　東京大学　神宮　R中村米次郎
　No.60　S5.11.23　●　　〃　　　3-19　○　慶應大学　神宮　R目良篤
　No.61　S5.12.1　○　　〃　　　34-11　●　商科大学　戸塚　R本領信治郎
　No.62　S5.12.7　●　　〃　　　9-14　○　明治大学　神宮　R香山蕃
　No.63　S6.1.3　○　　〃　　　8-3　●　同志社大学　花園　R望月信次
★シーズンの優勝チーム★
　第3回関東大学対抗戦優勝　慶應大学（2年ぶり2回目）
　第4回全国優勝　慶應大学（1回目）
　東西大学首位対戦　○　慶應大学　17-0　●　同志社大学

ROB倶楽部関西支部設立

　8月から10月にかけて、日本代表がカナダへ初めての海外遠征を行った。カナダ協会の招待状は最初、早稲田に届いたそうだが、当時の実力から単独遠征は無理と判断、代表の遠征となった。

　遠征はブリティッシュコロンビア州代表と引き分けただけで全勝の好成果をあげた。早稲田からこの遠征に参加したのは、小船、太田、柯の3選手だった。

　関東大学対抗戦は2勝2敗の4位だった。関西で京大を破って優勝した同大とは正月に花園で対戦。3点を追う早大は後半15分、中村がサイドを抜けてトライを挙げ同点。31分、林－小寺と渡り、ポストしたにトライ（ゴール）して競り勝った。

　大阪・天満橋の野田屋食堂で昭和5年9月29日、ROB倶楽部関西支部の創立総会が開催された。初代支部長に服部憲照氏が選ばれた。以来、関西の中心として学生を支援、新人の推薦、親睦に尽くし、本部と一丸となってワセダファミリーの一翼を担ってきた。

第5回早立戦（昭和5年11月8日、神宮競技場）

第9回早慶戦

昭和5年11月23日　神宮競技場

●早大3－19○慶大

▎慶大プロップの矢飼に活躍許す

　早大のキックオフ。最初の10分ぐらいは双方ともに元気に戦い一進一退、その間、慶大2、早大1の反則があったがPGは不成功。14分、早大の2度目の反則を慶大の矢飼が45ヤードのPGに成功。23分、早大は清瀬がPGを決め同点とする。30分、慶大は長沖の好タックルから、球を拾った藤井が右隅にトライ。32分、慶大の若尾は相手パスをインターセプトし、フォローした矢飼がトライ（ゴール）で8点をリードした。

　後半も両校反則が多く、8分、慶大は北野がPGを成功。さらに、17分、ゴール前のラインアウトから矢飼がこぼれ球を拾ってトライ（ゴール）。早大は後半、無得点に封じられた。

　慶大の1番矢飼は2T1PGを挙げて勝利に貢献。ビックゲームでフロントローが2トライを挙げるのは珍しい。おまけにPGも決めた。カナダ遠征の日本代表チームにも選ばれた矢飼は、傑出した選手だった。

第8回早明戦

昭和5年12月7日　神宮競技場

●早大9－14○明大

▎3年続いた慶明連続黒星

　慶應、明治に連敗するのが3年続いたのは、歴史ではこの時代だけとなっている。

　前半は一進一退の攻防。15分、明治の木下のミスを柯がパント、五十嵐がこれをとって3点先行するトライ。明治はすぐ反撃し、鳥羽の独走トライと、木下のインターセプトからのトライ（ゴール）で8－3とリードした。終了間際、早稲田はFWの突進から清瀬のトライで2点差に迫って折り返した。後半10分過ぎのトライで一時は逆転したが、明大FW優位に立っていたが、16分に明大・中村のドリブルを早大TBがミスするのを鳥羽が拾い独走トライで再逆転。更に32分にもトライを上げて突き放した。両校ともに消極的というか、防御に力を注いだためTBが常に浅い感があった。明大は優秀なWTBを持ちながら、これを忘れたようにHB、CTBが持ちすぎていた。早大はTBを活用していた。早大が後半はじめに好調を持続していたら、逆転するのは不可能ではなかった。

公式試合 No.60　昭和5年度 第5試合 対抗戦

早大		慶大	早大			慶大	
3	—	19	1 大西　栄造	FW	1	矢飼　督之	
3	前	11	2 松原　武七		2	酒井　通博	
0	後	8	3 太田　義一		3	田治　正浩	
0	T	2	4 田川　潔		4	真野　喜平	
0	G	1	5 三輪　鉦次郎		5	田川　博	
1	PG	1	6 清瀬　五郎		6	阿部　黎二	
0	DG	0	7 中村　英作		7	三浦　五郎	
0	T	1	8 増野　道雄	HB	8	清水　精三	
0	G	1	9 林　芳雄		9	石井　太郎	
0	PG	1	10 小寺　三郎		10	財部　真幸	
0	DG	0	11 吉田　雅夫	TB	11	北野　孟郎	
	反則		12 荒賀(山東)嘉樹		12	藤井　貢	
昭和 5年11月23日			13 柯　子彰		13	長沖　彰	
G 神宮			14 五十嵐重次		14	若尾(平沼)光平	
R 目良 篤　KO 14:30			15 小船　伊助	FB	15	伊藤　次郎	

公式試合 No.62　昭和5年度 第7試合 対抗戦

早大		明大	早大			明大	
9	—	14	1 大西　栄造	FW	1	佐々竹直義	
6	前	8	2 松原　武七		2	松田　久治	
3	後	6	3 太田　義一		3	伊集院　浩	
2	T	2	4 大野　信次		4	三宅　良吉	
0	G	1	5 三輪　鉦次郎		5	増永　洋一	
0	PG	0	6 清瀬　五郎		6	岡田　由男	
0	DG	0	7 岡本　有三		7	大滝　正宣	
1	T	2	8 林　芳雄	HB	8	都志　悌二	
0	G	1	9 中村　英作		9	木下　太郎	
0	PG	0	10 小寺　三郎		10	丹羽　正彦	
0	DG	0	11 小船　伊助	TB	11	鳥羽善次郎	
	反則		12 赤星　昂		12	西野　静三	
昭和 5年12月 7日			13 柯　子彰		13	安田　種臣	
G 神宮			14 五十嵐重次		14	中村不二男	
R 香山 蕃　KO 14:30			15 小川　一雄	FB	15	笠原　恒彦	

昭和6年度（1931年度）　創部14年目

主　　　将　　太田義一
主　　　務　　勝田弥一
副 主 務　　日置寧二
委　　　員　　赤星昂、荒賀（山東）嘉樹、柯子彰、大西栄造
卒業年次部員　赤星昂、日高潔、木村興人、小川一雄（専）、大西栄造、太田義一、桜井三郎、寺尾信三（専）、
　　　　　　　飯田英三、佐藤太郎（専）、鈴木（山添）明（専）、藤田明[#]
部　　　長　　宇都宮鼎
監　　　督　　馬場英吉
コ ー チ　　なし
部 員 数　　46名
夏 合 宿　　沓掛（3回目）
シーズン成績　7勝1敗、関東大学対抗戦2位
試合成績
【公式試合】
　＜対抗戦＞
　No.64　S6.10.17　○　早稲田大学　35-5　●　法政大学　東伏見　R不明
　No.65　S6.10.25　○　　〃　　　58-0　●　文理大学　東伏見　R清瀬三郎
　No.66　S6.11.7　○　　〃　　　49-0　●　立教大学　神宮　R香山蕃
　No.67　S6.11.14　○　　〃　　　20-3　●　東京大学　神宮　R目良篤
　No.68　S6.11.23　○　　〃　　　12-5　●　慶應大学　神宮　R目良篤
　No.69　S6.11.30　○　　〃　　　24-9　●　商科大学　東伏見　R中村米次郎
　No.70　S6.12.6　●　　〃　　　8-33　○　明治大学　神宮　R目良篤
　No.71　S7.1.3　○　　〃　　　21-10　●　同志社大学　神宮　R中村米次郎
　＜国際試合＞
　国際10　S7.1.20　●　早稲田大学　13-29　○　カナダ　神宮　R清瀬三郎
★シーズンの優勝チーム★
第4回関東大学対抗戦優勝　明治大学（1回目）
第5回全国優勝　明治大学（1回目）
東西大学首位対戦　○　明治大学　54-11　●　京都大学

▍盛況の「一升会」？

　このころばかりとはいえないが、酒豪が多かったようだ。中でも豪傑連中は「一升会」なるものを作り、高田牧舎の二階に陣取って各自正一升を飲み干した上、さらに巷にさまよい出て飲み続けたという。

　練習も休みなくやった。沓掛の夏合宿では、馬場監督の指示で朝食前にもたっぷりランニングパスを繰り返す猛訓練となった。しかし、優勝の美酒を味わうことはできなかった。

　年が明けて、カナダ代表が来日した。テイレット監督以下25人は昭和7年1月16日に横浜着、約1カ月滞在し、7戦5勝2敗の成績を残し、2月13日に帰国した。早稲田は最初に対戦、オープン攻撃を仕掛けたがカナダの守りは堅く、体力とスピードももって逆に反撃を食らった。前半だけで5－21と大きく引き離された。後半に入ってカナダの動きが多少鈍り、互角の展開だったが、13－29で敗れた。

　日本代表は連勝したが、早稲田からは松原、大野、野上、柯が選ばれた。

カナダを迎えて（昭和7年1月19日、大隈会館）

第10回早慶戦
昭和6年11月23日 神宮競技場
○早大12 − 5●慶大

▍後半一気の4連続トライ

両校のメンバーにあまり変動がなかった。前半は互角の戦い。息をつかせないような速い展開は今季のハイライトともいえた。0−0のまま後半へ。慶應の動きが次第に鈍るところを突き早稲田はバックスが活躍し始めた。19分、日高のトライで先制。さらに、FWのドリブルで相手ゴール前に迫り、FWがパスをつなぎ大野がトライ。27分には太田、30分には柯−荒賀とつなぎ連続4トライを挙げた。最後に慶應はドリブルでゴールに迫り、矢飼から長沖に渡りポスト下にトライ、北野がゴールして5点を返した。

この日、宇都宮部長は「おれが観戦に行くと負けてばかりいるから、今日は家にいる」と言われ、神宮には来なかった。早速、勝利の報告を携え中野桃園の自宅へ迎えに行き、高田牧舎の祝勝会に来て頂いた。

第9回早明戦
昭和6年12月6日 神宮競技場
●早大8 − 33○明大

▍初の全勝対決は大敗

初めての全勝対決となった。明治の北島氏は卒業と同時にラグビー部監督に就任、3年目にして「戦車フォワード」を完成させた。直線的に正面突破を仕掛け、機をみて展開する戦法が光った。

早稲田はHBの連係が悪く、柯の欠場もあり、バックスが整備されてなかったのが響いた。前半こそ2トライ（ゴール）に抑えたが、明治の強力な突進を止める手立てとなるはずのタックルが甘く、後半に一気に突き放された。トライ数は2本対7本だった。

一方の明治は、この年から登場した笠原のキックが素晴らしく、戦況を有利に導いた。特にゴールキックが正確で、7本中6本を成功させた。明治はこの後、関西を制した京大にも勝ち、早稲田に先んじて初の全国制覇を成し遂げた。

この年、泣いて卒業した大西栄造、太田義一の両プロップが、このあと監督として早稲田の第1期黄金時代を築いていく。

公式試合 No.68　昭和6年度 第5試合 対抗戦

早大		慶大		早大			慶大	
12	−	5		1	大西	栄造 FW	1	佐々倉太郎
0	前	0		2	松原	武七	2	酒井 通博
12	後	5		3	太田	義一	3	田治 正浩
0	T	0		4	田川	潔	4	真野 喜平
0	G	0		5	大野	信次	5	田川 博
0	PG	0		6	清瀬	五郎	6	足立 直司
0	DG	0		7	日高	潔	7	矢飼 督之
4	T	1		8	林	芳雄 HB	8	清水 精三
0	G	1		9	飯森	隆一	9	石井 太郎
0	PG	0		10	野上	一郎	10	財部 真幸
0	DG	0		11	吉田	雅夫 TB	11	北野 孟郎
	反則			12	荒賀	嘉樹	12	長沖 彰
昭和 6年11月23日				13	柯	子彰	13	丸山 扁喜
G 神宮				14	千葉	正	14	若尾 光平
R 目良 篤	KO 14:30			15	北邨	亀次 FB	15	伊藤 次郎

公式試合 No.70　昭和6年度 第7試合 対抗戦

早大		明大		早大			明大	
8	−	33		1	大西	栄造 FW	1	伊集院 浩
0	前	10		2	松原	武七	2	松田 久治
8	後	23		3	太田	義一	3	西垣 三郎
0	T	2		4	田川	潔	4	山口 和夫
0	G	2		5	大野	信次	5	三宅 良吉
0	PG	0		6	清瀬	五郎	6	岡田 由男
0	DG	0		7	岡本	有三	7	大滝 正宣
2	T	5		8	林	芳雄 HB	8	都志 悌二
1	G	4		9	飯森	隆一	9	木下 太郎
0	PG	0		10	野上	一郎	10	丹羽 正彦
0	DG	0		11	吉田	雅夫 TB	11	鳥羽善次郎
	反則			12	荒賀	嘉樹	12	安田 種臣
昭和 6年12月 6日				13	千葉	正	13	辻田 勉
G 神宮				14	長尾	寿三	14	柴野 得郎
R 目良 篤	KO 14:30			15	北邨	亀次 FB	15	笠原 恒彦

昭和7年度（1932年度）　創部15年目

主　　　将	田川潔
主　　　務	勝田弥一
副 主 務	日置寧二
委　　　員	荒賀嘉樹、林芳雄、柯子彰、松原武七
卒業年次部員	馬場喜造、藤井（三村）正義、林芳雄（専）、今井要（専）、金田瑩之助*、勝田弥一*、木島小弥太、北邨亀次、清瀬五郎、森茂喜（専）、岡本有三（専）、田川潔、宇野沢順平、上野克巳*
部　　　長	宇都宮鼎
監　　　督	西尾重喜（3代監督）
コ ー チ	なし
部 員 数	47名
夏 合 宿	菅平（第1回）
シーズン成績	8勝0敗、関東大学対抗戦優勝、全国優勝

試合成績

【公式試合】

＜対抗戦＞

No.72	S7.10.5	○	早稲田大学	58-0	●	文理大学	東伏見	R伊集院浩
No.73	S7.10.16	○	〃	45-21	●	法政大学	東伏見	R北島忠治
No.74	S7.10.30	○	〃	29-0	●	商科大学	東伏見	R北野幸也
No.75	S7.11.6	○	〃	51-3	●	東京大学	神宮	R目良篤
No.76	S7.11.12	○	〃	51-0	●	立教大学	神宮	R中村米次郎
No.77	S7.11.23	○	〃	33-5	●	慶應大学	神宮	R目良篤
No.78	S7.12.4	○	〃	24-12	●	明治大学	神宮	R清瀬三郎
No.79	S8.1.3	○	〃	27-3	●	同志社大学	花園	R巖栄一

＜国際試合＞

国際11	S8.1.15	○	早稲田大学	13-11	●	上海クラブ	上海カニドローム	Rペニー

（以下、上海遠征。本試合は降雪のため14日から15日に変更）

国際12	S8.1.18	○	〃	24-0	●	米国マリン	上海カニドローム	Rペニー
国際13	S8.1.22	○	〃	28-8	●	全上海	上海カニドローム	Rバラクロー

★シーズンの優勝チーム★

第5回関東大学対抗戦優勝　早稲田大学（1回目）

第6回全国優勝　早稲田大学（1回目）

東西大学首位対戦　○ 早稲田大学 27-3 ● 同志社大学

初の菅平から全国制覇へ

　昭和7年度は早大ラグビー部にとって忘れられない年になった。初の全国優勝を達成したのだ。昭和8年1月3日、同志社を27－3で破ったあと、京都八百政での祝勝会の記念写真に、その喜びの表情を垣間見ることができる。この記念すべき年の監督は西尾重喜、主将は田川潔であった。

　菅平と早稲田の付き合いが始まったのはこの年の夏だった。菅平では前年からすでに法政が合宿を張っていた。沓掛のグラウンドの土質が悪かったため、早稲田は法政の話を聞き、本領と太田が沓掛の帰りに下見に行き、一目で気に

2　初の全国制覇へ（昭和1ケタ年代）　29

入ったそうだ。さすが早大と感心させられるのは、この年すでに東大病院の水町四郎先生に菅平に来て頂いたことだ。無医村のうえ、交通の便が悪いことを配慮してのことだが、当時サブマネジャーだった日置の頼みを、快く引受けてくれた水町先生に深く感謝しなければならない。

「早稲田は豪州遠征（昭和2年）で『ゆさぶり』を身につけた」と言われているが、当時はまだ理論的にも明快なものでなく、豪州のようなスピードのあるラグビーをやりたいと努力していたのだろう。それがこの年の全国優勝に繋がることになった。

前年度監督の馬場英吉は、FWにボールを早く出してBKに回すオープンプレーを命じていたが、これを受けて西尾監督が、早い展開だけでなく、FWにボールを出したらすぐオープンに走り、ルーズに持ち込んでボールを出し、2次攻撃をかけ、これを繰り返し、相手のディフェンスを崩してトライを取る戦法を完成した。この近代ラグビーの基礎とも言える連続攻撃に「ゆさぶり」戦法と命名したのが、当時朝日新聞で健筆をふるっていた西野綱三であった。これ以後今日まで、早稲田ラグビーの代名詞のごとく使われている「ゆさぶり」の用語は、今も生き生きとした響きをもって伝わってくる。

5大学のリーグ戦による対抗戦に先立ち行われた3試合は、シーズン初戦の文理大には零封勝ちで順当に発進した。続く法大戦は45-21、前夜の雨のためにグラウンドはぬかるんでいたが、相手防御の甘さをついて前半で33-5と大差をつけた。後半、法大は立ち直って攻め込んできたが、大量リードが効いた。商科大戦は再び零封したが、攻撃で横走りが目立ち、会心のゲームとはいえなかった。

対抗戦では過去5年の平均トライ数14の2.5倍に当たる35トライをマーク。コンバート成功確率も平均3割から6割に倍増させ、攻撃力が際だった。

全勝を守り、いよいよ西に下って同大戦。同大は京大を下して関西を制し、慶應にも初めて勝って意気盛んだった。FW戦こそ互角だったが、同大のバックスは球を回すだけの単調な攻めが目立った。早大はこれを読み、前半で19-0とリード。早大は後半、風下となったが、堅い守りは崩れず、1トライに抑えて快勝した。

初の全国制覇（昭和8年1月3日、京都八百政）

第11回早慶戦
昭和7年11月23日　神宮競技場

○早大33 − 5●慶大

▌7トライの猛攻で全国制覇へ勢い

　早稲田は早慶戦まではまだそれほど評価されていなかった。戦前の予想は「伯仲の早慶戦、慶大は昨シーズンの復讐に燃えて、早大は久しぶりに好調の今シーズンを物にすべく、あらゆる興味を備えた意気の戦いは素晴らしいラリーを期待して良い」となっている。結果は早稲田が7トライを奪う猛攻を見せ、大差で慶應を下した。

　前半9分、早大はルーズから飯森がトライ。15分にはTBパスで千葉がトライ（野上ゴール）。21分にも荒賀−柯とわたりトライ。さらに30分には野上がPGを成功させ、14点をリードして折り返した。後半7分、早大は千葉がトライ（ゴール）。慶大は9分、真野がラインアウトを割って出てトライ（北野ゴール）。しかし、10分に早大は荒賀−林−柯−千葉とわたりトライ。12分にもFWパスから千葉がトライ。20分、柯が40ヤードのPGをドロップキックで決め、30分、柯が抜いて千葉のトライ（ゴール）でダメ押しした。

第10回早明戦
昭和7年12月4日　神宮競技場

○早大24 − 12●明大

▌後半に突き放す

　前半9分、明治は笠原のPGで先行。13分、早稲田は野上の好パントを荒賀がドリブルで前進させ、最後は長尾がトライ。さらに、23分、右へ展開して、千葉がトライ（ゴール）。この後、明治の笠原にPGを決められ、早稲田は2点のリードで折り返した。

　後半3分、早稲田は笠原のキックを受けてカウンターアタックをしかけ、荒賀が中央にトライ（ゴール）。明治の反撃で1点差に迫られたが、20分に林が40ヤード快走してトライ（ゴール）。28分、柯が40ヤードのPGをドロップキックで決め、34分には林のトライで突き放した。一進一退の好ゲームから、後半途中に早稲田のぶっちぎりとなった。ファンにはこたえられない試合だっただろう。

公式試合 No.77　昭和7年度 第6試合 対抗戦

早大		慶大		早大			慶大		
33	−	5	1	西海	一嗣	FW	1	佐々倉太郎	
14	前	0	2	松原	武七		2	酒井	通博
19	後	5	3	砂堀	工		3	田治	正浩
3	T	0	4	渡辺（丸茂）栄造			4	真野	喜平
1	G	0	5	大野	信次		5	田川	博
1	PG	0	6	米華真四郎			6	阿部	黎二
0	DG	0	7	岡本	有三		7	三浦	五郎
4	T	1	8	林	芳雄	HB	8	田中万寿夫	
2	G	1	9	飯森	隆一		9	清水	精三
1	PG	0	10	野上	一郎		10	竹岡晴比古	
0	DG	0	11	長尾	寿三	TB	11	北野	孟成
	反則		12	荒賀	嘉樹		12	石井	太郎
昭和 7年11月23日			13	柯	子彰		13	長沖	彰
G 神宮			14	千葉	正		14	矢飼	督之
R 目良 篤	KO 14:30		15	北邨	亀次	FB	15	伊藤	次郎

公式試合 No.78　昭和7年度 第7試合 対抗戦

早大		明大		早大			明大		
24	−	12	1	西海	一嗣	FW	1	渡辺	周一
8	前	6	2	松原	武七		2	松田	久治
16	後	6	3	砂堀	工		3	佐々竹直義	
2	T	0	4	田川	潔		4	松井	繁
1	G	0	5	大野	信次		5	山口	和夫
0	PG	2	6	米華真四郎			6	林	斉
0	DG	0	7	岡本	有三		7	都志	悌二
3	T	1	8	林	芳雄	HB	8	前田	擧一
2	G	0	9	飯森	隆一		9	木下	太郎
1	PG	1	10	野上	一郎		10	丹羽	正彦
0	DG	0	11	長尾	寿三	TB	11	鳥羽善次郎	
	反則		12	荒賀	嘉樹		12	安田	種臣
昭和 7年12月4日			13	柯	子彰		13	辻田	勉
G 神宮			14	千葉	正		14	岡	信隆
R 清瀬三郎	KO 14:30		15	北邨	亀次	FB	15	笠原	恒彦

2　初の全国制覇へ（昭和1ケタ年代）　31

第9回早同戦

昭和8年1月3日　花園ラグビー場

○早大27 - 3●同大

▎悲願達成

　関西ナンバーワンの同大と覇権を争う対決となった。同志社はこのシーズンからエイトシステムに変えている。前半11分、早大は中央右のタイトから千葉が相手TBを抜きゴール前で原にわたしてトライ、野上がゴールを決めた。14分には中央付近で同大TBがミス、これを柯がドリブルで進み、米華が拾って右中間にトライ（ゴール）。さらに20分には野上がPGを決めた。21分には中央付近で米華が球を取り右隅に突進、荒賀にパスしてトライ。34分、TBパスで原がトライ。後半、同大はBKに球をわたし攻めるが得点に結びつかない。5分、早大は柯が抜き出て林、砂堀とわたりトライ（ゴール）。32分、同大はドリブルから藤井が飛び込んで唯一のトライを奪ったが、34分、早大は柯がトドメのトライを挙げた。

　同志社で唯一のトライをあげた藤井恒男は早稲田に転学し、早稲田に大きな貢献を果たすことになる。

公式試合　No.79　　昭和7年度　第8試合

早大		同大			早大				同大	
27	—	3		1	西海　一嗣	FW	1	美濃部俊三	
19	前	0		2	松原　武七		2	桂　　五郎	
8	後	3		3	砂堀　　工		3	綱島　長明	
4	T	0		4	田川　　潔		4	荻野　直一	
2	G	0		5	大野　信次		5	滝本　秀夫	
1	PG	0		6	米華真四郎		6	西村　清蔵	
0	DG	0		7	岡本　有三		7	藤井　恒男	
2	T	1		8	林　　芳雄	HB	8	乾　　信雄	
1	G	0		9	飯森　隆一		9	田中　太郎	
0	PG	0		10	野上　一郎		10	藤長　義兼	
0	DG	0		11	原　　玉城	TB	11	杉本　　力	
	反則			12	荒賀　嘉樹		12	張　　万玉	
昭和 8年 1月 3日				13	柯　　子彰		13	橘　　　広	
G 花園				14	千葉　　正		14	内藤　　卓	
R 巌 栄-	KO 14:30			15	北邨　亀次	FB	15	橋本　寛和	

昭和8年度（1933年度）　創部16年目

主　　　将　柯子彰
主　　　務　日置寧二
副 主 務　山本義雄
委　　　員　荒賀（山東）嘉樹、飯森隆一、松原武七、野上一郎、大野信次
卒業年次部員　荒賀嘉樹、飯森隆一、池田新兵衛、柯子彰、加藤信吾、松本隆重、森好男、西村金之
　　　　　　　助、大野信次、鈴木馨、吉田正一、木村一夫、長井哲（専）
部　　　長　宇都宮鼎
監　　　督　太田義一（4代監督）
コ ー チ　なし
部 員 数　80名
夏 合 宿　菅平（第2回）
シーズン成績　6勝1分、関東大学対抗戦優勝、全国優勝
試合成績
【公式試合】
　＜対抗戦＞
　No.80　S8.10.20　○　早稲田大学　40-0　●　商科大学　神宮　R北島忠治
　No.81　S8.10.26　○　　〃　　　65-9　●　法政大学　神宮　R北島忠治
　No.82　S8.11.4　○　　〃　　　52-0　●　東京大学　神宮　R北島忠治
　No.83　S8.11.11　○　　〃　　　16-13●　立教大学　神宮　R塩谷虎彦
　No.84　S8.11.23　○　　〃　　　11-6　●　慶應大学　神宮　R塩谷虎彦
　No.85　S8.12.3　○　　〃　　　8-6　●　明治大学　神宮　R中村米次郎
　No.86　S9.1.3　△　　〃　　　8-8　△　同志社大学　神宮　R中村米次郎
　＜国際試合＞
　国際14　S9.2.7　●　早稲田大学　6-21　○　豪州学生代表　神宮　Rマーチン
　＜全早大試合＞
　全早大1　S8.9.9　○　全早大　24-13　●　関東OB　戸塚球場　R本領信治郎（戸塚球場ナイター
　　　開き）
★シーズンの優勝チーム★
　法大、商大を加えて関東7大学対抗リーグ戦となる。
　第6回関東大学対抗戦優勝　早稲田大学（2年連続2回目）
　第7回全国優勝　早稲田大学（2年連続2回目）
　東西大学首位対戦　△　早稲田大学　8-8　△　同志社大学（同大が慶大に負けたため）

▎ 7大学リーグ戦制し、全国連覇

　対抗戦が発展し、この年早大、慶大、東大、明大、立大、法大、商大（現一橋大）の7大学が総当たり制のスケジュールを組むことになった。ラグビー人気も一段と盛り上がり、第1期隆盛期を迎えていく。またOBリーグ戦も盛んになり、早大、慶大、学士（国立大学のOBチーム）、明大、立大の5大学OB戦として行なわれた。早稲田大学は戸塚球場に照明塔を完成させた。昭和8年9月9日に全早大チームが関東OBと記念試合を行なった。これが日本ラグビー界で初めてのナイターだった。また早稲田が全早大チームを編成して戦った初めての試合であった。このナイター設備の指揮を取った山本忠興工学部長は、早大ROB倶楽部元副会長山本義雄の

2　初の全国制覇へ（昭和1ケタ年代）　33

厳父だった。

　この年から対抗戦に加わった商大と法大は問題にしなかった。「ゆさぶり」をさらに改良し、増強していた。従来、球を入れるフライングハーフは、文字通りスクラム、ラインアウトで球を入れるのが専業で、特に戦列に参加せず、随時、球のあるところにいって攻防に加わるのがパターンだった。しかし、早稲田では味方ボールの時はボール投入と同時に後退し、SOの後ろについて球を受け取った。いわば、2人SOの体形をとって、積極的に攻撃の範囲を広げた。FWは展開の後、簡単にルーズを組むことに専念せず、一歩前へ出たり、機をみてバックスに球を出したりと、速攻に次ぐ速攻を繰り返して相手を攪乱した。

　正月3日に恒例の同志社と神宮で対戦。同志社は昨年、初めて慶大を6−0で破っていた。前半、風上の早大は球を散らして攻めたが、最後の詰めを欠いた。キックを有効に使い、8点をリードした。後半は逆に同志社が優位に立ち、FB橋本の活躍もあって追いつかれた。

　これで全国優勝を分け合うか、早稲田の単独優勝かは、同慶戦の行方に持ち込まれたが、同志社が敗れたため、早稲田の2連覇が決まった。

　この後、豪州学生代表が来日した。一行は長崎から陸路で関西に入り、日本学生選抜を33−15で下して上京してきた。慶大と明大には低温でグラウンド状態も悪く、8−16、8−34で敗れた。この結果から早稲田も大いに期待できたが、天候が回復し、豪州の疲れがとれたのか、6−21で敗れ、大学王者の意地をみせられなかった。日本代表との2試合は1勝1敗。早稲田からもそれぞれ5選手ずつが選抜された。

夏合宿（昭和8年8月、菅平）

第12回早慶戦
昭和8年11月23日　神宮競技場

○早大11 − 6●慶大

▌接戦1ゴールの差　早大勝運を握る

　早稲田の充実ぶりは素晴らしかった。前年レギュラーの卒業は田川、岡本、林、北邨のわずか4人だった。豪州遠征を敢行した頃のメンバーが創世記のパイオニアとすれば、昭和7、8年度の連覇のメンバーは、早大の歴史の基礎固めをした人たちだ。

　前半1分、慶大の若尾が相手パスをインターセプトして60ヤード独走のトライ。13分、さらに慶大はラインアウトから矢飼、北野とわたりトライ。19分、早大は野上がPGを返して3点差を追い、折り返した。後半16分、早大はルーズから回して野上−荒賀−阪口とわたってトライ、追い付いた。さらに25分、早大はルーズから飯森が抜いて山本に回しトライ（ゴール）を挙げ、勝負を決めた。

　早稲田が苦戦した原因の1つに負傷した柯の欠場が挙げられた。柯主将に代わって出場したのは名手、川越藤一郎だったが、まだ、新人。全盛期の柯選手と比較されたのでは、しかたなかったのだろう。

第11回早明戦
昭和8年12月3日　神宮競技場

○早大8 − 6●明大

▌ノートライに封じる

　3年続けての全勝対決。観客動員でも新記録となった。当時の神宮競技場のスタンドの一部が芝生席で、そこも観客で埋まった。

　明治は前半3分、笠原のPGで先行。7分には早大がゴール前のスクラムをホイール（意図的に回すプレーが当時は認められていた）して飯森がトライ、ゴールも決めて逆転。17分、明治は笠原が再びPGで再逆転。後半の10分に早大荒賀がドリブルで持ち込みトライし8−6と三度、逆転する。

　得点の経過だけ追うと味気ないが、このゲームが息詰まる激戦だったのは両校ともに、あわやトライかというエキサイティングなシーンが沢山あったからだ。

　2トライを奪った早稲田が、ノートライの明治に対して総合力で勝っていたことがわかる。明治はエイトFWの優位さをスクラムでしか生かせず、ルーズでは人数の少ない早稲田のセブンFWの素早い集散に遅れをとっていた。

公式試合 No.84　昭和8年度 第5試合 対抗戦

早大		慶大	早大		慶大	
11	−	6	1 西海　一嗣	FW	1 佐々倉太郎	
3	前	6	2 松原　武七		2 酒井　通博	
8	後	0	3 砂堀　工		3 大槻　鎮雄	
0	T	2	4 渡辺　栄造		4 伊藤　英夫	
0	G	0	5 大野　信次		5 田川　博	
1	PG	0	6 米華真四郎		6 阿部　黎二	
0	DG	0	7 薄　常信		7 田治　正浩	
2	T	0	8 山本　春樹	HB	8 田中万寿夫	
1	G	0	9 飯森　隆一		9 石井　太郎	
0	PG	0	10 野上　一郎		10 財部　真幸	
0	DG	0	11 阪口　正二	TB	11 北野　盂郎	
	反則		12 荒賀　嘉樹		12 清水　精三	
昭和 8年11月23日			13 川越藤一郎		13 矢飼　督之	
G 神宮			14 千葉　正		14 若尾　民弥	
R 塩谷虎彦	KO 14:30		15 鈴木　功	FB	15 田林勝治郎	

公式試合 No.85　昭和8年度 第6試合 対抗戦

早大		明大	早大		明大	
8	−	6	1 西海　一嗣	FW	1 西垣　三郎	
5	前	6	2 松原　武七		2 松田　久治	
3	後	0	3 砂堀　工		3 太田　巌	
1	T	0	4 渡辺　栄造		4 松井　繁	
1	G	0	5 大野　信次		5 清水　要人	
0	PG	2	6 米華真四郎		6 林　斉	
0	DG	0	7 薄　常信		7 山口　和夫	
1	T	0	8 山本　春樹	HB	8 渡辺　周一	
0	G	0	9 飯森　隆一		9 木下　良平	
0	PG	0	10 野上　一郎		10 丹羽　正彦	
0	DG	0	11 阪口　正二	TB	11 鳥羽善次郎	
8	反則	3	12 荒賀　嘉樹		12 岡　信隆	
昭和 8年12月3日			13 柯　子彰		13 辻田　勉	
G 神宮			14 千葉　正		14 本多　光男	
R 中村米次郎	KO 14:30		15 鈴木　功	FB	15 笠原　恒彦	

2　初の全国制覇へ（昭和1ケタ年代）

第10回早同戦
昭和9年1月3日　　神宮競技場
△早大8 − 8△同大

▎早同相譲らず引き分ける

　太田監督、柯主将の早稲田は前年度からの連勝を守り、関東の2連覇を遂げて東上の同志社を迎えた。早稲田は前半のリードを守りきれず引分けに終ったが、2シーズン無敗での全国優勝を成し遂げた。

　前半、開始10分位は同大のペースだった。球はほとんど同大に出たが速い潰しにあいチャンスに出来なかった。早大は15分、橋本のキックをチャージした米華が、これを押さえてトライ。野上がゴールを決めた。さらに26分、中央から展開して阪口は山本へリターンパス、山本はタックルされたがフォローした野上がドリブルで前進し、これを押さえて8点をリードした。

　後半は同大が息を吹き返した。15分に橘がPGを決めた。同大は20分、右へTBパス、張ダミーで抜けクロスキック、内藤がこれを受けてトライ、橋本のゴールも決まり追いついた。以後は一進一退で引き分けた。現在のようにトライが5点ならば早稲田は12 − 10で快勝したことになる。

公式試合　No.86　　昭和8年度　第7試合

早大		同大		早大			同大	
8	−	8	1	西海　一嗣	FW	1	美濃部俊三	
8	前	0	2	松原　武七		2	桂　　五郎	
0	後	8	3	砂堀　　工		3	綱島　長明	
2	T	0	4	渡辺　栄造		4	荻野　直一	
1	G	0	5	大野　信次		5	滝本　秀夫	
0	PG	0	6	米華真四郎		6	江原　一男	
0	DG	0	7	薄　　常信		7	高垣　　哉	
0	T	1	8	山本　春樹	HB	8	乾　　信雄	
0	G	1	9	飯森　隆一		9	田中　太郎	
0	PG	1	10	野上　一郎		10	藤長　義兼	
0	DG	0	11	阪口　正二	TB	11	杉本　　力	
	反則		12	荒賀　嘉樹		12	張　　万玉	
昭和 9年 1月 3日			13	柯　　子彰		13	橘　　　広	
G 神宮			14	千葉　　正		14	内藤　　卓	
R 中村米次郎 KO 14:30			15	鈴木　　功	FB	15	橋本　寛和	

昭和9年度（1934年度） 創部17年目

主　　　将	松原武七
主　　　務	日置寧二
副 主 務	山本義雄
委　　　員	千葉正、野上一郎、薄常信、山本春樹
卒業年次部員	遠藤弘、日置寧二、古賀嘉寿一（専）、松原武七、篠原大二郎＊、砂堀（土井）工（専）、園田英雄（専）、寺田友助＊、薄常信、吉田雅夫、西田修平＃
部　　　長	宇都宮鼎→林癸未夫（4代部長）
監　　　督	大西栄造（5代監督）
コ ー チ	なし
部 員 数	85名
夏 合 宿	菅平（第3回）
シーズン成績	6勝2敗、関東大学対校戦2位

試合成績
【公式試合】
　＜対抗戦＞
　No.87　S9.9.23　　○　早稲田大学　55-5　●　商科大学　　東伏見　R塩谷虎彦
　No.88　S9.10.27　○　　〃　　　　42-5　●　法政大学　　神宮　　R中村米次郎
　No.89　S9.11.5　　○　　〃　　　　58-0　●　東京大学　　神宮　　R塩谷虎彦
　No.90　S9.11.10　○　　〃　　　　49-3　●　立教大学　　神宮　　R塩谷虎彦
　No.91　S9.11.23　○　　〃　　　　24-16 ●　慶應大学　　神宮　　R塩谷虎彦
　No.92　S9.12.2　　●　　〃　　　　19-24 ○　明治大学　　神宮　　R中村米次郎
　No.93　S9.12.29　○　　〃　　　　44-0　●　関西学院大学　花園　R松見平八郎
　No.94　S10.1.3　　●　　〃　　　　14-18 ○　同志社大学　　花園　R松見平八郎
★シーズンの優勝チーム★
　第7回関東大学対抗戦優勝　明治大学（3年ぶり2回目）
　第8回全国優勝　なし
　東西大学首位対戦　○　京都大学　16-13　●　明治大学（京大が慶大に敗れたため全勝校なし）

▎全国3連覇ならず

　宇都宮部長が4月に亡くなった。大正15年に神尾前部長がなくなり、後を継がれた。豪州遠征から雌伏の低迷時代に力を尽くして頂いた。昭和7、8年の連覇はせめてものはなむけとなった。

　東伏見のグラウンドに各校代表を招き、百箇日の法要を営んだときに、100本の銀杏を記念に植樹した。数こそ減ったが、グラウンド西側に高くそびえていた並木はその名残だ。

　シーズンでは明治と関東大学対抗戦の優勝をかけて戦ったが、敗れて2位となり、全国3連覇の夢は消えた。

林新部長推戴式（昭和9年5月19日）

第13回早慶戦
昭和9年11月23日　神宮競技場

○早大24－16●慶大

▌理論にかなう攻めで突き放す

　大西栄造監督がチームに与えた戦術は、まさに現代ラグビーの理論にかなったものであった。この時のフライングハーフの動きなどは現代ラグビーで「左8－9」と呼ばれるサインプレーでのスクラムハーフの動きとまったく同じだった。

　前半6分、慶大はルーズから田治－足立－北野とわたりトライ。10分、早大が反撃し、ラインアウトから藤井が飛び込みトライ（野上ゴール）。さらに14分、慶大SHのミスを早大の千葉が拾って独走トライ（野上ゴール）。慶大は16分に相手ゴール前のスクラムを押し切りトライ（ゴール）。

　後半、キックオフ直後、慶大は清水－石井－若尾とわたりトライ、北野のゴールも決まり、13－13の同点に追いついた。14分、早大の阪口が慶大のパスミスを拾ってトライ。17分にも阪口のリターンパスを受けた田崎が左隅にトライ（ゴール）。さらにトライを奪い、一気に突き放した。

第12回早明戦
昭和9年12月2日　神宮競技場

●早大19－24○明大

▌追う展開で3連勝ならず

　先行する明大を早大が追う展開となった。前半3分、明大は岡のパントを辻田がトライ、早大は5分、斉藤のパントを千葉が押さえ、野上がゴールを決め逆転。明大は9分、永沼－辻田－岡とつなぎトライ、笠原のゴールで再逆転、23分にもトライ（ゴール）を加えた。早大は26分に野上がPGを決め追い上げるが、明大は31分、34分のトライで突き放した。

　後半7分、早大は川越が抜いて出てパント、山野辺が飛び込んでトライ（ゴール）して6点差に迫り、18分には野上がPGを決め3点差に。しかし、明大は27分、こぼれ球を鳥羽が拾って快走、中央にトライ、笠原のゴールで勝負を決めた。早大は34分、山本のパントを阪口が巧みに受けて快走右隅に飛び込んで意地をみせた。早明戦に3年続けて勝つことは難しい。これは両校にとっての実感だろう。

公式試合　No.91　　昭和9年度　第5試合　対抗戦

早大		慶大	早大		慶大
24	－	16	1　西海　一嗣　FW	1　佐々倉太郎	
13	前	8	2　松原　武七	2　酒井　通博	
11	後	8	3　松木　靜治	3　山下(中村)慶吉	
2	T	2	4　斉藤　正三	4　伊藤　英夫	
2	G	1	5　藤井　恒男	5　田川　博	
1	PG	0	6　田崎　亮	6　足立(小田)直司	
0	DG	0	7　薄　常信	7　田治　正浩	
3	T	2	8　山本　春樹　HB	8　清水　精三	
1	G	1	9　伊藤　眞光	9　田中万寿夫	
0	PG	0	10　野上　一郎	10　財部　真幸	
0	DG	0	11　阪口　正二　TB	11　北野　孟郎	
6	反則	4	12　林　藤三郎	12　西　善二	
昭和　9年11月23日			13　川越藤一郎	13　石井　太郎	
G　神宮			14　千葉　正	14　若尾　民弥	
R　塩谷虎治　KO 14:30			15　鈴木　功　FB	15　田林勝治郎	

公式試合　No.92　　昭和9年度　第6試合　対抗戦

早大		明大	早大		明大
19	－	24	1　西海　一嗣　FW	1　西垣　三郎	
8	前	19	2　松原　武七	2　仙崎　弘治	
11	後	5	3　松木　靜治	3　太田　巖	
1	T	5	4　斉藤　正三	4　松井　繁	
1	G	2	5　藤井　恒男	5　渡辺　周一	
1	PG	0	6　田崎　亮	6　鍋加　弘之	
0	DG	0	7　薄　常信	7　山口　和夫	
2	T	1	8　山本　春樹　HB	8　林　斉	
1	G	1	9　伊藤　眞光	9　和田　政雄	
1	PG	0	10　野上　一郎	10　松隈　保	
0	DG	0	11　阪口　正二　TB	11　鳥羽善次郎	
7	反則	7	12　林　藤三郎	12　永沼　茂次	
昭和　9年12月2日			13　川越藤一郎	13　辻田　勉	
G　神宮			14　千葉　正	14　岡　信隆	
R　中村米次郎　KO 14:30			15　鈴木　功　FB	15　笠原　恒彦	

3 第1期黄金時代（昭和10年代）

昭和10年度（1935年度）　創部18年目

主　　将	野上一郎
主　　務	山本義雄
委　　員	千葉正、藤井恒男、米華真四郎、西海一嗣、阪口正二、山本春樹
卒業年次部員	赤木彰（専）、千葉正、藤井恒男、原玉城（専）、三宅範一、長尾寿三（専）、野上一郎、西海一嗣*、阪口正二、瀬戸口洋一*、田崎亮（専）、渡辺（丸茂）栄造*、山本春樹、山野辺亨（専）
部　　長	林癸未夫
監　　督	大西栄造
コ ー チ	なし
部 員 数	110名
夏 合 宿	菅平（第4回）
シーズン成績	6勝1敗、関東大学対抗戦2位

試合成績
【公式試合】
　＜対抗戦＞

No.95	S10.9.24	○	早稲田大学	11-0	●	法政大学	神宮	R塩谷虎彦
No.96	S10.11.2	○	〃	98-0	●	商科大学	東伏見	R塩谷虎彦
No.97	S10.11.8	○	〃	49-0	●	立教大学	神宮	R塩谷虎彦
No.98	S10.11.16	○	〃	111-0	●	東京大学	神宮	R御牧称児
No.99	S10.11.23	○	〃	19-6	●	慶應大学	神宮	R塩谷虎彦
No.100	S10.12.1	●	〃	13-18	○	明治大学	神宮	R中村米次郎
No.101	S11.1.3	○	〃	40-0	●	同志社大学	神宮	R中村米次郎

　＜国際試合＞

| 国際15 | S11.2.6 | ● | 早稲田大学 | 17-22 | ○ | NZ大学選抜 | 神宮 | R塩谷虎彦 |

★シーズンの優勝チーム★
第8回関東大学対抗戦優勝　明治大学（2年連続3回目）
第9回全国優勝　明治大学（4年ぶり2回目）
東西大学首位対戦　○ 明治大学　29-0　● 同志社大学

ニュージーランド大学選抜戦（昭和11年2月6日、神宮競技場）

ダブリン戦法の明治に屈す

　大西栄監督、野上主将に率いられた早稲田は、全勝で早明戦を迎えたが、明大はセブンFWのダブリン戦法で戦い、早稲田は惜敗した。この戦法は、当時明大のラグビー部長だった春日井薫氏が紹介したもので、1人余ったプレーヤーをローバーとして使うのでなくセブンエイスとして使う、当時としては画期的な戦法だった。

　2季連続5点差で明治に敗れた大西栄監督が「勝負の世界も胆力の修業からと中野区野方の禅宗十九道場に参籠する」と片岡メモにあった。これが早稲田の精神ラグビーのはしりだろう。

　ニュージーランド大学選抜が昭和11年1月に来日。早稲田は好ゲームを展開した。キックオフ直後、ゴール前まで攻め込まれたが、川越が相手パスをインターセプト。40ヤード独走して、山野辺に渡しトライ、野上のゴールも決まって5点を先行するなど前半は11-9と主導権を握った。

　後半、早大は一時逆転されたが、FB鈴木がスクラムからの球を受けて右サイドを奇襲、スクラムを抜けたところでFWパスに転じて最後は松木がトライ。意表を突く攻撃で同点に持ち込んだ。しかし、体力差はいかんともしがたく結局、17-22で敗れた。

第14回早慶戦

昭和10年11月23日　神宮競技場

○早大19－6●慶大

後半に一気の逆転

SOの野上はこの時代の早稲田ラグビーの代名詞でもあったぐらい、ほとんどの試合に出場の記録を持っている。無事これ名馬といわれるがラグビーも同じこと、怪我が少ない選手が信頼されまた活躍できることになる。

この試合は前半、慶應がキックを多用してフォワードを前に走らせて早大を苦しめ、西が2PGを挙げて6点リードした。早稲田が苦しんだ原因の1つに野上の不調が挙げられている。視力が低下する怪我をおしての出場で、珍しくファンブルが多かった。名手野上も、時には怪我に苦しみながらプレーした。後半の早稲田は野上が調子を戻すと共にFWが良くボールを取るようになって力を発揮した。

後半3分、早大は野上がPG。5分には川越がトライして追いつく。9分、川越－原とわたり勝ち越しのトライ。14分にも米華のトライ（ゴール）で突き放し、34分の阪口のトライ（ゴール）でダメを押した。

第13回早明戦

昭和10年12月1日　神宮競技場

●早大13－18○明大

5年連続全勝対決は競り負け

5年連続の全勝対決となり、またも大接戦の試合を演じた。早稲田は前年のメンバーから松原、薄の2人が卒業、渡辺が戦列を離れたぐらいで戦力の低下はみられず、バックスは引き続き名手揃いだった。なぜ、明治に敗れたのか。早大FWは軽量で、HBが徹底的にマークされオープンプレーが阻止された。明治は試合前の2週間、外部の人を遮断して、笠原をセブンエイスにするダブリンシステムを練習した。昭和3年度に早稲田を破った戦法だった。

前半、まず明大の山口がトライ、早大は野上がPGを返して3－3。後半は早大が1分に川越のトライ（野上ゴール）で勝ち越し。しかし、明大は4分、木下－岡－田中とつないでトライ（笠原ゴール）で再び同点。9分に早大は阪口がインターセプトして60ヤード独走トライ（野上ゴール）。粘る明大は12分の和田のトライと笠原のゴールで追いつくと、その後すぐ、田中が抜けてトライ（笠原ゴール）を挙げ、堅守で逃げ切った。

公式試合 No.99		昭和10年度 第5試合 対抗戦	
早大	慶大	早大	慶大
19 － 6		1 西海 一嗣 FW	1 佐々倉太郎
0 前 6		2 高木金之助	2 酒井 通博
19 後 0		3 松木 靜治	3 永田(佐藤)定夫
0 T 0		4 斉藤 正三	4 伊藤 英夫
0 G 0		5 藤井 恒男	5 田川 博
0 PG 2		6 米華真四郎	6 川喜多 博
0 DG 0		7 田崎 亮	7 三浦 五郎
4 T 0		8 山本 春樹 HB	8 田中 一郎
2 G 0		9 伊藤 眞光	9 真期正二郎
1 PG 0		10 野上 一郎	10 大江 保正
0 DG 0		11 阪口 正二 TB	11 北野 孟郎
6 反則 5		12 林 藤三郎	12 西 善二
昭和10年11月23日		13 川越藤一郎	13 竹岡晴比古
G 神宮		14 原 玉城	14 若尾 民弥
R 塩谷虎彦 KO 14:30		15 鈴木 功 FB	15 辺 昌煥

公式試合 No.100		昭和10年度 第6試合 対抗戦	
早大	明大	早大	明大
13 － 18		1 西海 一嗣 FW	1 渡辺 周一
3 前 3		2 高木金之助	2 西垣 三郎
10 後 15		3 松木 靜治	3 太田 巌
0 T 1		4 斉藤 正三	4 加島 保雄
0 G 0		5 藤井 恒男	5 山口 和夫
1 PG 0		6 米華真四郎	6 鍋加 弘之
0 DG 0		7 田崎 亮	7 新島 清
2 T 3		8 山本 春樹 HB	
2 G 3		9 伊藤 眞光	9 木下 良平
0 PG 0		10 野上 一郎	10 和田 政雄
0 DG 0		11 阪口 正二 TB	11 本多 光男
6 反則 9		12 林 藤三郎	12 辻田 勉
昭和10年12月1日		13 川越藤一郎	13 岡 信隆
G 神宮		14 原 玉城	14 田中 喜清
R 中村米次郎 KO 14:30			SE 8 笠原 恒彦
		15 鈴木 功 FB	15 長谷 武彦

昭和11年度（1936年度）　創部19年目

主　　将　米華真四郎
主　　務　山本義雄
委　　員　林藤三郎、池田新吾、伊藤眞光、川越藤一郎、鈴木功
卒業年次部員　福島靖（専）、林藤三郎、平山新一（専）、池田新吾、伊藤眞光、鬼頭高一（専）、米華
　　　　　　真四郎、鈴木功、山本浩、山崎富男（専）、井上（三浦）元佑（専）
部　　長　林癸未夫
監　　督　山本春樹（6代監督）
コ ー チ　なし
部 員 数　90名
夏 合 宿　菅平（第5回）
シーズン成績　9勝0敗、関東大学対抗戦優勝、全国優勝
試合成績
【公式試合】
　＜対抗戦＞
　No.102　S11.9.19　○　早稲田大学　37-8　● 専修大学　東伏見　R大西栄造
　No.103　S11.9.26　○　　〃　　39-0　● 法政大学　神宮　R中村米次郎
　No.104　S11.10.3　○　　〃　　32-0　● 商科大学　東伏見　R品田通世
　No.105　S11.10.26　○　　〃　　14-0　● 日本大学　神宮　R大西栄造
　No.106　S11.11.7　○　　〃　　62-0　● 東京大学　神宮　R塩谷虎彦
　No.107　S11.11.15　○　　〃　　44-3　● 立教大学　神宮　R塩谷虎彦
　No.108　S11.11.23　○　　〃　　26-6　● 慶應大学　神宮　R塩谷虎彦
　No.109　S11.12.6　○　　〃　　35-12　● 明治大学　神宮　R塩谷虎彦
　No.110　S12.1.3　○　　〃　　9-8　● 同志社大学　花園　R阿部吉蔵
　＜国際試合＞
　国際16　S11.3.29　○　早稲田大学　53-3　● 満鉄クラブ　大連運動場　R桂正一（以下、満鮮遠征）
　国際17　S11.4.1　○　　〃　　45-0　● 全満学生　大連運動場　R那須嘉門
　国際18　S11.4.3　○　　〃　　50-3　● 満州代表　大連運動場　R根岸貞治
　国際19　S11.4.5　○　　〃　　38-9　● 満州代表　奉天　R和田
　国際20　S11.4.7　○　　〃　　40-3　● 満州選抜　新京　R尹明善
　国際21　S11.4.10　○　　〃　　22-3　● 全普成専門　京城運動場　R岡田
　国際22　S11.4.12　○　　〃　　36-0　● 朝鮮鉄道　京城運動場　R根本弘道
【準公式試合】
　S11.4.15　○　早稲田大学　60-0　● 九州学生　春日原　R島本
　　〃　　○　　〃　　88-0　● 福中・修猷連合　春日原　R不明
★シーズンの優勝チーム★
　第9回関東大学対抗戦優勝　早稲田大学（3年ぶり3回目）
　第10回全国優勝　早稲田大学（3年ぶり3回目）
　東西大学首位対戦　○ 早稲田大学　9-8 ● 同志社大学（京大が明大、慶大に敗れたため早大－京
　　大の対戦はなかった）

満州・朝鮮遠征から3度目の全国制覇

　昭和11年は世の中がそろそろ騒然としてきた。1月に日本がロンドン軍縮会議から脱退、2月には二・二六事件が起こった。シーズンオフで、日ごろご無沙汰している図書館にこもって期末試験の勉強をしている連中も多く、この大事件が起こったことを夕方まで知らない者もいた。

　この年のラグビー部は満州・朝鮮遠征から始まった。当時、満州国建設の中心となっていた満州鉄道には、早大OBの柯子彰、薄常信をはじめ、京大、同大、立大のOBたちが活躍しており、昭和8年には満州ラグビー協会が創立されている。昭和11年3月23日から4月16日の25日間に7試合を行ない、満州、朝鮮を総なめにしたこの遠征は、チームの結束強化に大きな力となった。引率教授、本領信治郎、米華真四郎主将、山本義雄主務をはじめ、総員27名の遠征団のなかに、特別参加として野上一郎、阪口正二の名がある。実質的には学生とOBが一体となった全早大チームでの遠征であったといえる。

　米華主将が残した一文を引用する。

　「当該遠征は、最初諸先輩から種々の御忠告を受けました事は、全部遺憾なく遂行出来ましたと報告できる様、各自が良く自覚自制してくれまして、早大学生、殊にラグビー部員としての名誉を汚すことなく、終始一丸となって行動してくれました。この遠征により、皆の力量も上り、チームとしての統制上の問題、殊に今シーズンの打倒明治に対する、種々の要因が整ったと思います。（中略）さあこれからは、十分なる練習と研究により、唯闘うのみと云う闘志と、必勝の信念を持ったことが、一番大なる収穫だと確信して居ります」。

　遠征から帰国後、その余勢は夏合宿へ持ち越され、100人近い参加により、盛況のうちに幕を閉じた。ところがいざ9月に入ると負傷者が続出。メンバー編成に支障をきたすようになり、新聞紙上でも「早大危うし」「早大苦戦か？」などの見出しがチラホラ現れた。むしろそれによって戦意をかきたてられ、初戦の専大戦に快勝した後、4試合連続零封勝ちなど順調に白星を重ねた。やがてシーズン恒例のグリーンハウス合宿に入り、選手候補者たちが高田牧舎などから給食を受けるようになると、それまでの負傷者も元気を取り戻した。

　この年の早明戦は初めて40分ハーフで行なわれたが、これは将来の国際ゲームへの参加に備え、国際ルールと同じにすべきだという明治側からの提案を受けたもの。実に慧眼であった。早稲田は明治の3連覇を阻止し、3回目の全国優勝を達成するとともに早明時代がますます盛り上がっていくことになった。

朝鮮鉄道戦（昭和11年4月12日、京城運動場）

第15回早慶戦
昭和11年11月23日　神宮競技場
○早大26－6●慶大

慶應の奇策に動じず

　慶應は新戦法が裏目に出たようだ。明大戦でHB陣の不調から大敗したため、ハーフを1人にしてファイブエイス（スタンドオフと同じ役割）を2人おき、ここに本来はウイングの名手、北野と大江を起用した。FW戦で優位に立てる慶應が新布陣にかけた気持ちは良く理解できる。また早稲田に対して十分効力を発揮して不思議ではない布陣とも言える。失敗した原因は理論的研究の不足と時間が足りなかったことにあったようだ。慶應が創部以来採用してきた2人ハーフを捨て、1人ハーフに切り替えることは1シーズンかけてもまだ足りないぐらいの時間が必要な大改革。混乱しながら敗れた試合だったのだろうか。早大は前半4分、ラインアウトから斉藤が抜けFWパスで井沢のトライで先制。慶大にトライを返された早大は30分、池田新がトライ（ゴール）。後半も3分に林が左中間にトライするなど4T（2G）を加え、慶大の反撃を1Tに抑えて快勝した。

第14回早明戦
昭和11年12月6日　神宮競技場
○早大35－12●明大

明治の3連覇阻む

　6年連続の全勝対決となった。明治は昨年と同じくダブリンシステムを採用し、セブンエイスに大岡を起用した。早稲田は創部以来のセブンFWで、同じセブンFWでも明大のセブンエイスとは違い、ハーフバックスが3人のローバーシステムだった。

　明治の3連覇を阻んだ。それはやはり早稲田だった。これがライバルだ。

　お互いにタイプの違うラグビーで頂点をめざす。その切磋琢磨する努力がさらにお互いの力量を高める。どんな苦しい戦力のときでもあきらめず、どうしたら明大に勝つことが出来るのか、それのみを追求してきたといっても過言ではない早稲田の歴史は、明治によって育てられたとも言えるだろう。

　11点をリードした早大は後半5分、川越がインターセプトしてそのままトライ。16分にも林がトライするなど4トライ（3ゴール）を加えて快勝した。

公式試合　No.108　昭和11年度　第7試合　対抗戦

早大		慶大	早大		慶大	
26	－	6	1 山地　翠	FW	1 大西　辰居	
10	前	3	2 村山礼四郎		2 和泉　隼雄	
16	後	3	3 松木　靜治		3 白井　俊男	
2	T	1	4 斉藤　正三		4 内山　英一	
2	G	0	5 土佐　敏夫		5 中須三郎	(早二良)
0	PG	0	6 米華真四郎		6 小倉和市	(慶)
0	DG	0	7 井沢　正良		7 田中	
4	T	1	8 池田　新吾	HB	8 財部　辰彦	
2	G	0	9 伊藤　眞光		9 大江　保正	
0	PG	0	10 林　藤三郎		10 北野　孟郎	
0	DG	0	11 池田　林一	TB	11 桜井(小幡)礼二	
10	反則	5	12 鈴木　功		12 辺　昌煥	
昭和11年11月23日			13 川越藤一郎		13 竹岡晴比古	
G 神宮			14 山野辺　亨		14 郡　敏幸	(淳)
R 塩谷虎彦　KO 14:35			15 井川　晴雄	FB	15 吉田　勲	

公式試合　No.109　昭和11年度　第8試合　対抗戦

早大		明大	早大		明大
35	－	12	1 山地　翠	FW	1 山本　博
17	前	6	2 高木金之助		2 西垣　三郎
18	後	6	3 松木　靜治		3 太田　巖
3	T	0	4 斉藤　正三		4 加島　保雄
1	G	0	5 村山礼四郎		5 渡辺　周一
2	PG	2	6 米華真四郎		6 鍋加　弘之
0	DG	0	7 井沢　正良		7 新島　清
4	T	1	8 池田　新吾	HB	
3	G	0	9 伊藤　眞光		9 木下　良平
0	PG	1	10 林　藤三郎		10 和田　政雄
0	DG	0	11 池田　林一	TB	11 斉藤　一男
6	反則	5	12 鈴木　功		12 藤　熊夫
昭和11年12月6日			13 川越藤一郎		13 堀川　栄喜
G 神宮			14 山野辺　亨		14 野崎　直見
R 塩谷虎彦　KO 14:30				SE	8 大岡　勉
			15 井川　晴雄	FB	15 上田　洋三

第13回早同戦
昭和12年1月3日　花園ラグビー場
○早大9－8●同大

▎薄氷の頂点

　前年の大差が嘘のような大接戦である。早稲田3回目の全国優勝は薄氷を踏むものだった。同大は前半7分、自陣10ヤード左ラインアウトから早大に出た球を久保がひっかけて大きくドリブルで進みフォローした稲原が飛び込んでトライ、ゴールも成功した。早大は26分、相手ゴール前のタイトから左へTBパス、鈴木－池田林－林－井川とつなぎトライ。

　2点を追う早大は後半17分、同大陣25ヤードのタイトから木村がサイドを抜け出し逆転のトライ。さらに、22分、自陣25ヤードから林が大きく蹴り返し、良くフォローした鈴木から山野辺にわたって右隅にトライ。同大は30分、TBパスで砂田が左隅にトライ。ゴールが成功すれば逆転というところまで追い詰めたが惜しくも外した。負傷で双方2、3人のメンバーに変更があったが、早大は同大の堅いディフェンスに苦戦。早大が辛うじて勝利を収めたが、ロースコアの展開は互いに強い防御網によるもので、観衆は手に汗握っていた。

公式試合　No.110　　昭和11年度　第9試合

早大		同大		早大		同大	
9	－	8	1	山地　翠	FW	1	高田　文三
3	前	5	2	高木金之助		2	栗山五一郎
6	後	3	3	松木　静治		3	北　敦美
1	T	1	4	豊島　芳朗		4	寺島　兼行
0	G	1	5	村山礼四郎		5	清水　憲二
0	PG	0	6	米華真四郎		6	榎本　英彦
0	DG	0	7	井沢　正良		7	飯田　史郎
2	T	1	8	池田　新吾	HB	8	小泉　五郎
0	G	0	9	木村　芳生		9	渡辺　泰彦
0	PG	0	10	林　藤三郎		10	藤長　義兼
0	DG	0	11	池田　林一	TB	11	久保　氏総
8	反則	16	12	鈴木　功		12	砂田　哲雄
昭和12年 1月 3日			13	川越藤一郎		13	稲原　正之
G 花園			14	山野辺　亨		14	高垣　哉
R 阿部吉蔵　KO 14:05			15	井川　晴雄	FB	15	井口　泰介

昭和12年度（1937年度） 創部20年目

主　　将　　川越藤一郎
副 主 将　　松木静治
主　　務　　山本義雄
委　　員　　木村芳生、村山礼四郎、斉藤正三、高木金之助
卒業年次部員　市川慶三（専）、勝浦頼次郎、川越藤一郎、木村芳正、熊井文吾、栗林鼎、松木静治、
　　　　　　　斉藤正三、高木金之助、山本義雄、澤永史郎[#]
部　　長　　林癸未夫
監　　督　　太田義一
コ ー チ　　なし
部 員 数　　82名
夏 合 宿　　菅平（第6回）
シーズン成績　8勝0敗、関東大学対抗戦優勝、全国優勝
試合成績
　【公式試合】
　　＜対抗戦＞
　　No.111　S12.9.26　　○　早稲田大学　64-0　●　商科大学　神宮　R塩谷虎彦
　　No.112　S12.10.2　　○　　〃　　　57-0　●　法政大学　神宮　R中村米次郎
　　No.113　S12.10.24　○　　〃　　　75-0　●　専修大学　東伏見　R不明
　　No.114　S12.11.3　　○　　〃　　　24-5　●　京都大学　花園　R阿部吉蔵
　　No.115　S12.11.13　○　　〃　　　30-3　●　立教大学　神宮　R塩谷虎彦
　　No.116　S12.11.23　○　　〃　　　41-0　●　慶應大学　神宮　R塩谷虎彦
　　No.117　S12.12.5　　○　　〃　　　14-11 ●　明治大学　神宮　R塩谷虎彦
　　No.118　S13.1.3　　 ○　　〃　　　19-6　●　同志社大学　神宮　R塩谷虎彦
★シーズンの優勝チーム★
　第10回関東大学対抗戦優勝　早稲田大学（2年連続4回目）
　第11回全国優勝　早稲田大学（2年連続4回目）
　東西大学首位対戦　○　早稲田大学　24-5　●　京都大学

練習試合も負けなし

　監督に太田義一、主将には川越藤一郎が就任して、チームは順風満帆、連勝街道を驀進して連続優勝を成し遂げた。早稲田のゆさぶり戦法の完成と川越主将のキャプテンシーが、後々まで語りつがれる年になった。川越氏は日本協会会長の要職を務めた。やさしく諭すように話されるこの先輩のどこに、強力なタックラーとして知られる激しさがあったのかと、いつも不思議に思うほど穏やかな方だった。
　林部長の功績も大きかった。ラグビーに魅せられ、子ども連れで神宮に足を運び、関西遠征などにも同行された。教授の立場から、知育、体育の並立を重んじ、自身で部員の授業出欠率を調査、欠席の多い部員にはよくなるまで練習を休ませるよう、主将や委員に勧告した。
　この年は練習試合も含めて負けなしで、この2年間、相前後して公式戦20連勝も達成した。

全国制覇の部員（昭和13年2月、戸塚球場）

第16回早慶戦

昭和12年11月23日　神宮競技場

○早大41 - 0●慶大

記録的快勝

　早大は前半16分、木村、角谷のコンビでサイドを抜き川越にパス、川越が快足をとばし、ポスト真下へのトライで先制した。25分、29分にもトライを挙げ13-0で折り返した。

　後半2分、井川が相手陣ゴール前20ヤードからDG（当時は4点）を決めてリードを広げた。その後も攻撃の手を緩めず、13分には池田がスクラムサイドを抜き、リターンパスを受けた松木がトライ。2トライを重ねた後、28分にも松木が左隅に再びトライ。結局、後半はDGの他、6トライ（3ゴール）を奪い完勝した。このカード16回目で8勝7敗1引き分けとし、初めて勝ち越しを決めた待望の一戦となった。

　慶應は本来の2人ハーフで正面から挑んできたが、跳ね返された。試合に負け続けると立て直しに数倍の時間がかかるラグビーの恐さなのか。慶應には初のシャットアウト負けという記録までついた。

第15回早明戦

昭和12年12月5日　神宮競技場

○早大14 - 11●明大

逆転で対抗戦制す

　7年連続の全勝対決、早明戦フィーバーはとどまるところを知らない様相となった。

　早稲田の山地、村山、大西鐵、川越、明治の鍋加、新島、藤、和田ら後世にも名を残す名プレーヤー、名コーチがずらりと名を連ねている。この試合では早稲田のSOを務めた新人の角谷が絶賛された。

　試合は明大が先行。前半6分、タイトからブラインドを突き、左ウイング斉藤が強引なトライ。早大は14分、川越が抜け、井川-池田と渡りトライ、井川がゴールを成功させ5-3と逆転した。29分、早大はキックがインゴールに転々とするのをロックの斉藤が押さえ8-3とリードを広げた。39分、明大はルーズから回し和田からパスを受けた佐沢が切れ込んで中央にトライ、ゴールは成らず2点差に迫った。

　後半はしばらく両校とも無得点。29分、早大の井川がPGを決め、35分に池田がトライ。明治にトライを返されたが、逃げ切った。

公式試合 No.116　昭和12年度　第6試合　対抗戦

早大		慶大	早大		慶大
41	—	0	1 山地　翠	FW	1 大西　辰居
13	前	0	2 高木金之助		2 森岡英三郎
28	後	0	3 松木　靜治		3 白井　俊男
3	T	0	4 斉藤　正三		4 中須　三郎
2	G	0	5 村山礼四郎		5 松野　頼三
0	PG	0	6 大西鐵之祐		6 北御門彦二郎
0	DG	0	7 井沢　正良		7 田中　一
6	T	0	8 松本　文雄	HB	8 財部　辰彦
3	G	0	9 木村　芳生		9 真期正二郎
0	PG	0	10 角谷　静志		10 向田　彰
1	DG	0	11 池田　林一	TB	11 桜井　礼二
10	反則	4	12 井川　晴雄		12 郡　敏幸

昭和12年11月23日
G 神宮
R 塩谷虎彦　KO 14:30
（DGは4点）

早大		慶大
13 川越藤一郎		13 竹岡晴比古
14 田中　源治		14 吉田　勲
15 上田（中臣）国彦	FB	15 磯野　謙蔵

公式試合 No.117　昭和12年度　第7試合　対抗戦

早大		明大	早大		明大
14	—	11	1 山地　翠	FW	1 遠藤　彪
8	前	6	2 高木金之助		2 山本　博
6	後	5	3 松木　靜治		3 仙崎　弘治
2	T	2	4 斉藤　正三		4 加島　保雄
1	G	0	5 村山礼四郎		5 畠山　力
0	PG	0	6 大西鐵之祐		6 鍋加　弘之
0	DG	0	7 井沢　正良		7 新島　清
1	T	1	8 松本　文雄	HB	
0	G	1	9 木村　芳生		9 藤　熊夫
1	PG	0	10 角谷　静志		10 和田　政雄
0	DG	0	11 池田　林一	TB	11 斉藤　一男
6	反則	4	12 井川　晴雄		12 佐沢　一郎

昭和12年12月5日
G 神宮
R 塩谷虎彦　KO 14:30

早大		明大
13 川越藤一郎		13 大谷　二男
14 田中　源治		14 中川　幸秀
	SE	8 大岡　勉
15 上田（中臣）国彦	FB	15 山中　恒穂

昭和13年度(1938年度) 創部21年目

主　　　将	村山礼四郎
主　　　務	木塚長敏
副　主　務	舛田敬司
委　　　員	大西鐵之祐、田中源治、上田(中臣)国彦、山地翠
卒業年次部員	荒木清二、福田次郎(専)、伊藤(田頭)道三*(専)、加藤清、川上大典、松岡正二(専)、村山礼四郎、森岡静、西村健一*、岡本史郎、大西鐵之祐、小澤宗太郎、木塚長敏*、斉藤利雄、廖忠雄*、篠田正男(専)、白井修一郎(専)、田中源治、豊城長太郎、上田(中臣)国彦
部　　　長	林癸未夫
監　　　督	太田義一
コ　ー　チ	なし
部　員　数	65名
夏　合　宿	菅平(第7回)
シーズン成績	7勝2敗、関東大学対抗戦3位

試合成績
【公式試合】
　＜対抗戦＞

No.119	S13.9.25	○	早稲田大学	79-0	●	法政大学	神宮	R塩谷虎彦
No.120	S13.10.1	○	〃	86-0	●	商科大学	東伏見	R品田通世
No.121	S13.10.23	●	〃	9-10	○	東京大学	東伏見	R北野幸也
No.122	S13.11.6	○	〃	33-14	●	京都大学	神宮	R塩谷虎彦
No.123	S13.11.12	○	〃	29-9	●	立教大学	神宮	R品田通世
No.124	S13.11.23	○	〃	36-13	●	慶應大学	神宮	R塩谷虎彦
No.125	S13.12.4	●	〃	6-27	○	明治大学	神宮	R塩谷虎彦
No.126	S13.12.28	○	〃	74-0	●	関西学院大学	花園	R藤枝
No.127	S14.1.3	○	〃	6-5	●	同志社大学	花園	R田中磐男

★シーズンの優勝チーム★
　第11回関東大学対抗戦優勝　明治大学(3年ぶり4回目)
　第12回全国優勝　明治大学(3年ぶり3回目)
　東西大学首位対戦　○ 明治大学 43-3 ● 同志社大学

夏合宿(昭和13年8月、菅平)

創部20周年記念行事は中止

　創部20周年。記念行事の計画がいろいろあったが、時局から全て中止となった。東大はこの年、力のあるチームで捲土重来を期していた。早稲田はレギュラーに故障者が多く、若干の不安はあったものの、2連覇の余勢を駆って圧勝するものと思われた。10月13日、東伏見はあいにくの土砂降りとなった。沼地と化したグラウンドに、早稲田は思い通りのオープンゲームができず苦しんだが、リードを保って終盤を迎えた。

　東大は最後まであきらめずひたむきに戦う。ノーサイド寸前、早稲田ゴール前のスクラムを押し切り劇的なトライを挙げた。新人の高島が悪コンディションをものともせず、殊勲のゴールキックに成功、土壇場で早稲田をうっちゃった。

　早稲田はこの日、赤黒のジャージーを着用せず、白ジャージーで戦い、相手をなめた傲り昂ぶった考えが敗因だと、痛烈に非難された。当時の主将、元OB会長の村山は「あまりの悪コンディションのために正規のジャージーを着用しなかった。決して相手をなめたりしたわけではなかったが、あとから考えれば非難されても弁解の余地はなかった」と語っている。

第17回早慶戦
昭和13年11月23日　神宮競技場

○早大36 – 13●慶大

▌後半てこずるも、8連勝

　早大は前半1分、ファーストスクラムでPKを得て井川がPGに成功。15分には田中が右隅に初トライ。27分に慶大の郡にPGを返されたが、前半で25－3とリードした。

　後半、慶大に1トライを返された後、22分に田中、27分は井川がトライを挙げるなど着実に加点した。

　試合は前半で決まった。前年度の9トライには及ばなかったが、8トライを奪った早稲田が大勝した。前半の大量リードで、またも記録を塗り替えるかと思われた。しかし、これを阻んで、後半2トライ（ゴール）を挙げ、互角に戦ったところに慶應の意地が見えた。早稲田は大量リードにほっと一息ついたのか、後半には平凡な戦いになってしまった。このあたりにこのシーズンに大輪の花を咲かせ得なかった原因が潜んでいたのだろうか。

第16回早明戦
昭和13年12月4日　神宮競技場

●早大6 – 27○明大

▌気迫の前に完敗

　全勝対決とはならなかったが、勝った方が首位という緊迫感を残した決戦。明治が7トライを奪い、早大を1トライに抑えて完勝した。

　前半5分、明大は藤のパントからチャンスをつかみ、鍋加がトライ、和田のゴールも成功した。14分にも和田のパントを斉藤が取り左隅にトライ。24分、ラインアウト後のルーズから早大に出た球を新島がもぎとって左隅にトライ。早大は34分に井川のPGでようやく3点を返した。後半に入っても明大の勢いは止まらず、11分の山本のトライなどで快勝した。

　早稲田は終了寸前に初トライを挙げたが、完敗だった。ここ数年続いた手に汗握る決戦から見れば、早稲田、不甲斐なしというのもやむを得なかった。

　明治は、仙崎主将が夏合宿中に脊椎脱臼で急逝していた。主将の死を無駄にせず、早稲田を倒しての全勝優勝で、その霊に報いた。

公式試合　No.124　　昭和13年度　第6試合　対抗戦

早大		慶大		早大			慶大	
36	–	13		1	山地　　翠	FW	1	大西　辰居
25	前	3		2	村山礼四郎		2	廣末　可平
11	後	10		3	崔　　柱漢		3	白井　俊男
5	T	0		4	太田垣鶴雄		4	中須　三郎
2	G	0		5	大蔵　　勝		5	松野　頼三
2	PG	1		6	大西鐵之祐		6	北御門彦二郎
0	DG	0		7	井沢　正良		7	小倉　　祐
3	T	2		8	松本　文雄	HB	8	財部　辰彦
1	G	2		9	遠藤　　公		9	真期正二郎
0	PG	0		10	角谷　静志		10	大江　保正
0	DG	0		11	池田　林一	TB	11	吉原　禎三
14	反則	8		12	井川　晴雄		12	郡　　敏幸
昭和13年11月23日				13	外山　幸延		13	辺　　昌煥
G 神宮				14	田中　源治		14	鈴木　正義
R 塩谷虎彦　KO 14:30				15	西田　廉平	FB	15	有坂　哲一

公式試合　No.125　　昭和13年度　第7試合　対抗戦

早大		明大		早大			明大	
6	–	27		1	山地　　翠	FW	1	山本　　博
3	前	11		2	村山礼四郎		2	遠藤　　彪
3	後	16		3	崔　　柱漢		3	坂下　一雄
0	T	3		4	太田垣鶴雄		4	森　　敏光
0	G	1		5	大蔵　　勝		5	畠山　　力
1	PG	0		6	大西鐵之祐		6	鍋加　弘之
0	DG	0		7	井沢　正良		7	加島　保雄
1	T	4		8	松本　文雄	HB	8	新島　　清
0	G	2		9	遠藤　　公		9	藤　　熊夫
0	PG	0		10	角谷　静志		10	和田　政雄
0	DG	0		11	池田　林一	TB	11	斉藤　一男
5	反則	6		12	井川　晴雄		12	佐沢　一郎
昭和13年12月4日				13	外山　幸延		13	大谷　二男
G 神宮				14	田中　源治		14	田中(杉山)善清
R 塩谷虎彦　KO 14:30				15	西田　廉平	FB	15	高橋武次郎

昭和14年度（1939年度）　創部22年目

主　　将	山地翠	
主　　務	木塚長敏→舛田敬司	
委　　員	井川晴雄、池田林一、井沢正良、松本文雄	
卒業年次部員	相沢早苗*、番匠金次郎、井川晴雄、池田林一、井沢正良、角谷（中西）静志（専）、蒲原完#、北川二郎、小林忠郎、小柳富雄#、松本文雄、三宅敏彦、岡野正春（専）、大蔵勝*、大沢康雄*、太田垣鶴雄（専）、宗重彦*、谷正男、土佐（井筒）敏夫*、外山幸延（専）、豊島芳朗、山地翠、吉田房義（専）	
部　　長	石川登喜治（5代部長）	
監　　督	大西栄造	
コ ー チ	なし	
部 員 数	100名	
夏 合 宿	菅平（第8回）	
シーズン成績	8勝1敗、関東大学対抗戦2位	
試合成績		

夏合宿の帰途（昭和14年8月、上田）

【公式試合】
＜対抗戦＞

No.128	S14.9.30	○	早稲田大学	42-0	●	立教大学	神宮	R足立卓夫
No.129	S14.10.17	○	〃	49-3	●	日本大学	東伏見	R足立卓夫
No.130	S14.10.22	○	〃	123-0	●	法政大学	東伏見	R林藤三郎
No.131	S14.11.3	○	〃	30-5	●	京都大学	花園	R阿部吉蔵
No.132	S14.11.11	○	〃	37-6	●	東京大学	神宮	R足立卓夫
No.133	S14.11.23	○	〃	37-9	●	慶應大学	神宮	R品田通世
No.134	S14.12.3	●	〃	9-39	○	明治大学	神宮	R足立卓夫
No.135	S14.12.28	○	〃	64-3	●	関西学院大学	神宮	R鈴木素雄
No.136	S15.1.3	○	〃	42-3	●	同志社大学	神宮	R北島忠治

★シーズンの優勝チーム★
　第12回関東大学対抗戦優勝　明治大学（2年連続5回目）
　第13回全国優勝　明治大学（2年連続4回目）
　東西大学首位対戦　○　明治大学　51-3　●　京都大学

エイトFWへの模索

　当初、慶應をはじめ、セブンFWのチームが多かった。早稲田も慶應の指導を受けて以来、昭和14年度の早明戦まで、ずっとセブンFWで戦ってきた。エイトFWを採用した京大、東大、明治とは、セブンが良いのか、エイトが良いのかという理論闘争も盛んだった。

　早稲田もこの問題についてはすでにシーズン前から、大西栄造監督、山地翠主将を中心に、侃々諤々の論議を続けていた。早明戦での歴史的惨敗を喫したあと、大西監督はエイトシステムのテスト採用に踏み切り、関学大、同大に快勝した。ルール改正により、セブンFWの利点を封じられたと判断したからである。これ迄のセブンシステムは、いずれもローバーを置く3人ハーフバックスのフォーメーションであり、スクラムからの早いフッキングアウトと、ディフェンス面でのローバーの活用が生命であった。それがスクラムへのボール投入は緩いスピードで投げ入れるという解釈を採ったために、素早いフッキングができなくなってしまった。ルールの規制で利点を封じられた以上、セブンFWでエイトFWに対抗するのは不利だというのが早明戦の敗戦での結論となった。何しろ創部以来のフォーメーションを捨てて、未知のエイトシステムへ転向するのだから、早稲田にとって大改革であったに違いない。

第18回早慶戦
昭和14年11月23日　神宮競技場
○早大37－9●慶大

▎慶大に工夫の跡

　早大は前半2分、ラックから左へ展開、角谷－鈴木－池田と渡りトライ（井川ゴール）。26分にはスクラムから外山が抜き、池田がトライ（井川ゴール）。29分にも慶大バックスのファンブルをインターセプトし、井沢－池田とつなぎトライ（井川ゴール）。慶應は32分に磯野が左中間へトライして3点を返した。

　早大は後半も8分、12分の連続トライなど着実に加点し、快勝した。

　慶應はすでに立大、日大に敗れていたため、それらの試合に比べて慶應らしさを取り戻した内容ではあった。早稲田に一泡吹かせる、と色々な策をこらしたことがうかがえた。フライングハーフをナンバー8と併用する策がそれだ。ゴール前のチャンスで慶應はFWを8人にしてプッシュし、そのアイデアに観客が声援を送っている光景が目に浮かぶ。

第17回早明戦
昭和14年12月3日　神宮競技場
●早大9－39○明大

▎30点差の大敗

　全勝対決に持ち込み早明戦の価値を高めた。昭和6年度から、続けて9季、早明で覇を争っただけでなく、早明戦に勝ったチームが関西勢も倒して日本のラグビーを制覇してきたのだから凄い。この年の明治も強かった。後に北島監督をして「新島がキャプテンだった年が一番強かったんじゃないか」と振り返った年である。

　早稲田はこの明治に敢然として挑んだが、前年度以上の得点差、30点差という新記録のおまけつきで敗れた。

　早明戦はこの頃からすでにすべてをかけた一戦になっていた。早稲田も明治も、この試合に勝つことが使命となり、明治に負けてはたとえ成績のうえで1位にランクされても喜べない、早明戦独特の価値観が芽生えていた。両校にとっては、優勝するということは早明戦に勝つこととイコールとさえ言えるものだった。

公式試合　No.133　　昭和14年度　第6試合　対抗戦

早大		慶大		早大			慶大	
37	－	9						
15	前	3	1	山地	翠	FW	1	池浦　次郎
22	後	6	2	木村	正治		2	廣末　可平
3	T	1	3	崔	柱漢		3	門倉　光夫
3	G	0	4	豊島	芳朗		4	中須　三郎
0	PG	0	5	太田垣鶴雄			5	土井　荘三
0	DG	0	6	番匠金次郎			6	伊藤保太郎
5	T	1	7	井沢	正良		7	松野　頼三
2	G	0	8	松本	文雄	HB	8	北御門彦二郎
1	PG	1	9	遠藤	公		9	真期正二郎
0	DG	0	10	角谷	静志		10	桐田　鉄夫
15	反則	8	11	池田	林一	TB	11	磯野　謙蔵
昭和14年11月23日			12	鈴木（矢部）昌雄			12	吉田　勲
G 神宮			13	外山	幸延		13	根本雄太郎
R 品田通世　KO 14:30			14	西田	廉平		14	鈴木　正義
			15	井川	晴雄	FB	15	有坂　哲一

公式試合　No.134　　昭和14年度　第7試合　対抗戦

早大		明大		早大			明大	
9	－	39						
6	前	14	1	山地	翠	FW	1	西郷　一郎
3	後	25	2	木村	正治		2	遠藤　彪
1	T	2	3	崔	柱漢		3	坂下　一雄
0	G	1	4	豊島	芳朗		4	林　義一
1	PG	2	5	大田垣鶴雄			5	高島　輝
0	DG	0	6	番匠金次郎			6	花岡　明雄
1	T	5	7	井沢	正良		7	伊藤　俊郎
0	G	5	8	松本	文雄	HB	8	新島　清
0	PG	0	9	遠藤	公		9	平沢鉦太郎
0	DG	0	10	角谷	静志		10	藤　熊夫
8	反則	11	11	池田	林一	TB	11	椿坂　健二
昭和14年12月 3日			12	鈴木	昌雄		12	高橋武次郎
G 神宮			13	外山	幸延		13	大谷　二男
R 足立卓夫　KO 14:30			14	井川	晴雄		14	中川　幸秀
			15	西田	廉平	FB	15	藤原　忠雄

昭和15年度（1940年度）　創部23年目

主　　将	松元秀明
主　　務	舛田敬司
副主務	石崎長四郎
委　　員	遠藤公、木村正治、小西彦三、西田廉平、太田美則
卒業年次部員	橋本進、市田富弥（専）、犬養久義（専）、小寺祐吉、木村正治、小西彦三、舛田敬司、松原房之助（学院→徴兵）、松元秀明、西田廉平、太田美則、上田徳、吉田晃（学院→徴兵）、吉田宗一
部　　長	石川登喜治
監　　督	大西栄造
コ ー チ	なし
夏合宿	菅平（第9回）
部員数	55名
シーズン成績	8勝1敗、関東大学対抗戦2位

試合成績
【公式試合】
　＜対抗戦＞
　No.137　S15.9.28　○　早稲田大学　55-0　●　法政大学　神宮　R品田通世
　No.138　S15.10.6　○　〃　22-3　●　日本大学　東伏見　R足立卓夫
　No.139　S15.10.19　○　〃　48-13　●　東京大学　神宮　R新島清
　No.140　S15.10.26　○　〃　33-5　●　京都大学　神宮　R新島清
　No.141　S15.11.3　○　〃　18-16　●　立教大学　神宮　R新島清
　No.142　S15.11.23　○　〃　33-11　●　慶應大学　神宮　R新島清
　No.143　S15.12.8　●　〃　13-52　○　明治大学　神宮　R足立卓夫
　No.144　S16.1.3　○　〃　61-0　●　同志社大学　花園　R杉本彰
　No.145　S16.1.5　○　〃　46-3　●　関西学院大学　花園　R浜口

★シーズンの優勝チーム★
　第13回関東大学対抗戦優勝　明治大学（3年連続6回目）
　第14回全国優勝　明治大学（3年連続5回目）
　東西大学首位対戦　○　明治大学　51-3　●　京都大学
　　　　　　　　　　○　〃　　　　59-0　●　同志社大学（関西は同大、京大、関学が同率）

■「和」基盤のチーム作り

　覇権奪還の手立てとして、種々対応策が検討されたが、明治の戦車FWに対するにはエイトFW転向以外にないとの結論に達し、創部以来のセブンFWを断念した。

　エイトシステムへの転向は決して安易なものではなく、さまざまな難問に面した。まず部員の配置転換。とくにセブンのフライングハーフ要員の配置転換であり、次は練習方法の大幅な変更だった。スクラムの組み方一つとってもセブンとエイトでは格段の相違があった。

　この年は主力11人を含む25人の卒業生を送り出した後、新入生も少なく、部員は55人に激減したため、松元秀明主将以下部員は大西栄造監督のもと、「和」を基盤としたチーム作りが始められた。

昭和15年度部員（戸塚球場）

第19回早慶戦
昭和15年11月23日　神宮競技場
○早大33 － 11●慶大

▍ ついに10連勝

早大は前半7分、小寺のPGで先制。18分に木村が初トライ（小寺ゴール）。20分にはスクラムを押し切ってトライを奪った（小寺ゴール）。さらに、1T、1Gを加え、18－0とした。

後半、最初に早大がトライを取った後、慶大は15分、相手パスミスを拾って鈴木がようやく初トライ。しかし、早大は攻撃の手を緩めず、トライを重ね慶大を突き放した。

定期戦前の注目は慶應に集まった。慶應の雪辱が期待されたが、結果はまたも大差で早稲田が連勝記録を伸ばしてしまった。

長年のライバルといえども選手たちに勝った記憶、負けた記憶がそれぞれなくなってしまうと、恐さを感じなくなってくる。このシーズン、早稲田は立大戦にトライ数1対2で負けていながら、FB小寺の5PGで逃げ切る苦しい試合をしており、慶應有利と見られたが、早稲田に負け続けていた慶應に、まだそれを跳ね返すほどの力が付いてなかった。

第18回早明戦
昭和15年12月8日　神宮競技場
●早大13 － 52○明大

▍ 最大得点差での大敗

創部以来23年目にして遂に伝統のセブンシステムに見切りをつけ、FW重視、スクラム重視とも言えるエイトシステムへの改革を迫られたのである。

今まで蓄積したノウハウを捨て、経験のないものを作り出すのであるから製造工程から一新しなければならない。とくに早稲田のように組織で戦うチームにとっては、勝つための戦法だと信じ切れる理論を持てるかどうかに勝敗がかかっている。そのためか早稲田は確信できる戦法を持てなかった試合には大きく崩れることが多い。

エイトFWへの転向で一番大変だったのはSHだろう。主将でありながらこの試合に出場できなかったSHの松元は「不慣れなエイトを何とかこなして全勝対決に持ち込んだことは大いに褒められて良い。だが急造エイトでは明大には抗すべくもなかった。粉砕されたのである」と述べている。早稲田として、早明戦史上最大の得点差となったのがこの試合である。

公式試合　No.142　昭和15年度　第6試合　対抗戦

早大		慶大		早大				慶大		
33	－	11	1	原	精太	FW	1	池浦	次郎	
18	前	0	2	木村	正治		2	廣末	可平	
15	後	11	3	井上	二郎		3	大谷	秀長	
3	T	0	4	崔	柱漢		4	中須	三郎	
3	G	0	5	布村	清一		5	門倉	光夫	
1	PG	0	6	小西	彦三		6	伊藤保太郎		
0	DG	0	7	辻井	弘		7	村木	玄二	
3	T	2	8	村川	浩介		8	新谷	淑郎	
3	G	1	9	松元	秀明	HB	9	大塚	潔	
0	PG	1	10	福留	忠雄		10	大江	保正	
0	DG	0	11	太田	美則	TB	11	吉原	禎三	
7	反則	5	12	鈴木	昌雄		12	辺	昌煥	
昭和15年11月23日			13	橋本	進		13	山崎辰次郎		
G 神宮			14	西田	廉平		14	鈴木	正義	
R 新島 清　KO 14:30			15	小寺	祐吉	FB	15	古澤	潤三	

公式試合　No.143　昭和15年度　第7試合　対抗戦

早大		明大		早大				明大		
13	－	52	1	原	精太	FW	1	西郷	一郎	
0	前	21	2	木村	正治		2	松岡	正也	
13	後	31	3	井上	二郎		3	坂下	一雄	
0	T	3	4	崔	柱漢		4	林	義一	
0	G	3	5	布村	清一		5	柴田	弘干	
0	PG	2	6	小西	彦三		6	花岡	明雄	
0	DG	0	7	辻井	弘		7	伊藤	俊郎	
3	T	9	8	村川	浩介		8	高島	輝	
2	G	2	9	遠藤	公	HB	9	平沢鉦太郎		
0	PG	2	10	福留	忠雄		10	藤	熊夫	
0	DG	0	11	太田	美則	TB	11	濱武	晴海	
7	反則	8	12	鈴木	昌雄		12	松本	満正	
昭和15年12月8日			13	橋本	進		13	大谷	二男	
G 神宮			14	西田	廉平		14	椿坂	健二	
R 足立卓夫　KO 14:30			15	小寺	祐吉	FB	15	中田	靖二	

昭和16年度（1941年度）　創部24年目

主　　将	遠藤公
主　　務	石崎長四郎
委　　員	村川浩介、鈴木（矢部）昌雄、千田隆一
卒業年次部員	遠藤公、福留忠雄（専）、石崎長四郎、岩井健二*、古藤田鉦次*、侯作宰、村川浩介、崔柱漢、千田隆一、高橋勉（専）、高野亨（専）、澤吉兵衛
部　　長	石川登喜治
監　　督	大西栄造
コ ー チ	なし
部 員 数	43名
夏 合 宿	東伏見
シーズン成績	11勝0敗、関東大学対抗戦優勝、全国優勝
試合成績	

【公式試合】
＜対抗戦＞

No.146	S16.9.20	○	早稲田大学	82-5	●	文理大学	東伏見	R足立卓夫
No.147	S16.9.28	○	〃	82-0	●	法政大学	東伏見	R品田通世
No.148	S16.10.4	○	〃	40-8	●	日本大学	東伏見	R足立卓夫
No.149	S16.10.18	○	〃	74-0	●	東京大学	神宮	R北島忠治
No.150	S16.11.2	○	〃	36-5	●	京都大学	花園	R杉本彰
No.151	S16.11.8	○	〃	35-3	●	立教大学	神宮	R足立卓夫
No.152	S16.11.23	○	〃	24-6	●	慶應大学	神宮	R足立卓夫
No.153	S16.11.30	○	〃	119-0	●	商科大学	東伏見	R石崎長四郎
No.154	S16.12.7	○	〃	26-6	●	明治大学	神宮	R品田通世
No.155	S16.12.29	○	〃	67-0	●	関西学院大学	神宮	R不明
No.156	S17.1.3	○	〃	90-0	●	同志社大学	神宮	R品田通世

★シーズンの優勝チーム★
第14回関東大学対抗戦優勝　早稲田大学（4年ぶり5回目）
第15回全国優勝　早稲田大学（4年ぶり5回目）
東西大学首位対戦　○　早稲田大学　36-5　●　京都大学

早明戦翌日、真珠湾攻撃

　時局は日に日に緊迫の度を増し、4月から米穀は配給制となり、その他の生活必需品も逐次、統制下におかれるようになった。大西栄監督にとっては第1に部員の食糧確保が急務だった。第2に下宿生活では学業、練習に支障をきたすことを憂慮した。そこで、一同を合宿させることが最良であると決断した。幸いなことに石崎マネジャーらが奔走した結果、東伏見駅前の鳥居わきにあった若宮荘を借り受けることが出来た。玄関にラグビー寮の看板を掲げ、鍛錬の合宿所とした。
　関東大学対抗戦を全勝で乗り切り、4年ぶりに優勝。3年間のうっぷんを一気に爆発させるかのような歓喜の祝賀会の余韻さめやらぬ早明戦翌日の12月8日早朝、ラジオは日本軍の真珠湾攻撃と米英への宣戦布告を報じた。12月末の繰り上げ卒業で、正月の関西勢との試合は次年度のメンバーで神宮に迎えた。関西学院、同志社にともに大勝。11月の花園で京大戦でも快勝しており、5度目の全国制覇となった。

合宿所（昭和16年、東伏見）

第20回早慶戦
昭和16年11月23日　神宮競技場
○早大24－6●慶大

┃ ルーツ校もエイトに

　早稲田に2年遅れて、慶應も遂に創立以来のセブンを捨ててエイトに転向した。スクラムへのボール投入のスピードに関するルールの適用で、セブンフォワードが不利になったためである。早大は前半15分、福留がルーズから抜けて先制のトライ。慶大は17分に根本から中谷につなぎトライを返した。その後、早大が1トライ、慶大も1PGを加え、同点で前半を終えた。後半は早大が村川らの3トライ（3ゴール）と1PGを加えて突き放す、慶大を無得点に封じた。

　新聞紙上では、前シーズンまでフォワード、バックスと書かれていたのが、急に前衛、後衛などとラグビーでは馴染みにくい用語が用いられるようになった。これも2週間後に第2次世界大戦が勃発しており、無理からぬことか。戦雲急なためか、当時のラグビーに関する紙面は少なく、詳細な得点経過などわからないことも多い。

公式試合 No.152　昭和16年度 第7試合 対抗戦

早大		慶大		早大			慶大
24	－	6	1	原　精太	FW	1	大谷　秀長
6	前	6	2	白崎　惠一		2	廣末　可平
18	後	0	3	井上　二郎		3	北野　和男
2	T	1	4	崔　柱漢		4	野村　栄一
0	G	0	5	布村　清一		5	門倉　光夫
0	PG	1	6	阿部祐四郎		6	伊藤保太郎
0	DG	0	7	辻井　弘		7	池浦　次郎
3	T	0	8	村川　浩介		8	中谷　淳男
3	G	0	9	須崎修自（田井）	HB	9	新谷　淑郎
1	PG	0	10	遠藤　公		10	桐田　鉄夫
0	DG	0	11	大河内　嶢	TB	11	吉原　禎三
11	反則	12	12	鈴木　昌雄		12	辺　昌煥
昭和16年11月23日			13	福留　忠雄		13	山崎辰次郎
G 神宮			14	千田　隆一		14	鈴木　正義
R 足立卓夫	KO 14:30		15	古藤田鉦次	FB	15	根本雄太郎

第19回早明戦
昭和16年12月7日　神宮競技場
○早大26－6●明大

┃ 4年ぶりの王座

　慶應戦を終わったころから徴兵検査がぼつぼつ始まり早明戦までには済ませたが、遠藤ただ一人、早明戦と検査日が重複した。一時は出場を断念せざるを得なかったが、麴町区役所の担当官の好意により日程を変更してもらった。

　早大は前半20分、福留の正面40ヤードのPGで先制。24分にはラインアウトから遠藤がパント、これを鈴木が中央にトライ、ゴールも決めて8－0とリードした。明大は38分、PKからなだれ込み高島が突っ込んでトライ、40分にも40ヤードのPGを決め8－6と迫った。後半17分、早大は遠藤が大きく引っ掛けたボールを千田が押さえてトライ、ゴール決まって13－6とリードを広げる。21分にも早大の遠藤がサイドをもぐりトライ、ゴール。27分、35分にも加点した。

　エイトFWへ転向するための産みの苦しみを味わった早稲田は、転向2年目にして早くも優勝を成し遂げた。この3年間の早明戦での大敗を思えばまさに偉業といって差し支えなかろう。4年ぶりの美酒に酔った栄光のフィフティーンは、12月末に繰り上げ卒業となり、やがて戦場へと駆り出されていった。そして大西栄監督、福留、村川の3人が帰らぬ人となった。

公式試合 No.154　昭和16年度 第9試合 対抗戦

早大		明大		早大			明大
26	－	6	1	原　精太	FW	1	西郷　一郎
8	前	6	2	高野　亨		2	松岡　正也
18	後	0	3	井上　二郎		3	坂下　一雄
1	T	1	4	崔　柱漢		4	林　義一
1	G	0	5	布村　清一		5	野村　正明
1	PG	1	6	阿部祐四郎		6	柴田　弘干
0	DG	0	7	辻井　弘		7	高島　輝
4	T	0	8	村川　浩介		8	花岡　明雄
3	G	0	9	須崎　修自	HB	9	中田　順造
0	PG	0	10	遠藤　公		10	松本　満正
0	DG	0	11	大河内　嶢	TB	11	椿坂　健二
12	反則	3	12	鈴木　昌雄		12	永野　隼治
昭和16年12月7日			13	福留　忠雄		13	濱武　晴海
G 神宮			14	千田　隆一		14	丹羽　好彦
R 品田通世	KO 14:30		15	今沢　秋雄	FB	15	中田　靖二

昭和17年度前期（1942年度）　創部25年目

主　　　将	鈴木（矢部）昌雄
主　　　務	吉崎正典
委　　　員	原精太、井上二郎、大河内嶢
卒業年次部員	福島淳（専）、市村陽三（専）、稲津弥寿男（専）、布村清一、野口修一（専）、白井俊次（専）、鈴木昌雄、安永健次、吉崎正典、平田一智（専）
部　　　長	石川登喜治
監　　　督	大西栄造
コ　ー　チ	なし
部　員　数	23名
夏　合　宿	なし
シーズン成績	9勝0敗、関東大学対抗戦優勝、全国優勝
試合成績	

【公式試合】
＜対抗戦＞
- No.157　S17.4.5　○　早稲田大学　59-0　●　法政大学　東伏見　R不明
- No.158　S17.4.15　○　〃　49-3　●　日本大学　東伏見　R不明
- No.159　S17.4.23　○　〃　113-0　●　商科大学　東伏見　R不明
- No.160　S17.4.26　○　〃　50-5　●　東京大学　神宮　R伊藤次郎
- No.161　S17.5.9　○　〃　32-3　●　立教大学　神宮　R足立卓夫
- No.162　S17.5.16　○　〃　21-8　●　慶應大学　神宮　R北島忠治
- No.163　S17.5.24　○　〃　19-6　●　明治大学　神宮　R品田通世
- No.164　S17.6.7　○　〃　32-5　●　京都大学　花園　R杉本彰
- No.165　S17.8.19　○　〃　25-17　●　福岡学生代表　春日原　R斎藤一男（九州協会招待試合、満州遠征の帰路に対戦）

＜国際試合＞
- 国際23　S17.8.11　○　早稲田大学　46-29　●　全満州　新京　R田中太郎（以下、満州遠征。満州建国10周年記念大会日本代表として出場）
- 国際24　S17.8.13　○　〃　31-11　●　全満鉄　奉天　R不明

★シーズンの優勝チーム★
第15回関東大学対抗戦優勝　早稲田大学（2年連続6回目）
第16回全国優勝　早稲田大学（2年連続6回目。『早大60年史』では関西の京大と九州招待試合に勝って全勝を遂げたので全国優勝としている。関西優勝校の同大との試合がないため厳密には全国優勝とは言いがたいが、過去の記録に従ってここでも全国優勝として扱う）
東西学生首位対戦　○　早稲田大学　32-5　●　京都大学（早大―同大の対戦なし）

異例の春シーズン

　この17年度卒業生は本来なら18年3月の卒業だったが、6カ月繰り上げられ17年9月卒業となった。シーズンは4月から6月の始めにかけて行われ、全勝で駆け抜け6度目の全国制覇を達成した。

　8月には満州国建国10周年記念の東亜競技大会が新京（長春）などで開かれた。ラグビーは早稲田が日本代表として参加し、2連勝した。

全満州戦（昭和17年8月11日、新京）

第21回早慶戦
昭和17年5月16日　神宮競技場
○早大21－8●慶大

春の早慶戦

この年は、春、秋二度の早慶戦が行われているが、1シーズンに2回早慶戦があったのではなく、本来秋に行われるべき試合が春に、翌18年秋に行われるべき試合が17年の秋に、1年繰り上がって行われたのである。

このシーズンの慶大の健闘は目覚しく、5月9日にはなんと明大に62－6の記録的大差で13年ぶりの勝利をつかんだ。

慶應は8人FWに転向して2年目でまとまりを見せ、早慶は久しぶりに全勝同士の対戦となった。

早大は前半15分過ぎ、鈴木、平田の両CTBがパスを繰り返し先制のトライ（ゴール）。20分にもPGを加えた。慶大はその後、鈴木が独走してトライ（ゴール）、8－5で折り返した。

後半10分、慶應は山崎－根本－針生とつなぎ、ゴール寸前でつかまったが、フォローしたFWが引っ掛けてトライ、追いついた。しかし、早大FWが次第に自力を発揮、TBに好球を配し、2トライ（ともにゴール）、1PGをあげ快勝した。

第20回早明戦
昭和17年5月24日　神宮競技場
○早大19－6●明大

「ユサブリ」で連覇

新聞でもラグビーの記事を見つけるのが難しくなってきた。朝日新聞にも「事実上の雌雄を決するこの試合は明大の逞しい闘志によって、予想外の力量接近し……」と掲載されているが、早明戦に勝って全勝優勝を飾ったにしては、寂しい分量だった。

決戦を戦った両校フィフティーンの闘志は、大学ラグビー人気が高かった時期と比べてもいささかも劣らなかっただろう。いや、むしろ戦場へ出る気持ちから今よりもっと激しい、それこそ命をかけて青春のすべてを燃焼させたに違いない。

明治は立教に17－11と辛勝、慶應には大敗したが、早稲田に勝てば同率首位になるとあって闘志をみせて当たってきた。前半終了目前まで3－3だったが、早大はFB阪口（プロレスラー阪口征二の弟）が突破、鈴木のトライ（ゴール）で勝ち越した。後半になると早大が優位に試合を進め逃げ切った。大西栄監督の理想とする縦横のユサブリによる快勝だった。

公式試合 No.162　昭和17年度前期 第6試合 対抗戦

早大		慶大
21	－	8
8	前	5
13	後	3
1	T	1
1	G	1
1	PG	0
0	DG	0
2	T	1
2	G	0
1	PG	0
0	DG	0
12	反則	7

早大			慶大
1	原　精太	FW	1 大谷　秀長
2	白崎　惠一		2 吉川　嘉俊
3	井上　二郎		3 北野　和男
4	後藤　登		4 田川　茂
5	布村　清一		5 門倉　光夫
6	阿部祐四郎		6 伊藤保太郎
7	安永　健次		7 池浦　次郎
8	鹿子木　聰		8 中谷　淳男
9	須崎　修自	HB	9 新谷　淑郎
10	今沢　秋雄		10 桐田　鉄夫
11	大河内　嶢	TB	11 針生　俊夫
12	鈴木　昌雄		12 根本雄太郎
13	平田　一智		13 山崎辰次郎
14	飛松　正志		14 鈴木　正義
15	阪口　治平	FB	15 吉澤　潤三

昭和17年 5月16日
G 神宮
R 北島忠治　KO 14:30

公式試合 No.163　昭和17年度前期 第7試合 対抗戦

早大		明大
19	－	6
8	前	3
11	後	3
1	T	1
1	G	0
1	PG	0
0	DG	0
2	T	1
1	G	0
1	PG	1
0	DG	0
11	反則	13

早大			明大
1	原　精太	FW	1 宗我　明麿
2	白崎　惠一		2 松岡　正也
3	井上　二郎		3 磯部　英夫
4	後藤　登		4 石田　次雄
5	布村　清一		5 松本　壽
6	阿部祐四郎		6 柴田　弘幹
7	安永　健次		7 中地和一郎
8	鹿子木　聡		8 高島　輝
9	須崎　修自	HB	9 中田　順造
10	今沢　秋雄		10 中田　靖二
11	大河内　撓	TB	11 丹羽　好彦
12	鈴木　昌雄		12 永野　隼治
13	平田　一智		13 山中　陸郎
14	飛松　正志		14 濱武　晴海
15	阪口　治平	FB	15 矢沢　英治

昭和17年 5月24日
G 神宮
R 品田通世　KO 14:30

昭和17年度後期（1942年度後期）　創部25年目

主　　将　　須崎（田井）修自
主　　務　　福島良郎
委　　員　　今沢秋雄、井上二郎
卒業年次部員　阿部祐四郎、後藤登（専）、原精太、今沢秋雄、井上二郎、伊尾喜健（専）、金森一良
　　　　　　（学徒出陣戦死）、金子照男（学徒出陣戦死）、小丸博敏*（専）、西嶋峻一（学徒出陣戦
　　　　　　死）、阪口治平、須崎修自
部　　長　　石川登喜治
監　　督　　大西栄造
コ ー チ　　なし
部 員 数　　23名
夏 合 宿　　なし
シーズン成績　8勝2敗、関東大学対抗戦3位
試合成績
【公式試合】
　＜対抗戦＞
　　No.166　S17.10.11　○　早稲田大学　75-0　● 法政大学　東伏見　R品田通世
　　No.167　S17.10.18　○　　〃　　　　63-3　● 東京大学　神宮　R伊藤次郎
　　No.168　S17.10.25　○　　〃　　　　51-5　● 京都大学　神宮　R品田通世
　　No.169　S17.11.3　○　　〃　　　　78-5　● 日本大学　東伏見　R不明
　　No.170　S17.11.7　○　　〃　　　　17-3　● 立教大学　神宮　R北島忠治
　　No.171　S17.11.14　○　　〃　　　　17-0　● 専修大学　東伏見　R不明
　　No.172　S17.11.29　●　　〃　　　　5-11　○ 慶應大学　神宮　R北島忠治（空襲警報発令のた
　　め11月23日の試合を延期）
　　No.173　S17.12.6　●　　〃　　　　10-15　○ 明治大学　神宮　R伊藤次郎
　　No.174　S18.1.3　○　　〃　　　　25-3　● 同志社大学　花園　R杉本彰
　　No.175　S18.1.5　○　　〃　　　　71-3　● 関西学院大学　花園　R乾隆
★シーズンの優勝チーム★
　第16回関東大学対抗戦優勝　慶應大学（13季ぶり3回目）
　第17回全国優勝　慶應大学（13季ぶり2回目）
　東西大学首位対戦　○ 慶應大学 35-4 ● 同志社大学
　　　　　　　　　　○　　〃　　59-0 ● 京都大学（関西は同大、京大、関学が同率）

▌十分な練習できず

　国民の生活は緊迫の度を増し、学生の勤労動員
が法制化され、学生は学徒と呼ばれるようになった。
　後期に入ると同時にシーズンイン、十分な練習
をする暇なく、かつ新入部員が少ないため戦力の
低下は免れなかった。
　関東大学対抗戦を3位で終え、正月に西下し花
園で同志社と戦った。両校ともFW中心の似たも

の同士、後半、同志社に疲労の色濃くなり、バッ
クスの活躍もあり快勝した。関西学院とは力量の
差が判然としており、ユサブリの本領を発揮して
大勝した。

第22回早慶戦。11月23日の試合は、警
報が発令され29日に延期（昭和17年）

第22回早慶戦
昭和17年11月29日　神宮競技場
●早大5－11○慶大

▎29日の早慶戦に敗れる

11月23日の早慶戦当日の午前に、空襲警報が発令されたため、29日に変更された。大正11年の第1回定期戦から11月23日に試合が行われなかったのは、この年の2試合だけだ。

早慶戦としては珍しくエキサイティングな試合となり、双方から各1名の退場者を出した。時節柄、不祥事だとして、試合後、高木・日本ラグビー協会長から注意を受けた。

試合は慶應のテンポで進められ、前半に5点をリードされた。後半も堅守に阻まれ、やっと1トライ（ゴール）を返しただけで、昭和5年以来の敗戦となった。

慶應13季ぶりの全勝優勝の喜びはいかばかりであったのだろう。残念ながらその喜びに浸たる間もなく戦闘状況がますます厳しくなり、ラガーマンもラグビーを忘れて生きることに必死にならなければならない悲しい時代に入っていく。戦前最後のシーズンにルーツ校の慶應が優勝を飾ったのもなにかの因縁だろうか。

第21回早明戦
昭和17年12月6日　神宮競技場
●早大10－15○明大

▎戦前最後は逆転負け

戦前の最後の早明戦は明治が快勝した。この日は第1試合で慶應と東大が対戦し、慶應が全勝優勝を決めていた。

早慶戦が空襲警報で延期となったが、当時の早明戦のメンバー表にも次のような記述があった。

「試合中、空襲警報ガ発令サレタ場合ニハ、役員及選手ノ指揮ニ従ツテ行動シテ下サイ」

明大はFWのまとまり良く、前半25分にFB矢沢が抜けてトライ。明大の個人技を警戒した早大は今沢をFBに下げて臨み、阿部の連続トライ（ゴール）で逆転。明大も中田のトライで追い上げ、早大4点リードで折り返した。

後半は両校が一進一退を続け、明大は25分、PGを決め1点差に。その後、相手陣ルーズより高島が抜け、最後は伴が右隅に逆転のトライ。終了間際にもトライを加えた。

公式試合　No.172　昭和17年度後期　第7試合　対抗戦

早大		慶大		早大		慶大	
5	－	11	1	白崎　恵一	FW	1	大谷　秀長
0	前	5	2	福島　良郎		2	高松　昇
5	後	6	3	井上　二郎		3	北野　和男
0	T	1	4	後藤　登		4	野村　栄一
0	G	1	5	橋本　謙二		5	門倉　光夫
0	PG	0	6	阿部祐四郎		6	伊藤保太郎
0	DG	0	7	金森　一良		7	池浦　次郎
1	T	2	8	鹿子木　聰		8	中谷　淳男
1	G	0	9	須崎　修自	HB	9	大塚　潔
0	PG	0	10	伊尾喜　健		10	新谷　淑郎
0	DG	0	11	小丸　博敏	TB	11	上原　悦彦
5	反則	11	12	今沢　秋雄		12	桐田　鉄夫

昭和17年11月29日
G 神宮
R 北島忠治　KO 14:30
（警戒警報発令のため11月29日に延期）

13 岩城　睦二　　13 山崎辰次郎
14 阪口　治平　　14 針生　俊夫
15 野上　久雄　FB 15 神谷　重彦

公式試合　No.173　昭和17年度後期　第8試合　対抗戦

早大		明大		早大		明大	
10	－	15	1	白崎　恵一	FW	1	野村　正明
10	前	6	2	福島　良郎		2	松岡　正也
0	後	9	3	井上　二郎		3	石田　次雄
2	T	2	4	後藤　登		4	浅野　慶三
2	G	0	5	橋本　謙二		5	松本　壽
0	PG	0	6	阿部祐四郎		6	柴田　弘干
0	DG	0	7	金森　一良		7	高島　輝
0	T	2	8	鹿子木　聰		8	中地和一郎
0	G	0	9	須崎　修自	HB	9	安武　恒夫
0	PG	1	10	伊尾喜　健		10	中田　靖二
0	DG	0	11	小丸　博敏	TB	11	藤原　義郎
5	反則	12	12	平田　一智		12	永野　隼治

昭和17年12月6日
G 神宮
R 伊藤次郎　KO 14:30

13 岩城　睦二　　13 山中　陸郎
14 阪口　治平　　14 伴　美登
15 今沢　秋雄　FB 15 矢沢　英治

昭和18年度(1943年度) 創部26年目

主　　将	鹿子木聡
主　　務	福島良郎
委　　員	林正治郎、白崎恵一
卒業年次部員	福島良郎、鹿子木聡、白崎恵一、辻井弘、吉村正巳(専)、小林博(専)
部　　長	石川登喜治
監　　督	なし
コ ー チ	なし
部 員 数	16名
夏 合 宿	なし
試合成績	第2次世界大戦のため公式戦なし

学徒出陣

　この年の秋、徴兵延期が認められていた学生たちが、勅令で兵隊に。「学徒出陣」だ。

　10月14日、敵性語の使用禁止で大日本体育会闘球部となった協会は、出陣学徒壮行試合を神宮競技場で行った。都内、近郊から100余名が集まり、6チームを編成、3試合を行った。

　この年12月の第1次学徒出陣に15名の部員、翌19年の2月、第2次学徒出陣と勤労動員に12名と、早稲田ラガーメン計27名が戦場などに飛び立っていったのである。

　このような状況ではもはや練習どころではなくなり、遂に部の活動を停止することになり、若宮荘の合宿も閉鎖した。

　こうして、グリーンハウスに器具、備品と共に移り、そして備品を整理、その一部を合宿の思い出として分配した。分配品の中で最高級品のラジオを引き当てた芦田治一が一度、ジャージーやボールなどの部の財産管理責任者となったが、当時、落合在住のOBの日置寧二氏に頼んで、床下に埋めて保管してもらうことになった。

　事実上、19年3月から21年春まで部の活動は停止された。

　学窓から戦場などへ出征し苦労されたのは次の方々だった。大部分の方は復員され、戦後復興の中心メンバーとなるが、金森、金子、西嶋の3氏は再び戻ることはなかった。

藤田俊彦　福島良郎　後藤登　浜田繁栄　林正治郎　岩城睦二　岩戸優　金森一良　金子照男　鹿子木聡　松岡洋郎　西嶋俊一　野上久雄　白崎恵介　内田堯　芦田治一　橋本謙二　平田一智　堀博俊　出石武雄　小林博　岡本隆　坂林好之　高倉泰三　辻井弘　三浦　奥村

学徒出陣を目前に、東伏見にて(昭和18年10月)

昭和19年度（1944年度）　創部27年目

第2次世界大戦のため部活動休止

　無益な戦闘に駆りだされ、帰らぬ人となった見知らぬ先輩たちに、心からなる哀悼の意を表し、その氏名をここに留める（『早稲田ラグビー60年史』より）。以下、氏名、卒業年度、戦没年月日（昭和）、戦没地の順に記載する。

山本雄三郎（倉田）、大正12、18. 5. 10、ビルマ。
澤善之助（善九郎）、大正12、20. 8. 7、ミンダナオ島。
吉田光一、大正13、19. 8. 9、南京。
兼子義一、昭和2、14. 12. 8、湖北省。
助川貞次、昭和2、14. 11. 11、大建城。
三輪鉦次郎（中村）、昭和5、20. 2. 21、バターン半島。
大西栄造、昭和6、19. 7. 7、ミンダナオ島。
田川潔、昭和7、19. 2. 3、河北省。
吉田雅夫、昭和9、13. 10. 30、北支。
熊井文吾、昭和12、19. 9. 18、ニューギニア。
井川晴雄、昭和14、19. 9. 30、グァム島。
太田垣鶴雄、昭和14、19. 9. 15、インパール。
外山幸延、昭和14、18. 6. 3、ハイラル。
吉田房義、昭和14、19. 7. 10、ニューギニア。
上田徳、昭和15、20. 5. 25、沖縄沖。
橋本進、昭和15、20. 3. 23、ニューギニア。
福留忠雄、昭和16、19. 3. 3、メイクテーラ。
村川浩介、昭和16、19. 1. 19、ビルマ。
吉田宗一、昭和15、19. 8. 10、ニューギニア。
吉田晃、昭和15、19. 6. 29、ビルマ。
阪口治平、昭和17後、19. 6. 8、湖南省。
金森一良、昭和17後、不明、不明。
金子照男、昭和17後、20. 6. 22、沖縄沖。
西嶋峻一、昭和17後、20. 4. 21、宇佐航空基地。

出陣学徒壮行試合（昭和18年10月14日、神宮競技場）

4 復興から第2期黄金時代（昭和20年代）

昭和20年度（1945年度）　創部28年目

主　　将	林正治郎
主　　務	なし
委　　員	なし
卒業年次部員	橋本謙二、林正治郎
部　　長	石川登喜治
監　　督	なし
コ ー チ	なし
部 員 数	23名
夏 合 宿	なし
試合成績	戦後復活のスタートを切るも公式戦なし

復興宣言

　昭和20年8月15日、天皇陛下のポツダム宣言受諾の玉音放送がラジオから流れ、終戦を迎えた。
　復興のスタートは昭和21年2月に切られた。復学を決意して上京した内田尭が、校内で芦田治一とバッタリ出合ったのがきっかけとなった。2人はさっそくラグビー部員の消息を知るために、部の連絡所であった高田牧舎を訪ね、校内に「ラグビー部員よ集まれ、連絡を待つ」と掲示した。この呼び掛けに集まってきた林正治郎、出石武雄、岩戸優、野上久雄、岡本隆たちとラグビー部の復興を宣言し、新部員の勧誘などの行動を起こしたのである。
　復興を宣言したものの、物はない、食べる物にも事欠く戦後の混乱のさなかに、何から手を付けて良いか分からない内田らは、新宿区落合の日置寧二先輩を訪ねた。そしてそこでラグビー用具が大切に保管されていたことを知り驚喜した。
　「えっ、赤黒のジャージーもあるんですか！　本当に嬉しくて涙が出たよ。そして、よーし、これならやれるぞと自信が湧いてきたんだ」。元OB会長でもある内田尭は振り返っていた。
　日置寧二はROB倶楽部の幹事長などを歴任した貢献者だった。学生時代から名マネジャーとして知られ、細かい点に気が付くことにかけてはOBでも右に出るものがいない。用具の保管責任者としてこれ以上ない適任者であったわけだが、内田らを感激させたのは、単に保管していたというのではなく、土のなかに埋めて焼失を避けたという、後輩たちへの、そして早稲田ラグビーへの深い愛情であった。
　この年は公式戦ができず、OBリーグでも人数が足りずに、他校から応援メンバーを借りてゲームをしたほどだった。

昭和22年に東伏見で行われた戦没者慰霊祭

昭和21年度（1946年度） 創部29年目

主　　　将	野上久雄
副 主 将	内田堯
主　　　務	加藤俊彦
委　　　員	芦田治一、浜田繁栄、岩戸優、松岡洋郎
卒業年次部員	藤田俊彦、松山健次郎*（専）、野上久雄、大河内嶢、飛松正志（専）、高橋、岩城睦二
部　　　長	中村弥三次（6代部長）
監　　　督	鈴木功（7代監督）
コ ー チ	伊藤眞光、松元秀明、大西鐵之祐、西田廉平
部 員 数	25名
夏 合 宿	なし
シーズン成績	4勝3敗、関東大学対抗戦4位

試合成績

【公式試合】

＜対抗戦＞

No.176	S21.10.20	●	早稲田大学	10-11	○	東京大学	東伏見	R川田大介
No.177	S21.10.27	○	〃	36-8	●	日本大学	八幡山	R不明
No.178	S21.11.3	●	〃	14-26	○	京都大学	京大	R柳
No.179	S21.11.9	○	〃	18-11	●	立教大学	八幡山	R不明
No.180	S21.11.23	●	〃	8-9	○	慶應大学	神宮球場	R新島清
No.181	S21.12.8	○	〃	24-16	●	明治大学	神宮	R伊藤次郎
No.182	S22.1.3	○	〃	62-0	●	同志社大学	西京極	R西村

＜全早大試合＞

全早大2	S21.2.3	●	全早大	14-17	○	全同大	京大	R不明
全早大3	S21.4.29	○	〃	34-32	●	全慶大	西宮	R奥村竹之助
全早大4	S21.5.?	○	〃	36-34	●	全京大	京都	R不明

【準公式試合】

S21.10.14	●	早稲田大学	16-42	○	明大OB	八幡山	R不明

★シーズンの優勝チーム★

戦後の復興初年度、早大、慶大、明大、東大、立大の五大学を中心に関東大学対抗戦が復活する

第17回関東大学対抗戦優勝　なし（全勝校なく、明大・東大が1敗で1位）

第18回全国優勝　なし（関西優勝の立命館大と関東勢の対戦なし）

▌対抗戦早くも再開

　部員の多くは関西、九州出身のため雨露をしのぐ場所がほしかった。学校と交渉するなどして、東伏見の坂上にあった中島飛行機製作所の工具寮を学校が買い取った。その中の第2寮を合宿所兼連絡所とした。

　食糧不足を補うため、旧グラウンドの周囲にサツマイモを植え、ふかして練習後の夕食にした。米やイモの買い出しも重要な役目で、遠く埼玉、千葉方面まで足を伸ばした。

　明治が水田を作って田植えを始めたと聞き、その周到さをうらやんだりもした。秋にはイモ1俵が贈られ、熱き友情は忘れられないものとなった。明治はさらに養豚までやっていたといわれる。

　明治の行動力に刺激を受け、当時、東伏見のグラウンドは学校関係者の自家農園になっており、その北側を借りて麦をまいた。冬季の麦踏

みは楽ではなく、肥桶を天秤で担いで運搬するのも力のいる作業だった。6月に刈り取り作業に入ったが、夏合宿の資金稼ぎのアルバイトと追われているうちに麦が発芽してしまったという笑い話も残っている。

　敗戦からわずか1年という驚くべき早さで、関東大学対抗戦が再開された。日本中が大混乱をしているなかで良くぞと驚かされる。早稲田では木村文一OB会長を始めOBたちが、家族の生計を切り詰めてまでの献身的な援助を惜しまなかった。藤井恒男、西海一嗣、小澤宗太郎、田中源治、西田廉平、舛田敬司ら若手OBが全国に檄を飛ばした次の文がそのあたりを良く表している。

　「全国OB諸兄には、往年泥にまみれて培ったラグビー精神によって、一日も早く敗戦の羈絆（きはん）から脱却して再起を祈念する。今や現役達は、真のラグビー理解者である中村弥三次教授を引き続き部長の任に戴き、あらゆる困苦を克服してシーズンに備えている。諸兄にも可能の限り支援の手をさしのべてもらいたい」。

　春、東京ではまだ練習や試合をする状態ではなかったが、京都には復員したOBが多く、4月29日に西宮で全早慶戦が行われた。5月にも京大の田村哲也氏の呼びかけで全京大と対戦。ともに2点差で勝った。

　鈴木新監督は家族が伊豆にいたため、合宿所に学生と起居を共にして指導した。関西に集合していた部員は、夏に京都四条通で氷屋を開き、その売上利益金2万円を携え上京し、東京組と合流したという。9月15〜25日まで出遅れをカバーするため合宿練習を行い、来たるべきシーズンに備えた。

　関東大学対抗戦で東大と慶應にそれぞれ1点差で惜敗、東西対抗の定期戦でも京大に敗れ3敗を喫する苦難の船出となった。

早明戦も再開された（昭和21年12月8日、神宮）

第23回早慶戦
昭和21年11月23日　神宮球場
●早大8－9○慶大

▎戦後初対戦は1点差の惜敗

　この試合の入場料は5円。両校とも部員を搔き集めての再建だった。前半、早大FWは優勢に球を出すが、HBとTBの連係が悪く1PG。慶大は数少ないチャンスを生かした。椎野が先制トライをあげると、26分にはTBがパスをつなぎ、西村がトライ、6－3とリードする。後半、双方互角に戦い、22分、慶大がPGを決めた直後、早大岡本がトライ、ゴールした。日刊スポーツの浅野慶三記者の記事ではオープンへの展開はなく、「大正時代への逆戻り」と指摘されている。

　早稲田のバックスはこの数年後、戦後最初の黄金時代を築き上げた名手揃い。戦後の空腹時代を過ごしたメンバーが「芋の会」という集いを開いていたが、中心選手の新村郁甫氏は「そりゃお前、芋ばかり食っていてそんな良いプレーができるわけなかろうが」と言っていた。

第22回早明戦
昭和21年12月8日　神宮競技場
○早大24－16●明大

▎意地で明治の全勝V阻む

　復活早明戦は十分な練習も、食べ物もない中、ラグビーができる喜びと幸せに感謝し懸命に戦った。日本のラグビーの繁栄は先輩たちの努力の積み重ねによるものだ。

　明治は早稲田に勝てば全勝優勝、早稲田は優勝戦線から脱落していたが、明治の全勝を阻んだ。毎日新聞の北野孟郎氏の戦評では「登り坂になった早稲田と楽勝を夢みた明治には、たしかに鋭さに違いがあった。早稲田は松岡をSHに起用してハーフ団の充実を図り、早慶戦後復員して学窓に帰った大河内を左ウイングに入れてトライをあげたあたり、早稲田コーチ団の成功だった。非常に深いTBラインを敷いて明治防御を攪乱した正攻法も今シーズン第一のプレーぶりといえよう」。

　復員から2週間の大河内の起用に、部員難が読み取れる。早稲田の選手で、1週間そこそこの練習で早明戦に出る選手は今後も現われないだろう。

公式試合 No.180　昭和21年度 第5試合 対抗戦

早大		慶大		早大			慶大	
8	–	9	1	浜田	繁栄	FW 1	戸部	英昌
3	前	6	2	芦田	治一	2	吉田敏太郎	
5	後	3	3	内田	尭	3	伊藤	泰治
0	T	1	4	藤田	俊彦	4	由本	栄作
0	G	0	5	高倉	泰三	5	本木	良太
1	PG	1	6	松岡	洋郎	6	犬丸	二郎
0	DG	0	7	岡本	隆	7	根本哲次郎	
1	T	1	8	松分	光朗	8	椎野	正夫
1	G	0	9	山上	弘	HB 9	小松	五郎
0	PG	0	10	堀	博俊	10	中谷	三郎
0	DG	0	11	出石	武雄	TB 11	杉本善三郎	
18	反則	6	12	新村	郁甫	12	渡辺(児玉)渡	
昭和21年11月23日			13	岩城	睦二	13	西村	仁
G 神宮球場			14	大月	雅宣	14	吉田三郎助	
R 新島 清　KO 14:30			15	野上	久雄	FB 15	田中	務

公式試合 No.181　昭和21年度 第6試合 対抗戦

早大		明大		早大			明大	
24	–	16	1	浜田	繁栄	FW 1	清原	耕三
15	前	11	2	芦田	治一	2	藤原	敏行
9	後	5	3	内田	尭	3	斉藤	寮
4	T	3	4	高倉	泰三	4	山本	麟一
0	G	1	5	藤田	俊彦	5	柴田	勲
1	PG	0	6	坂林	好之	6	村上	令
0	DG	0	7	岡本	隆	7	岡野	清次
3	T	1	8	松分	光朗	8	太田垣公平	
0	G	1	9	松岡	洋郎	HB 9	安武	恒夫
0	PG	0	10	堀	博俊	10	久羽	博
0	DG	0	11	大河内	嶢	TB 11	松川	豊次
9	反則	9	12	新村	郁甫	12	加藤	衛
昭和21年12月8日			13	岩城	睦二	13	南	亨
G 神宮			14	出石	武雄	14	藤	正俊
R 伊藤次郎　KO 14:30			15	野上	久雄	FB 15	山中	陸郎

昭和22年度（1947年度）　創部30年目

主　　将　　内田尭
主　　務　　加藤俊彦
委　　員　　芦田治一、岩戸優
卒業年次部員　芦田治一、浜田繁栄*、加藤俊彦、坂林好之、内田尭、川本久義、畠山勉
部　　長　　池原義見（7代部長）
監　　督　　村山礼四郎（8代監督）
コ ー チ　　伊藤眞光、西海一嗣
部 員 数　　35名
夏 合 宿　　秋田市
シーズン成績　9勝1敗、関東大学対抗戦2位
試合成績
　【公式試合】
　　＜対抗戦＞
　　No.183　S22.10.5　○　早稲田大学　39-5　●　立教大学　東伏見　R新島清
　　No.184　S22.10.12　○　〃　54-6　●　日本大学　東伏見　R新島清
　　No.185　S22.10.15　○　〃　42-0　●　文理大学　東伏見　R鹿子木聡
　　No.186　S22.10.26　○　〃　79-3　●　法政大学　東伏見　R大西鐵之祐
　　No.187　S22.11.3　○　〃　19-3　●　京都大学　西宮　R白崎都香佐
　　No.188　S22.11.12　○　〃　31-0　●　東京大学　神宮　R北野孟郎
　　No.189　S22.11.23　○　〃　41-3　●　慶應大学　東京ラグビー場（現秩父宮ラグビー場）　R新島清
　　No.190　S22.12.7　●　〃　15-19　○　明治大学　東京ラグビー場　R伊藤次郎
　　No.191　S22.12.27　○　〃　18-14　●　関西学院大学　東京ラグビー場　R北野孟郎
　　No.192　S23.1.3　○　〃　52-0　●　同志社大学　東京ラグビー場　R伊藤次郎
　【準公式試合】
　　S22.9.28　●　早稲田大学　15-20　○　明大OB　八幡山　R川田大介
　　S22.10.19　△　〃　13-13　△　学士ラガー　東伏見　R新島清
　★シーズンの優勝チーム★
　　第18回関東大学対抗戦優勝　明治大学（7年ぶり7回目）
　　第19回全国優勝　なし（関学が早大に敗れ、早大、明大、関学が各1敗で全勝校なし）
　　東西大学首位対戦　○　関西学院大学　26-12　●　明治大学

東京ラグビー場完成

　戦前長く専用に使ってきた明治神宮競技場が進駐軍に接収され、協会はグラウンドの必要に迫られた。神宮球場横の女子学習院の焼け跡を借り、グラウンドを建設することになったが、協会に資金はなく、ラグビー関係者から浄財を集めた。また、勤労奉仕により11月22日に完成。グラウンド開きに2試合行い、翌日の早慶戦から公式戦で使われた。東京ラグビー場と命名された。

　食糧事情は一向に緩和されず、夏合宿は米どころの秋田工のグラウンドで行った。

秋田合宿（昭和22年8月、秋田工高のグラウンドを使わせてもらった）

第24回早慶戦
昭和22年11月23日　東京ラグビー場
○早大41 - 3●慶大

▌聖地で初対戦

　完成したばかりのラグビー界待望の専用グラウンドで行なわれた。今の秩父宮ラグビー場だ。戦後の耐乏生活は相変わらずであったが、社会も少しずつ落ち着きを取り戻し、早大ラグビー部の復興も軌道に乗り出していた。

　わずかなスペースに書かれていた朝日新聞の記事から。

　「早慶ラグビー試合は23日午後1時から東京ラグビー場で、秩父宮妃殿下、高松宮殿下ご臨席の下に開始、OB戦は10‐6で慶應の勝ち、現役戦は41‐3で早大の勝利となった。現役戦前半の慶應は早大に8‐0とリードされながらも良く反跋（はんぱつ）して再三早大の圧迫を防いだのみでなく、しばしば早大ゴール前に迫るの勢いを示したがTB陣の無能さにせっかくの好機を逸してしまった。後半直後の早大右ウイング畠山のトライは、この試合を全く決定してその後の戦いは次第に実力の差以上のものに進展していった」。

第23回早明戦
昭和22年12月7日　東京ラグビー場
●早大15 - 19○明大

▌全勝対決で惜敗

　復活2シーズン目にして早くも早明が一歩抜け出し、全勝同士で関東の覇権を争った。読売新聞に「この日片山首相は初めてラグビーを観戦、ハーフタイムに若人を称揚する挨拶を行なった」とある。世相を表している。

　熱戦だった。前半、明治が3トライ2Gと1PG。早稲田は2トライした。後半、早稲田は一時、10点差から4点差まで迫ったが、15‐19で敗れた。『明大ラグビー史』には「橋本、松分ら顔ぶれの揃う早大FWを圧し、前半16‐6とリード、勝負決したかに見えた。しかし後半、3‐9の反撃を受け辛うじての勝利だった」とある。日比野弘は「FW戦で苦しみながらもトライを5つ取り、明治を3トライに抑えた立派な勝ちゲームのはずが、すべてのゴールキック失敗では接戦を物にできない。キッカーが誰だか記録に残っていないのが幸いだが、雨天でなかったのだから責任重大だった」と記している。

公式試合　No.189		昭和22年度　第7試合　対抗戦					
早大	慶大		早大			慶大	
41	－	3	1	井上　和彦	FW	1	河端　秀利
8	前	0	2	芦田　治一		2	柳沢　定
33	後	3	3	内田　尭		3	伊藤　泰治
2	T	0	4	高倉　泰三		4	中須　規夫
1	G	0	5	橋本　晋一		5	本木　良太
0	PG	0	6	佐藤　忠男		6	島田　正三
0	DG	0	7	岡本　隆		7	根本哲次郎
7	T	1	8	松分　光朗		8	犬丸　二郎
3	G	0	9	山上　弘	HB	9	田中　務
2	PG	0	10	堀　博俊		10	中谷　三郎
0	DG	0	11	大月　雅宣	TB	11	吉田三郎助
14	反則	18	12	新村　郁甫		12	角南　圭一
昭和22年11月23日			13	出石　武雄		13	渡辺　渡
G 東京ラグビー場（現秩父宮）			14	畠山　勉		14	西村　仁
R 新島　清　KO 14:30			15	川本　久義	FB	15	山本　達郎

公式試合　No.190		昭和22年度　第8試合　対抗戦					
早大	明大		早大			明大	
15	－	19	1	井上　和彦	FW	1	斉藤　寮
6	前	16	2	芦田　治一		2	藤原　敏行
9	後	3	3	内田　尭		3	西沢　勤二
2	T	3	4	高倉　泰三		4	田中　吉彦
0	G	2	5	橋本　晋一		5	柴田　勲
0	PG	1	6	坂林　好之		6	村上　令
0	DG	0	7	岡本　隆		7	土屋　英明
3	T	0	8	松分　光朗		8	工藤　茂男
0	G	0	9	山上　弘	HB	9	安武　恒夫
0	PG	1	10	堀　博俊		10	久羽　博
0	DG	0	11	大月　雅宣	TB	11	野見山可邦
10	反則	10	12	新村　郁甫		12	白石　勝
昭和22年12月7日			13	出石　武雄		13	丹羽　三郎
G 東京ラグビー場			14	畠山　勉		14	横山　昭
R 伊藤次郎　KO 14:00			15	川本　久義	FB	15	藤　正俊

昭和23年度（1948年度）　創部31年目

主　　将　堀博俊
主　　務　日野嘉恵
委　　員　岩戸優、出石武雄、松岡洋郎、岡本隆、高倉泰三、山上弘
卒業年次部員　日野嘉恵、堀博俊、岩戸優、出石武雄、松岡洋郎、岡本隆、恩田誠（在学中死亡）、高田英朗（専）、高倉泰三
部　　長　池原義見
監　　督　西野綱三（9代監督）
コ ー チ　伊藤眞光、村山礼四郎、西海一嗣
部 員 数　50名
夏 合 宿　石川県根上町
シーズン成績　8勝1分、関東大学対抗戦優勝、全国優勝
試合成績
【公式試合】
　＜対抗戦＞
　No.193　S23.9.26　○　早稲田大学　80-0　● 法政大学　東伏見　R藤井恒男
　No.194　S23.10.3　○　　〃　　42-0　● 日本大学　東伏見　R今沢秋雄
　No.195　S23.10.24　○　　〃　　46-0　● 立教大学　東京ラグビー場　R和田政雄
　No.196　S23.11.3　○　　〃　　42-3　● 京都大学　東京ラグビー場　R川田大介
　No.197　S23.11.13　○　　〃　　58-5　● 東京大学　東京ラグビー場　R和田政雄
　No.198　S23.11.23　△　　〃　　3-3　△ 慶應大学　東京ラグビー場　R伊藤次郎
　No.199　S23.12.5　○　　〃　　16-5　● 明治大学　東京ラグビー場　R伊藤次郎
　No.200　S24.1.3　○　　〃　　37-0　● 同志社大学　花園　R正野虎雄
　No.201　S24.1.9　○　　〃　　15-0　● 関西学院大学　花園　R杉本彰
★シーズンの優勝チーム★
　第19回関東大学対抗戦優勝　早稲田大学（6年ぶり7回目）
　第20回全国優勝　早稲田大学（6年ぶり7回目）
　東西大学首位対戦　○ 早稲田大学　15-0　● 関西学院大学

▌戦後初の全国制覇

　創部30周年のシーズンに戦後初の全国優勝を成し遂げた。慶應とは苦戦の末、引き分けたが、明大には雪辱し、関西で優勝した関西学院大を破った。この喜びを共にした当時の部員たちで作っているグループの名前を「芋の会」という。若いラガーメンが食べ物を得るためにさつま芋の栽培をした当時の世相を良く表している。

　この頃のエピソードには食べ物にまつわる話が多い。戦後の苦難のなかで力を合わせて早稲田ラグビーの復活に尽力してくれた、この時代の先輩たちの話は、これからも語り継いでいかなければならない。

　復員したが、経済的事情で学業を打ち切らざるを得ない人もいた。部員たちは4月から経済的自立の方針を打ち出し、一致団結して組織的なアルバイトを行った。日常の生活費、夏の合宿費、必要経費などを稼いだ。学業と春の練習のあい間、ピーナッツやアイスキャンディーの重い箱を肩から下げ、後楽園で売り子生活を始め、8月まで声をからし頑張った。ある一団は川崎の東芝工場へ。他のグループは全国高校野球の予選が行われていた上井草球場で、炎天下、

4　復興から第2期黄金時代（昭和20年代）　67

同じアイスキャンディーを売った。さらに銀座の地下街にスタンドを設け、アイスクリームやソーダ水を販売したことも。埼玉県のOB経営の工場で汗を流したり、進駐軍関係の荷役に雇われたりもした。

　食糧事情もあり、夏合宿は昨年の秋田に続き、森茂喜OBのお世話になって石川県根上町で行った。まず、高倉と日野が先発隊として根上町へ行き、受け入れ態勢やグラウンド状況などを調査、9月1～12日までの合宿で大いに成果をあげた。合宿中に金沢四高グラウンドでオール金沢学生と金沢クラブと対戦、ともに快勝した。勝ち負けは別として、地方のラグビー普及に微力ながら貢献できた。

　東伏見の寮を購入した。創部30周年の記念事業として、寮を確保することが急務であると決められ、昭和16年頃から合宿所として借用していた東伏見駅前の若宮荘を、持主であった日窒鉱業から売ってもらうことになった。120万円の金額は当時として気の遠くなる程の大金だが、西野綱三と西尾重喜が正副の募金委員長となり、藤井恒男幹事長と力をあわせてOBから浄財を集めた。現役も感激し、アルバイト代の一部を募金に回し、7度目の全国制覇で報いた。

　4年後の昭和27年12月9日に、遂に87万円で残金の支払いを免除してもらえることになり、大学の資産として登記することができた。寮は昭和44年に売却され、その資金は次の鉄筋3階立ての寮に生まれ変わった。

　年が明けて、1月3日に花園で同志社と対戦。FW戦で圧倒して、相手につけいる隙を与えず、零封勝ちした。9日には覇権を賭けて、関西首位の関西学院と対戦した。関学がやや優勢に試合を進めたが、ミスも目立った。前半25分、相手のこぼれ球を松分がすかさず拾って橋本へ。橋本が強引に持ち込んで初トライ。新村のキックも決まった。後半15分には岡本のキックを青木が追い、トライ。32分にも高倉がトライを挙げ、ともに新村がコンバートを成功させた。

　慶應に次ぎ古い歴史を誇った京都・第三高等学校が学制変革により閉鎖された。早稲田にとっては大正8年のチーム初試合の対戦相手。最も古いライバルというより、様々な教えを受け、負け越している先輩校だった。

　部費も思うにまかせない時代。黒とエンジのジャージーは幾代かの使い古しだった。綻びをつづり、破れを丹念に縫い、洗いざらしだったが、いつもこざっぱりと試合に臨めたのは、ひとえに若いOBの夫人の協力のたまもの。まさに、ワセダファミリーの復活だった。

第24回早明戦（昭和23年12月5日、東京ラグビー場）

第25回早慶戦
昭和23年11月23日　東京ラグビー場
△早大3－3△慶大

■ シーズン唯一の引き分け

　昨年、慶應に大勝したメンバーが10人残り、戦力を分析しても早稲田が圧倒的に有利なはずだったが、引き分けた。早稲田は「受けて立つ」状態だったか。慶應は前年大敗の屈辱を晴らすべくこの一戦にかけていた。

　慶應は昭和15年のシーズンを最後に伝統あるセブンFWシステムを捨ててエイトFWに転向。早稲田同様、スクラムへのボール投入のスピードについてのルール改正で、セブンの効果が減少したことによる。しかし、エイト転向後の前年度早稲田に記録的大敗を喫しセブンFWへ復帰していた。慶應の作戦は早稲田の戸惑いを呼んだ。

　慶大は前半30分、ラインアウトからそのまま飛び込んでトライを挙げ先行した。早大はFW第3列にまとまりがなく、TBのハンドリングも悪く苦戦した。37分に青木が中央近くにトライしたが、新村の勝ち越しゴールは決まらなかった。

第24回早明戦
昭和23年12月5日　東京ラグビー場
○早大16－5●明大

■ 全勝対決制し7度目V

　早稲田は2年連続で早明無傷の対戦に雪辱を期し、戦後初の優勝にかけていた。毎日新聞の記事。「早大FWは自己の体力に頼りすぎて明大の鋭い突っ込みにあって悪戦苦闘であったが、明大のTBがキックを乱用したため新村の餌食になってしまった。早大はTBのエース新村をFBに下げて、明大のキックを逆に利用したのが優勝の原因だった」。

　早稲田が体力で明治FWを圧した時代もあった。早大監督で朝日の記者でもあった西野網三が書いた記事。「（昭和2年の初の外国遠征の教訓から）縦、横両ゆさぶり戦法が案出され、今年は更にエイトの押しを強化し、従来の横のゆさぶりに、縦へのゆさぶりを一層強調したところに今年の早大の特徴があり、また同時に関東大学試合に優勝した戦法的な勝因もここにあった」。横に展開するだけでは勝てない。縦に前進しプレッシャーをかけ横に散らす、早稲田ラグビーの理論がこうして一歩一歩構築されていった。

公式試合　No.198　　昭和23年度　第6試合　対抗戦

早大		慶大		早大			慶大	
3	－	3	1	井上　和彦	FW	1	清水　正彦	
0	前	3	2	石外　昭		2	河端　秀利	
3	後	0	3	林　秀雄		3	戸部　英昌	
0	T	1	4	田中　昭		4	竹谷　武	
0	G	0	5	橋本　晋一		5	山田　猷一	
0	PG	0	6	岡本　隆		6	柏谷　典雄	
0	DG	0	7	佐藤　忠男		7	犬丸　二郎	
1	T	0	8	松分　光朗		8	渡辺　渡	
0	G	0	9	松岡　洋郎	HB	9	田中　務	
0	PG	0	10	堀　博俊		10	杉本善三郎	
0	DG	0	11	青木　良昭	TB	11	水越　雪雄	
7	反則	13	12	小山昭一郎		12	中谷(白井)三郎	

昭和23年11月23日
G 東京ラグビー場
R 伊藤次郎　KO 14:30

13	出石　武雄		13	角南　圭一
14	畠山　勉		14	高橋　正旭
15	新村　郁甫	FB	15	富上　祐輔

公式試合　No.199　　昭和23年度　第7試合　対抗戦

早大		明大		早大			明大	
16	－	5	1	井上　和彦	FW	1	斉藤　寮	
11	前	0	2	石外　昭		2	藤原　敏行	
5	後	5	3	林　秀雄		3	渡辺　輝夫	
3	T	1	4	田中　昭		4	松下　良治	
1	G	1	5	橋本　晋一		5	加地　石松	
0	PG	0	6	高倉　泰三		6	村上　令	
0	DG	0	7	岡本　隆		7	太田垣公平	
1	T	1	8	松分　光朗		8	慶徳　仁司	
1	G	1	9	松岡　洋郎	HB	9	土屋　英明	
0	PG	0	10	堀　博俊		10	久羽　博	
0	DG	0	11	青木　良昭	TB	11	佐々木敏郎	
6	反則	3	12	小山昭一郎		12	白石　勝	

昭和23年12月5日
G 東京ラグビー場
R 伊藤次郎　KO 14:00

13	出石　武雄		13	丹羽　三郎
14	大月　雅宣		14	横山　昭
15	新村　郁甫	FB	15	神代　達之

4　復興から第2期黄金時代（昭和20年代）

昭和24年度（1949年度）　創部32年目

主　　　将	山上弘
主　　　務	立石悦也→間壁善典
委　　　員	藤井厚、松分光朗、新村郁甫、大月雅宣
卒業年次部員	石外昭（専）、理崎正一（専）、佐藤忠男（専）、山上弘
部　　　長	竹野長次（8代部長）
監　　　督	西野綱三
コ　ー　チ	千葉正、伊藤眞光、村山礼四郎
部 員 数	34名
夏 合 宿	草津
シーズン成績	9勝1敗、関東大学対抗戦2位

試合成績
【公式試合】
　＜対抗戦＞
　　No.202　S24.10.1　○　早稲田大学　43-8　● 教育大学（現筑波大学・旧文理大学）東伏見　R伊藤次郎
　　No.203　S24.10.9　○　〃　60-0　● 日本大学　東伏見　R不明
　　No.204　S24.10.15　○　〃　86-3　● 中央大学　東京ラグビー場　R和田政雄
　　No.205　S24.10.23　○　〃　91-0　● 東京大学　東京ラグビー場　R伊藤次郎
　　No.206　S24.11.5　○　〃　52-5　● 京都大学　花園　R杉本彰
　　No.207　S24.11.12　○　〃　64-0　● 立教大学　東京ラグビー場　R石井太郎
　　No.208　S24.11.23　○　〃　32-0　● 慶應大学　東京ラグビー場　R大西鐵之祐
　　No.209　S24.12.4　●　〃　20-21　○ 明治大学　東京ラグビー場　R高橋勇作
　　No.210　S24.12.28　○　〃　41-3　● 関西学院大学　東京ラグビー場　R伊藤次郎
　　No.211　S25.1.3　○　〃　24-5　● 同志社大学　東京ラグビー場　R伊藤次郎
★シーズンの優勝チーム★
　第20回関東大学対抗戦優勝　明治大学（2年ぶり8回目）
　第21回全国優勝　明治大学（9年ぶり6回目）
　東西大学首位対戦　○ 明治大学　16-3　● 関西学院大学

ROB倶楽部九州支部設立

　竹野教授が部長に新任された。前年の優勝に大きく寄与した戦前組のベテランが去り、戦後入学した部員で占められた。有望新人多数を加えたが、練習試合では慶大、明大に敗れる苦難のスタートだった。草津での夏合宿では基礎訓練から徹底的にたたき直し、ゆさぶりの再現に重点を置き、自信を深めてシーズンに臨んだ。

　九州人の熱っぽい気質はラグビーを好むのか、戦前から普及度は高く、優秀な選手が多く出ていた。戦後、早稲田へ進学する者も増える機運だった。4月3日、3地域対抗の関東対九州で博多入りしたOB、現役の歓迎会を兼ね、不二越鋼材のクラブでWROBクラブ九州支部設立総会が開催された。初代会長には淀川良介氏が就いた。

草津の夏合宿（昭和24年8月）

第26回早慶戦

昭和24年11月23日　東京ラグビー場

○早大32 − 0●慶大

▌初の雨中戦、大西レフリー

一方的な展開になったが歴史的なことが3つあった。①大正、昭和の長きにわたり初の雨中戦。②大西鐵之祐が早稲田OBで唯一レフェリーを務めた。ラグビーはフェアープレーの精神を最も大切にし、レフェリーがいなくてもゲームが出来なくてはいけないと教えられたものだが、この前後3年間の早慶戦のレフェリーは両校のOBが務めた。③慶應のペナルティーはゼロ。早稲田の公式戦ペナルティーゼロはない。

毎日新聞の北野孟郎氏の観戦記より抜粋。

「早慶ラグビー戦が折からの雨に禍いされて、全くの泥試合となった。しかし力量の勝った早大は活発な試合を続け、見事なトライで慶大を圧し、快勝した。雨の為に慶大はFWをエイトにしたがスクラムの第一線の弱さから押しまくられた」。

名プレイヤーだった北野氏の評は、セブンFWにとって雨が大敵であり、FWを急に8人にしたところで対抗できないことを喝破している。

第25回早明戦

昭和24年12月4日　東京ラグビー場

●早大20 − 21○明大

▌ゴールキックに泣く

早明全勝対決の決着は1点差で明大が勝ち、覇権を奪還した。日刊スポーツの記事抜粋。

「前半、明大トスに勝って風上に陣し、早大キックを取る。14分、明大25ヤード中央からPGに成功して先取点。17分、明大ルーズから球を得てトライ、困難な地点から渡部ゴール。21分、早大の新村がPG。25分、明大の太田垣が中央にトライ、ゴールなる。29分、ルーズから明大の田中ボールを拾いウイングTB佐々木25ヤード独走して中央にトライ、ゴール〈3 − 18〉。

後半8分、早大30ヤード中央のPG成功。11分早大横岩が左中間にトライ。26分、山上のトライ、ゴール。30分、ルーズから早大ボールを拾い小山が右コーナーにトライ。33分、早大オフサイドから明大45度のPG成功。37分、明大ミスパスをするを、早大フロントロー林、球を得てトライ〈20 − 21〉」。

早稲田はまたしてもゴールキックに泣いたのである。

公式試合 No.208	昭和24年度 第7試合 対抗戦						
早大		慶大		早大			慶大
32	—	0	1	井上 和彦	FW	1	真鍋 明彦
13	前	0	2	佐藤 忠男		2	河端 秀利
19	後	0	3	林 秀雄		3	清水 正彦
3	T	0	4	田中 昭		4	竹谷 武
2	G	0	5	橋本 晋一		5	山田 畝一
0	PG	0	6	藤井 厚		6	柏谷 典雄
0	DG	0	7	中島 節雄		7	山口 祐康
5	T	0	8	松分 光朗		8	犬丸 二郎
2	G	0	9	山上 弘	HB	9	田中 務
0	PG	0	10	下平 嘉昭		10	富上 祐輔
0	DG	0	11	大月 雅宣	TB	11	吉田三郎助
6	反則	0	12	藤井 鴻作		12	中谷 三郎
昭和24年11月23日			13	小山昭一郎		13	角南 圭一
G 東京ラグビー場			14	横岩 玄平		14	杉本善三郎
R 大西鐵之祐 KO 14:30			15	新村 郁甫	FB	15	斉藤 守高

公式試合 No.209	昭和24年度 第8試合 対抗戦						
早大		明大		早大			明大
20	—	21	1	井上 和彦	FW	1	関 廣義
3	前	18	2	佐藤 忠男		2	斉藤 寮
17	後	3	3	林 秀雄		3	西沢 勤二
0	T	3	4	田中 昭		4	中垣 正
0	G	3	5	橋本 晋一		5	松下 良治
1	PG	1	6	藤井 厚		6	村上 令
0	DG	0	7	中島 節雄		7	太田垣公平
4	T	0	8	松分 光朗		8	大和 貞
1	G	0	9	山上 弘	HB	9	土屋 英明
1	PG	1	10	下平 嘉昭		10	松岡 晴夫
0	DG	0	11	大月 雅宣	TB	11	佐々木敏郎
8	反則	12	12	藤井 鴻作		12	田中 泰雄
昭和24年12月4日			13	小山昭一郎		13	渡部 昭彦
G 東京ラグビー場			14	横岩 玄平		14	横山 昭
R 高橋勇作 KO 14:30			15	新村 郁甫	FB	15	野見山可邦

昭和25年度（1950年度）　創部33年目

主　　　将　　松分光朗
副 主 将　　新村郁甫
主　　　務　　間壁善典
委　　　員　　藤井厚、大月雅宣、横岩玄平
卒業年次部員　藤井厚、林秀雄、石橋昇、松分光朗、中島節雄、新村郁甫、岡本健一*、大月雅宣、佐藤良美*、鶴井（佐藤）光郎*、横岩玄平、出石丈夫*
部　　　長　　竹野長次
総 監 督　　西野綱三
監　　　督　　大西鐵之祐（10代監督）
コ ー チ　　千葉正、伊藤眞光、西海一嗣、村山礼四郎
部 員 数　　56名
夏 合 宿　　富山県福野町
シーズン成績　12勝0敗、関東大学対抗戦優勝、全国優勝
試合成績
【公式試合】
　＜対抗戦＞
　No.212　S25.10.1　○　早稲田大学　69-6　● 日本大学　東京ラグビー場　R伊藤次郎
　No.213　S25.10.14　○　〃　　45-15　● 教育大学　東京ラグビー場　R和田政雄
　No.214　S25.10.22　○　〃　　92-0　● 東京大学　東京ラグビー場　R伊藤次郎
　No.215　S25.10.28　○　〃　　57-0　● 中央大学　東京ラグビー場　R鈴木素雄
　No.216　S25.11.3　○　〃　　53-0　● 京都大学　東京ラグビー場　R高橋勇作
　No.217　S25.11.12　○　〃　　22-3　● 立教大学　東京ラグビー場　R伊藤次郎
　No.218　S25.11.23　○　〃　　9-0　● 慶應大学　東京ラグビー場　R伊藤次郎
　No.219　S25.12.3　○　〃　　28-6　● 明治大学　東京ラグビー場　R高橋勇作
　No.220　S26.1.3　○　〃　　37-8　● 同志社大学　花園　R杉本彰
　No.221　S26.1.9　○　〃　　16-3　● 関西学院大学　花園　R杉本彰
　No.222　S26.1.12　○　〃　　19-3　● 九州学生代表　小倉　R不明
　No.223　S26.1.15　○　〃　　24-3　● 九州代表　平和台　R平山新一（第1回朝日招待）
【準公式試合】
　S25.10.7　○　早稲田大学　53-6　● エーコン　東京ラグビー場　R伊藤次郎
★シーズンの優勝チーム★
　第21回関東大学対抗戦優勝　早稲田大学（2年ぶり8回目）
　第22回全国優勝　早稲田大学（2年ぶり8回目）
　東西大学首位対戦　○ 早稲田大学　16-3 ● 関西学院大学

8度目の全国制覇

　西野から監督の座を引き継いだ大西鐵之祐は、昭和25年度から29年度まで5シーズン早大の指揮を執り、2度明大に苦敗しただけで、3シーズン早稲田を全国優勝に導いた。自らのラグビー理論に信念を持ち、激しく情熱あふれる指導は、部員の心をしっかりとつかんで早稲田の第2期黄金時代を作り上げていった。

　熱心に研究されたことの一端が60年史に記されている。

　「特にFWのフォーメーションについて研究

された。従来のエイトの3・2・3を3・4・1にすることによって、迅速なオープンへの展開、また、より強烈に縦への突進を策し、縦と横のゆさぶりを効果的にしようと研究された。

現在世界的に3・4・1が採用され、けっして物珍しいことではないが、当時にあっては、ニュージーランドを中心として盛んにやっているとか、英本国でも随分流行しているらしいとのこと。いずれにしろ、見聞の域を脱しない程度で、極めてざん新的な研究課題であった。

結論として、3・4・1を原則的に採用したものの、タイトのヘッド側のいわゆるサイドフランカー（セカンドローのウイング）のつき方と、その押し方が難しいということ、かつ、林、橋本の突進力を生かすために、松分を後ろに下げ、3・3・2のシステムにして一応の成果を上げた」。

早大ラグビー部に伝わる、優勝したときにしか歌えない『荒ぶる』の伝統が誕生したのは、この年の12月3日の早明戦の夜である。第二部歌として誕生したものの、あまり歌われる機会もなく、戦後は忘れられていたこの歌が復活したのは、作詞者である小野田康一の家に、この年度の松分主将（元ROB倶楽部会長）らが招かれたのがきっかけであった。小野田はOBの井上元佑（現三浦、昭和11年度卒）に、当時ソプラノ歌手として一世を風靡していた奥さんの三浦環さんに、この歌をレコードに吹き込んでもらい大切にしていた。このレコードを聞かされた松分らが感激してひそかに練習を積み、優勝したときに歌おうと誓い合ってきたのが見事に実を結び、早明戦に勝って披露したのが始まりとなった。以後この歌は優勝したときにだけ歌うことを許される、早稲田ラガーメンの憧れの歌となって歌いつがれてきている。このお宝のレコードの所在は不明となっている。

正月は関西へ。関西学院は4年連続関西を制しており、実力的にも関東の上位に匹敵するといわれたが、同志社、関学にともに快勝し、8度目の全国制覇を達成した。

毎年1月15日に日本協会の推薦により、優秀な学生チームを福岡へ招待し九州代表と対戦する朝日招待試合が始まった。早大はこの年を含めて5回出場したが、全て勝利の記録を残した。

第26回早明戦（昭和25年12月3日、東京ラグビー場）

4 復興から第2期黄金時代（昭和20年代）

第27回早慶戦
昭和25年11月23日　東京ラグビー場
○早大9－0●慶大

▌戦後初の全勝対決を制す

　慶應が15－3と明治を撃破して、戦後初の全勝対決となった。「快晴のもと3万の大観衆を集め早大の先蹴により挙行、史上空前の両校応援団が登場し対抗マッチの気分をいやが上にも昂揚した」（日刊スポーツ、宮川卓司）。ある新聞には「品位ある伝統を持つラグビーゲームにおける初めての応援団の登場に、仮にも相手方を罵倒するがごとき応援は絶対にやめてもらいたい。応援は試合の前後にしてもらいゲーム進行中は審判の邪魔になったり観戦を妨げるような行動は避けるべき」と書かれた。

　試合は熱戦であったが両チームが勝ちを意識し、展開が不十分だったと厳しい指摘を受けている。「負けまいとする心理」と題する辛口評もあった。「相変わらず勝負にのみ拘泥するスポーツに対する本当の精神がわかっていないからである。この点監督の任にあるものが深く反省しなければ、日本人のスポーツはいつまでたっても進歩しない」。

第26回早明戦
昭和25年12月3日　東京ラグビー場
○早大28－6●明大

▌後半、怒濤のトライ

　早明ラグビーは野球の早慶戦と学生スポーツの人気を二分するようになってきた。片岡メモには「戦後5年を通じ最高峰をいくゲーム、技術的にも体力、気力、あらゆるものが充実、戦前を彷彿とさすものあり」と最大限の賛辞が残されている。

　早稲田はレギュラーメンバーが13人残り、高見澤、梅井、原田、谷口、佐藤英ら有力新人が続々と入学した。

　前半の20分ごろまでは互角だったが、早大は新村のPGで先制。35分にはゴール前のスクラムからブラインドを攻め、松分が初トライ。リードを6点とした。後半は7分は橋本、10分の大月、18分の横岩ら、計6トライ。明大の反撃を2トライに抑えた。

公式試合　No.218			昭和25年度　第7試合　対抗戦				
早大		慶大		早大		慶大	
9	－	0	1	高見澤顕二郎 FW	1	真鍋	明彦
0	前	0	2	井上　和彦	2	河端	秀利
9	後	0	3	林　秀雄	3	清水	正彦
0	T	0	4	平井　雄治	4	竹谷	武
0	G	0	5	橋本　晋一	5	山田	畝一
0	PG	0	6	藤井　厚	6	柏谷	典雄
0	DG	0	7	中島　節雄	7	山口	祐康
3	T	0	8	松分　光朗	8	富上	祐輔
0	G	0	9	下平　嘉昭 HB	9	本城	瑞穂
0	PG	0	10	小山昭一郎	10	杉本善三郎	
0	DG	0	11	青木　良昭 TB	11	瀬尾	博三
11	反則	6	12	谷口進一郎	12	加藤	仁
昭和25年11月23日			13	大月　雅宣	13	角南	圭一
G 東京ラグビー場			14	横岩　玄平	14	高橋	正旭
R 伊藤次郎　KO 14:30			15	新村　郁甫 FB	15	斉藤	守高

公式試合　No.219			昭和25年度　第8試合　対抗戦				
早大		明大		早大		明大	
28	－	6	1	高見澤顕二郎 FW	1	佐野	久利
6	前	0	2	井上　和彦	2	大塩	勇
22	後	6	3	林　秀雄	3	関	廣義
1	T	0	4	平井　雄治	4	柴田	幹雄
0	G	0	5	橋本　晋一	5	中垣	正
1	PG	0	6	藤井　厚	6	村上	令
0	DG	0	7	中島　節雄	7	斉藤	寮
6	T	2	8	松分　光朗	8	大和	貞
2	G	0	9	下平　嘉昭 HB	9	土屋	英明
0	PG	0	10	新村　郁甫	10	松岡	晴夫
0	DG	0	11	大月　雅宣 TB	11	佐々木敏郎	
4	反則	2	12	小山昭一郎	12	熊谷	礼蔵
昭和25年12月3日			13	谷口進一郎	13	渡部	昭彦
G 東京ラグビー場			14	横岩　玄平	14	横山	昭
R 高橋勇作　KO 14:30			15	佐藤　英彦 FB	15	神代	達之

第1回朝日招待試合
昭和26年1月15日　平和台競技場
○早大24－3●九州代表

▌ シーズン無敗で終える

　学生のナンバーワンチームを福岡・平和台へ招いて行なう九州朝日招待ラグビーの第1回に早稲田が出場。正月の東西学生の対戦が終ったあと、1月15日に行われた。30年代後半に日本ラグビーの発展のためにスケジュールをゆずり、この日に日本選手権が行われるようになった経緯がある。日本選手権試合の前身といえる。

　「早大は松分、井上が欠場したのに対して、九州はかつて関東、関西の各大学でならした優秀選手をそろえた。五分五分と見られたFWだが九州は前半7割の球を出した。九州は前半23分、牧が初のトライ。早大は後半の15分、2度目のPGを狙って再度失敗したが、この辺りから両軍の体力的差はハッキリとしてきた。早大が初トライしてからノーサイドまでの23分間に24点というスピードある得点ぶりには驚かされた。早大が最初から後半の調子を出していたら、得点はもっと開いていたに違いない」（毎日新聞、上野）。

公式試合　No. 223　　昭和25年度　第1回朝日招待試合

早大		九州代表		早大				九州代表	
24	－	3		1	高見澤顕二郎	FW	1	守田	貞義
0	前	3		2	石橋　昇		2	松岡	正也
24	後	0		3	林　秀雄		3	藤原	敏行
0	T	1		4	平井 雄治		4	高倉	泰三
0	G	0		5	橋本 晋一		5	伊勢	幸人
0	PG	0		6	藤井　厚		6	柴田	弘干
0	DG	0		7	中島 節雄		7	西郷	一郎
6	T	0		8	原田 秀雄		8	新島　清	
3	G	0		9	下平 嘉昭	HB	9	安武	恒夫
0	PG	0		10	新村 郁甫		10	堀　博俊	
0	DG	0		11	大月 雅宣	TB	11	斉藤	一男
4	反則	7		12	小山昭一郎		12	岩城	睦二
昭和26年 1月15日				13	谷口進一郎		13	荒木	鉄幸
G 平和台				14	横岩 玄平		14	牧　仰	
R 平山新一	KO 14:15			15	佐藤 英彦	FB	15	野見山可邦	

4　復興から第2期黄金時代（昭和20年代）　　75

昭和26年度（1951年度）　創部34年目

主　　　将	橋本晋一
主　　　務	間壁善典
委　　　員	井上和彦、小山昭一郎、下平嘉昭、田中昭
卒業年次部員	藤井鴻作、五島晋作、橋本晋一、人見英二、井上和彦、川上正雄、清瀬泰助、間壁善典、大川年一*、立石悦也、吉田俊男
部　　　長	竹野長次
監　　　督	大西鐵之祐
コ ー チ	なし
部 員 数	87名
夏 合 宿	菅平（第10回）
シーズン成績	9勝1敗、関東大学対抗戦2位

試合成績
【公式試合】
　＜対抗戦＞
　No.224　S26.9.30　○　早稲田大学　19-16　●　日本大学　東京ラグビー場　R高橋勇作
　No.225　S26.10.13　○　〃　31-3　●　教育大学　東京ラグビー場　R川田大介
　No.226　S26.10.21　○　〃　73-0　●　東京大学　東京ラグビー場　R石井太郎
　No.227　S26.10.27　○　〃　22-9　●　中央大学　東京ラグビー場　R石井太郎
　No.228　S26.11.3　○　〃　25-3　●　京都大学　花園　R杉本彰
　No.229　S26.11.10　○　〃　19-8　●　立教大学　東京ラグビー場　R伊藤次郎
　No.230　S26.11.23　○　〃　9-8　●　慶應大学　東京ラグビー場　R高橋勇作
　No.231　S26.12.2　●　〃　6-21　○　明治大学　東京ラグビー場　R高橋勇作
　No.232　S27.1.3　○　〃　31-0　●　同志社大学　東京ラグビー場　R伊藤次郎
　No.233　S27.1.9　○　〃　14-3　●　関西学院大学　東京ラグビー場　R伊藤次郎

★シーズンの優勝チーム★
　第22回関東大学対抗戦優勝　明治大学（2年ぶり9回目）
　第23回全国優勝　明治大学（2年ぶり7回目）
　東西大学首位対戦　○　明治大学　24-3　●　関西学院大学

再び菅平へ

　連覇を狙う橋本主将には試練の年だった。松分ら有力メンバーが卒業した。前年の全国制覇が地方の高校生を刺激したのか記録的な約40人の新入部員を迎えた。

　「鉄笛」の復刊第1号が7月に出来上がった。戦後、米どころを求めて転々としていた夏合宿は、長野・菅平で再び行うことになった。合宿では卒業生の穴を埋めようと、基礎的、体力的、また精神力養成の確立に向かい精進を重ねた。負傷者20名ほどを出す猛練習に明け暮れたが、結局、FWの粘りと集散力、バックスでは特に新村の代わりが不在で、シーズンへ突入した。

第25回早同戦（昭和27年1月3日、東京ラグビー場）

第28回早慶戦
昭和26年11月23日　東京ラグビー場

○早大9－8●慶大

▌薄氷の逃げ切り

　早稲田は薄氷を踏む勝利であった。前半9分、20分、25分と早稲田がトライを重ね9－0と突き放した。慶應は前半32分、早稲田のお株を奪うようなゆさぶりで高橋のトライと思われたがゴール寸前にタックルされた。毎日新聞の伊集院浩氏と北野孟郎氏の対談には「高橋があまりにも素直に走ってタックルされた」とある。慶應はこのルーズを左に回し、瀬尾が早稲田のインゴールで中央に回り込もうとした瞬間に星加にタックルされ押し出された。慶應悪夢の一瞬だった。慶應は後半10分、竹谷がトライしたがゴールに失敗する。慶應OBの北野氏の指摘。「ボールをプレーサーが置きそこなって、早大のチャージにあい、蹴らずにノーゴールとなったなど早慶戦のようなビッグゲームにあるまじきプレーだ」。当時、トライ後のゴールキックではプレーサーがボールを置いた瞬間に相手がチャージに出ることができた。慶應は後半30分、トライとゴールを決めたがここまでだった。

第27回早明戦
昭和26年12月2日　東京ラグビー場

●早大6－21○明大

▌橋本主将の涙

　毎年のように全勝で対決する早明。過去の対戦成績が各13勝と一歩もゆずらない。日刊スポーツの記事には「関東大学の王座をかけて激突する早明ラグビー戦は立錐の余地ない3万の大観衆を集めた東京ラグビー場で早大の先蹴により挙行。6万の眼がそのグラウンドに楕円球を追う熱戦を展開」とある。

　「早大捨身の闘志もついに明大鉄壁の陣の前には屈せざるをえなかった。縦に縦にと突進を敢行する明大奔流の勢いは早大の堅い守備陣もついに突破され、善闘という満場観衆3万の絶賛を浴びて王座への野望をたたれ血涙を呑んだのであった」（日刊スポーツ）。

　前年度は早稲田が会心のゲームで勝利。明治は全員坊主になってシーズンに臨んだと『明大ラグビー史』に書かれている。

　前半は3－8で折り返したが、後半突き放された。この夜、大隈会館での早大の懇親会における橋本主将の号泣は語り草になった。

公式試合　No.230　昭和26年度　第7試合　対抗戦

早大		慶大		早大				慶大	
9	－	8		1	秋本	進	FW	1 関川	哲男
9	前	0		2	高武	昭夫		2 清水	正彦
0	後	8		3	平井	雄治		3 小谷	清
2	T	0		4	田中	昭		4 竹谷	武
0	G	0		5	梅井	良治		5 白柏	広次
1	PG	0		6	松永	正弘		6 村岡	実
0	DG	0		7	橋本	晋一		7 山口	祐康
0	T	2		8	原田	秀雄		8 富上	祐輔
0	G	1		9	竹尾	靖造	HB	9 本城	瑞穂
0	PG	0		10	下平	嘉昭		10 青井	達也
0	DG	0		11	青木	良昭	TB	11 瀬尾	博三
12	反則	11		12	小山	昭一郎		12 加藤	仁

昭和26年11月23日
G 東京ラグビー場
R 高橋勇作　KO 14:30

13 佐藤　貞夫　13 角南　圭一
14 星加　豊　14 高橋　正旭
15 佐藤　英彦　FB　15 松岡　竹雄

公式試合　No.231　昭和26年度　第8試合　対抗戦

早大		明大		早大				明大	
6	－	21		1	高見澤顕二郎		FW	1 佐野	久利
3	前	8		2	高武	昭夫		2 大塩	勇
3	後	13		3	平井	雄治		3 夏井	末春
1	T	2		4	田中	昭		4 松下	良治
0	G	1		5	梅井	良治		5 北島	輝夫
0	PG	0		6	松永	正弘		6 土屋	俊明
0	DG	0		7	橋本	晋一		7 松重	正明
1	T	2		8	原田	秀雄		8 大和	貞
0	G	2		9	竹尾	靖造	HB	9 土屋	英明
0	PG	1		10	下平	嘉昭		10 松岡	晴夫
0	DG	0		11	青木	良昭	TB	11 佐々木敏郎	
7	反則	6		12	小山	昭一郎		12 田中	泰雄

昭和26年12月2日
G 東京ラグビー場
R 高橋勇作　KO 14:00

13 佐藤　貞夫　13 渡部　昭彦
14 星加　豊　14 横山　昭
15 佐藤　英彦　FB　15 麻生　純三

昭和27年度（1952年度）　創部35年目

主　　　将　　田中昭
主　　　務　　藤岡栄
委　　　員　　平井雄治、小山昭一郎、下平嘉昭、高見澤顕二郎
卒業年次部員　青木良昭、伴政志、橋本幸二郎、平井雄治、川鍋了一、小山昭一郎、下平嘉昭、相馬雄二＊、武田彰夫、田中昭
部　　　長　　竹野長次
監　　　督　　大西鐵之祐
コ ー チ　　なし
部　員　数　　87名
夏　合　宿　　菅平（第11回）
シーズン成績　9勝0敗、関東大学対抗戦優勝、全国優勝
試合成績
【公式試合】
　＜対抗戦＞
　No.234　S27.10.12　○　早稲田大学　40-0　●　立教大学　東京ラグビー場　R石井太郎
　No.235　S27.10.19　○　　〃　　82-3　●　東京大学　東京ラグビー場　R新村郁甫
　No.236　S27.11.3　○　　〃　　47-0　●　京都大学　東京ラグビー場　R高橋勇作
　No.237　S27.11.8　○　　〃　　20-14　●　中央大学　東伏見　R川田大介
　No.238　S27.11.23　○　　〃　　17-11　●　慶應大学　東京ラグビー場　R和田政雄
　No.239　S27.12.7　○　　〃　　16-9　●　明治大学　東京ラグビー場　R高橋勇作
　No.240　S28.1.3　○　　〃　　8-6　●　同志社大学　花園　R杉本彰
　No.241　S28.1.9　○　　〃　　18-3　●　関西学院大学　花園　R杉本彰
　No.242　S28.1.18　○　　〃　　46-0　●　九州代表　平和台　R平山新一　（第3回朝日招待）
　＜国際試合＞
　国際25　S27.9.17　●　全早大　8-11　○　オックスフォード大学　東京ラグビー場　Rダフ（オックスフォード大学来日）
★シーズンの優勝チーム★
　第23回関東大学対抗戦優勝　早稲田大学（2年ぶり9回目）
　第24回全国優勝　早稲田大学（2年ぶり9回目）
　東西大学首位対戦　○　早稲田大学　8-6　●　同志社大学

▌初来日のオックスフォード大に善戦

　国際試合から遠ざかっていた日本のラグビー界にとり、画期的な年だった。オックスフォード大が初来日。早稲田は9月の来日第2戦で戦うことになり、この試合をポイントにおいて練習が始まった。夏合宿は例年より半月早い7月31日から8月12日まで菅平で行われた。この合宿には、選手選考のため9人のOBが参加、チームプレーを重視した厳しい練習となった。

　オ大戦には橋本、堀、横岩の3OBを加えた全早大で臨んだ。開始早々、TBブーブバイヤーにあっさり抜かれトライ（ゴール）を奪われ、PGも決められた。しかし一丸となって健闘、再三好機を逃したが、青木が快走して5点を返した。後半3点を追う全早大は22分、下平のPGで同点に追いついた。このまま引き分けと思われた終了直前、オ大はFBマーシャルが劇的なDGを決め逃げ切った。オ大は7戦全勝で帰国したが、ブラード主将は帰国後、「早稲田は今年の

最優秀チームになったと聞くが、事実われわれには苦戦であり、勝てたのはただ幸運だったからである」と書き寄せた。

オ大戦で得た自信は大きかった。横のゆさぶりに加え、縦の突進でまずポイントを作り、左右への展開を繰り返す。チームとしてのまとまりが一段とよくなった。オ大戦で成功したオープン攻撃が、この年の早稲田を支え、9度目の全国制覇へつながった。

年内を全勝で乗り切り、西下して東西大学戦を迎えた。関西で王座についた同志社戦は思わぬ苦戦となった。バックスがよく走り、試合の主導権を握られた。のちに名将となる岡仁詩らバックローが早大HBをつぶして攻撃の芽をつみとり、食い下がった。

前半は0-0。後半18分には先取点を許した。しかし、30分に梅井がPGを決めて同点に。32分にゆさぶりから星加が回り込み、ゴールも決めて何とか逃げ切った。わずか2点差。「正月のゲームはラグビーのボールと同じでバウンドも不規則である。弱いはずの同志社が強い早稲田をコテンコテンに苦しめたのが、この日の早同戦である」と新聞に書かれた。6日後の関西学院大戦はやはり前半無得点に終わったが、後半に18点を挙げ、全勝で大学王座を獲得した。

25年度に新人離れしたプレーで全国制覇の原動力となったCTB谷口進一郎が5月、帰らぬ人となった。厳父から谷口文庫の寄贈があり、合宿所に図書室が開設された。

28年の1月には秩父宮殿下が永眠された。殿下とラグビーのおつきあいは30余年にわたる。初めてラグビーを観戦されたのは、大正12年5月に行われた第6回極東オリンピックのオープン・ゲームだった。15年には渡英され、オックスフォード大に留学された。ご不幸にも大正天皇崩御のため、わずか半年でご帰国となった。27年のオックスフォード大来日をことのほかお喜びになり、グラウンドに立って一行と歓談されもした。しかし、これが最後のご観戦になってしまった。

第28回早明戦（昭和27年12月7日、東京ラグビー場）

4 復興から第2期黄金時代（昭和20年代）

第29回早慶戦
昭和27年11月23日　秩父宮ラグビー場

○早大17－11●慶大

■ 冷や汗の逆転勝ち

辛口の解説で知られる慶應OBの伊藤次郎氏も協会機関誌にこう書いている。

「流石伝統の名に恥じず、双方とも終始オープン戦を挑み、最後まで素晴らしい攻防戦を展開した。殊に両チームが示した飽くことなき果敢なタックルはゲームをさらに緊張させたというべく、2万余のスタンドの観衆は双方が火花を散らす攻防戦にただ感激するのみで、ノーサイドの笛が鳴るまで動こうともしなかった」。

慶應が8分に山田と23分は青井のPGで先行。前半終了近く、早稲田は梅井がPGを決めた。

後半10分に早稲田の青木が中央にトライ、ゴール成功。早稲田は18分に青木が左中間にトライ、さらに2トライを挙げて突き放したが、慶應は後半34分に美川がトライ、ゴールも決めた。早稲田の大西監督は「今日の試合では第一に慶大FWの健闘があげられる。後半、慶大の疲労と共にオープンへ回して順当に勝利を握ったが、慶大の善闘で最後まで肉薄されてしまった」とコメントした。

第28回早明戦
昭和27年12月7日　東京ラグビー場

○早大16－9●明大

■ 不運、明大の大和骨折

下馬評では明治が6－4で有利とされていた。明大全盛期のような豪華メンバーだ。だが予想通りにいかない。早稲田の部員の誰もが橋本前主将と共に流した涙を忘れていなかった。

明大は「戦艦大和」と称された大和貞が足首を骨折して退場。立つこともできなかった。当時は怪我の退場でも交代が出来ないルール。怪我での交代は昭和49年度からできるようになる。泣き言一つ、弁解一つ述べず全力で闘い最後まで早稲田を苦しめた明治はグッドルーザーだった。

先手を取ったのは14人で闘う明治。前半20分にトライ。早稲田は30分、35分に青木がトライ。後半7人FWで明治の動きが鈍くなったところをついて、9分、早稲田はFB佐藤英のライン参加でトライ、梅井ゴール成功。24分には明治の渡部がPGを決める。勝負を決めたのは35分、佐藤貞のパントを星加が抑えてトライ、梅井のゴールが決まったとき。最後に明治は新人の宮井がトライを返した。

公式試合　No.238　　昭和27年度　第5試合　対抗戦

早大		慶大		早大			慶大	
17	－	11		1	高見澤顕二郎	FW	1	関川　哲男
3	前	6		2	高武　昭夫		2	赤津喜一郎
14	後	5		3	平井　雄治		3	小谷　清
0	T	0		4	伊藤　竜平		4	木下　伸生
0	G	0		5	梅井　良治		5	白柏　広次
1	PG	2		6	山崎　靖彦		6	美川　英二
0	DG	0		7	田中　昭		7	竹谷　武
4	T	1		8	原田　秀雄		8	山林　弘
1	G	1		9	下平　嘉昭	HB	9	福田　利昭
0	PG	0		10	新井大済（茂裕）		10	青井　達也
0	DG	0		11	青木　良昭	TB	11	瀬尾　博三
4	反則	8		12	佐藤　貞夫		12	加藤　仁
昭和27年11月23日				13	小山昭一郎		13	山田　章一
G 東京ラグビー場				14	星加　豊		14	高橋　正旭
R 和田政雄　KO 14:30				15	佐藤　英彦	FB	15	松岡　竹雄

公式試合　No.239　　昭和27年度　第6試合　対抗戦

早大		明大		早大			明大	
16	－	9		1	高見澤顕二郎	FW	1	蓑口　一光
6	前	3		2	高武　昭夫		2	大塩　勇
10	後	6		3	平井　雄治		3	平山　彪
2	T	1		4	伊藤　竜平		4	松下　良治
0	G	0		5	梅井　良治		5	真野　克宏
0	PG	0		6	山崎　靖彦		6	土屋　俊明
0	DG	0		7	田中　昭		7	高橋　逸郎
2	T	1		8	原田　秀雄		8	大和　貞
2	G	0		9	下平　嘉昭	HB	9	土屋　英明
0	PG	1		10	新井　大済		10	松岡　晴夫
0	DG	0		11	青木　良昭	TB	11	佐々木敏郎
6	反則	4		12	佐藤　貞夫		12	今村　隆一
昭和27年12月7日				13	小山昭一郎		13	渡部　昭彦
G 東京ラグビー場				14	星加　豊		14	宮井　国夫
R 高橋勇作　KO 14:30				15	佐藤　英彦	FB	15	麻生　純三

第3回朝日招待試合
昭和28年1月18日　平和台競技場
○早大46－0●九州代表

▌氷雨の中、零封勝ち

明治から覇権奪還した早稲田が、同志社、関西学院大も倒して九州に乗り込んだ。

「博多にもこんな寒い日があるかと思われるような、氷雨が降る悪天候。九州はグラウンドコンディションと対決せねばならなかった。早大はFWの前5人が完全に九州を負かした。タイトの押し、ルーズの突っ込み、FWパス、それに雨中戦の主要武器FWのマスドリブルとも九州を上回った。バックスはゴール前に至ると、相手のラインを引き付けてコーナーフラッグ付近に小パントをあげ、ウイングの脚を活用してトライを上げた。このパント戦法はオックスフォード大の残していったみやげもの。後半は早大のワンサイドで書くまでもない。九州は全く良いところなく敗退した」（朝日新聞、鹿子木聡）。

早大OBの鹿子木さんが九州代表をバッサリ切り、得点経過も分からない。あまりの寒さに震えがとまらない選手が続出、平山レフリーが後半28分にノーサイドを宣したとある。

公式試合　No.242　昭和27年度　第3回朝日招待試合

早大		九州代表	早大			九州代表	
46	－	0	1	高見澤顕二郎 FW	1	佐野	久利
19	前	0	2	高武　昭夫	2	井上	和彦
27	後	0	3	平井　雄治	3	小井出勝昌	
5	T	0	4	伊藤　竜平	4	伊勢	幸人
2	G	0	5	梅井　良治	5	中川	海
0	PG	0	6	山崎　靖彦	6	松岡	正也
0	DG	0	7	田中　昭	7	中島	節雄
7	T	0	8	原田　秀雄	8	新島	清
3	G	0	9	下平　嘉昭 SH	9	安武	恒夫
0	PG	0	10	新井　大済	10	中田	主基
0	DG	0	11	青木　良昭 TB	11	斉藤	一男
5	反則	3	12	佐藤　貞夫	12	岩城	睦二
昭和28年	1月18日		13	小山昭一郎	13	堀	博俊
G	平和台		14	星加　豊	14	大月	雅宣
R	平山新一	KO 14:00	15	佐藤　英彦 FB	15	浜田	克巳

4　復興から第2期黄金時代（昭和20年代）　81

昭和28年度（1953年度）　創部36年目

主　　　将　　高見澤顕二郎
主　　　務　　藤岡栄
委　　　員　　原田秀雄、三野一、佐藤英彦、梅井良治
卒業年次部員　秋本進、藤井修、藤岡栄、原田秀雄、伊藤竜平、川原惣次郎、小林梧郎、三野一、美濃村曄夫*、森田至、中平、大久保（雑賀）光昭*、佐藤英彦、末田種彦、高桑（庄村）弘、高見澤顕二郎、谷口進一郎（在学中に病死）、塚田孝次、富永守、豊島博*、梅井良治、山崎雄弘、山崎靖彦、山下和彦*、中西靖、高澤英介*、末次昂*
部　　　長　　竹野長次
監　　　督　　大西鐵之祐
コ ー チ　　なし
部 員 数　　68名
夏 合 宿　　菅平（第12回）
シーズン成績　11勝0敗、関東大学対抗戦優勝、全国優勝
試合成績
【公式試合】
　＜対抗戦＞
　No.243　S28.10.11　○　早稲田大学　32-0　●　立教大学　秩父宮　R和田政雄
　No.244　S28.10.18　○　　〃　　26-6　●　日本大学　秩父宮　R高橋勇作
　No.245　S28.10.25　○　　〃　　22-3　●　教育大学　秩父宮　R川田大介
　No.246　S28.11.3　○　　〃　　58-0　●　京都大学　花園　R丸岡隆二
　No.247　S28.11.14　○　　〃　　55-0　●　東京大学　秩父宮　R石井太郎
　No.248　S28.11.23　○　　〃　　14-6　●　慶應大学　秩父宮　R和田政雄
　No.249　S28.12.6　○　　〃　　19-16　●　明治大学　秩父宮　R石井太郎
　No.250　S28.12.27　○　　〃　　14-6　●　中央大学　秩父宮　R石井太郎
　No.251　S29.1.3　○　　〃　　23-5　●　同志社大学　秩父宮　R石井太郎
　No.252　S29.1.9　○　　〃　　19-3　●　関西学院大学　秩父宮　R石井太郎
　No.253　S29.1.15　○　　〃　　16-3　●　九州代表　平和台　R平山新一（第4回朝日招待）
　＜国際試合＞
　国際26　S28.4.25　○　早稲田大学　21-13　●　南ア空軍　秩父宮（東京ラグビー場を秩父宮ラグビー場と改名）　R石井太郎（南ア空軍来日）
　国際27　S28.9.20　●　全早大　0-30　○　ケンブリッジ大学　秩父宮　Rクーパー（ケンブリッジ大学来日）
★シーズンの優勝チーム★
　第24回関東大学対抗戦優勝　早稲田大学（2年連続10回目）
　第25回全国優勝　早稲田大学（2年連続10回目）
　東西大学首位対戦　○　早稲田大学　23-5　●　同志社大学

▌戦後初の連覇

　逝去された秩父宮殿下をしのび、日本協会は7月の評議員総会にはかり、東京ラグビー場を秩父宮ラグビー場と改称することに決めた。

　前年のオックスフォード大に次いで英国からケンブリッジ大が来日した。2年連続して本場のラグビーに接することができたことは、日本

のラグビーに大きな影響を与えた。この年来日したケ大は、前年のオックスフォード大との定期戦は6－5で勝っていた。

OBを交えての夏合宿を8月11日から23日まで菅平で行った。主力選手の卒業が多く、メンバー編成に苦しんだ。9月20日の第4戦の全早稲田にはOBから藤井、橋本、青木、小山、横岩の5名が参加した。快晴となり、スタンドは通路まで満員、試合開始予定の午後3時半になっても切符売り場に列があり、キックオフを10分遅らせた。

早稲田は前半、よく戦った。PG2本を決められ6点リードされたが、以後は堅い防御でケ大の突進を食い止めた。しかし、後半、体力的な差が次第に現れケ大バックスに走られ、零封負けを喫した。

ケ大戦が終わると、目標は連覇に切り替わった。対抗戦を全勝で乗り切ると、次は同志社、関学戦。両校を東京に迎えた。1月3日、雨上がりの秩父宮で同志社と対戦、開始1分のトライなど前半で大きくリードし、そのまま逃げ切った。関学戦も快勝して、2年連続大学王座につき、第6回アサヒスポーツ団体賞が贈られた。

昭和28年12月の朝日新聞に37歳の大西監督の人物評が掲載されている。

「昨今の彼はまるっきり別人のようだと戦前からの友人たちは角のとれたことにびっくりする。

ある日、東伏見の早大グラウンドでこれから練習しようとする時、野ウサギが1匹跳びだしてきた。時と場所が悪かった。ウサギは部員に包囲され、お手のもののタックルでたちまち捕まってしまった。この時、顔色を変え『手荒なことをするな』の監督のツルの一声にウサギは生きのび、以後選手たちにマスコットとして可愛がられた。早明戦の終わった6日夜合宿に帰った選手たちの手で、このウサギは放されたが、これも監督の指図だという。

早大理工学研究所に勤め、体育の講師も兼ねているが、暇にまかせてノートに書いた攻防の図形が幾百もある。恐ろしい研究ぶりだ。休みの日に学生が15人、20人と自宅に押しかけるが、この時はグラウンドの面魂とはうってかわってにこやかに立ち回る。そのうれしそうな顔色をながめると、彼はちょっとこの道から抜けられそうもないようだ」。

ケンブリッジ大戦（昭和28年9月20日、秩父宮ラグビー場）

第30回早慶戦

昭和28年11月23日　秩父宮ラグビー場

○早大14－6●慶大

▌逆転で振り切る

朝日新聞の松岡洋郎記者の記事より抜粋。

「早大はバックスが次々とミスを繰り返し、あるいは回しても後退という不出来でモノにならなかった。パスが左サイドばかりに集中して、早大唯一の決定力である星加を使えなかったことにも原因があるといえる。慶大は山田、青井のキックでこれを地域的に盛り返したが、やはりこれも決め手がなくゲームは一進一退を繰り返した。ところが33分に至って慶大青井が早大陣25ヤード右中間から突如放ったドロップゴールが見事成功した。

後半になって慶大は5分、木下がトライ。早大は13分星加がトライ、25分梅井のトライでようやく同点に。早大は32分に高武がトライ、ゴール成功。39分にも山崎の突進で最後を飾った。スコアの接近で最後までグラウンドを沸かしたが、試合の内容は極端にいえばFWだけのゲームともいえ、両軍FWの健闘ぶりに比べて双方のバックスの無力が目立った試合だった」。

第29回早明戦

昭和28年12月6日　秩父宮ラグビー場

○早大19－16●明大

▌逆転で対抗戦連覇

3年連続の無敗対決の予想記事の見出しは次の通りである。「攻撃の明、防御の早」「突進力の明治が優勢」「粘り対突進力」であった。両監督のコメント。明大の北島監督は「楽な気持ちで、特別の戦法は考えぬ」。早大の大西監督は「調子は上がっている、4－6といわれているからやりやすい」。

前半24分、明治は喜多崎がトライ、ゴールも決まる。早稲田は34分、梅井がPGを決めて3－5。38分、早稲田は阪口がキックをミス、これを明治の三苫が押さえてトライ。後半7分、早稲田は得意のオープンプレーからSO新井が抜いて、星加からのリターンパスを受けた阪口が力強く右中間に駆け抜けてトライ、ゴールも成功して8－8の同点に。11分、明治のミスをついて早大の佐藤貞がトライし11－8とリード。21分、早稲田は山崎のトライ、27分には藤島のトライ（ゴール）で突き放した。明治も食い下がり30分、喜多崎が右隅にトライ、39分にも宮井が中央にトライ（ゴール）したが、及ばなかった。

公式試合 No.248		昭和28年度 第6試合 対抗戦				
早大		慶大		早大		慶大
14	－	6	1	高見澤顕二郎 FW	1	加藤　順二
0	前	3	2	高武　昭夫	2	赤津喜一郎
14	後	3	3	秋本　進	3	金子　駿
0	T	0	4	伊藤　竜平	4	木下　伸生
0	G	0	5	梅井　良治	5	柴田　孝
0	PG	0	6	山崎　靖彦	6	岡崎　邦彦
0	DG	1	7	松永　正弘	7	龍野（堤）和久
4	T	1	8	原田　秀雄	8	山田　章一
1	G	0	9	山本昌三郎 HB	9	福田　利昭
0	PG	0	10	竹尾　靖造	10	日野　良昭
0	DG	0	11	末田　種彦 TB	11	井上　宙帝
4	反則	3	12	佐藤　貞夫	12	宇田川宗保
昭和28年11月23日			13	新井　大済	13	青井　達也
G 秩父宮			14	星加　豊	14	高橋　正旭
R 和田政雄　KO 14:30			15	佐藤　英彦 FB	15	藤井　浩一

公式試合 No.249		昭和28年度 第7試合 対抗戦				
早大		明大		早大		明大
19	－	16	1	高見澤顕二郎 FW	1	蓑口　一光
3	前	8	2	高武　昭夫	2	大塩　勇
16	後	8	3	秋本　進	3	夏井　和夫
0	T	2	4	伊藤　竜平	4	松岡　英昭
0	G	1	5	梅井　良治	5	北島　輝夫
1	PG	0	6	山崎　靖彦	6	土屋　俊明
0	DG	0	7	松永　正弘	7	小原　隆一
4	T	2	8	原田　秀雄	8	松重　正明
2	G	1	9	山本昌三郎 HB	9	三苫　学
0	PG	0	10	新井　大済	10	金沢　忠良
0	DG	0	11	藤島　勇一 TB	11	宮井　国夫
3	反則	5	12	佐藤　貞夫	12	今村　隆一
昭和28年12月6日			13	阪口　幹夫	13	寺西　博
G 秩父宮			14	星加　豊	14	喜多崎　晃
R 石井太郎　KO 14:30			15	佐藤　英彦 FB	15	麻生　純三

第4回朝日招待試合
昭和29年1月15日　平和台競技場
○早大16－3●九州代表

▌後半突き放し連勝

　試合は前年度と打って変わった白熱した展開になった。早稲田が安定した戦い方で全九州を破り2年連続の全国優勝の偉業を成し遂げた。協会機関誌の斉藤一男氏の記事。

　「この日の全九州FWの活躍はすばらしく、前半10分早大藤島の左隅に上げたトライ以外は、ほとんど早大陣で戦われ、好プレーで早大FW陣の背後に割って出て、しばしばトライのチャンスに恵まれながら、今一歩というところで好機を逸し前半を終了した。

　後半10分早大は1トライを追加。早大若さの走力とディフェンスで、25分佐藤貞、30分星加と快走されてノーサイドとなった。

　早大の若さに対して、全九州のFWの予想外の活躍により後半20分ごろまで対抗したが、早大のムラのない好防に屈した」。

　九州代表のトライが、後半何分ごろ誰が上げたものなのかわからない。トライが後半の最初の頃なら25分まで息詰まる熱戦、後半30分過ぎであれば一矢を報いたにすぎない。

公式試合　No.253　昭和28年度　第4回朝日招待試合

早大		九州代表		早大		九州代表	
16	－	3	1	高見澤顕二郎	FW 1	小林	繁
3	前	0	2	高武　昭夫	2	佐野	久利
13	後	3	3	秋本　進	3	伊藤	光徳
1	T	0	4	伊藤　竜平	4	中川	海
0	G	0	5	梅井　良治	5	松下	良治
0	PG	0	6	山崎　靖彦	6	高橋	逸郎
0	DG	0	7	松永　正弘	7	中島	節雄
3	T	1	8	原田　秀雄	8	松岡	正也
2	G	0	9	山本昌三郎	HB 9	堀場靖重郎	
0	PG	0	10	新井　大済	10	松岡	晴夫
0	DG	0	11	藤島　勇一	TB 11	牧	仰
7	反則	7	12	佐藤　貞夫	12	田中	泰雄
昭和29年 1月15日			13	阪口　幹夫	13	高橋	和臣
G 平和台			14	星加　豊	14	大月	雅宣
R 平山新-	KO 15:00		15	佐藤　英彦	FB 15	野見山可邦	

昭和29年度(1954年度)　創部37年目

主　　将	高武昭夫	
主　　務	武宏	
委　　員	星加豊、松永正弘、佐藤貞夫	
卒業年次部員	出島三郎、本田英一、星加豊、原崇、金谷邦雄、川口昌彦、松岡(北森)道貫*、木村邦久、高武昭夫、松永正弘、水野忠明、西野行則、大沢幸次、阪口幹夫、佐藤貞夫、白井善三郎、武宏、田尻生美、竹尾靖造、矢口広三郎、山本昌三郎、梁川忠、常盤熙*、豊丹生昌義*	
部　　長	竹野長次	
監　　督	大西鐵之祐	
コーチ	なし	
部 員 数	50名	
夏 合 宿	菅平(第13回)	
シーズン成績	6勝1分1敗、関東大学対抗戦3位	

試合成績
【公式試合】
　＜対抗戦＞
　No.254　S29.10.10　○　早稲田大学　24-0　●　立教大学　秩父宮　R石井太郎
　No.255　S29.10.24　○　〃　53-0　●　東京大学　秩父宮　R和田政雄
　No.256　S29.11.3　○　〃　80-0　●　京都大学　秩父宮　R川田大介
　No.257　S29.11.13　○　〃　12-9　●　中央大学　秩父宮　R高橋勇作
　No.258　S29.11.23　△　〃　19-19　△　慶應大学　秩父宮　R和田政雄
　No.259　S29.12.5　●　〃　8-14　○　明治大学　秩父宮　R石井太郎
　No.260　S30.1.3　○　〃　16-8　●　同志社大学　花園　R杉本彰
　No.261　S30.1.9　○　〃　8-3　●　関西学院大学　花園　R杉本彰
　＜国際試合＞
　国際28　S29.4.25　○　早稲田大学　32-3　●　豪州航空母艦シドニー号　秩父宮　R石井太郎(豪州航空母艦チーム来日)
【準公式試合】
　S29.12.16　○　早稲田大学　46-6　●　全愛知　瑞穂　R小松
★シーズンの優勝チーム★
　第25回関東大学対抗戦優勝　明治大学(3年ぶり10回目)
　第26回全国優勝　明治大学(3年ぶり8回目)
　東西大学首位対戦　○　明治大学　33-0　●　同志社大学
　　　　　　　　　　○　〃　21-5　●　関西学院大学(関西は同大、関学引分け双方優勝)

体育祭(昭和29年5月12日)

3連覇の夢消える

　目標はただ一つ、部初の3連覇に絞られた。しかし、レギュラーの卒業による痛手は大きく、チーム編成に影響した。

　戦後、力をつけてきた各大学から伝統ある早慶明に対し、3年ほど前から試合の申し入れが相次いだ。

　明治はこの問題について理解を持ち同情的であった。従って、自然と各校の盟主的立場に置かれた。早稲田は従来からの伝統的定期戦に加え、新たに試合を加えれば、スケジュールは過密となり、学業に支障をきたし、健康管理に問題があるので、可能の範囲内で各校との話し合いにより試合する、いわゆる対抗戦方式を主張した。慶應も同じ考えだったが、より消極的だった。

第31回早慶戦

昭和29年11月23日　秩父宮ラグビー場

△早大19－19△慶大

▌日比野の3トライ実らず

　日刊スポーツの記事より。「前半慶大は美川が中央にトライ、ゴール成功して有利にスタートした。早大はルーズから左ウイング日比野左隅にトライ。27分日比野が左中間トライ、佐藤ゴールして逆転、36分にも日比野が3度目のトライを上げた。後半慶大にトライを許したが佐藤のインターセプトで16－8とリード。14分慶大青井PG、20分早大星加がトライ、しかし慶大は34分FB藤井がゴール真下に飛び込み、38分にはPGに成功した。日比野の活躍も見事だったが慶大が一気に60ヤード、19－16と迫ったトライはこの日のヤマ場であった」。この時新人だった日比野は「悔しさより自分が頑張れた喜びの方が大きかった。ロッカーで引き分けに持ち込まれた悔しさに嗚咽する上級生の姿を見たとき、私は頭から冷水をかけられた思いがした。チームとしてベストのゲームができずに何の喜びがあろうか。私が本当の早稲田ラグビー部員になれたのはこのときであった」と述懐している。

公式試合　No.258		昭和29年度　第5試合　対抗戦		
早大	慶大	早大		慶大
19	－ 19	1　金谷　邦雄　FW	1　加藤　順二
11	前 5	2　高武　昭夫	2　赤津喜一郎
8	後 14	3　内藤　勇策	3　永井　節郎
3	T 1	4　水野　忠明	4　木下　伸生
1	G 1	5　片倉　胖	5　柴田　孝
0	PG 0	6　松永　正弘	6　美川　英二
0	DG 0	7　白井善三郎	7　龍野　和久
2	T 2	8　関根　万睦	8　山田　章一
1	G 1	9　山本昌三郎　HB	9　福田　利昭
0	PG 2	10　新井　大済	10　日野　良昭
0	DG 0	11　日比野　弘　TB	11　伊藤陽二郎
6	反則 6	12　佐藤　貞夫	12　宇田川宗保
昭和29年11月23日		13　阪口　幹夫	13　青井　達也
G　秩父宮		14　星加　豊	14　直井　弘
R　和田政雄　KO 14:30		15　藤島　勇一　FB	15　藤井　浩一

第30回早明戦

昭和29年12月5日　秩父宮ラグビー場

●早大8－14○明大

▌雨に泣く

　東伏見のグリーンハウスで早明戦特別合宿では「己れに勝て」「腹は決まったか」などの日変わりの檄文に、緊張が高まっていた。

　秩父宮ラグビー場は泥沼。1軍戦に先立つ2軍戦、OB戦でグラウンドは田圃だ。

　前半は0－8。後半も明治FWのドリブルラッシュが続いた。早稲田の反撃も届かなかった。

　「明大FWの威力は早大をはるかに上回り、その挙げた得点はすべてFWによるもので全くFWの勝利であったが、劣勢の早大FWの後半の奮起は素晴らしく迫力のある好試合、雨天が惜しまれた」（日刊スポーツ、飯田賢司）。

　明大の北島監督談「3年ぶりで勝てて嬉しい、全くの悪コンディションだったが、これは両校とも同じ条件だ、うちの作戦は伝統のドリブル一本槍でやった」。早大の大西監督談「敗軍の将なにおか言わんや、何も言うことはない。ただうちはFWが弱いだけに恵まれた晴天下でやりたかった」。フィフティーンは早稲田に戻り、高田牧舎の2階で号泣した。

公式試合　No.259		昭和29年度　第6試合　対抗戦		
早大	明大	早大		明大
8	－ 14	1　金谷　邦雄　FW	1　北島　輝夫
0	前 8	2　高武　昭夫	2　蓑口　一光
8	後 6	3　内藤　勇策	3　夏井　和夫
0	T 2	4　水野　忠明	4　木下　憲一
0	G 1	5　片倉　胖	5　小原　隆一
0	PG 0	6　松永　正弘	6　島本　正
0	DG 0	7　白井善三郎	7　菊地　英夫
2	T 2	8　竹尾　靖造	8　松重　正明
1	G 0	9　山本昌三郎　HB	9　曽根　俊郎
0	PG 0	10　新井　大済	10　善如寺音良
0	DG 0	11　日比野　弘　TB	11　梅津　昇
4	反則 9	12　佐藤　貞夫	12　今村　隆一
昭和29年12月5日		13　阪口　幹夫	13　今泉　清志
G　秩父宮		14　星加　豊	14　宮井　国夫
R　石井太郎　KO 14:30		15　藤島　勇一　FB	15　後藤　斉一

4　復興から第2期黄金時代（昭和20年代）

5　天国と地獄（昭和30年代）

昭和30年度（1955年度）　創部38年目

主　　将　　新井大済（茂裕）
主　　務　　中上一（通敏）
委　　員　　青木豊晴、土光哲夫、小河原郁則
卒業年次部員　新井大済、土光哲夫、中上一、小河原郁則、小野寺一郎＊
部　　長　　竹野長次
監　　督　　西野綱三
コ ー チ　　なし
部 員 数　　36名
夏 合 宿　　菅平（第14回）
シーズン成績　4勝4敗、関東大学対抗戦5位
試合成績
【公式試合】
　＜対抗戦＞
　No.262　S30.10.9　○　早稲田大学　11-5　●　立教大学　秩父宮　R石井太郎
　No.263　S30.10.22　●　〃　　　　8-29　○　日本大学　秩父宮　R石井太郎
　No.264　S30.11.3　○　〃　　　　75-3　●　京都大学　花園　R杉本彰
　No.265　S30.11.13　○　〃　　　　72-0　●　東京大学　秩父宮　R石井太郎
　No.266　S30.11.23　●　〃　　　　5-11　○　慶應大学　秩父宮　R和田政雄
　No.267　S30.12.4　●　〃　　　　3-11　○　明治大学　秩父宮　R川田大介
　No.268　S31.1.3　●　〃　　　　6-9　○　同志社大学　秩父宮　R和田政雄
　No.269　S31.1.9　○　〃　　　　8-3　●　関西学院大学　秩父宮　R石井太郎
　＜国際試合＞
　国際29　S31.2.26　●　全早大　11-34　○　豪州学生代表　秩父宮　R川田大介（豪州学生代表来
　　日）
★シーズンの優勝チーム★
　第26回関東大学対抗戦優勝　慶應大学（13年ぶり4回目）
　　　〃　　　　　　　　　　日本大学（創部27年目、1回目）
　第27回全国優勝　慶應大学（13年ぶり3回目）
　東西大学首位対戦　○　慶應大学 6-0　●　同志社大学（日大と慶大、同大との対戦なし）

▌ 少数精鋭で踏ん張る

　大西から再び西野へバトンが戻った昭和30年度、早稲田は極度の入学難の影響で部員が36名という苦闘期に入った。この年は、怪我人が出ると練習にも事欠き、練習マッチも双方13人ずつ、バックローセンター（現在のナンバー8）、FBなしということも再三であった。

10年間で4回の全勝優勝を飾った第2期黄金時代も、部員の質と量の低下で、昭和30年後半代の暗黒時代へと入っていくことになる。

　西野監督が「鉄笛1955」に記している。「少数の利。いまや早大ラグビーは大きな危機に直面している。しかもそれは今年になって忽然（こつぜん）とわれわれの前に現れたものではない。少なくとも、今から4年前の入学試験に

88　第1章　歴史の流れ

豪州学生代表戦（昭和31年2月26日、秩父宮ラグビー場）

おいて、新入生を得られなかった時、すでに近き将来、今日あることが十分予見されていた。当時、80名にも及ぶ部員数にまどわされたか、それともそのうちなんとかなるであろうぐらいの甘い考えからか、その対策を忘れ、ついには毎日の練習マッチにも事を欠き、夏合宿では、青山学院を誘っての合同合宿をやらねばならぬという悲境に追い込まれ、いまさらのごとく狼狽しているというのが、いつわらざる現状である。(中略)

しかし、少数ならば少数でなければならぬ利もある。その団結力を一層強くすることが多勢よりも比較的容易だという利点、あるいは従来ならば味方同士の練習マッチであるが、この夏合宿では常に相手に闘志をもってぶつかっていけるという利点、その他、練習方法等においても色々努力して、いわゆる少数による早大ラグビー再建の新方式を研鑽工夫できるというものだ（後略）」。

新井主将も翌年以降に夢を託して、少ない部員を鍛えに鍛えた。最上級生がわずか4人という年は、昭和の時代でも最初で最後である。その内の1人は手術後でドクターストップがかかっていた主務の中上であった。練習マッチの人数が足りないのと、下級生の腑甲斐ないプレーぶりに業を煮やした中上は、自ら買って出てスタンドオフを務めたが、まさに命懸けでもあった。

シーズンに入り、第1戦の立教には勝ったが、続く日大に完敗。昭和3年の日大ラグビー部創部以来、初めて敗れた。

関東大学対抗戦は結局、慶應と日大の2校が全勝した。両校は試合を組んでおらず、日大側から対戦の希望を申し入れたのに対し、慶應は試験などを理由に申し出を拒否した。これがスケジュール問題再燃の引き金となった。

東西大学対抗の同志社戦は秩父宮であり、引き分けと思われた最終盤にトライを許し、昭和10年以来、2度目の敗戦となった。3—3で折り返したが、同志社のオフサイドぎりぎりの早い防御にバックスは動きを封じられてしまった。1PGを許した後の29分、新井のパントを日比野がゴールに持ち込み再び追いついたが、最後にコーナーすれすれにトライを決められてしまった。次の関西学院戦は終盤の日比野の独走トライと新井のゴールで何とか逃げ切った。

早大と深いつながりを持つオーストラリアから豪州学生代表が昭和8年以来、2度目の来日。9戦して8勝1敗。明治の善戦で一矢を報いた。全早大は初戦に顔を合わせた。豪州ファイブエースのツースは評判通りの名手で、攻撃の要となりTBを走らせ得点を重ねた。全早大は日比野が後半に2トライを奪い意地を見せたが及ばなかった。

5　天国と地獄（昭和30年代）　89

第32回早慶戦
昭和30年11月23日　秩父宮ラグビー場
●早大5－11○慶大

9年ぶりの敗戦

慶大FWの突進力は物凄く、開始直後早くも早大はピンチにさらされた。慶大は、バックスに決め手のないことと、焦って惜しい反則を繰り返したため、なかなかトライができず。早大は22分、中央付近のルーズからFWがよくボールを出し、横井のパントを左ウイング谷口が拾って40ヤード独走して中央にトライ、新井がゴールを決めた。慶大はFWが奮起してハーフタイム直前に早大ボールのスクラムを圧し、美川が右隅にトライ。

後半3分、慶大はFWの縦への突進からチャンスをつかみ、早大ゴール前のスクラムから平島がサイドをついてポスト下にトライ（ゴール）し、逆転。ゲームは美川、山田のバックローを先頭にする慶大FWの突進と、早大の堅い防御のまま一進一退、ノーサイド3分前、慶大は早大陣ゴール前のルーズから美川が抜けてとどめのトライを挙げた。早慶戦で負けたのは昭和21年以来、9年ぶり（23、29年は引き分け）だった。

第31回早明戦
昭和30年12月4日　秩父宮ラグビー場
●早大3－11○明大

2敗同士の対戦

早明両校がともに慶應と日大に敗れたため盛り上がりにかける試合になった。

明大は前半と後半に宮井がスピードを生かして2トライを挙げた。後半さらに1トライを加え危なげなかった。

早大はFWパスやドリブルで再三、相手ゴール前に迫ったが、トライに結びつかなかった。後半もFWが予想外の健闘をしたが、好機にいま一歩集中力を欠いた。ノーサイド直前、横井がPGを決め、零封を免れた。

負けたとはいえ、この陣容で明治にこれだけ戦えたことは自信となって残った。翌年に慶應、明治に雪辱する粘りの早稲田の復元力は、この年の涙のなかに、もう芽生えていた。

公式試合　No.266　昭和30年度　第5試合　対抗戦

早大		慶大		早大			慶大	
5	－	11	1	永橋　利雄	FW	1	豊嶋　志朗	
5	前	3	2	内藤　勇策		2	赤津喜一郎	
0	後	8	3	結城　昭康		3	永井　節郎	
1	T	1	4	大野　浩		4	木下　伸生	
1	G	0	5	片倉　胖		5	柴田　孝	
0	PG	0	6	盛　晴海		6	美川　英二	
0	DG	0	7	冨永　栄喜		7	山田　敬介	
0	T	2	8	市田　恵紀		8	高木　秀陽	
0	G	1	9	関根　万睦	HB	9	福田　利昭	
0	PG	0	10	吉田　清明		10	平島　正登	
0	DG	0	11	谷口　隆三	TB	11	竹内　敏之	
7	反則	11	12	横井　久		12	宇田川宗保	
昭和30年11月23日			13	新井　大済		13	日野　良昭	
G　秩父宮			14	日比野　弘		14	吉田　昭	
R　和田政雄　KO 14:30			15	藤島　勇一	FB	15	藤井　浩一	

公式試合　No.267　昭和30年度　第6試合　対抗戦

早大		明大		早大			明大	
3	－	11	1	田中　聖二	FW	1	小林　清	
0	前	3	2	内藤　勇策		2	吉田　賢仁	
3	後	8	3	結城　昭康		3	夏井　和夫	
0	T	1	4	大野　浩		4	松岡　英昭	
0	G	0	5	片倉　胖		5	小原　隆一	
0	PG	0	6	盛　晴海		6	正木　泰造	
0	DG	0	7	冨永　栄喜		7	木下　憲一	
0	T	2	8	市田　恵紀		8	菊地　英夫	
0	G	1	9	関根　万睦	HB	9	今泉　清志	
1	PG	0	10	新井　大済		10	福丸　栄蔵	
0	DG	0	11	谷口　隆三	TB	11	梅津　昇	
5	反則	6	12	吉田　清明		12	寺西　博	
昭和30年12月4日			13	藤島　勇一		13	松岡（松信）要三	
G　秩父宮			14	青木　豊晴		14	宮井　国夫	
R　川田大介　KO 14:30			15	横井　久	FB	15	今村　昌平	

昭和31年度（1956年度）　創部39年目

主　　将　　藤島勇一
主　　務　　中野徹
委　　員　　青木豊晴、片倉胖、増山瑞比古、盛晴海、関根万睦、横井久
卒業年次部員　青木豊晴、藤島勇一、伊東恒弘＊、内藤勇策、中野徹、野中孝祐、増山瑞比古、盛晴海、
　　　　　　関根万睦、横井久、吉田清明
部　　長　　竹野長次
監　　督　　西野綱三
コ ー チ　　村山礼四郎
部 員 数　　57名
夏 合 宿　　菅平（第15回）
シーズン成績　　10勝1敗、関東大学対抗戦1位（早明中同率1位）
試合成績
【公式試合】
　＜対抗戦＞
　No.270　S31.10.7　○ 早稲田大学　15-6　● 立教大学　秩父宮　R和田政雄
　No.271　S31.10.14　○　〃　　32-3　● 青山学院大学　秩父宮　R池田正徳
　No.272　S31.10.20　○　〃　　55-3　● 東京大学　秩父宮　R石井太郎
　No.273　S31.10.28　○　〃　　32-0　● 日本大学　秩父宮　R石井太郎
　No.274　S31.11.3　○　〃　　55-6　● 京都大学　秩父宮　R松元秀明
　No.275　S31.11.10　●　〃　　5-16　○ 中央大学　秩父宮　R和田政雄
　No.276　S31.11.23　○　〃　　26-8　● 慶應大学　秩父宮　R池田正徳
　No.277　S31.12.3　○　〃　　20-14　● 明治大学　秩父宮　R池田正徳
　No.278　S32.1.3　○　〃　　19-11　● 同志社大学　花園　R杉本 彰
　No.279　S32.1.9　○　〃　　41-6　● 関西学院大学　花園　R丸岡隆二
　No.280　S32.1.15　○　〃　　19-15　● 九州代表　平和台　R平山新一（第7回朝日招待）
　＜国際試合＞
　国際30　S31.3.9　○ 全早大　24-12　● 英国シンガポール駐留軍　秩父宮　R池田正徳（英国シ
　　ンガポール駐留軍来日）
★シーズンの優勝チーム★
　第27回関東大学対抗戦優勝　なし（早大、明大、中大同率1位）
　第28回全国優勝　なし（早大が関東最優秀校に選ばれ、同大、関学大、九州代表を敗ったので現
　　在では全国優勝だが、当時はシーズン無敗でなければ優勝といわなかった）
　東西大学首位対戦　○ 早稲田大学　23-5　● 同志社大学

▌ 早明中の三すくみ

　藤島が主将になり、主将はじめ4年生の明るい性格を反映して和気あいあいの生活、練習を続けた。春の体育局主催の運動会では、競技はもちろん、応援でも断然他を圧倒、西野監督を苦笑させるとともに、その雰囲気をしたって、他の部から入部を希望してくるものもあった。しかし、練習は前年度からの厳しさを引き継ぎ、優勝のチャンスという目標もあって充実したものだった。夏合宿は望岳荘で、青山学院、日体大との合同練習だったが、10年後には早稲田と日本一を争うことになる日体大も、当時はまだチームの編成を終えたばかりで、早稲田の3

本目より弱く、ランニングに重点を置いた練習が多かった。

早稲田は前年のメンバーからSO新井が抜けただけ。バックスの軸で影響は大きかったが、徹底的に鍛えられた大型FWがようやく動けるようになり、戦力は整った。関東大学対抗戦は開幕3連勝の後、前年初めて敗れた日大戦を迎えた。

気合十分に開始からFWが優勢に試合を進め、早稲田らしい早いヒールアウトでバックスを走らせ零封して快勝した。前半7、16分に谷口が連続トライを挙げて先行。23分には横井、33分には市田がトライして一方的な展開に持ち込んだ。後半にも4トライ、3ゴールを加えた。

しかし、このあと残念なつまずきがあった。中央大は明大に善戦し、FWの力強さは一番とも言われていた。特に後半は早稲田の若いFWが浮足立ってしまい、いいところなく押し切られた。中大に敗れるのは初めてだった。

実は、中大戦の2日前の11月8日、OBの藤井恒男（昭10年度卒）が第1次南極越冬隊員に選ばれ、晴海埠頭から出港した。見送りは盛大で、ラグビー部からも部旗を持ってでかけた。テレビのニュースのたびごとに、この部旗が登場した。これを見たさに深夜までわいわい騒いでいたが、さすがに藤島主将も怒った。

「あの時、こんなことでは中央に負けるぞ、と口まで出かかった。でも、それを言うと、本当に負けそうな気がして言わなかったんだが」と後に藤島は語っていた。

藤井は早稲田のジャージーとラグビーボールを携え、南極の空高くボールを蹴り上げた。

結局、関東大学対抗戦は早・明・中の三すくみの1位となった。早稲田は関西勢を撃破して最優秀校に選ばれ、朝日招待試合で九州代表も破った。準全国優勝といえる戦績で面目を守ることが出来た。

南極でラグビー。藤井越冬隊員（昭和31年11月）

第33回早慶戦
昭和31年11月23日 　秩父宮ラグビー場
○早大26－8●慶大

▌完勝で雪辱

　早大が立ち直った。慶大も昨シーズン全勝し意気をあげていたが、早大が完勝した。FW戦に全力を挙げた慶大はよく纏まり、前半20分までは互角の戦い。タイトとルーズから出たボールをキックで早大陣奥深くまで攻めたのは、予定の作戦だったであろう。バックスは慶大がキック一辺倒であったのに対し、整然とした攻撃ラインでお家芸の揺さぶりで対抗した早大はさすがだった。前半15分、谷口のトライは、いかにも早大らしいトライで、堅いディフェンスを誇る慶大のタックルを持ってしても、防ぎ得ない堂々たるものだった。さらに日比野、谷口のトライ、慶大平島のトライで9－3。後半6分市田、10分日比野が60ヤード独走のトライをあげ、勝敗の目処がついた。20分慶大竹内にトライを許したが、勢いに乗った早大は23分尾崎、27分小山、38分谷口と着々と加点し、慶大の反撃を振り切った。

公式試合 No.276			昭和31年度 第7試合 対抗戦				
早大		慶大	早大			慶大	
26	－	8	1 永橋	利雄	FW	1 豊嶋	志朗
9	前	3	2 志賀	英一		2 河内	浩平
17	後	5	3 結城	昭康		3 森岡	弘平
3	T	1	4 田中	聖二		4 藤田	義雄
0	G	0	5 片倉	胖		5 山下	忠男
0	PG	0	6 尾崎	政雄		6 山田	敬介
0	DG	0	7 冨永	栄喜		7 岡崎	邦彦
5	T	1	8 市田	恵紀		8 高木	秀陽
1	G	1	9 関根	万睦	HB	9 今村	耕一
0	PG	0	10 吉田	清明		10 中沢	肇人
0	DG	0	11 谷口	隆三	TB	11 竹内	敏之
5	反則	12	12 横井	久		12 平島	正登
昭和31年11月23日			13 小山	俊次		13 日野	良昭
G 秩父宮			14 日比野	弘		14 吉田	昭
R 池田正徳　KO 14:30			15 藤島	勇一	FB	15 藤	市郎

第32回早明戦
昭和31年12月3日 　秩父宮ラグビー場
○早大20－14●明大

▌巾着切りトライ

　早明ともに昨シーズン苦杯をなめた日大、慶應に雪辱しての対戦となった。明治は全勝街道を驀進していた。わずか1年で早明戦が優勝をかけた試合になったことは関係者にとって大きな喜びだった。戦前の予想も「早大僅差で有利」「接戦なら明大か」など両者互角の戦いに人気も高まり、当日は2万3千の大観衆が秩父宮ラグビー場を埋めつくした。

　前半4分に早大は相手陣でPKを得た。藤島が明大TBの油断をつき、防御の裏へパントを蹴った。それを日比野がとって独走、右隅に先制のトライを挙げた。これが試合の流れを大きく左右し、のちに「巾着切りトライ」とも言われた。

　明大は8分、寺西が左隅にトライして同点。早大がPGで突き放すと、明大もトライを返し競り合いとなり、前半は早大が6点をリードした。

　後半16分、明大は加賀谷のトライで3点差に迫った。早大は28分、片倉がゴール右にトライ、ゴールも成功し試合を決めた。

公式試合 No.277			昭和31年度 第8試合 対抗戦				
早大		明大	早大			明大	
20	－	14	1 永橋	利雄	FW	1 小林	清
12	前	6	2 志賀	英一		2 吉田	賢仁
8	後	8	3 結城	昭康		3 藤	晃和
2	T	2	4 田中	聖二		4 駒沢	忠信
0	G	0	5 片倉	胖		5 前道	昌夫
2	PG	0	6 尾崎	政雄		6 緒方	秀明
0	DG	0	7 冨永	栄喜		7 木下	憲一
2	T	2	8 青木	豊晴		8 中山	亨
1	G	1	9 関根	万睦	HB	9 麻生靜四郎	
0	PG	0	10 吉田	清明		10 福丸	栄蔵
0	DG	0	11 谷口	隆三	TB	11 梅津	昇
13	反則	10	12 横井	久		12 寺西	博
昭和31年12月3日			13 小山	俊次		13 青山	武義
G 秩父宮			14 日比野	弘		14 加賀谷	健
R 池田正徳　KO 14:30			15 藤島	勇一	FB	15 大神	政美

5　天国と地獄（昭和30年代）

昭和32年度（1957年度）　創部40年目

主　　　将　　片倉胖
主　　　務　　大塚博靖
委　　　員　　日比野弘、小山俊次、大野浩、冨永栄喜
卒業年次部員　日比野弘、片倉胖、小山俊次、大野浩、大塚博靖、武仲俊春、石橋学#
部　　　長　　竹野長次
監　　　督　　西野綱三
コ ー チ　　千葉正、伊藤眞光、村山礼四郎
部 員 数　　51名
夏 合 宿　　菅平（第16回）
シーズン成績　8勝2敗、関東大学対抗戦2位
試合成績
【公式試合】
　＜対抗戦＞
　　No.281　S32.10.6　○ 早稲田大学　6-0　● 青山学院大学　秩父宮　R楠目亮
　　No.282　S32.10.13　● 〃　　　　　3-6　○ 立教大学　秩父宮　R川田大介
　　No.283　S32.10.20　○ 〃　　　　　43-0　● 東京大学　秩父宮　R石井太郎
　　No.284　S32.10.26　● 〃　　　　　8-11　○ 日本大学　秩父宮　R池田正徳
　　No.285　S32.11.3　○ 〃　　　　　42-3　● 京都大学　花園　R大江賀寿雄
　　No.286　S32.11.9　○ 〃　　　　　13-6　● 中央大学　秩父宮　R西山常夫
　　No.287　S32.11.23　○ 〃　　　　　20-9　● 慶應大学　秩父宮　R西山常夫
　　No.288　S32.12.8　○ 〃　　　　　19-6　● 明治大学　秩父宮　R池田正徳
　　No.289　S33.1.3　○ 〃　　　　　28-14　● 同志社大学　秩父宮　R池田正徳
　　No.290　S33.1.9　○ 〃　　　　　28-3　● 関西学院大学　秩父宮　R西山常夫
　＜国際試合＞
　　国際31　S33.2.23　● 全早大 12-33 ○ NZオールブラックスコルツ　秩父宮　R川田大介（NZ
　　オールブラックスコルツ来日）
★シーズンの優勝チーム★
　関東大学対抗戦は早大、慶大、明大、立大、日大、中大をAグループ、法大、教育大、青学大、
　東大、成蹊大、専修大をBグループとし、A最下位校とB最上位校を入れ替える1・2部制を採
　用した。
　第28回関東大学対抗戦優勝　慶應大学（2年ぶり5回目、この年から全勝でなくても優勝とした）
　第29回全国優勝　なし
　東西大学首位対戦　なし（慶大と関西学院大の対戦なし）

慶明倒すが優勝逃す

　スケジュール問題が関東協会で協議された。①加盟32校のうち、20校は正月の全国地区大学大会に参加②残り12校をA・B両グループに分け、Aの最下位とBの1位は自動的に入れ替わる、という制度が導入された。

　新たに設けられたAグループの第1回優勝を目指した早稲田は、前年に続き部員も50人を越え、順調に練習を積み重ねた。菅平の夏合宿の宿舎は望丘荘。風呂場を大きくしてもらい、大学のコックさんをつれていくようになったのは、この年からだった。大型FWはますます威力を増していったが、バックスは日比野、谷口

以外に実績のある選手が見当たらず、やや不安を抱いてシーズンに臨んだ。

初戦の青山学院には6-0の辛勝。雨中戦でバックスにミスが多く、FWの優勢をいかせなかった。続く立教戦は3-6で敗れた。主審の和田（明大OB）が「勝負はバックスの差で決まった」というように、日比野を就職試験で欠いた早稲田は前に出るスピードがなく、パスを回せば後退する有り様。キックも立教FBの好守に阻まれ、FWの力によるスクラムトライだけに終わった。立教には昭和4年以来、28年ぶりの敗戦だった。

4試合目の日大に、またも苦杯をなめた。試合前に、志賀、宝田、谷口が風邪で倒れ、尾崎も肉離れを起こした。この日もバックスが動けず、後半17分、谷口の独走で8-8と同点にしたが、その後、決勝のPGを決められた。優勝候補筆頭に挙げられたチームのシーズン序盤の2敗はファンを驚かせ、OBも呆然とするばかりだった。慶明同に勝ちながら、この2敗が響いて優勝できない不本意な年となった。

関東大学Aグループは慶應が3勝1敗1分けで優勝、早稲田が3勝2敗で2位、以下、明、中、立、日の順となり、早稲田が負けた日大がBグループ降格となった。

正月に同志社、関学を破った後、2月に全早大でオールブラックスコルツ（23歳以下）と対戦した。前半、早稲田は早い動きでコルツを戸惑わせた。新井の2本のPGと日比野のトライで9-8とリードした。しかし、後半に入るとコルツは体力差にものをいわせて強さを発揮、たちまち逆転された。早稲田も29分に新井のハイパントを日比野がインゴールで押さえて2本目のトライを挙げたが及ばなかった。

第34回早慶戦（昭和32年11月23日、秩父宮ラグビー場）

第34回早慶戦
昭和32年11月23日　秩父宮ラグビー場
○早大20 − 9●慶大

▍負けなしの慶大に土

　この年の早慶戦は、早稲田の面目をかけた必死の戦いとなった。慶大は日大に引き分け、明治を破り、負けなしで、慶大有利の下馬評が高かった。奮起した早大が慶大の野望を砕き、快勝した。前半4分、慶大は早大ゴール前から、平島が強引に抜けトライし先制。FWの優勢と果敢なTB攻撃で圧倒しながら、早りすぎて失敗を繰り返した。7分早大は尾崎がチャージしてトライし、同点に追いつくとFWも25分頃から当たりを取り戻しバックローが慶大HBを遮断し勢いづいた。後半2分、早大日比野の突進、尾崎の好フォローでトライ、6分谷口とトライを重ね、完全に形勢は一変した。FWのシャープな突進、バックスラインも谷口が再三チャンスを引き出した。16分小山のPG、26分小山の意表を突くDG、28分には日比野がとどめのトライ。慶大は、8分、23分と山田がPGを決めたが、後半ノートライと完敗した。

第33回早明戦
昭和32年12月8日　秩父宮ラグビー場
○早大19 − 6●明大

▍歓喜も「荒ぶる」歌えず

　早大がシーズン立ち上がりの不振から立ち直り、明治優勝の野望を打ち砕いた一戦だった。前半5分、明大はペナルティキックから小さく蹴って攻撃、青山の突進をフォローした清水が左隅にトライ。前半26分、早大は日比野が右タッチラインを快走、カットインして尾崎にわたし尾崎がロングパスを及川に送り、及川のリターンパスを谷口がトライ（ゴール）。一連の動きは今季一番の好プレーで、TBらしい動きだった。29分、明大の青山は、キックしたボールを引っ掛けて左中間にトライ、ゴールならず。前半は、5−6とリードされた。後半8分、早大は小山がPG成功、16分、早大はラインアウトからブラインドを攻め小山が右隅にトライ。27分にも早大はゴール前のスクラムから左に回し谷口がライン参加して抜きトライ（ゴール）。38分、早大の小山がPGに成功。この早明戦は会心の勝利だったが、早慶戦、早明戦に勝って『荒ぶる』を歌えない口惜しいシーズンとなった。

公式試合　No.287		昭和32年度　第7試合　対抗戦					
早大		慶大		早大			慶大
20	−	9	1	永橋　利雄	FW	1	豊嶋　志朗
3	前	3	2	志賀　英一		2	河内　浩平
17	後	6	3	結城　昭康		3	森岡　弘平
1	T	1	4	田中　聖二		4	森久　協一
0	G	0	5	片倉　胖		5	山下　忠男
0	PG	0	6	尾崎　政雄		6	宮島　欽一
0	DG	0	7	冨永　栄喜		7	山田　敬介
3	T	0	8	市田　恵紀		8	木野　文海
1	G	0	9	宝田　雄弥	HB	9	今村　耕一
1	PG	2	10	小山　俊次		10	平島　正登
1	DG	0	11	及川　鷹	TB	11	竹内　敏之
10	反則	10	12	菊田　欣佑		12	坂本　恒
昭和32年11月23日			13	谷口　隆三		13	石井　堅司
G　秩父宮			14	日比野　弘		14	吉田　昭
R　西山常夫　KO 14:30			15	北岡　進	FB	15	藤　市郎
（DGは3点）							

公式試合　No.288		昭和32年度　第8試合　対抗戦					
早大		明大		早大			明大
19	−	6	1	池田　修夫	FW	1	小林　清
5	前	6	2	志賀　英一		2	駒沢　忠信
14	後	0	3	結城　昭康		3	藤　晃和
1	T	2	4	田中　聖二		4	島崎　雅介
1	G	0	5	片倉　胖		5	前道　昌夫
0	PG	0	6	尾崎　政雄		6	清水　松夫
0	DG	0	7	冨永　栄喜		7	三戸徳三郎
2	T	0	8	市田　恵紀		8	緒方　秀明
1	G	0	9	宝田　雄弥	HB	9	下司　正芳
2	PG	0	10	小山　俊次		10	松岡(松信)要三
0	DG	0	11	及川　鷹	TB	11	榎本　力雄
10	反則	13	12	菊田　欣佑		12	青山　武義
昭和32年12月8日			13	谷口　隆三		13	小林　一元
G　秩父宮			14	日比野　弘		14	瀬尾　道夫
R　池田正徳　KO 14:30			15	北岡　進	FB	15	平川　純一

昭和33年度（1958年度）　創部41年目

主　　　将　　冨永栄喜
主　　　務　　浅海敏之
委　　　員　　市田恵紀、永橋利雄、谷口隆三
卒業年次部員　浅海敏之、端野昌、市田恵紀、永橋利雄、松村栄一、及川麿、下平嘉信、宝田雄弥、田中聖二、谷口隆三、冨永栄喜、山根正年*、結城昭康、秋山智史#、安藤尚之#
部　　　長　　竹野長次
監　　　督　　大野信次（11代監督）
コ　ー　チ　　なし
部　員　数　　49名
夏　合　宿　　菅平（第17回）
シーズン成績　11勝0敗、関東大学対抗戦優勝、全国優勝
試合成績
【公式試合】
＜対抗戦＞

No.291	S33.10.5	○	早稲田大学	22-0	●	立教大学	秩父宮	R和田政雄
No.292	S33.10.12	○	〃	46-3	●	青山学院大学	秩父宮	R西山常夫
No.293	S33.10.19	○	〃	55-0	●	東京大学	秩父宮	R梅本二郎
No.294	S33.10.26	○	〃	21-0	●	法政大学	秩父宮	R西山常夫
No.295	S33.11.3	○	〃	56-0	●	京都大学	秩父宮	R川田大介
No.296	S33.11.8	○	〃	18-8	●	中央大学	秩父宮	R池田正徳
No.297	S33.11.23	○	〃	16-11	●	慶應大学	秩父宮	R池田正徳
No.298	S33.12.7	○	〃	13-6	●	明治大学	秩父宮	R池田正徳
No.299	S34.1.3	○	〃	11-5	●	同志社大学	花園	R丹羽正
No.300	S34.1.9	○	〃	14-3	●	関西学院大学	花園	R岡仁詩
No.301	S34.1.15	○	〃	20-11	●	九州代表	平和台	R大塩勇（第9回朝日招待）

＜国際試合＞
国際32　S34.3.1　● 全早大 5-14 ○ カナダBC代表　秩父宮　R和田政雄（カナダBC代表来日）

★シーズンの優勝チーム★
関東大学対抗戦Aグループに法大、青学大が加わり、日大がBグループへ。
第29回関東大学対抗戦優勝　早稲田大学（5年ぶり11回目）
第30回全国優勝　早稲田大学（5年ぶり11回目）
東西大学首位対戦　○ 早稲田大学 11-5 ● 同志社大学

▎冨永主将男泣き、5年ぶりのV

創部40周年を迎え、大野新監督となり、冨永主将とのコンビで5年ぶり11度目の全国優勝を達成した。40周年の祝賀はごく内輪なもので、5月18日に東伏見で行い、紅白試合のほか、写真、ジャージー、その他の資料を駅前の旧寮に展示、グリーンハウスでパーティーを開いた。記念事業として、還暦を迎えたOBにエンジのブレザーを贈ること、戦後の監督に七宝焼の掛額を贈呈することを決めた。ケヤキ、エゾマツをグラウンド横に植えたが、管理が悪かったのか枯れた。

大きなルール改正があった。

・タックルのあと足でボールを処理する必要はなく、すぐ手で拾ってプレーできる。
・ゴールキックを狙う時、キッカー自身でプレースして蹴ってよい……などだった。

　これらの改正はFWプレーを大きく変え、モールという新しい戦術が生まれるきっかけになったとも言われる。

　大野新監督は昭和8年度卒。第1次黄金時代のロックで活躍、大きなストライドで突進した巨漢だった。就任早々、大張り切りでグラウンドに飛び出し、学生のあとを追って走ろうとしたまではよかったが、あっという間もなく、アキレス腱を切断した。48歳。「FWパスをやっているのを見ると、スピードがないんだな。追いかけて突き飛ばそうと、走り出した途端、『ボキッ』という音がした。スパイクの底でもはがれたかと、見ようとしたら、へなへなと座り込んでしまった。年寄りの冷や水だったな」と当時を懐かしんでいた。

　出身がロックだから、FWを重視するチーム作りを目指したが、このときのチームはその意向にぴったりだった。冨永主将をはじめとした巨漢ぞろい。1年生の時から鍛えられ、経験豊富な4年生がずらりと並んだ。前5人がしっかりしていたので、尾崎、冨永、豊岡の第3列が自由自在に動き、バックスをカバーするとともに、大きな得点源となった。

　対抗戦Aグループは前年のBから法政、青学が昇格しての7校。立教、青学、東大、法政、京大を軽くなぎ倒した。この5試合の総得点は200、失点は青学に取られた3点だけだった。続くFW自慢の中大にはややてこずったが、勢いを持って早慶戦に臨むことになった。

　このシーズン最後の試合は、22年ぶりにカナダから来日したブリティッシュ・コロンビア州代表だった。片倉、新井、横井、日比野が加わり全早大で対戦。巨漢FWに手が出ず、終了間際に尾崎のトライで一矢報いたにとどまった。

第34回早明戦。カップを受け感涙にむせぶ冨永主将(昭和33年12月7日、秩父宮ラグビー場)

第35回早慶戦
昭和33年11月23日　秩父宮ラグビー場

○早大 16 － 11 ●慶大

▌壮絶な一戦を制す

　壮絶な戦いだった。慶大は明治を9－0と零封し、全勝優勝を狙っていた。早大は、バックローセンター（No8）冨永を中心、SH宝田、センター谷口がバックスをまとめ、ここまで危なげなく勝ち進んできた。戦前の予想も「5分5分の全勝同士」。2万5千人の観客が応援する中、慶大は3分、早大陣10ヤード付近のルーズからブラインドをつき、前田がタッチライン際を走り抜け、左隅にトライ。早大は6分、慶大パスミスを菊田が引っ掛け、ゴール前でタックルされたが、フォローした谷口が中央へトライ。29分、早大がFWパスで突進、ルーズにして、橋爪が右隅にトライ。慶大は、前半終了間際、高谷、石井のダッシュでトライ、同点。後半7分、早大は橋爪の突進で慶大陣に迫り、タイムリーなヒールアウトで宝田、今村と渡りトライ。13分にも冨永が突っ込み、菊田が受けて連続トライ（ゴール）を挙げた。慶大は30分になって中央付近から右へのTBパスを山田のフォローで決めたが時間となった。

第34回早明戦
昭和33年12月7日　秩父宮ラグビー場

○早大 13 － 6 ●明大

▌ノートライに封じ優勝

　予想は早稲田が有利だった。明治が健闘して大熱戦になった。だからこそ、早明戦なのだ。前半11分、明大は青山がPGを決めて先行する。早大は21分、谷口のパントで明大陣に攻め込み、ラインアウトからFWがなだれこんで志賀がトライして3－3の同点で折り返した。後半から、早大は前半に見られなかったFWパスの突進で一気に明大陣深く入り、動きも粘り強くなった。8分、早大陣10ヤード付近で宝田がサイドから抜け出し今村に送り、今村タッチライン際を好走の後、判断よく内側にフォローした尾崎に返せば、尾崎がノーマークとなって中央に回り込んでトライ（ゴール）。19分にも今村から尾崎に返し、中央にトライ（ゴール）。明大は30分に青山のPG成功で差を縮めたが、及ばなかった。早大としてはFW前5人の頑張りから、バックロートリオが縦横に走り、宿敵・明治をノートライに抑えての堂々の優勝であった。

　優勝カップを手にした冨永主将の涙を抑えきれぬ表情が新聞各紙を飾った。

公式試合　No.297　昭和33年度　第7試合　対抗戦

早大		慶大		早大			慶大		
16	－	11		1	永橋　利雄	FW	1	豊嶋	志朗
8	前	8		2	志賀　英一		2	松島	宏
8	後	3		3	結城　昭康		3	森岡	弘平
2	T	2		4	田中　聖二		4	船津	浩平
1	G	1		5	加賀谷 久司		5	山下	忠男
0	PG	0		6	尾崎　政雄		6	宮島	欽一
0	DG	0		7	冨永　栄喜		7	山田	敬介
2	T	1		8	豊岡　泰徳		8	木野	文海
1	G	0		9	宝田　雄弥	HB	9	今村	耕一
0	PG	0		10	伊藤　浩司		10	平島	正登
0	DG	0		11	今村　次郎	TB	11	前田	恭孝
4	反則	7		12	菊田　欣佑		12	高谷	裕二
昭和33年11月23日				13	谷口　隆三		13	石井	堅司
G 秩父宮				14	橋爪　勇誠		14	吉田	昭
R 池田正徳　KO 14:30				15	北岡　進	FB	15	坂本	恒

公式試合　No.298　昭和33年度　第8試合　対抗戦

早大		明大		早大			明大		
13	－	6		1	永橋　利雄	FW	1	小林	清
3	前	3		2	志賀　英一		2	野見山	治
10	後	3		3	結城　昭康		3	吉田	尚
1	T	0		4	田中　聖二		4	三戸	徳三郎
0	G	0		5	加賀谷 久司		5	岡部	英二
0	PG	1		6	尾崎　政雄		6	清水	松夫
0	DG	0		7	冨永　栄喜		7	清治	勝
2	T	0		8	豊岡　泰徳		8	川口	和隆
2	G	0		9	宝田　雄弥	HB	9	合屋	秀三
0	PG	1		10	斉藤　隆根		10	白垣	憲二
0	DG	0		11	今村　次郎	TB	11	榎本	力雄
10	反則	9		12	菊田　欣佑		12	小林	一元
昭和33年12月7日				13	谷口　隆三		13	出口	正行
G 秩父宮				14	橋爪　勇誠		14	青山	武義
R 池田正徳　KO 14:30				15	北岡　進	FB	15	松岡	要三

第32回早同戦

昭和34年1月3日　花園ラグビー場

○早大11－5●同大

東西決戦制す

冨永主将率いる早稲田が5年ぶりに覇権を奪還した。

東西優勝校同士の決戦だった。早大は立ち上がりから、同大の粗削りな捨身の突進に戸惑った。同大は球を支配したが、後が続かなかった。バックスに回してもキックを多用して無策でもあった。

早大はこれに助けられた。前半終わり近く、ゴール前のルーズから斉藤がスクラムサイドを抜いて先制のトライ。後半、風上に立った同大はキック戦法を用い、3分、ゴール前のラインアウトから大塚が飛び込みトライ。勝ち越しのゴールも成功した。10分頃から早大FWはようやく調子を出してきた。14分、右展開から橋爪がトライし再逆転。30分には谷口が抜いて今村がトライ、ゴールも決まってようやく突き放した。

第9回朝日招待試合

早大対九州代表　昭和34年1月15日　平和台競技場

○早大20－11●九州代表

競り合い制し、有終の美

社会人もいよいよ大学以上に力を付けてきた。社会人大会の覇者、八幡製鉄を中心とする九州代表と早稲田の対決は日本選手権試合の前身にふさわしい対戦であった。

前半3分、早稲田は自陣ゴール前のラインアウトで取ったボールを果敢にオープンに回した。谷口が抜き、菊田、今村とわたり、ゴール前で冨永へのリターンパスが通って早稲田が先制のトライ（ゴール）を挙げた。さらに10分、九州のパスミスを拾った谷口がハイパントを上げ、好ダッシュの尾崎が見事に取って中央に飛び込んでトライ（ゴール）して一気に10—0と引き離した。

九州は24分、中田のPGで3点を返した。後半8分には、スクラムから右へ回して、FB今泉がトライ（ゴール）し2点差に。15分には中田のPGで逆転した。

早大は26分、九州ゴール前のスクラムから左へ展開し、谷口のトライ（ゴール）で再逆転。29分にも尾崎が中央にトライ（ゴール）し、熱戦に終止符を打った。

公式試合　No.299　昭和33年度　第9試合

早大		同大		早大				同大	
11	－	5		1	永橋	利雄	FW	1 畑	敏郎
3	前	0		2	志賀	英一		2 渋谷	浩一
8	後	5		3	結城	昭康		3 中得	四郎
1	T	0		4	田中	聖二		4 渡辺	隼介
0	G	0		5	加賀谷	久司		5 大塚	謙次
0	PG	0		6	尾崎	政雄		6 中村	直勝
0	DG	0		7	冨永	栄喜		7 綿谷	稔
2	T	1		8	豊岡	泰徳		8 酒巻	喜久
1	G	1		9	宝田	雄弥	HB	9 吉田	義光
0	PG	0		10	今村	隆根		10 石田	真三
0	DG	0		11	今村	次郎	TB	11 藤島	一郎
6	反則	13		12	菊田	欣佑		12 森	鉦芳
昭和34年	1月	3日		13	谷口	隆三		13 中角	武
G 花園				14	橋爪	勇誠		14 平沼	白元
R 丹羽 正	KO	14:30		15	北岡	進	FB	15 原田	輝美

公式試合　No.301　昭和33年度　第9回朝日招待試合

早大		九州代表		早大				九州代表	
20	－	11		1	永橋	利雄	FW	1 内村	利久
10	前	3		2	志賀	英一		2 江藤	敏勝
10	後	8		3	幾田	勉		3 藤	晃和
2	T	0		4	田中	聖二		4 西住	弘久
2	G	0		5	結城	昭康		5 松岡	英昭
0	PG	1		6	尾崎	政雄		6 土屋	俊明
0	DG	0		7	冨永	栄喜		7 山崎	靖彦
2	T	1		8	豊岡	泰徳		8 植木	史朗
2	G	1		9	宝田	雄弥	HB	9 関根	万睦
0	PG	1		10	斉藤	隆根		10 福丸	栄蔵
0	DG	0		11	今村	次郎	TB	11 木下	憲一
14	反則	6		12	菊田	欣佑		12 中田	基
昭和34年	1月15日			13	谷口	隆三		13 松岡	要三
G 平和台				14	橋爪	勇誠		14 宮井	国夫
R 大塩 勇	KO	14:30		15	北岡	進	FB	15 今泉	清志

昭和34年度（1959年度）　創部42年目

主　　将　　志賀英一
主　　務　　東森義昌
委　　員　　幾田勉、伊藤浩司、尾崎政雄
卒業年次部員　東森義昌、幾田勉、伊藤浩司、森喜朗＊、尾崎政雄、李智光、志賀英一、塩見良造、庄司和義、
　　　　　　高橋陽之助、豊岡泰徳、植松務、渡辺鉄也＊、池田修夫、倉本豊壽#、長妻和男#
部　　長　　吉村正（9代部長）
監　　督　　大野信次
コ ー チ　　なし
部 員 数　　45名
夏 合 宿　　菅平（第18回）
シーズン成績　6勝1分3敗、関東大学対抗戦4位
試合成績
　【公式試合】
　　＜対抗戦＞
　　No.302　S34.10.3　○　早稲田大学　30-6　●　東京大学　東伏見　R清水
　　No.303　S34.10.11　○　〃　　40-11　●　立教大学　秩父宮　R池田正徳
　　No.304　S34.10.18　●　〃　　3-6　○　日本大学　秩父宮　R西山常夫
　　No.305　S34.10.25　△　〃　　11-11　△　法政大学　秩父宮　R川田大介
　　No.306　S34.11.1　○　〃　　64-0　●　京都大学　花園　R大江賀寿雄
　　No.307　S34.11.7　○　〃　　33-3　●　中央大学　秩父宮　R和田政雄
　　No.308　S34.11.23　○　〃　　16-3　●　慶應大学　秩父宮　R川田大介
　　No.309　S34.12.6　●　〃　　8-14　○　明治大学　秩父宮　R西山常夫
　　No.310　S35.1.3　●　〃　　3-9　○　同志社大学　秩父宮　R和田政雄
　　No.311　S35.1.9　○　〃　　13-8　●　関西学院大学　秩父宮　R川田大介
　　＜国際試合＞
　　国際33　S34.9.20　●　全早大　11-32　○　オ・ケ大連合　秩父宮　R池田正徳（オ・ケ大連合来日）
　★シーズンの優勝チーム★
　　関東大学対抗戦Aグループに日大が加わり、青学大がBグループへ
　　第30回関東大学対校戦優勝　法政大学（創部35年目、1回目）
　　第31回全国優勝　なし
　　東西大学首位対戦　法大と同大の対戦なし

日大に不覚、4位に沈む

　全早大が9月にオックスフォード・ケンブリッジ大連合と対戦。FWはなかなか健闘したが、余裕を持って走るオ・ケ大の動きと突進についていけず、ぐいぐいと点差をあけられた。菊田が2トライを挙げた。

　関東大学では、序盤の日大との試合は雨中戦に。両校FWのもみ合いが多くなった。日大の意気込みが上回り、早大はほとんどゴール前に釘付けにされ、後半32分に、決勝のトライを奪われた。続く相手は、この年、ぐんと力をつけた法政だった。前半は法大のスピードに乗った攻撃に手を焼き、11－0とリードされた。早大は後半、北岡のPGで反撃の口火を切り、28分、池田のトライ（ゴール）で何とか追いついた。

　結局、5勝1分けの法大が初優勝。以下、明大、日大で、3勝2敗1分けだった早大は4位に終わった。

オ・ケ大連合戦（昭和34年9月20日、秩父宮ラグビー場）

第36回早慶戦
昭和34年11月23日　秩父宮ラグビー場
○早大16－3●慶大

▍ノートライに抑え4連勝

　早大は開始2分、黒野が右中間に飛び込み先制トライ（ゴール）。その後、早大はハーフ団をはじめ、バックスの出来が悪く、地域的には押しながらも、21分にオフサイドで得たやさしいPGを北岡が決めただけ。8－0とリードした後半の早大は1分、尾崎が引っ掛けた球を斉藤が拾い、北岡が受けてテンポの速いトライを右スミに挙げた。慶大は、早大の橋爪が10分間負傷退場した虚をついて反撃を開始した。山下の突進から再三、FWパスで早大をおびやかした。しかし、前半同様、バックスのミスが原因でトライに結びつかず、10分に正面のPGを決めただけに終わった。

　早大は29分、相手ミスを北岡が拾ってトライ（ゴール）。しかし、慶大をゴール前に10分間も釘づけにした好機に1トライもとれない決め手不足は腑甲斐なく、今シーズンの低調さを物語っていた。

公式試合 No.308			昭和34年度 第7試合 対抗戦			
早大		慶大	早大		慶大	
16	－	3	1 池田　修夫 FW	1 川口　治雄		
8	前	0	2 志賀　英一	2 松島　宏		
8	後	3	3 小島　庸雍	3 森岡　弘平		
1	T	0	4 村山　登	4 吉田　博信		
1	G	0	5 加賀谷久司	5 山下　忠男		
1	PG	0	6 尾崎　政雄	6 松岡　賢治		
0	DG	0	7 黒野　暠祥	7 森久　協一		
2	T	0	8 豊岡　泰徳	8 藤井　章三		
1	G	0	9 大畑（山東）力 HB	9 大森　康久		
0	PG	1	10 斉藤　隆根	10 高谷　裕二		
0	DG	0	11 今村　次郎 TB	11 東　喜一郎		
12	反則	9	12 菊田　欣佑	12 内山浩一郎		
昭和34年11月23日			13 北岡　進	13 石井　堅司		
G 秩父宮			14 橋爪　勇誠	14 長谷部幸男		
R 川田大介	KO 14:30		15 庄司　和義 FB	15 江崎　賀之		

第35回早明戦
昭和34年12月6日　秩父宮ラグビー場
●早大8－14○明大

▍14人の明治に競り負け

　明治はFWが終始、早大を圧倒して2つのスクラムトライを奪い、SO北島の負傷退場のハンデを補っての快勝だった。早稲田から見ればチームの要であるSO欠場の穴も突けなかった悲しい敗戦であり、実力的にもかなり劣っていたことを認めざるを得ないだろう。

　明大は前半5分、ゴール前のスクラムを一気に押し切ってトライ（ゴール）。早大は10分、ラインアウトから左にTBパスを送り、伊藤抜けて北岡、今村と渡りトライ。22分には、尾崎が明大のミスを押さえてトライ（ゴール）、逆転した。

　後半に入っても早大が押し気味だったが、チャンスを生かせなかった。明大は16分、早大をゴール前に釘づけし、計4回のスクラムを繰り返した後、ウイング小林、FB安田も加わって押し切り2度目のスクラムトライをあげた。これで勢いに乗り、2つのPGを決め逃げ切った。

　早大は昨年度の優勝メンバーから、この4年間、屋台骨を支えてきた選手が卒業した穴を埋めきれなかった。

公式試合 No.309			昭和34年度 第8試合 対抗戦		
早大		明大	早大		明大
8	－	14	1 池田　修夫 FW	1 村上　幸夫	
8	前	5	2 志賀　英一	2 野見山　治	
0	後	9	3 小島　庸雍	3 鈴木善次郎	
2	T	1	4 村山　登	4 岡部　英二	
1	G	1	5 加賀谷久司	5 大和　兼弐	
0	PG	0	6 尾崎　政雄	6 清治　勝	
0	DG	0	7 黒野　暠祥	7 三戸徳三郎	
0	T	1	8 豊岡　泰徳	8 安田　直大	
0	G	0	9 大畑　力 HB	9 山口　一成	
0	PG	2	10 斉藤　隆根	10 北島　治彦	
11	反則	8	11 今村　次郎 TB	11 増田　健一	
昭和34年12月6日			12 伊藤　浩司	12 伊野　三之	
G 秩父宮			13 北岡　進	13 青山　武義	
R 西山常夫	KO 14:30		14 菊田　欣佑	14 小林　一元	
			15 庄司　和義 FB	15 松岡（松信）要三	

昭和35年度（1960年度）　創部43年目

主　　将	北岡進
主　　務	江藤一明
委　　員	加賀谷久司、黒野曷祥、大畑（山東）力
卒業年次部員	江藤一明、今村次郎、菊田欣佑、北岡進、黒野曷祥、村山登、西牟田耕治*、大畑力、小島庸雍、斉藤恂*、八尋茂信、出光芳秀[#]
部　　長	吉村正
監　　督	日置寧二（12代監督）
コ ー チ	橋本晋一、中島節雄、西尾重喜、大塚博靖、大月雅宣、佐藤貞夫、高見澤顕二郎、梅井良治
部 員 数	36名
夏 合 宿	山梨県長坂町
シーズン成績	2勝1分6敗、関東大学対抗戦5位
試合成績	

【公式試合】
＜対抗戦＞
No.312	S35.10.9	○	早稲田大学	24-3	●	立教大学	秩父宮	R和田政雄
No.313	S35.10.16	●	〃	3-31	○	日本大学	秩父宮	R大森昭典
No.314	S35.10.29	○	〃	22-6	●	東京大学	駒場	R江田昌佑
No.315	S35.11.5	●	〃	5-11	○	日本体育大学	三ッ沢	R中須規夫
No.316	S35.11.13	●	〃	3-8	○	法政大学	秩父宮	R和田政雄
No.317	S35.11.23	△	〃	0-0	△	慶應大学	秩父宮	R川田大介
No.318	S35.12.4	●	〃	6-14	○	明治大学	秩父宮	R江田昌佑
No.319	S36.1.3	●	〃	0-29	○	同志社大学	花園	R丹羽正
No.320	S36.1.9	●	〃	6-8	○	関西学院大学	花園	R宇野憲治

★シーズンの優勝チーム★
関東大学対校戦Aグループに日体大が加わり、中大がBグループへ。
第31回関東大学対抗戦優勝　日本大学（5年ぶり2回目）
第32回大学全国優勝　なし（日大と同大の対戦なし）
東西大学首位対戦　なし（NHK杯の大学代表決定戦に同大が試験のため棄権、日大が代表に推薦された）
第1回NHK杯優勝　○　八幡製鉄 50-13　●　日本大学（八幡製鉄は1回目）

5位に沈む

日置新監督と8人のコーチ陣でスタート。大量の卒業生を出し、新入生は10人足らずで部員数は36人という苦しい年になった。

菅平の宿舎、望岳荘が使用できず、夏合宿を山梨・長坂へ移した。

立教に勝ってシーズンインしたが、日大には前年に続いて敗れ、初対戦の日体に屈し、法政にも史上初めて敗れた。関東大学では前年よりさらに順位を下げ5位に沈んだ。慶應が7位となり、B転落が決まった。

早大は関西勢にも勝てず、圧倒的な強さを誇った同志社にはFWが壊滅状態となり、零封負け。関学にも初黒星を喫した。

シーズン締めくくりとして、社会人の王者と学生の王者が対戦する形式のNHK杯が新設され、八幡製鉄が学生代表に推薦された日大に大勝した。

日体大戦（昭和35年11月5日、三ツ沢競技場）

第37回早慶戦
昭和35年11月23日　秩父宮ラグビー場
△早大0－0△慶大

初の無得点引き分け

　伝統の早慶戦だが、負けると最下位になりかねない試合だけに両校とも堅くなっていた。前夜来の雨でグラウンドは軟弱、ボールも重く、スクラム付近のもみあいとなり、最後まで泥んこ試合となった。

　こうなるとオープンに回すより、キック以外に手がない。前半は早大、後半は慶大が良くボールを取ったが、トライするという勇敢さがなく、タッチに逃げようとしているような試合運び。ノートライ引き分けとなった最大の原因だ。両校ともに得点機がないわけではなかったが、大事なところでハンドリングミスがあり、観戦しているファンを地団駄踏ませるばかりだった。悪コンディションのゲームでは、ゴール前に攻め込んだチャンスで粘り強いボール支配を続けて得点に結びつけることがセオリーだ。この点で両チームの選手の意識が無理な体勢での突進よりも、ボールをコントロールすることの大切さに留意されていれば、結果は違っていたのかもしれない。

第36回早明戦
昭和35年12月4日　秩父宮ラグビー場
●早大6－14○明大

明大勝っても3位

　早慶明のよもやの凋落に一番早く反応したのがラグビーファンだった。この日の早明戦は風雨の強い悪コンディションで、スタンドは閑古鳥が鳴く有り様。協会機関誌にも早明戦の観客1235名（シーズン券400を除く）とあった。

　こんな時代の早明戦であっても、両校の選手たちは必死になって力一杯戦ってきた。それぞれにとって忘れ難き「俺たちの早明戦」である。恵まれない時代、報われることの少なかったこの時代の早明戦を、次代に引き継いできてくれた戦士たちにも感謝しなければならない。

　早大は前半6分、北岡のPGで先行。地力に勝る明大は、FWのドリブルから清治が中央に飛び込むトライ（ゴール）で逆転した。25分にも早大ゴール前のPKを川口が取ってそのまま突っ込みトライを奪った。後半も風上の明大が試合を有利に進めた。15分に明大の青山がPGを決めると、早大も18分に北岡がPGを返した。終了直前、明大の青山がブラインドを強引についてトライ、勝負を決めた。勝った明治は3位となり、何とか面目を保った。

公式試合 No.317　昭和35年度 第6試合 対抗戦

早大		早大		慶大	
0	－ 0	1	亀田　展孝 FW	1	飯沢（角張）洋二
0	前 0	2	小島　庸雍	2	土肥　正也
0	後 0	3	村山　登	3	川口　治雄
0	T 0	4	島田　信隆	4	中西　一晃
0	G 0	5	加賀谷久司	5	池田　史郎
0	PG 0	6	黒野　嵩祥	6	松岡　賢治
0	DG 0	7	江藤　一明	7	藤井　章三
0	T 0	8	印　昌喜	8	真野　喜興
0	G 0	9	大畑　力 HB	9	米倉　実
0	PG 0	10	斉藤　隆根	10	高谷　裕二
0	DG 0	11	今村　次郎 TB	11	中　洋右
10	反則 9	12	八尋　茂信	12	内山浩一郎
昭和35年11月23日		13	清水　良祐	13	石井　堅司
G 秩父宮		14	菊田　欣佑	14	長谷部幸男
R 川田大介 KO 14:30		15	北岡　進 FB	15	江崎　賀之

公式試合 No.318　昭和35年度 第7試合 対抗戦

早大		早大		明大	
6	－ 14	1	亀田　展孝 FW	1	吉田　尚一
3	前 8	2	小島　庸雍	2	松尾　善勝
3	後 6	3	村山　登	3	鈴木善次郎
0	T 2	4	高山　博光	4	岡部　英二
0	G 1	5	島田　信隆	5	大和　兼弐
1	PG 0	6	黒野　嵩祥	6	川口　和隆
0	DG 0	7	加賀谷久司	7	清治　勝
0	T 1	8	印　昌喜	8	烏谷　忠男
0	G 0	9	大畑　力 HB	9	斉藤　一夫
1	PG 1	10	斉藤　隆根	10	北島　治彦
0	DG 0	11	菊地　欣佑 TB	11	相浦　弘二
12	反則 11	12	坂井　三壱	12	伊野　三之
昭和35年12月 4日		13	清水　良祐	13	青山　武義
G 秩父宮		14	橋爪　勇誠	14	原　弘毅
R 江田昌佑 KO 14:30		15	北岡　進 FB	15	安田　直大

昭和36年度（1961年度）　創部44年目

主　　　将	加賀谷久司
主　　　務	安部紀雄
委　　　員	橋爪勇誠、岡本健、斉藤隆根
卒業年次部員	安部紀雄、濱田光春、橋爪勇誠、印昌喜、加賀谷久司、亀田展孝、田中暉二、三木和男、岡本健、斉藤隆根、高山博光、松本琢司[#]
部　　　長	吉村正
監　　　督	井上二郎（13代監督）
コ ー チ	なし
部 員 数	51名
夏合宿	東伏見（第2回）
シーズン成績	3勝8敗、関東大学対抗戦7位

試合成績

【公式試合】

＜対抗戦＞

No.321	S36.10.8	●	早稲田大学	8-33	○	立教大学	秩父宮	R和田政雄
No.322	S36.10.15	●	〃	5-14	○	日本大学	秩父宮	R佐藤喜勇
No.323	S36.10.22	○	〃	8-3	●	東京大学	東伏見	R江田昌佑
No.324	S36.10.29	●	〃	3-35	○	中央大学	秩父宮	R中須規夫
No.325	S36.11.5	●	〃	3-35	○	法政大学	秩父宮	R平沼久典
No.326	S36.11.11	○	〃	19-12	●	日本体育大学	秩父宮	R和田政雄
No.327	S36.11.23	●	〃	6-8	○	慶應大学	秩父宮	R和田政雄
No.328	S36.12.3	●	〃	11-25	○	明治大学	秩父宮	R西山常夫
No.329	S36.12.28	●	〃	14-17	○	京都大学	秩父宮	R西山常夫
No.330	S37.1.3	●	〃	3-25	○	同志社大学	秩父宮	R夏井末春
No.331	S37.1.9	○	〃	19-11	●	関西学院大学	秩父宮	R夏井末春

＜全早大試合＞

全早大5	S36.9.11	●	全早大	11-30	○	全明大	秩父宮	R平沼久典（ナイター）

★シーズンの優勝チーム★

関東大学対抗戦Aグループに中大が加わり、慶大がBグループへ。

第32回関東大学対抗戦優勝　明治大学（7年ぶり11回目）

第33回大学全国優勝　同志社大学（1回目）

東西大学首位対戦　○ 同志社大学 29-3 ● 明治大学

第2回NHK杯優勝　○ 〃 17-6 ● 近鉄（同大は1回目）

■ ついに最下位

昭和33年の全国制覇を境に4位、5位と後退を続け、遂にBグループに転落することになった。

井上新監督の責任は重く、苦労も多かった。菅平の夏合宿に期待を寄せたが、造成中だった総合グラウンドの完成が間に合わず、炎天下の東伏見で合宿を張ることになった。悪条件に加え、心理的にも気分転換がはかれず、十分な成果を得ることはできなかった。

全早明戦を9月にナイターで初めて行なった。人気の低迷だけでなく、レベルが低下したことを真剣に憂えたOBが、幹事会を中心にどうす

5　天国と地獄（昭和30年代）　105

べきかの検討を繰り返した。目的は2つあった。まず1点はOBの優れたプレーにじかに接し、共にプレーしながら技術の向上を期す狙いと、もう1点は全OBを動員して切符の販売を行ない、遠のいたラグビーファンの足をグラウンドに戻すこと、合わせて強化のための財源を作り出すことであった。明治の北島監督や、慶應の中須関東協会理事らが、前向きに考えてくれた。試合は、全明大の圧勝に終わった。しかし、グリーンの芝生に照明が映え、白球を追うプレイヤーの動きが美しく、勇ましく照らしだされ、スタンドの両側を埋めつくした涼を追う観衆にはラグビーの醍醐味を満喫してもらい、まずは成功に終わった。

関東大学の開幕戦は立教が相手。先取点を挙げたが、立教は次第に調子を出し、特にルーズで早稲田を攪乱し早くも逆転された。早稲田はFWの非力を露呈。後半、SHが粗暴なプレーで退場となり、14人で残り時間を戦ってつまずいた。続く日大戦も敗れた。点数差は少なかったが、内容的にはほとんど自陣内の戦いだった。日大の粗いプレーに助けられて0－0で折り返したが、後半に差がつき、最後に加賀谷主将がこぼれ球を拾いトライ（ゴール）を挙げ、零封負けは免れた。この試合には7人の新人が起用された。

東大に勝った後、中大、法大戦にはともに3－35で敗れた。前半こそ善戦するが、後半崩れるパターンを繰り返した。中大には2度目、法大には連敗となり、この頃から最下位がささやかれるようになった。

日体大戦はこれに負ければB転落が確実となり、奮起して臨んだ。2トライを先取されたが、前半終わりに1トライ返して流れをつかみ、グループ内で唯一の白星を挙げた。昭和33年の全国制覇から3年で最下位とは余りにも極端な急変だった。その原因はどこにあったのか。

原因を断定することは甚だ難しく、危険でもあるが、とにかく勝てなかった。「早稲田ファミリーの勝利」と称されるようなOBと現役の親睦がここ数年、特に感じられなかったのは事実だった。

関西王者の同志社が関東勢を寄せ付けず全国制覇、NHK杯でも近鉄を破って、学生チーム初の王座についた。

東伏見での夏合宿。OBチーム（昭和36年8月）

第38回早慶戦

昭和36年11月23日　秩父宮ラグビー場

●早大6－8○慶大

▌Bの慶大、意地の白星

　Aグループ復帰を決めていたBの慶大が奮起した。早大は8分、橋爪が右中間にトライ。20分にも斉藤がPGを決め6－0。慶大も反撃、31分、小野寺が右中間25メートルから慎重に狙ってPGを決め3点差とした。

　後半は慶大のペース。戦法はFWのドリブル、ショートパスの一本やり。SH米倉がスクラムサイド突破を狙っては潰され、最後までオープンにはボールが回ることはなかった。その米倉が8分、早大ゴール前10メートルからディフェンスラインをきれいに破りポスト左に押さえ、小野寺がコンバートを決めて逆転した。慶大は執拗に攻め、早大も反撃のチャンスをうかがうが、両校ともその後、点が取れない。ともに激しいタックルが次々と炸裂し、最後までファイトとスタミナは落ちなかった。

第37回早明戦

昭和36年12月3日　秩父宮ラグビー場

●早大11－25○明大

▌スクラムトライ2本に屈す

　すでに優勝を決定した明大。この試合に勝たなければ最下位、Bブロック転落濃厚と土壇場に追い込まれた早大。明暗がこうまではっきり分かれたのもこの定期戦始まって以来のことだが、スタンドの半分も埋まらない観衆数とともに時代の移り変りをはっきり思わせた。

　前半は明大ペースだった。11分にPGで先制。20分には吉田がトライ（ゴール）。23分に明大らしいスクラムトライを上げた。早大は32分、明大ゴール前のラインアウトから加賀谷がトライして3－11。

　後半2分、早大はPGを決めて5点差に迫った。13分には、SO斉藤がうまく抜け、橋爪が右中間にトライ、ゴールも成功して同点。ここから明大は本領を発揮、20分に2本目のスクラムトライ。これで勢いに乗り、25分に安田、31分は三浦、34分も原と連続トライを奪ってねじ伏せた。明治はこのシーズン、Bグループの慶應に不覚を取ったが、Aグループの相手に対しては日大、立大、中大、法大、日体大、早大に全勝し、7年ぶりの優勝を飾った。

公式試合　No.327　昭和36年度　第7試合　対抗戦

早大		慶大		早大			慶大	
6	－	8	1	中西	俊男	FW	1	土肥	一晃
6	前	3	2	小俣	忠彦		2	土肥	正也
0	後	5	3	高瀬	仁二		3	浅沼	勝
1	T	0	4	遠藤	成信		4	石川	和夫
0	G	0	5	島田	信隆		5	池田	史郎
1	PG	1	6	中沢	紀夫		6	和崎	嘉彦
0	DG	0	7	佐藤	紘司		7	吉田	博信
0	T	1	8	加賀谷久司			8	藤井	章三
0	G	1	9	岡田	淳	HB	9	米倉	実
0	PG	0	10	斉藤	隆根		10	今村	捷次
0	DG	0	11	片山	英雄	TB	11	小野寺	孝
7	反則	6	12	横井	章		12	青木	潤

昭和36年11月23日
G 秩父宮
R 和田政雄　KO 14:30

		早大				慶大	
13	坂井	三彦		13	内山浩一郎
14	橋爪	勇誠		14	志田昇二郎
15	中村	貞雄	FB	15	小宮	肇

公式試合　No.328　昭和36年度　第8試合　対抗戦

早大		明大		早大			明大	
11	－	25	1	田中	俊男	FW	1	吉田	尚一
3	前	11	2	小俣	忠彦		2	松尾	善勝
8	後	14	3	高瀬	仁二		3	村田	一男
1	T	2	4	遠藤	成信		4	藤原	進
0	G	1	5	高山	博光		5	加賀谷孝夫
0	PG	1	6	中沢	紀夫		6	小林	章
0	DG	0	7	佐藤	紘司		7	岡部	英二
1	T	4	8	加賀谷久司			8	烏谷	忠男
1	G	1	9	岡田	淳	HB	9	三浦修五郎
1	PG	0	10	斉藤	隆根		10	北島	治彦
0	DG	0	11	片山	英雄	TB	11	藤井	征夫
12	反則	6	12	横井	章		12	本田	治

昭和36年12月3日
G 秩父宮
R 西山常夫　KO 14:30

		早大				明大	
13	花田	秀一		13	香取	英俊
14	橋爪	勇誠		14	原	弘毅
15	中村	貞雄	FB	15	安田	直大

5　天国と地獄（昭和30年代）　107

昭和37年度（1962年度）　創部45年目

主　　　将　木本建治
主　　　務　高山博次
委　　　員　中村貞雄、岡田淳、島田信隆、高瀬仁二
卒業年次部員　細谷征男、神谷逸郎、木本建治、中村貞雄、直井三郎、岡田淳、坂井三彦、島田信隆、
　　　　　　　島内隆明、高瀬仁二、高山博次、田中俊男
部　　　長　吉村正
監　　　督　大西鐵之祐
コ ー チ　日比野弘、竹尾靖造、梅井良治、結城昭康、横井久
部 員 数　61名
夏 合 宿　菅平（第19回）
シーズン成績　10勝2敗、関東大学対抗戦Bグループ優勝
試合成績
【公式試合】
＜対抗戦＞

No.332	S37.9.23	○	早稲田大学	39-5	●	成蹊大学	成蹊	R夏井末春
No.333	S37.10.13	○	〃	25-6	●	東京教育大学	秩父宮	R夏井末春
No.334	S37.10.20	○	〃	20-11	●	青山学院大学	秩父宮	R江田昌佑
No.335	S37.10.27	○	〃	12-6	●	専修大学	秩父宮	R中須規夫
No.336	S37.11.3	○	〃	14-6	●	防衛大学	国分寺	R西山常夫
No.337	S37.11.10	○	〃	19-0	●	立教大学	秩父宮	R和田政雄
No.338	S37.11.17	○	〃	37-0	●	東京大学	秩父宮	R永田博
No.339	S37.11.23	●	〃	5-6	○	慶應大学	秩父宮	R夏井末春
No.340	S37.12.2	○	〃	17-8	●	明治大学	秩父宮	R江田昌佑
No.341	S37.12.27	○	〃	28-0	●	京都大学	秩父宮	R和田政雄
No.342	S38.1.3	●	〃	14-22	○	同志社大学	西京極	R丹羽正
No.343	S38.1.9	○	〃	19-5	●	関西学院大学	西京極	R宇野憲治

★シーズンの優勝チーム★
関東大学Aグループに慶大が加わり、早大がBグループへ。
第33回関東大学対抗戦優勝　明治大学（2年連続12回目）
第34回全国大学優勝　○ 明治大学 16-14 ● 同志社大学（明大は8年ぶり9回目）
第3回NHK杯優勝　○ 八幡製鉄 25-6 ● 明治大学（八幡製鉄は2年ぶり2回目）

▌再起のシーズン

　創部以来、最大のピンチに立たされた早稲田は何事も「やればやれるのだ」を合言葉に、現役とOBが一団となって非常事態乗り切りに全知全能を傾けた。もともと結束の固い我々のこと、伝統の強みを発揮、1年にしてAグループ復帰を果たした。
　藤井恒男をトップにした強化本部は万事を迅速に処理。大西は総長秘書として多忙にもかかわらず監督を引き受け、強力なコーチ陣とともに指導にあたった。
　グラウンドに霜が残る2月から、例年より1カ月早く練習に入った。休日は週2日制。非常時に際し、練習時間を増やせとの意見もあったが、授業の出席率を高めるため、従来の週1日の休みから、月・金を休みとし、夜間の選手は練習時間を1時間早めて通学の便をはかった。

春から勝ち癖をつけるために練習試合はベストメンバーで戦った。春の練習の後は伊豆大島へ向かった。練習の苦しさを忘れるため、大島で張ったキャンプは選手に楽しい一時となった。ポジション別の飯盒炊きなどを行った。

OBの強い働きかけに大学も遂に重い腰を上げた。安井俊雄体育局長が中心となり菅平に土地を購入し、寮を建設した。早稲田の復帰をかけた年、まだ十分とは言えないグラウンドであったが、石を掘り起こしながら新寮での第1回の合宿を行なうことができた。菅平寮がその後の早稲田の躍進に果たした役割は大きい。

泥沼からの脱出に成功する。ひとつの取りこぼしも許されなかったが、早稲田は苦戦の連続だった。その中で大西監督が取った作戦は、オープンへゆさぶりをかけるというものではなく、ゲインラインの攻防に主眼を置いた。確実を旨とし、攻撃より守りに重点をおく。守って守って守りぬき、相手の根と力が尽きたところで、ミスに乗じて攻撃に転ずる。という展開で、まさに「タックルは攻撃なり」であった。多くの試合は、最後の5分までは勝敗の行方が決まらず、観戦している者にとっては冷や汗の連続だったが、確実に勝利を重ねていった。

そして2部で全勝しただけでなく、一部優勝の明治をも食った。この結果はラグビー界全体に大きな波紋を投げかけた。学生ラグビーで、前年度の成績でランク付けすることの矛盾が露呈したからである。同時に勝つことだけに固執する1・2部制の反省と、観客を呼び戻すことの対策が求められ、試行錯誤の結果、対抗戦、リーグ戦グループに分かれ、交流試合で優劣を決め、選手権で雌雄を決する制度へと移行していくきっかけとなった。

この年、慶應、同志社に負け、早稲田としては必ずしも満足すべき戦績とは言えないが、失敗すればそのまま二流チームに甘んじたかもしれなかったことを考えるとき、歴史的に見て大きな戦果を納めたシーズンであったといえる。

大西監督の指導力、木本主将のキャプテンシーが大きな評価を得るのは当然であるが、同時に見逃せないのは、自ら裏方に甘んじて献身的な努力を惜しまなかった、名前も列挙できないほど多数のOBの勝利でもあった。逆境に強い早稲田の復元力だ。

入部式（昭和37年4月、東伏見）

第39回早慶戦
昭和37年11月23日　秩父宮ラグビー場
●早大5－6○慶大

▎追い上げ及ばず

　全勝の明大を破った慶大FWの激しい当たりは、早大を初めからゴール前に押し込み、6分、中西が先制のトライを挙げた。早大はバックスのキックで反撃。慶大のFWが7割以上のボールをキープして、ドリブル、FWパスとさかんに攻め立てた。バックスにもう一歩の判断と切れ味に乏しく、トライに結びつかなかった。

　後半14分、慶大は斉藤がパントを上げ、自らこぼれ球を拾って中央にトライ。FWに力の差が見られる早大は、反撃の糸口がなかなかつかめなかったが、21分、慶大陣に入り、木本がパント、片山がうまくこのボールを中央にトライ（ゴール）、これで1点差に迫った。しかし、勝敗をくつがえすまでに至らなかった。結局、慶大の地力と後半のパント作戦がものをいったが、慶大FWが大半のボールを取りながらバックスが生彩を欠き、思わぬ苦戦を演じた。

第38回早明戦
昭和37年12月2日　秩父宮ラグビー場
○早大17－8●明大

▎A制覇の明大に快勝

　明大は2年連続Aグループで優勝しながら、Bグループの早大に敗れた。前半8分、早大は木本がPGに成功してリードを奪う。13分、明大が反撃、FWパスで早大ゴール前に迫り、北島が鮮やかなフェイントパスで早大TB陣を抜いてトライ（ゴール）で逆転。

　後半5分、早大は金沢が右スミにトライして6－5と再逆転。8分にも明大ゴール前のPKのチャンスを生かし、岡田がもぐってトライ、9－5と引き離した。明大は14分、北島がPGを決め9－8と1点差に迫ったが、早大は良く防ぎ、その後得点を許さず、果敢な攻撃をかけ、FWパスやドリブル、キックとうまく明大をペースに巻き込んだ。32分、早大はFWパスでゴール前に攻めこみロックの島田がなだれ込んでトライ、ゴールも決まって明大を引き離した。このトライが両校の明暗をはっきりと分け、早大はさらにTBパスから中村が右スミにトライして勝利した。

公式試合 No.339　昭和37年度 第8試合

早大		慶大		早大		慶大	
5	－	6		1	田中　俊男	FW	1	三宅雄三郎
0	前	3		2	小俣　忠彦		2	安部　優
5	後	3		3	玉山(佐野)広政		3	浅沼　勝
0	T	1		4	島内　隆明		4	石川　和夫
0	G	0		5	島田　信隆		5	李　安邦
0	PG	0		6	高瀬　仁二		6	和崎　嘉彦
0	DG	0		7	佐藤　紘司		7	中西　一晃
1	T	1		8	加藤　猛		8	八木　宏器
1	G	0		9	岡田　淳	HB	9	木場　康博
0	PG	0		10	木本　建治		10	斉藤　勲
0	DG	0		11	片山　英雄	TB	11	峰岸　進
10	反則	9		12	坂井　三彦		12	今村　捷次

昭和37年11月23日
G 秩父宮
R 夏井未春　KO 14:30

			13	宮澤　隆雄		13	石黒　安広
			14	横井　章		14	志田昇二郎
			15	中村　貞雄	FB	15	川崎　清鼬

公式試合 No.340　昭和37年度 第9試合

早大		明大		早大		明大	
17	－	8		1	田中　俊男	FW	1	児玉　雅次
3	前	5		2	小俣　忠彦		2	村田　一男
14	後	3		3	遠藤　靖夫		3	藤原　進
0	T	1		4	島内　隆明		4	加賀谷孝夫
0	G	1		5	島田　信隆		5	安藤　勝彦
1	PG	0		6	佐藤　紘司		6	太田　正人
0	DG	0		7	矢部　達三		7	松尾　善勝
4	T	0		8	金沢　威夫		8	烏谷　忠男
1	G	0		9	岡田　淳	HB	9	三浦修五郎
0	PG	1		10	木本　建治		10	北島　治彦
0	DG	0		11	片山　英雄	TB	11	藤井　征夫
10	反則	6		12	坂井　三彦		12	鈴木　忠義

昭和37年12月2日
G 秩父宮
R 江田昌佑　KO 14:30

			13	花田　秀一		13	岩見　勝志
			14	横井　章		14	原　弘毅
			15	中村　貞雄	FB	15	安田　直大

昭和38年度（1963年度）　創部46年度

主　　将	小俣忠彦
主　　務	高津宏太郎
委　　員	花田秀一、金澤威夫、清水良祐、佐藤紘司、玉山（佐野）広政、横井章
卒業年次部員	花田秀一、金澤威夫、小俣忠彦、清水良祐、高津宏太郎、玉山広政、八木遵、大村祐治#、藤井裕士#
部　　長	吉村正
監　　督	大西鐵之祐
コ ー チ	日比野弘、高見澤顕二郎、梅井良治
部 員 数	64名
夏 合 宿	菅平（第20回）
シーズン成績	8勝3敗、関東大学対抗戦2位

試合成績

【公式試合】

＜対抗戦＞

No.344	S38.9.22	○	早稲田大学	33-0	●	成蹊大学	成蹊	R松尾勝吾
No.345	S38.10.6	●	〃	13-16	○	中央大学	秩父宮	R池田正徳
No.346	S38.10.20	●	〃	17-26	○	法政大学	秩父宮	R江田昌佑
No.347	S38.10.27	○	〃	35-3	●	東京大学	駒場	R浅生享
No.348	S38.11.3	○	〃	19-11	●	日本体育大学	秩父宮	R中須規夫
No.349	S38.11.16	○	〃	24-8	●	立教大学	秩父宮	R和田政雄
No.350	S38.11.23	○	〃	29-6	●	慶應大学	秩父宮	R和田政雄
No.351	S38.12.8	○	〃	15-13	●	明治大学	秩父宮	R中須規夫
No.352	S38.12.28	○	〃	36-0	●	京都大学	秩父宮	R永田博
No.353	S39.1.3	●	〃	0-33	○	同志社大学	秩父宮	R中須規夫
No.354	S39.1.9	○	〃	15-11	●	関西学院大学	秩父宮	R堤和久（龍野）

＜全早大試合＞

全早大6	S38.9.2	●	全早大	10-15	○	全明大	秩父宮	R中須規夫（ナイター）
全早大7	S38.9.13	○	〃	22-8	●	全慶大	秩父宮	R土屋英明（同上）
全早大8	S39.3.29	○	〃	28-5	●	全明大	平和台	R中田主基

★シーズンの優勝チーム★

第34回関東大学対抗戦優勝　法政大学（4年ぶり2回目）

第35回大学全国優勝　なし（東西大学首位対戦、法大と同大の対戦なし）

第1回日本選手権試合優勝　○ 同志社大学　18-3 ● 近鉄（同大は1回目、NHK杯優勝を除く）

▌A・Bグループ制廃止

「オレたちは捨て石になる。必ずこの1年間の屈辱を晴らしてくれ」。常日頃、3年生以下に言い続けてきた木本前主将の言葉を肝に銘じつつ3月11日から練習をスタートさせた。4年生は小俣主将以下7人でメンバー編成には苦労も多かったが、4月、小俣主将が33年ぶりカナダへ遠征した日本代表に選ばれた。この年から富士鉄釜石招待試合が始まった。このみちのくへの旅が夏休み前の最後の試合で一時期、現役の楽しみとなっていた。

菅平の総合グラウンドに合宿所が完成。食事は大学食堂のコックさんにお願いした。

関東大学はA・Bの2グループ制を廃し、①各校は1シーズンに最低7試合を消化、②7試合のうち4試合を義務づけ、残り3試合、またはそれ以上は相互の話し合いにより対戦する、③義務の4試合は上位7校、下位7校をそれぞれのグループとしてその枠内で妥当とする大学と組むものとする、④14大学の順位はシーズン終了後、監督会で決める、という形式になった。

　部創立45周年。部の発展に尽くされ、または若くして戦地に散ったOB、学生、関係者の霊を慰めようと慰霊祭が企画された。9月26日、大隈講堂内の小講堂で厳かに執り行われた。計68人を追悼し、会場には遺影、遺品が展示された。

　再建2年目。大西監督は技術面よりも精神面に重点を置き指導した。小俣主将も率先して練習に励み、優勝候補の法政に照準を合わせていたが、その前に中央に敗れてしまった。1点リードを許して折り返したが、後半11分に清水のパントを佐藤が持ち込んでトライ（ゴール）、15分にも花田が自らのドリブルを押さえて13－6とリードした。ここから逃げ切る気持ちが出たのか、再逆転されてしまった。

　小俣主将の敗れたショックは大きく、自らを悔い、中大戦後の練習にクリクリ坊主頭になってグラウンドに姿を現した。部員一同、オレたちもやらねばと、頭を丸める者が続出したというエピソードが残っている。

　法政戦は両校まとまりをみせ、スピードに乗った好試合となった。清水のPGで先行したが、法大の伊藤に走られるなど結局、力尽きた。優勝した法政、中央に敗れて関東では2位に終わった。

　東西大学では同志社に完敗。その同志社は第1回の日本選手権に出場し、八幡製鉄、近鉄を連破し、初代王者になった。

全早慶戦（昭和38年9月13日、秩父宮ラグビー場）

第40回早慶戦
昭和38年11月23日　秩父宮ラグビー場

○早大29 − 6●慶大

▌節目の対戦は快勝

　得点は意外に開いたが、両校死力を尽くしての対戦は、早慶戦の雰囲気を十分満喫させた。前半14分、早大松尾が、左中間25ヤードのPGに成功。15分、慶大の小宮が中央のPGを返して同点。30分、早大はスクラムから左に回し、石井が横井とループして抜け、片山が中央にトライ（ゴール）、8−3と再びリードを奪った。

　後半開始早々、早大は左TBパスに松尾が参加、次々と慶大のタックルをかわして中央にトライ（ゴール）を挙げて引き離し、調子に乗った。その後は、一方的に攻めまくった。9分には慶大ハーフのミスをとって、遠藤成がトライ（ゴール）。11分には右TBパスからFWが突っ込んで矢部がトライを決めて大勢を決した。慶大は23分、ラインアウトから堀越が強引にトライを返したが、反撃もここまで。早大は28分、佐藤がトライ、34分にも片山がトライ（ゴール）を追加し圧倒した。

　この日早朝、ケネディ米大統領暗殺のニュースが入り、ラグビー場の協会旗、両大学の旗などは半旗として弔意を表した。

第39回早明戦
昭和38年12月8日　秩父宮ラグビー場

○早大15 − 13●明大

▌終盤追いつき、決勝ゴール

　早稲田がBグループから抜け出し、上昇気運を見せてきたと思ったら、今度は2連覇を成し遂げた明治がおかしくなった。明治はこのシーズン早稲田、慶應、日大、中大、法政に敗れて5敗、そして教育大とも引き分けて、まさに創部以来の不振を極めた。

　しかし、早明戦は堂々互角の展開。この辺りが早明戦の早明戦たるゆえんだろう。前半6分、早大は清水のトライ（ゴール）で先行した。明大は27分、清原が右スミにトライ。しかし、早大は横井−片山と回し、中央にトライ（ゴール）。10−3と引き離した。前半終了間際、明大はスクラムで認定トライ（ゴール）を奪い2点差に迫って折り返した。

　明大は5分、清水のパントを玉江が押さえトライ、難しいゴールも成功させ、13−10と逆転した。最後は早大が意地をみせた。29分、FWがドリブルで前進、遠藤成が拾い最後は花田がトライしておいつき、松尾が勝ち越しのゴールを決めた。再度の逆転に成功、明大の反撃を振り切った。

公式試合　No.350　昭和38年度　第7試合　対抗戦

早大		慶大		早大			慶大	
29	−	6		1	玉山　広政	FW	1	三宅雄三郎
8	前	3		2	小俣　忠彦		2	安部　　優
21	後	3		3	遠藤　靖夫		3	藤原　明弘
1	T	0		4	遠藤　成信		4	堀越　　慈
1	G	0		5	矢部　達三		5	李　　安邦
1	PG	1		6	加藤　　猛		6	山本登志男
0	DG	0		7	佐藤　紘司		7	吉村毅一郎
5	T	1		8	金沢　威夫		8	八木　宏器
3	G	0		9	竹島　　佑	HB	9	田原　　明
0	PG	0		10	石井　教夫		10	蔵西　克夫
0	DG	0		11	片山　英雄	TB	11	峰岸　　進
6	反則	5		12	横井　　章		12	石黒　安広
昭和38年11月23日				13	花田　秀一		13	佐藤　迪伸
G　秩父宮				14	清水　良祐		14	村瀬　省三
R　和田政雄　KO 14：30				15	松尾（長谷川）啓	FB	15	小宮　　肇

公式試合　No.351　昭和38年度　第8試合　対抗戦

早大		明大		早大			明大	
15	−	13		1	玉山　広政	FW	1	児玉　雅次
10	前	8		2	小俣　忠彦		2	村田　一男
5	後	5		3	遠藤　靖夫		3	栗原　　健
2	T	2		4	遠藤　成信		4	加賀谷孝夫
2	G	1		5	矢部　達三		5	安藤　勝彦
0	PG	0		6	加藤　　猛		6	清原　　孟
0	DG	0		7	佐藤　紘司		7	藤原　　進
1	T	1		8	金沢　威夫		8	玉江　満敏
1	G	1		9	竹島　　佑	HB	9	清水　利彦
0	PG	0		10	石井　教夫		10	内田　　博
0	DG	0		11	片山　英雄	TB	11	藤井　征夫
2	反則	5		12	横井　　章		12	鈴木　忠義
昭和38年12月8日				13	花田　秀一		13	香取　英俊
G　秩父宮				14	清水　良祐		14	原　　弘毅
R　中須親夫　KO 14：30				15	松尾　　啓	FB	15	島崎　竜介

5　天国と地獄（昭和30年代）

昭和39年度（1964年度） 創部47年目

主　　将　　佐藤紘司
副 主 将　　横井章
主　　務　　牧弥太郎
副 主 務　　黒田守征
委　　員　　遠藤成信、松尾（長谷川）啓、宮澤隆雄、矢部達三
卒業年次部員　遠藤成信、遠藤靖夫、藤田満晴、一二三俊雄、洞本邦男、片山英雄、北岡英雄、釘本英幸、黒沢郁夫、牧弥太郎、牧野隆、松尾啓、中沢（八ッ本）紀夫、根津栄一、大塚健治郎、佐藤紘司、竹島佑、上村弘、横井章、吉田通生、中野武成、劉正昭*、宝田良三#
部　　長　　吉村正
監　　督　　大西鐵之祐
コ ー チ　　なし
部 員 数　　59名
夏 合 宿　　菅平（第21回）
シーズン成績　7勝2敗、関東大学対抗戦2位、大学選手権準優勝
試合成績
【公式試合】
　＜対抗戦＞
　No.355　S39.9.27　○ 早稲田大学 44-3 ● 東京大学　東伏見　R池田正徳
　No.356　S39.10.8　○　　〃　　17-6 ● 専修大学　東伏見　R江田昌佑
　No.357　S39.10.25　○　　〃　　19-9 ● 日本大学　秩父宮　R西山常夫
　No.358　S39.11.7　○　　〃　　13-9 ● 立教大学　秩父宮　R和田政雄
　No.359　S39.11.23　○　　〃　　27-9 ● 慶應大学　秩父宮　R西山常夫
　No.360　S39.12.6　○　　〃　　22-9 ● 明治大学　秩父宮　R江田昌佑
　No.361　S39.12.20　●　　〃　　6-12 ○ 法政大学　秩父宮　R西山常夫（関東大学AB首位決定戦）
　＜第1回大学選手権＞
　No.362　S40.1.8　○ 早稲田大学 14-13 ● 同志社大学　秩父宮　R和田政雄（準決勝）
　No.363　S40.1.10　●　　〃　　6-14 ○ 法政大学　秩父宮　R江田昌佑（決勝）
　＜国際試合＞
　国際34　S39.12.27　○ 全早大 13-11 ● カンタベリー大学　秩父宮　R西山常夫（NZカンタベリー大学来日）
★シーズンの優勝チーム★
　関東大学対抗戦はAグループ法大、日体大、中大、教育大、防衛大、成蹊、青学大。Bグループ早大、慶大、明大、立大、東大、日大、専修大に分かれて試合を行ない、A・Bの1位校が対戦し、関東の首位を決することになる。大学選手権大会はじまる。
　第35回関東大学対抗戦優勝　○ 法政大学 12-6 ● 早稲田大学（法大は2年連続3回目）
　第1回大学選手権大会優勝　○ 法政大学 14-6 ● 早稲田大学（法大は1回目）
　第2回日本選手権試合優勝　○ 八幡製鉄 15-6 ● 法政大学（八幡製鉄は1回目、NHK杯優勝を除く）

法政に2度屈す

関東大学は対戦方式がわずか1年で次のように変わった。①14校を再びA・B二つのグループに分け、グループ内で総当たり②シーズン終了後、両グループの1位チームで関東大学王座決定戦を行う③新設された全国大学選手権の関東代表はA・Bの1位。

シーズン始めは秩父宮が東京オリンピックのサッカー場となったため、東大、専大戦などは東伏見で行われた。Bグループを制し、Aグループ勝者の法政と対戦することになり、グリーンハウスで合宿した。法政は気力充実、ピークにさしかかった時期で、早大は大西監督の強化3年目のシーズンだった。

早大は前半、まず2度のPGの機会があったが、ともに失敗。法大は18分、ラインアウトから竹部が飛び込み3点を先行した。早大は横井がPGを決め、前半を3-3で終えた。後半、法大はFWが優勢になった。10分にPGを決めた後、20、31分の連続トライでぐっと勝利を引き寄せた。早大は最後に片山が1トライを返したが、及ばなかった。

この年度から始まった昭和40年1月の大学選手権では、まず、同志社戦。定期戦で5連敗していたが、雨中戦を1点差で競り勝った。

決勝は再び、法大戦。法政の黄金期といえば、昭和39年度から47年度の9シーズンだ。この年から大学選手権で4年続けて早稲田と法政が決勝で対決し、「早法時代」といわれることになった。

前半風上の法大は3分、PGで先制。さらに、早大・松尾のキックをチャージした広瀬が飛び込んで初トライを挙げた。16分にも山田が独走して中央にトライ（ゴール）。21分にも島崎がPGを決め、着々と加点した。早大はやっとFWが立ち直り、PGで3点を返した。

風上に立った早大は後半に反撃。3分、法大のタッチキックを松尾がチャージしてそのままインゴールに飛び込み、チーム初トライを挙げた。その後も好機はあったが結局、ゴールを割れずじまい。PGを外すなどで追い上げの勢いを削いでしまった。

シーズン中にニュージーランド南島有数の名門、カンタベリー大学が来日した。全早大にとってこのカ大戦が、国外の一流レベルのチームに初めて勝つ歴史的な試合となった。カ大は全慶大、全明大、全同大、八幡製鉄、トヨタ自動車を撃破、全早大が一矢を報いて、日本側の面目を保った。全早大は現役12人で戦い、翌シーズンに日本一を達成する一つの原動力になったと言える。

菅平夏合宿（昭和39年8月）

第41回早慶戦

昭和39年11月23日　秩父宮ラグビー場

○早大27 − 9●慶大

■ バックス活躍

　前半5分、早大はゴール前のスクラムから慶大・竹岡のキックをチャージした加藤が飛び込んで先行。慶大も湯沢が40ヤードのPGを決めて追いつく。慶大は16分、小宮がハイパントを上げ、自らタックルしたこぼれ球を中西が押さえてリードを奪った。早大は20分にPGを決めて追いつき、29分、ラインアウトから横井が抜けて宮澤がトライ（ゴール）、再びリードを奪う。激しい両校の攻防戦にスタンドは沸いた。

　慶大FWは鋭い突っ込みをみせボールをよく出していたが、それをバックスに回す段階で早大に劣り、この差が後半になってあらわれてきた。27分、早大はFW陣のタテの突進で北岡がトライ（ゴール）して差を開く。あとはバックス陣が快走、加点していった。28分は右へのTBパスから、33分は慶大のパスの乱れをついて、ともに宮澤がトライ。終了間際にもダメ押しのトライを挙げた。

公式試合	No.359		昭和39年度　第5試合　対抗戦			
早大		慶大	早大		慶大	
27	−	9	1 松元　秀雄	FW	1 藤原　明弘	
11	前	6	2 遠藤　靖夫		2 安部　優	
16	後	3	3 平沢　尚		3 赤松　俊雄	
2	T	1	4 遠藤　成信		4 中西　国容	
1	G	0	5 矢部　達三		5 島　祥介	
1	PG	1	6 加藤　猛		6 山本登志男	
0	DG	0	7 佐藤　紘司		7 吉村毅一郎	
4	T	1	8 北岡　英雄		8 羽山賢次郎	
2	G	0	9 竹島　佑	HB	9 竹岡　正	
0	PG	0	10 石井　教夫		10 横河　惇	
0	DG	0	11 片山　英雄	TB	11 鈴木　明夫	
8	反則	17	12 横井　章		12 湯沢　義郎	
昭和39年11月23日			13 宮澤　隆雄		13 蔵西　克夫	
G　秩父宮			14 犬伏　一誠		14 伊藤　克	
R 西山常夫	KO 14:30		15 松尾　啓	FB	15 小宮　肇	

第40回早明戦

昭和39年12月6日　秩父宮ラグビー場

○早大22 − 9●明大

■ 後半、4連続トライ

　早稲田は対抗戦の試合を5戦全勝で、この試合を迎えた。一方の明治は不振から脱せず慶應、日大、立大に敗れて2勝3敗だった。

　明大は香取のPG成功。さらに安藤が右中間にトライを決めて6点のリードを奪った。早大は10分、こぼれ球を拾った犬伏がトライ（ゴール）。さらに、右オープン攻撃で中央に2本目のトライ（ゴール）で逆転した。

　後半は早大のペースになり、4連続トライで勝負を決めた。明大は最後に1トライを返して終わった。

　早稲田が勝ったことと、明治が低迷したこともあってあまり話題にならなかったが、明治はこの試合で鈴木をセブンエイスにして早稲田に挑んできている。早明戦での3連敗は何としても避けたかった明治の意欲と工夫の表れでもあった。

公式試合	No.360		昭和39年度　第6試合　対抗戦			
早大		明大	早大		明大	
22	−	9	1 松元　秀雄	FW	1 本田　信康	
10	前	6	2 遠藤　靖夫		2 村田　一男	
12	後	3	3 平沢　尚		3 久野　硯司	
2	T	1	4 遠藤　成信		4 加賀谷孝夫	
2	G	0	5 矢部　達三		5 安藤　勝彦	
0	PG	1	6 加藤　猛		6 清原　孟	
0	DG	0	7 北岡　英雄		7 藤原　進	
4	T	1	8 佐藤　紘司			
0	G	0	9 竹島　佑	HB	9 堀田　正勝	
0	PG	0	10 石井　教夫		10 内田　博	
0	DG	0	11 片山　英雄	TB	11 飯田　恒久	
0	反則	8	12 横井　章		12 菅野　晃衛	
昭和39年12月6日			13 宮澤　隆雄		13 香取　英俊	
G　秩父宮			14 犬伏　一誠		14 大西　和郎	
R 江田昌佑	KO 14:30				SE 8 鈴木　忠義	
			15 松尾　啓	FB	15 島崎　竜介	

6　第3期黄金時代（昭和40年代）

昭和40年度（1965年度）　創部48年目

主　　　将	矢部達三
副 主 将	宮澤隆雄
主　　　務	黒田守征
委　　　員	石井教夫、加藤猛
卒業年次部員	赤司和雄、平澤尚、石井教夫、伊藤久樹、五十嵐修、加藤猛、木村（田中）繁雄、黒田守征、松元秀雄、宮澤隆雄、大崎智洋、藤平武、鶴田健一郎、吉田博希、矢部達三
部　　　長	吉村正
監　　　督	横井久（14代監督）
コ　ー　チ	藤島勇一、盛晴海、大塚博靖、結城昭康
部 員 数	46名
夏 合 宿	菅平（第22回）
シーズン成績	12勝0敗、関東大学対抗戦優勝、大学選手権優勝、日本選手権優勝

試合成績
【公式試合】
　＜対抗戦＞

No.364	S40.10.9	○	早稲田大学	45-6	●	東京大学	秩父宮	R浅生享
No.365	S40.10.17	○	〃	40-9	●	青山学院大学	秩父宮	R芳村正忠
No.366	S40.10.23	○	〃	33-19	●	東京教育大学	秩父宮	R保戸塚満
No.367	S40.11.3	○	〃	20-15	●	日本体育大学	秩父宮	R熊谷仁志
No.368	S40.11.14	○	〃	26-11	●	立教大学	秩父宮	R江田昌佑
No.369	S40.11.23	○	〃	20-3	●	慶應大学	秩父宮	R江田昌佑
No.370	S40.12.5	○	〃	27-3	●	明治大学	秩父宮	R西山常夫

　＜第2回大学選手権＞

No.371	S41.1.1	○	早稲田大学	25-9	●	京都大学	秩父宮	R松尾勝吾（1回戦）
No.372	S41.1.3	○	〃	24-6	●	日本大学	秩父宮	R堤和久（準決勝）
No.373	S41.1.5	○	〃	16-0	●	法政大学	秩父宮	R西山常夫（決勝）

　＜第3回日本選手権＞

No.374	S41.1.15	○	早稲田大学	12-9	●	八幡製鉄	花園	R丹羽正

　＜対抗戦＞

No.375	S41.2.27	○	〃	12-8	●	同志社大学	秩父宮	R熊谷仁志（対抗戦兼同大NZ遠征壮行試合）

　＜全早大試合＞

全早大9	S40.4.12	●	全早大	23-30	○	全同大	西京極	R不明
全早大10	S40.9.24	○	〃	22-18	●	全明大	秩父宮	R浅生享
全早大11	S40.10.1	○	〃	9-6	●	全慶大	秩父宮	R夏井末春

【準公式試合】

	S40.6.20	○	早稲田大学	30-3	●	全函館	函館	R不明（北海道強化遠征、以下同）
	S40.6.22	○	〃	54-3	●	富士鉄室蘭	室蘭	R不明
	S40.6.24	○	〃	61-6	●	北海道大学	札幌	R不明
	S40.6.26	○	〃	39-0	●	住友赤平鉱	赤平	R不明
	S40.6.27	○	〃	32-0	●	全札幌	札幌	R不明
	S40.6.29	○	〃	41-3	●	全東道	帯広	R不明

★シーズンの優勝チーム★
関東大学対抗戦再び従来の対校戦形式を採用。
第36回関東大学対抗戦優勝　早稲田大学（7年ぶり12回目、大学選手権出場校として早大、法大、日体大、日大が関東協会から推薦された）
第2回大学選手権大会優勝　○ 早稲田大学 16-0 ● 法政大学（早大は1回目）
第3回日本選手権試合優勝　○ 　〃 　 12-9 ● 八幡製鉄（早大は1回目）

全国大学選手権初優勝（昭和41年1月5日、秩父宮ラグビー場）

初の日本選手権制覇

　春の練習を終えると北海道協会から招待を受け、6月19日に出発した。夜行列車と青函連絡船で函館に着いたその日に試合など強行スケジュールだったが、6戦全勝で終えた。自衛隊での宿泊や北海道大学獣医学教室の解剖台での北大応援団による送別会など忘れられない遠征にもなった。のちに早稲田の屋台骨を支える井沢、中村康の入学のきっかけにもなる意義深いものだった。

　関東大学の試合形式が再び、対抗戦方式に戻り、関東大学王座決定戦も廃止された。14大学が任意に対戦相手を選択する形式となったが、前年に新設された全国大学選手権への関東代表の選考に大きなしこりを残した。7戦全勝の早大、4勝1敗の法大は問題なく決まったが、5勝1敗の青学大、5勝2敗1分の日体大、5勝2敗の日大の3校をどうやって2校に絞るか。試合数も相手も違う。結局、対戦相手の関係で青学大が涙を飲んだが、この問題は来年度以降へ持ち越されることになった。

　　　　＊　　　　　　＊

　3741会（みなよいかい）とは昭和37年入学入部、41年卒業の同期会のことである。（留年し翌42年卒業のものももちろん会員であるが、呼び方があまり良くない）会員は全国で17名（故人は1人）昭和41年の日本選手権奪取以来今日まで、当初は月1回からだんだん回数は減ったものの今でも年に数回は集まっている。

　寮とは名ばかりの東伏見駅前の築30年ぐらいの木造建築に住んでいたころ、起床消灯の笛をマネジャーが吹くことになっていた。ある時、朝6時に消灯と言って笛が鳴った話とか、大学選手権決勝で前年敗れた法政戦で、矢部主将がバクセンの位置から後ろを振り返り「徹底的にやるぞ」といった話等々で、毎回、毎回、同じ話を繰り返しながら笑いこけて痛飲した。また、同期での旅行も何回か行った。グアムへ行った際、穴あきパスポートを持ってきた人とか還暦旅行で中国へ行った際、旅を通じ笑いっぱなしだったとか、生野菜を食べすぎて下痢をした話とか笑う話題には事欠かなかった。

　日本一になったおかげで結婚式、告別式で「荒ぶる」を唄う権利を得た。今まで各人の結婚式では全員で合唱したが、これからは告別式で1人ずつ減り、最後は独唱する人が誰か？アガサクリステイーの小説ではないが「そして誰もいなくなった」状態になるわけだが、そうならないようできるだけ先へ伸ばし、鉄壁の陣を引いた早稲田の復活を目にしたいものだ。

（黒田守征）

第42回早慶戦
昭和40年11月23日　秩父宮ラグビー場

○早大20－3●慶大

▎圧勝で首位保つ

　この日は試合前から小雨に見舞われ、戦後3度目の雨中戦になった。慶大は開始10分までFWが互角に戦って対等に試合をすすめた。早大FWが徐々に調子を上げ、バックスに回し始めると、スピードの差がはっきり現れてしまった。18分、慶大の横河がインゴールでファンブル、これを早大の加藤が飛び込んで先制。25分、宮澤のPG、30分には宮澤のゴール前のパントをとった木村から藤本への鮮やかなリターンパスで9－0とリードした。慶大にはチャンスがほとんどなく、33分に横河がPGを入れたのにとどまった。

　後半も早大の優勢は変らず、FWが余裕あるルーズプレーを展開し、バックスを走らせた。雨をあまりに意識しすぎたのか、早大バックスはキックを多用し、いつもの切れ味のいいTB攻撃が見られなかった。それでも9分に村山、19分に石井がトライ（ゴール）して勝負を決めた。21分にも吉田の突進から素晴らしいTBパスを見せ、加藤が左中間に飛び込んだ。

第41回早明戦
昭和40年12月5日　秩父宮ラグビー場

○早大27－3●明大

▎後半に猛攻

　早稲田はやっと逆境から脱して、昭和33年度以来の対抗戦全勝を果たし、意気上がったが、ライバル明治が代って転落への道をたどってしまった。東大、教育大に勝っただけで、早稲田、慶應、中大、青学大、日体大、立大に負けた2勝6敗の明治ラグビーなど、信じたくても信じられないことだった。早明戦優勝がかかる試合でなくては価値が半減する。観客が一番正直なのか、この試合も寂しい入りであった。

　明大が前半リードして沸いた。16分、飯田がPGを決めて先行した。後半に入ると早大の一方的な展開になった。12分、石井がインゴールに蹴り込んだボールを吉田が押さえて同点。16分にはFWパスでの突進から、犬伏が勝ち越しトライ（ゴール）。22分、PKから藤本がトライを挙げた後、25分には山田、その後、宮澤がトライを重ねた。さらに32分には大竹が飛び込み、34分にも木村が独走してトライ。後半は明治を無得点に封じた。

　この試合は早明戦史上唯一、両チームがセブンフォワードで対戦した珍しい試合になっている。

公式試合　No.369　昭和40年度　第6試合　対抗戦

早大		慶大		早大			慶大	
20	－	3		1	松元　秀雄	FW	1	津野　琢也
9	前	3		2	村山　繁		2	安部　優
11	後	0		3	平沢　尚		3	赤松　俊雄
2	T	0		4	矢部　達三		4	飯本　宏
0	G	0		5	赤司　知行		5	島　祥介
1	PG	1		6	加藤　猛		6	廖　英信
0	DG	0		7	五十嵐　修		7	鏑木　乙彦
3	T	0					8	三国　良樹
1	G	0		9	山田　建夫	HB	9	竹岡　正
0	PG	0		10	石井　教夫		10	横河　惇
0	DG	0		11	吉田　博希	TB	11	鈴木　明夫
9	反則	6		12	犬伏　一誠		12	蔵西　克夫
昭和40年11月23日				13	宮澤　隆雄		13	湯沢　義郎
G 秩父宮				14	木村（田中）繁男		14	伊藤　克
R 江田昌佑　KO 14：30				8	藤本（蒲原）忠正	SE		
				15	芝崎　有宏	FE	15	小宮　肇

公式試合　No.370　昭和40年度　第7試合　対抗戦

早大		明大		早大			明大	
27	－	3		1	松元　秀雄	FW	1	久野　硯司
0	前	3		2	村山　繁		2	中村敬一郎
27	後	0		3	平沢　尚		3	菅井　健一
0	T	0		4	矢部　達三		4	甲谷　昭一
0	G	0		5	赤司　和行		5	本田　信康
0	PG	1		6	大竹　幾雄		6	佐々木福松
0	DG	0		7	五十嵐　修		7	湯座　康彦
7	T	0		9	山田　建夫	HB	9	堀田　正勝
3	G	0		10	石井　教夫		10	日野　博愛
0	PG	0		11	吉田　博希	TB	11	岩見　勝志
0	DG	0		12	犬伏　一誠		12	菅野　晃衛
12	反則	8		13	宮澤　隆雄		13	鈴木　忠義
昭和40年12月5日				14	木村（田中）繁男		14	大下　豊彦
G 秩父宮				8	藤本（蒲原）忠正	SE	8	飯田　恒久
R 西山常夫　KO 14：30				15	芝崎　有宏	FB	15	太田　赴郎

6　第3期黄金時代（昭和40年代）　119

第2回大学選手権決勝
昭和41年1月5日　秩父宮ラグビー場
○早大16 − 0 ●法大

▍法大に雪辱し初優勝

当時の大学選手権は1日おきに3試合行なうハードな日程だった。正月早々、部員の食糧の確保、貯蔵に頭を悩ませた。今のように大型冷蔵庫がない時代だった。

決勝は2年連続で法大との対決になった。試合後、矢部主将は言った。「先制点を挙げた方がはるかに有利になる」。その言葉通り、早大が立ち上がりから猛攻を仕掛けた。5分、石井が先制トライ（ゴール）。9分には相手25ヤード線付近のこぼれ球を藤本が拾ってトライ、早くも主導権を握った。

後半、早大は風下に回ったが勢いは止まらなかった。5分にはスクラムの相手ボールを奪い、最後は木村がトライ。19分には赤司が勝利を決定づけるトライを挙げた。結局、相手を無得点に抑え、大学選手権では初、8年ぶりの大学王座に返り咲いた。

横井監督は「（選手たちが）自分でやる」ことを心掛けた。この年の卒業生はBグループに転落する年に入学してきた。苦しい下積みを味わったことが最後に生きた。

第3回日本選手権試合
昭和41年1月15日　花園ラグビー場
○早大12 − 9 ●八幡製鉄

▍劇的な初制覇

八幡製鉄は1分、伊野のPGで先行。さらに、伊野がうまく抜け、北島がトライしてリードを広げた。早大のセブンFWは八幡の8人によく対抗した。相手ゴール前のセットから石井－吉田と渡りトライ。31分には加藤がトライし、追いついた。

後半、風上になった八幡は19分、早大・石井のキックをチャージし、植木のトライで勝ち越し。早大は22分、ラインアウトからFWパスで突進、最後は吉田が持ち込み、また同点に追いついた。

終了間際、相手陣25ヤードの左中間付近で八幡が倒れ込みの反則。早大は、この日一度もゴールを成功していなかった山本がPGを狙う。矢部主将が声をかけた。「入らなくてもよい。高く蹴り上げろ、我々が追ってゴールに持ち込むから」。山本は何度もうなずき、左45度の角度に球を置いた。場内が静まりかえる。右足から蹴られたボールがポストに吸い込まれていく。そして、ノーサイドの笛。歓喜の輪が広がり、花園ラグビー場に「荒ぶる」のうずができた。

公式試合　No.373　昭和40年度　第2回大学選手権決勝

早大		法大		早大			法大	
16	−	0	1	松元	秀雄	FW	1 伊藤	和夫
8	前	0	2	村山	繁		2 小森	寿
8	後	0	3	平沢	尚		3 田中	武
2	T	0	4	矢部	達三		4 高野	和男
1	G	0	5	赤司	知行		5 鎌田	勝美
0	PG	0	6	加藤	猛		6 木村	繁
0	DG	0	7	五十嵐	修		7 鈴木	徹
2	T	0	9	山田	建夫	HB	9 中島	洋一
1	G	0	10	石井	教夫		10 桂口	力
0	PG	0	11	吉田	博希	TB	11 小松	公彦
0	DG	0	12	犬伏	一誠		12 曽我部信武	
6	反則	4	13	宮澤	隆雄		13 島崎	文治
昭和41年 1月 5日			14	木村(田中)	繁男		14 市川	将雄
G 秩父宮			8	藤本(蒲原)	忠正	SE	8 藤田	悟
R 西山常夫　KO 14:00			15	山本	巌	FB	15 竹内	信孝

公式試合　No.374　昭和40年度　第3回日本選手権

早大		八幡製鉄		早大			八幡製鉄	
12	−	9	1	松元	秀雄	FW	1 吉村	靖俊
6	前	6	2	村山	繁		2 江藤	敏勝
6	後	3	3	平沢	尚		3 村田	一男
2	T	1	4	矢部	達三		4 岡部	英一
0	G	0	5	赤司	知行		5 寺井	敏雄
0	PG	1	6	加藤	猛		6 北村	靖夫
0	DG	0	7	五十嵐	修		7 児玉	雅次
1	T	1					8 植木	史朗
0	G	0	9	山田	建夫	HB	9 東	勝利
1	PG	0	10	石井	教夫		10 松岡	要三
0	DG	0	11	吉田	博希	TB	11 滝口	東洋
9	反則	11	12	犬伏	一誠		12 北島	治彦
昭和41年 1月15日			13	宮澤	隆雄		13 伊野	三之
G 花園			14	木村(田中)	繁男		14 山岡	久
R 丹羽 正　KO 14:00			8	藤本(蒲原)	忠正	SE		
			15	山本	巌	FB	15 北岡	進

昭和41年度（1966年度）　創部49年目

主　　　将　　藤本（蒲原）忠正
主　　　務　　鈴木埻
委　　　員　　犬伏一誠、村山繁、大竹幾雄、山田建夫
卒業年次部員　麻生一誠＊、藤本忠正、犬伏一誠、村山繁、大竹幾雄、芝崎有宏、鈴木埻、鈴木辰之、
　　　　　　　諏訪（斉木）教孝、山田建夫、吉岡徹＊
部　　　長　　新庄嘉章（10代部長）
監　　　督　　結城昭康（15代監督）
コ ー チ　　藤島勇一、横井久
部 員 数　　44名
夏 合 宿　　菅平（第23回）
シーズン成績　10勝2敗、対抗戦2位、大学選手権優勝、日本選手権準優勝
試合成績
【公式試合】
　＜対抗戦＞
　No.376　S41.10.9　　○　早稲田大学　44-14　●　東京大学　　秩父宮　R浅生享
　No.377　S41.10.15　○　　　〃　　　43-11　●　教育大学　　秩父宮　R堤和久
　No.378　S41.10.23　○　　　〃　　　48-8　●　青山学院大学　秩父宮　R保戸塚満
　No.379　S41.11.3　　●　　　〃　　　11-19　○　日本体育大学　秩父宮　R西山常夫
　No.380　S41.11.13　○　　　〃　　　32-6　●　立教大学　　秩父宮　R江田昌佑
　No.381　S41.11.23　○　　　〃　　　27-8　●　慶應大学　　秩父宮　R西山常夫
　No.382　S41.12.4　　○　　　〃　　　23-17　●　明治大学　　秩父宮　R江田昌佑
　No.383　S41.12.11　○　　　〃　　　35-8　●　専修大学　　伊勢原　R松尾勝吾
　＜第3回大学選手権＞
　No.384　S42.1.3　　○　早稲田大学　33-6　●　天理大学　　秩父宮　R西山常夫（1回戦）
　No.385　S42.1.5　　○　　　〃　　　14-3　●　同志社大学　秩父宮　R松尾勝吾（準決勝）
　No.386　S42.1.7　　○　　　〃　　　18-3　●　法政大学　　秩父宮　R江田昌佑（決勝）
　＜第4回日本選手権＞
　No.387　S42.1.15　●　早稲田大学　11-27　○　近鉄　　秩父宮　R江田昌佑
　＜国際試合＞
　国際35　S42.2.26　●　全早大　0-38　○　NZ大学選抜　秩父宮　R江田昌佑（NZ大学選抜来日）
　＜全早大試合＞
　全早大12　S41.4.10　●　全早大　23-40　○　全慶大　西京極　R河合正弘（関西早慶OB招待）
　全早大13　S41.9.22　○　　　〃　　　21-3　●　　　〃　　秩父宮　R和田政雄（ナイター）
　全早大14　S41.9.26　●　　　〃　　　8-19　○　全明大　秩父宮　R浅生享（同上）
【準公式試合】
　S41.6.17　○　早稲田大学　40-19　●　新日鉄釜石　釜石　R不明
★シーズンの優勝チーム★
　リーグ戦グループ正式発足以前だが、スケジュール上は事実上2グループに分かれている。
　第37回関東大学対抗戦優勝　法政大学（4回目、大学選手権出場校として、法大、日体大、日大、
　　早大が関東協会から推薦された）
　第3回大学選手権大会優勝　○　早稲田大学　18-3　●　法政大学（早大は2年連続2回目）
　第4回日本選手権試合優勝　○　近鉄　27-11　●　早稲田大学（近鉄は1回目）

6　第3期黄金時代（昭和40年代）　121

初の大学選手権連覇

学園紛争の余波を受け、入試の問題も絡み部員数は減る一方だった。卒業生を送り出し、新入部員がそろうまで春の練習は20人そこそこ。幸か不幸か春の授業はなく、練習一筋に打ち込めたが、紛争は秋までおさまらなかった。

シーズンに入り、11月3日に最大の難関と思われた日体大と対戦した。少ない部員に加え、けが人に悩まされており、「この試合さえ乗り切れば」という思いがチームを硬くした。前半風上だった日体大のキック攻撃に常に自陣での戦いを強いられた。先にトライを取れば勢いに乗れそうだったが、5分、三沢のトライで日体大に先制を許した。再び三沢にトライ（ゴール）されたが、早大はようやく反撃。2トライを返したが、日体大にさらにトライ（ゴール）を追加され、前半を6-13で終えた。

後半、風上の早大はキックを軸に攻め込んだ。再三、好機がありながら詰めを欠いた。藤本が指を痛めるアクシデントもあり、パス攻撃も乱れがちだった。1トライ（ゴール）を返したが、2トライを許し8点差で敗れた。

チームの要、藤本の負傷は試合後、骨折と判明、敗戦と主将の負傷で、結城監督も思わず弱音をはいた。しかし、この敗戦を境に監督と選手の間に心の通い合いというか、絆が生まれたかのようだった。藤本復帰まで主将代行だった赤司もチームをよくまとめ、結束はより強くなっていった。

対抗戦を1敗で乗り切り、全国大学選手権へ進んだ。1回戦で天理大を破り、準決勝では第1回大会に続き関西の優、同志社との対戦となり、快勝した。早稲田は昨シーズンに続きセブンシステムを採用、藤本をセブンエイスに起用して正月に臨んだ。FW出身の結城監督としてはFWをセブンにすべきかエイトにすべきか、だいぶ試行錯誤したようだが、セブンで成功して日本一になった実績をくつがえす危険を避けた。

この年はまだ対抗戦、リーグ戦と分かれておらず、関東大学16校が任意の相手と対校戦を組む方式だった。そのため、対戦がさみだれ式で、全勝の法政、1敗の日体大、日大、早稲田の4校が大学選手権への出場校に選ばれた。この後もっとすっきりしたスケジュールを望む声が強くなっていく。

2年連続大学日本一（昭和42年1月7日、秩父宮ラグビー場）

第43回早慶戦
昭和41年11月23日　秩父宮ラグビー場
○早大27 – 8●慶大

▌前半で勝負決める

セブンエイスに藤本、犬伏、吉岡とメンバーに変動があって、シーズン終盤まで戦い方が固まらなかった。

開始早々、早大が慶大陣深くへ攻めこみ、慶大の反則を誘った。2分、山本がPGを決めて先行。17分にはセットから石山が内側に抜け吉岡、萬谷とパスをつないでトライ（ゴール）を追加。FB小宮、センター蔵西らが早大のディフェンスを突破しても、次に続く選手がいない慶大とは対照的に、早大はバックロー大竹が忠実なフォローでたびたびチャンスを作った。25分、石山の突進を大竹がつなぎ赤司のトライに結びつける。30分には右オープン展開から石山が飛び込む。

後半、慶大は早大FWの背後にパントを集めて局面の打開を図ろうとした。しかしFWは立ち直りを見せたが、バックスが深いラインの割にはダッシュがなく、得点にならない。逆に早大はボールを積極的にオープンへ回し、2分に和泉、10分には宮吉の独走トライと、総力の差を見せつけて着々と加点。慶大の反撃は17分の蔵西のPG、33分のスクラムトライに終わった。

公式試合　No.381　昭和41年度　第6試合　対抗戦

早大		慶大		早大		慶大	
27	–	8		1 後川　光夫 FW	1	折戸　　明	
14	前	0		2 村山　　繁	2	石黒　雅昭	
13	後	8		3 猿田　武夫	3	浅沼　　誠	
3	T	0		4 赤司（牛尾）知行	4	谷川　義夫	
1	G	0		5 新元　瑛一	5	楠目　　皓	
1	PG	0		6 大竹　幾雄	6	廖　　英信	
0	DG	0		7 和泉　武雄	7	宝田　誠治	
3	T	1			8	宇佐美皓司	
2	G	1		9 山田　建夫 HB	9	竹岡　　正	
0	PG	1		10 山本　　巌	10	宮田　浩二	
0	DG	0		11 萬谷　勝治 TB	11	井原　健一	
11	反則	7		12 犬伏　一誠	12	蔵西　克夫	
昭和41年11月23日				13 石山貴志夫	13	湯沢　義郎	
G 秩父宮				14 宮吉　正彦	14	高橋　俊夫	
R 西山常夫　KO 14:30				8 吉岡　　徹 SE			
				15 芝崎　有宏 FB	15	小宮　　肇	

第42回早明戦
昭和41年12月4日　秩父宮ラグビー場
○早大23 – 17●明大

▌不振の明治が意地

明治が戦後初めて、このシーズン東大に負けた。その明治が早稲田には牙をむいた。やはり早明戦は早明戦なのだ。

藤本主将ら主力5人が負傷欠場という早大は、らしい試合運びのうまさが全く影をひそめた形だった。明大は早大の悪い立ち上がりをつき、2分PGに成功、7分にはゴール前セットのこぼれ球を堀田が押さえて6 – 0とリードした。12分、15分と早大は山本のPGで同点に追いついた。しかし、明大は19分に大西のPG、26分にはルーズから竹内がトライ（ゴール）して8点差まで引き離した。

後半2分、早大はFWのパス攻撃から明大陣に攻めこむ。バックスも主力選手の欠場のあとを埋めた選手が活躍、下川の巧みなショートパントで新人・宮吉の快走を引き出してトライ、その後、赤司、10分には再び下川のパントを宮吉が押さえ逆転（ゴール）、さらに宮吉が2トライを加え、昨年の王者の面目を保った。

明治は早明戦に2シーズン試みたセブンシステムを本来のエイトシステムに戻した。

公式試合　No.382　昭和41年度　第7試合　対抗戦

早大		明大		早大		明大	
23	–	17		1 新元　瑛一 FW	1	長瀬　慎輔	
6	前	14		2 村山　　繁	2	中村敬一郎	
17	後	3		3 猿田　武夫	3	久野　硯司	
0	T	2		4 赤司（牛尾）知行	4	甲谷　昭一	
0	G	1		5 八木　紀彦	5	元木　賢一	
2	PG	2		6 大竹　幾雄	6	川津正次郎	
0	DG	0		7 和泉　武雄	7	上島　禎司	
5	T	1			8	佐々木福松	
1	G	0		9 山田　建夫 HB	9	堀田　正勝	
0	PG	0		10 山本　　巌	10	日野　博愛	
0	DG	0		11 萬谷　勝治 TB	11	大西　和郎	
10	反則	9		12 犬伏　一誠	12	竹内　　滋	
昭和41年12月4日				13 下川　正文	13	菅野　晃衛	
G 秩父宮				14 宮吉　正彦	14	宇治川福男	
R 江田昌佑　KO 14:30				8 吉岡　　徹 SE			
				15 芝崎　有宏 FB	15	須賀　信弥	

第3回大学選手権決勝
昭和42年1月7日　秩父宮ラグビー場
○早大18－3●法大

▌両ウイングで全トライ

　3年続いた早法決戦が、このあと再び早明時代を迎えラグビー人気が急上昇していくキッカケを作った。この日の秩父宮には2万人が詰めかけた。本来の展開ラグビーで、大学選手権の2連覇を達成した結城監督は「会心の笑顔」を見せた。

　下馬評は圧倒的に法大有利だった。この年の法大は、全員の走力、ハンドリング、キックなど全て他に抜きんでて穴がなかった。選手権に入っても関大、早大が敗れた日体大を下して、駒を進めてきた。

　早大は得意のゆさぶりが冴えた。萬谷、宮吉の両ウイングで全5トライを挙げた。法大を1PGのノートライに封じる快勝だった。

　試合後、国立競技場食堂メトロで祝勝会があり、優勝カップで乾杯した。藤本主将が前夜のミーティングの最後に鈴木マネジャーが告げた「明日は負けても勝ってもメトロでOBと会合を持つ」という言葉は不必要だった、と振り返り、会場を沸かせた。

第4回日本選手権試合
昭和42年1月15日　秩父宮ラグビー場
●早大11－27○近鉄

▌セブンFW、近鉄に通じず

　大学選手権を制した早稲田のセブンFWが、社会人に通用しなかった。

　グラウンドは観衆で埋め尽くされ、熱気をはらんでいた。前半はFWの大健闘で互いに1PGずつを決め、後半勝負となった。

　早大は次第に近鉄の重量FWの縦突進になすすべなく圧倒されていった。この年以降、何度となく学生が敗れる時のパターンとなった。

　近鉄は後半2分、密集から石塚が抜け出しトライ。8分にも伊家村が飛び込む。さらに、坂田のトライでたたみかけた。結局、後半だけで6トライを奪った。

　早大は後半16分に山本がPGを決め、30分に犬伏の快走から宮吉がトライを返したが、これで精いっぱい。攻撃の要でセブンエイスの藤本が、FWが押されて常に防御役に回り、本来の動きが出来なかった。

公式試合 No.386		昭和41年度 第3回大学選手権決勝				
早大	法大		早大		法大	
18	－	3	1　後川　光夫　FW	1　伊藤　和夫		
3	前	3	2　村山　繁	2　中西　成幸		
15	後	0	3　猿田　武夫	3　小森　寿		
1	T	0	4　新元　瑛一	4　高野　和男		
0	G	0	5　八木　紀彦	5　清水　宏明		
0	PG	1	6　大竹　幾雄	6　木村　繁		
0	DG	0	7　和泉　武雄	7　佐藤鉄三郎		
4	T	0		8　鈴木　徹		
0	G	0	9　山田　建夫　HB	9　森田　俊夫		
1	PG	0	10　山本　巌	10　吉田　武史		
0	DG	0	11　萬谷　勝治　TB	11　小松　公彦		
7	反則	11	12　犬伏　一誠	12　中村勇三郎		
昭和42年 1月 7日			13　吉岡　徹	13　島崎　文治		
G 秩父宮			14　宮吉　正彦	14　水谷　眞		
R 江田昌佑　KO 14:00			8　藤本（蒲原）忠正　SE			
			15　芝崎　有宏　FB	15　桂口　力		

公式試合 No.387		昭和41年度 第4回日本選手権				
早大	近鉄		早大		近鉄	
11	－	27	1　後川　光夫　FW	1　川崎　守央		
3	前	3	2　村山　繁	2　中山　忠		
8	後	24	3　猿田　武夫	3　神野　崇		
0	T	0	4　新元　瑛一	4　前田　弘夫		
0	G	0	5　八木　紀彦	5　鎌田　勝美		
1	PG	1	6　大竹　幾雄	6　伊家村昭二		
0	DG	0	7　和泉　武雄	7　石塚　広治		
1	T	6		8　河合　義信		
1	G	3	9　山田　建夫　HB	9　大久保吉則		
1	PG	0	10　山本　巌	10　豊田　次郎		
0	DG	0	11　萬谷　勝治　TB	11　坂田　好弘		
9	反則	11	12　犬伏　一誠	12　長谷川雄彦		
昭和42年 1月15日			13　吉岡　徹	13　片岡　幹男		
G 秩父宮			14　宮吉　正彦	14　神庭　正生		
R 江田昌佑　KO 14:30			8　藤本（蒲原）忠正　SE			
			15　芝崎　有宏　FB	15　伊海田誠男		

昭和42年度（1967年度）　創部50年目

主　　　将　　猿田武夫
副 主 将　　萬谷勝治
主　　　務　　清田英史
副 主 務　　古川（桜井）純子
委　　　員　　後川光夫、斉藤善助、八木紀彦、山本巌
卒業年次部員　赤司（牛尾）知行、後川光夫、別所正洋、平島克二、清田英史、萬谷勝治、新元瑛一、
　　　　　　　斉藤善助、猿田武夫、八木紀彦
部　　　長　　新庄嘉章
監　　　督　　藤島勇一（16代監督）
コ ー チ　　木本建治、白井善三郎、結城昭康
部 員 数　　51名（内女子1名）
夏 合 宿　　菅平（第24回）
シーズン成績　9勝1敗、関東大学対抗戦優勝、大学選手権準優勝
試合成績
【公式試合】
　＜対抗戦＞
　　No.388　S42.10.10　○　早稲田大学　23-0　●　東京大学　秩父宮　R松尾勝吾
　　No.389　S42.10.15　○　　〃　　　53-3　●　東京教育大学　秩父宮　R宮井国夫
　　No.390　S42.10.25　○　　〃　　　49-9　●　成城大学　東伏見　R川口貢
　　No.391　S42.11.3　○　　〃　　　34-6　●　日本体育大学　秩父宮　R西山常夫
　　No.392　S42.11.11　○　　〃　　　58-12　●　立教大学　秩父宮　R浅生享
　　No.393　S42.11.23　○　　〃　　　39-9　●　慶應大学　秩父宮　R西山常夫
　　No.394　S42.12.3　○　　〃　　　40-5　●　明治大学　秩父宮　R江田昌佑
　＜第4回大学選手権＞
　　No.395　S43.1.1　○　早稲田大学　30-0　●　中央大学　秩父宮　R西山常夫（1回戦）
　　No.396　S43.1.3　○　　〃　　　49-17　●　福岡工業大学　秩父宮　R堤和久（準決勝）
　　No.397　S43.1.5　●　　〃　　　8-11　○　法政大学　秩父宮　R西山常夫（決勝）
　＜全早大試合＞
　　全早大15　S42.9.18　○　全早大　24-11　●　全明大　秩父宮　R青井達也（ナイター）
　　全早大16　S42.9.25　○　　〃　　40-6　●　全慶大　秩父宮　R宮井国夫（同上）
★シーズンの優勝チーム★
　関東大学対抗戦とリーグ戦に正式に分かれる。
　第38回関東大学対抗戦優勝　早稲田大学（2年ぶり13回目）
　第1回関東大学リーグ戦優勝　法政大学（1回目・通算5回目、大学選手権出場校として早大、法
　　大、慶大、中大が関東協会から推薦された）
　第4回大学選手権大会優勝　○ 法政大学 11-8 ● 早稲田大学（法大は3年ぶり2回目）
　第5回日本選手権試合優勝　○ 近鉄 27-14 ● 法政大学（近鉄は2年連続2回目）

▌東伏見新寮完成

　旧若宮荘の寮が20年近くなり、建物が老朽化、50周年を翌年に控え記念事業の一環として敷地を売却。それを資金に鉄筋コンクリート3階建の新寮建設を計画した。41年12月に地

鎮祭を行い、予定の6月末に完了した。7月2日、大学や協会関係者ら総勢200余名が参加し、完成式があった。概要は敷地が約700平方メートル、建築面積281平方メートル、2、3階を加えた総面積は667平方メートルだった。1階には食堂、10畳の和室2室、会議室兼図書室、管理人室と厨房があり、2、3階は個室と監督室を加えて20室、総工費と施設費合わせて3900万円だった。寮に風呂を作らなかったのは、大学生の寮としてあるべき姿を模索したためで、風呂を作ると部室のような感じとなり、グラウンドと生活が混濁してしまうことを懸念したためだった。

　関東大学は、法、中、日、専、防、東洋、国士の7校が関東学生ラグビー連盟を結成、これに大東を加えた8校でリーグ戦を行うことになった。残りの大学は引き続き対校戦方式をとり、2派に分かれた。全国大学選手権には対抗戦グループの上位2校とリーグ戦グループの上位2校が関東代表として出場することになった。

　4年連続の早法対決となった全国大学選手権決勝は法政が残り3分、水谷のトライで学生王者に返り咲いた。これだけの接戦になると、やはり中心選手の欠場は痛い。山本、小林は個人技術だけでなく、早稲田のゲームを動かす心臓部だった。

　法大は前半、森田と桂口を中心に徹底したキック戦法をとった。20分、森田のパントを追った桂口がひっかけ、インゴールに転がるボールを鈴木徹が押さえて先制した。33分には市川が独走してトライ、8点をリードした。早大は厳しい防御にTBのパスが乱れ、前半は無得点に終わった。

　後半、早大は2分に萬谷の突進から和泉がトライ、19分には石山がPG決めて追いついた。だが、法大の防御を崩せず、リードは奪えなかった。

　法大は32分、ラインアウトから左TB攻撃を仕掛け、桂口が縦に突破、島崎が好走して水谷にロングパスを通し、左スミに劇的なトライを挙げた。

新東伏見寮落成（昭和42年7月2日）

第44回早慶戦

昭和42年11月23日　秩父宮ラグビー場

○早大39－9●慶大

▌全勝対決制す

　9年ぶりに迎えた早慶の全勝対決に1万6千の大観衆が戻ってきた。

　慶大は得意のFWラッシュで早大陣深く攻め、3分、PGに成功した。しかし、その直前のルーズで慶大はスクラムの中心、石黒が腰を痛め、スクラムを組むのがやっとという状態になった。FWが頼みの慶大としては、このアクシデントは不運というしかない。早大は戦力の落ちた慶大FWをじわじわと攻め、11分、慶大のパントを捕った小林がうまくライン攻撃につなぎ、下川が快走、トライ（ゴール）して逆転。守備型の中村に代り、攻撃型の一年生小林のFB起用は早大にとって狙いが当たった形で、この小林が山本のうまいリードで大活躍した。14分のPG成功に続いて15分、小林のライン参加から萬谷がトライ、25分、小林のライン参加でトライと前半で18－6と大勢を決した。後半もスピード豊かなオープン攻撃で慶大を圧倒、次々にトライを奪い勝負を決めた。

　早稲田の一方的な勝利となった。しかも、ノートライに抑える快勝だった。

早大		慶大	早大			慶大		
39	－	9	1 堀口　　昭	FW	1 坂水　　滉			
18	前	6	2 後川　光夫		2 石黒　雅昭			
21	後	3	3 猿田　武夫		3 折戸　　明			
3	T	0	4 赤司(牛尾)知行		4 楠目　　皓			
3	G	0	5 新元　瑛一		5 谷川　義夫			
1	PG	2	6 井沢　義明		6 岡畑　和幸			
0	DG	0	7 和泉　武雄		7 宝田　誠治			
5	T	0	8 坂内　雅弘		8 宇佐美皓司			
3	G	0	9 斉藤　善助	HB	9 竹岡　　正			
0	PG	0	10 山本　　巌		10 宮田　浩二			
0	DG	0	11 萬谷　勝治	TB	11 井原　健一			
12	反則	10	12 下川　正文		12 天宅　　啓			
昭和42年11月23日			13 石山貴志夫		13 佐藤　博之			
G 秩父宮			14 宮吉　正彦		14 吉岡　泰男			
R 西山常夫　KO 14:30			15 小林　正幸	FB	15 荻村　道男			

公式試合 No.393　昭和42年度 第6試合 対抗戦

第43回早明戦

昭和42年12月3日　秩父宮ラグビー場

○早大40－5●明大

▌記録的大勝

　早稲田の優勝が決まっていたためか、明治に勝って全勝で華を添えたい早稲田には、5千人の観衆はやや物足りなかった。

　記録的なスコアで圧勝し、早明戦に6連勝した。早明戦は毎年勝つか負けるかわからない死闘を演じてきたので、過去の戦績では昭和初期の創部時代を除いては早明戦に4連勝したという記録はない。4回と続けて勝つことができなかった早明戦に6連勝しながら、早稲田陣営としても手放しでは喜べない心境だった。強い相手に勝ってこその喜びであり、このままライバルの低迷が続いては「ラグビーは早明戦」の看板をおろさなければいけなくなる。

　セブンシステムから、より高いレベルを求めてエイトに転向した。早大は9分、宮吉が先制のトライ。18分には下川がトライ（ゴール）。23分にも萬谷がトライ（ゴール）し、13点をリードした。

　後半に入っても試合は早大の一方的なペースなまま。明大は、ちぐはぐな攻撃で、終了間際にスクラムトライを返すにとどまった。

早大		明大	早大			明大		
40	－	5	1 堀口　　昭	FW	1 長瀬　慎輔			
18	前	0	2 後川　光夫		2 中村敬一郎			
22	後	5	3 猿田　武夫		3 元木　賢一			
4	T	0	4 赤司(牛尾)知行		4 甲谷　昭一			
3	G	0	5 新元　瑛一		5 石川　準吉			
0	PG	0	6 井沢　義明		6 川津正次郎			
0	DG	0	7 久保田　勇		7 本田　貞広			
6	T	1	8 坂内　雅弘		8 佐々木福松			
2	G	1	9 斉藤　善助	HB	9 堀田　正勝			
0	PG	0	10 山本　　巌		10 日野　博愛			
0	DG	0	11 萬谷　勝治	TB	11 宇治川福男			
7	反則	10	12 下川　正文		12 石　源三郎			
昭和42年12月3日			13 石山貴志夫		13 佐々木晋之			
G 秩父宮			14 宮吉　正彦		14 大西　和郎			
R 江田昌佑　KO 14:30			15 小林　正幸	FB	15 池原　　清			

公式試合 No.394　昭和42年度 第7試合 対抗戦

6　第3期黄金時代（昭和40年代）　127

昭和43年度（1968年度）　創部51年目

主　　　将　　山本巌
副主将兼主務　　和泉武雄
副 主 務　　有倉康仁、古川（桜井）純子
委　　　員　　石山貴志夫、下川正文
卒業年次部員　　石山貴志夫、和泉武雄、駒谷恒彦、下川正文、坂内雅弘、古川純子、柳川洋士雄、山本
　　　　　　　巌
部　　　長　　新庄嘉章
監　　　督　　白井善三郎（17代監督）
コ ー チ　　関根万睦、結城昭康、横井久
部 員 数　　49名（内女子1名）
夏 合 宿　　菅平（第25回）
シーズン成績　　11勝1分0敗、関東大学対抗戦優勝、大学選手権優勝
試合成績
【公式試合】
　＜対抗戦＞
　　No.398　S43.10.10　○　早稲田大学　54-0　● 東京大学　秩父宮　R平島正登
　　No.399　S43.10.19　○　　〃　　46-23　● 東京教育大学　秩父宮　R宮井国夫
　　No.400　S43.10.27　○　　〃　　58-11　● 青山学院大学　東伏見　R遠矢協正
　　No.401　S43.11.3　○　　〃　　33-14　● 日本体育大学　秩父宮　R堤和久
　　No.402　S43.11.9　○　　〃　　25-16　● 立教大学　秩父宮　R保戸塚満
　　No.403　S43.11.23　○　　〃　　22-14　● 慶應大学　秩父宮　Rキャンベル
　　No.404　S43.12.1　○　　〃　　67-0　● 成蹊大学　東伏見　R平島正登
　　No.405　S43.12.8　○　　〃　　26-23　● 明治大学　秩父宮　R江田昌佑
　　No.406　S43.12.14　○　　〃　　16-0　● 防衛大学　秩父宮　R堤和久（第1回交流試合）
　＜第5回大学選手権＞
　　No.407　S44.1.1　○　早稲田大学　45-9　● 関西大学　秩父宮　R西山常夫（1回戦）
　　No.408　S44.1.3　○　　〃　　22-8　● 中央大学　秩父宮　R堤和久（準決勝）
　　No.409　S44.1.5　△　　〃　　14-14　△ 慶應大学　秩父宮　R松尾勝吾（決勝、抽選で
　　慶大が日本選手権へ）
　＜全早大試合＞
　　全早大17　S43.9.24　○　全早大　45-16　● 全慶大　秩父宮　R宮井国夫（ナイター）
　　全早大18　S43.9.27　●　　〃　　16-19　○ 全明大　秩父宮　R堤和久（同上）
【準公式試合】
　　S43.5.15　● 早稲田大学　8-26　○ 慶應大学　日吉　R不明（慶應義塾命名百年祭）
　　S44.3.21　●　　〃　　8-11　○ 近鉄　花園　R荒井昭雄（花園40周年）
★シーズンの優勝チーム★
　第39回関東大学対抗戦優勝　早稲田大学（2年連続14回目）
　第2回関東大学リーグ戦優勝　専修大学（1回目）
　第5回大学選手権大会優勝　△ 早稲田大学　14-14　△ 慶應大学（早大は3回目、慶大は1回目）
　第6回日本選手権試合優勝　○ トヨタ自工　44-16　●　　〃　　（トヨタ自工は1回目）

慶大と友情の引き分け

　山本主将は3Sのスローガンを掲げた。Speed、Stamina、Spirit。

　新寮が出来て1年、学生は謝恩の意を表し、OBと学生が話し合える場を持とうと、学生の企画により、春の練習が終わった時に寮を開放し、OBを家族ぐるみで招待することにした。「北風祭」の始まりで、第1回は6月30日に開かれた。

　9月15日、50周年記念式典が東伏見合宿所で440名が参加し行われた。

　この年から対抗戦とリーグ戦の交流試合が始まった。大学選手権の決勝は慶大と引き分けて、両校優勝に。抽選の結果、慶大の日本選手権出場が決まった。

　当時の慶大の宝田主将は、早大OB宝田雄弥の弟だった。山本主将に手紙を送った。本来ならば、連合チームで戦いたいが、許されていない。せめて、当日は花園に来てほしい、というような内容で、招待状に旅費まで添えてあったという。

　感激した山本主将は駅まで慶大を見送りに行き、もらった旅費でレモンを買って贈った。そして、自費で大阪まで応援に行った。慶大はトヨタ自動車に敗れて日本一になることはできなかったが、お互いの友情は伝え残っている。

　その思い出の一戦は、24年後に早大の勝利で決着することになる。

　　　　　＊　　　　　　　　＊

　昭和44年1月5日大学選手権決勝早慶戦引き分け、日本選手権の出場権を試合後グラウンドにて抽選の結果、慶大が得た。我々のロッカーは敗者の様に暗かった。その後も当時の慶大のメンバーとは交流が続きどちらともなく、「もう一度勝負を」と声が上がり24年後（平成5年6月6日）春の早慶戦前座で武蔵野市陸上競技場にて再戦した。勿論、レフリーは松尾勝吾氏であり、慶大監督青井達也氏、早大監督白井善三郎氏も駆けつけた。

　昭和43年度メンバーで、桜井（旧姓古川）純子は大学ラグビー界で初めて正式に認められた女子マネジャーであった。　　　　（山本巌）

菅平夏合宿（昭和43年8月）

第45回　早慶戦
昭和43年11月23日　秩父宮ラグビー場
○早大22 − 14●慶大

▎逆転で振り切る

　ニュージーランドのキャンベル氏が主審を務めた。立ち上がりは笛が多く、プレーは何回も中断し重苦しいペース。判定がわからず、思わぬところで厳しい笛に戸惑った。慶大は2分、宮田がPGに成功。15分には、中央付近のセットから高橋が抜け、宝田−宮田とつなぎトライ。

　早大は24分、30分と石山が2PGを決めに追いついた。しかし、キャンベル氏の厳格な早い笛にテンポが合わず、なかなか得意のオープン攻撃が決まらなかった。

　後半に入ると早大は慶大の戦法に対応した。4分、25ヤード左ルーズからボールが山本−下川−宮吉ときれいにパスが渡ってトライ（ゴール）。11分、坂内、井沢がチャンスをつかみ佐藤の力走でトライ（ゴール）。18分にもバックローコンビの好走で井沢がトライ、28分には堀口がトライをあげ快勝した。

　慶應が日体大に敗れており、昨年に続く全勝対決とはいかなかったが、早稲田が無傷で早慶戦を迎え、優勝が絡む大事な一戦だった。

第44回早明戦
昭和43年12月8日　秩父宮ラグビー場
○早大26 − 23●明大

▎全勝優勝

　明治が意地を見せた。今季も慶大、日体大、立大に敗れ不振の明治だったが、早明戦には明治らしさが出て、最後まで早稲田を苦しめた。

　前半、明大は1PGを先行したが、早大は6分、ゆさぶりから佐藤のトライ（ゴール）で逆転した。さらに12分、小林の好ダッシュで和泉のトライを導き、21分、井沢のトライ（ゴール）で引き離したときは、楽勝かと思われた。

　しかし、この日の明大は粘っこい密集プレーと好タックルを見せて反撃、吉田が良くボールをつなぎ、後半は早大を圧倒する勢いを見せた。最後までゲームを捨てず、最終戦を飾る健闘だった。

　優勝がすでに決まっていたとはいえ、早稲田の目標はあくまで早明戦に勝っての全勝だ。早稲田関係者にとっては3つのスクラムトライを取られての辛勝は、まったく胃が痛くなる思いだった。この試合では余の負傷欠場で柳川が3番の右プロップに起用されたが、ビッグゲーム初出場の柳川はよく頑張って余の穴を埋めた。

公式試合 No.403		昭和43年度 第6試合 対抗戦		
早大	慶大	早大		慶大
22	− 14	1 堀口 昭 FW	1 萩野	順司
6 前 6		2 大東 和美	2 鈴木	祐一
16 後 8		3 余 東奎	3 折戸	明
0 T 1		4 坂内 雅弘	4 楠目	皓
0 G 0		5 稲野 和夫	5 堀越	優
2 PG 1		6 井沢 義明	6 宝田	誠治
0 DG 0		7 和泉 武雄	7 高橋	忠久
4 T 1		8 風間 康弘	8 谷川	義夫
2 G 1		9 片岡 哲二 HB	9 渡辺	真
2 PG 1		10 山本 巌	10 得能	敏夫
0 DG 0		11 佐藤 秀幸 TB	11 川口	明
13 反則 18		12 下川 正文	12 宮坂	進
昭和43年11月23日		13 石山貴志夫	13 宮田	浩二
G 秩父宮		14 宮吉 正彦	14 吉岡	泰男
R キャンベル KO 14:30		15 小林 正幸 FB	15 荻村	道男

公式試合 No.405		昭和43年度 第8試合 対抗戦		
早大	明大	早大		明大
26	− 23	1 堀口 昭 FW	1 石井	之義
18 前 11		2 大東 和美	2 菅井	健一
8 後 12		3 柳川洋士雄	3 永田	重行
4 T 2		4 坂内 雅弘	4 元木	賢一
3 G 1		5 稲野 和夫	5 石川	準吉
0 PG 1		6 井沢 義明	6 吉田	純司
0 DG 0		7 和泉 武雄	7 佐々木福松
2 T 4		8 風間 康弘	8 甲谷	昭一
1 G 0		9 片岡 哲二 HB	9 木原喜一郎
0 PG 0		10 山本 巌	10 竹内	滋
0 DG 0		11 佐藤 秀幸 TB	11 浜田	一
9 反則 16		12 下川 正文	12 竹村	広美
昭和43年12月8日		13 石山貴志夫	13 佐々木晋之
G 秩父宮		14 宮吉 正彦	14 川津正次郎
R 江田昌佑 KO 14:30		15 小林 正幸 FB	15 南条 徹雄

第5回大学選手権決勝
昭和44年1月5日　秩父宮ラグビー場
△早大14－14△慶大

▌決着つかず、抽選で涙

　対抗戦を全勝で優勝。交流試合で防衛大、大学選手権に臨み、関西大、中大と勝って決勝に進出したが、いずれも楽な試合ではなかった。決勝の相手は今年も宿敵の法大との対決になると予想されたが、ライバルは準決勝で慶大に屈した。2回目出場の慶大は初の決勝進出だった。慶大は3敗した対抗戦での満身創痍から立ち直っていたとはいえ、早稲田にしてはみれば決勝前にどこか肩すかしをくい、複雑な思いがあったのかもしれない。

　「早慶で王座分ける」「早大に痛い平岡の負傷」「日本選手権には抽選で慶大」「単独優勝の気分、慶大」「早大、隠せぬさびしさ」「抽選にムード一変」。各紙の見出しを拾ってみるとこの試合が浮き彫りにされる。早稲田にとってはあきらめられない結果であった。怪我をしたときに交替が認められないのがラグビーと割り切っていた時代であったから、平岡の怪我もあり、慶應と引き分けたことは、やむを得ないと思われた。ただ、この引き分け以外シーズン全勝を成し遂げたチームだけに、日本選手権を戦わせてやりたかった。秋の対抗戦とは別の大会で、4位の慶應と引き分けても抽選で割り切るしか方法はなかったが、何とも残念な結果となった。

　立ち上がり、慶大はFWが相手ゴール前へ一気に攻めたが、早大は小林、下川の距離の出るキックで陣地を挽回した。この時、早大は平岡が左足首を痛めて早々に退場。その後戻ってきたが、走ることが出来ず、和泉をSHに下げた。和泉はよく機能したが、本来の攻撃のテンポは作れなかった。平岡は責任感から最後までグラウンドにとどまったが、むしろ思いきって退場し14人で戦ったほうが良かったかもしれない。負傷の場合に交代者の出場が認められたのは、

昭和49年度のシーズンからだった。

　2分、早大は和泉がセットからうまく抜けだし先行のトライ。慶大も8分、吉岡泰が突進からトライを奪い3－3に追いついた。慶大のFWがボールを持って突進すれば、早大は長いキックで対抗した。早大は山本が右中間30メートルのPGを決め、22分には山本がうまいキックをけり、佐藤が左中間に飛び込んで9－3とリードを広げた。

　しかし、後半風下に回る早大には2トライ差は心もとないリードだった。まず、慶大が1分、右スミに宝田が飛び込んだ。早大は10分、自陣ゴール前から宮吉がみずから上げたパントを拾って独走してトライ（ゴール）、14－6と引き離した。

　慶大も諦めない。12分、右ゴール前のセットから谷川が突っ込んでトライ、21分にはゴール前のスクラムを押し込み、早大FWは耐えきれずにたまらず反則、ペナルティトライ（ゴール）につなげて追いついた。白井監督は「試合開始直後の平岡の負傷ですべてのプレーが狂ってしまった。ポジションがポジションだけにこんな大きな痛手はなかった。しかし残る14人が一丸となって最後までよく戦ってくれた。今シーズン一度も負けずにシーズンを終えたのだから満足のできる成績だと思う」と振り返った。

　第6回日本選手権は初出場同士の慶大とトヨタ自工の対戦となった。慶大は前半こそ健闘したが、44点を奪われて完敗した。

公式試合 No. 409		昭和43年度 第5回大学選手権決勝				
早大		慶大	早大			慶大
14	－	14	1 栗本 利見	FW	1 坂水 滉	
9	前	3	2 大東 和美		2 永野 進	
5	後	11	3 余 東奎		3 折戸 明	
2	T	1	4 坂内 雅弘		4 楠目 皓	
0	G	0	5 稲野 和夫		5 吉岡 和夫	
1	PG	0	6 井沢 義明		6 宝田 誠治	
0	DG	0	7 和泉 武雄		7 高橋 俊夫	
1	T	3	8 宮城寿太郎		8 谷川 義夫	
1	G	1	9 平岡 惟史	HB	9 渡辺 真	
0	PG	0	10 山本 巖		10 宮田 浩二	
0	DG	0	11 佐藤 秀幸	TB	11 川口 明	
13	反則	3	12 下川 正文		12 宮坂 進	
昭和44年 1月 5日			13 石山貴志夫		13 森田宗太郎	
G 秩父宮			14 宮吉 正彦		14 吉岡 泰男	
R 松尾勝吾		KO 14:30	15 小林 正幸	FB	15 萩村 道男	

6　第3期黄金時代（昭和40年代）　131

昭和44年度（1969年度）　創部52年目

主　　　将　　井沢義明
主　　　務　　中村公彦
副 主 務　　有倉康仁
委　　　員　　堀口昭、小林正幸、宮吉正彦、大東和美
卒業年次部員　有倉康仁、井沢義明、稲野和夫、片岡哲二、風間（薬師寺）康弘、黒須毅、富樫久男、
　　　　　　　中村公彦、堀口昭、宮吉正彦、余東奎、山田隆夫
部　　　長　　新庄嘉章
監　　　督　　木本建治（第18代）
コ ー チ　　後川光夫、宮澤隆雄、田中繁男、矢部達三
部 員 数　　55名
夏 合 宿　　菅平（第26回）
シーズン成績　9勝2敗、関東大学対抗戦2位、大学選手権準優勝
試合成績
【公式試合】
　＜対抗戦＞
　No.410　S44.10.10　○　早稲田大学　32-0　● 東京大学　秩父宮　R松尾勝吾
　No.411　S44.10.19　○　　〃　　17-5　● 東京教育大学　東伏見　R松尾勝吾
　No.412　S44.10.26　○　　〃　　39-14 ● 青山学院大学　東伏見　R保戸塚満
　No.413　S44.11.3　●　　〃　　11-14 ○ 日本体育大学　秩父宮　R松尾勝吾
　No.414　S44.11.15　○　　〃　　58-11 ● 立教大学　秩父宮　R浅生享
　No.415　S44.11.23　○　　〃　　33-15 ● 慶應大学　秩父宮　R安部泰人
　No.416　S44.12.7　○　　〃　　43-8　● 明治大学　秩父宮　R平島正登
　No.417　S44.12.14　○　　〃　　17-9　● 専修大学　秩父宮　R堤和久（第2回交流試合）
　＜第6回大学選手権＞
　No.418　S45.1.1　○　早稲田大学　49-3　● 大阪経済大学　秩父宮　R川口貢（1回戦）
　No.419　S45.1.3　○　　〃　　11-10 ● 法政大学　秩父宮　R平島正登（準決勝）
　No.420　S45.1.5　●　　〃　　 9-11 ○ 日本体育大学　秩父宮　R江田昌佑（決勝）
　＜国際試合＞
　国際36　S44.10.3　○　全早大　80-11 ● ウエリントン連隊　秩父宮　R西山常夫（NZウエリン
　　　　トン連隊来日）
　国際37　S45.3.1　●　　〃　　 3-36 ○ NZ大学選抜　秩父宮　R江田昌佑（NZ大学選抜来日）
　＜全早大試合＞
　全早大19　S44.9.24　●　全早大　 9-30 ○ トヨタ自工　秩父宮　R平島正登（ナイター）
　全早大20　S45.2.22　●　　〃　　21-51 ○ 日本代表　秩父宮　R川口貢
【準公式試合】
　S44.4.29　○　早稲田大学　32-3　● 全秋田　秋田　R渡辺一男
　S44.6.22　●　　〃　　16-29 ○ 富士鉄釜石　盛岡　R吉田穣治
★シーズンの優勝チーム★
　第40回関東大学対抗戦優勝　日本体育大学（1回目）
　第3回関東大学リーグ戦優勝　法政大学（2回目、通算6回目）
　第6回大学選手権大会優勝　○ 日本体育大学 11-9　● 早稲田大学（日体大は1回目）
　第7回日本選手権試合優勝　○　　〃　　29-13 ● 富士鉄釜石（日体大は1回目）

日体大に2度屈す

関東大学の開幕時の展望は王座を目指す早、慶、法、これを追う日体、専、中だった。

ふたを開けると日体大は慶、明を雨中戦で破った。11月3日も雨中の試合となった。早大はようやくレギュラーがそろったが、どこかに不安が残っているのか、相手陣で戦いながら好機がつかめなかった。早大は3PGの失敗も響き、前半を5-8とリードを許して折り返した。後半になっても攻めが雑だった。2PGを加えたが、日体には1PGと有賀にトライを追加され、3点差を詰めることができなかった。3年ぶり通算3度目の敗戦となった。

交流試合では専大の激しい突進と強烈なタックルに苦しめられ、後半は膠着状態となり、なんとかPGで引き離して競り勝った。

大学選手権では準決勝で宿敵の法大と対戦。第1回から4回まで決勝で優勝を争い2勝2敗の5分だった。前半は佐藤と宮吉のトライなどで8点をリードした。後半に入ると法大の反撃にあい、2度のPG失敗もあり、8-10と逆転を許した。ようやく24分、中村のPGが決まり再逆転し、なんとか逃げ切った。

決勝は対抗戦で敗れた日体大に再び挑むことになった。PGで先行した早大は7分、宮吉のトライで6点をリードした。日体も中盤になって調子を取り戻し、海老沢のトライ（ゴール）で1点差に迫られた。後半、立ち上がりに日体にPGを決められ逆転を許したが、16分に宮吉のパントをインゴールで押さえて再び1点リードした。このまま逃げ切れると思ったが、終了2分前、日体はラインアウトのこぼれ球を青木が拾い、小田木につながれ決勝のトライを浴びた。運もあったが、球を持ってからの意欲の差が最後に明暗を分けた。

12月1日、早明戦を6日後に控えた東伏見でのスクラム練習中に事故が起こった。2年生の小林重雄がスクラムで崩れて第4頸椎を脱臼、損傷し、救急車で青梅街道の田中脳神経外科に入院した。

多数の皆さんの献身的なご尽力により命をとりとめたが、四股のマヒはついに取れなかった。早稲田ラグビーの歴史に、燦然と輝く昭和45、46年度の連続日本一は、チームメートが彼を『荒ぶる』のメンバーにしたいという思いが実ったものだろう。

OB倶楽部も結束力と行動力を示した。小林重雄援助基金を作り募金活動を開始。全国のOBが基金に応募したのは言うまでもない。喜びも苦しみも悲しみも共に分かちあうラグビー精神が、苦況を打開する大きな力になった。

夏合宿

第46回早慶戦
昭和44年11月23日　秩父宮ラグビー場
○早大33 − 15●慶大

▌14人の慶大振切る

　慶大は大塚のPGで先行したが、15分に藤が左肩を脱臼して退場する不運に見舞われた。早大は20分に宮吉の突進をフォローした小林が右隅にトライ、25分にはTBパスから佐藤がトライして6−3とリードした。慶大も食い下がり、金子のパントから川口、吉岡泰とわたってトライ、6−6の同点に追いついた。だが早大は前半終了間際に、佐藤の突進と稲野の好フォローのトライ、ゴールを決めて16−6と慶大を突き放した。

　後半早々、早大は小林のライン参加で慶大陣を突破、清水がトライを挙げてリードを広げ、その後も4トライを挙げて、結局33−15で慶大の追い上げを断った。慶大も最後まで頑張り、後半にも3トライを加える健闘ぶりで、14人になったハンディを感じさせなかった。早大としては1人足りない慶大に4つのトライを与えた防御の甘さに問題を残した試合だった。

第45回早明戦
昭和44年12月7日　秩父宮ラグビー場
○早大43 − 8●明大

▌10トライを奪う圧勝

　前半8分、早大は佐藤が抜けて阿部がトライ（ゴール）、10分、左へ回し藤井がトライ、20分には小林がライン参加して中央にトライ（ゴール）。その後も藤田のトライやPGなどで24点の大量リードを奪った。

　後半になると明大が反撃。5分、石川がサイドへもぐって初トライ。10分にも宇治川が密集から抜けて中央にトライ（ゴール）した。これで目を覚ました早大は22分、萩原がラインアウトから抜けてトライ。25、28分には宮吉が連続トライを挙げるなど計10トライを明大に浴びせた。

　優勝のかかっていない早明戦は淋しい。早大の後を追うように低迷期に入った明大が逆境から立ち上がってきて早明戦が全勝対決にならなければ。強いライバルがあってこその早明戦と痛感させられた試合でもあった。

公式試合　No.415　　昭和44年度　第6試合　対抗戦

早大		慶大	早大		慶大	
33	−	15	1 堀口　　昭	FW	1 萩野　順司	
16	前	6	2 大東　和美		2 永野　　進	
17	後	9	3 余　　東奎		3 小川　和明	
4	T	1	4 阿部　憲之		4 堀越　　優	
2	G	0	5 稲野　義明		5 吉岡　和夫	
0	PG	1	6 井沢　義明		6 奥村(宮沢)敏就	
0	DG	0	7 萩原　隆男		7 高橋　忠久	
5	T	3			8 金子　正仁	
1	G	0	9 宿沢　広朗	HB	9 辰沢　茂夫	
0	PG	0	10 藤田　康和		10 安部　直幸	
0	DG	0	11 佐藤　秀幸	TB	11 川口　　明	
12	反則	8	12 平岡　惟史		12 森田宗太郎	
昭和44年11月23日			13 清水　伸一		13 大塚　久利	
G 秩父宮			14 宮吉　正彦		14 吉岡　泰男	
R 安部泰人　KO 14:30			8 小林　正幸	SE		
			15 中村　公彦	FB	15 藤　　賢一	

公式試合　No.416　　昭和44年度　第8試合　対抗戦

早大		明大	早大		明大	
43	−	8	1 堀口　　昭	FW	1 高田　　司	
24	前	0	2 大東　和美		2 長瀬　慎輔	
19	後	8	3 余　　東奎		3 永田　重行	
5	T	0	4 阿部　憲之		4 中山　勝文	
3	G	0	5 赤司　礼生		5 南出　　徹	
1	PG	0	6 井沢　義明		6 吉田　純司	
0	DG	0	7 萩原　隆男		7 宇治川福男	
5	T	2	8 片岡　哲二		8 石川　準吉	
2	G	1	9 宿沢　広朗	HB	9 木原喜一郎	
0	PG	0	10 藤田　康和		10 渡辺　千里	
0	DG	0	11 佐藤　秀幸	TB	11 浜田　　一	
4	反則	7	12 藤井　雅英		12 小松　　明	
昭和44年12月7日			13 粟野　英一		13 竹村　広美	
G 秩父宮			14 宮吉　正彦		14 高橋　博	
R 平島正登　KO 14:30			15 小林　正幸	FB	15 池原　　清	

昭和45年度（1970年度）　創部53年目

主　　　将　　大東和美
副 主 将　　小林正幸
主　　　務　　日野康英
委　　　員　　阿部憲之、藤田康和、平岡惟史、益田清
卒業年次部員　阿部憲之、赤司礼三、藤田康和、日野康英、平岡惟史、小林正幸、久保田勇、熊谷真、栗本利見、黒田治男、宮城寿太郎＊、大東和美、清水伸一、東郷健二、舘野正治、山野邊裕、若松（児島）健寿
部　　　長　　新庄嘉章
監　　　督　　日比野弘（19代監督）
コ ー チ　　木本建治、松元秀雄、大塚博靖、白井善三郎、矢部達三
部 員 数　　52名
夏 合 宿　　菅平（第27回）
シーズン成績　15勝0敗、関東大学対抗戦優勝、大学選手権優勝、日本選手権優勝
試合成績
【公式試合】
＜対抗戦＞
No.421　S45.10.10　○　早稲田大学　61-5　● 東京大学　秩父宮　R宮井国夫
No.422　S45.10.17　○　〃　　　32-3　● 成蹊大学　秩父宮　R安部秦人
No.423　S45.10.24　○　〃　　　59-21　● 立教大学　秩父宮　R町井徹郎
No.424　S45.11.3　○　〃　　　25-11　● 日本体育大学　秩父宮　R堤和久
No.425　S45.11.14　○　〃　　　81-3　● 東京教育大学　秩父宮　R保戸塚満
No.426　S45.11.23　○　〃　　　24-11　● 慶應大学　秩父宮　R西山常夫
No.427　S45.11.28　○　〃　　　59-11　● 青山学院大学　秩父宮　R松尾勝吾
No.428　S45.12.6　○　〃　　　32-11　● 明治大学　秩父宮　R池田正徳
No.429　S45.12.12　○　〃　　　35-17　● 東洋大学　秩父宮　R平島正登（第3回交流試合）
＜第7回大学選手権＞
No.430　S46.1.1　○　早稲田大学　55-3　● 中京大学　秩父宮　R堤和久（1回戦）
No.431　S46.1.3　○　〃　　　26-9　● 明治大学　秩父宮　R川口貢（準決勝）
No.432　S46.1.5　○　〃　　　14-9　● 日本体育大学　秩父宮　R西山常夫（決勝）
＜第8回日本選手権＞
No.433　S46.1.15　○　早稲田大学　30-16　● 新日鉄釜石　秩父宮　R堤和久
＜国際試合＞
国際38　S45.6.20　○　早稲田大学　14-8　● 韓国大学選抜　仁川　R不明（以下、韓国遠征）
国際39　S45.6.22　●　〃　　　5-10　○ 全陸軍　大邱　R不明
国際40　S45.6.25　●　〃　　　15-17　○ 空軍士官学校　ソウル　R不明
国際41　S45.6.27　○　〃　　　30-24　● 全慶熙大　ソウル　R不明
＜全早大試合＞
全早大21　S45.4.5　●　全早大　24-34　○ 全福岡　平和台　R小原（福岡県招待）
全早大22　S45.4.8　○　〃　　　38-16　● 淀川製鋼　広島　R中島淳（広島県招待）
全早大23　S45.4.12　○　〃　　　26-25　● 全同大　西京極　R河合正弘（同志社60周年記念）
全早大24　S45.9.21　●　〃　　　14-59　○ 全明大　秩父宮　R中須規夫（ナイター。以下、全早大26まで同じ）
全早大25　S45.9.26　○　〃　　　19-9　● 全法大　秩父宮　R江田昌佑
全早大26　S45.9.28　○　〃　　　20-5　● 全慶大　秩父宮　R松信要三
全早大27　S46.3.21　○　〃　　　31-25　● 九州代表　平和台　R中田主基（九州協会招待）
全早大28　S46.3.23　○　〃　　　35-3　● 九州学生代表　佐賀　R大久保義高（同上）
★シーズンの優勝チーム★
第41回関東大学対抗戦優勝　早稲田大学（2年ぶり15回目）
第4回関東大学リーグ戦優勝　法政大学（3回目、通算7回目）
第7回大学選手権大会優勝　○ 早稲田大学　14-9　● 日本体育大学（早大は2年ぶり4回目）
第8回日本選手権試合優勝　○　〃　　　30-16　● 新日鉄釜石（早大は5年ぶり2回目）

2度目の日本選手権制覇

菅平の早大グラウンドが1面から2面に拡張された。一時は野球のグラウンドができるといううわさもあったが、夏にはサッカー部とラグビー部がいつものように合宿を張った。拡張されたグラウンドは整備されていないため、毎日、午前と午後の練習前に全員がインゴールに並び、バケツやスコップを持って石を拾ったり、掘り起こしたりした。次々に石が出てきてうんざりしたが、走りにくいグラウンドを徐々に整備した。グラウンドが拡張されたことで、ロスの少ない中身のある練習に取り組むことができた。

2年ぶりの対抗戦優勝を全勝で飾ったチームは、交流試合で思わぬ苦戦を強いられた。主将の大東が膝を痛めてスタンド観戦。キックオフから東洋大の闘志が早大FWを完全に抑えた。早大はちぐはぐな攻守となり本来のらしさがなく、前半は8-9とリードを許した。後半に入り調子を取り戻し、TBの活躍や相手選手の負傷退場もあり、得点を重ねていった。一時は日比野監督以下、全員が青くなったが、この内容が刺激となって後の試合は基本に忠実となり、精神力も高まり、2度目の日本選手権制覇につながっていった。

昭和40年度に続き、大学から小野梓記念賞を受けた。

早大建学にあたり、大隈氏の右腕となり早稲田の精神的支柱として学問の独立を実現、独自の学風を鼓吹した小野梓氏をたたえるために設立された。年間を通じ学術、芸術、スポーツに特に抜群の成果を挙げた個人・団体に贈られる。昭和34年から実施されている大学最高の賞で、団体として2度目の受賞は初めてのことだった。

雪が残る中の全国大学選手権決勝

第47回早慶戦
昭和45年11月23日　秩父宮ラグビー場
○早大24 − 11●慶大

▌後半に底力

　久々に白熱した早慶戦となった。早大は前半13分、慶大ゴール前のハイパントを佐藤が受け、フォローの久保田が飛び込み（ゴール）先行した。慶大はラックの球を九分通りものにするFWの予想外の戦いで、じりじり追い上げる。26分、吉岡泰がPG、28分には川口がインターセプトして50メートル独走トライ（ゴール）して逆転した。32分にも川口をフォローした得能が飛び込んで6点差に引き離し、まったくの慶大ペースとなった。早大は35分に佐藤がPGを決めてなんとか差をつめる。

　FWが立ち直り、負傷退場の藤井が復帰し、早大がペースを取り戻したのは後半になってからだった。10分、慶大陣内のスクラムから、2人飛ばした藤田のうまいパスを受けて佐藤がトライを奪い追いついた。さらに20分、中央付近から右オープンで攻め、熊谷が俊足を飛ばして60ヤードを突っ走って勝ち越し。これでリズムをつかんだ早大は佐藤が1トライ、1PGを追加して善戦の慶大を突き放した。

第46回早明戦
昭和45年12月6日　秩父宮ラグビー場
○早大32 − 11●明大

▌両WTBがトライ量産

　早稲田が全勝、明大は日体大に敗れて1敗での対戦だった。早稲田が敗れると、早稲田、明治、日体大が1敗ずつの三すくみとなった。気迫がキックオフから一気に爆発。早稲田らしいテンポの早いゲームで快勝した。

　早大は7トライを奪ったが、佐藤が4つ、熊谷が2つと両ウイングが大活躍した。この2人の足を生かしたのはFW陣の健闘だった。重量FWの明大に押し勝ち、ラックでの球をほとんど味方に出した。明大の永田主将は「早大の当たりは強く、押し切れなかった」。日比野監督は「明大はFWのチームだし縦の突進でやられるのではないかと心配していたが、今日はこの5人が実によくやってくれた」と前5人を絶賛。自在に走りまくった佐藤、熊谷の両ウイングは「FWがよく球を出してくれたので、ほとんどノーマークで走れた」。

公式試合 No.426	昭和45年度 第6試合 対抗戦		
早大	慶大	早大	慶大
24	− 11	1　栗本　利見 FW	1　矢内　正隆
8	前 11	2　高橋　哲司	2　永野　進
16	後 0	3　大東　和美	3　加藤　昇司
1	T 2	4　阿部　憲之	4　金子　正仁
1	G 1	5　津留崎鉄二	5　吉岡　和夫
1	PG 1	6　久保田　勇	6　井上登喜男
0	DG 0	7　萩原　隆男	7　及川真喜夫
3	T 0	8　益田　清	8　藤　賢一
2	G 0	9　宿沢　広朗 HB	9　渡辺　真
1	PG 0	10　藤田　康和	10　得能　敏夫
0	DG 0	11　佐藤　秀幸 TB	11　川口　明
9	反則 9	12　藤井　雅英	12　森田宗太郎
昭和45年11月23日		13　平岡　惟史	13　浜中　義雄
G 秩父宮		14　熊谷　真	14　吉岡　泰男
R 西山常夫	KO 14:30	15　小林　正幸 FB	15　田中　孝

公式試合 No.428	昭和45年度 第8試合 対抗戦		
早大	明大	早大	明大
32	− 11	1　栗本　利見 FW	1　高田　司
22	前 6	2　高橋　哲司	2　高木　清行
10	後 5	3　大東　和美	3　永田　重行
5	T 1	4　阿部　憲之	4　中山　勝文
2	G 0	5　津留崎鉄二	5　境　政義
1	PG 1	6　久保田　勇	6　吉田　純司
0	DG 0	7　萩原　隆男	7　倭文　輝男
2	T 1	8　益田　清	8　南出　徹
2	G 1	9　宿沢　広朗 HB	9　木原喜一郎
0	PG 0	10　藤田　康和	10　渡辺　千里
0	DG 0	11　佐藤　秀幸 TB	11　小松　明
14	反則 19	12　中村　康司	12　柴田　精三
昭和45年12月6日		13　平岡　惟史	13　千葉　寛二
G 秩父宮		14　熊谷　真	14　高橋　博
R 池田正徳	KO 14:30	15　小林　正幸 FB	15　竹村　広美

第7回大学選手権決勝
昭和46年1月5日　秩父宮ラグビー場
○早大14－9●日体大

▎雪上戦で日体大を圧倒

前夜の雪で白一色の悪コンディションだった。部歌の一節、「北風のただ中に、白雪踏んで……」を心に秘め、全員が前年の涙を忘れず、すさまじい闘志で闘った。

早大は前半6分、ラックから右へ回し堀口がトライ。15分には佐藤がPGを決め、6点リードして折り返した。後半13分、早大は、萩原のクイックスローインを栗本が取って右隅に飛び込んだ。佐藤が難しいゴールを決めた。

ここから日体大が反撃。13分に福沢、21分には小城がトライを奪い、6－11と追い上げてきた。早大は27分に佐藤が貴重なPGを決め加点。終了間際に小川にトライを許したが、何とか日体大を振り切った。

大東主将や日比野監督の目から涙がこぼれ落ちた。雪を踏みながら、全員で「荒ぶる」を歌った。ドロだらけのフィフティーンは、大東主将の「それ！行け！」のかけ声で、日比野監督を高々と胴上げした。

第8回日本選手権試合
昭和46年1月15日　秩父宮ラグビー場
○早大30－16●新日鉄釜石

▎逆転で日本一

予想の大半は「壁厚い釜石のFW」のように早稲田の劣勢を伝えていた。早稲田は前半リードされていたが、後半一気に若い力を爆発させて得点を重ねた。

早大は後半8分、中村が釜石ゴール前にパント、こぼれ球を拾った津留崎がゴールへ飛び込み逆転。佐藤のゴールも決まった。

このあとの粘りが大きかった。釜石は2、3度相手ゴール前のスクラムを得た。が、早大は堅い守りでトライを許さなかった。そして20分に早大は追加点をあげる。サインプレーを仕掛けた釜石が球を前にはじき、これを早大の平岡がインターセプト、50ヤードを走り切ってトライ。これで釜石はがっくりきたのか、さらにトライを重ね突き放した。

約2万人が詰めかけ、初めて秩父宮が満員札止めになった試合といわれる。のちに日本協会会長になる当時の新日鉄常務でラグビー部長だった阿部譲氏が入場できなかった逸話が残る。

公式試合 No.432　昭和45年度 第7回大学選手権決勝

早大		日体大		早大			日体大	
14	－	9	1	栗本	利見	FW 1	村上	孝二
6	前	0	2	高橋	哲司	2	小城	博
8	後	9	3	大東	和美	3	松崎	成生
1	T	0	4	阿部	憲之	4	小川	武久
0	G	0	5	津留崎鉄二		5	浜武	常司
1	PG	0	6	久保田	勇	6	斉藤	俊二
0	DG	0	7	萩原	隆男	7	福沢	敏夫
1	T	3	8	益田	清	8	赤間	英夫
1	G	0	9	宿沢	広朗	HB 9	本田	泰則
1	PG	0	10	中村	康司	10	岡本	博雄
0	DG	0	11	佐藤	秀幸	TB 11	有賀	健
9	反則	11	12	藤井	雅英	12	井関	陽一
昭和46年 1月 5日			13	平岡	惟史	13	中村	博
G 秩父宮			14	堀口	孝	14	高橋	富男
R 西山常夫　KO 14:30			15	小林	正幸	FB 15	植田	実

公式試合 No.433　昭和45年度 第8回日本選手権

早大		新日鉄釜石		早大			新日鉄釜石	
30	－	16	1	栗本	利見	FW 1	和田	透
11	前	13	2	高橋	哲司	2	中西	成幸
19	後	3	3	大東	和美	3	堀畑	義則
1	T	3	4	阿部	憲之	4	小林	一郎
1	G	2	5	津留崎鉄二		5	伊藤	正義
2	PG	0	6	久保田	勇	6	細川	正文
0	DG	0	7	萩原	隆男	7	小笠原秀昭	
5	T	1	8	益田	清	8	石塚	広和
2	G	0	9	宿沢	広朗	HB 9	山口	明美
0	PG	0	10	中村	康司	10	小薮	修
0	DG	0	11	佐藤	秀幸	TB 11	細川	直文
10	反則	11	12	藤井	雅英	12	宮田	浩二
昭和46年 1月15日			13	平岡	惟史	13	鈴木	忠義
G 秩父宮			14	堀口	孝	14	内野	秀隆
R 堤 和久　KO 14:30			15	小林	正幸	FB 15	干場日朗志	

昭和46年度（1971年度）　創部54年目

主　　　将　　益田清
副 主 将　　佐藤秀幸
主　　　務　　高橋哲司
委　　　員　　藤井雅英、宿沢広朗、津留崎鉄二
卒業年次部員　安東卓夫、粟野英一、藤井雅英、萩原隆男、小林重雄、口元周策、益田清、平岡敏史、
　　　　　　　中村和喜、佐藤秀幸、佐藤正春、清水徹、高橋哲司、津留崎鉄二
部　　　長　　新庄嘉章
監　　　督　　白井善三郎
コ ー チ　　藤島勇一、日比野弘、石山貴志夫、和泉武雄、松元秀雄、芝崎有宏、梅井良治
部 員 数　　52名（内女子2名）
夏 合 宿　　菅平（第28回）
シーズン成績　12勝0敗、関東大学対抗戦優勝、大学選手権優勝、日本選手権優勝
試合成績
【公式試合】
　＜対抗戦＞
　　No.434　S46.10.10　○　早稲田大学 66-0　● 東京大学　秩父宮　R浅生享（トライ4点になる）
　　No.435　S46.10.17　○　　〃　　　 58-0　● 青山学院大学　秩父宮　R堤和久
　　No.436　S46.10.23　○　　〃　　　 96-6　● 立教大学　秩父宮　R平島正登
　　No.437　S46.11.3　○　　〃　　　 23-3　● 日本体育大学　秩父宮　R西山常夫
　　No.438　S46.11.14　○　　〃　　　 94-8　● 東京教育大学　東伏見　R平島正登
　　No.439　S46.11.23　○　　〃　　　 30-16 ● 慶應大学　秩父宮　R宮井国夫
　　No.440　S46.12.5　○　　〃　　　　6-4　● 明治大学　秩父宮　R堤和久
　　No.441　S46.12.11　○　　〃　　　 42-4　● 大東文化大学　秩父宮　R西山常夫（第4回交流
　　試合）
　＜第8回大学選手権＞
　　No.442　S47.1.1　○　早稲田大学 89-9　● 京都大学　秩父宮　R堤和久（1回戦）
　　No.443　S47.1.3　○　　〃　　　 24-8　● 同志社大学　秩父宮　R松尾勝吾（準決勝）
　　No.444　S47.1.5　○　　〃　　　 18-3　● 法政大学　秩父宮　R西山常夫（決勝）
　＜第9回日本選手権＞
　　No.445　S47.1.15　○　早稲田大学 14-11 ● 三菱自工京都　秩父宮　R池田正徳
　＜国際試合＞
　　国際42　S46.9.21　● 全早大 4-56 ○ イングランド代表　秩父宮　Rタイラー（イングランド
　　代表来日。ナイター、トライ4点になる）
【準公式試合】
　S46.6.20　● 早稲田大学 28-34 ○ 新日鉄釜石　釜石　R野田修三
　S46.6.22　○　　〃　　　 47-8　● 全函館　函館　R稲田竹男
★シーズンの優勝チーム★
　第42回関東大学対抗戦優勝　早稲田大学（2年連続16回目）
　第5回関東大学リーグ戦優勝　法政大学（4回目、通算8回目）
　第8回大学選手権大会優勝　○ 早稲田大学 18-3　● 法政大学（早大は2年連続5回目）
　第9回日本選手権試合優勝　○　　〃　　　 14-11 ● 三菱自工京都（早大は2年連続3回目）

6　第3期黄金時代（昭和40年代）　139

大学勢唯一の連続日本一

　前年の4年生が16名、内レギュラー級10名強の卒業で部員総数減少と戦力不足は著しく、毎日の練習も3チーム満足に組めず何か淋しい感じがしていたことを思い出す。

　そんな春シーズンは連敗続き。翌年1月日本選手権で戦うことになる三菱自工京都ともゴールデンウィークに練習試合を行い9－50の大敗。高橋哲君の当時の日記を借りると、試合後、大西鐵之祐氏の喝。『今年のラグビーに対する考えを根本から考え直せ！小細工を考えるな、タックルだけを考えろ！タックラーは敵の顔を見ずヘソだけ見ろ！ヘソは決して動かない、そこをズバッと突っ込め。ラグビーはタックルだ‼』。余程酷い試合をしたのだろう。タックルしか言われなかったようだ。要所、要所で早大ラグビーの精神的技術的支柱であった大西氏のアドバイスを受けていた。

　梅井良治FWコーチ（S29卒）には小型軽量FWが如何に8人の強い固まりになるか、裸でスクラムを組んだり、1列の低い姿勢等ユニークな練習をしたり基本を徹底的に教えて頂いた。お陰で秋には明治にも社会人にもスクラムを押されることは無かった。連戦、連敗のチームながら2、3年生が着実に力を付け始め、春を締める東北、函館遠征では前年日本選手権対戦相手の新日鉄釜石に負けはしたものの善戦、全函館には快勝した。秋に向け一筋の光明とチームに若干の自信も芽生え、春シーズン終了の嬉しさと相まって何か楽しく函館からの夜行列車に揺られたのを思い出す。5年生の萩原隆男も戦力不足を補ってくれた1人だった。学院の監督をし、英語学校に通っていた彼はチームの要請を受け夏合宿から現役復帰。正に駒がピタリとはまった救世主となりチームは一段とまとまっていった。

　若いチームでスタートしたが、対抗戦、大学選手権と順調に勝ち進み、日本選手権では春に大敗した三菱自工京都に勝ち、2年連続日本一を獲得することが出来、夢の様な1年であった。

（益田清）

＊　　　　＊

　昭和44年から3年間、東伏見のグラウンドでは頚骨損傷の重大事故が相次いで起こった。44年の小林、45年は北辰電気の選手、そしてこの年は山口竜実だった。

　山口は5月27日の練習試合中にラックから立ち上がれなくなった。すぐ、田中脳神経外科に運び、佐藤先生の来診を求めた。鉄道病院に移して緊急手術を行い、麻痺が次第にとれてきた。幸いなことに大事には至らず、3週間後にはICU室を出て、機能回復のリハビリテーションに移り、悪かった右手右足の機能を取り戻し、半年の闘病を経て11月30日には退院することができた。

　このシーズンからトライが3点から4点になった。

日本選手権優勝杯を持って横浜の小林重雄さんへ報告
（昭和47年2月）

第48回早慶戦
昭和46年11月23日 秩父宮ラグビー場
○早大30 − 16●慶大

▎早大、底力を発揮

キックオフ直後から早大が攻め、ラックを連取して堀口がトライ、4点を先制した。慶大は8分、相手ゴール前のスクラムから、藤、田中正のサイドアタックを成功させてトライ、ゴールも決まって6−4と勝ち越した。早大はようやく30分、慶大ゴール前で得たPGを佐藤が決めて7−6と再逆転した。

早大は後半開始早々から鋭い突進を見せはじめる。藤井、堀口の突進を足掛かりに佐藤が2PGを決めて優位にたった。さらに12分にはラインアウトからFB植山の切れ味鋭いライン参加から金指がトライ、中村康のゴールも決まって19−6と突き放した。

健闘していた慶大FWに疲労が目立ち、タックルも甘くなってきた。試合は早大ペースとなり、堀口、中村康がトライを加えて30−6とワンサイドゲームになっていった。終盤になって慶大の浜中、田中正に2トライを与えたのが反省材料でもあった。

第47回早明戦
昭和46年12月5日 秩父宮ラグビー場
○早大6 − 4●明大

▎終盤に明暗

早大は、軽量FWが健闘した。お互いにチャンスはあったが、両チーム必死のディフェンスで得点を与えない。後半30分、ついに早大が均衡を破った。ラックからのボールが中村康から藤井にわたり、得意のカットインで明大ディフェンスを突破し、フォローしたフランカーの萩原へ。萩原もゴール前でタックルされたが、ここへロックの中村賢が素晴らしい寄りを見せてインゴールへ飛び込んだ。佐藤が確実にゴールを決めて早大が6−0とリードした。終了寸前、明大は早大ゴール前へハイパントをあげて、早大の反則を誘う。PKから木原が吉田を突っ込ませて、ゴールポスト左へトライ。このゴールキックが成功すれば同点に追いつく。観衆が息を飲む中、明大の小松が慎重にゴールを狙った。難しくないキックだったが、ボールは左にそれた。その瞬間にノーサイドの笛が鳴った。明治には痛恨のゴール失敗となった。

公式試合 No.439　昭和46年度 第6試合 対抗戦

早大		慶大		早大			慶大	
30	−	16	1	田原	洋公	FW 1	矢内	正隆
7	前	6	2	高橋	哲司	2	倉本	博光
23	後	10	3	奥田	泰三	3	加藤	昇司
1	T	1	4	中村	賢治	4	中崎	修
0	G	1	5	津留崎鉄二		5	吉岡	和夫
1	PG	0	6	神山	郁雄	6	井上登喜男	
0	DG	0	7	萩原	隆男	7	田中	正己
3	T	2	8	益田	清	8	藤	賢一
1	G	1	9	宿沢	広朗	HB 9	大長	均
3	PG	0	10	中村	康司	10	得能	俊夫
0	DG	0	11	金指	敦彦	TB 11	鈴木	基史
11	反則	16	12	藤井	雅英	12	田中	孝
昭和46年11月23日			13	佐藤	秀幸	13	浜中	義雄
G 秩父宮			14	堀口	孝	14	井上	大典
R 宮井国夫　KO 14:30			15	植山	信幸	FB 15	杉下	茂治

公式試合 No.440　昭和46年度 第8試合 対抗戦

早大		明大		早大			明大	
6	−	4	1	田原	洋公	FW 1	高田	司
0	前	0	2	高橋	哲司	2	城島	敬宗
6	後	4	3	奥田	泰三	3	畦田	広道
0	T	0	4	中村	賢治	4	中山	勝文
0	G	0	5	津留崎鉄二		5	境	政義
0	PG	0	6	神山	郁雄	6	吉田	純司
0	DG	0	7	萩原	隆男	7	上村	博章
1	T	1	8	益田	清	8	南出	徹
1	G	0	9	宿沢	広朗	HB 9	木原喜一郎	
0	PG	0	10	中村	康司	10	渡辺	千里
0	DG	0	11	金指	敦彦	TB 11	高橋	博
15	反則	16	12	藤井	雅英	12	小松	明
昭和46年12月5日			13	佐藤	秀幸	13	千葉	寛二
G 秩父宮			14	堀口	孝	14	森	重隆
R 堤 和人　KO 14:30			15	植山	信幸	FB 15	中川	裕文

6　第3期黄金時代（昭和40年代）　141

第8回大学選手権決勝
昭和47年1月5日　秩父宮ラグビー場
○早大18－3●法大

▌勝運呼んだ2人の活躍

　朝から冷たい雨。試合は雨中戦の定石通り、キック主体のFW戦となった。1点リードの後半15分、神がかるシーンが訪れる。中村康が相手ゴール前にあげたパントは深すぎた。ドロップアウトになると思われ、誰もそのボールを追わなかった。ボールはしかし、ゴールポストに当たり大きくグラウンド内に跳ね返ってきた。ただ一人、忠実に走っていた金指の胸にすっぽり収まり、そのままトライ。流れは大きく変わった。

　金指は静岡の下田北高では走り幅跳びの選手。一昨年、早大に入り、9月に友人の勧めでラグビー部へ。楕円球を持ってまだ16ケ月、100メートル11秒1の足で、「追ってもムダ」なボールを懸命に追い、幸運に変えた。

　宿沢の負傷欠場を埋めた清水が、この1試合に4年間の努力の総てを出した。「ワセダのラグビー部にいるだけで満足なんです。試合に出られるとか問題にしていなかった。宿沢が出て勝ってくれれば、もちろんそれで満足。ワセダが勝つ、それだけでいい、そう心がけてきたつもりです」。

早大		法大	早大				法大		
18	－	3	1	田原	洋公	FW	1	森	清美
4	前	3	2	高橋	哲司		2	谷村	剛
14	後	0	3	奥田	泰三		3	松本	清志
1	T	0	4	中村	賢治		4	塩野	哲男
0	G	0	5	津留崎鉄二			5	川崎	俊正
0	PG	1	6	神山	郁雄		6	岡本	恒雄
0	DG	0	7	萩原	隆男		7	幡鎌	孝彦
3	T	0	8	益田	清		8	鈴木	彰
1	G	0	9	清水	徹	HB	9	吉田	茂
0	PG	0	10	中村	康司		10	井口	雅勝
0	DG	0	11	金指	敦彦	TB	11	山下	精久
9	反則	9	12	藤井	雅英		12	吉田	正雄
昭和47年 1月 5日			13	佐藤	秀幸		13	大島	忠夫
G 秩父宮			14	堀口	孝		14	小東	一夫
R 西山常夫	KO 14:30		15	植山	信幸	FB	15	渡辺	哲夫

公式試合　No.444　昭和46年度　第8回大学選手権決勝

第9回日本選手権
昭和47年1月15日　秩父宮ラグビー場
○早大14－11●三菱自工京都

▌終了3分前、必然の再逆転トライ

　前年度の日本一チームのメンバーから10人が卒業し、1からスタートしたチームが日本一に上りつめた。集団が目標達成のために一つになりきったとき、どれだけ大きな力が出せるものかということを教えてくれた試合だった。

　早大は5分、三菱がキックの処理を誤るのにつけ込んで、藤井が先制のトライ。20分にはゴール前20ヤードの相手ボールのスクラムから、三菱に出たボールを宿沢が拾い、防御陣を抜いてトライ（佐藤ゴール）、10－0とリードした。

　三菱は25分、スクラムのこぼれ球を谷村が押さえ、10－4として前半を終了した。

　三菱は後半17分、橋本光が中村康のキックをチャージしてトライ、2点差に追い上げる。29分、三菱は橋本博が難しいPGを決めて10－11とついに逆転した。

　あきらめなかった早大は37分、三菱ボールのスクラムからボールを奪い、金指が突っこんだラックのボールを再びとって佐藤のパントから堀口の快走を引き出して、右スミに決勝のトライを奪った。

＊　　　　＊

　「蹴った早大・佐藤が『練習でもああはうまくいかない』と自分でもあきれていた。残り時間3分、佐藤の低いパントがゴール右すみへ飛んだ。縦の周囲79センチ、横61センチの楕円形のボールは、バウンドしだいでは、とんでもない方向にはずんでしまう。そのボールがまるでリモート・コントロールでもされたみたいに堀口の目の前にポーンと跳ね上がった。しっかりボールを抱えた堀口は『やった、やった』と飛び上がりたい気持ちだったという。ゴールまで25ヤード。追いすがる三菱のタックルを振り切って右すみに飛び込んだ。その瞬間、スタ

ンドでは白井監督が日比野コーチと抱き合って、言葉にならぬ声をはりあげていた。『トライしたとき、力が抜けてしまった』と苦笑いしながら引き揚げてきた堀口に、白井監督が『おまえの足では30ヤードだったらつかまってたな』と冷やかしてロッカールームは大笑い。泥にまみれた15人の顔が実にさわやかだった。」

（読売新聞・大塚博靖＝S33年卒）

＊　　　　　＊

　翌日の新聞で、佐藤のショートパントを「ラッキーバウンド」「幸運のトライ」と書いたところもあった。しかし、佐藤と堀口の2人は春から幾度も練習してきたものであり、パスと同じぐらい確実で決してラッキーではなかった。たまたま逆転トライとなってスポットライトを浴びただけで、それまでの試合に何度も成功しており、点差が開くと当たり前のプレーとして目にとまらなかった。

　この第9回大会から東西対抗から三地域対抗へと受け継がれた秩父宮杯が、日本選手権勝者へ贈られることになり、秩父宮妃殿下から益田主将へ直接、贈られた。

公式試合　No.445　　昭和46年度　第9回日本選手権

早大		三菱自工京都		早大				三菱自工京都	
14	－	11		1	田原　洋公	FW	1	高橋　鉄次	
10	前	4		2	高橋　哲司		2	小俣　忠彦	
4	後	7		3	奥田　泰三		3	小林奈々雄	
2	T	1		4	中村　賢治		4	中島　輝明	
1	G	0		5	津留崎鉄二		5	水口　忠久	
0	PG	0		6	神山　郁雄		6	谷村　久司	
0	DG	0		7	萩原　隆男		7	村上　純一	
1	T	1		8	益田　清		8	松岡　智	
0	G	0		9	宿沢　広朗	HB	9	乾　敏男	
0	PG	1		10	中村　康司		10	橋本　光夫	
0	DG	0		11	金指　敦彦	TB	11	豊田　淳治	
14	反則	14		12	藤井　雅英		12	横井　章	
昭和47年 1月15日				13	佐藤　秀幸		13	杉山　洋一	
G　秩父宮				14	堀口　孝		14	松家　徳男	
R　池田正徳　　KO 14:30				15	植山　信幸	FB	15	橋本　博	

昭和47年度（1972年度） 創部55年目

主　　将　宿沢広朗
主　　務　大塚守男
委　　員　中村康司、中村賢治、田原洋公、植山信幸
卒業年次部員　星忠義、星野順二、小島滋、中村康司、大塚守男、宿沢広朗、田原洋公、竹内素行、矢島健一
部　　長　新庄嘉章
監　　督　松元秀雄（20代監督）
コ ー チ　藤島勇一、藤田康和、和泉武雄、芝崎有宏、矢部達三
部 員 数　53名（内女子2名）
夏 合 宿　菅平（第29回）
シーズン成績　10勝1分1敗、関東大学対抗戦優勝、大学選手権準優勝
試合成績
【公式試合】
　＜対抗戦＞
　No.446　S47.10.10　○　早稲田大学　114-0　● 東京大学　秩父宮　R渡部岑生
　No.447　S47.10.15　○　　〃　　　80-7　● 成蹊大学　東伏見　R保戸塚満
　No.458　S47.10.21　○　　〃　　　95-0　● 立教大学　秩父宮　R町井徹郎
　No.449　S47.10.29　△　　〃　　　23-23　△ 日本体育大学　秩父宮　R松尾勝吾
　No.450　S47.11.4　○　　〃　　　63-3　● 東京教育大学　東伏見　R小森正義
　No.451　S47.11.11　○　　〃　　　28-12　● 青山学院大学　秩父宮　R浅生享
　No.452　S47.11.23　○　　〃　　　19-3　● 慶應大学　秩父宮　R川口貢
　No.453　S47.12.3　○　　〃　　　19-14　● 明治大学　秩父宮　R西山常夫
　No.454　S47.12.9　○　　〃　　　54-10　● 防衛大学　秩父宮　R保戸塚満（第5回交流試合）
　＜第9回大学選手権＞
　No.455　S48.1.2　○　早稲田大学　20-0　● 中京大学　秩父宮　R堤和久（1回戦）
　No.456　S48.1.4　○　　〃　　　22-9　● 慶應大学　秩父宮　R松尾勝吾（準決勝）
　No.457　S48.1.6　●　　〃　　　12-13　○ 明治大学　秩父宮　R池田正徳（決勝）
　＜全早大試合＞
　全早大29　S47.9.25　● 全早大 26-43　○ 全明大　秩父宮　R西山常夫（明大NZ壮行試合ナイター）
【準公式試合】
　S47.6.25　● 早稲田大学 16-32　○ 新日鉄釜石　盛岡　R菊地欣一（岩手県協会招待）
★シーズンの優勝チーム★
　第43回関東大学対抗戦優勝　早稲田大学（3年連続17回目）
　第6回関東大学リーグ戦優勝　法政大学（5回目、通算9回目）
　第9回大学選手権大会優勝　○ 明治大学 13-12　● 早稲田大学（明大は1回目）
　第10回日本選手権試合優勝　○ リコー 35-9　● 明治大学（リコーは1回目）

144　第1章　歴史の流れ

公式戦35連勝で止まる

9月1日、東伏見寮の会議室内に図書資料室を開設した。チームは昭和45年度から公式戦25連勝中で、この記録をどこまで伸ばすかも注目された。

対抗戦の第4戦は日体大戦。日体大は慶大に惜敗した時とはうってかわり、はつらつとした動きをみせた。前半7分に有賀のトライ、垣下のドロップゴール、さらに2トライ（ゴール）で19点を挙げた。これに対して早大は14分に金指のトライ（ゴール）、さらに藤原のトライと1PGで13点を返した。

後半、日体大は17分に有賀のトライで13－23までリードを広げたが、早大もあきらめなかった。星のトライ（ゴール）、さらに佐藤のトライでなんとか引き分けに持ち込んだ。連勝記録を伸ばすことはできなかったが、ぎりぎりで止めることもなかった。

対抗戦を3連覇して臨んだ大学選手権の決勝は明大との再戦となった。

秩父宮は2万の観衆でふくれあがった。立ち上がり、明大は松尾のPGで先制。早大も7分、中村康のPGで追いついた。この後、両校の激しい攻防がしばらく続いた。30分、早大は相手ゴール前のスクラムから宿沢が巧みにサイドを抜いて堀口に渡してトライ、ゴールも成功し6点をリードして折り返した。

後半3分、早大はPGでリードを9点に広げたが、体力で勝る明大は次第に主導権を握り、2PGを入れて3点差に迫ってきた。早大のFWに疲労の色がみえた。終了間際、明大はラックから松尾が抜け出し、渡辺貫がライン沿いを好走、植山のタックルも及ばず、逆転のトライを許した。公式戦の連勝も「35」で止まった。3連覇を逃した宿沢主将は「こんな素晴らしいチームのキャプテンを務めたのは本当に幸せです。負けた悔しさをみんながかみしめてくれればまた勝てるチームができる」と敗れた愚痴を一つもこぼさなかったという。

夏合宿

第49回早慶戦
昭和47年11月23日　秩父宮ラグビー場
○早大19 − 3●慶大

▌ノートライに封じる

　早大は前半2分、新人の藤原が35ヤードのPGで先制。17分にも中村康のPGで追加点。慶大の早いつぶしに苦しみながら、FWが当たり負けずに戦い、早大のプレーに余裕が見られた。32分には宿沢が細かい動きでパスをつなぎ、自らトライをあげ12−0と引き離した。慶大も2度ゴール寸前まで攻め込んでチャンスをつかみながら、トライを取れないまま前半は無得点に封じられた。

　慶大は、後半もバックスの拙攻が続き、結局1PGを返しただけ。早大は、慶大の作戦をよく読み、FWが5分に戦い、慶大のタテ攻撃を好ディフェンスで封じたのが結局勝利につながった。ゲームはタックルの激しい応酬、盛り上がりが乏しい内容であったが、細かく分析すると慶大の強力FWの動きを封じた早大FWのしぶとさと、SH宿沢の好リードが一際光っていた。早大の松元監督は「目算通りのゲーム」と振り返っていた。

公式試合　No.452　　昭和47年度　第7試合　対抗戦

早大		慶大	早大		慶大	
19	−	3	1 田原　洋公	FW	1 新岡　　明	
12	前	0	2 浜野　政宏		2 伊藤　精邦	
7	後	3	3 奥田　泰三		3 加藤　昇司	
1	T	0	4 中村　賢治		4 安田　卓治	
1	G	0	5 星　　忠義		5 中崎　　修	
2	PG	0	6 神山　郁雄		6 武見　敬三	
0	DG	0	7 石塚　武生		7 酒井　悦一	
1	T	0	8 佐藤　和吉		8 藤　　賢一	
0	G	0	9 宿沢　広朗	HB	9 上田　昭夫	
1	PG	1	10 中村　康司		10 林　　正樹	
0	DG	0	11 金指　敦彦	TB	11 大石　大介	
12	反則	19	12 畠本　裕士		12 浜中　義雄	
昭和47年11月23日			13 藤原　　優		13 枡谷　博明	
G 秩父宮			14 堀口　　孝		14 鈴木　基史	
R 川口 貢		KO 14:30	15 台　　和彦	FB	15 坂本　憲昭	

第48回早明戦
昭和47年12月3日　秩父宮ラグビー場
○早大19 − 14●明大

▌後半に逆転

　明治は好メンバーを揃え、久しぶりの無敗対決になったため、秩父宮は満員札止め1万9千人の観客で埋まった。そして試合も期待どおりの大熱戦となった。

　早大の平均70キロに対し、明大は平均80キロの重量FWで、明大やや有利の下馬評だった。前半の明大はスクラム、ラインアウトで地力をみせつけた。松尾もバックスにつなぎ、吉田の連続トライなどで一時は0−10と優位に立った。早大は25分、宿沢がゴール前スクラムから左に1人飛ばしたパスが成功、金指がトライ（ゴール）。PGで1点差に迫ったが、渡辺貫にトライを許し、5点差で折り返した。

　後半、早大は明大の思わぬ乱れをついた。宿沢のリードもさえ、バックスの強烈なタックルとFWが良く頑張ってしぶとく戦いぬいた。早大は後半10分から中村康の連続PGが決まり15−14と逆転に成功。22分には、宿沢がスクラムサイドから絶妙なショートパント。これを直接取った堀口が右スミに飛び込んで勝負を決めた。明大は後半無得点だったが、復活は本物と印象づけた。

公式試合　No.453　　昭和47年度　第8試合　対抗戦

早大		明大	早大		明大	
19	−	14	1 田原　洋公	FW	1 笹田　　学	
9	前	14	2 浜野　政宏		2 高田　　司	
10	後	0	3 奥田　泰三		3 畦田　広道	
1	T	3	4 中村　賢治		4 中山　勝文	
1	G	1	5 星　　忠義		5 境　　政義	
1	PG	0	6 神山　郁雄		6 吉田　純司	
0	DG	0	7 石塚　武生		7 田口　長二	
1	T	0	8 佐藤　和吉		8 西妻多喜男	
0	G	0	9 宿沢　広朗	HB	9 松尾　雄治	
2	PG	0	10 中村　康司		10 渡辺　千里	
0	DG	0	11 金指　敦彦	TB	11 渡辺貫一郎	
15	反則	13	12 畠本　裕士		12 小松　　明	
昭和47年12月3日			13 藤原　　優		13 千葉　寛二	
G 秩父宮			14 堀口　　孝		14 高橋　　博	
R 西山常夫		KO 14:30	15 植山　信幸	FB	15 中川　裕文	

昭和48年度（1973年度）　創部56年目

主　　　将　神山郁雄
主　　　務　中村賢治
委　　　員　浜野政宏、堀口孝、石塚武生、奥田泰三、植山信幸
卒業年次部員　台和彦、浜野政宏、堀口孝、岩永勉、神山郁雄、金指敦彦、川内聖剛、中西康久＊、奥田泰三、佐々木敏治
部　　　長　新庄嘉章
監　　　督　日比野弘
コ ー チ　坂内雅弘、和泉武雄、木本建治、小島庸雍、芝崎有宏、宿沢広朗
部 員 数　57名（内女子2名）
夏 合 宿　菅平（第30回）
シーズン成績　12勝1敗、関東大学対抗戦優勝、大学選手権優勝、日本選手権準優勝
試合成績
【公式試合】
　＜対抗戦＞
　　No.458　S48.10.10　○　早稲田大学　54-3　● 東京大学　東伏見　R渡部岑生
　　No.459　S48.10.21　○　　〃　　29-7　● 立教大学　東伏見　R小森正義
　　No.460　S48.10.28　○　　〃　　37-3　● 成蹊大学　東伏見　R高森秀蔵
　　No.461　S48.11.4　○　　〃　　46-19 ● 東京教育大学　東伏見　R浅生享
　　No.462　S48.11.11　○　　〃　　49-9　● 日本体育大学　国立競技場　R宮井国夫
　　No.463　S48.11.23　○　　〃　　25-16 ● 慶應大学　国立競技場　R池田正徳
　　No.464　S48.12.2　○　　〃　　56-0　● 青山学院大学　東伏見　R浅生享
　　No.465　S48.12.9　○　　〃　　13-9　● 明治大学　国立競技場　R M.ケニス
　　No.466　S48.12.15　○　　〃　　28-14 ● 日本大学　東伏見　R松尾勝吾（第6回交流試合）
　＜第10回大学選手権＞
　　No.467　S48.12.23　○　早稲田大学　71-6　● 京都大学　西京極　R河合正弘（1回戦）
　　No.468　S49.1.4　○　　〃　　32-18 ● 専修大学　国立競技場　R宮井国夫（準決勝）
　　No.469　S49.1.6　○　　〃　　29-6　● 明治大学　国立競技場　R池田正徳（決勝）
　＜第11回日本選手権＞
　　No.470　S49.1.15　● 早稲田大学　3-25　○ リコー　花園　R野々村博
【準公式試合】
　S48.6.17　○ 早稲田大学　40-19 ● 新日鉄釜石　釜石　R不明（新日鉄釜石招待）
　S48.6.24　○　　〃　　47-10 ● 函館ラガー　函館　R藪越敏廣（函館協会招待）
★シーズンの優勝チーム★
　第44回関東大学対抗戦優勝　早稲田大学（4年連続18回目）
　第7回関東大学リーグ戦優勝　専修大学（2回目）
　第10回大学選手権大会優勝　○ 早稲田大学　29-6 ● 明治大学（早大は2年ぶり6回目）
　第11回日本選手権試合優勝　○ リコー　25-3 ● 早稲田大学（リコーは2年連続2回目）

▎大学王座奪還

　私たちが4年生の時は、前年3連覇を賭けた

大学選手権決勝で、明治に終了間際逆転トライを許し（私は今でも誤審だと思っているが結果は容認）、松元監督、宿澤主将以下、茫然自失

となった翌年にあたります。

さて私が宿澤さんの後任の主将に任命された訳ですが、私の年代は2年生からのレギュラーが6名おり（奥田、中村、金指、堀口、植山、神山）、且つ他の同期も同等の力量を持っており、次の主将に誰が指名されるのか、皆目見当がつきませんでした。ただ望んでいた人間は少なからずいたと思うし、私は下馬評にも上っていなかったので、私が指名されたことはまさに青天の霹靂とも言うべき出来事でした。

卒業後、宿澤さんに「何故私が？」とお聞きしたところ、笑いながら「お前が一番悪かったからだよ」と語ってくれたことを思い出します。

そういうことで大役を引き受けましたが、我々に課せられた目標はただ一つ、「覇権奪回」ということでした。その為には、これまでのちゃらんぽらんな生活を改め、ラグビー一筋に生活して行こうと決心しました。（下級生からは鬼の神山と言われていたそうですが）

私たちの代は、個性が非常に強く、浜野を筆頭に一癖も二癖もあるキャラクターの集団でしたので、如何にどうまとめていくのか、腐心した訳です。ただ私生活はさておき、ラグビーに対する情熱は、皆高いものを持っていたので、1年間、一つになって、雪辱に向けて突き進んで行くことができました。また、余談ですが、同期は、一部を除いて酒豪揃いでした（奥田、川内、佐々木、神山は相撲取りクラス）が、私をはじめ1年間、節酒に努めたことを思い出します。私にとっては、地獄のような1年でした

が、実力ある後輩にも恵まれ、またBチーム以下を、類まれなる手腕でまとめてくれた佐々木のお陰もあり、結果的には大学選手権で雪辱を果し、また日本選手権でも、敗れはしたものの最高のパフォーマンスを見せられたと思っております。

最後に、日本選手権後の懇親会席上で、日比野監督が涙したことは、今でも忘れないですね。

（神山郁雄）

＊　　　　＊

秩父宮ラグビー場の改装工事があり、グラウンド使用が変則的になった。対抗戦では第5戦の日体大戦から日本代表の英仏遠征に参加していた植山、藤原が出場。遠征で自信をつけた2人の参加で得点力が増した。

この年から、部員の正装にブレザーが採用された。胸に刺繍された稲穂をかたどったラグビーボールのエンブレムも同時に誕生した。このデザインはブレザーの仕立屋さんにより作られた。

2年ぶりの大学日本一

第50回早慶戦
昭和48年11月23日　国立競技場
○早大25 − 16●慶大

▌度肝抜く植山のロングPG

　早大は藤原のPGで先制。慶大は28分、上田が難しいPGを決めて同点に追いついた。早大は34分、藤原が慶大のパスミスに付け込んでトライ。慶大は37分、39分に上田がPGを決め、7−9と慶大リードで前半終了。

　早大は後半17分、藤原がPGを決めて10−9と逆転。慶大も23分、上田が4本目のPGを決めてリードを奪い返した。早大は29分、植山のPG、31分、ラックからの左展開で畠本−金指−畠本とわたるリターンパスでトライ、ゴールも成功し19−12と引き離した。慶大も33分に鈴木がトライ、3点差まで追い上げた。ここから早大は37分に植山が約50ヤードのPGを成功させ、39分にも植山が左の難しい角度からPGを加え、粘る慶大を突き放した。勝利を決定づけた植山の超ロングPGは、2万人の観衆の度肝を抜いた。植山が英仏遠征でマスターしてきたサイドキックは、瞬く間に日本中に広がった。

　50回を記念して両校OBによる前夜祭が六本木で開かれ、第1回に出場したOBに記念の楯が贈られた。

公式試合 No.463　昭和48年度 第6試合 対抗戦

早大		慶大		早大			慶大	
25	—	16	1	佐野	厚生	FW 1	新岡	明
7	前	9	2	浜野	政宏	2	伊藤	精邦
18	後	7	3	奥田	泰三	3	川寄	正康
1	T	0	4	中村	賢治	4	中崎	修
0	G	0	5	川内	聖剛	5	安田	卓治
1	PG	3	6	神山	郁雄	6	武見	敬三
0	DG	0	7	石塚	武生	7	仲小路敬之	
1	T	1	8	山下	治	8	伊東	孝之
1	G	0	9	辰野登志夫		HB 9	上田	昭夫
4	PG	1	10	台	和彦	10	高橋	清広
0	DG	0	11	金指	敦彦	TB 11	鈴木	基史
14	反則	16	12	畠本	裕士	12	枡谷	博明
昭和48年11月23日			13	藤原	優	13	上野	信哉
G 国立競技場			14	堀口	孝	14	吉岡	徹
R 池田正徳 KO 14:30			15	植山	信幸	FB 15	坂本	憲昭

第49回早明戦
昭和48年12月9日　国立競技場
○早大13 − 9●明大

▌藤原、唯一のトライ

　この年から、早明戦の舞台が（旧）国立競技場になった。史上初の3万人の大観衆が集まった。これまでの最多は昭和14年の早明戦（神宮球技場）の2万7千人といわれてきた。46年のイングランド−日本代表（秩父宮）が2万5千人と記録されている。

　両校のトライは早大の藤原が挙げた1トライだけ。その他の得点はともに3PGずつだった。単に全勝同士の優勝決定戦ということにとどまらず、観客を魅了したものは両校の激しいタックルだった。

　早大はFWがよく頑張った。平均体重で約10キロ軽いハンディを感じさせず、スクラム、ラックでは上回った。ただ、めいっぱいの戦いのため、余裕を持って好球をバックスに供給できなかった。明大は最後の10分ほど、早大をゴール前に釘付けにし、再三、チャンスをつかんだ。しかし、リードされていたあせりからか、持ちすぎや無理なブラインド攻撃など雑な攻め方でついにゴールを割れなかった。

公式試合 No.465　昭和48年度 第8試合 対抗戦

早大		明大		早大			明大	
13	—	9	1	佐野	厚生	FW 1	笹田	学
7	前	9	2	浜野	政宏	2	森内	芳隆
6	後	0	3	奥田	泰三	3	平川	常雄
1	T	0	4	中村	賢治	4	境	政義
0	G	0	5	川内	聖剛	5	岩沢	一義
1	PG	3	6	神山	郁雄	6	八本	健一
0	DG	0	7	石塚	武生	7	田口	長二
0	T	0	8	山下	治	8	西妻多喜男	
0	G	0	9	辰野登志夫		HB 9	松尾	雄治
2	PG	0	10	台	和彦	10	大平	次郎
0	DG	0	11	金指	敦彦	TB 11	渡辺貫一郎	
20	反則	13	12	畠本	裕士	12	大山	文雄
昭和48年12月9日			13	藤原	優	13	森	重隆
G 国立競技場			14	堀口	孝	14	横山	教慶
R MWケニス KO 14:30			15	植山	信幸	FB 15	中川	裕文

第10回大学選手権決勝
昭和49年1月6日　国立競技場

○早大29－6●明大

▌ノートライに封じて王座

「新記録、観客4万」昨年12月9日の早明戦が3万人を集めて新記録を作ったが、この日は更に記録更新となった。

早大は4分、藤原がPG決めて先制。15分には植山が自陣10メートルライン付近から突破、金指が左ラインぎわを快走して初トライを挙げた。早大のFWは、スクラムでも鋭く押していた。素早いFWの集散で、バックスのスピードとぴったり呼吸があった攻めだった。明大は17分と34分と松尾がPGを決め、7－6と迫った。

早大は後半17分、藤原のPGを狙った球が大きく右にそれた。そこへあきらめず突っ込んでいったのが早大FW。明大より早い。混戦。こぼれ球を中村、石塚とゴールへ押し込む2人がかりのトライ。難しいゴールを植山が決めた。いかにも早大らしいトライだった。これでペースは早大へ傾いた。堀口が負傷退場して一時は14人となったが、激しいタックルで明大の反撃をつぶす。後半は明大に得点を許さなかった。集中力やボールへの執着心といった基本で、明大との差が大きかった。

公式試合　No.471　昭和48年度　第10回大学選手権決勝

早大		明大		早大					明大	
29	－	6		1	佐野	厚生	FW	1	笹田	学
7	前	6		2	浜野	政宏		2	森内	芳隆
22	後	0		3	奥田	泰三		3	平川	常雄
1	T	0		4	中村	賢治		4	熊谷	直志
0	G	0		5	川内	聖剛		5	岩沢	一義
1	PG	2		6	神山	郁雄		6	八本	健一
0	DG	0		7	石塚	武生		7	田口	長二
4	T	0		8	山下	治		8	境	政義
3	G	0		9	辰野登志夫		HB	9	松尾	雄治
0	PG	0		10	台	和彦		10	大平	次郎
0	DG	0		11	金指	敦彦	TB	11	久木元孝行	
10	反則	9		12	南川洋一郎			12	大山	文雄
昭和49年 1月 6日				13	藤原	優		13	森	重隆
G 国立競技場				14	堀口	孝		14	横山	教慶
R 池田正徳	KO 14:30			15	植山	信幸	FB	15	中川	裕文

第11回日本選手権試合
昭和49年1月15日　花園ラグビー場

●早大3－25○リコー

▌終盤、力尽きる

日本代表が経験者を含めて12人もいる強豪リコーに、早稲田は互角に渡り合った。あと10分というところまで両チームともノートライだった。藤原や堀口がいい形になったときに1つでもトライが取れていれば。そこが実力の差だったのだろう。

リコーは開始早々、早大陣に攻め込みゴール前で激しい攻防が続いた。早大は懸命のタックルで防ぎ、10分過ぎから攻勢に転じた。左右に回して攻撃の糸口を探ったが、今度はリコーが堅守をみせ、前半は両チーム無得点で終わった。

後半、早大は8分に藤原のPGで先行したが、次第にリコーの圧力に押されてくる。リコーは19分に山本のPGで同点、29分のPGで勝ち越すと一方的な展開になっていった。33分に水谷が初トライを挙げると、さらに2トライなどを加えて突き放した。

奇しくも昭和41年の日本選手権では山本の劇的なPGで早大が初制覇勝し、同じ花園で、その山本に非情にもゴールキックを次々と決められ、早大は息の根を止められた。

公式試合　No.470　昭和48年度　第11回日本選手権

早大		リコー		早大					リコー	
3	－	25		1	佐野	厚生	FW	1	佐藤鉄三郎	
0	前	0		2	浜野	政宏		2	後川	光夫
3	後	25		3	奥田	泰三		3	板垣	吉信
0	T	0		4	中村	賢治		4	川崎	忠
0	G	0		5	川内	聖剛		5	豊田	茂
0	PG	0		6	神山	郁雄		6	大坪	重雄
0	DG	0		7	石塚	武生		7	内田	昌裕
0	T	3		8	山下	治		8	村田	義弘
0	G	2		9	辰野登志夫		HB	9	竹谷	満
1	PG	3		10	台	和彦		10	藤田	康和
0	DG	0		11	金指	敦彦	TB	11	有賀	健
9	反則	12		12	南川洋一郎			12	水谷	真
昭和49年 1月15日				13	藤原	優		13	伊藤	忠幸
G 花園				14	堀口	孝		14	平木	明生
R 野々村博	KO 14:30			15	植山	信幸	FB	15	山本	巌

昭和49年度（1974年度）　創部57年目

主　　将　　石塚武生
主　　務　　佐野厚生
副 主 務　　小林京子、大野真紀子、山口竜実
委　　員　　横山健二、山下治
卒業年次部員　平山幸生、猪又昭、石塚武生、喜多哲夫、小林京子、正木義博、中村賢治、大野真紀子、佐野厚生、住田哲朗、植山信幸、横山健二、山口龍実
部　　長　　新庄嘉章
監　　督　　日比野弘
コ ー チ　　坂内雅弘、和泉武雄、木本建治、小島雍庸、芝崎有宏、宿沢広朗
部 員 数　　63名（内女子2名）
夏 合 宿　　菅平（第31回）
シーズン成績　11勝1敗、関東大学対抗戦優勝、大学選手権優勝、日本選手権準優勝
試合成績

【公式試合】
　＜対抗戦＞
　No.471　S49.10.10　○　早稲田大学　92-3　●　東京大学　東伏見　R浅生享
　No.472　S49.10.20　○　　〃　　42-3　●　青山学院大学　甲府　R川口貢
　No.473　S49.10.27　○　　〃　　21-12　●　日本体育大学　三ッ沢　R M.ケニス
　No.474　S49.11.3　○　　〃　　109-3　●　立教大学　東伏見　R町井徹郎
　No.475　S49.11.10　○　　〃　　41-14　●　筑波大学　東伏見　R柏木君夫
　No.476　S49.11.23　○　　〃　　11-3　●　慶應大学　国立競技場　R M.ケニス
　No.477　S49.12.7　○　　〃　　30-13　●　明治大学　国立競技場　R町井徹郎
　No.478　S49.12.14　○　　〃　　56-14　●　専修大学　国立競技場　R池田正徳（第7回交流試合）
　＜第11回大学選手権＞
　No.479　S49.12.22　○　早稲田大学　82-0　●　福岡工業大学　平和台　R三野紀雄（1回戦）
　No.480　S50.1.2　○　　〃　　43-8　●　日本体育大学　国立競技場　R池田正徳（準決勝）
　No.481　S50.1.4　○　　〃　　18-0　●　明治大学　国立競技場　R町井徹郎（決勝）
　＜第12回日本選手権＞
　No.482　S50.1.15　●　早稲田大学　13-33　○　近鉄　国競競技場　R池田正徳
　＜国際試合＞
　国際43　S50.3.9　●　全早大　10-20　○　カンタベリー大学　国立競技場　R町井徹郎（NZカンタベリー大学来日）
　国際44　S50.3.21　●　　〃　　3-52　○　ケンブリッジ大学　国立競技場　R野々村博（ケンブリッジ大学来日）
　＜全早大試合＞
　全早大30　S50.2.16　○　全早大　53-19　●　YCAC　根岸　R真下昇
【準公式試合】
　S49.5.24　●　早稲田大学　24-32　○　新日鉄八幡　鞘ケ谷　R不明（北九州市協会招待）
　S49.5.25　○　　〃　　48-10　●　福岡工業大学　九大　R不明（早大ROB九州支部招待）
　S49.5.26　○　　〃　　41-4　●　福岡大学　九大　R不明（同上）
　S49.6.23　●　　〃　　17-48　○　新日鉄釜石　盛岡　R不明（岩手県協会招待）
★シーズンの優勝チーム★
　第45回関東大学対抗戦優勝　早稲田大学（5年連続19回目）
　第8回関東大学リーグ戦優勝　大東文化大学（1回目）
　第11回大学選手権大会優勝　○　早稲田大学　18-0　●　明治大学（早大は2年連続7回目）
　第12回日本選手権試合優勝　○　近鉄　33-13　●　早稲田大学（近鉄は3回目）

6　第3期黄金時代（昭和40年代）　　151

連覇で7度目V

　新主将の石塚は入部当時のポジションはウイングだったが、その年の夏合宿からフランカーに転じ、わずか1年後にレギュラーとなった。彼は主将就任時に、日々の練習の積み重ねから部員相互に信頼感が生まれ、大きな成果が得られると確信し、押しつけの練習ではなく、中身のある、厳しい中にもラグビーが楽しくなるような実践的な練習を創意工夫し、各部員が自主的に取り組んでいくような練習を行おうと決意した。

　4月21日、雨と強風の中、20人の新人を迎えて、入部式と歓迎試合が行われた。石塚主将、植山、藤原を日本代表のニュージーランド遠征に送り出したが、春の練習は前年度の日本選手権のラスト10分で崩壊していった組織プレーを重視し、「集中力の強化」を課題に取り組んだ。春の締めくくりとして、新日鉄釜石と対戦。悪い面ばかり出てつまらぬミスから簡単に攻撃権を相手に与え、大敗した。そこで、「集中力の強化」と平行して、「攻撃権の確保」が夏合宿以降の重要な課題となった。

　8月20日から9月3日まで、夏合宿を張った。課題の第1は後半、走り負けしてしまうこと。2番目はミスなどでトライを簡単に取られてしまうことだった。この2点を矯正するため、選手は自主的に走り込み、各自が真剣に課題と向き合った。

　恒例の激励会であいさつした川越関西支部長は「チャンピオンの座を守ることは難しい。各大学が早大を倒すために、早大の戦法を研究し、死にもの狂いで練習している。従って昨年と同じ練習をやり、同じ戦法で戦ったのでは、チャンピオンの座を明け渡すことになる。自覚のほどを」と発破をかけた。対して石塚主将は「我々は監督より任せられた自主性を尊重し、63名一体となって練習に励み、皆様の期待にそうように頑張ります」と謝辞を述べた。

　この年から長さのヤード制がメートル制に改まり、協会の認める試合で選手負傷時に交代ができるようになった。まだ、秩父宮が改築中で、第2戦の青学戦は山梨県民スポーツ振興と甲府一高ラグビー部25周年記念行事を兼ねて山梨で行われた。

第51回早慶戦

昭和49年11月23日　国立競技場

○早大11－3●慶大

▎代表欠く中、粘り勝ち

早大は、アジア大会の日本代表メンバーにレギュラーの3人を送り出していた。明大に勝っていた上田昭夫主将率いる慶大は、手強かった。全く互角の展開の前半、決定的なチャンスをつかめない。前半を終わるかと思ったとき早大にチャンスが訪れた。慶大が自陣でパスミスを犯した。そこへ早大のフランカー陣が出足よく突っ込んでラックを支配。そのボールが左オープンに回り、吉田荘が飛び込み待望のトライ。4点リードで折り返した。難しい位置ではあったが3度のPGを逃した慶大と、辛抱強くチャンスを待って、それを物にした早大のこのトライの差は4点以上の重みがあった。

後半も慶大の猛攻をしのぎ、29分に慶大の上田がPGを決め4－3となってからの11分は、「ワセダ」、「ケイオー」の絶叫の渦の中での戦いだった。早大は35分、畠本のPGで7－3と突き放しにかかる。38分、せめぎあいに遂に決着がついた。早大が右オープン攻撃から神村のトライに結びつけた。

第50回早明戦

昭和49年12月7日　国立競技場

○早大30－13●明大

▎前半で勝負決める

前半風上に立った早大は5分、植山がPGに成功して先手を取る。風下の明大はキックよりパス攻撃で活路を開こうとしたのか、自陣深くからTBパスを回したところでミスが起きた。このこぼれ球を早大の南川が素早く拾って中央にトライ（ゴール）。9－0とリードを広げた。さらに、吉田荘が、上体を反らしながら相手を抜く独特のランニングで、カウンターアタックを見せてチャンスをつかみ、このラックからきれいな右オープン攻撃で藤原が快走してトライを奪った。右隅からの難しいゴールを植山が決めて観衆を沸かせる。これで15点目。植山が観衆の期待にこたえるように40メートルのPGを決めて18点差に広げた。その後も早大は攻撃の手を緩めず、ラックからタイミングの良いボールを出し、藤原、高橋がトライを続けて前半で26－7と勝負を決めた。

攻め疲れたわけではあるまいが、後半は4－6とリードされたのはいただけなかった。

公式試合　No.476　昭和49年度　第6試合　対抗戦

早大		慶大		早大			慶大	
11	－	3	1	佐野	厚生	FW	1 松本	澄秀
4	前	0	2	末石	庸幸		2 成相	安信
7	後	3	3	高橋（松久）	幸男		3 川嵜	正康
1	T	0	4	橋本	裕一		4 高木	満郎
0	G	0	5	横山	健二		5 佐藤	建
0	PG	0	6	豊山	京一		6 山崎	和彦
0	DG	0	7	大胐	政宏		7 迎	哲郎
1	T	0	8	佐藤	和吉		8 伊東	孝之
0	G	0	9	辰野登志夫		HB	9 上田	昭夫
1	PG	1	10	星野	繁一		10 林	正樹
0	DG	0	11	吉田	荘治	TB	11 鈴木	基史
14	反則	10	12	神村	哲生		12 枡谷	博明

昭和49年11月23日

			13	南川洋一郎			13 上野	信哉
G	国立競技場		14	藤原	優		14 高橋	清広
R	MWケニス	KO 14:30	15	畠本	裕士	FB	15 持田	昌典

公式試合　No.477　昭和49年度　第7試合　対抗戦

早大		明大		早大			明大	
30	－	13	1	佐野	厚生	FW	1 千種	昌之
26	前	7	2	末石	庸幸		2 森内	芳隆
4	後	6	3	高橋（松久）	幸男		3 太田	正雄
4	T	1	4	橋本	裕一		4 熊谷	直志
2	G	0	5	横山	健二		5 西妻多喜男	
2	PG	1	6	佐藤	和吉		6 笹田	学
0	DG	0	7	石塚	武生		7 吉野	徹
1	T	0	8	山下	治		8 八本	健一
0	G	0	9	辰野登志夫		HB	9 津山	武雄
0	PG	2	10	星野	繁一		10 松尾	雄治
0	DG	0	11	吉田	荘治	TB	11 久木元孝行	
19	反則	11	12	畠本	裕士		12 大山	文雄

昭和49年12月7日

			13	南川洋一郎			13 大平	次郎
G	国立競技場		14	藤原	優		14 南条	秀嗣
R	町井徹郎	KO 14:30	15	植山	信幸	FB	15 中川	裕文

第11回大学選手権決勝
昭和50年1月4日　国立競技場

○早大18 - 0●明大

零封勝ちで連覇

　早大は前半4分、植山のPGで先制した。35分にはラックから右に回して山下がチーム初トライを挙げた。

　7点リードした後半19分には、スクラムから「イチ横カラ」のサインプレーで畠本が抜け出してトライ。23分にもバックスの攻撃で星野がトライ。33分には植山がPGを成功させた。

　守りの強さが際立っていた。明大の押しかぶさるような攻撃を何度もこらえ、無得点に抑え切った。特に後半5分、早大ゴール前での明大スクラム。明大がスクラムトライを狙う得意の場面だった。しかし、ボールインと同時にぐっとスクラムを押し返したのは早大だった。チャンス、ピンチで早大の動きは、ギアが一段上がった。守りに徹して勝ち取った大学選手権だった。

第12回日本選手権試合
昭和50年1月15日　国立競技場

●早大13 - 33○近鉄

藤原にアクシデント、終盤崩れる

　前半は2PGずつで6 - 6。後半1分、早大は近鉄・上村のノータッチキックを取った山下が突進、フォローした植山が右隅に飛び込んだ。7分、近鉄がPGを決め10 - 9、9分には近鉄の吉田が早大・星野のパスをインターセプトして10 - 13と逆転。早大も15分にPGを返して13 - 13に追いついた。17分、今度は近鉄の栗原がPGを決めて13 - 16、28分にも早大はスクラムでフォーリングダウンの反則をとられ近鉄はPGを成功させて13 - 19に。競り合いはここまでだった。このあとの30分、オープン攻撃で浜野、33分にはスクラムを押されて今里に、39分には坂田と3つのトライを奪われた。

　後半13分、早大は植山にパスする「カンペイ」をみせた。植山が巧みなステップで近鉄の栗原のマークを外して突進。近鉄の坂田に競り勝った藤原へ植山からのパスが通り、藤原がノーマークで快走する。トライ確実と思われた。刹那、藤原の左足を肉離れの激痛が襲う。藤原がばったり倒れ、早稲田再逆転の夢も消えていった。

公式試合　No.481　昭和49年度　第11回大学選手権決勝

早大		明大		早大		明大
18	—	0	1	佐野　厚生　FW	1	笹田　　学
7	前	0	2	末石　庸幸	2	森内　芳隆
11	後	0	3	高橋（松父）幸男	3	太田　正男
1	T	0	4	中村　賢治	4	西妻多喜男
0	G	0	5	横山　健二	5	由佐　研一
1	PG	0	6	佐藤　和吉	6	八本　健一
0	DG	0	7	石塚　武生	7	吉野　　徹
2	T	0	8	山下　　治	8	熊谷　直志
0	G	0	9	辰野登志夫　HB	9	津山　武雄
1	PG	0	10	星野　繁一	10	大平　次郎
0	DG	0	11	吉田　荘治　TB	11	井川　芳行
6	反則	16	12	畠本　裕士	12	大山　文雄
昭和50年　1月　4日			13	南川洋一郎	13	松尾　雄吾
G　国立競技場			14	藤原　　優	14	南条　秀嗣
R　町井徹郎　KO 14:00			15	植山　信幸　FB	15	中川　裕文

公式試合　No.482　昭和49年度　第12回日本選手権

早大		近鉄		早大		近鉄
13	—	33	1	佐野　厚生　FW	1	吉井　隆憲
6	前	6	2	末石　庸幸	2	黒坂　敏夫
7	後	27	3	高橋（松父）幸男	3	原　　進
0	T	0	4	中村　賢治	4	小笠原　博
0	G	0	5	横山　健二	5	首藤　幸一
2	PG	2	6	佐藤　和吉	6	下司　光男
0	DG	0	7	石塚　武生	7	笠井　宏裕
1	T	4	8	山下　　治	8	吉野　一仁
0	G	1	9	辰野登志夫　HB	9	今里　良三
1	PG	3	10	星野　繁一	10	上村　和弘
0	DG	0	11	吉田　荘治　TB	11	坂田　好弘
17	反則	13	12	畠本　裕士	12	栗原　進
昭和50年　1月15日			13	南川洋一郎	13	吉田　正雄
G　国立競技場			14	藤原　　優	14	浜野　武史
R　池田正徳　KO 14:00			15	植山　信幸　FB	15	越久　守

交代　早大：久保田恭博（藤原）（負傷による交代が認められた）

7 栄光からの試行錯誤（昭和50年代）

昭和50年度（1975年度）　創部58年目

主　　　将　　末石庸幸
副 主 将　　藤原優
主　　　務　　水上茂
委　　　員　　橋本裕一、星野繁一、佐藤和吉、高橋（松久）幸男、吉田典雄
卒業年次部員　淵上弘司、藤原優、畠本裕士、小林隆一、小久保忠雄、久保田恭博、水上茂、宮本岩
　　　　　　　男、中村強司、佐藤和吉、佐藤隆善、大野（丹井）道也、末石庸幸、玉木祐康、高橋
　　　　　　　（松久）幸男、山下治、吉田典雄
部　　　長　　高野竹三郎（11代部長）
監　　　督　　日比野弘
コ ー チ　　和泉武雄、小林正幸、栗本利見、中村康司、大東和美、宿沢広朗
部 員 数　　71名
夏 合 宿　　菅平（第32回）
シーズン成績　11勝1分1敗、関東大学対抗戦優勝、大学選手権準優勝
試合成績
【公式試合】
　＜対抗戦＞
　No.483　S50.10.10　○　早稲田大学　114-12　●　東京大学　東伏見　R松尾勝吾
　No.484　S50.10.25　○　　〃　　　　88-0　●　青山学院大学　水戸　R真下昇
　No.485　S50.11.2　○　　〃　　　　90-0　●　成蹊大学　東伏見　R川口貢
　No.486　S50.11.8　○　　〃　　　　86-0　●　立教大学　東伏見　R柏木君夫
　No.487　S50.11.16　○　　〃　　　　51-0　●　日本体育大学　国立競技場　R柏木君夫
　No.488　S50.11.23　○　　〃　　　　16-6　●　慶應大学　国立競技場　R真下昇
　No.489　S50.11.30　○　　〃　　　　73-0　●　筑波大学　東伏見　R安部秦人
　No.490　S50.12.7　△　　〃　　　　10-10　△　明治大学　国立競技場　R町井徹郎
　No.491　S50.12.14　○　　〃　　　　30-7　●　日本大学　東伏見　R宮井国夫（第8回交流試合）
　＜第12回大学選手権＞
　No.492　S50.12.21　○　早稲田大学　51-6　●　中京大学　国立競技場　R野々村博（1回戦）
　No.493　S51.1.2　○　　〃　　　　36-9　●　慶應大学　国立競技場　R宮井国夫（準決勝）
　No.494　S51.1.4　●　　〃　　　　7-18　○　明治大学　国立競技場　R町井徹郎（決勝）
　＜朝日学生招待＞
　No.495　S51.1.11　○　早稲田大学　62-13　●　東海学生選抜　瑞穂　R伊神勝彦（第3回朝日学
　生招待）
【準公式試合】
　S50.5.29　○　早稲田大学　38-26　●　東芝府中　府中　R不明（東芝祭招待）
　S50.6.14　●　　〃　　　　6-54　○　東京三洋　大泉　R不明（群馬県協会招待）
　S50.6.22　○　　〃　　　　18-16　●　新日鉄釜石　盛岡　R不明（岩手県協会招待）
　S50.6.29　○　　〃　　　　36-30　●　全秋田　秋田　R不明（秋田県協会招待）
★シーズンの優勝チーム★
　第46回関東大学対抗戦優勝　早稲田大学（6年連続20回目）
　　　　　〃　　　　　　　明治大学（13年ぶり13回目）
　第9回関東大学リーグ戦優勝　専修大学（3回目）
　第12回大学選手権大会優勝　○　明治大学　18-7　●　早稲田大学（明大は3年ぶり2回目）
　第13回日本選手権試合優勝　○　　〃　　　37-12　●　三菱自工京都（明大は1回目）

明治の壁に3連覇逃す

　東伏見のグラウンドへ平日の練習でも常連のファンらが多数訪れるようになったこともあり、8月に約300人を収容できる観客席を新設した。また、10月には寮に別棟の木造平屋建て約50㎡のミーティングルーム兼資料室が完成した。

　法大、日体大に代わり、長い間低迷にあえいでいた明大が復活してきた。昭和37年からの暗いトンネルをなかなか抜け出せず、この年まで早明戦で早大に13連敗という極度の不振に陥っていた。だが、笹田学、西妻多喜夫、松尾雄治らの精鋭が入学した昭和47年度の大学選手権の決勝で、渡辺貫一郎の劇的逆転トライで早稲田を降して大学日本一になった前後から、確実に往年の明治らしさを取り戻しつつあった。笹田らが4年生になったこの年は、一段と逞しさを増した強敵に成長していた。この年の早明戦は引き分けとなり、対抗戦の優勝を分け合うことになった。そして、再び無傷での対戦となった大学選手権の決勝戦で、早稲田は7－18で敗れた。北島忠治監督のもと明治復活に情熱を燃やし続けた、多くの人々の努力の積み重ねが実った。

　大学選手権決勝の早明対決は4年連続だった。FWの体力差が勝負につながった。前半3分、明大は早大のパスミスを山本がインターセプトし、松尾兄が抜けだし先制のトライ。その後も、早大はスクラムが押され気味で、SHの球出しがやや遅れ、バックスの攻撃は精彩を欠いた。35分、畠本がPGを返して3－4で折り返した。

　早大は後半20分、星野のDGが外れ逆転ならず。明大は21分、大山がインターセプトから70メートルを独走してトライ、ゴールも成功。これで勢いに乗り、35分、熊谷のサイド攻撃から井川がトライ、37分にも西妻がトライを挙げた。早大は終了間際、南川、藤原のコンビでトライを奪い一矢報いたが、笹田主将を中心

旧東伏見駅舎の版画

にした明大の堅守を崩すことはできなかった。明大は日本選手権で三菱自工京都を破り、初の日本一に輝いた。

＊　　　　　＊

我が家の旧東伏見駅舎の版画を見る度に昔の情景が浮かんでくる。駅前ロータリー正面に水泳部の飛び込み台、右にグランドへの道、パチンコ店、芳葉のある小道、喫茶店、若みや寿司、そして酒屋。反対側は寮への道の先に一面に広がるテニスコート。昼下がりの駅前は閑散としていて、グランドから吹き上がる風で、電線のピューと泣く音が耳に残る。

寮生活では、玄関脇の赤電話と寮の電話が唯一の通信手段で、娯楽施設は、1階の食堂ホールにテレビとステレオが各1台あるのみ。2・3階の居室順に食事当番があり、早起きして朝食作りを担当。朝食は丼ご飯に生卵と味噌汁が定番で、同期の某群馬県人の味噌汁はどろどろだったな……。その後登校。登校時の電車はすし詰め状態だったが、帰路はがらがらで、春の陽気でうたた寝していた時、車掌の笛の音で飛び起きた事も懐かしい。

春の練習は月・金が休みで週5日、午後2時半から。秋シーズンは月曜日のみ休みで試合時間に合わせ午後2時から開始。全体練習が約2時間、ポジション練習が約30分。開始前に全員で準備体操する事も無く、三々五々グランドに出て各自でポジション練習、ウォーミングアップした後、宿沢主将の鉄笛が響いた途端、本格練習開始。自主的かつ合理的で、早稲田に来た事を実感したものだった。1年時の部員数は45名程度。けが人がいると3本目が出来ず、本当に密度の濃い練習だった。

昭和47年入学組で最後まで残った同期は17名、大人びた浪人生9名とやんちゃな現役生7名の絶妙のベストミックス。①小久保、②大野、③片岡（S51年度卒）、④小林、⑤中村、⑥佐藤和、⑦宮本、⑧高橋、⑨淵上、⑩吉田、⑪久保田、⑫水上、⑬畠本、⑭藤原、⑮佐藤隆、Mgr玉木・末石、監督日比野弘。丁度チームを組める陣容だったが、残念ながら片岡、大野、玉木の3名が早、鬼籍に入ってしまった。ここは日比野さんに③に入ってもらい、②末石で何とかチームを維持して行きたいと考えている所である。

（末石庸幸）

第52回早慶戦

昭和50年11月23日　国立競技場

○早大16－6●慶大

▌慶大の奇策に苦戦

　対抗戦連勝記録を更新中の早稲田は、この
シーズンも安定した力を発揮し、とくに組織的
なディフェンスが安定していた。一方の慶大は
青学大、明治に敗戦を喫して4勝2敗。背水の
陣の慶大は昭和29年以来のFWをセブンにし
てセブンエイスを置く奇策に出た。

　早大は前半13分、15分、20分に畠本がPG
を決め9－0。早大は慶大のミスに助けられた
展開。慶大は7人FWが奏功し早稲田のオープ
ン攻撃を寸断。一人少ないFWは押し負けな
かった。早大は31分ラインアウトから星野、
南川、山下とつなぎ、前後半を通じ唯一のトラ
イ。後半慶大は21分早大陣22メートルのラック
からセブンエイスの高橋が早大守備陣のスキ
を抜けてトライ。早大のこのシーズンの零封試
合をストップした。慶大の反撃にスタンドは沸
いたが、早大は逆にノーサイド寸前、畠本が4
つ目のPGを成功して逃げ込んだ。慶大の奇策
に早稲田は苦しんだが、伝統の一戦にふさわし
い熱戦であった。

早大		慶大		早大		慶大	
16	－	6	1	高橋（松久）幸男	FW	1	松本　澄秀
13	前	0	2	末石　庸幸		2	成相　安信
3	後	6	3	片岡　康幸		3	川嵜　正康
1	T	0	4	小林　隆一		4	高木　満郎
0	G	0	5	橋本　裕一		5	佐藤　建
3	PG	0	6	佐藤　和吉		6	伊東　孝之
0	DG	0	7	豊山　京一		7	高橋　英二
0	T	1	8	山下　治			
0	G	1	9	辰野登志夫	HB	9	高山　嗣生
1	PG	1	10	星野　繁一		10	持田　昌典
0	DG	0	11	吉田　荘治	TB	11	中曽根　寛
16	反則	18	12	神村　哲生		12	上野　信哉

公式試合　No.488　　昭和50年度　第6試合　対抗戦

昭和50年11月23日
G 国立競技場
R 真下　昇　KO 14:30

13 南川洋一郎　13 枡谷　博明
14 藤原　優　14 永岡　章
SE　8 高橋　清広
15 畠本　裕士　FB 15 松木　弘志

第51回早明戦

昭和50年12月7日　国立競技場

△早大10－10△明大

▌史上初の引き分け

　早明戦51回目にして初めての引き分けであ
り、初めて早明が無傷で優勝を分け合った。壮
絶なゲームだった。明大の北島監督も早大の日
比野監督も「勝負はともかく早明戦らしい気迫
のこもったゲームができて満足です」と目に涙
を浮かべていた。後半25分、明大は松尾兄が
早大ゴール陣前に絶妙のハイパントをあげ、そ
のラックから左へのパス、早大の鉄壁の守りも
さすがにこと切れ、タックルが一歩おくれて井
川のトライが生まれた。34分、早大はライン
アウトからエースの藤原が右サイドから左オー
プンに走ってゴールにとびこむ。北島監督は
「藤原の執念がみのった立派なトライ」とほめ
た。日比野監督も「井川にとられたトライはど
うしようもなかった」と語るほど、両チームの
ファイトのこもったねばりがゲームを最高に盛
りあげた。

　明大の松尾兄が後半23分右隅から見事にPG
を決めたのに対し、早大は畠本、藤原、南川が
7度のPGを失敗したのが痛かった。

早大		明大		早大		明大	
10	－	10	1	小久保忠雄	FW	1	千種　昌之
3	前	3	2	末石　庸幸		2	笹田　学
7	後	7	3	高橋（松久）幸男		3	太田　正雄
0	T	0	4	小林　隆一		4	西妻多喜男
0	G	0	5	橋本　裕一		5	由佐　研一
1	PG	1	6	佐藤　和吉		6	阿刀　裕嗣
0	DG	0	7	豊山　京一		7	中村　喜一
1	T	1	8	山下　治		8	熊谷　直志
0	G	0	9	辰野登志夫	HB	9	津山　武雄
1	PG	1	10	星野　繁一		10	松尾　雄治
0	DG	0	11	吉田　荘治	TB	11	井川　芳行
9	反則	13	12	神村　哲生		12	大山　文雄

公式試合　No.490　　昭和50年度　第7試合　対抗戦

昭和50年12月7日
G 国立競技場
R 町井徹郎　KO 14:30

13 南川洋一郎　13 福本　努
14 藤原　優　14 山本　勉
15 畠本　裕士　FB 15 松尾　雄吾

昭和51年度（1976年度）　創部59年目

主　　　将　豊山京一
主　　　務　篠森健治
副 主 務　谷本幹治
委　　　員　橋本裕一、大朏政宏、星野繁一、渡部隆己
卒業年次部員　浅田智之、橋本裕一、堀健次、星野繁一、井上康、神村哲生、片岡康幸、南川洋一郎、
　　　　　　　大朏政宏、篠森健治、塩沢勝太郎、鈴木利明、辰野登志夫、豊山京一、吉田荘治
部　　　長　高野竹三郎
監　　　督　大東和美（21代監督）
コ ー チ　日比野弘、栗本利見、小林正幸、宿沢広朗、神山郁雄
部 員 数　70名
夏 合 宿　菅平（第33回）
シーズン成績　12勝1敗、関東大学対抗戦優勝、大学選手権優勝、日本選手権準優勝
試合成績
【公式試合】
　＜対抗戦＞
　No.496　S51.10.10　○　早稲田大学　20-10　●　東京大学　東伏見　R青山進午
　No.497　S51.10.17　○　〃　　　　　49-9　●　成蹊大学　秩父宮　R浅生享
　No.498　S51.10.24　○　〃　　　　　10-3　●　筑波大学　秩父宮　R富沢政雄
　No.499　S51.10.31　○　〃　　　　　49-0　●　青山学院大学　秩父宮　R川口貢
　No.500　S51.11.7　○　〃　　　　　38-14　●　日本体育大学　秩父宮　R高森秀蔵
　No.501　S51.11.13　○　〃　　　　　96-0　●　立教大学　東伏見　R富沢政雄
　No.502　S51.11.23　○　〃　　　　　46-3　●　慶應大学　秩父宮　R真下昇
　No.503　S51.12.5　○　〃　　　　　26-6　●　明治大学　国立競技場　R町井徹郎
　No.504　S51.12.12　○　〃　　　　　67-0　●　東洋大学　秩父宮　R高森秀蔵（第9回交流試合）
　＜第13回大学選手権＞
　No.505　S51.12.19　○　早稲田大学　68-6　●　中京大学　秩父宮　R辻茂樹（1回戦）
　No.506　S52.1.1　○　〃　　　　　15-13　●　慶應大学　秩父宮　R宮井国夫（準決勝）
　No.507　S52.1.3　○　〃　　　　　34-6　●　明治大学　国立競技場　R真下昇（決勝）
　＜第14回日本選手権＞
　No.508　S52.1.15　●　早稲田大学　12-27　○　新日鉄釜石　国立競技場　R町井徹郎
　＜国際試合＞
　国際45　S51.9.15　●　全早大　21-37　○　カナダBC大学　国立競技場　R野々村博　（カナダBC
　　大学来日。ナイター）
　＜全早大試合＞
　全早大31　S51.4.11　○　全早大　39-7　●　全慶大　西京極　R平井信一郎（関西早慶25周年記念）
　全早大32　S51.11.3　○　〃　　　34-24　●　全同大　長居　R森本圭（長居競技場開場記念）
【準公式試合】
　S51.5.9　●　早稲田大学　15-54　○　トヨタ自工　草薙　R不明（静岡県協会招待）
　S51.5.23　●　〃　　　　　19-23　○　東芝府中　東芝　R不明（東芝祭招待）
　S51.5.30　○　〃　　　　　46-18　●　明治大学　三ツ沢　R不明（神奈川県協会招待）
　S51.6.6　●　〃　　　　　13-14　○　新日鉄釜石　釜石　R不明（新日鉄釜石招待）
　S51.6.13　●　〃　　　　　17-42　○　東京三洋　熊谷　R不明（群馬県協会招待）
★シーズンの優勝チーム★
　第47回関東大学対抗戦優勝　早稲田大学（7年連続21回目）
　第10回関東大学リーグ戦優勝　日本大学（1回目、通算3回目）
　第13回大学選手権大会優勝　○　早稲田大学　34-6　●　明治大学（早大は2年ぶり8回目）
　第14回日本選手権試合優勝　○　新日鉄釜石　27-12　●　早稲田大学（釜石は1回目）

7　栄光からの試行錯誤（昭和50年代）　159

王座奪還とクラブの隙

　秩父宮ラグビー場のメインスタンド改築工事は、昭和48年に着工し、足かけ4年の歳月をかけて9月に完成した。総工費7億2千万円だった。収容人員は7500人からスタンドの拡張整備で1万2千人、立ち見を含めると最大2万5千人となった。

　チームは大東和美監督、豊山京一主将のコンビにバトンを預けた。全国大学選手権の準決勝で慶大に思わぬ苦戦となった。

　慶大FWが早大を圧倒、球をバックスに回し、ハイパントをあげ、早大をゴール前に釘付けにした。隙あれば、スクラムトライをと狙った。14分、富安がラックサイドを抜いて先制トライ。さらに、前半終了間際、持田がPGを決めて、7－0とリードした。

　後半、早大はやや持ち直し、12分、17分と岡本がPGを決めて1点差に迫った。しかし、慶大は28分、早大のキックをチャージしてそのままトライ、ゴールも決まり13－6とリードを広げた。残り10分ほどになり、2万人の観衆はざわめき始め、さらに、早大のバックスの要だった南川が負傷交代となった。

　34分、早大は絶体絶命のピンチから奇跡を生んだ。ラインアウトから右オープン攻撃で渡部がライン参加、慶大防御網を突破して岡本が右隅にトライ。難しい角度のゴールも決めて再び1点差に詰め寄った。さらにロスタイム。慶大は自陣で痛恨の反則。岡本が逆転サヨナラのPGを蹴り込んだ。試合後、大東監督は「勝ったのは執念というほかない。最後の6分だけが早大のラグビーというほど慶大の闘志に負けてチームプレーができなかった」。

　決勝では明大に雪辱をとげ、王座を取り戻した。対抗戦の連勝記録も続き、まだまだ早大の城は揺るぎないかに見えていた。しかし、同じ大学生同士が戦う集団ゲームである以上、勝つことが不可能ではないと同時に、勝ち続けることも可能ではない。ラグビーはライバルがあって、初めて成り立つ。このころの早稲田が、ライバルたちが毎年悔し涙を流していることを忘れ、傲り昂ぶった気持ちになっていなかったか。

　早稲田にも事件が起こった。昭和52年2月18日。ラグビー部員と水泳部OBがタクシー乗り逃げ暴行の容疑で、府中警察署に逮捕された。翌日には高野部長、大東監督、伊藤新主将、OB幹事会のメンバーらが集まって対応を協議、「1年間すべての公式戦を辞退し自粛」「本人を除籍処分」の決定をした。各方面での論議を呼び、連帯責任の良否を含めて賛否両論の渦を巻き起こした。

　3月1日に、東京地方検察庁八王子支部は元部員を容疑不十分として不起訴、水泳部OBは傷害罪で罰金10万円の略式起訴とした。この決定を受けるように早大体育局協議員会、稲門体育会、関東ラグビー協会等から自粛解除の勧告があった。7月2日に部員総会を開いて自粛期間を6か月に短縮することを決議。高野部長と、この年の6月に選任された藤井恒男OB会長が各方面に報告、7月7日の関東協会理事会は8月18日付けで部活動の自粛解除を承認した。元部員は5月に無期停学処分を解除され、OB倶楽部の除籍も8月27日に解かれて復帰することになった。

　早大の辞退によって、3月の朝日招待試合は新日鉄釜石が出場、日本代表に選ばれていた豊山、松本、星野、南川の4名が出場を辞退するなど、関係者およびファンに多大のご迷惑をかけた。

優勝杯を手にする豊山主将と大東監督

第53回早慶戦
昭和51年11月23日　秩父宮ラグビー場
○早大46－3●慶大

▎最大得点差の圧勝

　大東新監督、豊山主将率いる早稲田は対抗戦の連勝記録を着実に伸ばし、全勝で慶應と対戦。結果は完璧なゲーム運びで慶應を寄せ付けず、ノートライに押さえ、46－3という早慶戦史上最大の得点差を付けて圧勝した。

　早大は今シーズン最高といえるFW、バックス一体となったスピート攻撃で着実に加点。慶大は頼みのFWが精彩を欠き、バックスも後退を続け、ノートライの1PGに終った。早大は慶大優位と見られたスクラムで互角以上の戦いを見せ、松本、伊藤を中心に慶大SO横山にプレッシャーをかけ続け、慶大得意のキック・アンド・ラッシュ戦法を封じた。早大は18分に岡本、24分にはブラインドから吉田荘、豊山とつないで19－0。慶大は28分、持田のPGで3点を返したが、南川が強引なトライを返し、前半で勝負がついた。理想のラグビーを具現化した早大に対し、後手を踏み続けた慶大。大激戦となる大学選手権準決勝の再戦を予想できたものは誰もいなかったはずだ。

早大		慶大		早大			慶大	
46	－	3		1	井上　　康	FW	1	山城　泰介
23	前	3		2	橋本　裕幸		2	筒井　京弥
23	後	0		3	篠森　健治		3	稲木　　靖
4	T	0		4	橋本　裕一		4	高木　満郎
2	G	0		5	吉田　達也		5	佐藤　　建
1	PG	1		6	伊藤　　隆		6	荒井　哲也
0	DG	0		7	豊山　京一		7	高橋　英二
4	T	0		8	畠本　茂也		8	浜本　剛志
2	G	0		9	松本　純也	SH	9	富安　治彦
1	PG	0		10	星野　繁一		10	横山健次郎
0	DG	0		11	吉田　荘治	TB	11	四柳　芳彦
15	反則	18		12	広野　真一		12	松木　弘志
昭和51年11月23日				13	南川洋一郎		13	中曽根　寛
G 秩父宮				14	岡本　　満		14	永岡　　章
R 真下　昇	KO 14:30			15	渡部　隆己	FB	15	持田　昌典

公式試合　No. 502　昭和51年度　第7試合　対抗戦

第52回早明戦
昭和51年12月5日　国立競技場
○早大26－6●明大

▎逆転で対抗戦V7

　またも全勝対決となった早明戦。ラグビー人気は頂点に達し、「人気爆発6万人！国内試合最高！」と報道され、写真も（旧）国立競技場の聖火台までぎっしりと埋まった観客をとらえていた。

　劣勢を予想された明大のFWが頑張った。早大は4分、星野のPGで先手を取ったが、明大はスクラムで圧力をかけ自分たちのペースに持ち込んだ。33分、明大はスクラムからブラインドサイドのWTB井川が突進、FWがサポートし待望のトライを奪った。左隅から松尾がゴールを決め、前半は6－3でリードを奪った。後半に入ると早大FWが早い集散でラックを連取、明大の反則を誘った。9分と18分に岡本のPGで勝ち越し。21分には星野が40メートルのPGをドロップキックで決め、12－6とリードを広げた。早大がノートライのまま勝つと思われたが、6点差で明大の気力がそがれたのか、早大は早いテンポで攻め続け、26分に南川の快走から広野がトライ、その後も橋本幸、松本とトライを重ね、26－6でノーサイド、後半は一方的な展開で早稲田の快勝となった。

早大		明大		早大			明大	
26	－	6		1	井上　　康	FW	1	木村　和彦
3	前	6		2	橋本　裕幸		2	菊地桂吾郎
23	後	0		3	篠森　健治		3	太田　正雄
0	T	1		4	橋本　裕一		4	村瀬　　哲
0	G	1		5	吉田　達也		5	瀬川　健三
1	PG	0		6	伊藤　　隆		6	高平　信也
0	DG	0		7	豊山　京一		7	吉野　　徹
3	T	0		8	畠本　茂也		8	熊谷　直志
1	G	0		9	松本　純也	SH	9	岡嶋　修一
3	PG	0		10	星野　繁一		10	松尾　雄吾
0	DG	0		11	吉田　荘治	TB	11	井川　芳行
12	反則	12		12	広野　真一		12	大山　文雄
昭和51年12月5日				13	南川洋一郎		13	福本　　努
G 国立競技場				14	岡本　　満		14	山本　　勉
R 町井徹郎	KO 14:30			15	渡部　隆己	FB	15	只野　正人

公式試合　No. 503　昭和51年度　第8試合　対抗戦

7　栄光からの試行錯誤（昭和50年代）

第13回大学選手権決勝
昭和52年1月3日　国立競技場

○早大34 − 6●明大

■ ノートライに封じ、8度目V

準決勝で慶大から九死に一生の勝利を得た早稲田は、迷いから醒めたように溌剌とプレーをして、明治をノートライに封じた。

早大は前半6分、岡本のPGで先行。FW戦で圧倒した早大は、素早い集散で明大をかき回した。16分、再びPGを決めた後、26分には中央付近のラックから渡部がブラインドをつき、約40メートルを独走してトライ、ゴールも決まって12−0とした。

後半も早大の動きは衰えず、星野のDGをはじめ、渡部、豊山のトライなど、明大の甘い防御を次々と突破、3トライ、2ゴール、1PG、1DGを挙げた。大東監督は「すべてうまくいった。4年生が良くまとまり、いいチームに育ってくれた。勝因の第1は勝利への執念というか、集中力だった」と振り返った。

ノーサイドの笛とともに、グラウンドでは、大東監督、豊山主将らの体が何度も宙に舞い、「荒ぶる」の大合唱が響き渡った。スタンドの観衆も、手拍子で続き、その健闘をたたえていた。

第14回日本選手権試合
昭和52年1月15日　国立競技場

●早大12 − 27○新日鉄釜石

■ 釜石が7連覇へスタート

釜石の7年連続日本一の幕開けとなった。洞口、畠山、瀬川を中心とするFWが猛突進を見せて早大FWにプレッシャーをかけ、じりじりと圧迫する。潤沢なボールを松尾がパントを有効に使い、チャンスと見れば森、谷藤を走らせる。あの釜石ラグビーがグラウンドいっぱいに展開した。

前半9分、早大は岡本が中央20メートルのPGを成功。釜石は20分、松尾が20メートル右からのPGを決めて同点に。さらに24分、松尾が左35メートルのPGを決めて勝ち越し。33分にはラインアウトから松尾のハイパントで早大の渡部をつぶして、ラックから森が右スミにトライ。36分にも宮本が突進、南村が右スミにトライ。14−3とリードして折り返した。

釜石は後半22分、ラックから右に展開、松尾、森、横山、松尾、佐野とつないでトライ、松尾がゴールも決めた。さらに28分、ラックから森がトライ。早大は38分、PKから岡本が右スミに飛び込み、ゴールも決めてなんとか意地をみせた。

公式試合 No.507	昭和51年度 第13回大学選手権決勝			
早大		明大	早大	明大
34	−	6	1 井上 康 FW	1 木村 和彦
12 前		3	2 橋本 裕幸	2 菊地桂吾郎
22 後		3	3 篠森 健治	3 中谷 昌紀
1 T		0	4 橋本 裕一	4 村瀬 哲也
1 G		0	5 吉田 達也	5 瀬川 健三
2 PG		1	6 伊藤 隆	6 高平 信也
0 DG		0	7 豊山 京一	7 吉野 徹
3 T		0	8 畠本 茂也	8 熊谷 直志
2 G		0	9 松本 純也 SH	9 岡嶋 修一
2 PG		1	10 星野 繁一	10 大平 次郎
0 DG		0	11 吉田 荘治 TB	11 井川 芳行
11 反則		11	12 広野 真一	12 大山 文雄
昭和52年 1月 3日			13 神村 哲生	13 福本 努
G 国立競技場			14 岡本 満	14 山本 勉
R 真下 昇　KO 14:00			15 渡部 隆己 FB	15 松尾 雄吾

公式試合 No.508	昭和51年度 第14回日本選手権			
早大		新日鉄釜石	早大	新日鉄釜石
12	−	27	1 片岡 康幸 FW	1 佐々木 崇
3 前		14	2 橋本 裕幸	2 和田 透
9 後		13	3 篠森 健治	3 洞口 孝治
0 T		2	4 橋本 裕一	4 畠山 剛
0 G		0	5 吉田 達也	5 瀬川 清
1 PG		2	6 伊藤 隆	6 八重樫泰治
0 DG		0	7 豊山 京一	7 佐野 正文
1 T		2	8 畠本 茂也	8 宮本 政志
1 G		1	9 松本 純也 SH	9 南村 明美
1 PG		1	10 星野 繁一	10 松尾 雄治
0 DG		0	11 広野 真一 TB	11 細川 直文
12 反則		21	12 神村 哲生	12 干場日朗志
昭和52年 1月15日			13 南川洋一郎	13 森 重隆
G 国立競技場			14 岡本 満	14 横山 悟
R 町井徹郎　KO 14:00			15 渡部 隆己 FB	15 谷藤 尚文

昭和52年度（1977年度）　創部60年目

主　　　将　　伊藤隆（急性肝炎のため10月30日に交代）→松本純也
主　　　務　　谷本幹治
副 主 務　　坂口直弘
委　　　員　　橋本裕幸、畠本茂也、広野真一、市川満、加藤剛志、大谷仁司
卒業年次部員　市川満、木村康幸、小林智尚、口元洋示、松本純也、宮本光男、岡本満、大野逸雄、大
　　　　　　　谷仁司、田原洋輝、谷本幹治、徳山誠、渡部隆己、八木繁、吉田達也
部　　　長　　高野竹三郎
監　　　督　　栗本利見（22代監督）
コ ー チ　　川内聖剛、神山郁雄、大東和美、中村康司、宿沢広朗、山本巌
部 員 数　　73名
夏 合 宿　　菅平（第34回）
シーズン成績　5勝3敗、関東大学対抗戦3位、交流試合敗退
試合成績
【公式試合】
　＜対抗戦＞
　No.509　S52.10.10　○　早稲田大学　95-3　●　東京大学　秩父宮　R八木宏器
　No.510　S52.10.23　○　〃　　　　44-15　●　筑波大学　秩父宮　R松尾勝吾
　No.511　S52.10.30　○　〃　　　　64-3　●　立教大学　東伏見　R金沢
　No.512　S52.11.6　○　〃　　　　23-9　●　日本体育大学　秩父宮　R町井徹郎
　No.513　S52.11.12　○　〃　　　　16-11　●　青山学院大学　秩父宮　R松尾勝吾
　No.514　S52.11.23　●　〃　　　　17-34　○　慶應大学　秩父宮　R町井徹郎
　No.515　S52.12.4　●　〃　　　　6-17　○　明治大学　国立競技場　R真下昇
　No.516　S52.12.10　●　〃　　　　9-15　○　専修大学　秩父宮　R辻茂樹（第10回交流試合）
★シーズンの優勝チーム★
　第48回関東大学対抗戦優勝　明治大学（2年ぶり14回目）
　第11回関東大学リーグ戦優勝　日本大学（2回目、通算4回目）
　第14回大学選手権大会優勝　○　明治大学　7-6　●　慶應大学（明大は2年ぶり3回目）
　第15回日本選手権試合優勝　○　トヨタ自工　20-10　●　明治大学（トヨタ自工は9年ぶり2回目）

▎対抗戦60連勝で止まる

　監督は大東と同期で、昭和45年度に日本一になったときのプロップ栗本利見が就任し、主将には伊藤隆が選ばれた。伊藤と主務の谷本は1年間自粛の決定に動揺する部員を説得し、後輩たちの強化のために1年間捨て石となって頑張ることを誓い合った。苦しい、試練のシーズンにチャレンジしている矢先の5月、今度は伊藤主将が急性肝炎で倒れた。伊藤の心労、過労がいかに大きかったか。松本純也が主将代行を

務め、伊藤の病気が長引く見通しとなり、10月30日に正式に松本が主将に選任された。
　11月、慶大に大差で敗れ、対抗戦の連勝は60でストップした。優勝して恩返しをと、張り切っていたチームの緊張の糸が切れ、明大にも敗れた失望も重なり、専大との交流試合にも負け、初めて全国大学選手権へ出場できないことになった。
　　　　＊　　　　　　　＊
　我々の年代は、ある意味個性的な人物が多くいた。ラグビーにどっぷり浸からない、仲間で

7　栄光からの試行錯誤（昭和50年代）　163

つるまない、というまさに我が道を行くタイプが多かった。誤解があってはいけないが、ラグビーに手を抜くという意味ではなく、ラグビー以外の世界を持っている者が多くいたと理解して欲しい。それと外せない特徴は、180センチ超の選手が皆無のチビッ子軍団であったこと（笑）。周囲からは「だからお前らの時代は弱かったんだ！」と言われそうだが、一方で伊藤、松本とジャパンに送り出しており、それは同期の誇りである。

入学当初、とにかく記憶に残っているのは「しぼり」の恐怖だった。毎日、部室に行くと「きょうは大丈夫かな？」という会話から始まり、ボールの形はいいか？まだら模様になっていないか？グラウンドのラインやコーナーフラッグは真っすぐか？等々チェックし、常に戦々恐々とした気持ちでグラウンドに立っていた記憶がある。今思えば、この恐怖から較べると『世の中にこれ以上怖いものなんかない！』という心境なのは私だけではないだろう。

中でも"サンドウィッチ"は一生忘れられない。本練習を挟んで練習前練習と練習後練習という本当に理不尽な（当時）練習だと思ったが、間違いなく自分を強くしてくれた。しぼりが終わって蕎麦を食べに大村庵に行くとそこにはしぼった上級生がいて、今度は口でしぼられるという佳き時代であった。

ともかく波乱の年代だった。主将になったばかりの伊藤が病に倒れ松本へと替わる。大学4年時の公式戦出場辞退。結局、対抗戦には出場するものの1963年から続いていた早慶戦勝利が途絶えたうえ大学選手権に出場できず、など輝かしい早稲田ラグビーの歴史に汚点を残してしまった。逆にこの経験があったからこそいま後輩たちに恩返しをしたいと同期の多くがOB活動を支えてくれている。人として強く大きくしてくれた東伏見であった。

（徳山誠）

東伏見にて

第54回早慶戦
昭和52年11月23日　秩父宮ラグビー場
●早大17－34○慶大

▌対抗戦連勝、ついに止まる

　対抗戦での14連勝を含め14年間で18戦して無敗だった慶大に、34点も取られて連勝を阻まれた。慶大にしてみれば、昨年、最大得点差で敗れていた苦い記憶があった。そして、大学選手権準決勝での見違えるような大健闘、その勢いを持ち込んだかのように、ラグビールーツ校のメンツをかけて挑んできた。昭和44年度半ばから続いた8シーズンにも及ぶ早稲田の対抗戦連勝記録に終止符が打たれた。慶應はキックオフからパントでFWの出足を誘い、サイド攻撃からラック、そしてバックスへの展開と常に先手を取った。早大の甘い防御をつき小西が先制トライ。スクラムを押して、ラインアウトは8割以上を支配した。バックスも永岡を中心にのびのびと戦った。

　逆に早稲田は慶應FWのプレッシャーに浮き足立ち、ゲインラインを越えられず苦しい展開となった。長沼のPGで後半2分、4点差に迫るのが精一杯。後半はスクラムで完全にめくられる場面もあり、なすすべない印象で完敗となった。

第53回早明戦
昭和52年12月4日　神宮競技場
●早大6－17○明大

▌ノートライの完敗

　「明大15年ぶり単独王座。ワセダ無残ノートライ」こんな見出しが新聞を飾った。日体大に敗れた明大と1敗同士で優勝を決める早明戦に臨み完敗した。

　早大は3分、岡本のPGで先行。しかし、FWが明大の力強いスクラムで徐々に圧力を受けていった。24分、スクラムでフォーリングダウンの反則を取られ、橋爪のPGで同点に追い付かれた。29分にはスクラムを押され、第3列のサイドディフェンスが遅れたところを、明大の五艘に走り切られ、初トライを許した。37分には砂村にPGを決められ、で3－10と明大に流れが傾いていった。

　一進一退の攻防から後半27分、早大ボールのスクラムを押され、明大の吉野にサイドを突かれてトライを許し、11点差と開く。32分、早大は岡本のPGでスコアを詰めたが、38分、明治の砂村がPGを加えて、早大にとどめを刺す形となった。早大がノートライで敗れたのは、昭和42年対抗戦グループ発足以来、初めてのことだった。

公式試合　No.514　昭和52年度　第6試合　対抗戦

早大		慶大
17	－	34
10	前	17
7	後	17
1	T	2
0	G	0
2	PG	3
0	DG	0
1	T	3
0	G	1
1	PG	1
0	DG	0
8	反則	16

昭和52年11月23日
G　秩父宮
R　町井徹郎　KO 14:30

	早大			慶大	
1	小林	伸之	FW	1	山城	泰介
2	橋本	裕幸		2	安積	英樹
3	町田	英夫		3	水井	哲之
4	加藤	剛志		4	梶	紳二
5	吉田	達也		5	黒沢	利彦
6	畠本	茂也		6	荒井	哲也
7	石橋	寿生		7	高橋	英二
8	長沼	龍太		8	浜本	剛志
9	松本	純也	HB	9	富安	治彦
10	渡部	隆己		10	小西	雅之
11	松尾	尚城	TB	11	今岡	秀輔
12	広野	真一		12	松木	弘志
13	高平	潔		13	阿部	匡
14	岡本	満		14	中曽根	寛
15	八木	繁	FB	15	永岡	章

公式試合　No.515　昭和52年度　第7試合　対抗戦

早大		明大
6	－	17
3	前	10
3	後	7
0	T	1
0	G	0
1	PG	2
0	DG	0
0	T	1
0	G	0
1	PG	1
0	DG	0
6	反則	18

昭和52年12月4日
G　国立競技場
R　真下 昇　KO 13:20

	早大			明大	
1	田原	洋輝	FW	1	木村	和彦
2	橋本	裕幸		2	菊地桂吾郎	
3	町田	英夫		3	太田	正雄
4	加藤	剛志		4	瀬川	健三
5	吉田	達也		5	瀬下	和夫
6	畠本	茂也		6	高平	信也
7	長沼	龍太		7	吉野	徹
8	加藤	俊久		8	五艘	映洋
9	松本	純也	HB	9	岡嶋	修一
10	日下	稔		10	砂村	光信
11	松尾	尚城	TB	11	上林	整
12	広野	真一		12	竹沢	恒幸
13	小林	智尚		13	金谷	福身
14	岡本	満		14	藤本	昌弘
15	渡部	隆己	FB	15	橋爪	利明

昭和53年度（1978年度）　創部61年目

主　　将　　橋本裕幸
主　　務　　坂本典幸
委　　員　　畠本茂也、広野真一、加藤剛志、松尾尚城、高平潔
卒業年次部員　安藤公一、橋本裕幸、畠本茂也、広野真一、石橋哲也、伊藤隆、加藤剛志、小林伸之、
　　　　　　　松尾尚城、坂口直弘、佐藤勲、杉山陽彦、土屋勝、高平潔、渡辺孝
部　　長　　高野竹三郎
監　　督　　白井善三郎
コ ー チ　　新井茂裕、日比野弘、平岡惟史、神山郁雄、中村康司、津留崎鉄二、梅井良治
部 員 数　　99名
夏 合 宿　　菅平（第35回）
シーズン成績　6勝4敗、関東大学対抗戦5位、大学選手権1回戦敗退
試合成績
【公式試合】
　＜対抗戦＞
　No.517　S53.10.1　　○　早稲田大学　90-3　　●　東京大学　　東伏見　　R柏木君夫
　No.518　S53.10.10　○　　〃　　　　24-8　　●　帝京大学　　東伏見　　R宮井国夫
　No.519　S53.10.21　○　　〃　　　　26-4　　●　青山学院大学　秩父宮　　R高森秀蔵
　No.520　S53.10.28　●　　〃　　　　17-22　○　筑波大学　　秩父宮　　R辻茂樹
　No.521　S53.11.5　　○　　〃　　　　9-7　　●　日本体育大学　秩父宮　　R高森秀蔵
　No.522　S53.11.11　○　　〃　　　　62-7　　●　立教大学　　東伏見　　R大島義彦
　No.523　S53.11.23　●　　〃　　　　4-22　　○　慶應大学　　秩父宮　　R真下昇
　No.524　S53.12.3　　●　　〃　　　　16-23　○　明治大学　　国立競技場　R八木宏器
　No.525　S53.12.9　　○　　〃　　　　26-15　●　国士館大学　秩父宮　　R八木宏器（第11回交流試
　　　　合、筑波大辞退のため早大が出場）
　＜第15回大学選手権＞
　No.526　S53.12.24　●　早稲田大学　15-36　○　同志社大学　花園　　R野々村博（1回戦）
　＜国際試合＞
　国際46　S53.5.13　　○　早稲田大学　29-26　●　壇國大学　　ソウル　　R金榮福（以下、韓国遠征）
　国際47　S53.5.17　　●　　〃　　　　17-52　○　延世大学　　ソウル　　R孫斗玉
　国際48　S53.5.19　　●　　〃　　　　3-16　　○　高麗大学　　ソウル　　R不明
　＜全早大試合＞
　全早大33　S54.2.18　○　全早大　26-0　　●　全慶大　　秩父宮　　R三野紀雄（慶大NZ壮行試合）
　全早大34　S54.3.17　○　　〃　　32-13　●　全長崎　　長崎市営　　R川崎重雄（長崎県協会招待）
【準公式試合】
　S53.6.18　○　早稲田大学　33-7　　●　全北海道　　函館　　R不明（北海道遠征）
　S53.6.21　○　　〃　　　　126-0　●　全十勝　　馬事公苑　　R不明（同上）
　S53.6.23　○　　〃　　　　47-0　　●　住友石炭赤平　馬事公苑　　R不明（同上）
　S53.6.25　○　　〃　　　　68-6　　●　全北海道学生　函館　　R不明（同上）
　S54.2.11　○　　〃　　　　43-16　●　全日川　　山梨県営　　R不明（山梨県協会招待）
★シーズンの優勝チーム★
　第49回関東大学対抗戦優勝　日本体育大学（9年ぶり2回目）
　第12回関東大学リーグ戦優勝　国士館大学（1回目）
　第15回大学選手権大会優勝　○　日本体育大学　22-3　●　明治大学（日体大は9年ぶり2回目）
　第16回日本選手権試合優勝　○　新日鉄釜石　24-0　●　日本体育大学（新日鉄釜石は2年ぶり2回目）

5位からの代打出場

　私が主将に任命されたのは、まだ日本選手権も行われていない1月8日の事であった。前年、交流戦で専大に敗れた後、日本選手権前に新体制が発足したのは危機感の表れに他ならなかった。新委員で話し合い、白井善三郎先輩に3度目の監督就任をお願いした。（2月1日就任）。春季練習当初には東京五輪で最終聖火ランナーを務められた坂井義則氏に走り方の基本を、FWコーチの梅井先輩には上半身裸になりパックと姿勢重視のスクラムを、BKコーチの新井先輩には毎週京都から駆けつけて頂きパスやステップの基本を伝授して頂いた。春季練習は基本プレーと走り込みを徹底して行ったと記憶している。この期間、創立60周年として5月7日に盛大に式典を行ったほか、5月12日から20日まで韓国遠征を断行した。親善試合とは名ばかりで徴兵帰りの年上選手に削られる経験を積んだ。その結果、春の早明練習試合（5月28日八幡山）は27-12で快勝。6月17日から26日まで北海道遠征（全北海道、全十勝、住友石炭赤平、全北海道大学選抜）も快勝し春のシーズンを終えた。

　夏合宿は8月22日からの15日間。例年の3部練習から2部練習に変更。起床と同時にいきなり早朝練習開始、午前10時半頃"第一食"午後2時頃からの練習が終わった後、19時半頃から"第二食"この年の全日本の合宿で試みたものを採用したものだが、後に明治も同じシステムを採用していたことがわかり驚いた。

　菅平から東伏見に戻りシーズンまじかの9月16日、60周年物故者慰霊祭が大隈講堂小講堂で、追悼懇談会が大隈会館で厳かに行われた。

　対抗戦初戦は10月1日東大戦（東伏見）圧勝のスタートを切った。2戦目帝京大戦（東伏見、10日）は泥田の中、苦戦しながらも勝利。後半26分、相手ゴール前オフサイドからスクラムを選択しトライを奪う。「珍事！戦後初、戦前にも記憶になし」（日刊スポーツ）「あれっ？FWのワセダ」（スポニチ）の見出しが躍った。FWはメンバーも固定し仕上がりを感

じていた。しかし、バックスはこのころから故障者が続出する。青学戦（秩父宮、21日）ではバックスの主力3人が欠場。FWのまとまりと3トライをあげたWTB松尾の好走でなんとか青学を振り切った。ベストメンバーを組めないまま臨んだ筑波戦（秩父宮、28日）後半11分、オープンパントを追った筑波WTB浅見がインゴールでFB日下（3年）のボールを奪い逆転のトライ。その後ゴール前のミスで自滅の敗戦。早稲田は創部53年目の筑波大に初の白星を献上してしまう。

　11月に入りこの年大学最強FWと言われた日体大戦（秩父宮、5日）。前週、慶應FW相手に後半スクラムからの認定トライを奪い7年ぶりに勝利した日体大。前半早々評判通りFWの力を見せてきた。ファーストスクラムマイボール、早稲田FWは姿勢が崩れぬままに数メートルも押される。秩父宮の芝にスパイクポイントの軌跡がくっきりと刻まれた。その後も終始ゴール前にハイパントを上げ、FWラッシュを仕掛けてくる日体大。必死の防戦が続く。6-7で迎えた後半37分、ラインアウトのオブストラクションから得た日体大陣左中間40メートルでのペナルティー。「行けるか？」と聞いた私にNo8の長沼（2年）は大きく肯いた。低い弾道を描いたボールはゴールポストのクロスバーギリギリに吸い込まれた。PG3本での薄氷の勝利であった。

　対抗戦5位。史上初めて交流戦出場権を失う結果となった。翌日の新聞見出しは「早大フィフティーン"屈辱の日"」（スポ日）、「早大　地位も名誉も失う」（報知）、「交流試合"失格"」（産経）の見出しが並んだ。チームは早明戦に敗れた時点で来季を目指す新体制に切り替わり、3日間休養後の7日から4年生も参加し、早くも来シーズンに向け3年生以下と練習を再開した。ところが、翌8日の午前、白井監督から委員が緊急招集された。「筑波大学の運動部員が茨城県議会選挙不在者投票に於いて集団買収投票に加担、その中にラグビー部員も多く含まれており直前ではあるが交流戦出場を辞退する事になった。今朝、関東協会から早稲田に代打出

7　栄光からの試行錯誤（昭和50年代）　167

場要請が来た」と言う説明がされた。「裕幸やるか？」と白井監督に問われた。故障者も多くベストメンバーを組むことなど不可能、もし代打出場して負ける様な事があれば……という気持ちが一瞬よぎったが、一度死んだチームがまだラグビーが出来るチャンスに賭けたい「是非やらせて下さい！」と答えた。1年前不祥事で公式戦を辞退した早稲田が今度は他校の不祥事による代打出場。妙なめぐり合わせであるが、当時はそんなことを考える余裕すらなかった。練習はきょう1日しかできない。グランドに向かいながら白井監督とメンバー編成を考えた。その夜、筑波大の首藤主将より寮に電話を貰った。お詫びと激励……筑波大の分までやらなければならないと思うと震えが止まらなかった事を思い出す。

交流戦、国士舘大（秩父宮9日）はリーグ戦1位通過校。前半PGをたて続に決められ苦戦したがFWの頑張りに加え、負傷者に変わり出場したSO延命、CTB大竹、田尻の三人衆が期待以上に活躍してくれた。後半17分、勝ち越しのトライはWTB松尾からFL伊藤がフォローした後リターンを受けた大竹がインゴールにダイビングトライ。五転したゲームに決着をつけた。代打出場の交流戦は逆転で勝利する事ができた。一度死んだチームは2年ぶりに大学選手権の切符を手にする事となった。

大学選手権1回戦は同志社大（花園、24日）。この年、カンタベリー大元主将のホクリー氏を招きモールプレーに磨きをかけていた。秋の定期戦では慶應に41－15（9/24）、明治に26－18（9/22）と勝利。"西の怪物"と言われた林敏之の加入もあり関西リーグ戦では断トツの1位。対する早稲田は不動のFWに、SOに国士舘戦出場の延命、CTBは早明戦で負傷復帰した高平と国士舘戦活躍の大竹、CTB広野も復帰しWTB、WTB松尾をFBで起用する布陣で臨んだが、前半早々長沼のPGが決まらない。それでも0－9の試合を長沼のPGと広野の快走で追いつき12－9とリードして前半終了。しかし後半インゴールにけりこまれたボールは、追うWTB石橋の前でバウンドが変わり同志社WTB芳森の胸の中へ……逆転した同志社の徹底したサイド攻撃、パワーラグビーの前に防御網は寸断され最後まで流れを戻すことは出来なかった。

大学選手権で初優勝した日体大に唯一、土を付けたのは早稲田。対抗戦5位という不名誉な記録をつくるも代打出場で交流戦を突破した早稲田。故障者が多く最後までベストメンバーが組めなかった事が悔やまれるが、それも私の至らなさであったと今は反省している。波乱万丈の60周年シーズンはこうして幕を下ろした。

（橋本裕幸）

北海道遠征

第55回早慶戦
昭和53年11月23日　秩父宮ラグビー場
●早大4－22○慶大

▌16年ぶりの連敗

　昨年に続き連敗を喫した。慶大戦の連敗は昭和36、37年以来のことだった。

　早大は前半10分、ライン攻撃から松尾が先制のトライを奪った。慶大のスキをついたが、この後はほとんどチャンスがなかった。散発的にライン攻撃を仕掛けても抜き切れない。FWの集散も悪く、連続攻撃ができなくては完敗もしかたなかったか。

　慶大は浜本を軸にFW第3列の動きがよかった。前半こそつめが甘かったが、後半一気に攻めたてた。5分、ラインアウトから左に回し、今岡がゴール前でつかまったが、フォローした荒井のトライで7－4と逆転。17分は出足で勝って相手をつぶし、ラックから渡部がトライ。23分には阿部がPGを決め、35分にも今岡がトライ、ゴールも決まって、早大の反撃意欲をそいだ。

　早大は筑波大戦に続く2敗目で、早明戦を残して交流戦出場が厳しくなってきた。橋本主将は「明大に負ければうちが不利になるでしょう。もうあとがないという気持ちでやります」と話した。

早大		慶大
4	－	22
4	前	3
0	後	19
1	T	0
0	G	0
0	PG	1
0	DG	0
0	T	3
0	G	2
0	PG	1
0	DG	0
13	反則	11

公式試合　No.523　昭和53年度　第7試合　対抗戦

昭和53年11月23日
G 秩父宮
R 真下　昇　KO 14:00

	早大			慶大
1	小林　伸之	FW	1	山城　泰介
2	橋本　裕幸		2	井口　兼市
3	町田　英夫		3	水井　哲之
4	加藤　剛志		4	梶　紳二
5	金澤　聡		5	黒沢　利彦
6	伊藤　隆		6	荒井　哲也
7	畠本　茂也		7	渡部　政和
8	長沼　龍太		8	浜本　剛志
9	奥脇　教	HB	9	富安　治彦
10	坂口　直弘		10	小西　雅之
11	松尾　尚城	TB	11	今岡　秀輔
12	広野　真一		12	阿部　匡
13	高平　潔		13	中曽根　寛
14	石橋　哲也		14	大高　貞樹
15	大沢　健吾	FB	15	永岡　章

第54回早明戦
昭和53年12月3日　国立競技場
●早大16－23○明大

▌善戦も力負け

　日体大が既に優勝を決め、優勝のかからない早明戦となった。ところが例年通りの大観衆で、国立競技場は熱気で溢れた。早大FWの健闘で、あと一歩で勝利を収める大接戦を、明大が地力で後半はね返す内容は見応えがあった。

　早大は前半11分、テンポの速い攻撃で明大を圧倒、大沢から石橋哲と渡り右隅にトライ。長沼が難しい角度からゴールを決めて6－0とリード。明大は浮き足立った。パスミスを早大の広野が引っ掛け、伊藤が拾いゴール前まで迫った。右に高平がノーマークでフォローしていたが、惜しくも大歓声で声が届かなかったか。前半は早大が2点リードで折り返した。

　後半も早大の勢いは衰えなかった。高平が起点となり、そこからの揺さぶりで、坂口－石橋哲でトライ。この後、明大はラインアウトから砂村が、かぶり気味の防御の内側を突いてトライを奪って追いついた。粘る早大は長沼のPGで16－17と1点差に追いつめた。しかし後半30分、明大は瀬川の豪快なプレーから遠藤がトライを奪い、熱戦に終止符を打った。

早大		明大
16	－	23
9	前	7
7	後	16
1	T	1
1	G	0
1	PG	1
0	DG	0
1	T	3
0	G	2
1	PG	0
0	DG	0
8	反則	6

公式試合　No.524　昭和53年度　第8試合　対抗戦

昭和53年12月3日
G 国立競技場
R 八木宏慈　KO 14:30

	早大			明大
1	小林　伸之	FW	1	木村　和彦
2	橋本　裕幸		2	和田　哲
3	町田　英夫		3	中谷　昌紀
4	加藤　剛志		4	瀬川　健三
5	金沢　聡		5	河瀬　泰治
6	伊藤　隆		6	内田　雄二
7	畠本　茂也		7	遠藤　敬治
8	長沼　龍太		8	瀬下　和夫
9	奥脇　教	HB	9	岡嶋　修一
10	坂口　直弘		10	砂村　光信
11	松尾　尚城	TB	11	渡辺　登
12	広野　真一		12	渡辺　和男
13	高平　潔		13	金谷　福身
14	石橋　哲也		14	牧　正男
15	大沢　健吾	FB	15	橋爪　利明

交代　早大：石橋寿生（畠本）、延命泰雄（坂口）

昭和54年度（1979年度） 創部62年目

主　　　将　金澤聡
副 主 将　日下稔
主　　　務　坂本典幸
委　　　員　石橋寿生、町田英夫、長沼龍太、大竹由紀、奥脇教
卒業年次部員　赤崎光男、千原成記、平田義男、石橋寿生、金澤聡、加藤俊久、日下稔、門馬久雄、岡宏、大澤健吾、大竹由紀、坂本典幸、田尻達美、玉井恵介、山内明、山下雅啓、吉川裕二
部　　　長　高野竹三郎
監　　　督　白井善三郎
コ ー チ　藤井雅英、神山郁雄、松元秀雄、中村康司、津留崎鉄二、山本巌
部 員 数　87名
夏 合 宿　菅平（第36回）
シーズン成績　9勝2敗、関東大学対抗戦2位、大学選手権準決勝敗退
試合成績
【公式試合】
　＜対抗戦＞
　No.527　S54.10.7　　○　早稲田大学　84-0　● 東京大学　秩父宮　R高森秀蔵
　No.528　S54.10.14　○　　〃　　51-10　● 帝京大学　東伏見　R辻茂樹
　No.529　S54.10.21　○　　〃　　40-3　● 青山学院大学　秩父宮　R池原清
　No.530　S54.10.27　○　　〃　　47-6　● 立教大学　東伏見　R真下昇
　No.531　S54.11.3　　○　　〃　　18-10　● 日本体育大学　秩父宮　R真下昇
　No.532　S54.11.10　○　　〃　　17-0　● 筑波大学　秩父宮　R八木宏器
　No.533　S54.11.23　○　　〃　　15-3　● 慶應大学　秩父宮　R真下昇
　No.534　S54.12.2　　●　　〃　　6-16　○ 明治大学　国立競技場　R八木宏器
　No.535　S54.12.9　　○　　〃　　19-7　● 大東文化大学　秩父宮　R真下昇（第12回交流試
　　　　合）
　＜第16回大学選手権＞
　No.536　S54.12.22　○　早稲田大学　27-14　● 中京大学　秩父宮　R真下昇（1回戦）
　No.537　S55.1.1　　●　　〃　　12-17　○ 同志社大学　秩父宮　R八木宏器（準決勝）
　＜国際試合＞
　国際49　S54.6.24　●　全早大　19-55　○ 高麗大学　ソウル　R不明（以下、韓国遠征）
　国際50　S54.6.26　●　　〃　　15-24　○ 延世大学　ソウル　R金相国
　＜全早大試合＞
　全早大35　S54.4.1　●　全早大　6-26　○ 三菱自工京都　石川根上　R山禄秀司（石川県協会招
　　　　待）
　全早大36　S55.2.3　　○　　〃　　34-12　● 全慶大　秩父宮　R富沢政雄（第1回全早慶明）
　全早大37　S55.2.17　●　　〃　　18-35　○ 全明大　秩父宮　R高森秀蔵（同上）
【準公式試合】
　S55.2.10　○ 早稲田大学　26-22　● 全日川　甲府　R不明（山梨県協会招待）
★シーズンの優勝チーム★
　第50回関東大学対抗戦優勝　明治大学（2年ぶり15回目）
　第13回関東大学リーグ戦優勝　法政大学（7年ぶり6回目、通算10回目）
　第16回大学選手権大会優勝　○ 明治大学　6-3　● 同志社大学（明大は2年ぶり4回目）
　第17回日本選手権試合優勝　○ 新日鉄釜石　32-6　● 明治大学（新日鉄釜石は2年連続3回目）

3年ぶりの正月越え

1979年2月、例年より早く春シーズンが始動した。

我が学年は、1年時大学選手権優勝、2・3年時、正月を超えられずと勝者と敗者を経験した。その中で迎えた最終学年。どん底か復活か？主将に任命された私は、前年から多くのレギュラーが卒業し、更に厳しいシーズンを迎えるだろうとOBから多種多様のアドバイスを頂いた。そして覚悟を決めた。「必ず勝つ！」

そしてゲームは日下副将、グランド外は坂本主務にマネジメントを任せた。

各委員には各ポジションのスキル向上と後輩指導を依頼した。また共に戦う5年生の加藤俊久さんにも多方面から支えになってもらった。そして始まった春シーズンは、連戦連敗。主将、副将、委員のケガもあったがチーム力は上がらなかった。この2年以上の低迷も予想されるほどだった。

春シーズンの振り返りを行い素直に向き合った。そして白井監督、梅井コーチ、山本巌コーチに導かれ今までにない夏の強化計画を実行した。FWのプロレス合宿、2度に渡る菅平合宿。そしてチームが大きく変わった。FWは、恐れず巨漢にタックルする気持ちと体。そして自らを追い込んで体作りをする習慣。BKは早くかつ正確なポジショニングそしてミスをしない集中力に基づいたパススキル。泥田のグランドでも走りきる粘り。その中で成長してきた1年生（本城・吉野・津布久）や後輩達。あがく4年生。

最初のヤマ場は岩出主将率いる前年度大学チャンピオン日体大である。ゲバ評を覆し劇的な逆転勝ち。その後、2年間負け続けていた筑波大、慶大に勝ち、3年ぶりに全勝同士の早明戦を迎えた。

当時、（旧）国立競技場の有料入場者数過去最高の5万5千人の大観衆の中、競り負けた。その後勝ち進み久々に全国大学選手権の準決勝へ。東伏見寮での年末年始は、クリスマスパーティーや餅つきなどのイベントが懐かしく、後輩達も初めてで新鮮に感じてくれたようだ。

決戦に向け安堵した気持ちと大きなチャンスを掴んだ事により心技体、充実した準備をすることが出来た。そして最後の試合は、準決勝の同大戦。今シーズンのベストゲームだったと自負している。もっとこのチームで試合をしたいと思った。しかし、早稲田の復活はならなかった。しばらくの間、もぬけの殻のような時間を過ごした。監督はじめ指導陣の期待に応えられなかった無念。試合に出られなかった4年生はじめ部員達を荒ぶるへ導けなかった何ともいえない敗北感。

どん底と一瞬の輝き、そして後輩に繋ぐかのような流星の尾。百年の歴史の中で流れ星のようだった我々の学年であった。

我々は、100周年の年に還暦ブレザーを頂きます。早稲田ラグビーでの教訓を胸に、社会での荒ぶるを目指し皆、頑張ってまいりました。早稲田ラグビーに感謝しています。　（金澤聡）

第56回早慶戦

昭和54年11月23日　秩父宮ラグビー場

○早大15 - 3●慶大

▌前半リード守り切る

　この年、早稲田の救世主になったのは本城、吉野、津布久の新人三羽烏だった。2年目の白井監督はこの3人に早稲田バックスの立て直しを託し、シーズン当初からレギュラーに抜擢した。優勝候補の日体大に後半37分に逆転勝ちしたが、FB津布久のライン参加からトライして同点に追い付き、左隅からの難しいゴールを本城が決めたものであった。

　早慶戦は悪コンディションで、FW戦となったが、スクラムで劣勢の早大は、奥脇、本城のハーフ団が長短のキックを有効に使った。中盤から慶大FWの激しい突進でゴール前にクギ付けにされた早大は、ピンチを脱出した後、29分に本城のPGでようやく先行した。34分には本城の40メートルの地域を挽回する好タッチキック、そのラインアウトから本城がタテに強引に突進してトライを挙げた。39分には慶大ゴール前のスクラムくずれから、奥脇が飛び込んで15-0とした。早稲田は後半無得点に抑えられたものの、相手を1PGに抑え、3季ぶりに慶大を降した。

公式試合　No.533			昭和54年度　第7試合　対抗戦				
早大		慶大	早大			慶大	
15	-	3	1 町田　英夫	FW	1	畑生　恵司	
15	前	0	2 佐伯　誠司		2	水谷　重夫	
0	後	3	3 高野敬一郎		3	緒方　研三	
2	T	0	4 加藤　俊久		4	林　邦彦	
2	G	0	5 金澤　聡		5	東山　勝英	
1	PG	0	6 梶原　敏補		6	根岸　章	
0	DG	0	7 石橋　寿生		7	渡部　政和	
0	T	0	8 長沼　竜太		8	荒牧　滋美	
0	G	0	9 奥脇　教	HB	9	桜井　靖二	
0	PG	1	10 本城　和彦		10	市橋　豊	
0	DG	0	11 大沢　健吾	TB	11	大高　貞樹	
16	反則	13	12 日下　稔		12	阿部　匡	
昭和54年11月23日			13 吉野　俊郎		13	塚田　治伸	
G 秩父宮			14 大竹　由紀		14	四津　雅人	
R 真下　昇　KO 14:00			15 津布久　誠	FB	15	中川　龍士	

第55回早明戦

昭和54年12月2日　国立競技場

●早大6 - 16○明大

▌後半に一矢

　3年ぶりの全勝対決。しかし、新人三羽烏の勢いも、明治の圧倒的なパワーには通じなかった。明治は前半9分、砂村のPGで先制。モールからサイド攻撃、オープン攻撃と連続で攻めたてる。早稲田は必死のタックルで凌ぐのが精一杯だった。一度、明治のパスミスから相手陣深くへ攻め込んだが、逆襲されて自陣ゴール前に釘付けにされた。ゴール前スクラムからの相手の再三の攻めを早稲田は凌ぎ、このまま前半終了かと思われた。38分、明治はラインアウトのモールからブラインドを突き、河瀬が強引にトライ。ここが勝負のポイントとなった。

　後半、早大陣30メートルのスクラムから明治にパスミスが出たが、思い切り前へ出た早稲田防御陣が逆を取られた。明治の砂村はこぼれ球に走り込み、鋭いステップで早稲田防御網をかわしトライ。早稲田も吉野のポイントから、奥脇が、ブラインドに走り込んだ本城に好パスを送り、右隅に飛び込んでなんとか一矢報いた。

公式試合　No.534			昭和54年度　第8試合　対抗戦				
早大		明大	早大			明大	
6	-	16	1 町田　英夫	FW	1	梨本　清隆	
0	前	7	2 佐伯　誠司		2	藤田　剛	
6	後	9	3 高野敬一郎		3	中谷　昌紀	
0	T	1	4 加藤　俊久		4	川地　光二	
0	G	0	5 金澤　聡		5	河瀬　泰治	
0	PG	1	6 梶原　敏補		6	岸　直彦	
0	DG	0	7 石橋　寿生		7	遠藤　敬治	
1	T	1	8 長沼　龍太		8	瀬下　和夫	
1	G	1	9 奥脇　教	HB	9	窪田　穣	
0	PG	1	10 本城　和彦		10	砂村　光信	
0	DG	0	11 大沢　健吾	TB	11	平井　一明	
7	反則	8	12 日下　稔		12	渡辺　和男	
昭和54年12月2日			13 吉野　俊郎		13	金谷　福身	
G 国立競技場			14 大竹　由紀		14	坂本　龍二	
R 八木宏器　KO 14:35			15 津布久　誠	FB	15	橋爪　利明	

昭和55年度（1980年度）　創部63年目

主　　将	奥脇教
副 主 将	長沼龍太
主　　務	宇田川岳志
委　　員	高野敬一郎

卒業年次部員　荒木博和、安藤豊、延命泰雄、今井敏行、岩崎有恒、垣内克彦、小暮和弘、町田英夫、中村俊久（専）、長沼龍太、西嶋真司、奥克彦*、奥脇教、鬼沢俊昭、敷田寿則、関島龍三郎、高野敬一郎、寺田ゆう

部　　長	高野竹三郎
監　　督	橋本晋一（23代監督）
コ ー チ	浜野政宏、日比野弘、神山郁雄、中村康司、佐野厚生、辰野登志夫
部 員 数	85名
夏 合 宿	菅平（第37回）
シーズン成績	6勝1分2敗、関東大学対抗戦3位、交流試合敗退

試合成績

【公式試合】

＜対抗戦＞

No.538	S55.10.5	○	早稲田大学	47-16	●	東京大学	秩父宮	R里岡勝郎
No.539	S55.10.12	○	〃	46-6	●	帝京大学	秩父宮	R富沢政雄
No.540	S55.10.19	○	〃	31-17	●	青山学院大学	秩父宮	R今岡俊輔
No.541	S55.10.25	○	〃	57-0	●	立教大学	秩父宮	R斉藤直樹
No.542	S55.11.2	○	〃	36-0	●	日本体育大学	秩父宮	R高橋孝
No.543	S55.11.16	○	〃	40-4	●	筑波大学	秩父宮	R柏木君夫
No.544	S55.11.23	△	〃	16-16	△	慶應大学	秩父宮	R真下昇
No.545	S55.12.7	●	〃	18-33	○	明治大学	国立競技場	R高森秀蔵
No.546	S55.12.14	●	〃	9-40	○	専修大学	秩父宮	R八木宏器（第13回交流試合）

＜全早大試合＞

全早大38	S56.2.1	○	全早大	15-13	●	全慶大	秩父宮	R高森秀蔵（第2回全早慶明）
全早大39	S56.2.8	●	〃	21-37	○	全明大	秩父宮	R八木宏器（同上）

【準公式試合】

S55.9.20	●	早稲田大学	19-32	○	神戸製鋼	神戸中央	R里岡勝郎（兵庫県協会招待）

★シーズンの優勝チーム★

第51回関東大学対抗戦優勝　慶應大学（23年ぶり6回目）

第14回関東大学リーグ戦優勝　法政大学（2年連続7回目、通算11回目）

第17回大学選手権大会優勝　○ 同志社大学　11-6　● 明治大学（同大は1回目）

第18回日本選手権試合優勝　○ 新日鉄釜石　10-3　● 同志社大学（新日鉄釜石は3年連続4回目）

▌専大にまた涙

監督にターザンこと、橋本晋一が登場して話題を呼んだ。奥脇教主将によると「優しく、暖かい人だった」。あまり怒らなかったが、主将

には苦い思い出がある。春、U23日本代表でNZへ遠征した。1ヶ月ほどチームを空けたが、手紙は出さず、連絡を取らなかった。今とは通信事情も違った。それでも、「常識だろう。大人の対応をしろ」と戻って来るなり、たしなめ

られた。大事なことに気づかされた。

　対抗戦は早慶戦を迎えるまで万全の試合ぶりだったが、それが落し穴だった。早慶戦ではスクラムに欠陥があり、スクラムトライを許した。ここで早稲田の悪い面が出たのか。早明戦に向けて、持てる力を出し切ることだけを考えれば良かったが、こんなスクラムでは明治にはとても勝てないと、東芝府中の胸を借りてスクラムを強化しようとした。これが裏目に出て、かえってバラバラになってしまった。不安が的中して早明戦には大敗。遂にスクラムだけでなくチームまでバラバラになり、交流試合でまたしても専大に敗れた。9－40という屈辱的なスコアだった。早稲田は個人の力で戦うチームではなく、組織で試合をする。それだけに、どんな力の差があるときでも必死に、全力で戦い、大学相手の試合では一方的な大敗をしないと思われていた。最後に信じられない崩れ方をした、悔いの残る年となった。最上級生のレギュラーが奥脇と長沼の2人だったこともチーム作りを難しくした。

　奥脇は卒業後の1983年、日本代表のウェールズ遠征に参加した。そこで、大学2年の夏から別々の道を歩むことになった同期と再会した。「途中でやめたから、本当はお前には会えないんだけど……」外務省に入り、オックスフォード大に留学していた奥克彦は言った。「いいじゃないか。お互い夢を追いかけてきたんだから」。ロンドンだったか、カーディフだったか。奥脇は場所こそ思い出せないが、交わした言葉をはっきり覚えている。

　2年の時の菅平合宿、奥は「山を下りる」と言い出した。大型FBとして将来嘱望されていた。もちろん、同期は止めたが、外交官を目指す決意は固かった。寮生ではなく、東伏見の線路脇のアパートに住んでいた。奥脇らはドイツ語を教わりによく通ったという。

　2003年、奥はイラクで凶弾に倒れた。副将の長沼龍太が逝ったのは2012年。早明戦前日、同期は2人のお墓を参った後、当時を思い出しながら盃を酌み交わすことにしている。

（奥脇教）

第57回早慶戦
昭和55年11月23日　秩父宮ラグビー場
△早大16－16△慶大

▎引き分けが相応しい熱戦

　慶應は明治を降し全勝優勝をかけて早稲田に挑んできた。6年ぶりの早慶全勝対決に秩父宮は大盛況、観衆2万5千人は当時の早慶戦史上最多となった。

　前半は早稲田のペースだった。本城が2つのPGを決め、9分にはこぼれ球を奥脇－浜本－本城とつないでトライ。30分、5回耐えたゴール前スクラムを押し込まれたが、前半を10－7で折り返した。

　早大は後半6分、本城のDGが右に逸れたが、あきらめずに追いかけた中川が執念で押さえ、本城のゴールも決まり、16－7と優位に立った。ところが無敗の慶應には地力があり、阿部のPGで6点差とした。ここから、慶應の猛攻が執拗に続いた。権正を中心にラックを連取し、ついに清原が飛び込んでトライ。ゴールも決まり16－16の同点。この後も早稲田をゴール前に釘付けにしたが、早稲田も凌ぎ切った。そして、ノーサイド。引き分けに相応しい熱戦だった。この頃からラグビー人気が上昇していくのを実感した試合でもあった。

公式試合　No.544　昭和55年度　第7試合　対抗戦

早大		慶大		早大			慶大	
16	－	16		1	町田　英夫	FW	1	畑生　恵司
10	前	7		2	佐伯　誠司		2	清原　定之
6	後	9		3	高野敬一郎		3	緒方　研三
1	T	1		4	杉崎　克己		4	東山　勝英
0	G	0		5	寺林　努		5	平島　健右
2	PG	1		6	梶原　敏補		6	渡部　政和
0	DG	0		7	長沼　龍太		7	荒牧　滋美
1	T	1		8	益子　俊志		8	権正　徳之
1	G	1		9	奥脇　教	HB	9	柳田　琢二
0	PG	1		10	本城　和彦		10	中川　龍士
0	DG	0		11	浜本　哲治	TB	11	上野　精一
11	反則	9		12	津布久　誠		12	阿部　匡
昭和55年11月23日				13	吉野　俊郎		13	柴田　勝浩
G　秩父宮				14	中川　俊一		14	氏家　俊明
R　真下　昇　KO 14:00				15	安田　真人	FB	15	市橋　豊

第56回早明戦
昭和55年12月7日　国立競技場
●早大18－33○明大

▎ノーホイッスルトライに屈す

　全勝対決の早慶戦に引き分けた早稲田だが、終始圧力を掛けられた疲労が残っていた。一方、慶應に敗れていた明治はスクラムに全てをかけてきた。明治はスクラムで早稲田を圧倒。前半1分、6分砂村のPGで明大は6－0と先手を取った。さらに22分、早稲田ゴール前のスクラムから瀬下がトライ、砂村のゴールも決まり12－0とリードを広げた。早稲田は26分、30分に本城がPGを決めて6点差に追い上げたが、明治もPG2本で再び18－6とした。早稲田もPKからの速攻、奥脇のロングパスで浜本がトライ。本城のゴールも決まり、12－18と追い上げ、後半に勝負をつないだ。

　試合を決めたのは後半開始直後、明治のノーホイッスルトライだった。猛然と走り込んだ瀬下が22メートルラインまで突進、FWがモールを連取した後、窪田－小林－平井とつなぎ左隅にトライを決めた。5分、砂村がPGを加え、25－12。早稲田は20分、奥脇がゴール前のモールサイドをもぐってトライ、ゴールを加え18－25としたが、反撃もここまでだった。この後、明治に2トライを許した。

公式試合　No.545　昭和55年度　第8試合　対抗戦

早大		明大		早大			明大	
18	－	33		1	町田　英夫	FW	1	梨本　清隆
12	前	18		2	佐伯　誠司		2	藤田　剛
6	後	15		3	高野敬一郎		3	井上　賢和
1	T	1		4	杉崎　克己		4	仲村　綱城
1	G	1		5	寺林　努		5	川地　光二
2	PG	4		6	梶原　敏補		6	岸　直彦
0	DG	0		7	長沼　龍太		7	遠藤　敬治
1	T	3		8	益子　俊志		8	瀬下　和夫
1	G	0		9	奥脇　教	HB	9	窪田　穣
0	PG	1		10	本城　和彦		10	砂村　光信
0	DG	0		11	浜本　哲治	TB	11	平井　一明
16	反則	16		12	津布久　誠		12	小林(角)日出夫
昭和55年12月7日				13	吉野　俊郎		13	坂本　龍二
G　国立競技場				14	中川　俊一		14	斉藤　信泰
R　高森秀蔵　KO 14:00				15	安田　真人	FB	15	橋爪　利明

昭和56年度（1981年度）　創部64年目

主　　　将　寺林努
主　　　務　宇田川岳志
委　　　員　本城和彦、梶原敏補、松瀬学、益子俊志、佐々木卓、津布久誠、吉野俊郎
卒業年次部員　荒井圭介、伊藤秀昭、神谷浩介、木村樹、水野寧、中村寛、中村裕、中川俊一、中熊賢、永井利明、西田勝行、野本直揮、佐伯誠司、佐々木忍、佐々木卓、桜庭雄耕、新谷時男、杉山聡*、谷真一、寺林努、富岡英輔、宇田川岳志、安増茂樹、山田悦郎、渡辺隆
部　　　長　高野竹三郎
監　　　督　大西鐡之祐
コ ー チ　萩原隆男、日比野弘、広野真一、中村康司、大東和美、辰野登志夫、津留崎鉄二、植山信幸
部 員 数　91名（内女子2名）
夏 合 宿　菅平（第38回）
シーズン成績　11勝1敗、関東大学対抗戦優勝、大学選手権準優勝
試合成績
【公式試合】
　＜対抗戦＞
　No.547　S56.10.3　○　早稲田大学　59-3　●　東京大学　秩父宮　R今岡俊輔
　No.548　S56.10.11　○　〃　54-3　●　帝京大学　三ッ沢　R辻茂樹
　No.549　S56.10.17　○　〃　116-6　●　立教大学　東伏見　R奈良昭男
　No.550　S56.10.25　○　〃　42-12　●　青山学院大学　秩父宮　R伊神勝彦
　No.551　S56.11.1　○　〃　27-12　●　日本体育大学　秩父宮　R真下昇
　No.552　S56.11.7　○　〃　28-10　●　筑波大学　秩父宮　R八木宏器
　No.553　S56.11.23　○　〃　25-16　●　慶應大学　秩父宮　R真下昇
　No.554　S56.12.6　○　〃　21-15　●　明治大学　国立競技場　R高森秀蔵
　No.555　S56.12.13　○　〃　28-6　●　東海大学　秩父宮　R八木宏器（第14回交流試合）
　＜第18回大学選手権＞
　No.556　S56.12.20　○　早稲田大学　16-3　●　福岡大学　久留米　R近藤一雄（1回戦）
　No.557　S57.1.2　○　〃　25-0　●　専修大学　国立競技場　R真下昇（準決勝）
　No.558　S57.1.4　●　〃　12-21　○　明治大学　国立競技場　R八木宏器（決勝）
　＜国際試合＞
　国際51　S56.9.17　○　全早大　27-9　●　ダブリン大学　国立競技場　Rウェルズビー（ダブリン大学来日）
　国際52　S57.2.28　●　〃　3-50　○　パリ大学　パリ大　Rアルガシル（以下、英仏遠征）
　国際53　S57.3.2　●　〃　27-40　○　オックスフォード大学　オ大　Rバーカー
　国際54　S57.3.5　○　〃　20-10　●　エジンバラ大学　エ大　Rミーラス
　国際55　S57.3.10　○　〃　13-12　●　ケンブリッジ大学　ケ大　Rスノウデン
　＜全早大試合＞
　全早大40　S57.2.7　●　全早大　10-17　○　全慶大　秩父宮　R高森秀蔵（第3回全早慶明）
　全早大41　S57.2.14　●　〃　15-19　○　全明大　秩父宮　R本田泰則（同上）
【準公式試合】
　S56.5.24　○　早稲田大学　57-6　●　中京大学　瑞穂　R浅見周平（愛知県協会招待）
★シーズンの優勝チーム★
　第52回関東大学対抗戦優勝　早稲田大学（5年ぶり22回目）
　第15回関東大学リーグ戦優勝　法政大学（3年連続8回目、通算12回目）
　第18回大学選手権大会優勝　○　明治大学　21-12　●　早稲田大学（明大は2年ぶり5回目）
　第19回日本選手権試合優勝　○　新日鉄釜石　30-14　●　明治大学（新日鉄釜石は4年連続5回目）

大西マジック

　早稲田大学ラグビー部100周年記念誌への投稿に当たり、当時の鐵笛を読み返してみた。
　何年ぶりであろうか。
　大西監督の鐵笛の文章
　「一技八魂」
　「昭和56年！ワセダラグビー史上最も記憶に浮かび上がる年となるか、あるいは再び涙にぬれる青春になるか、それはこれからのたった200時間の諸君の練習の上にかかっている。」
　「現在のラグビー部員90名は、今後の200時間の練習を自分からやってのけ、日本一になれる素質と可能性を十分持っている。私は30年の指導の経験を通じて、確信をもってそう言い切ることができる。(信は力なり) と言われる。お互いを信じあって、昭和56年に一緒にラグビーに青春を打ち込んだ人間こそ、我がワセダラグビーの中でも、最も誇り高き人間であったと自ら言い切れるような悔いのない200時間を過ごそうではないか。」
　4年間覇権から離れ、明治に勝ったことがない我々のシーズンは、ライバル校の明治、慶應、同志社が（旧）国立競技場で華やかな試合をしている正月に、東伏見での悔しさを胸に秘めての走り込みで始まった。
　基礎体力の強化のため、寮では朝からレスリング部に教えてもらった腕立て、ブリッジ、逆立ちなどを繰り返し、ものすごい走り込みをしたが、春は、慶應、明治に大敗し、ワセダラグビーは今年も低迷しているとマスコミに書かれ、苦悩して春を終えた。
　苦悩の中で大西先生から、「我欲を断て!!」という手紙を頂き、深い意味が良く理解できないまま、禁酒禁煙を全部員で誓い、夏合宿を終え、対抗戦前の9月には、明治、慶應に大勝していたダブリン大学に快勝し、対抗戦に突入した。
　対抗戦では、順調に白星を重ね、春に大敗した慶應にも快勝、自信を深め、いよいよ最大目標とした早明戦。
　寮の食堂に早明戦まであと00日の日めくりカレンダーが、「1」（早明戦前日）を指し、赤黒ジャージをもらいながら日めくりカレンダーの前で、真っ白で、妙に落ち着いた気持ちが不思議な感覚であった。
　国立競技場は当時のラグビー史上最高の6万5千人を超える大観衆のなか、下馬評も圧倒的に明治有利であったが、シーソーゲームの末、21－15で、対抗戦全勝優勝を飾ることができた。
　正月の大学選手権決勝では再び明治と対戦、最後に力尽き12－21で敗れシーズンを終えた。
　冒頭の大西先生の鐵笛の文章に対し、どのような答えのシーズンであったのか？
　大西先生はなんとおっしゃるか？
　1つ言えることは、もっともっと努力を重ね、高みを望むことができたと言え、この高いレベルで努力を重ねることこそがワセダラグビーが永遠に発展する礎であると断言できる。
　100周年後もワセダラグビーが永遠に発展し、日本そして世界をリードするラグビークラブであることを心から願い100周年記念誌への投稿文とさせていただく。
　　　　　　　　　　　　　　　　　（寺林努）

予餞会

第58回早慶戦
昭和56年11月23日　秩父宮ラグビー場

○早大25－16●慶大

▎本城1人で21得点

　早稲田は大西監督の指導の下、危なげなく勝ち進んだが、慶應は筑波と引き分け、日体大、明治に連敗。それでも秩父宮ラグビー場は超満員の大盛況となった。この年、早稲田はSO津布久、CTB本城の新布陣を敷いたが、筑波戦での津布久の負傷で本城がSOに戻った。前半11分と15分、早大は本城のPGでリード。慶大は20分に清原が抜け出て、松永がトライ、柴田のゴールで同点とした。早大は23分、ゴール前スクラムから本城が左ブラインドに走り、益子からパスを受けて、最後は新谷がトライ、本城のゴールも決まり、再び6点差。さらに34分、吉野の突進から本城が右隅にトライして10点差に。慶應も39分、FKから村田がトライ、ゴールも成功し4点差で折り返した。

　後半5分、早稲田は本城のPGで7点差に広げるが、慶應も11分に堀尾がゴール前のこぼれ球を押さえて3点差に迫った。30分、左オープンの本城が右サイドに走り、佐々木卓からボールを受け、ディフェンスの穴を縫うように走ってトライを決めて、接戦に決着をつけた。

公式試合　No.553　昭和56年度　第7試合　対抗戦

早大		慶大	早大				慶大		
25	－	16	1	伊藤	秀昭	FW	1	村田	毅
16	前	12	2	佐伯	誠司		2	清原	定之
9	後	4	3	松瀬	学		3	板岡	司晃
2	T	2	4	杉崎	克己		4	良塚	正剛
1	G	2	5	寺林	努		5	平島	健右
2	PG	0	6	梶原	敏補		6	石田	明文
0	DG	0	7	渡辺	隆		7	林	邦彦
1	T	1	8	益子	俊志		8	権正	徳之
1	G	0	9	佐々木	卓	HB	9	堀尾	直孝
1	PG	0	10	本城	和彦		10	浅田	武男
0	DG	0	11	新谷	時男	TB	11	上野	精一
12	反則	13	12	佐々木	薫		12	松永	敏宏
昭和56年11月23日			13	吉野	俊郎		13	柴田	勝浩
G 秩父宮			14	野本	直揮		14	氏家	俊明
R 真下 昇　KO 14:00			15	浜本	哲治	FB	15	市瀬	豊和

第57回早明戦
昭和56年12月6日　国立競技場

○早大21－15●明大

▎荒ぶる涙

　全勝対決。早明戦4連敗中の早稲田は、負ければワースト記録となる。明治が圧倒的優位と言われていた。

　前半8分、本城の45メートルPGで早稲田が先行した。明治は26分に若狭がこの日5度目のPGをようやく決めて追いついた。早大は34分、ラインアウトから松瀬が突進、ラックから吉野が力強いステップを踏んで、チーム初トライ。本城のゴールも決まり9－3とした。

　明治は後半8分、スクラムを押し込み、認定トライ、ゴールも決まり追いついた。11分、中央付近での明治の攻撃、リターンパスに早大の新谷、梶原が猛タックル。争奪ボールを杉崎が奪い速攻で展開。佐々木卓、本城、佐々木薫、吉野がパスを繋ぎ、最後は野本が快走してトライ。ゴールを加え15－9。16分、27分の明治の連続PGで試合は振り出しに戻った。33分、明治陣22メートルライン、明大センターのキックを早大の佐々木薫がチャージ。こぼれ球を吉野が拾い、右中間にトライ。ゴールも決まって21－15に。リードを守り切った。久しぶりの感激にロッカーでは「荒ぶる」の大合唱となった。

公式試合　No.554　昭和56年度　第8試合　対抗戦

早大		明大	早大				明大		
21	－	15	1	伊藤	秀昭	FW	1	梨本	清隆
9	前	3	2	佐伯	誠司		2	佐藤	康信
12	後	12	3	松瀬	学		3	井上	賢和
1	T	0	4	杉崎	克己		4	相沢	雅晴
1	G	0	5	寺林	努		5	川地	光二
1	PG	1	6	梶原	敏補		6	岸	直彦
0	DG	0	7	渡辺	隆		7	遠藤	敬治
2	T	2	8	益子	俊志		8	河瀬	泰治
2	G	1	9	佐々木	卓	HB	9	窪田	穣
0	PG	2	10	本城	和彦		10	若狭	平和
0	DG	0	11	新谷	時男	TB	11	寺尾	直樹
27	反則	11	12	佐々木	薫		12	小林日出夫	
昭和56年12月6日			13	吉野	俊郎		13	緒方	正美
G 国立競技場			14	野本	直揮		14	高橋	宏
R 高森秀蔵　KO 14:00			15	安田	真人	FB	15	籾山	裕
交代　早大：土屋謙太郎（益子）									

昭和57年度（1982年度）　創部65年目

主　　　将　　益子俊志
副 主 将　　本城和彦
主　　　務　　津布久誠
副 主 務　　久保田顕
委　　　員　　松瀬学、清水昇、吉野俊郎
卒業年次部員　藤島大、本郷吉之助、本城和彦、梶原晃、梶原敏補、益子俊志、松瀬学、牟田口賢治、
　　　　　　岡部裕一、清水昇、杉崎克己、竹下功、辻本知伸、津布久誠、照沼康彦、吉野俊郎、渡
　　　　　　辺一盛、青野賢一＊
部　　　長　　大西鐵之祐（12代部長）
監　　　督　　植山信幸（24代監督）
コ ー チ　　橋本裕一、日比野弘、広野真一、大東和美、佐野厚生、辰野登志夫、豊山京一
部 員 数　　78名
夏 合 宿　　菅平（第39回）
シーズン成績　10勝1敗、関東大学対抗戦優勝、大学選手権準決勝敗退
試合成績
【公式試合】
　＜対抗戦＞
　No.559　S57.10.2　　○　早稲田大学　24-4　　● 東京大学　　秩父宮　R奈良昭男
　No.560　S57.10.10　○　　〃　　　34-17　● 帝京大学　　秩父宮　R高森秀蔵
　No.561　S57.10.17　○　　〃　　　89-3　　● 立教大学　　三ッ沢　R辻茂樹
　No.562　S57.10.24　○　　〃　　　80-0　　● 青山学院大学　秩父宮　R高橋孝
　No.563　S57.10.31　○　　〃　　　25-9　　● 筑波大学　　秩父宮　R富沢政雄
　No.564　S57.11.6　　○　　〃　　　30-15　● 日本体育大学　秩父宮　R八木宏器
　No.565　S57.11.23　○　　〃　　　24-12　● 慶應大学　　秩父宮　R真下昇
　No.566　S57.12.5　　○　　〃　　　23-6　　● 明治大学　　秩父宮　R八木宏器
　No.567　S57.12.12　○　　〃　　　36-14　● 大東文化大学　秩父宮　R本田泰則（第15回交流
　　　　試合）
　＜第19回大学選手権＞
　No.568　S57.12.18　○　早稲田大学　45-16　● 京都産業大学　花園　R伊神勝彦（1回戦）
　No.569　S58.1.3　　●　　〃　　　9-13　○ 明治大学　　国立競技場　R八木宏器（準決勝）
　＜全早大試合＞
　全早大42　S57.5.30　●　全早大　9-37　○ 全明大　　三ッ沢　R辻茂樹（神奈川県協会招待）
　全早大43　S58.2.6　　○　　〃　　25-19　● 全慶大　　秩父宮　R小畔東（第4回全早慶明）
　全早大44　S58.2.13　●　　〃　　18-22　○ 全明大　　秩父宮　R本田秦則（同上）
　全早大45　S58.3.26　○　　〃　　23-11　● 全長崎　　長崎　R川崎重雄（長崎県協会招待）
★シーズンの優勝チーム★
　第53回関東大学対抗戦優勝　早稲田大学（2年連続23回目）
　第16回関東大学リーグ戦優勝　専修大学（7年ぶり4回目）
　第19回大学選手権大会優勝　○ 同志社大学　18-6　● 明治大学（同大は2年ぶり2回目）
　第20回日本選手権試合優勝　○ 新日鉄釜石　21-8　● 同志社大学（新日鉄釜石は5年連続6回目）

▍ひたむきな明治に届す

　英仏遠征でコーチ、プレーヤーとして活躍した植山が監督に就任した。津布久は残念ながら靫帯を切断し戦列に戻れなかったが、主務としてチームに貢献した。本城、吉野が最上級生に

なった勝負の年であった。若い植山と学生が師弟の関係でなく、兄弟のような雰囲気のなか、チームはのびのびと成長し、早明戦は安定感のある試合で勝ち、対抗戦の2連覇を遂げた。だが、好事魔多しのたとえ通り早稲田は準決勝で明治に雪辱された。大学選手権での早稲田の負

け方はちょっと例年とは違っていた。いつもは地力に勝る明治に早稲田がひたむきに食い付いていくのが早明戦のパターンだが、この試合に限って言えば、明治がそれまでとは打って変わった気力でひたむきに前へ出てタックルし早稲田の力を封じた。本城からのパスが吉野の背中に当たってトライされたシーンはこのゲームの象徴だった。明大側から見ればひたむきに戦った気力勝ちで、会心の試合であっただろう。

　　　　　＊　　　　　＊

我ら同期17人もまた、大学日本一を目指しました。みんな個性が強すぎて、時々、かみ合わないことがあるけれど、50歳を過ぎても酒場でワイワイガヤガヤ、4年の時に監督をしてもらった植山さんを交え、一緒に酒を飲めるのは本当に幸せです。

1979（昭和54）年、入部です。巷ではサザンの『いとしのエリー』が流れていました。当初は1年生が60人ほどいたでしょうか。春、ピンクの桜に囲まれた東伏見のグラウンドを砂塵にまみれながら走りました。星を仰ぎ見ながら走ったこともあります。

理不尽な"しぼり"は苛烈を極めました。パワハラではありません。でも、とことん走らされました。田舎では"お山の大将"だった1年生が、50人、40人、30人……と日ごとに減っていきました。最後は17人ぽっち。

夜、グラウンド周りで「人工衛星」となった新入部員が暗闇に乗じ、そのまま塀をのぼって逃げたことがあります。また僕と同郷の高校バスケット部出身のノッポ氏が熱中症で倒れ、駆け付けた先輩にこう、漏らしました。

「か、か、過労ばい」

人は精神的に追いつめられると怒りやすくなります。ムタさんと一緒に部室の「そうじ係」をやりました。ゾンビのボール磨きは天下一品でした。部室もボールも汚いと、もちろん、しぼりです。

ライン係、マシン係……。仕事をしない仲間に怒り、部室の薄茶色の板壁をコブシでぶち破ったこともあります。異常な空気感でした。

寮生活も規律がありました。でも、僕は消灯後、ハダシで脱出し、同期と吉祥寺の飲み屋まで走りました。頭の中では映画『大脱走』のテーマ曲がぐるぐる回っていました。

本城、ヨッサン、そして津布久のプレーは神がかっていました。スギはかっこいい。テル、シミズ、トシさんは大人びていました。キャンはひと言でいえば宇宙人、ダイは文学青年でした。

アキラ、カオルのパスは柔らかかった。ビンさんは一級品、岡部のタフさには嫉妬といとおしさを感じていました。本郷はやさしい。益子はああみえて、繊細ですごく心配症。だから命を削ってラグビーをしていました。

2009年夏、カズモリが天国に旅立ちました。もの静かだけど常に胸に青い炎をともした熱い生き様を僕はリスペクトしていました。彼はしぼりの「三人ヘッド」のとき、こう声を出して、仲間を鼓舞していました。

「おい、やるっきゃないぞ」

通夜で主将の益子が弔辞を読みました。「カズモリは同期の誇りでした」。その後、斎場そばの酒場で献杯しました。深夜、みんなで泣きながら、『北風』を叫んだのです。　　（松瀬学）

夏合宿

第59回早慶戦

昭和57年11月23日　秩父宮ラグビー場

○早大24 − 12●慶大

▌作戦はまり快勝

　昭和で7度目の全勝対決。慶應は明治を倒し早稲田に勝てば2年ぶりの優勝と、秩父宮ラグビー場は徹夜組が出る大盛況だった。

　慶大FWは明大の看板FWに勝って勢いづいていた。早大はパント作戦でその勢いをまともに受けないようにした。植山監督は、前半15分までキックを使いFWを前へ出させた。本城は通常ならバックスへ回すところを、オープンへあるいはハイパントで攻め込んだ。「慶大防御の出足が速かっただけに、キックは効果的だった」と本城。前半11分、本城のパントを吉野が出足よく走り込んで、ジャンプしながら好捕、フォローの浜本につないでトライを挙げたのは象徴的なシーンだった。

　この後、早大FWは相手キックを梶原が2度チャージ。ラインアウト、ラックも支配した。勢いを増した早大とは対照的に、後手に回った慶大FWは前へ出るきっかけがつかめず前半を終えた。後半、慶大FWが奮起して縦への突破から2トライを返したが、キック戦法と整備された防御で試合を制御した早稲田の大人の勝ち方だった。

公式試合	No.565	昭和57年度	第7試合	対抗戦	
早大		慶大	早大		慶大
24	−	12	1 吉田　雄三 FW	1 中野　忠幸	
17	前	0	2 西尾　進	2 清原　定之	
7	後	12	3 松瀬　学	3 五所　紳一	
3	T	0	4 杉崎　克己	4 平島　健右	
1	G	0	5 西山良太郎	5 中山　剛	
1	PG	0	6 梶原　敏補	6 田代　博	
0	DG	0	7 土屋謙太郎	7 石田　明文	
1	T	2	8 益子　俊志	8 林　邦彦	
0	G	2	9 松尾　元満 HB	9 堀尾　直孝	
1	PG	0	10 本城　和彦	10 浅田　武男	
0	DG	0	11 浜本　哲治 TB	11 上野　精一	
10	反則	7	12 佐々木　薫	12 松永　敏宏	

昭和57年11月23日　13 吉野　俊郎　13 柴田　勝浩
G 秩父宮　14 池田　剛　14 村井大次郎
R 真下　昇　KO 14:30　15 安田　真人 FB 15 市瀬　豊和

第58回早明戦

昭和57年12月5日　国立競技場

○早大23 − 6●明大

▌FWで圧倒

　珍しい展開の早明戦になった。「明治FWに勝つ！」という作戦に、早稲田は自信を持っていた。その1つが1年生プロップ塩入の起用。身長165センチだがスクラムが滅法強く、植山監督は大一番に起用した。スクラムの中心、FW前5人は早明戦へ向け1つの誓いを立てた。「明治には、前5人で押し勝つ！」

　前半20分、明治がチャージしたこぼれ球を早大の佐々木が拾い、吉野−松尾と繋いで、左スミにトライ。明大は39分、ラックから小林が飛び込んでトライ、自らゴールも決めて6−4と勝ち越し前半を終えた。

　早大は後半、風上に立ち、スクラムでも明治を押し始める。8分、ラックから右オープンに回して吉野がトライ（本城ゴール）。22分にはラックから、本城−吉野でトライ（本城ゴール）。35分には本城のPGで追加点。39分にも明大ゴール前のPKから松尾が素早く飛び込んでトライ。後半だけで早稲田は19点を奪い、明治を突き放した。公約通り明治FWを圧倒した早稲田FWの執念が光った。

公式試合	No.566	昭和57年度	第8試合	対抗戦	
早大		明大	早大		明大
23	−	6	1 塩入　英治 FW	1 佐藤　康信	
4	前	6	2 西尾　進	2 相沢　勳太	
19	後	0	3 松瀬　学	3 田中　龍幸	
1	T	1	4 杉崎　克己	4 鈴木　清士	
0	G	1	5 西山良太郎	5 村松研二郎	
0	PG	0	6 梶原　敏補	6 岸　直彦	
0	DG	0	7 土屋謙太郎	7 高田　健造	
3	T	0	8 益子　俊志	8 河瀬　泰治	
2	G	0	9 松尾　元満 HB	9 南　隆雄	
1	PG	0	10 本城　和彦	10 小林（角）日出夫	
0	DG	0	11 浜本　哲治 TB	11 梅本（国定）精豪	
6	反則	11	12 佐々木　薫	12 工藤　浩明	

昭和57年12月5日　13 吉野　俊郎　13 長野　智行
G 国立競技場　14 池田　剛　14 若狭　平和
R 八木宏器　KO 14:00　15 安田　真人 FB 15 籾山　裕

昭和58年度（1983年度）　創部66年目

主　　　将	土屋謙太郎
主　　　務	久保田顕
委　　　員	藤崎泰士、西尾進、西山良太郎、安田真人
卒業年次部員	土井智喜、藤崎泰士、後藤智義、浜本哲治、広瀬一盛、堀岳、岩城善之、池田剛、木下史朗、久保田顕、小出順一、美土路昭一、中尾俊浩、西村克美、西尾進、西山良太郎、岡田鉄太、佐々木薫、佐々木正明、佐藤通洋、土屋謙太郎、安田真人
部　　　長	大西鐵之祐
監　　　督	豊山京一（25代監督）
コ ー チ	橋本裕一、広野真一、佐野厚生、辰野登志夫、植山信幸
部 員 数	102名（内女子3名）
夏 合 宿	菅平（第40回）
シーズン成績	5勝3敗、関東大学対抗戦5位

試合成績

【公式試合】

＜対抗戦＞

No.570	S58.10.9	○	早稲田大学	43-0	●	東京大学	秩父宮	R小畔東
No.571	S58.10.16	○	〃	46-3	●	立教大学	秩父宮	R高橋孝
No.572	S58.10.23	○	〃	49-10	●	青山学院大学	秩父宮	R高橋孝
No.573	S58.10.30	●	〃	19-23	○	帝京大学	東伏見	R斉藤直樹
No.574	S58.11.5	●	〃	8-15	○	日本体育大学	秩父宮	R入江康平
No.575	S58.11.13	○	〃	29-9	●	筑波大学	秩父宮	R本田秦則
No.576	S58.11.23	○	〃	6-4	●	慶應大学	国立競技場	R富沢政雄
No.577	S58.12.4	●	〃	12-21	○	明治大学	国立競技場	R真下昇

＜国際試合＞

国際56　S58.9.8　● 全早大 6-28 ○ ケンブリッジ大学　国立競技場　R真下昇（以下、ケンブリッジ大学、オックスフォード大学帯同来日）

国際57　S58.9.23　● 〃 6-28 ○ オックスフォード大学　国立競技場　R R.クインテットン

＜全早大試合＞

全早大46　S58.4.24　○ 全早大 36-0 ● 全山梨　山梨八田村　R渋谷実（山梨県協会招待）

全早大47　S59.2.5　● 〃 17-18 ○ 全慶大　秩父宮　Rファンワース（第5回全早慶明）

全早大48　S59.2.11　● 〃 12-44 ○ 全明大　秩父宮　R斉藤直樹（同上）

★シーズンの優勝チーム★

第54回関東大学対抗戦優勝　日本体育大学（5年ぶり4回目）

第17回関東大学リーグ戦優勝　法政大学（9回目、通算14回目）

第20回大学選手権大会優勝　○ 同志社大学 31-7 ● 日本体育大学（同大は2年連続3回目）

第21回日本選手権試合優勝　○ 新日鉄釜石 35-10 ● 同志社大学（釜石は6年連続7回目）

交流戦の道断たれる

監督はさらに若返り、29歳の豊山京一が就任した。対抗戦では、東伏見のグラウンドで早稲田が初めて帝京大に敗れた。このときの帝京大は、田村、渡部らを有する好チーム、早大

OBの水上茂コーチの指導も導入し力を付けていた。

試合は早稲田が自滅する格好となった。攻撃からミスが出て、そこを付け込まれて反則の繰り返し。それをことごとく田村にPGを決められ崩れていった。

　　　　　＊　　　　　＊

毎年のように満員の（旧）国立競技場で早明戦が行われていた時代。下級生の頃からチームを牽引してきた先輩方が卒業され、ゼロからの出直しとなった春シーズン。台風の直撃と同時に始まった菅平合宿。下級生の台頭もあり、乗り切った達成感とシーズンへの手応えを感じての下山となった。

序盤こそ勝ち進んだが、前半の山場と考えていた帝京に敗戦。日本代表のウェールズ遠征に参加したFB安田が負傷しての帰国というアクシデントもあったが、ホームの東伏見での試合を落としたダメージは大きかった。対抗戦で初めて帝京に敗れたということで、現在の隆盛のキッカケを作ってしまったのかと思うと、一層、責任を感じてしまうところです。

その後、日体大に敗戦。筑波、慶應に連勝したが、明治に競り負け、対抗戦グループ5位で終了。大学選手権どころか、交流戦にも出場できない事態でシーズンオフとなった。試合のたびにメンバーが怪我で離脱、毎試合メンバーが入れ替るという状況を乗り切るだけの力が無かった、ということだった。

巷で流行っていた甲斐バンドが歌う「ヒーロー、ヒーローになる時、それは今……」という歌詞を口ずさみながら、夜遅くまで照明に照らされたグランドを整備していた新人の春。グランドに残された土のラインがくっきり浮かび上がっていた光景と、帝京に敗れた瞬間に涙目で見たグランドの光景が重なって思い出される。ヒーローを目指し、ヒーローになりきれなかった現実を受け入れざるをえなかった瞬間であった。

そして、家業を継がれるために会社を退職され、福岡に帰るというタイミングで我々の我儘を聞いてくださり、監督に就いてくださった豊山さん。その男気には感謝しても感謝しきれません。その恩に結果として報いることが出来なかった後悔の念は今も持ち続けている思いであり、それが今も苦境に立ち向かう原動力になっているのかもしれません。　　　　（土屋謙太郎）

追い出し試合

第60回早慶戦
昭和58年11月23日 国立競技場

○早大6 − 4●慶大

▎ワセダ踏んばる

　帝京大戦敗戦の後遺症が、このシーズンの全てであった。日体大にも8−15で14年ぶりの黒星を喫した。次の筑波大に29−9で勝ってようやく自分たちを取り戻すことができた。

　前半20分、慶大は早大・安田のカウンターアタックのこぼれ球を田代が拾って40メートル独走してトライ。早大は22分、FKから左オープンに回して、伊藤寿が左隅にトライ、藤崎が難しいゴールを決めて6−4と勝ち越した。後半、両チーム得点なし。内容的には引き分けだった。トライが1つずつでゴールの差だけだった。

　とにかく両チームともミスが多かった。早大はFWの健闘にバックスが応えられなかった。ただ必死に頑張って、早慶戦の伝統を傷つけなかった気力勝ちは評価できた。やろうとしても、出来ないもどかしさが最後まで残った。一次攻撃から飛ばしパスをしたり、変化をつけようとしたりしたが、いつも不安定、プレーの選択を間違っていた。慶大も同じで、自陣から切り返そうとするときも、かなり無理なパスが目立った。

早大		慶大	早大		慶大	
6	−	4	1 尾形 勉	FW	1 村田 毅	
6	前	4	2 西尾 進		2 橋本 達矢	
0	後	0	3 永井 雅之		3 中野 忠幸	
1	T	1	4 西山良太郎		4 平島 健右	
1	G	0	5 小出 順一		5 中山 剛	
0	PG	0	6 恵藤 公浩		6 田代 博	
0	DG	0	7 土屋謙太郎		7 玉塚 元一	
0	T	0	8 矢ケ部 博		8 林 邦彦	
0	G	0	9 松尾 元満	HB	9 生田 久貴	
0	PG	0	10 藤崎 泰士		10 浅田 武男	
0	DG	0	11 伊藤 寿浩	TB	11 上野 精一	
7	反則	16	12 吉川 雅也		12 松永 敏宏	

公式試合 No.576　昭和58年度 第7試合 対抗戦
昭和58年11月23日　13 大久保俊彦　13 市瀬 豊和
G 国立競技場　14 池田 剛　14 氏家 俊明
R 富沢政雄 KO 14:00　15 安田 真人 FB 15 村井大次郎

第59回早明戦
昭和59年12月4日 国立競技場

●早大12 − 21○明大

▎後半、再逆転許す

　早明戦に負けると、交流試合に出場できないという境地に追い込まれていた。

　下馬評は明大有利だったが、前半、風下で先制点をあげたのは早大だった。明大はFW戦で優位に立ちながら、早大の速攻に手を焼いた。長野のトライと自慢のスクラムトライで、逆転に成功した。

　しかし、後半に入り早大の伊藤が2トライをあげる活躍で、再びリードを許した。結果的にこのトライが明大の目を覚まさせたのか、ようやく明大FWにエンジンがかかり、疲れの見える早大から2トライなどを連取して快勝に導いた。

　誰がこの結果を想像しただろう。本城、吉野らの卒業が痛手としてもSOにはその後、神戸製鋼で活躍した藤崎がいた。FBには日本代表の安田、FWにも土屋主将を始めロックの西山らは前年からのメンバーだった。新しい選手を鍛え、育てながらなんとか対抗戦の優勝争いに首を突っ込んでいくのがいつもの早稲田のはずだった。

早大		明大	早大		明大	
12	−	21	1 塩入 英治	FW	1 佐藤 康信	
4	前	8	2 西尾 進		2 中村 紀夫	
8	後	13	3 山本 巧		3 山中 正孝	
1	T	2	4 西山良太郎		4 鈴木 清士	
0	G	0	5 小出 順一		5 柳 隆史	
0	PG	0	6 恵藤 公浩		6 広瀬 良治	
0	DG	0	7 土屋謙太郎		7 高田 健造	
2	T	2	8 矢ケ部 博		8 高橋 善幸	
0	G	1	9 松尾 元満	HB	9 中谷 薫	
0	PG	1	10 藤崎 泰士		10 小林(角)日出夫	
0	DG	0	11 伊藤 寿浩	TB	11 鈴木 繁	
10	反則	6	12 吉川 雅也		12 若狭 平和	

公式試合 No.577　昭和58年度 第8試合 対抗戦
昭和58年12月4日　13 大久保俊彦　13 長野 智行
G 国立競技場　14 池田 剛　14 末永 卓也
R 真下 昇 KO 14:00　15 安田 真人 FB 15 村井 成人

昭和59年度（1984年度）　創部67年目

主　　　将　　矢ケ部（角）博
副 主 将　　松尾元満
主　　　務　　澤路豊
副 主 務　　星野和子、石永（山添）美奈
委　　　員　　平島英治、大久保俊彦
卒業年次部員　台幸好、浜野俊文、平島英治、星野和子、石永美奈、石川哲、伊藤寿浩、古賀広宣、小林晴禎、松尾元満、峯田岳史、永井雅之、大久保俊彦、小笠原悟、佐藤雅弘、寒川正紀、澤路豊、高村浩行、矢ケ部博、山田浩史、吉田雄三、横山創、米倉昭浩、渡辺幸男
部　　　長　　大西鐵之祐
監　　　督　　日比野弘
コ ー チ　　橋本裕一、広野真一、木本建治、益田清、大東和美、佐々木卓、佐々木正明、豊山京一
部 員 数　　124名（内女子3名）
夏 合 宿　　菅平（第41回）
シーズン成績　9勝2敗、関東大学対抗戦2位、大学選手権準決勝敗退

試合成績
【公式試合】
　＜対抗戦＞
　No.578　S59.9.30　　○　早稲田大学　81-3　●　東京大学　秩父宮　R中川敏博
　No.579　S59.10.14　○　　〃　　　76-0　●　立教大学　東伏見　R高橋孝
　No.580　S59.10.20　○　　〃　　　29-0　●　帝京大学　秩父宮　R辻茂樹
　No.581　S59.10.28　○　　〃　　　36-6　●　青山学院大学　三ッ沢　R中川敏博
　No.582　S59.11.4　　○　　〃　　　21-15　●　日本体育大学　秩父宮　R真下昇
　No.583　S59.11.10　○　　〃　　　41-13　●　筑波大学　秩父宮　R八木宏器
　No.584　S59.11.23　●　　〃　　　11-12　○　慶應大学　国立競技場　R真下昇
　No.585　S59.12.2　　○　　〃　　　10-6　●　明治大学　国立競技場　R八木宏器
　No.586　S59.12.15　○　　〃　　　32-6　●　日本大学　秩父宮　R奈良昭男（第17回交流試合）
　＜第21回大学選手権＞
　No.587　S59.12.22　○　早稲田大学　32-12　●　中京大学　瑞穂陸上　R入江康平（1回戦）
　No.588　S60.1.2　　●　　〃　　　7-27　○　同志社大学　国立競技場　R八木宏器（準決勝）
　＜国際試合＞
　国際58　S60.3.17　○　全早大　22-18　●　陸軍　台北市営　R不明（以下、台湾遠征）
　国際59　S60.3.19　○　　〃　　41-11　●　台北体専隊　台北市営　R不明
　国際60　S60.3.21　○　　〃　　32-0　●　全建国中　台北市営　R不明
　国際61　S60.3.24　○　　〃　　38-18　●　光華隊　台北市営　R不明
　＜全早大試合＞
　全早大49　S60.2.3　　●　全早大　16-30　○　全慶大　秩父宮　R奈良昭男（第6回全早慶明）
　全早大50　S60.2.10　○　　〃　　24-9　●　全明大　秩父宮　R辻茂樹（同上）
★シーズンの優勝チーム★
　第55回関東大学対抗戦優勝　慶應大学（4年ぶり7回目）
　第18回関東大学リーグ戦優勝　法政大学（10回目、通算14回目）
　第21回大学選手権大会優勝　○　同志社大学　10-6　●　慶應大学（同大は3年連続4回目）
　第22回日本選手権試合優勝　○　新日鉄釜石　31-17　●　同志社大学（新日鉄釜石は7年連続8回目）

7　栄光からの試行錯誤（昭和50年代）　185

慶大、同大に敗れる

前年度対抗戦で帝京、日体大、明大に敗れ大学選手権に出場出来なかった状況を踏まえ、新年度のスタートは12月より基本練習やウエイトトレーニングを中心に始動した。新主将矢ヶ部の明るい性格の下、前年度の屈辱を晴らすべく早いスタートとなった。

我が同期はスター選手もおらず言わば「雑草集団」であったが、どうしても日本一になりたかった。監督については前年度監督の豊山さんの続投を希望していたが仕事の都合で断念。そんな時OB会より、日比野先生の名前を伺いビックリしたのを覚えている。日比野先生は日本代表の監督を辞して、3期目の早稲田大学監督就任となった。日比野先生の監督就任は大変ありがたいことであり、全部員の総意でもあった。益々日本一への思いが「俺らでも?」と強くなった。特に、早稲田の伝統にとらわれず、持ち駒で戦法を変えて行こうと言われ、雑草集団の我々は日々練習に励んだ。

練習は厳しかったが明るい日比野監督・矢ヶ部主将のもと、芸人キャラクター揃いの同期に下級生の協力を得てチームが一つになっていっ

たのが分かった。当時、まだ土のグランドとナイター用ライトが2つで、ボール磨きの唾、御用達一八番と味一、駅前には皆お世話になった交番とパチンコ屋、寿司屋若みや、CoCo喫茶店、蕎麦屋大村庵、中華料理芳葉、鳥皮酢みそのホルモン煮込み屋等、正に早稲田大学体育会村で地元の方々と交流した良き時代であったと思う。

肝心の対抗戦戦績は、あの「若林の逆転トライ」で11-12と慶應に負け2位となり、日比野先生、対抗戦無敗のボロボロのブレザーに土を付けてしまった。大学選手権は準決勝で平尾、大八木率いる2連覇中の同志社に7-27と完敗しシーズンが終わった。昔は今と違いプロはなく企業チームに属した者もいたが、現在、皆、社会人として立派に活躍している。あの時の熱い思いが糧となっているはずだ。毎年1回の同期会も開催しており日比野ご夫婦ともお会いしている。入部当初から叩き込まれた「ラグビーはLIKEじゃあねえんだ、LOVEなんだ」という教えも後輩達に伝えたい。ラグビーを通して知り得た仲間達と貴重な経験は、良き人間形成の場であったと!勝敗だけが全てではないと!

（澤路豊）

夏合宿

第61回早慶戦

昭和59年11月23日　国立競技場

●早大11－12○慶大

▎若林に痛恨のトライ

　慶應はバランス良くよくまとまり、エース若林も力強い走りを見せていた。

　この試合は後半32分、その若林の快走がすべてだった。旧国立競技場中央の右サイドでボールが転がった。このイーブンボールに飛びこんだのが慶應の橋本。このラックを取った慶應は生田が右ブラインドにいた若林にパス、早稲田の矢ケ部がタックルに入った。矢ケ部はこの年の早稲田で最もタックルの強い選手である。大事に至らずに済んだと思った。しかし、若林は独特の腰の回転で矢ケ部のタックルを振り切って走り出した。スピードを上げた若林は石井をかわしてインゴールに入り、回り込んで右中間に押さえ、浅田のゴールも決まって早稲田は11－12で逆転された。

　若林に走られたことより、やすやすと右中間に回り込ませたことを悔やんだ。なぜコーナーで押さえられなかったのか。得点差を考えた対応ができなかった。

早大		慶大	早大		慶大	
11	－	12	1 尾形　勉 FW	1 橋本　達矢	
4	前	6	2 米倉　昭浩	2 五所　紳一	
7	後	6	3 山本　巧	3 中野　忠幸	
1	T	0	4 清水　明浩	4 柴田　志通	
0	G	0	5 栗原　誠治	5 中山　剛	
0	PG	2	6 恵藤　公浩	6 田代　博	
0	DG	0	7 平島　英治	7 玉塚　元一	
1	T	1	8 矢ケ部　博	8 良塚　正剛	
0	G	1	9 松尾　元満 HB	9 生田　久貴	
1	PG	0	10 森田　博志	10 浅田　武男	
0	DG	0	11 鈴木　学 TB	11 市瀬　豊和	
9	反則	7	12 吉川　雅也	12 松永　敏宏	

公式試合　No.584　昭和59年度　第7試合　対抗戦

昭和59年11月23日
G 国立競技場
R 真下　昇　KO 14:00

13 大久保俊彦　13 林　千春
14 土肥　琢哉　14 若林　俊康
15 石井　勝尉 FB 15 村井大次郎

第60回早明戦

昭和59年12月2日　国立競技場

○早大10－6●明大

▎二枚腰のFW

　このシーズンの明治は低迷し、慶應、日体大、帝京に敗れ、交流試合の出場権を失っていた。

　明治に残された目標は早稲田を倒して明治の意地を見せることであった。キックオフ直後から、明治が怒涛のFWラッシュをかけ、早稲田をゴール前に釘付けにした。前半11分、早大は吉川が左中間PGを決めて先行。30分、明大の村井も右中間PGを蹴り込んで、3－3で折り返した。

　明大は後半2分、村井のPGで3点を勝ち越した。早大は後半もゴール前スクラムで、早大FW後列の足がインゴールに入るほどの大ピンチがあった。何度も組み直されるスクラムと、明大のサイド攻撃を早大は驚異の二枚腰で凌ぎ切った。ピンチに耐えただけではなく、全体としては早大FWが優位であった。こんなFWの健闘にバックス陣が応える。18分、明大陣25mのラインアウトから早大は左オープンに展開し森田が抜ける。大久保から鈴木に渡り、両軍通じて唯一のトライをあげて逆転。28分にもPGを加え、粘る明大を突き放した。

早大		明大	早大		明大	
10	－	6	1 尾形　勉 FW	1 佐藤　康信	
3	前	3	2 吉田　雄三	2 中村　紀夫	
7	後	3	3 永井　雅之	3 山中　正孝	
0	T	0	4 清水　明浩	4 柳　隆史	
0	G	0	5 栗原　誠治	5 鈴木　清	
1	PG	1	6 恵藤　公浩	6 中島　修二	
0	DG	0	7 平島　英治	7 広瀬　良治	
1	T	0	8 矢ケ部　博	8 高橋　善幸	
0	G	0	9 松尾　元満 HB	9 南　隆雄	
1	PG	1	10 森田　博志	10 佐藤　聡	
0	DG	0	11 鈴木　学 TB	11 梅木（国定）精豪	
4	反則	8	12 吉川　雅也	12 出向井　豊	

公式試合　No.585　昭和59年度　第8試合　対抗戦

昭和59年12月2日
G 国立競技場
R 八木宏器　KO 14:30

13 大久保俊彦　13 川上　健司
14 伊藤　寿浩　14 鈴木　繁
15 石井　勝尉 FB 15 村井　成人

7　栄光からの試行錯誤（昭和50年代）　187

8 学生最後の栄冠（昭和60年代）

昭和60年度（1985年度） 創部68年目

主　　　将	山本巧
主　　　務	伊藤達哉
副 主 務	大田黒（本橋）由紀
委　　　員	恵藤公浩、池田尚、吉川雅也、清水明浩
卒業年次部員	土肥琢哉、恵藤公浩、伊藤達哉、池田尚、井上明、笠原一人、吉川雅也、小宮山弘、小原龍久、野口裕一、大田黒由紀、大友直、尾形勉、塩入英治、清水明浩、志摩明、鈴木樹雄、鈴木学、外山孝文、山本巧
部　　　長	大西鐵之祐
監　　　督	日比野弘
コ ー チ	橋本裕一、広野真一、平島英治、伊藤隆、木本建治、小林正幸、益田清、南川洋一郎、大東和美、高平潔、佐々木卓、佐々木正明、白井善三郎、末石庸幸、山田浩史
部 員 数	133名（内女子1名）
夏 合 宿	菅平（第42回）
シーズン成績	10勝2敗、関東大学対抗戦2位、大学選手権準決勝敗退

試合成績

【公式試合】

＜対抗戦＞

No.589	S60.9.29	○	早稲田大学	68-0	●	一橋大学	東伏見	R松丸直樹
No.590	S60.10.6	○	〃	38-3	●	東京大学	秩父宮	R松尾啓次
No.591	S60.10.13	○	〃	55-6	●	立教大学	東伏見	R大倉浩美
No.592	S60.10.20	○	〃	30-9	●	帝京大学	秩父宮	R八木宏器
No.593	S60.10.27	○	〃	7-6	●	青山学院大学	三ッ沢	R阿世賀敏幸
No.594	S60.11.3	○	〃	30-15	●	日本体育大学	秩父宮	R八木宏器
No.595	S60.11.9	○	〃	30-7	●	筑波大学	秩父宮	R富沢政雄
No.596	S60.11.23	○	〃	13-7	●	慶應大学	国立競技場	R真下昇
No.597	S60.12.1	●	〃	6-8	○	明治大学	国立競技場	R八木宏器
No.598	S60.12.15	○	〃	22-7	●	専修大学	秩父宮	R斉藤直樹（第18回交流試合）

＜第22回大学選手権＞

No.599	S60.12.22	○	早稲田大学	32-3	●	同志社大学	瑞穂陸上	Rファンワース（1回戦）
No.600	S60.12.28	●	〃	6-15	○	慶應大学	国立競技場	R斉藤直樹（準決勝）

＜全早大試合＞

全早大51	S61.2.2	○	全早大	29-14	●	全慶大	秩父宮	R辻茂樹（第7回全早慶明）
全早大52	S61.2.9	○	〃	18-3	●	全明大	秩父宮	R奈良昭男（同上）

★シーズンの優勝チーム★

第56回関東大学対抗戦優勝　明治大学（6年ぶり16回目）

第19回関東大学リーグ戦優勝　日本大学（3回目、通算5回目）

第22回大学選手権大会優勝　△ 明治大学 12-12 △ 慶應大学（明大は6年ぶり6回目、慶大は1回目、抽選で慶大が日本選手権試合に出場）

第23回日本選手権試合優勝　○ 慶應大学 18-13 ● トヨタ自動車（慶大は1回目）

同大の4連覇阻む

　日本選手権7連覇中の新日鉄釜石と1月15日に戦うことが目標だった。春シーズン、強い意志のある入部希望者は拒まない方針のもと、部員総勢132名、シニア、ジュニア、コルツ3スコッド体制でスタートした。ゴールデンウィークの大東文化戦では、ドリフトディフェンスを前にしてバックスへ展開するもなかなかゲインラインを越えられなかった。大学選手権3連覇中の同志社との招待試合では、ラックで圧倒され完敗した。春終盤は、慶應、明治を東伏見に迎えた。明治にはFW・バックスうまくかみ合い、30点を超える得点で快勝した。最終戦であった慶應には、春の試合でありながらPGを狙う固い試合運びで勝利した。秋に入ると対抗戦は混迷した。青山学院が堅いディフェンスで早慶明日体に肉薄した。シーズン中盤、慶應は、日体大に敗れながらも明治と引き分け、明治は日体大にも引き分けていた。早慶戦は、季節外れの高温のなか接戦を制した。全勝で迎えた早明戦では、徹底した10人ラグビーの前にフォワードが押し込まれ、敗戦。交流試合で専修大学に勝利し、大学選手権1回戦では、ハイパントを戦術の中心に据え、日帰りバスで駆け付けた全部員の前で同志社に快勝した。年末の準決勝では、ゴール前PKスクラム選択という強攻策、また拙攻が続き、ワンチャンスを慶應に活かされ敗れた。結局戦績は、対抗戦2位、大学選手権準決勝敗退であった。FWのパワー、バックスの得点力いずれも突出した域に達せず、その結果チームとして得意な戦い方を作り上げることができなかった。日比野監督の胴上げは叶わなかった。

　東伏見の記憶として、昭和57年初夏の写真がある。キャプテンフラッグ、鉄笛、出しボール、綱、やや広めのライン、グラウンドを整備する1年生が写っている。我々1年生にとって、本当に時間の進みが遅く、走行距離の長い春シーズンの思い出だが、今でも力を与えてくれる1枚だと思っている。

(山本巧)

1年生の頃、部室にて

水係

第62回早慶戦

昭和60年11月23日　国立競技場

○早大13－7●慶大

▌実った奇策

昨年の悔しい逆転負けは部員の脳裏に刻み込まれ、全てを早慶戦にかけてきた。

慶應は昨年同様安定し、明治と引き分け早稲田に挑んだ。早稲田は2つの奇策を打った。1つは石井と池田のSO、FBのダブル・ポジション。池田がハイパントキャッチでスランプに陥ったが、攻撃での彼のスピードは欠かせない。悩み抜き、攻撃ではSO石井、FB池田、ディフェンスではその逆とした。見事に奏功し、それぞれの持ち味を存分に発揮し活躍した。

2つ目は慶應の若林の対面に2年生CTB今駒を起用したこと。若林を止めるには鋭く間合いを詰め、踏み込んだタックルが必要であり、今駒のタックルにかけた。後半1トライを争う緊迫した状況下、早稲田陣22メートルで慶應バックスにボールが回り、慶應期待のエース若林がパスを受けた瞬間、今駒が鋭く間合いを詰め、倒した。まさに勝利を決定付けたプレー。前半、渡辺、鈴木のトライで上げた得点を見事守り抜き、13－7で雪辱を果たした。

早大		慶大		早大				慶大		
13	－	7		1	尾形　勉	FW	1	橋本　達矢		
13	前	4		2	西谷　光宏		2	五所　紳一		
0	後	3		3	山本　巧		3	中野　忠幸		
2	T	1		4	清水　明浩		4	田中　秀樹		
1	G	0		5	栗原　誠治		5	山越　克雄		
1	PG	0		6	恵藤　公浩		6	太田　将		
0	DG	0		7	渡辺　浩章		7	油山　哲也		
0	T	0		8	神田識二朗		8	柴田　志通		
0	G	0		9	井上　明	HB	9	生田　久貴		
0	PG	1		10	石井　勝尉		10	清水　周英		
0	DG	0		11	今駒　憲二	TB	11	瀬田　俊一		
4	反則	10		12	吉川　雅也		12	青井　博也		

公式試合　No.596　昭和60年度　第8試合　対抗戦

昭和60年11月23日
G　国立競技場
R　真下　昇　KO 14:00

13　土肥　琢哉　　13　林　千春
14　鈴木　学　　14　若林　俊康
15　池田　尚　FB　15　渡瀬　裕司

第61回早明戦

昭和60年12月1日　国立競技場

●早大6－8○明大

▌逆転のPG外れる

この年は全勝で早明戦を迎える計画どおりの展開。明治も無敗だが、慶應、日体大と引き分け、絶好調ではなかった。しかし早明戦での明治は明らかに違う。試合は前半13分、吉川のDGで早稲田が先制。さらに17分吉川のPGで6－0と、ここまでは良い流れだった。しかし、20分過ぎ明治FWが息を吹き返す。スクラム、ラインアウトで優位に立ち、逞しい突進、モール、ラックで主導権を奪う。ついに32分、早稲田ゴール前のスクラムを押し崩し、高橋がサイドを突破し、初トライ。ゴール失敗で、辛うじて2点リードで前半を終えた。

後半も一進一退となるが、早稲田は連続攻撃に持ち込めず苦しい展開が続く。18分、早稲田ゴール前のラインアウトで、明治はロック田中にピタリと合わせ、FW全員で押し込む明治らしいトライを決めて8－6と逆転。それでも早稲田に勝つチャンスはあった。終了寸前、右中間38メートルのPGを吉川が狙った。ボールはポールの右脇をかすめて早稲田の優勝は消えた。

早大		明大		早大				明大		
6	－	8		1	尾形　勉	FW	1	太田　治		
6	前	4		2	西谷　光宏		2	中村　紀夫		
0	後	4		3	山本　巧		3	篠原　俊則		
0	T	1		4	清水　明浩		4	乾　治生		
0	G	0		5	栗原　誠治		5	田中　龍幸		
1	PG	0		6	恵藤　公浩		6	土井　太志		
1	DG	0		7	渡辺　浩章		7	中島　修二		
0	T	1		8	神田識二朗		8	高橋　善幸		
0	G	0		9	井上　明	HB	9	南　隆雄		
0	PG	0		10	石井　勝尉		10	佐藤　聡		
0	DG	0		11	今駒　憲二	TB	11	梅木（国定）精豪		
4	反則	9		12	吉川　雅也		12	出向井　豊		

公式試合　No.597　昭和60年度　第9試合　対抗戦

昭和60年12月1日
G　国立競技場
R　八木宏器　KO 14:00

13　土肥　琢哉　　13　川上　健司
14　鈴木　学　　14　末永　卓也
15　池田　尚　FB　15　村井　成人

交代　早大：鵜沼俊夫（末永）

昭和61年度（1986年度）　創部69年目

主　　　将	西谷光宏
副 主 将	石井勝尉、栗原誠治
主　　　務	遠藤卓巳
副 主 務	広瀬丈士、兼松（大滝）薫子
委　　　員	森田博志、渡辺浩章

卒業年次部員　遠藤卓巳、平野義朗、広瀬丈士、石井勝尉、石瀬拓、市村一郎、金子司、萱野正晃、楠洋一郎、栗原誠治、国谷秀樹、兼松薫子、松本雅由、増田裕史、三上尚人、三木基司、三島秀樹、水村淳、宮崎達矢、望月泰、森田博志、中村隆夫、中村祐治、西谷光宏、西田（板垣）雅直、大森昇、岡本武司、小野木友幸、坂本光治、下薗光、鈴木洋一、谷口和人、富岡誠一、東末吉史、富田真樹、山本宏史、吉田隆太郎、渡辺浩章、阿部伸郎＊

部　　　長	水野祐（13代部長）
監　　　督	木本建治
コ ー チ	橋本裕一、橋本裕幸、石山貴志夫、石塚武生、金澤聡、口元周策、小林正幸、松元秀雄、益田清、益子俊志、南川洋一郎、佐々木卓、佐藤和吉、佐藤秀幸、宿沢広朗、白井善三郎、末石庸幸、高野敬一郎、高平潔、植山信幸、吉田荘治
部 員 数	156名（内女子2名）
夏 合 宿	菅平（第43回）
シーズン成績	11勝2敗、関東大学対抗戦2位、大学選手権準優勝

試合成績
【公式試合】
＜対抗戦＞

No.601	S61.9.23	○	早稲田大学	113-0	●	一橋大学	三ッ沢　R土本芳則
No.602	S61.10.5	○	〃	45-4	●	東京大学	秩父宮　R阿世賀敏幸
No.603	S61.10.11	○	〃	74-0	●	立教大学	三ッ沢　R土本芳則
No.604	S61.10.19	○	〃	30-9	●	帝京大学	秩父宮　R辻茂樹
No.605	S61.10.25	○	〃	39-3	●	青山学院大学	秩父宮　R八木宏器
No.606	S61.11.2	○	〃	39-7	●	日本体育大学	秩父宮　R八木宏器
No.607	S61.11.8	○	〃	25-9	●	筑波大学	秩父宮　R斉藤直樹
No.608	S61.11.23	○	〃	18-15	●	慶應大学	国立競技場　R斉藤直樹
No.609	S61.12.7	●	〃	12-13	○	明治大学	国立競技場　R真下昇
No.610	S61.12.13	○	〃	16-4	●	法政大学	秩父宮　R富沢政雄（第19回交流試合）

＜第23回大学選手権＞

No.611	S61.12.27	○	早稲田大学	34-6	●	京都産業大学	西京極　R辻野雅三（1回戦）
No.612	S62.1.4	○	〃	10-9	●	同志社大学	国立競技場　R真下昇（準決勝）
No.613	S62.1.10	●	〃	10-12	○	大東文化大学	国立競技場　R斉藤直樹（決勝）

＜国際試合＞

国際62	S62.3.1	○	全早大	26-6	●	ダブリン大学	ダブリン　R D.バーネット（以下、アイルランド遠征）
国際63	S62.3.4	●	〃	6-12	○	コーク大学	コーク　R不明
国際64	S62.3.7	○	〃	18-15	●	ゴルウェイ大学	ゴルウェイ　R不明
国際65	S62.3.10	●	〃	13-27	○	クィーンズ大学	ベルファースト　R S.ヒルディス
国際66	S62.3.14	●	〃	19-21	○	UCダブリン	ダブリン　R不明

＜全早大試合＞

全早大53	S61.4.13	○	全早大	28-17	●	全慶大	大阪長居　R井上哲夫（関西早慶OB招待）
全早大54	S61.5.18	〃		48-22	●	全長崎	長崎　R川崎重雄（長崎県協会招待）
全早大55	S61.5.25	〃		18-15	●	全広島	広島　R松尾啓次（広島県協会招待）
全早大56	S61.6.22	〃		27-23	●	全同大	金沢西部緑地公園　R鈴木重通（石川県協会招待）
全早大57	S62.1.25	●	〃	12-24	○	全明大	国立競技場　R奈良昭男（第8回全早慶明）
全早大58	S62.2.7	●	〃	20-65	○	全慶大	国立競技場　R辻茂樹（同上）
全早大59	S62.3.29	○	〃	34-18	●	神戸製鋼	神戸　R三宅一（兵庫県協会招待）

★シーズンの優勝チーム★
第57回関東大学対抗戦優勝　明治大学（2年連続17回目）
第20回関東大学リーグ戦優勝　大東文化大学（12年ぶり2回目）
第23回大学選手権大会優勝　○ 大東文化大学 12-10 ● 早稲田大学（大東大は1回目）
第24回日本選手権試合優勝　○ トヨタ自動車 26-6 ● 大東文化大学（トヨタは3回目）

大東大に初栄冠許す

木本建治が2回目の監督に就任した。ここ数年150名前後の部員を統括するため、複数の副主将を持つようになっていた。木本監督は西谷主将、栗原、石井副将の強力トリオを中心に早稲田ラグビーの形を再構築することに全力をあげた。

全国大学選手権が導入され、これまで8度チャンピオンになったが、対抗戦に全勝できずに選手権を制したのは、昭和41年度の1回だけ。それだけ早稲田はまず対抗戦全勝が絶対の目標になっていた。この年、早明戦に12-13で敗れ、ここ3年間で全勝を逃した試合が、1点差、2点差、1点差、合計わずか4点差で泣いた。この厳しいせめぎあいがレベルを高め、ラグビー人気をも高めていた。

大学選手権では準決勝で逆に1点差で同大に涙を流させ、久しぶりに決勝へ駒を進めた。チャンス到来かと思われたが、新鋭の大東大に、最後は2点差で敗れた。

　　　　　＊　　　＊　　　＊

コンビニで「キャラメールコーン」を見かけると、あの匂いを思い出す。

東伏見の午後、時折、坂の上の工場から風に乗り、グラウンドまで届いた。甘ったるいはずなのに、なぜかほろ苦い。新人の時、「トーハト」とは、長距離リレーだった。数人でチームを組み、周回ロードコースを何周も走る。ドベには罰ゲームが待っていた。

レース終盤、下位に低迷するチームの中で、高崎高から一浪して入った男は、ぽそりと言った。「もう一周、走ってもいいぜ」。起死回生、彼のチームは最下位に沈むことはなかった。ほどなく一列へ転向し、FWの屋台骨を支えたスクラムマンの隠れた逸話だ。

あと一歩で「夢」に届かなかった最後のシーズンは1階の和室に入寮し、日体大戦などで活躍した。

支え役としての力は、早大職員となりさらに発揮された。上井草への移転をはじめラグビー部と大学当局の橋渡しを担った。

名古屋であった同期の結婚式、しこたま飲んで仲間と高級ホテルに宿泊、なぜかパンツ一丁で部屋を飛び出し、自分の部屋がわからなくなった。その姿でフロントまで降り、未明の大騒ぎに。同期の自宅に泊まり、真夜中にトイレを探していると、物音に気付いた同期の妻に声をかけられてビックリしたのか、漏らして佇んだ。迷惑だけど、憎めなかった。

肺ガンが見つかり、かつての和室仲間を自宅へ招き、また、飲んだ。4年の時の日体大戦のビデオを懐かしみ、「もう1本」と第57回早慶戦を手に取った。名勝負の1つに数えられる奥脇主将時代の満員札止めとなった全勝対決。最後の10分、自陣ゴールを背に耐えに耐え、負けなかった。闘病への決意をそのビデオに重ねた。

同期の誰よりも楽しみにしていた100周年を待ちきれなかった。富岡誠一が逝って4年。2018年4月、埼玉のお墓に集まれたのは、36人いた同期のうち、たまたま15人。かつてのフロントローは墓前でスクラムを組み、即席のフィフティーンは「夢」と刻まれた墓に献杯した。

（森田博志）

ベルゲン

第63回早慶戦
昭和61年11月23日　国立競技場
○早大18 − 15●慶大

▌早大、終盤の追撃に冷汗の勝利

　早稲田は安定した戦いぶりを見せ、全勝で早慶戦を迎えた。一方の慶應は筑波大に6−18、日体大に25−35、明大には12−62と敗戦が続いた。

　早稲田絶対有利の下馬評だが、どんなに苦しい時でも、早稲田と戦うときの慶應は、全く違う。案の定、早稲田は大苦戦した。ノーサイドの笛が鳴り、引き揚げる早大フィフティーンの顔は青ざめていた。予想外の辛勝。慶大のこの一戦に賭ける気迫は凄まじいものがあった。試合はお互いに早い出足で相手をつぶし、また要所でのミスでトライが取れない。早大は坂本が確実にPGを決め、後半20分には石井のパスを受けた島沢が、慶大の若林を振り切ってトライし18−6とした。

　慶大は25分、早大のボール処理ミスを突き、若林が右中間に飛び込んだ。さらに30分、PGで15−18と追い上げた。終了間際にも早大ゴール前に迫ったが、慶大の執念も実らずノーサイドを迎えた。

公式試合 No.608		昭和61年度 第8試合 対抗戦				
早大		慶大	早大		慶大	
18	−	15	1 永田　隆憲 FW	1 石森　久嗣	
6	前	6	2 西谷　光宏	2 八柳　　悟	
12	後	9	3 頓所　明彦	3 中野　忠幸	
0	T	0	4 坂本　光治	4 山越　克雄	
0	G	0	5 栗原　誠治	5 橋本　篤幸	
2	PG	2	6 渡辺　浩章	6 堺　　大祐	
0	DG	0	7 浜野　　彰	7 上島　　治	
1	T	1	8 神田識二朗	8 柴田　志通	
1	G	1	9 吉田隆太郎 HB	9 田中　慎一	
2	PG	1	10 森田　博志	10 川端　良三	
0	DG	0	11 島沢　明史 TB	11 瀬田　俊一	
10	反則	10	12 石井　勝尉	12 杉本　　猛	
昭和61年11月23日			13 北村　　慶	13 中口　　健	
G 国立競技場			14 今駒　憲二	14 若林　俊康	
R 斉藤直樹		KO 14:00	15 香取　鉄平 FB	15 立石　郁雄	
			交代　早大：桑島靖明（森田）		

第62回早明戦
昭和61年12月7日　国立競技場
●早大12 − 13○明大

▌幻のトライ

　2年連続の早明決戦に持ち込んでいた。

　全勝対決、大接戦の末の明治優勝と話題は尽きなかったが、各新聞は「渡辺、幻のトライ」と報じていた。早稲田6−9の前半39分、早稲田は渡辺がキックをチャージして左ライン際を快走。インゴールに飛込み逆転トライ！と思われた瞬間、タッチジャッジのフラッグが上がった。飛び込む直前、渡辺の足がタッチラインを踏んだのだ。真下レフリーはトライを宣告しており、旗が上がらなければトライだった。本当に惜しいプレーだったが、この当時はタッチジャッジを両校関係者が務めており、この旗を上げたのが、早稲田OBの益子俊志だったことで、フェアプレーとして大きく紹介された。

　明治は後半9分、早稲田ゴール前スクラムから安東がブラインドにいた竹之内を走らせてトライ。結局、早稲田はこのトライで涙を飲んだ。ノートライでの敗戦だが、バックスの要、森田、石井、香取を怪我で欠く中、坂本の4PGで食い下がり、この大一番を最後まで盛り上げた。

公式試合 No.609		昭和61年度 第9試合 対抗戦				
早大		明大	早大		明大	
12	−	13	1 永田　隆憲 FW	1 太田　　治	
6	前	9	2 西谷　光宏	2 岡本　時和	
6	後	4	3 頓所　明彦	3 高橋　善幸	
0	T	0	4 坂本　光治	4 芳村　正徳	
0	G	0	5 栗原　誠治	5 乾　　治生	
2	PG	3	6 渡辺　浩章	6 土井　太志	
0	DG	0	7 浜野　　彰	7 尾上　　研	
0	T	1	8 神田識二朗	8 大西　一平	
0	G	0	9 吉田隆太郎 HB	9 安東　文明	
2	PG	0	10 和久井秀一	10 佐藤　　聡	
0	DG	0	11 島沢　明史 TB	11 笠　　武史	
5	反則	13	12 今駒　憲二	12 加藤　尋久	
昭和61年12月7日			13 中島　　健	13 川上　健司	
G 国立競技場			14 桑島　靖明	14 竹之内弘典	
R 真下　昇		KO 14:00	15 加藤進一郎 FB	15 村井　成人	
			交代　明大：中田雄一（安東）		

8　学生最後の栄冠（昭和60年代）

昭和62年度（1987年度）　創部70年目

主　　将	永田隆憲
副主将	今駒憲二、神田識二朗
主　　務	田古島伸浩
副主務	大山高行
委　　員	浜野彰、香取鉄平

卒業年次部員　藤島暖、浜野彰、弘田知巳、石田智朗、泉延喜、伊藤浩樹、今駒憲二、神野勲、加藤進一郎、香取鉄平、川崎剛寿、木澤春樹、北村慶、桑島靖明、神田識二朗、越水（速水）禎、小林一光、町島祐一、松坂広之、増田康文、村上一基、直井克清、永田隆憲、中島健、中村英生、南部修、貫井淳、大山高行、尾郷淳、尾郷壮、真田善彦、澤田賢一、清野健一、田古島伸浩、武井真剛、竹村勇治、田中力、田畑政己、頓所明彦、和久井秀一、渡辺達矢、安田仁秀、梁川真人、矢野晴紀、山田恵輔

部　　長	水野祐
監　　督	木本建治
コ ー チ	浜野政宏、石山貴志夫、石塚武生、金澤聡、口元周策、小林正幸、益子俊志、益田清、松元秀雄、中村康司、佐々木卓、佐藤秀幸、下川正文、宿沢広朗、高野敬一郎、寺林努、吉田荘治
部員数	158名（内女子2名）
夏合宿	菅平（第44回）
シーズン成績	15勝0敗、関東大学対抗戦優勝、大学選手権優勝、日本選手権優勝

試合成績

【公式試合】

＜対抗戦＞

No.614	S62.9.27	○	早稲田大学	86-6	●	成城大学	伊勢原	R本田秦則
No.615	S62.10.4	○	〃	51-4	●	東京大学	安田信託	R阿世賀敏幸
No.616	S62.10.11	○	〃	65-8	●	立教大学	三ッ沢	R阿世賀敏幸
No.617	S62.10.18	○	〃	34-6	●	帝京大学	江戸川	R富沢政雄
No.618	S62.10.25	○	〃	32-6	●	青山学院大学	早大所沢	R奈良昭男
No.619	S62.11.1	○	〃	17-6	●	日本体育大学	国立競技場	R八木宏器
No.620	S62.11.8	○	〃	3-0	●	筑波大学	早大所沢	R富沢政雄
No.621	S62.11.23	○	〃	39-6	●	慶應大学	国立競技場	R真下昇
No.622	S62.12.6	○	〃	10-7	●	明治大学	国立競技場	R真下昇
No.623	S62.12.20	○	〃	40-6	●	専修大学	国立競技場	R八木宏器（第20回交流試合）

＜第24回大学選手権＞

No.624	S62.12.27	○	早稲田大学	29-4	●	京都産業大学	瑞穂陸上	R川崎重雄（1回戦）
No.625	S63.1.2	○	〃	31-3	●	大阪体育大学	国立競技場	R井上哲夫（準決勝）
No.626	S63.1.10	○	〃	19-10	●	同志社大学	国立競技場	R八木宏器（決勝）

＜第25回日本選手権＞

No.627	S63.1.15	○	早稲田大学	22-16	●	東芝府中	国立競技場	R八木宏器

＜朝日招待試合＞

No.628	S63.3.6	○	早稲田大学	37-14	●	九州代表	平和台	R吉丸秀利

＜国際試合＞

国際67	S62.9.20	○	全早大	16-15	●	アイルランド学生代表	国立競技場	Rメグソン

＜全早大試合＞

全早大60	S62.4.19	●	全早大	19-42	○	全同大　宝ケ池　R吉田義信（早同交流試合）
全早大61	S62.4.26	●	〃	3-43	○	トヨタ自工　草薙　R大石哲夫（静岡県協会招待）
全早大62	S63.1.31	○	〃	27-15	●	全慶大　国立競技場　R川崎重雄（第9回全早慶明）
全早大63	S63.2.7	●	〃	26-43	○	全明大　国立競技場　R辻野雅三（同上）
全早大64	S63.3.20	△	〃	16-16	△	トヨタ自工　豊田市　R伊神勝彦（愛知県協会招待）
全早大65	S63.3.27	●	〃	13-14	○	九州代表　熊本　R関美久（熊本県協会招待）

★シーズンの優勝チーム★

第58回関東大学対抗戦優勝　早稲田大学（5年ぶり24回目）
第21回関東大学リーグ戦優勝　大東文化大学（2年連続3回目）
第24回大学選手権大会優勝　○　早稲田大学　19-10　●　同志社大学（早大は11年ぶり9回目）
第25回日本選手権試合優勝　○　　〃　　22-16　●　東芝府中（早大は16年ぶり4回目）

16年ぶりの日本一

　創部70年目、2度目の豪州遠征を前に、どうしても優勝したい年に、それを実現できた。日本一までの道程は平坦ではなかった。まずこのシーズンは明治に大勝して意気あがる筑波大が立ちふさがった。優勝の行方がかかり、新設された所沢の早大人間科学部のグラウンドには大勢のファンが詰めかけた。テレビでも中継され、新学部の見事な景観が紹介された。早稲田は永田、頓所の両プロップを故障で欠き、強風のなかで筑波大の猛攻に最後まで苦しんだが、新人、今泉の貴重なPGの3点を守り抜き、逃げ切った。この試合に負けていれば日本一への道はまた遠ざかっただろう。その意味で、この試合でプロップに入った神野、渡辺の貢献も忘れることができない。

　次の難関は早明戦の歴史に残る激闘だった。前夜の雪を早朝から除雪作業をしてグラウンドコンディションを良くしてくれた、多くのラガーメンに応えて、両校のフィフティーンは胸を打つ感動のゲームを行なってくれた。

　対抗戦に全勝したときの早稲田は強い。永田、神田、今駒の3人が、チームをよくリードして若い力を引き出してくれた。1年生トリオ、堀越、藤掛、今泉の活躍も話題となり、11年ぶりの大学日本一の座を手中にした。長い間待ちこがれただけにその喜びは大きかった。『荒ぶる』の大合唱のなか、それぞれの思いで涙を流

す昭和を支えた大先輩たちの姿に、早稲田ファミリーの絆が何よりも良く表れていた。

　日本選手権でも東芝府中に勝ち、16年ぶり4度目の日本一になり、より大きな喜びに浸ることができた。

＊　　　　　＊

　我々のシーズン。未だに忘れもしない昭和62年1月11日明け方から始まった。
大学選手権決勝で大東文化大に10－12で敗れ痛飲泥酔の後、静寂を取り戻した寮にけたたましい大声が鳴り響いた。

　「みんな起きろ！　厄払いや！　屋上に集合や！」キモケンこと故木本建治監督の声である。朝の6時過ぎだっただろうか。何が始まるかと集まったところ、始まったのはなんと水垢離であった。「俺からや！」とキモケンがまず素っ裸になり、バケツに満々とたたえた水をかぶり、次々と全員が水をかぶった。「これで、負けをきっぱり忘れろ！」寒風吹きすさぶ中、眠気も酔いもそして厄もふっとんだ。

　学生スタッフが決まり、最初の学生委員会で、「キモケンの言葉は我々の言葉としてみんなに伝えていく」ことを確認し、「キモケンがこう言ってるから」は禁句とした。やるのは我々であり、監督に責任の矛先を向けるのは卑怯だと思ったからである。

　春シーズンは決して順調なものではなく、戦績は確か3勝6敗1分けだったと記憶している。しかも明治には大敗を喫した。

ただ、春は徹底して走りこんだ。当時フィットネスを担当していたコーチは、故石塚武生氏である。現役当時を知る人は、さぞかしスパルタ的指導をしていたと思われる方も多いと思うが、グラウンドでの石塚さんはスパルタとは真逆であった。今でこそ「褒めて伸ばす」がコーチングの要諦と言われているが、まだそのころはそんな言葉はなかった時代である。選手がへばりそうな時は「カモン！」と笑顔で鼓舞し、一つの練習が終わればまた満面の笑顔で「サンキュー！　ナイスラン！　お疲れさま！」とねぎらう。

いやがおうでも、乗せられてしまう。そんな練習のおかげで、体力には自信がついた。

迎えた夏合宿。春の大敗を考えれば、徹底した拷問とも思える練習を課すべきと誰もが考えるところを、キモケンは違った。徹底した基本プレーの習得に時間を割いたのある。「疲れていては正しいスキルの習得はできない」という強い信念のもと、タックル、セービング等々「ゴロゴロ」と呼んでいた基本プレーの練習をとにかく繰り返した。

秋のシーズンに入ってからは試合を重ねるごとに、派手さはないがアタック、ディフェンスともにミスが少なく、よく走るチームに仕上がった。公式戦最多被トライは、東芝府中戦の2トライである。木本さんの頑固とも思える強い信念、石塚さんの褒めて伸ばす指導の賜物であった。

今でも、二人の指導は我々の中に深く生き続けている。
　　　　　　　　　　　　　　　（永田隆憲）

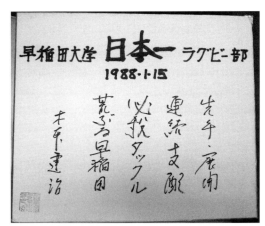

木本監督の色紙

第64回早慶戦

昭和62年11月23日　国立競技場

○早大39－6●慶大

▎7トライで快勝

　筑波大戦を負傷で欠場した主将の永田が復帰してチームが整備された早稲田は、今駒、中島の出足の良いタックルで慶應を圧倒、新人の堀越、今泉の活躍もあり、慶應を1トライ、1ゴールに抑えた。

　前半4分、早大は桑島から加藤で右隅にトライ。29分にはスクラムから「左8、9」が決まり、今駒－今泉でトライ。33分、今泉がPGで加点。38分にもラインアウトのクイックスローインから今泉がトライした。

　後半14分、早大は慶大の攻撃を倒して逆襲、桑島が約60メートル独走してトライ（今泉ゴール）。18分には、桑島－堀越－清宮とつなぎトライ（今泉ゴール）。35分にも清宮が連続トライ（今泉ゴール）。慶大の反撃は37分、PKから展開し田村がトライ（ゴール）。終了間際、早大はラックを連取して、最後は弘田がトライを挙げ快勝した。大学選手権からセンターに新人の藤掛が起用されたが、対抗戦の全勝優勝にはセンターの中島が貢献した。

公式試合　No.621　昭和62年度　第8試合　対抗戦

早大		慶大		早大			慶大		
39	－	6		1	永田　隆憲	FW	1	福本　正幸	
15	前	0		2	森島　光弘		2	藤田　聖二	
24	後	6		3	渡辺　達矢		3	志村　良輔	
3	T	0		4	弘田　知巳		4	柴田　志通	
0	G	0		5	篠原　太郎		5	古市　匡	
1	PG	0		6	神田識二朗		6	出原　正信	
0	DG	0		7	清田　真央		7	林　幹人	
4	T	1		8	清宮　克幸		8	綱沢　弘達	
4	G	1		9	堀越　正己	HB	9	西　規之	
0	PG	0		10	前田　夏洋		10	工藤　健	
0	DG	0		11	今泉　清	TB	11	良塚　元一	
10	反則	7		12	今駒　憲二		12	川端　良三	
昭和62年11月23日				13	中島　健		13	杉本　猛	
G　国立競技場				14	桑島　靖明		14	田村　喜寛	
R　真下　昇　KO 14:00				15	加藤進一郎	FB	15	立石　郁雄	

交代　慶大：中口健（良塚）

第63回早明戦

昭和62年12月6日　国立競技場

○早大10－7●明大

▎伝説の一戦

　「雪の早明戦」と語り継がれるこの試合。

　筑波大に敗れた明治に対し、早稲田は全勝で3年連続、優勝をかけた早明戦となった。悪コンディションの中、両校ともきちっとタックルを決め、感動的な試合になった。

　スコアボードの計時はすでに40分を超え、10－7と早稲田リード。雪どけでぬかるんだグラウンドでは、早大が自陣ゴール前に釘付けにされていた。

　「メイジーッ」「ワセダーッ」試合開始から途切れることのない6万大観衆のこだまが最高潮に達し、早大を平均体重で6キロ上回る明大重戦車のサイド攻撃が続いた。大西、岡本がゴール前数十センチまで迫る。神田が、清宮が、しかし、その都度、ひざ下に飛び込んで捨て身のタックルで凌いだ。早大の加藤が脳震盪で交代する。勝負は、最後の最後でいよいよ激しさを増した。勝ちにこだわった明治は、4度のPGを全て狙わず、逆転トライへの執念を見せた。猛攻が続く中、笛が鳴った。赤黒ジャージーは飛び上がった。敗者の前では抑えていた喜びが、ロッカールームで涙声にかわった。

公式試合　No.622　昭和62年度　第9試合　対抗戦

早大		明大		早大			明大		
10	－	7		1	永田　隆憲	FW	1	佐藤　浩美	
7	前	7		2	森島　弘光		2	岡本　時和	
3	後	0		3	頓所　明彦		3	須之内浩司	
1	T	1		4	弘田　知巳		4	飛騨　誠	
0	G	0		5	篠原　太郎		5	蜂谷　晶	
1	PG	1		6	神田識二朗		6	土井　太志	
0	DG	0		7	清田　真央		7	尾上　研	
0	T	0		8	清宮　克幸		8	大西　一平	
1	G	0		9	堀越　正己	HB	9	安東　文明	
0	DG	0		10	前田　夏洋		10	加藤　尋久	
11	反則	7		11	今泉　清	TB	11	吉田　義人	
昭和62年12月6日				12	今駒　憲二		12	川上　健司	
G　国立競技場				13	中島　健		13	上井　隆三	
R　真下　昇　KO 14:00				14	桑島　靖明		14	竹之内弘典	
				15	加藤進一郎	FB	15	高岩　映善	

交代　早大：吉村恒（加藤）

8　学生最後の栄冠（昭和60年代）

第24回大学選手権決勝
昭和63年1月10日　国立競技場

○早大19－10●同大

▍生命線のラック

　激しい攻防、好プレーの応酬は、大学選手権決勝のなかでも好試合だった。関西の雄として長年のライバル、同志社もまた素晴らしいチームだった。

　足腰の強い骨太のチームを作った功績は木本監督と永田、神田、今駒の3リーダーに負うところが大きい。ラックの形を完成させ、このプレーを率先して身につけたのが、この3人だった。このプレーはその後に清宮、小山、富野ら早稲田FWの基本プレーとして受け継がれた。

　13－10とリードした場面で自陣ゴール前に釘づけにされた。1トライを許せば逆転のピンチを救ってくれた藤掛、加藤の猛タックルは忘れられない。後半38分、この重圧を逃れ勝利を決定づける桑島の3つ目のトライは、タックルから切り返してFWがラックを連取して生まれたものだった。

　OBも選手も控えの部員もみんなが『荒ぶる』を涙とともに絶叫した。祝勝会をお預けにして15日の日本選手権に立ち向かう、彼らの顔がまぶしかった。

公式試合　No.626　昭和62年度　第24回大学選手権決勝

早大		同大		早大			同大	
19	－	10	1	永田	隆憲 FW	1	岡田	修
13	前	3	2	森島	弘光	2	弘津	英司
6	後	7	3	頓所	明彦	3	大村賢次郎	
2	T	0	4	弘田	知巳	4	部谷	隆典
1	G	0	5	篠原	太郎	5	阿部	浩
1	PG	1	6	神田識二朗		6	中尾	晃
0	DG	0	7	清田	真央	7	武藤	規夫
1	T	1	8	清宮	克幸	8	宮本	勝文
1	G	0	9	堀越	正己 HB	9	漆崎	晃久
0	PG	1	10	前田	夏洋	10	荒木	明廣
0	DG	0	11	今泉	清 TB	11	山川	載人
7	反則	4	12	今駒	憲二	12	小松	節夫
昭和63年 1月10日			13	藤掛	三男	13	山田	朋徳
G 国立競技場			14	桑島	靖明	14	佐野	順
R 八木宏器　KO 14:00			15	加藤進一郎 FB		15	細川	隆弘
交代　同大：村上博樹(宮本)								

第25回日本選手権試合
昭和63年1月15日　国立競技場

○早大22－16●東芝府中

▍会心のゲーム

　木本監督が、2年間、手塩にかけたチームがついに大輪の花を咲かせた。早稲田の挙げたトライは、今駒の飛ばしパスで桑島がノーマークになったものと、清宮の突進から加藤が飛び込んだ2つ。東芝府中は向井の突進から石川が強引に飛び込んだトライと花岡のトライ。トライ数は同じで、早大は新人の今泉が4PGを決め勝利に貢献した。今泉は口の中を切り、バンソウコウに血をにじませながら戦い切った。

　早稲田としては、持てる力を出し切った会心のゲームだった。もし並の出来だったら、負けていた。特にラインアウトが予想以上によく、ボールをよく動かせた。日本選手権としては、稀にみる好試合となった。

　東芝府中は力の持って行き場を失った。社会人の力を見せたのは5度ぐらい。しかし、早稲田のディフェンスは、それにしっかりついていった。東芝がもっとFWで粘っこく当たり、ボール支配の時間を長くして戦えば、勝敗は変わっていただろう。中村賢治監督は、早大OBで思わぬ敗戦となった。

公式試合　No.627　昭和62年度　日本選手権試合

早大		東芝府中		早大			東芝府中	
22	－	16	1	永田	隆憲 FW	1	藤沢	義之
10	前	12	2	森島	弘光	2	佐藤	康信
12	後	4	3	頓所	明彦	3	馬場	利宏
1	T	1	4	弘田	知巳	4	松本	康広
0	G	1	5	篠原	太郎	5	河村	年也
2	PG	2	6	神田識二朗		6	花岡	伸明
0	DG	0	7	清田	真央	7	田中	良
1	T	1	8	清宮	克幸	8	芳村	正徳
1	G	0	9	堀越	正己 HB	9	田中	宏直
2	PG	2	10	前田	夏洋	10	渡部	監祥
0	DG	0	11	今泉	清 TB	11	戸嶋	秀夫
6	反則	13	12	今駒	憲二	12	石川	敏
昭和63年 1月15日			13	藤掛	三男	13	奈良	修
G 国立競技場			14	桑島	靖明	14	鬼沢	淳
R 八木宏器　KO 14:00			15	加藤進一郎 FB		15	向井	昭吾

昭和63年度（1988年度）　創部71年目

主　　　将　　清田真央
副 主 将　　島沢明史、篠原太郎
主　　　務　　澤渡直人
副 主 務　　戸沢孝幸、矢野定利
委　　　員　　小橋哲治、城谷厚司
卒業年次部員　青山孝彦、馬場達夫、藤本尚士、長谷川尚志、広瀬直人、稲垣賢一、木村志義、清田真央、小泉剛、河野純基、小橋哲治、松本尚之、村山周、室井孝、森烈、森本昌志、名倉利憲、西谷毅、西村利男、澤渡直人、渋谷浩昭、島沢明史、篠原太郎、城谷厚司、洲戸渉、宝田雄大、戸沢孝幸、脇坂正憲、山本昇、山中謙治、矢野定利、吉井達郎
部　　　長　　奥島孝康（14代部長）
監　　　督　　佐藤秀幸（26代監督）
コ ー チ　　浜野政宏、石山貴志夫、石塚武生、金澤聡、口元周策、小林正幸、益子俊志、益田清、松元秀雄、中村康司、佐々木卓、佐藤秀幸、宿沢広朗、下川正文、高野敬一郎、寺林努、吉田荘治
部 員 数　　149名（内女子3名）
夏 合 宿　　菅平（第45回）
シーズン成績　　8勝3敗、関東大学対抗戦3位、大学選手権1回戦敗退
試合成績
【公式試合】
＜対抗戦＞

No.629	S63.9.25	○	早稲田大学	61-0	●	立教大学　早大所沢	R相田真治
No.630	S63.10.2	○	〃	51-9	●	明治学院大学　東伏見	R吉羽茂
No.631	S63.10.9	○	〃	51-7	●	東京大学　早大所沢	R中川幸博
No.632	S63.10.16	○	〃	58-9	●	帝京大学　秩父宮	R川崎重雄
No.633	S63.10.22	○	〃	59-6	●	青山学院大学　秩父宮	R奈良昭男
No.634	S63.10.30	●	〃	7-10	○	日本体育大学　秩父宮	R八木宏器
No.635	S63.11.12	○	〃	20-6	●	筑波大学　秩父宮	R望主幸男
No.636	S63.11.23	○	〃	34-6	●	慶應大学　秩父宮	R斉藤直樹
No.637	S63.12.4	●	〃	15-16	○	明治大学　国立競技場	R真下昇
No.638	S63.12.17	○	〃	27-15	●	専修大学　秩父宮	R斉藤直樹（第21回交流試合）

＜第25回大学選手権＞

No.639	S63.12.25	●	早稲田大学	17-23	○	同志社大学　花園	R太田始（1回戦）

＜国際試合＞

国際68	S63.7.24	○	全早大	35-11	●	ノーザンサバーブス　シドニー	Rスミス（以下、国際72までオーストラリア遠征）
国際69	S63.7.27	○	〃	30-14	●	オーストラリア国立大　キャンベラ	Rリーズ
国際70	S63.7.30	○	〃	39-3	●	ジェームスクック大　タウンズヒル	Rスピレーン
国際71	S63.8.3	○	〃	25-18	●	クインズランド大　ブリスベン	Rパウエル
国際72	S63.8.7	○	〃	18-13	●	シドニー大　シドニー	Rティンドール
国際73	S63.9.18	●	〃	15-39	○	オックスフォード大　国立競技場	R八木宏器（オックスフォード大学来日。ナイター）

＜全早大試合＞

全早大66	S63.4.24	○	全早大	22-12	●	日新製鋼　山口	R久芳善人（山口県協会招待）
全早大67	S63.5.8	●	〃	16-25	○	全同大　香川	R井上哲夫（香川県協会招待）
全早大68	S63.9.11	○	〃	24-4	●	ワールド　金沢	R土用下茂臣（石川県協会招待）
全早大69	H1.1.29	○	〃	34-26	●	全慶大　秩父宮	R望主幸男（第10回全早慶明）
全早大70	H1.2.5	●	〃	19-21	○	全明大　秩父宮	R阿世賀敏幸（同上）

8　学生最後の栄冠（昭和60年代）

【準公式試合】
　S63.6.19　○　早稲田大学　18-3　● 新日鉄釜石　盛岡　R不明（岩手県協会招待）
★シーズンの優勝チーム★
　第59回関東大学対抗戦優勝　明治大学（2年ぶり18回目）
　第22回関東大学リーグ戦優勝　大東文化大学（3年連続4回目）
　第25回大学選手権大会優勝　△ 明治大学 13-13 △ 大東文化大学（明大は3年ぶり7回目、大東大は2年ぶり2回目、トライ数が多い大東大が日本選手権に出場）
　第26回日本選手権試合優勝　○ 神戸製鋼 46-17 ● 大東文化大学（神戸製鋼は1回目）

盛大に70周年式典

　佐藤新監督を迎え、連覇にチャレンジする年になった。創部70周年の記念遠征には、昭和の初めに大先輩たちが新しい歴史を築くために出向いた、早稲田ラグビーの思い出の地オーストラリアを訪れた。早稲田の総力を結集した全早大チームは5戦5勝。成長した早稲田のラグビーをみせて恩返しとなり、また歴史の1ページを飾った。

　70周年記念式典は、9月23日に、東京、旧赤坂プリンスホテルで行なわれた。前年度の16年ぶりの日本一奪還と、豪州遠征全勝の余韻が、会場の雰囲気をいやがうえにも高めた。1千名を超える招待者、ROB倶楽部メンバー、現役学生、関係者が会場を埋め尽くし、懐かしい顔を探すのにも汗だくという状況で、これ以上ないという大盛況裡に祝宴の幕を閉じた。

　大きな期待を持ってシーズンインしたが、昭和最後の年、早稲田は今泉、吉雄と2人のゴールキッカーのけがに泣き、日体大、明治、同志社に敗れる不覚のシーズンとなった。

　昭和64年1月7日。昭和天皇の崩御により、年号が平成と改められた。

　　　　　　＊　　　　　　＊

　50歳を超えた今、連日の猛練習で朦朧としていた当時を振り返ってみて、今なお鮮明に覚えていることをふたつほど。

　ひとつは3年目のシーズンの正月、16年ぶりに大学選手権で優勝した夜の出来事です。国立競技場からほど近いとある街で同期10数人で祝杯をあげた明け方。皆のため飲酒を我慢し、遠く八潮まで帰宅して舞い戻ってくれた同期の普通乗用車に11人乗車。検問に遭遇し定員オーバーで反則切符。「ギネス記録じゃねぇぞ」とお巡りさん。同乗者から反則金を集めた結果、少し多めに集まり「儲かった！」と運転手。酔いもすっかり醒めました。

　もうひとつは4年目のシーズン最後の試合後の出来事。前年度、日本選手権で優勝した勢いそのままに春は全勝、70周年記念のオーストラリア遠征も全勝。2連覇を期待され、清田主将（平成27年逝去）を中心としたチームに春からTVのドキュメント番組の密着取材も着きました。迎えた秋シーズン、大学選手権1回戦、花園ラグビー場で同志社大にまさかの大逆転負け。祝勝会のはずが残念会となってしまった会場へ向かう貸切バスの中で、乗客のあまりの落胆ぶりに気を使ってくれたバスガイドさん。かけてくれたBGM。松任谷由美の名曲「♪どうして、どうして僕たちは出会ってしまったのだろ～♪」。「曲、止めろ～！」と叫ぶ同期。呑み続けた帰りの新幹線。そのまま直行した東伏見寮での涙の大泥酔。悔しくて寂しくて。だけどこの時、同期の仲間との今も続く一生の絆が生まれたような気がします。お蔵入りになってしまった密着番組のDVDは今でも同期の間で酒の肴となっています。

　勝って「荒ぶる」を歌えなかった悔しさは残っていますが、かけがえのない様々な経験と生涯の仲間を与えてくれた早稲田大学ラグビー蹴球部に感謝するとともに、今後の更なる飛躍と発展を祈念いたします。
（澤渡直人）

追い出し試合

第65回早慶戦

昭和63年11月23日　秩父宮ラグビー場

○早大34 − 6●慶大

▌立ち直り、快勝

早慶戦を前に19連勝中だった日体大に屈した。豪州遠征の疲れかプレーに精彩を欠いて惜敗した。今泉の欠場、代役キッカーの不調が痛かった。

3敗をしている慶應、全勝を逸した早稲田による早慶戦は、この年から秩父宮に戻ったが、観衆は1万2千人にとどまった。

前半はともに激しい防御で譲らず、1PG差の接戦だった。その中で、ラインアウトは早大に安定感があった。後半、早大はその優位なラインアウトから堀越が絶妙のパス、前田が防御網を突破して独走、フォローしていた清田がトライ（ゴール）して9点差とした。

慶大も三輪の好タッチキックから早大ゴール前で攻めまくった。早大はここを凌いだのが大きかった。10分、堀越がゴール前のスクラムからブラインドをついてトライ（ゴール）し、勝負を決めた。慶大の鋭い出足に、連続攻撃はあまり見られなかったが、終ってみれば大勝だった。これで、筑波戦に続いて相手をノートライに封じ、調整遅れのチーム力は上がっていた。

公式試合　No.636　昭和63年度　第8試合　対抗戦

早大		慶大	早大			慶大		
34	−	6	1	岩下	伸行	FW	1	福本	正幸
9	前	6	2	森島	弘光		2	犬飼	精二
25	後	0	3	渡辺	達矢		3	志村	良雄
0	T	0	4	後藤	禎和		4	橋本	篤幸
0	G	0	5	篠原	太郎		5	村上	信威
3	PG	2	6	打矢	二郎		6	出原	正信
0	DG	0	7	清田	真央		7	笠井	哲郎
4	T	0	8	清宮	克幸		8	山越	達雄
3	G	0	9	堀越	正己	HB	9	奥田	洋史
1	PG	0	10	前田	夏洋		10	三輪	信敏
0	DG	0	11	島沢	明史	TB	11	立石	郁雄
11	反則	12	12	吉村	恒		12	川端	良三

昭和63年11月23日
G 秩父宮
R 斉藤直樹　KO 14:00

			13	藤掛	三男		13	荒木	孝昌
			14	郷田	正		14	田村	喜寛
			15	今泉	清	FB	15	中口	健

第64回早明戦

昭和63年12月5日　国立競技場

●早大15 − 16○明大

▌清宮のキック及ばず

昭和最後の早明戦。ともに1敗しての対戦だったが、国立競技場のフィーバーぶりは相変わらずだった。

早大は前半8分、清宮が右37メートルからPGを決めて先行した。明大は20分、安東−竹之内−尾上とつないで逆転トライ（ゴール）。

後半6分、明大のトライが勝敗を分けた。早大ゴール前、早大ボールのラインアウトは、ゴールポストまで達するようなロングスローだったが、清宮が取り損ねてボールはインゴールを転々。これを明大の谷口が押さえた。相手のミスを突くのが身上の早稲田が、逆にミスを突かれた。逆転優勝にかける明大の気迫が上回っていた。守りの甘さがあった明大も、この日は一久保、谷口の早く、強いタックルが早大バックスの攻撃を寸断した。8分に清宮がPGを決めたが、明大は15分、小村の突進から竹之内−尾上とつないで突き放すトライ（ゴール）。

早大は終了間際、堀越がインターセプトしてそのままトライ（ゴール）し1点差まで追い上げた。しかし、本来のキッカーの不調も響き、明大に2年ぶりの優勝を許した。

公式試合　No.637　昭和63年度　第9試合　対抗戦

早大		明大	早大			明大		
15	−	16	1	岩下	伸行	FW	1	戸田	太
3	前	10	2	森島	弘光		2	岡本	時和
12	後	6	3	渡辺	達矢		3	須之内浩司
0	T	2	4	今西	俊貴		4	飛騨	誠
0	G	1	5	篠原	太郎		5	越野	愉太
1	PG	0	6	打矢	二郎		6	小村	淳
0	DG	0	7	清田	真央		7	尾上	研
1	T	1	8	清宮	克幸		8	富岡	洋
1	G	1	9	堀越	正己	HB	9	安東	文明
2	PG	0	10	前田	夏洋		10	加藤	尋久
0	DG	0	11	島沢	明史	TB	11	吉田	義人
9	反則	13	12	吉村	恒		12	一久保孝広

昭和63年12月4日
G 国立競技場
R 真下 昇　KO 14:00

			13	藤掛	三男		13	谷口	和義
			14	郷田	正		14	竹之内弘典
			15	小橋	哲治	FB	15	高岩	映善

9　初代王者から苦難の時代（平成1ケタ年代）

平成元年度（1989年度）　創部72年目

主　　将	清宮克幸
副 主 将	前田夏洋、森島弘光
主　　務	光岡肇
副 主 務	藤森咲恵、川原崎祐司、児玉久
委　　員	小菅爾郎、打矢二郎
卒業年次部員	阿部功、泥成彌、藤森咲恵、古谷圭、後藤禎和、飯田賢治、石塚貞宏、市川卓哉、岩上広、岩下伸行、春日康利、亀井竜二、河原崎祐司、清宮克幸、菊地英之、小菅爾郎、児玉久、小林正弘、小林俊夫、前田夏洋、増田隆之、光岡肇、宮下修一、森島弘光、並河宏樹、縄泰典、大澤康朗、斉藤哲郎、佐川一秀、佐藤正己、首藤英俊、杉山憲司、関口隆司、内匠優、寺坂信也、打矢二郎、若林健太郎、吉村恒、竹内大甚、福田達
部　　長	奥島孝康
監　　督	佐藤秀幸
コ ー チ	平島英治、金澤聡、口元周策、小林正幸、松尾尚城、中村康司、佐々木忍、下川正文、末石庸幸、高橋（松久）幸男、山本巧、吉田荘治、吉田隆太郎
部 員 数	159名（内女子6名）
夏 合 宿	菅平（第46回）
シーズン成績	11勝3敗、関東大学対抗戦2位、大学選手権優勝、日本選手権試合準優勝
試合成績	

【公式試合】
　＜対抗戦＞
　No.640　H1.9.24　○　早稲田大学　69-3　●　東京大学　早大所沢　R中沢則行
　No.641　H1.10.8　○　〃　　　86-0　●　立教大学　早大所沢　R芹沢栄
　No.642　H1.10.15　○　〃　　　79-6　●　帝京大学　駒沢　R八木宏器
　No.643　H1.10.22　○　〃　　　53-9　●　青山学院大学　秩父宮　R川崎重雄
　No.644　H1.10.29　●　〃　　　24-25　○　日本体育大学　秩父宮　R真下昇
　No.645　H1.11.11　○　〃　　　38-4　●　筑波大学　秩父宮　R八木宏器
　No.646　H1.11.23　○　〃　　　39-15　●　慶應大学　秩父宮　R真下昇
　No.647　H1.12.3　○　〃　　　28-15　●　明治大学　国立競技場　R斉藤直樹
　No.648　H1.12.17　○　〃　　　42-12　●　関東学院大学　秩父宮　R城所富夫（第21回交流試合）
　＜第26回大学選手権＞
　No.649　H1.12.24　○　早稲田大学　40-4　●　京都産業大学　瑞穂陸上　R辻野雅三（1回戦）
　No.650　H2.1.2　○　〃　　　19-12　●　大阪体育大学　国立競技場　R斉藤直樹（準決勝）
　No.651　H2.1.6　○　〃　　　45-14　●　日本体育大学　国立競技場　R八木宏器（決勝）
　＜第27回日本選手権＞
　No.652　H2.1.15　●　早稲田大学　4-58　○　神戸製鋼　国立競技場　R八木宏器
　＜朝日招待試合＞
　No.653　H2.3.4　●　早稲田大学　17-20　○　九州代表　平和台　R吉丸秀利
　＜国際試合＞
　国際74　H2.3.21　●　全早大　9-21　○　ケンブリッジ大学　瑞穂　R八木宏器（ケンブリッジ大学来日。瑞穂ラグビー場新装記念）
　国際75　H2.3.31　○　早稲田大学　30-6　●　マサチューセッツ工科大学　早大所沢　R大倉浩美（マサチューセッツ工科大学来日）
　＜全早大試合＞
　全早大71　H1.6.11　○　全早大　33-22　●　全秋田　秋田市営　R秋山渉（秋田県協会招待）
　全早大72　H2.2.4　○　〃　　　35-3　●　全慶大　秩父宮　R鈴木寿久（第11回全早慶明）
　全早大73　H2.2.11　●　〃　　　25-33　○　全明大　秩父宮　R下井真介（同上）
【準公式試合】
　H1.5.14　○　早稲田大学　26-20　●　九州学生　熊本　R笛隆志（熊本県協会招待）
　H1.5.21　○　〃　　　33-16　●　全長崎　松山RG　R松本浩（長崎県協会招待）

★シーズンの優勝チーム★
第60回関東大学対抗戦優勝　日本体育大学（6年ぶり4回目）
第23回関東大学リーグ戦優勝　専修大学（7年ぶり5回目）
第26回大学選手権大会優勝　○　早稲田大学　45-11　● 日本体育大学（早大は2年ぶり10回目）
第27回日本選手権試合優勝　○　神戸製鋼　58-4　● 早稲田大学（神戸製鋼は2年連続2回目）

平成初の大学王座

　平成の時代は佐藤監督、清宮主将によりテープカットされた。新たなる道へ、未来永劫に栄える夢を託して走りだした早稲田のスタートは快調だった。
　対抗戦で信じられない大逆転負けを喫した日体大を倒して、平成初の大学チャンピオンになった。何か新しい活力をチームに注入したいという、千葉正OB会長の意向を受け、NZからのコーチ招聘が実現した。旧知のオークランド・グラマースクールで教鞭を執る伊藤博教諭を介しての依頼に応えてくれたのが、元オールブラックスのキャプテンの名フランカーと元オークランド大学のSOで同大コーチとして指導力を評価されていた2人だった。ともに高校の校長先生で、人間的にもコーチとしての指導力も素晴らしく、多くのことを学ぶことができた。伊藤先生を含めた3人のコーチと首脳陣の息がピッタリあったことが好成績につながった。

　　　　＊　　　　　　＊

　今から30年前、ちょうどバブル経済のピークであった元号が平成へと変わった年に私たちは4年生となりました。
　前々年に日本選手権制覇したスタイルを踏襲し自信をもって臨んだ前年度はまさかの大学選手権1回戦敗退で、伝統を継承しながらも新たな挑戦をすることが求められていました。
　その象徴と言われているのがNZラグビーの父と称された故ジョン・グレアムさんと後にW杯優勝監督となるグラハム・ヘンリーさんをコーチとして招いたことです。
この話はOB会が主導して実現しました。
　私から彼らへのリクエストはFWがボールを持って走る機会を多くしたい。この1点でした。そのためにバックスはショートラインとする。接点を近く、フラットにアタックしたボールはバックスがサポートする。外側に出来たスペースにバックローやバックスリーが走り込む。私が求めたものに対して完璧な答えを出したヘンリーさんは流石だったと思います。
　結果的にはこれまでのスタイルを徹底的に破壊する事となりました。が、この経験こそ、私の中に早稲田ラグビーのDNAが刻まれた瞬間だったと思います。現状に満足せず、常に新しい取り組みを模索し、独創的で、最先端のスポーツ医科学を取り込む。そして何より、今そこにいるメンバーで勝てるチーム作りと万全の準備をする。これが、私が定義する早稲田ラグビーのDNAです。
　主将を拝命し、随分とわがままを言いました。東伏見グラウンドの周りで坂路トレーニングがしたい。ウエイトルームが欲しい。寮の食事環境を変えたいなどなど。
　佐藤監督、OB会が全面的に支援していただいたお陰で、日本一を獲れたことは言うまでもありません。
　最高の仲間達と荒ぶるを歌った我々同期は、大沢と宮下というかけがえのない仲間を若くして失ってしまいましたが、30年を経た現在に至っても大変に結束が固く、荒ぶるを歌わせていただいた世代の責務を果たすべく、年に数回集まっては旧交を温めています。
　荒ぶる復活を！
（清宮克幸）

追い出し試合

第66回早慶戦
平成元年11月23日　秩父宮ラグビー場

○早大39 – 15●慶大

▍怒濤の3連続トライ

　日体大に最後で逆転負けした早稲田は、筑波大に完勝し、早慶戦に臨んだ。慶應は明治に18 – 17で勝ち上昇基調。前半はお互い1トライ（ゴール）を取り合った互角の展開から、早稲田がPGを決め3点リードで折り返した。

　後半、早稲田は速い展開から5分に郷田、8分に吉雄、10分にまた郷田と立て続けにトライし、勝利を決定づけた。ショートライン＆キープ・ザ・ボールのコンセプトが奏功した。

　慶大の誤算はスクラムだった。慶大はスクラム戦での勝利が基調で、慶明戦も戦車FWの押しに耐えたことで互角に戦えた。その慶大FWが、早大の圧力を受け、試合を支配できなかった。ハイパント戦法も、SOのキックが正確さを欠き、慶大ペースにできなかった。

　早大バックスの個人技が大量点への道を開いた。早い集散でラックを連取し、堀越が右に左にボールをさばく。前田らがチャンスメイクし、組織攻撃へと広げトライを重ねた。後半のタテとヨコのゆさぶりは、攻撃面での復調を思わすものがあった。あとは組織防御の整備を残すのみだった。

早大		慶大		早大				慶大		
39	–	15		1	岩下	伸行	FW	1	福本	正幸
9	前	6		2	森島	弘光		2	山室	宗興
30	後	9		3	亀井	竜二		3	志賀	行介
1	T	1		4	春日	康利		4	小田切宏太	
1	G	1		5	後藤	禎和		5	古市	匡
1	PG	0		6	打矢	二郎		6	出原	正信
0	DG	0		7	相良南海夫			7	林	幹人
6	T	1		8	清宮	克幸		8	山越	達雄
3	G	1		9	堀越	正己	HB	9	奥田	洋史
0	PG	1		10	前田	夏洋		10	三輪	信敏
0	DG	0		11	吉村	恒	TB	11	塩塚	元一
5	反則	10		12	吉雄	潤		12	神田	雅朗

公式試合　No.646　　平成元年度　第7試合　対抗戦

平成 1年11月23日
G 秩父宮
R 真下 昇　KO 14:00

13	泥	成弥	13	柿沼	岳史
14	郷田	正	14	永安	輝男
15	今泉	清	FB	15	田村	喜寛

第65回早明戦
平成元年12月3日　国立競技場

○早大28 – 15●明大

▍皇太子殿下観戦

　平成元年、初めて皇太子殿下をお迎えした。早稲田の勝因はFW前5人の健闘だった。鍵を握ったのは3番の亀井。スクラムもラインアウトも苦戦を予想されたが、ラインアウトは森島のスローインと春日、後藤のコンビがかみ合い空中戦を制圧した。前5人の活躍がFW第3列の展開を生み、胃が痛くなるゴール前スクラムがなかった。明治のハイパントを完璧に処理した今泉と明大の丹羽に自由に蹴らせなかった早稲田FWは称賛ものだった。

　清宮主将が全員一丸を引き出した。早大は16分、堀越がラインアウトからブラインドを突きトライ（今泉ゴール）、さらに25分にはPGで加点した。明大は29分、中田がこぼれ球を押さえてトライ（高岩ゴール）。しかし34分、早大は吉雄がポスト下にトライ（ゴール）し、18 – 9とリードを広げた。

　後半6分、早大はラインアウトから堀越－今泉でトライ（ゴール）。16分、明大はカウンターから高岩－竹之内－吉田でトライ（ゴール）。早大は35分、後藤が飛び込んで、トドメを刺した。

早大		明大		早大				明大		
28	–	15		1	岩下	伸行	FW	1	戸田	太
18	前	9		2	森島	弘光		2	西原	在日
10	後	6		3	亀井	竜二		3	飯塚	淳
2	T	1		4	春日	康利		4	蜂谷	晶
2	G	1		5	後藤	禎和		5	飛騨	誠
2	PG	1		6	打矢	二郎		6	海老名義隆	
0	DG	0		7	相良南海夫			7	小村	淳
2	T	1		8	清宮	克幸		8	冨岡	洋
1	G	1		9	堀越	正己	HB	9	中田	雄一
0	PG	0		10	前田	夏洋		10	丹羽	政彦
0	DG	0		11	吉村	恒	TB	11	吉田	義人
8	反則	7		12	吉雄	潤		12	一久保孝広	

公式試合　No.647　　平成元年度　第8試合　対抗戦

平成 1年12月3日
G 国立競技場
R 斉藤直樹　KO 14:00

13	泥	成弥	13	加藤	尋久
14	郷田	正	14	竹之内弘典
15	今泉	清	FB	15	高岩	映善

交代　明大：剣持誠（一久保）、宮島勝利（中田）

第26回大学選手権決勝
平成2年1月6日　国立競技場

○早大45 − 14●日体大

▍記録破りの快勝

　逆転負けした対抗戦のうっぷんを晴らすゲームとなった。

　NZの両コーチの語録に「早大の選手たちの理解力、吸収力に驚かされた。我々は今までにこんなクレバーな集団を教えたことがない」というのがあった。お世辞もあるが、選手たちがコーチの指摘するポイントをよく理解していた。

　前半14分、早大の初トライは、1度、球を奪われたが、日体大SHを清宮がつぶし反撃、ラックの連取から、2人飛ばしのロングパス。最後は足で引っ掛けた郷田がスピードで奪ったトライだった。

　早稲田のトライは郷田がこのトライを含めて3つ、堀越、後藤、打矢、清宮を加えて計7つ。この内4つのゴールを前田と今泉で決めた。その他にPG成功が3つの計45点。日体大のトライは薬師寺、尾関、小沢の3つ。26回を数える大学選手権決勝の記録としては最多得点、最多得点差、最多トライ数と記録ずくめの勝利だった。

公式試合　No.651	平成元年度	第26回大学選手権決勝		
早大	日体大	早大		日体大
45	− 14	1 岩下　伸行 FW	1	中洲　孝一
23	前 6	2 森島　弘光	2	当間　豊
22	後 8	3 亀井　竜二	3	小沢　克年
4	T 1	4 春日　康利	4	富井　和也
2	G 1	5 後藤　禎和	5	横田　典之
1	PG 0	6 打矢　二郎	6	広本　直史
0	DG 0	7 相良南海夫	7	五十嵐康雄
3	T 2	8 清宮　克幸	8	鳥井　修
2	G 0	9 堀越　正己 HB	9	駒井　正憲
2	PG 0	10 前田　夏洋	10	薬師寺大輔
0	DG 0	11 吉村　恒 TB	11	荒井　誠
9	反則 7	12 吉雄　潤	12	高根沢公一
平成 2年 1月 6日		13 泥　成弥	13	真田　拓也
G 国立競技場		14 郷田　正	14	尾関　弘樹
R 八木宏器　KO 14:00		15 今泉　清 FB	15	福室　清美
交代 日体大：秋広秀一（福室）				

第27回日本選手権試合
平成2年1月15日　国立競技場

●早大4 − 58○神戸製鋼

▍神鋼にV2許す

　早稲田が完膚なきまでに叩かれた。神戸製鋼は前年度の覇者であり、実力でも上の自信を持ちながら、相手の攻撃パターンや布陣など細かいところまで研究し尽くしていた。

　例えば、スクラムからの早大の攻撃布陣への対応だ。普通、攻撃の際のブラインドにはWTBが位置しているだけだが、この年の早大は、スペースの狭いブラインドに、FB今泉をいれて、2人制をとっていた。これに対し、神鋼は藪木をオープンサイドからもってきて今泉に対応させた。早大がこのシフトのときは、必ずブラインドを攻めてくる、と読み切っていた。得意だった早大のサイド攻撃がすべて不発に終わった裏には、神鋼の相手を徹底研究する謙虚さがあった。

　すぐに戦術を切り替えて戦うことを学生に求めることは酷かもしれないが、そこが格の違いとなってあらわれた。神鋼の細川に前半だけで5つのPGを決めら、強烈なボディブローとなり、後半、ノックアウトされた。

公式試合　No.652	平成元年度	第27回日本選手権試合		
早大	神戸製鋼	早大		神戸製鋼
4	− 58	1 岩下　伸行 FW	1	兼平　盛輝
0	前 23	2 森島　弘光	2	中山　敬一
4	後 35	3 亀井　竜二	3	山下　利幸
0	T 2	4 春日　康利	4	林　敏之
0	G 0	5 後藤　禎和	5	大八木淳史
0	PG 5	6 打矢　二郎	6	広瀬　良治
0	DG 0	7 相良南海夫	7	杉本　慎治
1	T 6	8 清宮　克幸	8	武藤　規夫
0	G 4	9 堀越　正巳 HB	9	萩本　光威
0	PG 1	10 前田　夏洋	10	藪木　宏之
0	DG 0	11 吉村　恒 TB	11	菅野有生央
9	反則 13	12 吉雄　潤	12	平尾　誠二
平成 2年 1月15日		13 泥　成弥	13	細川　隆弘
G 国立競技場		14 郷田　正	14	早坂　正治
R 八木宏器　KO 14:00		15 今泉　清 FB	15	綾城　高志

9　初代王者から苦難の時代（平成1ケタ年代）

平成2年度（1990年度）　創部73年目

主　　　将　堀越正己
主　　　務　木賀澤智之
副 主 務　仲（高崎）智恵子、中尾憲仁、田口弘司
委　　　員　郷田正、今泉清、長友良弘、小川洋平
卒業年次部員　藤掛三男、義那晃久、郷田正、平田崇、堀越正己、今泉清、岩田仲弘、糸井健一、梶村大求、木賀澤智之、菊池隆、小宮山岳司、水上道久、妻鹿吉晃、南秀樹、長友良弘、仲智恵子、中尾憲仁、直江恒洋、野崎光雄、太田俊輔、小川洋平、早乙女友一、佐藤淳之、島田雄司、椙本忠広、末木克久、田口弘司、高橋大、高橋宗男、高橋苗樹、高橋正太、山田丈太、山泉岳
部　　　長　奥島孝康
監　　　督　高橋（松久）幸男（27代監督）
コ ー チ　平島英治、神野勲、梶原敏補、金澤聡、口元周策、小林正幸、益子俊志、松尾尚城、佐々木薫、佐々木忍、佐藤秀幸、佐藤和吉、末石庸幸、洲戸渉、照沼康彦、山本巧、吉田荘治
部 員 数　155名（内女子5名）
夏 合 宿　菅平（第47回）
シーズン成績　10勝1分1敗、関東大学対抗戦優勝（明大と双方優勝）、大学選手権準優勝
試合成績
【公式試合】
　＜対抗戦＞
　No.654　H2.9.24　○ 早稲田大学　78-6　● 東京大学　東伏見　R増川照仁
　No.655　H2.10.7　○　〃　　　　70-0　● 立教大学　東伏見　R鈴木寿久
　No.656　H2.10.14　○　〃　　　　41-6　● 帝京大学　秩父宮　R笛隆志
　No.657　H2.10.21　○　〃　　　　28-0　● 青山学院大学　江戸川　R井上哲夫
　No.658　H2.11.4　○　〃　　　　36-8　● 日本体育大学　秩父宮　R八木宏器
　No.659　H2.11.10　○　〃　　　　32-15　● 筑波大学　秩父宮　R下井真介
　No.660　H2.11.23　○　〃　　　　40-0　● 慶應大学　秩父宮　R斉藤直樹
　No.661　H2.12.2　△　〃　　　　24-24　△ 明治大学　国立競技場　R斉藤直樹
　No.662　H2.12.16　○　〃　　　　44-17　● 法政大学　秩父宮　R阿世賀敏幸（第22回交流試合）
　＜第27回大学選手権＞
　No.663　H2.12.23　○ 早稲田大学 100-7　● 福岡大学　平和台　R川崎重雄（1回戦）
　No.664　H3.1.2　○　〃　　　　50-8　● 同志社大学　国立競技場　R真下昇（準決勝）
　No.665　H3.1.6　●　〃　　　　13-16　○ 明治大学　国立競技場　R八木宏器（決勝）
　＜全早大試合＞
　全早大74　H2.5.4　○ 全早大 44-8　● 全北九州 本城競技場　R岩下真一（福岡県協会招待）
　全早大75　H2.5.6　○　〃　60-16　● 全広島　広島県営　R藤本雅弘（広島県協会招待）
　全早大76　H3.2.3　○　〃　29-17　● 全慶大　秩父宮　R下井真介（第12回全早慶明）
　全早大77　H3.2.10　●　〃　17-19　○ 全明大　秩父宮　R大倉浩美（同上）
　全早大78　H3.3.24　●　〃　25-43　○ 全明大　熊谷　R大倉浩美（熊谷開場記念）
【準公式試合】
　H2.6.17　○ 早稲田大学 37-9　● 新日鉄釜石　岩手県営　R不明（岩手県協会招待）
★シーズンの優勝チーム★
　第61回関東大学対抗戦優勝　早稲田大学（3年ぶり25回目）・明治大学（2年ぶり19回目）
　第24回関東大学リーグ戦優勝　関東学院大学（1回目）
　第27回大学選手権大会優勝　○ 明治大学 16-13　● 早稲田大学（明大は2年ぶり8回目）
　第28回日本選手権試合優勝　○ 神戸製鋼 38-15　● 明治大学（神戸製鋼は3年連続3回目）

明治を越せず

　劇的なシーズンであった。高橋新監督が就任し、主将には堀越が選ばれた。加熱する一方のラグビー人気のなか、全勝対決の早明戦は追い上げ、引き分け優勝に持ち込んだ。大学選手権決勝で、再戦してラグビーファンの血をたぎらせた早明の対決は、明治の吉田主将の快走を許し、早稲田は涙を飲んだ。この4年、中心になって頑張った堀越らを、「荒ぶる」のメンバーとして送り出すことはできなかった、してやれなかった。対抗戦で早明土つかずの双方優勝、そして大学選手権で惜敗したシーズンは、過去に一度だけあった。昭和50年度、高橋監督が最上級生の年で「歴史は繰り返す」という形になった。

　　　　　　＊　　　　　　＊

　多様性では群を抜いていた。高校日本代表のモグ（堀越）、清（今泉）、郷田から「益子（昭和57年度）とタメ」の淳之（佐藤、入部当時26歳）まで。郷田は同郷の中尾を呼び捨てにするが、筑紫丘高の先輩を「野崎さん、南さん」、国学院久我山高出の直江も「菊池さん」と敬う。一方、早大本庄高出の島田は、沢渡さんからしぼりを受けても偉そうだった。糸井は4年の武井さんとグリーンハウスで仲良くたばこを吸っている。同じ所で喫煙していた山泉に、神田さんが烈火のごとく怒り、丸刈りを命じて「ああ1年生なんだ」と、我に返る。

　入部当初は延べ100人を超えた。人数減らしの3時間走で、田口は生き残りをかけ、周回遅れの苗樹（高橋）に強烈なひじ鉄を食らわせた。岩田は見て見ぬ振りをした。天才、平田は大胆にも三角地帯に身を隠した。キャラメルコーンを吐いたことがある小宮山にとって「東鳩」は地獄だった。仕事上の粗相を恐れ、最後の皮ボール磨き職人を自任する大求（梶村）は、人のボールにペッペとつばを吐いた。

残ったのは中学以来の女子マネ希望をかなえた仲を含め33人。苦しみを乗り越え、結束できたのは、ロック練で疲弊した丈太（山田）を「死んださかなの目をしたJ・山田」、失恋した末木を「ロマンチック・デブ」と、どん底に突き落とす長友や高橋大の楽観主義のおかげでもある。

　1988年1月14日。翌日の日本選手権決勝にモグ、清、サンキチ（藤掛）の誇れる同期を送り出した夜、全てが報われた。怖かった4年生がインゴールでたき火を始め「一番長い期間、仕事してくれてありがとう」と酒をついでくれた。「最後は俺たちが」とトンボを手に、妻鹿、水上、早乙女の目の前で、学院の先輩、町島さんが「4年間ありがとう」と、東伏見の土に記す。宗男（高橋）と俊輔（太田）は「信じられないほど神々しい光景だった」と振り返る。

　1年で日本一を経験し、3年で先輩が大学日本一を奪還。伝統を継承し「4年生の意地」を見せようと、ゴチさん（高橋監督）の下、皆もがいた。義那はFBに、正太（高橋）はFLに…。生まれながらの主務、木賀澤は、ゴチさんが「チャーリー、髪の毛減ったな。体重は減らないけど」と、ねぎらうほど苦労を重ねた。寺林コーチから「ガラスの足」と揶揄された小川ちゃんは、猛練習でけがを克服。前年のFWが抜けた後のFWを直江とともに黙々と支えた。91年1月15日は迎えられなかった。だが、中尾の息子を筆頭に今はモグ、島田、南の息子が父親の背中を追い、チャーリーは彼らの強化に励む。現役と今もつながる恵まれた世代だ。

　　　　　　　　　　　　（岩田仲弘）

第67回早慶戦
平成2年11月23日　秩父宮ラグビー場

○早大40 − 0●慶大

▌40年ぶり零封勝ち

快勝で、4年ぶりの早明全勝対決というお膳立を整えた。

早大は前半3分、守屋のPGで先制。26分、ラックから守屋のパントを増保が押さえてトライ（ゴール）。33分にも今泉がPGを決めて、12−0で折り返した。

後半はさらに早大の一方的な展開となった。5分、ラックから吉雄がトライ（ゴール）。13分には、守屋のハイパントから池田−相良とつないでトライ（ゴール）。17分、スクラムから守屋−石井−吉雄−今泉と回してトライ。24分、慶大の攻めをつぶし、吉雄から郷田でトライ（ゴール）。40分には慶大のミスからこぼれ球を拾った増保が70メートル独走してトドメのトライを挙げた（ゴール）。

早大の堀越主将は1メートル60センチ、68キロの小さな体で、この日は何度もタイガージャージーにタックルを見舞った。慶應は長年のライバルを前に、なす術なく、勝てば交流試合出場に可能性を残したが、終ってみれば昭和25年以来40年ぶりという屈辱の零封負けとなった。

公式試合 No.660		平成2年度　第7試合　対抗戦	
早大	慶大	早大	慶大
40	− 0	1　小山　義弘　FW	1　三宅清三郎
12	前 0	2　池田　晃久	2　東　弘二郎
28	後 0	3　佐藤　友重	3　志賀　行介
1	T 0	4　小川　洋平	4　伊藤　隆
1	G 0	5　今西　俊貴	5　五十嵐将之
2	PG 0	6　富野　永和	6　山内　竜
0	DG 0	7　相良南海夫	7　東　健太郎
5	T 0	8　直江　恒洋	8　小田切宏太
4	G 0	9　堀越　正己　HB	9　栗田幸一郎
0	PG 0	10　守屋　泰宏	10　鈴木勝二郎
0	DG 0	11　増保　輝則　TB	11　村井　健児
11	反則 13	12　吉雄　潤	12　杉本　和史
平成2年11月23日		13　石井　晃	13　神田　雅朗
G 秩父宮		14　郷田　正	14　林　晃弘
R 斉藤直樹　KO 14:00		15　今泉　清　FB	15　月岡　匡人
交代　慶大：古田靖二(三宅)			

第66回早明戦
平成2年12月2日　国立競技場

△早大24 − 24△明大

▌奇跡の同点劇

早明戦の歴史に新しい1ページが加えられた。早稲田側は誰もが99％の敗戦を覚悟していた。

前半32分、明大は永友が自らのパントを押さえてトライ。その後、明大が2PG、早大が3PGを決め、明大の1点リードで折り返した。

後半、早大が1PG、明大は2PGで加点した。明大は23分に小村、31分にも冨岡がトライを奪い24−12とした。残り時間は10分を切り、ここまで早大はノートライ。明大らしい攻めでダブルスコアをつけ、勝利を手繰り寄せた。

早大は38分、郷田がトライを返し守屋がゴールを決め6点差に迫ったが、最後にみせた意地のトライと思われた。

ここから奇跡が起きた。明大のキックオフ。早大はモールからオープンへ回す。SOから第2センターへパスを飛ばし、FBが入る「飛ばし横」で今泉が抜け出した。70メートルを一気に走り切って左隅にトライ。6万の大観衆が総立ちで絶叫する中、守屋が平然とポールの間へ蹴り込んだ。追いついて、ノーサイド。選手は最後の最後まであきらめていなかった。

公式試合 No.661		平成2年度　第8試合　対抗戦	
早大	明大	早大	明大
24	− 24	1　小山　義弘　FW	1　佐藤　豪一
9	前 10	2　池田　晃久	2　西原　在日
15	後 14	3　佐藤　友重	3　飯塚　淳
0	T 1	4　小川　洋平	4　青木　聡史
0	G 0	5　今西　俊貴	5　坂元　勝彦
3	PG 2	6　富野　永和	6　佐藤　久富
0	DG 0	7　相良南海夫	7　小村　淳
2	T 2	8　直江　恒洋	8　冨岡　洋
2	G 0	9　堀越　正己　HB	9　永友　洋司
1	PG 2	10　守屋　泰宏	10　松尾　雄介
0	DG 0	11　増保　輝則　TB	11　吉田　義人
13	反則 18	12　吉雄　潤	12　元木由記雄
平成2年12月2日		13　石井　晃	13　岡安　倫明
G 国立競技場		14　郷田　正	14　丹羽　政彦
R 斉藤直樹　KO 14:00		15　今泉　清　FB	15　小杉山英克
交代　明大：清水秀司(飯塚)			

平成3年度（1991年度）　創部74年目

主　　　将	相良南海夫
副 主 将	今西俊貴、守屋泰宏
主　　　務	岩永太郎
副 主 務	明石（小川）留美、南雲博之、佐々木伸悟
委　　　員	小山義弘、吉雄潤

卒業年次部員　明石留美、赤羽元、雨宮尚、有田寛、藤澤健、後藤健次郎、濱田智弘、池田晃久、石井晃、伊藤健、伊東康伸、今西俊貴、岩永太郎、香椎廉太郎、川上大介、菊地裕二、久保田暁久、湊剛宏、守屋泰宏、永井信太郎、南雲博之、西青木亨、野田孝一、野々垣尚志、落合一美、相良南海夫、佐々木伸悟、佐藤（片岡）孝明、里岡謙吾、新開康博、高木洋介、竹内仁、塚本滋、上田雲平、和田康志、吉雄潤

部　　　長	奥島孝康
監　　　督	高橋（松久）幸男
コ ー チ	延命泰雄、浜野政宏、平島英治、梶原敏補、金澤聡、益子俊志、町田英夫、松尾尚城、佐々木薫、佐々木忍、佐藤和吉、鈴木樹雄、辰野登志夫、照沼康彦、吉田雄三、山田浩史
部 員 数	164名（内女子8名）
夏 合 宿	菅平（第48回）

シーズン成績　9勝2敗、関東大学対抗戦2位、大学選手権準決勝敗退
試合成績
【公式試合】
＜対抗戦＞
No.666　H3.9.22　○　早稲田大学　72-6　● 東京大学　江戸川　R城所富夫
No.667　H3.10.6　○　〃　68-6　● 立教大学　いわき市　R阿世賀敏幸
No.668　H3.10.13　○　〃　28-4　● 帝京大学　秩父宮　R石井勝
No.669　H3.10.26　○　〃　36-15　● 青山学院大学　秩父宮　R斉藤直樹
No.670　H3.11.2　○　〃　38-24　● 日本体育大学　秩父宮　R阿世賀敏幸
No.671　H3.11.9　○　〃　38-13　● 筑波大学　秩父宮　R増川照仁
No.672　H3.11.23　○　〃　25-13　● 慶應大学　秩父宮　R真下昇
No.673　H3.12.1　●　〃　12-16　○ 明治大学　国立競技場　R斉藤直樹
No.674　H3.12.14　○　〃　21-12　● 法政大学　秩父宮　R城所富夫（第23回交流試合）
＜第28回大学選手権＞
No.675　H3.12.22　○　早稲田大学　24-19　● 大阪体育大学　花園　R八木宏器（1回戦）
No.676　H4.1.2　●　〃　12-22　○ 大東文化大学　国立競技場　R斉藤直樹（準決勝）
＜国際試合＞
国際76　H4.2.23　○　全早大　32-13　● スコットランド大学選抜　セントアンドリュース　Rリッカード（以下、英国遠征）
国際77　H4.2.26　○　〃　26-3　● スコットランド大学XV　マレーフィールド第2Rフレミング
国際78　H4.2.29　○　〃　51-20　● ケンブリッジ大学　ケンブリッジ大　Rトンプソン
国際79　H4.3.4　○　〃　26-8　● カーディフ大学　カーディフ大　Rジョーズ
国際80　H4.3.7　●　〃　19-40　○ オックスフォード大学　オックスフォード大　Rビューモント
＜全早大試合＞
全早大79　H3.4.14　○　全早大　26-24　● 全慶大　長居　R辻野雅三（関西早慶OB招待）
全早大80　H3.4.29　●　〃　16-34　○ 全同大　岐阜　R松岡敏男（岐阜県協会招待）
全早大81　H4.2.2　○　〃　55-20　● 全慶大　秩父宮　R増川照仁（第13回全早慶明）
全早大82　H4.2.9　○　〃　34-13　● 全明大　秩父宮　R相田真治（同上）
【準公式試合】
H3.5.3　●　早稲田大学　35-44　○ 日本体育大学　秩父宮　R下井真介（国際スポーツフェア）
H3.6.16　●　〃　22-30　○ 新日鉄釜石　盛岡　R大矢貫悦（岩手県協会招待）

★シーズンの優勝チーム★
第62回関東大学対抗戦優勝　明治大学（2年連続20回目）
第25回関東大学リーグ戦優勝　大東文化大学（3年ぶり5回目）
第28回大学選手権大会優勝　○ 明治大学　19-3　● 大東文化大学（明大は2年連続9回目）
第29回日本選手権試合優勝　○ 神戸製鋼　34-12　● 明治大学（神戸製鋼は4年連続4回目）

交流試合で冷や汗

高橋監督が留任し、相良主将のもと雪辱を期した。

関東大学対抗戦では危なげなく勝ち進んだが、零封試合がなく、失点が多い試合が続いた。密集周辺を簡単に抜かれる場面も目立った。優勝争いは2年連続で全勝同士の早明戦に持ち込まれた。明大は対照的に早大戦前の8試合のうち、6試合で零封勝ち、例年になく隙をみせないチームだった。90歳を迎えた北島監督は自宅観戦となったが、9点差をひっくり返し八幡山に吉報を届けた。

出直したかった早大は交流戦で冷や汗をかいた。リーグ戦3位の法大に大苦戦。試合終了直前まで9－12とリードを許したが、ロスタイムにPKから増保が逆転トライ。さらに加点して辛くも振り切った。8年連続出場の全国大学選手権では初戦で前評判の高かった大体大と当たった。積極的に攻撃する意識が奏功し、前半で11点差をつけた。後半もリズムよく2トライを挙げ、大体大の終盤の反撃をかわした。準決勝ではリーグ戦を制した大東大と対戦。6割以上ボールを支配しながら、前半はキック主体で攻めきれず、オープン攻撃に切り替えた後半も大東大の防御網に手を焼き、結局、1トライに終わった。相良主将は「トライを取りたいところでとれなかった」と振り返った。

2月には創部75周年を記念する英国遠征を実施、ケンブリッジ大に大勝するなど4勝1敗の好成績を収めた。

　　　　＊　　　　　　＊

徒然なるままに。東伏見、新人連、アク強（無し）部屋、エビ引き、101010、ホゲる、久保屋、味噌チャ大盛り、COCOスパ、センダヤマ、鳥金、辛子味噌、あんかけ炒飯、☆☆☆、バー富士、芽樹林、いっぷり、社学練、青梅街道、東鳩、ホルモン、サンクス、番長店子、ムゴミナゴロ、留年、土佐っ子なんでんホープ軒、ティモテでんでん太鼓水谷豊、守屋同点ゴール、ゴチさん、合宿で脳震盪、北風、荒ぶる……。

時には昔の話を、そして今を懸命に生きる。
みんな、頑張ろう。　　　　　　　（岩永太郎）

追い出し試合

第68回早慶戦
平成3年11月23日　秩父宮ラグビー場
○早大25 − 13●慶大

▌波に乗れず

　全勝の早稲田は慶應に2トライを許し、快勝とは程遠い防御面に不安を残す勝利だった。

　試合は早稲田ペースだが、慶應の好タックルにトライを奪えず、前半11分と17分に徳丸のPGで先行した。攻撃は単発となり、初トライは38分、慶應ゴール前のPKを堀越が速攻で仕掛け、増保が相手をかわし左隅に飛び込んだ。

　早大は後半4分、徳丸のPGがポストに当たったが、FWがそのボールを奪取、右に回し小野のトライにつなげた。快勝のペースだったが、慶大は12分、ゴール前5メートルのスクラムから小田切がサイドを突き、モールから奥泉がトライ。モールでボールを見失うミスが響いた。早大は16分に右のPKから堀越がまた速攻、守屋が2人飛ばしのパスをおくり増保がトライ。ここでも波に乗れず、慶大に反撃を許す。20分、奥泉が密集を突破、タックルしたボールを小田切に拾われ2つ目のトライを奪われ、さらにPGを決められ9点差に迫られた。早大は38分、徳丸がPGを決め安全圏へ逃げ込んだ。

公式試合 No.672	平成3年度 第7試合 対抗戦		
早大 − 慶大	早大		慶大
25 − 13	1 小山 義弘	FW	1 東 弘二郎
10 前 0	2 池田 晃久		2 古田 靖二
15 後 13	3 佐藤 友重		3 志村 久史
1 T 0	4 嶋内 英郎		4 五十嵐 将之
0 G 0	5 遠藤 哲		5 関 大也
2 PG 0	6 富樫正太郎		6 山内 竜
0 DG 0	7 相良南海夫		7 奥泉 至高
2 T 2	8 内田 弘憲		8 小田切宏太
2 G 1	9 堀越 弘二	HB	9 斉藤 勝利
1 PG 1	10 守屋 泰宏		10 細田 恭祐
0 DG 0	11 増保 輝則	TB	11 神田 雅朗
8 反則 12	12 吉雄 潤		12 杉本 和史
平成3年11月23日	13 南雲 博之		13 江田裕一郎
G 秩父宮	14 小野 勇人		14 村井 健児
R 真下 昇 KO 14:00	15 徳丸 真吾	FB	15 田治 之佳

第67回早明戦
平成3年12月1日　国立競技場
●早大12 − 16○明大

▌後半、力尽き

　早稲田の出足は素晴らしく、開始直後、徳丸のPGで先行。5分には相手ゴール前のラックを連取し、最後は守屋が切れ込んでトライ（ゴール）を決め9点をリードした。意図的なゲインライン突破、素早いFWの寄りから前へ出てボールを残す。モヤモヤが続いた今季、大一番で早稲田らしい攻めがのぞき主導権を握った。明大は永友が2PGを返し、早大3点リードで折り返した。

　後半、明治FWが地力をみせはじめた。力強いドライブで早稲田を自陣へ釘づけにした。こういうゲームで早大が勝つには防御で凌ぐのが定石だが、16分、自陣ゴール前のスクラムが右に回り、永友にサイドを走られ初トライを許した。早明戦はスクラムとサイド防御がキーであるが、スクラムで相手ボールを見失ったのは痛かった。許した2つ目のトライは、早大がゴール前スクラムでパスミス、永友にこれを押さえられた。スクラムは劣勢でも、プレッシャーの中、どこまで正確に責任を果たせるかが勝負の別れ道。早稲田は、後半に明治が挙げた2つのトライを1つでも止めていれば勝っていた。

公式試合 No.673	平成3年度 第8試合 対抗戦		
早大 − 明大	早大		明大
12 − 16	1 小山 義弘	FW	1 佐藤 豪一
9 前 6	2 池田 晃久		2 藤 高之
3 後 10	3 佐藤 友重		3 清水 秀司
1 T 0	4 遠藤 哲		4 青木 聡史
1 G 0	5 今西 俊貴		5 高橋 一聡
1 PG 2	6 富野 永和		6 沢田 国治
0 DG 0	7 相良南海夫		7 小村 淳
0 T 2	8 佐藤 孝明		8 佐藤 久富
0 G 1	9 堀越 弘二	HB	9 永友 洋司
1 PG 0	10 守屋 泰宏		10 鈴木 博久
0 DG 0	11 増保 輝則	TB	11 土佐 忠麿
8 反則 6	12 吉雄 潤		12 元木由節雄
平成3年12月1日	13 南雲 博之		13 岡安 倫朗
G 国立競技場	14 小野 勇人		14 渡辺 大吾
R 斉藤直樹 KO 14:00	15 徳丸 真吾	FB	15 田島 賢一

平成4年度（1992年度）　創部75年目

主　　将　　富野永和
主　　務　　米光裕晶
副主務　　中山登紀子、豊岡史
委　　員　　増保輝則、小野勇人、嶋内英郎
卒業年次部員　　安東荘、出口治郎、服部令、原大基、樋口靖夫、土方篤、百武功二、堀越弘二、本多高、磯竹邦彦、岩永大造、岩橋一成、君塚真、栗原正太郎、小林聡、小谷野修一、小山義弘、町田（亀山）洋朗、向井啓和、森田洋、中杉慎太郎、永沼秀一、中村星次郎、中山登紀子、浪江純弥、西島弘人、落合勝、小野勇人、坂本直己、佐々野慎一郎、佐土原巧、猿橋具和、志田明、嶋内英郎、高橋英也、武井俊彦、棚橋浩之、津田慎治、徳丸真吾、富野永和、豊岡（神崎）史、山川太郎、山崎文博、山田俊成、山本大介、山本正憲、米光裕晶
部　　長　　奥島孝康
監　　督　　小林正幸（28代監督）
コ ー チ　　延命泰雄、藤井雅英、藤原優、橋本裕一、浜野政宏、本城和彦、亀井竜二、栗本利見、久保田勇、前田夏洋、益子俊志、松坂広之、水上茂、妻鹿吉晃、永井雅之、鈴木樹雄、佐々木卓、高橋苗樹、高橋（松久）幸男、宝田雄大、田古島伸浩、竹内大甚、寺坂信也、照沼康彦、植山信幸、渡辺浩章、山田浩史、吉田荘治
部 員 数　　185名（内女子9名）
夏 合 宿　　菅平（第49回）
シーズン成績　　10勝2敗、関東大学対抗戦2位、大学選手権準優勝
試合成績
【公式試合】
　＜対抗戦＞
　No.677　H4.9.20　　○ 早稲田大学 104-7 ● 東京大学　札幌月寒　R石井勝（トライ5点となる）
　No.678　H4.10.4　　○　〃　　81-10 ● 立教大学　熊谷　R石井泰三
　No.679　H4.10.11　 ○　〃　　33-23 ● 帝京大学　秩父宮　R真下昇
　No.680　H4.10.25　 ○　〃　　34-7 ● 青山学院大学　秩父宮　R斉藤直樹
　No.681　H4.10.31　 ○　〃　　44-18 ● 筑波大学　秩父宮　R島田典彰
　No.682　H4.11.7　　○　〃　　26-13 ● 日本体育大学　秩父宮　R市川明夫
　No.683　H4.11.23　 ○　〃　　54-13 ● 慶應大学　秩父宮　R下井真介
　No.684　H4.12.6　　● 　〃　　12-24 ○ 明治大学　国立競技場　R阿世賀敏幸
　No.685　H4.12.13　 ○　〃　　25-22 ● 大東文化大学　秩父宮　R増川照仁（第24回交流試合）
　＜第29回大学選手権＞
　No.686　H4.12.23　 ○ 早稲田大学 25-12 ● 京都産業大学　花園　R阿世賀敏幸（1回戦）
　No.687　H5.1.2　　 ○　〃　　15-9 ● 関東学院大学　国立競技場　R岩下真一（準決勝）
　No.688　H5.1.6　　 ●　〃　　27-30 ○ 法政大学　国立競技場　R市川明夫（決勝）
　＜国際試合＞
　国際81　H4.5.21　 △ 早稲田大学 16-16 △ 香港U24代表　秩父宮　R井上哲夫（香港U24代表来日）
　国際82　H4.9.27　 ● 全早大 25-27 ○ オックスフォード大学 秩父宮　R阿世賀敏幸（オックスフォード大学来日）
　＜全早大試合＞
　全早大83　H4.4.29　 ● 全早大 41-42 ○ 全慶大　出雲　R太田始（山口県協会招待）
　全早大84　H5.1.31　 ○　〃　　72-43 ● 全山梨　小瀬　R長田昌仁（山梨県協会招待）
　全早大85　H5.2.7　　○　〃　　32-28 ● 全慶大　秩父宮　R桜岡将博（第14回全早慶明）
　全早大86　H5.2.14　 ○　〃　　40-26 ● 全明大　秩父宮　R大倉浩美（同上）
　全早大87　H5.3.14　 ○　〃　　67-5 ● 全慶大　名護市　R安藤和宏（沖縄県協会招待）
【準公式試合】
　H4.5.17　 ● 早稲田大学　7-83 ○ 神戸製鋼　神戸　R金川好延（兵庫県協会招待）
　H4.5.31　 ● 　〃　　11-64 ○ 明治大学　札幌月寒　R広瀬善脩（北海道協会招待）

★シーズンの優勝チーム★
第63回関東大学対抗戦優勝　明治大学（3年連続21回目）
第26回関東大学リーグ戦優勝　法政大学（8年ぶり10回目、通算14回目）
第29回大学選手権大会優勝　○ 法政大学 30-27 ● 早稲田大学（法大は25年ぶり3回目）
第30回日本選手権試合優勝　○ 神戸製鋼 41-3 ● 法政大学（神戸製鋼は5年連続5回目）

シーズン中の急成長

　小林新監督、富野主将で覇権奪還に立ち向かう。初めて入場券が抽選制になった早明戦には52万3300通の応募があり、競争率は約20倍となった。全勝対決の結末は史上初の両校ノートライに。全国大学選手権では法大と久々に決勝で対戦した。ノーサイド直前に増保が逆転トライをしたときは誰もが大学日本一を確信した。しかし、法大は最後まで勝負を捨てなかった。ゴール前のラインアウトからロックの藤原にまさかの再逆転トライを奪われた。チャンスを逃したあとにはピンチが来る。優勝を逃がしたことで、早稲田はまたしても茨の道に足を踏み入れることになる。

　　　　　　＊　　　　　＊

　同期内ゴシップ新聞の「東伏見スポーツ（通称：伏スポ）」の発行者でした。

　私達が入学した時は、清宮キャプテン、2つ上には堀越さんや今泉さんたちがいて、早稲田ラグビー全盛期とも言える世代でした。しかし、私達の代は高校時代の有名選手は皆無で、とても地味な代でした。入学した当時は「あの代は全員不要では？」という声が聞こえてきたくらいです。

　大西杯優勝のクラブチームに負け、花園出場を決めた国学院久我山高には辛勝したものの、秋になっても高校生レベル……。史上最高にシボられた代かもしれません。

　私達が4年生の春のオープン戦は1勝12敗でした。唯一、勝った相手は日大と記憶しています。「早稲田ラグビー史上最弱のチーム」とも言われました。

　ところが、そのチームが変貌を遂げます。本番のシーズンは、大学選手権準優勝でした。

　この年は明大の3連覇がかかっており、永友主将、元木を中心に充実した戦力を有していました。しかし、その明大が準決勝で法大に敗れ、私達のチームは法大と決勝を戦うこととなりました。

　決勝戦、終了3分前まで勝っていたのですが、法大の藤原に逆転トライを許し、ノーサイド寸前で大学日本一を逃しました。

　春シーズンの勝率が1割を切るチームが交流戦の大東文化大戦で26点差を逆転し、大学日本一の手前まで行くなど奇跡的な結果を残した要因はいくつかあると思います。

　1つは得点パターンを明確にして戦術を徹底したこと（得点パターンとは、徳丸の正確無比なプレースキックで3点を積み重ねること。もう1つは最年少日本代表に選ばれた1学年下の増保にボールを集めること）。そして、そんなチームをのらりくらりと引っ張った富野のキャプテンシーも素晴らしかったと思います。ただ、最大の要因はチームがどんな状態でも笑って下を向かなかった小林監督の「ガッツ魂」ではないかと、年を重ねた後に感じるようになりました。

　小林さんと私たちの代の関係は今でも続き、26才の時には小林さんの赴任するシンガポールにラグビー遠征をしたり、最近も同期飲み会に小林夫妻を招いたりしています。私たちの代は学生時代の「変貌」を思い出にとどめることなく、一人ひとりが人生に活かすことを心掛けています。

　　　　　　　　　　　　（永沼秀一）

1年時の夏合宿

第69回早慶戦
平成4年11月23日　秩父宮ラグビー場

○早大54 – 13●慶大

8トライで圧勝

早大の一番の収穫は、連続プレーが随所に見られた点だ。ラックからの球出しが良く、ボールを散らして相手の穴を突く早大らしい攻めが出来た。ラックに加わる選手も目的がはっきりしており、バインドも強く早く出すことができた。FB増保の力も大きい。ボールを持っての走りは期待通りだった。

前半6分、早大はその増保のカウンターアタックから藤井が70メートル独走して先制のトライ。32分には富野のチャージから津田－土方－山羽でトライを挙げた。

後半立ち上がり、早大はラインアウトから隈部、土方で、SOの浮かしパスに第1CTBがカットインする「CIイチ」のサインプレーが決まってトライ。その後も攻撃の手を緩めず、計8トライを奪った。早大の54得点は69回目を迎えた早慶戦での最多得点だった。しかし、最多得点差は、昭和51年の43点差（46－3）が残った。つまり、2トライを許したのが反省材料で、全勝同士で迎える早明戦では1つのトライ、1つのミスが命取りとなる。

第68回早明戦
平成4年12月6日　国立競技場

●早大12 – 24○明大

史上初の両校ノートライ

明治の永友が2年連続で全得点を挙げた。蹴り込んだ8PGは、8回蹴って全て成功。主将としてチームを引っ張り、大舞台でみせた勝負強さが対抗戦3連覇につながった。

早明戦がノートライに終わったのは初めてだが、両校が素晴らしいタックルを見せ、まさに学生らしい激しく力のこもった試合だった。

永友の個人技が光ったが、そのチャンスを作ったのは攻撃力。前へ前へ確実に進んだ。早大の防御もよく頑張った。スクラムをしっかり組み、明大得意の永友のサイド攻撃を防いだ。ただ、明大防御陣の厳しさに、早大の素早い展開攻撃が出来ず、増保の使い方も狙いが定まらず不発に終わった。

早稲田が明治FWを封じた点は評価できるが、チーム戦略としての決め技を作り上げる必要があった。トライの点数が5点になったシーズンに皮肉な結末でもあった。自宅観戦した明治の北島監督は「トライのないラグビーはあり得ない。もう少しFWが押していたら……」。

公式試合 No.683	平成4年度 第7試合 対抗戦		
早大	慶大	早大	慶大
54 − 13		1 原　　大基　FW	1 志村　久史
18 前 3		2 栗原正太郎	2 東　弘二郎
36 後 10		3 佐藤　友重	3 松本啓太郎
2 T 0		4 竹内　俊二	4 松原　由昌
1 G 0		5 遠藤　哲	5 関　大也
2 PG 1		6 富野　永和	6 宇野沢和秀
0 DG 0		7 山羽　教文	7 奥泉　至高
6 T 2		8 小泉　和也	8 星野　剛男
3 G 0		9 津田　慎治　HB	9 柴田　亮
0 PG 0		10 隈部謙太郎	10 立花　陽三
0 DG 0		11 坂上　勇輔　TB	11 月崎　匡人
20 反則 8		12 土方　篤	12 神田　雅朗
平成4年11月23日		13 藤井　啓	13 江田裕一郎
G 秩父宮		14 徳丸　真吾	14 林　晃弘
R 下井真介　KO 14:00		15 増保　輝則　FB	15 秋山　隆之

交代　慶大：林洋光(宇野沢)、北折宏規(立花)

公式試合 No.684	平成4年度 第8試合 対抗戦		
早大	明大	早大	明大
12 − 24		1 小山　義弘　FW	1 相田　博尉
12 前 9		2 藤　浩太郎	2 藤　高之
0 後 15		3 佐藤　友重	3 清水　秀司
0 T 0		4 竹内　俊二	4 長谷川敬祐
0 G 0		5 遠藤　哲	5 赤塚　隆
4 PG 3		6 富野　永和	6 沢田　国治
0 DG 0		7 山羽　教文	7 海老名義隆
0 T 0		8 小泉　和也	8 高橋　一聡
0 G 0		9 津田　慎治　HB	9 永友　洋司
0 PG 5		10 隈部謙太郎	10 信野　将人
0 DG 0		11 坂上　勇輔　TB	11 吉田　光
19 反則 21		12 土方　篤	12 元木由記雄
平成4年12月6日		13 藤井　啓	13 岡安　倫朗
G 国立競技場		14 徳丸　真吾	14 渡辺　大吾
R 阿世賀敏幸　KO 14:00		15 増保　輝則　FB	15 田島　賢一

交代　明大：文平竜太(岡安)

平成5年度（1993年度）　創部76年目

主　　　将　　藤浩太郎
副 主 将　　増保輝則
主　　　務　　玉澤正徳
副 主 務　　藤和恒、丸山（藤）佳子、大野（藤田）泉、田代巖、上坂（阿部）芳
委　　　員　　坂上勇輔、山羽教文
卒業年次部員　浅野剛志、有田俊介、石嶋正幸、藤和恒、橋本悟、長谷川和年、細島將之、今田俊一、今永陽一郎、岩下（柳川）慶太、岩下剛史、岩田幸生、勝田政雄、木下敦裕、小出基、小暮晴幸、中山信太郎、三竹寛典、三原二朗、増保輝則、丸山佳子、大野泉、小栗研二郎、佐々木雄太、佐藤友重、佐藤史雄、鈴木雄人、須藤亮、田代巖、玉澤正徳、鶴丸秀一郎、藤浩太郎、上坂芳、内田弘憲、内田佳宏、和田謙太郎、八木橋光司、横山武志、吉田保男
部　　　長　　奥島孝康
監　　　督　　益子俊志（29代監督）
コ ー チ　　橋本裕一、井上明、水上茂、野本直揮、佐々木薫、佐々木卓、塩入英治、照沼康彦、植山信幸
部 員 数　　167名（内女子8名）
夏 合 宿　　菅平（第50回）
シーズン成績　7勝3敗、関東大学対抗戦2位、大学選手権2回戦敗退
試合成績
【公式試合】
　＜対抗戦＞
　No.689　H5.9.26　○　早稲田大学　65-11　● 東京大学　栃木　R桜岡将博
　No.690　H5.10.3　○　　〃　　91-10　● 立教大学　日立　R梅原秀紀
　No.693　H5.10.11　●　　〃　　25-26　○ 帝京大学　秩父宮　R増川照仁
　No.692　H5.10.24　○　　〃　　37-5　● 青山学院大学　秩父宮　R阿世賀敏幸
　No.693　H5.10.30　○　　〃　　21-16　● 筑波大学　秩父宮　R大倉浩美
　No.694　H5.11.6　○　　〃　　49-27　● 日本体育大学　秩父宮　R下井真介
　No.695　H5.11.23　○　　〃　　40-15　● 慶應大学　秩父宮　R下井真介
　No.696　H5.12.5　●　　〃　　14-21　○ 明治大学　国立競技場　R斉藤直樹
　＜第30回大学選手権＞
　No.697　H5.12.19　○　早稲田大学　88-15　● 大阪体育大学　三ッ沢　R石井勝（1回戦）
　No.698　H5.12.26　●　　〃　　21-22　○ 京都産業大学　平和台　R吉羽茂（2回戦）
　＜全早大試合＞
　全早大88　H6.1.30　○　全早大　57-24　● 全慶大　秩父宮　R大倉浩美（第15回全早慶明）
　全早大89　H6.2.6　●　　〃　　18-29　○ 全明大　秩父宮　R増川照仁（同上）
　全早大90　H6.3.20　○　　〃　　44-17　● 全慶大　大分市営　R岩下真一（大分県協会招待）
【準公式試合】
　H5.5.16　● 早稲田大学　27-52　○ 明治大学　博多の森　R吉丸秀利（福岡県協会招待）
★シーズンの優勝チーム★
　第64回関東大学対抗戦優勝　明治大学（4年連続22回目）
　第27回関東大学リーグ戦優勝　法政大学（2年連続11回目、通算15回目）
　第30回大学選手権大会優勝　○ 明治大学　41-12　● 法政大学（明大は2年ぶり10回目、交流試合をやめて大学選手権出場16校になる）
　第31回日本選手権試合優勝　○ 神戸製鋼　33-19　● 明治大学（神戸製鋼は6年連続6回目）

福岡で散る

　益子新監督と藤主将のコンビで王座奪還を目指した。全国大学選手権の出場校が増え、交流試合がなくなった。

　関東大学対抗戦の3試合目で帝京大に思わぬ苦杯を喫した。3トライで先行を許し、一度は6PGなどで試合をひっくり返したが、終了直前にPGを決められ逆転負け。帝京大に敗れるのは10年ぶり。前回は、日体大と明大に敗れて5位に沈んだが、何とか立て直し、優勝争いを早明戦に持ち込んだ。早明戦の入場券は昨季からはがきによる申し込みとなったが、15万通も増え67万通もの応募があり、人気は衰え知らずだった。

　対抗戦2位で臨んだ全国大学選手権は福岡での2回戦に思わぬ落とし穴が待っていた。京産大戦は後半立ち上がりのノーホイッスルトライで一時は16点差をつけた。ところが風下のため、相手キックで自陣に釘付けにされると、反則を繰り返す悪循環に陥った。広瀬に4PGを入れられリードは4点に。29分、中央から展開され江口にドリブルでインゴールへ持ち込まれると、そのまま押さえられ逆転を許した。京産大には選手権6回目の対戦で初黒星となり、年を越せなかった。

＊　　　　＊

　1990年4月、入部式で同期38名の入部が認められました。

　明治が強い時代で、入部後は3年間「荒ぶる」を逃し、日本一になることの難しさを痛烈に感じていました。とくに1年次に「仕事」を教えてもらい、シボられる時も一緒だった良き兄貴分の1個上の代が選手権決勝のラストワンプレーで法政に逆転負けして引退したことには大きなショックを受けました。と同時に、共に成長してきたと思っていた1個上のアニキ達が4年になった途端、急速に成長し、皆がそれぞれの立場で「同期のキャプテンを支え、チームを日本一にする」と団結した姿を見て「早稲田ラグビーの歴史は4年生のリーダーシップが創る1年間の積み重ね」と学んだ気がしました。

　最後の1年間はあっという間でした。すべてを変える覚悟で、当時33歳の益子さんを初監督に迎え、「全試合に走り勝つ」ことを定め、とにかく走り通した1年でした。様々なサプライズエピソードの中に、益子監督による大西先生（当時77歳）の「コーチ」招聘があります。正直、名誉コーチのような位置付けかな？と思っていたらとんでもなく、毎週、熱く厳しく温かいご指導を賜りました。シーズンが終わり、大西先生のご自宅に監督とともに食事に招かれた際、先生は、あまりラグビーの話はせず、楽しい笑い話を終始してくださいました。帰る段になり、私達が玄関で靴を履き終えると、先生が「君たち、勝たせてやれなくてすまなかった」と泣いて詫びられました。私達も涙が止まらず、「とんでもないです。私達の力不足で……」というのが精いっぱいでした。あの晩、先生が最後にこの一言を私達に伝え、けじめをつけなければと考えられていたと思うと、今でも涙が出ます。そして、どんな立場にあっても「早稲田ラグビーに携わる者はいかなる勝負にも勝たなければならない」という哲学を、身をもって教えてくださったのだと思います。

（藤浩太郎）

ボード前で

第70回早慶戦
平成5年11月23日　秩父宮ラグビー場
○早大 40 - 15 ●慶大

▌望みつなぐ快勝

　記念すべき節目の早慶戦は早稲田の快勝だった。帝京大に負けた早稲田は、日体大戦で調子を取り戻し、早慶戦では計6トライをあげ、ノートライに封じた。5トライをバックスで挙げ、早稲田の形ができつつあった。

　前半20分までお互い硬さがみえ、早稲田が隈部の1PGに対し、慶應は秋山が3PGを確実に決めてリードした。22分に戦況が一転する。慶應の江田を早大の山羽がタックル、早大は連続攻撃から内田がトライ。1点差に迫り、反撃の口火を切った。硬さがとれ、ゲームのテンポが良くなっていく。31分、ラックサイドを足立が突破し、勝田がトライ。34分には慶應ボールのラインアウトを竹内が取り、展開して最後は増保がトライ、相手を5PGに抑え、5点リードで折り返した。

　後半は流れが早稲田に一気に傾いた。隈部がPGを決めた後、PKからの速攻で増保が、ゴール前のPKから藤が連続トライ。最後はFWとバックス一体となり増保がトドメを刺した。相手をノートライに封じたのは今季初めて、手応えを感じた伝統の一戦となった。

早大		慶大		早大			慶大	
40	-	15		1	入江　剛史	FW	1	東　弘二郎
20	前	15		2	藤　浩太郎		2	倉谷　英行
20	後	0		3	佐藤　友重		3	松本啓太郎
3	T	0		4	竹内　俊二		4	松原　由昌
1	G	0		5	遠藤　哲		5	関　大也
1	PG	5		6	鶴丸秀一郎		6	宇野沢和秀
0	DG	0		7	山羽　教文		7	平野　高史
3	T	0		8	田中　孝二		8	林　洋光
1	G	0		9	足立　泰彦	HB	9	荒川　潤
1	PG	0		10	隈部謙太郎		10	江田　拓郎
0	DG	0		11	増保　輝則	TB	11	藤川　一馬
15	反則	6		12	勝田　政雄		12	江田裕一郎

公式試合　No.695　平成5年度　第7試合　対抗戦
平成5年11月23日
G　秩父宮
R　下井真介　KO 14:00
13　渡辺　大介／13　川久保　勲
14　内田　弘憲／14　秋山　隆之
15　鈴木　貴之　FB／15　月崎　匡人

第69回早明戦
平成5年12月5日　国立競技場
●早大 14 - 21 ○明大

▌明大の4連覇許す

　逆転優勝をかけて挑んだ。しかし、明大のパワー溢れる重量FWの突進に抑え込まれ、あと一歩及ばず、涙を飲んだ。

　開始早々、早大がPGで先行した。明大はFWのタテ突進を繰り返しパワーの違いを見せつけた。PGで追いついた後の前半13分、天野が突進してあっさりトライを奪った。これで逆に隙ができたのか、密集への結束が悪くなり、明大はミスが頻発、ポイント作りを忘れた強引な突進が目立った。早大はFW第3列の集散とタックルで明大の自由を奪い、33分、右ライン攻撃に増保がのぞき、鈴木が抜け渡辺がチーム初トライ、5点差に迫った。

　明大は後半も単調な攻めを繰り返したが、20分にモールから高橋が突進し左へ展開、渡辺が決定的なトライをあげた。早大は残り10分から最後の反撃に出たが、1PGを返しただけだった。パワー溢れる明治の荒さが目についたが、激しいタックルの応酬は見応えがあった。

早大		明大		早大			明大	
14	-	21		1	入江　剛史	FW	1	南条　賢太
11	前	16		2	藤　浩太郎		2	藤　高之
3	後	5		3	佐藤　友重		3	亀田　滋
1	T	1		4	竹内　俊二		4	安藤　裕樹
0	G	1		5	田中　孝二		5	赤塚　隆
2	PG	3		6	鶴丸秀一郎		6	松本　幸雄
0	DG	0		7	山羽　教文		7	天野　義久
0	T	1		8	小泉　和也		8	高橋　一聡
0	G	1		9	足立　泰彦	HB	9	西田　英樹
1	PG	0		10	隈部謙太郎		10	信野　将人
0	DG	0		11	増保　輝則	TB	11	谷口　明彦
10	反則	20		12	勝田　政雄		12	元木由記雄

公式試合　No.696　平成5年度　第8試合　対抗戦
平成5年12月5日
G　国立競技場
R　斉藤直樹　KO 14:00
交代　早大：堀川隆延(隈部)
13　渡辺　大介／13　三輪　幸輔
14　内田　弘憲／14　渡辺　大吾
15　鈴木　貴之　FB／15　田島　賢一

平成6年度（1994年度）　創部77年目

主　　将　　山羽教文
副 主 将　　隈部謙太郎
主　　務　　上木一徹
副 主 務　　足立泰彦、坂井紀彦、鈴木純子
委　　員　　遠藤哲、小泉和也、三浦隆、坂上勇輔
卒業年次部員　赤根誠人、足立泰彦、遠藤哲、藤井啓、濱中泰大、浜野武史、半田昭博、広瀬仁人、廣瀬崇、星井良介、石元幸司、笠井道也、鍛冶直人、金子賢太、河合陽一郎、菊地英治、隈部謙太郎、近藤裕資、三浦隆、松田健、中西展博、中山敦志、楢原宏一、西川誠山、坂井紀彦、坂上勇輔、白水雄一、鈴木壇、鈴木純子、高田洋充、竹内俊二、塚田豊太郎、冨樫正太郎、上木一徹、植野昌洋、渡辺大介、山口徹、山羽教文、吉田修司、財満修平
部　　長　　奥島孝康
監　　督　　宿沢広朗（30代監督）
コ ー チ　　石塚武生、木本建治、益子俊志、水上茂、南川洋一郎、中村賢治、西谷光宏、佐藤秀幸、頓所明彦、照沼康彦、山田浩史
部 員 数　　166名（内女子8名）
夏 合 宿　　菅平（第51回）
シーズン成績　9勝2敗、関東大学対抗戦2位、大学選手権準決勝敗退
試合成績
【公式試合】
　＜対抗戦＞
　　No.699　H6.9.25　　○ 早稲田大学　108-9　● 東京大学　早大所沢　R川崎真澄
　　No.700　H6.10.1　　○　〃　　　　64-0　● 立教大学　熊谷　R藤実
　　No.701　H6.10.9　　○　〃　　　　32-10　● 帝京大学　秩父宮　R森勝義
　　No.702　H6.10.16　 ○　〃　　　　75-15　● 青山学院大学　飯田　R相田真治
　　No.703　H6.10.30　 ○　〃　　　　30-15　● 筑波大学　秩父宮　R下井真介
　　No.704　H6.11.6　　○　〃　　　　28-11　● 日本体育大学　三ッ沢　R阿世賀敏幸
　　No.705　H6.11.23　 ○　〃　　　　80-10　● 慶應大学　秩父宮　R阿世賀敏幸
　　No.706　H6.12.4　　●　〃　　　　15-34　○ 明治大学　国立競技場　R斉藤直樹
　＜第31回大学選手権＞
　　No.707　H6.12.18　 ○ 早稲田大学　62-0　● 大阪経済大学　秩父宮　R相田真治（1回戦）
　　No.708　H6.12.24　 ○　〃　　　　27-21　● 日本体育大学　秩父宮　R増川照仁（2回戦）
　　No.709　H7.1.2　　　●　〃　　　　41-50　○ 大東文化大学　国立競技場　R石井勝（準決勝）
　＜全早大試合＞
　　全早大91　H6.4.3　　○ 全早大　47-6　● 全長崎　諫早市　R平戸隆二（長崎県協会招待）
　　全早大92　H7.2.5　　○　〃　　　100-0　● 全慶大　秩父宮　R桜岡将博（第16回全早慶明）
　　全早大93　H7.2.12　 ●　〃　　　32-52　○ 全明大　秩父宮　R相田真治（同上）
　　全早大94　H7.3.19　 ●　〃　　　43-63　○ 全同大　花園　R藤森憲昭（全早同交流試合）
【準公式試合】
　H6.5.22　● 早稲田大学 10-44 ○ 明治大学　広島　R河野一彦（広島県協会招待）
★シーズンの優勝チーム★
　第65回関東大学対抗戦優勝　明治大学（5年連続23回目）
　第28回関東大学リーグ戦優勝　大東文化大学（3年ぶり6回目）
　第31回大学選手権大会優勝　○ 大東文化大学 22-17 ● 明治大学（大東大は6年ぶり3回目）
　第32回日本選手権試合優勝　○ 神戸製鋼 102-14 ● 大東文化大学（神戸製鋼は7年連続7回目）

力負けで痛恨の2敗

　1991年ワールドカップで日本代表の監督を務めた宿沢新監督を迎えた。当時43歳の宿沢は、多忙な住友銀行大塚駅前支店長。「早明戦もずっと勝ってなかった。4年間勝てないで卒業するのは嫌だった」。山羽主将らは無理を承知でお願いした。もしダメだったら、監督はいらない。現役の並々ならぬ思いも通じ、引き受けてもらえた。

　練習を直接見るのは仕事が休みの土、日が中心だった。毎週月曜日の夜、寮にFAXが届く。週末の練習試合などから洗い出された課題が書かれていた。そのFAXをもとに1週間の練習メニューを委員会で議論した。山羽は「一定の距離感を保ちながら選手と接するところが勝負師という感じがした」と振り返る。「（指示が）的確で、言われたことには信じてついて行こうという雰囲気だった。逆に依存し過ぎたのかもしれない」。

　2年の時の早明戦に同期6人が先発、その代が最上級生となり王座奪権を期待されていた。早慶戦で弾みをつけ、70回目の早明戦は優勝をかけた全勝対決になった。珍しく早稲田の前評判が高かった。結果的にこれが明大の魂に火をつけ、2年ぶりにノートライに封じられた。明大は対抗戦5年連続負けなしで、1引き分けを挟んだ連勝を44まで伸ばした。

　仕事の関係で宿沢監督は1シーズンで退任するが、実はもう1年という思いもあった。例年になく駒がそろっていたこの年代は正攻法で早明戦に臨んだ。数年後、宿沢監督は「あの時は『奇策』というのが思いつかなかった。もし、もう1年できていたら、こういう風にやればいいという、その代に合った戦術が浮かんだろうな」と漏らした。

　大学選手権では初戦の大経大戦は零封勝ちしたが、2回戦は冷や汗をかいた。対抗戦3位の日体大に前半12点をリードしたが、後半3トライを奪われて苦戦。7分に逆転され、再逆転しても追いつかれた。最後はこの日9本のPGをすべて決めた隈部のキックに救われる形で、ノートライながら準決勝へ進んだ。

　リーグ戦王者の大東大との準決勝はバックスの布陣変更もあり、大量失点に泣いた。50失点は大学選手権史上最多、宿沢監督は「取り合いではなく、きちっとした試合をしたかった」と話したが、ラトウ、オトのトンガパワーを軸に8トライを奪われた。後半15分過ぎから4トライを挙げて、何とか意地をみせた。

追い出し試合

第71回早慶戦

平成6年11月23日　秩父宮ラグビー場

○早大80 − 10●慶大

▌記録づくめの勝利

　何もかもが記録づくめの早慶戦となった。11トライの80点で定期戦10連勝。今季はこれまでトライをとる形ができず、関係者をやきもきさせてきたが、この日は見違えるようなスピィーディーなゲーム運びでトライの山を築き、観客を堪能させた。

　「6、7、8の背番号ばかりが目立った」と宿沢監督が振り返り、小泉、山羽、平田が躍動した。FWから出てきたボールをバックスが面白いように回す。今季初めてSOに起用された河野が、キック、パスと持ち味を生かして15人を自由自在に動かした。

　伝統の早慶戦史上、一昨季の54点を大幅に上回る80得点。笠井の4トライを筆頭に、昭和44年度の9トライを上回る計11トライ。最多得点、最多トライ、最多得点差と華やかに記録を塗り替えた。山羽主将は「厳しくていい試合ができ、自信になる。早明戦に向けて、それが過剰にならないように締めていきたい」と2年ぶりとなる全勝対決の大舞台を見据えた。

公式試合　No.705　　平成6年度　第7試合　対抗戦

早大		慶大	早大		慶大	
80	−	10	1　入江　剛史	FW	1　東　弘二郎	
32	前	10	2　冨樫正太郎		2　森内　勇策	
48	後	0	3　古賀　大輔		3　松本啓太郎	
4	T	1	4　竹内　俊二		4　村田　篤彦	
3	G	1	5　遠藤　哲		5　西川　誠洋	
2	PG	1	6　小泉　和也		6　越智　航	
0	DG	0	7　山羽　教文		7　林　洋光	
7	T	0	8　平田　輝志		8　渡辺　雄太	
5	G	0	9　月田　伸一	HB	9　田中　望	
1	PG	0	10　河野　貴久		10　江田　拓郎	
0	DG	0	11　永島　茂樹	TB	11　角谷　康之	
15	反則	14	12　隈部謙太郎		12　松原　浩二	

平成　6年11月23日

G　秩父宮

R　阿世賀敏幸　KO 14:00

13　渡辺　大介		13　川久保　勲
14　笠井　道也		14　竹尾　哲也
15　石川　安彦	FB	15　豊田　裕之

交代　慶大：葉山浩樹（越智）

第70回早明戦

平成6年12月4日　国立競技場

●早大15 − 34○明大

▌ノートライ

　打倒明治の夢はまたも破れ、早明戦4連敗となった。ボールの争奪戦で明大が優位に立ち、80分間のうち60分は明大が攻撃する展開だった。もし早大の防御がもろければもっと大差になっていた試合だった。

　前半1分と11分に早大の隈部がPGを決めれば、明大も4分、10分と渡辺がPGを蹴り込む序盤は互角の展開だった。明大は20分、ラインアウトからラックを連取、天野の突進から西田が初トライを挙げた（ゴール）。さらに26分、PGで加点。早大は30分に隈部が3本目のPGを決め、9−16で前半を終えた。

　後半は互いにPGを決めた後、早大は18分の隈部のPGで4点差に追い上げた。しかし、明大は30分、相手ゴール前15メートルのラインアウト後のモールから和嶋が抜け出して2本目のトライ。さらにたたみかけ、35分はラックから左へ展開して谷口、38分にも西田が飛び込んで突き放した。

　後半途中まで続いた苦しい展開を凌げず、明大に対抗戦5連覇を許した。

公式試合　No.706　　平成6年度　第8試合　対抗戦

早大		明大	早大		明大	
15	−	34	1　入江　剛史	FW	1　南条　賢太	
9	前	16	2　冨樫正太郎		2　満島　史隆	
6	後	18	3　古賀　大輔		3　亀田　滋	
0	T	1	4　竹内　俊二		4　安藤　裕樹	
0	G	1	5　遠藤　哲		5　赤塚　隆	
3	PG	3	6　小泉　和也		6　松本　幸雄	
0	DG	0	7　山羽　教文		7　天野　義久	
0	T	3	8　平田　輝志		8　和嶋　仁	
0	G	0	9　月田　伸一	HB	9　西田　英樹	
2	PG	1	10　河野　貴久		10　信野　将人	
0	DG	0	11　永島　茂樹	TB	11　谷口　明彦	
12	反則	15	12　隈部謙太郎		12　文平　龍太	

平成　6年12月　4日

G　国立競技場

R　斉藤直樹　KO 14:00

13　渡辺　大介		13　三輪　幸輔
14　笠井　道也		14　吉田　光
15　石川　安彦	FB	15　渡辺　大吾

交代　早大：鈴木貴之（笠井）
　　　明大：中山大海（信野）

平成7年度（1995年度）　創部78年目

主　　将	小泉和也
副 主 将	猪谷一也、河野貴久
主　　務	中島誠一郎
副 主 務	澤向（長谷川）美希、柴崎（深澤）麻由子、田代幹
委　　員	西澤剛、鈴木貴之

卒業年次部員　青木真也、青柳竜正、堀川隆延、池田洋平、池本信正、石橋信一、猪谷一也、入江剛史、梶井正人、釜沢研、片柳直人、北口貴大、熊城俊郎、倉地城、小泉和也、河野貴久、古賀大輔、小林範康、小山晃、松岡謙、松樹淳一、三石瑞穂、宮本武志、中島誠一郎、西澤剛、西納清史、野口真澄、後河内良、大島英郎、大友明、岡田太郎、酒井良隆、酒元啓太、佐々木亮輔、澤向美希、柴崎麻由子、鈴木貴之、須藤晋一郎、高橋清貴、田代幹、田中孝二、吉野友一、吉田剛、吉村光

部　　長	佐藤英善
監　　督	木本建治
コ ー チ	石塚武生、浜野政宏、金澤聡、加藤進一郎、桑島靖明、益子俊志、南川洋一郎、森田博志、直井三郎、西谷光宏、尾郷淳、佐藤秀幸、塩入英治、宿沢広朗、渡辺浩章、吉田荘治、吉野俊郎
部 員 数	157名（内女子11名）
夏 合 宿	菅平（第52回）
シーズン成績	10勝3敗、関東大学対抗戦2位、大学選手権準優勝

試合成績

【公式試合】

＜対抗戦＞

No.710	H7.9.23	○	早稲田大学	96-10	●	東京大学	秩父宮　R吉羽茂
No.711	H7.9.30	○	〃	118-10	●	立教大学	前橋　R小湊清光
No.712	H7.10.8	●	〃	16-20	○	帝京大学	秩父宮　R下井真介
No.713	H7.10.15	○	〃	105-20	●	成城大学	早大所沢　R中原雅史
No.714	H7.10.22	○	〃	72-27	●	青山学院大学	秩父宮　R斉藤直樹
No.715	H7.10.29	○	〃	41-26	●	筑波大学	秩父宮　R斉藤直樹
No.716	H7.11.4	●	〃	18-19	○	日本体育大学	秩父宮　R増川照仁
No.717	H7.11.23	○	〃	26-8	●	慶應大学	秩父宮　Rウォーレス
No.718	H7.12.3	○	〃	20-15	●	明治大学	国立競技場　R斉藤直樹

＜第32回大学選手権＞

No.719	H7.12.17	○	早稲田大学	112-21	●	九州国際大学	平和台　R御領園昭彦（1回戦）
No.720	H7.12.24	○	〃	25-13	●	日本体育大学	秩父宮　R相田真治（2回戦）
No.721	H8.1.2	○	〃	74-20	●	法政大学	国立競技場　R石井勝（準決勝）
No.722	H8.1.15	●	〃	9-43	○	明治大学	国立競技場　R阿世賀敏幸（決勝）

＜全早大試合＞

全早大95	H7.5.14	△	全早大	23-23	△	熊本会長招待XV	熊本　R武石敏幸（熊本県協会招待）
全早大96	H7.5.28	●	〃	24-36	○	全秋田	秋田　R下井真介（秋田県協会招待）
全早大97	H8.3.3	○	〃	92-7	●	全慶大	秩父宮　R桜井勉（第17回全早慶明）
全早大98	H8.3.1	●	〃	29-76	○	全明大	秩父宮　R桜岡将博（同上）
全早大99	H8.3.17	●	〃	22-69	○	全同大	静岡　R谷口浩司（静岡県協会招待）

【準公式試合】
　H7.6.18　　○　早稲田大学　81-7　●　慶應大学　　新潟　　R山田章（新潟県協会招待）
★シーズンの優勝チーム★
　第66回関東大学対抗戦優勝　　日本体育大学（6年ぶり6回目）
　第29回関東大学リーグ戦優勝　　大東文化大学（2年連続7回目）
　第32回大学選手権大会優勝　　○　明治大学　43-9　●　早稲田大学（明大は2年ぶり11回目）
　第33回日本選手権試合優勝　　○　サントリー　49-24　●　明治大学（サントリーは1回目）

明大に雪辱される

　木本監督が復帰した。昭和37年に2部落ちしていた時の主将、その時、監督に復帰して早大を立て直し、日本代表監督などで戦後の日本ラグビー界を牽引した大西氏が9月に亡くなった。

　「鬼のキモケン」。木本監督には厳しいイメージが先行するが、実際に接した4年生は思ったより優しかったと振り返る。本人も「随分、丸くなった」と話していた。

　シーズン序盤、試合に向けた調整を一切しなかったことが、「落とし穴」になった。「僕自身、何もわかってなかったというのもあります」と小泉主将。対抗戦3試合目で帝京大に2年ぶりに敗れた。前半14分にFB鈴木のトライで幸先よいスタートを切ったが、相手の激しい防御でミスが多くなった。前半で逆転され、後半一時同点に追いついたが、12分、帝京大1年SO由良のトライなどで突き放された。11月に入って、日体大に終了間際にトライを許し逆転負け。一時は13点差をつけながら守り切れず、優勝争いから脱落した。翌週、今度はライバルの明大が筑波大に26-28で敗れる波乱。1990年の開幕戦から続いていた対抗戦での連勝が「50」（1分け挟む）で止まった。

　名勝負の一つに記憶される早明戦。「在学中、ずっと勝ててなかった。いろんなことにチャレンジしたが、『やっぱりディフェンスを頑張ってやろう』とみんなで決めた。そういう意味では一生懸命やりきった」。小泉主将の言葉通り、6年ぶりに勝ったこと以上に、この代にとっては価値ある逆転勝利となった。結局、1敗の日体大が6年ぶりの対抗戦優勝を飾った。

　大学選手権では2回戦で日体大に雪辱し、準決勝では法大に圧勝、1戦ごとに力をつけ王座奪還に期待をもたせた。しかし、早明戦の再戦となった決勝はノートライに封じられた上、6トライを浴びるなど、決勝史上最大となる34点差で敗れた。木本監督も言っていた。「今の明治は10回やって、何回も何回も勝てる相手ではない」と。力の差はあった。お互い10度で並んでいた優勝回数でも明大が単独最多の11度目とした。

追い出し試合

第72回早慶戦
平成7年11月23日　秩父宮ラグビー場
○早大26 − 8●慶大

▌個人技で撃破

　早大は前半2分、前田－速水－青柳とつなぎ右隅に先制のトライを挙げた。しかし、既に2敗しているせいか、一気に勢いを出せなかった。慶大は15分に稲葉がPGを成功させた。早大は前半終了間際、石川が強引な突破から左中間にトライ（ゴール）して、9点リードで折り返した。

　後半、早大は3分に平田がトライ（ゴール）を挙げた後、24分に石川が約60メートルを走りきって、この日2本目のトライ（ゴール）。石川は強さを買われFBからWTB、さらにCTBにコンバートされて3戦目だった。「攻撃では自分の持ち味が出た」既に4敗していた慶大の捨て身のタックルにてこずっていたチームにとって、貴重な追加点となった。木本監督は「石川の個人技で勝った」とほめたが、「個人技だけでは明治に勝てない。これが今の早稲田の実力」と振り返った。終了間際、慶大は平野がチーム初トライを挙げ一矢報いた。

第71回早明戦
平成7年12月3日　国立競技場
○早大20 − 15●明大

▌土壇場で大逆転

　またドラマが生まれた。早稲田は後半ロスタイム、自陣での好タックルから切り返してトライにつなげ、会場総立ちのなか劇的な逆転勝ちをした。

　早大の勝因はスクラム。この健闘がディフェンスの出足を引出し、執拗な明大の攻撃を凌いだ。早大は前半6分、速水のPGで先行した。15分、今度は明大の西田がPGを入れかえした。早大は28分、ラックから右へ展開、前田－石川－山本で初トライを挙げた（ゴール）。明大は33分に反撃、右中間スクラムからブラインドを攻め、神鳥－安藤－西田で右隅にトライして2点差に迫った。

　後半、明大は19分にラックから信野がトライして逆転に成功、西田のゴールも決まり5点差とした。早大は26分、速水の長いPGで差をつめた。そして43分、自陣ゴール前で小泉の好タックルが起点となった。明大のノックオンを誘い、ボールが永島－石川－速水と渡った後、山本が約70メートルを走り切ってポスト下にトライ。逆転し、速水のゴールも決まった。

公式試合 No.717　平成7年度　第8試合　対抗戦

早大		慶大	早大			慶大		
26	−	8	1	石嶋	照幸	FW	1	森内	勇策
12	前	3	2	猪谷	一也		2	間宮	光健
14	後	5	3	山口	吉博		3	松本啓太郎
2	T	0	4	吉上	耕平		4	林	洋光
1	G	0	5	田中	孝二		5	西川	誠洋
0	PG	1	6	小泉	和也		6	越智	航
0	DG	0	7	池本	信正		7	鯛	洋太郎
2	T	1	8	平田	輝志		8	平野	高史
2	G	0	9	前田	隆介	HB	9	熊谷	良
0	PG	0	10	速水	直樹		10	長沢	啓
0	DG	0	11	永島	茂樹	TB	11	平野井宏典
15	反則	3	12	石川	安彦		12	島野	光孝
平成7年11月23日			13	青柳	竜正		13	川久保	勲
G 秩父宮			14	山本	肇		14	白崎太一郎
R WALLIS KO 14:00			15	吉永雄一郎		FB	15	稲葉	潤

交代　慶大：布川基久（西川）

公式試合 No.718　平成7年度　第9試合　対抗戦

早大		明大	早大			明大		
20	−	15	1	石嶋	照幸	FW	1	満島	史隆
10	前	8	2	猪谷	一也		2	山岡	俊
10	後	7	3	山口	吉博		3	中地	嘉明
1	T	1	4	吉上	耕平		4	鈴木	健三
1	G	0	5	田中	孝二		5	赤塚	隆
1	PG	1	6	小泉	和也		6	松本	幸雄
0	DG	0	7	池本	信正		7	安藤	裕樹
1	T	1	8	平田	輝志		8	神鳥	裕之
1	G	1	9	前田	隆介	HB	9	西田	英樹
1	PG	0	10	速水	直樹		10	信野	将人
0	DG	0	11	永島	茂樹	TB	11	福田	茂樹
10	反則	7	12	石川	安彦		12	文平	龍太
平成7年12月3日			13	青柳	竜正		13	小川	清功
G 国立競技場			14	山本	肇		14	山品	博嗣
R 斉藤直樹 KO 14:00			15	吉永雄一郎		FB	15	山下	太一

交代　早大：虹川誠悟（平田）

平成8年度（1996年度）　創部79年目

主　　　将　　中竹竜二
副 主 将　　平田輝志、前田隆介
主　　　務　　西雄二郎
副 主 務　　合庭大輔、原田優子、川端健聖、高橋（大場）結香
委　　　員　　青野泰郎、石川和彦、吉上耕平、永島茂樹、山本裕司
卒業年次部員　　合庭大輔、青野泰郎、青山敦司、新井普之、有水剛志、藤嶋（持田）健太郎、原田優子、林大介、林健太郎（早実）、平田輝志、飯田望、石橋大介、川端健聖、黒巌賢、小林崇樹、前田隆介、森英俊、内藤大三、中竹竜二、永島茂樹、中村良隆、西雄二郎、西岡晃洋、野口貴広、野村能久、末松茂永、関口隆史、主森博久、高橋結香、植野貴洋、宇井透、鬼石源、和田健一、山田大介、山本肇、山本裕司
部　　　長　　佐藤英善
監　　　督　　石塚武生（31代監督）
コ ー チ　　藤島大、藤原優、浜野政宏、弘田知巳、本城和彦、金澤聡、加藤進一郎、桑島靖明、水上茂、森田博志、西谷光宏、尾郷淳、佐々木薫、佐藤秀幸、塩入英治、宿沢広朗、渡辺浩章、吉田荘治
部 員 数　　137名（内女子11名）
夏 合 宿　　菅平（第53回）
シーズン成績　　9勝3敗、関東大学対抗戦2位、大学選手権準優勝
試合成績
【公式試合】
　＜対抗戦＞
　No.723　H8.9.22　○　早稲田大学　35-0　● 東京大学　熊谷　R大倉浩美（暴風雨、秩父宮では延期という悪条件）
　No.724　H8.9.28　○　　〃　　76-0　● 立教大学　前橋　R中沢則行
　No.725　H8.10.6　○　　〃　　37-22 ● 帝京大学　秩父宮　R阿世賀敏幸
　No.726　H8.10.20　○　　〃　　57-20 ● 青山学院大学　秩父宮　R阿世賀敏幸
　No.727　H8.10.27　○　　〃　　23-20 ● 筑波大学　三ッ沢　R下井真介
　No.728　H8.11.3　○　　〃　　29-17 ● 日本体育大学　秩父宮　R石井勝
　No.729　H8.11.23　●　　〃　　17-18 ○ 慶應大学　秩父宮　R桜岡将博
　No.730　H8.12.1　●　　〃　　15-19 ○ 明治大学　国立競技場　R石井勝
　＜第33回大学選手権＞
　No.731　H8.12.15　○　早稲田大学　68-11 ● 法政大学　秩父宮　R桜岡将博
　No.732　H8.12.22　○　　〃　　32-21 ● 筑波大学　花園　R市川明夫
　No.733　H9.1.2　○　　〃　　32-27 ● 関東学院大学　秩父宮　R斎藤直樹
　No.734　H9.1.15　●　　〃　　22-32 ○ 明治大学　国立競技場　R岩下真一
　＜国際試合＞
　国際83　H8.9.11　● 全早大　21-27 ○ オックスフォード大学　江戸川　R阿世賀敏幸（オックスフォード大学来日。ナイター）
　国際84　H9.3.1　○　　〃　　41-37 ● ダブリン大学　ダブリン大　R P.GRAY（以下、アイルランド・英国遠征）
　国際85　H9.3.5　●　　〃　　14-19 ○ U.C.ダブリン　UCD　R D.BUGGEY
　国際86　H9.3.8　●　　〃　　46-62 ○ ケンブリッジ大学　ケ大　R G.A.JONES
　国際87　H9.3.12　○　　〃　　62-34 ● ダーラム大学　ダーラム大　R J.PEASON
　国際88　H9.3.15　●　　〃　　17-29 ○ オックスフォード大学　オ大　R R.SHCARD

＜全早大試合＞
全早大100　H8.5.11　●　全早大　27-41　○　九州電力　佐賀　R古賀善充（佐賀県協会招待）
全早大101　H8.5.26　○　〃　55-38　●　日新製鋼　山口　R中江洋平（山口県協会招待）
全早大102　H9.3.23　○　〃　72-19　●　全慶大　秩父宮　R中原雅史（第18回全早慶明）
全早大103　H9.3.30　○　〃　40-38　●　全明大　秩父宮　R藤実（同上）
【準公式試合】
　H8.6.2　●　早稲田大学　29-38　●　明治大学　熊谷　R石井泰三（埼玉県協会招待）
★シーズンの優勝チーム★
　第67回関東大学対抗戦優勝　明治大学（2年ぶり24回目）
　第30回関東大学リーグ戦優勝　関東学院大学（6年ぶり2回目）
　第33回大学選手権大会優勝　○　明治大学　32-22　●　早稲田大学（明大は2年連続12回目）
　第34回日本選手権試合優勝　○　東芝府中　69-8　●　明治大学（東芝は1回目）

再びあと一歩及ばず

石塚新監督と中竹主将に託したが、2度の早明対決でともに認定トライで涙をのんだ。

対抗戦では順調に白星を重ねたが、慶大の執念の前に早慶戦を1点差で落とした。優勝がかかった早明戦、明大は5月に北島監督が亡くなり、黒えりジャージーで臨み、「前へ」の遺訓を守るように押しに徹してきた。終了間際に認定トライを奪われ、2年ぶりの優勝を許した。

全国大学選手権では法大、筑波を破った後、正月の準決勝では関東学院大に執念の逆転勝ち。後半4分に最大18点差をつけられたが、PGで次第に点差を詰めた。これがジャブのように効いた。33分の5点差の場面でもPGを狙い2点差とし、直後のキックオフから相手ゴール前に迫り、吉永のキックを平田がインゴールで押さえて逆転した。

決勝は2年連続で早明対決となった。前半を終え19点のリードを奪われた。それでも選手たちは逆転を疑わなかった。後半、風下だったが、立ち上がり一気に明大ゴール前まで進み、中竹のトライで流れをつかんだ。15分にもトライを加え、24分のPGで3点差まで追い詰めた。残り5分、自陣ゴールラインを背負い反撃の機会をうかがったが、最後は耐えきれず、12月と同じ認定トライを与えて力尽きた。再び敗れたが石塚監督は「大きさで劣る部分を全員がひたむきにぶつかっていった。よくやってくれた」と選手をたたえた。

80周年記念遠征事業として、3月にアイルランド・英国へ遠征。オックスフォード、ケンブリッジの両大学には敗れたが、強化と交流の貴重な機会となった。

卒業旅行

第73回早慶戦
平成8年11月23日　秩父宮ラグビー場

●早大17－18○慶大

12年ぶりのまさか

　早大まさかの初黒星。「まさか」とは慶應に失礼だが、定期戦12年ぶりの敗戦は、目を疑うような展開だった。この年、慶應は青学、筑波に敗れ、日体大にも粉砕され、明治には32－54と既に4敗、大学選手権への望みも絶たれていた。しかし、学生同士の試合は、余程の力量差がない限り、ひた向きに力を出し切ったチームが勝つもの。早稲田関係者全員の心に宿っていた慶應くみしやすしの気持ちこそが敗因だった。すでに早明全勝対決に気持ちがいっていた早稲田に鉄槌を下した慶應は見事だった。

　慶大は前半5分、稲葉のPGで先行した。速水のPGで追いついた早大は28分、相手ゴール前22メートルで得たPKから速攻、平田－速水－山本とつなぎ初トライ（ゴール）でリードを奪った。しかし、慶大は35分と39分の連続トライで5点リードして折り返した。早大は後半24分、前田のトライと速水のゴールで一時逆転したが、終了間際、慶大の稲葉にPGを決められ、最後に試合をひっくり返された。

第72回早明戦
平成8年12月1日　国立競技場

●早大15－19○明大

認定トライに散る

　「認定（ペナルティー）トライの早明戦」と語り継がれる、ドラマがまた誕生した。早明戦の認定トライは初めてではないが、早稲田3点リードの残り1分、ここを凌げば対抗戦逆転優勝という状況だった。

　明大は前半、伊藤の3PGで9点をリードした。後半になり早大が反撃を開始、7分に平田がPGを決め、17分、相手ゴール前のラックから前田がトライ、ゴールも成功して逆転した。明大は20分、伊藤のPGで再逆転したが、早大は28分、青野のチーム2本目のトライでまた、試合をひっくり返した。

　残り1分、早大ゴール前のスクラムを組み直すこと4度。紫紺のジャージーがのしかかるように押込み、早大が崩れた。石井レフェリーの手が上がり、競り合いに決着をつけた。
5月に95歳で世を去った北島前監督の教えを守り、32分の同点PG機にも、あえてFWが縦突進した。早稲田は再三のPG失敗も痛かった。

公式試合　No.729　平成8年度　第7試合　対抗戦

早大		慶大		早大				慶大		
17	－	18		1	石嶋	照幸	FW	1	森内	勇策
10	前	15		2	青野	泰郎		2	佐藤	将希
7	後	3		3	山口	吉博		3	山本	拓也
1	T	2		4	有水	剛志		4	高田	晋作
1	G	1		5	中西	聡		5	阿久根	潤
1	PG	1		6	吉上	耕平		6	田村	和大
0	DG	0		7	中竹	竜二		7	三森	卓
1	T	0		8	平田	輝志		8	渡辺	雄太
1	G	0		9	前田	隆介	HB	9	熊谷	良
0	PG	1		10	月田	伸一		10	信濃	幸男
0	DG	0		11	永島	茂樹	TB	11	角谷	康之
8	反則	18		12	山崎	勇気		12	島野	光孝
平成8年11月23日				13	和泉	聡明		13	鈴木加津彦	
G 秩父宮				14	山本	肇		14	平野井宏典	
R 桜岡将博　KO 14:00				15	速水	直樹	FB	15	稲葉	潤

公式試合　No.730　平成8年度　第8試合　対抗戦

早大		明大		早大				明大		
15	－	19		1	石嶋	照幸	FW	1	満島	史隆
0	前	9		2	青野	泰郎		2	山岡	俊
15	後	10		3	山口	吉博		3	平田	貴博
0	T	0		4	有水	剛志		4	斎藤	祐也
0	G	0		5	中西	聡		5	鈴木	健二
0	PG	3		6	吉上	耕平		6	松本	幸雄
0	DG	0		7	中竹	竜二		7	吉田	大輔
2	T	1		8	平田	輝志		8	神鳥	裕之
1	G	1		9	前田	隆介	HB	9	田中	澄憲
1	PG	1		10	月田	伸一		10	伊藤	宏明
0	DG	0		11	永島	茂樹	TB	11	山品	博嗣
20	反則	16		12	山崎	勇気		12	藤井	洋
平成8年12月1日				13	山本	裕司		13	三輪	幸補
G 国立競技場				14	山本	肇		14	福田	茂樹
R 石井 勝　KO 14:00				15	吉永雄一郎		FB	15	森嶌	正人

平成9年度（1997年度）　創部80年目

主　　　将　石川安彦
副 主 将　吉上耕平
主　　　務　和泉聡明
副 主 務　林健太郎（日大習志野）、池田剛人、池山章子、酒井和美、藤谷朋子
委　　　員　山口吉博、中西聡、正木宏和、月田伸一、速水直樹、畑井雅明、福田恒輝
卒業年次部員　虻川誠悟、藤谷朋子、橋本豊、畑井雅明、林健太郎、林大吾、速水直樹、久安剛仁、石川安彦、石嶋照幸、池山章子、磯畑裕光、伊藤照秀、岩原正樹、和泉聡明、片山（安井）大輔、吉上耕平、木村真也、倉成隆、森園修次、中西聡、灘辺亮、鳴神雄一朗、沖覚、小野有理、坂田篤信、酒井和美、桜井謙悟、佐々木（松村）貴史、佐藤光将、鈴木周二、竹田幹、月田伸一、山口吉博、山内豪士、吉永雄一郎、吉成俊介
部　　　長　佐藤英善
監　　　督　石塚武生
コ ー チ　藤島大、藤原優、橋本裕一、本城和彦、井上明、加藤進一郎、小菅爾郎、栗原誠治、水上茂、西谷光宏、塩入英治、宝田雄大、富野永和、渡辺浩章
部 員 数　128名（内女子8名）
夏 合 宿　菅平（第54回）
シーズン成績　7勝3敗、関東大学対抗戦2位、大学選手権2回戦敗退
試合成績
【公式試合】
＜対抗戦＞
No.735　H9.9.14　○　早稲田大学　147-7　● 立教大学　熊谷　R藤実
No.736　H9.9.20　○　〃　105-0　● 東京大学　秩父宮　R佐藤淳
No.737　H9.10.5　○　〃　49-19　● 帝京大学　秩父宮　Rジョンストン
No.738　H9.10.19　○　〃　56-24　● 青山学院大学　三ッ沢　R藤実
No.739　H9.10.25　○　〃　32-26　● 筑波大学　秩父宮　R桜岡将博
No.740　H9.11.9　○　〃　39-27　● 日本体育大学　秩父宮　R吉羽茂
No.741　H9.11.23　●　〃　12-42　○ 慶應大学　秩父宮　R相田真治
No.742　H9.12.7　●　〃　21-27　○ 明治大学　国立競技場　R石井勝
＜第34回大学選手権＞
No.743　H9.12.14　○　早稲田大学　47-34　● 同志社大学　秩父宮　R吉羽茂（1回戦）
No.744　H9.12.23　●　〃　18-69　○ 京都産業大学　花園　R御領薗昭彦（2回戦）
＜全早大試合＞
全早大104　H9.4.6　○　全早大　38-24　● 全長崎　長崎　R不明（長崎県協会招待）
全早大105　H9.4.13　●　〃　68-77　○ 全同大　花園　R不明（大阪府協会招待）
全早大106　H10.3.15　○　〃　48-34　● 全同大　丸亀　R不明（香川県協会招待）
全早大107　H10.3.22　○　〃　74-10　● 全慶大　横浜国際　R藤実（第19回全早慶明）
全早大108　H10.3.29　●　〃　12-31　○ 全明大　横浜国際　R桜井勉（同上）
【準公式試合】
H9.5.11　● 早稲田大学　14-128　○ トヨタ自動車　四日市　R不明（三重県協会招待）
H9.5.25　● 〃　29-38　○ 明治大学　福井県営　R不明（福井県協会招待）
★シーズンの優勝チーム★
第68回関東大学対抗戦優勝　明治大学（2年連続25回目）
第31回関東大学リーグ戦優勝　関東学院大学（2年連続3回目）
第34回大学選手権大会優勝　○ 関東学院大学　30-17　● 明治大学（関東学院大は初優勝）
第35回日本選手権大会優勝　○ 東芝府中　35-11　● トヨタ自動車（東芝は2年連続2回目）

年越せず

石塚監督が続投、石川主将が就任した。アイルランド・英国遠征の経験を生かして今年こそと挑んだが、早慶戦で完敗、早明戦にも惜敗した。特に早慶戦で30点差で敗れたことは早慶戦史上初めて（過去の最多失点は昭和52年の17－34の17点差）の大差だった。早大のボールを散らして相手を崩すというゲームプランは、慶大のドリフトディフェンスの餌食となった。早大はタックルされた後のボールを、慶大にターンオーバーされて逆に崩される展開で、チームの歯車が狂ったまま敗れた。

大学選手権では、2回戦で大畑を擁して勝ち上がった京産大に51点差（過去の最多得失点差は昭和15年の早明戦13-52の39点差）という大敗、年を越せずにシーズンを終えた。

　　　　＊　　　　＊

南アフリカに駐在中の今、息子は現地の学校で将来のスプリングボクス予備軍と一緒にラグビーをしている。天然芝の広大なグランドで楽しそうにラグビーをしている子ども達を見ながら、来し方の自分の現役時代を思い出す事がある。

我々の時代は過渡期であった。競技としてのラグビーそのものと、部活動の延長としての大学ラグビー界、双方に当てはまる。当時のルール変更として、例えばペナルティからタッチキックがマイボールラインアウトなる等、よりアタッキングラグビーを志向し始めたが、それとて変革・進歩の多いラグビーに於いては変化の少なかった時代であろう。大学ラグビー界においては、スパッツが流行、ハーフタイムが10分間に、未だマウスピースを装着していない者もいた。早稲田はようやくジャージーが七分袖に、菅平にセミナーハウス新設、寮にシャワーブース新設、寮食が外部業者に委託等の変化の一方で、常に伝統校としての旧き良き伝統・しきたりが根底にあった。白装束のジャージー、1年生の1時間前アップ、理不尽の科学を体現した新人練等。卒業後に会社の独身寮に入り、築ウン十年の東伏見寮が旧時代の遺物であったと認識させられた。我々が伝統に依拠していた中で、依拠すべきモノが無い新興系の大学は部活動の枠を超えた取り組みをしていた。当時は関東学院の躍進目覚ましかったが、天然芝のグランドで我々と全く違う練習をしていたのを覚えている。

今年、同期の息子の中西亮太朗君が入部したと聞いた。赤ん坊時代の彼を知っている者として、立派になったな、と誇らしく思う。父親と同じく附属校のキャプテン、しかも学部も一緒と、共通点多いが是非とも父親を超えて欲しい（？）。早稲田は正に次の世代になっている。早稲田も、そしてラグビーも日々新しくなっている。今の世代の早稲田ラガーには進取の精神を持ってどんどん新たなチャレンジをして欲しい。それこそが早稲田の伝統であるのだから。

（和泉聡明）

第74回早慶戦
平成9年11月23日　秩父宮ラグビー場

●早大12 － 42○慶大

歴史的大敗

　早慶戦の歴史で、早稲田が30点の大差をつけられた上、ノートライに終わるのは珍しい。慶應は1、2年生が7名で、早大は3、4年生が13名、。しかし、早大は単調にオープンへ回すことが多く、慶大ドリフト防御の網にかかり、ことごとく接点でディフェンス側の人数で上回られた。早稲田のラグビーはシステム化された戦術に固執するあまり、試合中に修正できるコーチングができていなかった。「システム負け」と言われる現象だった。

　慶應に奪われた6つのトライのうち、4つがモール、ラックのサイドを破られたもので、早稲田はFW戦でも完敗した。

　風上の前半は積極的にPGを選択して得点を重ねていったが、トライは奪えず。後半になってくると徐々に焦りが生まれた。最後までひたむきに勝ちにきた慶大のディフェンスを崩せずに、ミスで自滅してしまった。石川主将は「自分が、自分がとみんなが焦ってしまった」。戦う集団としての心構えができていなかったと言われても仕方ない敗戦だった。

早大		慶大	早大			慶大	
12	－	42	1	石嶋　照幸	FW	1	左座正二郎
9	前	13	2	萬匠　祐基		2	佐藤　將貴
3	後	29	3	山口　吉博		3	山本　拓也
0	T	2	4	虻川　誠悟		4	高田　晋作
0	G	0	5	山崎　隆司		5	阿久根　潤
3	PG	1	6	井手上敬太		6	田村　和広
0	DG	0	7	沖　　覚		7	益田　和明
0	T	4	8	吉上　耕平		8	三森　卓
0	G	3	9	月田　伸一	HB	9	牧野　健児
1	PG	1	10	福田　恒輝		10	信濃　幸男
0	DG	0	11	倉成　隆	TB	11	栗原　徹
14	反則	21	12	山崎　勇気		12	島野　光孝

公式試合　No.741　平成9年度　第7試合　対抗戦
平成9年11月23日　G 秩父宮　R 相沢真治　KO 14:00
13 小森　充紘　13 鈴木加津彦
14 石川　安彦　14 角谷　康之
15 吉永雄一郎 FB 15 稲葉　潤
交代　慶大：和田康二(鈴木)、山本宗慶(角谷)、菱田真也(益田)

第73回早明戦
平成9年12月1日　国立競技場

●早大21 － 27○明大

ビジョンに再生映像

　早稲田は健闘したが、FW戦で優位にたった明治が接戦をものにした。

　激しいタックルの応酬で、前半はお互いに堅陣を崩せず、2PGずつの6－6の拮抗したゲームとなった。

　均衡を破ったのは明大だ。後半立ち上がり、福田のカウンターアタックからオープンに回して山品がトライ。早大はすぐ反撃に出て、倉成の突進から連続攻撃を見せて吉永がトライした。明大はFWのタテ攻撃から伊藤が2PGを決めて1PGの早大に3点をリードした。33分には早大ゴール前のラインアウトからモールを押し込んで鈴木がトライ、リードを8点の安全圏まで広げた。

　早大は37分、相手ゴール前スクラムから⑧－⑨で月田がサイドを突破しトライ。3点差まで詰め寄った。しかし、最後は明大の伊藤に1PGを追加され涙を呑んだ。この試合では初めて国立競技場のビジョンに、リプレイやスローモーションでの再生が場内に流されて観客に喜ばれた。

早大		明大	早大			明大	
21	－	27	1	石嶋　照幸	FW	1	黒崎　侑一
6	前	6	2	萬匠　祐基		2	山岡　俊
15	後	21	3	山口　吉博		3	中村雄一郎
0	T	0	4	中西　聡		4	鈴木　健三
0	G	0	5	山崎　隆司		5	石井　誠
2	PG	2	6	井手上敬太		6	阮　申琦
0	DG	0	7	沖　　覚		7	岡本　淳平
2	T	2	8	吉上　耕平		8	斉藤　祐也
1	G	1	9	月田　伸一	HB	9	田中　澄憲
1	PG	3	10	山崎　弘樹		10	伊藤　宏明
0	DG	0	11	倉成　隆	TB	11	山品　博嗣
15	反則	20	12	山崎　勇気		12	山口　大輔

公式試合　No.742　平成9年度　第8試合　対抗戦
平成9年12月7日　G 国立競技場　R 石井　勝　KO 14:00
13 小森　充紘　13 松添　健吉
14 石川　安彦　14 福田　茂樹
15 吉永雄一郎 FB 15 岩倉　大志
交代　明大：辻孝浩(阮)、林丈太郎(中村)

10　第4期黄金時代（平成10年代）

平成10年度（1998年度）　創部81年目

主　　将　山崎勇気→正木宏和（人心一新のため9月23日に交代）
主　　務　池田剛人
副主務　小山朋文、湊本尚子、村上（手塚）綾子、山口（入江）智子
委　　員　正木宏和、萬匠祐基、山崎隆司、斉藤哲仁、福田恒輝、小森充紘、辻高志
卒業年次部員　青柳竜門、東輝雄、池田剛人、大瀬祐介、小山朋史、香川航太郎、笠尾弘高、北川正義、黒木圭一、齊藤哲仁、佐々木篤行、鈴木俊輔、塚越大介、辻宏之、中川秀樹、能瀬憲二、萬匠祐基、平川修司、藤井真吾、正木宏和、松尾英則、三浦達也、湊本尚子、村上綾子、望月浩樹、山口智子、山崎隆司、山崎勇気、吉川慶、和山達朗、堺敏明
部　　長　佐藤英善
監　　督　日比野弘
コーチ　益子俊志、小山義弘、弘田知巳、渡辺浩章、井上明、本城和彦、藤島大、宝田雄大
部員数　110名（内女子8名）
夏合宿　菅平（第55回）
シーズン成績　6勝1分4敗　関東大学対抗戦3位、大学選手権準決勝敗退、日本選手権1回戦敗退
試合成績
【公式試合】
　＜対抗戦＞
　No.745　H10.9.13　○　早稲田大学　106-21　● 立教大学　早大所沢　R中沢則行
　No.746　H10.9.27　○　　〃　　44-7　● 東京大学　熊谷　R小野塚隆
　No.747　H10.10.18　○　　〃　　61-38　● 青山学院大学　熊谷　R中原雅史
　No.748　H10.10.25　△　　〃　　29-29　△ 筑波大学　秩父宮　R田中伸明
　No.749　H10.11.8　●　　〃　　17-48　○ 日本体育大学　秩父宮　R岩下真一
　No.750　H10.11.23　●　　〃　　35-21　● 慶應大学　秩父宮　R相田真治
　No.751　H10.12.6　●　　〃　　24-27　○ 明治大学　国立競技場　R石井勝
　＜第35回大学選手権＞
　No.752　H10.12.19　○　早稲田大学　53-15　● 龍谷大学　秩父宮　R森勝義（1回戦）
　No.753　H10.12.27　○　　〃　　35-28　● 法政大学　秩父宮　岩下真一（2回戦）
　No.754　H11.1.2　●　　〃　　26-53　○ 関東学院大学　国立競技場　R田中伸明（準決勝）
　＜第36回日本選手権＞
　No.755　H11.2.14　●　早稲田大学　7-101　○ トヨタ自動車　秩父宮　R田中伸明（1回戦）
　＜国際試合＞
　国際89　H10.4.5　●　全早大　12-57　○ オックスフォード大学　横浜国際　Rエド・モリソン（第1回日英大学対抗）
　＜全早大試合＞
　全早大109　H11.3.7　△　全早大　24-24　△ 全慶大　駒沢　R渡辺敏行（第20回全早慶明）
　全早大110　H11.3.14　○　　〃　　40-19　● 全同大　花園　R港雅和
　全早大111　H11.3.21　●　　〃　　26-45　○ 全明大　秩父宮　R小野塚隆（第20回全早慶明）
【準公式試合】
　H10.7.19　●　早稲田大学　33-45　○ シドニー大学　シドニー大G　R不明（オーストラリア強化遠征）
　H10.7.19　○　早大B　47-24　● シドニー大学B　シドニー大G　R不明（同上）

H10.7.22	○	〃	14-12	● ランドウィッククラブU23	同クラブG	R不明（同上）	
H10.7.22	○	〃	21-12	● ランドウックU23B	同クラブG	R不明（同上）	
H10.7.25	○	〃	40-17	● イースタンサバーブスU23	同クラブG	R不明（同上）	
H10.7.25	○	〃	52-5	● イースタンサバーブスU23B	同クラブG	R不明（同上）	
H10.5.17	○	早稲田大学	40-36	● 法政大学	山梨	R小川弘一（山梨県協会招待）	
H10.5.24	○	〃	48-27	● 慶應大学	宇都宮	R桜岡将博（栃木県協会招待）	
H10.6.6	△	〃	45-45	△ 明治大学	尾道	R藤本雅弘（広島県協会招待）	

★シーズンの優勝チーム★
第69回関東大学対抗戦優勝　明治大学（3年連続26回目）
第32回関東大学リーグ戦優勝　法政大学（5年ぶり12回目、通算16回目）
第35回大学選手権大会優勝　○ 関東学院大学 47-28 ● 明治大学（関東学大は2年連続2回目）
第36回日本選手権大会優勝　○ 東芝府中 24-13 ● 神戸製鋼（東芝は3年連続3回目）

苦難のシーズン

　日比野監督が復帰、山崎主将が就任した。宝田コーチの指導でパワーアップを計った。接点でのボール獲得練習に力を注ぎ、「クイック＆ワイド」戦法を掲げた。夏休みにオーストラリア強化遠征。当たり負けをしなかった結果に手ごたえを感じて帰国した。しかし、夏合宿に部員の過去の不祥事が発覚して部内が混乱した。

　9月6日、リーガロイヤルホテルにおいて物故者慰霊祭に続き「創部80周年記念式典」と祝宴が行われた。

　人心一新を図るため正木主将に交代してシーズンに臨んだが、チームの一体化が図れず、対抗戦では日体大に大敗、早明戦でも3点差で敗れた。大学選手権では準決勝で2連覇する関東学大に力負け、大学勢4校が出場した日本選手権ではトヨタ自動車に歴史的大敗を喫した。

＊　　　　＊

　私の思い出の中心にあるのは、やはり東伏見に他なりません。早稲田のラグビーに強い憧れを持って上京した自分にとって、先輩方の血と汗と涙が滲み込んだグラウンドに立てること、先輩方が毎日生活された寮で生活出来ること、それらが本当に幸せだったように思います。

　東伏見の街も、20年も経つと、随分と様変わりしてしまいました。味一、フランク、COCO、大村庵、芳葉、のんびり温泉などなど、私の生活の一部になっていた場所は、残念ながら、全て無くなってしまいましたが、それでも、グラウンドや寮のある風景そのものは、早稲田ラグビー部があった当時と全く変わらず、今でも当時の様子が鮮明に思い起こされます。現役の皆さんにおかれましては、多くの先輩方の息吹を感じつつ、早稲田大学ラグビー蹴球部の一員であるという誇りを忘れず、日々、自己研鑽に励んで頂きたいと思います。

（正木宏和）

オーストラリア強化遠征

第75回早慶戦
平成10年11月23日　秩父宮ラグビー場
○早大35 − 21●慶大

▌3連敗免れる

　敗れれば68年ぶりの早慶戦3連敗になるところだったが、救ったのは、辻だった。14点を先行され前半16分、相手陣22メートルに攻め込んだタッチからのボールを辻が福田にクイックスローイン、慶大のディフェンスが対応できないスキを着いて山崎勇がゴールラインに飛び込んだ。この速攻が、早大に流れを引き寄せた。30分、ラックからライン参加した長井がトライを決め、15 − 14と逆転した。

　後半、慶大に再逆転されたが、17分、ラックから辻−武川−西辻とわたりトライ、福田がゴールを決めて再々逆転した。終盤にはラックから辻−福田−武川−大瀬でダメ押しのトライ。いずれも早稲田らしい早いテンポの連続攻撃が実った。この年、コーチ陣が学生に示したのが「クイック＆ワイド」だった。クイックはボールを速く動かすこととゲームのテンポを速くする2つを意図したが、大一番で、グラウンドを広く使って攻めきる形が実を結んだ。

早大		慶大		早大		慶大	
35	−	21		1 安藤　敬介	FW	1 左座正二郎	
15	前	14		2 萬匠　祐基		2 岡本　知樹	
20	後	7		3 正木　宏和		3 浜岡　勇介	
2	T	2		4 高田竜三郎		4 高田　晋作	
1	G	2		5 山崎　隆司		5 阿久根　潤	
1	PG	0		6 大瀬　祐介		6 野上慶太郎	
0	DG	0		7 井手上敬太		7 三森　卓	
2	T	1		8 江原　和彦		8 山本　英児	
2	G	1		9 辻　高志	HB	9 熊谷　良	
2	PG	0		10 福田　恒輝		10 信濃　幸男	
0	DG	0		11 西辻　勤	TB	11 高橋　龍平	
9	反則	21		12 山崎　勇気		12 田中　豪人	
平成10年11月23日				13 高野　貴司		13 鈴木加津彦	
G 秩父宮				14 横井　寛之		14 山本　宗慶	
R 相田真治		KO 14:00		15 長井　真弥	FB	15 稲葉　潤	

交代　早大：武川正敏(高野)、香川航太郎(江原)、山崎弘樹(長井)
　　　慶大：益田和明(三森)、吉川聡(益田)、田中良武(浜岡)、川尻圭介(鈴木)、牧野健児(熊谷)

第74回早明戦
平成10年12月6日　国立競技場
●早大24 − 27○明大

▌FW戦で力負け

　早稲田は健闘したが、明治のFWと対等に戦うところまで持ち込めなかった。

　明大に奪われたトライは3つともFWのパワープレー。試合開始直後だった。ゴール前ラインアウトからのモール攻撃、互いに体を当て合う間もなく、阮に押し込まれたこのトライがその後、早大にプレッシャーを与え続けた。結局、早大は一度もリードを奪えないまま敗れた。明大は16分にも、ゴール前のラックから黒崎が突破した。トドメは14 − 14の後半24分、早大陣ゴール前のスクラムをぐっと押し込んだ。早大はたまらず、オフサイドの反則、ペナルティトライで勝負は決まった。

　早大の挙げた3つのトライは、前半3分の小森のインターセプトと、35分ペナルティキックからの速攻でライン参加した長井のトライ、後半終了間際、中央付近のスクラムから左へまわして、最後は西辻が押さえた。バックスには決定力があり、ゴール前でのFW戦を避ける戦いに持ち込めるかが鍵だったが、それをさせなかった明大が対抗戦3連覇を全勝で飾った。

早大		明大		早大		明大	
24	−	27		1 安藤　敬介	FW	1 黒崎　侑一	
14	前	14		2 萬匠　祐基		2 山岡　俊	
10	後	13		3 正木　宏和		3 石田　大起	
2	T	2		4 高田竜三郎		4 辻　孝浩	
2	G	2		5 山崎　隆司		5 石井　誠	
0	PG	0		6 大瀬　祐介		6 川上　利明	
0	DG	0		7 井手上敬太		7 阮　申埼	
1	T	1		8 江原　和彦		8 斉藤　祐也	
1	G	1		9 辻　高志	HB	9 後藤　和彦	
1	PG	0		10 福田　恒輝		10 森嶌　正人	
0	DG	0		11 西辻　勤	TB	11 山口　大介	
14	反則	17		12 山崎　勇気		12 山口　大輔	
平成10年12月6日				13 小森　充紘		13 松添　健吉	
G 国立競技場				14 横井　寛之		14 岩倉　大志	
R 石井 勝		KO 14:00		15 長井　真弥	FB	15 福田　茂樹	

交代　早大：北川正義(小森)、山崎弘樹(長井)、小林商司(正木)
　　　明大：菅藤心(松添)　シンビン：福田茂樹

平成11年度（1999年度）　創部82年目

主　　　将	小森允紘
副 主 将	井手上敬太、辻高志
主　　務	小林健之
副 主 務	山根康之、阿部浩子
委　　員	大内和樹、森正俊
卒業年次部員	阿部浩子、井手上敬太、今村宏昭、扇田洋次郎、大内和樹、太田陽一郎、大谷寛、加藤健太、小林商司、小林健之、小森允紘、坂本真一、高品敦史、高田（園田）竜三郎、玉置顕、辻高志、寺内周平、寺内富士夫、長井真弥、成田清志、西澤周二、坂東宏紀、福田恒輝、松山吾朗、森正俊、山根康之
部　　長	佐藤英善
監　　督	日比野弘
コ ー チ	益子俊志、小山義弘、藤浩太郎、弘田知巳、佐々木篤行、井上明、今駒憲二、小野勇人、加藤進一郎、藤島大
部 員 数	107名（内女子6名）
夏 合 宿	菅平（第56回）
シーズン成績	7勝3敗　関東大学対抗戦4位、大学選手権2回戦敗退

試合成績

【公式試合】

＜対抗戦＞

No.756	H11.9.15	○	早稲田大学	95-0	●	立教大学	早大所沢　R中沢則行
No.757	H11.9.26	○	〃	118-12	●	東京大学	熊谷　R甲斐孝
No.758	H11.10.3	○	〃	64-12	●	青山学院大学	秩父宮　R溝畑潤
No.759	H11.10.16	○	〃	33-22	●	帝京大学	秩父宮　R下井真介
No.760	H11.10.23	○	〃	44-32	●	筑波大学	新潟　R森勝義
No.761	H11.11.3	○	〃	71-14	●	日本体育大学	秩父宮　R田中伸明
No.762	H11.11.23	●	〃	21-29	○	慶應大学	秩父宮　R石井勝
No.763	H11.12.5	●	〃	10-27	○	明治大学	国立競技場　R下井真介

＜第36回大学選手権＞

No.764	H11.12.19	○	早稲田大学	57-41	●	流通経済大学	秩父宮　R桜岡将博（1回戦）
No.765	H11.12.25	●	〃	6-43	○	同志社大学	花園　R下井真介（2回戦）

＜全早大試合＞

全早大112	H11.4.25	○	全早大	59-5	●	全慶大	金沢　R杉浦聡（石川県協会招待）
全早大113	H11.5.23	●	〃	36-68	○	全法大	菅平　R桜岡将博（長野県協会招待）
全早大114	H12.3.18	○	〃	55-33	●	全慶大	秩父宮　R岸川剛之（第21回全早慶明）
全早大115	H12.3.26	○	〃	33-28	●	全明大	秩父宮　R民辻竹弘（同上）

【準公式試合】

H11.5.9	●	早稲田大学	17-63	○	同志社大学	下関　R中江洋平（山口県協会招待）
H11.5.16	●	〃	26-59	○	慶應大学	長野　R不明（長野県招待）
H11.6.6	●	〃	24-36	○	明治大学	富山　R不明（富山県協会招待）
H11.6.13	●	〃	28-75	○	法政大学	男鹿市　R不明（秋田県協会招待）

★シーズンの優勝チーム★

第70回関東大学対抗戦優勝　慶應大学（15年ぶり8回目）

第33回関東大学リーグ戦優勝　関東学院大学（2年ぶり4回目）

第36回大学選手権大会優勝　○ 慶應大学 27-7 ● 関東学院大学（慶大は14年ぶり2回目）

第37回日本選手権大会優勝　○ 神戸製鋼 42-20 ● トヨタ自動車（神戸製鋼は5年ぶり8回目）

慶大の復活に花

　日比野監督、益子ヘッドコーチ体制の2年目。小森主将を中心に「クイック＆ワイド」にさらに磨きをかけるべく奮闘した。

　春はなかなか調子が上がらなかった。ケガ人、就職活動などでベストメンバーをほとんど組めなかった。夏合宿は菅平の後、函館で2次合宿。涼しい北の大地でフィットネスを更に上げる予定だったが、例年にない異常気象で暑さに閉口した。

　シーズンに入ると、精度が上がり順当に白星を重ねた、序盤のヤマ場の帝京戦。何回もあったゴール前のピンチをしのぎ、弱いと言われたFWの踏ん張りで乗り切った。

　ターニングポイントになったのが早慶戦だった。15年ぶりの全勝対決となり、秩父宮は超満員に膨れ上がった。奇しくも15年前も早大は日比野監督で慶大は上田監督だった。15年前の試合は終盤、慶大の若林に走られて逆転負け。歴史は繰り返すのか、前半で13点リードしながら、再び終盤に逆転を許した。

　創部100年を迎えた慶大の前評判は高かった。その中で早稲田が理想的な展開で前半を終えた。予想外といえる大きなリードだった。後半はまず敵陣へとキックを使った。選手に逃げている意識はなかったが、自分たちでリズムを崩していった。後半途中、マイボールスクラムをめくられたことで、試合の流れが一気に変わった。勝てる試合を落とした。

　早慶戦の反省から、早明戦は逆に自分たちのラグビーにこだわった。ゴール前正面のPGも狙わず、攻め続けた。トライまであと一歩のところでミスが出て、結局、取り切れなかった。「早稲田らしさって何だろう。やっぱり、勝たないと早稲田じゃないと、今は感じています」と小森主将は振り返る。

　対抗戦は3校が2敗で並んだが、当該校間のトライ数が最も多い帝京大が初の2位となり、トライ数が同じ早明両校のうち、得失点差で1点上回った明治が3位、早稲田は4位となった。

　大学選手権初戦。直前に副将の辻が救急車で運ばれるアクシデントがあったが、リーグ戦2位の流通経大に攻め勝った。しかし、2回戦では同大FWの猛威の前に、なすすべなく敗れた。プロップ成田が負傷したこともあり、スクラムは崩壊した。

　辻が監督に就任した際には小森主将もコーチになるなど、同期でサポートした。今も長井がコーチをしており、久々に優勝した対抗戦のお祝いにみんなで集まった。

第76回早慶戦

平成11年11月23日　秩父宮ラグビー場

●早大21 − 29○慶大

▌13点差守れず

慶大が、対抗戦全勝優勝へ突き進んだ。

前半は早大ペース。3分に福田のPGで先行。10分にはスクラムの背後にいた福田が速い球出しをダイレクトで受け、右にマークをずらして横井がトライ。福田がさらにPGを決めて11点のリード。35分に慶大の左座にトライを許したが、40分に連続攻撃から高野がトライ、ゴールも決まって13点差で折り返した。

10点差に迫られた後半10分にこの試合の勝敗を分けたプレーが生まれた。相手ゴール前で早稲田ボールのスクラムだったが、慶大FWがぐっと一押し。ボールを下がりながら拾った辻は、サポートした井出上にパス、体勢を立て直そうとした井出上が猛タックルを受けた。慶應は前へ出てきたFWがターンオーバーし、バックスへつなぐ。瓜生が60メートルを独走してトライ、和田のゴールも決まった。早大はまだ、リードしていたのに、流れを失った。18分に福田がPGを追加したが、慶大は30、38分、ともにゴール前スクラムを押し込んで、山本がサイド突破して連続トライ、逆転を許した。

公式試合　No.762　平成11年度　第7試合　対抗戦

早大		慶大		早大		慶大
21	−	29	1	成田　清志 FW	1	左座正二郎
18	前	5	2	大内　和樹	2	岡本　知樹
3	後	24	3	小林　商司	3	中村　泰登
2	T	1	4	佐藤　喬輔	4	高田　晋作
1	G	0	5	脇　　健太	5	阿久根　潤
2	PG	0	6	上村　康太	6	三森　　卓
0	DG	0	7	井手上敬太	7	野澤　武史
0	T	3	8	江原　和彦	8	山本　英児
0	G	3	9	辻　　高志 HB	9	牧野　健児
1	PG	1	10	福田　恒輝	10	和田　康二
0	DG	0	11	山下　大悟 TB	11	藤井　慎介
18	反則	11	12	小森　充紘	12	瓜生　靖治

平成11年11月23日　13 高野　貴司　13 川尻　圭介

G 秩父宮　14 横井　寛之　14 浦田　修平

R 石井　勝　KO 14:00　15 長井　真弥 FB 15 加藤　正臣

交代　慶大：鈴木孝徳(川尻)、吉川聡(阿久根)、田中良武(左座)、浜岡勇介(中村)、益田和明(三森)、阿部達也(藤井)、高木洋彦(牧野)

第75回早明戦

平成11年12月5日　国立競技場

●早大10 − 27○明大

▌後半に意地

優勝が絡まない早明戦だったが、5万人の観衆が集まった。

早大は前半、自陣ゴール前のモールを押し込まれ、明大の滝沢と阮に2つのトライを許して3−20と試合の主導権を握られた。明大は川上、阮、斉藤のFW第3列がめざましい活躍を見せた。逆に早大はスクラムとモールでプレッシャーをまともに受けたために、FW第3列の集散が遅れ、接点で一歩ずつ後手に回っていた。

後半、開き直った早大はPGを狙わずに速攻でオープンへ大きくボールを動かした。しかし、ここでも明大FW第3列の餌食になった。9分、右オープンにライン参加した井手上がノックオン、明大にターンオーバーされたボールを斉藤−阮とつながれてトライを許した。

早大は後半20分に山下の突進でトライを奪った。結果論だが、後半は互角の戦いで、前半、モールを押し込まれた明大らしい2つのトライを止められなかったことが敗因となった。

公式試合　No.763　平成11年度　第8試合　対抗戦

早大		明大		早大		明大
10	−	27	1	成田　清志 FW	1	石川　賢太
3	前	20	2	大内　和樹	2	滝沢　佳之
7	後	7	3	小林　商司	3	染谷　裕利
0	T	2	4	佐藤　喬輔	4	千田　尭邑
0	G	2	5	脇　　健太	5	加藤　　均
1	PG	2	6	上村　康太	6	川上　利明
0	DG	0	7	井手上敬太	7	阮　　申琦
1	T	1	8	江原　和彦	8	斉藤　祐也
1	G	1	9	辻　　高志 HB	9	清水　督史
0	PG	0	10	福田　恒輝	10	菅藤　　心
0	DG	0	11	山下　大悟 TB	11	山口　大介
11	反則	26	12	小森　充紘	12	菱山　　卓

平成11年12月5日　13 高野　貴司　13 松添　健吉

G 国立競技場　14 横井　寛之　14 桜井　崇将

R 下井真介　KO 14:00　15 長井　真弥 FB 15 福田健太郎

交代　早大：栗原雄一郎(小林)、中村喜徳(大内)、艶島悠介(高野)、沼田一樹(横井)

　　　明大：松原裕司(千田)、山下広大(松添)

平成12年度（2000年度）　創部83年目

主　　　将　　江原和彦
主　　　務　　田中孝文
副 主 務　　中村愛
委　　　員　　中村喜徳、脇健太、高野貴司、安藤敬介、田原耕太郎
卒業年次部員　安藤隆史、稲岡夏紀、江原和彦、大倉悠、川原元、栗原雄一郎、小山陽平、佐藤貴洋、
　　　　　　　下倉一真、圖師淑隆、高野貴司、田口勇人、田留晋吉、田中孝文、艶島悠介、中村愛、
　　　　　　　古川翼、松本兼介、水野敦之、茂木拓己、山崎弘樹、横井寛之、吉澤裕樹、脇健太、
部　　　長　　佐藤英善
監　　　督　　益子俊志
コ ー チ　　小山義弘、藤浩太郎、弘田知巳、後藤禎和、井上明、藤田康和、今駒憲二、小野勇人、
　　　　　　　加藤進一郎、大谷寛、藤島大
部 員 数　　106名（内女子6名）
夏 合 宿　　菅平（第57回）
シーズン成績　　7勝3敗　関東大学対抗戦3位　大学選手権2回戦敗退
試合成績

【公式試合】

＜対抗戦＞

No.766	H12.9.2	○	早稲田大学	114-0	●	立教大学	江東区陸上	R谷口弘
No.767	H12.9.15	○	〃	74-0	●	東京大学	熊谷	R岸川剛之
No.768	H12.9.30	○	〃	95-0	●	青山学院大学	江戸川	R戸田京介
No.769	H12.10.15	●	〃	6-19	○	帝京大学	秩父宮	R岩下真一
No.770	H12.10.28	○	〃	47-15	●	筑波大学	熊谷	R相田真治
No.771	H12.11.4	○	〃	82-14	●	日本体育大学	秩父宮	R田中伸明
No.772	H12.11.23	●	〃	10-31	○	慶應大学	秩父宮	R桜岡将博
No.773	H12.12.3	○	〃	46-38	●	明治大学	国立競技場	R下井真介

＜第37回大学選手権＞

No.774	H12.12.17	○	早稲田大学	62-32	●	京都産業大学	瑞穂	R港雅和（1回戦）
No.775	H12.12.24	●	〃	25-38	○	関東学院大学	秩父宮	R森勝義（2回戦）

＜全早大試合＞

全早大116	H13.3.18	○	全早大	44-40	●	全慶大	秩父宮	R鬼澤衛（第22回全早慶明）
全早大117	H13.3.25	●	〃	25-45	○	全明大	秩父宮	R小川弘一（同上）
全早大118	H13.4.2	●	〃	19-26	○	全同大	日本平	R山田智也（静岡県協会招待）

【準公式試合】

H12.5.21	●	全早大	26-62	○	同志社大学	印西	R不明（千葉県協会招待）
H12.5.28	○	〃	48-14	○	慶應大学	石巻	R布施孝介（宮城県協会招待）
H12.6.3	●	〃	17-24	○	明治大学	鹿児島	R御領園昭彦（鹿児島県協会招待）

★シーズンの優勝チーム★

第71回関東大学対抗戦優勝　慶應大学（2年連続9回目）
第34回関東大学リーグ戦優勝　関東学院大学（2年連続5回目）
第37回大学選手権大会優勝　○ 関東学院大学 42-15 ● 法政大学（関東学大は2年ぶり3回目）
第38回日本選手権大会優勝　△ 神戸製鋼 27-27 △ サントリー（神戸製鋼は2年連続9回目、
　サントリーは5年ぶり2回目）

いばら道

　益子監督が復帰、江原主将のもとで再起を期した。しかし、帝京大、慶大に敗れ、明大を倒したものの、大学選手権では2回戦で関東学大に敗れた。
　これで、10シーズン対抗戦の優勝から見放され、5シーズン全国大学選手権の決勝にも進出できない苦難の年を続けた。

　　　　　　＊　　　　　　＊

　4年間、ラグビーだけに集中できる環境が整っていたと思います。
　コーチも毎週必ず来て頂き、平日まで我々の練習をみてくれたことは今、私が他大学のコーチをしている状況と比べても本当に恵まれていました。
　1年生から推薦で入った私は最初から2軍で使ってもらいました。
　練習が終わると3軍、4軍にいる同じポジションの先輩が私より下のグレードにいることは関係なく夜遅くまで本気で指導してくれました。今考えると当たり前にあった文化は決して効率的ではない文化かもしれませんが、社会人になった今でもコーチ、先輩に受けた指導は心の糧です。
　今の学生と比べることをしてもあまり意味がないですが、早稲田ラグビー部に限らず最近は他人への関心が薄れてきているのかな……と感じます。より個人主義、個人成果主義になってきていると感じます。
　人が人に関心をもってお互いが育つような環境が薄れてきているとしたら唯一、早稲田ラグビー部がお互いを育てることができる場所だと思っているので、少し寂しいと感じています。負けてもすばらしい人に会え、成長できたと胸を張って同期全員？が言える4年間でした。

　　　　　　　　　　　　　　　（江原和彦）

夏合宿

第77回早慶戦
平成12年11月23日　秩父宮ラグビー場

●早大10－31○慶大

▌目の前で慶大V

昨季、大学王者の慶大は、バランスの取れた良いチームに仕上がっていた。

慶大は前半1分、ラインアウトからFWが持ち込んで左へ展開、栗原がトライして先制した。11分、同じくラインアウトから左へ展開して、栗原－加藤でトライ。早大は22分、ラックから沼田－西辻でトライを返したが、7点を追う形で前半を終えた。

慶大は後半19分、PKから速攻、牧野－栗原でトライ。さらに25分、ラックから牧野－栗原でトライ。38分にも早大の攻撃をターンオーバーして、牧野－田中－阿部とつないで勝負を決めた。

早大はロスタイムに田原－横井でトライを挙げ意地をみせたが、昨年に続いて目の前で慶大に優勝を決められた。好守ともにミスが多く、24も反則を犯した。ただ、ひ弱さを指摘されていたFWが健闘し、益子監督は「まだ伸びる余地がある。早明戦までに鍛え直したい」と前向きにとらえた。

公式試合　No.772　平成12年度　第7試合　対抗戦							
早大		慶大	早大			慶大	
10	－	31	1	安藤 敬介	FW	1	左座 正二郎
5	前	12	2	中村 喜徳		2	岡本 知樹
5	後	19	3	水野 敦之		3	安 龍煥
1	T	2	4	佐藤 喬輔		4	吉川 聡
0	G	1	5	脇 健太		5	犬養 友範
0	PG	0	6	小山 陽平		6	益田 和明
0	DG	0	7	上村 康太		7	野澤 武史
1	T	3	8	江原 和彦		8	山本 英児
0	G	2	9	田原耕太郎	HB	9	牧野 健児
0	PG	0	10	沼田 一樹		10	和田 康二
0	DG	0	11	山下 大悟	TB	11	栗原 徹
24	反則	20	12	艶島 悠介		12	鈴木 孝徳
平成12年11月23日			13	高野 貴司		13	川尻 圭介
G 秩父宮			14	西辻 勤		14	浦田 修平
R 桜岡将博　KO 14:00			15	大田尾竜彦	FB	15	加藤 正臣

交代　早大：栗原雄一郎(水野)、尤京泰明(佐藤)、大江菊臣(安藤)、阿部一樹(脇)、横井寛之(西辻)
　　　シンビン:中村喜徳
　　　慶大：野上慶太郎(益田)、田中豪人(和田)、浜岡勇介(佐座)、有馬宏彰(犬養)、阿部達也(加藤)、山本宗慶(浦田)

第76回早明戦
平成12年12月3日　国立競技場

○早大46－38●明大

▌逆転で5年ぶり白星

対抗戦2敗で迎えた早明戦。17点差をひっくり返し、何とか3位に滑り込んだ。

早大は8分、佐藤の好チャージから田原－山下で先手のトライを奪った。明大は14分にPGを返し、28分には陣川がチーム初トライ。早大はPGの後、西辻のトライで一時逆転したが、明大は前半終了間際に陣川がトライし、2点のリードで折り返した。

後半はさらに激しい点の取り合いになった。明大は1分に松原、4分には神名がトライ。その後PGを決め17点差をつけた。しかし、早大はあきらめなかった。8分に西辻がトライした後、14分に山崎がトライ。これで8点差に。ここから西辻の一人舞台。25分のトライで1点差に迫ると、30分には逆転の、さらに35分にはダメ押しのトライを挙げた。早明戦新記録と言われる1人で5トライをマークした。

早明両校にとって優勝に関わりない不本意な1戦だったが、終盤、西辻がトライを挙げるたびに、観客席はまるで優勝決定戦のような熱狂に包まれた。早明戦の連敗も「4」で止めた。

公式試合　No.773　平成12年度　第8試合　対抗戦							
早大		明大	早大			明大	
46	－	38	1	安藤 敬介	FW	1	石川 賢太
13	前	15	2	中村 喜徳		2	滝沢 佳之
33	後	23	3	水野 敦之		3	林 仰
2	T	2	4	佐藤 喬輔		4	諸 成万
0	G	1	5	脇 健太		5	加藤 均
1	PG	1	6	小山 陽平		6	岸本 拓也
0	DG	0	7	上村 康太		7	安藤 雅巳
5	T	3	8	江原 和彦		8	松原 裕司
4	G	1	9	田原耕太郎	HB	9	後藤 和彦
0	PG	1	10	沼田 一樹		10	菅藤 心
0	DG	1	11	山下 大悟	TB	11	陣川 真也
11	反則	11	12	艶島 悠介		12	菱山 卓
平成12年12月5日			13	高野 貴司		13	神名 茂樹
G 国立競技場			14	西辻 勤		14	森藤 一馬
R 下井真介　KO 14:00			15	山崎 弘樹	FB	15	福田健太郎

交代　早大：横井寛之(高野)、大江菊臣(安藤)、大田尾竜彦(沼田)
　　　明大：逆前知則(菅藤)、瀬田豪(菱山)、目黒健太(加藤)

平成13年度（2001年度）　創部84年目

主　　　将　　尤京泰明
副 主 将　　安藤敬介、西辻勤
主　　　務　　日下聡
副 主 務　　竹内大、法亢里支、宮原智壽子
委　　　員　　佐藤喬輔、阿部（柴山）一樹、田原耕太郎、武川正敏、沼田一樹、上村康太、山下大悟
卒業年次部員　　安藤敬介、安藤広大、石橋章匡、梅原祥平、大西雄浩、大野拓也、川合雄太、川崎亨、日下聡、尤京泰明、佐藤喬輔、諏訪部智及、高野仁、徳原英真、中村喜徳、西辻勤、沼田一樹、長谷川照洋、法亢里支、町田啓太、松尾雄輔、宮原智壽子、武川正敏、宗盛拓史、室井鉄平、矢部哲郎、渡部亮、疋田拡*
部　　　長　　佐藤英善
監　　　督　　清宮克幸（32代監督）
コ ー チ　　前田夏洋、小山義弘（以上シニア）、今泉清、佐藤友重、大谷寛（以上ジュニア）、後藤禎和、小野有理（以上フィットネス）、木賀澤智之（総務）
部 員 数　　102名（内女子5名）
夏 合 宿　　菅平（第58回）
シーズン成績　　11勝2敗　関東大学対抗戦優勝、大学選手権準優勝、日本選手権1回戦敗退
試合成績
【公式試合】
＜対抗戦＞
No.776	H13.9.16	○	早稲田大学	100-7	●	東京大学	神奈川体育	R鬼沢衛
No.777	H13.9.23	○	〃	50-5	●	大東文化大学	秩父宮	R民辻竹弘（関東大学交流戦）
No.778	H13.9.30	○	〃	125-9	●	青山学院大学	高崎浜川	R高津浩彰
No.779	H13.10.14	○	〃	27-16	●	帝京大学	秩父宮	R岩下真一
No.780	H13.10.27	○	〃	62-19	●	筑波大学	秩父宮	R民辻竹弘
No.781	H13.11.3	○	〃	85-10	●	日本体育大学	秩父宮	R下井真介
No.782	H13.11.23	○	〃	54-21	●	慶應大学	秩父宮	R森勝義
No.783	H13.12.2	○	〃	36-34	●	明治大学	国立競技場	R下井真介

＜第38回大学選手権＞
No.784	H13.12.16	○	早稲田大学	49-24	●	大東文化大学	秩父宮	R戸田京介（1回戦）
No.785	H13.12.23	○	〃	58-54	●	大阪体育大学	秩父宮	R原田隆司（2回戦）
No.786	H14.1.2	○	〃	36-7	●	慶應大学	国立競技場	R岩下真一（準決勝）
No.787	H14.1.12	●	〃	16-21	○	関東学院大学	国立競技場	R下井真介（決勝）

＜第39回日本選手権＞
No.788	H14.1.20	●	早稲田大学	12-77	○	トヨタ自動車	秩父宮	R桜岡将博（1回戦）

＜国際試合＞
国際90	H14.2.29	●	全早大	19-27	○	ダブリン大学	ダブリン大	R不明（以下、全早大アイルランド・イングランド遠征）
国際91	H14.3.3	●	〃	13-50	○	オックスフォード大学	オ大	R不明
国際92	H14.3.9	●	〃	41-57	○	ケンブリッジ大学	ケ大	R不明

＜全早大試合＞
全早大119	H14.3.23	○	全早大	58-17	●	全慶大	秩父宮	R山口智也（第23回全早慶明）
全早大120	H14.3.31	○	〃	63-36	●	全明大	秩父宮	R不明（同上）

【準公式試合】
H13.5.20	○	早稲田大学	50-26	●	同志社大学	瑞穂	R谷口浩司
H13.5.27	●	〃	36-52	○	慶應大学	花園	R田中敦夫
H13.6.3	○	〃	61-45	●	明治大学	長良川	R戸田京介（岐阜県協会招待）
H13.6.10	●	〃	7-76	○	新日鉄釜石	盛岡南	R長谷川（岩手県協会招待）
H13.8.26	○	〃	71-0	●	立教大学	早大菅平	R不明（定期戦）
H14.3.2	○	早大B	90-10	●	オックスフォード大学U19	オ大	R不明（全早大アイルランド・イングランド遠征）
H14.3.5	○	〃	110-0	●	クィーンズ・カレッジ	オ大	R不明（同上）
H14.3.9	○	〃	24-0	●	ケンブリッジ大学U19	ケ大	R不明（同上）

10　第4期黄金時代（平成10年代）　239

★シーズンの優勝チーム★
　第72回関東大学対抗戦優勝　早稲田大学（11年ぶり26回目）
　第35回関東大学リーグ戦優勝　関東学院大学（3年連続6回目）
　第38回大学選手権大会優勝　○ 関東学院大学 21-16 ● 早稲田大学（関東学大は2年連続4回目）
　第39回日本選手権大会優勝　○ サントリー 28-17 ● 神戸製鋼（サントリーは2年連続3回目）

11年ぶり対抗戦Ⅴ

　清宮新監督が就任した。関係者から多くの期待を寄せられていた清宮が、サントリー佐治信忠社長に直訴して出向の形で早大の歴史始まって以来の専任監督として登場。清宮時代の幕開けである。

　清宮監督はパソコンを駆使したプレゼンテーションで、「こうすれば勝てる」ということを示したうえで、「練習は1日2時間」と宣言し、部員の心をつかんだ。創意と工夫、改革に全力で努力した清宮監督の指導で、部員たちは自信を持ち、進化することに喜びを覚え、「早稲田史上最強」と称されるチーム作りに成功した。早稲田は再び黄金時代を迎えることになる。対抗戦では11年ぶりの優勝を全勝で飾った。大学選手権の決勝では関東学大に5点差まで迫りファンを喜ばせた。

　　　　＊　　　　　　＊

　尤京組の始まりは、2月のある寒い日。東伏見の寮のサロン部屋で、「お前ら俺じゃなかったらしいな」という一言からでした。前年度、秩父宮でシーズンを終え、学生とOB会の方々との間での考え方の相違の中、初めてお会いしたのが清宮監督でした。「まあいいや、お前たちを見返してやるよ」と言われ、「慶應とか明治じゃなくて、関東学院に勝てたら大学日本一になるよ。一番強いのは関東学院なんだから」と衝撃的な言葉を頂きました。今思えば、オトナとコドモの考え方の違いを感じる瞬間でもありました。

　春シーズンが始まり、練習時間の短縮化、選手のポジション適正の見極め、フルタイムでのコーチング、プレ合宿の実施、部内スタッフの拡充……。ありとあらゆる変革の中で、「関東学院」を倒すという目標設定にブレることなく、突き進むことになります。春シーズン、夏合宿と徐々に差は縮まっていきます。対抗戦は、久しぶりの全勝優勝、決勝で関東学院と当たることとなった前夜の試合前練習。監督は、グランドで部員全員、一人ひとりに順番にお守りを渡し、最後に「明日は絶対に勝とう」と伝えたことを覚えています。結果は16対21。準優勝で終わった後のホテルで、「僕たちは、この負けを一生背負って生きていく。来年は絶対勝ってください」と挨拶し、シーズンも終了となりました。

　変革期の中、我々に多大な時間と労力、深い愛情を注いで頂いた清宮監督を始めとするスタッフ、御支援を頂いたOBの方々、部員の親御さん、後輩の皆様、そしてファンの皆様に今でも支えられて生きているのだと日々感じております。

（日下聡）

第78回早慶戦

平成13年11月23日　秩父宮ラグビー場

○早大54－21●慶大

▍豪快8トライ

　2年連続で苦杯をなめた相手から8トライを奪う快勝だった。

　清宮監督は自らにプレッシャーをかけながら、選手をその気にさせる「有言実行法」で、試合前にあえて「30点差で勝つ」と豪語した。「それだけの力の差がある」と自信を持った選手たちはのびのびと戦い、監督の公約を果たした。負ければ非難されることを覚悟で選手をその気にさせてしまう。清宮のカリスマ性だろう。

　早大の展開ラグビーが炸裂し、オープンプレーの面白さを満喫させてくれた。奪ったトライは仲山3、山岡2、山下2、柳澤1とすべてバックスだった。その過程では、尤京、伊藤らのFW陣のロングパスなどが折り込まれていた。

　慶大は前半1分、田中のPGで先行した。しかし、早大は慌てない。3分にラックから田原－大田尾－仲山－柳澤でトライ。10分には山下が抜いて60メートル独走のトライ。20分、36分、40分と仲山がトライし、慶大の反撃をPG2本に抑え前半を終えた。

　後半はやや失速したが、山下の2本目の独走トライなどで危なげなかった。

公式試合 No.782　平成13年度　第7試合　対抗戦						
早大		慶大	早大		慶大	
54	－	21	1　安藤　敬介	FW	1　左座正二郎	
33	前	9	2　中村　喜徳		2　猪口　拓	
21	後	12	3　伊藤　雄大		3　岸　大介	
5	T	0	4　高森　雅和		4　高木　宏	
4	G	0	5　尤京　泰明		5　池末　英明	
0	PG	3	6　羽生　憲久		6　野澤　武広	
0	DG	0	7　川上　力也		7　有馬　宏彰	
3	T	2	8　佐藤　喬輔		8　山本　英児	
3	G	1	9　田原耕太郎	HB	9　岡　健二	
0	PG	0	10　大田尾竜彦		10　田中　豪人	
0	DG	0	11　仲山　聡	TB	11　山内　朝敬	
19	反則	10	12　武川　正敏		12　廣瀬　俊朗	
平成13年11月23日			13　山下　大悟		13　鈴木　孝徳	
G　秩父宮			14　山岡　正典		14　瓜生　靖治	
R　森　勝義　KO 14:00			15　柳澤　眞	FB	15　阿部　達也	

交代　早大：椛沢保男(伊藤)、大江菊臣(安藤)、沼田一樹(大田尾)
　　　慶大：鋼冶大輔(山内)、由野正剛(佐座)、高谷順二(有馬)、藤井真介(阿部)、中村俊介(高谷)

第77回早明戦

平成13年12月2日　国立競技場

○早大36－34●明大

▍ロスタイムの逆転

　「ワセダ劇的全勝、ロスタイム逆転PG」などスポーツ紙のみならず、一般紙にも復活を告げる大きな見出しが踊った。

　時計が後半40分を指すころ、山岡がインゴールへ飛び込んだ。武川のゴールも決まり1点差。直後、トライを決めた山岡へラフプレーがあったとして、試合再開の地点となる中央でPKが与えられた。ロスタイムは4分。相手陣内でボールを生かし続ける早大の猛攻に耐えきれず、遂に明大がオフサイドの反則。迷わず尤京主将がゴールを指さす。武川が冷静に蹴った正面20メートルの逆転PGが、鮮やかにポストに吸い込まれ、5万2千人をのみこんだ観客席が揺れた。「奇跡の復活劇」と言われる清宮ラグビーの出発点となった。

　明大が8点リードで折り返した。早大は後半12分に松原にトライを許し、15点差にされてから本領を発揮した。15分に安藤、20分は高森のトライで3点差に。26分に瀬田のトライで再び8点差とされたが、衰えないスタミナで終盤の逆転へつなげた。

公式試合 No.783　平成13年度　第8試合　対抗戦						
早大		明大	早大		明大	
36	－	34	1　安藤　敬介	FW	1　植村　力	
14	前	22	2　中村　喜徳		2　山川　隼人	
22	後	12	3　伊藤　雄大		3　石井　良昌	
2	T	3	4　高森　雅和		4　諸　成万	
2	G	2	5　尤京　泰明		5　加藤　均	
0	PG	1	6　羽生　憲久		6　岩上　篤史	
0	DG	0	7　川上　力也		7　伊藤　太進	
3	T	2	8　佐藤　喬輔		8　松原　裕司	
2	G	1	9　田原耕太郎	HB	9　藤井　淳	
1	PG	0	10　大田尾竜彦		10　菅藤　心	
0	DG	0	11　仲山　聡	TB	11　陣川　真也	
6	反則	23	12　武川　正敏		12　上田　雅俊	
平成13年12月2日			13　山下　大悟		13　神名　茂樹	
G　国立競技場			14　山岡　正典		14　瀬田　豪	
R　下井真介　KO 14:00			15　柳澤　眞	FB	15　赤石　斉之	

交代　早大：岡本雅和(川上)
　　　明大：岸本拓也(加藤)、石川賢太(植村)、今村圭吾(神名)

平成14年度（2002年度）　創部85年目

主　　　将　　山下大悟
副 主 将　　上村康太
主　　　務　　竹内　大
副 主 務　　末石紡希
委　　　員　　大江菊臣、椛沢保男、高森雅和、柳澤眞、大田尾竜彦、川上力也
卒業年次部員　　浅井良太、阿部一樹、井上高志、大江菊臣、岡本雅史、奥村浩太、尾関大介、椛沢保男、上村康太、児島健太郎、佐々木康之、塩沢泰弘、末石紡希、高澤要、高森雅和、竹内大、店田渉、田原耕太郎、塚田達哉、豊田大生、仲山聡、羽生憲久、濱田明宏、福嶋則人、古庄史和、町田啓太、柳澤眞、山下大悟
部　　　長　　佐藤英善
監　　　督　　清宮克幸
コ ー チ　　前田夏洋（ヘッド）、小山義弘、森島弘光（以上シニア）、佐藤友重、今泉清（以上ジュニア）、後藤禎和、小野有理、徳原英真（以上フィットネス）、木賀澤智之、玉澤正徳（以上総務）、豊岡史（栄養士）、斎藤徹（トレーナー）、高澤俊治（ドクター）、関谷佑喜、浦本尚詩（以上PT）、宝田雄大（Fアドバイザー）
部 員 数　　114名（内女子4名）
夏 合 宿　　菅平（第59回）
シーズン成績　　13勝1敗　関東大学対抗戦優勝、大学選手権優勝、日本選手権1回戦敗退
試合成績

【公式試合】

＜対抗戦＞

No.789　H14.9.22　○　早稲田大学　45-31 ●　法政大学　秩父宮　R藤実（関東大学交流戦）
No.790　H14.9.29　○　〃　156-0 ●　東京大学　秩父宮　R山田智也
No.791　H14.10.6　○　〃　128-7 ●　青山学院大学　松本　R中西善幸
No.792　H14.10.20　○　〃　43-13 ●　筑波大学　秩父宮　R御領園明彦
No.793　H14.10.29　○　〃　90-27 ●　日本体育大学　熊谷　R民辻竹弘
No.794　H14.11.3　○　〃　64-10 ●　帝京大学　秩父宮　R相田真治
No.795　H14.11.23　○　〃　74-5 ●　慶應大学　秩父宮　R相田真治
No.796　H14.12.1　○　〃　24-0 ●　明治大学　国立競技場　R桜岡将博

＜第39回大学選手権＞

No.797　H14.12.15　○　早稲田大学　79-3 ●　流通経済大学　秩父宮　R原田隆司（1回戦）
No.798　H14.12.22　○　〃　79-17 ●　東海大学　花園　R古賀善充（2回戦）
No.799　H15.1.2　○　〃　43-7 ●　法政大学　国立競技場　R下井真介（準決勝）
No.800　H15.1.11　○　〃　27-22 ●　関東学院大学　国立競技場　R岩下真一（決勝）

＜第40回日本選手権＞

No.801　H15.2.9　●　早稲田大学　31-68 ○　リコー　秩父宮　R森勝義（1回戦）

＜朝日招待試合＞

No.802　H15.3.9　○　早稲田大学　62-21 ●　九州代表　博多の森　R古賀善充

＜国際試合＞

国際93　H14.9.15　△　早稲田大学 23-23 △　オックスフォード大学　早大上井草　R下井真介
（第5回日英大学対抗）

＜全早大試合＞

全早大121　H15.3.23　○　全早大 48-28 ●　全慶大　秩父宮　R中西嘉幸（第24回全早慶明）
全早大122　H15.3.30　○　〃　43-24 ●　全明大　秩父宮　R河野文高（同上）

【準公式試合】
　H14.5.19　○　早稲田大学　108-17　●　慶應大学　白井市　R不明（千葉県協会招待）
　H14.6.9　　○　　〃　　　101-5　●　全広島　広島　R畠本茂也（広島協会招待）
　H14.6.16　○　　〃　　　82-19　●　明治大学　札幌月寒　R不明（北海道協会招待）
　H14.6.23　○　　〃　　　62-24　●　同志社大学　金沢　R谷欣也（石川県協会招待）
　H14.8.25　○　　〃　　　45-14　●　立教大学　早大菅平　R不明（定期戦）
★シーズンの優勝チーム★
　第73回関東大学対抗戦優勝　早稲田大学（2年連続27回目）
　第36回関東大学リーグ戦優勝　関東学院大学（4年連続7回目）
　第39回大学選手権大会優勝　○　早稲田大学　27-22　●　関東学院大学（早大は13年ぶり11回目）
　第40回日本選手権大会優勝　○　NEC　36-26　●　サントリー（NECは初優勝）

13年ぶりの大学日本一

　清宮監督の2年目は山下主将と王座奪還を目指した。

　7月7日、昭和3年から84年にわたり育ててくれた東伏見から去ることになった。東京都の河川工事がラグビー場のインゴールにかかるため、大学がラグビー部に移転を要望したのが発端だった。長く歴史を刻んだ土地から移るには、今までより良い条件でなければOBの賛同も得られない。東伏見の隣接地の購入はできず、いくつかあった候補地は遠隔地や住宅密集地で受け入れるわけにいかなかった。そんな時、上井草に候補地があるとの知らせがあった。寮も移転でき、グラウンドが一面半芝にでき、体育館も使用できる。こんな願ってもない条件を備えていたのが今の上井草グラウンドだった。

　「さよなら東伏見」のイベントは、長年お世話になった地元の商店会の皆さんやファンの皆さんが約1万4千人集まり名残を惜しんだ。

　上井草のグラウンド開きは9月15日、オックスフォード大学を迎えて最高の形で行われた。仮設スタンドに3000万円かけて実現した試合は引き分け。また勝つことはできなかったが、シーズンへの期待もあいまって上井草のお披露目はこれ以上ない大成功となった。関東大学対抗戦では2年連続全勝優勝、大学選手権でついに関東学院大を破り、13年ぶりの大学日本一に輝いた。日本選手権は1回戦でリコーに31－68で敗れた。

　　　　　＊　　　　　　＊

　早稲田ラグビー100年の歴史の中でも、「激動」という言葉がふさわしい1年だろう。

　我々が卒業して15年以上が経過して、当時先進的だった「ワセダモデル」を他校も追随と模倣をして、追いつき追い越された。

　次の100年に向けて、グラウンド内外で、ワセダがすべきこと、ワセダにしかできないこと

を追求する。これが今後の早稲田ラグビーに求められている。

　変えるべきは、勇気を持って変える。

　しかし、変えてはいけないものある。

・来る日も来る日も、自分と向き合い、自分自身に問いかける中で、困難や逆境に遭遇した時、自らの意志で現状を打破して、自ら乗り越える人間の本当の強さ。

・自分が選び、自分が決めた高い目標へ、創意工夫と独自性をもって、逃げずに挑み続ける姿勢。

　つまるところ、荒ぶるでも、日本一でもない。己の品性を磨き、自己の人格を形成させるための、誰の目にも見えない形而上の、この気概こそが、早稲田ラグビー精神の真髄ではないか。これが、継承されなくては早稲田ラグビーが存在する意味はない。

　わかっている。あらたまって言葉に出すと、陳腐化するのは。

　目を閉じて、思い出される1年生の時のゲバで4年生が見せたあがき。経済合理性の欠片もない。誰にも求められていない。でも、見ているだけで、体の中から自然と熱いものがこみ上げてきた。初めて早稲田ラグビー精神を感じた。あの感情であり、感動。多感な青春の時期に経験できたことは、望外の喜びだった。それこそ、かけがえのない財産だ。

　また何より、弱くて無防備に自分をさらけ出し、悔しくて、また嬉しくて涙を一緒に流した仲間の存在。独りだったら乗り越えられず、逃げていただろう。月並みだが、隣にいたから乗り越えられた。だから、仲間、特に同期に感謝するのだ。これまでも、これからも。

（塩沢泰弘）

第79回早慶戦
平成14年11月23日　秩父宮ラグビー場
○早大74－5●慶大
・・

▌圧巻の12トライ

　早大は本当に力をつけてきた。慶大も明大を34－21で降し、この一戦に優勝をかけてきた。その期待の定期戦でこんな一方的なスコアになるとは誰も予想しなかった。

　早大は4分、ラインアウトからの連続攻撃で仲山がトライして先制。22分には相手キックのノータッチからカウンターアタックし山岡がトライ。前半終了間際にも、相手ボールをターンオーバーし、内藤慎がチーム3つ目のトライを挙げた。両フランカーの羽生、川上が素晴らしい活躍を見せた。慶應の攻撃を寸断し、チャンスを広げた。2人を中心にターンオーバーは10回以上あった。

　後半に入り、慶大の動きが鈍ると早大の一方的な展開となった。パワー、スピード、スタミナ、層の厚さなどで慶大を上回った。接点の強さ、精度の高さはまさに清宮ラグビーの真髄であった。後半だけで9トライを重ねた。1試合12トライは平成6年度の早慶戦（80－10）で挙げた11トライを上回る新記録だった。早明戦、全国大学選手権での試合ぶりが見ものになってきた。

公式試合　No.795　平成14年度　第7試合　対抗戦

早大		慶大		早大			慶大	
74	－	5	1	大江　菊臣	FW	1	猪口　　拓	
17	前	0	2	阿部　一樹		2	鈴木　雅大	
57	後	5	3	屋比久　健		3	由野　正剛	
3	T	0	4	高森　雅和		4	水江　文人	
1	G	0	5	桑江　崇行		5	高木　　宏	
0	PG	0	6	羽生　憲久		6	中嶋　俊哉	
0	DG	0	7	川上　力也		7	高谷　順二	
9	T	1	8	佐々木隆道		8	竹本隼太郎	
6	G	0	9	田原耕太郎	HB	9	岡　　健二	
0	PG	0	10	大田尾竜彦		10	吉野　太史	
0	DG	0	11	仲山　　聡	TB	11	山内　朝敬	
12	反則	9	12	安藤　栄次		12	北村誠一郎	
平成14年11月23日			13	山下　大悟		13	反町　雄輔	
G 秩父宮			14	山岡　正典		14	三原　　純	
R 稲田真治　KO 14:00			15	内藤　慎平	FB	15	廣瀬　俊朗	

交代　早大：市村茂展（屋比久）、豊山寛（安藤）、岡本雅史（川上）、内藤晴児（内藤慎平）、内橋儀一（桑江）、
　　　　　　後藤翔太（田原）、青木佑輔（阿部）
　　　慶大：宮崎豊（由野）、岸太介（鈴木）、松尾亮太（高谷）、谷優太（山内）、銅冶大輔（反町）、
　　　　　　山縣有孝（銅冶）

第78回早明戦
平成14年12月1日　国立競技場

○早大24－0●明大

▎76年ぶりに零封

　早稲田の完勝だったが、内容は早明戦らしい好ゲームだった。

　明大は76年ぶりの零封負けになったが、PGを狙わずトライを狙った結果だ。早大の先制トライは前半11分、相手ゴール前5メートルのラインアウトから攻め込んでラックを連取、田原からブラインドの内藤慎にパス、内藤は鋭いステップでディフェンスをかわしてインゴールに飛び込んだ。早大は2年連続の全勝対決となった早慶戦で圧勝したため、早明戦の予想は早大の圧倒的優勢だった。しかし、明大の健闘で伝統の早明戦らしい気迫がぶつかり合った熱戦になった。早大の得点は、前半この5点だけ、36分には明大の山川がインゴールに飛び込んだように見えたが、30センチほど届かなかった。

　早大は後半24分に高森がトライ。33分にも連続攻撃から安藤がトライし、37分、内藤慎平がこの日自身2本目のトライで突き放した。この試合では2年生の内藤慎平が活躍。3年の兄、晴児とポジションを激しく争ってきて、夏にCから2段飛びでAチームに昇格していた。

早大		明大	早大			明大		
24	－	0	1	大江 菊臣	FW	1	林	仰
5	前	0	2	阿部 一樹		2	山川	隼人
19	後	0	3	東野 憲照		3	狭間	辰弘
1	T	0	4	高森 雅和		4	日高	健
0	G	0	5	桑江 崇行		5	目黒	健太
0	PG	0	6	羽生 憲久		6	伊藤	太進
0	DG	0	7	川上 力也		7	岩上	篤史
3	T	0	8	佐々木隆道		8	小堀	正博
2	G	0	9	田原耕太郎	HB	9	笠木	達郎
0	PG	0	10	安藤 栄次		10	菅藤	心
0	DG	0	11	仲山 聡	TB	11	陣川	真也
16	反則	12	12	豊山 寛		12	上田	雅俊
平成14年12月1日			13	山下 大悟		13	山崎	智之
G 国立競技場			14	山岡 正典		14	本間	直
R 桜岡将補	KO 14:00		15	内藤 慎平	FB	15	赤石	斉

交代　早大：椛沢保男(東野)、岡本雅和(川上)、後藤翔太(田原)、古庄史和(安藤)、内藤晴児(内藤慎)
　　　明大：山下大輔(山川)、森亮彦(狭間)、星雄太(林)、藤井淳(笠木)、今村圭吾(陣川)

第39回大学選手権決勝
平成15年1月11日　国立競技場

○早大27－22●関東学大

▎「荒ぶる」高らかに

　2年連続で関東学院大との決勝対決となった試合は、昨年度1トライ差まで詰め寄った早大が13年ぶりの王座についた。

　立ち上がりが悪いと評される早大は、この日は前半から試合の流れをつかんだ。7分、ゴール前ラックから、左ブラインドサイドへ移動した大田尾と山下2人が走り込んで、3対2と人数が上回る状況を作り出した。大田尾がディフェンスをひきつけて山下にパス、山下がタックルを引きずりながら強引に突進し左手をいっぱいに伸ばしてトライを決めた。14分にはラックから、羽生からブラインドの仲山へパスがわたり50メートル独走のトライ。22分にはゴール前のラックを連取して田原－大田尾でトライを決めた。

　後半13分には、高森がキックをチャージして飛び込んだ。その後、関東の追い上げを受けたが、昨年度とまったく同じ5点差でリベンジした。SHからフランカーへ転向した羽生の鋭い出足から足元へ飛び込む猛タックルは、早稲田復活の殊勲者といってよかった。優勝したときしか歌えない『荒ぶる』が、神宮の杜にこだました。

早大		関東学大	早大			関東学大		
27	－	22	1	大江 菊臣	FW	1	立川	大介
22	前	10	2	阿部 一樹		2	高山	勝行
5	後	12	3	伊藤 雄大		3	山村	亮
3	T	2	4	高森 雅和		4	堺田	純
2	G	0	5	桑江 崇行		5	北川	俊澄
1	PG	0	6	羽生 憲久		6	鈴木	力
0	DG	0	7	川上 力也		7	赤井	大介
1	T	2	8	佐々木隆道		8	山本	貢
0	G	1	9	田原耕太郎	HB	9	小畑	陽介
0	PG	0	10	大田尾竜彦		10	入江	順和
0	DG	0	11	仲山 聡	TB	11	水野	弘貴
24	反則	21	12	豊山 寛		12	鈴木	博貴
平成15年1月11日			13	山下 大悟		13	河津賢太郎
G 国立競技場			14	山岡 正典		14	三宅	敬
R 岩下眞一	KO 14:10		15	内藤 慎平	FB	15	有賀	剛

交代　早大：上村康太(川上)、安藤栄次(大田尾)
　　　関東学大：北川養之(立川)、大津留邦宏(有賀)、高安厚史(小畑)

平成15年度（2003年度） 創部86年目

主　　　将	大田尾竜彦
副 主 将	川上力也
主　　　務	田原伸洋
副 主 務	小島浩之、北野円香
委　　　員	東野憲照、内藤晴児、吉田政行、桑江崇行、後藤翔太
卒業年次部員	東野憲照、大田尾竜彦、岡安良、加藤かい、川上力也、紀昌宏、北野円香、木村太一、佐藤淳矢、末石鐵之祐、竹本佳正、内藤晴児、中里見亮輔、名部安洋、堀江信幸、正木健介、松村久幸、屋比久健、山岡正典、山田智久、吉井光、吉田政行、吉永将宏、田原伸洋
部　　　長	佐藤英善
監　　　督	清宮克幸
コ ー チ	後藤禎和、前田夏洋、小山義弘、森島弘光、吉雄潤、佐藤友重、今泉清、小野有理、古庄史和（以上プレイコーチ）、赤嶺輝昭、望月麻紀（以上フィットネス）、宝田雄大（Fアドバイザー）、木賀澤智之、玉澤正徳（以上総務）、豊岡史（栄養士）、斎藤徹（トレーナー）、高澤俊治（ドクター）、関谷佑喜、浦本尚詩（以上PT）
部 員 数	131名（内女子6名）
夏 合 宿	菅平（第60回）
シーズン成績	14勝2敗　関東大学対抗戦優勝、大学選手権準優勝、日本選手権2回戦敗退

試合成績

【公式試合】

＜対抗戦＞

No.803　H15.9.14　○　早稲田大学　61-17　● 東海大学　三ッ沢陸上　R小野塚隆　（関東大学交流戦）

No.804　H15.9.28　○　〃　97-7　● 立教大学　熊谷　R上村和弘

No.805　H15.10.5　○　〃　116-7　● 青山学院大学　秩父宮　R渡辺敏行

No.806　H15.10.19　○　〃　87-33　● 日本体育大学　秩父宮　R岸川剛之

No.807　H15.10.26　○　〃　50-17　● 筑波大学　秩父宮　R藤実

No.808　H15.11.8　○　〃　64-26　● 帝京大学　秩父宮　R下井真介

No.809　H15.11.23　○　〃　56-29　● 慶應大学　秩父宮　R桜岡将博

No.810　H15.12.7　○　〃　29-17　● 明治大学　国立競技場　R下井真介

＜第40回大学選手権＞

No.811　H15.12.14　○　早稲田大学　85-15　● 関西学院大学　秩父宮　R河野文高（1回戦）

No.812　H15.12.21　○　〃　67-12　● 京都産業大学　秩父宮　R藤実（予選プールA）

No.813　H15.12.28　○　〃　38-14　● 東海大学　秩父宮　R石本月洋（同上）

No.814　H16.1.2　○　〃　19-12　● 法政大学　秩父宮　R下井真介（同上）

No.815　H16.1.10　○　〃　38-33　● 同志社大学　国立競技場　R桜岡将博（準決勝）

No.816　H16.1.17　●　〃　7-33　○ 関東学院大学　国立競技場　R下井真介（決勝）

＜第41回日本選手権＞

No.817　H16.2.21　○　早稲田大学　32-29　● コカコーラウエストジャパン　花園　R原田隆司（1回戦）

No.818　H16.2.29　●　〃　16-26　○ ワールド　秩父宮　R岩下真一（2回戦）

＜国際試合＞

国際94　H15.4.27　○　早稲田大学 37-31　● NZ大学選抜　秩父宮　R御領園昭彦（NZ大学選抜来日）

国際95　H15.9.23　○　　〃　　38-22　● ケンブリッジ大学　秩父宮　R岩下真一（第6回日
　英大学対抗）
＜全早大試合＞
全早大123　H16.3.20　○ 全早大 35-26　● 全慶大　秩父宮　R河野文高（第25回全早慶明）
全早大124　H16.3.28　○　　〃　　55-38　● 全明大　秩父宮　R渡辺敏行（同上）
【準公式試合】
H15.5.17　○ 早稲田大学　55-31　● 九州電力　佐賀　R中村浩二（佐賀県協会招待）
H15.5.24　○　　〃　　71-0　● 慶應大学　鹿児島　R三戸部聡司（鹿児島県協会招待）
H15.6.1　○　　〃　　59-31　● 法政大学　長野南　R不明（長野県協会招待）
H15.6.8　○　　〃　　57-31　● 明治大学　豊田　R高津浩彰（愛知県協会招待）
H15.6.28　●　　〃　　14-75　○ 関東学院大学　三ツ沢　R小野塚隆（神奈川県協会招待）
★シーズンの優勝チーム★
第74回関東大学対抗戦優勝　早稲田大学（3年連続28回目）
第37回関東大学リーグ戦優勝　関東学院大学（5年連続8回目）
第40回大学選手権大会優勝　○ 関東学院大学 33-7　● 早稲田大学（関東学大は2年ぶり5回目）
第41回日本選手権大会優勝　○ 東芝府中 22-10　● 神戸製鋼（東芝は5年ぶり4回目）

関東学院に雪辱許す

　清宮監督の3年目、大田尾主将。
　11月29日、イラクで奥克彦氏と井ノ上正盛氏が銃弾を浴びせられ亡くなったという報道が駆け巡った。享年45歳。奥は早大ラグビー部で植山2世と嘱望された逸材だったが、外交官を目指して勉強に専念するため、2年の夏合宿で退部した。彼は強い信念のもと目標を達成して難関の上級試験にパスして外務省に入省した。
　オックスフォード大学に留学時には、ケンブリッジ大学戦に出場できずブルーにはなれなかったが、オ大のウイング、フルバックとして活躍。早大の海外遠征には無理して時間を作り、世界のどこにいても駆けつけた。日本協会の海外駐在役員としても、大きな戦力になった。ラグビーの国際化が進むなかで最も期待されている人材を失った痛手は計り知れない。12月7日、対抗戦全勝優勝の祝勝会に先立ち、OB倶楽部による「奥克彦追悼会」が行われ、500人を越す関係者が別れを惜しんだ。
　全国大学選手権決勝では関東学院大に雪辱を許して準優勝。日本選手権2回戦ではワールドに食い下がった。

　　　　　＊　　　　　　　　＊

　素人の3浪が早慶戦に出場し、同期でいちばん足の遅いウイングがトライ王になった。ラグビーという競技の多様性、一般入試でもチャンスがある早稲田というチーム、それを体現したのが我々の代だ。
　たとえば屋比久健。沖縄・球陽高校出身。高校時代はソフトボール部だった。1年間の社会人生活を経た後、2年の浪人生活を経て入部した。浪人時代に少しだけクラブチームに在籍したことはあるが、ラグビーはほぼ素人だった。パスもキャッチもできない、運動神経が良いわけでもない。でも、屋比久には「スクラム」があった。強みに特化した屋比久は3年時に早慶戦に出場した。
　もうひとりは山岡正典。奈良・天理高校出身。高校時代は花園ベスト4のキャプテン。こう書くとエリートだが、山岡はウイングとしては同期でいちばん足が遅かった。だが、山岡は抜群のポジショニングとボールキープ力、接点への働きなどでチームの信頼を勝ち取り2年時から赤黒をまとった。
　その他にもバックグラウンドは様々な人間が集まった。部長推薦枠や自己推薦で入部した生粋のラグビーエリート、付属組、早大ラグビー部だった父の背中を追った息子、浪人生、他大

学でラグビーをしながら仮面浪人を続けていた者等々。それぞれが「赤黒を着る」「日本一になる」というシンプルだけれどもブレない価値観の下、みんな必死に自分の強みを見つけて勝負した。

　主将の大田尾はヤマハ発動機での選手引退時に「早稲田に入ってバックグラウンドが違う人間と出逢えて本当に良かった。ただラグビーが強いだけの大学だとこういう経験はできない。あれで人生が豊かになった」と語っている。

　最後に。実は我々が卒業する際、清宮監督が意見交換会を初めて実施してくれている。「自分の強みを創れ。それが自分の価値を発揮することに繋がる」。清宮監督からの最後のメッセージだった。学生時代同様に「自らの強み」を創った代は現在進行形だ。結束力はより強まっている。

（田原伸洋）

ダボスにて

第80回早慶戦
平成15年11月23日　秩父宮ラグビー場
○早大56 − 29●慶大

▌早大、対抗戦敵なし21連勝

　試合当日は、前夜のワールドカップ決勝の話題で持ちきりだった。イングランドの至宝ウイルキンソンの決勝ドロップゴールは世界中のファンの心に刻み込まれた。

　早大は前半4分、曽我部がロングパスで首藤を走らせて先制のトライ。曽我部はラインを縦横に動かし、またゴールキック8本をすべて成功させた。首藤も3トライ挙げた。新人らしからぬプレーで観客を魅了した。後半に出場した矢富、今村の計4名の1年生が見せた活躍ぶりは、黄金時代の到来を予感させるに十分だった。清宮監督は「イングランドのような球出し、ワラビーズのようなディフェンスをしたいね」とW杯を引き合いに出し今後を展望した。

　ラグビーの面白さを十分堪能させた試合だったが、慶大に5トライを許した。普通、ビッグゲームで5トライ取られれば負けるのが常識だ。抜群の攻撃力で慶應を上回る8トライを奪えたから目立たなかった。しかし、ここを修正できなければ、厳しいシーズン終盤が待ち受けることは間違いなかった。

公式試合　No.809		平成15年度　第7試合　対抗戦					
早大		慶大		早大			慶大
56	−	29		1	諸岡　省吾	FW 1	石津　　剛
21	前	10		2	青木　佑輔	2	猪口　　拓
35	後	19		3	伊藤　雄大	3	宮崎　　豊
3	T	2		4	内橋　　徹	4	高木　　宏
3	G	0		5	桑江　崇行	5	佐々木晴崇
0	PG	0		6	川上　力也	6	青貫　浩之
0	DG	0		7	松本　　允	7	高谷　順之
5	T	3		8	佐々木隆道	8	竹本隼太郎
5	G	2		9	後藤　翔太	HB 9	岡　　健二
0	PG	0		10	大田尾竜彦	10	廣瀬　俊朗
0	DG	0		11	首藤甲子郎	TB 11	山内　朝敬
16	反則	11		12	曽我部佳憲	12	北村誠一郎
平成15年11月23日				13	内藤　晴児	13	吉中　宏弥
G　秩父宮				14	吉永　将宏	14	三原　　純
R　桜岡将博		KO 14:00		15	内藤　慎平	FB 15	山縣　有孝

交代　早大：市村茂展(伊藤)、東野憲照(諸岡)、阿部卓郎(川上)、小吹和也(内藤慎)、
　　　　　矢富勇毅(後藤)、今村雄太(大田尾)
　　　慶大：藤田裕之(石津)、江副良(吉中)、阿部達也(山内)、谷優太(高谷)

第79回早明戦
平成15年12月7日　国立競技場
○早大29 − 17●明大

▌奥先輩に捧げるV

　旧国立競技場のビジョンに「追悼　奥克彦さん」の文字と奥の笑顔が映し出された。関東協会と明大の快諾を得てこの早明戦を「奥大使追悼試合」とした。

　奥と清宮監督が作り上げた「アルティメット・クラッシュ」のスローガンを掲げて、早大は明大に襲いかかった。しかし、明大も激しく対抗した。

　明大は前半11分、相手陣に攻め込んだラインアウトから連続攻撃を仕掛け、山下がトライ。惜しまれるのは、この後早大に前半だけで4トライを献上したことだ。早大は14分、ラックから首藤が左タッチライン沿いを駆け抜けてトライ、21分にはPKからの速攻で内橋、28分にも同じくPKからの速攻で後藤翔がトライ。37分にはラインアウトから今村が独走トライ、19点差で折り返した。

　明大は後半に入ると見違えるように攻守に輝きを取り戻した。早大を圧倒する猛攻で、30分と36分に後半出場の林が連続トライ。7点差の射程圏内まで追い詰めたが、終了間際の早大のトライで力尽きた。

公式試合　No.810		平成15年度　第8試合　対抗戦					
早大		明大		早大			明大
29	−	17		1	諸岡　省吾	FW 1	山下　大輔
24	前	5		2	青木　佑輔	2	山川　隼人
5	後	12		3	伊藤　雄大	3	狭間　辰弘
4	T	1		4	内橋　　徹	4	中山鉱太郎
2	G	0		5	桑江　崇行	5	田中　渓介
0	PG	0		6	川上　力也	6	長島　　渉
0	DG	0		7	松本　　允	7	小堀　正博
1	T	2		8	佐々木隆道	8	日高　　健
0	G	1		9	後藤　翔太	HB 9	藤井　　淳
0	PG	0		10	大田尾竜彦	10	鈴木　　健
0	DG	0		11	首藤甲子郎	TB 11	赤石　斉之
9	反則	14		12	内藤　晴児	12	高野　彬夫
平成15年12月7日				13	今村　雄太	13	山崎　智之
G　国立競技場				14	吉永　将宏	14	小堀　弘朝
R　下井昌介		KO 14:00		15	内藤　慎平	FB 15	陣川　真也

交代　早大：東野憲照(諸岡)、市村茂展(伊藤)、古島直(松本)、小吹和也(内藤慎)
　　　明大：林卯(山下)、森典喜(狭間)、育川穏(藤井)、黒木孝太(山崎)

10　第4期黄金時代（平成10年代）　　249

平成16年度（2004年度）　創部87年目

主　　　将　諸岡省吾
副 主 将　桑江崇行、後藤翔太
主　　　務　小島浩之
副 主 務　中村（寺山）有希、勝田譲
委　　　員　安藤栄次、伊藤雄大、寺山卓志、内藤慎平、佐々木隆道
卒業年次部員　阿部卓留、安藤栄次、伊藤雄大、今田圭太、遠藤隆明、大浦鉄平、菊地和気、桑江崇行、後藤翔太、鈴木博幸、寺山卓志、豊山寛、内藤慎平、中崎宏、中村大祐、中村有希、古島直、諸岡省吾、吉田知浩、押見大地、小島浩之
部　　　長　佐藤英善
監　　　督　清宮克幸
コ ー チ　後藤禎和、森島弘光、小山義弘、佐藤友重、今駒憲二、今泉清、吉雄潤、古庄史和、山岡正典（以上プレイコーチ）、赤嶺輝昭、望月麻紀（以上フットネス）、宝田雄大（Fアドバイザー）、木賀澤智之、玉澤正徳（以上総務）、斎藤徹（トレーナー）、高澤俊治（ドクター）、関谷佑喜（PT）、望月麻紀（AT）、村上貴弘（ストレングス）、疋田拡（広報）
部 員 数　126名（内女子7名）
夏 合 宿　菅平（第61回）
シーズン成績　14勝1敗　関東大学対抗戦優勝、大学選手権優勝、日本選手権2回戦敗退
試合成績
【公式試合】
　＜対抗戦＞
　No.819　H16.9.12　○　早稲田大学　71-10　● 法政大学　秩父宮　R民辻竹弘（関東大学交流戦）
　No.820　H16.9.25　○　〃　92-0　● 立教大学　府中　R工藤隆太
　No.821　H16.10.3　○　〃　79-0　● 青山学院大学　秩父宮　R新野好之
　No.822　H16.10.10　○　〃　88-3　● 日本体育大学　秩父宮　Rガードナー
　No.823　H16.10.30　○　〃　66-13　● 筑波大学　秩父宮　R岸川剛之
　No.824　H16.11.13　○　〃　42-17　● 帝京大学　秩父宮　R相田真治
　No.825　H16.11.23　○　〃　73-17　● 慶應大学　秩父宮　R桜岡将博
　No.826　H16.12.5　○　〃　49-19　● 明治大学　国立競技場　R下井真介
　＜第41回大学選手権＞
　No.827　H16.12.19　○　早稲田大学　84-13　● 流通経済大学　秩父宮　R河野文高（1回戦）
　No.828　H16.12.26　○　〃　49-12　● 大東文化大学　秩父宮　R石本月洋（2回戦）
　No.829　H17.1.2　○　〃　45-17　● 同志社大学　国立競技場　R下井真介（準決勝）
　No.830　H17.1.9　○　〃　31-19　● 関東学院大学　国立競技場　R岩下真一（決勝）
　＜第42回日本選手権＞
　No.831　H17.2.5　○　早稲田大学　59-5　● タマリバクラブ　秩父宮　R小野塚隆（1回戦）
　No.832　H17.2.12　●　〃　9-28　○ トヨタ自動車　秩父宮　R桜岡将博（2回戦）
　＜朝日招待試合＞
　No.833　H17.3.13　○　早稲田大学　45-24　● 九州代表　博多の森　R石本月洋
　＜国際試合＞
　国際96　H16.5.29　○　早稲田大学　71-17　● 高麗大学　秩父宮　R藤実（第1回定期戦）
　国際97　H16.9.20　○　〃　25-9　● オックスフォード大学　秩父宮　R相田真治（第7回日英大学対抗）

＜全早大試合＞
全早大125　H17.3.20　○　全早大　24-14　● 全慶大　秩父宮　R渡辺敏行（第26回全早慶明）
全早大126　H17.3.27　○　　〃　　40-31　● 全明大　秩父宮　R平林泰三（同上）
【準公式試合】
H16.5.9　　○　早稲田大学　48-7　● 慶應大学　下関　R伊上慎一（山口県協会招待）
H16.5.15　○　　〃　　　　55-19　● 法政大学　秩父宮　R下井真介
H16.6.13　○　　〃　　　　71-14　● 明治大学　大分　R〆野泰士（大分県協会招待）
H16.6.20　○　　〃　　　　64-21　● 同志社大学　伊奈市　R小野塚隆（長野県協会招待）
H16.6.26　○　　〃　　　　52-21　● 関東学院大学　秩父宮　R藤実
★シーズンの優勝チーム★
第75回関東大学対抗戦優勝　早稲田大学（4年連続29回目）
第38回関東大学リーグ戦優勝　法政大学（6年ぶり13回目）
第41回大学選手権大会優勝　○ 早稲田大学　31-19　● 関東学院大学（早大は2年ぶり12回目）
第42回日本選手権大会優勝　○ NEC　17-13　● トヨタ自動車（NECは2年ぶり2回目）

大学王座奪還

　清宮監督の任期は当初3年間だったが、周囲の留任を期待する声と、清宮自身が関東学院大に負けたまま終わることはできないという強い思いから、再度会社にお願いしてさらに2年間の留任を許された。主将に諸岡が就任。9月にオックスフォード大を初めて破り、奥克彦の追悼試合として、その霊に報いることができた。
　「アルティメット・クラッシュ」を旗印に、対抗戦4年連続全勝優勝、大学選手権では決勝で関東学大に雪辱し、再度「荒ぶる」を絶叫した。
　また、谷口和人（昭和62年卒）が日本協会のトップレフェリーに昇格した。世界に倣い日本のレフェリーをランク付けしたのは平成2年から。かつてOBでトップゲームを吹いたレフェリーはたくさんいたが、レフリーの日本代表といえるA級に認定された。

　　　　　＊　　　　　＊

　私が1年間を通じて部員に求めてきたことは、自らを律することのできる自律した人間になることである。なぜこのようなことを言ってきた

清宮家とウィルキンソン

かというと、個人個人が公私ともに自分の行動に責任とプライドを持たせたかったからである。

清宮監督のもとで3年間ラグビーを教わってきた私たちは、清宮監督の提示してきたものに対して、何も考えず信じて従ってきた。決してこれが悪いことではなく、監督を信じることは選手として当たり前なことだし、信じることのできる監督にめぐり逢えたことは私たちの1番の幸運である。

しかし、そのあまりにも恵まれた環境でラグビーをすることに慣れてしまい、自分自身で物事を考える力や自分の行動に責任を持つという力が明らかに劣っていた。

やはり試合をするのは選手であり、監督と話ができるのは試合前とハーフタイムの2回のみ、その中でいかにゲームプラン通りに試合を運ぶのか、またはゲームプラン通りに行かないときに、どのように修正していくかはグラウンドにいる選手自身が判断して決断しなくてはならない。

私たちは、清宮監督が提示してきた練習や戦術に対して鵜呑みにするのではなく、清宮監督が何を意図してこの練習や戦術を提示してきたのかを考え、理解した上で取り組むように心がけた。これによりAチームの各ポジションリーダーたちは、限りなく清宮監督の考えることに近い判断ができるようになった。

正直この1年間、私たちは学生相手に試合中に焦ることなどはほとんどなく、常に自分たちのプレーがどのような状況になっているかを話し合い、修正しながら試合を優位に進めてきた。今こうして考えると、私たちが一番すぐれていた部分というのは、当時「史上最強」と呼ばれた強力FWではなく、華麗な「展開ラグビー」をするBK陣でもなく、個人個人がしっかりと物事を考えられる「自律」した集団であったからだと考えられる。

このようなことから、清宮監督の理論的なラグビーと学生の自主性とが混ざり合い理想的なチームが出来上がり、覇権奪回を成し遂げ、「荒ぶる」を勝ち取ることができたのであろう。

（諸岡省吾）

第81回早慶戦
平成16年11月23日　秩父宮ラグビー場
○早大73－17●慶大

4たび圧倒

清宮監督就任以来、早慶戦では大差の試合が続いているが、それでも秩父宮ラグビー場は満員の観客で埋まった。

試合は前半2分に動いた。早大は、相手ゴール前のキックを松本がチャージ、そのボールを古島が拾って左隅に飛び込む、両フランカーの出足の良い動きでトライを挙げた。これで一気に全開へ。早大は前半だけで8トライ、6ゴール。1トライ、1ゴールの慶大を圧倒し大差をつけた。清宮監督は「久しぶりに褒められる内容。ほぼ完ぺきに近い形で80分間継続できた」。

勝敗の行方より、早慶戦初の100点ゲームになるのではというような展開だった。しかしさすが慶大、その意地は生きていた。後半2トライを奪い、早大を3トライに抑え、前半とは見違える動きだった。満員の観衆は、惜しみない拍手を送った。

早大11トライの内訳は、FW6にバックスが5。一体となった攻撃で、諸岡主将は「FWが出足よくゲインでき、バックスが仕留めた。今シーズンで一番の内容です」。

公式試合 No.825　平成16年度 第7試合　対抗戦

早大		慶大		早大		慶大
73	－	17	1	諸岡 省吾 FW	1	藤岡 徳眞
52	前	7	2	青木 佑輔	2	金井 健雄
21	後	10	3	伊藤 雄大	3	平田 一久
8	T	1	4	内橋 徹	4	高木 宏
6	G	1	5	桑江 崇行	5	工藤 俊佑
0	PG	0	6	古島 直	6	青貫 浩之
0	DG	0	7	松本 允	7	高谷 順二
3	T	2	8	佐々木隆道	8	竹本隼太郎
3	G	2	9	後藤 翔太 HB	9	岡 健二
0	PG	0	10	安藤 栄次	10	山田 章仁
0	DG	0	11	首藤甲子郎 TB	11	山縣 有孝
14	反則	6	12	菊池 和気	12	中浜 聡志
平成16年11月23日			13	今村 雄太	13	堂原 壤治
G 秩父宮			14	小吹 和也	14	檀上 翔
R 桜岡将博　KO 14:02			15	五郎丸 歩 FB	15	小田 龍司

交代　早大：畠山健介(伊藤)、鈴木博幸(青木)、三角公造(菊池)、権丈太郎(松本)、矢富勇毅(後藤)、三原拓郎(首藤)

慶大：石津剛(藤岡)、清野輝俊(工藤)、伊藤裕士(青貫)、古中宏弥(堂原)

第80回早明戦

平成16年12月7日　国立競技場

○早大49 − 19●明大

▌真っ向勝負で快勝

「アルティメット・クラッシュ」が炸裂した。4年連続全勝優勝となったこの年の対抗戦では帝京大戦の42−17、25点差が最少得失点差という物凄さだった。

前半9分、早大は相手陣22メートル付近の中央でPKを得た。ここでPGやタッチキックではなく、スクラムを選択した。「真っ向勝負」と清宮監督。明大が自信を持つFW戦で挑む表れだった。

早大の勝因はまずFW戦での勝利が挙げられる。スクラムで組み勝った上に、ラインアウトでも優位に立った。ラックからも速い球出しを心がけチャンスを広げていった。バックスもFWの奮闘に応え、ラインが良く前に出ていた。安藤はラインを生かすのがうまい。この試合でも自らが前へ動くことで明大との接点を引き上げて、バックスがゲインラインを越えやすいようにリードしていた。このプレーがFW、バックスの連携をスムーズにする相乗効果を生み、ゲームの流れを引き寄せる結果となった。

公式試合　No.826　平成16年度　第8試合　対抗戦

早大		明大		早大		明大	
49	−	19		1 諸岡　省吾 FW		1 阿部　祐也	
21	前	7		2 青木　佑輔		2 杉本　剛章	
28	後	12		3 伊藤　雄大		3 狭間　辰弘	
3	T	1		4 内橋　徹		4 雨宮　俊介	
3	G	1		5 桑江　崇行		5 田中　渓介	
0	PG	0		6 古島　直		6 延川　章二	
0	DG	0		7 松本　允		7 趙　顕徳	
4	T	2		8 佐々木隆道		8 日和佐　豊	
4	G	1		9 後藤　翔太 HB		9 藤井　淳	
0	PG	0		10 安藤　栄次		10 斉藤　玄樹	
0	DG	0		11 首藤甲子郎 TB		11 加藤　郁己	
12	反則	6		12 菊池　和気		12 高野　彬夫	
平成16年12月5日				13 今村　雄太		13 山崎　智之	
G 国立競技場				14 小吹　和也		14 濱島　悠輔	
R 下井真介　KO 14:00				15 五郎丸　歩 FB		15 黒木　孝太	

交代　早大：畠山健介(伊藤)、三角公志(菊池)、権丈太郎(松本)、寺山卓志(青木)
　　　明大：山下大輔(阿部)、神田健司(狭間)、峯田大輔(田中)、亀井崇(日和佐)、黒田崇司(高野)、渡辺義己(加藤)

第41回大学選手権決勝

平成17年1月9日　国立競技場

○早大31 − 19●関東学院大

▌荒ぶる再び

早稲田と関東学院大の2強時代となり大学ラグビーの人気が再び上昇機運に乗ってきた。

期待に背かない熱戦だった。早大は前半3分に右に展開して五郎丸のライン参加から内藤がトライ、五郎丸がゴールを決めた。32分には五郎丸が独走トライ。関東は36分、相手キックをチャージした北川忠が持ち込んでトライ、藤井がゴールを決めて12−7と緊迫したゲームに持ち込んだ。

関東は後半9分、吉田がインターセプトして北川智がトライ、藤井がゴールして逆転した。この後、どちらが先に取るかで勝敗の流れが変わる。早大は13分に安藤がトライを決め、五郎丸がゴールして再逆転。安藤はゴール前でドリフトして来る相手の僅かなギャップを見抜いてカットインでインゴールに飛び込んだ。この判断力と鋭いカットインが勝利を呼び込んだ。17分にはラインアウトから内橋が60メートル独走してトライ、勝負を決めた。内橋のいぶし銀のプレーが光った。早大は39分に今村がダメ押しのトライ。最後、関東にトライを許したが、2年ぶりの「荒ぶる」が旧国立に響いた。

公式試合　No.830　平成16年度　第41回大学選手権決勝

早大		関東学大		早大		関東学大	
31	−	19		1 諸岡　省吾 FW		1 今　健治	
12	前	7		2 青木　佑輔		2 田中　貴士	
19	後	12		3 伊藤　雄大		3 坂本　亮	
2	T	1		4 内橋　徹		4 石田　雅人	
1	G	1		5 桑江　崇行		5 三根　秀敏	
0	PG	0		6 古島　直		6 北川　忠資	
0	DG	0		7 松本　允		7 坂元　弘幸	
3	T	2		8 佐々木隆道		8 大鰐　健	
2	G	1		9 後藤　翔太 HB		9 吉田　正明	
0	PG	0		10 安藤　栄次		10 藤井　亮太	
0	DG	0		11 首藤甲子郎 TB		11 小柳　泰貴	
16	反則	5		12 菊池　和気		12 高山　国哲	
平成17年1月9日				13 今村　雄太		13 有賀　剛	
G 国立競技場				14 内藤　慎平		14 北川　智規	
R 岩下眞一　KO 14:00				15 五郎丸　歩 FB		15 田井中啓彰	

交代　関東学大：笹倉康義(坂本)、竹山浩史(北川忠)、高安厚史(吉田)、櫻谷勉(高山)

平成17年度（2005年度）　創部88年目

主　　　将　　佐々木隆道
副　主　将　　青木佑輔、小吹和也
主　　　務　　勝田譲
副　主　務　　高橋興平、小木曾（勝田）みなみ
委　　　員　　松本允、久木元孝成、東条雄介、首藤甲子郎
卒業年次部員　青木佑輔、阿藤逸郎、池上真介、市村茂展、伊藤勇介、岩永剛、内橋徹、遠藤信太郎、及川浩之、太田淳平、岡本周、小木曾みなみ、折田憲彦、柏木良哉、勝田譲、久木元孝成、児玉東彦、小吹和也、佐々木隆道、鈴木顕二郎、高橋銀太郎、飛田亘、古畑博也、星野邦夫、本田洋輔、前田航平、松井暢彦、松本允、三角公志、宮田昇、村上亮平、矢野友也、百合洋、東義裕、大塚潔
部　　　長　　佐藤英善
監　　　督　　清宮克幸
コ ー チ　　後藤禎和、森島弘光、小山義弘、佐藤友重、大江菊臣、今駒憲二、今泉清、吉雄潤、郷田正、山岡正典、今田圭太、中村大祐（以上プレイコーチ）、木賀澤智之、玉澤正徳（以上総務）、高澤俊治（ドクター）、宝田雄大（Fアドバイザー）、望月麻紀、池田智史、砂川憲彦（以上AT）、関谷佑喜（PT）、斎藤徹（トレーナー）、村上貴弘（ストレングス）、金子香織（管理栄養士）、樋口満（栄養指導）、疋田拡（広報）
部 員 数　　134名（内女子10名）
夏 合 宿　　菅平（第62回）
シーズン成績　13勝2敗　関東大学対抗戦戦優勝、大学選手権優勝、日本選手権準決勝敗退
試合成績
【公式試合】
　＜対抗戦＞
　　No.834　H17.9.25　○　早稲田大学　78-10　●　立教大学　札幌月寒　R谷口弘
　　No.835　H17.10.1　○　〃　99-19　●　青山学院大学　熊谷　R松倉功和
　　No.836　H17.10.16　○　〃　95-0　●　日本体育大学　秩父宮　R北中睦雄
　　No.837　H17.10.30　○　〃　64-17　●　筑波大学　秩父宮　Rガードナー
　　No.838　H17.11.6　○　〃　29-8　●　帝京大学　秩父宮　R相田真治
　　No.839　H17.11.23　○　〃　54-0　●　慶應大学　秩父宮　R藤実
　　No.840　H17.12.4　○　〃　40-3　●　明治大学　国立競技場　R下井真介
　＜第42回大学選手権＞
　　No.841　H17.12.18　○　早稲田大学　126-0　●　立命館大学　秩父宮　R篠原克行（1回戦）
　　No.842　H17.12.25　○　〃　26-8　●　慶應大学　秩父宮　R下井真介（2回戦）
　　No.843　H18.1.2　○　〃　61-5　●　法政大学　国立競技場　R岩下眞一（準決勝）
　　No.844　H18.1.8　○　〃　41-5　●　関東学院大学　国立競技場　R相田真治（決勝）
　＜第43回日本選手権＞
　　No.845　H18.2.4　○　早稲田大学　47-7　●　タマリバクラブ　秩父宮　R相田真治（1回戦）
　　No.846　H18.2.12　○　〃　28-24　●　トヨタ自動車　秩父宮　R桜岡将博（2回戦）
　　No.847　H18.2.19　●　〃　0-43　○　東芝府中　秩父宮　R岩下眞一（準決勝）
　＜朝日招待試合＞
　　No.848　H18.3.12　●　早稲田大学　27-38　○　九州代表　博多の森　R石本月洋
　＜国際試合＞
　　国際98　H17.5.5　○　早稲田大学　42-33　●　高麗大学　高麗大学G　R金道錫（第2回定期戦）
　　国際99　H17.9.18　○　〃　33-8　●　ケンブリッジ大学　秩父宮　R下井真介（第8回日英大学対抗）

＜全早大試合＞
全早大127　H18.3.19　●　全早大　5-29　○　全慶大　秩父宮　R新野好之（第27回全早慶明）
全早大128　H18.3.26　○　　〃　　32-14　●　全明大　秩父宮　R篠原克行（同上）

【準公式試合】
H17.5.15　○　早稲田大学　34-21　●　同志社大学　瑞穂　R大槻卓
H17.5.29　○　　〃　　65-14　●　明治大学　日立　R篠原克行（茨城県協会招待）
H17.6.12　○　　〃　　55-17　●　慶應大学　宮崎　R平林泰三（宮崎県協会招待）
H17.6.25　○　　〃　　19-7　●　関東学院大学　三ツ沢　R小野塚隆
H17.8.20　○　　〃　　81-7　●　東京大学　早大菅平　R不明（定期戦）

★シーズンの優勝チーム★
第78回関東大学対抗戦優勝　早稲田大学（5年連続30回目）
第39回関東大学リーグ戦優勝　関東学院大学（2年ぶり9回目）
第42回大学選手権大会優勝　○　早稲田大学　41-5　●　関東学院大（早大は2年連続13回目）
第43回日本選手権大会優勝　△　東芝府中　6-6　△　NEC（東芝は2年ぶり5回目、NECは2年連続3回目）

▌トヨタから歴史的勝利

　清宮監督5年目、佐々木主将と一体となり最後のシーズンに「打倒トップリーグ」を掲げてチャレンジした。関東大学対抗戦では圧倒的な力を見せ、5年連続全勝優勝、大学選手権決勝では宿敵の関東学院大に完勝、2年連続大学日本一に輝いた。さらに進化し続けるチームは、ついに日本選手権で強豪のトヨタ自動車を破る歴史的勝利を刻んだ。まさに早大史上最強のチームは「アルティメット・クラッシュ」を完成させたのである。

　この5年間は、森島、後藤、前田らのコーチ陣と、トレーニングコーチ宝田、総務の木賀澤ら多くのスタッフが築き上げた清宮時代でもあり、表に出ることの少ない彼らの功績も声を大にして評価したい。

　　　　　　＊　　　　　　＊

　私の主将としての仕事は部員に「荒ぶる」を歌わせることだった。そのために必要なことは「荒ぶる」だけをみてチームの芯になり続けることだった。主将がすべきことはこれぐらいで、私が一番大切だと感じたのは1つのチームになるということだった。それも、うわべだけのチームワークではなく本当のチームになること。これはかなり難しいことだと思う。恥ずかしながら、私たちの代は仲は良かったが、4年にな

るまで本音で話し合いをしたこともなく、馴れ合いのような臭いがプンプンする学年だった。トップチームだけをみると、春シーズンも全勝し、問題は無かったが何か足りないような感覚だった。それでもその時は何が必要なのか私自身分からなかった。その大切さに気づいたのも佐々木組が終わる直前だった。

　1つのチームになったことで、仲間を思う気持ちは更に強くなった。今まではビッグゲームの前の部内マッチで、試合に出られない4年生が最後に赤黒を着ることを目指し、必死にプレーし、またその姿をみて涙する4年生を見てもあまり理解できなかった。自分たちがチームになれたことで、それも全て理解できた。そうやって学年に関係なく皆でチームを作り、仲間を思うから早稲田は試合に勝つ割合が多いのだと思う。

　佐々木組として伝えなければいけないと思うことが1つある。それは、早稲田ラグビーだけではなく、ラグビー（スポーツ）がどれだけ多くの人の心を動かす力があるかということ。特に世間から注目されている早稲田は人に与える力は大きいと感じる。私たちはここ10年間で私たちしか成し遂げていない、トップリーグのトップ4にいるトヨタに勝つという結果を残した。今、トップリーグができて、学生が社会人チームに勝つことは不可能だと言われているな

10　第4期黄金時代（平成10年代）　255

か、そういう結果を残した。その瞬間、私たちが見たこともない世界が目の前に広がった。

スタジアムにいる人だけではなく、その試合をみた人の多くが涙し、抱き合い、何かを感じてくれた。私たちが発した熱なのか、何かを伝えられてどう感じてもらえたのかは分からない。しかし、事実としてそういう力が自分たちがやっていることにあるということを知ってもらいたい。

(佐々木隆道)

佐々木主将

第82回早慶戦

平成17年11月23日　秩父宮ラグビー場

○早大54 − 0●慶大

▌零封し圧勝

　前半は拮抗した熱戦だった。7点を追う慶大は38分、追いつくチャンスを迎えた。相手ゴール前スクラムでの慶大ボール、どんな攻めを見せるのか期待された瞬間、早大が猛然とプッシュをかけた。プレッシャーをまともに受けた慶大スクラムからボールがこぼれ、早大の前田が拾って突進。ラックから今度は畠山が縦へ、最後はパスを受けた青木がポスト左に飛び込んだ。フロントロー3人がこんなに走ったトライは珍しい。春の試合では慶大がスクラムで組み勝っていたが、慶大の竹本主将は「予想以上に早稲田のスクラムが強かった。ボールがコントロールできず、リズムを作れなかった」。

　このトライで慶大は相当こたえたのか、後半は思いもかけない早大の一方的な展開となった。後半だけで6トライをあげ、ノートライに封じる歴史的完勝劇となった。昨季も猛威を振るった早大の最強FWは、さらに進化を続けていた。これで明大に敗れても首位が決まり、対抗戦の連勝は「35」に伸びた。

公式試合　No.839　平成17年度　第6試合　対抗戦

早大		慶大	早大		慶大	
54	—	0	1 前田　航平	FW	1	宮崎　豊
14	前	0	2 青木　佑輔		2	金井　健雄
40	後	0	3 畠山　健介		3	平田　一久
2	T	0	4 内橋　徹		4	岡田　龍
2	G	0	5 後藤　彰友		5	太田　陽介
0	PG	0	6 豊田　将万		6	青貫　浩之
0	DG	0	7 松本　允		7	千葉　和哉
6	T	0	8 佐々木隆道		8	竹本隼太郎
5	G	0	9 矢富　勇毅	HB	9	皆良田　勝
0	PG	0	10 曽我部佳憲		10	川本　祐輝
0	DG	0	11 首藤甲子郎	TB	11	山縣　有孝
12	反則	14	12 池上　真介		12	宮崎　智浩
平成17年11月23日			13 今村　雄太		13	中浜　聡志
G 秩父宮			14 菅野　朋幸		14	明山　哲
R 藤　実　KO 14:03			15 五郎丸　歩	FB	15	山口　章仁

交代　早大：勝田譲(首藤)、谷口拓郎(今村)、種本直人(青木)、市村茂廣(畠山)、上田一貴(内橋)、三井大祐(矢富)、高橋銀太郎(曽我部)
　　　慶大：渡辺真五(岡田)、三島宏(青貫)、花橋亮(皆良田)、村尾一樹(明山)

第81回早明戦

平成17年12月4日　国立競技場

○早大40 − 3●明大

▌対抗戦全勝5連覇

　対抗戦の5連覇を全勝で飾った。これは早稲田が1970－76年度に打ち立てた7年連続無敗優勝（2引き分けを含む）の記録に次ぐ大記録で、1人の監督が成し得た記録としては新記録だ。

　この試合は、過去の早明戦の歴史を覆す全く違うイメージの早明戦だった。「明治の強力FWの猛攻をゴール前で必死のタックルでしのぎ、耐えて勝つ」これに早稲田ファンはしびれてきた。一方の明治ファンは、「動き回って勝機をつかもうとする早稲田を、がっちりと両まわしを引き付けてスクラムで押し切る」。これぞ明治ラグビーの真髄と陶酔する。長い間、両校ファンの心を捉えてきた「力の明治・技の早稲田」「剛の明治・柔の早稲田」「FWの明治・BKの早稲田」等々対比されて早明戦の魅力を作り上げてきた歴史が変わった。

　史上最強を謳われる「早稲田のFW」が明治FWを押しまくった。あわやスクラムトライという場面もあり、早稲田の完勝も当然だった。

公式試合　No.840　平成17年度　第7試合　対抗戦

早大		明大	早大		明大	
40	—	3	1 前田　航平	FW	1	川俣　直樹
21	前	3	2 青木　佑輔		2	上野　隆太
19	後	0	3 畠山　健介		3	狭間　辰弘
3	T	0	4 内橋　徹		4	杉本　晃一
3	G	0	5 後藤　彰友		5	濱崎　雄介
0	PG	1	6 豊田　将万		6	吉住　仁志
0	DG	0	7 松本　允		7	長島　渉
3	T	0	8 佐々木隆道		8	日和佐　豊
5	G	0	9 矢富　勇毅	HB	9	茂木　大輔
0	PG	0	10 曽我部佳憲		10	斉藤　玄樹
0	DG	0	11 勝田　譲	TB	11	渡辺　義巳
18	反則	8	12 池上　真介		12	日永田泰佑
平成17年12月4日			13 今村　雄太		13	黒木　孝太
G 国立競技場			14 菅野　朋幸		14	濱島　悠輔
R 下井真介　KO 14:03			15 五郎丸　歩	FB	15	河津　周平

交代　早大：東条雄介(松本)、谷口拓郎(今村)、種本直人(青木)、市村茂廣(畠山)、寺廻健太(内橋)、三井大祐(矢富)、高橋銀太郎(曽我部)
　　　明大：土井貴弘(川俣)、杉本剛章(上野)、雨宮俊介(杉本晃)、山本龍史(日和佐)

第42回大学選手権決勝
平成18年1月8日　国立競技場
○早大41－5●関東学院大

▌単独最多V

2年連続大学無敗の優勝。選手権連覇は昭和48、49年以来、31年ぶり。13度目の優勝は、明大の12度を抜き単独最多となり、清宮監督は有終の美を飾った。

ゲームが早大にぐっと動いたのは、3－0とリードしていた前半24分のビッグプレー。関東学院大が早大陣深く攻め込んだ。関東のFWの猛攻を早大がしのぎ切れるか、緊迫した攻防が早大ゴール前で展開されたはずだった。しかし、ラックに走り込んだ早大の畠山がターンオーバーすると、ボールは矢富－五郎丸から池上と今村がループして首藤へ、首藤が50メートルを走りきってトライを決めた。流れを引き寄せた早大は29分、曽我部のDGで突き放し、さらに34分、ラックからパスを受けた曽我部が、ゴール右隅に2人のタックルを飛び越えるようにトライ。前半を20－0とリードした。

後半、首藤がトライ、五郎丸も5本のゴールキックすべてと1PGを決め13点をあげ勝利に貢献。関東のエース有賀を完ぺきにマークし、動かさなかった。

公式試合　No.844　平成17年度　第42回大学選手権決勝

早大		関東学大	早大			関東学大	
41	－	5	1	前田　航平	FW	1	林　時光
20	前	0	2	青木　佑輔		2	田中　貴士
21	後	5	3	畠山　健介		3	笹倉　康義
2	T	0	4	内橋　徹		4	三根　秀敏
2	G	0	5	後藤　彰友		5	北川　勇次
1	PG	0	6	豊田　将万		6	北川　忠資
1	DG	0	7	松本　允		7	阪元　弘幸
3	T	1	8	佐々木隆道		8	土佐　誠
3	G	0	9	矢富　勇毅	HB	9	吉田　正明
0	PG	0	10	曽我部佳憲		10	藤井　亮太
0	DG	0	11	首藤甲子郎	TB	11	小柳　泰貴
13	反則	17	12	池上　真介		12	重見　彰洋
平成18年 1月 8日			13	今村　雄太		13	櫻谷　勉
G 国立競技場			14	菅野　朋幸		14	北川　智規
R 相田真治　KO 14:12			15	五郎丸　歩	FB	15	有賀　剛

交代　早大：権丈太郎(後藤)、勝田譲(菅野)、市村茂康(畠山)、高橋顕太郎(五郎丸)

第43回日本選手権2回戦
平成18年2月12日　秩父宮ラグビー場
○早大28－24●トヨタ自動車

▌トヨタを破り4強

スピード、パワー、スタミナ3拍子揃った体力に加え、判断力とスキル（踏み込んだタックル、接点での体の入れ方と速さなど）の素晴らしさ。早稲田史上最強のチームだった。最後の15分を守り切った集中力には「どうしても勝ちたい」という強い意志が感じられた。

早大はオールブラックス経験者のフラベルとティアティア、早大OBの内藤慎の3人に苦しめられ、彼らに3本のトライを許した。残り20分をきったときに出てきたフィジー代表のレアウェレが、パントのボールを取ると、菅野が好タックルで止めた。

トヨタはモールにあまり人数を使わないと読み、前半23分にモールを押し込んで佐々木が先制トライ、ゲーム分析を生かす能力は凄かった。玄人受けする内橋が後半10分、トヨタのパスをインターセプト、値千金の独走トライを挙げた。後半31分、曽我部がトヨタが一瞬見せた防御のギャップを突きトライ。豊田のラインアウトでの活躍も特筆もの。五郎丸もPG、ゴールを決め勝利に貢献した。

公式試合　No.846　平成17年度　第43回日本選手権2回戦

早大		トヨタ自動車	早大			トヨタ自動車	
28	－	24	1	前田　航平	FW	1	山本　正人
21	前	14	2	青木　佑輔		2	七戸　昌宏
7	後	10	3	畠山　健介		3	豊山　昌彦
2	T	2	4	内橋　徹		4	平塚　純司
1	G	2	5	後藤　彰友		5	トライ　フラベル
3	PG	0	6	豊田　将万		6	菅原　大志
0	DG	0	7	松本　允		7	阿部　亮太
1	T	1	8	佐々木隆道		8	フィロ　ティアティア
1	G	1	9	矢富　勇毅	HB	9	麻田　一平
0	PG	1	10	曽我部佳憲		10	広瀬　佳司
0	DG	0	11	首藤甲子郎	TB	11	山本　剛
12	反則	12	12	池上　真介		12	難波　英樹
平成18年 2月12日			13	今村　雄太		13	遠藤　幸佑
G 秩父宮			14	菅野　朋幸		14	内藤　慎平
R 桜岡将博　KO 14:00			15	五郎丸　歩	FB	15	水野　弘貴

交代　早大：権丈太郎(後藤)、東条雄介(松本)、谷口拓郎(池上)
　　　トヨタ自動車：セコベ・レアウェレ(山本剛)、菊谷崇(ティアティア)、岩間保彦(七戸)、中野真二(山本正)、谷口智昭(平塚)　シンビン：フラベル

平成18年度（2006年度）　創部89年目

主　　　将　　東条雄介
副 主 将　　後藤彰友、首藤甲子郎
主　　　務　　高橋興平
副 主 務　　上田なつみ、尨京知久
委　　　員　　今村雄太、曽我部佳憲、矢富勇毅、権丈太郎、五郎丸歩
卒業年次部員　伊崎翼、伊勢昌幸人、今村雄太、笠原歩、川口真一、菅野朋幸、後藤彰友、近藤嵩、首藤甲子郎、鈴木崇大、須藤明洋、関卓真、曽我部佳憲、高橋興平、田中勝悟、谷口拓郎、種本直人、塚田大裕、坪田晋、東条雄介、徳永佑太朗、巴山儀彦、中島京、中村浩太郎、成田翔、林徹、平野進也、細川明彦、松澤良祐、三井大祐、南薗洋一、宮崎潤野、茂木隼人、矢富勇毅、若野祥大、深谷光季、吉原修成、佐竹（西尾）綾、上田なつみ
部　　　長　　佐藤英善
監　　　督　　中竹竜二（32代監督）
コ ー チ　　青野泰郎、有水剛志、石嶋照幸、大江菊臣、後藤禎和、鈴木貴之、中本光彦、西岡晃洋、羽生憲久、平田輝志、前田竜介、松山吾朗、山羽教文、山本裕司、今田圭太、久木元孝成、池田剛人（総務）、三浦隆（メディカル総務）、宝田雄大（Fアドバイザー）、望月麻紀、砂川憲彦（以上AT）、関谷佑喜（PT）、斉藤徹（トレーナー）、村上貴弘（ストレングスコーチ）、金子香織（管理栄養士）、樋口満（栄養指導）、疋田拡（広報）
部 員 数　　135名（内女子11名）
夏 合 宿　　菅平（第63回）
シーズン成績　10勝2敗　関東大学対抗戦優勝、大学選手権準優勝、日本選手権1回戦敗退
試合成績
【公式試合】
＜対抗戦＞
No.849　H18.9.24　○　早稲田大学　97-0　●　青山学院大学　熊谷　R山田智弘
No.850　H18.10.9　○　〃　55-0　●　立教大学　秩父宮　R渡辺敏行
No.851　H18.10.22　○　〃　100-0　●　日本体育大学　秩父宮　R谷口弘
No.852　H18.10.29　○　〃　47-8　●　筑波大学　ユアテック仙台　R新野好之
No.853　H18.11.12　○　〃　57-19　●　帝京大学　秩父宮　R桜岡将博
No.854　H18.11.23　○　〃　38-26　●　慶應大学　秩父宮　R下井真介
No.855　H18.12.3　○　〃　43-21　●　明治大学　国立競技場　R相田真治
＜第43回大学選手権＞
No.856　H18.12.17　○　早稲田大学　85-7　●　関西学院大学　秩父宮　R山田哲也（1回戦）
No.857　H18.12.24　○　〃　33-22　●　慶應大学　秩父宮　R石本月洋（2回戦）
No.858　H19.1.2　○　〃　55-12　●　京都産業大学　国立競技場　R桜岡将博（準決勝）
No.859　H19.1.13　●　〃　26-33　○　関東学院大学　国立競技場　R下井真介（決勝）
＜第44回日本選手権＞
No.860　H19.2.3　●　早稲田大学　33-36　○　九州電力　秩父宮　R岩下眞一（1回戦）
＜国際試合＞
国際100　H18.5.21　○　早稲田大学　36-19　●　高麗大学　国立競技場　R岩下眞一（第3回定期戦）
国際101　H18.9.17　○　〃　22-20　●　オックスフォード大学　秩父宮　R桜岡将博（第9回日英大学対抗）
＜全早大試合＞
全早大129　H19.3.18　○　全早大　24-7　●　全慶大　秩父宮　R工藤隆太（第28回全早慶明）
全早大130　H19.3.25　●　〃　14-31　○　全明大　秩父宮　R鈴木正史（同上）

【準公式試合】
  H18.5.14 ○ 早稲田大学 79-0 ● 同志社大学　西京極　R不明
  H18.5.28 ○　〃　　　43-5 ● 明治大学　秋田・八橋　R不明
  H18.6.11 ●　〃　　　14-40 ○ 慶應大学　新潟スタジアム　R不明（新潟県協会招待）
  H18.6.25 ●　〃　　　3-20 ○ 関東学院大学　秩父宮　R不明
  H19.3.4   ○ 全早大 31-0 ● 長崎県ドリームチーム　長崎県陸上競技場　R不明（第31回長崎招待）

★シーズンの優勝チーム★
  第79回関東大学対抗戦優勝　早稲田大学（6年連続31回目）
  第40回関東大学リーグ戦優勝　関東学院大学（2年連続10回目）
  第43回大学選手権大会優勝　○ 関東学院大学 33-26 ● 早稲田大学（関東学院大は3年ぶり6回目）
  第44回日本選手権大会優勝　○ 東芝 19-10 ● トヨタ自動車（東芝は2年連続6回目）

悲願の3連覇ならず

　中竹新監督を迎え、ここまで同志社大しか成し得ていない、全国大学選手権3連覇に挑んだ。

　対抗戦では連勝新記録を作り、史上初めて6年連続の全勝優勝を達成した。五郎丸も2年連続の対抗戦得点王となった。

　悲願をかける決勝は6年連続で関東学院大との顔合わせになった。春と夏の対戦は1勝1敗、雌雄を決する対決だったが、ラインアウトで劣勢となり、前半20分過ぎまでに21点をリードされた。前半終盤の連続トライで9点差まで詰めて折り返したが、後半早々にトライを許し、結局、流れを引き寄せることができなった。日本選手権1回戦でもトップチャレンジ1位の九州電力に敗れた。

　　　　　＊　　　　　＊

　素晴らしい指導者、良き先輩・後輩、大切な同期、応援してくださるOBならびにファンの方々と知り合うことができ、濃密な時間を過ごすことができたことに心から感謝申し上げます。

　私たちは上井草しか知らない初めての代でした。最高の環境でラグビーに没頭できたことは、卒業してから10年以上が経った今振り返っても本当に素晴らしい時間でした。

　そんな素晴らしい時間でしたが1点悔やまれることがあります。それは『勝利』を求められる組織の中で1年間一緒にプレーした仲間が早稲田でラグビーをすることを諦めなければいけなかったことです。

　のちに再チャレンジして戻ってきた仲間もいましたが、やはりみんなで戦いたかったと今でも思います。そんな大切な仲間と最後は『勝利』を掴み取りたかったです。

　翌年、後輩たちが優勝した時、『2007年1月13日があったから、今年の優勝があった』と言ってくれたことは非常にうれしかったです。

　私自身は社会人になり、本当に早稲田でラグビーをやっていてよかったと思います。またあの時の『負け』があったからこそ、今の自分があると感じております。
　　　　　　　　　　　　　　（東条雄介）

夏合宿

第83回早慶戦

平成18年11月23日　秩父宮ラグビー場

○早大41－26●慶大

対抗戦42連勝

前半、慶大の厳しい防御に苦戦した。終了間際に慶大の山田にトライを奪われ、6点差を追って折り返した。

早大は前半、長いパスを使って外を攻めていたが、そこを狙いすましたような慶大のタックルに阻まれた。そのパターンを後半は変えた。1分、中盤で曽我部からパスを受けた五郎丸が縦を突破した。防御の裏に出てつなぎ、最後は今村がトライ、ゴールも決まって逆転した。10分後には、相手ゴール前で左へ展開。2人の選手が走り込んでおとりになり、再び五郎丸が突破、相手選手を次々にかわしトライを挙げた。曽我部は「近い方が空いているのは前半でわかった」。五郎丸も同じようなことを感じていた。攻め方を自在に変えられ、懐の深さを感じさせた。

逆転勝ちで全勝を守り、対抗戦での連勝を「42」まで伸ばした。明大が持っていた引き分けを挟まない連勝記録に並んだ。優勝争いは早大と1敗の明大に絞られ、連勝の新記録と6連覇を目指し、早明戦に臨むことになった。

公式試合　No.854　　　平成18年度　第6試合　対抗戦

早大		慶大		早大			慶大
41	－	26	1	滝澤　直	FW	1	石津　剛
8	前	14	2	種本　直人		2	金井　健雄
33	後	12	3	畠山　健介		3	磯邊雷太郎
1	T	2	4	権丈　太郎		4	宮崎　有生
0	G	2	5	後藤　彰友		5	太田　陽介
0	PG	0	6	東条　雄介		6	青貫　浩之
1	DG	0	7	豊田　将万		7	千葉　和哉
5	T	2	8	林　徹		8	松本　大輝
4	G	1	9	矢富　勇毅	HB	9	皆良田　勝
0	PG	0	10	曽我部佳憲		10	川本　祐輝
0	DG	0	11	早田　健二	TB	11	中浜　聡司
10	反則	12	12	谷口　拓郎		12	桂川　諒太
平成18年11月23日			13	今村　雄太		13	宮崎　智浩
G 秩父宮			14	菅野　朋幸		14	山田　章仁
R 下井真介　KO 14:00			15	五郎丸　歩	FB	15	小田　龍司

交代　早大：長尾岳人(早田)

慶大：廣畑光太朗(磯邊)、岡本夏樹(松本)、花崎亮(皆良田)、桑野大典(川本)、出雲隆佑(桂川)

第82回早明戦

平成18年12月3日　国立競技場

○早大40－3●明大

初の全勝6連覇

対抗戦初のすべて全勝の6連覇。連勝を「43」まで伸ばし、明大が1991～95年に作った引き分けを挟まない連勝記録「42」を更新した。

早大は前半10分、五郎丸のトライで先制した。しかし、足踏みが続き、18分には五郎丸がシンビンを受けた。25分過ぎ、早大は右オープン攻撃を仕掛けたが、球をこぼした。このミスをカバーしたのが東条主将だった。ここから、攻め直して早田が30メートルほどを走りきってトライ。1人少ない時間帯での追加点が効いた。さらに、試合再開後にノーホイッスルトライを挙げて17点差をつけ前半で勝負を決めたといってよかった。

明大は後半、濱島の個人技などで3トライを返したが、反撃が遅すぎた。

これで早明戦は7連勝となった。中竹監督は連勝新記録について、「この記録は前の監督、それぞれの代のキャプテン、選手たちが積み重ねてきてくれたもの。それらに対しては敬意を払いたいし、今日の勝利を選手、スタッフみんなで喜びたい」と話した。

公式試合　No.855　　　平成18年度　第7試合　対抗戦

早大		明大		早大			明大
43	－	21	1	滝澤　直	FW	1	川俣　直樹
17	前	0	2	種本　直人		2	上野　隆太
26	後	21	3	畠山　健介		3	梅原　洋平
3	T	0	4	権丈　太郎		4	雨宮　俊介
1	G	0	5	後藤　彰友		5	田中　渓介
0	PG	0	6	東条　雄介		6	日和佐　豊
0	DG	0	7	豊田　将万		7	趙　顕徳
4	T	3	8	林　徹		8	杉本　晃一
3	G	3	9	矢富　勇毅	HB	9	茂木　大輔
0	PG	0	10	曽我部佳憲		10	湯本　修平
0	DG	0	11	早田　健二	TB	11	渡辺　義己
9	反則	10	12	谷口　拓郎		12	安部　亮佑
平成18年12月 3日			13	今村　雄太		13	日永田泰佑
G 国立競技場			14	菅野　朋幸		14	濱島　悠輔
R 相田真治　KO 14:00			15	五郎丸　歩	FB	15	星野　将利

交代　早大：臼井陽亮(種本)、宮崎潤郎(滝澤)、橋本樹(畠山)、寺園健太(後藤)、有田幸平(林)、伊勢昌幸人(矢富)、佐藤晴紀(五郎丸)

明大：杉本剛章(上野)、山本龍史(趙)、笠原誠(安部)

平成19年度（2006年度）　創部90年目

主　　将　　権丈太郎
副 主 将　　五郎丸歩、畠山健介
主　　務　　尨京知久
副 主 務　　堀内哲
委　　員　　臼井陽亮、寺廻健太、松田純平、豊田将万、長尾岳人
卒業年次部員　安部智行、有田幸平、伊藤和久、臼井陽亮、大野雄也、小沼智彦、柿本義典、覺来弦、掛井雄馬、菊地悠介、権丈太郎、古屋翔平、後藤悠太、五郎丸歩、尨京知久、佐藤王彬、鈴木峻也、高木亮太、高津雄矢、武政潤、槻木亮太、寺廻健太、成田伸明、畠山健介、藤森啓介、松田純平、三原拓郎、森上優貴、森山健、山下達也、土屋篤生、半田悠、柳武（笠原）そのこ、青木（村岸）理美、佐野（安井）愛弓、西本（山本）暦
部　　長　　佐藤英善
監　　督　　中竹竜二
コ ー チ　　有水剛志、青野泰郎、石嶋照幸、永井雅之、今田圭太、後藤禎和、羽生憲久、平田輝志、前田隆介、細川明彦、山本裕司、矢野友也、鈴木貴之、池田剛人（総務）、三浦隆（メディカル総務）、山羽教文（セルフマネジメント）疋田拡（広報）、今駒憲二（アドバイザー）
部 員 数　　135名（内女子7名）
夏 合 宿　　菅平（第64回）
シーズン成績　13勝1敗　関東大学対抗戦優勝、大学選手権優勝、日本選手権2回戦敗退
試合成績
【公式試合】
　＜対抗戦＞
　No.861　H19.9.8　　○ 早稲田大学　108-5　● 成蹊大学　秩父宮　R下井真介
　No.862　H19.9.24　○　〃　　　102-5　● 青山学院大学　熊谷　R堀江学
　No.863　H19.10.14　○　〃　　　71-0　● 日本体育大学　新潟市陸上　R河野文隆
　No.864　H19.10.21　○　〃　　　33-21　● 筑波大学　三ツ沢　R佐藤武司
　No.865　H19.11.11　○　〃　　　61-8　● 帝京大学　秩父宮　R桜岡将博
　No.866　H19.11.23　○　〃　　　40-0　● 慶應大学　秩父宮　R桜岡将博
　No.867　H19.12.2　　○　〃　　　71-7　● 明治大学　国立競技場　R下井真介
　＜第44回大学選手権＞
　No.868　H19.12.16　○ 早稲田大学　50-7　● 中央大学　秩父宮　R山田哲也（1回戦）
　No.869　H19.12.23　○　〃　　　39-7　● 法政大学　秩父宮　R渡辺敏行（2回戦）
　No.870　H20.1.2　　○　〃　　　12-5　● 帝京大学　国立競技場　R桜岡将博（準決勝）
　No.871　H20.1.12　○　〃　　　26-6　● 慶應大学　国立競技場　R下井真介（決勝）
　＜第45回日本選手権＞
　No.872　H20.2.23　○ 早稲田大学　48-0　● タマリバクラブ　秩父宮　R戸田京介（1回戦）
　No.873　H20.3.1　　● 　〃　　　24-47　○ 東芝　秩父宮　R藤実（2回戦）
　＜朝日招待試合＞
　No.874　H20.3.23　○ 早稲田大学　35-12　● 九州代表　福岡レベスタ　R石本月洋
　＜国際試合＞
　国際102　H19.5.13　○ 早稲田大学　26-17　● 高麗大学　高麗大学G　R不明（第4回定期戦）
　国際103　H19.9.16　○　〃　　　47-17　● ケンブリッジ大学　秩父宮　R原田隆司（第10回日英大学対抗）

【準公式試合】

H19.5.20　○　早稲田大学　54-12　●　慶應大学　木グリーンスタジアム　R不明（栃木県協会招待）
H19.6.3　○　〃　21-17　●　明治大学　博多の森　R不明（九州協会招待）
H19.6.10　●　〃　21-24　○　ヤマハ　磐田ヤマハスタジアム　R不明
H19.7.1　○　〃　38-0　●　関東学院大学　三ツ沢　R不明
H19.8.26　○　〃　73-3　●　法政大学　菅平サニアパーク　R不明

★シーズンの優勝チーム★
第80回関東大学対抗戦優勝　早稲田大学（7年連続32回目）
第41回関東大学リーグ戦優勝　東海大学（初優勝）※関東学院大不祥事で棄権
第44回大学選手権大会優勝　○　早稲田大学　26-6　●　慶應大学（早大は2年ぶり14回目）
第45回日本選手権大会優勝　○　三洋電機　40-18　●　サントリー（三洋電機は初優勝）

▌14度目の頂点

　中竹監督が留任し、権丈主将と王座奪還を果たした。日本選手権は1回戦でタマリバクラブに零封勝ちした後、2回戦で東芝に敗れた。

＊　　　　　　＊

　九州電力に敗れた後の秩父宮で、中竹監督に主将へ任命された。予想していなくはなかったが、それが現実となると一気に緊張感が増し、その瞬間から周りの景色が全く変わったことを覚えている。

　スローガンのPenetrateのもと「荒ぶる」を奪回するまで、ターニングポイントは4つあったと考える。春と夏の関東学院戦、対抗戦の筑波戦、大学選手権の帝京戦であった。まず、春の関東は、シーズン中に徹底したブレイクダウン、ディフェンス、セットプレーで圧倒し完封した。4年間で関東を完封したのは初めてで、春やってきたことが間違いではないと確信した試合でもあった。ヤマハには敗れたが、学生相手には全勝し、昨年とは180度違う気持ちで山に入った。

　菅平合宿の約3週間、テーマは「超徹底」。春シーズンを通して自分たちの強みを更に強くして、合宿が終わるころにはチーム、個人ともにそれぞれのスタイルを確立して山を下りようという意味が込められていた。

　迎えた関東戦、主務の尤京がケガの回復具合が芳しくなく、マネージャー業務に専念することになり、かなり熱くなった試合であった。内容は春完全に圧倒していたブレイクダウンとセットプレーでは、むしろ負けていたのではないかというくらいプレッシャーを受け、僅差となった。周りから見ると何をやっているんだと思われたかもしれないが、この最悪の状態でも勝てたという結果が、自分の中ですごく大きなものとなった。自分たちのスタイルが確立され合宿を終えることができた。

　次のターニングポイントが対抗戦の筑波戦前後の週である。けが人が多くあまり良い練習ができていなかった。FWだけサントリーへ出稽古に行った。先輩の胸を借りて毎回、ここで何かを得ている。今回も大事なことを気づかされた。スクラムとラインアウト、互角まではいけないだろうが、ある程度は通用すると思って臨んだ。しかし、コテンパンにやられた。予想しなかった結果となり、メンバーは苛立ち、その矛先をレフリングや仲間に向けてしまった。このままではいけないと思い、寮に帰りFWだけでミーティングを行った。レフリングの解釈に納得できなかったり、ミスが起こったりなどは試合では日常茶飯事である。大事なのはそれをものともしない圧倒的な力をつけて、人のせいにしないで、それを周囲でカバー修正していくことなのだと理解しあった。また、結束力が強まり、内容はよくなかったが、自分たちの課題が明確となり意味がある試合だった。このあと帝京戦までに2、3週間空いたのだが、チーム力をつけ一気に伸びた時期であった。

　対抗戦を全勝で制し、このまま勢いに乗って

いくかと思われていただろうが、厳しい試練に直面していた。ケガ人が多発したのである。チームを引っ張ってくれたメンバーが多く、緊張が走った。はじめは不安の方が強かったが、むしろ危機的状況を乗り越えるために春からやってきたと開き直った。1つずつクリアし、準決勝には自信を持って臨むことができた。前半が終わって7-5、後半に入っても自陣に釘付けにされ、ディフェンスが続いた。苦しい時間であったが全く抜かれる気はせず、楽しんでディフェンスをしていた。

決勝の週、すべてに気が溢れて最高の1週間を過ごすことができた。1年間、いろいろあったけれど、チームは最高に1つとなった。本当に全ての準備ができた。勝負に絶対はないが、どんなに悪い事態が起こっても負ける気がしない絶対の自信をもっていた。当日は大雨という最悪のコンディションであったが、集大成として相応しかったかもしれない。決して素晴らしい内容ではなかったかもしれないが、幸せな時間であったことは確かだ。そして、試合終了のホイッスルが鳴った。意外にも涙は出てこず、中竹監督が喜んで下に降りてきてメンバーの姿を見ている時、涙が出てきた。ほっとしたという気持ちが全部だった。

(権丈太郎)

第84回早慶戦
平成19年11月23日　秩父宮ラグビー場

○早大40 － 0●慶大

▌2年ぶりの零封勝ち

　前半13分の田邊のトライで先制し、計6トライで圧倒した。一昨年に続く零封勝ちで定期戦7連勝とした。

　堅い防御が光った。キックオフ直後、慶大のエース山田を中濱がきっちり止めた。同じように山田に強烈なタックルを見舞った五郎丸は「0で抑えればこの試合はOK。3－0でよかった」。この試合に向け、清宮前監督時代のキャッチフレーズ「アルティメット・クラッシュ」を掲げ、スキがなかった。

　中竹監督は「点差以上に満足。全員が集中した。こういったビッグゲームでは、どうしても序盤固くなるし、イージーミスが出ることは意識していた。そこでの反応、セービング。15人が集中して飛び込んでいた」。中濱に加え、山中、有田隆の1年生3人が伸び伸びとプレーした。殊勲の中濱は「実は試合前は緊張していたんですけど……。三井さん、五郎さんに、ミスしたら俺たちが責任を取るから思い切りいけと言われて、吹っ切れました。山田さんとの対面勝負……、勝ちました」と初々しかった。

公式試合　No.866			平成19年度　第6試合　対抗戦	
早大		慶大	早大	慶大
40	－	0	1　山下　達也　FW	1　加藤　博之
21	前	0	2　臼井　陽亮	2　金井　健雄
19	後	0	3　畠山　健介	3　廣畑光太朗
3	T	0	4　権丈　太郎	4　岡田　龍
3	G	0	5　橋本　樹	5　村田　毅
0	PG	0	6　有田　幸平	6　山崎真二朗
0	DG	0	7　覚来　弦	7　千葉　和哉
3	T	0	8　豊田　将德	8　松本　大輝
2	G	0	9　三井　大祐　HB	9　皆良田　勝
0	PG	0	10　山中　亮平	10　川本　祐輝
0	DG	0	11　中濱　寛造　TB	11　出雲　隆佑
14	反則	4	12　井上　隼一	12　中浜　聡志
平成19年11月23日			13　田邊　秀樹	13　増田　慶介
G　秩父宮			14　早田　健二	14　山田　章仁
R　桜岡将博　KO 14:05			15　五郎丸　歩　FB	15　小田　龍司

交代　早大:有田隆平(臼井)、瀧澤直(山下)、寺廻健太(橋本)、松田純平(有田幸)、桜井朋広(三井)、宮澤正利(井上)、佐藤晴紀(五郎丸)

　　　慶大:柳澤秀彦(金井)、伊藤隆太(千葉)、花崎亮(皆良田)、浜本勇士(川本)、浜本将人(中浜)

第83回早明戦
平成19年12月2日　国立競技場

○早大71 － 7●明大

▌2度目の7連覇

　大勝し対抗戦7連覇。先輩が1970〜76年に記録した対抗戦記録に並んだ。更新を続けている引き分けを挟まない連勝記録も区切りの「50」まで伸ばした。対抗戦を通しては五郎丸が132点をマークし3年連続の得点王となり、12トライを稼いだ豊田が初めてのトライ王となった。

　早大は前半11分に先にトライを許したが、冷静だった。「トライを取られた後に修正できた」と権丈主将。防御を修正して、相手への圧力を強めた。20分に追いついたプレーは、明大の田村が苦し紛れに投げたパスを、読み切った田邊がインターセプトして一気にトライした。28分に中濱のトライで勝ち越すと、後は早大のトライラッシュとなった。71得点は早明戦で1940年に明大が挙げた52点を上回る史上最多得点だった。権丈主将は「スクラムもチームとしても、今日で一皮むけ。このチームはまだまだ伸びる要素がたくさんある。これからもしっかりミーティングしながら自分たちのやるべきことを確認して、1つずつ勝っていきます」と前を見据えた。

公式試合　No.867			平成19年度　第7試合　対抗戦	
早大		明大	早大	明大
71	－	7	1　瀧澤　直　FW	1　川俣　雄亮
19	前	7	2　臼井　陽亮	2　上野　隆太
52	後	0	3　畠山　健介	3　梅原　洋平
3	T	1	4　権丈　太郎	4　雨宮　俊介
2	G	1	5　橋本　樹	5　杉本　晃一
0	PG	0	6　有田　幸平	6　西原　忠佑
0	DG	0	7　小峰　徹也	7　山本　紘史
8	T	0	8　豊田　将万	8　宇佐美裕太
6	G	0	9　三井　大祐　HB	9　茂木　大輔
0	PG	0	10　山中　亮平	10　田村　優
0	DG	0	11　中濱　寛造　TB	11　武田　晋
12	反則	6	12　長尾　岳人	12　安部　亮佑
平成18年12月2日			13　田邊　秀樹	13　恵藤　陽介
G　国立競技場			14　早田　健二	14　松本　憲和
R　下井真介　KO 14:00			15　五郎丸　歩　FB	15　星野　将利

交代　早大:有田隆平(臼井)、山下達也(瀧澤)、寺廻健太(橋本)、覚来弦(小峰)、桜井朋広(三井)、宮澤正利(長尾)、佐藤晴紀(五郎丸)

　　　明大:峯岸大輔(西原)、奥田浩也(武田)

第44回大学選手権決勝
平成20年1月12日　国立競技場
○早大26 − 6 ●慶大

▍14度目のV

　早大は7大会連続の決勝。過去6回は関東学院大が相手だったが、不祥事もあり、対抗戦3位の慶大が8大会ぶりに勝ち上がってきた。選手権決勝の早慶対決は39大会ぶりだったがノートライに封じる快勝、最多優勝回数も14に伸ばした。

　早大は前半18分、スクラムから豊田が先制トライを挙げた。慶大は37分に小田がPGを返し、早大4点のリードで折り返した。対抗戦では早大が前半だけで21−0と圧倒していたが、慶大の徹底したキック戦法が当たった。

　後半、風上に立った早大が息を吹き返す。長尾、臼井の連続トライで安全圏へ。小田にPGを決められたが、35分に橋本がダメ押しのトライを挙げ試合を決めた。悪天候の中でもぶれずに戦い、「荒ぶる」にたどり着いた。就任2年目で王座を奪還した中竹監督は「昨年の1月13日に負けてから、この日だけを見て準備してきた。完璧な準備が出来たし、自信を持って選手を送り出すことができた。見ていてまったく負ける気はしなかった。素晴らしい戦いをしてくれた学生たちに感謝したい」。

公式試合No.871　平成19年度第11試合　第44回大学選手権決勝

早大		慶大		早大				慶大	
26	−	6		1	瀧澤　　直	FW	1	川村　　慎	
7	前	3		2	臼井　陽亮		2	小柳　貴裕	
19	後	3		3	畠山　健介		3	廣畑光太朗	
1	T	0		C4	権丈　太郎		4	岡田　　龍	
1	G	0		5	橋本　　樹		5	村田　　毅	
0	PG	1		6	有田　幸平		6	山崎真二朗	
0	DG	0		7	覺来　　弦		7	伊藤　隆太	
3	T	0		8	豊田　将万		8	松本　大輝	
2	G	0		9	三井　大祐	HB	9	皆良田　勝	
0	PG	1		10	山中　亮平		10	川本　祐輝	
0	DG	0		11	中濱　寛造	TB	11	出雲　隆佑	
12	反則	10		12	長尾　岳人	C12	中浜　聡志	
平成20年1月12日				13	田邊　秀樹		13	増田　慶介	
G 国立競技場				14	早田　健二		14	山田　章仁	
R 下井真介		KO 14:12		15	五郎丸　歩	FB	15	小田　龍司	

交代　早大:山下達也(①瀧澤)、寺廻健太(⑤橋本)
　　　慶大:小澤直輝(⑤村田)、千葉和哉(⑦伊藤)、花崎亮(⑨皆良田)、浜本将人(⑫中浜)

11　最後の連覇から帝京時代へ（平成20年代）

平成20年度（2008年度）　創部91年目

主　　将	豊田将万
副 主 将	瀧澤直、長尾岳人
主　　務	堀内哲
副 主 務	大川秀平
委　　員	奥野耕輔、小峰徹也、田中渉太、田邊秀樹、早田健二、渡辺千明
卒業年次部員	豊田将万、堀内哲、石澤尚之、上田一貴、内田雄介、奥野耕輔、尾崎拓矢、小塩康祐、小峰徹也、河邑陽介、岸本大路、桑原宜、光澤翼、佐藤大志、佐藤晴紀、清水智文、垰田吉徳、瀧澤直、田中渉太、谷川亮太、丹下聡、塚原一喜、長尾岳人、橋本樹、前田吉寛、安福宜孝、山下高範、森雄大、小形倫子、芦刈晶子、石渡舞
部　　長	佐藤英善
監　　督	中竹竜二
コ ー チ	池田剛人（総務）、後藤禎和（普及担当兼アドバイザー）、今駒憲二（アドバイザー）、山羽教文（セルフマネジメント）、疋田拡（広報）、有水剛志、青野泰郎、石嶋照幸、諸岡省吾、今田圭太、小島浩之、星野邦夫（分析）、羽生憲久、平田輝志、前田隆介、藤森啓介、山本裕司、勝田譲、鈴木貴之
部 員 数	121名（内女子12名）
夏 合 宿	菅平（第65回）
シーズン成績	11勝3敗　関東大学対抗戦2位、大学選手権優勝、日本選手権2回戦敗退

試合成績

【公式試合】

＜対抗戦＞

No.875	H20.9.13	○	早稲田大学	83-12	●	立教大学	秩父宮	R桜岡将博
No.876	H20.10.12	○	〃	60-0	●	成蹊大学	群馬・浜川	R下村大樹
No.877	H20.10.19	○	〃	64-0	●	筑波大学	秩父宮	R篠原克行
No.878	H20.11.1	●	〃	7-18	○	帝京大学	秩父宮	R岸川剛之
No.879	H20.11.9	○	〃	84-8	●	日本体育大学	熊谷	R山田哲也
No.880	H20.11.23	○	〃	34-17	●	慶應大学	秩父宮	R下井真介
No.881	H20.12.7	●	〃	22-24	○	明治大学	国立競技場	R桜岡将博

＜第45回大学選手権＞

No.882	H20.12.20	○	早稲田大学	21-5	●	関東学院大学	熊谷	R下井真介（1回戦）
No.883	H20.12.28	○	〃	59-25	●	筑波大学	瑞穂	R久保修平（2回戦）
No.884	H21.1.2	○	〃	36-12	●	東海大学	国立競技場	R桜岡将博（準決勝）
No.885	H21.1.10	○	〃	20-10	●	帝京大学	国立競技場	R相田真治（決勝）

＜第46回日本選手権＞

No.886	H21.2.7	○	早稲田大学	55-13	●	タマリバクラブ	秩父宮	R下村大樹（1回戦）
No.887	H21.2.15	●	〃	20-59	○	サントリー	秩父宮	R桜岡将博（1回戦）

＜朝日招待試合＞

No.888	H21.3.20	○	早稲田大学	55-38	●	九州代表	福岡・レベスタ	R吉浦忠孝

＜国際試合＞

国際104	H20.6.22	○	早稲田大学	45-14	●	高麗大学	早大上井草	R新野好之（第5回定期戦）
国際105	H20.7.6	●	〃	0-27	○	フランス大学選抜	国立競技場	R相田真治（フランス大学選抜来日）

＜全早大試合＞

全早大131	H20.6.14	●	全早大	40-43	○	全明大	江戸川	R河野哲彦（第29回全早慶明）

全早大132　H20.6.28　○　　〃　　40-33　●　全慶大　三ツ沢　R藤内有己（同上）
【準公式試合】
　　H20.5.18　○　早稲田大学　45-31　●　釜石シーウェイブス　盛岡南公園　R長谷川学
　　H20.5.25　●　　〃　　　19-24　○　慶應大学　山梨・小瀬　R長谷川学
　　H20.5.31　○　　〃　　　57-0　●　明治大学　秋田・八橋　R藤原守
　　H20.8.22　○　　〃　　　21-15　●　東京大学　早大菅平　R長谷川学（定期戦）
★シーズンの優勝チーム★
　　第79回関東大学対抗戦優勝　帝京大学（1回目）
　　第42回関東大学リーグ戦優勝　東海大学（2年連続2回目）
　　第45回大学選手権大会優勝　○　早稲田大学　20-10　●　帝京大学（2年連続15回目）
　　第46回日本選手権大会優勝　○　三洋電機　24-16　●　サントリー（2年連続2回目）

連覇再び

　中竹監督3年目、「ダイナミック・チャレンジ」を掲げ、豊田主将と史上初の対抗戦8連覇と大学選手権連覇を目指した。

　対抗戦の連勝がついに止まった。4試合目の帝京大戦は前半17分に平原に先制トライを許すなど終始、リードされる展開となった。前半終了間際、中濱のトライ（ゴール）で1点差に追い上げたが、後半に突き放された。2000年11月の早慶戦以来の黒星で、引き分けを挟まない連勝記録は「53」。1969〜77年にこれも早大が作った引き分けを挟む連勝記録「60」に届かなかった。早明戦前に帝京大が初優勝を決め、史上初の8連覇も逃すことになった。

　巻き返しを誓った全国大学選手権では初戦で関東学院大に粘り勝ち、準決勝ではリーグ戦連覇の東海大に快勝して決勝へ。今季のスローガンのような大胆なラグビーで帝京大に雪辱し、連覇を達成した。日本選手権では2回戦で清宮監督のサントリーに挑み、師弟対決が実現した。

　　　　　　＊　　　　　＊

　私達の代を一言で振り返るならば「団結」というキーワードが相応しいと思います。私達の代には絶対的なエースはおらず、他のチームと比べて実力的に劣っている部分も多々ありました。それにもかかわらず、中竹監督ご指導のもと、日本一を経験させて頂きました。その背景には先程申し上げた「団結」というキーワードが根底にありました。

　ラグビー部では1学年に30名を超える同期部員がいます。年齢、出身、入学形態、ラグビー観それぞれが異なります。そうした個性がお互いにぶつかり合うと、簡単に組織は壊れてしまいます。最上級生である4年生が別々の方向を向いてしまうことは、チーム全体の崩壊へと繋がります。だからこそ、「日本一になり、一生繋がるような仲の良い同期でいること」が私たちの隠れたテーマでした。各々が明確に「仲が良い同期」と強く意識していたわけではありませんが、心の中にいつでも存在していた想いだったと思います。ラグビーとは関係のない部分の繋がりも強かった代と感じます。ラグビーを通してのつながりは当然のことですが、グラウンド外やオフの日の過ごし方など、ラグビー以外での繋がりも強固にしたことが日本一になった秘訣の一部なのかもしれません。

　最後になりましたが、大学日本一の奪還だけではなく、この100年間そうであったように早稲田ラグビーが日本ラグビー界のパイオニアとなり続けることを祈念いたします。我々OB・OGとしても労を惜しみません。

（豊田将万）

寄せ書き

第85回早慶戦
平成20年11月23日　秩父宮ラグビー場
○早大34 － 17●慶大

▌逆転で8連勝

　早大は対抗戦連勝ストップのショックから立ち直れているかが課題だった。

　帝京大と引き分けていた慶大に先行を許すと、1点リードされて折り返した。

　早大は競った展開に焦って自分たちのラグビーを見失った帝京戦の反省を生かした。後半4分、田中が相手防御網を次々に突破して逆転のトライ。田中は「ずっと、局面は自分が変えると思っていた。ボールをもらった瞬間、これは絶対にいける」と力強かった。再び追いつかれても冷静だった。後半20分に有田が飛び込んで勝ち越し。32分には飛ばしパスでつなぎ、田中が約40メートル走りきって再びトライを奪った。結局、5トライを挙げ、慶大を前半の1トライに抑えた。

　豊田主将は「後半、同点に追いつかれましたけど、早稲田はトライが取れていましたし、ブレイクダウンで負けてなかった。またトライを取ればいいやと。今日は帝京戦のあの経験があったので、慌てず、落ち着いて、大人になったということです」。

公式試合No.880　平成20年度第6試合　対抗戦

早大		慶大		早大			慶大	
34	－	17	1	瀧澤	直	FW 1	川村	慎
10	前	11	2	有田	隆平	2	柳澤	秀彦
24	後	6	3	山下	高範	3	廣畑光宏郎	
1	T	1	4	中田	英里	4	西川	大輔
1	G	0	5	橋本	樹	5	村田	毅
1	PG	2	6	上田	一貴	6	松本	大輝
0	DG	0	7	小峰	徹也	7	伊藤	隆大
4	T	0	8	豊田	将万	8	小澤	直輝
2	G	0	9	櫻井	朋広	HB 9	花崎	亮
0	PG	2	10	山中	亮平	10	川本	祐輝
0	DG	0	11	中濱	寛造	TB 11	出雲	隆佑
14	反則	8	12	宮澤	正利	12	仲宗根健太	

平成20年11月23日　13 長尾 岳人　13 竹本竜太郎
G 秩父宮　14 田中 渉太　14 保坂 梓郎
R 下井真介　KO 14:03　15 佐藤 晴紀 FB 15 和田 拓

交代　早大:山下昂大(上田)、岩井哲史(中田)
　　　慶大:福岡良樹(川村)、三輪谷悟士(西川)、大口哲広(松本)、浜本将人(竹本)、三木貴史(保坂)

第84回早明戦
平成20年12月7日　国立競技場
●早大22 － 24○明大

▌9年ぶりの黒星

　帝京大の初優勝が決まった後の、優勝が絡まない寂しい早明戦となった。既に4敗していた明大は24季ぶりに全国大学選手権出場を逃していたが、シーズン最後となったこの試合で意地をみせた。

　1トライを先行された明大は、前半27分に奥田のトライ(ゴール)で2点をリードして折り返した。後半開始早々、杉本主将のトライで勢いを保ち、さらにトライとPGなどで一時は19点差と大きくリードした。

　20分過ぎから早大がようやく反撃に出た。2トライ、1ゴールを返した後、ロスタイムに坂井のトライで2点差に迫った。最後は同点を狙った田邊のゴールキックが右ポストに当たって外れ、ノーサイドの笛がなった。豊田主将は「見たことのない明治の強さにビックリした。早稲田には普段は起きないようなミスがでて、普段は抜かれないところを抜かれた」と気迫負けを認めた。中竹監督は選手権連覇に向け、「まずディフェンスをきっちりやる。その部分を上げていかないと、勝つことはできない」。

公式試合No.881　平成20年度第7試合　対抗戦

早大		明大		早大			明大	
22	－	24	1	瀧澤	直	FW 1	松浦	雄樹
5	前	7	2	有田	隆平	2	原田	開
17	後	17	3	山下	高範	3	土井	貴弘
1	T	1	4	中田	英里	4	鎌田祐太郎	
0	G	1	5	橋本	樹	5	杉本	晃一
0	PG	0	6	中村	拓樹	6	西原	忠佑
0	DG	0	7	小峰	徹也	7	山本	紘史
3	T	2	8	豊田	将万	8	杉本	博昭
1	G	2	9	櫻井	朋広	HB 9	金澤	章太
0	PG	1	10	山中	亮平	10	田村	優
0	DG	0	11	中濱	寛造	TB 11	山口	真澄
9	反則	17	12	宮澤	正利	12	溝口	裕哉

平成20年12月7日　13 長尾 岳人　13 衛藤 陽介
G 国立競技場　14 田中 渉太　14 奥田 浩也
R 桜岡将博　KO 14:07　15 佐藤 晴紀 FB 15 松本 憲和

交代　早大:岩井哲史(中田)、上田一貴(中村)、榎本光祐(櫻井)、坂井克行(田中)、田邊秀樹(宮澤)
　　　明大:城彰(土井)、鈴木元(衛藤)

第45回大学選手権決勝
平成21年1月10日　国立競技場

○早大20 − 10●帝京大

雪辱で15度目のV

　連覇で全国大学選手権の最多優勝回数を15に伸ばした。

　序盤は早大にミスが目立ち、5分、初めて決勝に進んできた帝京大にPGで先行された。田邊のPGが外れ、有田がシンビンになるなどちぐはぐだった。30分にPGで追いついた後、前半終了間際、相手陣深いところでPKを得た。ここで、豊田主将はPGを狙わずスクラムを選択。場内がどよめいた。帝京大が1人少なかったとはいえ、FW戦では不利と言われていた。しかし、豊田はスクラムから球を持ち出すと、右横に走ってから縦をつきインゴールへ飛び込んだ。スクラムで手応えをつかんでからの、このトライは大きかった。後半28分にも豊田がラインアウトからの突破でトライを奪った。

　文字通りチームを牽引した豊田主将は「今日は帝京という強いチームと決勝を戦えて幸せでした。帝京がいたから、あの負けがあったから、僕たちはここまで来ることができた。本当に感謝しています。あのスクラム選択は、僕たちの信念です」。主将がリードする「荒ぶる」が国立競技場で再びこだましました。

公式試合No. 885　平成20年度第11試合　第45回大学選手権決勝

早大		帝京大		早大			帝京大	
20	−	10		1	瀧澤　　直	FW	1	伊東　秀剛
10	前	3		2	有田　隆平		2	天野　豪紀
10	後	7		3	山下　高範		3	平原　大敬
1	T	0		4	中田　英里		4	中田　晃司
1	G	0		5	橋本　　樹		5	ティモシー　ボンド
1	PG	1		6	中村　拓樹		6	ヘンドリック　ツイ
0	DG	0		7	小峰　徹也		7	吉田光治郎
1	T	1		8	豊田　将万		8	野口　真寛
1	G	1		9	榎本　光祐	HB	9	滑川　剛人
1	PG	0		10	山中　亮平		10	徳永　　亮
0	DG	0		11	中濱　寛造	TB	11	野田　　創
9	反則	17		12	宮澤　正利		12	南橋　直哉

平成21年 1月10日　　13 長尾　岳人　　13 井本　克典
G 国立競技場　　　14 早田　健二　　14 鎌田　哲郎
R 相田真治　　KO 14:10　15 田邊　秀樹 FB 15 船津　　光

交代　　早大:岩井哲史(中田)、塚原一喜(中村)　　シンビン=有田隆平
　　　帝京大:甲斐洋充(吉田)、福田敏克(甲斐)　　シンビン=ヘンドリック・ツイ、平原大敬

平成21年度（2009年度）　創部92年目

主　　将　　早田健二
副 主 将　　山岸大介、田邊秀樹
主　　務　　大川秀平
副 主 務　　西田剛
寮　　長　　渡辺千明
分　　析　　村木俊貴
コンディショニング　吉村陽介
委　　員　　櫻井朋広、有田隆平、中村拓樹、山中亮平、宮澤正利
卒業年次部員　早田健二、大川秀平、荒田小太郎、石田啓太、井上隼一、今福達也、大島佐利、岡上馨、
　　　　　　小原健嗣、坂巻陽平、櫻井朋広、清水直志、武田佳明、田島忠明、田邊秀樹、常藤健、冨
　　　　　　田隆史、中川雄太、二ノ坂悟志、丹羽弘旭、星野泰佑、松井祐太朗、松渕真哉、村木俊貴、
　　　　　　村田賢史、山岸大介、横谷祐紀、吉村陽介、渡辺千明、和田卓也、松原彩乃、児玉優子
部　　長　　佐藤英善
監　　督　　中竹竜二
コ ー チ　　竹内大（総務）、後藤禎和（普及担当兼アドバイザー）、中竹竜二（スタイルマネジメント）、
　　　　　　疋田拡（広報）、有水剛志、青野泰郎、石嶋照幸、諸岡省吾、脇健太、小島浩之、星野
　　　　　　邦夫、羽生憲久、尤京泰明、藤森啓介、山本裕司、勝田譲
部 員 数　　127名（内女子11名）
夏 合 宿　　菅平（第66回）
シーズン成績　7勝1敗1分　関東大学対抗戦優勝、大学選手権2回戦敗退
試合成績
【公式試合】
　＜対抗戦＞
　　No.889　H21.9.13　　○　早稲田大学　106-0　●　成蹊大学　秩父宮　R河野哲彦
　　No.890　H21.10.4　　○　　〃　　　　94-5　●　立教大学　熊谷　R清水塁
　　No.891　H21.10.17　○　　〃　　　　50-5　●　筑波大学　熊谷　R下井真介
　　No.892　H21.10.31　○　　〃　　　　 6-3　●　帝京大学　秩父宮　R下井真介
　　No.893　H21.11.7　　○　　〃　　　　82-0　●　日本体育大学　秩父宮　R下村大樹
　　No.894　H21.11.23　△　　〃　　　　20-20　△　慶應大学　秩父宮　R桜岡将博
　　No.895　H21.12.7　　○　　〃　　　　16-14　●　明治大学　国立競技場　R下井真介
　＜第46回大学選手権＞
　　No.896　H21.12.20　○　早稲田大学　38-0　●　立命館大学　瑞穂　R下村大樹（1回戦）
　　No.897　H21.12.27　●　　〃　　　　20-31　○　帝京大学　秩父宮　R戸田京介（2回戦）
【準公式試合】
　　H21.5.17　△　早稲田大学　27-27　△　慶應大学　宮崎県総合運動公園　R佐藤清文
　　H21.5.30　○　　〃　　　　88-7　●　同志社大学　瑞穂
　　H21.6.21　○　　〃　　　　33-17　●　明治大学　札幌・月寒　R坂本守
★シーズンの優勝チーム★
　　第80回関東大学対抗戦優勝　早稲田大学（2年ぶり33回目）
　　第43回関東大学リーグ戦優勝　東海大学（3年連続3回目）
　　第46回大学選手権大会優勝　○　帝京大学　14-13　●　東海大学（1回目）
　　第47回日本選手権大会優勝　○　三洋電機　22-17　●　トヨタ自動車（3年連続3回目）

帝京に苦杯

　当初、3年の任期だった中竹監督が4年目も指揮を執ることになった。「Explosion」(爆発)をスローガンに掲げ、早田主将とチーム初の全国大学選手権3連覇を目指した。

　6月、昭和31年度卒の増山瑞比呂からの多額の寄付をもとに、上井草にクラブハウスが完成した。対抗戦序盤は攻撃力をみせつけて3試合で38トライ、250点を奪った。しかし、4試合目の帝京大戦は激しい相手の絡みに球出しを乱されノートライに終わった。2PGで逃げ切ったが、ブレイクダウンの課題が解消されておらず、シーズン終盤に向け、どこまで高められるかが、ポイントとなった。

　対抗戦を負けなしで2年ぶりに制覇し、大学選手権に臨んだ。初戦でステップアップしたかったが、けが人も多く、攻守の形を固められないまま、2回戦で帝京大と再戦となった。後半3分の上田のトライで、リードを8点まで広げたがそこから流れが変わった。帝京大自慢の重量FWに圧力をかけられた。起点のモールからツイに連続トライを浴び、36分に再びモールから吉田に抜け出されてトライを喫し、同志社大学に次ぐ史上2校目の3連覇の夢を砕かれた。早大は8大会連続で決勝に進んでいたが、9大会ぶりに4強入りを逃した。

　　　　＊　　　　　＊

　100周年を迎え、その歴史あるラグビー部に同期全員と歴史を刻むことができ大変嬉しく思います。荒ぶるを目標に楕円球を追っていた日々が懐かしく、ラグビーに熱中していたあの時期は一生の思い出です。

　結果的には「荒ぶる」という最大の目標は達成できませんでしたが、早稲田大学ラグビー部で過ごした4年間は私を大きく成長させてくれました。

　いろいろな思い出がありますが、毎年海の日に同期全員で海に行く恒例行事が楽しく印象深いです。毎年ハプニングがあり、同期みんなで馬鹿騒ぎしたあの日の思い出は今でも鮮明に覚えています。きつい菅平での夏合宿を前に、同期との絆を深める最高の恒例行事でした。卒業してからも、いろいろなところで強みとなり、人との繋がりを生み出してくれます。今後も早稲田大学ラグビー部に所属していたことに誇りを持ちながら日々生活していきたいと思います。

　後輩たちには「荒ぶる」を勝ち取ってもらえるよう、OBとして全力で応援します。そして、今年の大学選手権の決勝後に、後輩たちが「荒ぶる」を高々と歌っている姿を楽しみにしています。

　　　　　　　　　　　　　　（早田健二）

夏休み

第86回早慶戦
平成21年11月23日　秩父宮ラグビー場
△早大20－20△慶大

▌29年ぶりの引き分け

　7年ぶりの全勝対決は、両校とも持ち味を出し、29年ぶりに引き分けた。慶大が挙げた3トライは、相手防御の外側が薄いと読み、狙って取りきった。前半はカウンターアタックから三木が2本。後半8分の3本目は右へ何度も展開して、最後は好フォローしていた川村がトライ、「僕らが目指す展開攻撃」と胸を張った。

　早大には力強さがあった。反則を得てもPGを狙わず、ラインアウトからのモール攻撃を仕掛けた。この肉弾戦が後半になって慶大のスタミナを奪っていった。しつこく縦への突破を繰り返し、36分に途中出場の山中の強引なトライ（ゴール）で追いついた。日本代表から戻ってきた山中は「自分が前に出れば防御の穴を広げられると思った」。早田主将は「負けなくてよかった。自分たちの力はまだまだだと実感させられた。意識を変え、1つひとつの精度を上げていければ」と収穫を口にした。トライ数で上回った慶大が残りの帝京大戦に優勝をかけたが、敗れたため、早大に優勝の可能性が復活した。

公式試合No.894　平成21年度第6試合　対抗戦

早大		慶大	早大		慶大	
20	－	20	1 山岸　大介	FW	1 川村　　慎	
13	前	13	2 有田　隆平		2 金子　大介	
7	後	7	3 瀧澤　　直		3 廣畑光太郎	
1	T	2	4 清水　直志		4 栗原　大介	
1	G	0	5 中田　英里		5 村田　　毅	
2	PG	1	6 中村　拓樹		6 松本　大輝	
0	DG	0	7 山下　昂大		7 阿井宏太郎	
1	T	1	8 大島　佐利		8 小澤　直輝	
1	G	1	9 榎本　光祐	HB	9 藤代　尚彦	
0	PG	0	10 村田　賢史		10 和田　　拓	
0	DG	0	11 中濱　寛造	TB	11 三木　貴史	
7	反則	14	12 村田　大志		12 増田　勇介	

平成21年11月23日　13 坂井　克行　13 竹本竜太郎
G 秩父宮　14 早田　健二　14 小川　優輔
R 櫻岡将博　KO 14:04　15 田邊　秀樹 FB 15 小林　俊雄
交代　早大:岩井哲史(清水)、清登朗(村田大)、櫻井朋広(榎本)、山中亮平(村田賢)、中霸隆彰(田邊)
　　　慶大:高橋立寛(阿井)、吉岡承勲(藤代)、仲宗根健太(竹本)

第85回早明戦
平成21年12月6日　国立競技場
○早大16－14●明大

▌逆転で2年ぶりV

　早大が底力を見せた。前半6分、明大に縦長のモールからトライを奪われると、28分にも連続攻撃から杉本にトライを許して14点差をつけられた。この間、中田と有田が負傷交代、PGで3点を返したが、明大ペースで試合は進んだ。

　ハーフタイムに中竹監督から「1点差でも、ノートライでもいいからとにかく勝ってこい。この逆境を楽しもう」と声をかけられ、息を吹き返した。後半3分、PGを決めて8点差に。19分に中濱のトライで3点差に追い上げた。

　そして30分、明大のFKをキャッチした大島からカウンター攻撃が始まった。星野が防御網を突破。右へつなぎ、内山からパスを受けた瀧澤がタッチに出される寸前にうまくつないで、櫻井がインゴールへ飛び込んだ。逆転のトライ。殊勲の星野は「とにかく流れを変えたかった。自分が強いプレーをしてチームに勢いを与える。チームを前に出す。それができると信じていた。4年の意地」。レギュラー組に星野や内山らがかみ合ってのトライに選手層の厚さが表れた。

公式試合No.895　平成21年度第7試合　対抗戦

早大		明大	早大		明大	
16	－	14	1 山岸　大介	FW	1 茅島　雅俊	
3	前	14	2 有田　隆平		2 伊吹　誠介	
13	後	0	3 瀧澤　　直		3 小野　慎介	
0	T	2	4 清水　直志		4 鎌田祐太郎	
0	G	2	5 中田　英里		5 名嘉　翔伍	
1	PG	0	6 中村　拓樹		6 堀江　恭佑	
0	DG	0	7 山下　昂大		7 西原　忠佑	
2	T	0	8 大島　佐利		8 杉本　博昭	
0	G	0	9 榎本　光祐	HB	9 秦　　一平	
1	PG	0	10 山中　亮平		10 田村　　優	
0	DG	0	11 中濱　寛造	TB	11 山口　真澄	
4	反則	9	12 内山　竜輔		12 溝口　裕哉	

平成21年12月6日　13 牛房　佑輔　13 衛藤　陽介
G 国立競技場　14 早田　健二　14 小泉　　将
R 下井真介　KO 14:00　15 飯田　貴也 FB 15 石丸　剛也
交代　早大:和田卓也(有田)、星野義佑(中田)、櫻井朋広(榎本)、吉井耕平(山中)
　　　明大:鈴木亮太郎(伊吹)、竹内健人(堀江)、柴山茂範(衛藤)、居迫雄大(柴山)

11　最後の連覇から帝京時代へ（平成20年代）　273

平成22年度（2010年度）　創部93年目

主　　　将　　有田隆平
副 主 将　　山中亮平、長尾岳人
主　　　務　　西田剛
副 主 務　　堺裕介
寮　　　長　　宮澤正利
コンディショニング　　井村達朗
委　　　員　　中村拓樹、田邊秀樹、山下昂大
卒業年次部員　　有田隆平、西田剛、渥美英岳、飯田貴也、伊東健、井村達朗、岩井哲史、岩澤慶吾、牛
　　　　　　　　房佑輔、内山竜輔、榎本光祐、大塚悠介、小川洪平、清登明、後藤隆太、小林勝宗、坂
　　　　　　　　井克行、鈴木稔也、中田英里、中濱寛造、中村拓樹、松井一樹、宮澤正利、村田大志、
　　　　　　　　山中亮平、吉田健雄、吉谷吾郎、中丸皓平、岡本香織、仲田妃那
部　　　長　　島田陽一
監　　　督　　辻高志（34代監督）
コ ー チ　　竹内大、木賀澤智之（以上総務）、疋田拡（広報）、後藤禎和、勝田譲、諸岡省吾、尢京
　　　　　　　泰明、月田伸一、福田恒輝）、小森允紘、長井真弥、村上貴弘、田中章博
部 員 数　　125名（内女子10名）
夏 合 宿　　菅平（第67回）
シーズン成績　　9勝3敗　関東大学対抗戦優勝、大学選手権準優勝、日本選手権1回戦敗退
試合成績
【公式試合】
　＜対抗戦＞
　No.898　H22.9.12　○　早稲田大学　64-8　●　立教大学　秩父宮　R堀江学
　No.899　H22.9.25　○　　〃　　88-0　●　成蹊大学　上柚木　R清水塁
　No.900　H22.10.2　○　　〃　　34-26　●　筑波大学　熊谷　R桜岡将博
　No.901　H22.10.24　○　　〃　　91-3　●　日本体育大学　熊谷　R堀江学
　No.902　H22.11.3　○　　〃　　33-14　●　帝京大学　秩父宮　R相田真治
　No.903　H22.11.23　●　　〃　　8-10　○　慶應大学　秩父宮　R下井真介
　No.904　H22.12.5　○　　〃　　31-15　●　明治大学　国立競技場　R桜岡将博
　＜第47回大学選手権＞
　No.905　H22.12.19　○　早稲田大学　94-7　●　大阪体育大学　秩父宮　R藤内有己（1回戦）
　No.906　H22.12.26　○　　〃　　62-12　●　関西学院大学　瑞穂　R下井真介（2回戦）
　No.907　H23.1.2　○　　〃　　74-10　●　明治大学　国立競技場　R相田真治（準決勝）
　No.908　H23.1.9　●　　〃　　12-17　○　帝京大学　国立競技場　R平林泰三（決勝）
　＜第48回日本選手権＞
　No.909　H23.2.6　●　早稲田大学　43-66　○　NTTドコモ　秩父宮　R桜岡将博（1回戦）
　＜国際試合＞
　国際106　H22.5.22　○　早稲田大学　45-17　●　高麗大学　高麗大G　R不明（第6回定期戦）
　＜全早大試合＞
　全早大133　H22.4.3　●　全早大　19-26　○　全慶大　秩父宮　R藤内有己（第30回全早慶明）
　全早大134　H22.4.18　○　　〃　　52-45　●　　〃　　秩父宮　R清水塁（同上）
【準公式試合】
　H 22.5.30　●　早稲田大学　33-45　○　明治大学　静岡県営草薙
　H 22.6.6　○　　〃　　79-14　●　同志社大学　長野・伊那市陸上競技場

H 22.6.20	○	〃	24-14 ●	慶應大学	三ツ沢
H 22.6.27	○	〃	17-14 ●	関東学院大学	三ツ沢（定期戦）
H 22.8.19	○	〃	60-20 ●	東京大学	早大菅平（同上）

★シーズンの優勝チーム★
第81回関東大学対抗戦優勝　早稲田大学（2年連続34回目）
第44回関東大学リーグ戦優勝　東海大学（4年連続4回目）
第47回大学選手権大会優勝　○ 帝京大学 17-12 ● 早稲田大学（2年連続2回目）
第48回日本選手権大会優勝　○ サントリー 37-20 ● 三洋電機（9大会ぶり4回目）

あと一歩届かず

　有田組は2007年に聖地・上井草に足を踏み入れた。推薦組12名、一般組19名。圧倒的な存在・権丈組4年の姿をモデルとし、有田組はグランドでの体現に重きを置いた。規律を守れない者を推薦組が容赦なく退部に追い込もうとし、一般組が「いや彼は必要なんだ」と食い止める。独特な距離感があった。

　迎えた4年目、主将有田は辻新監督の「本気」を信じることに決めた。スローガンは「1対1」。有田組らしくシンプルに自由に大きく。

　ナンバー8有田を中心に、ジャパンの経験を得た副将山中、FWには不動の両ロック中田と岩井、タックラー中村、BKには榎本、坂井、村田、宮澤、中濱、飯田、そして5年目田邊。そこに一般組が赤黒へひたすらにあがき、食らいつく。上井草は一層の熱を帯びていった。春シーズンは苦戦を強いられたが、夏合宿と対抗戦で帝京に勝利、早慶戦の敗戦を機に、魂の校歌斉唱から早明戦と選手権準決勝で明治を圧倒、「緊張」の1週間、寄せ書きで思いは一つに。有田組はワセダがワセダであるための確かなプロセスを辿ったはずだった。

　しかし、己の勝ち方を知り、勝つためのラグビーを徹底した帝京に敗れた。2011年1月9日、国立で有田は唇を噛みしめ、涙をこらえ、虚空を見つめていた。その残酷な事実が今もポツンと我々の記憶には刻まれている。

　有田組は「荒ぶる」を歌うことができなかった。しかし、あらゆるものを削ぎ落とし「荒ぶる」「赤黒」に執着した4年間は確かに存在した。先人たちが築き上げてくれた情熱・魂・絆に心から感謝をしたい。そして100周年を迎えるにあたり、我々もその伝統を繋ぐ一端を担ったことを誇りに思う。8シーズン後の創部100周年のシーズン、有田主将と山中副将は奇しくも神戸製鋼でチームメートとなり、悲願の日本一を達成した。

（西田剛）

夏合宿

11　最後の連覇から帝京時代へ（平成20年代）

第87回早慶戦
平成22年11月23日　秩父宮ラグビー場

●早大8－10○慶大

10年ぶりの黒星

　早大は再三の好機を生かせなかった。前半13分、坂井の突進から相手ゴールに迫ったが、インゴールに飛び込む山中がノックオン。25分過ぎには、得意の形から中濱にボールを渡したが、粘り強い防御に阻まれた。結局、前半はトライを奪えず、井口は「慶應がしつこいディフェンスをしてくることはわかっていた。取り急いでしまった。ヨコ、ヨコにいって、強いタックルをまともに喰らった。もっとタテにいっていれば」と悔やんだ。慶大の猛タックルは、冷静さが支えた。山中のトライを直前で防いだ栗原は「山中は片手でトライをする癖がある。それをはたければ、と手を出した」と言った。

　後半12分、慶大は相手陣22メートル付近のラインアウトからサインプレーで小沢が突破、FWがラックを連取し、最後は竹本主将が大外を疾走してトライ、和田が難しいゴールを決めた。早大は1トライを返したが、後半も相手ゴール前に迫りながらパスをインターセプトされるなど攻めの精度が低かった。

公式試合No.903　平成22年度第6試合　対抗戦

早大		慶大		早大			慶大
8	－	10	1	上田竜太郎	FW	1	半田　恭平
3	前	3	2	伊藤平一郎		2	高橋　浩平
5	後	7	3	垣永真之介		3	古田　哲也
0	T	0	4	岩井　哲史		4	栗原　大介
0	G	0	5	中田　英里		5	村田　毅
1	PG	1	6	中村　拓樹		6	柴田　翼
0	DG	0	7	山下　昂大		7	阿井宏太郎
1	T	1	8	有田　隆平		8	小澤　直輝
0	G	1	9	榎本　光祐	HB	9	古岡　承勳
0	PG	0	10	山中　亮平		10	和田　拓
0	DG	0	11	中濱　寛造	TB	11	三木　貴史
8	反則	8	12	坂井　克行		12	竹本竜太郎
平成22年11月23日			13	村田　大志		13	増田　慶介
G　秩父宮			14	中礒　隆彰		14	児玉健太郎
R　下井真介　KO 14:03			15	井口　剛志	FB	15	小川　優輔

交代　早大：金正圭(中村)、田邊秀樹(中礒)
　　　慶大：小斉平聖人(吉岡)、落合陽輔(増田)

第86回早明戦
平成22年12月5日　国立競技場

○早大31－15●明大

得失点差でV2

　復活してきた明大が12年ぶりに全勝で早明戦を迎えた。

　その明大がこだわるスクラム勝負で早大の若いフロントローが互角に戦った。2年の伊藤は「組んでいくうちに大丈夫、これならいけると思った」。FWが劣勢の予想を覆せば、バックスが輝きを放つ。前半23分、逆襲から中濱が相手2人をはじき飛ばし、最後は坂井が先制トライ。ここから流れを渡さなかった。

　国立には約4万3千人が集まった。「タテの明治とヨコの早稲田」というかつての構図のような戦いだったが、中濱が「1対1に持ち込めば負けない」と言ったように、早大が1枚上手だった。早大の山中と明大の田村は4年連続早明戦でのSO直接対決。この年、山中は対抗戦104点（7T、30G、3PG）を稼ぎ得点王になった。

　早大が勝ち、明大、慶大と6勝1敗で並んだ。当該対戦は同率、トライ数も早大、明大5（慶大4）で2校が並び、3校間の得失点差（早大＋14、慶大－1、明大－13）で早大が優勝、2位慶大、3位明大となった。

公式試合No.904　平成22年度第7試合　対抗戦

早大		明大		早大			明大
31	－	15	1	上田竜太郎	FW	1	楢山　直幸
17	前	3	2	伊藤平一郎		2	渡部　逸記
14	後	12	3	垣永真之介		3	城　彰
2	T	0	4	岩井　哲史		4	古屋　直樹
2	G	0	5	中田　英里		5	名嘉　翔伍
1	PG	1	6	中村　拓樹		6	三村勇飛丸
0	DG	0	7	山下　昂大		7	堀江　恭佑
2	T	2	8	有田　隆平		8	杉本　博昭
2	G	1	9	西橋　勇人	HB	9	秦　一平
0	PG	0	10	山中　亮平		10	田村　優
0	DG	0	11	中濱　寛造	TB	11	木村　圭吾
15	反則	6	12	坂井　克行		12	大澤　良介
平成22年12月5日			13	村田　大志		13	衛藤　陽介
G　国立競技場			14	中礒　隆彰		14	居迫　雄大
R　桜岡将博　KO 14:00			15	井口　剛志	FB	15	小泉　将

交代　早大：金正圭(中村)、西田剛(西橋)、田邊秀樹(坂井)、飯田貴也(中礒)
　　　明大：郷雄貴(渡部)、茅島雅俊(楢山)、友永恭平(名嘉)、千布亮輔(三村)、染山茂範(木村)、猿楽直希(大澤)

平成23年度（2011年度）　創部94年目

主　　　将　　山下昂大
副 主 将　　井口剛志
主　　　務　　堺裕介
副 主 務　　永山大志
寮　　　長　　齋藤健
委　　　員　　下平泰生、土屋鷹一郎、上田竜太郎
卒業年次部員　山下昂大、堺裕介、赤澤祐太、井口剛志、井上源希、内村龍太郎、熊谷和樹、小林勇也、近藤統靖、斎藤健、佐瀬孝至、下平泰生、瀧口謙、土屋鷹一郎、原野陽亮、廣羽総一郎、福崎隼基、峯岸純也、村松賢一、山崎大夢、横谷大祐、井上祥成、池永真、伊藤亜紀、甲斐今日子、千田佑、伊藤薫、鈴木遥香
部　　　長　　島田陽一
監　　　督　　辻高志
コ ー チ　　竹内大、木賀澤智之（以上総務）、小森允紘（ヘッド）、後藤禎和、諸岡省吾、小山義弘、大内和樹、福田恒輝）、長井真弥、大瀬祐介、大谷寛、中村拓樹、鈴木稔也、前田夏洋（アドバイザー）、増保輝則（アドバイザー）、大道泉、鬼頭祐介、平井悠斗
部 員 数　　133名（内女子9名）
夏 合 宿　　菅平（第68回）
シーズン成績　6勝3敗　関東大学対抗戦2位、大学選手権2回戦敗退
試合成績
【公式試合】
＜対抗戦＞
No.910　H23.9.10　○　早稲田大学　69-12　● 青山学院大学　秩父宮　R桜岡将博
No.911　H23.9.24　○　〃　　129-0　● 成蹊大学　アルウィン（長野・松本）　R藤内有己
No.912　H23.10.11　○　〃　　93-0　● 日本体育大学　秩父宮　R下村大樹
No.913　H23.10.23　●　〃　　7-21　○ 筑波大学　ケーズデンキ（水戸）　R河野哲彦
No.914　H23.11.3　●　〃　　8-12　○ 帝京大学　秩父宮　R下井真介
No.915　H23.11.23　○　〃　　54-24　● 慶應大学　秩父宮　R桜岡将博
No.916　H23.12.4　○　〃　　18-16　● 明治大学　国立競技場　R下井真介
＜第48回大学選手権＞
No.917　H23.12.18　○　早稲田大学　51-7　● 大阪体育大学　瑞穂　R河野哲彦（1回戦）
No.918　H23.12.25　●　〃　　26-28　○ 関東学院大学　秩父宮　R塩崎公寿（2回戦）
＜全早大試合＞
チャリティー・マッチ（三つ巴、1試合40分）
全早大135　H23.5.5　○　全早大　19-10　● 全明大　秩父宮　R藤内有己（第31回全早慶明）
全早大136　H23.5.5　○　〃　　28-12　● 全慶大　秩父宮　R平林泰三（同上）
【準公式試合】
H23.5.15　○　早稲田大学　59-29　● 同志社大学　花園
H23.5.22　●　〃　　29-43　○ 明治大学　下関
H23.5.29　○　〃　　24-7　● 立教大学　早大上井草（定期戦）
H23.6.12　●　〃　　15-34　○ 慶應大学　鹿児島・鴨池
H23.6.25　○　〃　　48-19　● 東海大学　三ツ沢　R藤内有己
H23.8.18　○　〃　　42-22　● 東京大学　早大菅平（定期戦）

11　最後の連覇から帝京時代へ（平成20年代）　277

★シーズンの優勝チーム★
第82回関東大学対抗戦優勝　帝京大学（3年ぶり2回目）
第45回関東大学リーグ戦優勝　流通経済大学（1回目）
第48回大学選手権大会優勝　○ 帝京大学 15-12 ● 天理大学（3年連続3回目）
第49回日本選手権大会優勝　○ サントリー 21-9 ● パナソニック（2年連続5回目）

年越し逃す

2年目の辻監督、山下主将、井口副将で臨んだ。3連覇を狙った対抗戦では4試合目で筑波大に敗れた。筑波に負けたのは33年ぶり2度目だった。帝京大が2回目の優勝を初の全勝で飾った。

対抗戦2位で臨んだ大学選手権では、かつて決勝で6度戦ったライバルの関東学院大と2回戦で顔を合わせた。2007年の不祥事から復活を目指す関東はリーグ戦3位だったが、ひたむきなプレーに前半15点差をつけられ、後半の追い上げも届かなかった。明大、慶大も2回戦で敗れ、選手権史上初めて早慶明が4強に1校も残れなかった。

　　　　　＊　　　　　　　＊

前年度、大学選手権決勝で敗戦した悔しさを晴らすために、日々の練習に打ち込んだ。チーム始動時に東日本大震災があり、日本中が未曾有の大震災におびえ、悲しみに暮れる中で、ラグビーを通して世の中にメッセージを発信できないかと色々と考えた。震災1カ月後に現地に行き、ボランティア活動を実施したり、全早慶明で募金活動を実施したり様々な活動を行った。この時、ラグビーをすることの責任を強く感じることができた。

シーズンが深まると例年以上に、様々な逆境に立たされたが、全員で立ち向かっていった。特に、山下、井口、そして辻監督の取り組みは目を見張るものがあった。弱みを見せず常に前を向きチームを引っ張り続けた山下主将、周囲に気を配りながら一言、一言、丁寧にチームに言葉をかけ続けた井口副将、夜遅くまで監督部屋の電気が消えることはなく、また、翌日誰よりも早くグラウンドに立っていた辻監督、誰よりもかっこよかった。残念ながら、年を越すことなく終わってしまったが、全員の取り組みは素晴らしいものがあった。

今回、100周年を迎えるにあたって、私たちの代の思いは一つ、人々に夢や感動、希望を与えられるチームであり続けて欲しいということです。人に感動を与えるためには応援されるチーム・人間でなければならない。もちろん早稲田である以上、優勝を目指すことは当たり前だと思います。ただ、勝った時に一緒に喜んでくれる人が何人いるのか、負けた時に一緒に泣いてくれる人が何人いるのか、それもとても重要だと思います。

これから、私たちも早稲田大学ラグビー蹴球部に所属していたことを誇るのではなく、早稲田大学ラグビー蹴球部に誇られるようなOB・OGになれるように頑張っていきたいと思います。最後になりますが、2011年度シーズン、辻監督を始めとするコーチ陣・スタッフの皆様、私たちのために死力を尽くしていただきありがとうございました。

（堺裕介）

夏合宿

第88回早慶戦
平成23年11月23日　秩父宮ラグビー場
○早大54 − 24●慶大

▎3年ぶり白星

　ともに優勝の可能性がない伝統の一戦となった。早大は副将の井口が復帰したこともあり、BKの動きが良くなり計9トライを挙げて快勝した。

　前半15分、帝京戦から先発している小倉が大きく突破し、山下主将がチーム初トライ。一時逆転されたが、23分には井口がゴール前左のスペースに絶妙なキックパスを送り、原田が走り込み再逆転のトライを決めた。これで、完全に流れをつかんだ。

　後半は余裕の戦いぶり。特にターンオーバーから素早く攻撃に転じ、中靎・原田が自慢の快足を披露した。夏から重点的に練習をしてきたモールからトライを奪い、FW戦でも優位に立てた。36分には中靎がキックパスにうまく反応し、この日3つ目のトライを挙げ大勝に貢献した。大峯、小倉、布巻の1年生3人が先発し、辻監督は「思いっきりのびのびとプレーしてくれて、非常に良いパフォーマンスだった。これに満足せずに常に自分にベクトルを向けてほしい」と話した。

公式試合No.915　平成23年度第6試合　対抗戦

早大		慶大		早大			慶大
54	−	24		1	上田竜太郎	FW 1	三谷　俊介
34	前	10		2	伊藤平一郎	2	高橋　浩平
20	後	14		3	横谷　大祐	3	平野　裕馬
5	T	1		4	土屋鷹一郎	4	栗原　大介
3	G	1		5	芦谷　勇帆	5	藤本慎二郎
1	PG	1		6	金　　正奎	6	石橋　拓也
0	DG	0		7	山下　昂大	7	伊藤　　悠
4	T	2		8	大峯　功三	8	明本　大樹
0	G	2		9	西橋　勇人	HB 9	渡辺　諒介
0	PG	0		10	小倉　順平	10	宮川　尚之
0	DG	0		11	原田　季郎	TB 11	児玉健太郎
14	反則	7		12	藤近紘二郎	12	仲宗根健太
平成23年11月23日				13	布巻　竣介	13	岩淵功太郎
G 秩父宮				14	中靎　隆彰	14	浦野　龍基
R 桜岡将博　KO 14:00				15	井口　剛志	FB 15	新甫　　拓

交代　早大:髙家崇徳(伊藤)、垣永真之介(横谷)、近藤貴敬(金)、小林勇也(大峯)、熊谷和樹(西橋)、
　　　吉井耕平(小倉)、村松賢一(布巻)
　　　慶大:古田哲也(三谷)、渡辺祐吾(高橋)、熊倉悠太(伊藤)、鹿児島昌平(石橋)、郡司光太(渡辺)、
　　　高田芙(岩淵)、位田陸(浦野)

第87回早明戦
平成23年12月4日　国立競技場
○早大18 − 16●明大

▎節目の50勝

　早大は前半5分、原田のPGで先行したが、直後に明大にPGを返された。風下の早大はキック処理に手間取り、相手陣に入っても反則が目立った。32分には自陣ゴール前のモールからトライを奪われ、10点リードされ折り返した。

　山下主将は「風下だったので、あのくらいの点差は想定内。むしろ及第点かなと思った。後半はしっかり敵陣で戦おうと言った」。後半3分、PKからの速攻で西橋−小倉とつなぎ、原田が左サイドを駆け上がってチーム初トライとゴール。25分には左ラックから右へ展開。垣永が金へうまくつなぎ2本目のトライが生まれた。ここから畳かけられず、明大にPGを決められて再びリードを許した。1点差を追い終了間際に相手陣22メートル付近でPKを得た。PGを狙った原田が落ち着いて決め、辛くも逃げ切り。早明戦通算50勝目（35敗2分け）を挙げた。対抗戦で原田が120点（10T、29G、4PG）で得点王、山下主将が11Tでトライ王となった。

公式試合No.916　平成23年度第7試合　対抗戦

早大		明大		早大			明大
18	−	16		1	上田竜太郎	FW 1	石原慎太郎
3	前	13		2	伊藤平一郎	2	鈴木亮大郎
15	後	3		3	横谷　大祐	3	小野　慎介
0	T	1		4	土屋鷹一郎	4	池田　慶恭
0	G	1		5	芦谷　勇帆	5	日高　　駿
1	PG	2		6	金　　正奎	6	比果　義稀
0	DG	0		7	山下　昂大	7	竹内　健人
2	T	0		8	大峯　功三	8	堀江　恭佑
1	G	0		9	西橋　勇人	HB 9	秦　　一平
1	PG	1		10	小倉　順平	10	染山　茂範
0	DG	0		11	原田　季郎	TB 11	山中　翔平
6	反則	7		12	藤近紘二郎	12	溝口　裕哉
平成23年12月4日				13	布巻　竣介	13	西村　雄大
G 国立競技場				14	中靎　隆彰	14	小泉　　将
R 下井真介　KO 14:00				15	井口　剛志	FB 15	仁平　佑樹

交代　早大:垣永真之介(横谷)
　　　明大:楢山直幸(石原)、寺田大樹(池田)、小河康蔵(比果)、田川明洋(秦)、斉藤春樹(小泉)

11　最後の連覇から帝京時代へ（平成20年代）　279

平成24年度（2012年度）　創部95年目

主　　　将　上田竜太郎
副 主 将　西橋勇人
主　　　務　永山大志
副 主 務　原和人
寮　　　長　中霤隆彰
委　　　員　吉井耕平、森田慶良、原田季郎、垣永真之介、金正奎
卒業年次部員　上田竜太郎、永山大志、秋葉祐太朗、阿部太一、雨宮大地、伊藤元気、伊藤平一郎、岩丸和弘、大谷暢、大伴崇明、梶原慶裕、片山大輔、河原崎努、黒澤健、斎藤渉、佐藤廉也、高家崇徳、竹下和宏、津金崇仁郎、筒居洋祐、中霤隆彰、中西康、中野裕太、西橋勇人、原田季郎、平繁秀治、福田健太、堀柊馬、本谷尋、光宗良芙、森田慶良、安江順、山崎智朗、吉井耕平、安藤豪章、松原里英、山本萌衣

部　　　長　島田陽一
監　　　督　後藤禎和（35代監督）
コ　ー　チ　木賀澤智之、竹内大（以上総務）、前田夏洋（オフェンスコーディネーター）、小山義弘、長井真弥、大谷寛、森島弘光、銘苅信吾、佐藤友重、上田一貴、月田伸一、伊勢昌幸人、中川雄太、武川正敏、今駒憲二、堺裕介、星野邦夫、桑島靖明、畠本茂也（ルールレフェリング）、塩入英治、相良南海夫、増保輝則（以上アドバイザー）、大道泉、鬼頭祐介、平井悠斗
部 員 数　125名（内女子6名）
夏 合 宿　菅平（第69回）
シーズン成績　11勝4敗　春季交流大会2位、関東大学対抗戦4位、大学選手権準決勝敗退
試合成績
【公式試合】
　＜春季交流試合A＞
　No.919　H24.4.30　○ 早稲田大学 95-0 ● 関東学院大学　早大上井草　R堀江学
　No.920　H24.6.17　○　〃　39-15 ● 流通経済大学　ケーズデンキ（水戸）　R涌井大輔
　No.921　H24.6.24　○　〃　57-0 ● 大東文化大学　早大上井草　R田中利昇
　No.922　H24.7.1　○　〃　43-38 ● 東海大学　三ツ沢　R小堀英之
　＜対抗戦＞
　No.923　H24.9.9　○ 早稲田大学 85-14 ● 日本体育大学　秩父宮　R小堀英之
　No.924　H24.9.30　○　〃　83-10 ● 青山学院大学　熊谷　R山田智也
　No.925　H24.10.14　● 〃　7-26 ○ 筑波大学　秩父宮　R河野哲彦
　No.926　H24.10.28　○　〃　67-0 ● 立教大学　熊谷　R川尻竜太郎
　No.927　H24.11.3　● 〃　27-37 ○ 帝京大学　秩父宮　R工藤隆太
　No.928　H24.11.23　○　〃　31-10 ● 慶應大学　秩父宮　R工藤隆太
　No.929　H24.12.2　● 〃　32-33 ○ 明治大学　国立競技場　R平林泰三
　＜第49回大学選手権＞
　No.930　H24.12.9　○ 早稲田大学 46-14 ● 天理大学　長居スタジアム　R戸田京介（プール戦）
　No.931　H24.12.16　○　〃　45-24 ● 流通経済大学　秩父宮　R加藤真也（同上）
　No.932　H24.12.23　○　〃　61-8 ● 大阪体育大学　花園　R前田輔（同上）
　No.933　H25.1.2　● 〃　10-38 ○ 帝京大学　国立競技場　R戸田京介（準決勝）
　＜国際試合＞
　国際107　H24.6.9　○ 早稲田大学 92-10 ● 高麗大学　早大上井草　R河野哲彦（第7回定期戦）
　＜全早大試合＞
　チャリティー・マッチ（三つ巴、1試合40分）
　全早大137　H24.4.15　○ 全早大 33-19 ● 全明大　秩父宮　R町田裕一（第32回全早慶明）
　全早大138　H24.4.15　○　〃　17-12 ● 全慶大　秩父宮　R山田智也（同上）

【準公式試合】
H24.5.13　○　早稲田大学　28-7　●　明治大学　熊谷　R平賀誠司
H24.5.20　○　〃　　36-0　●　慶應大学　宮崎・生目の杜　R家近賀壽夫
H24.5.29　○　〃　　24-7　●　立教大学　早大上井草
H24.8.18　○　〃　　42-22　●　東京大学　早大菅平（定期戦）

★シーズンの優勝チーム★
第1回春季交流試合　帝京大学（初優勝）
第83回関東大学対抗戦優勝　筑波大学（初優勝）、帝京大学（2年連続3回目）、明治大学（14年ぶり15回目）
第46回関東大学リーグ戦優勝　東海大学（2年ぶり5回目）
第49回大学選手権大会優勝　○　帝京大学 39-22 ●　筑波大学（4年連続4回目）
第50回日本選手権大会優勝　○　サントリー 36-20 ●　神戸製鋼（3年連続6回目）

新時代へ

大学チームの競技力向上を目指し、改革が進んだ。関東協会は春に実施していた関東対抗戦とリーグ戦の「交流戦」を公式戦に格上げした。日本協会は全国大学選手権の試合形式を変更し、セカンドステージにリーグ戦方式のプール戦を採用。ここに進んだ大学は少なくとも3試合を戦うことになった。

後藤新監督を迎えた。春季交流大会を4戦全勝で終えたが、同じ4勝だった帝京大が総得失点差（帝京大＋208、早大＋181）で1位となった。この年は対抗戦同士、リーグ戦同士の対戦はなかった。

秋の対抗戦では振るわず、29年ぶりに3敗を喫した。筑波大、帝京大、明治大が優勝を分け合い史上初めて3校同時優勝となった。新方式の大学選手権ではリーグ戦3試合を全勝で突破したが、準決勝で帝京大にまた、屈した。

＊　　　＊

一文で紹介すると、各人の自己主張が強く、まとまりがない代である。近年では一番多くのしぼりを受けた代であると自負（？）がある。新人早明戦／早慶戦で大敗してしぼられ、数多くの仕事のミスを重ねしぼられと、今では学年で集まった時の酒のつまみであるが、当時はとんでもない代だと、周りからも自分たちでも思っていた。

そんな私達が一番団結を示したのは後藤監督に就任いただいた4年生の時である。後藤さんには下級生の頃から全員が世話になり、この人のもとで荒ぶるを歌いたいと全員が決意して4年生の時の1年間を過ごした。いつも足並みの揃わない私達であるが、あの1年は過去の優秀な先輩方に負けない団結力と決断力、思考力を発揮したのではないかと思う。しかし今思うと、監督に依存し、自分たちで物事を最後まで考え抜くことができていなかったのではないか、最後の1年ではなく4年間通して勝つことを全員が考え抜けていたのか、と反省点が山のように出てくる。

結果として、大学選手権準決勝で帝京大学に敗れ、帝京大学の選手権4連覇という、同志社を超える記録を我々が作ってしまった。その後の帝京大学の隆盛はラグビー界の誰もが知るところである。今の私達ができることは、後輩を支援し早稲田の新しい歴史を作る手伝いをすること、社会のリーダーとして「あの4年間」があったから今の私があると言える存在になることが、勝てなかった私達の生涯をかけたミッションであると考えている。

（永山大志）

牛を焼く後藤監督

第89回早慶戦

平成24年11月23日　秩父宮ラグビー場

○早大31 － 10●慶大

▍珍しい雨中戦制す

2敗の早大と3敗の慶大の対戦は、早大が雨中戦を制した。

早大は前半9分、スクラムから連続攻撃を仕掛けて、中靏が先制のトライ。その後、インターセプトからのトライで追いつかれ、PGで勝ち越しを許したが、小倉がDGを決めて同点で前半を終えた。

後半4分、中靏のこの日2本目のトライで勝ち越し。28分にも中靏が慶大のキャッチミスを逃さず、ボールを拾って3本目のトライを奪った。これで、早慶戦2年連続で「ハットトリック」の達成となった。このシーズンは思うように結果を残せておらず、走り込みを続けてきた成果が表れた。中靏は「ほっとしている。このままではいけないと思っていた」と振り返った。これで勢いづいた早大はモールからのトライも加えた。上田主将らケガ人も多かったが、上田に代わって出場した大瀧は「自分のポジションの役割をしっかり果たせるよう、それだけを意識して臨んだ」。出場した選手が持つ力を発揮し、シーズン後半へ期待を持たせた。

公式試合No.928　平成24年度第10試合　対抗戦

早大		慶大		早大		慶大
31	－	10	1	大瀧　祐司	FW	三谷　俊介
10	前	10	2	須藤　拓輝		渡辺　祐吉
21	後	0	3	垣永真之介		平野　裕馬
1	T	1	4	近藤　貴敬		佐藤　大朗
1	G	1	5	芦谷　勇帆		山田　亮介
0	PG	1	6	金　正奎		茂木　俊和
1	DG	0	7	大峯　功三		木原　健裕
3	T	0	8	黒木　東星		鹿児島昌平
3	G	0	9	西橋　勇人	HB	宮澤　尚人
0	PG	0	10	小倉　順平		宮川　尚之
0	DG	0	11	原田　季郎	TB	瀧口晃太郎
11	反則	5	12	水野　健人		高田　英
平成24年11月23日			13	森田　慶良		大石　陽介
G　秩父宮			14	中靏　隆彰		鈴木　貴裕
R　工藤龍太　KO 14:05			15	黒澤　健		浦野　龍基

交代　早大：伊藤平一郎（須藤）、安江原大（大瀧）、古賀壮一郎（黒木）、平野航輝（西橋）、岡島陸（小倉）、藤近龍二郎（水野）、荻野岳志（黒澤）

慶大：青木周大（平野）、神谷哲平（渡辺）、遠藤洋介（山田）、森川翼（木原）、猪狩有智（宮澤）、川原健太朗（瀧口）、新甫拓（鈴木）

第88回早明戦

平成24年12月2日　国立競技場

●早大32 － 33○明大

▍節目は逆転負け

大学選手権を含めた公式戦100戦目の早明戦。節目の戦いはラストワンプレーで涙を飲んだ。

6点を追う早大は後半2分、中靏がこの日2本目のトライ。1点差に迫り、10分にはラインアウトから上田主将が逆転のトライを決めた。さらに荻野のトライで13点リードし、勝負あったかに思えた。

流れを変えたのは32分の明大のペナルティートライだった。早大はスクラムで反則を連発してしまった。この時点でまだ6点差あったが、上田主将は「自信を持っていたスクラムで、認定トライを取られたことが敗因と思っています」。そして、ロスタイム。明大はモールから中央へ展開し、古屋がインゴールに飛び込んだ。染山が逆転のゴールを成功させると、ノーサイドの笛がなった。最後に力尽きる形になったが、後藤監督は「最初の20分間が全て。試合の入りに集中して、臨むつもりだったが、簡単にとられた」と前半の失点を反省した。

公式試合No.929　平成24年度第11試合　対抗戦

早大		明大		早大		明大
32	－	33	1	上田竜太郎	FW	石原慎太郎
13	前	19	2	須藤　拓輝		石沢　敦
19	後	14	3	垣永真之介		榎　真生
1	T	3	4	近藤　貴敬		寺田　大樹
1	G	2	5	芦谷　勇帆		比果　義稀
2	PG	0	6	金　正奎		大相　慎也
0	DG	0	7	大峯　功三		竹内　健人
3	T	2	8	黒木　東星		堀江　恭佑
2	G	2	9	西橋　勇人	HB	山口　修平
0	PG	0	10	小倉　順平		染山　茂範
0	DG	0	11	原田　季郎	TB	小澤　和人
12	反則	6	12	水野　健人		西村　雄大
平成24年12月2日			13	森田　慶良		猿楽　直希
G　国立競技場			14	中靏　隆彰		斉藤　春樹
R　平林泰三　KO 14:00			15	片山　大輔	FB	高平　祐輝

交代　早大：平野航輝（西橋）、関島陸（水野）、荻野岳志（片山）

明大：須藤元気（榎）、古屋直樹（寺田）

平成25年度（2013年度）　創部96年目

主　　　将　　垣永真之介
副 主 将　　金正奎
主　　　務　　原和人
副 主 務　　池田良
寮　　　長　　藤近紘二郎
委　　　員　　須藤拓輝、近藤貴敬、間島陸、小倉順平、布巻峻介
卒業年次部員　垣永真之介、原和人、芦谷勇帆、石倉裕之、磯崎亮介、植田耕平、上田将也、呉泰誠、大瀧祐司、金澤男、金正奎、黒木東星、古賀壮一郎、近藤貴敬、杉総司、須藤拓輝、住友裕哉、平雄飛、辰野新之助、坪郷勇輝、土肥将也、菱田広大、廣野晃紀、藤近紘二郎、間島陸、水野健人、宮島大地、森村健斗、臼井智洋、安藤（原田）花菜子
部　　　長　　島田陽一
監　　　督　　後藤禎和
コ ー チ　　木賀澤智之、竹内大、高橋興平（以上総務）、小山義弘、長井真弥、大谷寛、森島弘光、銘苅信吾、佐藤友重、上田一貴、伊勢昌幸人、中川雄太、武川正敏、今駒憲二、星野邦夫、桑島靖明、塩入英治、相良南海夫、河原崎務、安江順、和田雅樹（ストレングスコーチ）、橋本新（コンディショニングコーチ）
部 員 数　　131名（内女子7名）
夏 合 宿　　菅平（第70回）
シーズン成績　14勝4敗　春季交流大会Bグループ2位、関東大学対抗戦2位、大学選手権準優勝、日本選手権1回戦敗退
試合成績
【公式試合】
＜春季交流試合Bグループ＞
　No.934　H25.5.5　　○　早稲田大学　56-5　● 中央大学　　早大上井草　R河野哲彦
　No.935　H25.5.18　　○　　〃　　　 61-5　● 日本体育大学　早大上井草　R大塚修哉
　No.936　H25.5.26　　○　　〃　　　 33-28　● 法政大学　　三ツ沢　　R清水塁
　No.937　H25.6.2　　 ●　　〃　　　 5-43　○ 慶應大学　　宮城・石巻運動公園　R大塚修哉
　No.938　H25.6.9　　 ○　　〃　　　 31-10　● 日本大学　　早大上井草　R久米村貴三
＜対抗戦＞
　No.939　H25.9.15　　○　早稲田大学　69-0　● 日本体育大学　秩父宮　R山本哲士
　No.940　H25.9.29　　○　　〃　　　 20-17　● 筑波大学　　秩父宮　R町田裕一
　No.941　H25.10.13　 ○　　〃　　　 70-7　● 成蹊大学　　熊谷　　R桜岡将博
　No.942　H25.10.19　 ○　　〃　　　 19-6　● 青山学院大学　三ツ沢　R三宅渉
　No.943　H25.11.3　　●　　〃　　　 31-40　○ 帝京大学　　秩父宮　R平林泰三
　No.944　H25.11.23　 ○　　〃　　　 69-7　● 慶應大学　　秩父宮　R藤内有己
　No.945　H25.12.1　　○　　〃　　　 15-3　● 明治大学　　国立競技場　R工藤隆太
＜第50回大学選手権＞
　No.946　H25.12.8　　○　早稲田大学　46-12　● 大阪体育大学　駒沢　R牧野伸孝（以下、No.948までプール戦）
　No.947　H25.12.15　 ○　　〃　　　 48-18　● 京都産業大学　瑞穂　R細樅勇二
　No.948　H25.12.22　 ○　　〃　　　 57-7　● 中央大学　　熊谷　R塩崎公寿
　No.949　H26.1.2　　 ○　　〃　　　 29-11　● 筑波大学　　国立競技場　R久保修平（準決勝）
　No.950　H26.1.12　　●　　〃　　　 34-41　○ 帝京大学　　国立競技場　R平林泰三（決勝）
＜第51回日本選手権＞
　No.951　H26.2.16　　●　早稲田大学　16-36　○ ヤマハ発動機　秩父宮　R松岡辰也（1回戦）

＜国際試合＞
国際108　H25.6.15　○　早稲田大学　31-24　●　高麗大学　高麗大Ｇ　Ｒ不明（第８回定期戦）
＜全早大試合＞
チャリティー・マッチ（三つ巴、１試合40分）
全早大139　H25.4.14　○　全早大　33-10　●　全慶大　秩父宮　Ｒ雨宮康順（第33回全早慶明）
全早大140　H25.4.14　●　〃　　　 7-10　○　全明大　秩父宮　Ｒ町田裕一（同上）
【準公式試合】
H25.5.12　●　早稲田大学　20-22　○　釜石シーウェイブス　盛岡南公園　Ｒ菊池崇
H25.5.19　○　　　〃　　　29-13　●　同志社大学　瑞穂　Ｒ吉田庸平
H25.6.23　○　　　〃　　　73-12　●　明治大学　札幌月寒
H25.8.18　○　　　〃　　　53-0　●　東京大学　早大菅平　（定期戦）
H25.8.21　△　　　〃　　　31-31　△　立教大学　早大菅平　（同上）
★シーズンの優勝チーム★
第２回春季交流試合　帝京大学（２年連続２回目）
第84回関東大学対抗戦優勝　帝京大学（３年連続４回目）
第47回関東大学リーグ戦優勝　流通経済大学（２年ぶり２回目）
第50回大学選手権大会優勝　○　帝京大学　41-34　●　早稲田大学（５年連続５回目）
第51回日本選手権大会優勝　○　パナソニック　30-21　●　東芝（４年ぶり４回目）

最後の国立

２年目の春季交流試合の形式が、前年度順位による対抗戦、リーグ戦の３校ずつ計６校による総当たりの１校５試合に変わった。昨年４位だった早大はＢグループで戦い、慶大に敗れて２位になった。国立競技場の建て替えにより、数々の名勝負を生んできた早明戦や大学選手権で使用する最後のシーズンとなった。

　　　　　＊　　　　　　＊

早稲田大学ラグビー蹴球部100年の歴史において、１部員として伝統を継承できたことを誇りに思います。過ごした４年間、どこを切り取っても印象深いですが、特に心に残っている試合が２試合あります。

まず１つが、12月１日の早明戦です。改修前の国立競技場で行う最後の早明戦。

『国立をホームにしよう』プロジェクトを立ち上げ、約半年間、全部員が国立競技場を満員にするために奔走し続けました。何としてでもプロジェクトを成功させたいという思いで過ごした１日１日は、とにかく濃厚だったことを今でも覚えています。

試合当日、国立競技場のピッチ、そしてスタンドで地響きに似た歓声を聞いた瞬間、鳥肌が立ったと同時に、支えてくださったすべての方々への感謝の気持ちが込み上げてきました。プロジェクトが成功裏に終わったこと、そしてそのプロジェクトを学生主体で作り上げることができたことは、何ものにも代えがたい思い出です。茜色の空の下で聴いた『ノーサイド』は、今でも耳に残っています。

そしてもう１つが、１月12日の決勝戦です。決勝戦独特の空気、そして緊張感。今でも忘れられません。どんなに足掻いても、どんなに万全の準備をしても、相手より足りないものがあれば勝てないということを思い知らされた試合でした。大学日本一の夢は潰えてしまい、勝てなかったことは今でも後悔していますが、それぞれの新たな夢に向かい、日々奮闘しています。

早稲田大学ラグビー蹴球部での数え切れないくらいの経験が、今の自分たちの原動力となっていることは、間違いありません。早稲田大学ラグビー蹴球部は新しい歴史がスタートしますが、自分たちが見た景色や感じたモノを後輩たちに残せるよう、一ＯＢとして体現していきたいと思います。
（垣永真之介）

追い出し試合

第90回早慶戦
平成25年11月23日　秩父宮ラグビー場
○早大69－7●慶大

▌節目に11トライ

　90回の節目で2年になった藤田が公式戦デビューを飾った。日本代表の逸材もケガなどで出遅れていた。

　早大は春季交流試合では大敗していたが、開始10分で2トライなど計11トライを奪い快勝した。前半6分、藤田から荻野へパスが渡り大きく前進。小倉が先制トライした。9分には飯野の突破からトライ、さらにスクラムトライなどを次々に決めた。

　藤田も攻守の起点となった。後半35分には自陣から約60メートルの独走トライを決めるなど計3トライをマークした。日本代表の欧州遠征に参加し、チームでの練習はわずか3日だったが、チームとしてうまく連動できた。藤田は「もっともっと頑張って、インターナショナルレベルで考えたい。前に前に出られて良かったが、負けている時に皆が助け合えないと優勝できないので、そういうところを練習で詰めていければ」と話した。対抗戦はすでに帝京大が3連覇を決めていたが、大勝した早大は同率優勝に望みをつないだ。

早大		早大		慶大	
69	－ 7	1	大瀧　祐司　FW	1	三谷　俊介
36	前 7	2	須藤　拓輝	2	中尾廣太朗
33	後 0	3	垣永真之介	3	青木　周大
6	T 1	4	黒木　東星	4	小山田潤平
3	G 1	5	芦谷　勇帆	5	川原健太朗
0	PG 0	6	金　　正奎	6	濱田　大輝
0	DG 0	7	布巻　竣介	7	木原　健裕
5	T 0	8	佐藤　穰司	8	森川　翼
4	G 0	9	岡田　一平　HB	9	南　　篤志
0	PG 0	10	小倉　順平	10	宮川　尚之
0	DG 0	11	深津　健吾　TB	11	服部祐一郎
5	反則 8	12	坪郷　勇輝	12	石橋　拓也

公式試合No.944　平成25年度第11試合　対抗戦

平成25年11月23日　13　飯野　恭史　13　大石　陽介
G　秩父宮　14　荻野　岳志　14　児玉健太郎
R　藤内有己　KO 14:07　15　藤田　慶和　FB　15　下川　桂嗣

交代　早大:光川広之（大瀧）、清水新也（須藤）、佐藤勇人（垣永）、大峯功三（布巻）、植田耕平（黒木）、辰野新之助（岡田）、浅見晋吾（飯野）、藤近龍二郎（荻野）

　　　慶大:吉田貴大（三谷）、佐藤耀（中尾）、白子雄太郎（木原）、佐々木大也（濱田）、渡辺諒介（南）、佐藤龍羽（大石）、中村敬介（服部）

第89回早明戦
平成25年12月1日　国立競技場
○早大15－3●明大

▌響く「ノーサイド」

　実数発表となった2004年以降では最多の4万6961人が集まった会場で、早大が後半突き放した。

　3－3で迎えた後半開始直後、相手陣でPKを得ると、仕掛けてゴール前へ。ラックから岡田－金とつなぎ、左隅に飛び込んで勝ち越した。ここから我慢の時間となった。自陣からなかなか抜け出せず、20分すぎにはゴール前で明大のFW勝負を耐え続けた。センターからフランカーへ転向した布巻が貴重なターンオーバーをするなどトライを許さなかった。最後のワンプレー、早大はスクラムをぐっと押し込み、佐藤がダメ押しのトライを決めた。

　試合後は歌手の松任谷由実さんがラグビーにちなんだ名曲「ノーサイド」を熱唱した。立ち見客がでるほどのにぎわいをみせ、後藤監督は「大成功だった。ゴールを背負って守る時間が続いたが、これぞ早明戦。今年は安心して見られた」。

早大		早大		明大	
15	－ 3	1	大瀧　祐司　FW	1	勝木　来幸
3	前 3	2	須藤　拓輝	2	牛原　寛章
12	後 0	3	垣永真之介	3	須藤　元気
0	T 0	4	黒木　東星	4	寺田　大樹
0	G 0	5	芦谷　勇帆	5	大槻　慎也
1	PG 0	6	金　　正奎	6	上田　宥人
0	DG 1	7	布巻　竣介	7	安永　賢人
2	T 0	8	佐藤　穰司	8	圓生　正義
1	G 0	9	岡田　一平　HB	9	山口　修平
0	PG 0	10	小倉　順平	10	茂木　直也
0	DG 0	11	深津　健吾　TB	11	小澤　和人
7	反則 8	12	坪郷　勇輝	12	川田　修司

公式試合No.945　平成25年度第12試合　対抗戦

平成25年12月1日　13　飯野　恭史　13　水野　拓人
G　国立競技場　14　荻野　岳志　14　成田　秀平
R　工藤隆太　KO 14:00　15　藤田　慶和　FB　15　高平　祐輝

交代　早大:浅見晋吾（小倉）、藤近龍二郎（荻野）

　　　明大:太田竣介（牛原）、塚原巧巳（勝木）、松波昭哉（須藤）、松橋周平（圓生）、樋谷宗汰（上田）、田川明洋（山口）、佐藤滉貴（川田）、田村照（高平）

11　最後の連覇から帝京時代へ（平成20年代）　285

平成26年度（2014年度） 創部97年目

主　　　将　　大峯功三
副 主 将　　布巻峻介、小倉順平
主　　　務　　池田良
副 主 務　　近田望
寮　　　長　　佐藤勇人
委　　　員　　荻野岳志、岡田一平、佐藤穣司、桑野詠真
卒業年次部員　大峯功三、池田良、秋吉孝一、飯野恭史、市村誠大、入道充紘、岩佐脩平、大塚拓郎、大庭将英、小川利貴、荻野岳志、小倉順平、小野祐輝、小谷田祐紀、佐藤勇人、清水新也、庄村光史、菅野卓磨、高橋俊太郎、丹野怜央、千年原旭、千葉巧也、中尾廉太郎、布巻峻介、平野航輝、深津健吾、福井隆介、堀内太郎、眞柄厚希、光川広之、三村将広、森田俊哉、山本龍平、吉田有輝、大平昂、小林大樹、植木潤、前田紗彩
部　　　長　　島田陽一
監　　　督　　後藤禎和
コ ー チ　　木賀澤智之、竹内大、高橋興平（以上総務）、小山義弘、長井真弥、銘苅信吾、佐藤友重、上田一貴、伊勢昌幸人、武川正敏、今駒憲二、星野邦夫、桑島靖明、塩入英治、相良南海夫、河原崎務、中村喜徳、大瀧祐司、山下大悟（スポットコーチ）、和田雅樹（ストレングスコーチ）、橋本新（コンディショニングコーチ）
部 員 数　　126名（内女子7名）
夏 合 宿　　菅平（第71回）
シーズン成績　11勝3敗1分　春季交流試合2位、関東大学対抗戦2位、大学選手権セカンドステージ敗退
試合成績
【公式試合】
　＜春季交流試合A＞
　　No.952　H26.5.4　　○　早稲田大学　69-35　●　大東文化大学　熊谷　R久米村貴三
　　No.953　H26.5.25　　○　　〃　　59-0　●　流通経済大学　茨城・たつのこ　R川尻竜太郎
　　No.954　H26.6.1　　○　　〃　　87-3　●　中央大学　早大上井草　R工藤隆太
　　No.955　H26.6.15　　○　　〃　　40-22　●　慶應大学　石川・西部緑地　R浅田幸臣
　　No.956　H26.6.22　　●　　〃　　10-28　○　帝京大学　三ツ沢　R藤内有己
　＜対抗戦＞
　　No.957　H26.9.21　　○　早稲田大学　104-0　●　明治学院大学　秩父宮　R山本哲士
　　No.958　H26.9.28　　○　　〃　　19-15　●　筑波大学　秩父宮　R清水塁
　　No.959　H26.10.12　　○　　〃　　97-0　●　立教大学　熊谷　R桑原文博
　　No.960　H26.10.19　　○　　〃　　50-0　●　青山学院大学　松本・アルウィン　R木下要弥
　　No.961　H26.11.2　　●　　〃　　11-55　○　帝京大学　秩父宮　Rニック・ホーガン
　　No.962　H26.11.23　　△　　〃　　25-25　△　慶應大学　秩父宮　R工藤隆太
　　No.963　H26.12.7　　○　　〃　　37-24　●　明治大学　秩父宮　R平林泰三
　＜第51回大学選手権＞
　　No.964　H26.12.14　　○　早稲田大学　39-15　●　立命館大学　花園　R川尻竜太郎（以下、プール戦）
　　No.965　H26.12.21　　○　　〃　　18-17　●　同志社大学　花園　R藤内有己
　　No.966　H26.12.27　　●　　〃　　10-14　○　東海大学　秩父宮　R梶原晃久
　＜国際試合＞
　　国際109　H26.5.11　○　早稲田大学　74-7　●　高麗大学　早大上井草　（第9回定期戦）

＜全早大試合＞
チャリティー・マッチ（三つ巴、1試合40分）
全早大141　H26.4.20 ●　全早大　7-28 ○　全慶大　秩父宮（第34回全早慶明）
全早大142　H26.4.20 ●　　〃　　0-19 ○　全明大　秩父宮（同上）
【準公式試合】
H26.4.20　○　早稲田大学　28-17 ●　長崎ドリームチーム　長崎・かきどまり
H26.4.27　○　　〃　　32-24 ●　同志社大学　花園
H26.5.17　●　　〃　　26-41 ○　明治大学　佐賀総合運動場
H26.8.18　○　　〃　　80-0 ●　東京大学　早大菅平（定期戦）
★シーズンの優勝チーム★
第3回春季交流試合　帝京大学（3年連続3回目）
第85回関東大学対抗戦優勝　帝京大学（4年連続5回目）
第48回関東大学リーグ戦優勝　流通経済大学（2年連続3回目）
第51回大学選手権大会優勝　○　帝京大学　50-7 ●　筑波大学（6年連続6回目）
第52回日本選手権大会優勝　○　ヤマハ発動機　15-3 ●　サントリー（初優勝）

東海大に苦杯

　国立競技場に代わる早明戦の会場について検討されたが、秩父宮ラグビー場に落ち着いた。一時は東京ドーム案もあったが、ボールの設置で安全が確保出来ないなどの理由で見送りとなった。
　春の交流試合、夏の練習試合、対抗戦と帝大に3連敗するなど、いよいよ帝京大の強さが際立ってきた。帝京大は日本選手権1回戦でトップリーグ10位のNECを破り、2006年の早大以来、9季ぶりに大学勢がトップリーグ勢に勝った。
　早大は2位で臨んだ大学選手権は3季目となったセカンドステージのリーグ戦で初めて敗退。第3戦で東海大の堅守を崩せず、選手権4度目の対戦で初黒星、3大会ぶりに4強も逃した。シーズン後、19年W杯の国内12会場が決まり、準備が進められた。

　　　　　＊　　　　　＊

　卒部して4年目を迎えている。当時から変わったこと、変わらないもの、各々感じることがあるに違いないが、私達の信念と呼ぶべきものは変わらない。
　「男は強くなければ生きていけない。優しくなければ生きていく資格がない」後藤監督があるミーティングで言ったレイモンド・チャンドラーの小説「プレイバック」の中のこの一節は、私達が目指すべき人間像そのものだ。この人間像は大峯組発足時に掲げられた、「ワセダでラグビーをする意味」に通ずる。──我々は何のためにここでラグビーをするのか、修養と鍛錬を重ね、将来の社会的リーダーとなるため。真のリーダーとは何か、どんな困難にも立ち向かっていく勇気、弱い立場にいる相手を思いやる気持ち、しんどい時に踏ん張って仲間を鼓舞することができる人間──こんな人間像を示してくださった一生の恩師に出会えたこと、そして同じ志を持つ同期と出会えたこと、これは私達の一生の財産で、誇りである。
　早稲田ラグビーの使命は「早稲田のラグビーを通じて、世の人に夢と希望と感動を与える」ことであるが、先の人間像を兼ね備えなければ、おそらくこれは実現できないであろう。100年の歴史の中で先輩方は、現役時代、そしてその後の社会生活で、私達が追うべき背中を示し続けてくださった。次の100年に向けて、私達の使命もまた明確に示されている。

（池田良）

追い出し試合

第91回早慶戦
平成26年11月23日　秩父宮ラグビー場
△早大25 − 25△慶大

▌5年ぶりの引き分け

　1敗同士の対戦は、お互い帝京大と同率優勝の可能性を残すために勝つことが条件だったが、皮肉な結末でともに優勝がなくなった。

　慶大は開始早々、PGで先行。早大も10分に小倉のPGで追い付いた。さらにPGを許した早大は反撃し、PKからの速攻で大峯が、さらに荻野が快足を飛ばし2連続トライで試合をひっくり返した。前半終了間際、慶大にトライを許し、2点のリードで折り返した。

　後半、先手を取ったのは慶大で、キック処理のミスにつけ込まれ逆転を許した。早大は18分、布巻のトライ（ゴール）で再逆転、27分のPGでリードを7点とした。残り10分を切り慶大の連続攻撃を止められず、31分、金沢のトライの後、ゴールも決まり追いつかれた。終了間際、小倉が相手DGを防ぐなど勝ち越しは許さず、5年ぶりの引き分けとなった。大峯主将は「内容は完敗。いまの課題が出た。取っているトライは良い形もあるが、気を抜いて取られるようなトライが多い」と課題を口にした。

公式試合No.962　平成26年度第11試合　対抗戦

早大		慶大		早大		慶大	
25	−	25	1	高橋俊太郎	FW	1	青木　周大
15	前	13	2	清水　新也		2	神谷　哲平
10	後	12	3	千葉　太一		3	出口　　桂
2	T	1	4	大峯　功三		4	小山田潤平
1	G	1	5	桑野　詠真		5	白子雄太郎
1	PG	2	6	布巻　竣介		6	廣川　翔也
0	DG	0	7	加藤　広人		7	木原　健裕
1	T	2	8	佐藤　穣司		8	森川　　翼
1	G	1	9	岡田　一平	HB	9	宮澤　尚人
1	PG	0	10	小倉　順平		10	矢川　智基
0	DG	0	11	本田　宗詩	TB	11	服部祐一郎
14	反則	10	12	飯野　恭史		12	石橋　拓也
平成26年11月23日			13	勝浦　　秋		13	川原健太朗
G　秩父宮			14	荻野　岳志		14	金澤　　徹
R　工藤隆玄		KO 14:08	15	黒木　健人	FB	15	中村　敬介

交代　早大:佐藤勇人(千葉)、吉田勇輝(加藤)、平野航輝(岡田)、鶴川達彦(本田)
　　　慶大:吉岡是道(廣川)、南篤志(宮澤)、浦野龍基(中村)

第90回早明戦
平成26年12月7日　秩父宮ラグビー場
○早大37 − 24●明大

▌新布陣が機能

　1972年以来、42年ぶりに秩父宮へ舞台が戻った。早大は1年の横山を起用、日本代表の藤田も復帰、バックスの新布陣が機能して快勝した。

　早大は10点を追う展開となったが慌てなかった。PGを返した後の前半28分、藤田がカウンターアタックをみせて左へ展開。小倉のトライとゴールで追いついた。37分のPGで勝ち越した後、小倉の突破から荻野がトライ、8点をリードした。

　後半は守る時間が多くなったが、横山のロングキックも有効で、陣地をうまく挽回できた。35分に荻野が自身2本目のトライを奪い、40分にも小倉がダメ押しのトライを挙げた。バックスについて聞かれた後藤監督は「ある程度期待していた通りになった。横山に期待したキックは、もっとシンプルに敵陣でプレーできたと思うが、随所に好キックをした。藤田はカウンターアタックでゲインした。前半のトライはほとんど小倉の崩しが機能した」と振り返った。

公式試合No.963　平成26年度第12試合　対抗戦

早大	明大		早大		明大	
37	−	24	1	高橋俊太郎	FW	1	勝木　来幸
18	前	10	2	清水　新也		2	中村　駿太
19	後	14	3	佐藤　勇人		3	須藤　元樹
2	T	1	4	大峯　功三		4	東　　和樹
1	G	1	5	桑野　詠真		5	寺田　大樹
2	PG	1	6	布巻　竣介		6	上田　宥人
0	DG	0	7	加藤　広人		7	桶谷　宗汰
3	T	2	8	佐藤　穣司		8	松橋　周平
2	G	2	9	岡田　一平	HB	9	加納　遼大
0	PG	0	10	横山　陽介		10	田村　　照
0	DG	0	11	深津　健吾	TB	11	堀米　大地
13	反則	5	12	小倉　順平		12	尾又　寛汰
平成26年12月7日			13	飯野　恭史		13	梶村　祐介
G　秩父宮			14	荻野　岳志		14	成田　秀平
R　平林泰三		KO 14:00	15	藤田　慶和	FB	15	村井佑太朗

交代　早大:光川広之(高橋)、菅野卓庸(清水)、千葉太一(佐藤勇)、仲元寺宏行(加藤)、吉田勇輝(布巻)、平野航輝(岡田)、鶴川達彦(横山)、本田宗詩(深津)
　　　明大:牛原寛章(中村)、塚原巧己(勝木)、松波昭哉(須藤)、小林航(寺田)、大相慎也(上田)、三股久典(加納)、西橋誠人(堀米大)

平成27年度（2015年度）　創部98年目

主　　　将	岡田一平
副 主 将	佐藤穣司、藤田慶和
主　　　務	近田望
副 主 務	市瀬奨一郎
寮　　　長	河野秀明
委　　　員	浅見晋吾、桑野詠真、加藤広人
卒業年次部員	岡田一平、近田望、浅見晋吾、荒木優歩、五十嵐隆介、池本翔一、石倉庸平、今岡晃大、桜井正敏、佐藤穣司、高岩亮輔、寺川賢太、藤田慶和、門田成朗、吉中大典、渡瀬完太、山口明良、増田雄太、森春奈、小野里綾子
部　　　長	島田陽一
監　　　督	後藤禎和
コ ー チ	木賀澤智之、竹内大、町田啓太（以上総務）、銘苅信吾（ヘッドコーチ）、山下大悟、上田一貴（以上ヘッドコーチ補佐）、大峯功三、大瀧祐司、市村茂展、大江菊臣、中村喜徳、吉上耕平、速水直樹、長井真弥、桑島靖明、村上貴弘（S&Cコーチ）
部 員 数	129名（内女子8名）
夏 合 宿	菅平（第72回）
シーズン成績	7勝8敗　春季交流試合5位、関東大学対抗戦4位、大学選手権セカンドステージ敗退

試合成績
【公式試合】
＜春季交流試合＞

No.967	H27.5.5	○	早稲田大学	35-34	●	流通経済大学	秩父宮	R川尻竜太郎
No.968	H27.5.23	○	〃	45-14	●	法政大学	法大多摩	R片桐伸也
No.969	H27.5.31	●	〃	28-36	○	東海大学	早大上井草	R武田学
No.970	H27.6.7	●	〃	12-73	○	帝京大学	早大上井草	R松丸力
No.971	H27.6.21	●	〃	14-66	○	明治大学	盛岡市南公園	R長谷川学

＜対抗戦＞

No.972	H27.9.6	○	早稲田大学	57-12	●	立教大学	秩父宮	R川尻竜太郎
No.973	H27.10.4	○	〃	52-17	●	青山学院大学	熊谷	R田崎富
No.974	H27.10.12	●	〃	25-45	○	筑波大学	秩父宮	R藤内有己
No.975	H27.11.1	●	〃	15-92	○	帝京大学	秩父宮	R平林泰三
No.976	H27.11.8	○	〃	52-17	●	日本体育大学	群馬・敷島公園	R小堀英之
No.977	H27.11.23	○	〃	32-31	●	慶應大学	秩父宮	R藤内有己
No.978	H27.12.6	●	〃	24-32	○	明治大学	秩父宮	R工藤隆太

＜第52回大学選手権＞

No.979	H27.12.13	●	早稲田大学	10-14	○	天理大学	花園	R川尻竜太郎（以下、プール戦）
No.980	H27.12.20	○	〃	71-12	●	朝日大学	秩父宮	R関谷惇大
No.981	H27.12.27	●	〃	15-48	○	東海大学	江戸川	R吉浦忠孝

＜国際試合＞

国際110	H27.6.14	●	早稲田大学	34-36	○	高麗大学	高麗大（第10回定期戦）
国際111	H27.9.13	●	〃	7-26	○	オックスフォード大学	Iffley Road（奥記念杯）
国際112	H27.9.15	●	〃	14-31	○	ケープタウン大学	Iffley Road（以下、World Univ Rugby Cup）
国際113	H27.9.18	○	〃	19-10	●	オ大グレイハウンズ校	St.Edward's School
国際114	H27.9.18	○	〃	26-5	●	シベリア連邦大学	Iffley Road
国際115	H27.9.20	△	〃	19-19	△	NZ大学選抜	Iffley Road

＜全早大試合＞
チャリティー・マッチ（三つ巴、1試合40分）

全早大143	H27.4.26	○	全早大	21-0	●	全明大	秩父宮（第35回全早慶明）
全早大144	H27.4.26	△	〃	24-24	△	全慶大	秩父宮（同上）

【準公式試合】

H27.5.17　● 早稲田大学　24-60 ○ 同志社大学　瑞穂（定期戦）

H27.4.27　○ 〃　48-12 ● 慶應大学　札幌月寒

H27.8.18　○ 〃　74-7 ● 東京大学　早大菅平（定期戦）

★シーズンの優勝チーム★

第4回春季交流試合　帝京大学（4年連続4回目）

第86回関東大学対抗戦優勝　帝京大学（5年連続6回目）、明治大学（3年ぶり16回目）

第49回関東大学リーグ戦優勝　東海大学（3年ぶり6回目）

第52回大学選手権大会優勝　○ 帝京大学　27-17 ● 東海大学（7年連続7回目）

第53回日本選手権大会優勝　○ パナソニック　49-15 ● 帝京大学（2年ぶり5回目）

英国遠征

▎英国遠征

後藤監督4年目、岡田主将と王座奪還を目指した。春には日本代表のエディー・ジョーンズヘッドコーチの特別セッションを受けたが、交流試合は5位に終わった。

対抗戦の1試合を終えた後、英国遠征へ出発。オックスフォード大が主催するワールド・ユニバーシティー・ラグビー杯への出場と奥記念杯への参戦が目的だった。開催中のW杯イングランド大会では、南アフリカを破った日本戦を応援、「ブライトンの奇跡」の貴重な目撃者となった。また、日本代表に選出された藤田副将がアメリカ戦でトライを挙げた。

帰国後、対抗戦では、帝京大に屈辱的な大敗を喫した。その帝京大は優勝を決めた後、筑波大に敗れた。学生相手では2012年以来の黒星で、学生相手の公式戦の連勝が「50」で止まった。

大学選手権でも巻き返せず、セカンドステージで初めて2敗を喫した。天理大には初めて敗れ、関西勢に負けるのも16大会ぶりだった。

日本代表のW杯での活躍が認められ、OBの五郎丸はレッズ（オーストラリア）、畠山はニューカッスル（イングランド）でそれぞれ貴重な経験を積んだ。

＊　　　　　＊

35名の同期で4年間という短い時間をともに戦い抜くつもりだったが、悔しいことに道半ばにして、仲間の一人を失うこととなってしまった。坂井はラグビーを愛する男であり、2年入部ということもあり、我々にとっては頼りになる兄貴的存在だった。彼のあまりにも早すぎる死を受け入れることは簡単ではなく、互いに高め合うことが出来なかったことを恨まずにはいられない。

「荒ぶる」を坂井に届けることが出来なかったことが何よりの後悔である。

我々の蹴球部生活を砕けた形で振り返ると、幸運にも海外遠征の多い代であり、大目玉はオックスフォード遠征だっただろう。中庭の遅刻から始まり、W杯の歴史的金星を目撃し、後藤監督のパスポート紛失事件で幕を閉じた遠征だった。南アとの激戦に勝利した日本代表への賞賛はブライトンにとどまらず、ロンドン・オックスフォードで日本人である我々は数々のお褒めの言葉を頂いた。大英博物館にて我々を日本代表と勘違いした親子に写真をせがまれ、ご一緒したことは大変反省している。後藤監督が「おれは全ての大金星の場に立ち会っている」とボソッと言ったことも忘れられないだろう。最後にフェアウェルレセプションにて頭にネクタイを巻いた岡田主将の演説が大うけだったことは、W杯の金星以上に他大学の選手の脳裏に刻まれているに違いない。

かなり砕けた話をしてしまったが、我々は大変仲の良い代だと言えるだろう。ただその親密さが強みであり、弱みだったことは間違いなく、我々が「荒ぶる」を勝ち取ることができなかったという事実は変わらない。

死力を尽くし、それぞれが坂井に顔向けできる人生を歩もう。我々の闘いはまだ終わっていない。

（近田望）

第92回早慶戦
平成27年11月23日　秩父宮ラグビー場
○早大32－31●慶大

┃ ロスタイムの逆転

　早大はワールドカップから戻った藤田が今季初出場したが、開始直後、キックの処理ミスをきっかけにあっという間にトライを奪われた。さらに、パスミスや自信を持っていたラインアウトも安定感を欠いた。その中、スクラムトライなどで競り合いに持ち込み、前半終了間際、横山が45メートルのPGを決め、なんとか1点リードで折り返した。

　後半4分、早大は宮里のオフロードパスから岡田が突破してトライ。これで波に乗ると思われたが、反則でリズムを崩した。逆に慶大の反撃で3連続トライを奪われ、22－31と9点を追う展開になった。35分、岡田が飛び込んで2点差に。ロスタイム、最後の攻撃で千葉が大きく前進、これが慶大のオフサイドを誘った。横山が「人生で一番緊張した」というPGを決め、なんとか逆転した。岡田主将は「土壇場の状況で諦めずに戦い続けた選手、スタンドの仲間たちはじめみんなに感謝したい」と話した。

公式試合No.977　平成27年度第11試合　対抗戦

早大		慶大		早大				慶大	
32	－	31		1	佐田　涼祐	FW	1	加藤　宏	
15	前	14		2	貝塚隼一郎		2	佐藤　耀	
17	後	17		3	千葉　太一		3	八木悠太朗	
2	T	2		4	加藤　広人		4	西出　翼	
1	G	2		5	桑野　詠真		5	佐藤　大樹	
1	PG	0		6	宮里　侑樹		6	廣川　翔也	
0	DG	0		7	仲元寺宏行		7	鈴木　達哉	
2	T	3		8	佐藤　穣司		8	徳永　将	
2	G	1		9	杉本　峻	HB	9	南　篤志	
1	PG	0		10	横山　陽介		10	矢川　智基	
0	DG	0		11	鈴木　亮	TB	11	清水　祐輔	
8	反則	13		12	岡田　一平		12	青井　郁也	

平成27年11月23日
G 秩父宮
R 藤内有記　KO 14:06
13　盛田　志　　13　田畑　万併
14　山岡　篤樹　　14　金澤　徹
15　藤田　慶和　FB 15　澤根　輝賢
交代　早大：石川敬人（佐田）
　　　慶大：細田隼都（加藤）、大塚健太（八木）、高家章徳（徳永）、辻雄康（高家）

第91回早明戦
平成27年12月6日　秩父宮ラグビー場
●早大24－32○明大

┃ 明大が同率V

　早大が5点を追う前半終了間際だった。明大は早大陣22メートル付近のラックからパスを受けた成田が左タッチライン際を攻めた。タックルにいった藤田がはじき返されて、右隅にトライを決められた。この日の早大を象徴するようなシーンだった。後半もミスが目立った。スクラムでも劣勢に回った。コラプシングの反則からトライを奪われて一時は17点差をつけられた。

　意地がのぞいたのはここからだ。15分、ラインアウトからモールを押し込み、最後は岡田主将がトライ。PGが狙える位置でも、タッチへ蹴りだしてモール攻撃にこだわった。貝塚が2つ目のトライを奪い5点差に迫った。PGで明大に安全圏に逃げられた後もモールを軸に力業で攻めた。センター陣も加わり押し込んだが、明大のゴールラインを再び割ることはできなかった。明大は帝京大と並び3年ぶりの優勝となった。後藤監督は「後半の後半、今までこだわってきたモールでいくつかトライを取れたのは収穫。この試合で出た成果、勝ち得た自信もある」と前を向いた。

公式試合 No.978　平成27年度　第12試合　対抗戦

早大		明大		早大				明大	
24	－	32		1	佐田　涼祐	FW	1	植木　悠治	
12	前	22		2	貝塚隼一郎		2	中村　駿太	
12	後	10		3	千葉　太一		3	塚原　巧巳	
2	T	3		4	加藤　広人		4	東　和樹	
1	G	2		5	桑野　詠真		5	小林　航	
0	PG	1		6	宮里　侑樹		6	田中　真一	
0	DG	0		7	仲元寺宏行		7	田中　健太	
2	T	1		8	佐藤　穣司		8	松橋　周平	
1	G	1		9	杉本　峻	HB	9	浜野　達也	
0	PG	1		10	横山　陽介		10	堀米　航平	
0	DG	0		11	山岡　篤樹	TB	11	紀伊　皓太	
9	反則	13		12	岡田　一平		12	梶村　祐介	

平成27年12月6日
G 秩父宮
R 工藤隆太　KO 14:05
13　盛田　志　　13　尾又　寛汰
14　本田　宗詩　　14　成田　秀平
15　藤田　慶和　FB 15　田村　熙
交代　早大：石川敬人（佐田）、鈴木亮（山岡）
　　　明大：祝原諒介（塚原）、古川満（小林）、井上遼（松橋）、川田修司（梶村）、齊藤剛希（紀伊）

11　最後の連覇から帝京時代へ（平成20年代）　291

平成28年度（2016年度）　創部99年目

主　　　将　桑野詠真
副 主 将　本田宗詩
主　　　務　市瀬奨一郎
副 主 務　大藤伊織
寮　　　長　山口和慶
委　　　員　佐田涼祐、広瀬泰斗、加藤広人、横山陽介
卒業年次部員　桑野詠真、江副希典、大塚大周、小笠原優、小川啓樹、勝浦秋、佐田涼祐、沢登直也、周藤直也、杉本峻、高橋駿、千葉太一、堤悠、樋口悦久、広瀬泰斗、本田宗詩、矢野健人、山口和慶、山崎海、渡辺大輝、岡花拓也、永野真依子、松田美夏、河野秀明、鈴木亮、鈴木怜輔、滝沢祐樹、田丸暖、仲元寺宏行、中庭悠、久富悠介、盛田志、山岡篤樹、河村勇汰、石川敬人、石毛隼人、貝塚隼一郎、望月太智、平賀実莉、近藤裕之、坂井和樹、市瀬奨一郎、中島翼
部　　　長　島田陽一
副 部 長　葛山康典
監　　　督　山下大悟（36代監督）
コ ー チ　椛沢保男、竹内大、町田啓太、塩沢泰弘（以上総務）、小塩康祐（総務兼リクルーティングディレクター）、古庄史和（ヘッドコーチ）、伊藤雄大、銘苅信吾、大峯功三、村上貴弘（ハイパフォーマンスコーディネーター）、潮田健志、臼井智洋、橋本新、里大輔（以上Ｓ＆Ｃコーチ）
部 員 数　142名（内女子9名）
夏 合 宿　菅平（第73回）
シーズン成績　7勝6敗　春季交流試合Bグループ4位、関東大学対抗戦2位、大学選手権準々決勝敗退
試合成績
【公式試合】
　＜春季交流試合Bグループ＞
　　No.982　H28.5.15　●　早稲田大学　29-31　○　青山学院大学　早大上井草　R武田学
　　No.983　H28.5.22　○　　〃　　24-19　●　拓殖大学　早大上井草　R渡辺知実
　　No.984　H28.6.5　●　　〃　　5-57　○　慶應大学　花園　R関谷惇大
　　No.985　H28.6.19　●　　〃　　10-68　○　大東文化大学　熊谷　R工藤隆太
　　No.986　H28.6.25　●　　〃　　26-28　○　法政大学　保土ケ谷　R高橋史典
　＜対抗戦＞
　　No.987　H28.9.17　○　早稲田大学　71-0　●　成蹊大学　神奈川・海老名　R高橋史典
　　No.988　H28.10.2　○　　〃　　46-12　●　筑波大学　秩父宮　R松丸力
　　No.989　H28.10.16　○　　〃　　45-40　●　日本体育大学　高崎・浜川　R新井卓也
　　No.990　H28.10.23　○　　〃　　48-19　●　青山学院大学　上柚木　R木下要弥
　　No.991　H28.11.6　●　　〃　　3-75　○　帝京大学　秩父宮　R梶原晃久
　　No.992　H28.11.23　○　　〃　　25-23　●　慶應大学　秩父宮　R清水塁
　　No.993　H28.12.4　○　　〃　　24-22　●　明治大学　秩父宮　R平林泰三
　＜第53回大学選手権＞
　　No.994　H28.12.17　●　早稲田大学　31-47　○　同志社大学　花園　R川尻竜太郎（準々決勝）
　＜国際試合＞
　　国際116　H28.5.8　○　早稲田大学　36-17　●　高麗大学　早大上井草　R藤内有己（第11回定期戦）
　＜全早大試合＞
　　チャリティー・マッチ（三つ巴、1試合40分）
　　全早大145　H28.4.24　○　全早大　8-7　●　全慶大　秩父宮　R工藤隆太（第36回全早慶明）
　　全早大146　H28.4.24　●　　〃　　17-40　○　全明大　秩父宮　（同上）
【準公式試合】

292　第1章　歴史の流れ

```
H28.5.21  ○ 早稲田大学 31-12 ● 東京大学　早大上井草（定期戦）
H28.5.29  ●    〃      0-36 ○ 同志社大学　徳島（同上）
H28.6.12  ●    〃     19-24 ● 明治大学　鹿児島・鴨池
```

★シーズンの優勝チーム★
第5回春季交流試合　帝京大学（5年連続5回目）
第87回関東大学対抗戦優勝　帝京大学（6年連続7回目）
第50回関東大学リーグ戦優勝　東海大学（2年連続7回目）
第53回大学選手権大会優勝　○ 帝京大学 33-26 ● 東海大学（8年連続8回目）
第54回日本選手権大会優勝　○ サントリー 15-10 ● パナソニック（4年ぶり7回目）

激動のシーズン

　山下新監督と桑野主将のコンビで日本一へ挑んだ。全国大学選手権の試合方式が従来のトーナメント方式に戻ることになった。2012年度からセカンドステージでリーグ戦方式のプール戦がとられていたが、14校が出場する変則トーナメントに改められた。

　Bグループで戦った春季交流試合では苦戦した。初戦の青学大に敗れてつまずき、1勝しか挙げられなかった。秋の対抗戦では帝京大に大敗したが、慶明に連勝して2位で大学選手権へ。4回戦相当の準々決勝から登場したが、同志社大の勢いに圧倒された。一時は40点差をつけられ立て直せないまま、シーズンを終えた。

　　　　　　＊　　　　　＊

　まさに激動の時代であった。監督交代は、我々部員や早稲田ラグビーにとって2つの大きな変化をもたらした。①「大学日本一」という目標は変わらないものの、目標に向かうプロセスの考え方の変化。②「早稲田ラグビーを通じて人々に夢や希望、感動を与えること」というミッション達成のため、部内外の支援者との関係の変化。

　①の具体的な出来事は、学生コーチ・主副務の専任である。それまで3年間選手として日本一という目標に貢献しようとしていた彼らに、選手を辞めて新しい役職を担うという決断が下された。その決断に至るまでに監督コーチや同期内で何度も話し合いが行われ、専任が決まった時に「お前たちの分まで頑張る」と同期が言ってくれた。その言葉で、学生スタッフとしての役目を全うする決意が生まれ、選手以外の視点に立つことでチームの様々な問題点に気づき指摘できたことは、チームにもプラスの変化をもたらすことができた。

　また、「学生主体のチーム」から「首脳陣がリードするチーム」へと変化したことにより、モチベーションが下がる部員や退部する部員が多数いたことも、大きな出来事であった。仲間を嫌いになったわけではなく、チームに対する考え方の相違があり、自分の意思を持って辞めていく同期を受け入れることは非常に困難だった。しかし、彼らの意見を尊重し、今自分が何をすべきかを一人ひとりが考えるいい機会にもなった。

　②の具体的な出来事は、パートナーシップ制度の導入である。新たに早稲田ラグビーを応援してくれる企業を募り、彼らの活動にも参加することで、お互いの価値を高める取り組みを持続的に行った。それらの活動を通じ、早稲田ラグビーの支援者が増えた喜びと共に「勝利」という形で恩返しすることへの責任感がより芽生えた。

（市瀬奨一郎）

鎌田総長と

第93回早慶戦
平成28年11月23日　秩父宮ラグビー場
○早大25 − 23●慶大

▌1年生躍動

　早大はバックスの先発に1年生4人を起用し、競り勝った。なかでも岸岡の活躍が目立った。前半4分、まず、長いキックパスで本田の先制トライを演出した。28分の貝塚の同点トライは、3人飛ばしたパスが効果的だった。そして37分には、相手のインゴールにキックを上げ、同じ1年の梅津が押さえて勝ち越した。岸岡は「意識した形でトライを取れた」と満足そうに振り返った。

　後半、シーソーゲームの展開になったが、早大は3点を追う31分、キックオフのボールを再確保し、うまくつないで加藤が左隅に飛び込んで試合をひっくり返した。37分、慶大は古田がPGを狙ったが、ボールはポスト右へ外れた。早大が残り時間を粘り強い防御でしのぎきった。桑野主将は「結果は良かったが、課題が多い試合でした。特にチームディフェンスで、1人ひとりのタックルの部分はまだまだ。改善の必要がある」と反省を忘れなかった。

第92回早明戦
平成28年12月4日　秩父宮ラグビー場
○早大24 − 22●明大

▌スクラムトライ

　明大は8分、相手陣ゴール前のラインアウトを素早く投入し、井上がトライ。堀米のゴールも決まって7点を先行した。20分にもPGを加えた。早大の反撃は25分、ラインアウトからボールをつないで本田がトライ。齋藤がゴールを決めた後、PGを入れ同点でハーフタイムを迎えた。

　後半、早大を支えたのはスクラムだった。8分、相手ゴール前のスクラムで勝負をかける。組み直した後、圧力に耐えられず反則を犯したのは明大だ。早明戦では珍しく早大がペナルティートライを奪った。しかし、17分、23分と連続トライを決められ逆に5点のリードを許した。33分、1年の中野が中央を突破するトライで追いつき、同じく1年の齋藤のゴールで勝ち越した。明大は終了直前にPKを得たが、逆転ゴールを狙わずに強行して失敗した。プロップの千葉は「ずっとスクラムトライを取ってくれと言われていた。これまでの試合では取れなかったので、こういうかたちで取れてすごくうれしい」。

公式試合No.992　平成28年度第11試合　対抗戦				
早大		慶大	早大	慶大
25	−	23	1 鶴川 達彦 FW	1 細田 隼都
15	前	13	2 貝塚隼一郎	2 松岡 大作
10	後	10	3 千葉 太一	3 角田 匠輝
3	T	2	4 山口 和慶	4 豊田 祥平
0	G	0	5 桑野 詠真	5 佐藤 大樹
0	PG	1	6 加藤 広人	6 廣川 翔也
0	DG	0	7 佐藤 真吾	7 松村凛太郎
2	T	1	8 宮里 侑樹	8 鈴木 達哉
0	G	1	9 齋藤 直人 HB	9 中鉢 敦
0	PG	1	10 岸岡 智樹	10 古田 京
0	DG	0	11 梅津 友喜 TB	11 小原 錫満
8	反則	7	12 中野 将伍	12 堀越 貴晴
平成28年11月23日			13 黒木 健人	13 木口 俊亮
G 秩父宮			14 本田 宗詩	14 金澤 徹
R 清水塁　KO 14:00			15 桑山 聖生 FB	15 丹治 辰碩

交代　早大:柴田徹(佐藤)、横山陽介(岸岡)
　　　慶大:中本慶太郎(松岡)、山中侃(廣川)、江崎真梧(中鉢)

公式試合No.993　平成28年度第12試合　対抗戦				
早大		明大	早大	明大
24	−	22	1 鶴川 達彦 FW	1 久原 綾眞
10	前	10	2 貝塚隼一郎	2 佐藤 公彦
14	後	12	3 千葉 太一	3 塚原 巧巳
1	T	1	4 山口 和慶	4 尾上 俊光
1	G	1	5 桑野 詠真	5 古川 満
1	PG	1	6 加藤 広人	6 井上 遼
0	DG	0	7 柴田 徹	7 桶谷 宗汰
2	T	2	8 佐藤 真吾	8 前田 剛
2	G	1	9 齋藤 直人 HB	9 浜野 達也
0	PG	1	10 岸岡 智樹	10 堀米 航平
0	DG	0	11 梅津 友喜 TB	11 山村 和也
9	反則	12	12 中野 将伍	12 梶村 祐介
平成28年12月4日			13 黒木 健人	13 尾又 寛太
G 秩父宮			14 本田 宗詩	14 矢野 湧大
R 平林泰三　KO 14:10			15 桑山 聖生 FB	15 渡部 寛太

交代　明大:祝原涼介(久原)、葛野翔太(前田)、近藤雅喜(井上)、成田秀平(矢野)、武井日向(佐藤)、
　　　福田健太(浜野)、松尾将太郎(堀米)　シンビン→塚原巧巳

平成29年度（2017年度）　創部100年目

主　　　将　　加藤広人
副 主 将　　黒木健人
主　　　務　　大藤伊織
副 主 務　　小柴大和
寮　　　長　　高橋吾郎
委　　　員　　鶴川達彦、桑山聖生、佐藤真吾、岸岡智樹
卒業年次部員　加藤広人、大藤伊織、石関航平、黒木健人、郷地裕貴、小谷海智、作田蓮太郎、佐藤史
　　　　　　　也、柴田雄基、杉本頼亮、髙橋吾郎、塚田嶺至、永井隆平、中野厳、野口祐樹、埜田啓
　　　　　　　太、細川真守、吉岡航太郎、増田宏人、水野孟、横山陽介、吉満愼吾、阿達大地郎、山
　　　　　　　本将悟、南場美佳
部　　　長　　島田陽一
副 部 長　　葛山康典
監　　　督　　山下大悟
コ ー チ　　椛沢保男、竹内大、町田啓太、塩沢泰弘（以上総務）、小塩康祐（総務兼リクルーティ
　　　　　　　ングディレクター）、古庄史和（ヘッドコーチ）、伊藤雄大、銘苅信吾、大峯功三、村上
　　　　　　　貴弘（ハイパフォーマンスコーディネーター）、潮田健志、臼井智洋、橋本新、里大輔
　　　　　　　（以上Ｓ＆Ｃコーチ）
部 員 数　　127名（内女子8名）
夏 合 宿　　菅平（第74回）
シーズン成績　6勝7敗　春季交流試合6位、関東大学対抗戦2位、大学選手権3回戦敗退
試合成績
【公式試合】
　＜春季交流試合＞
　No.995　H29.4.23　● 早稲田大学　0-27 ○ 大東文化大学　早大上井草　R松丸力
　No.996　H29.5.7　●　　〃　　29-67 ○ 東海大学　早大上井草　R関谷惇大
　No.997　H29.5.14　○　　〃　　15-10 ● 流通経済大学　茨城・たつのこ　R山本哲士
　No.998　H29.6.11　●　　〃　　14-35 ○ 帝京大学　帝京大Ｇ　R新井卓也
　No.999　H29.6.18　●　　〃　　26-55 ○ 明治大学　霧島ハイビスカス　R辻原潤一郎
　＜対抗戦＞
　No.1000　H29.9.16　○ 早稲田大学　54-20 ● 日本体育大学　神奈川・海老名　R新井卓也
　No.1001　H29.10.1　○　　〃　　94-24 ● 青山学院大学　栃木・足利　R武田学
　No.1002　H29.10.14　○　　〃　　33-10 ● 筑波大学　秩父宮　R梶原晃久
　No.1003　H29.10.28　●　　〃　　21-40 ○ 帝京大学　秩父宮　R藤内有己
　No.1004　H29.11.5　　〃　　99-14 ● 成蹊大学　相模原ギオン　R加古大樹
　No.1005　H29.11.23　○　　〃　　23-21 ● 慶應大学　秩父宮　R町田裕一
　No.1006　H29.12.3　●　　〃　　19-29 ○ 明治大学　秩父宮　R藤内有己
　＜第54回大学選手権＞
　No.1007　H29.12.16　● 早稲田大学　18-47 ○ 東海大学　秩父宮　R松丸力（3回戦）
　＜全早大試合＞
　チャリティー・マッチ（三つ巴、1試合40分）
　全早大147　H29.4.16　△ 全早大 19-19 △ 全明大　秩父宮（第37回全早慶明）
　全早大148　H29.4.16　●　　〃　　10-14 ○ 全慶大　秩父宮（同上）

11　最後の連覇から帝京時代へ（平成20年代）　295

【準公式試合】
　　H29.4.15　○　早稲田大学　55-3　●　東京大学　早大上井草　R乙幡栄治（定期戦）
　　H29.5.29　●　　〃　　19-28　○　同志社大学　パロマ瑞穂（同上）
　　H29.6.4　　○　　〃　　33-12　●　慶應大学　鹿児島・鴨池
★シーズンの優勝チーム★
　　第6回春季交流大会　帝京大学（6年連続6回目）
　　第88回関東大学対抗戦優勝　帝京大学（7年連続8回目）
　　第51回関東大学リーグ戦優勝　大東文化大学（22年ぶり8回目）
　　第54回大学選手権大会優勝　○　帝京大学 21-20　●　明治大学（9年連続9回目）
　　第55回日本選手権大会優勝　○　サントリー 12-8　●　パナソニック（2年連続8回目）

一度も正月越えられず

　山下監督2年目、加藤主将とコンビを組んだ。4月2日、7人制の第58回YC＆AC JAPAN SEVENSで34年ぶりに優勝し、幸先良いスタートを切った。春季交流試合は1勝にとどまり最下位に沈んだ。対抗戦では帝京大に7連覇を許した。早大が2001年から07年にかけて作った記録に並ばれた。対抗戦4位相当（2位）で臨んだ大学選手権には3回戦から登場、リーグ戦2位の東海大に7トライを奪われ8強に進めなかった。

　　　　　　＊　　　　　＊

　私たちの代の新人説明会の時には、入部希望者が30人に満たないという少ない人数で新人練習がスタートしました。夕方から始まり何時に終了するかわからない練習に何度も不安な気持ちになりながらも、同期と支え合いながら最後まで乗り切りました。

　新人練では20周走の周回数を間違えた人もいたり、最終日に某監督のことを「○っぺ」と呼んで危うく練習後にフィットネスが追加されそうになったりという事件もありました。

　そのような新人練を経て、入部式の時に見た景色、自分たちが口にした決意表明は4年間一度も忘れることはありませんでした。そしてラグビー部を引退した今でも忘れることはありません。

　1年生の時の裏北風祭、落ち葉拾いは、同期の性格がはっきりとわかり、お互いのことを深く知ることのできたものだと思っています。

　裏北風祭ではお互いの作ったネタの探り合いをして、北風祭前日にはグラウンドでの練習並みの集中力で念入りに準備をしたのはいい思い出です。落ち葉拾いでは、朝の6時から始めるといったのにも関わらず、寝坊をしてきて周りから集中砲火を浴びた人がいたのも今では笑い話です。

　3年時には、監督も代わり、環境も大きく変わっていきました。変化に最初は戸惑いがありました。ですが、どのような状況でも常に自分たちの目標である赤黒、荒ぶるを目指し続けてきました。4年間大学日本一を目指すという思いを共有した同期達とは今後一生の付き合いができると思っています。

　結果として、4年間で一度も正月越えをすることのできなかった代という非常にふがいない成績でしたが、4年間で非常に多くのOBの皆様からサポートをしていただきました。今後は現役の大学日本一のために少しでも役に立てるよう、サポートをしていきたいと思います。

（加藤広人）

第94回早慶戦
平成29年11月23日　秩父宮ラグビー場
○早大23－21●慶大

▌逆転で逃げ切り

　7点を先取された早大は齋藤の2本のPGで1点差まで詰めたが、前半はトライを奪えなかった。

　早大は後半7分、齋藤が3度目のPGを決めて一時は逆転したが、その後、連続トライを奪われ、12点を追う展開になった。不思議なものでここから攻撃にリズムが出てきた。28分、岸岡の飛ばしパスから宮里－佐藤とつなぎ、チーム初トライが生まれた。齋藤のゴールも決まり5点差に。さらに、32分には加藤主将がトライ。結局、齋藤がすべてのゴールキックを決めたことが効いて、2点差で逃げ切った。齋藤は「これを続けられるように頑張ります」。試合を振り返った山下監督は「いつも通りアグレッシブにやろうと、送り出した。前半は慶大のキックゲームに付き合ってしまった。また、ハンドリングエラーが多発し勢いに乗り切れなかった。後半は風下で、思い切って外を攻めることにした。よく逆転してくれた」。

早大		慶大		早大					慶大		
23	－	21		1	鶴川	達彦	FW	1	細田	隼都
6	前	7		2	宮里	侑樹		2	安田	裕貴
17	後	14		3	久保	優		3	吉田	雄大
0	T	1		4	中野	幸英		4	辻	雄康
0	G	1		5	加藤	広人		5	佐藤	大樹
2	PG	0		6	佐藤	真吾		6	中村	京介
0	DG	0		7	幸重	天		7	永末千加良	
2	T	2		8	下川	甲嗣		8	松村凜太郎	
2	G	2		9	齋藤	直人	HB	9	江嵜	真悟
1	PG	0		10	岸岡	智樹		10	古田	京
0	DG	0		11	佐々木	尚	TB	11	小原	錫満
7	反則	7		12	中野	将伍		12	堀越	貴晴

平成29年　11月23日
G　秩父宮ラグビー場
R　町田裕一 KO 14:08

	早大		慶大		
13	黒木	健人	13	柏木	明
14	野口	祐樹	14	宮本	瑛介
15	佐々木	尚	FB	15	丹治	辰碩

交代　早大：中野巌(古賀)、中山匠(中野幸英)
　　　慶大：栗原由太(堀越)、豊田康平(宮本)、川井秀和(中村)

第93回早明戦
平成29年12月3日　秩父宮ラグビー場
●早大19－29○明大

▌遅かった反撃

　既に帝京大が全勝優勝を決めており、どちらも優勝が絡まない戦いだった。序盤、早大が仕掛けた。大きく揺さぶり、攻撃を何度も継続したが、なかなか防御を崩せない。そこで、岸岡が左へ放ったロングパスを明大の梶村がインターセプト、自陣からそのまま早大インゴールまで走り切られた。早大は前半10分、PGを狙わず、相手陣ゴール前のラインアウトからモールでインゴールへなだれ込み、宮里が押さえた。ゴールも決まり同点に。この後は、明大の激しい圧力で自陣に釘付けにされた。岸岡のキックが梶村にチャージされるなどピンチが続き、最後は朝長に勝ち越しのトライを許して前半を終えた。

　後半、開始早々にターンオーバーから明大陣に攻め込み、桑山のトライで2点差に迫ったが後が続かない。明大は13分に山村、22分に福田のトライで14点差をつけた。早大は連続攻撃からペナルティートライを奪ったが反撃が遅かった。終盤、明大にPGを追加され力尽きた。

早大		明大		早大					明大		
19	－	29		1	鶴川	達彦	FW	1	久原	綾眞
7	前	14		2	宮里	侑樹		2	武井	日向
12	後	15		3	久保	優		3	祝原	涼介
1	T	2		4	加藤	広人		4	古川	満
1	G	2		5	三浦	駿平		5	箸本	龍雅
0	PG	0		6	佐藤	真吾		6	前田	剛
0	DG	0		7	幸重	天		7	井上	遼
2	T	2		8	下川	甲嗣		8	朝長	駿
1	G	1		9	齋藤	直人	HB	9	福田	健太
0	PG	1		10	岸岡	智樹		10	堀米	航平
0	DG	0		11	佐々木	尚	TB	11	山村	知也
1	PT	0		12	中野	将伍		12	梶村	祐介
3	反則	7		13	黒木	健人		13	鶴田	馨

平成29年　12月3日
G　秩父宮ラグビー場
R　藤内有己 KO 14:05

	早大		明大		
14	野口	祐樹	14	高橋	汰地
15	桑山	聖生	FB	15	山沢	京平

交代　明大：坂和樹(前田)、忽那雄太(堀米)、山崎洋之(鶴田)、齊藤剣(久原)、三股久典(福田)、
　　　　　　朴成浩(武井)、吉岡大貴(祝原)

11　最後の連覇から帝京時代へ（平成20年代）　297

平成30年度（2018年度）　創部101年目

主　　　将	佐藤真吾
副 主 将	西田強平
主　　務	小柴大和
副 主 務	宇野明彦、山野修治、一宮沙希
寮　　長	桑山聖生
委　　員	緒形岳、辺津勘太、岸岡智樹、斎藤直人、中野将伍、幸重天

卒業年次部員　佐藤真吾、小柴大和、板垣悠太、伊藤大貴、井上大二郎、入谷怜、岩淵翔、大塚天喜、緒形岳、小澤祐仁、尾島拓樹、貝塚陸、神山隆太、峨家直也、桐ケ谷稜介、栗原慶、桑島慎吾、桑山聖生、児玉響介、近田和、佐々木尚、真田慶太、千野健斗、西田強平、船越明義、フリン勝音、辺津勘太、堀越友太、松井丈典、丸尾隆大郎、三隅寛己、水谷彰裕、宮里侑樹、三輪達哉、吉田重治、鷲野孝成、大竹楓、一宮沙希、山野修治、鶴川達彦、佐藤健

部　　長	島田陽一、松嶋敏泰（5月19日から）
監　　督	相良南海夫（37代監督）
副 部 長	葛山康典
コ ー チ	木賀澤智之（部長特別補佐）、玉澤正徳、藤澤健、町田啓太、尾関大介、塩沢泰弘、永山大志、池田良（以上総務）、古庄史和、安藤敬介、三井大祐、大峯功三、後藤禎和、伊藤雄大、長井真弥、吉雄潤、村上貴弘（ハイパフォーマンスコーディネーター）、臼井智洋、橋本新（以上S＆Cコーチ）
部 員 数	136名（内女子9名）
夏 合 宿	菅平（第75回）
シーズン成績	10勝4敗　春季交流試合Bグループ2位、関東大学対抗戦優勝、大学選手権準決勝敗退

試合成績
【公式試合】
＜春季交流試合Bグループ＞
No.1008　H30.4.22　● 早稲田大学　22-32 ○　日本体育大学　早大上井草　R田崎富
No.1009　H30.5.5　●　〃　21-35 ○　筑波大学　筑波大　R三井健太
No.1010　H30.5.13　○　〃　69-0 ●　中央大学　早大上井草　R三井健太
No.1011　H30.5.20　○　〃　52-24 ●　法政大学　早大上井草　R加古大樹
No.1012　H30.6.23　○　〃　50-14 ●　日本大学　早大上井草　R久米村貴三
＜対抗戦＞
No.1013　H30.9.9　○ 早稲田大学　55-10 ●　筑波大学　埼玉・三郷　R清水塁
No.1014　H30.9.23　○　〃　99-5 ●　成蹊大学　味の素スタ西　R武田学
No.1015　H30.10.7　○　〃　123-0 ●　青山学院大学　栃木・足利　R大澤昂平
No.1016　H30.10.21　○　〃　68-10 ●　日本体育大学　群馬・敷島　R渡邉敬弘
No.1017　H30.11.4　●　〃　28-45 ○　帝京大学　秩父宮　R町田裕一
No.1018　H30.11.23　○　〃　21-14 ●　慶應大学　秩父宮　R清水塁
No.1019　H30.12.2　○　〃　31-27 ●　明治大学　秩父宮　R梶原晃久
＜第55回大学選手権＞
No.1020　H30.12.22　○ 早稲田大学　20-19 ●　慶應大学　秩父宮　R松本剛（準々決勝）
No.1021　H31.1.2　●　〃　27-31 ○　明治大学　秩父宮　R麻生彰久（準決勝）
＜国際試合＞
国際117　H30.3.11　● 早稲田大学 19-27 ○　オックスフォード大学　Iffley Road（100周年遠征・奥記念杯）
国際118　H30.6.2　○　〃　55-12 ●　高麗大学　早大上井草（第12回定期戦）
【準公式試合】
H30.4.28　○ 早稲田大学 90-10 ●　東京大学　東大駒場（定期戦）

H30.4.29	○	〃	82-5	● 朝日大学	岐阜・長良川球技メドウ
H30.5.27	●	〃	29-31	○ 慶應大学	山梨中銀スタジアム
H30.6.10	●	〃	14-59	○ 天理大学	神戸ユニバー記念
H30.6.17	●	〃	5-29	○ 明治大学	豊田スタジアム

★シーズンの優勝チーム★
　第8回春季交流大会　明治大学（2年連続2回目）
　第89回関東大学対抗戦優勝　帝京大学（8年連続9回目）、早稲田大学（8年ぶり35回目）
　第52回関東大学リーグ戦優勝　東海大学（2年ぶり8回目）
　第55回大学選手権大会優勝　○ 明治大学　22-17　● 天理大学（明治は22年ぶり13回目）
　第56回日本選手権大会優勝　○ 神戸製鋼　55-5　サントリー ●（18季ぶり10回目）

8年ぶりの対抗戦V

　相良新監督と佐藤主将の新体制は、オックスフォード遠征からスタートを切った。

　『Moving』をスローガンに掲げた。グランド上を縦横無尽に走り回る。多くの人々の心を突き動かし感動を与える。早稲田ラグビーを自分達で創造し続けるなど、様々な意味合いが込められた。春季交流戦は連敗発進となったが、何とか2位で乗り切った。夏合宿では帝京大を破った。2010年以来、実に8年ぶりの勝利となった。

　練習だけでなく、様々な試みがチームをまとめていった。その一つが合宿前に行われた「大掃除」だった。

　「次の100年に繋げる文化を創る」をテーマに、上井草の敷地内全てを一斉に掃除。相良監督をはじめコーチングスタッフも一緒に行った。春シーズンを振り返り、グラウンド上に加え私生活で自分たちのスタンダードをあげなければ、日本一のチームにはなれないと再確認したのがきっかけだった。1日がかりの作業はロッカーなどを外に出し、隅々まで行われた。今までなら「これくらいの汚れはいいでしょう」という甘さが出ていた部分も、この掃除後の綺麗さを基準として、互いに指摘し合えるようになろう、と意識した。

　シーズンに入り、春敗れた筑波大、日体大を下し、帝京大に挑んだ。しかし、序盤から相手ペースでいいところなく敗れた。ここからの立ち直りが、このチームの真骨頂だった。早慶戦、早明戦とも帝京戦で破綻した防御を再整備して粘り勝ち。4年目で初めて味わう対抗戦優勝の喜びを、佐藤主将は「どううれしいかと言われたら、優勝したことでうれしいが、特別な気持ちがあるかと言われたら、わからない」と正直に話した。

　対抗戦2位相当で臨んだ大学選手権準々決勝では、再戦となった慶大に終了間際に逆転勝ちした。終了間際、万事休すと思われた慶大ボールのスクラムで反則を誘い、何とか望みをつないだ。4点を追う最後の攻撃を途切れさせることなく、慶大ゴール前に迫る。左WTBの佐々木が右へ移動。「前が空いていたから」。パスを受け、ゴール右隅に飛び込んだ。今季は控えに甘んじていたが、調子を戻して大事な試合に起用された。自己管理に厳しく、この日の朝も午前6時半からウェートトレーニングで「筋肉に刺激を与えて」正午過ぎの試合に備えた。4年生の努力家がチームを救った。正月越えは5年ぶりだった。準決勝では一歩及ばず、早明戦のスコアが逆になる形で敗れたが、節目の年に復活への一歩は、確かに記した。

追い出し試合

第95回早慶戦
平成30年11月23日　秩父宮ラグビー場
○早大21 － 14●慶大

▌度肝抜くDG

　1敗同士で負けた方が優勝争いから脱落する対戦は、早大が前半25分、岸岡の自陣にわずかに入った付近からのDGで先制。風上とはいえ、約55メートルの距離を蹴り込み秩父宮がどよめいた。30分には慶大ゴール前ラインアウトからモールを押し込んで初トライ、11点リードで折り返した。

　佐藤主将は「ハーフタイム、ディフェンスでもう1回勝とう、と声をかけた。それを後半、しっかり出すことができた」。後半、7点返された後の12分のトライが象徴的だった。粘り強く慶大の攻めをしのぎ、柴田と丸尾のダブルタックルで相手のミスを誘って自陣から逆襲、河瀬－長田－齋藤と俊足の3人でつなぎ一気にトライを奪った。27分にも中野のトライを追加。7点差に迫られた残り10分ほどを手堅い防御でしのぎ切った。マン・オブ・ザ・マッチの岸岡は「前半こそしっかりゲームメイクできたが、最後は足がつった。明治戦は最後までグラウンドに立って勝利を」と話した。

公式試合No.1018		平成30年度第11試合		対抗戦	
早大		慶大	早大		慶大
21	－	14	1 鶴川 達彦	FW	1 細田 隼都
11	前	0	2 宮里 侑樹		2 安田 裕貴
10	後	14	3 小林 賢太		3 大山 祥平
1	T	0	4 中山 匠		4 相部 開哉
0	G	0	5 下川 甲嗣		5 辻 雄康
1	PG	0	6 柴田 徹		6 川合 秀和
1	DG	0	7 幸重 天		7 山本 凱
2	T	2	8 丸尾 崇真		8 山中 侃
0	G	0	9 齋藤 直人	HB	9 江嵜 真悟
0	PG	0	10 岸岡 智樹		10 古田 京
0	DG	0	11 古賀 由教	TB	11 宮本 瑛介
10	反則	0	12 中野 将伍		12 栗原 由太
平成30年 11月23日			13 桑山 淳生		13 小原 康平
G 秩父宮ラグビー場			14 長田 智希		14 小原 錫満
R 清水慶　KO 14:05			15 河瀬 諒介	FB	15 宮本 恭右

交代 早大：峨家直也(宮里)、佐々木尚(河瀬)、千野(鶴川)、船越明義(岸岡)
　　　慶大：音公平(大山)、丹治辰碩(宮本恭)、中本慶太郎(安田)、渡邉悠貴(細田)、若林俊介(江嵜)、阿部直孝(豊田)

第94回早明戦
平成30年12月2日　秩父宮ラグビー場
○早大31 － 27●明大

▌一度もリード許さず

　勝った方が帝京大と並んで優勝ということもあり、入場券は完売。秩父宮は2万2千人を超える観客で埋まった。早大は前半3分、河瀬が先制のトライ。試合前、相良監督から「（父で明大で活躍した）河瀬泰治の早明戦と言われないように、諒介の早明戦にしろ」と発破をかけられ、いきなり思い切りの良いアタックをみせた。30分の丸尾のトライは、岸岡のカウンターアタックが効いた。

　勝負のポイントは、4点リードの後半10分過ぎ、自陣ゴール前で、明大ボールのスクラムだった。ここまでスクラムでは劣勢だったが、このピンチに8人がより低く組むことを意識でき、明大のコラプシングを誘った。この後、中野の連続トライなどで18点差までリードを広げた。地力がある明大に2トライを返され4点差まで迫られたが、凌いで8年ぶりの対抗戦優勝をたぐり寄せた。相良監督は「必ず守り切ってくれると信じて見ていました。今日の勝利が選手の成長を表している」とたたえた。

公式試合No.1019		平成30年度第12試合		対抗戦	
早大		明大	早大		明大
31	－	27	1 鶴川 達彦	FW	1 安 昌豪
17	前	13	2 峨家 直也		2 武井 日向
14	後	14	3 小林 賢太		3 祝原 涼介
2	T	1	4 中山 匠		4 片倉 康瑛
2	G	1	5 下川 甲嗣		5 箸本 龍雅
1	PG	2	6 柴田 徹		6 石井 洋介
0	DG	0	7 幸重 天		7 井上 遼
2	T	2	8 丸尾 崇真		8 坂 和樹
2	G	2	9 齋藤 直人	HB	9 福田 健太
0	PG	0	10 岸岡 智樹		10 松尾将太郎
0	DG	0	11 古賀 由教	TB	11 高橋 汰地
0	PT	0	12 中野 将伍		12 森 勇登
9	反則	7	13 桑山 淳生		13 渡邉 弐貴
平成30年 12月2日			14 長田 智希		14 山村 知也
G 秩父宮ラグビー場			15 河瀬 諒介	FB	15 雲山 弘貴
R 梶原見久 KO 14:00					

交代 早大：宮里侑樹(峨家)、佐々木尚(古賀)、船越明義(河瀬)、千野健斗(鶴川)、土田彬洋(小林)、佐藤真吾(柴田)
　　　明大：笹川大五(祝原)、小宮カズミ(箸本)、山崎洋之(高橋)、朝長駿(石井)、射場大輔(森)、松岡賢太(武井)、齊藤剣(安)

創部100周年記念式典

2018年11月25日、東京ドームホテルに現役、OB、来賓の方々ら1198名が集い、盛大に行われた。始めに大東和美会長が「1918年11月7日、わずか数名の有志で産声を上げた蹴球部。100年の歴史を経て1932名のOBと136名の現役部員を有する大きな組織に変貌することを当時の誰が予測したでしょう。歴史の重みと先人たちの偉大な足跡に深い感激を覚える。創部7年目の大正14年には強固なOB組織の根幹が構築された。次の100年に向け、早稲田大学ラグビー蹴球部は常に勝者たれを心に刻みこれからも挑戦し続ける所存です」などと次世代への決意などを語った。続いて、田中愛治早大総長が時折、ユーモアを交えながら、あいさつした。まず、自身が浪人中の「逸話」を披露。早大が新日鉄釜石を破って初めて日本一になった日本選手権翌日のことだった。1月も16日になれば、受験生にとり1分も無駄にしたくない大事な時期だが、早稲田の戦いぶりに感激した予備校の日本史の先生は、いらいらする生徒をよそに受験には関係ないラグビーの話を10分間しゃべり続けたという。総長は入学後、体育理論で大西先生に薫陶を受けたといい、同世代の植山信幸のプレーを身ぶりを交えて紹介した。最後に「総長として申し上げるべきことは、最先端の理論をしっかり構築し、優れた監督の下、しっかりトレーニングする。大学としてもサポートしたい。学生スポーツの神髄を大事にしながらますます強くなってほしい」と激励した。

来賓としてあいさつした日本ラグビー協会の岡村正会長は「日本代表にはたくさんの優秀な選手を、協会にも多数の人材を送り込んで頂き、大変有り難く厚く御礼申し上げたい。代表のキャップホルダーは92を有し、明治大学がその次で91、1つの差ではあるが、日本一のキャップホルダーです。私は1958年に東大に入り、その年、早大戦にいったら冨永主将のチームに0-58

で木っ端微塵にされ、大変なところに入ってしまった、と思った。その後、早大戦は対抗戦で非常に大きな意味をしめることになった。卒業年度の1961年度は終了間際まで3-3の同点で、もしかすると勝てるかもしれないと、調子に乗ったところもあり、再三にわたるノックオンで好機を失った。そこで、木本さんが突破され、3-8で敗れた。この2つが私の中で印象に残っている。

今日、これからですが、モナコで『バーノン・ビュー賞』を森喜朗先輩が受賞されます。ラグビーを世界に広く伝搬した方に与えられる賞で、ワールドラグビーから今日これから受賞されることになっている。少し早めのお知らせで『違反』をしていますが、お許しを頂き、森先生のお祝いを申し上げたい」などと話した。

稲門体育会（運動部OB会、44部）の河野洋平会長のあいさつの後、鏡開きがあり、奥島孝康元部長が「ラグビー部100周年を祝し、未来への素晴らしい勝利へ向かって前進することを誓い高らかに杯を上げたい」と乾杯の発声を行った。

宴の最後には、相良監督が「たくさんのお祝いを頂き厚く御礼申し上げます。おととい早慶戦勝ってこの日を迎えられたこと、早明戦で勝った方も優勝という状況で今日を迎えられたことを監督としてホッとしている。早稲田大学ラグビー蹴球部は学生のチームだと思っている。学生が何をやりたいか、そこが一番大事と思って学生と接してきた。『荒ぶる』が取れるように、1日、1日大事に過ごし、いい試合をみせたい。OBの皆様、現役にぜひ、叱咤激励してください」とお礼の言葉を述べた。また、佐藤真吾主将も「このようなタイミングで現役部員として在籍できたことをうれしく思う。そして、早稲田ラグビーの使命をますます強く感じている」と語った。続いて、前方に集まった現役部員をはじめ、会場の全員で「北風」を歌った。閉会のあいさつに立った松嶋敏泰部長は「この100年の歴史は部員1人ひとりがつないで来た貴重で熱い時間の繋がり。時間の繋がりは人の繋がりも生み出してきた。たくさんの皆様の繋がりと広がりによってラグ

ビー部は支えられてきた。熱く御礼を申し上げます。我々は100年間、一生懸命、ボールを繋いできた。次の100年間も丁寧にボールを繋いでいきたいと思う。もちろんペナルティーなしで。この継続と連続を続けることによって、大学、日本のラグビー界のために、新たな早稲田ラグビーを進化させていきたいと思う。これからの100年間も相変わらぬご支援をお願い致します。ありがとうございました」と盛会を締めた。

これに先立ち、追悼慰霊祭が遺族の方々らを招いて執り行われ、まず、伊藤隆副会長がこの10年に亡くなられた82名の方の名前を呼び上げた。大東会長と松嶋部長が追悼の辞を述べ、「この10年残念ながら苦戦している。早稲田は常勝チームでなければならない。先輩の教えを守り、現状に満足することなく一層の努力を重ねることが、先輩諸氏に報いる最善の方法」などと誓った。遺族を代表して昭和55年度、故長沼龍太の妻恵美子さんが「亡くなられたすべての方に共通していることは、早稲田のラグビーを誰よりも愛し、誰よりも情熱を持っていたこと。遺族全員が強い早稲田大学ラグビー部を望んでいる。ぜひ、『荒ぶる』を聞かせてください」と話した。

第 2 章
海外遠征史

1 豪州遠征

昭和2(1927)年7月13日～9月23日

団 長	喜多壮一郎（早大教授）	
監 督	木村文一（大正12年卒）	
主 将	本領信治郎（HB）	
FW	寺田半三／渥美利三／太田義一／清水定夫／木村興人／山下竜雄／兼子義一／助川貞次／坂倉雄吉	
HB	丸山守一／飯田講一	
TB	西野綱三／馬場英吉／滝川末三／砂堀功	
FB	中島章／小船伊助	

通算2勝6敗（2勝は寄港地のマニラと香港）

日本ラグビーの発展にも寄与した壮挙

7月13日、神戸港から安芸丸に乗船。埠頭は西部協会はじめ関西各大学代表の見送りの方で埋め尽くされた。出航合図のドラが鳴り響く中、色とりどりのテープが投げ交わされ、歴史的な遠征へ旅立った。

香港、マニラを経由。マニラではノーマッズ・スポーティング・クラブと対戦した。さらに、ダバオなどを経由し、8月7日にブリスベン、9日にシドニーに到着した。

身長と体重の差がすべての試合で不利を招いた。技術で補えるものだが、最後の20分を持ちこたえれず、そこから敗戦を重ねた。

ある豪州紙には、身体に著しい差がある間、どんな遠征も勝敗に関する限り無理だといえる。まず、体力差をなくし、対等に戦える日を望みたい。その時には喜んで迎えるだろう、と皮肉交じりに書かれていたという。

しかし、この遠征の目的は勝つこともさることながら、身をもって本流のプレーに触れ、習得することだった。個人技はそれほど劣らず、試合を重ねるごとにミスは少なくなり、タックルも低く決まるようになった。

FWとバックスが一体となっての総合的プレーに欠けていたのが反省点。オープンプレーに徹し、球を生かすことを見習い、のちに、ゆ

さぶり戦法といわれるようになった展開の仕方を学びとったのは収穫だった。豪州各地を巡り、習俗に接して視野を広げたことも有益だった。

8月26日にシドニー大との最終戦を終えると、翌27日に安芸丸でシドニー発。9月12日にマニラ、15日に香港に寄り、それぞれ地元チームに白星を挙げた。長崎に寄り、23日に神戸に寄港し、2カ月以上に及んだ遠征を終えた。

18人の選手でしかも鎖骨骨折者を出した。辛く、苦しい遠征だったが、この貴重な体験から、やがて早稲田ラグビーの基本的戦法が生み出されていく。大先輩たちの足跡に深い感謝を捧げなければならない。

2 上海遠征

昭和8(1933)年1月8日～1月26日

監 督	西尾重喜（昭和5年卒）	
主 将	田川潔（LO）	
主 務	勝田也一	
FW	西海一嗣／松原武七／砂堀（土井）功／渡辺（丸茂）栄造／大野信次／岡本有三／米華真四郎	
HB	林芳雄／飯盛隆一／山本春樹／伊藤眞光	
TB	柯子彰／荒賀（山東）嘉樹／長尾寿三／千葉正／原玉城／鈴木功	
FB	北邨亀次	

通算3勝

慶明に次ぐ遠征で、3戦全勝

上海クラブの招待で1月8日に神戸から長崎丸で出発した。大正14年の慶応、昭和3年の明治に次ぐ遠征となった。約2週間の滞在中に3試合を行った。第1戦は上海クラブ戦、体調が整わず、13－11の辛勝だった。第2戦の米国マリンはアメリカンフットボールで鍛えた巨漢ぞろいだった。しかし、終始、早大ペースで試合を進めて快勝。最終の全上海も28－8で下し、遠征を終えた。

3 満州・朝鮮遠征

昭和11 (1936) 年3月23日〜4月16日

引率教授	本領信治郎（昭和3年卒）
特別参加	野上一郎（OB）坂口正二（OB）
主　将	米華真四郎（BL）
主　務	山本義雄
FW	松木静治／村山礼四郎／高木金之助／勝浦頼次郎／山地翠／斉藤正三／大蔵勝／豊島芳朗／井沢正良／熊井文吾／池田新吾
HB	松本文雄／伊藤眞光／木村芳生／上田(中臣)国彦
TB	田中源治／川越藤一郎／豊城長太郎／林藤三郎／池田林一
FB	鈴木功／井川晴雄

通算7勝

▎OB加え、7戦全勝

　25日間の遠征だったが、負傷者も病人も出さず、全員、無事に帰国した。このことがチームに自信と誇りを与え、揺るがぬチームワークを築く上で計り知れない成果をもたらし、3度目の全国制覇につながった。

　世の中が騒然としてきた昭和11年だった。1月に日本はロンドン海軍軍縮会議を脱退。2月には2・26事件が起きた。そんな世情の中で行われた遠征は、若者に様々な見聞と体験を与えた。当時の満州は建国を終えたばかりで、見るもの聞くものすべてに清新の気にあふれているようだった。

　米華主将は「最初諸先輩から種々の御忠告を受けました事は、全部遺憾なく遂行出来ましたと報告できる様、各自が良く自覚自制してくれまして、早大学生、殊にラグビー部員としての名誉を汚すことなく、終始一丸となって行動してくれました。この遠征により、皆の力量も上がり、チームとしての統制上の問題、殊に今シーズンの打倒明治に対する種々の要因が整ったと思います。さあこれからは、十分なる練習と研究により、唯、闘うのみという闘志と、必

勝の信念を持ったことが、一番大なる収穫だと確信して居ります」と報告した。

4 韓国遠征（第1回）

昭和45 (1970) 年6月18日〜6月28日

団　長	新庄嘉章（ラグビー部長・文学部教授）
監　督	日比野弘（昭和33年卒）
コーチ	白井善三郎（昭和30年卒）
主　将	大東和美（PR）
主　務	日野康英
FW	栗本利見／高橋哲司／黒田治男／阿部憲之／赤司礼三／津留崎鉄二／久保田勇／萩原隆男／益田清／星野順二
HB	清水徹／宿沢広朗／藤田康和
TB	東郷健二／佐藤秀幸／藤井雅英／平岡惟史／粟野英一／堀口孝
FB	小林正幸／清水伸一

通算2勝2敗

▎戦後初の海外遠征

　韓国ラグビー協会の招待で、戦後初の海外遠征を行った。早稲田は技術的、戦法的には優れていたが、FWの激しく強い当たりとバックスの強烈なタックルには受け身となった。猛暑の中、軍用トラックに乗ってパレードをやり、硬いグラウンドでの試合も印象的だった。大邱の宿は、床が硬く狭かったため、暑い上に、腰や背中を痛めた選手もいた。短い遠征だったが、厳しいラグビーを教えられ、環境の違う中での生活は、貴重な経験となり成果を十分に得られた。

5 韓国遠征（第2回）

昭和53 (1978) 年5月12日〜5月20日

団　長	高野竹三郎（ラグビー部長・法学部

監　　督	白井善三郎（昭和30年卒）
コ　ー　チ	梅井良治（昭和29年卒）／新井大済（茂裕）（昭和31年卒）
主　　将	橋本裕幸（HO）
主　　務	坂本典幸
FW	小林伸之／千原成記／高野敬一郎／町田英夫／加藤剛志／加藤俊久／吉川裕二／金澤聡／畠本茂也／石橋寿生／長沼龍太／佐藤勲／土屋勝
HB	奥脇教／安藤公一／坂口直弘／日下稔
TB	石橋哲也／高平潔／広野真一／岩崎有恒／大竹由紀
FB	大沢健吾

通算1勝2敗

▌2年連続韓国へ

　再建を託された白井監督は、チームに激しさを植え付けたいと、当たりの強い試合を経験させるために、2年連続で韓国遠征を実施した。戦績は芳しくなかったが、選手には徐々に自信を回復する兆しがみられた。

6 韓国遠征（第3回）
昭和54（1979）年6月23日〜6月27日

団　　長	高野竹三郎（ラクビー部長・法学部教授）
監　　督	白井善三郎（昭和30年卒）
コ　ー　チ	梅井良治（昭和29年卒）／山本巌（昭和44年卒）
ドクター	美濃部峻
主　　将	植山信幸（OB・FB）
主　　務	坂本典幸
FW	町田英夫／千原成記／高野敬一郎／片岡康幸（OB）／橋本裕一（OB）／加藤俊久／吉田達也（OB）／荒木博和／石塚武生（OB）／石橋寿生／長沼龍太／豊山京一（OB）
HB	奥脇教／辰野登志夫（OB）／星野繁一（OB）／本城和彦

| TB | 新谷時男／南川洋一郎（OB）／藤原優（OB）／吉野俊郎／大竹由紀 |
| FB | 大沢健吾 |

通算2敗

7 英仏遠征（早大建学100周年記念）
昭和57（1982）年2月21日〜3月13日

団長・監督	大西鐵之祐（昭和14年卒、体育局教授）
コ　ー　チ	植山信幸（昭和50年卒）
主　　将	石塚武生（OB・FL）
チームマネジャー	宇田川岳志
FW	町田英夫（OB）／伊藤秀昭／橋本裕幸（OB）／佐伯誠司／松瀬学／吉田雄三／寺林努／佐々木忍／杉崎克己／伊藤隆（OB）／梶原敏補／渡辺隆／益子俊志
HB	奥脇教（OB）／佐々木卓／本城和彦
TB	新谷時男／浜本哲治／南川洋一郎（OB）／佐々木薫／吉野俊郎／中川俊一／野本直揮
FB	安田真人

通算2勝2敗

▌半世紀ぶりの本格ツアー

　早大ラグビー部は昭和2年の豪州遠征以降、自主的で本格的な海外遠征は途絶えていた。その一方、他大学の豪州やニュージーランドへの遠征は年々、増えていた。

　日本ラグビーの中心的存在を自認する早大ラグビー部としては、積極的な海外遠征による外国チームとの交流により、新しい刺激と研修の成果を求めなければならないと痛感していた。また、相乗作用として、入学難の早稲田大学にとって魅力をアピールすることも期待された。

　現役、若手OBへ強烈な刺激を与え、シーズンへ盛り上がる力を引き出すためには、他校でも類を見ない斬新な企画、できるならラグビー

発祥の地へ赴き、名門オックスフォード、ケンブリッジ両大学との対戦を実現させたかった。この年は早稲田大学100周年に当たり、その記念行事の一環として実現できれば、一層、意義を高めることもできる。このような考えから2年ほど前から欧州への遠征が計画された。

オックスフォード、ケンブリッジのどちらかから1勝することが遠征の大きな目的だったが、最終戦でケンブリッジ大を1点差で下した。団長兼監督を務めた大西は英仏遠征記に次のような文を残し、総括した。

「（昭和56年）来日したダブリン大学に完勝したワセダの戦法は、現在におけるワセダの対外チームに対する戦法のすべてを出し切ったものといえるであろう。簡単に述べるならば、早いヒールアウト－展開－接近集中攻撃－球の再奪取－外側展開。従来のゆさぶりを現代化したものである。我々は今シーズンもこの中核的考え方を基礎として慶明を降してきたのである。したがって今回の遠征も今まで早稲田がつくり上げてきたこの戦法が、英仏諸大学に通じるかどうかと云うことを試すためのものであった。対戦相手はエジンバラ大学を除いては対戦経験のあるチーム（パリ大学との対戦経験はなかったが、大西監督はフランスの大学との対戦経験はあった、という意味であろう）で、相手の作戦の大綱はわかっていたけれども、私は敢えて相手のことをあまり考慮せず、全チームに対して、現在我々のもっている戦法をぶちかまし、その状況を十分調査して将来のワセダの国際的進出のいとくちをつくり上げようと考えたのである」

そして、最後の将来の課題という項で次のように述べている。

「今回の遠征に使用したラックのやり方は成功であった。これで身体の大きい外人に対してはモールよりラックが有効であるという結論が出たと言ってよい。我々の考えている接近集中攻撃－球の奪取－第2次外側展開攻撃の理論は充分英国諸大学に通ずる戦法であったし、防御におけるワセダ式シャロー防御も亦彼等を制圧することが出来た。今後の問題はあの位の身体の外人に対しては一応成功したが、もっと大き

い外人の直進に対していかに倒すかの方法の研究が真剣にやられなければならない。またラインアウトにおいては学生同士のコンビを長く組んでそれに習熟する練習が最も大切なことがわかる。

これらを要約すれば

1．戦法的理論は今後も新しいものの研究さえ怠らなければ正しい方向に進んでいると云える。
2．スクラムは相手に押されないロッキングスクラムの研究が急務。
3．相手に球をとられた時スクラムをいかに廻し相手の動きを狂わすかの研究が必要。
4．相手のスクラムサイド攻撃に対する防御、特にサイドステップに対するタックルの方法、相手がFWパスで直進してくる時の防御とタックル法の研究。
5．相手のハイキックに対する防御とカウンターアタック。
6．ラインアウト・プレーの習熟。
7．強力な各種タックルと相手を倒す方法の研究。
8．BKの新しいゲインライン突破のための攻撃法の研究。

等々であるが、これらは国内においても明大戦に必要なものを多く含んでいることを考えれば、昨年の大学選手権を思い出して、研究と練習に一層奮起しなければならない」

8 台湾遠征

昭和60（1985）年3月14日〜3月25日

団　　長	千葉正（昭和11年卒）	
監　　督	日比野弘（昭和33年卒、体育局助教授）	
主　　将	奥脇教（OB・SH）	
FW	永井雅之／尾形勉／吉田雄三／米倉昭浩／山本巧／渡辺幸男／清水明浩／志摩明／梶原敏補（OB）／土屋謙太郎（OB）／恵藤公浩／益子俊志（OB）／矢ケ部博	

307

HB	山田浩史／本城和彦（OB）／森田博志
TB	池田尚／吉野俊郎（OB）／大久保俊彦／吉川雅也／土肥琢哉／伊藤寿浩
FB	安田真人（OB）／石井勝尉

通算4勝

---

9 アイルランド遠征

昭和62（1987）年2月24日〜3月18日

団　　　長	奥島孝康（法学部教授）
副 団 長	日比野弘（昭和33年卒、体育局助教授）
顧　　　問	大竹正次（政経学部助教授）
監　　　督	木本建治（昭和38年卒）
コ ー チ	石塚武生（昭和50年卒）
トレーナー	奥脇教（昭和56年卒）
主　　　将	益子俊志（OB・NO8）
FW	永田隆憲／西谷光宏／森島弘光／永井雅之（OB）／山本巧（OB）／頓所明彦／坂本光治／弘田知巳／栗原誠治／篠原太郎／渡辺浩章／神田識二朗／浜野彰／土屋謙太郎（OB）
HB	吉田隆太郎／本城和彦（OB）／森田博志
TB	島沢明史／今駒憲二／和久井秀一／吉野俊郎（OB）／土肥琢哉（OB）／中川俊一（OB）
FB	石井勝尉／香取鉄平

通算2勝3敗

▌限りない信頼と揺るぎない自信

　休日の夜などアイルランドで買って帰ったカセットでフィル・クルターのピアノの演奏を聞いていると、楽しかった彼の地での出来事がまざまざと脳裏によみがえる。試合の結果がすべて満足であったといえばウソになろうが、監督はじめ、選手諸君は実によく頑張ってくれ、気持ちのよい思い出のみが胸を満たしてくる。本当に心に残るよい遠征であった。

　出発前までは、正直なところ、一体どんな相手であろう、わがチームはどのくらいやれるであろう。不安半ば期待半ばの心境であったが、その不安は第1戦のトリニティ・カレッジ（ダブリン大）との試合で一掃された。まことに絵に画いたような接近・展開・連続のワセダ・ラグビーであった。この一戦で選手諸君のプレッシャーもとれ、精神的にもこの遠征を実り多きものにしたのではないかと思う。無論、2勝3敗の戦績が示すように、アイルランド遠征が自慢できるほどのものではないことは十分承知している。しかし、全試合を通じて先輩が営々と築き上げてきたワセダ・ラグビーに対する限りなき信頼と揺るぎない自信とをチーム全体が共有しえたことは、今回の遠征の大いなる成果ではなかったかと考えている。私は強くそのことを感じた。

　アイルランドは、これまで日本にとって遠い国であった。しかし、帰国したいまでは私にはきわめて近い国に感じられる。人口350万人、面積も北海道より小さい国でしかも、ラグビーは大学でしかやらないマイナーなスポーツであるにもかかわらず、あの強さはどこから生まれるのであろうか。貧しい国であるにもかかわらず、各大学とも5面、7面のラグビー専用グラウンドをもつ豊かさの信じがたいアンバランス。そして北と南に国が分かれ、毎日のように紛争が続いているにもかかわらず、アイリッシュ・ラグビー・ユニオンだけは仲良く一本化しているという文字通りの「ノー・サイド」の精神の実践。実にさまざまなことを考えさせられる旅であった。グラウンドで身体をぶつけ合った選手諸君はおそらく、さらに多くのことを感じ、考えさせられたことであろう。そのことが、きっとこれからのワセダ・ラグビーに、そして彼らの人生そのものに生かされる日がくるに違いない。（団長・奥島孝康。『早稲田ラグビー、アイルランド遠征記』より）

---

10 豪州遠征（第2回・創部70周年記念）

昭和63（1988）年7月20日〜8月9日

団　　　長	奥島孝康（ラグビー部長、法学部教授）	
副 団 長	横井久（昭和32年卒）	
監　　　督	佐藤秀幸（昭和47年卒）	
コ ー チ	石塚武生（昭和50年卒）	
トレーナー	山本巧（昭和61年卒）	
主　　　将	益子俊志（OB・NO8）	
FW	永田隆憲（OB）／渡辺達矢／塩入英治（OB）／森島弘光／永井雅之（OB）／頓所明彦（OB）／坂本光治（OB）／弘田知巳（OB）／春日康利／栗原誠治（OB）／篠原太郎／神田識二朗（OB）／戸沢孝幸／清田真央／清宮克幸	
HB	堀越正己／野崎光雄／本城和彦（OB）／前田夏洋	
TB	今泉清／今駒憲二（OB）／吉村恒／吉野俊郎（OB）／藤掛三男／桑島靖明（OB）／島沢明史	
FB	石井勝尉（OB）／加藤進一郎（OB）	

通算5勝

61年ぶりの再訪は全勝

　7月21日早朝、ラグビー部としては実に61年ぶりに、シドニーでオーストラリア再訪の第一歩を印した。以来20日間、シドニー（ノーザン・サバーブス）キャンベラ（オーストラリア国立大）タウンズヒル（ジェームズ・クック大）ブリスベン（クィーンズランド大）シドニー（シドニー大）と転戦し、5戦5勝（ノーザン・サバーブスでの親善試合を含めると6戦6勝）の大戦果をあげた。佐藤監督の見事な采配と益子主将の抜群のキャプテンシーと全選手諸君の力闘の成果である。61年前に胸を借りた恩をかくも完璧に返すことが出来ようとは、出発時に誰が予想しえたであろうか。ワセダ・ラグビーならではの快挙というほかはない。

　初戦の勝利は、一種の自信と余裕を生んだが、クィーンズランド大とシドニー大との対戦は、さすがに緊張させられた。キックオフ直後、いきなり連続2トライを奪われたクィーンズランド大戦、後半5点差の30分間をタックルに防

いだシドニー大戦。選手諸君は、本当にワセダ・ラグビーらしい素早い立ち直りと強靭な粘りとを見事に示してくれた。　その結果、どの試合でも、ファンクションにおける相手チームの選手たちのワセダ評は、異口同音に、「クィック！」「ファスト！」の連発であった。そして、強いチームほどワセダの勝利を心から祝福してくれた。誠に、「士は窮しても義を失わず、達しても道を離れず」のたとえ通りであり、ラグビー精神いまだ地に落ちずの感を深くした。

　ツアーの裏方は、リエゾン・オフィサー［チームに同行して世話をしてくれる役員］のキース・バレット氏と、横井、山本の両氏であり、3氏の適切なマネイジメントにより、これといったトラブルもなく、快適な旅を続けることができた。とりわけ、キースは、全行程を随行し、我々のために献身的に尽くしてくれた。いまでも、ホテルのバーで、「メディスン、メディスン」と弁解しながら、ビールを飲むキースの笑顔が瞼の裏に浮かぶ。

　キースに対する一同の感謝の気持ちを伝えるために、オーストラリア最後の夜催した、彼の70歳の誕生日のお祝いで、皆で「ハッピー・バースディ」と「ユー・アージョリ・グッド・フェロー」を合唱している間の彼のてれくさそうな顔は、この先もおりにふれ思い出すことであろう。キースほどオーストラリア・ラグビー精神を体現した人物はいない。必ずもう一度会うと心に決めて、心を残しながら彼と別れたのであった。

　今回のツアーのハイライトは、何といっても、61年前の対戦相手であった80歳を超す2人のオーストラリア人、レジナリー・ブレイクモア（キャプテン）とマイヤー・ローゼンブルムとの邂逅（かいこう）であった。

　2人がこもごも語るところによると、当時のワセダの選手は今回の選手たちより「スモーラー」であり、スクラムを組むと「グッド・スメル」がしたとのことであるが、「おけさ踊り」は記憶にないとのことであった。当時を回顧して懐かしそうに語る2人の血色のよい顔を見ていると、ラグビーのもつ摩訶不思議な魅力の一

端がわかるような気がする。当時のメンバーで現在生存が確認できたのは3人にすぎず、もしかすればイギリスにもう1人生きているかも知れないという。おふたりのご健康とご長寿を心から祈念せずにいられない。

オーストラリアは、すべてに恵まれた無限の可能性の国である。おそらく、日本との交流は今後ますます深まる一方であろう。ラグビー部OBで現地で活躍されている佐野氏（1964年卒）を中心とする稲門会は、我々のために、歓迎、送迎と2度までも心のこもったパーティーを催して下さったが、そこで、わたしは4人のゼミ卒業生と予期せぬ再会をし、オーストラリアと日本の結びつきの深さを改めて思い知らされたのであった。近年盛んになったラグビーの交流は、これまでの両国の結びつきを新しい局面に導く契機になるのではないか、との予感を抱かせる。わがツアー・メンバーは、オーストラリアの人々に、ビジネス・メンとは一味違ったさわやかな印象を残したに違いないからである。

いずれにしても、遠征は成功した。61年前、我々の先輩は全敗の屈辱の中からワセダの伝統である「ゆさぶり」戦法をあみだした。今回の経験もまた、選手諸君の態度に見られるように、これを謙虚に受けとめるかぎり、ワセダ・ラグビーに必ずやなにものかをもたらすに違いない。それは、ワセダ・ラグビーへの限りない愛情と信頼と確信との上に加えられるサムシングとなろう。絶えざる創造の中でこそ、伝統は磨かれ、鍛えられ、そして継承される。かくてワセダ・ラグビーは、その輝かしい神話に新しい一頁を加えることになるのである。（団長・奥島孝康。『早稲田ラグビー、オーストラリア遠征記』より）

11 英国遠征（創部75周年記念）

平成4（1992）年2月17日〜3月30日

団　　長　日比野弘（昭和33年卒、人間科学部
　　　　　教授）
副 団 長　高澤晴夫（横浜港湾病院院長、前半）
　　　　　／大竹正次（政経学部教授、後半）

監　　督　高橋（松久）幸男（昭和51年卒）
コ ー チ　佐藤秀幸（昭和47年卒）／益子俊志
　　　　　（昭和58年卒）
主　　将　永田隆憲（OB・PR）
　FW　小山義弘／森島弘光（OB）／池田晃久／山田俊成／佐藤友重／嶋内英郎／遠藤哲／篠原太郎（OB）／今西俊貴／神田識二朗（OB）／富野永和／相良南海夫／清宮克幸（OB）／内田弘憲
　HB　堀越正己（OB）／津田慎治／前田夏洋（OB）／守屋泰宏
　TB　吉村恒平（OB）／増保輝則／今駒憲二（OB）／藤掛三男（OB）／吉雄潤／小野勇人
　FB　石井勝尉（OB）／徳丸真吾

通算4勝1敗

▌世界トップレベルを見据え

創部75周年を迎えるシーズンに、全早大チーム英国遠征の団長を仰せつかったことは誠に光栄の至りであった。

私は常々全早大の海外遠征の目的は次の3点にあると考えている。

① 早稲田ラグビーの力を常に日本のトップに維持すること。

② 早大ラグビー部が学生日本一を獲得できる力を継承していくこと。

③ 将来あらゆる分野でリーダーとなれるように部員に遠征の経験を積ませること。

遠征に参加していつも思うことだが、早稲田の諸君のマナーや、外国選手との対応は実にしっかりしている。これは学生の資質が高い水準にあること、早大ラグビー部の指導がしっかりしていること、したがって選手諸君が遠征の意義や目的を正しく理解し、努力しているからこそ出来ることであり、誠に心強く喜ばしいことだと思っている。今回の遠征でも先輩が後輩に対してプレーの指導にとどまらず、戦うための心構え、日常生活で大切なことなどを教えている光景を見て、ああこれが早稲田ラグビーの

伝統の継承なのだなと嬉しく感じたことが度々であった。

遠征に参加した選手諸君には、技術の向上は勿論のこと、人格の形成にも更に磨きをかけ、これからの早稲田ラグビーの強化、発展のために尽力することが求められていることを自覚してもらいたい。

技術面での指導は監督・コーチの担当分野だが、今回の遠征で再確認できたことは早稲田のラグビーの水準が、世界の大学のチームのなかでもトップレベルにあることだ。4勝1敗の成績でなく、それぞれのゲームのプレーのなかで早稲田の戦法、戦術が、理論に裏付けされ、修練を積んで体得されたプレーがしっかりできているからである。

自慢はいけないが自信を持つことは大切である。10試合に1回ぐらい勝ったり、あわやという大接戦を演じ、「外国チームに善戦する早稲田」であった昭和50年代半ばまでと違い、「外国チームに勝つ早稲田」、「対等に戦う早稲田」になったといえる。勿論オックスフォードとの最終戦に敗れたように、彼等がフルメンバーを揃えたときには勝てていないのだから、まだ力の差はあるのだが、その差は射程距離内である。

世界の大学に通用するプレーが明治に通じないはずがない。OBを含めた全早大に比べると、現役チームの力はたしかに一段低いといえるが、明治もまた現役だけのチームである。私はこの遠征チームがやり遂げた次のプレーこそが好成績の根源だと確信している。

① 走りまくる展開ラグビー
② 獲物に襲いかかるような攻撃的タックル
③ 有効な戦術パターンの採用
④ ボール獲得のための身体を張ったプレー

そして更に、早稲田の黄金時代を再現するためには、次の課題を克服しなければならない。

① ゴール前で支え切れるスクラム、モールの完成
② ドリフト・ディフェンスに対する有効な戦術の開発

これをやり遂げたときこそ早稲田が日本一の栄冠を奪還するときであり、この遠征の成果が認められるときだと考えている。

我々遠征チームのメンバーに貴重な勉強の機会を与えてくれたすべてのかたがた、特に遠征準備委員会の皆様に深甚な感謝を捧げ、報告とさせて戴く。（団長・日比野弘。『早稲田ラグビー、英国遠征記』より）

12 アイルランド・英国遠征 （創部80周年記念）

平成9（1997）年2月25日〜3月18日

団　　　長	松分光朗（昭和26年卒、OB会長）
副 団 長	日比野弘（昭和33年卒、人間科学部教授）
監　　　督	石塚武生（昭和50年卒）
コ ー チ	藤島大（昭和59年卒）
ド ク タ ー	高澤晴夫（横浜メディカル・スポーツセンター病院）
トレーナー	青野健一
主　　　将	中竹竜二（FL）
マネージャー・通訳	村上綾子
FW	石嶋照幸／永田隆憲（OB）／青野泰郎／萬匠大輔／山口吉博／正木宏和／虻川誠悟／中西聰／田中孝二（OB）／吉上耕平／小泉和也（OB）／清宮克幸（OB）／平田輝志
HB	前田隆介／月田伸一／速水直樹
TB	永島茂樹／内田弘憲（OB）／山崎勇気／守屋泰宏（OB）／山本祐司／山本肇
FB	吉永雄一郎／末松茂永

通算2勝3敗

▌芝生のグラウンドとクラブハウス

今回のアイルランド・イングランドツアーから帰国して2ヶ月、東伏見へ行くたびに、あの青々とした光景が浮かんでくる。

一番高い山が1000メートル位で広さは北海道ほどだが、人口350万のアイルランドでは、グラウンドが何面もとれるのはわかるが、イングランドでも同じだった。

ケンブリッジからダーラムまで約400キロ、野越え丘越え走るバスの窓から山らしいものは全く見えない。三校とも指定された練習グラウンドを探してアチコチ移動する始末で平地の少ない人口の多い日本ではとても考えられないことだ。どこへ行っても木々の葉は落ちて寒々としているがグラウンドだけは緑一色の芝生であった。せめて東伏見にもう1面グラウンドがあればと誰しも思うことだが、現状ではとても無理だろう。今のグラウンドの片隅から少しずつ芝を植えてみるか。

さて、クラブハウス。イングランドの三校とも数あるグラウンドの中で、校内外の主要なグラウンドに面してクラブハウスが建っている。勿論スタンドもある。そして4～6種類の樽生ビールを売っている。ビール会社出身の私としては何とも羨やましい限りだ。試合前に関係者やOBとその友人達でまず1杯、おそらく試合中も飲んでいるのであろう。試合が終わると選手たちも一緒になって飲む。別のところで食事をして2次会でまたビールだ。私たちも前日、当日と大変ご馳走になった。東伏見にあればと思うが、日本の場合、試合のグラウンドは別の場所になる。それでは、UCDのようにサッカーとか他の部と共用するとしても、文化、体質等の違いで、OBが練習を見ながら飲むのはどうかとか、あの学生は毎晩飲んでいるとか言われそうだ。ではビールなしではとなると、各部の合宿所で話し合えばすむということだということになってしまう。東伏見に建てることは奥の河川工事もあり、当分考えられないから、現在の青山のクラブセンターを大事に維持して、OBも学生も、そして家族や友人も気軽に楽しめるようなシステムにするよう努力していきたいと思う。次のツアーのために……。ダーラムは遠すぎた。

土曜日の試合が終わったら翌日にはオックスフォードの近くに入り、次の水曜日は、そこから一時間以内のところで試合をして、すぐ引き返し、ベストコンディションで土曜日のオックスフォード戦に臨むべきだと思う。

それにしてもダーラムはいいところだった。古いお城、長い廊下が続く平屋建ての病院、安

いゴルフ場、市長も歓迎してくれたし、グラウンドも間違えたが練習もさせてくれた。

まさにFair Cityだった。(団長・松分光朗。『早稲田ラグビー、アイルランド・イングランド遠征記』より)

13 オーストラリア強化遠征
平成10(1998)年7月16日～7月27日

団長・監督	日比野弘(昭和33年卒)
ヘッドコーチ	益子俊志(昭和58年卒)
コーチ	小山義弘(平成5年卒)／弘田知巳(昭和63年卒)／井上明(昭和61年卒)／藤島大(昭和59年卒)／月田伸一(平成10年卒)
総務	奥克彦(昭和56年卒)
ドクター	高澤晴夫
トレーナー	青野健一
主将	山崎勇気(CTB)
主務	池田剛人
FW	笠尾弘高／正木宏和／坂本真一／成田清志／水野敦之／安藤敬介／萬匠祐基／大内和樹／中村喜徳／堺敏明／高田竜三郎／玉置顕／脇健太／佐藤喬輔／山崎隆司／香川航太郎／大瀬祐介／藤井真吾／井手上敬太／西澤周二／今村宏昭
HB	小山朋文／松山吾朗／辻高志／福田恒輝／武川正敏
TB	北川正義／小森充紘／高野貴司／艶島悠介／寺内富士夫／横井寛之／吉澤裕樹／西辻勤／東輝雄
FB	長井真弥／山崎弘樹

通算5勝1敗(Aチーム2勝1敗、Bチーム3勝)

14 アイルランド・英国遠征
(創部85周年記念)
平成14(2002)年2月19日～3月12日

団長	佐藤英善(ラグビー部長・法学部教授)

副 団 長	高見沢顕二郎（昭和29年卒、OB会長）
監 督	清宮克幸（平成2年卒）
コ ー チ	後藤禎和（平成2年卒）／前田夏洋（平成2年卒）
ドクター	高沢俊二
トレーナー	斉藤徹
主 将	辻高志（OB・SH）
総 務	竹内大
広 報	疋田拡
FW	青山敦司（OB）／安藤敬介／大江菊臣／中村喜徳／寺山卓志／佐藤友重（OB）／水野敦之（OB）／伊藤雄大／遠藤哲（OB）／吉上耕平（OB）／脇健太（OB）／尤京泰明／平田輝志（OB）／佐藤喬輔／上村康太／岡本雅史／江原和彦（OB）／紀昌宏
HB	月田伸一（OB）／田原耕太郎／後藤翔太／武川正敏／沼田一樹／大田尾竜彦
TB	艶島悠介（OB）／山田智久／小森充紘（OB）／高野貴司（OB）／川崎亨／山下大悟／安藤栄次／西辻勤／山岡正典
FB	山崎弘樹（OB）／柳澤眞

通算3勝3敗（Aチーム3敗、Bチーム3勝）

- -

▌挑戦者たれ

1　今回の遠征実現に至る経緯

　私は幸運なことに、前回の全早大のアイルランド・英国遠征（1997年3月）にも、途中から参加させていただき、貴重な経験を積ませていただきました。この遠征からの帰国後、クラブセンターで松分団長をはじめ、横井、日比野、益子たちと「遠征の反省と、次の遠征はどのようにすべきか」で話し合ったのが、昨日のことのように思われます。

　いろんなことが話題になりました。新しいアイディアも出されたのですが、そのなかで特に、「今度はこうしてみよう」という意見が強かったのは『現役の強化をも念頭に入れて、2チームを連れて行こうじゃないか』ということだっ

たと思います。当時、大学選手権の決勝にも進めない日々が続いていたこともあって、何とか海外遠征を現役の強化に役立てたい、という気持ちが出席者の中に強かったと思います。そんなわけで、次の遠征は対戦相手の数を減らしてでも2チーム帯同という暗黙の了解があったように思います。

2　対戦相手の選択という観点

　第1は、英国に遠征する以上はOxford及びCambridgeとの対戦は不可欠であること。第2に前回の遠征で、両校との対戦の間に北イングランドのDurham大学を入れたこともあって、日程が若干強行となり、最終戦のOxfordの時にはチームのピークを過ぎていたこと。第3には、いまだ1度も勝てないOxford戦に調整し、勝つことを最大の目的として、Cambridge戦を最終戦とする。Cambridgeとの対戦の間は、ロンドン近郊の比較的戦いやすい大学、またはクラブチームの21歳以下等を相手とする。Oxford、Cambridge戦前までには、これまで比較的戦いやすい相手であったアイルランドの大学チームと先に戦ってチーム力をつけた上で、イングランドに乗り込むことなどが輪郭として浮かび上がってきました。

　その後、私は日比野さんのご配慮もあって、1999年夏に実施されたシドニーでの強化遠征に参加させていただき、その秋には今回の遠征の具体化が決定されたと記憶しています。

　つまり、3年以上も前から、今回の遠征の準備に取り掛かった、ということになります。このこと一つとっても、今回の遠征にかけた意気込みの大きさを思い起こさせてくれるものです。

3　遠征日程について

　遠征日程は、当然のことながら相手のあることなので、直前までなかなか確定しないという問題があります。前回の遠征の日程調整もお手伝いさせていただいたのですが、このときも手紙で何回かやり取りし、ようやく確定できたと記憶しています。皮肉なことに今回は、日程調整に取り掛かったのが、幾分早すぎた嫌いがあります。99年秋の段階で2002年春の試合を申し込んでいるわけですから、皆一様に、「問題

313

ない。時間はたっぷりあるよ」といってくれる
のですが、一部には2001年春の日程と勘違い
する向きすらあったぐらいです。そんな中で、
前回同様、最後まで骨を折ってくれたのが、
Oxford大学OBのReginald Clark氏とDublin
大学OBのMark Egan氏でした。特にClark氏
は、前回の遠征時にも日程の調整を行ってくれ
ており、この秋に予定されているOxford大学
の来日時には、団長を務める予定とも聞いてい
ます。日程確定まではいろんなことがありまし
たが、前回との決定的な違いは、英国・アイル
ランドの大学チームも、プロ化の影響を受けて
おり、試合日程の作成に当たって、国内の対戦
を優先させる傾向が強い、ということでした。
これがモロに影響したのが、アイルランドでの
日程でした。実際、コーク大学との試合が、当
日になって先方の人数が集まらずに実現せずと
いう前代未聞の状況に立ち至ったのです。その
原因の一つは、この国内日程を最優先するとい
う事情にあります。(後略)

4　関東学院、慶応キャンセルも影響?

　今回の遠征日程調整をさらに複雑にしたのが、
関東学院と慶応がほとんど同じ時期に遠征を計
画していたことでした。私自身は3年前から準
備してきたこともあって、全早大の最も都合の
良い日程確保に自信を持っていたのですが、今
から思うと、関東学院、慶応ともに、われわれ
より後から日程調整を頼んだために、何とか全
早大の日程に一部割り込もうとしていたフシが
あります。(後略)

5　OB会からクビになるのでは?

　コークでの初戦が当日になってキャンセルさ
れた時、私は最早、OB会はクビになるだろう
と思いましたし、清宮監督に1勝も挙げさせて
あげることが出来なかったことなど反省ばかり
でした。でも、唯一の救いがありました。西岡
OB(平成9年卒)のOxford先発メンバーでの
出場という快挙です。私は西岡OBのここまで
の苦労を垣間見てきたこともあって、本当に歴
史に残る出来事でした。数年前から、Oxford
やCambridgeに「正規」の学生として入学し
てプレーする。そして早稲田ラグビーに恩恵を

もたらしてくれるようなシステムを作れないも
のだろうか、と個人的には考えてきたのですが、
なかなか実現しませんでした。そんな中で、西
岡OBの快挙は特筆ものでした。いずれ日本中
の心ある高校生が、「早大に入ってプレーすれ
ばOxfordやCambridgeへの途が開かれている」
と思ってくれるようになれば、こんな素晴らし
いことはありません。これが出来るのはたぶん、
日本の大学チームの中では早稲田だけだろうと
自負しています。

　今回の遠征に参加したプレーヤーの中にも、
これを契機に海外での挑戦を考えている者もい
るでしょう。近い将来、そのような可能性に挑
んでくれるものも出てくるに違いないと信じて
います。その時、初めて遠征の意義が深まると
思います。残念ながらOxfordへの50年目の初
勝利はお預けになりましたが、西岡OBの活躍
に象徴される早稲田の挑戦者の姿は、残せたの
ではないかと思います。これに続くプレーヤー
がたくさん出てきてくれることを願ってやみま
せん。その時、初めて、名実共に早稲田ラグビー
部が、世界のトップクラスの大学チームの仲間
入りをすることになるからです。(在英大使館勤
務・奥克彦(S56年卒)アイルランド・イングラ
ンド遠征を振り返って=『OB会報』2002-1)

15 高麗大定期戦による遠征
平成17(2005)年5月5日～

　早大と協定関係を結ぶ韓国の高麗大との定期
戦が平成16年春から始まった。基本的に交互
に行き来することになり、平成17年5月が初
めての遠征となった。

　佐々木主将が就任して初の「公式戦」は、高
麗大も3月に国内大会で優勝しており、はから
ずも日韓の大学王座同士の1戦となった。不慣
れな人工芝で早大側にはスパイクが引っかから
ず滑る選手が続出したが、42-33で逆転勝ち
した。試合翌日には4つのグループに分かれて
ソウル市内を観光し、韓国の文化に触れた。翌

日の午前7時の便で帰国したが、早朝にもかかわらず高麗大の選手が見送りにかけつけ、手厚いもてなしを受けた。

平成21年（2009年）は新型インフルエンザ、平成23年（2011年）は東日本大震災、平成29年（2017年）は朝鮮半島の情勢不安で定期戦は中止された。

通算11勝1敗（第12回＝平成30年＝まで）。

16 英国・オックスフォード遠征
平成27（2015）年9月11日〜9月23日

団　　　長	大東和美（昭和46年卒、OB会長）
副 団 長	益子俊志（昭和58年卒）
部　　　長	島田陽一（法学学術院教授）
監　　　督	後藤禎和（平成2年卒）
コ ー チ	上田一貴（平成8年卒）／銘苅信吾／村上貴弘
ドクター	鈴木一秀
主　　　将	岡田一平（TB）
総　　　務	塩沢泰弘
トレーナー	齋藤徹／増田雄太
FW	石川敬人／佐藤涼祐／千葉太一／柴田雄基／貝塚隼一郎／鷲野孝成／桑野詠真／加藤広人／飯嶋進策／松井丈典／池本翔一／仲元寺宏行／中庭悠／宮里侑樹／佐藤穣司／鶴川達彦
HB	杉本峻／吉岡航太郎／浅見晋吾／杉本頼亮
TB	鈴木伶輔／久富悠介／盛田志／近田望／勝浦秋／桑山聖生
FB	滝沢祐樹／門田成朗

通算2勝2敗1分け

▌大きな2つの意義

今回の13年ぶりの英国オックスフォード遠征には大きく2つの意義があった。ひとつは競技強化の側面。オックスフォード大学が主催した 第1回「World University Rugby Cup － OXFORD2015 －」に参加することで実現した世界7か国との対戦で、シーズンはじめの短い期間に体の大きな外国人選手と体をぶつけ合うことができた。事実、優勝したケープタウン大学のアフリカ系選手の特徴であるバネとパワーを兼ね備えたフィジカルの強さは日本のトップリーグのチームや連覇中の帝京大学にも匹敵するもので、そんなチームに善戦できたことは選手にとっても、今後本格化するシーズンにおいても大きな自信となっただろう。

もうひとつは、ラグビーを通じての人材育成の側面である。学生はオックスフォード大学ラグビー部の140年以上の重厚な歴史と品格を体感し、ラグビーの歴史に触れる機会となった。OB会として、少しでもこんな素晴らしい経験をクラブの後輩にさせることは、使命であると痛感した。そのための仕組みと体制作りは急務だ。荒ぶる、日本一奪取のために、日々力を尽くしながらも、その中で細部にこだわり、懸命に努力する。きつくて辛いときにこそ自分に負けず、仲間を鼓舞して周りを引っ張れるリアルリーダーの育成。自転車の両輪のように勝利とともに人材の育成をするための環境づくり、それこそがOBの役割だとしみじみ思った。

そして何より、今回の遠征で特筆しなければならないのが、オックスフォードはじめ世界の大学との橋渡し役となった、早稲田とオックスフォード両校ラグビー部でプレーした故奥克彦氏の存在だ。絶対に忘れてはならない奥氏の存在は、平成生まれの学生の脳裏に鮮烈に刷り込まれたことだろう。遠征前に、後藤監督によって、奥氏と大学と外務省同期で現在東京都外務長を務める宮島昭夫氏が学生向けに奥氏との思い出や2020年の東京五輪についての講演をしてくださる機会を得た。また、直前の遠征説明会には、公務でご多忙の中、森喜朗氏がかけつけ1時間以上にわたり、森氏が奥氏と約束した2019年WC日本開催にかける想いと今回の遠征の意義を語られた。さらに遠征中、英国林景一大使より大使公邸でのレセプションにお招きいただき、激励も受けた。

奥氏が亡くなってからオックスフォード大学同期のレジ・クラーク氏によって自前で過去10回継続させてきた「奥記念杯（OKU MEMORIAL

TRORHY)」に初めて現役学生が参加し、オックスフォード大学とのフルマッチが実現したことも意義深い。試合終了後には英国稲門会の方々も多数参列され、アフターマッチファンクションにて奥氏の思い出に浸り、偉大な両校のOBの功績を世代や国を越えた校友と仲間と語り合うことができた。また、初めての大会に対して、吉上コーチ、竹内主務の声かけにより多くの寄付金を集められた。奥氏亡き今も氏の構築した人脈によって人々がつながっていることを痛感した。学生にとっては、国を越えた学生とラグビーを介して、仲間をつくり、交流を図れたことは貴重な機会だ。誰より世界平和を願っていた天国のご本人が喜んでいることだろう。

大会終了後のレセプションのみだけでなく、遠征初日のオックスフォード大によるウエルカムパーティーをはじめ、あらゆる局面でオックスフォード大より、2019年に向けて本大会を早稲田大に引き継ぎたい旨の発信があった。それを受けて、最終日のパーティーにおいて、大東会長より、2019年に日本において開催する旨の発言がなされた。

ラグビー蹴球部としては、大学ラグビーの発展と早稲田大学の発展双方の見地より、ぜひとも2019年に本大会を早稲田大学主導により、実現させたい。それが実現するとき、奥氏はきっと天国からこぼれんばかりの笑顔を見せてくれるはずだ。

「今のある場所で、自分にしかできないことに全力を尽くせ」。

奥氏のメッセージは今も残り、そして、これからも人を動かしていくだろう。（塩沢泰弘（平成15年卒））

> ## 17 創部100周年
> ## 英国・オックスフォード遠征
>
> 平成30（2018）年3月7日〜3月13日

部 長	島田陽一（法学学術院教授）	
監 督	相良南海夫（平成4年卒）	
コーチ	古庄史和（平成15年卒）／伊藤雄大	

	（平成17年卒）／村上貴弘
主 将	佐藤真吾（FL）
総 務	塩沢泰弘（平成15年卒）
同 行	岡本満（昭和53年卒）
FW	板垣悠太／井上大二郎／入谷怜／峨家直也／佐藤健／西田強平／宮里侑樹／鷲野孝成／沖野玄／柴田徹／武田雄多／中野幸英／中山匠／増原龍之介／高吉将也／土田彬洋／丸尾崇真
HB	貝塚陸／加藤皓己／齋藤直人
TB	伊藤大貴／緒形岳／佐々木尚／フリン勝音／吉田重治／桑山淳生／中野将伍／古賀由教
FB	岸岡智樹

1敗

▌世代や国を超えて

創部100周年のシーズン前に、英国オックスフォード遠征が3月7日から13日まで行われた。スポンサー企業から昨秋に、早稲田ラグビー部100周年のタイミングで英国遠征に協力したいという依頼があった。

シーズン最終戦のオックスフォード大学に対して、相良新監督が就任からわずか2週間の早稲田。だが、監督が試合前選手に伝えた「体を張ることと動き続けること」を指揮官の想像以上に実行した。ぬかるんだグラウンドで、佐藤新主将が開始早々に負傷退場するアクシデントにも、BKが自慢のスピードでゲインして3トライのうち2トライを奪取。後半40分まで、フィジカル面で優位なオックスフォード大にしつこくタックルして19−22の3点差の熱戦を演じた。ロスタイムに相手陣に攻め込んだが、相手キックからのアンラッキーなトライを奪われ、8点差で惜敗した。「クロスゲームで勝ちきる執念が課題」としつつも、試合後の英国流懇親会も含め充実の遠征となった。

試合当日が東日本大震災の起きた3月11日だったことや、昨年末にオックスフォード大選手の突然の事故死、早大OBの小林重雄氏（昭

和47年卒）が遠征直前に亡くなったことから、試合前に長い黙祷を捧げた。

英国駐在中の池上真介氏（平成18年卒）の協力により、英国稲門会の方々が多数観戦。アフターマッチファンクションで奥克彦氏の思い出に浸り、偉大な両校のOBの功績を、世代や国を越えた校友や仲間と語り合うことができた。学生にとっては、ラグビーという競技を介しての仲間をつくる交流を図れたことも貴重な機会となった。きっと天国で奥氏も喜んでいるはずだ。

W杯イヤーの2019年に早稲田がホスト役になり、第2回World University Rugby Cup（仮称）が開催される。第1回のオックスフォード大学ら世界に名だたる大学を招待しての大会。大学、OB会、そして現役と連携しての大会の実施を宣言した。

第 3 章

公式試合
全記録

第3章　公式試合全記録

公式試合 No.1　大正7年度　第1試合　対抗戦

早大		三高
0	—	15
0	前	15
0	後	0
0	T	4
0	G	0
0	PG	1
0	DG	0
0	T	0
0	G	0
0	PG	0
0	DG	0
	反則	

#	早大	位置	三高
1	勝丸 信三	FW	岩田 岩雄
2	名和野秀雄		梁 源溶
3	野瀬 忠治		山本 晴二
4	吉原 万治		奥山 恵吉
5	小原 兵蔵		熊野省四郎
6	佐東福次郎		滝口 純
7	服部 憲照		鈴木新次(一井)
8	岩崎 粂雄	HB	城田九万男
9	黒沢 昌弘		佐伯 功介
10	井上 成景		丹下部太郎
11	磯部 秀景	TB	真鍋 省一
12	石丸		谷村 敬介
13	大町 清		坪内 直文
14	大久保謙治		大村 紀二
15	角谷 定正	FB	安在 鶴

大正8年1月7日　G 戸塚球場　R 塩川潤一　KO 15:00

公式試合 No.2　大正9年度　第1試合　対抗戦

早大		三高
0	—	17
0	前	11
0	後	6
0	T	2
0	G	2
0	PG	1
0	DG	0
0	T	0
0	G	0
0	PG	0
0	DG	0
	反則	

#	早大	位置	三高
1	河野	FW	渡辺宇志郎
2	木村 文一		小西 恭賢
3	森 茂		井場 真人
4	国盛 孝雄		滝口 純
5	玉井伯次郎		奥村竹之助
6	名和野秀雄		目良 篤
7	佐東福次郎		安部 正夫
8	服部 憲照	HB	藤田佐一郎
9	石沢誠之助		谷井 三平
10	黒沢 昌弘		古川 雄三
11	大町 清	TB	真鍋 省一
12	石丸 五郎		奥住惣一郎
13	山崎 一雄		土井 太郎
14	磯部 秀景		西村 謙三
15	国光 素介	FB	岩田 清

大正10年1月6日　G 三田　R 大市信吉　KO 14:00

公式試合 No.3　大正10年度　第1試合　大学高専大会

早大		三高
0	計	18
0	前	6
0	後	12
0	T	2
0	G	0
0	PG	0
0	DG	0
0	T	3
0	G	0
0	PG	1
0	DG	0
	反則	

#	早大	位置	三高
1	岡本 喜一	FW	奥村竹之助
2	玉井伯次郎		渡辺宇志郎
3	木村 文一		尹 明善
4	国盛 孝雄		馬場 二郎
5	山中佐太郎		小西 恭賢
6	服部 憲照		中村
7	山中 和彦		目良 篤
8	黒沢 昌弘	HB	合田 夷
9	石沢誠之助		巌 栄一
10	浅岡 信夫		三好 深平
11	大町 清	TB	別所安次郎
12	石丸 五郎		土井 太郎
13	山崎 一雄		古川 雄三
14	佐藤 正成		内藤 資忠
15	吉岡恒治(浮田)	FB	湯川 政治

大正11年2月11日　G 豊中　R 杉本貞一　KO 14:00

公式試合 No.4　大正11年度　第1試合　対抗戦

早大		慶大
0	—	14
0	前	5
0	後	9
0	T	1
0	G	1
0	PG	0
0	DG	0
0	T	3
0	G	0
0	PG	0
0	DG	0
	反則	

#	早大	位置	慶大
1	清水 定夫	FW	岩下秀三郎
2	玉井伯次郎		木下 米松
3	大沢 初造		中村米次郎
4	国盛 孝雄		益田 弘
5	小山 大学		白田 六郎
6	兼子 義一		高橋 正夫
7	朝桐 尉一		宮地 秀雄
8	石沢誠之助	HB	陳 啓環
9	片岡 春樹		西 之輔
10	浅岡 信夫		清水 永吉
11	原槙 真二	TB	北野 幸也
12	黒沢 昌弘		葉 鴻麟
13	滝川 末三		大市 信吉
14	大町 清		山口 六助
15	吉岡 恒治	FB	萩原 丈夫

大正11年11月23日　G 三田　R 香山 蕃　KO 14:00

公式試合 No.5　大正11年度　第2試合　対抗戦

早大		三高
3	—	3
0	前	0
3	後	0
0	T	0
0	G	0
0	PG	0
0	DG	0
1	T	1
0	G	0
0	PG	0
0	DG	0
	反則	

#	早大	位置	三高
1	山中佐太郎	FW	小西 恭賢
2	玉井伯次郎		飯田 義雄
3	大沢 初造		西岡 豊
4	清水 定夫		奥村竹之助
5	国盛 孝雄		鷲尾 宥三
6	朝桐 尉一		星名 泰
7	木村 文一		藤 栄一
8	兼子 義一	HB	尹 明善
9	黒沢 昌弘		三好 深平
10	浅岡 信夫		別所安次郎
11	大町 清	TB	内藤 資忠
12	山崎 一雄		宇野 庄治
13	滝川 末三		望月 信次
14	粟屋 健三		真鍋 省一
15	吉岡 恒治	FB	湯川 政治

大正12年1月9日　G 戸塚　R 大市信吉　KO 14:30

公式試合 No.6　大正11年度　第3試合　対抗戦

早大		同大
0	—	3
0	前	0
0	後	3
0	T	0
0	G	0
0	PG	0
0	DG	0
0	T	1
0	G	0
0	PG	0
0	DG	0
	反則	

#	早大	位置	同大
1	山中佐太郎	FW	名古屋義雄
2	玉井伯次郎		西条 信之
3	大沢 初造		八木 辰馬
4	清水 定夫		伊藤 義純
5	川浪 良太		元持 昌一
6	朝桐 尉一		菊地 敬一
7	木村 文一		山田 正三
8	兼子 義一	HB	加藤 正銘
9	黒沢 昌弘		橋 辰雄
10	浅岡 信夫		東田多喜男
11	大町 清	TB	桂 正一
12	山崎 一雄		樋上 康
13	滝川 末三		大久保次郎
14	粟屋 健三		岡島貞一郎
15	吉岡 恒治	FB	河合 道正

大正12年1月11日　G 戸塚　R 増田鉱太郎

公式試合 No.7　大正11年度　第4試合　対抗戦

早大		東大
0	—	0
0	前	0
0	後	0
0	T	0
0	G	0
0	PG	0
0	DG	0
0	T	0
0	G	0
0	PG	0
0	DG	0
	反則	

#	早大	位置	東大
1	兼子 義一	FW	山本 晴二
2	清水 定夫		郷 達夫(久富)
3	大沢 初造		井場 真人
4	山本雄三郎(倉田)		難波 経一
5	川浪 良太		阿部 公政
6	朝桐 尉一		藤田佐一郎
7	木村 文一		杉原 雄吉
8	片岡 春樹	HB	吉田 篤一
9	黒沢 昌弘		田村 啓次郎
10	原槙 慎二		佐伯 功介
11	大町 清	TB	笠原 二郎
12	山崎 一雄		亀井 忠三
13	滝川 末三		西村 謙二
14	粟屋 健三		大村 紀二
15	吉岡 恒治	FB	岩田 清

大正12年1月28日　G 本郷　R 大市信吉　KO 14:30

公式試合 No.8　大正12年度　第1試合　極東大会1回戦

早大		大阪高
39	—	3
12	前	0
27	後	3
4	T	0
4	G	0
0	PG	0
0	DG	0
7	T	1
3	G	0
0	PG	0
0	DG	0
	反則	

#	早大	位置	大阪高
1	大沢 初造	FW	岩佐
2	玉井伯次郎		岩津
3	沢 善之助		原
4	山中 利一		道沢
5	山本雄三郎		岩本
6	朝桐 尉一		折尾
7	清水 定夫		戸尾
8	片岡 春樹	HB	松本
9	大松 勝明		梶川
10	浅岡 信夫		寺村
11	木原 耕三	TB	段野
12	兼子 義一		松田
13	滝川 末三		塩見
14	粟屋 健三		田中
15	吉岡 恒治	FB	山口

大正12年5月22日　G 大阪第2築港　R 杉本貞一　KO 13:50
レフリーは片岡メモによる(大阪高メンバーは関西ラグビー史による)

公式試合 No.9　大正12年度　第2試合　極東大会準決勝

早大		関西大
58	—	0
31	前	0
27	後	0
6	T	0
5	G	0
1	PG	0
0	DG	0
7	T	0
5	G	0
0	PG	0
0	DG	0
	反則	

#	早大	位置	関西大
1	山本雄三郎	FW	小野田 潔
2	玉井伯次郎		伊藤 祐一
3	吉田 光一		岡 竹一
4	山中 利一		竹田 繁七
5	川浪 良太		脇野徳三郎
6	朝桐 尉一		角田好太郎
7	鈴木 謙		山村 繁
8	片岡 春樹	HB	中尾好太郎
9	石沢誠之助		矢田 行蔵
10	浅岡 信夫		久保 尚行
11	井田 拡	TB	梶浦 太郎
12	兼子 義一		楊田 義美
13	滝川 末三		平野 尚
14	粟屋 健三		三宅 二郎
15	吉岡 恒治	FB	原田 満

大正12年5月23日　G 大阪第2築港　R 竹上四郎　KO 13:00

公式試合 No.10　大正12年度　第3試合　極東大会決勝

早大		慶大
6	—	11
0	前	6
6	後	5
0	T	1
0	G	1
2	PG	0
0	DG	0
0	T	1
0	G	1
0	PG	0
0	DG	0
	反則	

#	早大	位置	慶大
1	大沢 初造	FW	岩下秀三郎
2	玉井伯次郎		木下 米松
3	沢 善之助		中村米次郎
4	清水 定夫		吉本 祐一
5	山本雄三郎		鈴木 増雄
6	朝桐 尉一		高橋 正夫
7	鈴木 謙		宮地 秀雄
8	片岡 春樹	HB	陳 啓環
9	大松 勝明		萩原 丈夫
10	浅岡 信夫		原槙 慎二
11	井田 拡	TB	山口 亨
12	兼子 義一		大市 信吉
13	滝川 末三		山口 六助
14	粟屋 健三		北野 幸也
15	吉岡 恒治	FB	葉 鴻麟

大正12年5月27日　G 大阪第2築港　R 竹上四郎　KO 10:05

公式試合 No.11　大正12年度　第4試合　対抗戦

早大		慶大
3	—	20
3	前	6
0	後	14
0	T	1
0	G	1
1	PG	0
0	DG	0
0	T	4
0	G	1
0	PG	0
0	DG	0
	反則	

#	早大	位置	慶大
1	大沢 初造	FW	岩下秀三郎
2	玉井伯次郎		木下 米松
3	沢 善之助		中村米次郎
4	清水 定夫		鈴木 増雄
5	山本雄三郎		吉本 祐一
6	朝桐 尉一		宮地 秀雄
7	鈴木 謙		高橋 正夫
8	片岡 春樹	HB	陳 啓環
9	石沢誠之助		萩原 丈夫
10	兼子 義一		原槙 慎二
11	井田 拡	TB	北野 幸也
12	大松 勝明		山口 六助
13	滝川 末三		大市 信吉
14	粟屋 健三		山口 亨
15	吉岡 恒治	FB	葉 鴻麟

大正12年11月23日　G 戸塚　R 香山 蕃　KO 14:30

公式試合 No.12　大正12年度　第5試合　対抗戦

早大		明大
42	—	3
21	前	0
21	後	3
7	T	0
6	G	0
0	PG	0
0	DG	0
5	T	1
3	G	0
0	PG	0
0	DG	0
	反則	

#	早大	位置	明大
1	大沢 初造	FW	島崎 軍二
2	助川 貞次		吉田
3	沢 善之助		川又 務
4	清水 定夫		安田 正道
5	山本雄三郎		大里弱二郎
6	玉井伯次郎		中西 光雄
7	古賀 健次		木幡
8	片岡 春樹	HB	小林
9	平沢 進一		鎌田久眞男
10	石沢誠之助		綱田喜三雄
11	西野 綱三	TB	大槻又雄(井上)
12	大松 勝明		池松盛之助
13	兼子 義一		能美 一夫
14	粟屋 健三		城後和古郎
15	本領信治郎	FB	矢飼 健介

大正12年12月24日　G 戸塚　R 白田六郎　KO 15:00

公式試合 No.13　大正12年度　第6試合　対抗戦

早大 14 — 0 商大

早大		商大
5	前	0
9	後	0
1	T	0
1	G	0
0	PG	0
0	DG	0
2	T	0
0	G	0
1	PG	0
0	DG	0

早大	Pos	商大
1 大沢 初造	FW	1 坂岡 操
2 清水 定夫		2 村岸
3 吉田 光一		3 中村 徳寿
4 笹尾 栄		4 上森雅沙雄
5 山本雄三郎		5 畑 弘平
6 鈴木 謙		6 宮崎 鉄三
7 古賀 健次		7 下村
8 大松 勝明	HB	8 寺尾 一郎
9 本領信治郎		9 岡 一夫
10 片岡 春樹		10 原 槇一
11 木原 耕三	TB	11 足立 祐次
12 兼子 義一		12 藤野 嘉蔵
13 滝川 末三		13 辻 治治
14 粟屋 健三		14 佐伯 英三
15 吉岡 恒治	FB	15 梅田嘉三郎

反則
大正13年1月16日
G 戸塚
R 朝桐尉一　KO 15:00

公式試合 No.14　大正12年度　第7試合　対抗戦

早大 0 — 3 東大

早大		東大
0	前	0
0	後	3
0	T	0
0	G	0
0	PG	0
0	DG	0
0	T	1
0	G	0
0	PG	0
0	DG	0

早大	Pos	東大
1 吉田 光一	FW	1 井場 直人
2 清水 定夫		2 郷 達夫
3 沢 善之助		3 清瀬 三郎
4 笹尾 栄		4 長谷川末次郎(宇野)
5 山本雄三郎		5 平松 俊夫
6 朝桐 尉一		6 吉田 篤二
7 鈴木 謙		7 阿部 正夫
8 片岡 春樹	HB	8 斉藤
9 大松 勝明		9 石田啓次郎
10 石沢誠之助		10 藤田佐一郎
11 木原 耕三	TB	11 大村 紀二
12 兼子 義一		12 高井佐一郎
13 滝川 末三		13 西村 清三
14 粟屋 健三		14 加藤 英夫
15 吉岡 恒治	FB	15 岩田 清

反則
大正13年1月24日
G 戸塚
R 大市信吉　KO 14:30

公式試合 No.15　大正13年度　第1試合　対抗戦

早大 33 — 0 明大

早大		明大
17	前	0
16	後	0
4	T	0
0	G	0
1	PG	0
0	DG	0
4	T	0
2	G	0
0	PG	0
0	DG	0

早大	Pos	明大
1 大沢 初造	FW	1 島崎 軍二
2 岡本 喜一		2 木元規矩男
3 吉田 光一		3 五十嵐元春
4 清水 定夫		4 矢飼 健介
5 石田栄三郎		5 小森 秀雄
6 古賀 健次		6 中西 光雄
7 丸山 守一		7 田辺 (穴田)
8 片岡 春樹	HB	8 大槻 文雄
9 本領信治郎		9 芦田万寿夫
10 大松 勝明		10 鎌田久眞男
11 木原 耕三	TB	11 能美 一夫
12 兼子 義一		12 赤星 輝也
13 滝川 末三		13 久我 善三
14 井田 拡		14 野呂瀬丁児
15 吉岡 恒治	FB	15 西坂 秀雄

反則
大正13年10月26日
G 戸塚
R 増田鉱太郎　KO 14:30

公式試合 No.16　大正13年度　第2試合　対抗戦

早大 0 — 17 慶大

早大		慶大
0	前	5
0	後	12
0	T	1
0	G	1
0	PG	0
0	DG	0
0	T	2
0	G	1
0	PG	0
0	DG	1

早大	Pos	慶大
1 大沢 初造	FW	1 岩下秀三郎
2 斉藤卯三九		2 小林 精吉
3 吉田 光一		3 中村米次郎
4 清水 定夫		4 吉本 祐一
5 石田栄三郎		5 鈴木 増雄
6 古賀 健次		6 宮地 秀雄
7 丸山 守一		7 三浦孝太郎
8 片岡 春樹	HB	8 陳 啓環
9 本領信治郎		9 萩原 丈夫
10 大松 勝明		10 原槇 信二
11 西野 綱三	TB	11 山口 享
12 兼子 義一		12 高野四万治
13 滝川 末三		13 山口 六助
14 井田 拡		14 葉 鴻麟
15 中島 章	FB	15 富沢 慎二

反則
大正13年11月23日
G 三田
R 増田鉱太郎　KO 14:30
（DGは4点）

公式試合 No.17　大正13年度　第3試合　対抗戦

早大 31 — 3 商大

早大		商大
16	前	0
15	後	3
4	T	0
2	G	0
0	PG	0
0	DG	0
3	T	0
3	G	0
0	PG	1
0	DG	0

早大	Pos	商大
1 野村 助三	FW	1 坂岡 操
2 助川 貞次		2 畑 弘平
3 吉田 光一		3 寺尾 一郎
4 坂倉 雄吉		4 張 孝一
5 芝原 一雄		5 上森雅沙雄
6 丸山 守一		6 根岸 正一
7 三浦孝太郎		7 安野 敬一
8 片岡 春樹	HB	8 菱沼
9 本領信治郎		9 藤野 嘉蔵
10 大松 勝明		10 奥 利一郎
11 西野 綱三	TB	11 足立 祐次
12 兼子 義一		12 岡 一夫
13 滝川 末三		13 辻 啓治
14 馬場 英吉		14 下村
15 吉岡 恒治	FB	15 梅田嘉三郎

反則
大正13年12月10日
G 戸塚
R 香山 蕃　KO 14:50

公式試合 No.18　大正13年度　第4試合　対抗戦

早大 42 — 0 立大

早大		立大
24	前	0
18	後	0
6	T	0
3	G	0
0	PG	0
0	DG	0
6	T	0
6	G	0
0	PG	0
0	DG	0

早大	Pos	立大
1 吉田 光一	FW	1 吉野捷一郎
2 芝原 一雄		2 平岩 鄰生
3 助川 貞次		3 原沢富之助
4 清水 定夫		4 清水 実
5 坂倉 雄吉		5 新井 直治
6 笹尾 栄		6 瀬良庄太郎
7 丸山 守一		7 河瀬 清吉
8 片岡 春樹	HB	8 別府荘太郎
9 本領信治郎		9 菊地 清一
10 大松 勝明		10 高橋 清三
11 西野 綱三	TB	11 小柳 一誠
12 兼子 義一		12 横井 正隆
13 馬場 英吉		13 丹羽 治一
14 木原 耕三		14 早田 忠雄
15 吉岡 恒治	FB	15 児島 幸雄

反則
大正13年12月27日
G 戸塚
R 大町 清　KO 12:30

公式試合 No.19　大正13年度　第5試合　対抗戦

早大 5 — 3 同大

早大		同大
5	前	0
0	後	3
1	T	0
1	G	0
0	PG	0
0	DG	0
0	T	1
0	G	0
0	PG	0
0	DG	0

早大	Pos	同大
1 吉田 光一	FW	1 井上 晴雄
2 坂倉 雄吉		2 岡本 清
3 中村 英作		3 伊東 賢二
4 清水 定夫		4 河合 洋
5 石田栄三郎		5 外地治太郎
6 笹尾 栄		6 小川 政雄
7 丸山 守一		7 山田 英三
8 大松 勝明	HB	8 桂 正一
9 本領信治郎		9 野口 漢一
10 三浦孝太郎		10 東田多喜男
11 西野 綱三	TB	11 松見平八郎
12 兼子 義一		12 橋上 康
13 滝川 末三		13 今村 道造
14 井田 拡		14 橋 辰雄
15 吉岡 恒治	FB	15 河合 道正

反則
大正14年1月9日
G 戸塚
R 香山 蕃　KO 14:30

公式試合 No.20　大正13年度　第6試合　対抗戦

早大 0 — 9 東大

早大		東大
3	前	0
0	後	9
0	T	0
0	G	0
1	PG	0
0	DG	0
0	T	3
0	G	0
0	PG	0
0	DG	0

早大	Pos	東大
1 吉田 光一	FW	1 三宅 正夫
2 坂倉 雄吉		2 郷 達夫
3 野村 助三		3 清瀬 三郎
4 清水 定夫		4 平松 俊夫
5 石田栄三郎		5 長谷川末次郎
6 笹尾 栄		6 千葉久二郎(布施)
7 丸山 守一		7 阿部 正夫
8 大松 勝明	HB	8 谷口豊三郎
9 本領信治郎		9 石田啓次郎
10 三浦孝太郎		10 石田啓次郎
11 西野 綱三	TB	11 入沢 文明
12 兼子 義一		12 高井佐一郎
13 滝川 末三		13 湯川 正夫
14 馬場 英吉		14 斉藤
15 吉岡 恒治	FB	15 木村 正彦

反則
大正14年1月14日
G 戸塚
R 橋本寿三郎　KO 14:30

公式試合 No.21　大正14年度　第1試合　対抗戦

早大 11 — 3 明大

早大		明大
0	前	3
8	後	0
1	T	1
1	G	0
0	PG	0
0	DG	0
1	T	0
1	G	0
0	PG	0
0	DG	0

早大	Pos	明大
1 寺田 半三	FW	1 五十嵐元春
2 渥美 利三		2 松田
3 坂倉 雄吉		3 岩間 信一
4 清水 定夫		4 木元規矩男
5 石田栄三郎		5 田辺
6 中村 英作		6 柳 茂行
7 助川 貞次		7 木村 誠三
8 片岡 春樹	HB	8 川名 軍二
9 本領信治郎		9 芦田万寿夫
10 丸山 守一		10 市川龍太郎
11 西野 綱三	TB	11 山根
12 兼子 義一		12 赤星 輝也
13 滝川 末三		13 大槻 文雄
14 三浦(山田)孝太郎		14 久我 善久
15 中島 章	FB	15 西坂 秀雄

反則
大正14年11月3日
G 戸塚
R 北野貞作　KO 14:30

公式試合 No.22　大正14年度　第2試合　対抗戦

早大 3 — 8 慶大

早大		慶大
0	前	3
0	後	5
0	T	1
0	G	1
0	PG	0
0	DG	0
1	T	1
0	G	1
0	PG	0
0	DG	0

早大	Pos	慶大
1 寺田 半三	FW	1 岩下秀三郎
2 渥美 利三		2 小林 精吉
3 坂倉 雄吉		3 中村米次郎
4 芝原 一雄		4 吉本 祐一
5 助川 貞次		5 鈴木 増雄
6 斉藤卯三九		6 宮地 秀雄
7 兼子 義一		7 門倉 恒雄
8 片岡 春樹	HB	8 萩原 丈夫
9 本領信治郎		9 岸田 勇次
10 丸山 守一		10 高橋 丈夫
11 西野 綱三	TB	11 山口 享
12 馬場 英吉		12 高野四万治
13 滝川 末三		13 北野 幸也
14 三浦孝太郎		14 丸山 鳫喜
15 中島 章	FB	15 富沢 慎二

反則
大正14年11月23日
G 戸塚
R 奥村竹之助　KO 14:30

公式試合 No.23　大正14年度　第3試合　対抗戦

早大 12 — 3 商大

早大		商大
9	前	0
3	後	3
3	T	0
0	G	0
1	PG	0
0	DG	0
3	T	0
0	G	0
0	PG	1
0	DG	0

早大	Pos	商大
1 寺田 半三	FW	1 福本
2 渥美 利三		2 泊 義人
3 坂倉 雄吉		3 松尾善二郎
4 狩野 祐己		4 牧 栄一
5 助川 貞次		5 小船惣四郎
6 兼子 義一		6 亀田規代理
7 斉藤卯三九		7 久村伊太郎
8 片岡 春樹	HB	8 藤田 一郎
9 本領信治郎		9 佐野浩三郎
10 丸山 守一		10 梅田嘉三郎
11 西野 綱三	TB	11 川口 又男
12 馬場 英吉		12 足立 啓治
13 清水 正仁		13 安野 毅一
14 三浦孝太郎		14 松本 重男
15 中島 章	FB	15 松本 仁麿

反則
大正14年12月2日
G 戸塚
R 橋本寿三郎　KO 14:40

公式試合 No.24　大正14年度　第4試合　対抗戦

早大 9 — 3 東大

早大		東大
6	前	0
3	後	3
2	T	1
0	G	0
1	PG	0
0	DG	0
1	T	0
0	G	0
1	PG	0
0	DG	0

早大	Pos	東大
1 寺田 半三	FW	1 福岡敦次郎
2 渥美 利三		2 清瀬 三郎
3 中村 英作		3 三宅 正夫
4 清水 定夫		4 平松 俊夫
5 助川 貞次		5 長谷川末次郎
6 友田 正一		6 尹 明喜
7 兼子 義一		7 和田 志良
8 片岡 春樹	HB	8 谷口豊三郎
9 本領信治郎		9 清水 元
10 丸山 守一		10 堤 正幸
11 西野 綱三	TB	11 東 武雄
12 馬場 英吉		12 湯川 正夫
13 滝川 末三		13 高井佐一郎
14 三浦孝太郎		14 入沢 文明
15 中島 章	FB	15 寺村 誠一

反則
大正14年12月13日
G 本郷
R 馬場次郎　KO 14:30

公式試合 No.25　大正14年度　第5試合　対抗戦

早大 9 — 0 京大

早大	区分	京大
9	—	0
3	前	0
6	後	0
1	T	0
0	G	0
0	PG	0
0	DG	0
2	T	0
0	G	0
0	PG	0
0	DG	0
	反則	

大正14年12月30日　G 京大　R 竹上四郎　KO 15:00

No	早大	位置	No	京大
1	中村 英作	FW	1	小西 恭賢
2	渥美 利三		2	戸風真三回(石橋)
3	坂倉 雄吉		3	清川 安彦
4	清水 定夫		4	鷲尾 宥三
5	石田栄三郎		5	河野 盛男
6	友田 正一		6	奥村竹之助
7	兼子 義一		7	中出 輝彦
8	片岡 春樹	HB	8	合田 夷
9	本領信治郎		9	西郡 彦嗣
10	丸山 守一		10	内藤 資忠
11	西野 綱三	TB	11	宮越 義重
12	馬場 英吉		12	望月 信次
13	滝川 末三		13	星名 泰
14	三浦孝太郎		14	川上幸治郎
15	西郷 重喜	FB	15	三好 深平

公式試合 No.26　大正14年度　第6試合　対抗戦

早大 18 — 3 三高

早大	区分	三高
18	—	3
9	前	3
9	後	0
3	T	1
0	G	0
0	PG	0
0	DG	0
3	T	0
0	G	0
0	PG	0
0	DG	0
	反則	

大正15年1月3日　G 三高　R 目良 篤　KO 14:00

No	早大	位置	No	三高
1	中村 英作	FW	1	妹尾 孝
2	渥美 利三		2	位田 英男
3	坂倉 雄吉		3	谷垣 良三
4	清水 定夫		4	服部
5	石田栄三郎		5	青木 俊二
6	友田 正一		6	二宮 晋二
7	兼子 義一		7	生島時雄(川本)
8	片岡 春樹	HB	8	池田 和夫
9	本領信治郎		9	阿部 吉蔵
10	丸山 守一		10	秋田 孜
11	西野 綱三	TB	11	安 芸
12	馬場 英吉		12	宇野 庄治
13	滝川 末三		13	馬場 武夫
14	三浦孝太郎		14	盧
15	中島 章	FB	15	野沢 房二

公式試合 No.27　大正14年度　第7試合　対抗戦

早大 10 — 3 同大

早大	区分	同大
10	—	3
0	前	0
10	後	3
0	T	0
0	G	0
0	PG	0
0	DG	0
2	T	1
2	G	0
0	PG	0
0	DG	0
	反則	

大正15年1月6日　G 同大　R 竹上四郎　KO 15:00

No	早大	位置	No	同大
1	中村 英作	FW	1	井上 晴雄
2	渥美 利三		2	木村 高明
3	坂倉 雄吉		3	名古屋義雄
4	清水 定夫		4	宮本正太郎
5	石田栄三郎		5	小川 真
6	友田 正一		6	菱田 義一
7	兼子 義一		7	河合 道正
8	片岡 春樹	HB	8	野口 貫一
9	本領信治郎		9	桂 正一
10	丸山 守一		10	東田多喜男
11	西野 綱三	TB	11	松見平八郎
12	馬場 英吉		12	秋間 勝二
13	滝川 末三		13	浦野 勇
			14	橘 辰雄
15	中島 章	FB	15	樋上 康

公式試合 No.28　大正15年度　第1試合　対抗戦

早大 63 — 3 法大

早大	区分	法大
63	—	3
	前	
	後	3
17	T	4
6	G	5
0	PG	6
(前半のT内訳不明)	T	
	G	
	PG	
	DG	
	反則	

大正15年9月24日　G 高円寺　R 本領信治郎　KO 15:00

No	早大	位置	No	法大
1		FW	1	
2			2	
3			3	
4			4	
5			5	
6			6	
7			7	
8		HB	8	
9			9	
10			10	
11		TB	11	
12			12	
13			13	
14			14	
15		FB	15	

公式試合 No.29　大正15年度　第2試合　対抗戦

早大 36 — 0 高師

早大	区分	高師
36	—	0
20	前	0
16	後	0
6	T	0
1	G	0
0	PG	0
0	DG	0
3	T	0
2	G	0
1	PG	0
0	DG	0
	反則	

大正15年10月6日　G 戸山原　R 橘 広　KO 14:40

No	早大	位置	No	高師
1	寺田 半三	FW	1	田井 秀夫
2	渥美 利三		2	塩崎 光蔵
3	坂倉 雄吉		3	矢野 嘉
4	清水 定夫		4	森 清
5	石田栄三郎		5	佐々 亮
6	友田 正一		6	岡沢 亘
7	助川 貞次		7	浜田 義明
8	片岡 春樹	HB	8	遠藤 金寿
9	籾山 寛一		9	小谷 澄之
10	丸山 守一		10	多田正二(杉浦)
11	兼子 義一	TB	11	鉾井 正逸
12	馬場 英吉		12	小林 六七
13	三浦孝太郎		13	竹村 博之
14	小船 伊助		14	村上 武
15	中島 章	FB	15	森 三郎

公式試合 No.30　大正15年度　第3試合　対抗戦

早大 31 — 0 商大

早大	区分	商大
31	—	0
12	前	0
19	後	0
4	T	0
0	G	0
0	PG	0
0	DG	0
5	T	0
2	G	0
0	PG	0
0	DG	0
	反則	

大正15年10月20日　G 戸山原　R 橋本寿三郎　KO 15:25

No	早大	位置	No	商大
1	寺田 半三	FW	1	福本
2	太田 義一		2	鈴木喜代三郎
3	坂倉 雄吉		3	北原 一造
4	清水 定夫		4	平野
5	石田栄三郎		5	寺本輝夫(尋美)
6	友田 正一		6	牧 栄一
7	助川 貞次		7	松本 仁麿
8	丸山 守一	HB	8	藤田 一郎
9	片岡 春樹		9	佐野浩三郎
10	本領信治郎		10	梅田嘉三郎
11	三浦孝太郎	TB	11	中野力松(高木)
12	滝川 末三		12	松本 重男
13	馬場 英吉		13	安得 毅一
14	兼子 義一		14	椎名時治郎
15	中島 章	FB	15	横山 弘(水谷)

公式試合 No.31　大正15年度　第4試合　対抗戦

早大 31 — 5 立大

早大	区分	立大
31	—	5
12	前	5
19	後	0
4	T	1
0	G	1
0	PG	0
0	DG	0
5	T	0
2	G	0
0	PG	0
0	DG	0
	反則	

大正15年11月4日　G 立大　R 馬場次郎　KO 15:00

No	早大	位置	No	立大
1	寺田 半三	FW	1	吉野捷一郎
2	渥美 利三		2	平岩 朝生
3	坂倉 雄吉		3	早田 忠雄
4	清水 定夫		4	村上 周吾
5	石田栄三郎		5	奥田 篤美
6	友田 正一		6	武内 景景
7	助川 貞次		7	早川郁三郎
8	片岡 春樹	HB	8	中沢千鶴雄
9	丸山 守一		9	塚田 真二
10	丸山 守一		10	庄司 称児
11	兼子 義一	TB	11	青木郎(久富)
12	馬場 英吉		12	鈴木 三郎
13	滝川 末三		13	三輪 三郎
14	三浦孝太郎		14	阿部 猛彦
15	中島 章	FB	15	早川武四郎

公式試合 No.32　大正15年度　第5試合　対抗戦

早大 12 — 0 明大

早大	区分	明大
12	—	0
0	前	0
12	後	0
0	T	0
0	G	0
0	PG	0
0	DG	0
4	T	0
2	G	0
0	PG	0
0	DG	0
	反則	

大正15年11月11日　G 成増　R 清瀬三郎　KO 14:30

No	早大	位置	No	明大
1	寺田 半三	FW	1	五十嵐元春
2	渥美 利三		2	北島 忠治
3	坂倉 雄吉		3	後藤 金司
4	清水 定夫		4	木元規矩男
5	石田栄三郎		5	知葉 友雄
6	友田 正一		6	柳 茂行
7	中村 英作		7	西坂 秀雄
8	片岡 春樹	HB	8	川名 軍二
9	本領信治郎		9	芦田万寿夫
10	丸山 守一		10	市川龍太郎
11	兼子 義一	TB	11	西野 静三
12	馬場 英吉		12	赤星 輝也
13	滝川 末三		13	三輪 三郎
14	三浦孝太郎		14	片岡 巌
15	中島 章	FB	15	中村不二男

公式試合 No.33　大正15年度　第6試合　対抗戦

早大 8 — 8 慶大

早大	区分	慶大
8	—	8
8	前	3
0	後	5
2	T	1
1	G	0
0	PG	0
0	DG	0
0	T	1
0	G	1
0	PG	0
0	DG	0
	反則	

大正15年11月23日　G 神宮　R 馬場二郎　KO 14:30

No	早大	位置	No	慶大
1	寺田 半三	FW	1	岩下秀三郎
2	渥美 利三		2	鈴木 増雄
3	坂倉 雄吉		3	中村米次郎
4	清水 定夫		4	近藤 信一
5	石田栄三郎		5	吉本 祐一
6	友田 正一		6	綾部 新一
7	助川 貞次		7	高橋 茂雄
8	片岡 春樹	HB	8	萩原 丈夫
9	片岡 春樹		9	上野 祝二
10	本領信治郎		10	高橋 三郎
11	兼子 義一	TB	11	丸山 庸喜
12	馬場 英吉		12	北野 幸也
13	滝川 末三		13	富沢 慎三
14	三浦孝太郎		14	浜田 鋭一
15	中島 章	FB	15	高野四万治

国際試合 No.1　昭和2年度　豪州遠征　往路試合

早大 0 — 6 NOMADS

早大	区分	NOMADS
0	—	6
3	前	3
0	後	3
0	T	1
0	G	0
0	PG	0
0	DG	0
0	T	1
0	G	0
0	PG	0
0	DG	0
	反則	

昭和2年7月23日　G MANILA　R 不明　KO 16:00

No	早大	位置	No	NOMADS
1	寺田 半三	FW	1	ALEXANDER
2	渥美 利三		2	WOTHERSTOON
3	太田 義一		3	BURN
4	清水 定夫		4	TAIT
5	木村 興人		5	FITZGERALD
6	山下 竜雄		6	BROWING
7	助川 貞次		7	CUBBITT
8	飯田謙一(井上)	HB	8	BUNKER
9	本領信治郎		9	GUINESS
10	坂倉 雄吉		10	CHAPMAN
11	西野 綱三	TB	11	GOURLIE
12	砂堀(土井)功		12	STEWART
13	滝川 末三		13	McLEOD
14	兼子 義一		14	FRAZER
15	中島 章	FB	15	HALL

国際試合 No.2　昭和2年度　豪州遠征　第1試合

早大 19 — 57 ビクトリア州選抜

早大	区分	ビクトリア州選抜
19	—	57
11	前	19
8	後	38
2	T	4
1	G	2
0	PG	0
0	DG	0
1	T	10
1	G	
1	PG	0
0	DG	0
	反則	

昭和2年8月13日 G　St. Kilda Oval MELBOURNE　R O.WANDIN　KO 14:40

No	早大	位置	No	ビクトリア州選抜
1	寺田 半三	FW	1	A. EDWARDS
2	渥美 利三		2	H. YOFFA
3	太田 義一		3	E. WACKETT
4	清水 定夫		4	H. WARD
5	木村 興人		5	L. McDUFF
6	助川 貞次		6	H. ABBOTT
7	坂倉 雄吉		7	A. MARWOOD
8	兼子 義一	HB	8	V. HILL
9	丸山 守一		9	S. McCAUSLAND
10	本領信治郎		10	G. STURTRIDGE
11	西野 綱三	TB	11	G. HAMILTON
12	馬場 英吉		12	C. McNEILAGE
13	滝川 末三		13	J. TAILOR
14	中島 章		14	R. LANE
15	小船 伊助	FB	15	J. HAYNES

国際試合 No.3　昭和2年度　豪州遠征　第2試合

早大 12 — 35 M&S.U.

早大	区分	M&S.U.
12	—	35
	前	11
	後	24
	T	
	G	
	PG	
	DG	
	T	
	G	
	PG	
	DG	
	反則	

昭和2年8月16日　G MELBOURNE　R 不明　KO不明

No	早大	位置	No	M&S.U.
1	寺田 半三	FW	1	
2	渥美 利三		2	
3	太田 義一		3	
4	清水 定夫		4	
5	木村 興人		5	
6	助川 貞次		6	
7	坂倉 雄吉		7	
8	兼子 義一	HB	8	
9	丸山 守一		9	
10	本領信治郎		10	
11	西野 綱三	TB	11	
12	馬場 英吉		12	
13	滝川 末三		13	
14	中島 章		14	
15	小船 伊助	FB	15	

KO不明　*M&S.U.=メルボルン・シドニー大学連合

国際試合 No.4　昭和2年度　豪州遠征　第3試合

早大		NSW	No	早大		No	NSW
6	—	31					
0	前	11	1	寺田 半三	FW	1	D.ROSS
6	後	20	2	渥美 利三		2	A.PENFOLD
0	T	3	3	太田 義一		3	A.C.SCOTT
0	G	1	4	清水 定夫		4	F.W.BAYLDON
0	PG	0	5	木村 興人		5	N.HARDY
0	DG	0	6	助川 貞次		6	J.C.THOMSON
1	T	6	7	坂倉 雄吉		7	A.W.MURRAY
0	G	1	8	丸山 守一	HB	8	P.RUWALD
1	PG	0	9	本領信治郎		9	A.F.M.PRATT
0	DG	0	10	兼子 義一		10	W.G.GEORGE
			11	西野 綱三	TB	11	R.WESTFIELD
	反則		12	馬場 英吉		12	J.M.GIBSON
昭和2年8月20日			13	滝川 末三		13	S.TAYLOR
G SYDNEY			14	中島 章		14	G.CONN
R R.O.MARTIN KO 15:15			15	小船 伊助	FB	15	J.D.HIND

国際試合 No.5　昭和2年度　豪州遠征　第4試合

早大		METRO	No	早大		No	METROPOLITAN
23	—	33					
11	前	22	1	寺田 半三	FW	1	J.C.THOMSON
12	後	11	2	渥美 利三		2	A.MURRY
3	T	6	3	太田 義一		3	E.BRIDGES
1	G	2	4	清水 定夫		4	D.TELFORD
0	PG	0	5	木村 興人		5	G.W.WESCHE
0	DG	0	6	助川 貞次		6	D.ROSS
4	T	3	7	坂倉 雄吉		7	J.TODHUNTER
0	G	1	8	飯田 講一	HB	8	A.O.SCOTT
0	PG	0	9	本領信治郎		9	J.GIBBONS
0	DG	0	10	丸山 守一		10	C.CANT
			11	馬場 英吉	TB	11	G.CONN
	反則		12	兼子 義一		12	R.WESTFIELD
昭和2年8月24日			13	滝川 末三		13	O.CERUTTI
G SYDNEY			14	中島 章		14	W.HAMMILL
R W.F.B.KILNER KO 15:50			15	砂堀 功	FB	15	J.D.HIND

国際試合 No.6　昭和2年度　豪州遠征　第5試合

早大		SYDNEY U.	No	早大		No	SYDNEY U.
3	—	17					
0	前	6	1	寺田 半三	FW	1	R.WADDINGTON
3	後	11	2	渥美 利三		2	J.CAULDWELL
0	T	2	3	太田 義一		3	C.DEZARNAULDS
0	G	1	4	山下 竜雄		4	F.W.BAYLDON
0	PG	0	5	木村 興人		5	M.REMISDEN
0	DG	0	6	助川 貞次		6	H.C.HINGST
1	T	3	7	清水 定夫		7	M.CAY
0	G	1	8	坂倉 雄吉	HB	8	M.MOREY
0	PG	0	9	丸山 守一		9	N.K.LAMPORT
0	DG	0	10	本領信治郎		10	C.McDERMOTT
			11	西野 綱三	TB	11	I.M.EDWARDS
	反則		12	兼子 義一		12	F.BURKITT
昭和2年8月26日*			13	滝川 末三		13	J.M.GIBSON
G SYDNEY U.			14	中島 章		14	J.CHURCHWARD
R K.L.COHEN KO 15:00			15	砂堀 功	FB	15	C.McMULLEN

国際試合 No.7　昭和2年度　豪州遠征　帰路試合

早大		NOMADS	No	早大		No	NOMADS
6	—	3					
3	前	3	1	寺田 半三	FW	1	
3	後	0	2	渥美 利三		2	
1	T	0	3	太田 義一		3	
0	G	0	4	山下 竜雄		4	
0	PG	0	5	木村 興人		5	
0	DG	0	6	助川 貞次		6	
1	T	1	7	清水 定夫		7	
0	G	0	8	坂倉 雄吉	HB	8	
0	PG	0	9	丸山 守一		9	
0	DG	0	10	本領信治郎		10	
			11	西野 綱三	TB	11	
	反則		12	兼子 義一		12	
昭和2年9月12日G			13	滝川 末三		13	
MANILA			14	中島 章		14	
R 不明 KO 17:00			15	砂堀 功	FB	15	

国際試合 No.8　昭和2年度　豪州遠征　帰路試合

早大		香港	No	早大		No	香港
21	—	6					
5	前	3	1	寺田 半三	FW	1	
16	後	3	2	渥美 利三		2	
1	T	1	3	太田 義一		3	
1	G	1	4	清水 定夫		4	
0	PG	0	5	木村 興人		5	
0	DG	0	6	助川 貞次		6	
4	T	1	7	坂倉 雄吉		7	
2	G	0	8	飯田 講一	HB	8	
0	PG	0	9	本領信治郎		9	
0	DG	0	10	丸山 守一		10	
			11	西野 綱三	TB	11	ラマート
	反則		12	兼子 義一		12	
昭和2年9月15日			13	滝川 末三		13	
G 香港HAPPY VALLEY			14	中島 章		14	
R 不明 KO 17:30			15	砂堀 功	FB	15	

公式試合 No.34　昭和2年度　第1試合　対抗戦

早大		高師	No	早大		No	高師
34	—	5					
14	前	0	1	加藤	FW	1	井田 秀夫
20	後	5	2	渥美 利三		2	塩崎 光蔵
4	T	0	3	太田 義一		3	矢野 嘉
1	G	0	4	清水 定夫		4	森 清
0	PG	0	5	山下 竜雄		5	佐々 亮
0	DG	0	6	真鍋		6	井上 清美
4	T	1	7	助川 貞次		7	牧瀬 長徳
1	G	1	8	丸山 守一	HB	8	桜井 彦治
2	PG	0	9	代田		9	岡沢 亘
0	DG	0	10	兼子 義一		10	杉浦 正二
			11	西野 綱三	TB	11	竹内
	反則		12	藤井 正義		12	小林 六七
昭和2年11月12日			13	滝川 末三		13	村上 武
G 池袋			14	小船 伊助		14	仲田 嘉朗
R 本領信治郎 KO 13:30			15	中島 章	FB	15	飛岡 文一

公式試合 No.35　昭和2年度　第2試合　対抗戦

早大		慶大	No	早大		No	慶大
8	—	6					
3	前	6	1	寺田 半三	FW	1	中村米次郎
5	後	0	2	渥美 利三		2	川津 尚彦
1	T	1	3	太田 義一		3	矢飼 督之
0	G	0	4	清水 定夫		4	門倉 恒雄
0	PG	1	5	木村 興人		5	吉本 祐一
0	DG	0	6	坂倉 雄吉		6	高橋 茂雄
1	T	0	7	助川 貞次		7	高野四万治
1	G	0	8	丸山 守一	HB	8	萩原四方夫
0	PG	0	9	飯田 講一		9	上野 祝二
0	DG	0	10	兼子 義一		10	鄭 守義
			11	藤井 正義	TB	11	丸山 扆喜
	反則		12	馬場 英吉		12	富田 慎三
昭和2年11月23日			13	滝川 末三		13	長沖 彰
G 神宮			14	中島 章		14	浜田 鋭一
R 奥村竹之助 KO 14:30			15	小船 伊助	FB	15	堤 正安

公式試合 No.36　昭和2年度　第3試合　対抗戦

早大		明大	No	早大		No	明大
9	—	3					
3	前	3	1	渥美 利三	FW	1	五十嵐元春
6	後	0	2	山下 竜雄		2	北島 忠治
1	T	1	3	太田 義一		3	後藤 金司
1	G	0	4	清水 定夫		4	木元規矩男
0	PG	0	5	木村 興人		5	知葉 友雄
0	DG	0	6	坂倉 雄吉		6	岡田 由男
1	T	0	7	寺田 半三		7	梶 晃
1	G	0	8	代田	HB	8	川名 軍二
1	PG	0	9	飯田 講一		9	野呂瀬万児
0	DG	0	10	兼子 義一		10	芦田万寿夫
			11	砂堀 功	TB	11	安田 種臣
	反則		12	馬場 英吉		12	野部 静三
昭和2年12月4日			13	滝川 末三		13	片岡 巌
G 神宮			14	中島 章		14	中村不二男
R 奥村竹之助 KO 14:30			15	小寺 三郎	FB	15	木村 誠一

公式試合 No.37　昭和2年度　第4試合　対抗戦

早大		東大	No	早大		No	東大
6	—	19					
3	前	16	1	太田 義一	FW	1	福岡敦次郎
3	後	3	2	渥美 利三		2	木村 昇
1	T	3	3	大西 栄造		3	宮原 万寿
0	G	2	4	清水 定夫		4	西島 捨丸
0	PG	0	5	木村 興人		5	守屋 博
0	DG	0	6	寺田 半三		6	桜井 凱夫
1	T	1	7	坂倉 雄吉		7	
1	G	2	8	代田	HB	8	和田 志良
0	PG	0	9	飯田 講一		9	砂井 正夫
0	DG	0	10	丸山 守一		10	榎原秀治郎
			11	砂堀 功	TB	11	角田 信行
	反則		12	馬場 英吉		12	
昭和2年12月17日			13	滝川 末三		13	寺村 誠一
G 神宮			14	中島 章		14	小林 豊
R 奥村竹之助 KO 14:30			15	小船 伊助	FB	15	野沢 房二

公式試合 No.38　昭和2年度　第5試合　対抗戦

早大		同大	No	早大		No	同大
16	—	8					
3	前	5	1	寺田 半三	FW	1	外地治太郎
13	後	3	2	渥美 利三		2	中村喜之助
1	T	1	3	太田 義一		3	丸尾 信
0	G	1	4	清水 定夫		4	田華 幸雄
0	PG	1	5	木村 興人		5	名古屋義雄
0	DG	0	6	坂倉 雄吉		6	西村 清蔵
3	T	1	7	助川 貞次		7	東田多喜男
2	G	0	8	丸山 守一	HB	8	小林平三郎
0	PG	1	9	本領信治郎		9	桂 正一
0	DG	0	10	兼子 義一		10	阿部 勝
			11	砂堀 功	TB	11	上野 精弥
	反則		12	馬場 英吉		12	藤井清太郎
昭和3年1月4日			13	滝川 末三		13	樋上 康
G 神宮			14	中島 章		14	松見平八郎
R 橋本寿三郎 KO 14:30			15	小船 伊助	FB	15	藤沢 吉郎

公式試合 No.39　昭和2年度　第6試合　対抗戦

早大		京大	No	早大		No	京大
11	—	14					
3	前	6	1	寺田 半三	FW	1	小西 恭賢
8	後	8	2	渥美 利三		2	増井 克巳
1	T	2	3	太田 義一		3	丸尾 信
1	G	1	4	清水 定夫		4	位田 英雄
0	PG	0	5	木村 興人		5	川本 時雄
0	DG	0	6	坂倉 雄吉		6	召田 爽
2	T	2	7	山下 竜雄		7	青木 俊一
1	G	1	8	丸山 守一	HB	8	二宮 晋二
0	PG	0	9	飯田 講一		9	阿部 吉蔵
0	DG	0	10	兼子 義一		10	村山 仁
			11	砂堀 功	TB	11	進藤 次郎
	反則		12	馬場 英吉		12	宇野 庄治
昭和3年1月7日			13	滝川 末三		13	星矢 泰
G 神宮			14	中島 章		14	馬場 武夫
R 橋本寿三郎 KO 14:30			15	小船 伊助	FB	15	上田 武治

国際試合 No.9　昭和2年度　上海ウェールズ連隊来日

早大		上海ウェールズ連隊	No	早大		No	上海ウェールズ連隊
0	—	0					
0	前	0	1	寺田 半三	FW	1	グリップス
0	後	0	2	加藤		2	サーウエル
0	T	0	3	太田 義一		3	ジョンズ
0	G	0	4	清水 定夫		4	イーキング
0	PG	0	5	木村 興人		5	コールマン
0	DG	0	6	坂倉 雄吉		6	フランシス
0	T	2	7	山下 竜雄		7	ケンブリッジ
0	G	1	8	丸山 守一	HB	8	ローデス
0	PG	0	9	飯田 講一		9	ジョセイ
0	DG	0	10	兼子 義一		10	ウエー
			11	砂堀 功	TB	11	ノルマン
	反則		12	馬場 英吉		12	ケレット
昭和3年2月5日			13	滝川 末三		13	ロー
G			14	中島 章		14	クイン
R 橋本寿三郎 KO 14:30			15	小船 伊助	FB	15	ウイリアムス

公式試合 No.40　昭和3年度　第1試合　対抗戦

早大	区分	法大	No.	早大	位置	No.	法大
53	—	0	1	大西 栄造	FW	1	
25	前	0	2	渥美 利三		2	
28	後	0	3	太田 義一		3	
	T	0	4			4	
	G	0	5			5	
	PG	0	6			6	
	DG	0	7			7	
	T	0	8		HB	8	
	G	0	9			9	
	PG	0	10			10	
	DG	0	11		TB	11	
	反則		12			12	
			13			13	
			14			14	
			15		FB	15	

昭和3年10月10日　G 高円寺　R 山田　KO 15:15　（後半の内容は不明）

公式試合 No.41　昭和3年度　第2試合　対抗戦

早大	区分	立大	No.	早大	位置	No.	立大
14	—	3	1	大西 栄造	FW	1	根本 弘道
8	前	3	2	渥美 利三		2	井崎 湧三
6	後	0	3	太田 義一		3	槙島 勝己
2	T	1	4	黒河内重五郎		4	吉野捷一郎
1	G	0	5	木村 興人		5	木村 栄一
0	PG	0	6	寺田 半三		6	中沢千鶴雄
0	DG	0	7	山下 竜雄		7	阿部 猛彦
2	T	0	8	増野 道雄	HB	8	加納 克亮
0	G	0	9	飯田 講一		9	塚田 真二
0	PG	0	10	中村 英作		10	柿内 寛
0	DG	0	11	小寺 三郎	TB	11	横尾 俊彦
	反則		12	西尾 重喜		12	御牧 称児
			13	坂倉 雄吉		13	顧原 真清
			14	砂堀 功		14	浅野輝彦(矢村)
			15	小船 伊助	FB	15	青木 実郎

昭和3年10月29日　G 立大　R 橋本寿三郎　KO 15:00　＊立大は5人TB

公式試合 No.42　昭和3年度　第3試合　対抗戦

早大	区分	商大	No.	早大	位置	No.	商大
28	—	3	1		FW	1	
	前		2			2	
	後		3			3	
	T		4			4	
	G		5			5	
	PG		6			6	
	DG		7			7	
	T		8		HB	8	
	G		9			9	
	PG		10			10	
	DG		11		TB	11	
	反則		12			12	
			13			13	
			14			14	
			15		FB	15	

昭和3年11月10日　G 東伏見　R 目良 篤　KO 15:00

公式試合 No.43　昭和3年度　第4試合　対抗戦

早大	区分	慶大	No.	早大	位置	No.	慶大
5	—	16	1	大西 栄造	FW	1	中村米次郎
0	前	5	2	渥美 利三		2	川津 尚彦
5	後	11	3	太田 義一		3	門倉 恒雄
0	T	1	4	黒河内重五郎		4	阿部(山本)蒙二
0	G	1	5	木村 興人		5	吉本 祐一
0	PG	0	6	寺田 半三		6	鄭 守義
0	DG	0	7	山下 竜雄		7	高野四万治
1	T	3	8	増野 道雄	HB	8	萩原 丈夫
1	G	1	9	飯田 講一		9	上野 祝吉
0	PG	0	10	中村 英作		10	藤井 潔
0	DG	0	11	小寺 三郎	TB	11	丸山 庸喜
	反則		12	西尾 重喜		12	石井 太郎
			13	坂倉 雄吉		13	長沖 彰
			14	砂堀 功		14	堤 正安
			15	小船 伊助	FB	15	伊藤 次郎

昭和3年11月23日　G 神宮　R 目良 篤　KO 15:00

公式試合 No.44　昭和3年度　第5試合　対抗戦

早大	区分	明大	No.	早大	位置	No.	明大
3	—	11	1	大西 栄造	FW	1	都志 悌二
0	前	11	2	黒河内重五郎		2	北島 忠治
3	後	0	3	井上 智仁		3	千葉 忠
0	T	2	4	田川 潔		4	本元規矩男
0	G	1	5	木村 興人		5	知葉 友雄
0	PG	0	6	寺田 半三		6	岡田 由男
0	DG	0	7	山下 竜雄		7	芦田万寿夫
1	T	0	8	森 茂喜	HB	8	大滝 正宣
0	G	0	9	飯田 講一		9	木下 太郎
0	PG	0	10	中村 英作		10	松原 健一
0	DG	0	11	小寺 三郎	TB	11	田中 一郎
	反則		12	西尾 重喜		12	西野 静三
			13	坂倉 雄吉		13	中村不二男
			14	砂堀 功		14	
			15	小船 伊助	FB	15	木村 誠三

昭和3年12月8日　G 立大　R 奥村竹之助　KO 14:30

公式試合 No.45　昭和3年度　第6試合　対抗戦

早大	区分	東大	No.	早大	位置	No.	東大
11	—	16	1	大西 栄造	FW	1	下谷
8	前	0	2	有村 道義		2	今泉
3	後	13	3	太田 義一		3	宮原 万寿
2	T	1	4	黒河内重五郎		4	大西 克和
1	G	0	5	木村 興人		5	木村 昇
0	PG	0	6	寺田 半三		6	尹 明善
0	DG	0	7	山下 竜雄		7	池田 幸
1	T	3	8	森 茂喜	HB	8	松井 正雄
0	G	2	9	飯田 講一		9	石渡慎五郎
0	PG	0	10	中村 英作		10	桜井 凱太
0	DG	0	11	宇野沢順平	TB	11	三原英太郎
	反則		12	西尾 重喜		12	佐竹 義利
			13	坂倉 雄吉		13	堤 正幸
			14	砂堀 功		14	角田 信行
			15	小船 伊助	FB	15	野沢 房二

昭和3年12月16日　G 神宮　R 目良 篤　KO 14:30

公式試合 No.46　昭和3年度　第7試合　対抗戦

早大	区分	同大	No.	早大	位置	No.	同大
6	—	0	1	大西 栄造	FW	1	小池 晃
0	前	0	2	黒河内重五郎		2	岩田 忠弌
6	後	0	3	太田 義一		3	三浜 和雄
0	T	0	4	三輪鉦次郎(中村)		4	林 薫
0	G	0	5	木村 興人		5	松井 昇一
0	PG	0	6	寺田 半三		6	江原 一男
0	DG	0	7	山下 竜雄		7	小林平三郎
2	T	0	8	増野 道雄	HB	8	高崎 善英
0	G	0	9	飯田 講一		9	阿部 勝
0	PG	0	10	中村 英作		10	松見平八郎
0	DG	0	11	小寺 三郎	TB	11	
	反則		12	西尾 重喜		12	藤井 吉郎
			13	坂倉 雄吉		13	藤井清太郎
			14	砂堀 功		14	野村 栄一
			15	小船 伊助	FB	15	清水 千波

昭和4年1月2日　G 同大　R 別所安次郎　KO 14:30

公式試合 No.47　昭和3年度　第8試合　対抗戦

早大	区分	京大	No.	早大	位置	No.	京大
6	—	9	1	大西 栄造	FW	1	柏木 進
6	前	3	2	黒河内重五郎		2	増井 克巳
0	後	6	3	太田 義一		3	武田 尚
2	T	1	4	三輪鉦次郎		4	河合 堯晴
0	G	0	5	木村 興人		5	位田 英雄
0	PG	0	6	寺田 半三		6	足立 卓夫
0	DG	0	7	山下 竜雄		7	青木 俊二
0	T	2	8	増野 道雄	HB	8	二宮 晋二
0	G	0	9	飯田 講一		9	村山 庄治
0	PG	0	10	中村 英作		10	阿部 吉蔵
0	DG	0	11	小寺 三郎	TB	11	進藤 次郎
	反則		12	西尾 重喜		12	宇野 庄吉
			13	坂倉 雄吉		13	山本 尚武
			14	砂堀 功		14	馬場 武士
			15	小船 伊助	FB	15	檀 汎

昭和4年1月7日　G 京大　R 別所安次郎　KO 14:00

公式試合 No.48　昭和4年度　第1試合　対抗戦

早大	区分	法大	No.	早大	位置	No.	法大
59	—	3	1	大西 栄造	FW	1	林 昭雄
33	前	0	2	太田 義一		2	草ケ谷宣正
26	後	3	3	黒河内重五郎		3	八柳 一
	T		4	渥美 利三		4	山本 禄郎
	G		5	木村 興人		5	浮島 吉之
	PG		6	寺田 半三		6	森本 正男
	DG		7	山下 竜雄		7	鈴木 香丸
	T		8	林 芳雄	HB	8	山本 健雄
	G		9	飯田 講一		9	能美 善英
	PG		10	西尾 重喜		10	水野弥太郎
	DG		11	小寺 三郎	TB	11	三枝
	反則		12	柯 子彰		12	塚本 忠己
			13	坂倉 雄吉		13	島脇文一郎
			14	砂堀 功		14	田中
			15	小船 伊助	FB	15	平野 詮一

昭和4年10月21日　G 東伏見　R 清瀬三郎　KO 15:30

公式試合 No.49　昭和4年度　第2試合　対抗戦

早大	区分	立大	No.	早大	位置	No.	立大
14	—	19	1	大西 栄造	FW	1	遠山 景謨
11	前	16	2	松原 武七		2	槙島 勝己
3	後	3	3	太田 義一		3	根本 弘道
2	T	4	4	黒河内重五郎		4	井崎 湧三
1	G	2	5	木村 興人		5	木村 栄一
1	PG	0	6	中村 英作		6	神崎 亨二
0	DG	0	7	山下 竜雄		7	中沢千鶴雄
0	T	1	8	林 芳雄	HB	8	土肥 耕作
0	G	0	9	飯田 講一		9	
0	PG	0	10	西尾 重喜		10	浅野 輝彦
0	DG	0	11	荒貫(山友)嘉樹	TB	11	御牧 称児
	反則		12	柯 子彰		12	
			13	坂倉 雄吉		13	顧原 直清
			14	砂堀 功		14	柿内 寛
			15	小寺 三郎	FB	15	青木 実郎

昭和4年11月9日　G 神宮　R 清瀬三郎　KO 15:00

公式試合 No.50　昭和4年度　第3試合　対抗戦

早大	区分	商大	No.	早大	位置	No.	商大
69	—	0	1	大西 栄造	FW	1	西尾忠四郎
32	前	0	2	田川 潔		2	小松 徹志
37	後	0	3	太田 義一		3	福重 正雄
8	T	0	4	黒河内重五郎		4	矢島
4	G	0	5	木村 興人		5	武岡 義一
0	PG	0	6	中村 英作		6	田並 通正
0	DG	0	7	山下 竜雄		7	佐野 嘉吉
9	T	0	8	増野 道雄	HB	8	梅田嘉三郎
5	G	0	9	飯田 講一		9	外羽
0	PG	0	10	西尾 重喜		10	石田清之介
0	DG	0	11	小寺 三郎	TB	11	須藤
	反則		12	柯 子彰		12	高木 力松
			13	坂倉 雄吉		13	横山 弘
			14	砂堀 功		14	阿部
			15	荒貫 嘉樹	FB	15	滝口金次郎

昭和4年11月15日　G 石神井　R 清瀬三郎　KO 15:00

公式試合 No.51　昭和4年度　第4試合　対抗戦

早大	区分	慶大	No.	早大	位置	No.	慶大
3	—	6	1	大西 栄造	FW	1	真野 喜平
0	前	0	2	太田 義一		2	矢飼 督之
3	後	6	3	黒河内重五郎		3	斉藤 昌平
0	T	0	4	渥美 利三		4	津田不二夫
0	G	0	5	木村 興人		5	川津 尚彦
0	PG	0	6	中村 英作		6	清水 精三
0	DG	0	7	山下 竜雄		7	阿部 黎二
1	T	0	8	増野 道雄	HB	8	上野 祝二
0	G	0	9	林 芳雄		9	萩原 丈夫
0	PG	2	10	西尾 重喜		10	藤井 貢
0	DG	0	11	小寺 三郎	TB	11	堤 正安
	反則		12	柯 子彰		12	石塚 太郎
			13	坂倉 雄吉		13	石井 太郎
			14	砂堀 功		14	長沖 彰
			15	小船 伊助	FB	15	伊藤 次郎

昭和4年11月23日　G 神宮　R 清瀬三郎　KO 14:30

公式試合 No.52　昭和4年度　第5試合　対抗戦

早大 0 — 5 明大

早大		明大
0	前	0
0	後	5
0	T	0
0	G	0
0	PG	0
0	DG	0
0	T	1
0	G	1
0	PG	0
0	DG	0
	反則	

No	早大	pos	No	明大
1	大西 栄造	FW	1	都志 悌二
2	太田 義一		2	松田 久治
3	黒河内重五郎		3	伊集院 浩
4	田川 潔		4	三宅 良吉
5	木村 興人		5	増永 洋一
6	中村 英作		6	岡田 由男
7	山下 竜雄		7	知葉 光雄
8	増野 道雄	HB	8	大滝 正宣
9	林 芳雄		9	木下 太郎
10	西尾 重喜		10	松原 健一
11	小寺 三郎	TB	11	鳥羽善次郎
12	柯 子彰		12	田中 一郎
13	坂倉 雄吉		13	安田 種臣
14	砂堀 功		14	中村不二男
15	小船 伊助	FB	15	西野 静三

昭和4年12月8日　G 神宮　R 清瀬三郎　KO 15:30

公式試合 No.53　昭和4年度　第6試合　対抗戦

早大 32 — 0 北大

早大		北大
32	—	0
14	前	0
18	後	0
4	T	0
1	G	0
0	PG	0
0	DG	0
6	T	0
0	G	0
0	PG	0
0	DG	0
	反則	

No	早大	pos	No	北大
1	大西 栄造	FW	1	大阪
2	太田 義一		2	水谷
3	黒河内重五郎		3	林
4	田川 潔		4	石川
5	木村 興人		5	中西
6	中村 英作		6	佐藤
7	山下 竜雄		7	大津
8	増野 道雄	HB	8	軽部
9	林 芳雄		9	野中
10	西尾 重喜		10	木下
11	小寺 三郎	TB	11	大山
12	柯 子彰		12	進藤
13	坂倉 雄吉		13	平野
14	五十嵐重次		14	金井
15	小船 伊助	FB	15	金

昭和4年12月29日　G 戸塚　R 橋本寿三郎　KO 14:30

公式試合 No.54　昭和4年度　第7試合　対抗戦

早大 15 — 0 東大

早大		東大
15	—	0
9	前	0
6	後	0
3	T	0
0	G	0
0	PG	0
0	DG	0
2	T	0
0	G	0
0	PG	0
0	DG	0
	反則	

No	早大	pos	No	東大
1	大西 栄造	FW	1	宮原 万寿
2	太田 義一		2	金野益雄(栗原)
3	黒河内重五郎		3	長谷川 進
4	田川 潔		4	大西 克和
5	木村 興人		5	西園寺二郎
6	中村 英作		6	池田 和夫
7	山下 竜雄		7	横沢 竜夫
8	増野 道雄	HB	8	桜井 凱夫
9	林 芳雄		9	石渡慎五郎
10	西尾 重喜		10	中山 直巳
11	小寺 三郎	TB	11	藤田
12	柯 子彰		12	坂倉 敏之
13	坂倉 雄吉		13	佐竹 義利
14	砂堀 功		14	三原英太郎
15	小船 伊助	FB	15	野沢 房二

昭和5年1月5日　G 神宮　R 目良 篤　KO 14:30

公式試合 No.55　昭和4年度　第8試合　対抗戦

早大 23 — 0 同大

早大		同大
23	—	0
8	前	0
15	後	0
2	T	0
1	G	0
0	PG	0
0	DG	0
5	T	0
0	G	0
0	PG	0
0	DG	0
	反則	

No	早大	pos	No	同大
1	大西 栄造	FW	1	桂 五郎
2	太田 義一		2	林 義雄
3	黒河内重五郎		3	西村 清蔵
4	田川 潔		4	松見孝一郎
5	木村 興人		5	三浜 和雄
6	中村 英作		6	藤原 素樹
7	山下 竜雄		7	江原 一男
8	増野 道雄	HB	8	小林平三郎
9	林 芳雄		9	田中 太郎
10	西尾 重喜		10	阿部 勝
11	小寺 三郎	TB	11	内藤 卓
12	柯 子彰		12	野村 栄一
13	坂倉 雄吉		13	桑 万五
14	砂堀 功		14	吉田 昌喜
15	小船 伊助	FB	15	藤沢 吉郎

昭和5年1月12日　G 神宮　R 目良 篤　KO 14:30

公式試合 No.56　昭和5年度　第1試合　対抗戦

早大 63 — 0 法大

早大		法大
63	—	0
	前	
	後	0
	T	
	G	
	PG	
	DG	
	T	
	G	
	PG	
	DG	
	反則	

No	早大	pos	No	法大
1		FW	1	
2			2	
3			3	
4			4	
5			5	
6			6	
7			7	
8		HB	8	
9			9	
10			10	
11		TB	11	
12			12	
13			13	
14			14	
15		FB	15	

昭和5年10月18日　G 東伏見　R 清瀬三郎　KO 15:00

公式試合 No.57　昭和5年度　第2試合　対抗戦

早大 56 — 6 文理大

早大		文理大
56	—	6
30	前	0
26	後	6
8	T	2
3	G	0
0	PG	0
0	DG	0
8	T	0
1	G	0
0	PG	0
0	DG	0
	反則	

No	早大	pos	No	文理大
1	大野 信次	FW	1	大野 信次
2	松原 武七		2	松原 武七
3	寺尾 信三		3	寺尾 信三
4	田川 潔		4	田川 潔
5	三輪鉦次郎		5	三輪鉦次郎
6	大西 栄造		6	大西 栄造
7	中村 英作		7	中村 英作
8	飯森 隆一	HB	8	飯森 隆一
9	林 芳雄		9	林 芳雄
10	荒賀 嘉樹		10	荒賀 嘉樹
11	五十嵐重次	TB	11	五十嵐重次
12	赤星 昂		12	赤星 昂
13	柯 子彰		13	柯 子彰
14	北邨 亀次		14	北邨 亀次
15	小船 伊助	FB	15	小船 伊助

昭和5年10月26日　G 東伏見　R 兼子義一　KO 15:05

公式試合 No.58　昭和5年度　第3試合　対抗戦

早大 14 — 8 立大

早大		立大
14	—	8
6	前	3
8	後	5
1	T	0
0	G	0
0	PG	1
0	DG	0
2	T	1
1	G	0
0	PG	0
0	DG	0
	反則	

No	早大	pos	No	立大
1	大野 信次	FW	1	糸居 一郎
2	松原 武七		2	橋島 勝己
3	太田 義一		3	根本 弘道
4	田川 潔		4	増山 康秀
5	三輪鉦次郎		5	井崎 清三
6	大西 栄造		6	神崎 亨二
7	中村 英作		7	肋川 五郎
8	林 芳雄	HB	8	塚田 真二
9	飯森 隆一		9	舟橋 快三
10	荒賀 嘉樹		10	堤 信正
11	小寺 三郎	TB	11	御牧 新児
12	赤星 昂		12	田中 輝彦
13	柯 子彰		13	頭原 直義
14	五十嵐重次		14	土肥 耕作
15	小船 伊助	FB	15	三浦 毅

昭和5年11月8日　G 神宮　R 清瀬三郎　KO 15:05

公式試合 No.59　昭和5年度　第4試合　対抗戦

早大 14 — 6 東大

早大		東大
14	—	6
6	前	3
8	後	3
2	T	0
0	G	0
0	PG	1
0	DG	0
2	T	1
1	G	0
0	PG	1
0	DG	0
14	反則	6

No	早大	pos	No	東大
1	大野 信次	FW	1	久武 猛彦
2	松原 武七		2	金野(栗原)益雄
3	太田 義一		3	菊谷 勇夫
4	田川 潔		4	岡田 秀寿
5	三輪鉦次郎		5	田中 甲一
6	大西 栄造		6	真田 登
7	中村 英作		7	下田 実
8	林 芳雄	HB	8	樋口 易正
9	飯森 隆一		9	石渡慎五郎
10	荒賀 嘉樹		10	生駒 一
11	小寺 三郎	TB	11	中山 縁
12	赤星 昂		12	坂本 英夫
13	柯 子彰		13	中山 直巳
14	五十嵐重次		14	山本 義男
15	小船 伊助	FB	15	浅原 昌二

昭和5年11月15日　G 神宮　R 中村米次郎　KO 15:00

公式試合 No.60　昭和5年度　第5試合　対抗戦

早大 3 — 19 慶大

早大		慶大
3	—	19
3	前	11
0	後	8
0	T	2
0	G	1
0	PG	1
0	DG	0
0	T	1
1	G	0
0	PG	1
0	DG	0
	反則	

No	早大	pos	No	慶大
1	大西 栄造	FW	1	矢飼 督之
2	松原 武七		2	酒井 通博
3	太田 義一		3	田治 次郎
4	田川 潔		4	真野 喜平
5	三輪鉦次郎		5	田川 博
6	清浜 五郎		6	阿部 黎三
7	中村 英作		7	三浦 五郎
8	増野 道雄	HB	8	清水 精三
9	林 芳雄		9	石井 太郎
10	小寺 三郎		10	財部 真幸
11	吉田 雅夫	TB	11	北野 孟郎
12	荒賀 嘉樹		12	藤井 貢
13	柯 子彰		13	長井 次郎
14	五十嵐重次		14	若菜(平沼)光平
15	小船 伊助	FB	15	伊藤 次郎

昭和5年11月23日　G 神宮　R 目良 篤　KO 14:30

公式試合 No.61　昭和5年度　第6試合　対抗戦

早大 34 — 11 商大

早大		商大
34	—	11
26	前	3
8	後	8
6	T	0
4	G	0
0	PG	1
0	DG	0
2	T	1
1	G	1
0	PG	1
0	DG	0
	反則	

No	早大	pos	No	商大
1	大西 栄造	FW	1	福重 武雄
2	松原 武七		2	小松 徹志
3	太田 義一		3	尾尾忠四郎
4	大野 信次		4	西 一利
5	田川 潔		5	広松
6	清浜 五郎		6	内藤 定義
7	中村 英作		7	佐野 嘉吉
8	馬場 喜造	HB	8	品田 通世
9	林 芳雄		9	石田清之介
10	鈴木 馨		10	細田 金弥
11	五十嵐重次	TB	11	中村 節三
12	長嶋 寿三		12	山本 一弘
13	柯 子彰		13	佐久間志郎
14	小寺 三郎		14	武井 忠之
15	小川 一雄	FB	15	大熊 純三

昭和5年12月1日　G 戸塚　R 本領信治郎　KO 14:30

公式試合 No.62　昭和5年度　第7試合　対抗戦

早大 9 — 14 明大

早大		明大
9	—	14
6	前	8
3	後	6
2	T	2
0	G	1
0	PG	0
0	DG	0
1	T	2
1	G	0
0	PG	0
0	DG	0
	反則	

No	早大	pos	No	明大
1	大西 栄造	FW	1	佐々竹直義
2	松原 武七		2	松田 久治
3	太田 義一		3	伊集院 浩
4	大野 信次		4	三宅 良吉
5	三輪鉦次郎		5	増永 洋一
6	清浜 五郎		6	岡田 由男
7	岡本 有三		7	大滝 正宣
8	林 芳雄	HB	8	都志 悌二
9	荒賀 嘉樹		9	木下 太郎
10	小寺 三郎		10	丹羽 正彦
11	小船 伊助	TB	11	鳥羽善次郎
12	赤星 昂		12	安田 種臣
13	柯 子彰		13	西野 静三
14	五十嵐重次		14	中村不二男
15	小川 一雄	FB	15	笠原 恒彦

昭和5年12月7日　G 神宮　R 香山 番　KO 14:30

公式試合 No.63　昭和5年度　第8試合　対抗戦

早大 0 — 11 同大

早大		同大
0	—	11
0	前	3
0	後	8
0	T	1
0	G	0
0	PG	1
0	DG	0
2	T	1
1	G	1
0	PG	1
0	DG	0
	反則	

No	早大	pos	No	同大
1	大西 栄造	FW	1	藤井 恒男
2	松原 武七		2	桂 五郎
3	太田 義一		3	綱島 義雄
4	田川 潔		4	三浜 和雄
5	大野 信次		5	西村 清蔵
6	清浜 五郎		6	橘 立
7	岡本 有三		7	乾 信雄
8	中村 英作	HB	8	高崎 善英
9	林 芳雄		9	阿部 勝
10	小寺 三郎		10	江原 一男
11	小船 伊助	TB	11	吉田 昌嘉
12	荒賀 嘉樹		12	張 月五
13	柯 子彰		13	高野 潤雄
14	五十嵐重次		14	望月 知夫
15	小川 一雄	FB	15	鳥居正太郎

昭和6年1月3日　G 花園　R 望月信次　KO 14:30

公式試合 No.64　昭和6年度　第1試合　対抗戦

早大	項	法大	No	早大	Pos	法大	No
35	—	5	1		FW		1
	前		2				2
	後		3				3
	T		4				4
	G		5				5
	PG		6				6
	DG		7				7
	T		8		HB		8
	G		9				9
	PG		10				10
	DG		11		TB		11
	反則		12				12
昭和6年10月17日			13				13
G 東伏見			14				14
R 不明　KO 15:30			15		FB		15

公式試合 No.65　昭和6年度　第2試合　対抗戦

早大	項	文理大	No	早大	Pos	文理大	No
58	—	0	1	大西 栄造	FW	井崎 明	1
26	前	0	2	松原 武七		大迫 佐吉	2
32	後	0	3	太田 義一		岡部 久義	3
	T	0	4	田川 潔		小林 繁	4
	G	0	5	大野 信次		西羅 武	5
	PG	0	6	清瀬 五郎		橋口 邦雄	6
	DG	0	7	岡本 有三		荻野 勇夫	7
	T	0	8	林 芳雄	HB	鳥取 良平	8
	G	0	9	飯森 隆一		大島 一	9
	PG	0	10	野上 一郎		余瀬 正次	10
	DG	0	11	吉田 雅夫	TB	池田 三郎	11
	反則		12	荒賀 嘉樹		池田 太郎	12
昭和6年10月25日			13	柯 子彰		古盛 貞弘	13
G 東伏見			14	薄 常信		小坂 智身	14
R 清瀬三郎　KO 15:00			15	北郷 亀次	FB	松下 一弥	15

公式試合 No.66　昭和6年度　第3試合　対抗戦

早大	項	立大	No	早大	Pos	立大	No
49	—	0	1	大西 栄造	FW	遠島 景誤	1
29	前	0	2	松原 武七		槙島 勝己	2
20	後	0	3	太田 義一		根本 弘道	3
7	T	0	4	田川 潔		井崎 湧三	4
4	G	0	5	大野 信次		糸居 一郎	5
0	PG	0	6	清瀬 五郎		三浦 啓助	6
0	DG	0	7	岡本 有三		神崎 亨二	7
6	T	0	8	林 芳雄	HB	染井 健吉	8
1	G	0	9	飯森 隆一		土肥 耕作	9
0	PG	0	10	野上 一郎		武内 景美	10
0	DG	0	11	吉田 雅夫	TB	吉田 輝彦	11
	反則		12	荒賀 嘉樹		関矢 茂	12
昭和6年11月7日			13	柯 子彰		顲原 直清	13
G 神宮			14	千葉 正		加藤福太郎	14
R 香山蕃　KO 15:00			15	北郷 亀次	FB	三浦 毅	15

公式試合 No.67　昭和6年度　第4試合　対抗戦

早大	項	東大	No	早大	Pos	東大	No
20	—	3	1	西海 一嗣	FW	久武 猛彦	1
15	前	0	2	松原 武七		金野 益雄	2
5	後	3	3	太田 義一		岡 俊夫	3
3	T	0	4	田川 潔		岡田 秀平	4
3	G	0	5	大野 信次		山口 中一	5
0	PG	0	6	清瀬 五郎		真田 登	6
0	DG	0	7	大西 栄造		横沢 竜夫	7
1	T	1	8	林 芳雄	HB	樋口 易正	8
1	G	0	9	飯森 隆一		青木 周吉	9
0	PG	0	10	野上 一郎		板倉 敏之	10
0	DG	0	11	吉田 雅夫	TB	平沢 和重	11
10	反則	3	12	荒賀 嘉樹		南郷 茂治	12
昭和6年11月14日			13	柯 子彰		坂本 英夫	13
G 神宮			14	千葉 正		生駒 一	14
R 目良篤　KO 15:00			15	北郷 亀次	FB	須賀 一正	15

公式試合 No.68　昭和6年度　第5試合　対抗戦

早大	項	慶大	No	早大	Pos	慶大	No
12	—	5	1	大西 栄造	FW	佐々倉太郎	1
0	前	0	2	松原 武七		酒井 通博	2
12	後	5	3	太田 義一		田治 正浩	3
0	T	0	4	田川 潔		真野 喜平	4
0	G	0	5	大野 信次		田川 博	5
0	PG	0	6	清瀬 五郎		足立(小田)直司	6
0	DG	0	7	日高 潔		矢飼 督之	7
4	T	1	8	林 芳雄	HB	清水 精三	8
1	G	1	9	飯森 隆一		石井 太郎	9
0	PG	0	10	野上 一郎		財部 真幸	10
0	DG	0	11	吉田 雅夫	TB	北野 孟郎	11
	反則		12	荒賀 嘉樹		長沖 彰	12
昭和6年11月23日			13	柯 子彰		丸山 虎喜	13
G 神宮			14	千葉 正		若尾 民弥	14
R 目良篤　KO 14:30			15	北郷 亀次	FB	伊藤 次郎	15

公式試合 No.69　昭和6年度　第6試合　対抗戦

早大	項	商大	No	早大	Pos	商大	No
24	—	9	1		FW		1
	前		2				2
	後		3				3
	T		4				4
	G		5				5
	PG		6				6
	DG		7				7
	T		8		HB		8
	G		9				9
	PG		10				10
	DG		11		TB		11
	反則		12				12
昭和6年11月30日			13				13
G 東伏見			14				14
R 中村米次郎　KO 15:00			15		FB		15

公式試合 No.70　昭和6年度　第7試合　対抗戦

早大	項	明大	No	早大	Pos	明大	No
8	—	33	1	大西 栄造	FW	伊集院 浩	1
0	前	10	2	松原 武七		松田 久治	2
8	後	23	3	太田 義一		西垣 三郎	3
0	T	2	4	田川 潔		山口 和夫	4
0	G	2	5	大野 信次		三宅 良吉	5
0	PG	0	6	清瀬 五郎		岡田 由男	6
0	DG	0	7	岡本 有三		大滝 正宣	7
2	T	5	8	林 芳雄	HB	都志 憬二	8
1	G	4	9	飯森 隆一		木下 太郎	9
0	PG	0	10	野上 一郎		丹羽 正彦	10
0	DG	0	11	吉田 雅夫	TB	鳥羽善次郎	11
	反則		12	荒賀 嘉樹		安田 種臣	12
昭和6年12月6日			13	柯 子彰		辻田 勉	13
G 神宮			14	長尾 寿三		柴野 得郎	14
R 目良篤　KO 14:30			15	北郷 亀次	FB	笠原 恒彦	15

公式試合 No.71　昭和6年度　第8試合　対抗戦

早大	項	同大	No	早大	Pos	同大	No
21	—	10	1	大西 栄造	FW	藤井 恒男	1
8	前	5	2	松原 武七		桂 五郎	2
13	後	5	3	太田 義一		柳 広道	3
2	T	1	4	田川 潔		三浜 和男	4
1	G	1	5	大野 信次		松見孝一郎	5
0	PG	0	6	清瀬 五郎		西村 清三	6
0	DG	0	7	岡本 有三		西 広	7
3	T	1	8	林 芳雄	HB	乾 信雄	8
2	G	1	9	飯森 隆一		田中 太郎	9
0	PG	0	10	野上 一郎		村井 栄一	10
0	DG	0	11	吉田 雅夫	TB	杉本 力	11
	反則		12	荒賀 嘉樹		張 万玉	12
昭和7年1月3日			13	柯 子彰		岡野 潤雄	13
G 神宮			14	長尾 寿三		滝本 秀夫	14
R 中村米次郎　KO 14:30			15	北郷 亀次	FB	橋本 寛和	15

国際試合 No.10　昭和6年度　カナダ来日

早大	項	カナダ	No	早大	Pos	カナダ	No
13	—	29	1	大西 栄造	FW	C. COX	1
5	前	21	2	松原 武七		W. MURRAY	2
8	後	8	3	太田 義一		A. DU-TENGLE	3
0	T	7	4	田川 潔		J. ROWLAND	4
0	G	1	5	大野 信次		J. BOONE	5
0	PG	0	6	日高 潔		A. LANGLY	6
0	DG	0	7	岡本 有三		C. FORBES	7
2	T	2	8	林 芳雄	HB	A. MITCHELL	8
1	G	1	9	飯森 隆一		E. CAMERON	9
0	PG	0	10	野上 一郎		P. WILSON	10
0	DG	0	11	吉田 雅夫	TB	G. SKILLINGS	11
	反則		12	荒賀 嘉樹		G. NIBLO	12
昭和7年1月20日			13	柯 子彰		J. LEROY	13
G 神宮			14	千葉 正		R. PINKHAM	14
R 清瀬三郎　KO 15:10			15	北郷 亀次	FB	R. SUTER	15

公式試合 No.72　昭和7年度　第1試合　対抗戦

早大	項	文理大	No	早大	Pos	文理大	No
58	—	0	1	砂堀 工	FW	岡部 久義	1
28	前	0	2	松原 武七		阿部 二郎	2
30	後	0	3	西海 一嗣		井崎 明	3
	T	0	4	田川 潔		成田末太郎	4
	G	0	5	大野 信次		小林 繁	5
	PG	0	6	岡本 有三		星野 栄治	6
	DG	0	7	米華真四郎		小野松五郎	7
	T	0	8	林 芳雄	HB	村田 明	8
	G	0	9	飯森 隆一		大島 一	9
	PG	0	10	野上 一郎		余瀬 正次	10
	DG	0	11	吉田 雅夫	TB	田中 茂一	11
	反則		12	長尾 寿三		池田 太郎	12
昭和7年10月5日			13	柯 子彰		松下 一弥	13
G 東伏見			14	千葉 正		加月 秋芳	14
R 伊集院浩　KO 15:00			15	北郷 亀次	FB	蒲山弥太郎	15

公式試合 No.73　昭和7年度　第2試合　対抗戦

早大	項	法大	No	早大	Pos	法大	No
45	—	21	1	砂堀 工	FW	林 昭雄	1
33	前	5	2	松原 武七		三井 五郎	2
12	後	16	3	西海 一嗣		野村 武夫	3
7	T	1	4	渡辺(丸吉)栄造		加藤 泰勝	4
6	G	1	5	大野 信次		林 石男	5
0	PG	0	6	岡本 有三		長井荘之助	6
0	DG	0	7	米華真四郎		浮島 吉	7
3	T	4	8	林 芳雄	HB	中田 謙二	8
1	G	2	9	飯森 隆一		青地 次三	9
0	PG	0	10	野上 一郎		浅田 点	10
0	DG	0	11	吉田 雅夫	TB	阿部 朋男	11
	反則		12	長尾 寿三		平野 詮一	12
昭和7年10月16日			13	柯 子彰		松下 一弥	13
G 東伏見			14	千葉 正		式守 基雄	14
R 北島忠治　KO 15:05			15	北郷 亀次	FB	橋本 雄一	15

公式試合 No.74　昭和7年度　第3試合　対抗戦

早大	項	商大	No	早大	Pos	商大	No
29	—	0	1	西海 一嗣	FW	清田 正二	1
16	前	0	2	松原 武七		福重 武雄	2
13	後	0	3	砂堀 工		清水	3
4	T	0	4	田川 潔		広松	4
2	G	0	5	大野 信次		佐野 嘉吉	5
0	PG	0	6	薄 常信		品田 通世	6
0	DG	0	7	米華真四郎		浅井 将	7
3	T	0	8	林 芳雄	HB	佐藤	8
2	G	0	9	飯森 隆一		細田 金弥	9
0	PG	0	10	野上 一郎		石田勝次郎	10
0	DG	0	11	長尾 寿三	TB	杉中	11
	反則		12	荒賀 嘉樹		葛馬 大三	12
昭和7年10月30日			13	柯 子彰		足利 繁男	13
G 東伏見			14	千葉 正			14
R 北野幸也　KO 15:30			15	北郷 亀次	FB	上野 信雄	15

公式試合 No.75　昭和7年度　第4試合　対抗戦

早大		東大
51	—	3
26	前	0
25	後	3
5	T	0
4	G	0
1	PG	0
0	DG	0
7	T	1
2	G	0
0	PG	0
0	DG	0
	反則	

昭和7年11月6日　G 神宮　R 目良 篤　KO 14:00

早大		東大
1 西海 一嗣 FW		1 塚越 文夫
2 松原 武七		2 西谷権之助
3 砂堀 工		3 堀内 安
4 渡辺 栄造		4 岡田 秀平
5 大野 信次		5 久武 猛彦
6 薄 常信		6 龍村 晋
7 米華真四郎		7 下田 実
8 林 芳雄 HB		8 稲口 易正
9 飯森 隆一		9 青木 周吉
10 野上 一郎		10 菅谷勇之助
11 長尾 寿三 TB		11 小林 誠一
12 荒賀 嘉樹		12 南郷 茂治
13 柯 子彰		13 西宗 忠之
14 千葉 正		14 山田 顕貞
15 北邨 亀次 FB		15 須賀 一正

公式試合 No.76　昭和7年度　第5試合　対抗戦

早大		立大
51	—	0
23	前	0
28	後	0
5	T	0
4	G	0
0	PG	0
0	DG	0
5	T	0
5	G	0
0	PG	0
0	DG	0
	反則	

昭和7年11月12日　G 神宮　R 中村米次郎　KO 14:00

早大		立大
1 西海 一嗣 FW		1 糸居 一郎
2 松原 武七		2 槙島 勝己
3 砂堀 工		3 塩沢 碧
4 渡辺 栄造		4 井崎 湧三
5 大野 信次		5 高木 寛
6 米華真四郎		6 三浦 啓助
7 岡本 有三		7 木村 栄一
8 林 芳雄 HB		8 大友 勝
9 飯森 隆一		9 重松 清臣
10 野上 一郎		10 関矢 茂
11 長尾 寿三 TB		11 三浦 毅
12 荒賀 嘉樹		12 鏑原 直清
13 柯 子彰		13 奥田 元雄
14 千葉 正		14 奥田 元雄
15 北邨 亀次 FB		15 金 化泳

公式試合 No.77　昭和7年度　第6試合　対抗戦

早大		慶大
33	—	5
14	前	0
19	後	5
3	T	1
1	G	0
0	PG	0
0	DG	0
4	T	1
2	G	0
1	PG	0
0	DG	0
	反則	

昭和7年11月23日　G 神宮　R 目良 篤　KO 14:30

早大		慶大
1 西海 一嗣 FW		1 佐々倉太郎
2 松原 武七		2 酒井 通博
3 砂堀 工		3 田治 正浩
4 渡辺 栄造		4 真野 喜平
5 大野 信次		5 田川 博
6 米華真四郎		6 阿部 黎二
7 岡本 有三		7 三浦 五郎
8 林 芳雄 HB		8 田中万寿夫
9 飯森 隆一		9 清水 精三
10 野上 一郎		10 竹岡晴比古
11 長尾 寿三 TB		11 北野 孟郎
12 荒賀 嘉樹		12 石井 実
13 柯 子彰		13 長沖 彰
14 千葉 正		14 矢﨑 督之
15 北邨 亀次 FB		15 伊藤 次郎

公式試合 No.78　昭和7年度　第7試合　対抗戦

早大		明大
24	—	12
8	前	6
16	後	6
2	T	0
1	G	0
0	PG	2
0	DG	0
3	T	1
2	G	0
1	PG	1
0	DG	0
	反則	

昭和7年12月4日　G 神宮　R 清瀬三郎　KO 14:30

早大		明大
1 西海 一嗣 FW		1 松田 周一
2 松原 武七		2 松田 久治
3 砂堀 工		3 佐々竹直義
4 田川 潔		4 松井 繁
5 大野 信次		5 山口 和夫
6 米華眞四郎		6 林 斉
7 岡本 有三		7 都志 悌二
8 林 芳雄 HB		8 前田 晕一
9 飯森 隆一		9 木下 太郎
10 野上 一郎		10 丹羽 正彦
11 長尾 寿三 TB		11 鳥取勇之助
12 荒賀 嘉樹		12 安田 種臣
13 柯 子彰		13 辻田 勉
14 千葉 正		14 岡 信隆
15 北邨 亀次 FB		15 笠原 恒彦

公式試合 No.79　昭和7年度　第8試合　対抗戦

早大		同大
27	—	3
19	前	0
8	後	3
4	T	0
2	G	0
0	PG	1
0	DG	0
2	T	1
1	G	0
0	PG	0
0	DG	0
	反則	

昭和8年1月3日　G 花園　R 巌 榮一　KO 14:30

早大		同大
1 西海 一嗣 FW		1 美濃部俊三
2 松原 武七		2 杉村 五郎
3 砂堀 工		3 綱島 長明
4 田川 潔		4 荻野 直一
5 大野 信次		5 秀島 秀夫
6 米華真四郎		6 西村 清蔵
7 岡本 有三		7 藤井 恒男
8 林 芳雄 HB		8 乾 信義
9 飯森 隆一		9 田中 太郎
10 野上 一郎		10 藤長 義兼
11 長尾 寿三 TB		11 杉本 力
12 荒賀 嘉樹		12 張 万玉
13 柯 子彰		13 橘 広
14 千葉 正		14 内藤 卓
15 北邨 亀次 FB		15 橋本 寛和

国際試合 No.11　昭和7年度　上海遠征　第1試合

早大		上海クラブ
13	—	11
8	前	8
5	後	3
1	T	2
1	G	1
1	PG	0
0	DG	0
	反則	

昭和8年1月15日　G 上海カニドローム
R W.R.C.PENNY
KO 10:45　"China Press"東京朝日などから復元(塩釜幸弘氏資料)

早大		上海クラブ
1 西海 一嗣 FW		1 J.R.YOUNGER
2 松原 武七		2 W.H.T.PILCHER
3 砂堀 工		3 A.J.KANE
4 田川 潔		4 D.B.W.MURRAY
5 大野 信次		5 J.S.RITCHIE
6 米華真四郎		6 J.A.E.KENDREY
7 岡本 有三		7 G.A.JOHNSTON
8 林 芳雄 HB		8 R.D.K.SILBY
9 伊藤 眞光		9 W.D.NEIL
10 野上 一郎		10 E.C.HUBBARD
11 鈴木 功 HB		11 R.BOOTH
12 荒賀 嘉樹		12 J.BOWERMAN
13 柯 子彰		13 J.C.TAYLOR
14 原 玉城		14
15 北邨 亀次 FB		15

国際試合 No.12　昭和7年度　上海遠征　第2試合

早大		米国マリン
24	—	0
5	前	0
19	後	0
1	T	0
1	G	0
0	PG	0
0	DG	0
5	T	0
2	G	0
0	PG	0
0	DG	0
	反則	

昭和8年1月18日　G 上海カニドローム　R W.R.C.PENNY　KO 15:00

早大		米国マリン
1 西海 一嗣 FW		1 KNAPP
2 松原 武七		2 W.E.DALEY
3 砂堀 工		3 W.F.HEFFNER
4 渡辺 栄造		4 H.R.ORCUTT
5 大野 信次		5 H.A.SMITH
6 米華真四郎		6 J.LEWANDOWS
7 岡本 有三		7 F.MORGAN
8 林 芳雄 HB		8 J.H.SLUSSER
9 飯森 隆一		9 J.C.LEE
10 野上 一郎		10 A.PARLATO
11 長尾 寿三 TB		11 E.TOWNSLY
12 荒賀 嘉樹		12 H.E.RASMUSSO
13 柯 子彰		13 C.E.SWANK
14 原 玉城		14 C.F.ALLARD
15 北邨 亀次 FB		15 J.F.BRIDGES

国際試合 No.13　昭和7年度　上海遠征　第3試合

早大		全上海
28	—	8
6	前	0
22	後	8
2	T	0
1	G	0
0	PG	0
0	DG	0
6	T	2
2	G	1
0	PG	0
0	DG	0
	反則	

昭和8年1月22日　G 上海カニドローム　R E.S.BARRACLOUGH　KO10:45

早大		全上海
1 西海 一嗣 FW		1 NELLSON
2 松原 武七		2 J.R.YOUNGER
3 砂堀 工		3 W.H.T.PILCHER
4 田川 潔		4 A.J.KANE
5 大野 信次		5 J.S.RITCHIE
6 米華真四郎		6 D.B.W.MURRAY
7 渡辺 栄造		7 R.D.K.SILBY
8 林 芳雄 HB		8 J.C.LEE
9 飯森 隆一		9 A.PARLATO
10 野上 一郎		10 E.C.HUBBARD
11 長尾 寿三 TB		11 B.BRIND
12 荒賀 嘉樹		12 J.C.TAYLOR
13 柯 子彰		13 H.E.RASMUSSO
14 原 玉城		14 C.F.ALLARD
15 北邨 亀次 FB		15 F.NOZAWA（野澤房二）

公式試合 No.80　昭和8年度　第1試合　対抗戦

早大		商大
40	—	0
20	前	0
20	後	0
6	T	0
1	G	0
0	PG	0
0	DG	0
6	T	0
2	G	0
0	PG	0
0	DG	0
	反則	

昭和8年10月20日　G 神宮　R 北島忠治　KO 15:00

早大		商大
1 西海 一嗣 FW		1 清田 正二
2 松原 武七		2 西 一利
3 砂堀 工		3 佐野 直彦
4 藤井 功		4 田中 純吉
5 大野 信次		5 長江 信一
6 米華真四郎		6 佐野 嘉吉
7 薄 常信		7 浅井 明
8 山本 春樹 HB		8 多田 米吉
9 飯森 隆一		9 細田 金弥
10 野上 一郎		10 石田清之助
11 阪口 正二 TB		11 大村菊次郎
12 荒賀 嘉樹		12 佐久間忠郎
13 柯 子彰		13 足利 繁男
14 原 玉城		14 中沢 清次
15 鈴木 功 FB		15 上野 信雄

公式試合 No.81　昭和8年度　第2試合　対抗戦

早大		法大
65	—	9
36	前	9
29	後	0
8	T	0
6	G	0
2	PG	0
0	DG	0
7	T	1
4	G	0
0	PG	2
0	DG	0
	反則	5

昭和8年10月26日　G 神宮　R 北島忠治　KO 15:00

早大		法大
1 西海 一嗣 FW		1 中野 武夫
2 松原 武七		2 林 昭雄
3 砂堀 工		3 沼田 進
4 渡辺栄造(丸次)		4 市川 全三
5 大野 信次		5 加藤 泰勝
6 米華真四郎		6 長井荘之助
7 薄 常信		7 森 一雄
8 山本 春樹 HB		8 中田 謙二
9 飯森 隆一		9 本多 三夫
10 野上 一郎		10 前田
11 阪口 正二 TB		11 式守 雄雄
12 荒賀 嘉樹		12 阿部 和男
13 柯 子彰		13 森 良平
14 原 玉城		14 緒方 芳雄
15 鈴木 功 FB		15 橋本 義夫

公式試合 No.82　昭和8年度　第3試合　対抗戦

早大		東大
52	—	0
13	前	0
39	後	0
2	T	0
1	G	0
0	PG	0
0	DG	0
9	T	0
7	G	0
0	PG	0
0	DG	0
9	反則	4

昭和8年11月4日　G 神宮　R 北島忠治　KO 15:00

早大		東大
1 髙木金之助 FW		1 藤岡 端
2 松原 武七		2 須賀 一正
3 砂堀 工		3 正野 虎雄
4 渡辺 栄造		4 小松 正総
5 大野 信次		5 三雲 貞造
6 米華真四郎		6 原田 義雄
7 薄 常信		7 太田
8 山本 春樹 HB		8 赤星 弥次
9 飯森 隆一		9 神谷 修
10 野上 一郎		10 小林 誠一
11 阪口 正二 TB		11
12 荒賀 嘉樹		12 南郷 茂治
13 遠藤 弘		13 菅谷勇之助
14 千葉 正		14 市原 幸夫
15 鈴木 功 FB		15 有住甲子郎

公式試合 No.83　昭和8年度　第4試合　対抗戦

早大		立大
16	—	13
13	前	0
3	後	13
2	T	1
2	G	0
0	PG	0
0	DG	0
2	T	1
1	G	0
0	PG	1
0	DG	0
6	反則	6

昭和8年11月11日　G 神宮　R 塩谷虎彦　KO 15:00

早大		立大
1 松木 静治 FW		1 浅海 四郎
2 松原 武七		2 塩沢 碧
3 砂堀 工		3 小倉 三郎
4 渡辺 栄造		4 井崎 湧三
5 大野 信次		5 高木 芳郎
6 米華真四郎		6 三浦 啓助
7 薄 常信		7 立石 新
8 山本 春樹 HB		8 大友 勝
9 飯森 隆一		9 重松 清臣
10 野上 一郎		10 糸居 一郎
11 阪口 正二 TB		11 加藤福太郎
12 荒賀 嘉樹		12 関矢 茂
13 川越藤一郎		13 野口 三郎
14 千葉 正		14 奥田 元雄
15 鈴木 功 FB		15 竹内 義雄

公式試合 No.84　昭和8年度　第5試合　対抗戦

早大	区分	慶大	No.	早大	位置	No.	慶大
11	—	6	1	西海 一嗣	FW	1	佐々倉太郎
3	前	6	2	松原 武七		2	酒井 通博
8	後	0	3	砂堀 工		3	大槻 鎮雄
0	T	2	4	渡辺 栄造		4	伊藤 英夫
0	G	0	5	大野 信次		5	田川 博
0	PG	0	6	米華真四郎		6	阿部 黎二
0	DG	0	7	薄 常信		7	田治 正浩
2	T	0	8	山本 春樹	HB	8	田中万寿夫
1	G	0	9	飯森 隆一		9	石井 太郎
0	PG	0	10	野上 一郎		10	財部 真幸
0	DG	0	11	阪口 正二	TB	11	北野 孟司
5	反則	6	12	荒賀 嘉樹		12	清水 精三
			13	川越藤一郎		13	矢飼 督之
			14	千葉 正		14	若尾 民弥
			15	鈴木 功	FB	15	田林勝治郎

昭和8年11月23日　G 神宮　R 塩谷虎彦　KO 14:30

公式試合 No.85　昭和8年度　第6試合　対抗戦

早大	区分	明大	No.	早大	位置	No.	明大
8	—	6	1	西海 一嗣	FW	1	西垣 三郎
5	前	6	2	松原 武七		2	松田 久治
3	後	0	3	砂堀 工		3	太田 巖
1	T	0	4	渡辺 栄造		4	松井 繁
1	G	0	5	大野 信次		5	清水 要人
0	PG	2	6	米華真四郎		6	林 斉
0	DG	0	7	薄 常信		7	山口 和夫
1	T	0	8	山本 春樹	HB	8	渡辺 周一
0	G	0	9	飯森 隆一		9	木下 良平
0	PG	0	10	野上 一郎		10	丹羽 正彦
0	DG	0	11	阪口 正二	TB	11	鳥羽善次郎
8	反則	3	12	荒賀 嘉樹		12	岡 信隆
			13	柯 子彰		13	辻田 勉
			14	千葉 正		14	本多 光男
			15	鈴木 功	FB	15	笠原 恒彦

昭和8年12月3日　G 神宮　R 中村米次郎　KO 14:30

公式試合 No.86　昭和8年度　第7試合　対抗戦

早大	区分	同大	No.	早大	位置	No.	同大
8	—	8	1	西海 一嗣	FW	1	美濃部俊三
8	前	0	2	松原 武七		2	桂 五郎
0	後	8	3	砂堀 工		3	綱島 長明
2	T	0	4	渡辺 栄造		4	荻野 直一
0	G	0	5	大野 信次		5	滝本 秀夫
0	PG	0	6	米華真四郎		6	江原 一男
0	DG	0	7	薄 常信		7	高垣 哉
0	T	1	8	山本 春樹	HB	8	乾 信雄
0	G	0	9	飯森 隆一		9	田中 太郎
0	PG	1	10	野上 一郎		10	藤長 義兼
0	DG	0	11	阪口 正二	TB	11	杉本 力
	反則		12	荒賀 嘉樹		12	張 万玉
			13	柯 子彰		13	橘 広
			14	千葉 正		14	内藤 卓
			15	鈴木 功	FB	15	橋本 寛和

昭和9年1月3日　G 神宮　R 中村米次郎　KO 14:30

国際試合 No.14　昭和8年度　豪州学生代表来日

早大	区分	豪州学生代表	No.	早大	位置	No.	豪州学生代表
6	—	21	1	西海 一嗣	FW	1	C.T.S.PEARCE
3	前	10	2	松原 武七		2	G.M.BURKETT
3	後	11	3	砂堀 工		3	R.MACKEY
0	T	2	4	渡辺 栄造		4	C.F.McWILLIAMS
0	G	0	5	大野 信次		5	R.WILSON
1	PG	0	6	米華真四郎		6	P.SILCOCK
0	DG	1	7	薄 常信		7	H.C.STURM
0	T	1	8	山本 春樹	HB	8	R.DUVAL
0	G	1	9	飯森 隆一		9	E.S.ROGERS
1	PG	2	10	野上 一郎		10	N.V.REES
0	DG	0	11	阪口 正二	TB	11	N.MINNIS
11	反則	14	12	荒賀 嘉樹		12	P.A.CLARK
			13	柯 子彰		13	G.VINCENT
			14	原 玉城		14	M.A.PRYKE
			15	鈴木 功	FB	15	R.WESTFIELD

昭和9年2月7日　G 神宮　R MARTIN　KO 15:05

公式試合 No.87　昭和9年度　第1試合　対抗戦

早大	区分	商大	No.	早大	位置	No.	商大
55	—	5	1	西海 一嗣	FW	1	野村 克己
23	前	0	2	松原 武七		2	西 一利
32	後	5	3	松木 静治		3	多田 米吉
7	T	0	4	藤井 恒男		4	鈴木 隆男
1	G	0	5	福田 次郎		5	長江 一郎
0	PG	0	6	田崎 亮		6	浅井 将
0	DG	0	7	薄 常信		7	菅原 浩
5	T	1	8	山本 春樹	HB	8	渡辺重八郎
4	G	1	9	伊藤 眞光		9	牧野 武輝
3	PG	0	10	野上 一郎		10	細田 金弥
0	DG	0	11	阪口 正二	TB	11	島田 正一
5	反則	9	12	遠藤 弘		12	佐久間志郎
			13	川越藤一郎		13	藤田 繁治
			14	千葉 正		14	中沢 清次
			15	鈴木 功	FB	15	上野 信雄

昭和9年9月23日　G 東伏見　R 塩谷虎彦　KO 15:30

公式試合 No.88　昭和9年度　第2試合　対抗戦

早大	区分	法大	No.	早大	位置	No.	法大
42	—	5	1	西海 一嗣	FW	1	中野 武夫
19	前	0	2	高木金之助		2	青木 武夫
23	後	5	3	松木 静治		3	沼田 進
4	T	1	4	斉藤 正三		4	市川 全三
2	G	0	5	藤井 恒男		5	加藤 泰勝
0	PG	0	6	田崎 亮		6	門脇 重博
3	T	0	7	薄 常信		7	林 弘
4	G	1	8	山本 春樹	HB	8	恵比寿 茂
4	G	1	9	木村 芳生		9	三井 五郎
0	PG	0	10	野上 一郎		10	橋本 雄二
0	DG	0	11	阪口 正二	TB	11	式守 義雄
	反則		12	林 藤三郎		12	井上 信一
			13	川越藤一郎		13	大石 良平
			14	山野辺 享		14	勝岡 金三
			15	鈴木 功	FB	15	緒方 芳雄

昭和9年10月27日　G 神宮　R 中村米次郎　KO 15:00

公式試合 No.89　昭和9年度　第3試合　対抗戦

早大	区分	東大	No.	早大	位置	No.	東大
58	—	0	1	西海 一嗣	FW	1	小坂 明
36	前	0	2	高木金之助		2	神 四郎
22	後	0	3	松木 静治		3	赤星 弥次
8	T	0	4	斉藤 正三		4	十森憲二郎
6	G	0	5	福田 次郎		5	川上 義男
0	PG	0	6	田崎 亮		6	千葉
0	DG	0	7	薄 常信		7	西園寺不二男
6	T	0	8	山本 春樹	HB	8	加納 武彦
2	G	0	9	伊藤 眞光		9	堀江 義雄
0	PG	0	10	野上 一郎		10	原 幸夫
0	DG	0	11	阪口 正二	TB	11	原 幸夫
6	反則	6	12	林 藤三郎		12	桐ﾉ泰(後藤)
			13	吉田 雅夫		13	堤 和正
			14			14	有住甲子郎
			15	鈴木 功	FB	15	塚本 武夫

昭和9年11月5日　G 神宮　R 塩谷虎彦　KO 15:00

公式試合 No.90　昭和9年度　第4試合　対抗戦

早大	区分	立大	No.	早大	位置	No.	立大
49	—	3	1	西海 一嗣	FW	1	浅海 四郎
19	前	0	2	松原 武七		2	長沢 碧
30	後	0	3	松木 静治		3	小倉 三郎
8	T	0	4	斉藤 正三		4	神﨑 寧二
2	G	0	5	藤井 恒男		5	高木 芳郎
0	PG	0	6	田崎 亮		6	三浦 啓助
0	DG	0	7	薄 常信		7	立石 彰
8	T	1	8	山本 春樹	HB	8	武久 悦夫
3	G	0	9	伊藤 眞光		9	松本 孝三
0	PG	0	10	池田 信夫		10	加藤福太郎
0	DG	0	11	阪口 正二	TB	11	柿内 亮
4	反則	8	12	林 藤三郎		12	竹内 義雄
			13	川越藤一郎		13	
			14	吉田 雅夫		14	竹内 義雄
			15	鈴木 功	FB	15	北野 英男

昭和9年11月10日　G 神宮　R 塩谷虎彦　KO 15:00

公式試合 No.91　昭和9年度　第5試合　対抗戦

早大	区分	慶大	No.	早大	位置	No.	慶大
24	—	16	1	西海 一嗣	FW	1	佐々倉太郎
13	前	8	2	松原 武七		2	酒井 通博
11	後	8	3	松木 静治		3	山下慶吾(中村)
2	T	2	4	斉藤 正三		4	伊藤 英夫
2	G	1	5	藤井 恒男		5	田川 博
1	PG	0	6	田崎 亮		6	足立直司(小田)
0	DG	0	7	薄 常信		7	田治 正浩
3	T	2	8	山本 春樹	HB	8	田中万寿夫
1	G	1	9	伊藤 眞光		9	石井 太郎
1	PG	0	10	野上 一郎		10	財部 真幸
1	DG	0	11	阪口 正二	TB	11	北野 孟司
6	反則	4	12	林 藤三郎		12	西 善二
			13	川越藤一郎		13	石井 太郎
			14	千葉 正		14	若尾 民弥
			15	鈴木 功	FB	15	田林勝治郎

昭和9年11月23日　G 神宮　R 塩谷虎彦　KO 14:30

公式試合 No.92　昭和9年度　第6試合　対抗戦

早大	区分	明大	No.	早大	位置	No.	明大
19	—	24	1	西海 一嗣	FW	1	西垣 三郎
8	前	19	2	松原 武七		2	仙崎 弘治
11	後	5	3	松木 静治		3	太田 巖
0	T	2	4	斉藤 正三		4	松井 繁
1	G	2	5	藤井 恒男		5	渡辺 周一
1	PG	0	6	田崎 亮		6	鍋加 弘之
0	DG	0	7	薄 常信		7	山口 和夫
2	T	1	8	山本 春樹	HB	8	林 斉
1	G	1	9	伊藤 眞光		9	和田 政雄
1	PG	0	10	野上 一郎		10	木下 良平
0	DG	0	11	阪口 正二	TB	11	鳥羽善次郎
	反則	7	12	林 藤三郎		12	永沼 茂行
			13	川越藤一郎		13	辻田 勉
			14	千葉 正		14	岡 信隆
			15	鈴木 功	FB	15	笠原 恒彦

昭和9年12月2日　G 神宮　R 中村米次郎　KO 14:30

公式試合 No.93　昭和9年度　第7試合　対抗戦

早大	区分	関西学院大	No.	早大	位置	No.	関西学院大
44	—	0	1	西海 一嗣	FW	1	山岡 晴三
24	前	0	2	松原 武七		2	村松 泰三
20	後	0	3	松木 静治		3	岡田 巖
3	T	0	4	村山礼四郎		4	湯川
3	G	0	5	福田 次郎		5	三木
0	PG	0	6	田崎 亮		6	寺戸
0	DG	0	7	薄 常信		7	西島
4	T	0	8	山本 春樹	HB	8	石田繁次郎
1	G	0	9	伊藤 眞光		9	松永
0	PG	0	10	野上 一郎		10	北条 誠司
2	G	0	11	阪口 正二	TB	11	安間 正澄
	反則		12	山野辺 享		12	青山
			13	川越藤一郎		13	
			14	千葉 正		14	中島 貫蔵
			15	鈴木 功	FB	15	高嶋 平介

昭和9年12月29日　G 花園　R 松見平八郎　KO 14:30

公式試合 No.94　昭和9年度　第8試合　対抗戦

早大	区分	同大	No.	早大	位置	No.	同大
14	—	18	1	西海 一嗣	FW	1	美濃部俊三
11	前	7	2	松原 武七		2	桂 五郎
3	後	11	3	松木 静治		3	古村 英一
3	T	1	4	斉藤 正三		4	滝本 秀夫
1	G	0	5	村山礼四郎		5	綱島 長明
1	PG	0	6	田崎 亮		6	小泉 五郎
0	DG	0	7	薄 常信		7	高田 文三
1	T	3	8	山本 春樹	HB	8	飯田 史郎
1	G	0	9	伊藤 眞光		9	田中 太郎
0	PG	0	10	野上 一郎		10	藤長 義兼
0	DG	0	11	阪口 正二	TB	11	杉本 力
	反則	5	12	遠藤 弘		12	張 万玉
			13	川越藤一郎		13	橘 広
			14	千葉 正		14	内藤 卓
			15	鈴木 功	FB	15	稲原 正之

昭和10年1月3日　G 花園　R 松見平八郎　KO 14:30

公式試合 No.95　昭和10年度　第1試合　対抗戦

早大		法大			早大			法大
11	—	0	1	西海　一嗣	FW	1	中野　武夫
8	前	0	2	高木金之助		2	三井　五郎
3	後	0	3	松本　静治		3	小川　庄逸
2	T	0	4	斉藤　正三		4	市川　全三
1	G	0	5	藤井　恒男		5	加藤　泰勝
0	PG	0	6	米華真四郎		6	長井荘之助
0	DG	0	7	田崎　亮		7	林　石男
1	T	0	8	山本　春樹	HB	8	岩崎　秀雄
0	G	0	9	伊藤　眞光		9	本多　三夫
0	PG	0	10	野上　一郎		10	橋本　雄一
0	DG	0	11	阪口　正三	TB	11	松村　達雄
5	反則	8	12	林　藤三郎		12	恵比寿　茂

昭和10年9月24日
G 神宮
R 塩谷虎彦　KO 14:30　13 田崎　亮　13 林　石男　14 原　玉城　14 勝岡　金三　15 井川　晴雄　FB 15 緒方　芳雄

公式試合 No.96　昭和10年度　第2試合　対抗戦

早大		商大			早大			商大
98	—	0	1	西海　一嗣	FW	1	野村　克巳
43	前	0	2	高木金之助		2	鳥飼　正智
55	後	0	3	松木　静治		3	村上　浩
11	T	0	4	斉藤　正三		4	鈴木　隆男
5	G	0	5	村山礼四郎		5	浅川　正
0	PG	0	6	米華真四郎		6	浅井　将
0	DG	0	7	田崎　亮		7	木村　宣司
12	T	0	8	山本　春樹	HB	8	菅原　浩
8	G	0	9	伊藤　眞光		9	牧野　武輝
1	PG	0	10	野上　一郎		10	島田　正一
0	DG	0	11	阪口　正三	TB	11	桜内　武士
3	反則	7	12	林　藤三郎		12	佐久間志郎

昭和10年11月2日
G 東伏見
R 塩谷虎彦　KO 15:30　13 川越藤一郎　13 藤田　繁治　14 山野辺 亨　14 甘濃　泰三　15 鈴木　功　FB 15 間野　謙三

公式試合 No.97　昭和10年度　第3試合　対抗戦

早大		立大			早大			立大
49	—	0	1	西海　一嗣	FW	1	浅海　四郎
20	前	0	2	高木金之助		2	下山　尚彦
29	後	0	3	松木　静治		3	小倉　三郎
5	T	0	4	斉藤　正三		4	榎本　義一
1	G	0	5	藤井　恒男		5	高木　芳郎
1	PG	0	6	米華真四郎		6	三浦　啓助
0	DG	0	7	田崎　亮		7	鈴木　実
6	T	0	8	山本　春樹	HB	8	片桐　武夫
4	G	0	9	伊藤　眞光		9	松本　孝三
1	PG	0	10	野上　一郎		10	高崎　次郎
0	DG	0	11	阪口　正三	TB	11	加藤福太郎
6	反則	6	12	林　藤三郎		12	山本末男(吉沢)

昭和10年11月8日
G 神宮
R 塩谷虎彦　KO 15:00　13 川越藤一郎　13 柿内　亮　14 原　玉城　14 鈴木　三郎　15 鈴木　功　FB 15 伊藤寿五郎

公式試合 No.98　昭和10年度　第4試合　対抗戦

早大		東大			早大			東大
111	—	0	1	西海　一嗣	FW	1	佐藤　正治
47	前	0	2	高木金之助		2	神　四郎
64	後	0	3	松木　静治		3	宮武　孝光
10	T	0	4	山地　翠		4	宮井憲二郎
7	G	0	5	藤井　恒男		5	池田　譲
1	PG	0	6	米華鶴一郎		6	加藤鶴一郎
0	DG	0	7	田崎　亮		7	田村　政晴(徳重)
14	T	0	8	山本　春樹	HB	8	塚本　武夫
11	G	0	9	伊藤　眞光		9	矢吹　義夫
0	PG	0	10	野上　一郎		10	青木鷹之輔
0	DG	0	11	千葉　正	TB	11	田中　正三
0	反則	4	12	鈴木　功		12	原　幸夫

昭和10年11月16日
G 神宮
R 御牧称児　KO 15:00　13 川越藤一郎　13 堤　正　14 原　玉城　14 真柄　捨三　15 井川　晴雄　FB 15 石川　敬介

公式試合 No.99　昭和10年度　第5試合　対抗戦

早大		慶大			早大			慶大
19	—	6	1	西海　一嗣	FW	1	佐々倉太郎
0	前	6	2	高木金之助		2	酒井　通博
19	後	0	3	松木　静治		3	永田定太(佐藤)
0	T	0	4	斉藤　正三		4	伊藤　英夫
0	G	0	5	藤井　恒男		5	田川　博
2	PG	0	6	米華真四郎		6	川喜多　博
0	DG	0	7	田崎　亮		7	三浦　五郎
4	T	0	8	山本　春樹	HB	8	田中　一
2	G	0	9	伊藤　眞光		9	真期正二郎
1	PG	0	10	野上　一郎		10	大江　保正
0	DG	0	11	阪口　正三	TB	11	北野　孟郎
1	反則	7	12	林　藤三郎		12	西　善二

昭和10年11月23日
G 神宮
R 塩谷虎彦　KO 14:30　13 川越藤一郎　13 竹岡晴古吉　14 若尾　民弥　15 鈴木　功　FB 15 辺　昌煥

公式試合 No.100　昭和10年度　第6試合　対抗戦

早大		明大			早大			明大
13	—	18	1	西海　一嗣	FW	1	渡辺　周一
3	前	3	2	高木金之助		2	西垣　三郎
10	後	15	3	松木　静治		3	太田　巖
0	T	1	4	斉藤　正三		4	加島　保雄
0	G	0	5	藤井　恒男		5	山口　和夫
1	PG	0	6	米華眞四郎		6	鍋加　弘之
0	DG	0	7	田崎　亮		7	新島　実
2	T	3	8	山本　春樹	HB		
2	G	1	9	伊藤　眞光		9	木下　良平
0	PG	0	10	野上　一郎		10	和田　政雄
0	DG	0	11	阪口　正三	TB	11	本多光男
6	反則	9	12	林　藤三郎		12	辻田　勉

昭和10年12月1日
G 神宮
R 中村米次郎　KO 14:30　13 川越藤一郎　13 岡　信隆　14 原　玉城　14 中喜清　SE 8 笠原　恒彦　15 鈴木　功　FB 15 長谷　武彦

公式試合 No.101　昭和10年度　第7試合　対抗戦

早大		同大			早大			同大
40	—	0	1	西海　一嗣	FW	1	北　敦美
11	前	0	2	高木金之助		2	清水　憲二
29	後	0	3	松木　静治		3	綱島　長明
2	T	0	4	斉藤　正三		4	高垣　哉
1	G	0	5	藤井　恒男		5	荻野　直一
1	PG	0	6	米華真四郎		6	黒川　英雄
0	DG	0	7	田崎　亮		7	飯田　史郎
6	T	0	8	山本　春樹	HB	8	小泉　五郎
4	G	0	9	木村　芳生		9	渡辺　泰彦
1	PG	0	10	野上　一郎		10	石崎　寿
0	DG	9	11	阪口　正三	TB	11	久保　氏総
6	反則	9	12	林　藤三郎		12	萬　万正

昭和11年1月3日
G 神宮
R 中村米次郎　KO 15:00　13 川越藤一郎　13 稲藤　正之　14 原　玉城　14 杉本　力　15 鈴木　功　FB 15 井口　泰介

国際試合 No.15　昭和10年度　NZ大学選抜来日

早大		NZ大学選抜			早大			NZ大学選抜
17	—	22	1	西海　一嗣	FW	1	R. J. THOMAS
11	前	9	2	村山礼四郎		2	R. B. BURKE
6	後	13	3	松木　静治		3	W. R. LANEY
2	T	3	4	斉藤　正三		4	O. W. CHAPMAN
1	G	0	5	藤井　恒男		5	D. A. HUDSON
0	PG	0	6	米華真四郎		6	L. S. DRAKE
0	DG	0	7	田崎　亮		7	F. J. WILSON
1	T	3	8	山本　春樹	HB	8	S. G. EADE
0	G	1	9	木村　芳生		9	J. J. McAULIFFE
1	PG	0	10	野上　一郎		10	A. G. PARSONS
0	DG	0	11	阪口　正三	TB	11	B. U. A. JONES
6	反則	3	12	林　藤三郎		12	R. W. CHILD

昭和11年2月6日
G 神宮
R 塩谷虎彦　KO 15:00　13 川越藤一郎　13 E. GRANT　14 山野辺 亨　14 J. M. WATT　15 鈴木　功　FB 15 R. G. BUSH

国際試合 No.16　昭和11年度　満鮮遠征　第1試合

早大		満鉄クラブ			早大			満鉄クラブ
53	—	3	1	山地　翠	FW	1	伊藤　明
19	前	3	2	高木金之助		2	根岸　貞治
34	後	0	3	松木　静治		3	崎崎　次郎
5	T	1	4	斉藤　正三		4	佐々木(彦)
2	G	0	5	村山礼四郎		5	杉崎
0	PG	0	6	米華真四郎		6	斉藤
9	T	0	7	井沢　正良		7	須海　嘉門
9	G	0	8	池田　新吾	HB	8	高尾　恭三
0	PG	0	9	伊藤　眞光		9	佐々木(重)
1	PG	0	10	林　藤三郎		10	佐々木(重)
0	DG	0	11	池田　林一	TB	11	鬼塚　正司
7	反則	0	12	鈴木　功		12	岡　信隆

昭和11年3月29日
G 大連運動場
R 桂　正一　13 川越藤一郎　13 稲葉　満雄　14 田中　源治　14 鈴木　馨　15 和田　FB 15 谷口　正
KO 15:00　「全満ラグビー」から追加復元

国際試合 No.17　昭和11年度　満鮮遠征　第2試合

早大		全満学生			早大			全満学生
45	—	0	1	山地　翠	FW	1	連香　悌二
21	前	0	2	勝浦頼次郎		2	稲葉
24	後	0	3	村山礼四郎		3	濱本
4	T	0	4	豊島　芳朗		4	吉田
3	G	0	5	大藏　勝		5	生野
1	PG	0	6	伊藤　眞光		6	那須
0	DG	0	7	熊井　文吾		7	須山
6	T	0	8	松本　文雄	HB	8	熊原
3	G	0	9	木村　芳生		9	富士崎
0	PG	0	10	林　藤三郎		10	新井
0	DG	0	11	池田　林一	TB	11	二宮
	反則		12	豊城長太郎		12	益田

昭和11年4月1日
G 大連運動場
R 那須嘉門　KO 16:00　13 川越藤一郎　13 廣瀬　14 田中　源治　14 柘植　平内　15 井川　晴雄　FB 15 小谷
読売新聞から追加復元

国際試合 No.18　昭和11年度　満鮮遠征　第3試合

早大		満州代表			早大			満州代表
50	—	3	1	山地　翠	FW	1	真野　喜平
14	前	0	2	勝浦頼次郎		2	蓮香　悌二
36	後	3	3	松木　静治		3	荻野　直一
3	T	0	4	斉藤　正三		4	那須　嘉門
1	G	0	5	村山礼四郎		5	廣津　市二
1	PG	0	6	米華真四郎		6	那須　市二
0	DG	0	7	井沢　正良		7	堀井
8	T	1	8	池田　新吾	HB	8	松村　英雄
6	G	0	9	木村　芳生		9	東　明
0	PG	0	10	野上　一郎		10	小谷
0	DG	0	11	阪口　正三	TB	11	鬼塚　正司
	反則		12	林　藤三郎		12	柯　子彰

昭和11年4月3日
G 大連運動場
R 根岸貞門　KO 14:00　13 川越藤一郎　13 柯　子彰　14 井川　晴雄　14 鎌田　大朔　15 鈴木　功　FB 15 村山

国際試合 No.19　昭和11年度　満鮮遠征　第4試合

早大		満州代表			早大			満州代表
38	—	9	1	高木金之助	FW	1	稲村　誠
17	前	6	2	勝浦頼次郎		2	金
21	後	3	3	松木　静治		3	波多野
3	T	2	4	大藏　勝		4	濱本
1	G	0	5	豊島　芳朗		5	吉岡　直二
0	PG	0	6	米華真四郎		6	宮原九州雄
0	DG	0	7	熊井　文吾		7	田子
5	T	1	8	松本　文雄	HB	8	吉田　啓一
2	G	0	9	伊藤　眞光		9	藤崎
0	PG	0	10	野上　一郎		10	藤沢
0	DG	0	11	阪口　正三	TB	11	岩波
	反則		12	鈴木　功		12	東

昭和11年4月5日
G 奉天
R 和田　KO 14:00　13 豊城長太郎　13 柯　子彰　14 上田国彦(中臣)　14 鎌田　大朔　15 池田　林一　FB 15 沢田
「全満ラグビー」から追加復元

329

国際試合 No.20 昭和11年度 満鮮遠征 第5試合

早大		満州選抜
40	—	3
14	前	0
26	後	3
4	T	0
1	G	0
0	PG	0
0	DG	0
6	T	1
4	G	0
0	PG	0
0	DG	0
	反則	

早大			満州選抜
1	山地 翠	FW 1	糸居 一郎
2	村山礼四郎	2	青木 武夫
3	松木 静治	3	中野 武夫
4	斉藤 正三	4	久永榮一郎
5	豊島 芳朗	5	杉野祐二郎
6	米華真四郎	6	出井 太治
7	井沢 正良	7	横島 勝己
8	池田 新吾	HB 8	田中 太郎
9	伊藤 眞光	9	大瀧 秀夫
10	野上 一郎	10	張 萬玉
11	阪口 正二	TB 11	菅谷勇之助
12	林 藤三郎	12	麻生
13	川越藤一郎	13	頴原 直清
14	田中 源治	14	小川 義晴
15	鈴木 功	FB 15	山本 寛

昭和11年4月7日　G 新京　R 尹 明善　KO 16:30
「全満ラグビー」から追加復元

国際試合 No.21 昭和11年度 満鮮遠征 第6試合

早大		全普成専門
22	—	3
14	前	0
8	後	0
2	T	1
1	G	0
2	PG	0
0	DG	0
2	T	0
1	G	0
0	PG	0
0	DG	0
	反則	

早大			全普成専門
1	山地 翠	FW 1	尹 龍欽
2	高木金之助	2	尹 奎重
3	勝浦頼次郎	3	列 仁山
4	大蔵 勝	4	朴 贊圭
5	豊島 芳朗	5	安 台慶
6	熊井 文吾	6	裏 宗錫
7	井沢 正良	7	金 敬洙
8	松本 文雄	HB 8	全 基勳
9	木村 芳生	9	金 嶺培
10	上田 国彦	10	廬 東鎬
11	池田 林一	TB 11	朴 商萬
12	豊島長太郎	12	許
13	鈴木 功	13	曹 仁浩
14	田中 源治	14	崔 明浩
15	井川 晴雄	FB 15	呂 連英

昭和11年4月10日　G 京城　R 岡田　KO 16:30

国際試合 No.22 昭和11年度 満鮮遠征 第7試合

早大		朝鮮鉄道
36	—	0
16	前	0
20	後	0
4	T	0
2	G	0
0	PG	0
0	DG	0
6	T	0
1	G	0
0	PG	0
0	DG	0
7	反則	4

早大			朝鮮鉄道
1	山地 翠	FW 1	前山 平太
2	高木金之助	2	秋子 繁雄
3	松木 静治	3	林 利行
4	斉藤 正三	4	岡田 秀平
5	村山礼四郎	5	井崎 湧三
6	米華真四郎	6	田崎 亮
7	井沢 正良	7	金 敬斉
8	池田 新吾	HB 8	飯田 隆一
9	木村 芳生	9	知葉 友雄
10	野上 一郎	10	日置 三男
11	阪口 正二	TB 11	本多 光男
12	林 藤三郎	12	中島 正寿
13	川越藤一郎	13	五十嵐重次
14	井川 晴雄	14	原 玉城
15	鈴木 功	FB 15	斉藤 峡一

昭和11年4月12日　G 京城運動場　R 根本弘道　KO 14:15

公式試合 No.102 昭和11年度 第1試合 対抗戦

早大		専大
37	—	8
21	前	0
16	後	5
4	T	1
3	G	0
1	PG	0
0	DG	0
4	T	1
2	G	1
0	PG	0
0	DG	0
	反則	

早大			専大
1	山地 翠	FW 1	尹 仁鎮
2	高木金之助	2	朴 巷善
3	松木 静治	3	岩沢 一雄
4	斉藤 正三	4	阿比留 栄
5	村山礼四郎	5	小金井直之
6	熊井 文吾	6	古野 徳治
7	井沢 正良	7	玉野 穣
8	池田 新吾	HB 8	井上 一
9	伊藤 眞光	9	山西 良夫
10	林 芳生	10	児玉 市郎
11	池田 林一	TB 11	金 始栄
12	鈴木 功	12	鈴木嘉右衛門
13	川越藤一郎	13	久保田政明
14	田中 源治	14	岡田 誉次
15	井川 晴雄	FB 15	朴 炯轍

昭和11年9月19日　G 東伏見　R 大西栄造　KO 15:30

公式試合 No.103 昭和11年度 第2試合 対抗戦

早大		法大
39	—	0
20	前	0
19	後	0
5	T	0
1	G	0
1	PG	0
0	DG	0
5	T	0
2	G	0
0	PG	0
0	DG	0
11	反則	5

早大			法大
1	山地 翠	FW 1	平井 達三
2	高木金之助	2	萩尾 文登
3	松木 静治	3	小川嘉久司
4	斉藤 正三	4	久保田 毅
5	村山礼四郎	5	大野 英夫
6	熊井 文吾	6	恵比寿 茂
7	井沢 正良	7	森山 章三
8	池田 新吾	HB 8	若森 直治
9	伊藤 眞光	9	本多 三夫
10	林 藤三郎	10	寺岡 秀夫
11	池田 林一	TB 11	松村 達雄
12	鈴木 功	12	勝岡 金三
13	川越藤一郎	13	浜田 三郎
14	田中 源治	14	橋本 義夫
15	井川 晴雄	FB 15	平野 信雄

昭和11年9月26日　G 神宮　R 中村米次郎　KO 15:00

公式試合 No.104 昭和11年度 第3試合 対抗戦

早大		商大
32	—	0
6	前	0
26	後	0
2	T	0
0	PG	0
6	T	1
4	G	0
0	PG	0
1	反則	4

早大			商大
1	山地 翠	FW 1	鈴木 隆男
2	勝浦頼次郎	2	鳥飼 正智
3	土佐 敏夫	3	西尾驥一郎
4	大蔵 勝	4	清田 正二
5	村山礼四郎	5	長江 信一
6	小澤宗太郎	6	浅井 将
7	斉藤 正三	7	横田毅一郎
8	井沢 正良	8	大友 武次
9	伊藤 眞光	9	牧野 武輝
10	井川 晴雄	10	三浦 徳造
11	池田 林一	TB 11	桜内 武士
12	林 藤三郎	12	藤田 繁治
13	川越藤一郎	13	小川 徳造
14	山野辺 享	14	甘濃 泰三
15	鈴木 功	FB 15	間野 謙三

昭和11年10月3日　G 東伏見　R 品田通世　KO 15:00
注:「早大は8人FWを試みた」と片岡メモにある。

公式試合 No.105 昭和11年度 第4試合 対抗戦

早大		日大
14	—	0
5	前	0
9	後	0
1	T	0
1	G	0
0	PG	0
0	DG	0
3	T	0
0	G	0
0	PG	0
0	DG	0
	反則	

早大			日大
1	山地 翠	FW 1	小林
2	高木金之助	2	片山 義雄
3	平山 新一	3	洪
4	勝浦次郎	4	中村
5	村山礼四郎	5	前田勇喜雄
6	小澤宗太郎	6	水野 正三
7	井沢 正良	7	尾中福三郎
8	池田 新吾	HB 8	金沢理一郎
9	伊藤 眞光	9	田路 順
10	林 藤三郎	10	大塚
11	田中 源治	TB 11	杉山
12	鈴木 功	12	松松 茂信
13	川越藤一郎	13	吉山 二郎
14	山野辺 享	14	佐藤
15	鈴木 功	FB 15	中村

昭和11年10月26日　G 神宮　R 大西栄造　KO 15:00

公式試合 No.106 昭和11年度 第5試合 対抗戦

早大		東大
62	—	0
28	前	0
34	後	0
6	T	0
5	G	0
0	PG	0
0	DG	0
9	T	0
2	G	0
1	PG	0
0	DG	0
6	反則	5

早大			東大
1	山地 翠	FW 1	十森憲二郎
2	高木金之助	2	加藤鶴一郎
3	松木 静治	3	松下 正治
4	豊島 芳朗	4	阿部 譲
5	村山礼四郎	5	須賀 邦夫
6	小澤宗太郎	6	吉村 三雄
7	井沢 正良	7	野田眞志郎
8	池田 新吾	HB 8	永田 政晴
9	伊藤 眞光	9	青木周次郎
10	林 藤三郎	10	田中 正三
11	田中 源治	TB 11	中西(道春)敏雄
12	鈴木 功	12	村上 一郎
13	川越藤一郎	13	村上 欣一
14	山野辺 享	14	真柄 捨三
15	井川 晴雄	FB 15	大滝 誠三

昭和11年11月7日　G 神宮　R 塩谷虎彦　KO 13:00

公式試合 No.107 昭和11年度 第6試合 対抗戦

早大		立大
44	—	3
18	前	0
26	後	3
2	T	0
1	G	0
1	PG	0
0	DG	0
6	T	1
4	G	0
0	PG	0
0	DG	0
	反則	

早大			立大
1	山地 翠	FW 1	浅海 四郎
2	高木金之助	2	横田 公雄
3	松木 静治	3	小倉 正一
4	豊島 芳朗	4	榎本 保雄
5	土佐 敏夫	5	高木 芳郎
6	熊井 文吾	6	三浦 啓助
7	井沢 正良	7	小林 芳治
8	池田 新吾	HB 8	片桐 武夫
9	木村 芳生	9	富田 孝之
10	林 藤三郎	10	満田 孝之
11	池田 林一	TB 11	柿内 亮
12	鈴木 功	12	山本 末男
13	川越藤一郎	13	鈴木 三郎
14	山野辺 享	14	藤井 二郎
15	井川 晴雄	FB 15	伊藤寿太郎

昭和11年11月15日　G 神宮　R 塩谷虎彦　KO 15:15

公式試合 No.108 昭和11年度 第7試合 対抗戦

早大		慶大
26	—	6
10	前	3
16	後	3
2	T	1
2	G	0
0	PG	0
0	DG	0
4	T	1
2	G	0
0	PG	0
0	DG	0
	反則	

早大			慶大
1	山地 翠	FW 1	大西 辰居
2	村山礼四郎	2	和泉 隼雄
3	松木 静治	3	白井 俊男
4	斉藤 正三	4	内山 英一
5	土佐 敏夫	5	中溝三郎(第二良)
6	米華真四郎	6	小倉邦市(祐)
7	井沢 正良	7	田中 一
8	池田 新吾	HB 8	財部 辰彦
9	伊藤 眞光	9	大江 保市
10	林 藤三郎	10	北野 孟郎
11	池田 林一	TB 11	桜井礼二(小幡)
12	鈴木 功	12	小笠原
13	川越藤一郎	13	竹岡博比古
14	山野辺 享	14	郡 敏幸(淳)
15	井川 晴雄	FB 15	吉田 勲

昭和11年11月23日　G 神宮　R 塩谷虎彦　KO 14:35

公式試合 No.109 昭和11年度 第8試合 対抗戦

早大		明大
35	—	12
17	前	6
18	後	6
3	T	2
2	G	1
0	PG	0
0	DG	0
4	T	1
3	G	0
0	PG	0
0	DG	0
	反則	

早大			明大
1	山地 翠	FW 1	山本 博
2	高木金之助	2	西垣 三郎
3	松木 静治	3	太田 巌
4	斉藤 正三	4	加島 保雄
5	村山礼四郎	5	渡辺 周一
6	米華真四郎	6	鍋加 弘之
7	井沢 正良	7	新島 清
8	池田 新吾	HB	
9	伊藤 眞光	9	木下 良平
10	林 藤三郎	10	和田 政雄
11	池田 林一	TB 11	斉藤 一男
12	鈴木 功	12	南条 敏
13	川越藤一郎	13	堀川 栄喜
14	山野辺 享	14	野崎 直見
		SE 8	大岡 勉
15	井川 晴雄	FB 15	上田 洋三

昭和11年12月6日　G 神宮　R 塩谷虎彦　KO 14:30

公式試合 No.110 昭和11年度 第9試合 対抗戦

早大		同大
9	—	8
3	前	5
6	後	3
1	T	1
1	G	1
0	PG	0
0	DG	0
0	T	1
0	G	1
0	PG	0
0	DG	0
	反則	16

早大			同大
1	山地 翠	FW 1	高田 文三
2	高木金之助	2	栗山五一郎
3	松木 静治	3	北 敦美
4	豊島 芳朗	4	寺島 兼行
5	村山礼四郎	5	清水 憲二
6	米華真四郎	6	飯田 英彦
7	井沢 正良	7	飯田 史郎
8	池田 新吾	HB 8	小泉 五郎
9	木村 芳生	9	四国 泰二
10	林 藤三郎	10	藤長 兼兼
11	池田 林一	TB 11	久保 氏総
12	鈴木 功	16	
13	川越藤一郎	13	稲原 正之
14	山野辺 享	14	高垣 哉
15	井川 晴雄	FB 15	井口 泰介

昭和12年1月3日　G 花園　R 阿部吉蔵　KO 14:05

公式試合 No.111　昭和12年度　第1試合　対抗戦

早大		商大
64	—	0
29	前	0
35	後	0
7	T	0
4	G	0
0	PG	0
0	DG	0
9	T	0
4	G	0
0	PG	0
0	DG	0
6	反則	9

早大			商大
1	山地　翠	FW 1	野村　素巳
2	高木金之助	2	鳥飼　正智
3	松木　静治	3	西尾驥一郎
4	斉藤　正三	4	水永　毅六
5	村山礼四郎	5	鈴木　隆男
6	大西鉄之祐	6	吉崎　利夫
7	井沢　正良	7	内貴　泰三
8	松本　文雄	HB 8	横田毅一郎
9	木村　芳生	9	葛馬　大三
10	上田(中臣)国彦	10	小川　徳道
11	池田　林一	TB 11	中沢　晴次
12	井川　晴雄	12	鈴木　宏
13	川越藤一郎	13	大石　保二
14	田中　源治	14	太刀　武次
15	小寺　祐吉	FB 15	間野　謙三

昭和12年9月26日　G 神宮　R 塩谷虎彦　KO 14:30

公式試合 No.112　昭和12年度　第2試合　対抗戦

早大		法大
57	—	0
24	前	0
33	後	0
6	T	0
3	G	0
0	PG	0
0	DG	0
7	T	0
6	G	0
0	PG	0
0	DG	0
5	反則	11

早大			法大
1	山地　翠	FW 1	草ケ谷宣雄
2	高木金之助	2	荻尾　文登
3	松木　静治	3	小川喜久司
4	斉藤　正三	4	久保田　毅
5	村山礼四郎	5	大野　英夫
6	小澤宗太郎	6	恵比寿　茂
7	熊片　文喜	7	森山　武郎
8	松本　文雄	HB 8	若森　直治
9	木村　芳生	9	杉崎秀次郎
10	角谷静志(中西)	10	平野　信雄
11	池田　林一	TB 11	松村　達雄
12	井川　晴雄	12	橋本　義夫
13	川越藤一郎	13	勝岡　金一
14	田中　源治	14	田中　耕一
15	西田　廉平	FB 15	辻内宗太郎

昭和12年10月2日　G 神宮　R 中村米次郎　KO 15:05

公式試合 No.113　昭和12年度　第3試合　対抗戦

早大		専大
75	—	0
46	前	0
29	後	0
	T	0
	G	0
	PG	0
	DG	0
	T	0
	G	0
	PG	0
	DG	0
	反則	

早大			専大
1	山地　翠	FW 1	畠山　為敏
2	高木金之助	2	朴　基善
3	松木　静治	3	岡本　茂博
4	斉藤　正三	4	小金井直之
5	村山礼四郎	5	阿比留　栄
6	大西鉄之祐	6	露木　雅一
7	井沢　正良	7	玉野　慎一
8	松本　文雄	HB 8	井上　一
9	木村　芳生	9	大橋　行雄
10	角谷　静志	10	児玉
11	池田　林一	TB 11	金　始栄
12	井川　晴雄	12	尹　仁鎬
13	川越藤一郎	13	岩尾　二郎
14	田中　源治	14	久保田政明
15	西田　廉平	FB 15	朴　燗轍

昭和12年10月24日　G 東伏見　R 不明　KO 14:00

公式試合 No.114　昭和12年度　第4試合　対抗戦

早大		京大
24	—	5
5	前	0
19	後	5
1	T	0
1	G	0
0	PG	0
0	DG	0
5	T	1
2	G	1
0	PG	0
0	DG	0
12	反則	11

早大			京大
1	山地　翠	FW 1	鮫島　員重
2	高木金之助	2	滝田　二郎
3	松木　静治	3	蒔田　広靖
4	斉藤　正三	4	池田　賢
5	村山礼四郎	5	柴町　善助
6	大西鉄之祐	6	川本　信彦
7	井沢　正良	7	小林　勉
8	松本　文雄	HB 8	和田　白馬
9	木村　芳生	9	安東　勝
10	角谷　静志	10	平沢　通三
11	池田　林一	TB 11	高木　三郎
12	井川　晴雄	12	由良　惰
13	川越藤一郎	13	津川　真一
14	田中　源治	14	池田　仲親
15	上田　国彦	FB 15	焦井素雄(鈴木)

昭和12年11月3日　G 花園　R 阿部吉蔵　KO 14:00

公式試合 No.115　昭和12年度　第5試合　対抗戦

早大		立大
30	—	3
13	前	3
17	後	0
3	T	0
2	G	0
0	PG	1
0	DG	0
5	T	0
1	G	0
0	PG	0
0	DG	0
11	反則	12

早大			立大
1	山地　翠	FW 1	小林　芳治
2	高木金之助	2	小倉　三郎
3	松木　静治	3	横田　公雄
4	斉藤　正三	4	藤井　晴雄
5	村山礼四郎	5	高木　芳治
6	大西鉄之祐	6	清水　芳行
7	井沢　正良	7	片桐　武夫
8	松本　文雄	HB 8	武久　悦夫
9	木村　芳生	9	松本　幸三
10	角谷　静志	10	満田　孝之
11	池田　林一	TB 11	柿内　亮
12	井川　晴雄	12	藤井　一郎
13	川越藤一郎	13	鈴木　三郎
14	田中　源治	14	高崎　次郎
15	上田　国彦	FB 15	伊藤寿太郎

昭和12年11月13日　G 神宮　R 塩谷虎彦　KO 15:00

公式試合 No.116　昭和12年度　第6試合　対抗戦

早大		慶大
41	—	0
13	前	0
28	後	0
3	T	0
2	G	0
0	PG	0
0	DG	0
6	T	0
4	G	0
0	PG	0
1	DG	0
10	反則	4

早大			慶大
1	山地　翠	FW 1	大西　辰居
2	高木金之助	2	森岡英三郎
3	松木　静治	3	白井　俊男
4	斉藤　正三	4	中須早二良
5	村山礼四郎	5	松野　頼三
6	大西鉄之祐	6	北御門彦二郎
7	井沢　正良	7	米内　穆
8	松本　文雄	HB 8	財部　辰彦
9	木村　芳生	9	真期正二郎
10	角谷　静志	10	向井　彰
11	池田　林一	TB 11	桜井　礼二
12	井川　晴雄	12	郡　敏幸
13	川越藤一郎	13	竹岡晴比古
14	田中　源治	14	吉田　勲
15	上田　国彦	FB 15	磯野　謙蔵

昭和12年11月23日　G 神宮　R 塩谷虎彦　KO 14:30

公式試合 No.117　昭和12年度　第7試合　対抗戦

早大		明大
14	—	11
8	前	6
6	後	5
2	T	2
1	G	1
0	PG	0
0	DG	0
1	T	1
0	G	1
1	PG	0
0	DG	0
	反則	4

早大			明大
1	山地　翠	FW 1	遠藤　彪
2	高木金之助	2	山本　博
3	松木　静治	3	仙崎　弘治
4	斉藤　正三	4	加島　保雄
5	村山礼四郎	5	畠山　力
6	大西鉄之祐	6	鍋加　弘之
7	井沢　正良	7	新島　清
8	松本　文雄	HB	
9	木村　芳生	9	藤　熊夫
10	角谷　静志	10	和田　政雄
11	池田　林一	TB 11	斉藤　一男
12	井川　晴雄	12	大蔵　惰
13	川越藤一郎	13	大谷　二男
14	田中　源治	14	中川　幸秀
		SE 8	大岡　勉
15	上田　国彦	FB 15	山中　恒穂

昭和12年12月5日　G 神宮　R 塩谷虎彦　KO 14:30

公式試合 No.118　昭和12年度　第8試合　対抗戦

早大		同大
19	—	6
9	前	3
10	後	3
2	T	1
0	G	0
1	PG	0
0	DG	0
2	T	0
0	G	0
1	PG	1
0	DG	0
11	反則	5

早大			同大
1	山地　翠	FW 1	高田　文三
2	高木金之助	2	栗山五一郎
3	松木　静治	3	北　敦美
4	斉藤　正三	4	高垣　哉
5	村山礼四郎	5	寺島　兼行
6	大西鉄之祐	6	榎本　英彦
7	井沢　正良	7	飯田　史郎
8	松本　文雄	HB 8	小泉　五郎
9	木村　芳生	9	渡辺　泰彦
10	角谷　静志	10	藤長　義兼
11	池田　林一	TB 11	久保　氏総
12	井川　晴雄	12	砂田　雅彦
13	川越藤一郎	13	稲原　正之
14	田中　源治	14	貴田　実
15	上田　国彦	FB 15	千代間忠夫

昭和13年1月3日　G 神宮　R 塩谷虎彦　KO 14:30

公式試合 No.119　昭和13年度　第1試合　対抗戦

早大		法大
79	—	0
37	前	0
42	後	0
9	T	0
5	G	0
0	PG	0
0	DG	0
6	T	0
6	G	0
1	PG	0
0	DG	0
6	反則	10

早大			法大
1	山地　翠	FW 1	草ケ谷宣雄
2	村山礼四郎	2	荻尾　文登
3	崔　柱漢	3	広瀬　喜一
4	豊島　芳朗	4	久保田　毅
5	大蔵　勝	5	高橋　甲一
6	小澤宗太郎	6	中村　文男
7	井沢　正良	7	米倉　大三
8	松本　文雄	HB 8	恵比寿　茂
9	木村　芳生	9	桜田　尚雄
10	角谷　静志	10	若森　直治
11	小林　忠郎	TB 11	桜井　貫一
12	井川　晴雄	12	加藤　静夫
13	豊城長太郎	13	平野　信雄
14	田中　源治	14	田中　耕一
15	上田　国彦	FB 15	大西　五郎

昭和13年9月25日　G 神宮　R 塩谷虎彦　KO 14:30

公式試合 No.120　昭和13年度　第2試合　対抗戦

早大		商大
86	—	0
44	前	0
42	後	0
10	T	0
7	G	0
0	PG	0
0	DG	0
10	T	0
4	G	0
0	PG	0
0	DG	0
3	反則	9

早大			商大
1	山地　翠	FW 1	鳥飼　正智
2	木村　正治	2	村田　明
3	崔　柱漢	3	長谷尾燕爾
4	豊島　芳朗	4	竹村　平二
5	大蔵　勝	5	蒔田　広靖
6	小澤宗太郎	6	横田毅一郎
7	井沢　正良	7	大友　武次
8	小西　彦三	HB 8	大森
9	遠藤　公	9	小川　徳道
10	角谷　静志	10	長井厳三郎
11	小林　忠郎	TB 11	安東　勝
12	井川　晴雄	12	甘濃　泰三
13	鈴木昌雄(矢部)	13	間野　謙三
14	田中　源治	14	田村　剛
15	上田　国彦	FB 15	石塚　良二

昭和13年10月1日　G 東伏見　R 品田通世　KO 14:30

公式試合 No.121　昭和13年度　第3試合　対抗戦

早大		東大
9	—	10
6	前	5
3	後	5
2	T	1
0	G	1
1	PG	0
0	DG	0
1	T	1
0	G	0
0	PG	0
0	DG	0
11	反則	10

早大			東大
1	山地　翠	FW 1	奥平　緑郎
2	村山礼四郎	2	木下　浩
3	崔　柱漢	3	吉村二三雄
4	豊島　芳朗	4	白石　五郎
5	大蔵　勝	5	南部　孝
6	小澤宗太郎	6	中村啓一郎
7	井沢　正良	7	池田　弘
8	小西　彦三	HB 8	篠崎　二郎
9	遠藤　公	9	山本　幹一
10	北川　二郎	10	植竹　達郎
11	池田　林一	TB 11	中山亀三郎
12	松本　文雄	12	中西　啓策
13	鈴木　昌雄	13	中西　一郎
14	田中　源治	14	小原　達雄
15	西田　廉平	FB 15	高島　清

昭和13年10月23日　G 東伏見　R 北野孟郎　KO 15:30

公式試合 No.122　昭和13年度　第4試合　対抗戦

早大		京大
33	—	14
11	前	6
22	後	8
1	T	0
1	G	0
2	PG	2
0	DG	0
5	T	1
2	G	1
1	PG	0
	DG	0
	反則	

早大			京大
1	山地　翠	FW 1	橘　武
2	村山礼四郎	2	滝田　二郎
3	崔　柱漢	3	蒔田　広靖
4	豊島　芳朗	4	国分　正造
5	大蔵　勝	5	柴田　善助
6	小澤宗太郎	6	山本　信彦
7	井沢　正良	7	小林　勉
8	松本　文雄	HB 8	和田　白馬
9	松元　秀明	9	田村　顕
10	角谷　静志	10	平沢　通三
11	池田　林一	TB 11	高木　三郎
12	井川　晴雄	12	由良　惰
13	戸山　幸延	13	石垣　憲弥
14	田中　源治	14	池田　仲親
15	西田　廉平	FB 15	熊井　素雄

昭和13年11月6日　G 神宮　R 塩谷虎彦　KO 14:30

No.123　昭和13年度　第5試合　対校戦　早大 vs 立大

早大		立大
29	—	9
24	前	0
5	後	9
4	T	0
3	G	0
2	PG	0
0	DG	0
1	T	1
1	G	0
0	PG	2
0	DG	0
9	反則	13

昭和13年11月12日　G 神宮　R 品田通世　KO 15:00

#	早大	pos	#	立大
1	山地　翠	FW	1	小林　芳治
2	村山礼四郎		2	中原　光一
3	崔　柱漢		3	横田　公雄
4	豊島　芳朗		4	岡倉　隆夫
5	大蔵　勝		5	伊原　修
6	小澤宗太郎		6	榎本　保雄
7	井沢　正良		7	片桐　武夫
8	松本　文雄	HB	8	武久　悦夫
9	遠藤　公		9	中山　正
10	角谷　静志		10	満田　孝之
11	池田　林一	TB	11	柿内　亮
12	井川　晴雄		12	山本　末男
13	戸山　幸延		13	鈴木　三郎
14	田中　源治		14	藤井
15	西田　廉平	FB	15	伊藤寿太郎

No.124　昭和13年度　第6試合　対抗戦　早大 vs 慶大

早大		慶大
36	—	13
25	前	3
11	後	10
5	T	0
2	G	0
2	PG	0
0	DG	0
3	T	2
1	G	2
0	PG	0
0	DG	0
14	反則	8

昭和13年11月23日　G 神宮　R 塩谷虎彦　KO 14:30

#	早大	pos	#	慶大
1	山地　翠	FW	1	大西　辰居
2	村山礼四郎		2	廣末　可平
3	崔　柱漢		3	白井　俊男
4	太田垣鶴雄		4	中須　三郎
5	大蔵　勝		5	栗野　頴三
6	大西鉄之祐		6	北御門彦二郎
7	井沢　正良		7	小倉　祐
8	松本　文雄	HB	8	財部　辰彦
9	遠藤　公		9	真期正二郎
10	角谷　静志		10	大江　保正
11	池田　林一	TB	11	吉原　禎三
12	井川　晴雄		12	郡　敏幸
13	外山　幸延		13	辺　昌煥
14	田中　源治		14	鈴木　正義
15	西田　廉平	FB	15	有坂　哲一

No.125　昭和13年度　第7試合　対抗戦　早大 vs 明大

早大		明大
6	—	27
3	前	11
3	後	16
0	T	3
0	G	1
1	PG	0
0	DG	0
1	T	4
1	G	2
0	PG	0
0	DG	0
5	反則	6

昭和13年12月4日　G 神宮　R 塩谷虎彦　KO 14:30

#	早大	pos	#	明大
1	山地　翠	FW	1	山本　博
2	村山礼四郎		2	遠藤　彪
3	崔　柱漢		3	坂下　一雄
4	太田垣鶴雄		4	森　敏光
5	大蔵　勝		5	畠山　力
6	大西鉄之祐		6	鍋加　弘之
7	井沢　正良		7	加島　保雄
8	松本　文雄	HB	8	新島　清
9	遠藤　公		9	藤　熊夫
10	角谷　静志		10	和田　政雄
11	池田　林一	TB	11	斉藤　一男
12	井川　晴雄		12	佐沢　一郎
13	外山　幸延		13	田中(杉山)善清
14	田中　源治		14	
15	西田　廉平	FB	15	高橋武次郎

No.126　昭和13年度　第8試合　対抗戦　早大 vs 関西学院大

早大		関西学院大
74	—	0
37	前	0
37	後	0
9	T	0
5	G	0
0	PG	0
0	DG	0
9	T	0
2	G	0
2	PG	0
0	DG	0
4	反則	18

昭和13年12月28日　G 花園　R 藤枝　KO 14:30

#	早大	pos	#	関西学院大
1	山地　翠	FW	1	小西　信二
2	村山礼四郎		2	西原　篤介
3	荒木　清二		3	田熊　政良
4	太田垣鶴雄		4	栗原　廣
5	大蔵　勝		5	山本　晴廣
6	大西鉄之祐		6	西　順一
7	小澤宗太郎		7	佐原　俊吉
8	松本　文雄	HB	8	平川　信次
9	遠藤　公		9	天野　重三
10	角谷　静志		10	高井　一
11	池田　林一	TB	11	松本　四郎
12	井川　晴雄		12	中田慶太郎
13	外山　幸延		13	安島　清
14	田中　源治		14	上中　平太
15	上田　国彦	FB	15	清水　隆

No.127　昭和13年度　第9試合　対抗戦　早大 vs 同大

早大		同大
6	—	5
3	前	0
3	後	5
1	T	0
0	G	0
0	PG	0
0	DG	0
0	T	1
0	G	1
1	T	1
0	G	1
8	反則	12

昭和14年1月3日　G 花園　R 田中磐男　KO 14:30

#	早大	pos	#	同大
1	山地　翠	FW	1	高田　文三
2	村山礼四郎		2	栗山五一郎
3	崔　柱漢		3	松川　喜一
4	太田垣鶴雄		4	吉田　恭一
5	大蔵　勝		5	木崎　常喜
6	大西鉄之祐		6	榎本　英彦
7	井沢　正良		7	小川　進己
8	松本　文雄	HB	8	小泉　五郎
9	遠藤　公		9	名倉　亨
10	角谷　静志		10	佐藤　秋夫
11	池田　林一	TB	11	清水　健次
12	井川　晴雄		12	千代間忠夫
13	外山　幸延		13	藤井　龍三
14	田中　源治		14	表　文五
15	西田　廉平	FB	15	黒川　陽三

No.128　昭和14年度　第1試合　対抗戦　早大 vs 立大

早大		立大
42	—	0
20	前	0
22	後	0
3	T	0
3	G	0
2	PG	0
0	DG	0
6	T	0
2	G	0
15	反則	7

昭和14年9月30日　G 神宮　R 足立卓夫　KO 15:00

#	早大	pos	#	立大
1	山地　翠	FW	1	小林　芳治
2	木村　正治		2	中原　光一
3	崔　柱漢		3	伊原　修
4	豊島　芳朗		4	岡倉　隆夫
5	太田垣鶴雄		5	藤井　晴雄
6	大西　彦三		6	片桐　武夫
7	井沢　正良		7	横田　公雄
8	松本　文雄	HB	8	武久　悦夫
9	遠藤　公		9	居樹　幹雄
10	角谷　静志		10	山本　良平
11	池田　林一	TB	11	満田　孝之
12	鈴木　昌雄		12	伊藤寿太郎
13	外山　幸延		13	
14	井川　晴雄		14	渥美　淳
15	西田　廉平	FB	15	藤井　二郎

No.129　昭和14年度　第2試合　対抗戦　早大 vs 日大

早大		日大
49	—	3
22	前	0
27	後	3
6	T	0
2	G	0
0	PG	0
0	DG	0
7	T	1
3	G	0
0	PG	0
0	DG	0
	反則	

昭和14年10月17日　G 東伏見　R 足立卓夫　KO 15:00

#	早大	pos	#	日大
1	山地　翠	FW	1	前田勇喜雄
2	木村　正治		2	河内　勝美
3	崔　柱漢		3	金星　治男
4	豊島　芳朗		4	深沢
5	太田垣鶴雄		5	鈴木　金則
6	番匠金次郎		6	若松　茂信
7	井沢　正良		7	馬場　太郎
8	松本　文雄	HB	8	尾中福三郎
9	遠藤　公		9	渡部　和義
10	角谷　静志		10	寺岡　利治
11	池田　林一	TB	11	太田　敏夫
12	鈴木　昌雄		12	大谷　光男
13	外山　幸延		13	大川　清
14	井川　晴雄		14	内藤　富之
15	西田　廉平	FB	15	渥美　栄

No.130　昭和14年度　第3試合　対抗戦　早大 vs 法大

早大		法大
123	—	0
65	前	0
58	後	0
17	T	0
7	G	0
0	PG	0
0	DG	0
16	T	0
5	G	0
12	反則	2

昭和14年10月22日　G 東伏見　R 林藤三郎　KO 14:30

#	早大	pos	#	法大
1	山地　翠	FW	1	小林三智夫
2	木村　正治		2	村山　哲夫
3	崔　柱漢		3	広瀬　喜一
4	豊島　芳朗		4	大野(藤田)英夫
5	太田垣鶴雄		5	木本　昇輔
6	番匠金次郎		6	小川嘉久司
7	小西　彦三		7	岸ヶ谷宣雄
8	松本　文雄	HB	8	中村　文男
9	遠藤　公		9	桜田　尚雄
10	角谷　静志		10	上杉　繁
11	池田　林一	TB	11	松本　重義
12	鈴木　昌雄		12	吉利　武三
13	外山　幸延		13	田中　耕一
14	井川　晴雄		14	桜井　貫一
15	西田　廉平	FB	15	福島　武雄

No.131　昭和14年度　第4試合　対抗戦　早大 vs 京大

早大		京大
30	—	3
12	前	5
18	後	0
2	T	1
0	G	1
0	PG	0
0	DG	0
3	T	0
3	G	0
1	PG	0
0	DG	0
23	反則	7

昭和14年11月3日　G 花園　R 阿部吉蔵　KO 14:00

#	早大	pos	#	京大
1	山地　翠	FW	1	橘　武
2	木村　正治		2	矢敷　通秋
3	崔　柱漢		3	川口　正年
4	豊島　芳朗		4	楠目　亮
5	太田垣鶴雄		5	熊井　素雄
6	番匠金次郎		6	小林　勉
7	井沢　正良		7	柴田　善助
8	松本　文雄	HB	8	和田　白馬
9	遠藤　公		9	磯島　公
10	角谷　静志		10	白山弘太郎
11	池田　林一	TB	11	中島　清
12	鈴木　昌雄		12	吉利　二男
13	外山　幸延		13	津川　真一
14	井川　晴雄		14	石黒孝次郎
15	西田　廉平	FB	15	石垣　憲弥

No.132　昭和14年度　第5試合　対抗戦　早大 vs 東大

早大		東大
37	—	6
16	前	6
21	後	0
3	T	0
2	G	0
2	PG	2
0	DG	0
5	T	0
3	G	0
0	PG	0
0	DG	0
14	反則	7

昭和14年11月11日　G 神宮　R 足立卓夫　KO 13:00

#	早大	pos	#	東大
1	山地　翠	FW	1	奥平　緑郎
2	木村　正治		2	小林　貞雄
3	崔　柱漢		3	川田　大介
4	豊島　芳朗		4	白石　五郎
5	太田垣鶴雄		5	南部　孝
6	番匠金次郎		6	高島　清
7	井沢　正良		7	池田　弘
8	松本　文雄	HB	8	篠崎　二郎
9	遠藤　公		9	小西　寿
10	角谷　静志		10	植竹　達郎
11	池田　林一	TB	11	目黒　行
12	鈴木　昌雄		12	酒巻　敏雄
13	外山　幸延		13	高橋　良夫
14	井川　晴雄		14	
15	西田　廉平	FB	15	浜野　博

No.133　昭和14年度　第6試合　対抗戦　早大 vs 慶大

早大		慶大
37	—	9
15	前	3
22	後	6
3	T	1
2	G	1
0	PG	0
0	DG	0
5	T	1
2	G	0
1	PG	0
0	DG	0
14	反則	7

昭和14年11月23日　G 神宮　R 品田通世　KO 14:30

#	早大	pos	#	慶大
1	山地　翠	FW	1	池浦　次郎
2	木村　正治		2	廣末　可平
3	崔　柱漢		3	門倉　光夫
4	豊島　芳朗		4	中須　三郎
5	太田垣鶴雄		5	土井　茁三
6	番匠金次郎		6	伊藤保太郎
7	井沢　正良		7	松野　頴三
8	松本　文雄	HB	8	北御門彦二郎
9	遠藤　公		9	真期正二郎
10	角谷　静志		10	桐組　鉄夫
11	池田　林一	TB	11	磯野　謙蔵
12	鈴木　昌雄		12	根本雄太郎
13	外山　幸延		13	
14	井川　晴雄		14	鈴木　正義
15	西田　廉平	FB	15	有坂　哲一

No.134　昭和14年度　第7試合　対抗戦　早大 vs 明大

早大		明大
9	—	39
3	前	14
6	後	25
1	T	2
1	G	2
0	PG	1
0	DG	0
1	T	5
0	G	1
7	反則	11

昭和14年12月3日　G 神宮　R 足立卓夫　KO 14:30

#	早大	pos	#	明大
1	山地　翠	FW	1	西郷　一郎
2	木村　正治		2	遠藤　彪
3	崔　柱漢		3	坂下　一雄
4	豊島　芳朗		4	林　義一
5	大田垣鶴雄		5	高島　春雄
6	番匠金次郎		6	花岡　明雄
7	井沢　正良		7	伊藤　俊郎
8	松本　文雄	HB	8	新島　清
9	遠藤　公		9	平沢鉅太郎
10	角谷　静志		10	藤　熊夫
11	池田　林一	TB	11	椿岐　健二
12	鈴木　昌雄		12	大谷　二男
13	外山　幸延		13	中川　幸秀
14	井川　晴雄		14	
15	西田　廉平	FB	15	藤原　忠雄

公式試合 No.135　昭和14年度　第8試合　対抗戦

早大　対　関西学院大

早大	項目	関西学院大
64	—	3
34	前	3
30	後	0
8	T	1
5	G	0
0	PG	0
0	DG	0
8	T	0
3	G	0
0	PG	0
0	DG	0
	反則	

No	早大	位置	関西学院大	No
1	井上 二郎	FW	平川 信次	1
2	松原房之助		安原 甲二	2
3	木村 正治		西原 篤介	3
4	豊島 芳朗		小西 信二	4
5	布村 清一		大谷 武夫	5
6	小西 彦三		井上 純一	6
7	辻井 弘		佐原 博夫	7
8	井沢 正良		小野田啓造	8
9	遠藤 公	HB	天野 重三	9
10	松本 雄雄		柴崎 忠明	10
11	吉田	TB	松本 四郎	11
12	鈴木 昌雄		中田慶太郎	12
13	井川 晴雄		高井 正一	13
14	千田 隆一		上中 平太	14
15	西田 廉平	FB	田熊 政良	15

昭和14年12月28日
G 神宮
R 鈴木素雄　KO 14:30
注：早大はこの試合からFWをエイトにした

公式試合 No.136　昭和14年度　第9試合　対抗戦

早大　対　同大

早大	項目	同大
42	—	3
20	前	3
22	後	0
5	T	1
1	G	0
1	PG	0
0	DG	0
5	T	0
2	G	0
1	PG	0
0	DG	0
12	反則	12

No	早大	位置	同大	No
1	木村 正治	FW	西田 章	1
2	松原房之助		栗山五一郎	2
3	崔 柱漢		松川 喜一	3
4	豊島 芳朗		吉田 恭一	4
5	布村 清一		伊勢 幸人	5
6	小西 彦三		清水 憲二	6
7	山地 翠		榊 茂治	7
8	井沢 正良		新井 常夫	8
9	遠藤 公	HB	村上 周平	9
10	松本 文雄		千代間忠夫	10
11	吉田 晃	TB	清水 秀次	11
12	鈴木 昌雄		砂田 哲雄	12
13	井川 晴雄		椎木 謙三	13
14	千田 隆一		表 文五	14
15	西田 廉平	FB	黒川 陽三	15

昭和15年1月3日
G 神宮
R 北島忠治　KO 14:30

公式試合 No.137　昭和15年度　第1試合　対抗戦

早大　対　法大

早大	項目	法大
55	—	0
26	前	0
29	後	0
5	T	0
4	G	0
1	PG	0
0	DG	0
7	T	0
4	G	0
0	PG	0
0	DG	0
5	反則	8

No	早大	位置	法大	No
1	原 精太	FW	村田	1
2	吉田 宗一		廣瀬 喜一	2
3	井上 二郎		石 嘉輝	3
4	安永 健次		木本 昇輔	4
5	布村 清一		大野(藤田)美夫	5
6	阿部祐四郎		中村 文男	6
7	辻井 弘		芝 弘	7
8	井川 浩介		草ケ谷宣雄	8
9	松元 秀明	HB	宇佐美賢二	9
10	吉崎 正典		杉崎秀次郎	10
11	太田 美則	TB	松本 茂	11
12	福留 忠雄		大西 五郎	12
13	橋本 進		平野	13
14	千田 隆一		川村 光雄	14
15	小寺 祐吉	FB	桜井 貫一	15

昭和15年9月28日
G 神宮
R 品田通世　KO 15:05

公式試合 No.138　昭和15年度　第2試合　対抗戦

早大　対　日大

早大	項目	日大
22	—	3
3	前	3
19	後	0
1	T	0
0	G	0
0	PG	1
0	DG	0
4	T	0
2	G	0
1	PG	0
0	DG	0
4	反則	9

No	早大	位置	日大	No
1	原 精太	FW	鈴木幸次郎	1
2	白崎 恵一		河内 勝美	2
3	井上 二郎		金星 治男	3
4	布村 清一		鈴木 金則	4
5	崔 柱漢		深瀬 順二	5
6	小西 彦三		金田	6
7	辻井 弘		馬場 太郎	7
8	村川 浩介		大谷 光男	8
9	松元 秀明	HB	大江賀寿雄	9
10	吉崎 正典		渡部 和義	10
11	太田 美則	TB	太田 敏夫	11
12	小寺 祐吉		寺岡 利治	12
13	橋本 進		川 清	13
14	千田 隆一		大森 盛茂	14
15	遠藤 公	FB	松村	15

昭和15年10月6日
G 東伏見
R 足立卓夫　KO 14:30

公式試合 No.139　昭和15年度　第3試合　対抗戦

早大　対　東大

早大	項目	東大
48	—	13
29	前	0
19	後	13
6	T	0
4	G	0
1	PG	0
0	DG	0
5	T	3
2	G	2
1	PG	0
0	DG	0
12	反則	12

No	早大	位置	東大	No
1	原 精太	FW	奥平 緑郎	1
2	白崎 恵一		河北 恵文	2
3	木村 正治		木下 浩	3
4	崔 柱漢		白石 五郎	4
5	布村 清一		南部 孝	5
6	小西 彦三		高島 清	6
7	辻井 弘		池田 弘	7
8	村川 浩介		岡島 真一	8
9	遠藤 公	HB	小西 茂治	9
10	福留 忠雄		高橋 良夫	10
11	太田 美則	TB	和田 超三	11
12	小寺 祐吉		山本 修	12
13	橋本 進		阪口 治平	13
14	千田 隆一		長 秀連	14
15	西田 廉平	FB	浜野 博	15

昭和15年10月19日
G 神宮
R 新島 清　KO 13:00

公式試合 No.140　昭和15年度　第4試合　対抗戦

早大　対　京大

早大	項目	京大
33	—	5
9	前	0
24	後	5
2	T	0
0	G	0
0	PG	0
0	DG	0
4	T	1
2	G	0
2	PG	0
0	DG	0
14	反則	18

No	早大	位置	京大	No
1	井上 二郎	FW	長崎 道明	1
2	吉田 宗一		矢野 道秋	2
3	木村 正治		永田 国夫	3
4	崔 柱漢		若林 四郎	4
5	布村 清一		楠目 亮	5
6	阿部祐四郎		久保田淳一	6
7	辻井 弘		谷口 勝久	7
8	井川 浩介		高木 四郎	8
9	遠藤 公	HB	磯島 興三	9
10	福留 忠雄		白山弘太郎	10
11	太田 美則	TB	関谷郁太郎	11
12	小寺 祐吉		小寺 孝吉	12
13	橋本 進		広海 浩三	13
14	千田 隆一		石黒孝次郎	14
15	西田 廉平	FB	和田 象二	15

昭和15年10月26日
G 神宮
R 新島 清　KO 15:00

公式試合 No.141　昭和15年度　第5試合　対抗戦

早大　対　立大

早大	項目	立大
18	—	16
9	前	8
9	後	8
1	T	1
0	G	1
2	PG	1
0	DG	0
0	T	1
0	G	1
3	PG	0
0	DG	0
9	反則	28

No	早大	位置	立大	No
1	原 精太	FW	小林 芳治	1
2	木村 正治		岡倉 義次	2
3	井上 二郎		三好 達明	3
4	崔 柱漢		宇都宮 光	4
5	布村 清一		藤井 晴雄	5
6	阿部祐四郎		廓 光一	6
7	小西 彦三		宮野光四郎	7
8	村川 浩介		武久 悦夫	8
9	松元 秀明	HB	山本 良一	9
10	須崎(田井)修自		満田 孝之	10
11	太田 美則	TB	岸川 正秋	11
12	鈴木 昌雄		片桐 武夫	12
13	橋本 進		中山 正	13
14	西田 廉平		渥美 淳	14
15	小寺 祐吉	FB	藤井 二郎	15

昭和15年11月3日
G 神宮
R 新島 清　KO 15:00

公式試合 No.142　昭和15年度　第6試合　対抗戦

早大　対　慶大

早大	項目	慶大
33	—	11
18	前	0
15	後	11
3	T	0
0	G	0
1	PG	1
0	DG	0
5	T	2
3	G	1
0	PG	0
0	DG	0
	反則	5

No	早大	位置	慶大	No
1	原 精太	FW	池浦 次郎	1
2	木村 正治		広末 可可	2
3	井上 二郎		大谷 秀長	3
4	崔 柱漢		中須 三郎	4
5	布村 清一		門倉 光夫	5
6	小西 彦三		伊藤保太郎	6
7	辻井 弘		村木 玄二	7
8	村川 浩介		新谷 淑郎	8
9	松元 秀明	HB	大塚 潔	9
10	福留 忠雄		吉原 禎一	10
11	太田 美則	TB	保正	11
12	鈴木 昌雄		山崎辰次郎	12
13	橋本 進			13
14	西田 廉平		鈴木 正義	14
15	小寺 祐吉	FB	古澤 潤三	15

昭和15年11月23日
G 神宮
R 新島 清　KO 14:30

公式試合 No.143　昭和15年度　第7試合　対抗戦

早大　対　明大

早大	項目	明大
13	—	52
0	前	21
13	後	31
0	T	3
0	G	3
0	PG	2
0	DG	0
3	T	9
1	G	7
0	PG	0
0	DG	0
7	反則	8

No	早大	位置	明大	No
1	原 精太	FW	西郷 一郎	1
2	木村 正治		松岡 正也	2
3	井上 二郎		坂下 一雄	3
4	崔 柱漢		林 義一	4
5	布村 清一		柴田 弘平	5
6	小西 彦三		花園 明雄	6
7	辻井 弘		伊藤 俊郎	7
8	村川 浩介		高島 義	8
9	遠藤 公	HB	平沢鉦太郎	9
10	福留 忠雄		藤 熊夫	10
11	太田 美則	TB	濱武 晴海	11
12	鈴木 昌雄		松本 満正	12
13	橋本 進		大谷 二男	13
14	西田 廉平		椿坂 健二	14
15	小寺 祐吉	FB	中田 靖二	15

昭和15年12月8日
G 神宮
R 足立卓夫　KO 14:30

公式試合 No.144　昭和15年度　第8試合　対抗戦

早大　対　同大

早大	項目	同大
61	—	0
24	前	0
37	後	0
6	T	0
3	G	0
2	PG	0
0	DG	0
8	T	0
5	G	0
1	PG	0
0	DG	0
	反則	13

No	早大	位置	同大	No
1	井上 二郎	FW	西田 章	1
2	木村 正治		栗山五一郎	2
3	崔 柱漢		松川 喜一	3
4	安永 健次		吉田 恭一	4
5	布村 清一		伊勢 幸人	5
6	小西 彦三		小川 信己	6
7	辻井 弘		小川 俊一郎	7
8	村川 浩介		岩崎 哲也	8
9	松元 秀明	HB	堀場靖重郎	9
10	福留 忠雄		鈴木 恵治	10
11	太田 美則	TB	高木 勝治	11
12	鈴木 昌雄		新井 常夫	12
13	橋本 進		三浦 顯	13
14	西田 廉平			14
15	遠藤 公	FB	村上 周平	15

昭和16年1月3日
G 花園
R 杉本 彰　KO 14:30

公式試合 No.145　昭和15年度　第9試合　対抗戦

早大　対　関西学院大

早大	項目	関西学院大
46	—	0
16	前	0
30	後	0
3	T	0
2	G	0
1	PG	0
0	DG	0
3	T	0
3	G	0
0	PG	0
0	DG	0
2	反則	9

No	早大	位置	関西学院大	No
1	井上 二郎	FW	徳永 保夫	1
2	木村 正治		酒井 正治	2
3	崔 柱漢		西原 篤介	3
4	安永 健次		村上 進午	4
5	布村 清一		大谷 武夫	5
6	阿部祐四郎		井上 純一	6
7	辻井 弘		小西 信二	7
8	村川 浩介		小野田啓造	8
9	遠藤 公	HB	天野 重三	9
10	福留 忠雄		田熊 政良	10
11	大河内 嶼	TB	柴崎 忠明	11
12	鈴木 昌雄		太田 鋭一	12
13	飛松 正志		安島 忠雄	13
14	千田 隆一		中田慶太郎	14
15	今沢 秋雄	FB	上中 平太	15

昭和16年1月5日
G 花園
R 浜口　KO 14:30

公式試合 No.146　昭和16年度　第1試合　対抗戦

早大　対　文理大

早大	項目	文理大
82	—	5
46	前	5
36	後	0
12	T	0
7	G	0
0	PG	0
0	DG	0
7	T	1
6	G	1
1	PG	0
0	DG	0
9	反則	9

No	早大	位置	文理大	No
1	白崎 恵一	FW	本多 岩根	1
2	高野 亨		末利 一郎	2
3	崔 柱漢		伊藤林太郎(村越)	3
4	市村 陽三		樫村 旭光	4
5	布村 清一		久松 貫海	5
6	阿部祐四郎		山崎 秋則	6
7	須崎 孝自		高索 茂	7
8	村川 浩介		小野田啓造	8
9	松岡 洋郎	HB	山本 晴二	9
10	遠藤 公		大竹幹二(船木)	10
11	大河内 嶼	TB	本根 一衛	11
12	飛松 正志		畠山 一男	12
13	福留 忠雄		菅 恒二(吉田)	13
14	千田 隆一		大谷 充男	14
15	今沢 秋雄	FB	吉岡 恂二	15

昭和16年9月20日
G 東伏見
R 足立卓夫　KO 16:00

公式試合　No.147　昭和16年度　第2試合　対抗戦

早大		法大
82	—	0
43	前	0
39	後	0
11	T	0
5	G	0
0	PG	0
0	DG	0
11	T	0
3	G	0
0	PG	0
0	DG	0
5	反則	11

昭和16年9月28日　G 東伏見　R 品田通正　KO 15:00

早大	Pos	法大
1　原　精太	FW	1　坂井平八郎
2　高野　亨		2　広瀬　喜一
3　白崎　恵一		3　村田
4　崔　柱漢		4　木本　昇輔
5　布村　清一		5　西久保彰男
6　阿部祐四郎		6　芝　弘
7　辻井　弘		7　田中善一郎
8　村川　浩介		8　富田　耕作
9　須崎　修自	HB	9　宇佐美賢二
10　遠藤　公		10　桜井　貫一
11　大河内　嶢	TB	11　楊　元勲
12　鈴木　昌雄		12　松本　重義
13　福松　正志		13　草ケ谷宣雄
14　千田　隆一		14　大西　五郎
15　古藤田鉦次	FB	15　高井　国夫

公式試合　No.148　昭和16年度　第3試合　対抗戦

早大		日大
40	—	8
19	前	3
21	後	5
5	T	1
2	G	0
0	PG	0
0	DG	0
5	T	1
3	G	1
0	PG	0
0	DG	0
4	反則	9

昭和16年10月4日　G 東伏見　R 足立卓夫　KO 15:00

早大	Pos	日大
1　原　精太	FW	1　鈴木幸次郎
2　高野　亨		2　河内　勝美
3　白崎　恵一		3　金星　治男
4　崔　柱漢		4　江口　江一
5　布村　清一		5　深瀬　順二
6　鹿子木　聡		6　渥美　栄
7　辻井　弘		7　馬場永雄
8　村川　浩介		8　片山菊二郎
9　須崎　修自	HB	9　大江賀寿雄
10　遠藤　公		10　右田　芳郎
11　阪口　治平	TB	11　太田　敏夫
12　鈴木　昌雄		12　寺岡　利治
13　福留　忠雄		13　大川
14　千田　隆一		14　大森　盛茂
15　今沢　秋雄	FB	15　三谷　孝一

公式試合　No.149　昭和16年度　第4試合　対抗戦

早大		東大
74	—	0
31	前	0
43	後	0
7	T	0
5	G	0
0	PG	0
0	DG	0
9	T	0
5	G	0
2	PG	0
0	DG	0
15	反則	6

昭和16年10月18日　G 神宮　R 北島忠治　KO 15:00

早大	Pos	東大
1　原　精太	FW	1　久永　久夫
2　高野　亨		2　香川　順男
3　崔　柱漢		3　川田　大介
4　安永　健次		4　大野　孝
5　布村　清一		5　池口　康雄
6　鹿子木　聡		6　磯野　昌蔵
7　辻井　弘		7　田中　幹二
8　村川　浩介		8　和田　稔
9　須崎　修自	HB	9　小西　友治
10　遠藤　公		10　中西　啓策
11　大河内　嶢	TB	11　長　秀連
12　鈴木　昌雄		12　鳥丸(桜井)光晴
13　福留　忠雄		13　山本　修
14　千田　隆一		14　末弘　弘夫
15　古藤田鉦次	FB	15　赤羽　良三

公式試合　No.150　昭和16年度　第5試合　対抗戦

早大		京大
36	—	5
13	前	0
23	後	5
3	T	0
2	G	0
0	PG	0
0	DG	0
5	T	1
4	G	1
0	PG	0
0	DG	0
	反則	

昭和16年11月2日　G 花園　R 杉本　彰　KO 14:30

早大	Pos	京大
1　白崎　恵一	FW	1　久保田淳一
2　高野　亨		2　永田　国夫
3　井上　二郎		3　梅谷　三郎
4　崔　柱漢		4　若林　四郎
5　布村　清一		5　有沢　克忠
6　鹿子木　聡		6　林　脩三
7　辻井　弘		7　白尾　輝高
8　村川　浩介		8　谷口　勝久
9　須崎　修自	HB	9　河野　達通
10　遠藤　公		10　二木　光太
11　大河内　嶢	TB	11　高橋　紀郎
12　鈴木　昌雄		12　白山弘太郎
13　福留　忠雄		13
14　千田　隆一		14　石黒幸次郎
15　今沢　秋雄	FB	15　高木　四郎

公式試合　No.151　昭和16年度　第6試合　対抗戦

早大		立大
35	—	3
12	前	0
23	後	3
4	T	0
4	G	0
0	PG	0
0	DG	0
4	T	1
4	G	0
1	PG	1
0	DG	0
	反則	7

昭和16年11月8日　G 神宮　R 足立卓夫　KO 15:00

早大	Pos	立大
1　原　精太	FW	1　中村　治郎
2　高野　亨		2　岡倉　隆夫
3　井上　二郎		3　渡辺　達明
4　崔　柱漢		4　宇都宮　光
5　布村　清一		5　三好　慎吾
6　阿部祐四郎		6　宮野光太郎
7　辻井　弘		7　中原　光一
8　村川　浩介		8　金　鍾献
9　須崎　修自	HB	9　木村敬三郎
10　遠藤　公		10　満田　孝之
11　大河内　嶢	TB	11　岸川　正秋
12　鈴木　昌雄		12　渡辺　正男
13　飛松　正志		13　牧　仰
14　千田　隆一		14　渥美　淳
15　今沢　秋雄	FB	15　満生　弘

公式試合　No.152　昭和16年度　第7試合　対抗戦

早大		慶大
24	—	6
6	前	6
18	後	0
2	T	1
0	G	0
0	PG	0
0	DG	0
3	T	0
1	G	0
0	PG	0
0	DG	0
11	反則	12

昭和16年11月23日　G 神宮　R 足立卓夫　KO 14:30

早大	Pos	慶大
1　原　精太	FW	1　大谷　秀長
2　白崎　恵一		2　廣末　可平
3　井上　二郎		3　北野　和男
4　崔　柱漢		4　野村　栄一
5　布村　清一		5　門倉　光夫
6　阿部祐四郎		6　伊藤保太郎
7　辻井　弘		7　池浦　次郎
8　村川　浩介		8　中谷　淳男
9　須崎　修自	HB	9　新谷　淑郎
10　遠藤　公		10　桐畑　鉄夫
11　大河内　嶢	TB	11　吉原　禎三
12　鈴木　昌雄		12　島　昌煥
13　福留　忠雄		13　山崎辰次郎
14　千田　隆一		14　鈴木　正義
15　古藤田鉦次	FB	15　根本雄太郎

公式試合　No.153　昭和16年度　第8試合　対抗戦

早大		商大
119	—	0
60	前	0
59	後	0
15	T	0
6	G	0
1	PG	0
0	DG	0
17	T	0
4	G	0
0	PG	0
0	DG	0
9	反則	7

昭和16年11月30日　G 東伏見　R 石崎長四郎　KO 14:30

早大	Pos	商大
1　白崎　恵一	FW	1　宮司　一男
2　崔　柱漢		2　松本　千古
3　井上　二郎		3　梅井　頴孝
4　安永　健次		4　竹村　平二
5　布村　清一		5　奥　彦一
6　阿部祐四郎		6　古藤　智郎
7　辻井　弘		7　堀内　太郎
8　村川　浩介		8　原　誠四郎
9　須崎　修自	HB	9　宇田川勝正
10　遠藤　公		10　杉山　俊蔵
11　大河内　嶢	TB	11　木村(三輪)達
12　鈴木　昌雄		12　増田　実
13　飛松　正志		13　田村　剛
14　千田　隆一		14　岩野　茂
15　今沢　秋雄	FB	15　岩崎　源

公式試合　No.154　昭和16年度　第9試合　対抗戦

早大		明大
26	—	6
8	前	6
18	後	0
1	T	1
1	G	0
1	PG	0
0	DG	0
4	T	0
3	G	0
0	PG	0
0	DG	0
14	反則	9

昭和16年12月7日　G 神宮　R 品田通世　KO 14:30

早大	Pos	明大
1　原　精太	FW	1　西郷　一郎
2　高野　亨		2　松岡　正也
3　井上　二郎		3　坂井　一郎
4　崔　柱漢		4　林　義一
5　布村　清一		5　野村　正明
6　阿部祐四郎		6　柴田　進千
7　辻井　弘		7　高島　輝
8　村川　浩介		8　花岡　明雄
9　須崎　修自	HB	9　中田　順造
10　遠藤　公		10　松本　満正
11　大河内　嶢	TB	11　椿坂　健二
12　鈴木　昌雄		12　濱武　晴海
13　飛松　正志		13　丹羽　好彦
14　千田　隆一		14
15　今沢　秋雄	FB	15　中田　靖二

公式試合　No.155　昭和16年度　第10試合　対抗戦

早大		関西学院大
67	—	0
25	前	0
42	後	0
7	T	0
0	G	0
0	PG	0
0	DG	0
12	T	0
3	G	0
0	PG	0
0	DG	0
	反則	

昭和16年12月29日　G 神宮　R 不明　KO 14:30

早大	Pos	関西学院大
1　原　精太	FW	1　徳永　保夫
2　白崎　恵一		2　酒井　正美
3　井上　二郎		3　西原　繁介
4　安永　健次		4　大倉　永吉
5　布村　清一		5　大谷　武夫
6　阿部祐四郎		6　宇治田久男
7　辻井　弘		7　前田　知之
8　鹿子木　聡		8　八木　康博
9　須崎　修自	HB	9　冨　重三
10　吉崎　正典		10　天野　隼三
11　大河内　撓	TB	11　徳永　順次
12　鈴木　昌雄		12　田邊　忠雄
13　福留　忠雄		13　太田　鋭一
14　飛松　正志		14　中野　正一
15　今沢　秋雄	FB	15　橋野　昭

公式試合　No.156　昭和16年度　第11試合　対抗戦

早大		同大
90	—	0
39	前	0
51	後	0
9	T	0
6	G	0
0	PG	0
0	DG	0
11	T	0
0	G	0
0	PG	0
0	DG	0
9	反則	4

昭和16年1月3日　G 神宮　R 品田通世　KO 14:30

早大	Pos	同大
1　原　精太	FW	1　加茂　正
2　白崎　恵一		2　西田　章
3　井上　二郎		3　岡松　静男
4　安永　健次		4　伊勢　幸人
5　布村　清一		5　久米　淳介
6　阿部祐四郎		6　池尾　俊夫
7　辻井　弘		7　池田　鉄也
8　鹿子木　聡		8　宇田川清平
9　須崎　修自	HB	9　堀場靖重郎
10　吉崎　正典		10　鈴木　秀治
11　大河内　嶢	TB	11　三浦　勝治
12　鈴木　昌雄		12　沢　勢也
13　福留　忠雄		13　新井　常夫
14　飛松　正志		14　高木　勝治
15　今沢　秋雄	FB	15　久保　良久

公式試合　No.157　昭和17年前期　第1試合　対抗戦

早大		法大
59	—	0
31	前	0
28	後	0
7	T	0
5	G	0
2	PG	0
0	DG	0
7	T	0
5	G	0
2	PG	0
0	DG	0
7	反則	5

昭和17年4月5日　G 東伏見　R 不明　KO 14:30

早大	Pos	法大
1　原　精太	FW	1　前川　元信
2　福島　良郎		2　増谷　正也
3　井上　二郎		3　坂井平八郎
4　後藤　登		4　中道　種次
5　市村　陽三		5　佐山　昌男
6　阿部祐四郎		6　伊藤　一男
7　安永　健次		7　田中善一郎
8　鹿子木　聡		8　友広和三郎
9　須崎　修自	HB	9　宇佐美賢二
10　伊尾喜　健		10　大西　五郎
11　大河内　嶢	TB	11　松本　重義
12　鈴木　昌雄		12
13　飛松　正志		13　賀本　正
14　阪口　治平		14　楊　元勲
15　今沢　秋雄	FB	15　高井　国夫

公式試合　No.158　昭和17年度前期　第2試合　対抗戦

早大		日大
49	—	3
30	前	0
19	後	3
8	T	0
5	G	0
0	PG	0
0	DG	0
2	T	0
1	G	0
1	PG	1
0	DG	0
6	反則	5

昭和17年4月15日　G 東伏見　R 不明　KO 15:30

早大	Pos	日大
1　福島　良郎	FW	1　池永
2　白崎　恵一		2　則武　利夫
3　井上　二郎		3　武藤
4　後藤　登		4　江口　四郎
5　市村　陽三		5　片山菊二郎
6　金森　一良		6　村井
7　安永　健次		7　鈴木幸次郎
8　鹿子木　聡		8　川本　一郎
9　須崎　修自	HB	9　長江　各留
10　今沢　秋雄		10　石田　芳郎
11　大河内　嶢	TB	11　藤木　立雄
12　鈴木　昌雄		12　三谷　忠雄
13　飛松　正志		13　大江賀寿雄
14　阪口　治平		14　川井　泰茂
15　吉村　正巳	FB	15　松村

公式試合 No.159　昭和17年度前期　第3試合　対抗戦

早大		商大
113	—	0
62	前	0
51	後	0
14	T	0
10	G	0
0	PG	0
0	DG	0
12	T	0
6	G	0
1	PG	0
0	DG	0
3	反則	18

早大			商大
1	FW	1	
2		2	
3		3	
4		4	
5		5	
6		6	
7		7	
8		8	
9	HB	9	
10		10	
11	TB	11	
12		12	
13		13	
14		14	
15	FB	15	

昭和17年4月23日
G 東伏見
R 不明　KO 15:30

公式試合 No.160　昭和17年度前期　第4試合　対抗戦

早大		東大
50	—	5
16	前	5
34	後	0
4	T	1
2	G	1
0	PG	0
0	DG	0
8	T	0
5	G	0
1	PG	0
0	DG	0
	反則	

早大			東大
1 後藤 登	FW	1	久永 久夫
2 白崎 恵一		2	香川 順男
3 井上 二郎		3	川田 大介
4 市村 陽三		4	水田 泰朗
5 布村 清一		5	大野 孝
6 阿部祐四郎		6	筒井健司郎
7 安永 健次		7	河北 恵文
8 鹿子木 聡		8	磯野 昌蔵
9 須崎 修自	HB	9	郷古 雄三
10 今沢 秋雄		10	中西 必策
11 大河内 巍	TB	11	安藤 貞一
12 鈴木 昌雄		12	和田 稔
13 平田 一智		13	鳥丸(櫻井)光晴
14 飛松 正志		14	
15 阪口 治平	FB	15	赤羽 良三

昭和17年4月26日
G 神宮
R 伊藤次郎　KO 14:00

公式試合 No.161　昭和17年度前期　第5試合　対抗戦

早大		立大
32	—	3
22	前	3
10	後	0
5	T	0
2	G	0
1	PG	0
0	DG	0
2	T	0
2	G	0
0	PG	0
0	DG	1
12	反則	13

早大			立大
1 原 精太	FW	1	中村 治郎
2 白崎 恵一		2	岡倉 隆夫
3 井上 二郎		3	三好 達胤
4 後藤 登		4	森岡英之輔
5 布村 清一		5	三好 慎吾
6 阿部祐四郎		6	渥美 備
7 安永 健次		7	宇都宮 光
8 鹿子木 聡		8	金 鐘献
9 須崎 修自	HB	9	高畠 一徳
10 今沢 秋雄		10	牧 仲
11 大河内 巍	TB	11	岸川 正秋
12 鈴木 昌雄		12	中山 正
13 平田 一智		13	満生 弘
14 飛松 正志		14	山本 良平
15 伊尾喜 健	FB	15	渡辺 正男

昭和17年5月9日
G 神宮
R 足立卓夫　KO 14:00

公式試合 No.162　昭和17年度前期　第6試合　対抗戦

早大		慶大
21	—	8
8	前	5
13	後	3
1	T	1
1	G	1
1	PG	0
0	DG	0
2	T	1
2	G	0
1	PG	0
0	DG	0
12	反則	7

早大			慶大
1 原 精太	FW	1	大谷 秀長
2 白崎 恵一		2	吉川 嘉俊
3 井上 二郎		3	北野 和男
4 後藤 登		4	田川 茂
5 布村 清一		5	門倉 光生
6 阿部祐四郎		6	伊藤保太郎
7 安永 健次		7	池浦 次郎
8 鹿子木 聰		8	中谷 淳男
9 須崎 修自	HB	9	新谷 淑郎
10 今沢 秋雄		10	桐田 鉄夫
11 大河内 巍	TB	11	針生 俊夫
12 鈴木 昌雄		12	
13 平田 一智		13	山端辰次郎
14 飛松 正志		14	鈴木 正義
15 阪口 治平	FB	15	吉澤 潤三

昭和17年5月16日
G 神宮
R 北島忠治　KO 14:30

公式試合 No.163　昭和17年度前期　第7試合　対抗戦

早大		明大
19	—	6
8	前	3
11	後	3
1	T	1
1	G	0
1	PG	0
0	DG	0
2	T	0
1	G	0
1	PG	0
0	DG	0
	反則	13

早大			明大
1 原 精太	FW	1	宗我 明麿
2 白崎 恵一		2	松岡 正也
3 井上 二郎		3	磯部 英太
4 後藤 登		4	石田 次雄
5 布村 清一		5	松本 壽
6 阿部祐四郎		6	柴田 弘三
7 安永 健次		7	中地和一郎
8 鹿子木 聡		8	高島 輝
9 須崎 修自	HB	9	中田 靖二
10 今沢 秋雄		10	丹羽 好彦
11 大河内 撓	TB	11	丹羽 好彦
12 鈴木 昌雄		12	永野 隼之
13 平田 一智		13	山中 陸郎
14 飛松 正志		14	濱武 晴海
15 阪口 治平	FB	15	矢沢 英治

昭和17年5月24日
G 神宮
R 品田通世　KO 14:30

公式試合 No.164　昭和17年度前期　第8試合　対抗戦

早大		京大
32	—	5
9	前	0
23	後	5
3	T	1
0	G	0
0	PG	0
0	DG	0
7	T	0
2	G	0
0	PG	0
0	DG	0
6	反則	13

早大			京大
1 原 精太	FW	1	中尾 勤三
2 白崎 恵一		2	永田 国夫
3 井上 二郎		3	若林 四郎
4 後藤 登		4	周防 正士
5 布村 清一		5	
6 阿部祐四郎		6	河光 四郎
7 安永 健次		7	秦 功治
8 鹿子木 聡		8	谷山 保夫
9 須崎 修自	HB	9	奥村 貢
10 伊尾喜 健		10	二木 光夫
11 大河内 巍	TB	11	高橋 紀郎
12 鈴木 昌雄		12	森本 強
13 平田 一智		13	川口 義次
14 飛松 正志		14	越田 弘
15 今沢 秋雄	FB	15	高木 四郎

昭和17年6月7日
G 花園
R 杉本 彰　KO 14:30

国際試合 No.23　昭和17年度前期 満州遠征（建国10周年慶祝大会）第1試合

早大		全満州
46	—	29
18	前	13
28	後	16
3	T	3
3	G	2
1	PG	0
0	DG	0
6	T	4
5	G	2
0	PG	0
0	DG	0
	反則	

早大			全満州
1 原 精太	FW	1	稲村 誠
2 白崎 恵一		2	松村 英雄
3 井上 二郎		3	森
4 後藤 登		4	久永榮一郎
5 布村 清一		5	佐藤
6 阿部祐四郎		6	榎本 保雄
7 安永 健次		7	吉田 啓一
8 金森 一良		8	山本
9 須崎 修自	HB	9	東 明
10 今澤 秋雄		10	片桐
11 大河内 巍	TB	11	内藤 資忠
12 鈴木 昌雄		12	千代間忠夫
13 平田 一智		13	福留
14 飛松 正志		14	小川 義晴
15 阪口 治平	FB	15	岩田

昭和17年8月11日
G 新京南嶺運動場
R 田中太郎　KO 16:00

国際試合 No.24　昭和17年度前期 満州遠征（建国10周年慶祝大会）第2試合

早大		全満鉄
31	—	11
16	前	11
15	後	0
4	T	3
3	G	1
1	PG	0
0	DG	0
3	T	1
2	G	0
0	PG	0
0	DG	0
	反則	

早大			全満鉄
1 原 精太	FW	1	稲村 誠
2 福島 良郎		2	松村 英雄
3 後藤 登		3	富岡 直二
4 安永 健次		4	丸山 要
5 布村 清一		5	三好 勉
6 阿部祐四郎		6	吉田 啓一
7 金森 一良		7	宮原九州雄
8 鹿子木 聡		8	戸川 健
9 須崎 修自	HB	9	東 明
10 今澤 秋雄		10	松田 正徳
11 大河内 巍	TB	11	入交 英三
12 鈴木 昌雄		12	大瀧 正雄
13 平田 一智		13	柳田 勉
14 阪口 治平		14	飯田
15 松岡 洋郎	FB	15	春木 章一

昭和17年8月13日
G 奉天国際G
R 不明　KO 14:00

公式試合 No.165　昭和17年度前期 満州遠征　第9試合　帰途試合

早大		福岡学生代表
25	—	17
16	前	3
9	後	14
4	T	1
1	G	1
0	PG	0
0	DG	0
3	T	4
1	G	0
0	PG	0
0	DG	0
	反則	

早大			福岡学生代表
1 原 精太	FW	1	山口
2 福島 良郎		2	金山
3 白崎 恵一		3	渡辺
4 後藤 登		4	吉安
5 布村 清一		5	松下
6 林 正治郎		6	山内
7 安永 健次		7	松岡
8 阿部祐四郎		8	松村
9 今沢 秋雄	HB	9	中村
10 須崎 修自		10	加勢田
11 大河内 巍		11	豊田
12 飛松 正志		12	天本
13 平田 一智		13	宇野
14 阪口 治平		14	丸林
15 松岡 洋郎	FB	15	田中

昭和17年8月19日
G 春日原
R 斎藤二男　KO 13:00
メンバーは福岡日日新聞（現西日本）による

公式試合 No.166　昭和17年度後期　第1試合　対抗戦

早大		法大
75	—	0
	前	0
	後	0
	T	0
	G	0
	PG	0
	DG	0
	T	0
	G	0
	PG	0
	DG	0
	反則	

早大			法大
1	FW	1	前川 元信
2		2	増谷 達男
3		3	坂井平八郎
4		4	木本 昇輔
5		5	西久保彰男
6		6	中道 種次
7		7	佐山 昌男
8		8	前澤 一男
9	HB	9	宇佐美賢二
10		10	芝 弘
11	TB	11	友広周三郎
12		12	大西 五郎
13		13	賀本 正
14		14	斎藤 正
15	FB	15	高井 国夫

昭和17年10月11日
G 東伏見
R 品田通世　KO 15:00
（メンバーは法大OB調べ）

公式試合 No.167　昭和17年度後期　第2試合　対抗戦

早大		東大
63	—	3
25	前	0
38	後	3
6	T	0
2	G	0
1	PG	0
0	DG	0
10	T	0
4	G	0
0	PG	1
0	DG	0
	反則	

早大			東大
1 白崎 恵一	FW	1	樫野 順三
2 福島 良郎		2	河北 恵文
3 井上 二郎		3	香川 順男
4 後藤 登		4	高原 俊雄
5 藤田 俊彦		5	筒井健司郎
6 阿部祐四郎		6	水田 泰朗
7 金森 一良		7	大倉 務
8 鹿子木 聡		8	伊藤健一郎
9 須崎 修自	HB	9	和田 稔
10 伊尾喜 健		10	浜野 一三
11 小丸 博敏	TB	11	原田 三治
12 今沢 秋雄		12	安藤 貞一
13 岩城 睦二		13	島丸 光晴
14 阪口 治平		14	
15 林 正治郎	FB	15	角野 源平

昭和17年10月18日
G 神宮
R 伊藤次郎　KO 12:30

公式試合 No.168　昭和17年度後期　第3試合　対抗戦

早大		京大
51	—	5
12	前	0
39	後	5
4	T	0
1	G	0
0	PG	0
0	DG	0
8	T	1
6	G	1
1	PG	0
0	DG	0
	反則	

早大			京大
1 橋本 謙二	FW	1	中尾 勤三
2 福島 良郎		2	梅谷 三郎
3 白崎 恵一		3	高木 五郎
4 後藤 登		4	山田(小島)薫
5 井上 二郎		5	周防 正士
6 阿部祐四郎		6	浜住 芳一
7 金森 一良		7	白尾 輝高
8 鹿子木 聡		8	谷山 保夫
9 須崎 修自	HB	9	奥村 貢
10 伊尾喜 健		10	植田 貞次
11 小丸 博敏		11	関根 宏
12 今沢 秋雄		12	森本 至郎
13 岩城 睦二		13	二木 光夫
14 阪口 治平		14	小野崎 篤
15 野上 久雄	FB	15	佐藤 睦夫

昭和17年10月25日
G 神宮
R 品田通世　KO 15:30

公式試合 No.169　昭和17年度前期　第4試合　対抗戦

早大 78 — 5 日大

早大		日大
78	—	5
36	前	0
42	後	5
	T	0
	G	0
	PG	0
	DG	0
	T	1
	G	1
	PG	0
	DG	0
	反則	

昭和17年11月3日　G 東伏見　R 不明　KO

No.	早大	Pos	日大
1		FW	
2			
3			
4			
5			
6			
7			
8			
9		HB	
10			
11		TB	
12			
13			
14			
15		FB	

公式試合 No.170　昭和17年度後期　第5試合　対抗戦

早大 17 — 3 立大

早大		立大
17	—	3
11	前	3
6	後	0
3	T	0
1	G	0
0	PG	0
0	DG	0
1	T	0
0	G	0
1	PG	0
0	DG	0
8	反則	12

昭和17年11月7日　G 神宮　R 北島忠治　KO 15:00

No.	早大	Pos	立大
1	白崎 恵一	FW	中村 治郎
2	福島 良郎		渥美 備
3	井上 二郎		友沢 毅一郎
4	後藤 登		田中
5	橋本 謙二		三好 慎吾
6	阿部祐四郎		高畠 一徳
7	金森 一良		宇都宮 光
8	鹿子木 聡		稲田 茂
9	須崎 修自	HB	木村敬三郎
10	伊尾喜 健		牧 伸
11	小丸 博敏	TB	岸川 正秋
12	今沢 秋雄		満生 弘
13	岩城 睦二		小川 登
14	阪口 治平		下田 治
15	野上 久雄	FB	尾崎 利通

公式試合 No.171　昭和17年度後期　第6試合　対抗戦

早大 17 — 0 専大

早大		専大
17	—	0
	前	0
	後	0
	T	0
	G	0
	PG	0
	DG	0
	T	0
	G	0
	PG	0
	DG	0
	反則	

昭和17年11月14日　G 東伏見　R 不明　KO

No.	早大	Pos	専大
1		FW	
2			
3			
4			
5			
6			
7			
8			
9		HB	
10			
11		TB	
12			
13			
14			
15		FB	

公式試合 No.172　昭和17年度後期　第7試合　対抗戦

早大 5 — 11 慶大

早大		慶大
5	—	11
0	前	5
5	後	6
0	T	1
0	G	1
0	PG	0
0	DG	0
1	T	2
1	G	0
0	PG	0
0	DG	0
5	反則	11

昭和17年11月29日　G 神宮　R 北島忠治　KO 14:30

No.	早大	Pos	慶大
1	白崎 恵一	FW	大谷 秀長
2	福島 良郎		高松 昇
3	井上 二郎		北野 和男
4	後藤 登		野村 栄一
5	橋本 謙二		門倉 光夫
6	阿部祐四郎		伊藤保太郎
7	金森 一良		池浦 次郎
8	鹿子木 聡		中谷 淳男
9	須崎 修自	HB	大塚 深
10	伊尾喜 健		新谷 達郎
11	小丸 博敏	TB	上原 悦彦
12	今沢 秋雄		桐田 鉄夫
13	岩城 睦二		山崎辰次郎
14	阪口 治平		針生 俊夫
15	野上 久雄	FB	神谷 重彦

公式試合 No.173　昭和17年度後期　第8試合　対抗戦

早大 10 — 15 明大

早大		明大
10	—	15
0	前	6
0	後	9
2	T	2
2	G	0
0	PG	0
0	DG	0
0	T	2
0	G	1
1	PG	0
0	DG	0
	反則	

昭和17年12月6日　G 神宮　R 伊藤次郎　KO 14:30

No.	早大	Pos	明大
1	白崎 恵一	FW	野村 正明
2	福島 良郎		松岡 正也
3	井上 二郎		石田 次雄
4	後藤 登		浅野 慶三
5	橋本 謙二		松本 壽
6	阿部祐四郎		柴田 弘干
7	金森 一良		高島 輝
8	鹿子木 聡		中地和一郎
9	須崎 修自	HB	安武 恒夫
10	伊尾喜 健		中田 靖一
11	小丸 博敏	TB	藤原 義郎
12	平田 一智		永野 隼治
13	岩城 睦二		山中 陸郎
14	阪口 治平		伴 美登
15	今沢 秋雄	FB	矢沢 英治

公式試合 No.174　昭和17年度後期　第9試合　対抗戦

早大 25 — 3 同大

早大		同大
25	—	3
8	前	3
17	後	0
2	T	1
1	G	0
0	PG	0
0	DG	0
2	T	0
1	G	0
3	PG	0
0	DG	0
	反則	

昭和18年1月3日　G 花園　R 杉本 彰　KO 14:30

No.	早大	Pos	同大
1	橋本 謙二	FW	加茂 正
2	白崎 恵一		西田 章
3	井上 二郎		岡松 静男
4	後藤 登		伊勢 幸人
5	藤田 俊彦		久米 淳介
6	阿部祐四郎		池尾 俊夫
7	金森 一良		池田 鉄也
8	鹿子木 聡		岩崎 鉄也
9	須崎 修自	HB	堀場靖重郎
10	伊尾喜 健		鈴木 光雄
11	小丸 博敏	TB	水野 作三
12	今沢 秋雄		徳弘 勢也
13	岩城 睦二		
14	阪口 治平		三浦 顕
15	林 正治郎	FB	久我 良久

公式試合 No.175　昭和17年度後期　第10試合　対抗戦

早大 71 — 3 関西学院大

早大		関西学院大
71	—	3
42	前	0
29	後	3
10	T	0
6	G	0
0	PG	0
0	DG	0
7	T	1
4	G	0
0	PG	0
0	DG	0
	反則	

昭和18年1月5日　G 花園　R 乾 隆　KO 14:30

No.	早大	Pos	関西学院大
1	白崎 恵一	FW	柳生 武
2	福島 良郎		垂井 清
3	井上 二郎		大倉 永吉
4	後藤 登		西村 祐一
5	藤田 俊彦		田端 薫
6	阿部祐四郎		宇治田久男
7	金森 一良		前田 知之
8	鹿子木 聡		近江健三郎
9	林 正治郎	HB	天野 馬蔵
10	伊尾喜 健		の場 長蔵
11	小丸 博敏	TB	中尾
12	今沢 秋雄		徳永 満正
13	岩城 睦二		藤尾 正人
14	阪口 治平		印野
15	野上 久雄	FB	富永 保之

公式試合 No.176　昭和21年度　第1試合　対抗戦

早大 10 — 11 東大

早大		東大
10	—	11
0	前	8
10	後	3
0	T	2
0	G	1
0	PG	0
0	DG	0
2	T	1
2	G	0
0	PG	0
0	DG	0
	反則	

昭和21年10月20日　G 東伏見　R 川田大介　KO 15:00

No.	早大	Pos	東大
1	浜田 繁栄	FW	村松 秀之
2	岡本 健一		多田(村井)弘
3	内田 堯		山田 剛太
4	日野 嘉恵		高橋 勇作
5	高倉 泰三		川上 省一
6	芦田 治一		河 豊
7	岡本 隆		末弘 重夫
8	松分 光朗		高原 俊雄
9	松岡 久雄	HB	増田 裕
10	野上 久雄		島田 泰三
11	飛松 正志	TB	伊豫田敏雄
12	出石 郁甫		大倉 淳平
13	出石 武雄		中沢 種次
14	大月 雅宣		村上 定雄
15	坂林 好之	FB	久埜 収吉

公式試合 No.177　昭和21年度　第2試合　対抗戦

早大 36 — 8 日大

早大		日大
36	—	8
14	前	0
22	後	8
4	T	0
1	G	0
0	PG	0
0	DG	0
4	T	2
2	G	1
2	PG	0
0	DG	0
	反則	

昭和21年10月27日　G 八幡山　R 不明　KO

No.	早大	Pos	日大
1		FW	林田
2			佐藤 衛
3			網谷 敏郎
4			国分 正
5			大庭
6			松田
7			上園 将男
8			澤田 三夫
9		HB	川村 寿人
10			工藤
11		TB	中山 康
12			荒木 鉄幸
13			鷹木 立雄
14			斉藤 健三
15		FB	松丸 哲也

公式試合 No.178　昭和21年度　第3試合　対抗戦

早大 14 — 26 京大

早大		京大
14	—	26
6	前	14
8	後	12
1	T	3
0	G	1
1	PG	1
0	DG	0
2	T	3
1	G	0
0	PG	1
0	DG	0
	反則	

昭和21年11月3日　G 京大　R 柳　KO

No.	早大	Pos	京大
1	浜田 繁栄	FW	芝山 良雄
2	内田 堯		森 緑郎
3	高橋		福井 律
4	日野 嘉恵		日野 清徳
5	高倉 泰三		龍村 元
6	芦田 治一		和智 恒雄
7	岡本 隆		富士準之助
8	松分 光朗		山上 忠一
9	山上 弘	HB	鈴木重晴(新村)
10	堀 博俊		柴垣 志郎
11	岩城 睦二	TB	森本 至郎
12	新村 郁甫		村村 哲也
13	出石 武雄		白山邦四郎(堀江)
14	大月 雅宣		広海 泰三
15	野上 久雄	FB	今沢敏郎(清水)

公式試合 No.179　昭和21年度　第4試合　対抗戦

早大 18 — 11 立大

早大		立大
18	—	11
6	前	11
12	後	0
2	T	3
0	G	1
0	PG	0
0	DG	0
2	T	0
0	G	0
0	PG	0
0	DG	0
	反則	

昭和21年11月9日　G 八幡山　R 不明　KO 13:00

No.	早大	Pos	立大
1		FW	
2			
3			
4			
5			
6			
7			
8			
9		HB	
10			
11		TB	
12			
13			
14			
15		FB	

公式試合 No.180　昭和21年度　第5試合　対抗戦

早大 8 — 9 慶大

早大		慶大
8	—	9
3	前	6
5	後	3
0	T	1
0	G	0
0	PG	1
0	DG	0
1	T	1
1	G	0
0	PG	0
0	DG	0
	反則	6

昭和21年11月23日　G 神宮球場　R 新島 清　KO 14:30

No.	早大	Pos	慶大
1	浜田 繁栄	FW	戸所 英昌
2	芦田 治一		吉田敏太郎
3	内田 堯		伊藤 泰治
4	藤田 俊彦		由本 栄作
5	高倉 泰三		本木 良太
6	松岡 洋郎		犬丸 二郎
7	岡本 隆		根本哲次郎
8	松分 光朗		椎野 正夫
9	山上 弘	HB	小松 五郎
10	堀 博俊		中谷 三郎
11	出石 武雄	TB	杉本善三郎
12	新村 郁甫		渡辺(児玉)渡
13	岩城 睦二		西村 仁
14	大月 雅宣		吉田三郎助
15	野上 久雄	FB	田中 務

公式試合 No.181　昭和21年度　第6試合　対抗戦

早大　24　—　16　明大

早大		明大
24	—	16
15	前	11
9	後	5
4	T	3
0	G	1
1	PG	0
0	DG	0
3	T	1
0	G	1
0	PG	0
0	DG	0
9	反則	9

昭和21年12月8日　G 神宮　R 伊藤次郎　KO 14:30

No	早大	Pos	No	明大
1	浜田 繁英	FW	1	清原 耕三
2	芦田 治一		2	藤原 敏行
3	内田 堯		3	斉藤 寮
4	高倉 泰三		4	山本 麟一
5	藤田 俊彦		5	柴田 勲
6	坂林 好之		6	村上 令
7	岡本 隆		7	岡野 清次
8	松分 光朗		8	太田垣公平
9	松岡 洋郎	HB	9	安武 恒夫
10	堀 博俊		10	久川 豊次
11	大河内 嶢	TB	11	松川 豊次
12	新村 郁甫		12	加藤 衛
13	岩城 睦二		13	南 亨
14	出石 武雄		14	藤 正俊
15	野上 久雄	FB	15	山中 陸郎

公式試合 No.182　昭和21年度　第7試合　対抗戦

早大　62　—　0　同大

早大		同大
62	—	0
20	前	0
42	後	0
4	T	0
4	G	0
0	PG	0
0	DG	0
9	T	0
9	G	0
1	PG	0
0	DG	0
7	反則	13

昭和22年1月3日　G 西京極　R 西村　KO

No	早大	Pos	No	同大
1	浜田 繁英	FW	1	高谷 忠雄
2	芦田 治一		2	高瀬 未雄
3	内田 堯		3	坪田 晃
4	高倉 泰三		4	松田 茂
5	藤田 俊彦		5	金野 淯
6	坂林 好之		6	福永 朋也
7	岡本 隆		7	久米 淳介
8	松分 光朗		8	藤本 佳秀
9	松岡 洋郎	HB	9	稲本 実
10	堀 博俊		10	中井 省吾
11	大河内 嶢	TB	11	磯田 三郎
12	新村 郁甫		12	池永 莞爾
13	岩城 睦二		13	井狩 唯一
14	出石 武雄		14	萩原 文彦
15	野上 久雄	FB	15	八島 郁夫

公式試合 No.183　昭和22年度　第1試合　対抗戦

早大　39　—　5　立大

早大		立大
39	—	5
22	前	5
17	後	0
4	T	1
2	G	1
2	PG	0
0	DG	0
4	T	0
1	G	0
0	PG	0
0	DG	0
9	反則	13

昭和22年10月5日　G 東伏見　R 新島 清　KO 15:00

No	早大	Pos	No	立大
1	井上 和彦	FW	1	秋山 正即
2	佐藤 忠男		2	橋本篤之介
3	内田 堯		3	佐藤 正敏
4	高倉 泰三		4	三重野健二
5	橋本 晋一		5	水谷
6	坂林 好之		6	島田 誠一
7	岡本 隆		7	網守 恒雄
8	松分 光朗		8	新井 明三
9	山上 弘	HB	9	高畠 一徳
10	堀 博俊		10	白木 秀房
11	大月 雅宣	TB	11	伊藤 保郎
12	新村 郁甫		12	満生 弘
13	出石 武雄		13	牧 仰
14	高田 英期		14	平井 教雄
15	芦田 治一	FB	15	茂田井八洲男

公式試合 No.184　昭和22年度　第2試合　対抗戦

早大　54　—　6　日大

早大		日大
54	—	6
24	前	6
30	後	3
	T	
	G	
	PG	
	DG	
	T	
	G	
	PG	
	DG	
	反則	

昭和22年10月12日　G 東伏見　R 新島 清　KO 14:55

No	早大	Pos	No	日大
1	井上 和彦	FW	1	鈴木 信之
2	佐藤 忠男		2	有吉
3	内田 堯		3	佐藤 衛
4	田中 昭		4	大宮
5	高倉 泰三		5	芳村 正忠
6	坂林 好之		6	深田 三夫
7	岡本 隆		7	網屋 敏郎
8	松分 光朗		8	上岡 将男
9	山上 弘	HB	9	川村 寿人
10	堀 博俊		10	工藤
11	大月 雅宣	TB	11	松丸 哲也
12	新村 郁甫		12	鷹木 立雄
13	出石 武雄		13	荒木 鉄幸
14	畠山 勉		14	高村
15	川本 久義	FB	15	高橋 博

公式試合 No.185　昭和22年度　第3試合　対抗戦

早大　42　—　0　文理大

早大		文理大
42	—	0
16	前	0
26	後	0
	T	
	G	
	PG	
	DG	
	T	
	G	
	PG	
	DG	
	反則	

昭和22年10月15日　G 東伏見　R 鹿子木聡　KO 14:40

No	早大	Pos	No	文理大
1	井上 和彦	FW	1	上子 侃
2	佐藤 忠男		2	寺沢 健次
3	内田 堯		3	田口 忠利
4	高倉 泰三		4	北原礒次郎
5	橋本 晋一		5	増田 靖夫
6	芦田 治一		6	大村 芳弘
7	岡本 隆		7	鶴巻 和男
8	松分 光朗		8	奥名 洋明
9	山上 弘	HB	9	黒田 信寛
10	堀 博俊		10	梅本 二郎
11	大月 雅宣	TB	11	堤 治美
12	高田 英期		12	池田 正徳
13	出石 武雄		13	丸山 鉄男
14	畠山 勉		14	鈴木 孝
15	川本 久義	FB	15	簀 正義

公式試合 No.186　昭和22年度　第4試合　対抗戦

早大　79　—　3　法大

早大		法大
79	—	3
40	前	0
39	後	0
	T	
	G	
	PG	
	DG	
	T	
	G	
	PG	
	DG	
	反則	

昭和22年10月26日　G 東伏見　R 大西鐵之祐　KO 13:30

No	早大	Pos	No	法大
1		FW	1	
2			2	
3			3	
4			4	
5			5	
6			6	
7			7	
8			8	
9		HB	9	
10			10	
11		TB	11	
12			12	
13			13	
14			14	
15		FB	15	

公式試合 No.187　昭和22年度　第5試合　対抗戦

早大　19　—　0　京大

早大		京大
19	—	0
3	前	0
16	後	3
1	T	0
0	G	0
0	PG	0
0	DG	0
4	T	1
0	G	0
0	PG	0
0	DG	0
14	反則	13

昭和22年11月3日　G 西宮　R 白崎都香佐　KO 14:00

No	早大	Pos	No	京大
1	高倉 泰三	FW	1	芝山 良雄
2	芦田 治一		2	柴垣 復生
3	内田 堯		3	増田 秀
4	田中 昭		4	日野 清徳
5	橋本 晋一		5	龍村 元
6	坂林 好之		6	松崎 弘
7	岡本 隆		7	森 縁郎
8	松分 光朗		8	田村 哲也
9	山上 弘	HB	9	鈴木 寛
10	堀 博俊		10	山根 健二
11	大月 雅宣	TB	11	長崎 道正
12	新村 郁甫		12	森本 至郎
13	出石 武雄		13	白山邦四郎
14	畠山 勉		14	高木 勇
15	川本 久義	FB	15	今沢 敏郎

公式試合 No.188　昭和22年度　第6試合　対抗戦

早大　31　—　0　東大

早大		東大
31	—	0
16	前	0
15	後	0
3	T	0
2	G	0
1	PG	0
0	DG	0
5	T	0
0	G	0
0	PG	0
0	DG	0
12	反則	6

昭和22年11月12日　G 神宮　R 北野孟郎　KO 15:00

No	早大	Pos	No	東大
1	佐藤 忠男	FW	1	相馬 善吉
2	芦田 治一		2	多田 弘
3	内田 堯		3	村松 秀之
4	田中 昭		4	青木 彰
5	橋本 晋一		5	横山正一郎
6	坂林 好之		6	吉田 純三
7	岡本 隆		7	宮本 正男
8	松分 光朗		8	山田 剛太
9	山上 弘	HB	9	野口(山本)亨
10	堀 博俊		10	
11	高田 英期	TB	11	伊豫田敏雄
12	新村 郁甫		12	大倉 淳平
13	出石 武雄		13	高島 信一
14	畠山 勉		14	金森 務
15	川本 久義	FB	15	阿部 隆司

公式試合 No.189　昭和22年度　第7試合　対抗戦

早大　41　—　0　慶大

早大		慶大
41	—	0
8	前	0
33	後	3
2	T	0
1	G	0
0	PG	0
0	DG	0
7	T	1
3	G	0
2	PG	0
0	DG	0
9	反則	18

昭和22年11月23日　G 東京ラグビー場(現秩父宮)　R 新島 清　KO 14:30

No	早大	Pos	No	慶大
1	井上 和彦	FW	1	河端 秀利
2	芦田 治一		2	柳沢 定
3	内田 堯		3	伊藤 泰治
4	高倉 泰三		4	中須 規夫
5	橋本 晋一		5	本木 良太
6	佐藤 忠男		6	根本哲次郎
7	岡本 隆		7	犬丸 二郎
8	松分 光朗		8	
9	山上 弘	HB	9	
10	堀 博俊		10	中谷(白井)三郎
11	大月 雅宣	TB	11	吉田三郎助
12	新村 郁甫		12	渡辺 渡
13	出石 武雄		13	
14	畠山 勉		14	西村 仁
15	川本 久義	FB	15	山本 達郎

公式試合 No.190　昭和22年度　第8試合　対抗戦

早大　15　—　19　明大

早大		明大
15	—	19
6	前	16
9	後	3
2	T	3
0	G	2
0	PG	0
0	DG	0
3	T	0
0	G	0
0	PG	1
0	DG	0
10	反則	10

昭和22年12月7日　G 東京ラグビー場　R 伊藤次郎　KO 14:00

No	早大	Pos	No	明大
1	井上 和彦	FW	1	斉藤 寮
2	芦田 治一		2	藤原 敏行
3	内田 堯		3	西沢 勤二
4	高倉 泰三		4	田中 吉彦
5	橋本 晋一		5	柴田 勲
6	坂林 好之		6	村上 令
7	岡本 隆		7	土屋 英明
8	松分 光朗		8	工藤 茂
9	山上 弘	HB	9	安武 恒夫
10	堀 博俊		10	久羽 博
11	大月 雅宣	TB	11	野見山可彰
12	新村 郁甫		12	白石 勝
13	出石 武雄		13	丹羽 三郎
14	畠山 勉		14	横山 昭
15	川本 久義	FB	15	藤 正俊

公式試合 No.191　昭和22年度　第9試合　対抗戦

早大　18　—　14　関西学院大

早大		関西学院大
18	—	14
10	前	0
8	後	14
2	T	0
0	G	0
0	PG	0
0	DG	0
1	T	0
1	G	0
1	PG	0
0	DG	0
8	反則	7

昭和22年12月27日　G 東京ラグビー場　R 北野孟郎　KO 14:00

No	早大	Pos	No	関西学院大
1	井上 和彦	FW	1	神門 久雄
2	芦田 治一		2	内海 透
3	内田 堯		3	林 義雄
4	高倉 泰三		4	馬場 恵一
5	橋本 晋一		5	武田 一貫
6	坂林 好之		6	中村 茂
7	岡本 隆		7	片山 盛造
8	松分 光朗		8	西殿 香進
9	山上 弘	HB	9	福田 恒夫
10	堀 博俊		10	松下 哲三
11	大月 雅宣	TB	11	松永 俊夫
12	新村 郁甫		12	北江(三宅)晢大
13	出石 武雄		13	八橋 卓
14	畠山 勉		14	藤井 宗夫
15	川本 久義	FB	15	

公式試合 No.192　昭和22年度　第10試合　対抗戦

早大　52　—　0　同大

早大		同大
52	—	0
24	前	0
28	後	0
5	T	0
1	G	0
1	PG	0
0	DG	0
2	T	0
2	G	0
1	PG	0
0	DG	0
7	反則	9

昭和23年1月3日　G 東京ラグビー場　R 伊藤次郎　KO 14:00

No	早大	Pos	No	同大
1	井上 和彦	FW	1	東坂 清
2	芦田 治一		2	勝本 喜庄
3	内田 堯		3	奥村 純平
4	高倉 泰三		4	坪田 晃
5	橋本 晋一		5	溝川 幸雄
6	坂林 好之		6	高瀬 未雄
7	岡本 隆		7	山本勘兵衛
8	松分 光朗		8	磯川 成幸
9	山上 弘	HB	9	門戸良太郎
10	堀 博敏		10	井狩 唯一
11	大月 雅宣	TB	11	磯田 三郎
12	新村 郁甫		12	伊藤 栄夫
13	出石 武雄		13	和田 武雄
14	畠山 勉		14	萩原 文彦
15	川本 久義	FB	15	八島 郁夫

公式試合　No.193　昭和23年度　第1試合　対抗戦

早大		法大	早大		法大
80	—	0		FW 1	
48	前	0		2	
32	後	0		3	
	T			4	
	G			5	
	PG			6	
	DG			7	
	T			8	
	G			HB 9	
	PG			10	
	DG			TB 11	
	反則			12	
昭和23年9月26日				13	
G 東伏見				14	
R 藤井正義　KO 15:00				FB 15	

公式試合　No.194　昭和23年度　第2試合　対抗戦

早大		日大	早大		日大
42	—	0	井上 和彦	FW 1	佐藤 衛
11	前	0	石外 昭	2	佐々木宏平
31	後	0	林 秀雄	3	鈴木 信之
3	T	0	高倉 泰三	4	芳村 正忠
1	G	0	田中 昭	5	奥村多馬夫
0	PG	0	佐藤 忠男	6	網屋 敏郎
0	DG	0	岡本 隆	7	深田 三夫
9	T	0	松分 光朗	8	斉藤 健三
2	G	0	松岡 洋郎	HB 9	川村 寿人
0	PG	0	堀 博俊	10	鷹木 立雄
0	DG	0	青木 良昭	TB 11	松丸 哲也
1	反則	10	新村 郁甫	12	佐藤 進
昭和23年10月3日			出石 武雄	13	佐々木 明
G 東伏見			高田 英朗	14	村松 正雄
R 今沢秋雄　KO 14:00			山上 弘	FB 15	高橋 博

公式試合　No.195　昭和23年度　第3試合　対抗戦

早大		立大	早大		立大
46	—	0	井上 和彦	FW 1	佐藤 正敏
26	前	0	石外 昭	2	秋山 正和
20	後	0	林 秀雄	3	豊田 和郎
8	T	0	田中 昭	4	島本 行明
0	G	0	橋本 晋一	5	永沢 克海
0	PG	0	佐藤 忠男	6	新免 明
0	DG	0	高倉 泰三	7	網守 恒男
9	T	0	松分 光朗	8	新井 峰三
1	G	0	松岡 洋郎	HB 9	橋本 行正
1	PG	0	堀 博俊	10	白木 秀房
0	DG	0	青木 良昭	TB 11	水越 雪雄
4	反則	8	新村 郁甫	12	伊藤 保郎
昭和23年10月24日			出石 武雄	13	榊 敏治
G 東京ラグビー場			大月 雅宣	14	虹川 正夫
R 和田政雄　KO 14:30			山上 弘	FB 15	早坂 良助

公式試合　No.196　昭和23年度　第4試合　対抗戦

早大		京大	早大		京大
42	—	3	井上 和彦	FW 1	山田 繁
13	前	3	石外 昭	2	中川路 明
29	後	0	林 秀雄	3	米原 好久
3	T	1	高倉 泰三	4	日野 清徳
2	G	0	橋本 晋一	5	築山 正弥
0	PG	0	佐藤 忠男	6	栗岡 章介
0	DG	0	岡本 隆	7	梅村 彰三
7	T	0	松分 光朗	8	中川路忠男
4	G	0	松岡 洋郎	HB 9	鈴木 純
0	PG	0	堀 博俊	10	柴垣 復生
0	DG	0	青木 良昭	TB 11	岡田 守夫
8	反則	11	新村 郁甫	12	森本 隆
昭和23年11月3日			出石 武雄	13	白山邦四郎
G 東京ラグビー場			青木 良昭	14	高畑瀬 宏
R 川田大介　KO 14:30			山上 弘	FB 15	藤尾 正俊

公式試合　No.197　昭和23年度　第5試合　対抗戦

早大		東大	早大		東大
58	—	5	井上 和彦	FW 1	村松 秀之
31	前	0	石外 昭	2	多田 弘
27	後	5	林 秀雄	3	林 真佐男
9	T	1	田中 昭	4	青木 彰
2	G	1	藤井 厚	5	横山正一郎
0	PG	0	岡本 隆	6	吉田 耕三
0	DG	0	高倉 泰三	7	宮本 正男
7	T	0	松分 光朗	8	石坂 泰夫
3	G	0	下平 嘉昭	HB 9	池川 正
0	PG	0	堀 博俊	10	高畠顕一郎
0	DG	0	青木 良昭	TB 11	横川 昌昭
4	反則	3	小山昭一郎	12	斉藤 広賢
昭和23年11月13日			大川 年一	13	高島 信之
G 東京ラグビー場			大月 雅宣	14	阿部 隆司
R 和田政雄　KO 15:00			新村 郁甫	FB 15	水内 明久

公式試合　No.198　昭和23年度　第6試合　対抗戦

早大		慶大	早大		慶大
3	—	3	井上 和彦	FW 1	清水 正彦
0	前	3	石外 昭	2	河端 秀利
3	後	0	林 秀雄	3	戸部 英昌
0	T	1	田中 昭	4	竹谷 武
0	G	0	橋本 晋一	5	山田 畝一
0	PG	0	岡本 隆	6	柏谷 典雄
0	DG	0	佐藤 忠男	7	犬丸 二郎
1	T	0	松分 光朗	8	渡辺 建
0	G	0	松岡 洋郎	HB 9	田中 務
0	PG	0	堀 博俊	10	杉本善三郎
0	DG	0	青木 良昭	TB 11	水越 雪雄
7	反則	13	小山昭一郎	12	中谷(白井)三郎
昭和23年11月23日			出石 武雄	13	角南 圭一
G 東京ラグビー場			畠山 勉	14	高橋 正旭
R 伊藤次郎　KO 14:30			新村 郁甫	FB 15	富本 祐輔

公式試合　No.199　昭和23年度　第7試合　対抗戦

早大		明大	早大		明大
16	—	5	井上 和彦	FW 1	斉藤 寮
11	前	5	石外 昭	2	藤原 敏行
5	後	0	林 秀雄	3	渡辺 輝夫
3	T	0	田中 昭	4	松下 良治
1	G	1	橋本 晋一	5	加地 石松
0	PG	0	高倉 泰三	6	村上 令
0	DG	0	岡本 隆	7	太田垣公平
1	T	1	松分 光朗	8	穂徳 仁司
1	G	1	松岡 洋郎	HB 9	土屋 英明
0	PG	0	堀 博俊	10	久羽 博
0	DG	0	青木 良昭	TB 11	佐々木敏郎
6	反則	3	小山昭一郎	12	白石 勝
昭和23年12月5日			出石 武雄	13	丹羽 三郎
G 東京ラグビー場			大月 雅宣	14	横山 昭
R 伊藤次郎　KO 14:00			新村 郁甫	FB 15	神代 達之

公式試合　No.200　昭和23年度　第8試合　対抗戦

早大		同大	早大		同大
37	—	0	井上 和彦	FW 1	東坂 清
17	前	0	石外 昭	2	勝本 善臣
20	後	0	林 秀雄	3	渡辺 辰雄
4	T	0	田中 昭	4	高瀬 末雄
1	G	0	藤井 厚	5	高谷 治雄
0	PG	0	岡本 隆	6	磯川 成章
0	DG	0	高倉 泰三	7	山本勘兵衛
4	T	0	松分 光朗	8	岡 仁詩
1	G	0	松岡 洋郎	HB 9	樋口 昭蔵
0	PG	0	堀 博俊	10	門戸良太郎
0	DG	0	青木 良昭	TB 11	山本 諭一
13	反則	16	小山昭一郎	12	和田 武雄
昭和24年1月3日			出石 武雄	13	山田 盛平
G 花園			大月 雅宣	14	萩原 文彦
R 正野虎雄　KO 13:30			新村 郁甫	FB 15	八島 郁夫

公式試合　No.201　昭和23年度　第9試合　対抗戦

早大		関西学院大	早大		関西学院大
15	—	0	井上 和彦	FW 1	船越 清
5	前	0	石外 昭	2	酒田 一夫
10	後	0	林 秀雄	3	貝元義明(南)
1	T	0	田中 昭	4	林 義雄
1	G	0	橋本 晋一	5	武用 一貫
0	PG	0	岡本 隆	6	中村 茂
0	DG	0	高倉 泰三	7	馬場 恵一
2	T	0	松分 光朗	8	片山 盛造
2	G	0	松岡 洋郎	HB 9	福田 恒夫
0	PG	0	高田 英昭	10	松下 哲三
0	DG	0	青木 良昭	TB 11	村川 栄司
13	反則	8	小山昭一郎	12	北江 哲夫
昭和24年1月9日			出石 武雄	13	八幡 卓
G 花園			大月 雅宣	14	百合川 勉
R 杉本 彰　KO 13:30			新村 郁甫	FB 15	藤井 宗夫

公式試合　No.202　昭和24年度　第1試合　対抗戦

早大		教育大	早大		教育大
43	—	8	井上 和彦	FW 1	菊池 欣一
15	前	0	佐藤 忠男	2	鈴木 文夫
28	後	8	林 秀雄	3	古賀浩二郎
3	T	0	田中 昭	4	増田 靖夫
3	G	0	橋本 晋一	5	冷牟田健吾
0	PG	0	藤井 厚	6	森本 元哉
0	DG	0	中島 節雄	7	忽那 凱樹
6	T	1	松分 光朗	8	鶴巻 和男
5	G	1	山上 弘	HB 9	鈴木 修一
0	PG	0	下平 嘉昭	10	名越 茂夫
0	DG	0	伴 政志	TB 11	高原 忠俊
15	反則	12	池田 正徳	12	
昭和24年10月1日			小山昭一郎	13	丸山 鉄男
G 東伏見			横岩 玄平	14	堤 治美
R 伊藤次郎　KO 14:00			新村 郁甫	FB 15	安永 和光

公式試合　No.203　昭和24年度　第2試合　対抗戦

早大		日大	早大		日大
60	—	0		FW 1	
33	前	0		2	
27	後	0		3	
9	T	0		4	
3	G	0		5	
0	PG	0		6	
0	DG	0		7	
3	T	0		8	
2	G	0		HB 9	
0	PG	0		10	
0	DG	0		TB 11	
15	反則	16		12	
昭和24年10月9日				13	
G 東伏見				14	
R 不明　KO 14:30				FB 15	

公式試合　No.204　昭和24年度　第3試合　対抗戦

早大		中大	早大		中大
86	—	3	高見澤顗二郎	FW 1	古賀 黎明
35	前	3	佐藤 忠男	2	中野 洋治
51	後	0	林 秀雄	3	田頭 連市
9	T	1	橋本 晋一	4	加藤 義秋
4	G	0	平井 雄治	5	高橋 北洲
0	PG	0	中島 節雄	6	白土 欽司
0	DG	0	田中 昭	7	武者 武
13	T	0	松分 光朗	8	吉田 輝昭
7	G	0	山上 弘	HB 9	阿久沢 準
0	PG	0	下平 嘉昭	10	桑原 寛継
0	DG	0	伴 政志	TB 11	椎熊 民男
5	反則	4	吉田 輝昭	12	智之
昭和24年10月15日			小山昭一郎	13	佐保 和男
G 東京ラグビー場			横岩 玄平	14	沢口 功
R 和田政雄　KO 14:30			新村 郁甫	FB 15	田中 昭己

公式試合 No.205　昭和24年度　第4試合　対抗戦

早大	区分	東大	№	早大	位置	№	東大
91	—	0	1	清瀬 泰佐助	FW	1	林 真佐男
29	前	0	2	佐藤 忠男		2	武谷
62	後	0	3	林 秀雄		3	谷本 守
7	T	0	4	田中 昭		4	斉藤 広賢
4	G	0	5	橋本 晋一		5	橋本 龍男
0	PG	0	6	藤井 厚		6	吉田 耕三
0	DG	0	7	中島 節雄		7	宮本 正男
16	T	0	8	松分 光朗		8	石坂 泰夫
7	G	0	9	山上 弘	HB	9	水内 明久
0	PG	0	10	下平 嘉昭		10	高島 信之
0	DG	0	11	伴 政志	TB	11	富士 昌昭
4	反則	2	12	小山昭一郎		12	君塚 昇
			13	大月 雅宣		13	阿部 隆司
			14	横岩 玄平		14	小松 孝
			15	新村 郁甫	FB	15	中田 久也

昭和24年10月23日　G 東京ラグビー場　R 伊藤次郎　KO 14:30

公式試合 No.206　昭和24年度　第5試合　対抗戦

早大	区分	京大	№	早大	位置	№	京大
52	—	5	1	井上 和彦	FW	1	神門 久雄
8	前	5	2	佐藤 忠男		2	中川路 明
44	後	0	3	林 秀雄		3	笹井 義男
2	T	1	4	田中 昭		4	築山 正弥
1	G	1	5	橋本 晋一		5	梅村 彰三
0	PG	0	6	藤井 厚		6	大島 純義
0	DG	0	7	中島 節雄		7	堀田 鉄也
12	T	0	8	松分 光朗		8	中川路忠男
4	G	0	9	山上 弘	HB	9	真継 隆男
0	PG	0	10	下平 嘉昭		10	柴垣 復生
0	DG	0	11	伴 政志	TB	11	岡田 守夫
7	反則	9	12	小山昭一郎		12	北田 純一
			13	藤井 鴻作		13	白山邦四郎
			14	横岩 玄平		14	高野瀬 宏
			15	新村 郁甫	FB	15	宮川清太郎

昭和24年11月5日　G 花園　R 杉本 彰　KO 14:30

公式試合 No.207　昭和24年度　第6試合　対抗戦

早大	区分	立大	№	早大	位置	№	立大
64	—	0	1	井上 和彦	FW	1	佐藤 正敏
24	前	0	2	佐藤 忠男		2	大江 満
40	後	0	3	林 秀雄		3	茂田井八州男
6	T	0	4	田中 昭		4	藤本 行明
3	G	0	5	橋本 晋一		5	永沢 克海
0	PG	0	6	藤井 厚		6	新免 明
0	DG	0	7	中島 節雄		7	新井 昭三
10	T	0	8	松分 光朗		8	虹川 正夫
5	G	0	9	山上 弘	HB	9	池田 光宏
0	PG	0	10	下平 嘉昭		10	渡辺 雄二
0	DG	0	11	青木 良昭	TB	11	小鳥 幹夫
6	反則	7	12	藤井 鴻作		12	伊藤 保郎
			13	小山昭一郎		13	笠島 慶一
			14	横岩 玄平		14	早坂 良助
			15	新村 郁甫	FB	15	青柳 淳一

昭和24年11月12日　G 東京ラグビー場　R 石井太郎　KO 14:30

公式試合 No.208　昭和24年度　第7試合　対抗戦

早大	区分	慶大	№	早大	位置	№	慶大
32	—	0	1	井上 和彦	FW	1	真鍋 明彦
13	前	0	2	佐藤 忠男		2	河端 秀利
19	後	0	3	林 秀雄		3	清水 正彦
7	T	0	4	田中 昭		4	竹谷 武
2	G	0	5	橋本 晋一		5	山田 畝一
0	PG	0	6	藤井 厚		6	柏谷 典雄
0	DG	0	7	中島 節雄		7	山口 康庸
5	T	0	8	松分 光朗		8	犬丸 二郎
2	G	0	9	山上 弘	HB	9	田中 務
0	PG	0	10	下平 嘉昭		10	富士 林輔
0	DG	0	11	大月 雅宣	TB	11	吉田三郎助
6	反則	0	12	藤井 鴻作		12	中谷 三郎
			13	小山昭一郎		13	角南 克一
			14	横岩 玄平		14	杉本善三郎
			15	新村 郁甫	FB	15	斉藤 守高

昭和24年11月23日　G 東京ラグビー場　R 大西鐵之祐　KO 14:30

公式試合 No.209　昭和24年度　第8試合　対抗戦

早大	区分	明大	№	早大	位置	№	明大
20	—	21	1	井上 和彦	FW	1	関 廣義
3	前	18	2	佐藤 忠男		2	斉藤 寮
17	後	3	3	林 秀雄		3	西沢 勤二
0	T	3	4	田中 昭		4	中垣 正
0	G	3	5	橋本 晋一		5	松下 良治
1	PG	1	6	藤井 厚		6	村上 令
0	DG	0	7	中島 節雄		7	太田垣公平
4	T	0	8	松分 光朗		8	大和 貞
1	G	0	9	山上 弘	HB	9	土屋 英明
1	PG	1	10	下平 嘉昭		10	松岡 晴夫
0	DG	0	11	大月 雅宣	TB	11	佐々木敏郎
8	反則	12	12	藤井 鴻作		12	田中 泰雄
			13	小山昭一郎		13	渡部 昭慶
			14	横岩 玄平		14	横山 昭
			15	新村 郁甫	FB	15	野見山可邦

昭和24年12月4日　G 東京ラグビー場　R 高橋勇作　KO 14:30

公式試合 No.210　昭和24年度　第9試合　対抗戦

早大	区分	関西学院大	№	早大	位置	№	関西学院大
41	—	3	1	井上 和彦	FW	1	船越 和夫
14	前	0	2	佐藤 忠男		2	酒田 一夫
27	後	0	3	林 秀雄		3	貝元 義雄
3	T	1	4	平井 雄治		4	馬場 惠一
1	G	0	5	橋本 晋一		5	武円 一貫
1	PG	0	6	藤井 厚		6	中村 茂
0	DG	0	7	田中 昭		7	片山 盛造
7	T	0	8	松分 光朗		8	木下 正一
3	G	0	9	山上 弘	HB	9	松本 幸司
0	PG	0	10	下平 嘉昭		10	北江 保軍
0	DG	0	11	青木 良昭	TB	11	松井 彰
1	反則	5	12	大月 雅宣		12	北江 哲夫
			13	小山昭一郎		13	百合川 勉
			14	中島 節雄		14	八橋 卓
			15	新村 郁甫	FB	15	藤井 宗夫

昭和24年12月28日　G 東京ラグビー場　R 伊藤次郎　KO 14:30

公式試合 No.211　昭和24年度　第10試合　対抗戦

早大	区分	同大	№	早大	位置	№	同大
24	—	5	1	井上 和彦	FW	1	松村 一雄
8	前	0	2	佐藤 忠男		2	西村 均
16	後	5	3	林 秀雄		3	坪田 晃
2	T	0	4	平井 雄治		4	松宮 利明
1	G	0	5	橋本 晋一		5	石和 昭二
0	PG	0	6	藤井 厚		6	岡 仁詩
0	DG	0	7	田中 昭		7	鈴木 和夫
4	T	1	8	松分 光朗		8	広畠 登
2	G	1	9	山上 弘	HB	9	門戸森太郎
0	PG	0	10	下平 嘉昭		10	山本勘兵衛
0	DG	0	11	大月 雅宣	TB	11	小笠原 昭
4	反則	0	12	藤井 鴻作		12	田浦 尚正
			13	小山昭一郎		13	伊藤 栄夫
			14	中島 節雄		14	萩原 文彦
			15	新村 郁甫	FB	15	磯川 成章

昭和25年1月3日　G 東京ラグビー場　R 伊藤次郎　KO 14:30

公式試合 No.212　昭和25年度　第1試合　対抗戦

早大	区分	日大	№	早大	位置	№	日大
69	—	6	1	高見澤顕二郎	FW	1	高瀬 良昭
22	前	3	2	中島 節雄		2	村山 待夫
47	後	3	3	井上 和彦		3	伊佐 憲明
6	T	0	4	平井 雄治		4	松丸 弘
2	G	0	5	梅井 良治		5	小野 清司
0	PG	0	6	藤井 厚		6	深田 進三
0	DG	0	7	橋本 晋一		7	芳村 正忠
10	T	1	8	松分 光朗		8	楠部 静雄
7	G	0	9	下平 嘉昭	HB	9	佐々木太郎
1	PG	0	10	小山昭一郎		10	山田 博義
0	DG	0	11	佐藤 英彦	TB	11	雑賀良太郎
2	反則	2	12	谷口進一郎		12	佐藤 達
			13	大月 雅宣		13	村松 正雄
			14	横岩 玄平		14	高橋 博
			15	新村 郁甫	FB	15	内田 実

昭和25年10月1日　G 東京ラグビー場　R 伊藤次郎　KO 13:00

公式試合 No.213　昭和25年度　第2試合　対抗戦

早大	区分	教育大	№	早大	位置	№	教育大
45	—	15	1	井上 和彦	FW	1	菊池 欣一
21	前	15	2	中島 節雄		2	鈴木 文夫
24	後	0	3	林 秀雄		3	古賀浩二郎
5	T	3	4	平井 雄治		4	田島更一郎
3	G	3	5	秋本 進		5	冷牟田健吾
0	PG	0	6	藤井 厚		6	谷村 辰巳
0	DG	0	7	橋本 晋一		7	森本 元裁
6	T	0	8	松分 光朗		8	鶴越 和男
3	G	0	9	下平 嘉昭	HB	9	鈴木 修一
0	PG	0	10	小山昭一郎		10	黒田 信寛
0	DG	0	11	青木 良昭	TB	11	高原 忠俊
2	反則	2	12	大月 雅宣		12	池田 正徳
			13	大月 雅宣		13	淵本 武陽
			14	横岩 玄平		14	堤 治美
			15	新村 郁甫	FB	15	大迫 典雄

昭和25年10月14日　G 東京ラグビー場　R 和田政雄　KO 14:30

公式試合 No.214　昭和25年度　第3試合　対抗戦

早大	区分	東大	№	早大	位置	№	東大
92	—	0	1	井上 和彦	FW	1	林 真佐男
36	前	0	2	石橋		2	谷坂 泰夫
56	後	0	3	林 秀雄		3	谷本 守
8	T	0	4	平井 雄治		4	斉藤 広賢
3	G	0	5	橋本 晋一		5	徳野 幸三
2	PG	0	6	藤井 厚		6	鈴木 康充
0	DG	0	7	中島 節雄		7	真鍋 芳郎
12	T	0	8	原田 秀雄		8	神津 裕一
10	G	0	9	下平 嘉昭	HB	9	水内 明久
0	PG	0	10	小山昭一郎		10	高畠慎一郎
0	DG	0	11	青木 良昭	TB	11	平木 英一
4	反則	3	12	大月 雅宣		12	田口 尚正
			13	大月 雅宣		13	中田 久也
			14	横岩 玄平		14	瀬川 昌昭
			15	新村 郁甫	FB	15	保田 忠志

昭和25年10月22日　G 東京ラグビー場　R 伊藤次郎　KO 14:30

公式試合 No.215　昭和25年度　第4試合　対抗戦

早大	区分	中大	№	早大	位置	№	中大
57	—	0	1	高見澤顕二郎	FW	1	古賀 黎明
27	前	0	2	井上 和彦		2	武者 武
30	後	0	3	林 秀雄		3	田頭 達市
5	T	0	4	平井 雄治		4	坂井 重義
3	G	0	5	橋本 晋一		5	谷口 高次
0	PG	0	6	原田 秀雄		6	高橋 淳次
0	DG	0	7	藤井 厚		7	田中 静男
3	T	0	8	松分 光朗		8	吉藤 義隆
0	G	0	9	下平 嘉昭	HB	9	門久沢 剛
2	PG	0	10	小山昭一郎		10	桑原 寛樹
0	DG	0	11	青木 良昭	TB	11	矢板 鉄男
2	反則	14	12	谷口進一郎		12	荒井 鉄男
			13	大月 雅宣		13	浦野 省三
			14	横岩 玄平		14	野中 寿
			15	新村 郁甫	FB	15	田中 昭己

昭和25年10月28日　G 東京ラグビー場　R 鈴木素雄　KO 14:30

公式試合 No.216　昭和25年度　第5試合　対抗戦

早大	区分	京大	№	早大	位置	№	京大
53	—	0	1	中島 節雄	FW	1	亀井 弘次
34	前	0	2	井上 和彦		2	中川路 明
19	後	0	3	林 秀雄		3	福田善之助
8	T	0	4	平井 雄治		4	築山 正弥
3	G	0	5	橋本 晋一		5	梅村 彰三
0	PG	0	6	原田 秀雄		6	岩井 靖
0	DG	0	7	藤井 厚		7	堀田 鉄也
5	T	0	8	松分 光朗		8	比山 誠一
2	G	0	9	下平 嘉昭	HB	9	中川路忠男
0	PG	0	10	新村 郁甫		10	桂 信夫
0	DG	0	11	沢村 滋	TB	11	沢村 一郎
4	反則	9	12	小山昭一郎		12	谷口雄一郎
			13	大月 雅宣		13	高野瀬 宏
			14	横岩 玄平		14	岡田 守夫
			15	佐藤 英彦	FB	15	宮川清太郎

昭和25年11月3日　G 東京ラグビー場　R 高橋勇作　KO 14:30

公式試合 No.217　昭和25年度　第6試合　対抗戦

早大		立大	No	早大	Pos	No	立大
22	—	3	1	高見澤顕二郎	FW	1	小宮山嘉久
14	前	3	2	井上 和彦		2	大江 満
8	後	3	3	林 秀雄		3	岩橋 太郎
3	T	0	4	平井 雄治		4	島本 行明
1	G	0	5	橋本 晋一		5	永沢 克海
1	PG	0	6	藤井 厚		6	小島 幹夫
0	DG	0	7	中島 節雄		7	松尾 雄
2	T	0	8	松分 光朗		8	橋本 行正
1	G	0	9	下平 嘉昭	HB	9	池田 光宏
0	PG	1	10	小山昭一郎		10	渡辺 雄二
0	DG	0	11	末田 種彦	TB	11	
7	反則	11	12	谷口進一郎		12	中江 武人

昭和25年11月12日　13 大月 雅宣　13 伊藤 保郎
G 東京ラグビー場　14 横岩 玄平　14 菱川 照男
R 伊藤次郎 KO 14:30　15 新村 郁甫 FB　15 志賀

公式試合 No.218　昭和25年度　第7試合　対抗戦

早大		慶大	No	早大	Pos	No	慶大
9	—	0	1	高見澤顕二郎	FW	1	真鍋 明彦
0	前	0	2	井上 和彦		2	河端 秀利
9	後	0	3	林 秀雄		3	清水 正彦
0	T	0	4	平井 雄治		4	竹谷 武
0	G	0	5	橋本 晋一		5	富上 畝一
0	PG	0	6	藤井 厚		6	柏谷 典雄
0	DG	0	7	中島 節雄		7	山口 祐康
3	T	0	8	松分 光朗		8	富上 祐輔
0	G	0	9	下平 嘉昭	HB	9	本城 瑞穂
0	PG	0	10	小山昭一郎		10	杉本善三郎
0	DG	0	11	末田 種彦	TB	11	増田 博三
11	反則	6	12	谷口進一郎		12	加藤 仁

昭和25年11月23日　13 大月 雅宣　13 角南 圭一
G 東京ラグビー場　14 横岩 玄平　14 高橋 正旭
R 伊藤次郎 KO 14:30　15 新村 郁甫 FB　15 斉藤 守高

公式試合 No.219　昭和25年度　第8試合　対抗戦

早大		明大	No	早大	Pos	No	明大
28	—	6	1	高見澤顕二郎	FW	1	佐野 久利
6	前	0	2	井上 和彦		2	大塩 勇
22	後	6	3	林 秀雄		3	関 廣義
1	T	0	4	平井 雄治		4	柴田 幹雄
1	G	0	5	橋本 晋一		5	中垣 正
0	PG	0	6	藤井 厚		6	村上 令
0	DG	0	7	中島 節雄		7	斉藤 寮
6	T	2	8	松分 光朗		8	大和 貞
2	G	0	9	下平 嘉昭	HB	9	土屋 英明
0	PG	0	10	新村 郁甫		10	松岡 晴夫
0	DG	0	11	大月 雅宣	TB	11	佐々木敏郎
4	反則	2	12	小山昭一郎		12	熊谷 礼蔵

昭和25年12月3日　13 谷口進一郎　13 渡部 昭彦
G 東京ラグビー場　14 横岩 玄平　14 横山 昭
R 高橋勇作 KO 14:30　15 佐藤 英彦 FB　15 神代 達之

公式試合 No.220　昭和25年度　第9試合　対抗戦

早大		同大	No	早大	Pos	No	同大
37	—	8	1	高見澤顕二郎	FW	1	松村 一雄
16	前	0	2	井上 和彦		2	古川 一男
21	後	5	3	林 秀雄		3	坪田 晃
3	T	1	4	平井 雄治		4	西村 義雄
2	G	0	5	橋本 晋一		5	石和 昭二
1	PG	0	6	藤井 厚		6	岡 仁詩
0	DG	0	7	中島 節雄		7	松宮 和行
5	T	1	8	松分 光朗		8	広畠 登
3	G	1	9	下平 嘉昭	HB	9	門戸良太郎
0	PG	0	10	谷口進一郎		10	上坂 桂造
0	DG	0	11	佐藤 英彦	TB	11	吉田 尚正
7	反則	7	12	小山昭一郎		12	稲垣 雄美

昭和26年1月3日　13 大月 雅宣　13 藪田 芳彦
G 花園　14 横岩 玄平　14 小笠原 茂
R 杉本 彰 KO 14:00　15 新村 郁甫 FB　15 伊藤 栄夫

公式試合 No.221　昭和25年度　第10試合　対抗戦

早大		関西学院大	No	早大	Pos	No	関西学院大
16	—	3	1	高見澤顕二郎	FW	1	貝元 義明
13	前	0	2	石橋 昇		2	酒田 一夫
3	後	3	3	林 秀雄		3	武用 一貫
2	T	0	4	平井 雄治		4	馬場 恵一
2	G	0	5	橋本 晋一		5	木下 正一
1	PG	0	6	藤井 厚		6	中村 茂
0	DG	0	7	中島 節雄		7	馬場 保
3	T	0	8	原田 秀雄		8	鷲尾 勝己
0	G	0	9	下平 嘉昭	HB	9	松本 幸司
1	PG	1	10	新村 郁甫		10	大塚 卓夫
0	DG	0	11	大月 雅宣	TB	11	松井 彰
6	反則	12	12	小山昭一郎		12	百合川 勉

昭和26年1月9日　13 谷口進一郎　13 北江 哲夫
G 花園　14 横岩 玄平　14 八橋 卓
R 杉本 彰 KO 14:30　15 佐藤 英彦 FB　15 西村 清

公式試合 No.222　昭和25年度　第11試合　九州招待

早大		九州学生代表	No	早大	Pos	No	九州学生代表
19	—	3	1	高見澤顕二郎	FW	1	小出
8	前	0	2	石橋 昇		2	石田
11	後	3	3	林 秀雄		3	横野
2	T	0	4	平井 雄治		4	中田
1	G	0	5	梅田 良治		5	高横
0	PG	0	6	藤井 厚		6	松重
5	T	0	7	伊藤 竜平		7	西村
3	T	0	8	原田 秀雄		8	佐々倉
1	G	0	9	三野	HB	9	山本
0	PG	1	10	新村 郁甫		10	前田
0	DG	0	11	川原惣次郎	TB	11	岡本
4	反則	4	12	小山昭一郎		12	吉田

昭和26年1月12日　13 大月 雅宣　13 山田
G 小倉　14 横岩 玄平　14 星加
R 不明 KO 13:00　15 佐藤 英彦 FB　15 藤田

公式試合 No.223　昭和25年度　第1回朝日招待試合

早大		九州代表	No	早大	Pos	No	九州代表
24	—	3	1	高見澤顕二郎	FW	1	守田 貞義
0	前	3	2	石橋 昇		2	松岡 正也
24	後	0	3	林 秀雄		3	藤原 敏行
0	T	1	4	平井 雄治		4	高倉 泰三
0	G	0	5	橋本 晋一		5	伊勢 幸人
0	PG	0	6	藤井 厚		6	柴田 弘千
0	DG	0	7	中島 節雄		7	西郷 勇
6	T	0	8	原田 秀雄		8	新島 清
3	G	0	9	下平 嘉昭	HB	9	安武 恒夫
0	PG	0	10	新村 郁甫		10	浦野 博俊
0	DG	0	11	大月 雅宣	TB	11	斉藤 一男
4	反則	7	12	小山昭一郎		12	岩城 睦二

昭和26年1月15日　13 谷口進一郎　13 荒木 幸幸
G 平和台　14 横岩 玄平　14 牧 仰
R 平山新一 KO 14:15　15 佐藤 英彦 FB　15 野見山可邦

公式試合 No.224　昭和26年度　第1試合　対抗戦

早大		日大	No	早大	Pos	No	日大
19	—	16	1	井上 和彦	FW	1	平井 俊雄
13	前	6	2	高見澤顕二郎		2	佐々木正明
6	後	10	3	平井 雄治		3	伊佐 憲明
3	T	1	4	田中 昭		4	松丸 弘
2	G	0	5	橋本 晋一		5	小野 清司
1	PG	1	6	藤井 厚		6	今野 昭雄
1	DG	0	7	伊藤 竜平		7	伊沢 峻輔
2	T	2	8	原田 秀雄		8	楠部 静雄
0	G	0	9	下平 嘉昭	HB	9	佐々木広平
1	PG	0	10	竹尾 靖造		10	杉田 広郎
0	DG	0	11	青木 良昭	TB	11	雑賀馬太郎
0	反則	0	12	小山昭一郎		12	森田 勇

昭和26年9月30日　13 佐藤 貞夫　13 山田 博義
G 東京ラグビー場　14 伴 政志　14 村松 正雄
R 高橋勇作 KO 13:00　15 松宮 邦夫 FB　15 内田 実

公式試合 No.225　昭和26年度　第2試合　対抗戦

早大		教育大	No	早大	Pos	No	教育大
31	—	3	1	秋本 進	FW	1	古賀浩二郎
8	前	0	2	井上 和彦		2	冷牟田健吾
23	後	3	3	平井 雄治		3	諸藤 良行
1	T	0	4	田中 昭		4	渡辺 長治
1	G	0	5	橋本 晋一		5	宮崎 俊行
0	PG	0	6	高見澤顕二郎		6	谷村 晟己
7	T	1	7	梅井 良治		7	森本 元義
1	G	0	8	原田 秀雄		8	鶴巻 和男
0	PG	0	9	山本昌三郎	HB	9	鈴木 修一
0	DG	0	10	下平 嘉昭		10	黒田 信寛
2	T	0	11	青木 良昭	TB	11	高原 忠俊
1	反則	11	12	小山昭一郎		12	瀬本 武陽

昭和26年10月13日　13 藤井 鴻作　13 君島 康弘
G 東京ラグビー場　14 星加 豊　14
R 川田大介 KO 13:00　15 佐藤 英彦 FB　15 山中 謙

公式試合 No.226　昭和26年度　第3試合　対抗戦

早大		東大	No	早大	Pos	No	東大
73	—	0	1	高見澤顕二郎	FW	1	瀬崎 和郎
27	前	0	2	井上 和彦		2	森 祐祐
46	後	0	3	清瀬 泰助		3	谷本 守
6	T	0	4	田中 昭		4	広瀬 昭
3	G	0	5	梅井 良治		5	近藤 裕嗣
1	PG	0	6	松永 正弘		6	神津 裕一
0	DG	0	7	川上 正雄		7	真鍋 芳郎
12	T	0	8	原田 秀雄		8	鈴木 康充
3	G	0	9	下平 嘉昭	HB	9	関 元雄
5	PG	0	10	竹尾 靖造		10	奥村 武平
0	DG	0	11	青木 良昭	TB	11	高橋
4	反則	11	12	小山昭一郎		12	古茂田真幸

昭和26年10月21日　13 佐藤 貞夫　13 平木 英一
G 東京ラグビー場　14 星加 豊　14 中田 久也
R 石井太郎 KO 13:00　15 佐藤 英彦 FB　15 川田 恵三

公式試合 No.227　昭和26年度　第4試合　対抗戦

早大		中大	No	早大	Pos	No	中大
22	—	9	1	高見澤顕二郎	FW	1	田頭 達市
10	前	0	2	井上 和彦		2	鈴木 左内
12	後	9	3	平井 雄治		3	福岡 正英
1	T	0	4	田中 昭		4	高橋 北洲
0	G	0	5	橋本 晋一		5	高橋 淳次
0	PG	0	6	梅井 良治		6	坂井 重義
0	DG	0	7	伊藤 竜平		7	綿井 永寿
4	T	2	8	原田 秀雄		8	光武 正信
1	G	0	9	山本昌三郎	HB	9	阿久津 望
0	PG	0	10	下平 嘉昭		10	桑原 寛樹
0	DG	0	11	青木 良昭	TB	11	矢萩 文雄
6	反則	11	12	小山昭一郎		12	小嶋 省三

昭和26年10月27日　13 佐藤 貞夫　13 小川 保
G 東京ラグビー場　14 星加 豊　14 檀上 義雄
R 石井太郎 KO 13:00　15 佐藤 英彦 FB　15 田中 昭己

公式試合 No.228　昭和26年度　第5試合　対抗戦

早大		京大	No	早大	Pos	No	京大
25	—	3	1	高見澤顕二郎	FW	1	亀井 弘次
14	前	3	2	井上 和彦		2	堀 敬二
11	後	0	3	平井 雄治		3	土岐俊治(松見)
4	T	1	4	田中 昭		4	鈴木 正直
1	G	0	5	伊藤 竜平		5	笹井 義雄
0	PG	0	6	梅井 良治		6	比山 誠一
7	T	0	7	橋本 晋一		7	堀田 鉄也
1	G	0	8	原田 秀雄		8	竹野 哲朗
2	G	0	9	下平 嘉昭	HB	9	中川路 明
0	PG	0	10	竹尾 靖造		10	北田 純一
0	DG	0	11	青木 良昭	TB	11	谷口雄一郎
1	反則	11	12	小山昭一郎		12	星 信夫

昭和26年11月3日　13 佐藤 貞夫　13 鈴木 純
G 花園　14 星加 豊　14 沢村 満
R 杉本 彰 KO 14:30　15 佐藤 英彦 FB　15 宮川清太郎

公式試合 No.229　昭和26年度　第6試合　対抗戦

早大		立大
19	—	8
8	前	3
11	後	5
1	T	1
1	G	0
0	PG	0
0	DG	0
3	T	1
1	G	1
0	PG	0
0	DG	0
10	反則	10

	早大			立大
1	高見澤顕二郎	FW	1	中村　和夫
2	井上　和彦		2	大江　満
3	平井　雄治		3	岩橋　太郎
4	田中　昭		4	石垣　裕正
5	伊藤　竜平		5	永沢　克海
6	梅本　良治		6	小島　幹夫
7	橋本　晋一		7	小林　夾
8	原田　秀雄		8	菅原　健
9	下平　嘉昭	HB	9	杉本　要二
10	竹尾　靖造		10	中江　武人
11	田尻　生美	TB	11	菱川　照男
12	小山昭一郎		12	吉田　喜剛
13	佐藤　鴻作		13	渡辺　通
14	星加　豊		14	北村　靖
15	佐藤　英彦	FB	15	安部　徹二

昭和26年11月10日　G 東京ラグビー場　R 伊藤次郎　KO 14:30

公式試合 No.230　昭和26年度　第7試合　対抗戦

早大		慶大
9	—	8
9	前	5
0	後	3
2	T	1
0	G	1
1	PG	0
0	DG	0
0	T	1
1	G	0
0	PG	0
0	DG	0
12	反則	11

	早大			慶大
1	秋本　進	FW	1	関川　哲男
2	高武　昭夫		2	清水　正彦
3	平井　雄治		3	小谷　清
4	田中　昭		4	竹谷　武
5	梅井　良治		5	白柏　広次
6	松永　正弘		6	村岡　実
7	橋本　晋一		7	山口　祐康
8	原田　秀雄		8	富上　祐輔
9	竹尾　靖造	HB	9	本城　瑞穂
10	下平　嘉昭		10	青井　達也
11	青木　良昭	TB	11	瀬尾　博三
12	小山昭一郎		12	加藤　仁
13	佐藤　貞夫		13	角南　圭一
14	星加　豊		14	高橋　正知
15	佐藤　英彦	FB	15	松岡　竹雄

昭和26年11月23日　G 東京ラグビー場　R 高橋勇作　KO 14:25

公式試合 No.231　昭和26年度　第8試合　対抗戦

早大		明大
6	—	21
3	前	8
3	後	13
1	T	2
0	G	0
0	PG	0
0	DG	0
1	T	2
0	G	2
0	PG	0
0	DG	0
6	反則	7

	早大			明大
1	高見澤顕二郎	FW	1	佐野　久利
2	高武　昭夫		2	大塩　勇
3	平井　雄治		3	夏井　末春
4	田中　昭		4	松下　良治
5	梅井　良治		5	北島　輝大
6	松永　正弘		6	土屋　俊明
7	橋本　晋一		7	鮫重　正明
8	原田　秀雄		8	大和　貞
9	竹尾　靖造	HB	9	土屋　英明
10	下平　嘉昭		10	松岡　晴夫
11	青木　良昭	TB	11	佐々木敏郎
12	小山昭一郎		12	田中　泰雄
13	佐藤　貞夫		13	渡部　昭彦
14	星加　豊		14	横山　昭
15	佐藤　英彦	FB	15	麻生　純三

昭和26年12月2日　G 東京ラグビー場　R 高橋勇作　KO 14:00

公式試合 No.232　昭和26年度　第9試合　対抗戦

早大		同大
31	—	0
14	前	0
17	後	0
4	T	0
1	G	0
1	PG	0
0	DG	0
4	T	0
1	G	0
1	PG	0
0	DG	0
9	反則	9

	早大			同大
1	高見澤顕二郎	FW	1	古川　一男
2	井上　和彦		2	永井健次郎
3	平井　雄治		3	森川　良晴
4	田中　昭		4	西村　輝治
5	梅永　良治		5	築山　嘉彦
6	松永　正弘		6	岡　仁詩
7	橋本　晋一		7	西出　義
8	原田　秀雄		8	鈴木　和夫
9	竹尾　靖造	HB	9	門戸良太郎
10	下平　嘉昭		10	小島　喜一
11	伴　政志	TB	11	吉田　尚正
12	佐藤　貞夫		12	伊藤　栄夫
13	小山昭一郎		13	広畠　登
14	星加　豊		14	藪田　芳彦
15	佐藤　英彦	FB	15	金木　潤吉

昭和27年1月3日　G 東京ラグビー場　R 伊藤次郎　KO 14:30

公式試合 No.233　昭和26年度　第10試合　対抗戦

早大		関西学院大
14	—	3
8	前	0
6	後	0
2	T	0
1	G	0
0	PG	0
0	DG	0
0	T	1
0	G	0
0	PG	1
0	DG	0
9	反則	7

	早大			関西学院大
1	高見澤顕二郎	FW	1	元　義明
2	井上　和彦		2	延川　光一
3	平井　雄治		3	井原　康男
4	田中　昭		4	馬場　一
5	梅井　良治		5	木下　正一
6	松永　正弘		6	西村　清
7	橋本　晋一		7	馬場　啓
8	原田　秀雄		8	鷲尾　勝己
9	竹尾　靖造	HB	9	福島　康
10	下平　嘉昭		10	北江　保繁
11	伴　政志	TB	11	塩谷　久治
12	佐藤　貞夫		12	百合川　勉
13	小山昭一郎		13	大塚　由三
14	星加　豊		14	松井　彰
15	佐藤　英彦	FB	15	寺沢　祐司

昭和27年1月9日　G 東京ラグビー場　R 伊藤次郎　KO 14:30

国際試合 No.25　昭和27年度　オックスフォード大学来日

全早		才大
8	—	11
5	前	8
3	後	3
1	T	1
1	G	1
0	PG	1
0	DG	0
0	T	1
0	G	0
0	PG	0
0	DG	1
	反則	

	全早大			才大
1	秋本　進	FW	1	A.SMITH
2	高見澤顕二郎		2	S.WOTHERSPOON
3	平井　雄治		3	C.GRIFFITH
4	梅井　良治		4	J.WIMPERIS
5	田中　昭		5	M.WALKER
6	藤井　厚		6	E.FERGUSSON
7	橋本　晋一		7	D.DAVIES
8	原田　秀雄		8	D.WOOD
9	下平　嘉昭	HB	9	P.MACALCHLAN
10	新井大済(茂裕)		10	R.WINN
11	青木　良昭	TB	11	G.BULLARD
12	小山昭一郎		12	L.CANNELL
13	堀　博俊		13	D.HOLMAN
14	横岩　玄平		14	B.BOOBBYER
15	佐藤　英彦	FB	15	J.MARSHALL

昭和27年9月17日　G 東京ラグビー場　R DUFF　KO 16:00
（この年からDGは3点）

公式試合 No.234　昭和27年度　第1試合　対抗戦

早大		立大
40	—	0
24	前	0
16	後	0
5	T	0
3	G	0
1	PG	0
0	DG	0
4	T	0
2	G	0
0	PG	0
0	DG	0
4	反則	4

	早大			立大
1	秋本　進	FW	1	小宮山嘉久
2	高武　昭夫		2	徳満　恵
3	平井　雄治		3	岩橋　基郎
4	伊藤　竜平		4	高橋　基郎
5	梅井　良治		5	山元　春三
6	山崎　靖彦		6	小島　幹夫
7	田中　昭		7	小林　夾
8	原田　秀雄		8	安部　徹二
9	下平　嘉昭	HB	9	杉本　要二
10	中上　一(通称)		10	渡辺　通二
11	青木　良昭	TB	11	伊達　哲也
12	阪口　幹夫		12	中江　武人
13	小山昭一郎		13	中江　武人
14	星加　豊		14	高橋　三郎
15	佐藤　英彦	FB	15	林　茂太郎

昭和27年10月12日　G 東京ラグビー場　R 石井太郎　KO 14:30

公式試合 No.235　昭和27年度　第2試合　対抗戦

早大		東大
82	—	3
35	前	0
47	後	3
8	T	0
4	G	0
1	PG	0
0	DG	0
10	T	1
4	G	0
1	PG	1
0	DG	0
9	反則	7

	早大			東大
1	秋本　進	FW	1	川田　恵三
2	高武　昭夫		2	小野　任
3	橋本幸二郎		3	広瀬　智
4	伊藤　竜平		4	保田　忠志
5	梅井　良治		5	神津　裕一
6	山崎　靖彦		6	芦立　道夫
7	田中　昭		7	森　康祐
8	松永　正弘		8	鈴木　康夫
9	竹尾　靖造	HB	9	鈴木　元健
10	下平　嘉昭		10	山中　厚弘
11	伴　政志	TB	11	平木　英一
12	川原惣次郎		12	奥村　武平
13	小山昭一郎		13	井内　均
14	星加　豊		14	田口　淳一
15	佐藤　英彦	FB	15	小松　正男

昭和27年10月19日　G 東京ラグビー場　R 新村郁甫　KO 14:30

公式試合 No.236　昭和27年度　第3試合　対抗戦

早大		京大
47	—	0
28	前	0
19	後	0
6	T	0
5	G	0
0	PG	0
0	DG	0
4	T	0
2	G	0
0	PG	0
0	DG	0
8	反則	

	早大			京大
1	秋本　進	FW	1	亀井　弘次
2	高武　昭夫		2	堀　敬二
3	平井　雄治		3	土岐　俊治
4	伊藤　竜平		4	細見　進
5	梅井　良治		5	笹井　義男
6	山崎　靖彦		6	竹野　哲郎
7	田中　昭		7	福田喜三郎
8	原田　秀雄		8	比山　誠一
9	下平　嘉昭	HB	9	水本　信忠
10	新井　大済		10	加納　顕一
11	青木　良昭	TB	11	谷口雄一郎
12	佐藤　貞夫		12	関根　彰圀
13	小山昭一郎		13	鈴木　純
14	星加　豊		14	秋山　宗裕
15	佐藤　英彦	FB	15	宮川清太郎

昭和27年11月3日　G 東京ラグビー場　R 高橋勇作　KO 14:30

公式試合 No.237　昭和27年度　第4試合　対抗戦

早大		中大
20	—	14
3	前	0
17	後	3
0	T	2
0	G	0
1	PG	1
0	DG	0
4	T	1
1	G	1
1	PG	0
0	DG	0
3	反則	10

	早大			中大
1	秋本　進	FW	1	田頭　達市
2	高武　昭夫		2	鈴木　左内
3	平井　雄治		3	岩田　博伸
4	水野　忠明		4	高橋　北洲
5	梅井　良治		5	高橋　淳次
6	松永　正弘		6	坂井　重義
7	田中　昭		7	綿貫　永寿
8	原田　秀雄		8	吉藤　輝昭
9	下平　嘉昭	HB	9	阿久沢　剛
10	新井　大済		10	木本　和男
11	青木　良昭	TB	11	田村　智之
12	佐藤　貞夫		12	浦野　省三
13	小山昭一郎		13	大平　東馬
14	星加　豊		14	池野　和夫
15	佐藤　英彦	FB	15	田中　昭己

昭和27年11月8日　G 東伏見　R 川田大介　KO 14:30

公式試合 No.238　昭和27年度　第5試合　対抗戦

早大		慶大
17	—	11
3	前	6
14	後	5
0	T	2
0	G	1
1	PG	0
0	DG	0
2	T	1
1	G	0
1	PG	2
0	DG	0
4	反則	8

	早大			慶大
1	高見澤顕二郎	FW	1	関川　哲男
2	高武　昭夫		2	赤津喜一郎
3	平井　雄治		3	小谷　清
4	伊藤　竜平		4	木下　伸生
5	梅井　良治		5	白柏　広次
6	山崎　靖彦		6	美川　英二
7	田中　昭		7	竹谷　武
8	原田　秀雄		8	山林　弘
9	下平　嘉昭	HB	9	福田　利男
10	新井　大済		10	青井　達也
11	青木　良昭	TB	11	瀬尾　博三
12	佐藤　貞夫		12	加藤　仁
13	小山昭一郎		13	山田　章一
14	星加　豊		14	高橋　正旭
15	佐藤　英彦	FB	15	松岡　竹雄

昭和27年11月23日　G 東京ラグビー場　R 和田政輔　KO 14:30

公式試合 No.239　昭和27年度　第6試合　対抗戦

早大		明大
16	—	9
6	前	3
10	後	6
2	T	1
2	G	0
0	PG	0
0	DG	0
2	T	1
1	G	0
1	PG	1
0	DG	0
6	反則	4

	早大			明大
1	高見澤顕二郎	FW	1	簔口　一光
2	高武　昭夫		2	大塩　勇
3	平井　雄治		3	平山　彪
4	伊藤　竜平		4	松下　良治
5	山崎　靖彦		5	真野　克宏
6	山崎　靖彦		6	土屋　俊明
7	田中　昭		7	高橋　逸郎
8	原田　秀雄		8	大和　貞
9	下平　嘉昭	HB	9	土屋　英明
10	新井　大済		10	松岡　晴夫
11	青木　良昭	TB	11	今村　隆一
12	佐藤　貞夫		12	
13	小山昭一郎		13	渡部　昭彦
14	宮井　国夫		14	
15	佐藤　英彦	FB	15	麻生　純三

昭和27年12月7日　G 東京ラグビー場　R 高橋勇作　KO 14:30

公式試合 No.240　昭和27年度　第7試合　対抗戦

早大		同大
8	—	6
0	前	0
8	後	6
0	T	0
0	G	0
0	PG	0
0	DG	0
1	T	2
1	G	0
1	PG	0
0	DG	0
3	反則	10

早大#	早大	位置	同大#	同大
1	高見澤顕二郎	FW	1	島　愛彦
2	高武　昭夫		2	森川　一男
3	平井　雄治		3	川内　良靖
4	伊藤　竜平		4	多田　博道
5	梅井　良治		5	築山　嘉彦
6	山崎　靖彦		6	緑川　成章
7	田中　昭		7	永井健次郎
8	原田　秀雄		8	岡　仁時
9	下平　嘉昭	HB	9	大塚　満弥
10	新井　大済		10	上坂　桂造
11	青木　良昭	TB	11	藤本　雅章
12	佐藤　貞夫		12	藪田　芳彦
13	小山昭一郎		13	広畠　登
14	星加　豊		14	稲垣　雄美
15	佐藤　英彦	FB	15	金木　潤吉

昭和28年1月3日　G 花園　R 杉本　彰　KO 14:00

公式試合 No.241　昭和27年度　第8試合　対抗戦

早大		関学院大
18	—	3
0	前	0
18	後	0
0	T	0
0	G	0
0	PG	0
0	DG	0
4	T	1
3	G	0
0	PG	0
0	DG	0
5	反則	8

早大#	早大	位置	関学院大#	関学院大
1	高見澤顕二郎	FW	1	貝元　義明
2	高武　昭夫		2	酒戸　義弘
3	平井　雄治		3	井原　康雄
4	伊藤　竜平		4	小川　勇
5	梅井　良治		5	林　肇
6	山崎　靖彦		6	田中　種
7	田中　昭		7	桑山　忠雄
8	原田　秀雄		8	西村　清
9	下平　嘉昭	HB	9	福島　康
10	新井　大済		10	箕田　淳祐
11	青木　良昭	TB	11	塩谷　久治
12	小山昭一郎		12	冨田　充雄
13	阪口　幹夫		13	寺沢　祐司
14	星加　豊		14	武仲　英春
15	佐藤　英彦	FB	15	山本　直樹

昭和28年1月9日　G 花園　R 杉本　彰　KO 14:30

公式試合 No.242　昭和27年度　第3回朝日招待試合

早大		九州代表
46	—	0
19	前	0
27	後	0
5	T	0
2	G	0
0	PG	0
0	DG	0
3	T	0
0	G	0
0	PG	0
5	反則	3

早大#	早大	位置	九州代表#	九州代表
1	高見澤顕二郎	FW	1	佐野　久利
2	高武　昭夫		2	井上　和彦
3	平井　雄治		3	小井出勝昌
4	伊藤　竜平		4	伊勢　幸人
5	梅井　良治		5	中川　海
6	山崎　靖彦		6	松岡　正也
7	田中　昭		7	島崎　節雄
8	原田　秀雄		8	新島　清
9	下平　嘉昭	SH	9	安武　恒夫
10	新井　大済		10	中田　主基
11	青木　良昭	TB	11	斉藤一男
12	佐藤　貞夫		12	岩城　睦二
13	小山昭一郎		13	堀　博俊
14	星加　豊		14	大月　雅宣
15	佐藤　英彦	FB	15	浜田　克巳

昭和28年1月18日　G 平和台　R 平山新一　KO 14:00

国際試合 No.26　昭和28年度　南ア空軍チーム来日

早大		南ア空軍
21	—	13
8	前	8
13	後	5
1	T	2
1	G	1
1	PG	0
0	DG	0
3	T	1
2	G	1
0	PG	0
0	DG	0
4	反則	7

早大#	早大	位置	南ア空軍#	南ア空軍
1	高見澤顕二郎	FW	1	ホフマン
2	高武　昭夫		2	ラビェ
3	秋本　進		3	ビルクノート
4	伊藤　竜平		4	S.デビール
5	梅井　良治		5	ロー
6	山崎　靖彦		6	ルデフク
7	藤井　修		7	グロブラー
8	原田　秀雄		8	コリンズ
9	山本昌三郎	HB	9	プレシス
10	新井　大済		10	イメルマン
11	青木　種彦	TB	11	ボーハ
12	白井善三郎		12	M.デビール
13	阪口　幹夫		13	ストックス
14	星加　豊		14	J.デビール
15	佐藤　英彦	FB	15	ティクソン

昭和28年4月25日　G 秩父宮(前東京ラグビー場)　R 石井太郎　KO 14:30

国際試合 No.27　昭和28年度　ケンブリッジ大学来日

全早大		ケ大
0	—	30
0	前	6
0	後	24
0	T	0
0	G	0
0	PG	2
0	DG	0
0	T	0
0	G	0
0	PG	0
0	DG	0
8	反則	12

全早大#	全早大	位置	ケ大#	ケ大
1	高見澤顕二郎	FW	1	P. USHER
2	高武　昭夫		2	B. MAcEWEN
3	秋本　進		3	D. MASSEY
4	伊藤　竜平		4	M. MASSEY
5	藤井　厚		5	D. BLAND
6	橋本　晋一		6	D. EVANS
7	原田　秀雄		7	V.STEPHENSON
8	梁川　忠		8	I. BEER
9	山本昌三郎	HB	9	T. PEARSON
10	新井　大済		10	K. DAVIES
11	青木　良治	TB	11	D. DAWE
12	佐藤　貞夫		12	P. DAVIES
13	小山昭一郎		13	M. BUSHBY
14	横岩　玄平		14	K. DALGLEISH
15	佐藤　英彦	FB	15	P. DAVIES

昭和28年9月20日　G 秩父宮　R COOPER　KO 15:40

公式試合 No.243　昭和28年度　第1試合　対抗戦

早大		立大
32	—	0
11	前	0
21	後	0
3	T	0
1	G	0
1	PG	0
0	DG	0
7	T	0
1	G	0
0	PG	0
0	DG	0
1	反則	1

早大#	早大	位置	立大#	立大
1	高見澤顕二郎	FW	1	小宮山嘉久
2	高武　昭夫		2	徳満　恵
3	秋本　進		3	渡辺　忠明
4	伊藤　竜平		4	高橋　基郎
5	梅井　良治		5	山元　春三
6	山崎　靖彦		6	矢野　健志
7	原田　秀雄		7	石垣　裕正
8	梁川　忠		8	中原　亮
9	山本昌三郎	HB	9	杉本　要二
10	新井　大済		10	宗　博之
11	田尻　生美	TB	11	満田　譲二
12	佐藤　貞夫		12	中江　武人
13	阪口　幹夫		13	渡辺　雄二
14	星加　豊		14	北村　靖
15	佐藤　英彦	FB	15	林　茂太郎

昭和28年10月11日　G 秩父宮　R 和田政雄　KO 14:30

公式試合 No.244　昭和28年度　第2試合　対抗戦

早大		日大
26	—	6
6	前	0
20	後	0
2	T	2
0	G	0
0	PG	0
0	DG	0
5	T	0
1	G	0
1	PG	0
0	DG	0
4	反則	6

早大#	早大	位置	日大#	日大
1	金谷　邦雄	FW	1	平井　敏雄
2	高見澤顕二郎		2	吉川　公二
3	秋本　進		3	伊佐　憲明
4	伊藤　竜平		4	須藤呂武則
5	梅井　良治		5	須藤　孝
6	山崎　靖彦		6	今野　昭雄
7	松永　正弘		7	村山　待男
8	梁川　忠		8	長坂　安治
9	山本昌三郎	HB	9	福田　広
10	新井　大済		10	久保田　昭
11	藤島　勇一	TB	11	近藤　功
12	佐藤　貞夫		12	早福　良一
13	阪口　幹夫		13	村上　孝
14	星加　豊		14	出雲　正一
15	佐藤　英彦	FB	15	杉田　広郎

昭和28年10月18日　G 秩父宮　R 高橋勇作　KO 13:00

公式試合 No.245　昭和28年度　第3試合　対抗戦

早大		教育大
22	—	3
8	前	3
14	後	0
2	T	2
1	G	0
0	PG	0
0	DG	0
3	T	0
1	G	0
1	PG	0
0	DG	0
9	反則	6

早大#	早大	位置	教育大#	教育大
1	高見澤顕二郎	FW	1	古賀浩二郎
2	高武　昭夫		2	川口　貢
3	秋本　進		3	林田　昭喜
4	伊藤　竜平		4	渡辺　長治
5	水野　忠明		5	宮崎　俊行
6	山崎　靖彦		6	田所　仁
7	梅井　良治		7	今村　徹之
8	松永　正弘		8	吉田　章治
9	山本昌三郎	HB	9	荒木　豊
10	新井　大済		10	井上　義昭
11	藤島　勇一	TB	11	池田　一徳
12	佐藤　貞夫		12	淵本　武陽
13	阪口　幹夫		13	石川　武夫
14	星加　豊		14	松元　豊一
15	佐藤　英彦	FB	15	山中　謙

昭和28年10月25日　G 秩父宮　R 川田大介　KO 13:00

公式試合 No.246　昭和28年度　第4試合　対抗戦

早大		京大
58	—	0
31	前	0
27	後	0
6	T	0
5	G	0
1	PG	0
0	DG	0
6	T	0
3	G	0
0	PG	0
3	反則	9

早大#	早大	位置	京大#	京大
1	高見澤顕二郎	FW	1	原　寿治
2	高武　昭夫		2	西郷　光一
3	秋本　進		3	鹿内　健彦
4	伊藤　竜平		4	若林　雄治
5	水野　忠明		5	笹井　雄彦
6	山崎　靖彦		6	藤村　重美
7	梅井　良治		7	酒井九州男
8	松永　正弘		8	谷口候三郎
9	竹尾　靖造	HB	9	秋山　宗裕
10	三野		10	関根　彰國
11	藤島　勇一	TB	11	秋山　宗裕
12	佐藤　貞夫		12	関根　彰國
13	阪口　幹夫		13	藤岡　豊
14	星加　豊		14	水本　信忠
15	佐藤　英彦	FB	15	藤岡　豊

昭和28年11月3日　G 花園　R 丸岡隆二　KO 14:30

公式試合 No.247　昭和28年度　第5試合　対抗戦

早大		東大
55	—	0
19	前	0
36	後	0
4	T	0
2	G	0
1	PG	0
0	DG	0
6	T	0
0	G	0
0	PG	0
3	反則	7

早大#	早大	位置	東大#	東大
1	高見澤顕二郎	FW	1	瀬崎　和郎
2	森田　至		2	小野　任
3	秋本　進		3	西村　格
4	伊藤　竜平		4	近藤　裕嗣
5	梅井　良治		5	山田　貞夫
6	山崎　靖彦		6	戸立　道夫
7	水野　忠明		7	保田　忠志
8	梁川　忠		8	宮住　敏
9	山本昌三郎	HB	9	鈴木　元雄
10	竹尾　靖造		10	奥村　武平
11	田尻　生美	TB	11	佐藤　正男
12	佐藤　貞夫		12	古茂田真幸
13	藤島　勇一		13	田口　淳一
14	小林　梧郎		14	升内　均
15	佐藤　英彦	FB	15	小松　正男

昭和28年11月14日　G 秩父宮　R 石井太郎　KO 14:30

公式試合 No.248　昭和28年度　第6試合　対抗戦

早大		慶大
14	—	3
0	前	3
14	後	0
0	T	0
0	G	0
0	PG	1
0	DG	0
4	T	0
1	G	0
0	PG	0
0	DG	0
4	反則	1

早大#	早大	位置	慶大#	慶大
1	高見澤顕二郎	FW	1	加藤　順二
2	高武　昭夫		2	赤津喜一郎
3	秋本　進		3	金子　駿
4	伊藤　竜平		4	木下　伸生
5	梅井　良治		5	柴田　孝
6	山崎　靖彦		6	岡崎　邦彦
7	松永　正弘		7	龍野(堤)和久
8	原田　秀雄		8	山田　章一
9	山本昌三郎	HB	9	日野　良昭
10	竹尾　靖造		10	井上　宙彦
11	末田　種彦	TB	11	宇田川宗保
12	佐藤　貞夫		12	青木　達也
13	新井　大済		13	高橋　正旭
14	星加　豊		14	高橋　正旭
15	佐藤　英彦	FB	15	藤井　浩一

昭和28年11月23日　G 秩父宮　R 和田政雄　KO 14:30

公式試合 No.249　昭和28年度　第7試合　対抗戦

早大		明大
19	—	16
3	前	8
16	後	8
0	T	1
0	G	1
2	PG	0
1	DG	0
4	T	2
1	G	0
2	PG	0
0	DG	0
1	反則	7

早大#	早大	位置	明大#	明大
1	高見澤顕二郎	FW	1	簑口　一光
2	高武　昭夫		2	大塩　勇
3	秋本　進		3	夏井　和夫
4	伊藤　竜平		4	松岡　英昭
5	梅井　良治		5	北島　輝明
6	山崎　靖彦		6	土屋　俊明
7	松永　正弘		7	小原　隆一
8	原田　秀雄		8	松重　正明
9	山本昌三郎	HB	9	金沢　忠良
10	新井　大済		10	宮井　国夫
11	藤島　勇一	TB	11	宮井　順二
12	佐藤　貞夫		12	寺西　博
13	阪口　幹夫		13	喜多脩晃
14	星加　豊		14	喜多脩晃
15	佐藤　英彦	FB	15	麻生　純三

昭和28年12月6日　G 秩父宮　R 石井太郎　KO 14:30

公式試合 No.250　昭和28年度　第8試合　対抗戦

早大		中大
14	ー	6
8	前	3
6	後	3
2	T	1
1	G	0
0	PG	0
0	DG	0
2	T	1
0	G	0
0	PG	0
0	DG	0
3	反則	5

No	早大		中大
1	高見澤顕二郎	FW	杉村武一郎
2	高武　昭夫		佐藤　喜義
3	秋本　進		岩田　博仲
4	伊藤　竜平		保科　正巳
5	梅井　良治		谷口　正和
6	山崎　靖彦		坂井　重義
7	松永　正弘		光武　正信
8	原田　秀雄		久保　優
9	山本昌三郎	HB	江頭　仁
10	新井　大済		木本　和男
11	藤島　勇一	TB	渡辺　政彦
12	佐藤　貞夫		広畑　安司
13	阪口　幹夫		大平　英馬
14	星加　豊		池野　和男
15	佐藤　英彦		佐藤　昭男

昭和28年12月27日　G 秩父宮　R 石井太郎　KO 13:00

公式試合 No.251　昭和28年度　第9試合　対抗戦

早大		同大
23	ー	5
23	前	0
0	後	5
5	T	0
4	G	0
0	PG	0
0	DG	0
0	T	1
0	G	1
0	PG	0
0	DG	0
3	反則	4

No	早大		同大
1	高見澤顕二郎	FW	島　愛彦
2	高武　昭夫		古川　一男
3	秋本　進		森川　良晴
4	伊藤　竜平		多田　博道
5	梅井　良治		前田　良治
6	山崎　靖彦		金木　潤吉
7	松永　正弘		築山　嘉彦
8	原田　秀雄		西出　進
9	山本昌三郎	HB	大塚　満弥
10	新井　大済		上坂　桂造
11	藤島　勇一	TB	永岡　弘
12	佐藤　貞夫		藪田　芳彦
13	阪口　幹夫		広畠　登
14	星加　豊		稲垣　雄美
15	佐藤　英彦	FB	北川　武志

昭和29年1月3日　G 秩父宮　R 石井太郎　KO 14:30

公式試合 No.252　昭和28年度　第10試合　対抗戦

早大		関西学院大
19	ー	3
8	前	0
11	後	3
1	T	0
1	G	0
1	PG	0
0	DG	0
1	T	1
1	G	0
0	PG	0
0	DG	0
4	反則	7

No	早大		関西学院大
1	高見澤顕二郎	FW	新井　顕
2	高武　昭夫		延川　光一
3	秋本　進		井原　康雄
4	伊藤　竜平		桑山　忠雄
5	梅井　良治		林　肇
6	山崎　靖彦		田中　穣
7	松永　正弘		寺田　政宏
8	原田　秀雄		寺坂　行夫
9	山本昌三郎	HB	斉藤(堀川)文夫
10	新井　大済		箕西　淳祐
11	藤島　勇一	TB	山内　一郎
12	矢口広三郎		藤田　充雄
13	阪口　幹夫		高岡　晃一
14	星加　豊		武仲　英春
15	佐藤　英彦	FB	寺沢　祐司

昭和29年1月9日　G 秩父宮　R 石井太郎　KO 14:30

公式試合 No.253　昭和28年度　第4回朝日招待試合

早大		九州代表
16	ー	3
3	前	3
13	後	3
1	T	0
0	G	0
0	PG	0
0	DG	0
3	T	1
2	G	0
0	PG	0
0	DG	0
7	反則	7

No	早大		九州代表
1	高見澤顕二郎	FW	小林　繁
2	高武　昭夫		佐野　久利
3	秋本　進		伊藤　光徳
4	伊藤　竜平		中山　海
5	梅井　良治		松下　良治
6	山崎　靖彦		高橋　逸郎
7	松永　正弘		中島　節雄
8	原田　秀雄		松岡　正也
9	山本昌三郎	HB	堀場靖重郎
10	新井　大済		松田　晴永
11	藤島　勇一	TB	牧　仰
12	佐藤　貞夫		田中　泰雄
13	阪口　幹夫		高橋　和臣
14	星加　豊		大月　雅章
15	佐藤　英彦	FB	野見山可邦

昭和29年1月15日　G 平山台　R 平山新一　KO 15:00

国際試合 No.28　昭和29年度　英空母シドニー号来日

早大		シドニー号
32	ー	3
24	前	3
8	後	0
5	T	0
3	G	0
1	PG	1
0	DG	0
2	T	0
1	G	0
1	PG	0
0	DG	0
3	反則	3

No	早大		シドニー号
1	金谷　邦雄	FW	ガイ
2	高武　昭夫		ライン
3	大野　浩		ミラー
4	出島　三郎		テイラー
5	水野　忠明		ウイルキンス
6	松永　正弘		ホトブ
7	白井善三郎		コレウェラン
8	梁川　昭		スイルワーン
9	山本昌三郎	HB	デドフォード
10	新井　大済		ギレスビィ
11	矢口広三郎		ターナン
12	佐藤　貞夫		オーエン
13	阪口　幹夫		ダンコン
14	星加　豊		フリール
15	川口　昌彦	FB	バークレイ

昭和29年4月25日　G 秩父宮　R 石井太郎　KO 15:30

公式試合 No.254　昭和29年度　第1試合　対抗戦

早大		立大
24	ー	0
8	前	0
16	後	0
2	T	0
1	G	0
0	PG	0
0	DG	0
4	T	0
2	G	0
0	PG	0
0	DG	0
4	反則	7

No	早大		立大
1	大沢　幸次	FW	尾島　善雄
2	高武　昭夫		徳満　恵
3	金谷　邦雄		渡辺　忠明
4	出島　三郎		石垣　裕正
5	水野　忠明		山元　春六
6	松永　正弘		矢野　健志
7	白井善三郎		中原　亮
8	竹尾　靖造		加賀山　篤
9	山本昌三郎	HB	安部　重徳
10	新井　大済		杉本　要二
11	藤島　勇一	TB	早川　三夫
12	佐藤　貞夫		川村兼悦郎
13	阪口　幹夫		柴田　英春
14	星加　豊		宮沼　隆男
15	吉田　清明	FB	林　茂太郎

昭和29年10月10日　G 秩父宮　R 石井太郎　KO 14:30

公式試合 No.255　昭和29年度　第2試合　対抗戦

早大		東大
53	ー	0
39	前	0
14	後	0
9	T	0
6	G	0
0	PG	0
0	DG	0
4	T	0
1	G	0
0	PG	0
0	DG	0

No	早大		東大
1	高武　昭夫	FW	瀬崎　和郎
2	武　宏		小野　任
3	片倉　胖		横田　安弘
4	白井善三郎		山田　貞夫
5	水野　忠明		市川　靖
6	盛　晴海		芦立　道夫
7	田尻　生美		西村　格
8	松永　正弘		荒木　卓哉
9	山本昌三郎	HB	鈴木　元雄
10	新井　大済		升内　均
11	青木　豊晴	TB	鹿島斗兎男
12	佐藤　貞夫		廣瀬　正男
13	阪口　幹夫		南　整
14	星加　豊		竹村　文彦
15	横井　久	FB	今田　弘

昭和29年10月24日　G 秩父宮　R 和田政雄　KO 13:00

公式試合 No.256　昭和29年度　第3試合　対抗戦

早大		京大
80	ー	0
32	前	0
48	後	0
8	T	0
4	G	0
0	PG	0
0	DG	0
12	T	0
6	G	0
0	PG	0
0	DG	0
7	反則	

No	早大		京大
1	大沢　幸次	FW	山田　通彦
2	高武　昭夫		西谷　浩明
3	金谷　邦雄		黒野　晃治
4	片倉　胖		中山　一男
5	水野　忠明		岡崎　講二
6	松永　正弘		菅野　昌
7	白井善三郎		笹井　義男
8	竹尾　靖造		酒井九州男
9	山本昌三郎	HB	望月　秀郎
10	新井　大済		白口候三郎
11	日比野　弘	TB	阪本　泰造
12	佐藤　貞夫		関根　彰園
13	阪口　幹夫		藤岡　豊
14	星加　豊		水本　信忠
15	横井　久	FB	二村　洋

昭和29年11月3日　G 秩父宮　R 川田大介　KO 14:30

公式試合 No.257　昭和29年度　第4試合　対抗戦

早大		中大
12	ー	9
0	前	9
12	後	0
0	T	2
0	G	1
0	PG	1
0	DG	0
2	T	0
1	G	0
0	PG	0
0	DG	0
4	反則	9

No	早大		中大
1	大沢　幸次	FW	長井　巽
2	武　宏		佐藤　喜義
3	金谷　邦雄		岩田　博伸
4	片倉　胖		保科　正巳
5	水野　忠明		武村　一成
6	松永　正弘		石塚　正志
7	白井善三郎		光武　正信
8	竹尾　靖造		久保田和広
9	山本昌三郎	HB	江頭　仁
10	新井　大済		渡辺　政彦
11	青木　豊晴	TB	大平　東馬
12	佐藤　貞夫		杉本　満
13	阪口　幹夫		広畑　安司
14	星加　豊		久保　優
15	横井　久	FB	久保　優

昭和29年11月13日　G 秩父宮　R 高橋勇作　KO 15:00

公式試合 No.258　昭和29年度　第5試合　対抗戦

早大		慶大
19	ー	19
11	前	5
8	後	14
3	T	1
0	G	1
0	PG	0
0	DG	0
2	T	2
1	G	1
0	PG	2
0	DG	0
6	反則	6

No	早大		慶大
1	金谷　邦雄	FW	加藤　順二
2	高武　昭夫		赤津喜一郎
3	内藤　勇策		大井　節郎
4	水野　忠明		木下　伸生
5	片倉　胖		柴田　孝
6	松永　正弘		柴川　英二
7	白井善三郎		龍野　和久
8	関根　万睦		山田　章一
9	山本昌三郎	HB	福田　利昭
10	新井　大済		日野　良昭
11	日比野　弘	TB	伊藤陽二郎
12	佐藤　貞夫		宇田川宗保
13	阪口　幹夫		青井　達也
14	星加　豊		直井　弘
15	藤島　勇一	FB	藤井　浩一

昭和29年11月23日　G 秩父宮　R 和田政雄　KO 14:30

公式試合 No.259　昭和29年度　第6試合　対抗戦

早大		明大
8	ー	14
0	前	8
8	後	6
0	T	2
0	G	1
0	PG	0
0	DG	0
2	T	1
1	G	1
0	PG	0
0	DG	0
6	反則	8

No	早大		明大
1	金谷　邦雄	FW	北島　輝夫
2	高武　昭夫		簑口　一光
3	内藤　勇策		夏井　和夫
4	水野　忠明		木下　憲一
5	片倉　胖		小原　隆一
6	松永　正弘		島本　金之
7	白井善三郎		菊地　英夫
8	竹尾　靖造		松重　正明
9	山本昌三郎	HB	桜本　秀雄
10	新井　大済		善如寺音良
11	日比野　弘	TB	梅津　昇
12	佐藤　貞夫		今泉　清志
13	阪口　幹夫		今泉　清志
14	星加　豊		宮井　国夫
15	藤島　勇一	FB	後藤　斉一

昭和29年12月5日　G 秩父宮　R 石井太郎　KO 14:30

公式試合 No.260　昭和29年度　第7試合　対抗戦

早大		同大
16	ー	8
8	前	8
8	後	0
2	T	2
1	G	1
0	PG	0
0	DG	0
2	T	0
1	G	0
0	PG	0
0	DG	0

No	早大		同大
1	大沢　幸次	FW	加納　茂
2	高武　昭夫		河合　正弘
3	内藤　勇策		北村　英雄
4	水野　忠明		前田　恭平
5	片倉　胖		磯川　鉄也
6	関根　万睦		中島　明善
7	白井善三郎		多田　博道
8	竹尾　靖造		西出　尭
9	山本昌三郎	HB	大塚　満弥
10	新井　大済		山下　隆喜
11	日比野　弘	TB	吉田　尚正
12	佐藤　貞夫		小高　寛
13	阪口　幹夫		坂井　靖史
14	星加　豊		永野　雅弘
15	藤島　勇一	FB	金木　潤吉

昭和30年1月3日　G 花園　R 杉本　彰　KO 14:30

No.261 公式試合 昭和29年度 第8試合 対抗戦

早大 — 関西学院大

早大		関西学院大
8	—	3
3	前	0
5	後	0
1	T	0
0	G	0
0	PG	0
0	DG	0
1	T	1
1	G	0
0	PG	0
10	反則	7

早大	位置	関西学院大
1 大沢 幸次	FW	1 岩田 茂
2 高武 昭夫		2 久後 勝亮
3 内藤 勇策		3 井原 康雄
4 水野 忠明		4 延川 光一
5 片倉 胖		5 林 肇
6 松永 正弘		6 田中 種
7 白井善三郎		7 寺田 政宏
8 竹尾 靖造		8 寺坂 行夫
9 山本昌三郎	HB	9 斉藤 文夫
10 新井 大済		10 中郵 秀雄
11 青木 豊晴	TB	11 武仲 英春
12 佐藤 貞夫		12 高岡 晃一
13 阪口 幹夫		13 山本 直樹
14 星加 豊		14 北垣 敏朗
15 藤島 勇一	FB	15 寺沢 祐司

昭和30年1月9日　G 花園　R 杉本 彰　KO 14:30

No.262 公式試合 昭和30年度 第1試合 対抗戦

早大 — 立大

早大		立大
11	—	5
5	前	0
6	後	5
1	T	1
1	G	1
0	PG	0
0	DG	0
1	T	0
0	G	0
1	PG	0
4	反則	8

早大	位置	立大
1 増山瑞比古	FW	1 山田 英雄
2 永橋 利雄		2 佐々木一甫
3 結城 昭康		3 渡辺 忠明
4 田中 聖二		4 尾島 善雄
5 片倉 胖		5 山元 春三
6 盛 晴海		6 矢野 健志
7 冨永 栄喜		7 加賀山 篤
8 土光 哲夫		8 宮原 英雄
9 関根 万睦	HB	9 安部 重徳
10 新井 大済		10 中野 幸治
11 青木 豊晴	TB	11 生方 希典
12 藤島 勇一		12 岩田 至道
13 吉田 清明		13 柴田 英春
14 日比野 弘		14 北村 靖
15 横井 久	FB	15 林 茂太郎

昭和30年10月9日　G 秩父宮　R 石井太郎　KO 14:30

No.263 公式試合 昭和30年度 第2試合 対抗戦

早大 — 日大

早大		日大
8	—	29
8	前	13
0	後	16
2	T	3
1	G	2
0	PG	0
0	DG	0
0	T	3
0	G	1
0	PG	1
3	反則	8

早大	位置	日大
1 大野 浩	FW	1 鈴木 庄蔵
2 永橋 利雄		2 吉川 公二
3 結城 昭康		3 地代所亨二
4 冨永 栄喜		4 川守田 豊
5 片倉 胖		5 藤田 実
6 盛 晴海		6 関原 周二
7 土光 哲夫		7 須藤 亮
8 関根 万睦		8 長坂 安治
9 宝田 雄弥	HB	9 福田 広
10 吉田 清明		10 久保田 昭
11 谷口 隆三	TB	11 近藤 功
12 横井 久		12 早福 良一
13 新井 大済		13 村井 久
14 日比野 弘		14 出雲 正一
15 藤島 勇一	FB	15 佐藤 銑悦

昭和30年10月22日　G 秩父宮　R 石井太郎　KO 14:30

No.264 公式試合 昭和30年度 第3試合 対抗戦

早大 — 京大

早大		京大
75	—	3
35	前	0
40	後	3
8	T	0
4	G	0
1	PG	0
0	DG	0
10	T	1
5	G	0
0	PG	0
1	反則	6

早大	位置	京大
1 田中 聖二	FW	1 山田 通彦
2 永橋 利雄		2 清水 卓
3 結城 昭康		3 黒野 晃治
4 大野 浩		4 後藤 宏志
5 片倉 胖		5 西谷 浩明
6 盛 晴海		6 川井 和夫
7 冨永 栄喜		7 酒井九州男
8 土光 哲夫		8 諏訪 正男
9 関根 万睦	HB	9 望月 秀郎
10 吉田 清明		10 阪本 泰造
11 谷口 隆三	TB	11 藤岡 豊
12 横井 久		12
13 新井 大済		13 谷口愼三郎
14 日比野 弘		14 水本 信忠
15 藤島 勇一	FB	15 加藤 新策

昭和30年11月3日　G 花園　R 杉本 彰　KO 14:30

No.265 公式試合 昭和30年度 第4試合 対抗戦

早大 — 東大

早大		東大
72	—	0
35	前	0
37	後	0
9	T	0
4	G	0
0	PG	0
0	DG	0
9	T	0
5	G	0
0	PG	0
4	反則	6

早大	位置	東大
1 田中 聖二	FW	1 吉川 孝三
2 永橋 利雄		2 小野 任
3 結城 昭康		3 山田 貞夫
4 大野 浩		4 高野 昌三
5 片倉 胖		5 三好 良夫
6 盛 晴海		6 芦立 道夫
7 冨永 栄喜		7 瀬崎 一夫
8 下平 嘉信		8 荒木 卓哉
9 関根 万睦	HB	9 鈴木 六郎
10 吉田 清明		10 升内 均
11 野中 孝祐	TB	11 鹿島斗虎男
12 横井 久		12 沢沢 秀幸
13 新井 大済		13 竹村 文彦
14 日比野 弘		14 代田 英雄
15 藤島 勇一	FB	15 守田 弘

昭和30年11月13日　G 秩父宮　R 石井太郎　KO 13:00

No.266 公式試合 昭和30年度 第5試合 対抗戦

早大 — 慶大

早大		慶大
5	—	11
5	前	3
0	後	8
1	T	1
0	G	1
0	PG	0
0	DG	0
0	T	2
0	G	1
0	PG	0
7	反則	11

早大	位置	慶大
1 永橋 利雄	FW	1 豊嶋 志朗
2 内藤 勇策		2 赤津喜一郎
3 結城 昭康		3 永井 節郎
4 大野 浩		4 木下 伸生
5 片倉 胖		5 柴田 孝
6 盛 晴海		6 美川 英二
7 冨永 栄喜		7 山田 俊夫
8 市田 恵紀		8 高木 秀陽
9 関根 万睦	HB	9 福田 利昭
10 吉田 清明		10 平島 正登
11 谷口 隆三	TB	11 竹内 敏之
12 横井 久		12 宇日川宗保
13 新井 大済		13 野 良昭
14 日比野 弘		14 吉田 昭
15 藤島 勇一	FB	15 藤井 浩一

昭和30年11月23日　G 秩父宮　R 和田政雄　KO 14:30

No.267 公式試合 昭和30年度 第6試合 対抗戦

早大 — 明大

早大		明大
3	—	11
0	前	3
3	後	8
0	T	1
0	G	1
0	PG	0
1	DG	0
0	T	2
0	G	1
0	PG	0
5	反則	6

早大	位置	明大
1 田中 聖二	FW	1 小林 清
2 内藤 勇策		2 吉田 賢仁
3 結城 昭康		3 夏井 井和
4 大野 浩		4 松岡 英昭
5 片倉 胖		5 小原 隆一
6 盛 晴海		6 正木 泰造
7 冨永 栄喜		7 菊地 英夫
8 市田 恵紀		8 今泉 清志
9 関根 万睦	HB	9 梅津 昇
10 新井 大済		10
11 谷口 隆三	TB	11 寺西 博
12 吉田 清明		12
13 藤島 勇一		13 宮井 国夫
14 青木 豊晴		14
15 横井 久	FB	15 今村 昌平

昭和30年12月4日　G 秩父宮　R 川田大介　KO 14:30

No.268 公式試合 昭和30年度 第7試合 対抗戦

早大 — 同大

早大		同大
6	—	9
3	前	3
3	後	6
0	T	1
0	G	0
1	PG	1
0	DG	0
0	T	1
0	G	0
1	PG	0
18	反則	16

早大	位置	同大
1 田中 聖二	FW	1 加納 茂
2 内藤 勇策		2 河合 正弘
3 結城 昭康		3 佐藤 清美
4 大野 浩		4 岸本 勝彦
5 片倉 胖		5 磯川 鉄也
6 盛 晴海		6 前田 恭平
7 冨永 栄喜		7
8 市田 恵紀		8 竹村 健
9 関根 万睦	HB	9 下川 隆幸
10 新井 大済		10 芹田 貞明
11 谷口 隆三	TB	11 安村 清
12 横井 久		12 小嶋 寛
13 吉田 清明		13 金木 潤吉
14 日比野 弘		14 藤本 雅章
15 青木 豊晴	FB	15 原田 輝美

昭和31年1月3日　G 秩父宮　R 和田政雄　KO 14:00

No.269 公式試合 昭和30年度 第8試合 対抗戦

早大 — 関西学院大

早大		関西学院大
8	—	29
3	前	0
5	後	29
1	T	0
1	G	0
0	PG	0
0	DG	0
0	T	5
0	G	4
0	PG	0
6	反則	7

早大	位置	関西学院大
1 田中 聖二	FW	1 久後 勝亮
2 内藤 勇策		2 山形一二三
3 結城 昭康		3 高木 陸雄
4 大野 浩		4 小川 勇
5 片倉 胖		5 林 肇
6 盛 晴海		6 瓜生 忠雄
7 冨永 栄喜		7 寺田 政宏
8 市田 恵紀		8 寺坂 行夫
9 関根 万睦	HB	9 斉藤 文夫
10 新井 大済		10 黒田 倬司
11 谷口 隆三	TB	11 山内 一郎
12 横井 久		12 高岡 晃一
13 吉田 清明		13 宮地 三郎
14 日比野 弘		14 白神陽之介
15 青木 豊晴	FB	15 鈴木 弘史

昭和31年1月9日　G 秩父宮　R 石井太郎　KO 14:00

No.29 国際試合 昭和30年度 豪州学生代表来日

全早大 — 豪州学生代表

全早大		豪州学生代表
11	—	34
3	前	22
8	後	12
0	T	6
0	G	5
1	PG	0
0	DG	0
1	T	6
1	G	5
1	G	0
0	PG	0

全早大	位置	豪州学生代表
1 山根 正年	FW	1 F. ELLIOT
2 高武 昭夫		2 W. WRIGHT
3 平井 雄治		3 T. BOLIN
4 梅井 良治		4 M. BREW
5 片倉 胖		5 C. DAVIS
6 藤井 厚		6 C. WILSON
7 田中 昭		7 D. RICHARDSON
8 山崎 靖彦		8 J. THORNETT
9 井川 和夫	HB	9 M. WALKER
10 新井 大済		10 R. TOOTH
11 日比野 弘	TB	11 R. PHELPS
12		12 J. O'NEILL
13 藤島 勇一		13 A. SHEIL
14 横岩 玄平		14 H. HICKEY
15 佐藤 英彦	FB	15 A. GIRLE

昭和31年2月26日　G 秩父宮　R 川田大介　KO 14:00

No.270 公式試合 昭和31年度 第1試合 対抗戦

早大 — 立大

早大		立大
15	—	6
9	前	3
6	後	3
3	T	1
3	G	0
0	PG	1
0	DG	0
1	T	0
1	G	0
0	PG	1
2	反則	9

早大	位置	立大
1 永橋 利雄	FW	1 山田 英雄
2 志賀 英一		2 芝崎 正夫
3 結城 昭康		3 安部 正義
4 田中 聖二		4 尾島 善雄
5 片倉 胖		5 宮原 英雄
6 盛 晴海		6 茂呂 隆雄
7 冨永 栄喜		7 加賀山 篤
8 西牟田耕治		8 斉藤 澄雄
9 宝田 雄弥	HB	9 安部 重徳
10 関根 万睦		10 水落 勇一
11 青木 豊晴	TB	11 山口 勇一
12 藤島 勇一		12 中野 幸治
13 谷口 隆三		13 柴田 英春
14 日比野 弘		14 高橋 三郎
15 横井 久	FB	15 佐伯 鎮人

昭和31年10月7日　G 秩父宮　R 和田政雄　KO 14:30

No.271 公式試合 昭和31年度 第2試合 対抗戦

早大 — 青学大

早大		青学大
32	—	3
16	前	3
16	後	0
4	T	0
2	G	0
0	PG	1
0	DG	0
3	T	0
1	G	0
0	PG	0
6	反則	10

早大	位置	青学大
1 永橋 利雄	FW	1 田中 耕司
2 志賀 英一		2 黒川 清隆
3 結城 昭康		3 岩崎郁旺(有川)
4 田中 聖二		4 吉田 正隆
5 片倉 胖		5 野本 泰三
6 盛 晴海		6 山本 茂樹
7 冨永 栄喜		7 大矢 正臣
8 西牟田耕治		8 前田 泰信
9 宝田 雄弥	HB	9 小栗十三雄
10 関根 万睦		10 加藤 東郎
11 青木 豊晴	TB	11 渋谷 宣実
12 横井 久		12 安交 江?
13 藤島 勇一		13 畠山 博之
14 谷口 隆三		14 小川 荘二
15 吉田 清明	FB	15 遊佐 裕二

昭和31年10月14日　G 秩父宮　R 池田正徳　KO 13:00

公式試合 No.272　昭和31年度　第3試合　対抗戦

早大		東大	No	早大		No	東大
55	—	3	1	永橋 利雄	FW	1	料治 直矢
20	前	3	2	志賀 英一		2	山田 貞夫
35	後	0	3	結城 昭康		3	桑原 達朗
6	T	0	4	田中 聖二		4	有泉 湧二
1	G	0	5	山根 正年		5	三好 良夫
0	PG	1	6	冨永 栄喜		6	雨宮 悦弥
0	DG	0	7	片倉 胖		7	市川 靖
9	T	0	8	西牟田耕治		8	小田 弘雄
4	G	0	9	宝田 雄弥	HB	9	雑喉 良祐
0	PG	0	10	関根 万睦		10	竹村 文彦
0	DG	0	11	及川 麿	TB	11	鳥羽 一
7	反則	4	12	谷口 隆三		12	井手 正敬
			13	藤島 勇一		13	南 整
			14	青木 豊晴		14	竹野 洋三
			15	武仲 俊春	FB	15	今田 弘

昭和31年10月20日　G 秩父宮　R 石井太郎　KO 14:30

公式試合 No.273　昭和31年度　第4試合　対抗戦

早大		日大	No	早大		No	日大
32	—	0	1	永橋 利雄	FW	1	鈴木 庄蔵
14	前	0	2	志賀 英一		2	平井 敏雄
18	後	0	3	結城 昭康		3	島谷 兌
4	T	0	4	田中 聖二		4	藤田 実
1	G	0	5	山根 正年		5	川守田 豊
0	PG	0	6	冨永 栄喜		6	関野 周治
0	DG	0	7	片倉 胖		7	加藤 昭士
4	T	0	8	市田 恵紀		8	上松 彪
3	G	0	9	宝田 雄弥	HB	9	柏木 昭
0	PG	0	10	関根 万睦		10	佐々木美則
0	DG	0	11	谷口 隆三	TB	11	近藤 功
5	反則	6	12	藤島 勇一		12	石原 敬造
			13	青木 豊晴		13	村上 孝
			14			14	岩井 寛
			15	武仲 俊春	FB	15	佐藤 鋭悦

昭和31年10月28日　G 秩父宮　R 石井太郎　KO 14:30

公式試合 No.274　昭和31年度　第5試合　対抗戦

早大		京大	No	早大		No	京大
55	—	6	1	永橋 利雄	FW	1	山田 通彦
34	前	0	2	志賀 英一		2	清水 卓
21	後	6	3	結城 昭康		3	黒野 晃治
8	T	0	4	田中 聖二		4	岩田 元一
5	G	0	5	山根 正年		5	後藤 宏志
0	PG	0	6	冨永 栄喜		6	田中 康夫
0	DG	0	7	片倉 胖		7	川井 利久
5	T	2	8	市田 恵紀		8	酒井九州男
3	G	0	9	宝田 雄弥	HB	9	望月 秀郎
0	PG	0	10	関根 万睦		10	谷口樸三郎
1	反則	4	11	谷口 隆三	TB	11	本森 隆造
			12	横井 久		12	上仲 俊行
			13	藤島 勇一		13	宮原 邦寿
			14	青木 豊晴		14	田中自知郎
			15	武仲 俊春	FB	15	加藤 新策

昭和31年11月3日　G 秩父宮　R 松元秀明　KO 15:00

公式試合 No.275　昭和31年度　第6試合　対抗戦

早大		中大	No	早大		No	中大
5	—	16	1	永橋 利雄	FW	1	佐伯 守
0	前	8	2	志賀 英一		2	影山 末吉
5	後	8	3	結城 昭康		3	一木 猛
0	T	1	4	田中 聖二		4	塩上 勤
0	G	1	5	山根 正年		5	山本 清
0	PG	0	6	冨永 栄喜		6	石塚 正志
0	DG	0	7	片倉 胖		7	白石 博美
1	T	2	8	市田 恵紀		8	佐藤 威
1	G	1	9	宝田 雄弥	HB	9	河村 三生
0	PG	0	10	関根 万睦		10	石田 寛二
0	DG	0	11	谷口 隆三	TB	11	渡部 政彦
8	反則	12	12	横井 久		12	白石 雅良
			13	藤島 勇一		13	杉本(保戸塚)満
			14	青木 豊晴		14	菊地 上
			15	武仲 俊春	FB	15	牛島 道夫

昭和31年11月10日　G 秩父宮　R 和田政雄　KO 14:30

公式試合 No.276　昭和31年度　第7試合　対抗戦

早大		慶大	No	早大		No	慶大
26	—	8	1	永橋 利雄	FW	1	豊嶋 志朗
9	前	3	2	志賀 英一		2	河内 浩平
17	後	5	3	結城 昭康		3	森岡 弘平
0	T	1	4	田中 聖二		4	藤田 熊夫
0	G	1	5	片倉 胖		5	山下 忠男
0	PG	0	6	尾崎 政雄		6	山田 敬介
0	DG	0	7	冨永 栄喜		7	岡崎 明之
5	T	1	8	市田 恵紀		8	高木 秀陽
1	G	1	9	関根 万睦	HB	9	今村 耕一
0	PG	0	10	吉田 清明		10	中沢 肇人
0	DG	0	11	谷口 隆三	TB	11	竹内 敏之
5	反則	12	12	横井 久		12	平島 正登
			13	小山 俊次		13	日野 良昭
			14	日比野 弘		14	吉田 守
			15	藤島 勇一	FB	15	藤 市郎

昭和31年11月23日　G 秩父宮　R 池田正徳　KO 14:30

公式試合 No.277　昭和31年度　第8試合　対抗戦

早大		明大	No	早大		No	明大
20	—	14	1	永橋 利雄	FW	1	小林 清
12	前	6	2	志賀 英一		2	吉田 賢仁
8	後	8	3	結城 昭康		3	藤 晃和
0	T	2	4	田中 聖二		4	駒沢 忠信
0	G	2	5	片倉 胖		5	前道 昌夫
2	PG	0	6	尾崎 政雄		6	緒方 秀明
0	DG	0	7	冨永 栄喜		7	木下 憲一
2	T	2	8	青木 豊晴		8	中山 亨
1	G	1	9	関根 万睦	HB	9	麻生醇四郎
0	PG	0	10	吉田 清明		10	福丸 国雄
0	DG	0	11	谷口 隆三	TB	11	梅津 昇
13	反則	10	12	横井 久		12	寺西 博
			13	小山 俊次		13	岩山 武義
			14	日比野 弘		14	加賀谷 健
			15	藤島 勇一	FB	15	大神 政美

昭和31年12月3日　G 秩父宮　R 池田正徳　KO 14:30

公式試合 No.278　昭和31年度　第9試合　対抗戦

早大		同大	No	早大		No	同大
19	—	11	1	永橋 利雄	FW	1	加納 茂
14	前	5	2	志賀 英一		2	津田 浩司
5	後	6	3	結城 昭康		3	佐藤 清美
3	T	1	4	田中 聖二		4	大塚 謙次
1	G	1	5	片倉 胖		5	磯川 鉄也
1	PG	0	6	尾崎 政雄		6	島田 昌弘
0	DG	1	7	冨永 栄喜		7	河合 正弘
1	T	1	8	青木 豊晴		8	竹村 健
1	G	1	9	関根 万睦	HB	9	山下 隆喜
0	PG	0	10	吉田 清明		10	石田 真二
0	DG	1	11	谷口 隆三	TB	11	安村 清
6	反則	10	12	横井 久		12	小高越 寛
			13	小山 俊次		13	園井 輝美
			14	日比野 弘		14	坂井 靖史
			15	藤島 勇一	FB	15	岸本 勝彦

昭和32年1月3日　G 花園　R 杉本 彰　KO 14:30

公式試合 No.279　昭和31年度　第10試合　対抗戦

早大		関西学院大	No	早大		No	関西学院大
41	—	6	1	永橋 利雄	FW	1	高木 陸雄
19	前	3	2	志賀 英一		2	山形一二三
22	後	3	3	結城 昭康		3	津川 明義
5	T	1	4	田中 聖二		4	砂原 義彦
2	G	0	5	片倉 胖		5	諏訪 晋哉
1	PG	0	6	尾崎 政雄		6	山岡 順
0	DG	0	7	冨永 栄喜		7	政岡 宏文
5	T	1	8	市田 恵紀		8	瓜生 忠雄
0	G	0	9	関根 万睦	HB	9	沢田 昌郎
0	PG	0	10	吉田 清明		10	鈴木 達三
0	DG	0	11	青木 豊晴	TB	11	山内 一郎
5	反則	12	12	横井 久		12	白神陽之介
			13	谷口 隆三		13	宮地 三郎
			14	日比野 弘		14	中村 康祐
			15	藤島 勇一	FB	15	梅本 洋平

昭和32年1月9日　G 花園　R 丸岡隆二　KO 14:30

公式試合 No.280　昭和31年度　第7回朝日招待試合

早大		九州代表	No	早大		No	九州代表
19	—	15	1	永橋 利雄	FW	1	永井 巽
3	前	10	2	志賀 英一		2	松尾 正勝
16	後	5	3	結城 昭康		3	内村 利久
0	T	2	4	田中 聖二		4	松岡 英昭
0	G	2	5	片倉 胖		5	園田 実
0	PG	0	6	尾崎 政雄		6	土屋 俊明
0	DG	0	7	冨永 栄喜		7	中川 海
4	T	1	8	市田 恵紀		8	松重 正明
2	G	1	9	関根 万睦	HB	9	今泉 清志
1	PG	0	10	吉田 清明		10	安部 唯雄
0	DG	0	11	青木 豊晴	TB	11	永野 雅弘
13	反則	12	12	横井 久		12	中田 主基
			13	谷口 隆三		13	岡岡 晴夫
			14	日比野 弘		14	三苫 学
			15	藤島 勇一	FB	15	麻生 純三

昭和32年1月15日　G 平和台　R 平山新一　KO 14:00

国際試合 No.30　昭和31年度　英国シンガポール駐留軍来日

全早大		英国駐留軍	No	全早大		No	英国駐留軍
24	—	12	1	永橋 利雄	FW	1	P. FIRKIN
8	前	9	2	志賀 英一		2	M. BRAIN
16	後	3	3	結城 昭康		3	G. MORGAN
2	T	1	4	冨永 栄喜		4	K. CAFFERY
1	G	0	5	片倉 胖		5	K. RUXTON
0	PG	1	6	梅井 良治		6	P. EVANS
0	DG	0	7			7	G. HEAD
2	T	1	8	市田 恵紀		8	A. TIPPETTS
2	G	0	9	関根 万睦		9	N. CAMPELL
2	PG	0	10	新井茂裕(大済)		10	N. SLATTERY
0	DG	0	11	谷口 隆三		11	R. McCARTEN
24	反則	12	12	横井 久		12	R. STRICKLAND
			13	藤島 勇一		13	N. ROBERTS
			14	日比野 弘		14	T. GRIEVE
			15	佐藤 英彦	FB	15	I. BURROWS

昭和32年3月9日　G 秩父宮　R 池田正徳　KO 15:00

公式試合 No.281　昭和32年度　第1試合　対抗戦

早大		青学大	No	早大		No	青学大
6	—	0	1	永橋 利雄	FW	1	松本 英夫
6	前	0	2	志賀 英一		2	米山 実
0	後	0	3	結城 昭康		3	尚郷 郁雄
1	T	0	4	田中 聖二		4	吉田 正隆
0	G	0	5	片倉 胖		5	野本 泰三
0	PG	0	6	尾崎 政雄		6	清水 彬
0	DG	0	7	冨永 栄喜		7	板垣 英伍
0	T	0	8	市田 恵紀		8	前田 泰信
0	G	0	9	宝田 雄弥	HB	9	小栗十三雄
0	PG	0	10	伊藤 浩司		10	松田(福島)雄夫
0	DG	0	11	菊田 欣佑	TB	11	渋谷 宣衡
12	反則	10	12	谷口 隆三		12	安川 正夫
			13	北岡 進		13	畠山 博
			14	日比野 弘		14	佐藤 惇
			15	黒野 喬祥	FB	15	平戸幹三郎(市川)

昭和32年10月6日　G 秩父宮　R 楠目 亮　KO 13:00

公式試合 No.282　昭和32年度　第2試合　対抗戦

早大		立大	No	早大		No	立大
3	—	0	1	永橋 利雄	FW	1	大原 定恒
0	前	0	2	志賀 英一		2	芝崎 正夫
3	後	0	3	結城 昭康		3	安部 澄雄
1	T	0	4	田中 聖二		4	斉藤 澄雄
0	G	0	5	片倉 胖		5	宮原 英雄
0	PG	0	6	尾崎 政雄		6	茂呂 雄耕
0	DG	0	7	冨永 栄喜		7	尾島 善雄
0	T	0	8	豊岡 泰徳		8	藤井 隆助
0	G	0	9	山東(大畑)力	HB	9	安部 重雄
0	PG	0	10	伊藤 浩司		10	水落 勇一
0	DG	0	11	菊田 欣佑	TB	11	大幡 敬
15	反則	15	12	谷口 隆三		12	中野 幸治
			13	小山 俊次		13	岩田 圭道
			14	斉藤 恂		14	秋沢 貞宏
			15	黒野 喬祥	FB	15	金谷 弘

昭和32年10月13日　G 秩父宮　R 川田大介　KO 13:00

公式試合　No.283　昭和32年度　第3試合　対抗戦

早大 43 — 0 東大

	早大	東大
前	21	0
後	22	0
T	5	0
G	3	0
PG	0	0
DG	0	0
T	6	0
G	2	0
PG	0	0
DG	0	0
反則	5	6

No	早大	P	東大
1	永橋 利雄	FW	桑原 達朗
2	志賀 英一		吉田 孝三
3	小島 庸雍		青柳 紀正
4	田中 聖二		三好 良夫
5	大野 浩		武末 浩之
6	尾崎 政雄		瀬崎 行雄
7	片倉 胖		市川 靖
8	市田 恵紀		小田 弘雄
9	山東 力	HB	坪井 孝頼
10	小山 俊次		井手 正敬
11	今村 次郎	TB	高 茂保
12	谷口 隆三		町井 徹郎
13	大塚 博靖		今田 弘
14	日比野 弘		花村 栄一
15	黒野 喬祥	FB	大島 義彦

昭和32年10月20日　G 秩父宮　R 石井太郎　KO 13:00

公式試合　No.284　昭和32年度　第4試合　対抗戦

早大 8 — 11 日大

	早大	日大
前	0	8
後	8	3
T	0	1
G	0	1
PG	0	0
DG	0	0
T	1	0
G	1	0
PG	1	1
DG	0	0
反則	8	14

No	早大	P	日大
1	永橋 利雄	FW	谷嶋 兌
2	志賀 英一		川田 新市
3	結城 昭康		鈴木 庄蔵
4	田中 聖二		藤田 実
5	片倉 胖		川守田 豊
6	植松 務		小熊 豊
7	冨永 栄喜		加藤 昭士
8	市田 恵紀		近 和夫
9	宝田 雄弥	HB	柏木 昭
10	伊藤 浩司		平沢 日支
11	谷口 隆三	TB	石原 敬五
12	小山 俊次		村上 孝
13	菊田 欣佑		佐々木美則
14	日比野 弘		岩持 寛
15	黒野 喬祥	FB	佐藤 銃悦

昭和32年10月26日　G 秩父宮　R 池田正徳　KO 14:30

公式試合　No.285　昭和32年度　第5試合　対抗戦

早大 42 — 3 京大

	早大	京大
前	14	3
後	28	0
T	4	0
G	1	0
PG	0	0
DG	0	0
T	6	1
G	5	0
PG	0	1
DG	0	0
反則	6	11

No	早大	P	京大
1	永橋 利雄	FW	野田 忠吉
2	幾田 勉		清水 卓
3	結城 昭康		大橋敬一郎
4	田中 聖二		片寄 俊秀
5	片倉 胖		後藤 宏志
6	植松 務		岩田 元一
7	冨永 栄喜		川利 久
8	市田 恵紀		松宮 佶
9	宝田 雄弥	HB	望月 秀郎
10	小山 俊次		加藤 新策
11	今村 次郎	TB	黒瀬 守
12	菊田 欣佑		上仲 俊行
13	大塚 博靖		二村 洋
14	日比野 弘		田中自知郎
15	黒野 喬祥	FB	宮原 邦博

昭和32年11月3日　G 花園　R 大江賀寿雄　KO 14:30

公式試合　No.286　昭和32年度　第6試合　対抗戦

早大 13 — 6 中大

	早大	中大
前	3	6
後	10	0
T	0	1
G	0	0
PG	1	1
DG	0	0
T	2	0
G	2	0
PG	0	0
DG	0	0
反則	5	15

No	早大	P	中大
1	永橋 利雄	FW	佐口 守
2	志賀 英一		石川 次男
3	結城 昭康		一木 猛
4	田中 聖二		藤尾 保美
5	片倉 胖		佐藤 清
6	尾崎 政雄		石塚 正志
7	冨永 栄喜		白指 博美
8	市田 恵紀		佐藤 晃
9	宝田 雄弥	HB	河村 三生
10	小山 俊次		平島 正登
11	今村 次郎	TB	白石 雅良
12	菊田 欣佑		高橋 芳夫
13	谷口 隆三		杉本 満
14	日比野 弘		菊地 上
15	黒野 喬祥	FB	牛島 道夫

昭和32年11月9日　G 秩父宮　R 西山常夫　KO 14:30

公式試合　No.287　昭和32年度　第7試合　対抗戦

早大 20 — 9 慶大

	早大	慶大
前	3	3
後	17	6
T	3	1
G	1	1
PG	0	0
DG	0	0
T	3	0
G	1	0
PG	1	2
DG	1	1
反則	10	

No	早大	P	慶大
1	永橋 利雄	FW	豊嶋 志朗
2	志賀 英一		河内 浩平
3	結城 昭康		森岡 弘平
4	田中 聖二		藤久 協一
5	片倉 胖		山下 忠男
6	尾崎 政雄		宮島 欽一
7	冨永 栄喜		小川 敬介
8	市田 恵紀		木野 文海
9	宝田 雄弥	HB	今村 耕一
10	小山 俊次		平島 正登
11	及川 麿	TB	竹内 敏之
12	菊田 欣佑		坂本 恒
13	谷口 隆三		石井 堅司
14	日比野 弘		吉田 昭
15	北岡 進	FB	藤 市郎

昭和32年11月23日　G 秩父宮　R 西山常夫　KO 14:30

公式試合　No.288　昭和32年度　第8試合　対抗戦

早大 19 — 6 明大

	早大	明大
前	5	6
後	14	0
T	1	2
G	1	0
PG	0	0
DG	0	0
T	2	0
G	1	0
PG	2	0
DG	0	0
反則	10	13

No	早大	P	明大
1	池田 修夫	FW	小林 清
2	志賀 英一		駒沢 忠信
3	結城 昭康		藤 晃和
4	田中 聖二		島崎 雅介
5	片倉 胖		前道 昌夫
6	尾崎 政雄		清水 松夫
7	冨永 栄喜		三戸徳三郎
8	市田 恵紀		緒方 秀明
9	宝田 雄弥	HB	下司 正芳
10	小山(松他) 麿		松岡(松)更二
11	及川 麿	TB	榎本 力雄
12	菊田 欣佑		青山 武義
13	谷口 隆三		小林 一元
14	日比野 弘		瀬崎 道夫
15	北岡 進	FB	平川 純一

昭和32年12月8日　G 秩父宮　R 池田正徳　KO 14:30

公式試合　No.289　昭和32年度　第9試合　対抗戦

早大 28 — 14 同大

	早大	同大
前	17	3
後	11	11
T	3	0
G	1	0
PG	2	1
DG	0	0
T	3	2
G	1	1
PG	0	1
DG	0	0
反則	5	12

No	早大	P	同大
1	永橋 利雄	FW	松尾 潤一
2	志賀 英一		津田 浩司
3	結城 昭康		畑 敏郎
4	田中 聖二		渡辺 隼介
5	片倉 胖		大塚 謙次
6	尾崎 政雄		中村 清義
7	冨永 栄喜		橋詰 博
8	市田 恵紀		酒巻 喜久
9	宝田 雄弥	HB	吉田 義雄
10	小山 俊次		石田 真三
11	今村 次郎	TB	藤島 一郎
12	菊田 欣佑		河野 白元
13	谷口 隆三		岸本 勝彦
14	日比野 弘		石田 展昭
15	北岡 進	FB	石原 輝美

昭和33年1月3日　G 秩父宮　R 池田正徳　KO 14:30

公式試合　No.290　昭和32年度　第10試合　対抗戦

早大 28 — 3 関西学院大

	早大	関西学院大
前	14	3
後	14	0
T	4	0
G	1	0
PG	0	0
DG	0	0
T	4	0
G	4	0
PG	0	1
DG	0	0
反則	4	16

No	早大	P	関西学院大
1	永橋 利雄	FW	津川 明義
2	志賀 英一		山形 一二三
3	結城 昭康		高木 陸雄
4	田中 聖二		砂原 義彦
5	片倉 胖		諏訪 晋哉
6	尾崎 政雄		大西 一雄
7	黒野 喬祥		田中 啓一
8	市田 恵紀		橋本 誠一
9	宝田 雄弥	HB	黒沢 槙也
10	小山 俊次		桐田 英光
11	及川 麿	TB	白神陽之介
12	菊田 欣佑		行俊 治
13	谷口 隆三		宮地 三郎
14	日比野 弘		中村 庸祐
15	北岡 進	FB	鈴木 弘史

昭和33年1月9日　G 秩父宮　R 西山常夫　KO 14:30

国際試合　No.31　昭和32年度　NZオールブラックスコルツ来日

全早大 12 — 33 NZコルツ

	全早大	NZコルツ
前	9	8
後	3	25
T	1	2
G	1	1
PG	0	0
DG	0	0
T	1	5
G	0	3
PG	0	0
DG	0	0

No	全早大	P	NZコルツ
1	田中 聖二	FW	W. WHINERAY
2	志賀 英一		J. CREIGHTON
3	結城 昭康		A. ROWLANDS
4	冨永 栄喜		K. BARRY
5	片倉 胖		C. MEADS
6	尾崎 政雄		E. PICKERING
7	梅井 良治		A. HAYES
8	北岡 進		A. SOPER
9	宝田 雄弥	HB	R. BRISCOE
10	新井 茂裕		R. BROWN
11	谷口 隆三	TB	J. WATT
12	横井 久		J. LINEEN
13	藤島 勇一		T. WALSH
14	日比野 弘		R. COSSEY
15	佐藤 英彦	FB	B. DINEEN

昭和33年2月23日　G 秩父宮　R 川田大介　KO 14:30

公式試合　No.291　昭和33年度　第1試合　対抗戦

早大 22 — 0 立大

	早大	立大
前	11	0
後	11	0
T	2	0
G	1	0
PG	1	0
DG	0	0
T	3	0
G	1	0
PG	0	0
DG	0	0
反則	4	

No	早大	P	立大
1	永橋 利雄	FW	宇佐美常男
2	志賀 英一		大原 定恒
3	結城 昭康		安部 清
4	田中 聖二		斉藤 澄雄
5	加賀谷久司		宮原 文夫
6	尾崎 政雄		真田 能斉
7	冨永 栄喜		小野 和俊
8	市田 恵紀		藤井 隆助
9	宝田 雄弥	HB	柴田 忠敏
10	斉藤 隆根		水落 勇一
11	今村 次郎	TB	長潟 忠司
12	菊田 欣佑		金谷 明
13	谷口 隆三		岩田 至道
14	及川 麿		東 勝利
15	北岡 進	FB	頼 吉弘

昭和33年10月5日　G 秩父宮　R 和田政雄　KO 14:30

公式試合　No.292　昭和33年度　第2試合　対抗戦

早大 46 — 3 青学大

	早大	青学大
前	27	0
後	19	3
T	6	1
G	3	0
PG	1	0
DG	0	0
T	4	1
G	2	0
PG	1	1
DG	0	0
反則	4	

No	早大	P	青学大
1	池田 修夫	FW	野島 孝夫
2	志賀 英一		安部 聴秀
3	結城 昭康		岩崎 郁旺
4	田中 聖二		松井 公行
5	加賀谷久司		野本 泰三
6	尾崎 政雄		大河原房雄
7	冨永 栄喜		三木 重勝
8	市田 恵紀		和田 憲明
9	宝田 雄弥	HB	小栗十三雄
10	斉藤 隆根		広田 隆夫
11	今村 次郎	TB	佐藤 惇
12	菊田 欣佑		藤井 元希
13	谷口 隆三		比佐 勇
14	及川 麿		斉郷 順久
15	北岡 進	FB	中沢 弘生

昭和33年10月12日　G 秩父宮　R 西山常夫　KO 13:00

公式試合　No.293　昭和33年度　第3試合　対抗戦

早大 55 — 0 東大

	早大	東大
前	34	0
後	21	0
T	8	0
G	5	0
PG	0	0
DG	0	0
T	5	0
G	5	0
PG	0	0
DG	0	0
反則	9	

No	早大	P	東大
1	池田 修夫	FW	高屋 叉夫
2	志賀 英一		神野 安夫
3	幾田 勉		山下 正明
4	田中 聖二		瀬崎 行雄
5	塩見 良造		武末 浩之
6	尾崎 政雄		桑原 達朗
7	冨永 栄喜		有泉 湧二
8	冨岡 泰徳		有泉 湧二
9	宝田 雄弥	HB	井手 正敬
10	伊藤 浩司		井手 正敬
11	斉藤 恟	TB	花村 栄一
12	菊田 欣佑		床島 旭
13	谷口 隆三		床島 旭
14	亀田 展孝		剣持 吟
15	北岡 進	FB	大島 義彦

昭和33年10月19日　G 秩父宮　R 梅本二郎　KO 13:00

公式試合 No.294　昭和33年度　第4試合　対抗戦

早大		法大
21	—	0
8	前	0
13	後	0
2	T	0
1	G	0
0	PG	0
0	DG	0
3	T	0
2	G	0
0	PG	0
0	DG	0
14	反則	8

#	早大		#	法大
1	永橋 利雄	FW	1	小野 芳英
2	志賀 英一		2	古館 利美
3	結城 昭康		3	長嶋 成之
4	田中 聖二		4	池内 吉則
5	加賀谷久司		5	中矢 敏明
6	尾崎 政雄		6	田中 完二
7	冨永 栄喜		7	池田 修
8	豊岡 泰徳		8	中塚 修
9	宝田 雄弥	HB	9	小松 紀元
10	斉藤 隆根		10	石井 徳昌
11	橋爪 勇誠	TB	11	鈴木 秀明
12	菊田 欣佑		12	折祖 利昭
13	谷口 隆三		13	伊藤 与一
14	及川 鷹		14	鈴木 昇
15	北岡 進	FB	15	永峰 恒雄

昭和33年10月26日　G 秩父宮　R 西山常夫　KO 13:00

公式試合 No.295　昭和33年度　第5試合　対抗戦

早大		京大
56	—	0
28	前	0
28	後	0
7	T	0
2	G	0
1	PG	0
0	DG	0
8	T	0
2	G	0
0	PG	0
0	DG	0
8	反則	12

#	早大		#	京大
1	永橋 利雄	FW	1	浜田 義信
2	志賀 英一		2	梅津 武司
3	結城 昭康		3	大橋敬一郎
4	端野 昌		4	片寄 俊秀
5	加賀谷久司		5	小泉 賢司
6	尾崎 政雄		6	西巻 英樹
7	冨永 栄喜		7	岩田 元一
8	豊岡 泰徳		8	松宮 佶
9	宝田 雄弥	HB	9	栗本 武
10	伊藤 浩司		10	三好 郁郎
11	橋爪 勇誠	TB	11	黒瀬 守
12	菊田 欣佑		12	菅田 一博
13	谷口 隆三		13	宮原 邦夫
14	及川 鷹		14	二村 洋
15	庄司 和義	FB	15	和田 文男

昭和33年11月3日　G 秩父宮　R 川田大介　KO 14:30

公式試合 No.296　昭和33年度　第6試合　対抗戦

早大		中大
18	—	8
6	前	3
12	後	5
2	T	0
0	PG	1
0	DG	0
4	T	1
0	G	1
0	PG	0
0	DG	0
7	反則	10

#	早大		#	中大
1	永橋 利雄	FW	1	佐口 守
2	志賀 英一		2	貝田 満雄
3	結城 昭康		3	福岡 一成
4	田中 聖二		4	藤尾 俣美
5	加賀谷久司		5	及川 悟郎
6	尾崎 政雄		6	山崎 恒雄
7	冨永 栄喜		7	白石 博美
8	豊岡 泰徳		8	佐藤 晃
9	宝田 雄弥	HB	9	河村 三生
10	斉藤 隆根		10	高 秀実
11	橋爪 勇誠	TB	11	高橋 昌巳
12	菊田 欣佑		12	高橋 芳夫
13	谷口 隆三		13	綿貫 寛
14	今村 次郎		14	福原 憲吾
15	北岡 進	FB	15	牛島 道夫

昭和33年11月8日　G 秩父宮　R 池田正徳　KO 14:30

公式試合 No.297　昭和33年度　第7試合　対抗戦

早大		慶大
16	—	11
8	前	8
8	後	3
2	T	2
1	G	1
0	PG	0
0	DG	0
2	T	1
1	G	0
0	PG	0
0	DG	0
4	反則	7

#	早大		#	慶大
1	永橋 利雄	FW	1	豊嶋 志朗
2	志賀 英一		2	松島 宏
3	結城 昭康		3	森岡 鉄也
4	田中 聖二		4	船津 浩平
5	加賀谷久司		5	山下 忠男
6	尾崎 政雄		6	宮島 欽一
7	冨永 栄喜		7	山田 敬介
8	豊岡 泰徳		8	木野 文海
9	宝田 雄弥	HB	9	斉藤 耕一
10	伊藤 浩司		10	平島 正登
11	今村 次郎	TB	11	前田 恭孝
12	菊田 欣佑		12	高谷 裕二
13	谷口 隆三		13	白井 温
14	橋爪 勇誠		14	吉田 昭
15	北岡 進	FB	15	坂本 恒

昭和33年11月23日　G 秩父宮　R 池田正徳　KO 14:30

公式試合 No.298　昭和33年度　第8試合　対抗戦

早大		明大
13	—	6
3	前	3
10	後	3
1	T	0
1	G	0
0	PG	1
0	DG	0
2	T	1
0	G	0
0	PG	0
0	DG	0
4	反則	9

#	早大		#	明大
1	永橋 利雄	FW	1	小林 清
2	志賀 英一		2	野見山 治
3	結城 昭康		3	吉田 尚一
4	田中 聖二		4	三戸伝三郎
5	加賀谷久司		5	岡部 英二
6	尾崎 政雄		6	清水 松夫
7	冨永 栄喜		7	清治 勝
8	豊岡 泰徳		8	川口 和隆
9	宝田 雄弥	HB	9	合屋 秀三
10	斉藤 隆根		10	真田 真三
11	今村 次郎	TB	11	榎本 力雄
12	菊田 欣佑		12	小林 一元
13	谷口 隆三		13	出口 正行
14	橋爪 勇誠		14	青山 武義
15	北岡 進	FB	15	松岡 要三

昭和33年12月7日　G 秩父宮　R 池田正徳　KO 14:30

公式試合 No.299　昭和33年度　第9試合　対抗戦

早大		同大
11	—	5
3	前	0
8	後	5
1	T	0
1	G	0
0	PG	0
0	DG	0
2	T	1
1	G	0
0	PG	0
0	DG	0
4	反則	13

#	早大		#	同大
1	永橋 利雄	FW	1	畑 敏郎
2	志賀 英一		2	渋谷 浩一
3	結城 昭康		3	中得 四郎
4	田中 聖二		4	渡辺 隼介
5	加賀谷久司		5	大塚 謙次
6	尾崎 政雄		6	中村 直勝
7	冨永 栄喜		7	綿谷 稔
8	豊岡 泰徳		8	酒巻 喜久
9	宝田 雄弥	HB	9	吉田 義光
10	斉藤 隆根		10	石田 真三
11	今村 次郎	TB	11	藤島 一郎
12	菊田 欣佑		12	森 鉦芳
13	谷口 隆三		13	中角 武
14	橋爪 勇誠		14	平沼 白元
15	北岡 進	FB	15	原田 輝美

昭和34年1月3日　G 花園　R 丹羽 正　KO 14:30

公式試合 No.300　昭和33年度　第10試合　対抗戦

早大		関西学院大
14	—	3
3	前	3
11	後	0
1	T	0
0	G	0
0	PG	1
0	DG	0
3	T	0
0	G	0
0	PG	0
0	DG	0
5	反則	11

#	早大		#	関西学院大
1	永橋 利雄	FW	1	津川 明彦
2	志賀 英一		2	中山 宏二
3	結城 昭康		3	高木 陸雄
4	田中 聖二		4	砂原 義彦
5	加賀谷久司		5	足立 二郎
6	尾崎 政雄		6	大西 一雄
7	冨永 栄喜		7	長谷川昌人
8	豊岡 泰徳		8	橋本 進一
9	宝田 雄弥	HB	9	黒沢 槙也
10	斉藤 隆根		10	桐田 英光
11	今村 次郎	TB	11	中塚 辰也
12	菊田 欣佑		12	白神陽之助
13	谷口 隆三		13	福本 幸弘
14	橋爪 勇誠		14	中村 庸祐
15	北岡 進	FB	15	行俊 公夫

昭和34年1月9日　G 花園　R 岡 仁詩　KO 14:30

公式試合 No.301　昭和33年度　第9回朝日招待試合

早大		九州代表
20	—	11
10	前	3
10	後	8
2	T	0
2	G	0
0	PG	0
0	DG	0
2	T	1
2	G	1
0	PG	0
0	DG	0
14	反則	6

#	早大		#	九州代表
1	永橋 利雄	FW	1	内村 利久
2	志賀 英一		2	江藤 繁勝
3	幾田 勉		3	藤 晃和
4	田中 聖二		4	西住 弘久
5	結城 昭康		5	松岡 英昭
6	尾崎 政雄		6	土屋 俊明
7	冨永 栄喜		7	山崎 靖彦
8	豊岡 泰徳		8	植木 史朗
9	宝田 雄弥	HB	9	関根 万睦
10	斉藤 隆根		10	椎木 栄蔵
11	今村 次郎	TB	11	木下 憲一
12	菊田 欣佑		12	松岡 要三
13	谷口 隆三		13	岡田 正行
14	橋爪 勇誠		14	宮井 国夫
15	北岡 進	FB	15	今泉 清志

昭和34年1月15日　G 平和台　R 大塩 勇　KO 14:30

国際試合 No.32　昭和33年度　カナダBC代表来日

全早大		カナダBC
5	—	14
0	前	3
5	後	11
0	T	1
0	G	1
0	PG	0
0	DG	0
1	T	3
1	G	0
0	PG	0
0	DG	0
6	反則	2

#	全早大		#	カナダBC
1	幾田 勉	FW	1	B. MOORE
2	志賀 英一		2	T. CHRISTIE
3	結城 昭康		3	O. GJERDALEN
4	田中 聖二		4	C. POLLARD
5	片倉 胖		5	G. McGAVIN
6	尾崎 政雄		6	G. BJARNESON
7	冨永 栄喜		7	D. THOMAS
8	豊岡 泰徳		8	P. HARTEN
9	宝田 雄弥	HB	9	N. BLAKE
10	新井 茂裕		10	T. HUNT
11	今村 次郎	TB	11	R. PARRY
12	菊田 欣佑		12	M. HOWELL
13	横井 久		13	G. SAINAS
14	日比野 弘		14	G. PUIL
15	北岡 進	FB	15	N.HENDERSON

昭和34年3月1日　G 秩父宮　R 和田政雄　KO 14:00

国際試合 No.33　昭和34年度　オ・ケ大連合来日

全早大		オ・ケ大連合
11	—	32
3	前	17
8	後	15
1	T	3
0	G	3
0	PG	2
0	DG	0
2	T	4
1	G	3
0	PG	0
0	DG	0
6	反則	10

#	全早大		#	オ・ケ大連合
1	小島 庸雍	FW	1	D. BIRD
2	志賀 英一		2	M. WETSON
3	結城 昭康		3	L. LONBERD
4	田中 聖二		4	D. McSWEENEY
5	加賀谷久司		5	V. HERDING
6	尾崎 政雄		6	F. TENBOX
7	冨永 栄喜		7	A. HARBERT
8	豊岡 泰徳		8	W. PLANT
9	宝田 雄弥	HB	9	A. O' CONNOR
10	斉藤 隆根		10	H. DAVIES
11	菊田 欣佑	TB	11	M. WADE
12	横井 久		12	L. WATS
13	谷口 隆三		13	M. PHILLIPS
14	日比野 弘		14	S. WILCOCK
15	北岡 進	FB	15	T. BAXTER

昭和34年9月20日　G 秩父宮　R 池田正徳　KO 14:30

公式試合 No.302　昭和34年度　第1試合　対抗戦

早大		東大
30	—	6
17	前	3
13	後	3
5	T	1
1	G	0
1	PG	0
0	DG	0
3	T	1
1	G	0
0	PG	0
0	DG	0
4	反則	3

#	早大		#	東大
1	池田 修夫	FW	1	桑原 達朗
2	幾田 勉		2	高屋 茂夫
3	小島 庸雍		3	山下 正明
4	塩見 良造		4	岡村 正
5	結城 昭康		5	武末 浩之
6	岡本 健		6	前沢 捷大
7	黒野 喬祥		7	有泉 勇二
8	渡辺 鉄也		8	坪井 孝頼
9	三木 和男	HB	9	
10	伊藤 浩司		10	床島 旭
11		TB	11	
12	高橋陽之助		12	町井 徹郎
13	八尋 茂信		13	大島 義高
14	橋爪 勇誠		14	剣持 吟
15	李 智光	FB	15	元井 拓也

昭和34年10月3日　G 東伏見　R 清水　KO 14:30

公式試合 No.303　昭和34年度　第2試合　対抗戦

早大		立大
40	—	11
22	前	0
18	後	11
6	T	1
2	G	0
0	PG	0
0	DG	0
4	T	1
3	G	1
0	PG	0
0	DG	0
8	反則	12

#	早大		#	立大
1	池田 修夫	FW	1	川崎 和夫
2	志賀 英一		2	瓦田 幸輝
3	小島 庸雍		3	宇佐美常男
4	塩見 良造		4	長野 道男
5	加賀谷久司		5	岡里 俊男
6	尾崎 政雄		6	中島 信次
7	黒野 喬祥		7	田中 稔
8	豊岡 泰徳		8	川久保 勲
9	大畑 力	HB	9	柴田 忠敏
10	伊藤 浩司		10	東 勝利
11		TB	11	木下 廣三
12	菊田 欣佑		12	荒巻 久義
13	高橋陽之助		13	高橋 千紘
14	橋爪 勇誠		14	宮沢 祥男
15	北岡 進	FB	15	金谷 弘

昭和34年10月11日　G 秩父宮　R 池田正徳　KO 14:30

公式試合 No.304　昭和34年度　第3試合　対抗戦

早大		日大	No	早大	Pos	No	日大
3	—	6	1	幾田　勉	FW	1	石井　強
3	前	3	2	志賀　英一		2	吉野　圭介
0	後	3	3	小島　庸雍		3	武田　忠二
1	T	0	4	村山　登		4	清野　耕一
0	G	0	5	加賀谷久司		5	佐々木　恭
0	PG	1	6	尾崎　政雄		6	細野　喜由
0	DG	0	7	黒野　嵩祥		7	和田　守隆
0	T	1	8	豊岡　泰徳		8	近　和夫
0	G	0	9	大畑　力	HB	9	樋渡　徳盛
0	PG	0	10	伊藤　浩司		10	猪狩　富郎
0	DG	0	11	今村　次郎	TB	11	千葉　克己
11	反則	13	12	斉藤　隆根		12	千葉　克己
			13	北岡　進		13	平沢　日支
			14	菊田　欣佑		14	吉見　武
			15	庄司　和義	FB	15	原口文雄(智雄)

昭和34年10月18日　G 秩父宮　R 西山常夫　KO 13:00

公式試合 No.305　昭和34年度　第4試合　対抗戦

早大		法大	No	早大	Pos	No	法大
11	—	11	1	池田　修夫	FW	1	小野　芳英
0	前	11	2	志賀　英一		2	勝間　巌郎
11	後	0	3	小島　庸雍		3	長嶋　成之
0	T	3	4	塩見　良造		4	中矢　敏明
0	G	1	5	加賀谷久司		5	及川　邦博
0	PG	0	6	尾崎　政雄		6	田中　完二
0	DG	0	7	黒野　嵩祥		7	貴志　邦男
1	T	0	8	豊岡　泰徳		8	中塚　允
2	G	0	9	大畑　力	HB	9	小松　紀元
2	PG	0	10	斉藤　隆根		10	尾崎　真義
0	DG	0	11	今村　次郎	TB	11	畠沢　一郎
7	反則	15	12	菊田　欣佑		12	伊藤　与一
			13	高橋陽之助		13	醍醐　栄二
			14	橋爪　勇誠		14	
			15	北岡　進	FB	15	永峰　恒雄

昭和34年10月25日　G 秩父宮　R 川田大介　KO14:30

公式試合 No.306　昭和34年度　第5試合　対抗戦

早大		京大	No	早大	Pos	No	京大
64	—	0	1	池田　修夫	FW	1	米良　章生
23	前	0	2	志賀　英一		2	田宮　健二
41	後	0	3	小島　庸雍		3	大橋敬一郎
5	T	0	4	塩見　良造		4	片寄　俊秀
4	G	0	5	加賀谷久司		5	小泉　賢司
0	PG	0	6	尾崎　政雄		6	浜田　義信
0	DG	0	7	高山　博光		7	鈴木　正郎
9	T	0	8	豊岡　泰徳		8	中塚　幹郎
7	G	0	9	大畑　力	HB	9	栗本　武
0	PG	0	10	斉藤　隆根		10	三好　郁朗
0	DG	0	11	今村　次郎	TB	11	和田野光彦
1	反則	6	12	菊田　欣佑		12	堀川　尚
			13	伊藤　浩司		13	宮原　邦寿
			14	橋爪　勇誠		14	小原　範幸
			15	北岡　進	FB	15	和田　文男

昭和34年11月3日　G 花園　R 大江賀寿雄　KO 14:30

公式試合 No.307　昭和34年度　第6試合　対校戦

早大		中大	No	早大	Pos	No	中大
33	—	3	1	池田　修夫	FW	1	及川　悟郎
17	前	3	2	志賀　英一		2	阿部　亘孝
16	後	0	3	小島　庸雍		3	熊谷　仁
4	T	1	4	塩見　良造		4	石川　次男
1	G	0	5	加賀谷久司		5	徳田　昇
1	PG	0	6	尾崎　政雄		6	宮野　覚
0	DG	0	7	黒野　嵩祥		7	川村　幸男
4	T	0	8	豊岡　泰徳		8	川村　幸男
2	G	0	9	大畑　力	HB	9	保科　正之
0	PG	0	10	斉藤　隆根		10	衡藤　武雄
0	DG	0	11	今村　次郎	TB	11	高橋　昌巳
4	反則	8	12	菊田　欣佑		12	高橋　芳夫
			13	伊藤　浩司		13	諏訪　厚
			14	橋爪　勇誠		14	福原　誠吾
			15	北岡　進	FB	15	佐藤　良輔

昭和34年11月7日　G 秩父宮　R 和田政雄　KO 13:00

公式試合 No.308　昭和34年度　第7試合　対抗戦

早大		慶大	No	早大	Pos	No	慶大
16	—	3	1	池田　修夫	FW	1	川口　治雄
8	前	3	2	志賀　英一		2	松島　宏
8	後	0	3	小島　庸雍		3	森岡　弘平
1	T	0	4	村山　登		4	吉田　博信
1	G	0	5	加賀谷久司		5	山下　忠男
0	PG	1	6	尾崎　政雄		6	松岡　賢治
0	DG	0	7	黒野　嵩祥		7	森久　裕二
2	T	0	8	豊岡　泰徳		8	藤井　章三
2	G	0	9	大畑　力	HB	9	大森　康久
0	PG	0	10	斉藤　隆根		10	高谷　裕二
0	DG	0	11	今村　次郎	TB	11	東　喜一郎
12	反則	9	12	菊田　欣佑		12	内山浩一郎
			13	北岡　進		13	石井　堅司
			14	橋爪　勇誠		14	長谷部幸男
			15	庄司　和義	FB	15	江崎　賀之

昭和34年11月23日　G 秩父宮　R 川田大介　KO 14:30

公式試合 No.309　昭和34年度　第8試合　対抗戦

早大		明大	No	早大	Pos	No	明大
8	—	14	1	池田　修夫	FW	1	村上　幸夫
8	前	5	2	志賀　英一		2	野見山　治
0	後	9	3	小島　庸雍		3	鈴木善次郎
2	T	1	4	村山　登		4	岡部　某
1	G	1	5	加賀谷久司		5	大和　兼弐
0	PG	1	6	尾崎　政雄		6	清治　勝
0	DG	0	7	黒野　嵩祥		7	三戸徳三郎
0	T	1	8	豊岡　泰徳		8	安田　直大
0	G	1	9	大畑　力	HB	9	山口　一成
0	PG	2	10	斉藤　隆根		10	北島　治造
0	DG	0	11	今村　次郎	TB	11	増田　健一
11	反則	8	12	伊藤　浩司		12	伊野　三之
			13	北岡　進		13	南山　武雄
			14	菊田　欣佑		14	小林　一元
			15	庄司　和義	FB	15	松岡　要三

昭和34年12月6日　G 秩父宮　R 西山常夫　KO 14:30

公式試合 No.310　昭和34年度　第9試合　対抗戦

早大		同大	No	早大	Pos	No	同大
3	—	9	1	志賀　英一	FW	1	宮地　克実
3	前	6	2	小島　庸雍		2	渋谷　浩一
0	後	3	3	村山　登		3	中村　幸男
1	T	1	4	塩見　良造		4	松下　圭一
0	G	0	5	加賀谷久司		5	浅草　春正
0	PG	1	6	尾崎　政雄		6	小西　克
0	DG	0	7	黒野　嵩祥		7	中村　直勝
0	T	1	8	豊岡　泰徳		8	植村　哲也
0	G	0	9	大畑　力	HB	9	長田　敏彦
0	PG	0	10	伊藤　浩司		10	藤島　一郎
0	DG	0	11	今村　次郎	TB	11	藤島　一郎
	反則		12	菊田　欣佑		12	藤本　鉄芳
			13	高橋陽之助		13	出口　繁太
			14	橋爪　勇誠		14	斉藤　晃
			15	浜田　光春	FB	15	政田　和雄

昭和35年1月3日　G 秩父宮　R 和田政雄　KO 14:00

公式試合 No.311　昭和34年度　第10試合　対抗戦

早大		関西学院大	No	早大	Pos	No	関西学院大
13	—	8	1	池田　修夫	FW	1	太田　稔
5	前	3	2	志賀　英一		2	田中　宏二
8	後	5	3	小島　庸雍		3	清水　雅美
1	T	1	4	塩見　良造		4	根本　貞
1	G	0	5	加賀谷久司		5	足立　二郎
0	PG	0	6	尾崎　政雄		6	高橋　澄
0	DG	0	7	高山　博光		7	長谷川昌人
2	T	1	8	豊岡　泰徳		8	橋本　誠一
1	G	1	9	大畑　力	HB	9	桐沢　槇一
0	PG	0	10	菊田　欣佑		10	桐田　英光
0	DG	0	11	今村　次郎	TB	11	小川　成彬
8	反則	15	12	坂井　三彦		12	中村　庸祐
			13	伊藤　浩司		13	白神陽之助
			14	橋爪　勇誠		14	中塚　辰也
			15	黒野　嵩祥	FB	15	名田　裕亮

昭和35年1月9日　G 秩父宮　R 川田大介　KO 14:00

公式試合 No.312　昭和35年度　第1試合　対抗戦

早大		立大	No	早大	Pos	No	立大
24	—	3	1	亀田　展孝	FW	1	川崎　和夫
21	前	3	2	小島　庸雍		2	今長　賢誠
3	後	0	3	村山　登		3	宇佐美常男
5	T	0	4	高山　博光		4	木村喜太郎
3	G	0	5	加賀谷久司		5	花巻　靖夫
0	PG	0	6	黒野　嵩祥		6	内田　武夫
0	DG	0	7	江藤　一明		7	田中　稔
3	T	1	8	印　昌喜		8	門馬　敏明
0	G	0	9	大畑　力	HB	9	柴田　忠敏
1	PG	1	10	斉藤　隆根		10	東　勝利
0	DG	0	11	今村　次郎	TB	11	木下　雅章
9	反則	13	12	坂井　三彦		12	小泉　邦男
			13	八尋　茂信		13	高橋　千紘
			14	菊田　欣佑		14	山岡　久
			15	北岡　進	FB	15	本橋利久郎

昭和35年10月9日　G 秩父宮　R 和田政雄　KO 13:00

公式試合 No.313　昭和35年度　第2試合　対抗戦

早大		日大	No	早大	Pos	No	日大
3	—	31	1	田中　俊男	FW	1	宮崎　一矩
3	前	8	2	小島　庸雍		2	吉野　圭介
0	後	23	3	村山　登		3	武田　忠二
1	T	2	4	高山　博光		4	池　隆介
0	G	1	5	加賀谷久司		5	佐々木　恭
0	PG	3	6	黒野　嵩祥		6	細野　喜由
0	T	4	7	江藤　一明		7	和田　守隆
0	G	1	8	三木　和男		8	近　和夫
0	PG	3	9	大畑　力	HB	9	樋渡　徳盛
10	反則	6	10	斉藤　隆根		10	平沢　日支
			11	今村　次郎	TB	11	伊海田誠男
			12	坂井　三彦		12	佐藤　峻士
			13	八尋　茂信		13	奈須　生玄
			14	菊田　欣佑		14	
			15	北岡　進	FB	15	原口　文雄

昭和35年10月16日　G 秩父宮　R 大森昭典　KO 14:30

公式試合 No.314　昭和35年度　第3試合　対抗戦

早大		東大	No	早大	Pos	No	東大
22	—	6	1	田中　俊男	FW	1	汐崎　実
9	前	3	2	小島　庸雍		2	谷村　颯保
13	後	3	3	高瀬　仁二		3	野崎　一
3	T	0	4	村山　登		4	上野　康之
0	G	0	5	加賀谷久司		5	前沢　俊夫
0	PG	1	6	黒野　嵩祥		6	池田　富弥
0	DG	0	7	亀田　展孝		7	高島　正之
3	T	1	8	印　昌喜		8	大塚　明
2	G	0	9	大畑　力	HB	9	坪井　孝頼
0	PG	0	10	木本　建治		10	山之内桂輔
0	DG	0	11	今村　次郎	TB	11	相原　宏徳
10	反則	18	12	坂井　三彦		12	広瀬　宏行
			13	伊藤　浩司		13	元井　拓也
			14	橋爪　勇誠		14	上村　創一
			15	北岡　進	FB	15	上村　創一

昭和35年10月29日　G 駒場　R 江田昌佑　KO 14:30

公式試合 No.315　昭和35年度　第4試合　対抗戦

早大		日体大	No	早大	Pos	No	日体大
5	—	11	1	亀田　展孝	FW	1	倉橋　忠雄
0	前	0	2	小島　庸雍		2	大沢　徹
5	後	11	3	村山　登		3	田宮　雅彦
1	T	2	4	島内　隆明		4	斉藤　幸雄
1	G	1	5	加賀谷久司		5	小跨　幸男
0	PG	1	6	黒野　嵩祥		6	米沢　一郎
0	DG	0	7	江藤　一明		7	遠矢　協助
0	T	2	8	印　昌喜		8	本田　一
0	G	1	9	大畑　力	HB	9	石田　征治
0	PG	0	10	斉藤　隆根		10	佐藤　幹夫
0	DG	0	11	今村　次郎	TB	11	脇坂　憲雄
0	反則	12	12	坂井　三彦		12	山本　征治
			13	菊田　欣佑		13	鯰井　武男
			14	橋爪　勇誠		14	菊川　哲
			15	北岡　進	FB	15	宮崎　一弥

昭和35年11月5日　G 三ッ沢　R 中須規夫　KO 15:30

公式試合 No.316 昭和35年度 第5試合 対抗戦

早大 3 — 8 法大

早大		法大
3	—	8
0	前	5
3	後	3
0	T	1
0	G	1
0	PG	0
0	DG	0
1	T	1
0	G	0
0	PG	0
0	DG	0
12	反則	9

No.	早大	Pos	No.	法大
1	亀田 展孝	FW	1	安島 高紀
2	小島 庸雍		2	勝岡 徹郎
3	村山 登		3	梅崎 歳市
4	島田 信隆		4	及川 邦博
5	加賀谷久司		5	白水 清昭
6	黒野 髙祥		6	加藤 俊之
7	江藤 一明		7	貴志 邦男
8	印 昌喜		8	高村 和彦
9	大畑 力	HB	9	大久保吉則
10	斉藤 隆根		10	尾崎 真義
11	今村 次郎	TB	11	林 一文
12	坂井 三彦		12	田野辺秀男
13	清水 良祐		13	伊藤 与一
14	菊田 欣佑		14	
15	北岡 進	FB	15	佐伯 輝

昭和35年11月13日　G 秩父宮　R 和田政雄　KO 14:30

公式試合 No.317 昭和35年度 第6試合 対抗戦

早大 0 — 0 慶大

早大		慶大
0	—	0
0	前	0
0	後	0
0	T	0
0	G	0
0	PG	0
0	DG	0
0	T	0
0	G	0
0	PG	0
10	反則	9

No.	早大	Pos	No.	慶大
1	亀田 展孝	FW	1	飯沢 洋二
2	小島 庸雍		2	土肥 正也
3	村山 登		3	川口 治雄
4	島田 信隆		4	中西 一晃
5	加賀谷久司		5	池田 史郎
6	黒野 髙祥		6	松岡 賢治
7	江藤 一明		7	藤井 章三
8	印 昌喜		8	真野 喜興
9	大畑 力	HB	9	米倉 実
10	斉藤 隆根		10	高谷 裕二
11	今村 次郎	TB	11	中 洋右
12	八尋 茂信		12	内山浩一郎
13	清水 良祐		13	石井 聖司
14	菊田 欣佑		14	長谷部幸男
15	北岡 進	FB	15	江崎 賀之

昭和35年11月23日　G 秩父宮　R 川田大介　KO 14:30

公式試合 No.318 昭和35年度 第7試合 対抗戦

早大 6 — 14 明大

早大		明大
6	—	14
3	前	8
3	後	6
0	T	2
0	G	2
1	PG	0
0	DG	0
0	T	1
0	G	1
0	PG	1
0	DG	0
12	反則	11

No.	早大	Pos	No.	明大
1	亀田 展孝	FW	1	吉田 尚一
2	小島 庸雍		2	松尾 善勝
3	村山 登		3	鈴木善次郎
4	高山 博光		4	岡部 英二
5	島田 信隆		5	大和 兼武
6	黒野 髙祥		6	川口 和隆
7	加賀谷久司		7	清治 博
8	印 昌喜		8	鳥谷 忠男
9	大畑 力	HB	9	斉藤 一夫
10	斉藤 隆根		10	北島 治彦
11	菊田 欣佑		11	相浦 弘二
12	坂井 三彦		12	伊野 三之
13	清水 良祐		13	原 武義
14	橋爪 勇誠		14	原 弘毅
15	北岡 進	FB	15	安田 直大

昭和35年12月4日　G 秩父宮　R 江田昌佑　KO 14:30

公式試合 No.319 昭和35年度 第8試合 対抗戦

早大 0 — 29 同大

早大		同大
0	—	29
0	前	6
0	後	23
0	T	2
0	G	0
0	PG	0
0	DG	0
0	T	5
0	G	4
0	PG	0
0	DG	0
12	反則	5

No.	早大	Pos	No.	同大
1	玉山(佐野)広哉	FW	1	宮地 克実
2	直井 三郎		2	青山 信吉
3	亀田 展孝		3	中得 四郎
4	島内 隆明		4	園田 正保
5	島田 信隆		5	浅草 春正
6	加賀谷久司		6	小西 宏
7	高山 博光		7	石塚 広治
8	金沢 威夫		8	松下 圭一
9	岡田 淳	HB	9	俣木 雅治
10	斉藤 隆根		10	居島 信一
11	橋爪 勇誠	TB	11	中島鏡二郎
12	坂井 三彦		12	出口 繁夫
13	清水 良祐		13	藤本 邦男
14	中村 貞雄		14	斉藤 晃
15	北岡 進	FB	15	政田 和雄

昭和36年1月3日　G 花園　R 丹羽 正　KO 14:30

公式試合 No.320 昭和35年度 第9試合 対抗戦

早大 6 — 8 関西学院大

早大		関西学院大
6	—	8
3	前	3
3	後	5
1	T	1
0	G	0
0	PG	0
0	DG	0
1	T	1
0	G	0
1	PG	0
0	DG	1
8	反則	10

No.	早大	Pos	No.	関西学院大
1	亀田 展孝	FW	1	太田 稔
2	直井 三郎		2	清水 雅美
3	高瀬 仁二		3	宮城 常夫
4	島田 信隆		4	岩井 一晃
5	加賀谷久司		5	松本 忠男
6	印 昌喜		6	山本 忠彦
7	高山 博光		7	前田 実
8	金沢 威夫		8	橋本 誠一
9	岡田 淳	HB	9	牧田 裕三
10	斉藤 隆根		10	湯浅 雅敏
11	橋爪 勇誠	TB	11	小川 成彬
12	坂井 三彦		12	中村 義昭
13	清水 良祐		13	横山 宏史
14	花田 秀一		14	中塚 辰也
15	北岡 進	FB	15	井上 通

昭和36年1月9日　G 花園　R 宇野憲治　KO 14:30

公式試合 No.321 昭和36年度 第1試合 対抗戦

早大 8 — 33 立大

早大		立大
8	—	33
8	前	17
0	後	16
2	T	4
1	G	4
1	PG	1
0	DG	0
0	T	3
0	G	2
0	PG	1
0	DG	0
5	反則	11

No.	早大	Pos	No.	立大
1	田中 俊男	FW	1	川崎 和夫
2	小俣 忠彦		2	木村喜太郎
3	高瀬 仁二		3	宇佐美常男
4	遠藤 成信		4	長野 道男
5	加賀谷久司		5	花巻 満夫
6	北岡 英雄		6	内田 武夫
7	佐藤 紘司		7	田中 稔
8	高山 博光		8	真田 能斉
9	岡田 淳	HB	9	東 勝利
10	斉藤 隆根		10	福原 陽介
11	片山 英雄	TB	11	木下 雅章
12	木本 建治		12	高橋 千鉱
13	坂井 三彦		13	藤田 輝
14	橋爪 勇誠		14	山岡 久
15	中村 貞雄	FB	15	本橋利久郎

昭和36年10月8日　G 秩父宮　R 和田政雄　KO 14:30

公式試合 No.322 昭和36年度 第2試合 対抗戦

早大 5 — 14 日大

早大		日大
5	—	14
0	前	0
5	後	14
0	T	0
0	G	0
0	PG	0
0	DG	0
1	T	4
1	G	1
0	PG	0
0	DG	0
16	反則	9

No.	早大	Pos	No.	日大
1	遠藤 靖夫	FW	1	岡本 武勝
2	小俣 忠彦		2	吉野 圭介
3	高瀬 仁二		3	稲垣 篤
4	遠藤 成信		4	佐々木 恭
5	加賀谷久司		5	川崎 忠
6	北岡 英雄		6	平井 仁
7	佐藤 紘司		7	真野 喜一
8	中沢(八ツ木)紀夫		8	古川 正樹
9	岡田 淳	HB	9	樋渡 徳盛
10	斉藤 隆根		10	久野 晃
11	片山 英雄	TB	11	伊海田誠男
12	木本 建治		12	浜野 恭久
13	花田 秀一		13	佐藤 峻士
14	橋爪 勇誠		14	奈須 生玄
15	中村 貞雄	FB	15	伊藤 元二

昭和36年10月15日　G 秩父宮　R 佐藤喜勇　KO 14:30

公式試合 No.323 昭和36年度 第3試合 対抗戦

早大 8 — 3 東大

早大		東大
8	—	3
0	前	3
8	後	0
0	T	1
0	G	0
0	PG	0
0	DG	0
2	T	0
1	G	0
0	PG	0
0	DG	0
6	反則	6

No.	早大	Pos	No.	東大
1	遠藤 靖夫	FW	1	汐崎 実
2	小俣 忠彦		2	谷村 愨保
3	高瀬 仁二		3	山下 正明
4	遠藤 成信		4	上野 康之
5	加賀谷久司		5	岡村 正
6	北岡 英雄		6	高島 久
7	佐藤 紘司		7	前沢 捷夫
8	中沢 紀夫		8	大塚 明
9	岡田 淳	HB	9	山之内桂輔
10	釘本 英幸		10	小田 健夫
11	片山 英雄	TB	11	相原 宏徳
12	松尾(長谷川)啓		12	広瀬 宏行
13	橋爪 勇誠		13	神部 武宜
14	中村 貞雄		14	片山 恒雄
15		FB	15	林 辰也

昭和36年10月22日　G 東伏見　R 江田昌佑　KO 15:00

公式試合 No.324 昭和36年度 第4試合 対抗戦

早大 3 — 35 中大

早大		中大
3	—	35
3	前	9
0	後	26
1	T	3
0	G	0
0	PG	0
0	DG	0
0	T	4
0	G	4
1	PG	0
5	反則	10

No.	早大	Pos	No.	中大
1	田中 俊男	FW	1	蔵野 篤美
2	小俣 忠彦		2	井上(横川)浩
3	高瀬 仁二		3	松尾 和明
4	遠藤 成信		4	松館 健五
5	島田 信隆		5	徳田 昇
6	佐藤 紘司		6	高橋 昇
7	高山 博光		7	津島 巳己
8	加賀谷久司		8	川村 幸男
9	竹島 佑	HB	9	吉田 幸男
10	斉藤 隆根		10	諏訪 厚
11	片山 英雄	TB	11	遠田 紀夫
12	坂井 三彦		12	中崎 栄雄
13	坂井 三彦		13	中崎 栄雄
14	橋爪 勇誠		14	秋元 忠則
15	中村 貞雄	FB	15	佐伯 幸二

昭和36年10月29日　G 秩父宮　R 中須規夫　KO 13:00

公式試合 No.325 昭和36年度 第5試合 対抗戦

早大 3 — 35 法大

早大		法大
3	—	35
3	前	6
0	後	29
1	T	2
0	G	0
0	PG	0
0	DG	0
0	T	7
0	G	4
0	PG	0
0	DG	0
3	反則	6

No.	早大	Pos	No.	法大
1	田中 俊男	FW	1	安島 高紀
2	小俣 忠彦		2	勝岡 徹郎
3	高瀬 仁二		3	太田 京三
4	遠藤 成信		4	加藤 敏之
5	島田 信隆		5	石田 英明
6	中沢 紀夫		6	山口 公弥
7	佐藤 紘司		7	貴志 邦男
8	加賀谷久司		8	高村 和彦
9	竹島 佑	HB	9	大久保吉則
10	斉藤 隆根		10	尾崎 真義
11	片山 英雄	TB	11	堀口 幸則
12	花田 秀一		12	田野辺秀男
13	坂井 三彦		13	林 一文
14	橋爪 勇誠		14	伊藤 忠幸
15	中村 貞雄	FB	15	松隈 孝行

昭和36年11月5日　G 秩父宮　R 平沼久典　KO 14:30

公式試合 No.326 昭和36年度 第6試合 対抗戦

早大 19 — 12 日体大

早大		日体大
19	—	12
3	前	6
16	後	6
1	T	2
1	G	0
0	PG	0
0	DG	0
3	T	2
2	G	0
1	PG	0
0	DG	0
4	反則	11

No.	早大	Pos	No.	日体大
1	田中 俊男	FW	1	倉橋 忠雄
2	小俣 忠彦		2	大沢 徹
3	高瀬 仁二		3	西河 光雄
4	遠藤 成信		4	杉川 泰二
5	島田 信隆		5	海老沢寿一
6	中沢 紀夫		6	遠矢 協正
7	佐藤 紘司		7	鷲見 雪治
8	加賀谷久司		8	木多 一
9	岡田 淳	HB	9	松田 章二
10	斉藤 隆根		10	横島 幹郎
11	片山 英雄	TB	11	脇坂 憲雄
12	花田 秀一		12	
13	坂井 三彦		13	米川 勝一
14	橋爪 勇誠		14	鯨井 武男
15	中村 貞雄	FB	15	宮崎 一弥

昭和36年11月11日　G 秩父宮　R 和田政雄　KO 14:30

公式試合 No.327 昭和36年度 第7試合 対抗戦

早大 6 — 3 慶大

早大		慶大
6	—	3
3	前	3
0	後	0
1	T	0
0	G	0
1	PG	1
0	DG	0
0	T	1
0	G	0
1	PG	0
0	DG	0
3	反則	6

No.	早大	Pos	No.	慶大
1	田中 俊男	FW	1	中西 一晃
2	小俣 忠彦		2	土肥 正也
3	高瀬 仁二		3	浅沼 勝
4	遠藤 成信		4	石川 和夫
5	島田 信隆		5	池田 史郎
6	中沢 紀夫		6	和崎 嘉彦
7	佐藤 紘司		7	吉田 博信
8	加賀谷久司		8	藤井 章三
9	岡田 淳	HB	9	米倉 実
10	斉藤 隆根		10	今村 捷次
11	横井 洋	TB	11	小野寺 孝
12	坂井 三彦		12	内山浩一郎
13	坂井 三彦		13	内山浩一郎
14	橋爪 勇誠		14	志田昇二郎
15	中村 貞雄	FB	15	小宮 肇

昭和36年11月23日　G 秩父宮　R 和田政雄　KO 14:30

349

公式試合 No.328　昭和36年度　第8試合　対抗戦　早大 — 明大

早大	区分	明大	No.	早大		明大
11	—	25	1	田中　俊男	FW	吉田　尚一
3	前	11	2	小俣　忠彦		松尾　善勝
8	後	14	3	高瀬　仁二		村田　一男
1	T	2	4	遠藤　成信		藤原　進
0	G	1	5	高山　博光		加賀谷孝夫
0	PG	1	6	中沢　紀夫		小林　章
0	DG	0	7	佐藤　紘司		関　英二
1	T	4	8	加賀谷久司		烏谷　忠男
1	G	1	9	岡田　淳	HB	三浦修五郎
1	PG	0	10	斉藤　隆根		北島　治雄
0	DG	0	11	片山　英雄	TB	藤井　征夫
12	反則	6	12	横井　章		本田　治
			13	花田　秀一		香取　英俊
			14	橋爪　勇誠		安田
			15	中村　貞雄	FB	安田　直大

昭和36年12月3日　G 秩父宮　R 西山常夫　KO 14:30

公式試合 No.329　昭和36年度　第9試合　対抗戦　早大 — 京大

早大	区分	京大	No.	早大		京大
14	—	17	1	田中　俊男	FW	米良　章生
3	前	11	2	小俣　忠彦		田宮　健二
11	後	6	3	高瀬　仁二		堤　透
1	T	3	4	遠藤　成信		松尾　義信
0	G	1	5	高山　博光		萩原　隆司
0	PG	0	6	北岡　英雄		鈴木　正郎
0	DG	0	7	佐藤　紘司		市口　順亮
3	T	2	8	加賀谷久司		赤木　薫行
1	G	1	9	岡田　淳	HB	武井　真哉
1	PG	0	10	斉藤　隆根		徳田　芳弘
0	DG	0	11	清水　良祐	TB	野田　伸雄
8	反則	11	12	横井　章		竜村　仁
			13	花田　秀一		松原　武
			14	橋爪　勇誠		川勝　敏則
			15	中村　貞雄	FB	三好　郁朗

昭和36年12月28日　G 秩父宮　R 西山常夫　KO 14:00

公式試合 No.330　昭和36年度　第10試合　対抗戦　早大 — 同大

早大	区分	同大	No.	早大		同大
3	—	25	1	田中　俊男	FW	宮地　克実
0	前	11	2	小俣　忠彦		中得　四郎
3	後	14	3	高瀬　仁二		住友　基之
0	T	3	4	島田　信隆		岡田　正保
0	G	1	5	加賀谷久司		浅本　春正
0	PG	0	6	北岡　英雄		青山　信吉
0	DG	0	7	遠藤　成信		石塚　広治
0	T	4	8	佐藤　紘司		高倉　孝次
0	G	1	9	岡田　淳	HB	今村　建三
1	PG	0	10	木本　建治		居島　信二
0	DG	0	11	横井　章	TB	坂田　好弘
9	反則	9	12	坂井　三彦		出口　繁夫
			13	斉藤　隆根		長谷川雅彦
			14	清水　良祐		斉藤　晃
			15	中村　貞雄	FB	政田　和雄

昭和37年1月3日　G 秩父宮　R 夏井末春　KO 14:00

公式試合 No.331　昭和36年度　第11試合　対抗戦　早大 — 関西学院大

早大	区分	関西学院大	No.	早大		関西学院大
19	—	11	1	田中　俊男	FW	宮城　常夫
13	前	6	2	小俣　忠彦		田中　宏二
6	後	5	3	高瀬　仁二		長尾　隆孝
3	T	2	4	遠藤　成信		岩井　一郎
2	G	0	5	加賀谷久司		松本　忠男
0	PG	1	6	北岡　英雄		山本　忠彦
0	DG	0	7	佐藤　紘司		太田　稔
1	T	1	8	中沢　紀夫		前田　武史
0	G	1	9	岡田　淳	HB	牧田　裕三
1	PG	0	10	木本　建治		山本　雅敏
0	DG	0	11	横井　章	TB	福田　彰
10	反則	10	12	坂井　三彦		中村　義昭
			13	斉藤　隆根		香取
			14	橋爪　勇誠		小川成木杉
			15	中村　貞雄	FB	井上　通

昭和37年1月9日　G 秩父宮　R 夏井末春　KO 14:00

公式試合 No.332　昭和37年度　第1試合　対抗戦　早大 — 成蹊大

早大	区分	成蹊大	No.	早大		成蹊大
39	—	5	1	田中　俊男	FW	根本　実
20	前	5	2	小俣　忠彦		滝田　照久
19	後	0	3	遠藤　靖夫		藤村　泰
5	T	1	4	島内　隆明		野村　忠正
1	G	1	5	島田　信隆		元吉　祐一
1	PG	0	6	佐藤　紘司		菅野　建二
1	DG	0	7	遠藤　成信		福田　豊
5	T	0	8	金沢　威夫		石崎(松本)国夫
2	G	0	9	岡田　淳	HB	伊神　次郎
0	PG	0	10	木本　建治		細本　和久
0	DG	0	11	片山　英雄	TB	伊藤　博
9	反則	9	12	坂井　三彦		酒井　一男
			13	清水　良祐		菅野
			14	横井　章		川辺都之介
			15	中村　貞雄	FB	高島(豊田)克之

昭和37年9月23日　G 成蹊　R 夏井末春　KO 14:30

公式試合 No.333　昭和37年度　第2試合　対抗戦　早大 — 教育大

早大	区分	教育大	No.	早大		教育大
25	—	6	1	田中　俊男	FW	小畔　東
14	前	0	2	小俣　忠彦		渡辺(白井)三郎
11	後	6	3	遠藤　靖夫		阿野　尚之
4	T	0	4	遠藤　成信		西林　洋夫
1	G	0	5	島田　信隆		梶野　克之
0	PG	0	6	北岡　英雄		今村
0	DG	0	7	佐藤　紘司		熊林　一利
2	T	1	8	高瀬　仁二		菊島　正樹
1	G	0	9	岡田　淳	HB	木下　応知
1	PG	1	10	木本　建治		田中　英治
0	DG	0	11	片山　英雄	TB	清杉(小野)邦夫
12	反則	11	12	坂井　三彦		森本　圭
			13	花田　秀一		島　実
			14	清水　良祐		広田　彰
			15	中村　貞雄	FB	中村　樗

昭和37年10月13日　G 秩父宮　R 夏井末春　KO 14:30

公式試合 No.334　昭和37年度　第3試合　対抗戦　早大 — 青学大

早大	区分	青学大	No.	早大		青学大
20	—	11	1	田中　俊男	FW	渡部　忠功
6	前	11	2	小俣　忠彦		首藤　光春
14	後	0	3	遠藤　靖夫		千葉　洋資
1	T	1	4	島内　隆明		鈴木　淳巳
0	G	1	5	島田　信隆		神保　晃
1	PG	2	6	佐藤　紘司		山口　彰夫
0	DG	0	7	矢部　達三		高木　弘泰
3	T	0	8	高瀬　仁二		真柄　勇
1	G	0	9	岡田　淳	HB	北口　博章
1	PG	0	10	木本　建治		高橋　宏典
0	DG	0	11	片山　英雄	TB	熊谷　二郎
9	反則	15	12	清水　良祐		正堂
			13	坂井　三彦		柏　英樹
			14	木村(田中)繁男		井草　義裕
			15	中村　貞雄	FB	川端　弘行

昭和37年10月20日　G 秩父宮　R 江田昌佑　KO 14:30

公式試合 No.335　昭和37年度　第4試合　対抗戦　早大 — 専大

早大	区分	専大	No.	早大		専大
12	—	6	1	田中　俊男	FW	山本　忠義
6	前	6	2	小俣　忠彦		深沢　素夫
6	後	0	3	遠藤　靖夫		山田　正夫
2	T	2	4	島内　隆明		川崎　純二
0	G	0	5	島田　信隆		佐々木孝男
0	PG	0	6	佐藤　紘司		山本　勝春
0	DG	0	7	矢部　達三		藤山　喜照
2	T	0	8	金沢　威夫		鈴木　忠雄
1	G	0	9	岡田　淳	HB	島田　行秀
0	PG	0	10	木本　建治		西田　和広
0	DG	0	11	片山　英雄	TB	西田　和広
10	反則	8	12	坂井　三彦		小松　紘邦
			13	清水　良祐		佐藤
			14	横井　章		横山紘一郎
			15	中村　貞雄	FB	竹本　武明

昭和37年10月27日　G 秩父宮　R 中須規夫　KO 13:00

公式試合 No.336　昭和37年度　第5試合　対抗戦　早大 — 防大

早大	区分	防大	No.	早大		防大
14	—	6	1	田中　俊男	FW	岡本　康行
5	前	6	2	小俣　忠彦		堀　立身
9	後	0	3	遠藤　靖夫		竹内　竹夫
1	T	1	4	矢部　達三		鬼沢　勲
0	G	1	5	島田　信隆		中里　紀邦
1	PG	0	6	北岡　英雄		阿部　暉
0	DG	0	7	佐藤　紘司		阿部
2	T	0	8	加藤　猛		麻生　正守
1	G	0	9	岡田　淳	HB	麓川　昭憲
0	PG	0	10	木本　建治		川辺　武正
0	DG	0	11	片山　英雄	TB	田島　勝征
9	反則	8	12	坂井　三彦		江　勝典
			13	宮澤　隆雄		佐藤　文彦
			14	清水　良祐		川本　哲士
			15	中村　貞雄	FB	高橋　隆

昭和37年11月3日　G 国分寺　R 西山常夫　KO 14:30

公式試合 No.337　昭和37年度　第6試合　対抗戦　早大 — 立大

早大	区分	立大	No.	早大		立大
19	—	0	1	田中　俊男	FW	川崎　和夫
8	前	0	2	小俣　忠彦		佐藤　武則
11	後	0	3	玉山(佐野)広政		吉田　英知
2	T	0	4	島内　隆明		門馬　敏明
1	G	0	5	島田　信隆		小森　正義
0	PG	0	6	高瀬　仁二		内田　武夫
0	DG	0	7	佐藤　紘司		田中　稔
2	T	0	8	金沢　威夫		北口　公一
1	G	0	9	岡田　淳	HB	秋田　行宏
1	PG	0	10	木本　建治		岡田　介介
0	DG	0	11	片山　英雄	TB	下村　雅章
7	反則	5	12	坂井　三彦		高橋　千紘
			13	宮澤　隆雄		山岡　久
			14	横井　章		室覆　重義
			15	中村　貞雄	FB	本橋利久郎

昭和37年11月10日　G 秩父宮　R 和田政男　KO 13:00

公式試合 No.338　昭和37年度　第7試合　対抗戦　早大 — 東大

早大	区分	東大	No.	早大		東大
37	—	0	1	田中　俊男	FW	中村　真
24	前	0	2	小俣　忠彦		西中　研介
13	後	0	3	玉山　広政		野崎　剛一
6	T	0	4	島内　隆明		富岡征一郎
3	G	0	5	島田　信隆		山岸　方夫
0	PG	0	6	高瀬　仁二		大島　泰敬
0	DG	0	7	佐藤　紘司		高島　正之
3	T	0	8	金沢　威夫		大塚　明
2	G	0	9	岡田　淳	HB	鶴田　治雄
0	PG	0	10	木本　建治		重井　龍之
0	DG	0	11	片山　英雄	TB	林　辰也
10	反則	10	12	坂井　三彦		神部　武宜
			13	宮澤　隆雄		広瀬　宏行
			14	横井　章		山田　浩
			15	中村　貞雄	FB	上村　創一

昭和37年11月17日　G 秩父宮　R 永田　博　KO 14:30

公式試合 No.339　昭和37年度　第8試合　対抗戦　早大 — 慶大

早大	区分	慶大	No.	早大		慶大
5	—	6	1	田中　俊男	FW	三宅雄三郎
0	前	3	2	小俣　忠彦		安部　徹
5	後	3	3	玉山　広政		浅沼　勝
0	T	1	4	島内　隆明		石川　和夫
0	G	0	5	島田　信隆		李　安喜
0	PG	0	6	高瀬　仁二		和倉　嘉彦
0	DG	0	7	佐藤　紘司		中西　一晃
1	T	1	8	加藤　猛		八木　宏器
1	G	0	9	岡田　淳	HB	木村　康博
0	PG	0	10	木本　建治		斉藤　勲
0	DG	0	11	片山　英雄	TB	峰岸　進
9	反則	9	12	坂井　三彦		江
			13	宮澤　隆雄		石黒　安広
			14	横井　章		志田昇二郎
			15	中村　貞雄	FB	川崎　清鵬

昭和37年11月23日　G 秩父宮　R 夏井末春　KO 14:30

公式試合 No.340　昭和37年度　第9試合　対抗戦　早大 — 明大

早大	項目	明大	No	早大	Pos	明大
17	—	8	1	田中　俊男	FW	児玉　雅次
3	前	5	2	小俣　忠彦		村田　一男
14	後	3	3	遠藤　靖夫		藤原　進
0	T	1	4	島内　隆明		加賀谷孝夫
0	G	1	5	島田　信隆		安藤　勝彦
1	PG	0	6	佐藤　紘司		太田　正人
0	DG	0	7	矢部　達三		尾尻　善勝
4	T	0	8	金沢　威夫		烏谷　忠男
1	G	0	9	岡田　淳	HB	三浦修五郎
0	PG	1	10	本木　建治		青木　徹
0	DG	0	11	片山　英雄	TB	藤井　征夫
10	反則	6	12	坂井　三彦		鈴木　忠義
			13	花田　秀一		岩見　秀一
			14	横井　章		安田　弘毅
			15	中村　貞雄	FB	安田　直大

昭和37年12月2日　G 秩父宮　R 江田昌佑　KO 14:30

公式試合 No.341　昭和37年度　第10試合　対抗戦　早大 — 京大

早大	項目	京大	No	早大	Pos	京大
28	—	0	1	田中　俊男	FW	松田　博
8	前	0	2	小俣　忠彦		松本　清照
20	後	0	3	遠藤　靖夫		堤　透
2	T	0	4	島内　隆明		本木　禎一
1	G	0	5	島田　信隆		市口　順亮
0	PG	0	6	佐藤　紘司		米良　章生
0	DG	0	7	矢部　達三		吉田　道正
4	T	0	8	金沢　威夫		伊藤　一郎
0	G	0	9	岡田　淳	HB	武井　真哉
0	PG	0	10	本木　建治		松原　武
0	DG	0	11	片山　英雄	TB	赤井　渉
5	反則	6	12	宮澤　隆雄		柴田　浩
			13	花田　秀一		福田　達
			14	横井　章		野田　伸雄
			15	中村　貞雄	FB	川勝　敏則

昭和37年12月27日　G 秩父宮　R 和田政雄　KO 14:00

公式試合 No.342　昭和37年度　第11試合　対抗戦　早大 — 同大

早大	項目	同大	No	早大	Pos	同大
14	—	22	1	田中　俊男	FW	松岡　克巳
5	前	6	2	小俣　忠彦		平沢　裕
9	後	16	3	遠藤　靖夫		住友　基之
1	T	1	4	島内　隆明		宮地　克実
1	G	1	5	島田　信隆		岡田　正保
0	PG	1	6	佐藤　紘司		黒田　毅
0	DG	0	7	遠藤　成信		石塚　広治
2	T	4	8	矢部　達三		高倉　孝次
0	G	2	9	岡田　淳	HB	今村　建三
1	PG	0	10	本木　建治		青木　孝誠
0	DG	0	11	片山　英雄	TB	杉本　憲彦
9	反則	8	12	宮澤　隆雄		俣木　慶治
			13	花田　秀一		本藤　武澄
			14	横井　章		斉藤　晃
			15	中村　貞雄	FB	居島　信二

昭和38年1月3日　G 西京極　R 丹羽　正　KO 14:00

公式試合 No.343　昭和37年度　第12試合　対抗戦　早大 — 関西学院大

早大	項目	関西学院大	No	早大	Pos	関西学院大
19	—	5	1	田中　俊男	FW	丹羽　孝史
3	前	5	2	小俣　忠彦		太田　稔
16	後	0	3	遠藤　靖夫		宮城　常夫
1	T	0	4	島田　信隆		岩井　一郎
0	G	0	5	矢部　達三		長尾　展孝
0	PG	0	6	北岡　英雄		上月　正勝
0	DG	0	7	佐藤　紘司		前田　武史
4	T	1	8	金沢　威夫		鈴木　捷
2	G	1	9	岡田　淳	HB	横山　宏史
0	PG	0	10	本木　建治		横山　宏史
0	DG	0	11	片山　英雄	TB	福田　彰
6	反則	8	12	坂井　三彦		渡辺　涼一
			13	花田　秀一		
			14	木村　繁男		小川成木杉
			15	中村　貞雄	FB	井上　通

昭和38年1月9日　G 西京極　R 宇野憲治　KO 14:00

公式試合 No.344　昭和38年度　第1試合　対抗戦　早大 — 成蹊大

早大	項目	成蹊大	No	早大	Pos	成蹊大
33	—	0	1	玉山　広政	FW	矢崎　成昭
13	前	0	2	小俣　忠彦		滝田　照久
20	後	0	3	遠藤　靖夫		伊臣　深
3	T	0	4	遠藤　成信		野崎　忠正
2	G	0	5	矢部　達三		元吉　祐一
0	PG	0	6	加藤　猛		菅野　達一
0	DG	0	7	佐藤　紘司		今永隆一郎
4	T	0	8	金沢　威夫		中村　謙二
4	G	0	9	竹島　佑	HB	伊神　栄一
0	PG	0	10	藤本(蒲原)忠正		橋本　和久
0	DG	0	11	犬伏　一誠	TB	岡島　英介
6	反則	4	12	横井　章		酒井　一男
			13	花田　秀一		神田　洋
			14	清水　良祐		清水　一彦
			15	石井　教夫	FB	高島　克之

昭和38年9月22日　G 成蹊　R 松尾勝吾　KO 15:00

公式試合 No.345　昭和38年度　第2試合　対抗戦　早大 — 中大

早大	項目	中大	No	早大	Pos	中大
13	—	16	1	玉山　広政	FW	内田　武久
5	前	6	2	小俣　忠彦		安野　英昭
8	後	10	3	遠藤　靖夫		今井英四郎
1	T	1	4	遠藤　成信		土居　通人
1	G	0	5	矢部　達三		佐藤　覚
0	PG	1	6	佐藤　紘司		大阪　徹
0	DG	0	7	八木　遵		千田(投薬)国未
2	T	2	8	桜津　栄一		秋元　忠則
1	G	1	9	竹島　佑	HB	武藤　智章
0	PG	0	10	藤本　忠正		阿部　直勝
0	DG	0	11	片山　英雄	TB	赤澤　幸司
20	反則	8	12	横井　章		伊庭　達夫
			13	花田　秀一		中崎　栄雄
			14	清水　良祐		関根　至
			15	石井　教夫	FB	佐藤　守雄

昭和38年10月6日　G 秩父宮　R 池田正徳　KO 14:30

公式試合 No.346　昭和38年度　第3試合　対抗戦　早大 — 法大

早大	項目	法大	No	早大	Pos	法大
17	—	26	1	玉山　広政	FW	匂坂　勝彦
6	前	11	2	小俣　忠彦		石井　京三
11	後	15	3	遠藤　靖夫		石田　英明
1	T	2	4	遠藤　成信		高橋田美也
0	G	1	5	矢部　達三		鎌田　勝美
0	PG	1	6	加藤　猛		広瀬　義則
0	DG	0	7	佐藤　紘司		中井　一男
2	T	3	8	金沢　威夫		石田　元成
1	G	3	9	竹島　佑	HB	本条　忠男
1	PG	0	10	藤本　忠正		大貫　安雄
0	DG	0	11	清水　良祐	TB	山田　陸康
6	反則	6	12	宮澤　隆雄		北口　博雄
			13	犬伏　一誠		菊地　敏雄
			14	横井　章		伊藤　忠幸
			15	松尾　啓	FB	高田　博行

昭和38年10月20日　G 秩父宮　R 江田昌佑　KO 14:30

公式試合 No.347　昭和38年度　第4試合　対抗戦　早大 — 東大

早大	項目	東大	No	早大	Pos	東大
35	—	3	1	玉山　広政	FW	本田都南夫
22	前	3	2	小俣　忠彦		西中　研二
13	後	0	3	遠藤　靖夫		上野　恒資
6	T	1	4	遠藤　成信		山田　浩
2	G	0	5	矢部　達三		土井　勇
0	PG	0	6	加藤　猛		大島　泰敬
0	DG	0	7	佐藤　紘司		蔵重　淳
7	T	0	8	金沢　威夫		高島　圭二
2	G	0	9	竹島　佑	HB	垂井　龍三
1	PG	0	10	石井　教夫		辰野　克彦
0	DG	0	11	吉田　博生	TB	宮崎(川田)輝
3	反則	3	12	横井　章		宮崎　宏行
			13	花田　秀一		河野　巌
			14	清水　良祐		和賀　重隆
			15	松尾　啓	FB	佐藤　国雄

昭和38年10月27日　G 駒場　R 浅生　享　KO 14:00

公式試合 No.348　昭和38年度　第5試合　対抗戦　早大 — 日体大

早大	項目	日体大	No	早大	Pos	日体大
19	—	11	1	玉山　広政	FW	西川　光雄
11	前	3	2	小俣　忠彦		倉橋　松雄
8	後	8	3	遠藤　靖夫		山田　耕二
3	T	1	4	遠藤　成信		清水　英輔
1	G	1	5	矢部　達三		山口　良治
0	PG	0	6	加藤　猛		山下　賢治
0	DG	0	7	佐藤　紘司		海老沢寿一
2	T	2	8	金沢　威夫		林(千田)学
1	G	1	9	竹島　佑	HB	松田　富二
1	PG	0	10	石井　教夫		黒川　登
0	DG	0	11	片山　英雄	TB	秋葉　盛一
2	反則	3	12	横井　章		宮崎　一弥
			13	花田　秀一		伊藤　維利
			14	清水　良祐		里岡　勝郎
			15	松尾　啓	FB	武島　師洋

昭和38年11月3日　G 秩父宮　R 中須規夫　KO 13:00

公式試合 No.349　昭和38年度　第6試合　対抗戦　早大 — 立大

早大	項目	立大	No	早大	Pos	立大
24	—	8	1	玉山　広政	FW	佐藤　武則
6	前	8	2	小俣　忠彦		早崎　勝久
18	後	0	3	遠藤　靖夫		吉田　英知
2	T	2	4	遠藤　成信		門馬　敏明
0	G	1	5	矢部　達三		小森　正義
0	PG	0	6	加藤　猛		田中　稔
0	DG	0	7	佐藤　紘司		川崎　和生
3	T	0	8	金沢　威夫		上村　公一
3	G	0	9	竹島　佑	HB	秋田　行宏
0	PG	0	10	石井　教夫		岡田　陽介
0	DG	0	11	片山　英雄	TB	峰岸　昇
7	反則	8	12	宮澤　隆雄		小畠　邦男
			13	花田　秀一		矢野　武司
			14	清水　良祐		林　輝夫
			15	松尾　啓	FB	岡田　隆

昭和38年11月16日　G 秩父宮　R 和田政雄　KO 14:30

公式試合 No.350　昭和38年度　第7試合　対抗戦　早大 — 慶大

早大	項目	慶大	No	早大	Pos	慶大
29	—	6	1	玉山　広政	FW	三宅雄三郎
8	前	0	2	小俣　忠彦		宅部　優
21	後	6	3	遠藤　靖夫		藤原　明弘
1	T	0	4	遠藤　成信		堀越　慈
1	G	0	5	矢部　達三		李　安邦
1	PG	0	6	加藤　猛		山本登志男
0	DG	0	7	佐藤　紘司		吉村毅一郎
5	T	1	8	金沢　威夫		八木　宏器
3	G	0	9	竹島　佑	HB	原　明
0	PG	1	10	石井　教夫		蔵西　克夫
0	DG	0	11	片山　英雄	TB	黒岩　安広
6	反則	5	12	横井　章		黒岩　安広
			13	花田　秀一		佐藤　迪伸
			14	清水　良祐		村瀬　省三
			15	松尾　啓	FB	小宮　肇

昭和38年11月23日　G 秩父宮　R 和田政雄　KO 14:30

公式試合 No.351　昭和38年度　第8試合　対抗戦　早大 — 明大

早大	項目	明大	No	早大	Pos	明大
15	—	13	1	玉山　広政	FW	児玉　雅次
10	前	8	2	小俣　忠彦		村田　一男
5	後	5	3	遠藤　靖夫		栗原　健
1	T	2	4	遠藤　成信		加賀谷孝夫
2	G	1	5	矢部　達三		安藤　勝彦
0	PG	0	6	加藤　猛		清原　孟
0	DG	0	7	佐藤　紘司		藤原　進
2	T	1	8	金沢　威夫		玉江　満敏
1	G	2	9	竹島　佑	HB	清水　利惟
0	PG	0	10	石井　教夫		内田　一
0	DG	0	11	片山　英雄	TB	藤井　征夫
2	反則	5	12	横井　章		鈴木　忠義
			13	花田　秀一		香取　英俊
			14	清水　良祐		原　弘毅
			15	松尾　啓	FB	嶋崎　竜介

昭和38年12月8日　G 秩父宮　R 中須規夫　KO 14:30

公式試合 No.352 昭和38年度 第9試合 対抗戦

早大 — 京大

早大	区分	京大
36	—	0
10	前	0
26	後	0
2	T	0
2	G	0
0	PG	0
0	DG	0
6	T	0
4	G	0
0	PG	0
3	反則	5

#	早大		#	京大
1	玉山 広政	FW	1	塩入 淑史
2	小俣 忠彦		2	塩本 清照
3	遠藤 靖夫		3	千賀 孝
4	遠藤 成信		4	植村 文昭
5	矢部 達三		5	坂口 陸
6	加藤 猛		6	川勝 敏則
7	佐藤 紘司		7	市口 順亮
8	金沢 威夫		8	伊藤 一郎
9	竹島 佑	HB	9	江口 繁雄
10	石井 教夫		10	柴田 浩
11	片山 英雄	TB	11	伊藤 孝英
12	横井 章		12	松原 武
13	花田 秀一		13	福田 恒
14	清水 良祐		14	赤井 渉
15	松尾 啓	FB	15	吉田 道正

昭和38年12月28日　G 秩父宮　R 永田 博　KO 14:00

公式試合 No.353 昭和38年度 第10試合 対抗戦

早大 — 同大

早大	区分	同大
0	—	33
0	前	10
0	後	23
0	T	2
0	G	2
0	PG	0
0	DG	0
0	T	0
0	G	4
0	PG	0
7	反則	1

#	早大		#	同大
1	玉山 広政	FW	1	松岡 克巳
2	小俣 忠彦		2	平沢 裕
3	遠藤 靖夫		3	住友 基之
4	遠藤 成信		4	岡田 正保
5	矢部 達三		5	松山 均
6	加藤 猛		6	黒田 毅
7	佐藤 紘司		7	石塚 広治
8	金沢 威夫		8	藤田 勝三
9	竹島 佑	HB	9	今村 建三
10	石井 教夫		10	居島 信二
11	片山 英雄	TB	11	坂田 好弘
12	横井 章		12	俣本 慶治
13	花田 秀一		13	橋本 武志
14	清水 良祐		14	藤川 由武
15	松尾 啓	FB	15	岸本 博巳

昭和39年1月3日　G 秩父宮　R 中須規夫　KO 14:00

公式試合 No.354 昭和38年度 第11試合 対抗戦

早大 — 関西学院大

早大	区分	関西学院大
15	—	11
10	前	6
5	後	5
2	T	2
2	G	0
0	PG	0
0	DG	0
1	T	1
1	G	1
0	PG	0
4	反則	3

#	早大		#	関西学院大
1	玉山 広政	FW	1	丹波 孝史
2	小俣 忠彦		2	長尾 展幸
3	遠藤 靖夫		3	宮城 常夫
4	遠藤 成信		4	伊東 義信
5	矢部 達三		5	富永 蕃
6	加藤 猛		6	藤浪 恒二
7	中沢 紀夫		7	井 一郎
8	金沢 威夫		8	上月 正勝
9	竹島 佑	HB	9	橋口 之彦
10	藤本 忠正		10	沢辺 泰久
11	片山 英雄	TB	11	福田 彰
12	横井 章		12	横山 宏史
13	花田 秀一		13	北口 博章
14	清水 良祐		14	瀬戸丸保彦
15	北岡 英雄	FB	15	渡辺 涼一

昭和39年1月9日　G 秩父宮　R 堤(龍野)和久　KO 14:00

公式試合 No.355 昭和39年度 第1試合 対抗戦

早大 — 東大

早大	区分	東大
44	—	3
16	前	3
28	後	0
3	T	0
2	G	0
1	PG	1
0	DG	0
5	T	0
5	G	0
1	PG	0
0	DG	0
7	反則	20

#	早大		#	東大
1	松元 秀雄	FW	1	富岡征一郎
2	遠藤 靖夫		2	高田 義人
3	平沢 尚		3	寺尾 寛
4	遠藤 成信		4	橋本 篤
5	矢部 達三		5	山田 浩
6	加藤 猛		6	松野 晃
7	佐藤 紘司		7	土井 順亮
8	中沢(八ッ本)紀夫		8	西中 研二
9	竹島 佑	HB	9	佐藤 盛幸
10	石井 教夫		10	久山 誠
11	片山 英雄	TB	11	河野 巌
12	横井 章		12	佐藤 国雄
13	宮澤 隆雄		13	青木 彰一
14	木村(田中)繁男		14	青木 秀郎
15	北岡 英雄	FB	15	筒井 英徳

昭和39年9月27日　G 東伏見　R 池田正徳　KO 14:30

公式試合 No.356 昭和39年度 第2試合 対抗戦

早大 — 専大

早大	区分	専大
17	—	6
9	前	3
8	後	3
2	T	0
1	G	0
0	PG	1
0	DG	0
2	T	0
1	G	0
0	PG	1
11	反則	16

#	早大		#	専大
1	松元 秀雄	FW	1	滝口 一雄
2	遠藤 靖夫		2	山本 明
3	平沢 尚		3	山田 正夫
4	遠藤 成信		4	伊東 満
5	矢部 達三		5	岡野清衛門
6	加藤 猛		6	作山 公一
7	佐藤 紘司		7	山本 忠義
8	北岡 英雄		8	目黒 恭輔
9	竹島 佑	HB	9	後藤 昭之
10	石井 教夫		10	岩室 富昭
11	片山 英雄	TB	11	西田 和広
12	横井 章		12	柴田 勝教
13	宮澤 隆雄		13	小松 三良
14	犬伏 一誠		14	山本 勝春
15	松尾 啓	FB	15	渡辺 志朗

昭和39年10月8日　G 東伏見　R 江田昌佑　KO 15:00

公式試合 No.357 昭和39年度 第3試合 対校戦

早大 — 日大

早大	区分	日大
19	—	9
5	前	9
14	後	0
1	T	3
1	G	3
0	PG	0
0	DG	0
2	T	0
1	G	0
2	PG	0
10	反則	12

#	早大		#	日大
1	松元 秀雄	FW	1	平田 悦三
2	遠藤 靖夫		2	天明 徹
3	平沢 尚		3	坂本 充
4	遠藤 成信		4	諸田 治作
5	矢部 達三		5	川崎 忠
6	加藤 猛		6	塚田 功
7	佐藤 紘司		7	岡本 武勝
8	北岡 英雄		8	吉永 昌夫
9	竹島 佑	HB	9	丹下 博夫
10	藤本 忠正		10	久野 茂
11	片山 英雄	TB	11	奈須 功
12	横井 章		12	伊藤 桂
13	宮澤 隆雄		13	杉郷岡秀雄
14	犬伏 一誠		14	杉本 好晴
15	松尾 啓	FB	15	三輪 勝

昭和39年10月25日　G 秩父宮　R 西山常夫　KO 13:00

公式試合 No.358 昭和39年度 第4試合 対抗戦

早大 — 立大

早大	区分	立大
13	—	9
8	前	3
5	後	6
2	T	1
1	G	0
1	PG	1
0	DG	0
1	T	2
0	G	0
0	PG	0
0	DG	0
1	反則	8

#	早大		#	立大
1	松元 秀雄	FW	1	菊地 正雄
2	遠藤 靖夫		2	早崎 勝久
3	平沢 尚		3	安知
4	遠藤 成信		4	小森 正義
5	矢部 達三		5	大竹 順雄
6	中沢 紀夫		6	中沢 久人
7	佐藤 紘司		7	伊勢 昌弘
8	北岡 英雄		8	上村 公一
9	竹島 佑	HB	9	秋田 行宏
10	藤本 忠正		10	岡田 隆
11	片山 英雄	TB	11	岡田 陽介
12	横井 章		12	湯浅 義昭
13	宮澤 隆雄		13	井関 和詳
14	犬伏 一誠		14	中矢 恵三
15	松尾 啓	FB	15	高橋 捷夫

昭和39年11月7日　G 秩父宮　R 和田政雄　KO 14:30

公式試合 No.359 昭和39年度 第5試合 対抗戦

早大 — 慶大

早大	区分	慶大
27	—	0
11	前	0
16	後	0
2	T	0
1	G	0
1	PG	0
0	DG	0
4	T	1
2	G	0
0	PG	0
0	DG	0
3	反則	17

#	早大		#	慶大
1	松元 秀雄	FW	1	藤原 明弘
2	遠藤 靖夫		2	安部 優
3	平沢 尚		3	赤松 俊雄
4	遠藤 成信		4	中西 国容
5	矢部 達三		5	島 祥介
6	加藤 猛		6	山本登志男
7	佐藤 紘司		7	吉村穀一郎
8	北岡 英雄		8	羽山賢次郎
9	竹島 佑	HB	9	横河 惇
10	石井 教夫		10	鈴木 明夫
11	片山 英雄	TB	11	瀬西 克夫
12	横井 章		12	湯沢 義郎
13	宮澤 隆雄		13	磯西 克夫
14	犬伏 一誠		14	伊藤 克
15	松尾 啓	FB	15	小宮 肇

昭和39年11月23日　G 秩父宮　R 西山常夫　KO 14:30

公式試合 No.360 昭和39年度 第6試合 対抗戦

早大 — 明大

早大	区分	明大
22	—	9
10	前	6
12	後	3
2	T	1
2	G	0
0	PG	1
0	DG	0
4	T	1

#	早大		#	明大
1	松元 秀雄	FW	1	本田 信康
2	遠藤 靖夫		2	村田 一男
3	平沢 尚		3	久野 硯司
4	遠藤 成信		4	加賀谷孝夫
5	矢部 達三		5	安藤 勝彦
6	加藤 猛		6	清原 正
7	北岡 英雄		7	藤原 進
8	佐藤 紘司			
9	竹島 佑	HB	9	堀田 正勝
10	石井 教夫		10	内田 博
11	片山 英雄	TB	11	飯田 恒久
12	横井 章		12	菅野 晃衛
13	宮澤 隆雄		13	香取 英俊
14	犬伏 一誠		14	大西 和郎
		SE	8	鈴木 忠義
15	松尾 啓	FB	15	嶋崎 竜介

昭和39年12月6日　G 秩父宮　KO 14:30　R 江田昌佑

公式試合 No.361 昭和39年度 第7試合 AB首位対戦

早大 — 法大

早大	区分	法大
6	—	12
3	前	3
3	後	9
0	T	1
0	G	1
0	PG	0
0	DG	0
1	T	2
0	G	0
0	PG	1
0	DG	0
6	反則	11

#	早大		#	法大
1	松元 秀雄	FW	1	田中 武
2	遠藤 靖夫		2	天野 厚
3	平沢 尚		3	石井 京三
4	遠藤 成信		4	鎌田 勝美
5	矢部 達三		5	高瀬 和男
6	加藤 猛		6	広瀬 義則
7	佐藤 紘司		7	竹部 肇
8	北岡 英雄		8	田島 元成
9	竹島 佑	HB	9	熊谷 七郎
10	石井 教夫		10	桂口 力
11	片山 英雄	TB	11	陰塚 徳
12	横井 章		12	曽我部信武
13	宮澤 隆雄		13	島崎 文治
14	犬伏 一誠		14	水谷 眞
15	藤本 忠正	FB	15	竹内 信孝

昭和39年12月20日　G 秩父宮　R 西山常夫　KO 14:00

国際試合 No.34 昭和39年度 NZカンタベリー大学来日

全早大 — カ大

全早大	区分	カ大
13	—	11
8	前	3
5	後	8
1	T	1
1	G	1
0	PG	0
0	DG	0
2	T	1
0	G	1
0	PG	0
1	DG	2
6	反則	9

#	全早大		#	カ大
1	小島 庸麿	FW	1	A. BOWES
2	小俣 忠彦		2	P. MORGAN
3	遠藤 靖夫		3	C. HOCKLEY
4	遠藤 成信		4	C. MATTHEWSON
5	矢部 達三		5	M. MEIKLE
6	加藤 猛		6	T. McDONALD
7	佐藤 紘司		7	P. LEE
8	北岡 英雄		8	P. HOGG
9	竹島 佑	HB	9	L. TAIAROA
10	藤本 忠正		10	A. ORME
11	片山 英雄	TB	11	G. NOTTAGE
12	横井 章		12	R. SMITH
13	宮澤 隆雄		13	P. CARTER
14	犬伏 一誠		14	B. WEENINK
15	中村 貞雄	FB	15	D. LEARY

昭和39年12月27日　G 秩父宮　R 西山常夫　KO 14:00

公式試合 No.362 昭和39年度 第1回大学選手権準決勝

早大 — 同大

早大	区分	同大
14	—	13
5	前	0
9	後	13
1	T	3
0	G	2
3	PG	0
0	DG	0
2	T	1
14	反則	7

#	早大		#	同大
1	松元 秀雄	FW	1	井上 治美
2	遠藤 靖夫		2	平沢 裕
3	平沢 尚		3	住友 基之
4	遠藤 成信		4	原 孝一郎
5	矢部 達三		5	松山 均
6	加藤 猛		6	石塚 広治
7	佐藤 紘司		7	黒田 毅
8	北岡 英雄		8	松本 武夫
9	竹島 佑	HB	9	伊藤 義
10	藤本 忠正		10	杉本 英彦
11	片山 英雄	TB	11	坂田 好弘
12	横井 章		12	浦野 雄治
13	宮澤 隆雄		13	玉田 昇
14	犬伏 一誠		14	藤川 由武
15	松尾 啓	FB	15	橋本 武志

昭和40年1月8日　G 秩父宮　R 和田政雄　KO 14:00

公式試合 No.363　昭和39年度　第1回大学選手権決勝

早大 — 法大

早大	区分	法大
6	—	14
3	前	14
3	後	0
0	T	2
0	G	1
1	PG	2
0	DG	0
1	T	0
0	G	0
0	PG	0
0	DG	0
10	反則	13

昭和40年1月10日　G 秩父宮　R 江田昌佑　KO 14:00

No.	早大	Pos	法大	No.
1	松元 秀雄	FW	田中 武	1
2	遠藤 靖夫		天野 厚	2
3	平沢 尚		石井 京三	3
4	遠藤 成信		高野 和男	4
5	矢部 達三		鎌田 勝美	5
6	加藤 猛		広瀬 義則	6
7	佐藤 紘司		竹部 肇	7
8	北岡 秀雄		石田 元成	8
9	竹島 佑	HB	熊谷 七郎	9
10	藤本 忠正		樋口 力	10
11	片山 雄雄	TB	山田 陸康	11
12	横井 章		曽我部信武	12
13	宮澤 隆雄		水谷 真	13
14	犬伏 一誠			14
15	松尾 啓	FB	竹内 信孝	15

公式試合 No.364　昭和40年度　第1試合　対抗戦

早大 — 東大

早大	区分	東大
45	—	6
14	前	3
31	後	3
3	T	1
1	G	0
1	PG	0
0	DG	0
7	T	1
5	G	0
0	PG	0
0	DG	0
8	反則	6

昭和40年10月9日　G 秩父宮　R 浅生 享　KO 13:00

No.	早大	Pos	東大	No.
1	松元 秀雄	FW	寺尾 寛	1
2	村山 繁		高田 義人	2
3	猿田 武夫		石河 信一	3
4	矢部 達三		山田 直重	4
5	赤司 和雄		橋本 篤	5
6	加藤 猛		大島 泰敬	6
7	五十嵐 修		土井 和彦	7
8			大野 隆司	8
9	伊藤 久樹	HB	佐藤 盛幸	9
10	石井 教夫		水野 隆司	10
11	吉田 博希	TB	中澤 喜博	11
12	犬伏 一誠		鴨田 宇一	12
13	宮澤 隆雄		佐藤浩之助	13
14	木村 繁男		内田 恒次	14
8	藤本 忠正	SE		
15	麻生 一誠	FB	富田 晴雄	15

公式試合 No.365　昭和40年度　第2試合　対抗戦

早大 — 青学大

早大	区分	青学大
40	—	9
9	前	3
31	後	6
2	T	1
0	G	0
1	PG	0
0	DG	0
7	T	2
5	G	0
0	PG	0
0	DG	0
3	反則	12

昭和40年10月17日　G 秩父宮　R 芳村正忠　KO 14:30

No.	早大	Pos	青学大	No.
1	松元 秀雄	FW	神津 邦雄	1
2	村山 繁		大沢 一彦	2
3	猿田 武夫		小宮 甲三	3
4	矢部 達三		播村 政幸	4
5	赤司 和雄		清水 武浩	5
6	加藤 猛		上沼 大一	6
7	五十嵐 修		西川 和夫	7
8			田原涼太郎	8
9	伊藤 久樹	HB	高瀬 勝成	9
10	石井 教夫		西山 和夫	10
11	吉田 博希	TB	森田 邦昭	11
12	犬伏 一誠		三橋 保二	12
13	宮澤 隆雄		福島 邦弘	13
14	木村 繁男		一木 良女	14
8	藤本 忠正	SE		
15	芝崎 有宏	FB	池津 有三	15

公式試合 No.366　昭和40年度　第3試合　対抗戦

早大 — 教育大

早大	区分	教育大
33	—	19
22	前	6
11	後	13
4	T	0
2	G	0
2	PG	2
0	DG	0
2	T	3
1	G	2
1	PG	0
0	DG	0
11	反則	6

昭和40年10月23日　G 秩父宮　R 保戸(杉本)塚満　KO 14:30

No.	早大	Pos	教育大	No.
1	松元 秀雄	FW	小畔 東	1
2	村山 繁		高森 秀蔵	2
3	猿田 武夫		水野 淳	3
4	矢部 達三		島田 義生	4
5	赤司(牛尾)知行		鈴木 捷司	5
6	五十嵐 修		菊島 武	6
7	赤司 和雄		南 貴夫	7
8			岡松 哲	8
9	伊藤 久樹	HB	高橋圭四郎	9
10	石井 教夫		田中 英治	10
11	吉田 博希	TB	甲木 怜	11
12	犬伏 一誠		門脇 寛	12
13	宮澤 隆雄		粂川 茂夫	13
14	木村 繁男		藤田 幸康	14
8	藤本 忠正	SE		
15	麻生 一誠	FB	高田 昭洋	15

公式試合 No.367　昭和40年度　第4試合　対抗戦

早大 — 日体大

早大	区分	日体大
20	—	15
12	前	5
8	後	10
4	T	1
1	G	0
0	PG	0
0	DG	0
2	T	2
1	G	2
1	PG	0
0	DG	0
16	反則	8

昭和40年11月3日　G 秩父宮　R 熊谷仁志　KO 14:30

No.	早大	Pos	日体大	No.
1	松元 秀雄	FW	菅原 知之	1
2	村山 繁		小野 紘二	2
3	平沢 尚		野口 副武	3
4	矢部 達三		小跨 幸男	4
5	赤司(牛尾)知行		田中杉太郎	5
6	加藤 猛		井上 孝征	6
7	大竹 幾雄		林 学	7
8			斉藤 直樹	8
9	山田 建夫	HB	山中 清司	9
10	石井 教夫		柴田紘三郎	10
11	吉田 博希	TB	石田 毅	11
12	犬伏 一誠		木下 和文	12
13	宮澤 隆雄		三沢 哲	13
14	木村 繁男		佐野 志郎	14
8	藤本 忠正	SE		
15	麻生 一誠	FB	尾崎 良巳	15

公式試合 No.368　昭和40年度　第5試合　対抗戦

早大 — 立大

早大	区分	立大
26	—	11
26	前	0
0	後	11
6	T	0
4	G	0
0	PG	0
0	DG	0
0	T	3
0	G	1
0	PG	0
0	DG	0
16	反則	7

昭和40年11月14日　G 秩父宮　R 江田昌佑　KO 14:30

No.	早大	Pos	立大	No.
1	松元 秀雄	FW	菊地 正雄	1
2	村山 繁		早崎 勝久	2
3	平沢 尚		吉田 英夫	3
4	矢部 達三		小森 正義	4
5	赤司(牛尾)知行		大竹 順雄	5
6	加藤 猛		中沢 久人	6
7	五十嵐 修		藤本 成邦	7
8			高根 隆	8
9	山田 建夫	HB	村瀬 弘	9
10	山本 巌		吉田 俊明	10
11	吉田 博希	TB	井関 和計	11
12	犬伏 一誠		端与四三	12
13	宮澤 隆雄		石山 栄繁	13
14	木村 繁男		中矢 恵三	14
8	藤本 忠正	SE		
15	石井 教夫	FB	秋田 行宏	15

公式試合 No.369　昭和40年度　第6試合　対抗戦

早大 — 慶大

早大	区分	慶大
20	—	3
9	前	3
11	後	0
2	T	0
0	G	0
1	PG	1
0	DG	0
3	T	0
1	G	0
0	PG	0
0	DG	0
3	反則	9

昭和40年11月23日　G 秩父宮　R 江田昌佑　KO 14:30

No.	早大	Pos	慶大	No.
1	松元 秀雄	FW	津野 琢也	1
2	村山 繁		安部 優	2
3	平沢 尚		赤松 俊雄	3
4	矢部 達三		飯本 宏	4
5	赤司(牛尾)知行		島 祥介	5
6	加藤 猛		藤 英信	6
7	五十嵐 修		鏑木 乙彦	7
8			三国 良樹	8
9	山田 建夫	HB	横河 正	9
10	石井 教夫		横河 惇	10
11	吉田 博希	TB	鈴木 明夫	11
12	犬伏 一誠		蔵西 克夫	12
13	宮澤 隆雄		湯沢 義郎	13
14	木村 繁男		伊藤 克	14
8	藤本 忠正	SE		
15	芝崎 有宏	FB	小宮 肇	15

公式試合 No.370　昭和40年度　第7試合　対抗戦

早大 — 明大

早大	区分	明大
27	—	3
0	前	3
27	後	0
0	T	0
0	G	0
0	PG	1
0	DG	0
7	T	0
7	G	0
1	PG	0
0	DG	0
12	反則	12

昭和40年12月5日　G 秩父宮　R 西山常夫　KO 14:30

No.	早大	Pos	明大	No.
1	松元 秀雄	FW	久野 碩司	1
2	村山 繁		中村敬一郎	2
3	平沢 尚		菅井 健一	3
4	矢部 達三		甲谷 昭一	4
5	赤司(牛尾)知行		本田 信康	5
6	加藤 猛		佐々木福松	6
7	五十嵐 修		湯座 康彦	7
9	山田 建夫	HB	堀田 正勝	9
10	山本 巌		日野 清司	10
11	吉田 博希	TB	岩見 勝志	11
12	犬伏 一誠		菅野 晃衡	12
13	宮澤 隆雄		鈴木 茂義	13
14	木村 繁男		大下 豊彦	14
8	藤本 忠正	SE	飯田 恒久	8
15	芝崎 有宏	FB	太田 赴郎	15

公式試合 No.371　昭和40年度　第2回大学選手権1回戦

早大 — 京大

早大	区分	京大
25	—	9
11	前	6
14	後	3
3	T	2
0	G	0
0	PG	0
0	DG	0
6	T	0
0	G	0
0	PG	0
0	DG	0
8	反則	11

昭和41年1月1日　G 秩父宮　R 松尾勝吾　KO 14:45

No.	早大	Pos	京大	No.
1	松元 秀雄	FW	岡崎 亮三	1
2	村山 繁		堀 功	2
3	平沢 尚		千賀 孝	3
4	矢部 達三		久松 敏之	4
5	赤司(牛尾)知行		宮原 武寿	5
6	加藤 猛		石田 恒彦	6
7	五十嵐 修		塩入 淑史	7
8			大矢 清六	8
9	山田 建夫	HB	江口 繁雄	9
10	石井 教夫		中村孝太郎	10
11	吉田 博希	TB	伊藤 孝英	11
12	犬伏 一誠			12
13	宮澤 隆雄		望月 一輝	13
14	木村 繁男		中島 裕	14
8	藤本 忠正	SE		
15	山本 巌	FB	安原 道夫	15

公式試合 No.372　昭和40年度　第2回大学選手権準決勝

早大 — 日大

早大	区分	日大
24	—	6
11	前	3
13	後	3
2	T	1
1	G	0
1	PG	1
0	DG	0
3	T	1
1	G	0
0	PG	0
0	DG	0
11	反則	7

昭和41年1月3日　G 秩父宮　R 堤 和久　KO 13:00

No.	早大	Pos	日大	No.
1	松元 秀雄	FW	川口 正宣	1
2	村山 繁		天明 満	2
3	平沢 尚		坂本 充	3
4	矢部 達三		諸田 治作	4
5	赤司(牛尾)知行		保立 功	5
6	加藤 猛		塚田 正信	6
7	五十嵐 修		田淵 秀雄	7
8			吉永 昌夫	8
9	山田 建夫	HB	内田 一彦	9
10	石井 教夫		野田 毅	10
11	吉田 博希	TB	仙波 力	11
12	犬伏 一誠		蔵西 研之	12
13	宮澤 隆雄		栗栖 之	13
14	木村 繁男		杉本 好晴	14
8	藤本 忠正	SE		
15	山本 巌	FB	石郷岡秀雄	15

公式試合 No.373　昭和40年度　第2回大学選手権決勝

早大 — 法大

早大	区分	法大
16	—	0
8	前	0
8	後	0
2	T	0
1	G	0
0	PG	0
0	DG	0
1	T	0
1	G	0
0	PG	0
0	DG	0
6	反則	4

昭和41年1月5日　G 秩父宮　R 西山常夫　KO 14:00

No.	早大	Pos	法大	No.
1	松元 秀雄	FW	伊藤 和夫	1
2	村山 繁		小森 寿	2
3	平沢 尚		田中 武	3
4	矢部 達三		高野 和男	4
5	赤司(牛尾)知行		鎌田 勝美	5
6	加藤 猛		木村 繁	6
7	五十嵐 修		鈴木 徹	7
8			中島 洋一	8
9	山田 建夫	HB	桂口 力	9
10	石井 教夫		小松 公彦	10
11	吉田 博希	TB	曽我部信武	11
12	犬伏 一誠		高嶋 文治	12
13	宮澤 隆雄		市川 将雄	13
14	木村 繁男		藤田 悟	14
8	藤本 忠正	SE		
15	山本 巌	FB	竹内 信孝	15

公式試合 No.374　昭和40年度　第3回日本選手権

早大 — 八幡製鉄

早大	区分	八幡製鉄
12	—	9
6	前	6
6	後	3
2	T	1
0	G	0
0	PG	1
0	DG	0
2	T	1
1	G	0
0	PG	0
0	DG	0
9	反則	11

昭和41年1月15日　G 花園　R 丹羽 正　KO 14:00

No.	早大	Pos	八幡製鉄	No.
1	松元 秀雄	FW	吉村 靖俊	1
2	村山 繁		江藤 敏勝	2
3	平沢 尚		村田 一男	3
4	矢部 達三		岡部 英一	4
5	赤司(牛尾)知行		寺井 敏雄	5
6	加藤 猛		北村 靖夫	6
7	五十嵐 修		児玉 雅次	7
8			植木 史朗	8
9	山田 建夫	HB	東 勝利	9
10	石井 教夫		岡松 要三	10
11	吉田 博希	TB	滝口 東洋	11
12	犬伏 一誠		北島 治彦	12
13	宮澤 隆雄		伊野 三之	13
14	木村 繁男		山岡 久	14
8	藤本 忠正	SE		
15	山本 巌	FB	北岡 進	15

公式試合　No.375　昭和40年度　対抗戦兼NZ壮行試合

早大		同大
12	—	8
3	前	5
9	後	3
1	T	1
0	G	1
0	PG	0
3	T	1
0	G	0
0	PG	0
0	DG	0
5	反則	0

No	早大	位置	No	同大
1	松元 秀雄	FW	1	井上 治美
2	村山 繁		2	西村 茂
3	平沢 尚		3	孝橋 政明
4	矢部 達三		4	川瀬 正雄
5	赤司(牛尾)知行		5	松山 均
6	加藤 猛		6	藤川 由武
7	五十嵐 修		7	渡辺 定雄
			8	戸川富士雄
9	山田 建夫	HB	9	伊藤 武
10	石井 教夫		10	中川 真人
11	吉田 博希	TB	11	広岡 茂孝
12	犬伏 一誠		12	石塚 広和
13	宮澤 隆雄		13	浦野 雄治
14	木村 繁男		14	馬庭 重行
8	藤本 忠正	SE		
15	山本 巌	FB	15	山下 総生

昭和41年2月27日　G 秩父宮　R 熊谷仁志　KO 14:00

公式試合　No.376　昭和41年度　第1試合　対抗戦

早大		東大
44	—	14
19	前	6
25	後	8
5	T	2
2	G	0
0	PG	0
0	DG	0
7	T	2
2	G	1
0	PG	0
11	反則	9

No	早大	位置	No	東大
1	後川 光夫	FW	1	黒川 忠一
2	村山 繁		2	安田 有三
3	猿田 武夫		3	石河 信一
4	八木 紀彦		4	大島 泰克
5	坂内 雅弘		5	橋本 篤
6	大竹 幾雄		6	松野 晃
7	和泉 武雄		7	平井 嘉臣
			8	大野 隆司
9	山田 建夫	HB	9	佐藤 盛幸
10	藤本 忠正		10	水野 隆司
11	萬谷 勝治	TB	11	川崎 正昭
12	石山貴志夫		12	青木 秀郎
13	吉岡 徹		13	佐藤浩之助
14	麻生 一雄		14	内田 恒次
8	犬伏 一誠	SE		
15	山本 巌	FB	15	中澤 喜博

昭和41年10月9日　G 秩父宮　R 浅生 享　KO 14:30

公式試合　No.377　昭和41年度　第2試合　対抗戦

早大		教育大
43	—	11
20	前	5
23	後	8
5	T	1
1	G	0
0	PG	0
0	DG	0
5	T	2
4	G	1
0	PG	0
2	反則	4

No	早大	位置	No	教育大
1	後川 光夫	FW	1	遠城 理人
2	村山 繁		2	高森 秀蔵
3	猿田 武夫		3	永野 浩
4	八木 紀彦		4	鈴木 捷司
5	新元 瑛一		5	小池 健次
6	大竹 幾雄		6	荻原 信之
7	別所 正洋		7	南 貴夫
			8	木村 修三
9	斉藤 善助	HB	9	高橋 義明
10	藤本 忠正		10	粂山 茂夫
11	井沢 義明	TB	11	勝部 勝彦
12	石山貴志夫		12	門脇 覚
13	吉岡 徹		13	甲木 怜
14	犬伏 一誠		14	前田 嘉昭
8	犬伏 一誠	SE		
15	山本 巌	FB	15	高田 昭洋

昭和41年10月15日　G 秩父宮　R 堤 和久　KO 14:30

公式試合　No.378　昭和41年度　第3試合　対抗戦

早大		青学大
48	—	8
9	前	3
39	後	5
3	T	1
0	G	1
0	PG	0
0	DG	0
9	T	1
6	G	1
0	PG	0
4	反則	6

No	早大	位置	No	青学大
1	後川 光夫	FW	1	神津 邦雄
2	村山 繁		2	関口 慎弘
3	猿田 武夫		3	小宮 甲三
4	八木 紀彦		4	大木 秀雄
5	新元 瑛一		5	播村 政幸
6	大竹 幾雄		6	上沼 大一
7	和泉 武雄		7	越端 邦弘
			8	水崎 晴雄
9	山田 建夫	HB	9	河野 賢治
10	山本 巌		10	西川 和夫
11	萬谷 勝治	TB	11	森田 邦昭
12	犬伏 一誠		12	三橋 保二
13	鈴木 辰之		13	酒井 道彦
14	宮吉 正彦		14	一木 良文
8	藤本 忠正	SE		
15	石山貴志夫	FB	15	津川 龍三

昭和41年10月23日　G 秩父宮　R 保戸塚満　KO 14:30

公式試合　No.379　昭和41年度　第4試合　対抗戦

早大		日体大
11	—	19
6	前	13
5	後	6
2	T	3
0	G	3
0	PG	0
1	T	2
1	G	1
0	PG	0
0	DG	0
11	反則	9

No	早大	位置	No	日体大
1	後川 光夫	FW	1	角野 伸治
2	村山 繁		2	関口 憲明
3	猿田 武夫		3	野口 副武
	赤司(牛尾)知行		4	阿部登記造
4	八木 紀彦		5	川村 憲彦
6	大竹 幾雄		6	牧野 嘉弘
7	和泉 武雄		7	菅原 和之
			8	林 学
9	山田 建夫	HB	9	溝部 健嗣
10	山本 巌		10	溝畑 寛治
11	萬谷 勝治	TB	11	勝山知佳良
12	犬伏 一誠		12	木下 和文
13	吉岡 正彦		13	三沢 哲
14	宮吉 正彦		14	穂積 政雄
8	藤本 忠正	SE		
15	石山貴志夫	FB	15	馬淵 睦揮

昭和41年11月3日　G 秩父宮　R 西山常夫　KO 14:30

公式試合　No.380　昭和41年度　第5試合　対抗戦

早大		立大
32	—	6
14	前	3
18	後	3
1	T	1
2	G	0
0	DG	0
4	T	1
3	G	0
0	PG	0
0	DG	0
9	反則	11

No	早大	位置	No	立大
1	後川 光夫	FW	1	菊池 正城
2	村山 繁		2	高根 隆
3	猿田 武夫		3	楠美 栄喜
4	八木 紀彦		4	藤沢 喜明
5	新元 瑛一		5	大竹 順雄
6	大竹 幾雄		6	藤本 成邦
7	和泉 武雄		7	大島 和夫
			8	中沢 久人
9	山田 建夫	HB	9	村瀬 昇二
10	山本 巌		10	吉田 俊明
11	萬谷 勝治	TB	11	三好 世紀
12	犬伏 一誠		12	山崎与四三
13	石山貴志夫		13	石山 栄繁
14	宮吉 正彦		14	田中淳二郎
8	吉岡 徹	SE		
15	芝崎 有宏	FB	15	富松 勝祐

昭和41年11月13日　G 秩父宮　R 江田昌佑　KO 14:30

公式試合　No.381　昭和41年度　第6試合　対抗戦

早大		慶大
27	—	8
14	前	0
13	後	8
1	T	0
1	G	0
0	PG	0
3	T	1
2	G	1
0	DG	0
11	反則	7

No	早大	位置	No	慶大
1	後川 光夫	FW	1	折戸 明
2	村山 繁		2	石黒 雅昭
3	猿田 武夫		3	浅沼 諭
4	赤司(牛尾)知行		4	谷川 義夫
5	新元 瑛一		5	楠目 皓
6	大竹 幾雄		6	廖 英信
7	和泉 武雄		7	宝田 誠治
			8	宇佐美皓司
9	山田 建夫	HB	9	竹岡 正
10	山本 巌		10	宮田 浩二
11	萬谷 勝治	TB	11	井原 健一
12	犬伏 一誠		12	蔵西 克夫
13	宮吉 正彦		13	湯沢 義雄
14	宮吉 正彦		14	高橋 俊夫
8	吉岡 徹	SE		
15	芝崎 有宏	FB	15	小宮 肇

昭和41年11月23日　G 秩父宮　R 西山常夫　KO 14:30

公式試合　No.382　昭和41年度　第7試合　対抗戦

早大		明大
23	—	17
6	前	14
17	後	3
0	T	2
0	G	1
0	PG	0
5	T	1
0	G	0
0	PG	0
11	反則	8

No	早大	位置	No	明大
1	新元 瑛一	FW	1	長瀬 慎輔
2	村山 繁		2	中村敬一郎
3	猿田 武夫		3	久野 碵司
	赤司(牛尾)知行		4	甲谷 昭一
5	八木 紀彦		5	元木 賢一
6	大竹 幾雄		6	川津正次郎
7	和泉 武雄		7	上島 禎司
			8	佐々木福松
9	山田 建夫	HB	9	堀田 正
10	山本 巌		10	日野 博愛
11	萬谷 勝治	TB	11	大西 和郎
12	犬伏 一誠		12	竹内 滋
13	下川 正文		13	菅野 晃衛
14	宮吉 正彦		14	宇治川福男
8	吉岡 徹	SE		
15	芝崎 有宏	FB	15	須賀 信弥

昭和41年12月4日　G 秩父宮　R 江田昌佑　KO 14:30

公式試合　No.383　昭和41年度　第8試合　対抗戦

早大		専大
35	—	8
8	前	5
27	後	3
2	T	1
1	G	1
1	PG	0
6	T	1
1	G	0
0	PG	0
11	反則	8

No	早大	位置	No	専大
1	後川 光夫	FW	1	藤本 健太
2	村山 繁		2	片岡 淑晃
3	猿田 武夫		3	谷田部輝雄
4	赤司(牛尾)知行		4	三品 久儀
5	八木 紀彦		5	田中 正人
6	大竹 幾雄		6	作山 公一
7	別所 正洋		7	伊東 満
			8	長谷川金三
9	山田 建夫	HB	9	竹谷 誠
10	山本 巌		10	瓦井 文雄
11	萬谷 勝治	TB	11	藤井 忠次
12	犬伏 一誠		12	盛田 和夫
13	下川 正文		13	小松 公誠
14	井沢 義明		14	滝山 清
8	吉岡 徹	SE		
15	芝崎 有宏	FB	15	角田 正臣

昭和41年12月11日　G 専大伊勢原　R 松尾勝吾　KO 14:00

公式試合　No.384　昭和41年度　第3回大学選手権1回戦

早大		天理大
33	—	6
13	前	3
20	後	3
3	T	1
2	G	0
0	PG	0
0	DG	0
5	T	1
1	G	0
0	PG	0
3	反則	6

No	早大	位置	No	天理大
1	後川 光夫	FW	1	末次 秀彦
2	村山 繁		2	鈴木 和巳
3	猿田 武夫		3	藤田憲太郎
4	新元 瑛一		4	小池 善巳
5	八木 紀彦		5	三好 信雄
6	大竹 幾雄		6	森田 顕
7	和泉 武雄		7	熊谷 和雄
			8	石田 健治
9	山田 建夫	HB	9	伊藤 茂
10	山本 巌		10	板倉 英治
11	井沢 義明	TB	11	中西 高年
12	犬伏 一誠		12	岩城 健司
13	石山貴志夫		13	中島 和吉
14	宮吉 正彦		14	上島 毅
8	藤本 忠正	SE		
15	萬谷 勝治	FB	15	石原 剛

昭和42年1月3日　G 秩父宮　R 西山常夫　KO 11:00

公式試合　No.385　昭和41年度　第3回大学選手権準決勝

早大		同大
14	—	1
11	前	0
3	後	1
3	T	0
1	G	0
0	PG	0
1	T	0
0	G	0
0	DG	0
0	反則	0

No	早大	位置	No	同大
1	後川 光夫	FW	1	井上 治美
2	村山 繁		2	黒川 久男
3	猿田 武夫		3	松本 武夫
4	新元 瑛一		4	川瀬 正雄
5	八木 紀彦		5	柴田 浩一
6	大竹 幾雄		6	野口 勲
7	和泉 武雄		7	渡辺 定雄
				村上 純一
9	山田 建夫	HB	9	伊藤 武
10	山本 巌		10	香川宏二郎
11	井沢 義明	TB	11	西村 茂
12	犬伏 一誠		12	石塚 広和
13	石山貴志夫		13	浦野 雄治
14	宮吉 正彦		14	井伊 有策
8	藤本 忠正	SE		
15	萬谷 勝治	FB	15	藤田 五朗

昭和42年1月5日　G 秩父宮　R 松尾勝吾　KO 14:30

公式試合　No.386　昭和41年度　第3回大学選手権決勝

早大		法大
18	—	11
3	前	3
15	後	8
1	T	3
0	G	1
0	PG	0
4	T	1
1	G	0
0	DG	0
7	反則	11

No	早大	位置	No	法大
1	後川 光夫	FW	1	伊藤 和夫
2	村山 繁		2	中西 成幸
3	猿田 武夫		3	小森 寿
4	新元 瑛一		4	高野 和男
5	八木 紀彦		5	清水 宏明
6	大竹 幾雄		6	木村 修一
7	和泉 武雄		7	佐藤鉄三郎
			8	鈴木 徹
9	山田 建夫	HB	9	園部 俊夫
10	山本 巌		10	吉田 武史
11	萬谷 勝治	TB	11	小松 公彦
12	犬伏 一誠		12	中村雄三郎
13	吉岡 徹		13	島崎 文治
14	宮吉 正彦		14	水谷 真
8	藤本 忠正	SE		
15	芝崎 有宏	FB	15	桂口 力

昭和42年1月7日　G 秩父宮　R 江田昌佑　KO 14:00

公式試合　No.387　昭和41年度　第4回日本選手権

早大		近鉄
11	—	27
3	前	3
8	後	24
0	T	0
0	G	0
1	PG	1
0	DG	0
1	T	6
1	G	3
1	PG	0
0	DG	0
9	反則	11

No	早大		近鉄
1	後川 光夫	FW	川崎 守央
2	村山 繁		中山 忠
3	猿田 武夫		神野 崇
4	新元 瑛一		前田 弘夫
5	八木 紀彦		鎌田 勝美
6	大竹 幾雄		伊家村昭二
7	和泉 武雄		石塚 広治
8			河合 義信
9	山田 建夫	HB	大久保吉則
10	山本 巌		豊田 次郎
11	萬谷 勝治	TB	坂田 好弘
12	犬伏 一誠		長谷川雄彦
13	岡		片岡 幹男
14	宮吉 正彦		神庭 正生
8	藤本 忠正	SE	
15	芝崎 有宏	FB	伊海田誠男

昭和42年1月15日　G 秩父宮　R 江田昌佑　KO 14:30

国際試合　No.35　昭和41年度　NZ大学選抜来日

全早大		NZ大学選抜
0	—	38
0	前	11
0	後	27
0	T	1
0	G	1
0	PG	2
0	DG	0
0	T	7
0	G	3
0	PG	0
0	DG	1
10	反則	9

No	全早大		NZ大学選抜
1	後川 光夫	FW	P.HAY
2	村山 繁		K.GRANT
3	猿田 武夫		T.McDONALD
4	新元 瑛一		C.MANTELL
5	八木 紀彦		A.BANKS
6	加藤 猛		N.CULLIMORE
7	矢部 達三		G.HERMANSON
8	北岡 英雄		R.de CLEENE
9	山田 建夫	HB	C.LAIDLAW
10	藤本 忠正		W.KIRTON
11	吉田 博希	TB	D.MONTGOMERY
12	横井 章		G.KEMBER
13	犬伏 一誠		G.WEINBERG
14	宮吉 正彦		M.COLLINS
15	山本 巌	FB	N.WILLIMENT

昭和42年2月26日　G 秩父宮　R 江田昌佑　KO 14:30

公式試合　No.388　昭和42年度　第1試合　対抗戦

早大		東大
23	—	0
9	前	0
14	後	0
3	T	0
3	G	0
0	PG	0
0	DG	0
4	T	0
1	G	0
0	PG	0
0	DG	0
11	反則	7

No	早大		東大
1	余 東奎	FW	浅井 洋
2	後川 光夫		石崎 斯征
3	猿田 武夫		大谷 剛彦
4	赤司(牛尾)知行		天野 隆司
5	阿部 憲之		大竹 邦弘
6	鳳間(菱師村)康弘		伍部 秀明
7	堀口 昭		黒川 忠一
8	和泉 武雄		平井 嘉臣
9	斉藤 善助	HB	田中 亨
10	山本 巌		水野 隆正
11	井沢 義明	TB	石附 喜昭
12	下川 正文		内田 恒次
13	石山貴志夫		佐藤浩之助
14	宮吉 正彦		石井 守雄
15	萬谷 勝治	FB	中澤 喜雄

昭和42年10月10日　G 秩父宮　R 松尾勝吾　KO 13:00

公式試合　No.389　昭和42年度　第2試合　対抗戦

早大		教育大
53	—	3
33	前	3
20	後	3
6	T	0
6	G	0
1	PG	1
0	DG	0
4	T	0
4	G	0
0	PG	1
0	DG	0
3	反則	5

No	早大		教育大
1	余 東奎	FW	佐藤 敏春
2	後川 光夫		岡島 成志
3	猿田 武夫		林 正次
4	赤司(牛尾)知行		小池 優介
5	八木 紀彦		平下 賢治
6	風間 康弘		萩原 信之
7	堀口 昭		南 貴夫
8	和泉 武雄		木村 修己
9	斉藤 善助	HB	高橋 義明
10	山本 巌		郡 秀夫
11	萬谷 勝治	TB	里見 仁志
12	下川 正文		林 修二
13	石山貴志夫		米盛 憲治
14	宮吉 正彦		前田 嘉昭
15	中村 公彦	FB	高田 昭洋

昭和42年10月15日　G 秩父宮　R 宮井国夫　KO 13:00

公式試合　No.390　昭和42年度　第3試合　対抗戦

早大		成城大
49	—	9
28	前	0
21	後	9
8	T	0
6	G	0
0	PG	0
0	DG	0
5	T	2
3	G	0
0	PG	1
0	DG	0
10	反則	15

No	早大		成城大
1	余 東奎	FW	豊岡 晋
2	後川 光夫		細見 潔
3	猿田 武夫		広川 世一
4	赤司(牛尾)知行		井口 誠介
5	八木 紀彦		藤柄国一郎
6	井沢 義明		吉田 信明
7	和泉 武雄		丸杉 繁夫
8	堀内 雅弘		清水孝一郎
9	斉藤 善助	HB	石黒 勝
10	山本 巌		高橋 郁夫
11	萬谷 勝治	TB	相良 浩一
12	下川 正文		卜部 靖世
13	石山貴志夫		西岡 敏雄
14	宮吉 正彦		吉屋 雄次
15	中村 公彦	FB	酒井 兼重

昭和42年10月25日　G 東伏見　R 川口 貢　KO 14:30

公式試合　No.391　昭和42年度　第4試合　対抗戦

早大		日体大
34	—	6
13	前	0
21	後	6
3	T	0
2	G	0
0	PG	0
0	DG	0
4	T	1
3	G	0
1	PG	0
0	DG	0
17	反則	13

No	早大		日体大
1	堀口 昭	FW	菅原 知之
2	後川 光夫		夏目 健
3	猿田 武夫		伊藤 幸三
4	赤司(牛尾)知行		阿部登記造
5	八木 紀彦		川村 憲彦
6	井沢 義明		田中 博
7	坂内 雅弘		斉藤 直樹
8	和泉 武雄		浦 敏明
9	斉藤 善助	HB	溝部 健嗣
10	山本 巌		高橋 哲夫
11	萬谷 勝治	TB	勝山知佳良
12	下川 正文		木下 和文
13	石山貴志夫		戸嶋 文夫
14	宮吉 正彦		戸崎 文夫
15	中村 公彦	FB	佐野 康雄

昭和42年11月3日　G 秩父宮　R 西山常夫　KO 14:30

公式試合　No.392　昭和42年度　第5試合　対抗戦

早大		立大
58	—	12
28	前	6
30	後	6
7	T	1
2	G	0
1	PG	1
1	DG	0
8	T	1
6	G	0
2	PG	2
0	DG	0
3	反則	9

No	早大		立大
1	堀口 昭	FW	高根 隆
2	後川 光夫		粕谷 繁
3	猿田 武夫		楠美 栄喜
4	赤司(牛尾)知行		荒川 一雄
5	新元 瑛一		森 孝明
6	井沢 義明		大島 和久
7	和泉 武雄		大竹 順雄
8	坂内 雅弘		藤沢 喜明
9	斉藤 善助	HB	平瀬 昇二
10	山本 巌		吉田 俊明
11	萬谷 勝治	TB	石山 栄繁
12	下川 正文		嶋辺 久人
13	石山貴志夫		香取 徹身
14	宮吉 正彦		田中淳二郎
15	小林 正幸	FB	山崎与四三

昭和42年11月11日　G 秩父宮　R 浅生 享　KO 14:30

公式試合　No.393　昭和42年度　第6試合　対抗戦

早大		慶大
39	—	9
18	前	6
21	後	3
3	T	0
2	G	0
1	PG	0
1	DG	0
5	T	1
3	G	0
0	PG	1
0	DG	0

No	早大		慶大
1	堀口 昭	FW	坂水 渓
2	後川 光夫		石黒 雅昭
3	猿田 武夫		折戸 明
4	赤司(牛尾)知行		楠目 勝
5	新元 瑛一		谷川 義夫
6	井沢 義明		岡畑 和夫
7	和泉 武雄		田村 誠治
8	坂内 雅弘		宇佐美皓司
9	斉藤 善助	HB	竹岡 匡
10	山本 巌		宮田 浩二
11	萬谷 勝治	TB	井原 健一
12	下川 正文		天宅 啓
13	石山貴志夫		佐藤 博之
14	宮吉 正彦		吉岡 泰男
15	小林 正幸	FB	荻村 道男

昭和42年11月23日　G 秩父宮　R 西山常夫　KO 14:30

公式試合　No.394　昭和42年度　第7試合　対抗戦

早大		明大
40	—	5
18	前	0
22	後	5
4	T	0
3	G	0
0	PG	0
0	DG	0
6	T	1
3	G	0
1	PG	0
0	DG	0

No	早大		明大
1	堀口 昭	FW	長瀬 慎輔
2	後川 光夫		中村敬一郎
3	猿田 武夫		元木 享一
4	赤司(牛尾)知行		甲谷 昭一
5	新元 瑛一		石川 準吉
6	井沢 義明		川津正次郎
7	久保田 勇		本田 貞広
8	坂内 雅弘		佐々木福松
9	斉藤 善助	HB	
10	山本 巌		日野 博愛
11	萬谷 勝治	TB	宇治川福男
12	下川 正文		木下 和文
13	石山貴志夫		佐々木晋之
14	宮吉 正彦		大西 和郎
15	小林 正幸	FB	池原 清

昭和42年12月3日　G 秩父宮　R 江田昌佑　KO 14:30

公式試合　No.395　昭和42年度　第4回大学選手権1回戦

早大		中大
30	—	0
16	前	0
14	後	0
3	T	0
2	G	0
1	PG	0
0	DG	0
2	T	0
1	G	0
2	PG	0
0	DG	0

No	早大		中大
1	堀口 昭	FW	中村 祐治
2	後川 光夫		木下 俊彦
3	猿田 武夫		田塚 俊彦
4	赤司(牛尾)知行		堀合 正行
5	新元 瑛一		村田 義弘
6	井沢 義明		河 元嗣
7	和泉 武雄		小野 和夫
8	坂内 雅弘		内田 昌裕
9	斉藤 善助	HB	牛里 良人
10	藤田 康和		本田 雄策
11	萬谷 勝治	TB	礒村 幸一
12	下川 正文		鈴木 輝美
13	石山貴志夫		藤原 第三
14	宮吉 正彦		小沢 善雄
15	小林 正幸	FB	車田 操

昭和43年1月1日　G 秩父宮　R 西山常夫　KO 15:15

公式試合　No.396　昭和42年度　第4回大学選手権準決勝

早大		福工大
49	—	17
29	前	6
20	後	11
7	T	2
4	G	0
2	PG	0
0	DG	0
4	T	1
4	G	1
0	PG	1
0	DG	0

No	早大		福工大
1	堀口 昭	FW	松田 博良
2	後川 光夫		岩崎 重敏
3	猿田 武夫		大浜 正雄
4	赤司(牛尾)知行		清国 和博
5	新元 瑛一		谷口 直幸
6	井沢 義明		高武 義明
7	和泉 武雄		吉水 篤行
8	坂内 雅弘		山田 浩次
9	斉藤 善助	HB	西園 福志
10	平岡 惟史		花田 君夫
11	萬谷 勝治	TB	窪田 靖弘
12	下川 正文		原 重雄
13	石山貴志夫		藤沢 明
14	宮吉 正彦		川井田昌三
15	清水 伸一	FB	園上 光彦

昭和43年1月3日　G 秩父宮　R 堤 和久　KO 13:00

公式試合　No.397　昭和42年度　第4回大学選手権決勝

早大		法大
8	—	11
0	前	8
8	後	3
0	T	2
0	G	1
0	PG	0
0	DG	0
1	T	1
1	G	1
1	PG	0
0	DG	0

No	早大		法大
1	堀口 昭	FW	黒字 末広
2	後川 光夫		境 秀憲
3	猿田 武夫		佐藤鉄三郎
4	赤司(牛尾)知行		清水 宏明
5	新元 瑛一		二反田順二
6	井沢 義明		石田 邦明
7	和泉 武雄		汀 和彦
8	坂内 雅弘		鈴木 徹
9	斉藤 善助	HB	藤田 俊夫
10	平岡 惟史		桂口 力
11	萬谷 勝治	TB	水谷 眞
12	下川 正文		中村勇三郎
13	石山貴志夫		島崎 文治
14	宮吉 正彦		市川 将雄
15	清水 伸一	FB	鈴木(武村)秀人

昭和43年1月5日　G 秩父宮　R 西山常夫　KO 14:30

公式試合 No.398　昭和43年度　第1試合　対抗戦

早大		東大	No	早大		No	東大
54	—	0	1	堀口 昭	FW	1	浅井 洋
17	前	0	2	大東 和美		2	黒川 忠一
37	後	0	3	余 東奎		3	大谷 剛彦
4	T	0	4	阿部 憲之		4	伍香 秀明
1	G	0	5	坂内 雅弘		5	大竹 邦弘
1	PG	0	6	風間 康弘		6	石崎 斯征
1	DG	0	7	和泉 武雄		7	宮脇 哲也
8	T	0	8	宮城寿太郎		8	河田 敏貴
5	G	0	9	平岡 惟史	HB	9	田中 亨
0	PG	0	10	山本 巌		10	中澤 喜博
1	DG	0	11	小林 正幸	TB	11	石附 喜昭
5	反則	7	12	下川 正文		12	川崎 正昭
昭和43年10月10日			13	石山貴志夫		13	大矢敬二郎
G 秩父宮			14	宮吉 正彦		14	本郷 守雄
R 平島正登　KO 13:00			15	藤田 康和	FB	15	本郷谷健次

公式試合 No.399　昭和43年度　第2試合　対抗戦

早大		教育大	No	早大		No	教育大
46	—	23	1	堀口 昭	FW	1	佐藤 敏春
21	前	8	2	大東 和美		2	岡島 成志
25	後	15	3	柳川洋士雄		3	林 正次
4	T	1	4	阿部 憲之		4	平下 賢治
3	G	1	5	稲野 和夫		5	花形 富夫
1	PG	1	6	井沢 義明		6	井上 哲夫
0	DG	0	7	和泉 武雄		7	木村 修二
5	T	3	8	坂内 雅弘		8	小池 健次
3	G	3	9	平岡 惟史	HB	9	高橋 義明
0	PG	0	10	山本 巌		10	粂川 茂夫
0	DG	0	11	清水 伸一	TB	11	里見 仁志
5	反則	4	12	下川 正文		12	林 修二
昭和43年10月19日			13	石山貴志夫		13	米倉 嘉昭
G 秩父宮			14	宮吉 正彦		14	前田 嘉昭
R 宮井国夫　KO 14:30			15	小林 正幸	FB	15	向山 貴人

公式試合 No.400　昭和43年度　第3試合　対抗戦

早大		青学大	No	早大		No	青学大
58	—	11	1	栗本 利見	FW	1	河野 務
34	前	0	2	大東 和美		2	白土 一彦
24	後	11	3	余 東奎		3	茂木 正二
8	T	0	4	赤司 礼三		4	大木 秀雄
5	G	0	5	坂内 雅弘		5	高野 正美
0	PG	0	6	井沢 義明		6	大宝 雅春
0	DG	0	7	和泉 武雄		7	水崎 晴雄
5	T	2	8	風間 康弘		8	秦野 信泰
3	G	1	9	平岡 惟史	HB	9	河野 賢治
1	PG	0	10	山本 巌		10	高村 修
0	DG	0	11	佐藤 秀幸	TB	11	秋山 修
3	反則	13	12	下川 正文		12	石山 茂
昭和43年10月27日			13	石山貴志夫		13	津川 龍三
G 東伏見			14	宮吉 正彦		14	酒井 道彦
R 遠矢協正　KO 14:30			15	小林 正幸	FB	15	宇賀神敏雄

公式試合 No.401　昭和43年度　第4試合　対抗戦

早大		日体大	No	早大		No	日体大
33	—	14	1	堀口 昭	FW	1	関口 憲明
17	前	0	2	大東 和美		2	浦 敏明
16	後	14	3	余 東奎		3	伊藤 幸三
3	T	0	4	坂内 雅弘		4	広瀬 善脩
1	G	0	5	稲野 和夫		5	赤間 英夫
2	PG	0	6	井沢 義明		6	佐野 康雄
0	DG	0	7	和泉 武雄		7	佐伯栄次郎
4	T	4	8	風間 康弘		8	斉藤 直樹
2	G	1	9	片岡 哲二	HB	9	田中 清司
0	PG	0	10	山本 巌		10	青木 孝也
0	DG	0	11	佐藤 秀幸	TB	11	高橋 富男
0	反則	9	12	下川 正文		12	吉村 孝秀
昭和43年11月3日			13	石山貴志夫		13	小田 清正
G 秩父宮			14	宮吉 正彦		14	佐藤 司
R 堤 和久　KO 14:30			15	小林 正幸	FB	15	石川 征治

公式試合 No.402　昭和43年度　第5試合　対抗戦

早大		立大	No	早大		No	立大
25	—	16	1	堀口 昭	FW	1	高根 隆
8	前	10	2	大東 和美		2	佐藤 武明
17	後	6	3	余 東奎		3	石川 和男
2	T	2	4	坂内 雅弘		4	荒川 一雄
1	G	2	5	稲野 和夫		5	森 孝明
2	PG	0	6	井沢 義明		6	楠美 栄喜
0	DG	0	7	和泉 武雄		7	藤沢 喜明
3	T	1	8	風間 康弘		8	村瀬 昇二
1	G	0	9	片岡 哲二	HB	9	吉田 俊明
2	PG	1	10	山本 巌		10	吉田 俊明
0	DG	0	11	小林 正幸	TB	11	後藤 熙
2	反則	11	12	下川 正文		12	磯辺 久人
昭和43年11月9日			13	石山貴志夫		13	水繁
G 秩父宮			14	宮吉 正彦		14	槇島 知巳
R 保土塚満　KO 14:30			15	中村 公彦	FB	15	加藤 司

公式試合 No.403　昭和43年度　第6試合　対抗戦

早大		慶大	No	早大		No	慶大
22	—	14	1	堀口 昭	FW	1	萩原 順司
6	前	6	2	大東 和美		2	鈴木 祐一
16	後	8	3	余 東奎		3	折戸 明
0	T	1	4	坂内 雅弘		4	楠目 皓
0	G	0	5	稲野 和夫		5	堀越 優
2	PG	0	6	井沢 義明		6	宝田 誠治
0	DG	0	7	和泉 武雄		7	高橋 忠久
4	T	1	8	風間 康弘		8	谷川 義夫
2	G	0	9	片岡 哲二	HB	9	渡辺 真
0	PG	0	10	山本 巌		10	得能 敏夫
0	DG	0	11	佐藤 秀幸	TB	11	川口 明
2	反則	15	12	下川 正文		12	宮坂 進
昭和43年11月23日			13	石山貴志夫		13	吉岡 泰男
G 秩父宮			14	宮吉 正彦		14	吉岡 泰男
R キャンベル　KO 14:30			15	小林 正幸	FB	15	荻村 道男

公式試合 No.404　昭和43年度　第7試合　対抗戦

早大		成蹊大	No	早大		No	成蹊大
67	—	0	1	堀口 昭	FW	1	佐藤俊比古
25	前	0	2	大東 和美		2	岸田 成器
42	後	0	3	柳川洋士雄		3	井藤 和久
7	T	0	4	坂内 雅弘		4	丹波信三郎
2	G	0	5	稲野 和夫		5	星野 民雄
0	PG	0	6	井沢 義明		6	北野 修
0	DG	0	7	風間 康弘		7	柏原 茂
10	T	0	8	宮城寿太郎		8	小林 健司
0	G	0	9	片岡 哲二	HB	9	中島 晴生
0	PG	0	10	山本 巌		10	新谷 久
0	DG	0	11	佐藤 秀幸	TB	11	佐藤 信一
4	反則	7	12	下川 正文		12	小田 清正
昭和43年12月1日			13	石山貴志夫		13	南郷 茂隆
G 東伏見			14	宮吉 正彦		14	大根田勝彦
R 平島正登　KO 14:30			15	小林 正幸	FB	15	湯沢 達雄

公式試合 No.405　昭和43年度　第8試合　対抗戦

早大		明大	No	早大		No	明大
26	—	23	1	堀口 昭	FW	1	石井 之義
18	前	11	2	大東 和美		2	菅井 健一
8	後	12	3	柳川洋士雄		3	永田 重行
4	T	2	4	坂内 雅弘		4	元木 賢一
3	G	1	5	稲野 和夫		5	石川 準吉
0	PG	0	6	井沢 義明		6	石川 純司
0	DG	0	7	和泉 武雄		7	佐々木福松
2	T	4	8	風間 康弘		8	甲谷 昭一
1	G	0	9	片岡 哲二	HB	9	木原喜一郎
0	PG	0	10	山本 巌		10	竹内 滋
0	DG	0	11	佐藤 秀幸	TB	11	浜田 一
0	反則	9	12	下川 正文		12	竹村 広美
昭和43年12月8日			13	石山貴志夫		13	木下晋之
G 秩父宮			14	宮吉 正彦		14	川津正次郎
R 江田昌佑　KO 14:30			15	小林 正幸	FB	15	南条 徹雄

公式試合 No.406　昭和43年度　第9試合　交流試合

早大		防大	No	早大		No	防大
16	—	0	1	堀口 昭	FW	1	中石 喜雄
5	前	0	2	大東 和美		2	遠藤 正夫
11	後	0	3	柳川洋士雄		3	松下 孝雄
1	T	0	4	坂内 雅弘		4	影山 昭三
1	G	0	5	稲野 和夫		5	大門 信久
0	PG	0	6	井沢 義明		6	橋岡 治
0	DG	0	7	和泉 武雄		7	常広 治彦
3	T	0	8	風間 康弘		8	増田 憲二
0	G	0	9	片岡 哲二	HB	9	荒井 進
0	PG	0	10	山本 巌		10	三浦 淳一
0	DG	0	11	佐藤 秀幸	TB	11	本多 宏隆
12	反則	20	12	下川 正文		12	野里 明弘
昭和43年12月14日			13	石山貴志夫		13	清原 克己
G 秩父宮			14	宮吉 正彦		14	松永 寛
R 堤 和久　KO 13:00			15	小林 正幸	FB	15	岩下 親士

公式試合 No.407　昭和43年度　第5回大学選手権1回戦

早大		関西大	No	早大		No	関西大
45	—	9	1	栗本 利見	FW	1	安東
18	前	6	2	大東 和美		2	藤井 達雄
27	後	3	3	余 東奎		3	大西 政長
4	T	1	4	阿部 憲之		4	松本 隆男
3	G	0	5	坂内 雅弘		5	中島 輝明
0	PG	0	6	井沢 義明		6	高橋 定夫
0	DG	0	7	和泉 武雄		7	松本 順
7	T	1	8	宮城寿太郎		8	山南 武生
3	G	0	9	平岡 敏史	HB	9	福本 富勝
0	PG	0	10	山本 巌		10	扇喜
0	DG	0	11	佐藤 秀幸	TB	11	谷口
4	反則	10	12	下川 正文		12	山田 幸夫
昭和44年1月1日			13	石山貴志夫		13	豊崎 隆夫
G 秩父宮			14	宮吉 正彦		14	山口 豊次
R 西山常夫　KO 13:50			15	小林 正幸	FB	15	松井 正仁

公式試合 No.408　昭和43年度　第5回大学選手権準決勝

早大		中大	No	早大		No	中大
22	—	8	1	栗本 利見	FW	1	斉藤 利彦
3	前	3	2	大東 和美		2	井上(加藤)史朗
19	後	5	3	余 東奎		3	宮内 幸幸
1	T	1	4	坂内 雅弘		4	堀合 正行
1	G	0	5	稲野 和夫		5	小野 和夫
0	PG	0	6	井沢 義明		6	江橋 好道
0	DG	0	7	和泉 武雄		7	谷津 征雄
5	T	1	8	宮城寿太郎		8	太田尾 昭
1	G	0	9	平岡 敏史	HB	9	今里 良三
0	PG	0	10	山本 巌		10	本田 雄策
0	DG	0	11	佐藤 秀幸	TB	11	
6	反則	10	12	下川 正文		12	磯村 幸二
昭和44年1月3日			13	石山貴志夫		13	藤原 第三
G 秩父宮			14	宮吉 正彦		14	小沢 善雄
R 堤 和久　KO 13:00			15	小林 正幸	FB	15	遠藤 敏雄

公式試合 No.409　昭和43年度　第5回大学選手権決勝

早大		慶大	No	早大		No	慶大
14	—	14	1	栗本 利見	FW	1	坂水 滉
9	前	3	2	大東 和美		2	永野 進
5	後	11	3	余 東奎		3	折戸 明
2	T	2	4	坂内 雅弘		4	楠目 皓
0	G	1	5	稲野 和夫		5	稲野 和夫
1	PG	0	6	井沢 義明		6	宝田 誠治
0	DG	0	7	和泉 武雄		7	高橋 俊夫
1	T	1	8	宮城寿太郎		8	谷川 義夫
1	G	1	9	平岡 惟史	HB	9	渡辺 真
1	PG	1	10	山本 巌		10	富田 浩二
0	DG	0	11	佐藤 秀幸	TB	11	川口 明
13	反則	3	12	下川 正文		12	宮坂 進
昭和44年1月5日			13	石山貴志夫		13	宮坂 進
G 秩父宮			14	宮吉 正彦		14	吉岡 泰男
R 松尾勝吾　KO 14:30			15	小林 正幸	FB	15	荻村 道男

国際試合 No.36 昭和44年度 英国ウエリントン連隊来日

全早大 ／ ウエリントン連隊

全早大		ウエリントン連隊
80	—	11
37	前	3
43	後	8
9	T	0
5	G	1
0	PG	1
0	DG	1
11	T	1
5	G	1
0	PG	1
0	DG	0
8	反則	11

昭和44年10月3日　G 秩父宮　R 西山常夫　KO 19:00

No	全早大	Pos	No	ウエリントン連隊
1	堀口 昭	FW	1	J. THORN
2	後川 光夫		2	A. DAVIES
3	余 東奎		3	P. HOPPE
4	阿部 憲之		4	P. GARDNER
5	片倉 胖		5	J. CAGILABA
6	加藤 猛		6	J. NEWTON
7	和泉 武雄		7	R. BASU
8	井沢 義明		8	A. ROBERTS
9	竹島 佑	HB	9	A. STONE
10	藤本 忠正		10	P. PETTIGREW
11	佐藤 秀幸	TB	11	J. BARNES
12	横井 章		12	P. ROBINSON
13	石山貴志夫		13	M. CUSS
14	宮吉 正彦		14	V. VURO
15	萬谷 勝治	FB	15	G. HUNTER

公式試合 No.410 昭和44年度 第1試合 対抗戦

早大 ／ 東大

早大		東大
32	—	0
11	前	0
21	後	0
3	T	0
1	G	0
0	PG	0
0	DG	0
5	T	0
3	G	0
0	PG	0
0	DG	0
9	反則	10

昭和44年10月10日　G 秩父宮　R 松尾勝吾　KO 12:45

No	早大	Pos	No	東大
1	堀口 昭	FW	1	浅井 洋
2	大東 和美		2	福島 久雄
3	余 東奎		3	福田 一
4	阿部 憲之		4	河田 敏貴
5	津留崎鉄二		5	巽 政明
6	井沢 義明		6	伊藤 文夫
7	鳳間 康弘		7	宮脇 哲也
8	稲野 和夫		8	伍答 秀明
9	片岡 哲二	HB	9	田中 亨
10	清水 徹		10	西川 正
11	清水 伸一	TB	11	新田 健一
12	藤井 雅英		12	川崎 正昭
13	平岡 敏史		13	大矢敬二郎
14	萩原 敏明		14	石井 守雄
15	中村 公彦	FB	15	伏田 孝

公式試合 No.411 昭和44年度 第2試合 対抗戦

早大 ／ 教育大

早大		教育大
17	—	5
6	前	5
11	後	0
3	T	1
0	G	0
0	PG	0
0	DG	0
3	T	0
1	G	0
0	PG	0
0	DG	0
11	反則	10

昭和44年10月19日　G 東伏見　R 松尾勝吾　KO 14:30

No	早大	Pos	No	教育大
1	堀口 昭	FW	1	江幡 健士
2	大東 和美		2	浜島 和二
3	余 東奎		3	田中 和彦
4	阿部 憲之		4	平下 賢治
5	稲野 和夫		5	本城 一雄
6	星野 順二		6	井上 哲夫
7	萩原 隆男		7	木村 修己
8	益田 清		8	小池 健次
9	宿沢 広朗	HB	9	高橋 義明
10	清水 徹		10	猿渡 徹
11	東郷 健二	TB	11	里見 仁志
12	藤井 雅英		12	林 修二
13	平岡 敏史		13	米倉 憲治
14	清水 伸一		14	前田 嘉昭
15	小林 正幸	FB	15	高橋 憲吾

公式試合 No.412 昭和44年度 第3試合 対抗戦

早大 ／ 青学大

早大		青学大
39	—	14
19	前	11
20	後	3
3	T	2
2	G	1
2	PG	0
0	DG	0
6	T	1
1	G	0
0	PG	0
0	DG	0
7	反則	10

昭和44年10月26日　G 東伏見　R 保戸塚満　KO 14:30

No	早大	Pos	No	青学大
1	堀口 昭	FW	1	河野 務
2	大東 和美		2	吉田 淳一
3	余 東奎		3	秦野 信彦
4	阿部 憲之		4	品川 清
5	稲野 和夫		5	高野 正美
6	井沢 義明		6	小川 公彦
7	萩原 隆男		7	斉藤 和夫
8	鳳間 康弘		8	林 和政
9	宿沢 広朗	HB	9	河野 賢治
10	清水 徹		10	宇賀神敏雄
11	東郷 健二	TB	11	松永 正行
12	藤井 雅英		12	石山 茂
13	平岡 敏史		13	阿部 博
14	宮吉 正彦		14	菊地 康治
15	小林 正幸	FB	15	津川 龍三

公式試合 No.413 昭和44年度 第4試合 対抗戦

早大 ／ 日体大

早大		日体大
11	—	14
5	前	6
6	後	8
1	T	2
1	G	1
0	PG	0
0	DG	0
0	T	1
0	G	0
2	PG	1
0	DG	0
5	反則	24

昭和44年11月3日　G 秩父宮　R 松尾勝吾　KO 14:30

No	早大	Pos	No	日体大
1	堀口 昭	FW	1	河野 健
2	大東 和美		2	関口 憲明
3	余 東奎		3	松崎 成悟
4	阿部 憲之		4	広瀬 善悟
5	稲野 和夫		5	川村 貢一
6	井沢 義明		6	佐野 康雄
7	萩原 隆男		7	海老沢 静
8	鳳間 康弘		8	赤間 英夫
9	宿沢 広朗	HB	9	本田 泰則
10	藤田 康和		10	青木 孝也
11	佐藤 秀幸	TB	11	有賀 健
12	藤井 雅英		12	吉村 孝秀
13	平岡 敏史		13	小田木 透
14	宮吉 正彦		14	佐藤 司
15	小林 正幸	FB	15	戸嶋 文夫

公式試合 No.414 昭和44年度 第5試合 対抗戦

早大 ／ 立大

早大		立大
58	—	11
14	前	3
44	後	8
2	T	0
1	G	0
2	PG	1
0	DG	0
10	T	2
7	G	1
0	PG	0
0	DG	0
14	反則	12

昭和44年11月15日　G 秩父宮　R 浅生享　KO 14:30

No	早大	Pos	No	立大
1	堀口 昭	FW	1	近藤 和雄
2	大東 和美		2	山内 寿一
3	余 東奎		3	亀田 元秀
4	阿部 憲之		4	荒川 一雄
5	稲野 和夫		5	森 孝明
6	井沢 義明		6	楠美 栄喜
7	星野 順二		7	加藤 司
8	久保田 勇		8	藤沢 喜明
9	宿沢 広朗	HB	9	北村 勉
10	藤田 康和		10	磯辺 久人
11	小林 正幸	TB	11	後藤 照士
12	藤井 雅英		12	安川 裕行
13	清水 伸一		13	徳丸 徹夫
14	宮吉 正彦		14	槙島 和巳
15	中村 公彦	FB	15	米増 孝造

公式試合 No.415 昭和44年度 第6試合 対抗戦

早大 ／ 慶大

早大		慶大
33	—	15
16	前	6
17	後	9
4	T	3
2	G	0
1	PG	1
0	DG	0
5	T	3
1	G	0
1	PG	0
0	DG	0
12	反則	8

昭和44年11月23日　G 秩父宮　R 安部泰人　KO 14:30

No	早大	Pos	No	慶大
1	堀口 昭	FW	1	萩野 順司
2	大東 和美		2	永野 進
3	余 東奎		3	小川 和彦
4	阿部 憲之		4	堀越 優
5	稲野 和夫		5	吉岡 和夫
6	井沢 義明		6	奥村(宮武)猷
7	萩原 隆男		7	高橋 忠久
			8	金子 正仁
9	宿沢 広朗	HB	9	辰沢 茂夫
10	藤田 康和		10	安部 直幸
11	佐藤 秀幸	TB	11	川口 明
13	清水 伸一		13	大塚 久利
14	宮吉 正彦		14	吉岡 泰男
8	小林 正幸	SE		
15	中村 公彦	FB	15	藤 賢一

公式試合 No.416 昭和44年度 第8試合 対抗戦

早大 ／ 明大

早大		明大
43	—	8
24	前	0
19	後	8
5	T	0
3	G	0
1	PG	0
0	DG	0
5	T	2
2	G	1
0	PG	0
0	DG	0
4	反則	9

昭和44年12月7日　G 秩父宮　R 平島正登　KO 14:30

No	早大	Pos	No	明大
1	堀口 昭	FW	1	夏目 司
2	大東 和美		2	長瀬 慎輔
3	余 東奎		3	永田 重行
4	阿部 憲之		4	中山 勝文
5	赤司 礼三		5	南出 徹
6	井沢 義明		6	吉田 純司
7	萩原 隆男		7	宇治川福男
8	久保田 勇		8	石川 準吉
9	宿沢 広朗	HB	9	木原 喜一
10	藤田 康和		10	渡辺 千里
11	佐藤 秀幸	TB	11	浜田 一
12	藤井 雅英		12	小松 明
13	粟野 英一		13	竹村 広美
14	宮吉 正彦		14	高橋 博
15	小林 正幸	FB	15	池原 清

公式試合 No.417 昭和44年度 交流試合

早大 ／ 専大

早大		専大
17	—	9
14	前	9
3	後	0
3	T	2
2	G	0
0	PG	0
0	DG	0
1	T	0
1	G	0
0	PG	1
0	DG	0
12	反則	10

昭和44年12月14日　G 秩父宮　R 堤 和久　KO 14:30

No	早大	Pos	No	専大
1	堀口 昭	FW	1	樫村 徳三
2	大東 和美		2	榎本 栄
3	余 東奎		3	笠井 茂高
4	阿部 憲之		4	斉藤 賢一
5	赤司(牛尾)如行		5	武智 光
6	井沢 義明		6	三角 久一
7	萩原 隆男		7	向井 信正
8	鳳間 康弘		8	行広 政光
9	片岡 哲二	HB	9	奥沢 晴児
10	藤田 康和		10	奥沢 利光
11	佐藤 秀幸	TB	11	広瀬 勝
12	平岡 惟史		12	塚本 久
13	藤井 雅英		13	山口 光広
14	宮吉 正彦		14	小川 忠司
15	小林 正幸	FB	15	森本 誠治

公式試合 No.418 昭和44年度 第6回大学選手権1回戦

早大 ／ 大経大

早大		大経大
49	—	3
12	前	0
37	後	3
3	T	0
0	G	0
1	PG	0
0	DG	0
8	T	0
5	G	0
1	PG	1
0	DG	0
4	反則	11

昭和45年1月1日　G 秩父宮　R 川口 貢　KO 12:30

No	早大	Pos	No	大経大
1	堀口 昭	FW	1	田中 均
2	大東 和美		2	岡田 純一
3	余 東奎		3	北島 隆義
4	阿部 憲之		4	吉野 一仁
5	稲野 和夫		5	増田 猛
6	井沢 義明		6	真理谷雄二
7	益田 清		7	松下 定則
			8	塩崎 謙一
9	片岡 哲二	HB	9	藤井 雅和
10	藤田 康和		10	金沢 利和
11	佐藤 秀幸	TB	11	千坂 隆志
13	平岡 惟史		13	候 鋒
14	宮吉 正彦		14	藤井 義男
8	中村 公彦	SE		
15	小林 正幸	FB	15	丘 日出男

公式試合 No.419 昭和44年度 第6回大学選手権準決勝

早大 ／ 法大

早大		法大
11	—	10
8	前	0
3	後	10
2	T	2
1	G	0
0	PG	0
0	DG	0
0	T	0
0	G	0
1	PG	2
0	DG	0
4	反則	10

昭和45年1月3日　G 秩父宮　R 平島正登　KO 14:30

No	早大	Pos	No	法大
1	堀口 昭	FW	1	黒井 末広
2	大東 和美		2	内藤 徳男
3	余 東奎		3	佐伯 隆二
4	阿部 憲之		4	戸川 孝
5	稲野 和夫		5	寺元 敏雄
6	井沢 義明		6	岡本 恒雄
7	益田 清		7	佐藤鉄三郎
			8	二反田順二
9	片岡 哲二	HB	9	高橋 義夫
10	藤田 康和		10	井口 雅勝
11	佐藤 秀幸	TB	11	鈴木 達朗
12	藤井 雅英		12	熊谷 俊一
13	平岡 惟史		13	勝又 義文
14	宮吉 正彦		14	小東 一夫
8	中村 公彦	SE		
15	小林 正幸	FB	15	鈴木 秀夫

公式試合 No.420 昭和44年度 第6回大学選手権決勝

早大 ／ 日体大

早大		日体大
9	—	11
6	前	5
3	後	6
1	T	1
1	G	1
0	PG	1
0	DG	0
1	T	1
0	G	0
0	PG	0
0	DG	0
6	反則	9

昭和45年1月5日　G 秩父宮　R 江田昌佑　KO 14:30

No	早大	Pos	No	日体大
1	堀口 昭	FW	1	橋本 文夫
2	大東 和美		2	関口 憲明
3	余 東奎		3	松崎 成悟
4	阿部 憲之		4	川村 貢一
5	稲野 和夫		5	浜武 常司
6	井沢 義明		6	佐野 康雄
7	益田 清		7	海老沢 静
			8	赤間 英夫
9	片岡 哲二	HB	9	本田 泰則
10	藤田 康和		10	青木 孝也
11	佐藤 秀幸	TB	11	有賀 健
12	藤井 雅英		12	吉村 孝秀
13	平岡 惟史		13	小田木 透
14	宮吉 正彦		14	佐藤 司
8	中村 公彦	SE		
15	小林 正幸	FB	15	戸嶋 文夫

国際試合 No.37 昭和44年度 NZ大学選抜来日

全早大 3 — 36 NZ大学選抜

全早大		NZ大学選抜
0	前	19
3	後	17
0	T	5
0	G	2
0	PG	1
1	T	4
0	G	1
0	PG	1
0	DG	0
6	反則	10

No	全早大	pos	No	NZ大学選抜
1	後川 光夫	FW	1	A. McLELLAN
2	大東 和美		2	P. BARRET
3	余 東壽		3	K. McDONALD
4	阿部 憲之		4	J. SHERLOCK
5	稲野 和夫		5	R. HOUSE
6	加藤 猛		6	A. MATHESON
7	益田 清		7	S. REANEY
8	井沢 義明		8	P. DUNCAN
9	宿沢 広朗	HB	9	L. KARATAL
10	藤本 忠正		10	E. KIRTON
11	佐藤 秀幸	TB	11	M. COLLINS
12	横井 章		12	G. KEMBER
13	石山喜志夫		13	H. JOSEPH
14	宮吉 正଺		14	O'CALLAGHAN
15	萬谷 勝治	FB	15	E. TAYLOR

昭和45年3月1日　G 秩父宮　R 江田昌佑　KO 14:30

国際試合 No.38 昭和45年度 韓国遠征 第1試合

早大 14 — 8 韓国大学選抜

No	早大	pos	No	韓国大学選抜
1	栗本 利見	FW	1	金 演文
2	高橋 哲司		2	沈 相哲
3	大東 和美		3	權 赫日
4	阿部 憲之		4	任 聖淳
5	津留崎鉄二		5	金 天模
6	星野 順二		6	劉 永浩
7	萩原 隆男		7	林 載旭
8	赤司 礼三		8	李 鐘明
9	清水 徹	HB	9	尹 載善
10	藤田 康和		10	崔 元宙
11	佐藤 秀幸	TB	11	權藤源
12	藤井 雅英		12	鄭 鉉洙
13	平岡 惟史		13	田 聖丸
14	堀口 孝		14	申 南基
15	清水 伸一	FB	15	金 演洙

昭和45年6月20日　G 仁川球場　R 不明　KO 16:00

国際試合 No.39 昭和45年度 韓国遠征 第2試合

早大 5 — 10 全陸軍

No	早大	pos	No	全陸軍
1	栗本 利見	FW	1	朴 銀甫
2	高橋 哲司		2	朴 相浩
3	大東 和美		3	尹 炯均
4	阿部 憲之		4	金 珠浩
5	津留崎鉄二		5	金 明天
6	久保田 勇		6	崔 元吉
7	萩原 隆男		7	梁 永錫
8	日野 康英		8	趙 寛喜
9	宿沢 広朗	SH	9	孫 太鉉
10	藤田 康和		10	康 聖麟
11	東郷 健二	TB	11	朴 一雄
12	藤井 雅英		12	崔 正集
13	平岡 惟史		13	康 銀朝
14	佐藤 秀幸		14	金 大勲
15	小林 正幸	FB	15	文 武學

昭和45年6月22日　G 大邱球場　R 不明　KO 18:00

国際試合 No.40 昭和45年度 韓国遠征 第3試合

早大 15 — 17 空軍士官学校

No	早大	pos	No	空軍士官学校
1	栗本 利見	FW	1	
2	高橋 哲司		2	
3	大東 和美		3	
4	阿部 憲之		4	
5	赤司 礼三		5	
6	久保田 勇		6	
7	萩原 隆男		7	
8	益田 清		8	
9	宿沢 広朗	SH	9	
10	藤田 康和		10	
11	東郷 健二	TB	11	
12	藤井 雅英		12	
13	平岡 惟史		13	
14	佐藤 秀幸		14	
15	小林 正幸		15	

昭和45年6月25日　G ソウル孝昌球場　R 不明　KO 18:00

国際試合 No.41 昭和45年度 韓国遠征 第4試合

早大 30 — 24 全慶熙大

No	早大	pos	No	全慶熙大
1	栗本 利見	FW	1	蘇 在錫
2	黒本 治男		2	王 俊植
3	大東 和美		3	金 昇一
4	阿部 憲之		4	朴 在植
5	津留崎鉄二		5	金 相文
6	久保田 勇		6	崔 清鴻
7	萩原 隆男		7	姜 正善
8	益田 清		8	朴 周鎮
9	宿沢 広朗	SH	9	李 在一
10	藤田 康和		10	李 世鎮
11	佐藤 秀幸	TB	11	韓 榮萬
12	藤井 雅英		12	梁 民喆
13	平岡 惟史		13	李 豚鎮
14	堀口 孝		14	金 光石
15	清水 伸一	FB	15	姜 永吉

昭和45年6月27日　G ソウル孝昌球場　R 不明　KO 16:00

公式試合 No.421 昭和45年度 第1試合 対抗戦

早大 61 — 5 東大（前 34-5　後 27-5）

No	早大	pos	No	東大
1	栗本 利見	FW	1	坂井 秀行
2	高橋 哲司		2	倉田 洋志
3	大東 和美		3	福田 一
4	阿部 憲之		4	野田多美夫
5	津留崎鉄二		5	巽 政明
6	久保田 勇		6	伊藤 文太
7	萩原 隆男		7	宮脇 哲也
8	星 忠義		8	大場日出雄
9	宿沢 広朗	SH	9	新田 健一
10	藤田 康和		10	西川 正
11	佐藤 秀幸	TB	11	関根 俊雄
12	藤井 雅英		12	宇津山俊二
13	清水 伸一		13	本郷谷健次
14	堀口 孝		14	松村 滋
15	中村 康司	FB	15	伏田 孝

昭和45年10月10日　G 秩父宮　R 宮田国夫　KO 12:45

公式試合 No.422 昭和45年度 第2試合 対抗戦

早大 32 — 3 成蹊大（前 11-3　後 21-3）

No	早大	pos	No	成蹊大
1	栗本 利見	FW	1	浅井 正文
2	高橋 哲司		2	中島(大沢)勇
3	大東 和美		3	原田 健一
4	阿部 憲之		4	佐野 和光
5	津留崎鉄二		5	川村 国男
6	益田 清		6	鈴木 富雄
7	萩原 隆男		7	柏原 茂
8	赤司 礼三		8	森田 正俊
9	宿沢 広朗	HB	9	緒方 啓三
10	藤田 康和		10	立松 幹朗
11	佐藤 秀幸	TB	11	沼 俊作
12	藤井 雅英		12	日野 恵正
13	平岡 惟史		13	小林 修介
14	堀口 孝		14	佐藤 信一
15	小林 正幸	FB	15	疋田 立郎

昭和45年10月17日　G 秩父宮　R 安部泰人　KO 12:45

公式試合 No.423 昭和45年度 第3試合 対抗戦

早大 59 — 21 立大（前 45-　後 14-13）

No	早大	pos	No	立大
1	栗本 利見	FW	1	近藤 和雄
2	高橋 哲司		2	吉沢 一公
3	大東 和美		3	中島 康之
4	阿部 憲之		4	森 孝明
5	津留崎鉄二		5	市川 純夫
6	久保田 勇		6	小木 哲男
7	萩原 隆男		7	三崎 健治
8	益田 清		8	藤原 喜明
9	宿沢 広朗	HB	9	木川 雅行
10	藤田 康和		10	寺田順三郎
11	佐藤 秀幸	TB	11	窪谷 雅裕
12	藤井 雅英		12	磯辺 久人
13	平岡 惟史		13	
14	熊谷 真		14	米増 幸造
15	小林 正幸	FB	15	新井 一孝

昭和45年10月24日　G 秩父宮　R 町井徹郎　KO 12:45

公式試合 No.424 昭和45年度 第4試合 対抗戦

早大 25 — 11 日本大（前 11-0　後 14-11）

No	早大	pos	No	日本大
1	栗本 利見	FW	1	村上 孝二
2	高橋 哲司		2	小城 博
3	大東 和美		3	松崎 成生
4	阿部 憲之		4	小川 武久
5	津留崎鉄二		5	久保田運平
6	久保田 勇		6	海老原 静
7	萩原 隆男		7	春口 廣
8	益田 清		8	福沢 敏夫
9	宿沢 広朗	HB	9	西川 雄世
10	藤田 康和		10	岡本 博雄
11	佐藤 秀幸	TB	11	有賀 健
12	藤井 雅英		12	高橋 洋一
13	平岡 惟史		13	中村 博
14	堀口 孝		14	高橋 富男
15	小林 正幸	FB	15	植田 実

昭和45年11月3日　G 秩父宮　R 堤 和久　KO 14:30

公式試合 No.425 昭和45年度 第5試合 対抗戦

早大 81 — 3 教育大（前 33-3　後 48-0）

No	早大	pos	No	教育大
1	栗本 利見	FW	1	大石 哲夫
2	高橋 哲司		2	浜島 昭二
3	大東 和美		3	田中 和彦
4	阿部 憲之		4	百々 道男
5	津留崎鉄二		5	本城 一隆
6	久保田 勇		6	井上 哲夫
7	萩原 隆男		7	金井 律男
8	益田 清		8	花形 富夫
9	宿沢 広朗	HB	9	阿南 正紀
10	藤田 康和		10	猿渡 徹
11	佐藤 秀幸	TB	11	三原 立美
12	藤井 雅英		12	滑川 正昭
13	中村 康司		13	糸山千賀志
14	熊谷 真		14	上村 茂
15	小林 正幸	FB	15	阿世賀敏幸

昭和45年11月14日　G 秩父宮　R 保戸塚満　KO 12:45

公式試合 No.426 昭和45年度 第6試合 対抗戦

早大 24 — 11 慶大（前 8-11　後 16-0）

No	早大	pos	No	慶大
1	栗本 利見	FW	1	矢内 正隆
2	高橋 哲司		2	永野 進
3	大東 和美		3	加藤 昇司
4	阿部 憲之		4	金子 正仁
5	津留崎鉄二		5	吉岡 和夫
6	久保田 勇		6	井上登喜男
7	萩原 隆男		7	及川真喜夫
8	益田 清		8	藤 賢一
9	宿沢 広朗	HB	9	
10	藤田 康和		10	得能 敏夫
11	佐藤 秀幸	TB	11	川口 明
12	藤井 雅英		12	森田宗太郎
13	中村 康司		13	浜中 義一
14	熊谷 真		14	吉岡 泰男
15	小林 正幸	FB	15	田中 孝

昭和45年11月23日　G 秩父宮　R 西山常夫　KO 14:30

公式試合 No.427 昭和45年度 第7試合 対抗戦

早大 59 — 11 青学大（前 32-3　後 27-8）

No	早大	pos	No	青学大
1	栗本 利見	FW	1	今田 直
2	黒本 治男		2	熊野賢三郎
3	大東 和美		3	品川 満
4	阿部 憲之		4	上沼 雄治
5	津留崎鉄二		5	林 茂男
6	久保田 勇		6	小田 公彦
7	萩原 隆男		7	荒川 鉄男
8	益田 清		8	大友 雅人
9	宿沢 広朗	HB	9	池田 義一
10	藤田 康和		10	竹川 正夫
11	佐藤 秀幸	TB	11	秋山 修
12	藤井 雅英		12	楠沼 和行
13	平岡 惟史		13	菊地 康治
14	熊谷 真		14	泉 康雄
15	清水 伸一	FB	15	清水 宏二

昭和45年11月28日　G 秩父宮　R 松尾勝吾　KO 14:30

公式試合 No.428 昭和45年度 第8試合 対抗戦

早大 — 明大

早大		明大
32	—	11
22	前	6
10	後	5
5	T	1
2	G	0
1	PG	1
0	DG	0
2	T	1
2	G	1
0	PG	0
14	反則	19

No	早大	Pos	No	明大
1	栗本 利見	FW	1	高田 司
2	高橋 哲司		2	高木 清行
3	大東 和美		3	永田 重行
4	阿部 憲之		4	中山 勝文
5	津留崎鉄二		5	境 政義
6	久保田 勇		6	吉田 純司
7	萩原 隆男		7	倭文 輝男
8	益田 清		8	南出 徹
9	宿沢 広朗	HB	9	木原喜一郎
10	藤田 康和		10	渡辺 千里
11	佐藤 秀幸	TB	11	小松 順
12	中村 康司		12	柴田 精三
13	平岡 惟史		13	千葉 寛二
14	熊谷 真		14	高橋 博
15	小林 正幸	FB	15	竹村 広美

昭和45年12月6日　G 秩父宮　R 池田正徳　KO 14:30

公式試合 No.429 昭和45年度 交流試合

早大 — 東洋大

早大		東洋大
35	—	17
8	前	9
27	後	8
1	T	3
1	G	0
1	PG	1
0	DG	0
7	T	1
3	G	1
0	PG	0
1	反則	13

No	早大	Pos	No	東洋大
1	栗本 利見	FW	1	白石 正治
2	高橋 哲司		2	松井 周一
3	黒田 治男		3	阿部 興治
4	阿部 憲之		4	佐藤 肇
5	赤司 礼三		5	穐田 常孝
6	久保田 勇		6	首藤 栄治
7	萩原 隆男		7	丸子 剛一
8	益田 清		8	宮下 雅夫
9	宿沢 広朗	HB	9	大矢 保
10	藤田 康和		10	鑓田 正美
11	佐藤 秀幸	TB	11	栗原 達
12	藤井 雅英		12	横山 八茂
13	中村 康司		13	梶原 政純
14	熊谷 真		14	福原 保
15	小林 正幸	FB	15	原 勇

昭和45年12月12日　G 秩父宮　R 平島正登　KO 12:45

公式試合 No.430 昭和45年度 第7回大学選手権1回戦

早大 — 中京大

早大		中京大
55	—	3
23	前	0
32	後	0
5	T	1
2	G	0
2	PG	0
0	DG	0
8	T	0
4	G	0
0	PG	0
6	反則	9

No	早大	Pos	No	中京大
1	栗本 利見	FW	1	森川 武文
2	高橋 哲司		2	飯野 哲生
3	大東 和美		3	村上 和昭
4	阿部 憲之		4	古山 満
5	津留崎鉄二		5	白木 敏郎
6	久保田 勇		6	永田 耕一
7	萩原 隆男		7	岡 行房
8	益田 清		8	大徳 恒雄
9	宿沢 広朗	HB	9	大村 一雄
10	藤田 康和		10	長尾 伸吾
11	佐藤 秀幸	TB	11	大川 鉄雄
12	藤井 雅英		12	桜木 憲治
13	平岡 惟史		13	住田 正二
14	堀口 孝		14	宮本 文明
15	小林 正幸	FB	15	渡部 正則

昭和46年1月1日　G 秩父宮　R 堤 和久　KO 15:00

公式試合 No.431 昭和45年度 第7回大学選手権準決勝

早大 — 明大

早大		明大
26	—	9
18	前	3
8	後	6
4	T	1
3	G	0
0	PG	0
0	DG	0
2	T	1
1	G	0
1	PG	0
0	DG	0
5	反則	7

No	早大	Pos	No	明大
1	栗本 利見	FW	1	高田 司
2	高橋 哲司		2	高木 清行
3	大東 和美		3	永田 重行
4	阿部 憲之		4	中山 勝文
5	津留崎鉄二		5	境 政義
6	久保田 勇		6	吉田 純司
7	萩原 隆男		7	倭文 輝男
8	益田 清		8	南出 徹
9	宿沢 広朗	HB	9	木原喜一郎
10	藤田 康和		10	磯村 広美
11	佐藤 秀幸	TB	11	小松 順
12	藤井 雅英		12	森 重隆
13	平岡 惟史		13	千葉 寛二
14	堀口 孝		14	高橋 博
15	小林 正幸	FB	15	渡辺 千里

昭和46年1月3日　G 秩父宮　R 川口 貢　KO 13:00

公式試合 No.432 昭和45年度 第7回大学選手権決勝

早大 — 日体大

早大		日体大
14	—	9
6	前	9
8	後	0
1	T	0
0	G	0
1	PG	0
0	DG	0
2	T	0
0	G	0
1	PG	0
0	DG	0
9	反則	11

No	早大	Pos	No	日体大
1	栗本 利見	FW	1	村上 孝二
2	高橋 哲司		2	小城 博
3	大東 和美		3	松崎 成生
4	阿部 憲之		4	小川 武久
5	津留崎鉄二		5	浜武 常司
6	久保田 勇		6	斉藤 俊二
7	萩原 隆男		7	福沢 敏夫
8	益田 清		8	赤間 英夫
9	宿沢 広朗	HB	9	本田 泰則
10	中村 康司		10	岡本 博雄
11	佐藤 秀幸	TB	11	小関 陽一
12	藤井 雅英		12	森 重隆
13	平岡 惟史		13	中村 博
14	堀口 孝		14	高橋 富男
15	小林 正幸	FB	15	植田 実

昭和46年1月5日　G 秩父宮　R 西山常夫　KO 14:30

公式試合 No.433 昭和45年度 第8回日本選手権

早大 — 新日鉄釜石

早大		新日鉄釜石
30	—	16
11	前	13
19	後	3
5	T	3
2	G	1
1	PG	0
0	DG	0
2	T	1
2	G	0
0	PG	0
10	反則	11

No	早大	Pos	No	新日鉄釜石
1	栗本 利見	FW	1	和田 透
2	高橋 哲司		2	中西 成幸
3	大東 和美		3	堀野 義則
4	阿部 憲之		4	小林 一郎
5	津留崎鉄二		5	伊藤 正義
6	久保田 勇		6	細川 正文
7	萩原 隆男		7	小笠原秀昭
8	益田 清		8	石塚 広和
9	宿沢 広朗	HB	9	山口 明美
10	中村 康司		10	小藪 修
11	佐藤 秀幸	TB	11	細川 直文
12	藤井 雅英		12	宮田 浩二
13	平岡 惟史		13	鈴木 忠義
14	堀口 孝		14	内野 秀隆
15	小林 正幸	FB	15	千場日朗志

昭和46年1月15日　G 秩父宮　R 堤 和久　KO 14:30

国際試合 No.42 昭和46年度 イングランド代表来日

全早大 — イングランド代表

全早大		イングランド代表
4	—	56
4	前	24
0	後	32
1	T	5
0	G	4
0	PG	0
0	DG	0
0	T	7
0	G	2
0	PG	0
0	DG	0
10	反則	

No	全早大	Pos	No	イングランド代表
1	栗本 利見	FW	1	F. COTTON
2	高橋 哲司		2	P. WHEELER
3	大東 和美		3	J. PRODERICK
4	阿部 憲之		4	P. LARTER
5	津留崎鉄二		5	R. UTTLEY
6	加藤 猛		6	N. NEARY
7	和泉 武雄		7	B. ROGERS
8	益田 清		8	C. HANNAFORD
9	宿沢 広朗	HB	9	S. WEBSTER
10	中村 康司		10	J. FINLAN
11	佐藤 秀幸	TB	11	R. WEBB
12	藤井 雅英		12	B. LLOYD
13	石山貴志夫		13	C. WARDLOW
14	小林 正幸		14	P. GLOVER
15	山本 巌	FB	15	P. ROSSBUROUGH

昭和46年9月21日　G 秩父宮　R TYLER　KO 14:30
（トライ4点へ変更）

公式試合 No.434 昭和46年度 第1試合 対抗戦

早大 — 東大

早大		東大
66	—	0
30	前	0
36	後	0
6	T	0
3	G	0
0	PG	0
0	DG	0
7	T	0
4	G	0
0	PG	0
0	DG	0
	反則	15

No	早大	Pos	No	東大
1	田原 洋公	FW	1	坂井 秀行
2	高橋 哲司		2	星野 修二
3	奥田 泰三		3	福田 一
4	中村 賢治		4	野田多美夫
5	津留崎鉄二		5	田ノ 俊夫
6	神山 郁雄		6	倉田 洋志
7	萩原 隆男		7	矢野 順二
8	益田 清		8	伊藤 芳明
9	宿沢 広朗	HB	9	新田 健一
10	中村 康司		10	伏田 幸一
11	金指 敦彦	TB	11	関根 俊雄
12	藤井 雅英		12	本郷谷健次
13	中西 康久		13	添田 哲也
14	堀口 孝		14	久保田誠一
15	植山 信幸	FB	15	北沢 晶

昭和46年10月10日　G 秩父宮　R 浅生 享　KO 12:45

公式試合 No.435 昭和46年度 第2試合 対抗戦

早大 — 青学大

早大		青学大
58	—	0
26	前	0
32	後	0
5	T	0
3	G	0
0	PG	0
0	DG	0
6	T	0
4	G	0
0	PG	0
16	反則	14

No	早大	Pos	No	青学大
1	浜野 政宏	FW	1	上沼 雄治
2	高橋 哲司		2	大友 雅人
3	奥田 泰三		3	熊野賢三郎
4	中村 賢治		4	品川 一
5	津留崎鉄二		5	林 茂男
6	神山 郁雄		6	横田 俊雄
7	萩原 隆男		7	宮川 哲夫
8	益田 清		8	秋山 修
9	宿沢 広朗	HB	9	池田 義一
10	中村 康司		10	竹川 正夫
11	金指 敦彦	TB	11	堀 祐二
12	藤井 雅英		12	柿沼 和行
13	中西 康久		13	綿 茂
14	堀口 孝		14	菊地 康治
15	植山 信幸	FB	15	千葉 祐二

昭和46年10月17日　G 秩父宮　R 堤 和久　KO 12:45

公式試合 No.436 昭和46年度 第3試合 対抗戦

早大 — 立大

早大		立大
96	—	6
42	前	0
54	後	6
8	T	1
5	G	0
0	PG	0
0	DG	0
10	T	0
7	G	0
0	PG	2
0	DG	0
8	反則	18

No	早大	Pos	No	立大
1	田原 洋公	FW	1	伊藤 正敏
2	高橋 哲司		2	吉沢 一公
3	奥田 泰三		3	奥田 元秀
4	中村 賢治		4	森 孝明
5	津留崎鉄二		5	市川 純夫
6	神山 郁雄		6	春口 廣
7	萩原 隆男		7	白石 欣治
8	益田 清		8	小本 哲男
9	宿沢 広朗	HB	9	山岡陽太郎
10	中村 康司		10	寺田順三郎
11	金指 敦彦	TB	11	橋本 信男
12	藤井 雅英		12	磯辺 雅範
13	佐藤 秀幸		13	窪谷 浩裕
14	堀口 孝		14	米増 幸造
15	植山 信幸	FB	15	安川 裕行

昭和46年10月23日　G 秩父宮　R 平島正登　KO 14:30

公式試合 No.437 昭和46年度 第4試合 対抗戦

早大 — 日体大

早大		日体大
23	—	3
7	前	3
16	後	0
1	T	0
0	G	0
0	PG	0
0	DG	0
2	T	0
1	G	0
2	PG	1
0	DG	0
7	反則	19

No	早大	Pos	No	日体大
1	田原 洋公	FW	1	広田 実
2	浜野 政宏		2	小城 博
3	奥田 泰三		3	温井 寿
4	中村 賢治		4	小川 武久
5	津留崎鉄二		5	久保田運平
6	神山 郁雄		6	春日 博
7	萩原 隆男		7	小坪 洋一
8	益田 清		8	高木 正雄
9	宿沢 広朗	HB	9	本田 泰則
10	中村 康司		10	村中 義次
11	金指 敦彦	TB	11	有賀 健
12	藤井 雅英		12	田中美喜男
13	佐藤 秀幸		13	中村 博
14	堀口 孝		14	植田 実
15	植山 信幸	FB	15	川崎 誠

昭和46年11月3日　G 秩父宮　R 西山常夫　KO 14:30

公式試合 No.438 昭和46年度 第5試合 対抗戦

早大 — 教育大

早大		教育大
94	—	8
46	前	4
48	後	4
9	T	1
	G	
	PG	
	DG	
	T	
	G	
	PG	
	DG	
	反則	8

No	早大	Pos	No	教育大
1	田原 洋公	FW	1	山田 富雄
2	浜野 政宏		2	金 節男
3	奥田 泰三		3	松岡 敏男
4	中村 賢治		4	百々 道男
5	津留崎鉄二		5	大石 哲夫
6	神山 郁雄		6	岡本 富造
7	萩原 隆男		7	金井 律男
8	益田 清		8	向山 貴人
9	宿沢 広朗	HB	9	阿南 渡起
10	中村 康司		10	猿渡 徹
11	金指 敦彦	TB	11	樫村 豊男
12	藤井 雅英		12	丹治 明
13	佐藤 秀幸		13	糸山千賀志
14	安東 卓夫		14	上村 茂
15	植山 信幸	FB	15	阿世賀敏幸

昭和46年11月14日　G 東伏見　R 平島正登　KO 14:30

公式試合　No. 439　昭和46年度　第6試合　対抗戦

早大		慶大
30	—	16
7	前	6
23	後	10
1	T	1
0	G	1
1	PG	0
0	DG	0
3	T	2
1	G	1
3	PG	0
11	反則	16

	早大			慶大
1	田原 洋公	FW	1	矢内 正隆
2	高橋 哲司		2	清光
3	奥田 泰三		3	加藤 昇司
4	中村 賢治		4	中崎 修
5	津留崎鉄二		5	吉岡 修
6	神山 郁雄		6	井上善喜男
7	萩原 隆男		7	田中 正己
8	益田 清		8	藤 響一
9	宿沢 広朗	HB	9	大長 均
10	中村 康司		10	得能 俊夫
11	金指 敦彦	TB	11	鈴木 基史
12	藤井 雅英		12	田中 孝
13	佐藤 秀幸		13	南山 義雄
14	堀口 孝		14	井上 大典
15	植山 信幸	FB	15	杉下 茂治

昭和46年11月23日　G 秩父宮　R 宮井国夫　KO 14:30

公式試合　No. 440　昭和46年度　第8試合　対抗戦

早大		明大
6	—	4
0	前	0
6	後	0
0	T	0
0	G	0
0	PG	0
0	DG	0
1	T	1
1	G	0
0	PG	0
15	反則	16

	早大			明大
1	田原 洋公	FW	1	高田 司
2	高橋 哲司		2	城島 敬宗
3	奥田 泰三		3	畦田 広道
4	中村 賢治		4	中山 勝文
5	津留崎鉄二		5	境 政義
6	神山 郁雄		6	吉田 純司
7	萩原 隆男		7	上村 博章
8	益田 清		8	南出 徹
9	宿沢 広朗	HB	9	木原喜一郎
10	中村 康司		10	渡辺 千里
11	金指 敦彦	TB	11	高橋 博
12	藤井 雅英		12	小松 明
13	佐藤 秀幸		13	千葉 寛二
14	堀口 孝		14	森 重隆
15	植山 信幸	FB	15	中川 裕文

昭和46年12月5日　G 秩父宮　R 堤 和久　KO 14:30

公式試合　No. 441　昭和46年度　交流試合

早大		大東大
42	—	4
20	前	4
22	後	0
4	T	1
2	G	0
0	PG	0
0	DG	0
4	T	0
3	G	0
0	PG	0
10	反則	12

	早大			大東大
1	田原 洋公	FW	1	小森 雅睦
2	高橋 哲司		2	宮沢 重徳
3	奥田 泰三		3	佐藤 昇
4	中村 賢治		4	徳永 憲司
5	津留崎鉄二		5	佐々木 茂
6	神山 郁雄		6	松下 信秋
7	萩原 隆男		7	佐藤 茂
8	益田 清		8	豊田 忠
9	宿沢 広朗	HB	9	只野 幸一
10	中村 康司		10	鐙 保幸
11	金指 敦彦	TB	11	手塚 茂松
12	藤井 雅英		12	山本 初
13	佐藤 秀幸		13	竹之内典夫
14	堀口 孝		14	日高 光一
15	植山 信幸	FB	15	金本 文男

昭和46年12月11日　G 西山常夫　R 西山常夫　KO 14:20

公式試合　No. 442　昭和46年度　第8回大学選手権1回戦

早大		京大
89	—	9
39	前	6
50	後	3
7	T	1
4	G	1
1	PG	0
0	DG	0
9	T	0
7	G	0
0	PG	1
0	DG	0
12	反則	8

	早大			京大
1	田原 洋公	FW	1	石田 徳治
2	高橋 哲司		2	杉山 幸一
3	奥田 泰三		3	平岡 康行
4	中村 賢治		4	酒巻 寿
5	津留崎鉄二		5	本間 裕作
6	神山 郁雄		6	田代 芳彦
7	萩原 隆男		7	中井 治
8	益田 清		8	小屋 了
9	宿沢 広朗	HB	9	大喜多富美郎
10	中村 康司		10	吉川 史彦
11	金指 敦彦	TB	11	八束 裕
12	藤井 雅英		12	前田 真幸
13	佐藤 秀幸		13	湯谷 洋
14	堀口 孝		14	三浦 安紀
15	植山 信幸	FB	15	平賀 義彦

昭和47年1月1日　G 秩父宮　R 堤 和久　KO 10:45

公式試合　No. 443　昭和46年度　第8回大学選手権準決勝

早大		同大
24	—	8
14	前	0
10	後	8
2	T	2
2	G	1
0	PG	0
0	DG	0
0	T	1
0	G	0
2	PG	0
0	DG	0
7	反則	12

	早大			同大
1	田原 洋公	FW	1	平野 一彦
2	高橋 哲司		2	玄 永宅
3	奥田 泰三		3	安井 敏明
4	中村 賢治		4	野中 喜好
5	津留崎鉄二		5	平井 俊洋
6	神山 郁雄		6	山田 正剛
7	萩原 隆男		7	中西登志夫
8	益田 清		8	金城 仁泰
9	宿沢 広朗	HB	9	今村 修朗
10	中村 康司		10	酒井 潤
11	金指 敦彦	TB	11	石橋 健一
12	藤井 雅英		12	狩野 均
13	佐藤 秀幸		13	村口 康治
14	堀口 孝		14	北口 康治
15	植山 信幸	FB	15	尼田 勝彦

昭和47年1月3日　G 秩父宮　R 松尾勝吾　KO 13:00

公式試合　No. 444　昭和46年度　第8回大学選手権決勝

早大		法大
18	—	3
4	前	0
14	後	3
1	T	0
0	G	0
2	PG	1
0	DG	0
0	T	0
0	G	0
3	PG	1
0	DG	0
9	反則	9

	早大			法大
1	田原 洋公	FW	1	森 清美
2	高橋 哲司		2	谷口 剛
3	奥田 泰三		3	松本 清志
4	中村 賢治		4	塩野 哲男
5	津留崎鉄二		5	川崎 愛正
6	神山 郁雄		6	岡本 恒雄
7	萩原 隆男		7	幡鎌 孝彦
8	益田 清		8	鈴木 彰
9	清水 徹	HB	9	吉田 茂
10	中村 康司		10	井口 雅勝
11	金指 敦彦	TB	11	山下 精久
12	藤井 雅英		12	吉田 正雄
13	佐藤 秀幸		13	大島 忠夫
14	堀口 孝		14	小東 一夫
15	植山 信幸	FB	15	渡辺 哲夫

昭和47年1月5日　G 秩父宮　R 西山常夫　KO 14:30

公式試合　No. 445　昭和46年度　第9回日本選手権

早大		三菱自工京都
14	—	11
10	前	4
4	後	7
2	T	1
1	G	0
0	PG	0
0	DG	0
1	T	1
0	G	0
0	PG	1
0	DG	0
14	反則	14

	早大			三菱自工京都
1	田原 洋公	FW	1	高橋 鉄次
2	高橋 哲司		2	小俣 忠彦
3	奥田 泰三		3	小林奈々雄
4	中村 賢治		4	中島 輝明
5	津留崎鉄二		5	水口 忠久
6	神山 郁雄		6	谷村 久司
7	萩原 隆男		7	村上 純一
8	益田 清		8	松岡 智
9	宿沢 広朗	HB	9	乾 敏夫
10	中村 康司		10	橋本 光夫
11	金指 敦彦	TB	11	豊田 淳治
12	藤井 雅英		12	横井 博
13	佐藤 秀幸		13	杉山 洋一
14	堀口 孝		14	松家 徳男
15	植山 信幸	FB	15	橋本 博

昭和47年1月15日　G 秩父宮　R 池田正徳　KO 14:30

公式試合　No. 446　昭和47年度　第1試合　対抗戦

早大		東大
114	—	0
66	前	0
48	後	0
12	T	0
9	G	0
0	PG	0
0	DG	0
9	T	0
9	G	0
0	PG	0
8	反則	8

	早大			東大
1	田原 洋公	FW	1	坂井 秀行
2	浜野 政宏		2	星野 修二
3	奥田 泰三		3	荒木 良司
4	中村 賢治		4	伊藤 芳明
5	星 忠義		5	土田 二郎
6	神山 郁雄		6	古田 璋郎
7	石塚 武生		7	倉重 篤郎
8	佐藤 和吉		8	矢野 順二
9	宿沢 広朗	HB	9	久保田誠一
10	中村 康司		10	山田 和彦
11	金指 敦彦	TB	11	阿部 俊一
12	畠本 裕士		12	北沢 晶
13	藤原 優		13	添田 哲也
14	堀口 孝		14	福井 泰久
15	植山 信幸	FB	15	伏田 孝

昭和47年10月10日　G 秩父宮　R 渡部岑生　KO 12:45

公式試合　No. 447　昭和47年度　第2試合　対抗戦

早大		成蹊大
80	—	4
46	前	3
34	後	4
8	T	0
7	G	0
0	PG	1
0	DG	0
6	T	1
6	G	0
0	PG	0
11	反則	4

	早大			成蹊大
1	田原 洋公	FW	1	福雄 収平
2	浜野 政宏		2	石井 健
3	高橋(松久)幸男		3	八木 忠則
4	中村 賢治		4	佐野 和光
5	星 忠義		5	川村 国男
6	竹内 素行		6	佐藤 三龍
7	石塚 武生		7	緒方 啓三
8	佐藤 和吉		8	鈴木 富雄
9	宿沢 広朗	HB	9	北条 明
10	中村 康司		10	小山 隆也
11	金指 敦彦	TB	11	松岡 茂夫
12	畠本 裕士		12	伊藤修一郎
13	水上 茂		13	日野 恵正
14	堀口 孝		14	益田 良勇
15	植山 信幸	FB	15	山崎 健夫

昭和47年10月15日　G 東伏見　R 保戸塚満　KO 14:30

公式試合　No. 448　昭和47年度　第3試合　対抗戦

早大		立大
95	—	0
28	前	0
67	後	0
6	T	0
2	G	0
0	PG	0
0	DG	0
12	T	0
8	G	0
1	PG	0
0	DG	0
0	反則	14

	早大			立大
1	田原 洋公	FW	1	神田 直樹
2	浜野 政宏		2	吉沢 一公
3	高橋(松久)幸男		3	亀田 元秀
4	中村 賢治		4	梅谷 祐造
5	星 忠義		5	市川 純男
6	神山 郁雄		6	小木 哲男
7	佐藤 和吉		7	丸山 克彦
8	山下 治		8	小高 三一
9	宿沢 広朗	HB	9	藤 一裕
10	中村 康司		10	寺田順三郎
11	金指 敦彦	TB	11	木川 雅行
12	畠本 裕士		12	安川 裕行
13	藤原 優		13	上原 蔵人
14	佐々木敏治		14	米増 孝造
15	植山 信幸	FB	15	荒井 邦行

昭和47年10月21日　G 秩父宮　R 町井徹郎　KO 12:45

公式試合　No. 449　昭和47年度　第4試合　対抗戦

早大		日体大
23	—	23
13	前	19
10	後	4
2	T	3
1	G	2
1	PG	0
0	DG	0
1	T	4
0	G	1
0	PG	1
0	DG	0
6	反則	18

	早大			日体大
1	田原 洋公	FW	1	岩本 正人
2	浜野 政宏		2	城所 富夫
3	奥田 泰三		3	渡辺宗治郎
4	中村 賢治		4	和賀 芳宏
5	星 忠義		5	久保田運平
6	神山 郁雄		6	小坏 洋一
7	石塚 武生		7	村上 逸雄
8	佐藤 和吉		8	松村 英介
9	宿沢 広朗	HB	9	春日 廣
10	中村 康司		10	垣下 秀史
11	金指 敦彦	TB	11	川崎 誠
12	畠本 裕士		12	有賀 健
13	藤原 優		13	田中美喜男
14	佐々木敏治		14	植田 一
15	堀口 孝	FB	15	岡本 博雄

昭和47年10月29日　G 秩父宮　R 松尾勝吾　KO 14:30

公式試合　No. 450　昭和47年度　第5試合　対抗戦

早大		教育大
63	—	3
15	前	3
48	後	0
3	T	0
3	G	0
1	PG	1
0	DG	0
10	T	0
7	G	0
0	PG	0
0	DG	0
13	反則	8

	早大			教育大
1	田原 洋公	FW	1	山田 富雄
2	浜野 政宏		2	越崎 雄二
3	奥田 泰三		3	松岡 敏男
4	中村 賢治		4	丹治 明
5	星 忠義		5	大石 哲夫
6	神山 郁雄		6	名取 雅幸
7	高橋(松久)幸男		7	金井 律男
8	佐藤 和吉		8	近藤 誠一
9	喜多 哲夫	HB	9	石渡 利昭
10	中村 康司		10	糸山千賀志
11	金指 敦彦	TB	11	上村 克
12	畠本 裕士		12	徳重 邦宏
13	藤原 優		13	三原 立美
14	佐々木敏治		14	前田 寛
15	堀口 孝	FB	15	秦 修司

昭和47年11月4日　G 東伏見　R 小森正義　KO 14:30

公式試合 No.451　昭和47年度　第6試合　対抗戦

早大		青学大
28	—	12
12	前	6
16	後	6
1	T	1
1	G	1
2	PG	0
0	DG	0
3	T	1
2	G	1
0	PG	0
0	DG	0
22	反則	11

昭和47年11月11日　G 秩父宮　R 浅生 享　KO 14:30

早大			青学大
1 田原 洋公	FW	1	上沼 雄治
2 浜野 政宏		2	大友 雅人
3 奥田 泰三		3	鶴田 圭吾
4 中村 賢治		4	鈴木 博文
5 星 忠義		5	林 茂男
6 神山 郁雄		6	西川 清治
7 石塚 武生		7	横田 敏雄
8 佐藤 和吉		8	宮川 哲夫
9 喜多 哲大	HB	9	池田 義一
10 中村 康司		10	千葉 祐二
11 金指 敦彦	TB	11	柿沼 正行
12 畠本 裕士		12	柿沼 和行
13 藤原 優		13	泉 康雄
14 佐々木敏尚		14	堀 祐一
15 台 和彦	FB	15	菊地 康治

公式試合 No.452　昭和47年度　第7試合　対抗戦

早大		慶大
19	—	3
12	前	0
7	後	3
1	T	0
1	G	0
2	PG	0
0	DG	0
1	T	0
0	G	0
1	PG	1
0	DG	0
12	反則	19

昭和47年11月23日　G 秩父宮　R 川口 貢　KO 14:30

早大			慶大
1 田原 洋公	FW	1	新岡 明
2 浜野 政宏		2	伊藤 精邦
3 奥田 泰三		3	加藤 昇司
4 中村 賢治		4	安田 卓治
5 星 忠義		5	武 修
6 神山 郁雄		6	武見 敬一
7 石塚 武生		7	酒井 悦一
8 佐藤 和吉		8	長谷 祐二
9 宿沢 広朗	HB	9	上田 昭夫
10 中村 康司		10	林 正樹
11 金指 敦彦	TB	11	大石 大介
12 畠本 裕士		12	浜中 義雄
13 藤原 優		13	枡谷 博明
14 堀口 孝		14	鈴木 基史
15 台 和彦	FB	15	坂本 憲昭

公式試合 No.453　昭和47年度　第8試合　対抗戦

早大		明大
19	—	14
9	前	14
10	後	0
1	T	3
1	G	1
1	PG	0
0	DG	0
1	T	2
2	G	0
0	PG	0
0	DG	0
15	反則	13

昭和47年12月3日　G 秩父宮　R 西山常夫　KO 14:30

早大			明大
1 田原 洋公	FW	1	笹田 学
2 浜野 政宏		2	高田 司
3 奥田 泰三		3	畦田 広道
4 中村 賢治		4	中山 勝文
5 星 忠義		5	境 政義
6 神山 郁雄		6	吉田 純司
7 石塚 武生		7	田口 長二
8 佐藤 和吉		8	西妻多喜男
9 宿沢 広朗	HB	9	松尾 雄治
10 中村 康司		10	渡辺 千里
11 金指 敦彦	TB	11	渡辺貫一郎
12 畠本 裕士		12	小松 明
13 藤原 優		13	千葉 寛二
14 堀口 孝		14	高橋 博
15 台 和彦	FB	15	中川 裕文

公式試合 No.454　昭和47年度　交流試合

早大		防大
54	—	10
24	前	7
30	後	3
3	T	1
3	G	1
2	PG	1
0	DG	0
6	T	0
3	G	0
0	PG	0
0	DG	0
10	反則	9

昭和47年12月9日　G 秩父宮　R 保戸塚満　KO 14:30

早大			防大
1 田原 洋公	FW	1	泉 一成
2 浜野 政宏		2	森 茂樹
3 奥田 泰三		3	八代 正男
4 山下 治		4	河野 光博
5 星 忠義		5	黒木 和夫
6 神山 郁雄		6	内野 龍之
7 石塚 武生		7	中森 正良
8 佐藤 和吉		8	精山 英人
9 宿沢 広朗	HB	9	鈴木 正幸
10 中村 康司		10	忽那 学
11 金指 敦彦	TB	11	宮本 一路
12 畠本 裕士		12	石角 義成
13 藤原 優		13	森田 寧
14 堀口 孝		14	石崎 清
15 植山 信幸	FB	15	半田謙次郎

公式試合 No.455　昭和47年度　第9回大学選手権1回戦

早大		中京大
20	—	0
16	前	0
4	後	0
3	T	0
2	G	0
0	PG	0
0	DG	0
1	T	0
0	G	0
0	PG	0
0	DG	0
13	反則	15

昭和48年1月2日　G 秩父宮　R 堤 和久　KO 13:35

早大			中京大
1 田原 洋公	FW	1	中北 清貴
2 浜野 政宏		2	山本 広光
3 奥田 泰三		3	筒井 博行
4 中村 賢治		4	杉山 勝
5 星 忠義		5	長井 春記
6 神山 郁雄		6	大徳 恒雄
7 石塚 武生		7	野平 進
8 佐藤 和吉		8	平中 宏行
9 宿沢 広朗	HB	9	福増 清
10 中村 康司		10	長屋 伸吾
11 金指 敦彦	TB	11	小川 敏
12 畠本 裕士		12	丹羽 次男
13 藤原 優		13	秦 義隆
14 堀口 孝		14	瀬野 武輝
15 植山 信幸	FB	15	伊東 謙二

公式試合 No.456　昭和47年度　第9回大学選手権準決勝

早大		慶大
22	—	9
6	前	0
16	後	9
1	T	1
1	G	0
0	PG	1
0	DG	0
3	T	1
2	G	0
0	PG	0
0	DG	0
15	反則	16

昭和48年1月4日　G 秩父宮　R 松尾勝吾　KO 13:00

早大			慶大
1 田原 洋公	FW	1	新岡 明
2 浜野 政宏		2	伊藤 精邦
3 奥田 泰三		3	加藤 昇司
4 中村 賢治		4	安田 卓治
5 星 忠義		5	中崎 修
6 神山 郁雄		6	中川 章夫
7 石塚 武生		7	中小路啓之
8 佐藤 和吉		8	藤 賢一
9 宿沢 広朗	HB	9	松尾 康郎
10 中村 康司		10	長屋 清広
11 金指 敦彦	TB	11	鈴木 康広
12 畠本 裕士		12	浜中 義雄
13 水上 茂		13	長島 優
14 佐々木敏尚		14	友近 大介
15 植山 信幸	FB	15	杉下 茂治

公式試合 No.457　昭和47年度　第9回大学選手権決勝

早大		明大
12	—	13
9	前	3
3	後	10
1	T	1
1	G	0
1	PG	1
0	DG	0
0	T	1
0	G	0
1	PG	2
0	DG	0
16	反則	7

昭和48年1月6日　G 秩父宮　R 池田正徳　KO 14:30

早大			明大
1 田原 洋公	FW	1	笹田 学
2 浜野 政宏		2	高田 司
3 奥田 泰三		3	畦田 広道
4 中村 賢治		4	中山 勝文
5 星 忠義		5	西妻多喜男
6 神山 郁雄		6	吉田 純司
7 石塚 武生		7	田口 長二
8 佐藤 和吉		8	境 政義
9 宿沢 広朗	HB	9	松尾 雄治
10 中村 康司		10	渡辺 千里
11 金指 敦彦	TB	11	渡辺貫一郎
12 畠本 裕士		12	小松 明
13 水上 茂		13	柴田 満久
14 堀口 孝		14	横山 教彦
15 植山 信幸	FB	15	中川 裕文

公式試合 No.458　昭和48年度　第1試合　対抗戦

早大		東大
54	—	3
24	前	3
30	後	0
5	T	0
2	G	0
0	PG	1
0	DG	0
6	T	0
3	G	0
0	PG	0
0	DG	0
3	反則	5

昭和48年10月10日　G 東伏見　R 渡部岑生　KO 14:30

早大			東大
1 佐野 厚生	FW	1	山田 史生
2 浜野 政宏		2	星野 修二
3 奥田 泰三		3	荒木 良司
4 中村 賢治		4	伊藤 芳明
5 川内 聖剛		5	土田 二郎
6 神山 郁雄		6	宗像 健一
7 石塚 武生		7	渋谷 篤男
8 佐藤 和吉		8	矢野 順二
9 喜多 哲大	HB	9	久保田誠一
10 吉田 典雄		10	添田 堂比
11 金指 敦彦	TB	11	山田 和彦
12 畠本 裕士		12	山田 健司
13 水上 茂		13	日月 志志
14 堀口 孝		14	福井 泰久
15 台 和彦	FB	15	北沢 晶

公式試合 No.459　昭和48年度　第2試合　対抗戦

早大		立大
29	—	7
9	前	7
20	後	0
1	T	1
1	G	0
1	PG	1
0	DG	0
4	T	0
2	G	0
0	PG	0
0	DG	0
8	反則	8

昭和48年10月21日　G 東伏見　R 小森正義　KO 14:30

早大			立大
1 高橋(松久)幸男	FW	1	清野 覚
2 浜野 政宏		2	神田 直樹
3 奥田 泰三		3	小高 康三
4 中村 賢治		4	梅谷 祐造
5 横山 健二		5	鈴木 貴史
6 神山 郁雄		6	飛田 修
7 石塚 武生		7	白石 欣士
8 山下 治		8	小木 哲男
9 辰野登喜夫	HB	9	友部 一裕
10 台 和彦		10	南部順三郎
11 金指 敦彦	TB	11	橋本 信夫
12 畠本 裕士		12	窪谷 雅裕
13 水上 茂		13	原 蔵人
14 堀口 孝		14	荒井 邦行
15 渡部 隆己	FB	15	高桑 寛彦

公式試合 No.460　昭和48年度　第3試合　対抗戦

早大		成蹊大
37	—	3
8	前	3
29	後	0
2	T	1
0	G	0
0	PG	0
0	DG	0
5	T	0
2	G	0
1	PG	0
0	DG	0
16	反則	16

昭和48年10月28日　G 東伏見　R 高森秀蔵　KO 14:30

早大			成蹊大
1 高橋(松久)幸男	FW	1	茂村 憲一
2 浜野 政宏		2	石井 健
3 奥田 泰三		3	福雄 収平
4 中村 賢治		4	奥村 紀雄
5 川内 聖剛		5	川村 国男
6 神山 郁雄		6	鈴木 茂
7 石塚 武生		7	佐藤 三龍
8 佐藤 和吉		8	山本 善三
9 辰野登喜夫	HB	9	永井 勝己
10 星野 繁一		10	松尾 洋二
11 金指 敦彦	TB	11	伊藤修一郎
12 畠本 裕士		12	小山 明久
13 野原 達也		13	日野 恵正
14 堀口 孝		14	益田 良勇
15 台 和彦	FB	15	金野 正

公式試合 No.461　昭和48年度　第4試合　対抗戦

早大		教育大
46	—	19
23	前	6
23	後	13
4	T	0
2	G	0
0	PG	2
0	DG	0
4	T	2
1	G	1
1	PG	1
0	DG	0
16	反則	20

昭和48年11月4日　G 東伏見　R 浅生 享　KO 14:30

早大			教育大
1 高橋(松久)幸男	FW	1	衣幡 新治
2 浜野 政宏		2	松岡 敏男
3 奥田 泰三		3	中村伸一郎
4 中村 賢治		4	杉元 伸行
5 川内 聖剛		5	丹治 明
6 神山 郁雄		6	近藤 誠一
7 石塚 武生		7	柴田 淳
8 佐藤 和吉		8	山口 禎
9 喜多 哲大	HB	9	和田 実
10 台 和彦		10	中川 昭
11 佐々木敏尚		11	郡司 寛幸
12 畠本 裕士		12	徳重 邦宏
13 南川洋一郎		13	上村 茂
14 堀口 孝		14	糸井 宏樹
15 渡部 隆己	FB	15	坂下 辰夫

公式試合 No.462　昭和48年度　第5試合　対抗戦

早大		日体大
49	—	0
19	前	0
30	後	0
3	T	0
2	G	0
1	PG	0
0	DG	0
6	T	0
3	G	0
0	PG	0
0	DG	0
—	反則	—

昭和48年11月11日　G 国立競技場　R 宮井国夫　KO 12:45

早大			日体大
1 高橋(松久)幸男	FW	1	浅野善士郎
2 浜野 政宏		2	富川 克吉
3 奥田 泰三		3	平岡 秀生
4 中村 賢治		4	和賀 芳宏
5 川内 聖剛		5	小松 秀樹
6 神山 郁雄		6	松村 英介
7 石塚 武生		7	川崎 誠
8 佐藤 和吉		8	山崎 輝昭
9 辰野登喜夫	HB	9	吉原 正美
10 台 和彦		10	田中美喜男
11 金指 敦彦	TB	11	池上 雅志
12 畠本 裕士		12	中西 博
13 藤原 優		13	松本 全司
14 堀口 孝		14	坂本 正文
15 植山 信幸	FB	15	古川 孝弘

公式試合 No.463 昭和48年度 第6試合 対抗戦

早大		慶大	No	早大		No	慶大
25	—	16	1	佐野 厚生	FW	1	新岡 明
7	前	9	2	浜野 政宏		2	伊藤 精邦
18	後	7	3	奥田 泰三		3	川寄 正康
1	T	0	4	中村 賢治		4	中崎 修
0	G	0	5	川内 聖剛		5	安田 卓治
1	PG	3	6	神山 郁雄		6	武見 敬三
0	DG	0	7	石塚 武生		7	仲小路敬之
1	T	1	8	山下 治		8	伊東 孝之
1	G	1	9	辰野登志夫	HB	9	上田 昭夫
1	PG	1	10	台 和彦		10	高橋 清広
0	DG	0	11	金指 敦彦	TB	11	鈴木 基史
14	反則	16	12	晶本 裕士		12	枡谷 博明
昭和48年11月23日			13	藤原 優		13	上野 信義
G 国立競技場			14	堀口 孝		14	吉岡 徹
R 池田正徳 KO 14:30			15	植山 信幸	FB	15	坂本 憲昭

公式試合 No.464 昭和48年度 第7試合 対抗戦

早大		青学大	No	早大		No	青学大
56	—	0	1	佐野 厚生	FW	1	覇田 圭吾
11	前	0	2	浜野 政宏		2	大友 雅人
45	後	0	3	奥田 泰三		3	室中 勝典
2	T	0	4	中村 賢治		4	渡辺 和男
0	G	0	5	川内 聖剛		5	林 茂男
1	PG	0	6	神山 郁雄		6	西川 清治
0	DG	0	7	石塚 武生		7	川久保一夫
8	T	0	8	山下 治		8	宮川 哲夫
5	G	0	9	辰野登志夫	HB	9	久保 幸平
1	PG	0	10	台 和彦		10	千葉 祐二
0	DG	0	11	金指 敦彦	TB	11	兼村 仁通
13	反則	9	12	晶本 裕士		12	笹川 竜則
昭和48年12月2日			13	藤原 優		13	泉 康雄
G 東伏見			14	堀口 孝		14	堀 祐二
R 浅生 享 KO 14:30			15	植山 信幸	FB	15	菊地 康治

公式試合 No.465 昭和48年度 第8試合 対抗戦

早大		明大	No	早大		No	明大
13	—	9	1	佐野 厚生	FW	1	笹田 学
7	前	9	2	浜野 政宏		2	森内 芳隆
6	後	0	3	奥田 泰三		3	平川 常雄
1	T	0	4	中村 賢治		4	境 政義
0	G	0	5	川内 聖剛		5	岩沢 一義
1	PG	3	6	神山 郁雄		6	八木 健一
0	DG	0	7	石塚 武生		7	田口 長二
0	T	0	8	山下 治		8	西妻多喜男
0	G	0	9	辰野登志夫	HB	9	松尾 雄治
2	PG	1	10	台 和彦		10	大平 次郎
0	DG	0	11	金指 敦彦	TB	11	渡辺貫一郎
20	反則	13	12	晶本 裕士		12	大山 文雄
昭和48年12月9日			13	藤原 優		13	森 重隆
G 国立競技場			14	堀口 孝		14	横山 教慶
R M.ケニス KO 14:30			15	植山 信幸	FB	15	中川 裕文

公式試合 No.466 昭和48年度 交流試合

早大		日大	No	早大		No	日大
28	—	4	1	佐野 厚生	FW	1	新岡 秋男
24	前	4	2	浜野 政宏		2	重田 重夫
4	後	10	3	奥田 泰三		3	内山 秀樹
4	T	1	4	中村 賢治		4	宮野 貢
4	G	0	5	川内 聖剛		5	江口 広己
0	PG	0	6	神山 郁雄		6	高橋 実儀
0	DG	0	7	石塚 武生		7	吉原 重光
1	T	2	8	佐藤 和吉		8	田中 偉喜
0	G	1	9	辰野登志夫	HB	9	斉藤 行雄
0	PG	0	10	台 和彦		10	石垣 博之
0	DG	0	11	金指 敦彦	TB	11	太田 正信
13	反則	12	12	晶本 裕士		12	阿部 洋文
昭和48年12月15日			13	藤原 優		13	田中 明
G 東伏見			14	佐々木敏治		14	館岡美記男
R 松尾勝吾 KO 14:30			15	植山 信幸	FB	15	戸嶋 秀夫

公式試合 No.467 昭和48年度 第10回大学選手権1回戦

早大		京大	No	早大		No	京大
71	—	6	1	佐野 厚生	FW	1	越智 一志
28	前	6	2	浜野 政宏		2	杉山 幸一
43	後	0	3	奥田 泰三		3	丸橋 広之
6	T	0	4	中村 賢治		4	唐津 隆重
2	G	0	5	川内 聖剛		5	松井 泰寿
0	PG	1	6	神山 郁雄		6	八東 裕
0	DG	0	7	石塚 武生		7	大島 秀幸
8	T	0	8	山下 治		8	中井 哲治
4	G	0	9	辰野登志夫	HB	9	柴垣元太郎
0	PG	1	10	台 和彦		10	吉川 史彦
0	DG	0	11	金指 敦彦	TB	11	小野田昭英
4	反則	11	12	晶本 裕士		12	谷 仁
昭和48年12月23日			13	藤原 優		13	三条場久澄
G 西京極			14	堀口 孝		14	井上 洋一
R 河合正弘 KO 12:45			15	植山 信幸	FB	15	水田 和彦

公式試合 No.468 昭和48年度 第10回大学選手権準決勝

早大		専大	No	早大		No	専大
32	—	18	1	佐野 厚生	FW	1	遠藤 明典
19	前	0	2	浜野 政宏		2	鶴田 憲一
13	後	18	3	奥田 泰三		3	菅原 健
2	T	0	4	中村 賢治		4	紅谷 千年
1	G	0	5	川内 聖剛		5	村上喜久男
3	PG	3	6	神山 郁雄		6	広瀬 薫
0	DG	0	7	石塚 武生		7	辻村 功
2	T	3	8	山下 治		8	川島 正信
2	G	1	9	辰野登志夫	HB	9	芳岡 辰男
1	PG	1	10	台 和彦		10	坂本 克彦
0	DG	0	11	金指 敦彦	TB	11	大迫 幸典
	反則		12	南川洋一郎		12	松原 和男
昭和49年1月4日			13	藤原 優		13	古川 敏彦
G 国立競技場			14	堀口 孝		14	古川 敏彦
R 宮井国夫 KO 13:00			15	植山 信幸	FB	15	大山新一郎

公式試合 No.469 昭和48年度 第10回大学選手権決勝

早大		明大	No	早大		No	明大
29	—	6	1	佐野 厚生	FW	1	笹田 学
7	前	6	2	浜野 政宏		2	森内 芳隆
22	後	0	3	奥田 泰三		3	平川 常雄
1	T	0	4	中村 賢治		4	熊谷 直志
0	G	0	5	川内 聖剛		5	岩沢 一義
1	PG	2	6	神山 郁雄		6	八木 健一
0	DG	0	7	石塚 武生		7	田口 長二
4	T	1	8	山下 治		8	境 政義
3	G	0	9	辰野登志夫	HB	9	松尾 雄治
0	PG	0	10	台 和彦		10	大平 次郎
0	DG	0	11	金指 敦彦	TB	11	久木元孝行
10	反則	9	12	晶本 裕士		12	大山 文雄
昭和49年1月6日			13	藤原 優		13	森 重隆
G 国立競技場			14	堀口 孝		14	横山 教慶
R 池田正徳 KO 14:30			15	植山 信幸	FB	15	中川 裕文

公式試合 No.470 昭和48年度 第11回日本選手権

早大		リコー	No	早大		No	リコー
3	—	25	1	佐野 厚生	FW	1	佐藤鉄三郎
0	前	0	2	浜野 政宏		2	後川 光夫
3	後	25	3	奥田 泰三		3	板垣 吉信
0	T	0	4	中村 賢治		4	川崎 忠
0	G	0	5	川内 聖剛		5	豊田 茂
1	PG	0	6	神山 郁雄		6	大坪 重雄
0	DG	0	7	石塚 武生		7	坪田 昌裕
0	T	3	8	山下 治		8	村田 義弘
0	G	2	9	辰野登志夫	HB	9	竹谷 満
1	PG	2	10	台 和彦		10	藤田 康和
0	DG	0	11	金指 敦彦	TB	11	有賀 健
11	反則		12	南川洋一郎		12	水谷 真
昭和49年1月15日			13	藤原 優		13	伊藤 忠幸
G 花園			14	堀口 孝		14	平木 明生
R 野々村博 KO 14:30			15	植山 信幸	FB	15	山本 巌

公式試合 No.471 昭和49年度 第1試合 対抗戦

早大		東大	No	早大		No	東大
92	—	0	1	佐野 厚生	FW	1	山田 史生
40	前	3	2	末石 庸幸		2	根岸 正
52	後	0	3	高橋(松久)幸男		3	荒木 良司
8	T	0	4	中村 賢治		4	大隈 一彦
4	G	0	5	横山 健二		5	土田 二郎
0	PG	1	6	豊田 京一		6	宗像 健一
0	DG	0	7	大脇 宏次		7	福井 泰久
11	T	0	8	佐藤 和吉		8	渋谷 篤男
7	G	0	9	辰野登志夫	HB	9	添田 哲也
0	PG	0	10	星野 繁一		10	山田 和彦
0	DG	0	11	久保田恭博	TB	11	山田 健司
	反則	8	12	晶本 裕士		12	八重樫真樹
昭和49年10月10日			13	南川洋一郎		13	八重樫真樹
G 東伏見			14	渡部 隆己		14	保科 清海
R 浅生 享 KO 14:30			15	佐藤 隆善	FB	15	喜田 誠

公式試合 No.472 昭和49年度 第2試合 対抗戦

早大		青学大	No	早大		No	青学大
42	—	3	1	佐野 厚生	FW	1	覇田 圭吾
34	前	3	2	末石 庸幸		2	酒井 章行
8	後	0	3	高橋(松久)幸男		3	室中 勝典
6	T	0	4	中村 賢治		4	渡辺 和男
2	G	0	5	横山 健二		5	中村 佳生
2	PG	1	6	佐藤 和吉		6	西川 清治
0	DG	0	7	石塚 武生		7	大友 雅人
2	T	0	8	喜多 豊		8	林 茂男
0	G	0	9	辰野登志夫	HB	9	久保 幸平
0	PG	0	10	吉田 典雄		10	千葉 祐二
0	DG	0	11	吉田 荘治	TB	11	吉野谷信樹
5	反則	11	12	晶本 裕士		12	笹川 龍則
昭和49年10月20日			13	水上 茂		13	笹川 龍則
G 甲府			14	藤原 優		14	川久保一夫
R 川口 貢 KO 14:00			15	植山 信幸	FB	15	帯津洋一郎

公式試合 No.473 昭和49年度 第3試合 対抗戦

早大		日体大	No	早大		No	日体大
21	—	12	1	佐野 厚生	FW	1	佐々木恒文
11	前	6	2	末石 庸幸		2	望主 幸男
10	後	6	3	高橋(松久)幸男		3	天明 郁夫
2	T	0	4	中村 賢治		4	和賀 芳宏
1	G	0	5	横山 健二		5	武田登己男
0	PG	2	6	佐藤 和吉		6	松村 英介
0	DG	0	7	石塚 武生		7	清水 晃行
1	T	1	8	山下 治		8	金子 繁夫
1	G	0	9	辰野登志夫	HB	9	鈴木 隆
2	PG	0	10	星野 繁一		10	笛 隆志
0	DG	0	11	久保田恭博	TB	11	川崎 誠
20	反則	11	12	晶本 裕士		12	池口 久行
昭和49年10月27日			13	南川洋一郎		13	中西 博
G 三ッ沢			14	藤原 優		14	松本 全司
R M.ケニス KO 14:20			15	植山 信幸	FB	15	古川 孝弘

公式試合 No.474 昭和49年度 第4試合 対抗戦

早大		立大	No	早大		No	立大
109	—	3	1	佐野 厚生	FW	1	飛田 修
46	前	3	2	末石 庸幸		2	神田 直樹
63	後	0	3	高橋(松久)幸男		3	若木 明
8	T	0	4	小林 隆一		4	中川真佐志
4	G	0	5	横山 健二		5	小高 康三
2	PG	1	6	豊田 京一		6	夏目 信行
0	DG	0	7	大脇 宏次		7	白石 欣士
11	T	0	8	佐藤 和吉		8	梅谷 祐造
7	G	0	9	辰野登志夫	HB	9	柳沼 悌二
1	PG	0	10	星野 繁一		10	上原 蔵人
0	DG	0	11	久保田恭博	TB	11	橋本 信夫
	反則		12	晶本 裕士		12	渡部 信行
昭和49年11月3日			13	南川洋一郎		13	荒井 邦行
G 東伏見			14	渡部 隆己		14	塚田 裕幸
R 町井徹郎 KO 14:30			15	藤原 優	FB	15	高桑 寛彦

公式試合 No.475 昭和49年度 第5試合 対抗戦

早大		筑波大
41	—	14
19	前	7
22	後	7
3	T	1
2	G	0
1	PG	1
0	DG	0
4	T	1
0	G	0
2	PG	1
0	DG	0
14	反則	19

早大			筑波大
1	佐野 厚生	FW 1	衣幡 新治
2	末石 庸幸	2	橋爪 明信
3	髙橋(松久)幸男	3	中村伸一郎
4	中村 賢治	4	佐光 義昭
5	横山 健二	5	木村 香住
6	豊山 京一	6	鎌谷 重伸
7	大胸 政宏	7	杉元 伸行
8	佐藤 和吉	8	山口 禎
9	辰野登志夫	HB 9	石渡 利明
10	星野 繁一	10	林 正樹
11	久保田恭博	TB 11	德重 邦宏
12	晶本 裕士	12	中川 昭
13	南川洋一郎	13	田中 浩
14	吉田 荘治	14	松井 宏樹
15	藤原 優	FB 15	坂下 辰夫

昭和49年11月10日　G 東伏見　R 柏木君夫　KO 14:30

公式試合 No.476 昭和49年度 第6試合 対抗戦

早大		慶大
11	—	3
4	前	0
7	後	3
1	T	0
0	G	0
0	PG	0
0	DG	0
1	T	0
0	G	0
1	PG	1
0	DG	0
14	反則	10

早大			慶大
1	佐野 厚生	FW 1	松本 澄秀
2	末石 庸幸	2	成相 安信
3	髙橋(松久)幸男	3	川寄 正康
4	橋本 裕一	4	高木 満郎
5	横山 健二	5	佐藤 建
6	豊山 京一	6	山崎 和彦
7	大胸 政宏	7	迎 哲郎
8	佐藤 和吉	8	伊東 孝之
9	辰野登志夫	HB 9	上田 昭夫
10	星野 繁一	10	本田 正樹
11	吉田 荘治	TB 11	鈴木 基史
12	神村 哲生	12	枡谷 博明
13	南川洋一郎	13	上野 信哉
14	藤原 優	14	高橋 清広
15	晶本 裕士	FB 15	持田 昌典

昭和49年11月23日　G 国立競技場　R M.ケニス　KO 14:30

公式試合 No.477 昭和49年度 第7試合 対抗戦

早大		明大
30	—	13
26	前	7
4	後	6
4	T	1
2	G	0
2	PG	1
0	DG	0
1	T	0
0	G	0
0	PG	2
0	DG	0
19	反則	11

早大			明大
1	佐野 厚生	FW 1	千種 昌之
2	末石 庸幸	2	森内 孝隆
3	髙橋(松久)幸男	3	太田 正雄
4	橋本 裕一	4	熊谷 直志
5	横山 健二	5	西妻多喜男
6	佐藤 和吉	6	笹田 学
7	石塚 武生	7	吉野 徹
8	山下 治	8	八本 健一
9	辰野登志夫	HB 9	津山 武雄
10	奥田 泰三	10	星野 雄治
11	吉田 荘治	TB 11	久木元孝行
12	晶本 裕士	12	大山 文雄
13	南川洋一郎	13	大平 次郎
14	藤原 優	14	南条 秀嗣
15	植山 信幸	FB 15	中川 裕文

昭和49年12月7日　G 国立競技場　R 町井徹郎　KO 14:30

公式試合 No.478 昭和49年度 交流試合

早大		専大
56	—	14
31	前	6
25	後	8
5	T	1
4	G	1
1	P	0
0	DG	0
5	T	2
1	G	0
1	PG	0
0	DG	0
9	反則	20

早大			専大
1	佐野 厚生	FW 1	大木 一仁
2	末石 庸幸	2	佐々木和雄
3	髙橋(松久)幸男	3	田仲 孝之
4	橋本 裕一	4	紅谷 千年
5	横山 健二	5	古仲 正秀
6	佐藤 和吉	6	辻村 浩
7	石塚 武生	7	武田 一路
8	山下 治	8	根本 清美
9	辰野登志夫	HB 9	芳岡 辰男
10	星野 繁一	10	武田 修治
11	吉田 荘治	TB 11	高橋 伸雄
12	晶本 裕士	12	大迫 幸典
13	南川洋一郎	13	桑原 注夫
14	藤原 優	14	甲斐 晴彦
15	植山 信幸	FB 15	大山新一郎

昭和49年12月14日　G 国立競技場　R 池田正徳　KO 14:30

公式試合 No.479 昭和49年度 第11回大学選手権1回戦

早大		福工大
82	—	0
31	前	0
51	後	0
6	T	0
2	G	0
1	PG	0
0	DG	0
10	T	0
4	G	0
1	PG	0
0	DG	0
3	反則	13

早大			福工大
1	佐野 厚生	FW 1	亀沢 俊一
2	末石 庸幸	2	満留 龍彦
3	髙橋(松久)幸男	3	淵上 三郎
4	中村 賢治	4	中野羊一郎
5	横山 健二	5	力久洋一郎
6	佐藤 和吉	6	堀 勝治
7	石塚 武生	7	川西藤麻郎
8	山下 治	8	千綿 幸夫
9	辰野登志夫	HB 9	鍋岡 信彦
10	星野 繁一	10	審 隆志
11	吉田 荘治	TB 11	福島 昭文
12	晶本 裕士	12	梶山 寛
13	南川洋一郎	13	桑原 益良
14	藤原 優	14	中道 成典
15	植山 信幸	FB 15	松元幸一郎

昭和49年12月22日　G 平和台　R 三野紀雄　KO 14:00

公式試合 No.480 昭和49年度 第11回大学選手権準決勝

早大		日体大
43	—	8
24	前	0
19	後	8
4	T	0
4	G	0
1	PG	0
0	DG	0
3	T	1
2	G	0
1	PG	0
0	DG	0
16	反則	15

早大			日体大
1	佐野 厚生	FW 1	佐々木恒文
2	末石 庸幸	2	望主 幸男
3	髙橋(松久)幸男	3	天明 郁夫
4	中村 賢治	4	和賀 芳宏
5	横山 健二	5	武田登巳男
6	佐藤 和吉	6	松村 英介
7	石塚 武生	7	清水 晃行
8	山下 治	8	金子 繁夫
9	辰野登志夫	HB 9	鈴木 隆
10	星野 繁一	10	雅 隆吉
11	吉田 荘治	TB 11	坂本 弘明
12	晶本 裕士	12	池口 祐二
13	南川洋一郎	13	中西 全司
14	藤原 優	14	永田 全司
15	植山 信幸	FB 15	古川 孝弘

昭和50年1月2日　G 国立競技場　R 池田正徳　KO 13:00

公式試合 No.481 昭和49年度 第11回大学選手権決勝

早大		明大
18	—	0
7	前	0
11	後	0
1	T	0
0	G	0
1	PG	0
0	DG	0
2	T	0
0	G	0
1	PG	0
0	DG	0
14	反則	16

早大			明大
1	佐野 厚生	FW 1	笹田 学
2	末石 庸幸	2	森内 芳隆
3	髙橋(松久)幸男	3	太田 正雄
4	中村 賢治	4	西妻多喜男
5	横山 健二	5	由佐 研一
6	佐藤 和吉	6	八本 健一
7	石塚 武生	7	吉野 徹
8	山下 治	8	熊谷 直志
9	辰野登志夫	HB 9	津山 武雄
10	星野 繁一	10	大平 次郎
11	吉田 荘治	TB 11	井川 芳行
12	晶本 裕士	12	大山 文雄
13	南川洋一郎	13	松尾 雄善
14	藤原 優	14	南条 秀嗣
15	植山 信幸	FB 15	中川 裕文

昭和50年1月4日　G 国立競技場　R 町井徹郎　KO 14:00

公式試合 No.482 昭和49年度 第12回日本選手権

早大		近鉄
13	—	33
6	前	6
7	後	27
0	T	0
0	G	0
2	PG	2
0	DG	0
1	T	4
0	G	0
1	PG	3
0	DG	0
17	反則	11

早大			近鉄
1	佐野 厚生	FW 1	吉井 隆憲
2	末石 庸幸	2	黒坂 敏夫
3	髙橋(松久)幸男	3	原 進
4	中村 賢治	4	小笠原 博
5	横山 健二	5	首藤 幸一
6	佐藤 和吉	6	光男
7	石塚 武生	7	笠井 宏裕
8	山下 治	8	吉野 一仁
9	辰野登志夫	HB 9	今里 良三
10	星野 繁一	10	上村 和弘
11	吉田 荘治	TB 11	坂田 好弘
12	晶本 裕士	12	栗原 達
13	南川洋一郎	13	吉田 正雄
14	藤原 優	14	浜野 武史
15	植山 信幸	FB 15	越久 守

昭和50年1月15日　G 国立競技場　R 池田正徳　KO 14:00
交代 早大:久保田恭博(藤原)

国際試合 No.43 昭和49年度 NZカンタベリー大学来日

全早大		カ大
10	—	20
6	前	9
4	後	11
0	T	0
0	G	0
2	PG	3
1	DG	0
0	PG	1
0	DG	0
16	反則	15

全早大			カ大
1	佐野 厚生	FW 1	J.EDMONSON
2	大東 和美	2	R.SETON
3	奥田 泰三	3	B.HAYS
4	中村 賢治	4	G.BROWN
5	横山 健二	5	G.LOMAS
6	井沢 義明	6	R.SCOTT
7	石塚 武生	7	I.LOCKIE
8	山下 治	8	J.BAINES
9	宿沢 広朗	HB 9	D.MORRISON
10	中村 康司	10	K.JENNINGS
11	金指 敦彦	TB 11	D.FAULKNER
12	晶本 裕士	12	N.GARD
13	南川洋一郎	13	M.HEFFERNAN
14	藤原 優	14	W.LEWIS
15	植山 信幸	FB 15	J.PHILLIPS

昭和50年3月9日　G 国立競技場　R 町井徹郎　KO 14:30

国際試合 No.44 昭和49年度 ケンブリッジ大学来日

全早大		ケ大
3	—	52
0	前	19
3	後	33
0	T	1
0	G	2
1	PG	1
0	DG	0
1	T	5
0	G	5
1	PG	1
0	DG	0
14	反則	12

全早大			ケ大
1	佐野 厚生	FW 1	S.YOUNG
2	大東 和美	2	J.CAMPBELL
3	奥田 泰三	3	T.LINTOT
4	中村 賢治	4	D.THOMAS
5	横山 健二	5	D.BECK
6	佐藤 和吉	6	S.WARLOW
7	石塚 武生	7	J.HARTLEY
8	山下 治	8	S.PRATT
9	宿沢 広朗	HB 9	R.HARDING
10	中村 康司	10	A.WORDEWORTH
11	金指 敦彦	TB 11	G.WOOD
12	晶本 裕士	12	C.WARFIELD
13	南川洋一郎	13	C.WILLIAMS
14	藤原 優	14	O'CALLAGHAN
15	植山 信幸	FB 15	A.HIGNELL

昭和50年3月21日　G 国立競技場　R 野々村博　KO 14:30

公式試合 No.483 昭和50年度 第1試合 対抗戦

早大		東大
114	—	12
44	前	6
70	後	6
9	T	1
4	G	1
0	PG	0
0	DG	0
13	T	1
9	G	1
0	PG	0
0	DG	0
7	反則	12

早大			東大
1	小久保忠雄	FW 1	川田 恭裕
2	末石 庸幸	2	根岸 正
3	片岡 康幸	3	岸本 裕光
4	小林 隆一	4	大隈 一彦
5	橋本 裕一	5	吉永 正信
6	佐藤 和吉	6	中野 信博
7	豊山 京一	7	平野 達男
8	晶本 茂也	8	福井 泰久
9	辰野登志夫	HB 9	鬼頭 信弘
10	星野 繁一	10	八重桜真樹
11	吉田 荘治	TB 11	磯野 薫
12	晶本 裕士	12	山田 健行
13	南川洋一郎	13	日月 文志
14	藤原 優	14	鈴木 明
15	八木 繁	FB 15	津布久昌二

昭和50年10月10日　G 東伏見　R 松尾勝吾　14:30

公式試合 No.484 昭和50年度 第2試合 対抗戦

早大		青学大
88	—	0
33	前	0
55	後	0
6	T	0
7	G	0
1	PG	0
0	DG	0
11	T	0
4	G	0
0	PG	0
0	DG	0
8	反則	10

早大			青学大
1	小久保忠雄	FW 1	室中 勝典
2	末石 庸幸	2	鱈田 圭吾
3	片岡 康幸	3	中村 住正
4	小林 隆一	4	渡辺 和男
5	橋本 裕一	5	羅 邦雄
6	佐藤 和吉	6	吉滝 久
7	豊山 京一	7	園山 強
8	山下 治	8	月岡 義幸
9	辰野登志夫	HB 9	中川 裕文
10	星野 繁一	10	赤堀 正志
11	吉田 荘治	TB 11	吉野谷信樹
12	晶本 裕士	12	川久保一正
13	南川洋一郎	13	笹川 竜則
14	藤原 優	14	塩沢 守
15	八木 繁	FB 15	帯津洋一郎

昭和50年10月25日　G 水戸　R 真下昇　KO 14:30

公式試合 No.485　昭和50年度　第3試合　対抗戦　早大／成蹊大

早大		成蹊大	No	早大	Pos	No	成蹊大
90	—	0	1	高橋(松久)幸男	FW	1	星野 晃輝
38	前	0	2	末石 庸幸		2	矢野 宏明
52	後	0	3	片岡 康幸		3	八木 忠則
6	T	0	4	加藤 剛志		4	奥村 利雄
4	G	0	5	橋本 裕一		5	清水 利嗣
2	PG	0	6	大胴 政宏		6	奥田 彰
0	DG	0	7	豊山 京一		7	小宮山恒敏
11	T	0	8	佐藤 和吉		8	佐藤 三龍
4	G	0	9	松本 純也	HB	9	柴山 晋
0	PG	0	10	星野 繁一		10	小山 隆也
0	DG	0	11	吉田 荘治		11	小栗 照久
7	反則	11	12	神村 哲生		12	伊藤修一郎
			13	南川洋一郎		13	藤島 邦男
			14	藤原 優		14	坂田 光
			15	畠本 裕士	FB	15	奈良 俊策

昭和50年11月2日　G 東伏見　R 川口 貢　KO 14:30

公式試合 No.486　昭和50年度　第4試合　対抗戦　早大／立大

早大		立大	No	早大	Pos	No	立大
86	—	0	1	井上 康	FW	1	森 一郎
37	前	0	2	末石 庸幸		2	北井 優
49	後	0	3	高橋(松久)幸男		3	若木 明
7	T	0	4	加藤 剛志		4	木所 弘
3	G	0	5	橋本 裕一		5	小高 康三
1	PG	0	6	佐藤 和吉		6	飛田 修
0	DG	0	7	豊山 京一		7	夏目 晴彦
9	T	0	8	山下 治		8	永井 利幸
5	G	0	9	松本 純也	HB	9	榊内 三郎
1	PG	0	10	星野 繁一		10	肥田貫晴三
0	DG	0	11	吉田 荘治		11	岡本 満
8	反則	17	12	神村 哲生		12	渡部 俊仁
			13	南川洋一郎		13	吉田 宏毅
			14	藤原 優		14	高桑 寛彦
			15	畠本 裕士	FB	15	根岸 寿夫

昭和50年11月8日　G 東伏見　R 柏木君夫　KO 14:30

公式試合 No.487　昭和50年度　第5試合　対抗戦　早大／日体大

早大		日体大	No	早大	Pos	No	日体大
51	—	0	1	高橋(松久)幸男	FW	1	石塚 茂
26	前	0	2	末石 庸幸		2	上塘 巌
25	後	0	3	片岡 康幸		3	天明 郁夫
5	T	0	4	小林 隆一		4	浦丸 秀博
3	G	0	5	橋本 裕一		5	伊藤 清
0	PG	0	6	佐藤 和吉		6	田崎 馨
0	DG	0	7	豊山 京一		7	清水 晃行
5	T	0	8	山下 治		8	伊藤 洋次
1	G	0	9	辰野登志夫	HB	9	鈴木 隆
1	PG	0	10	星野 繁一		10	隆 隆三
0	DG	0	11	吉田 荘治		11	沖野 英逸
10	反則	14	12	神村 哲生		12	池口 祐二
			13	南川洋一郎		13	坂本 弘明
			14	藤原 優		14	重松 竜二
			15	畠本 裕士	FB	15	古川 孝弘

昭和50年11月16日　G 国立競技場　R 柏木君夫　KO 14:20

公式試合 No.488　昭和50年度　第6試合　対抗戦　早大／慶大

早大		慶大	No	早大	Pos	No	慶大
16	—	6	1	高橋(松久)幸男	FW	1	星野 澄秀
13	前	0	2	末石 庸幸		2	成相 安信
3	後	6	3	片岡 康幸		3	川嵜 正康
1	T	0	4	小林 隆一		4	高木 満郎
0	G	0	5	橋本 裕一		5	佐藤 建
3	PG	0	6	佐藤 和吉		6	伊東 孝之
0	DG	0	7	豊山 京一		7	高橋 英二
0	T	1	8	山下 治		8	
0	G	1	9	辰野登志夫	HB	9	高山 嗣生
1	PG	0	10	星野 繁一		10	持田 昌典
0	DG	0	11	吉田 荘治	TB	11	中曽根 寛
16	反則	18	12	神村 哲生		12	上野 信哉
			13	南川洋一郎		13	枡谷 博明
			14	藤原 優		14	高橋 清広
						SE 8	高橋 清広
			15	畠本 裕士	FB	15	松本 弘志

昭和50年11月23日　G 国立競技場　R 真下 昇　KO 14:30

公式試合 No.489　昭和50年度　第7試合　対抗戦　早大／筑波大

早大		筑波大	No	早大	Pos	No	筑波大
73	—	0	1	高橋(松久)幸男	FW	1	橋場 直彦
17	前	0	2	大野(丹井)道也		2	橋爪 明信
56	後	0	3	篠森 健治		3	中村伸一郎
3	T	0	4	小林 隆一		4	岡本 渡
1	G	0	5	橋本 裕一		5	大沢 秀樹
1	PG	0	6	佐藤 和吉		6	佐光 義昭
0	DG	0	7	豊山 京一		7	木村 義
11	T	0	8	山下 治		8	下田 公一
6	G	0	9	辰野登志夫	HB	9	石渡 利昭
0	PG	0	10	星野 繁一		10	首藤 敬三
0	DG	0	11	吉田 荘治	TB	11	坂下 竜夫
9	反則	5	12	神村 哲生		12	安ケ平 浩
			13	南川洋一郎		13	松井 宏樹
			14	藤原 優		14	清原 欣也
			15	畠本 裕士	FB	15	中川 昭

昭和50年11月30日　G 東伏見　R 安部泰人　KO 14:30

公式試合 No.490　昭和50年度　第7試合　対抗戦　早大／明大

早大		明大	No	早大	Pos	No	明大
10	—	10	1	小久保忠雄	FW	1	千種 昌之
3	前	10	2	末石 庸幸		2	笹田 学
7	後	0	3	高橋(松久)幸男		3	太田 正雄
0	T	0	4	小林 隆一		4	西妻多喜男
0	G	0	5	橋本 裕一		5	由佐 研一
1	PG	1	6	佐藤 和吉		6	阿刀 裕嗣
0	DG	0	7	豊山 京一		7	中村 兼一
1	T	1	8	山下 治		8	熊谷 直志
1	G	1	9	辰野登志夫	HB	9	津山 武雄
0	PG	0	10	星野 繁一		10	松尾 雄三
0	DG	0	11	吉田 荘治	TB	11	井川 芳行
9	反則	13	12	神村 哲生		12	大山 文雄
			13	南川洋一郎		13	福本 努
			14	藤原 優		14	山本 勉
			15	畠本 裕士	FB	15	松尾 雄吾

昭和50年12月7日　G 国立競技場　R 町井徹郎　KO 14:30

公式試合 No.491　昭和50年度　交流試合　早大／日大

早大		日大	No	早大	Pos	No	日大
30	—	7	1	小久保忠雄	FW	1	西川 住秀
14	前	0	2	末石 庸幸		2	藤原 秋男
16	後	7	3	高橋(松久)幸男		3	内山 秀樹
2	T	0	4	小林 隆一		4	阿多 和弘
0	G	0	5	橋本 裕一		5	佐々木秀彦
2	PG	0	6	佐藤 和吉		6	江口 広己
0	DG	0	7	豊山 京一		7	小林 興
3	T	1	8	山下 治		8	阿部 清
2	G	0	9	辰野登志夫	HB	9	中山 正志
0	PG	0	10	星野 繁一		10	及川 紳一
0	DG	0	11	吉田 荘治	TB	11	大菅 光雄
14	反則	11	12	神村 哲生		12	戸嶋 秀夫
			13	南川洋一郎		13	石川 政敏
			14	久保田恭博		14	
			15	畠本 裕士	FB	15	佐々木彰房

昭和50年12月14日　G 東伏見　R 宮井国夫　KO 14:30

公式試合 No.492　昭和50年度　第12回大学選手権1回戦　早大／中京大

早大		中京大	No	早大	Pos	No	中京大
51	—	6	1	小久保忠雄	FW	1	立野 文夫
22	前	6	2	末石 庸幸		2	竹内 正樹
29	後	0	3	高橋(松久)幸男		3	梶田 昭宏
7	T	0	4	小林 隆一		4	猪野 秀樹
3	G	0	5	橋本 裕一		5	刑部 清孝
1	PG	0	6	佐藤 和吉		6	田中 誠
0	DG	0	7	豊山 京一		7	池田 和雄
6	T	1	8	山下 治		8	長田 永助
1	G	0	9	辰野登志夫	HB	9	森脇 浩二
0	PG	2	10	星野 繁一		10	国井 光文
0	DG	0	11	吉田 荘治	TB	11	足立 登
8	反則	18	12	神村 哲生		12	井上 茂
			13	南川洋一郎		13	松本 章吾
			14	久保田恭博		14	上野 幸浩
			15	畠本 裕士	FB	15	小川 敏

昭和50年12月21日　G 国立競技場　R 野々村博　KO 14:00

公式試合 No.493　昭和50年度　第12回大学選手権準決勝　早大／慶大

早大		慶大	No	早大	Pos	No	慶大
36	—	9	1	小久保忠雄	FW	1	松本 澄秀
16	前	9	2	末石 庸幸		2	成相 安信
20	後	0	3	高橋(松久)幸男		3	川嵜 正康
2	T	0	4	小林 隆一		4	高木 満郎
1	G	0	5	橋本 裕一		5	佐藤 建
1	PG	1	6	佐藤 和吉		6	伊藤 孝之
0	DG	0	7	豊山 京一		7	高橋 英二
4	T	1	8	山下 治		8	
2	G	1	9	辰野登志夫	HB	9	高山 嗣生
1	PG	0	10	星野 繁一		10	持田 昌典
0	DG	0	11	吉田 荘治	TB	11	中曽根 寛
9	反則	9	12	神村 哲生		12	上野 信哉
			13	南川洋一郎		13	福岡 弘
			14	藤原 優		14	永岡 章
						SE 8	高橋 清広
			15	畠本 裕士	FB	15	横山健次郎

昭和51年1月2日　G 国立競技場　R 宮井国夫　KO 14:00

公式試合 No.494　昭和50年度　第12回大学選手権決勝　早大／明大

早大		明大	No	早大	Pos	No	明大
7	—	18	1	小久保忠雄	FW	1	千種 昌之
3	前	4	2	末石 庸幸		2	笹田 学
4	後	14	3	高橋(松久)幸男		3	西妻 芳樹
0	T	1	4	小林 隆一		4	西妻多喜男
0	G	0	5	橋本 裕一		5	由佐 研一
1	PG	0	6	佐藤 和吉		6	阿刀 裕嗣
0	DG	0	7	豊山 京一		7	中村 喜一
1	T	3	8	山下 治		8	熊谷 直志
0	G	1	9	辰野登志夫	HB	9	津山 武雄
0	PG	0	10	星野 繁一		10	松尾 雄三
0	DG	0	11	吉田 荘治	TB	11	井川 芳行
	反則		12	神村 哲生		12	大山 文雄
			13	南川洋一郎		13	福本 努
			14	藤原 優		14	山本 勉
			15	畠本 裕士	FB	15	松尾 雄吾

昭和51年1月4日　G 国立競技場　R 町井徹郎　KO 14:00

公式試合 No.495　昭和50年度　第3回朝日学生招待試合　早大／東海学生選抜

早大		東海学生選抜	No	早大	Pos	No	東海学生選抜
62	—	13	1	小久保忠雄	FW	1	毎川 敬純
30	前	6	2	末石 庸幸		2	竹内 正樹
32	後	7	3	高橋(松久)幸男		3	梶田 昭宏
3	T	0	4	小林 隆一		4	猪狩 秀樹
0	G	0	5	橋本 裕一		5	下岡 正勝
4	PG	2	6	佐藤 和吉		6	田中 誠
0	DG	0	7	豊山 京一		7	池田 和雄
6	T	1	8	山下 治		8	長田 永助
4	G	0	9	辰野登志夫	HB	9	森脇 浩二
0	PG	1	10	星野 繁一		10	国井 光文
0	DG	0	11	吉田 荘治	TB	11	足立 登
18	反則	26	12	神村 哲生		12	井上 茂
			13	南川洋一郎		13	松本 章吾
			14	久保田恭博		14	上野 幸浩
			15	畠本 裕士	FB	15	小川 敏

昭和51年1月11日　G 瑞穂　R 伊神勝彦　KO 14:00

国際試合 No.45　昭和51年度　カナダBC大学来日　全早大／BC大学

全早大		BC大学	No	全早大	Pos	No	BC大学
21	—	37	1	井上 康	FW	1	DEN. CARSON
7	前	13	2	大東 和美		2	L. CHUNG
14	後	24	3	奥田 泰三		3	F. CARSON
1	T	2	4	中村 賢治		4	DON. CARSON
1	G	1	5	橋本 裕一		5	D.EBURNE
2	PG	0	6	井沢 義明		6	D.HARVEY
0	DG	0	7	豊山 京一		7	B.COLLINS
3	T	4	8	山下 治		8	D.BENTALL
0	G	1	9	宿沢 広朗	HB	9	R.GREIG
1	PG	2	10	星野 繁一		10	J.BILLINGSLEY
0	DG	0	11	金指 敦彦	TB	11	R.JENKINS
	反則		12	神村 哲生		12	R.GREIG
			13	南川洋一郎		13	D.WHYTE
			14	藤原 優		14	J.OLESEN
			15	植山 信幸	FB	15	G.TAYLOR

昭和51年9月15日　G 国立競技場　R 野々村博　KO 17:00

公式試合 No.496　昭和51年度　第1試合　対抗戦

早大		東大
20	—	10
7	前	6
13	後	4
1	T	1
0	G	1
1	PG	0
0	DG	0
2	T	1
1	G	0
0	PG	1
1	DG	0
18	反則	17

No.	早大	Pos	No.	東大
1	井上　康	FW	1	福田　泰司
2	市川　満		2	根岸　正
3	篠森　健治		3	小田　伸午
4	橋本　裕一		4	古谷　貞雄
5	吉田　達也		5	大隅　一彦
6	大胊　政宏		6	猪瀬　洋一
7	石橋　寿生		7	法元　明
8	堀　健次		8	吉永　正信
9	辰野登志夫	SH	9	野中　淳一
10	坂口　直弘		10	八重樫真樹
11	吉田　荘治	TB	11	保科　清海
12	徳山　誠		12	山田　健司
13	渡部　隆己		13	日月　文志
14	石橋　哲也		14	磯畑　正
15	大野　逸雄	FB	15	津布久昌二

昭和51年10月10日　G 東伏見　R 青山進午　14:30

公式試合 No.497　昭和51年度　第2試合　対抗戦

早大		成蹊大
49	—	9
32	前	3
17	後	6
7	T	0
2	G	0
0	PG	1
0	DG	0
3	T	1
1	G	1
1	PG	0
1	DG	0
21	反則	11

No.	早大	Pos	No.	成蹊大
1	片岡　康幸	FW	1	北村　成泰
2	市川　満		2	星野　晃輝
3	篠森　健治		3	篠田　仁
4	橋本　裕一		4	伊藤　泰之
5	吉田　達也		5	清水　利剛
6	大胊　政宏		6	中村　昭夫
7	晶本　茂也		7	小宮山恒敏
8	堀　健次		8	奥田　彰
9	松本　純也	SH	9	沢柳　太
10	坂口　直弘		10	屋宮　芳高
11	吉田　荘治	TB	11	志村　和美
12	小林　智尚		12	小栗　熙久
13	渡部　隆己		13	熊谷　伸
14	岡本　満		14	渋谷　博史
15	大野　逸雄	FB	15	奈良　俊策

昭和51年10月17日　G 秩父宮　R 浅生　享　KO 12:45
交代　吉岡英夫(清水)

公式試合 No.498　昭和51年度　第3試合　対抗戦

早大		筑波大
10	—	3
10	前	3
0	後	0
2	T	0
1	G	0
0	PG	1
0	DG	0
0	T	0
0	G	0
0	PG	0
1	DG	0
10	反則	9

No.	早大	Pos	No.	筑波大
1	片岡　康幸	FW	1	横場　直彦
2	橋本　裕幸		2	橋爪　明信
3	篠森　健治		3	中村伸一郎
4	橋本　裕一		4	橋本　渡
5	加藤　剛志		5	大沢　秀樹
6	大胊　政宏		6	佐光　義昭
7	晶本　茂也		7	木村　香住
8	堀　健次		8	下田　公一
9	松本　純也	SH	9	勝田　隆
10	坂口　直弘		10	首藤　敬三
11	吉田　荘治	TB	11	郡司　肉
12	小林　智尚		12	浅見　有二
13	渡部　隆己		13	高橋　克俊
14	岡本　満		14	松井　宏樹
15	大野　逸雄	FB	15	中川　昭

昭和51年10月24日　G 秩父宮　R 富沢政雄　KO 12:45

公式試合 No.499　昭和51年度　第4試合　対抗戦

早大		青学大
49	—	0
15	前	0
34	後	0
3	T	0
0	G	0
1	PG	0
0	DG	0
7	T	0
3	G	0
0	PG	0
0	DG	0
8	反則	8

No.	早大	Pos	No.	青学大
1	片岡　康幸	FW	1	室中　勝典
2	橋本　裕幸		2	酒井　章行
3	篠森　健治		3	中村　佳正
4	橋本　裕一		4	羅　邦雄
5	加藤　剛志		5	伊藤　浩一
6	伊藤　隆		6	矢野　誠一
7	豊山　京一		7	圏山　強
8	晶本　茂也		8	月岡　義幸
9	辰野登志夫	SH	9	黒川　直樹
10	星野　繁一		10	鈴木　茂
11	吉田　荘治	TB	11	染谷　昌宏
12	南川洋一郎		12	川久保一夫
13	渡部　隆己		13	
14	岡本　満		14	塩沢　守
15	八木　繁	FB	15	赤堀　正志

昭和51年10月31日　G 秩父宮　R 川口　貢　KO 12:45
交代　青学大：庵原昌史(赤堀)

公式試合 No.500　昭和51年度　第5試合　対抗戦

早大		日体大
38	—	14
16	前	7
22	後	7
2	T	1
1	G	0
2	PG	0
0	DG	0
2	T	1
1	G	0
4	PG	1
0	DG	0
14	反則	17

No.	早大	Pos	No.	日体大
1	井上　康	FW	1	石嶋　茂
2	橋本　裕幸		2	岩本　博信
3	篠森　健治		3	鮑子　祐一
4	橋本　裕一		4	谷本　一
5	加藤　剛志		5	伊藤　清
6	伊藤　隆		6	新川　敏明
7	豊山　京一		7	清水　晟
8	晶本　茂也		8	伊藤　洋次
9	辰野登志夫	SH	9	鈴木　隆
10	星野　繁一		10	笛　強
11	松尾　尚城	TB	11	飯島　節生
12	南川洋一郎		12	坂本　弘明
13	渡部　隆己		13	鈴木　好雄
14	岡本　満		14	辻　悦朗
15	八木　繁	FB	15	小泉　幸一

昭和51年11月7日　G 秩父宮　R 高森秀蔵　KO 14:30

公式試合 No.501　昭和51年度　第6試合　対抗戦

早大		立大
96	—	0
40	前	0
56	後	0
8	T	0
4	G	0
0	PG	0
0	DG	0
11	T	0
6	G	0
0	PG	0
0	DG	0
6	反則	12

No.	早大	Pos	No.	立大
1	井上　康	FW	1	森　一郎
2	橋本　裕幸		2	佐藤　清人
3	篠森　健治		3	大原　俊一
4	橋本　裕一		4	津布久慶輔
5	加藤　剛志		5	木所　弘
6	伊藤　隆		6	橋本　清彦
7	豊山　京一		7	夏目　降夫
8	晶本　茂也		8	中川真佐志
9	辰野登志夫	SH	9	白石　勝
10	星野　繁一		10	柿内　三郎
11	松尾　尚城	TB	11	半田　泰士
12	広野　真一		12	根海　泰夫
13	渡部　隆己		13	富重　宣典
14	岡本　満		14	高桑　寛彦
15	八木　繁	FB	15	肥田野晴光

昭和51年11月13日　G 東伏見　R 富沢政雄　KO 14:30

公式試合 No.502　昭和51年度　第7試合　対抗戦

早大		慶大
46	—	3
23	前	3
23	後	0
4	T	0
2	G	0
1	PG	1
0	DG	0
4	T	0
2	G	0
1	PG	0
0	DG	0
15	反則	18

No.	早大	Pos	No.	慶大
1	井上　康	FW	1	山城　泰介
2	橋本　裕幸		2	筒井　京弥
3	篠森　健治		3	稲木　靖
4	橋本　裕一		4	高木　満郎
5	吉田　達也		5	佐藤　建
6	伊藤　隆		6	荒井　稔
7	豊山　京一		7	高橋　英二
8	晶本　茂也		8	浜本　剛志
9	松本　純也	SH	9	沼田　浩彦
10	星野　繁一		10	横山健次郎
11	吉田　荘治	TB	11	四柳　芳彦
12	広野　真一		12	松本　弘志
13	南川洋一郎		13	中曽根　寛
14	岡本　満		14	永岡　章
15	渡部　隆己	FB	15	持田　昌典

昭和51年11月23日　G 秩父宮　R 真下　昇　KO 14:30

公式試合 No.503　昭和51年度　第8試合　対抗戦

早大		明大
26	—	6
3	前	6
23	後	0
0	T	1
0	G	1
1	PG	0
0	DG	0
3	T	0
1	G	0
3	PG	0
0	DG	0
15	反則	20

No.	早大	Pos	No.	明大
1	井上　康	FW	1	木村　和彦
2	橋本　裕幸		2	菊地桂吾郎
3	篠森　健治		3	太田　正雄
4	橋本　裕一		4	村瀬　哲
5	吉田　達也		5	瀬川　健三
6	伊藤　隆		6	高平　信也
7	豊山　京一		7	吉野　徹
8	晶本　茂也		8	熊谷　直志
9	松本　純也	SH	9	岡嶋　修一
10	星野　繁一		10	松尾　雄吾
11	吉田　荘治	TB	11	井川　芳行
12	広野　真一		12	大山　文雄
13	南川洋一郎		13	福本　努
14	岡本　満		14	山本　勉
15	渡部　隆己	FB	15	只野　正人

昭和51年12月5日　G 国立競技場　R 町井徹郎　KO 14:30

公式試合 No.504　昭和51年度　交流試合

早大		東洋大
67	—	0
25	前	0
42	後	0
4	T	0
3	G	0
1	PG	0
0	DG	0
8	T	0
4	G	0
0	PG	0
0	DG	0
16	反則	20

No.	早大	Pos	No.	東洋大
1	井上　康	FW	1	金城　東洲
2	橋本　裕幸		2	宮田　良二
3	篠森　健治		3	鈴木　義剛
4	橋本　裕一		4	俣野　慶一
5	吉田　達也		5	三好　隆
6	伊藤　隆		6	富樫　良一
7	豊山　京一		7	荻野谷　光
8	晶本　茂也		8	川地　光
9	松本　純也	SH	9	佐藤　宣昭
10	星野　繁一		10	大柳　建秀
11	吉田　荘治	TB	11	岩崎　達夫
12	広野　真一		12	栗原　晃
13	神村　哲生		13	小野　義一
14	岡本　満		14	武田　秀輝
15	渡部　隆己	FB	15	吉田　正彦

昭和51年12月12日　G 秩父宮　R 高森秀蔵　KO 14:30

公式試合 No.505　昭和51年度　第13回大学選手権1回戦

早大		中京大
68	—	6
41	前	0
27	後	6
7	T	0
5	G	0
1	PG	0
0	DG	0
5	T	1
2	G	0
1	PG	2
0	DG	0
17	反則	13

No.	早大	Pos	No.	中京大
1	井上　康	FW	1	立野　文雄
2	橋本　裕幸		2	梶田　昭宏
3	篠森　健治		3	池田洋七郎
4	橋本　裕一		4	猪狩　秀樹
5	吉田　達也		5	刑部　清孝
6	伊藤　隆		6	田中　誠
7	豊山　京一		7	鶴田　秀雄
8	晶本　茂也		8	長田　永助
9	松本　純也	SH	9	森脇　浩二
10	星野　繁一		10	国井　光文
11	吉田　荘治	TB	11	山田　一之
12	広野　真一		12	森脇　浩二
13	神村　哲生		13	松原　都令
14	岡本　満		14	上野　幸浩
15	渡部　隆己	FB	15	岡林　靖広

昭和51年12月19日　G 秩父宮　R 辻　茂樹　KO 14:00

公式試合 No.506　昭和51年度　第13回大学選手権準決勝

早大		慶大
15	—	13
0	前	7
15	後	6
0	T	1
0	G	1
1	PG	0
0	DG	0
3	T	1
1	G	1
2	PG	0
0	DG	0
14	反則	20

No.	早大	Pos	No.	慶大
1	井上　康	FW	1	山城　泰介
2	橋本　裕幸		2	安積　英樹
3	篠森　健治		3	稲木　靖
4	橋本　裕一		4	高木　満郎
5	吉田　達也		5	佐藤　建
6	伊藤　隆		6	荒井　稔
7	豊山　京一		7	高橋　英二
8	晶本　茂也		8	浜本　剛志
9	松本　純也	SH	9	沼田　浩彦
10	星野　繁一		10	横山健次郎
11	吉田　荘治	TB	11	四柳　雅人
12	広野　真一		12	松木　成志
13	南川洋一郎		13	中曽根　寛
14	岡本　満		14	永岡　章
15	渡部　隆己	FB	15	持田　昌典

昭和52年1月1日　G 秩父宮　R 宮井国夫　KO 14:00

公式試合 No.507　昭和51年度　第13回大学選手権決勝

早大		明大
34	—	6
12	前	3
22	後	3
1	T	0
1	G	0
2	PG	1
0	DG	0
3	T	0
2	G	0
2	PG	1
0	DG	0
12	反則	11

No.	早大	Pos	No.	明大
1	井上　康	FW	1	木村　和彦
2	橋本　裕幸		2	菊地桂吾郎
3	篠森　健治		3	中谷　晶紀
4	橋本　裕一		4	村瀬　哲也
5	吉田　達也		5	瀬川　健三
6	伊藤　隆		6	高平　信也
7	豊山　京一		7	吉野　徹
8	晶本　茂也		8	熊谷　直志
9	松本　純也	SH	9	岡嶋　修一
10	星野　繁一		10	大平　次郎
11	吉田　荘治	TB	11	井川　芳行
12	広野　真一		12	大山　文雄
13	神村　哲生		13	福本　努
14	岡本　満		14	山本　勉
15	渡部　隆己	FB	15	松尾　雄吾

昭和52年1月3日　G 国立競技場　R 真下　昇　KO 14:00

公式試合 No.508 昭和51年度 第14回日本選手権

早大		新日鐵釜石		早大				新日鉄釜石
12	—	27	1	片岡 康幸	FW	1	佐々木 崇	
3	前	14	2	橋本 裕幸		2	和田 透	
9	後	13	3	篠森 健治		3	洞口 孝治	
0	T	2	4	橋本 裕一		4	畠山 剛	
0	G	0	5	吉田 達也		5	瀬川 清	
1	PG	2	6	伊藤 隆		6	八重樫泰治	
0	DG	0	7	豊山 京一		7	佐野 正文	
1	T	2	8	畠本 茂也		8	宮本 政志	
1	G	1	9	松本 純也	SH	9	南村 明美	
1	PG	1	10	星野 繁一		10	松尾 雄治	
0	DG	0	11	広野 真一	TB	11	細川 直文	
12	反則	21	12	神村 哲生		12	千場且朗志	
昭和52年1月15日			13	南川洋一郎		13	森 重雄	
G 国立競技場			14	岡本 満		14	横山 悟	
R 町井徹郎 KO 14:00			15	渡部 隆己	FB	15	谷本 尚文	

公式試合 No.509 昭和52年度 第1試合 対抗戦

早大		東大		早大				東大
95	—	3	1	小林 伸之	FW	1	福田 泰司	
52	前	3	2	橋本 裕幸		2	和田 大介	
43	後	0	3	市川 満		3	小田 伸午	
8	T	0	4	加藤 剛志		4	古谷 貞雄	
7	G	0	5	金澤 聡		5	小澤 正俊	
2	PG	1	6	畠本 茂也		6	小川 隆	
0	DG	0	7	石橋 寿生		7	渡辺 仁	
0	T	0	8	長沼 龍太		8	猪瀬 洋一	
5	G	0	9	松本 純也	SH	9	永吉 喜昭	
3	PG	0	10	渡部 隆己		10	八重樫真樹	
0	DG	0	11	松尾 尚城	TB	11	飯島 卓夫	
9	反則	10	12	小林 智尚		12	津布久昌二	
昭和52年10月10日			13	高平 潔		13	鈴木 明	
G 秩父宮			14	岡本 満		14	磯野 薫	
R 八木宏器 14:30			15	八木 繁	FB	15	保科 清海	

公式試合 No.510 昭和52年度 第2試合 対抗戦

早大		筑波大		早大				筑波大
44	—	15	1	小林 伸之	FW	1	渡辺 一郎	
27	前	9	2	橋本 裕幸		2	橋爪 明信	
17	後	6	3	市川 満		3	池浦 文昭	
4	T	0	4	加藤 剛志		4	西村 稔	
4	G	0	5	吉田 達也		5	平藤 淳	
1	PG	3	6	畠本 茂也		6	渡部 治彦	
0	DG	0	7	石橋 寿生		7	橋本 達	
3	T	0	8	長沼 龍太		8	下田 公一	
1	G	0	9	松本 純也	HB	9	勝田 隆	
1	PG	2	10	渡部 隆己		10	首藤 敬三	
0	DG	0	11	松尾 尚城	TB	11	古口 英夫	
12	反則	13	12	高平 潔		12	高橋 克俊	
昭和52年10月23日			13	渡部 隆己		13	浅見 有二	
G 松尾勝吾			14	岡本 満		14	大野 保久	
R 松尾勝吾 14:30			15	八木 繁	FB	15	金子 敦之	

公式試合 No.511 昭和52年度 第3試合 対抗戦

早大		立大		早大				立大
64	—	3	1	小林 伸之	FW	1	森 一郎	
18	前	3	2	橋本 裕幸		2	佐藤 清人	
46	後	0	3	市川 満		3	岡田 一郎	
3	T	0	4	加藤 剛志		4	中川真佐志	
0	G	0	5	吉田 達也		5	木所 弘	
2	PG	1	6	畠本 茂也		6	橋本 清彦	
0	DG	0	7	谷本 幹治		7	小澤 安史	
9	T	0	8	長沼 龍太		8	木村 吉秀	
5	G	0	9	松本 純也	HB	9	金原 伸行	
0	PG	0	10	渡部 隆己		10	柿内 三郎	
0	DG	0	11	松尾 尚城	TB	11	原田 肇	
11	反則	11	12	小林 智尚		12	板谷 隆志	
昭和52年10月30日			13	徳山 誠		13	日置 真二	
G 東伏見			14	石橋 哲也		14	佐藤 宏	
R 金沢 KO 14:30			15	高平 潔	FB	15	根岸 寿夫	

公式試合 No.512 昭和52年度 第4試合 対抗戦

早大		日体大		早大				日体大
23	—	9	1	小林 伸之	FW	1	石嶋 茂	
6	前	3	2	橋本 裕幸		2	綱引 修	
17	後	6	3	市川 満		3	大場 隆生	
1	T	0	4	加藤 剛志		4	清水 薫	
1	G	0	5	吉田 達也		5	松田 和彦	
0	PG	1	6	畠本 茂也		6	新川 敏明	
0	DG	0	7	石橋 寿生		7	伊藤 次治	
3	T	0	8	長沼 龍太		8	伊藤 清	
1	G	0	9	松本 純也	HB	9	金丸津世志	
1	PG	2	10	渡部 隆己		10	小泉 博之	
0	DG	0	11	松尾 尚城	TB	11	小泉 博之	
15	反則	14	12	小林 智尚		12	上亜 啓介	
昭和52年11月6日			13	高平 潔		13	奥野 晃広	
G 秩父宮			14	岡本 満		14	辻 悦朗	
R 町井徹郎 KO 14:30			15	八木 繁	FB	15	小泉 幸一	

公式試合 No.513 昭和52年度 第5試合 対抗戦

早大		青学大		早大				青学大
16	—	11	1	小林 伸之	FW	1	林 晋介	
6	前	7	2	橋本 裕幸		2	酒井 章行	
10	後	4	3	市川 満		3	中村 佳正	
0	T	1	4	加藤 剛志		4	羅 邦雄	
0	G	1	5	吉田 達也		5	伊藤 浩一	
2	PG	0	6	畠本 茂也		6	吉瀬 久	
0	DG	0	7	石橋 寿生		7	矢野 誠一	
2	T	1	8	長沼 龍太		8	月岡 義幸	
1	G	0	9	松本 純也	HB	9	黒川 直樹	
0	PG	0	10	渡部 隆己		10	鈴木 茂	
0	DG	0	11	松尾 尚城	TB	11	三津 義之	
16	反則	14	12	小林 智尚		12	原 英治	
昭和52年11月12日			13	渡部 隆己		13	梶原 優之	
G 秩父宮			14	岡本 満		14	塩沢 守	
R 松尾勝吾 KO 14:30			15	八木 繁	FB	15	帯津洋一郎	
交代 渡部雄二（中村）								

公式試合 No.514 昭和52年度 第6試合 対抗戦

早大		慶大		早大				慶大
17	—	34	1	小林 伸之	FW	1	山城 泰介	
10	前	17	2	橋本 裕幸		2	安積 英樹	
7	後	17	3	町田 英夫		3	野津 哲之	
1	T	3	4	加藤 剛志		4	梶 紳二	
0	G	0	5	吉田 達也		5	黒沢 利彦	
2	PG	3	6	畠本 茂也		6	荒井 哲也	
0	DG	0	7	石橋 寿生		7	高橋 英二	
1	T	3	8	長沼 龍太		8	浜本 剛志	
0	G	1	9	松本 純也	HB	9	富安 泰彦	
1	PG	1	10	渡部 隆己		10	小西 雅之	
0	DG	0	11	松尾 尚城	TB	11	今岡 秀樹	
8	反則	16	12	広野 真一		12	松本 弘志	
昭和52年11月23日			13	高平 潔		13	阿部 匡	
G 秩父宮			14	岡本 満		14	中曽根 寛	
R 町井徹郎 KO 14:30			15	八木 繁	FB	15	永岡 章	

公式試合 No.515 昭和52年度 第7試合 対抗戦

早大		明大		早大				明大
6	—	17	1	田原 洋輝	FW	1	木村 和彦	
3	前	10	2	橋本 裕幸		2	菊地拾吾郎	
3	後	7	3	町田 英夫		3	太田 正雄	
0	T	1	4	加藤 剛志		4	瀬川 健三	
0	G	0	5	吉田 達也		5	瀬下 和夫	
1	DG	2	6	畠本 茂也		6	吉村 信也	
0	DG	0	7	長沼 龍太		7	吉野 徹	
0	T	0	8	加藤 俊久		8	五稜 映洋	
0	G	0	9	松本 純也	HB	9	砂村 光信	
1	PG	1	10	日下 稔		10	上林 整	
0	DG	0	11	松尾 尚城	TB	11	上林 整	
12	反則	18	12	広野 真一		12	竹沢 晃	
昭和52年12月4日			13	小林 智尚		13	金谷 福身	
G 国立競技場			14	岡本 満		14	藤本 昌弘	
R 真下 昇 KO 13:20			15	渡部 隆己	FB	15	橋爪 利明	

公式試合 No.516 昭和52年度 交流試合

早大		専大		早大				専大
9	—	15	1	田原 洋輝	FW	1	渡辺 研也	
6	前	9	2	橋本 裕幸		2	浜中 勇	
3	後	6	3	町田 英夫		3	佐々木春光	
0	T	3	4	加藤 剛志		4	岩倉 裕二	
0	G	0	5	吉田 達也		5	根本 清美	
2	PG	1	6	畠本 茂也		6	吉元 博美	
0	DG	0	7	佐藤 勲		7	高市 克哉	
0	T	0	8	加藤 俊久		8	藤田 正稔	
0	G	0	9	松本 純也	HB	9	小西 義光	
1	PG	0	10	日下 稔		10	中村 武	
0	DG	0	11	松尾 尚城	TB	11	小本 照人	
3	反則	12	12	広野 真一		12	李 相浩	
昭和52年12月10日			13	小林 智尚		13	榎本 邦夫	
G 秩父宮			14	岡本 満		14	山本 茂	
R 辻 茂樹 KO 14:30			15	渡部 隆己	FB	15	片島 久平	

国際試合 No.46 昭和53年度 韓国遠征第1試合

早大		壇国大		早大				壇国大
29	—	26	1	小林 伸之	FW	1	崔 賢鎮	
17	前	6	2	橋本 裕幸		2	李 起福	
12	後	20	3	町田 英夫		3	許 允変	
3	T	1	4	加藤 剛志		4	安 致洪	
1	G	0	5	加藤 俊久		5	李 珏渕	
1	PG	0	6	畠本 茂也		6	朴 南輔	
0	DG	0	7	佐藤 勲		7	李 鐘晩	
1	G	4	8	長沼 龍太		8	李 照福	
1	G	2	9	安藤 公一	HB	9	李 享喆	
2	PG	0	10	坂口 直弘		10	李 炳茂	
0	DG	0	11	高平 潔	TB	11	李 光勲	
	反則		12	広野 真一		12	李 相浩	
昭和53年5月13日			13	大竹 由紀		13	金 明奎	
G ソウル			14	石橋 哲也		14	廬 秀福	
R 金 榮福 KO			15	大沢 健吾	FB	15	李 在洙	

注：メンバーは韓国協会調べ

国際試合 No.47 昭和53年度 韓国遠征第2試合

早大		延世大		早大				延世大
17	—	52	1	小林 伸之	FW	1	朴 哲奎	
3	前	18	2	橋本 裕幸		2	孔 光吾	
14	後	34	3	高野敬一郎		3	鄭 善勲	
0	T	2	4	加藤 剛志		4	李 相杓	
1	G	0	5	加藤 俊久		5	李 在喜	
0	PG	0	6	畠本 茂也		6	白 基錫	
0	DG	0	7	石橋 寿生		7	朴 炳祢	
3	T	6	8	長沼 龍太		8	朴 魯済	
1	G	5	9	奥脇 教	HB	9	尹 英雲	
0	PG	0	10	日下 稔		10	安 英憲	
0	DG	0	11	岩崎 有恒	TB	11	孫 興萬	
	反則		12	広野 真一		12	趙 在文	
昭和53年5月17日			13	高平 潔		13	李 在文	
G ソウル			14	石橋 哲也		14	柳 在洙	
R 孫 斗玉 KO			15	大沢 健吾	FB	15	徐 泰昌	

注：メンバーは韓国協会調べ

国際試合 No.48 昭和53年度 韓国遠征第3試合

早大		高麗大		早大				高麗大
3	—	16	1	千原 成記	FW	1	李 載京	
0	前	0	2	橋本 裕幸		2	宋 炳珍	
0	後	16	3	高野敬一郎		3	寓 聖浩	
0	T	2	4	吉川 裕二		4	襄 容民	
0	G	0	5	金澤 聡		5	元 成喜	
0	PG	0	6	畠本 茂也		6	朴 茎幸	
0	DG	0	7	石橋 寿生		7	朴 茎幸	
0	T	3	8	土屋 勝		8	李 潤秀	
0	G	0	9	奥脇 教	HB	9	李 茂悦	
1	PG	0	10	坂口 直弘		10	丁 海克	
0	DG	0	11	大沢 健吾	TB	11	崔 致顕	
	反則		12	広野 真一		12	李 相浩	
昭和53年5月19日			13	高平 潔		13	許 昌茂	
G ソウル			14	石橋 哲也		14	任 慶淳	
R 不明 KO			15	日下 稔	FB	15	金 俊海	

注：メンバーは韓国協会調べ

公式試合 No.517　昭和53年度　第1試合　対抗戦

早大 — 東大

早大	区分	東大	#	早大	Pos	#	東大
90	—	3	1	小林 伸之	FW	1	福田 泰司
34	前	3	2	橋本 裕幸		2	常深 伸太
56	後	3	3	町田 英夫		3	小田 伸午
7	T	0	4	加藤 剛志		4	古谷 貞雄
3	G	0	5	加藤 俊久		5	武村 敬三
0	PG	0	6	伊藤 隆		6	早乙女豊一
0	DG	0	7	畠本 茂也		7	北 孝文
11	T	0	8	長沼 龍太		8	岸野 圭祐
6	G	0	9	奥脇 教	HB	9	永吉 喜昭
0	PG	1	10	坂口 直弘		10	津布久昌子
0	DG	0	11	松尾 尚城	TB	11	長田 健雄
8	反則	3	12	広野 真一		12	箱田 秀樹
			13	高平 潔		13	鈴木 明
			14	石橋 哲也		14	中村 巧
			15	日下 稔	FB	15	池川 志郎

昭和53年10月1日　G 東伏見　R 柏木君夫　KO 14:30

公式試合 No.518　昭和53年度　第2試合　対抗戦

早大 — 帝京大

早大	区分	帝京大	#	早大	Pos	#	帝京大
24	—	8	1	小林 伸之	FW	1	新原 成孝
9	前	4	2	橋本 裕幸		2	石黒 公久
15	後	4	3	町田 英夫		3	浜田 晃一
1	T	1	4	加藤 剛志		4	池田 忍
1	G	0	5	加藤 俊久		5	岩田 稔
1	PG	0	6	伊藤 隆		6	河内 信久
0	DG	0	7	畠本 茂也		7	佐藤栄一郎
3	T	1	8	長沼 龍太		8	遠藤 雄次
0	G	0	9	奥脇 教	HB	9	庵原 誠
1	PG	0	10	坂口 直弘		10	高柳 和幸
0	DG	0	11	松尾 尚城	TB	11	荒井 孝
8	反則	19	12	広野 真一		12	樂 賢治
			13	高平 潔		13	阿久津敏夫
			14	石橋 哲也		14	小岩井 修
			15	日下 稔	FB	15	田村 浩博

昭和53年10月10日　G 東伏見　R 宮井国夫　KO 14:30

公式試合 No.519　昭和53年度　第3試合　対抗戦

早大 — 青学大

早大	区分	青学大	#	早大	Pos	#	青学大
26	—	4	1	小林 伸之	FW	1	郡司 登
10	前	0	2	橋本 裕幸		2	稲田 健二
16	後	4	3	町田 英夫		3	中村 佳正
2	T	0	4	加藤 剛志		4	小寺 智士
1	G	0	5	加藤 俊久		5	金 政秀
0	PG	0	6	伊藤 隆		6	矢野 誠一
0	DG	0	7	畠本 茂也		7	井上 康行
2	T	1	8	長沼 龍太		8	月岡 義幸
1	G	0	9	安藤 公一	HB	9	黒川 直樹
2	PG	0	10	坂口 直弘		10	鈴木 茂
0	DG	0	11	松尾 尚城	TB	11	三津 義之
26	反則	16	12	大竹 由紀		12	宮内 利和
			13	高平 潔		13	梶原 俊之
			14	大沢 健吾		14	東 靖雄
			15	日下 稔	FB	15	飯田 幸請

昭和53年10月21日　G 東伏見　R 高森秀蔵　KO 12:45

公式試合 No.520　昭和53年度　第4試合　対抗戦

早大 — 筑波大

早大	区分	筑波大	#	早大	Pos	#	筑波大
17	—	22	1	小林 伸之	FW	1	渡辺 一郎
13	前	6	2	橋本 裕幸		2	池田 充宏
4	後	16	3	町田 英夫		3	池浦 文昭
1	T	0	4	加藤 剛志		4	平 耕一
0	G	0	5	加藤 俊久		5	西村 稔
3	PG	2	6	伊藤 隆		6	花岡 伸明
0	DG	0	7	畠本 茂也		7	近江 肇
1	T	3	8	長沼 龍太		8	町田 覚
0	G	2	9	安藤 公一	HB	9	勝田 隆
0	PG	0	10	坂口 直弘		10	斎藤 敬三
0	DG	0	11	松尾 尚城	TB	11	中尾 伸己
16	反則	11	12	広野 真一		12	大野 保久
			13	高平 潔		13	高瀬 克俊
			14	石橋 哲也		14	浅見 有二
			15	日下 稔	FB	15	金子 敦之

昭和53年10月28日　G 秩父宮　R 辻 茂樹　KO 14:30

公式試合 No.521　昭和53年度　第5試合　対抗戦

早大 — 日体大

早大	区分	日体大	#	早大	Pos	#	日体大
9	—	7	1	小林 伸之	FW	1	大場 隆生
6	前	4	2	橋本 裕幸		2	絣引 修
3	後	3	3	町田 英夫		3	深沢桂一郎
0	T	1	4	加藤 剛志		4	松田 和彦
0	G	0	5	金澤 聡		5	横山 香月
2	PG	0	6	伊藤 隆		6	新川 敏明
0	DG	0	7	畠本 茂也		7	岩田 雅之
0	T	0	8	長沼 龍太		8	河西 光
0	G	0	9	安藤 公一	HB	9	金丸津世志
1	PG	1	10	坂口 直弘		10	芳野 高志
0	DG	0	11	松尾 尚城	TB	11	尾形 文仁
14	反則	18	12	広野 真一		12	小泉 博志
			13	高平 潔		13	奥野 茂広
			14	石橋 哲也		14	辻 悦朗
			15	日下 稔	FB	15	小泉 幸一

昭和53年11月5日　G 秩父宮　R 高森秀蔵　KO 14:30

公式試合 No.522　昭和53年度　第6試合　対抗戦

早大 — 立大

早大	区分	立大	#	早大	Pos	#	立大
62	—	0	1	小林 伸之	FW	1	佐野 洋三
26	前	0	2	橋本 裕幸		2	今井 章
36	後	0	3	町田 英夫		3	岡田 一彦
4	T	1	4	加藤 剛志		4	津布久慶輔
2	G	0	5	金澤 聡		5	木所 弘
2	PG	1	6	伊藤 隆		6	木村 吉秀
0	DG	0	7	畠本 茂也		7	中山 肇
7	T	0	8	長沼 龍太		8	石川 雅弘
0	G	0	9	佐々木 卓	HB	9	金原 伸行
0	PG	0	10	坂口 直弘		10	日下 快
0	DG	0	11	松尾 尚城	TB	11	半田 泰士
10	反則	11	12	広野 真一		12	板野 隆志
			13	高平 潔		13	原田 宣典
			14	石橋 哲也		14	原田 肇
			15	大沢 健吾	FB	15	後藤 直人

昭和53年11月11日　G 東伏見　R 大島義彦　KO 14:30

公式試合 No.523　昭和53年度　第7試合　対抗戦

早大 — 慶大

早大	区分	慶大	#	早大	Pos	#	慶大
4	—	22	1	小林 伸之	FW	1	山城 泰介
4	前	3	2	橋本 裕幸		2	井口 兼市
0	後	19	3	町田 英夫		3	水井 哲之
1	T	1	4	加藤 剛志		4	梶 紳二
0	G	0	5	金澤 聡		5	黒沢 利隆
0	PG	1	6	伊藤 隆		6	荒井 雅也
0	DG	0	7	畠本 茂也		7	渡部 政和
0	T	3	8	長沼 龍太		8	浜本 剛志
0	G	2	9	奥脇 教	HB	9	岡嶋 修一
0	PG	1	10	坂口 直弘		10	小西 雅之
0	DG	0	11	松尾 尚城	TB	11	今岡 秀輔
0	反則		12	広野 真一		12	定藤 匡
			13	高平 潔		13	中曽根 寛
			14	石橋 哲也		14	大高 貞樹
			15	大沢 健吾	FB	15	永岡 章

昭和53年11月23日　G 秩父宮　R 真下 昇　KO 14:00

公式試合 No.524　昭和53年度　第8試合　対抗戦

早大 — 明大

早大	区分	明大	#	早大	Pos	#	明大
16	—	23	1	小林 伸之	FW	1	木村 和彦
9	前	7	2	橋本 裕幸		2	和田 哲
7	後	16	3	町田 英夫		3	中谷 昌紀
1	T	1	4	加藤 剛志		4	瀬川 健三
1	G	0	5	金澤 聡		5	河瀬 泰治
1	PG	0	6	伊藤 隆		6	加治 久
0	DG	0	7	畠本 茂也		7	遠藤 敬治
1	T	3	8	長沼 龍太		8	瀬下 和夫
0	G	2	9	奥脇 教	HB	9	岡嶋 修一
1	PG	0	10	坂口 直弘		10	砂村 光信
0	DG	0	11	松尾 尚城	TB	11	渡辺 登
0	反則		12	広野 真一		12	渡辺 和男
			13	高平 潔		13	谷口 福身
			14	石橋 哲也		14	牧 正男
			15	大沢 健吾	FB	15	橋爪 利明

昭和53年12月3日　G 国立競技場　R 八木宏器　KO 14:30
交代 早大：石橋寿生（畠本）、延命泰雄（坂口）

公式試合 No.525　昭和53年度　交流試合

早大 — 国士大

早大	区分	国士大	#	早大	Pos	#	国士大
26	—	15	1	小林 伸之	FW	1	石川 静雄
7	前	9	2	橋本 裕幸		2	大塚 秀信
19	後	6	3	町田 英夫		3	三浦 栄治
1	T	0	4	加藤 剛志		4	塩田 和男
0	G	0	5	金澤 聡		5	柳沼 秋弘
1	PG	3	6	伊藤 隆		6	竜滝 守
0	DG	0	7	畠本 茂也		7	和田 健児
3	T	1	8	長沼 龍太		8	奥村 尚志
1	G	0	9	奥脇 教	HB	9	前田圭史卿
1	PG	1	10	延命 泰雄		10	中平 充
0	DG	0	11	松尾 尚城	TB	11	木村 忠盟
12	反則	6	12	大竹 由紀		12	笹部 裕明
			13	田尻 達美		13	我妻 靖彦
			14	石橋 哲也		14	松村 謙三
			15	大沢 健吾	FB	15	清河 明彦

昭和53年12月9日　G 秩父宮　R 八木宏器　KO 12:45

公式試合 No.526　昭和53年度　第15回大学選手権1回戦

早大 — 同大

早大	区分	同大	#	早大	Pos	#	同大
15	—	36	1	小林 伸之	FW	1	竹内 弘毅
12	前	9	2	橋本 裕幸		2	佐藤 公信
3	後	27	3	町田 英夫		3	橋本 茂樹
1	T	1	4	加藤 俊久		4	林 敏幸
1	G	1	5	金澤 聡		5	豊田 典俊
2	PG	2	6	伊藤 隆		6	林 昌一郎
0	DG	0	7	畠本 茂也		7	横本 吉史
0	T	5	8	長沼 龍太		8	佐藤 英典
0	G	3	9	奥脇 教	HB	9	武藤 治彦
1	PG	1	10	延命 泰雄		10	森岡 公隆
0	DG	0	11	広野 真一		11	芳森 渡
			12	大竹 由紀		12	吉野 忠
			13	高平 潔		13	伊佐治 望
			14	石橋 哲也		14	西村 一知
			15	松尾 尚城	FB	15	矢島 鉄朗

昭和53年12月24日　G 花園　R 野々村博　KO 14:00

国際試合 No.49　昭和54年度　韓国遠征第1試合

全早大 — 高麗大

全早大	区分	高麗大	#	全早大	Pos	#	高麗大
19	—	55	1	町田 英夫	FW	1	申 尚憲
9	前	17	2	千原 成記		2	宋 成光
10	後	38	3	片岡 康幸		3	李 載京
1	T	3	4	橋本 裕一		4	裵 容王民
1	G	1	5	吉田 達也		5	崔 基緑
1	PG	1	6	豊山 京一		6	白 善允
0	DG	0	7	石塚 武生		7	沈 漢植
2	T	7	8	長沼 龍太		8	朴 基泰
1	G	5	9	辰野登志夫	HB	9	韓 基洙
1	PG	0	10	星野 繁一		10	文 永燦
0	DG	0	11	大沢 健吾	TB	11	金 相浩
	反則		12	吉野 忠		12	宋 王福
			13	南川洋一郎		13	崔 榮孝
			14	大竹 由紀		14	許 昌茂
			15	植山 信一	FB	15	宋 伊勲

昭和54年6月24日　G ソウル　R 不明　KO
注：メンバーは韓国協会調べ

国際試合 No.50　昭和54年度　韓国遠征第2試合

全早大 — 延世大

全早大	区分	延世大	#	全早大	Pos	#	延世大
15	—	24	1	町田 英夫	FW	1	朴 哲奎
3	前	8	2	千原 成記		2	孔 光喬
12	後	16	3	高野敬一郎		3	廬 在勲
0	T	2	4	荒木 博和		4	金 榮寛
1	G	1	5	吉田 達也		5	姜 哲寶
1	PG	2	6	豊山 京一		6	白 基錫
0	DG	0	7	石塚 武生		7	朴 炳祢
1	T	3	8	長沼 龍太		8	朴 鲁済
1	G	2	9	奥脇 教	HB	9	李 相雲
4	PG	1	10	星野 繁一		10	安 英雲
0	DG	0	11	本城 和彦	TB	11	孫 興萬
	反則		12	吉野 忠		12	柳 在弘
			13	南川洋一郎		13	金 起弘
			14	大竹 由紀		14	朴 兌烈
			15	町田 信一郎	FB	15	尹 俊錫

昭和54年6月26日　G ソウル　R 金 相国　KO
交代 全早大：橋本裕幸（吉田）
注：メンバーは韓国協会調べ

公式試合　No.527　昭和54年度　第1試合　対抗戦

早大		東大
84	—	0
28	前	0
56	後	0
6	T	0
2	G	0
0	PG	0
0	DG	0
12	T	0
4	G	0
0	PG	0
0	DG	0
15	反則	13

No	早大	Pos	No	東大
1	鬼沢 俊昭	FW	1	斉藤 守弘
2	佐伯 誠司		2	武村 敬三
3	高野敬一郎		3	竹内 直人
4	佐々木 忍		4	杉原 功一
5	加藤 俊久		5	小川 隆
6	梶原 敏補		6	北 孝文
7	石橋 寿生		7	藤田 通敏
8	益子 俊志		8	永吉 喜昭
9	奥脇 教	HB	9	石見 直樹
10	本城 和彦		10	箱田 秀樹
11	大沢 健吾	TB	11	高橋 永峰
12	日下 稔		12	三戸 秀國
13	吉野 俊郎		13	高橋 永峰
14	大竹 由紀		14	三戸 秀國
15	津布久 誠	FB	15	池川 志郎

昭和54年10月7日　G 秩父宮　R 高森秀蔵　KO 12:45

公式試合　No.528　昭和54年度　第2試合　対抗戦

早大		帝京大
51	—	10
20	前	10
31	後	0
2	T	2
0	G	1
4	PG	4
0	DG	0
5	T	0
4	G	0
1	PG	0
0	DG	0
10	反則	9

No	早大	Pos	No	帝京大
1	鬼沢 俊昭	FW	1	笠原 啓司
2	佐伯 誠司		2	石黒 公久
3	高野敬一郎		3	町田 佳哲
4	佐々木 忍		4	岩沢 誠
5	加藤 俊久		5	稲川 秀幸
6	梶原 敏補		6	竹村 光弘
7	石橋 寿生		7	荒木 一夫
8	益子 俊志		8	岩田 進
9	奥脇 教	HB	9	土方 正実
10	本城 和彦		10	荒井 孝
11	大沢 健吾	TB	11	樊 賢治
12	日下 稔		12	中沢 満
13	吉野 俊郎		13	高倉 義行
14	大竹 由紀		14	田村 浩博
15	津布久 誠	FB	15	田村 浩博

昭和54年10月14日　G 伏見　R 辻 茂樹　KO 14:30

公式試合　No.529　昭和54年度　第3試合　対抗戦

早大		青学大
40	—	3
13	前	3
27	後	0
2	T	0
1	G	0
1	PG	1
0	DG	0
5	T	0
2	G	0
1	PG	0
0	DG	0
14	反則	11

No	早大	Pos	No	青学大
1	鬼沢 俊昭	FW	1	小林 雅治
2	佐伯 誠司		2	稲田 健二
3	高野敬一郎		3	郡司 登
4	佐々木 忍		4	金 政秀
5	加藤 俊久		5	伊藤 浩一
6	梶原 敏補		6	矢野 誠一
7	石橋 寿生		7	井上 龍一
8	長沼 龍太		8	月岡 義幸
9	奥脇 教	HB	9	中田 清
10	本城 和彦		10	梶原 俊之
11	大沢 健吾	TB	11	三津 義之
12	日下 稔		12	佐藤 哲夫
13	吉野 俊郎		13	牧野太己也
14	大竹 由紀		14	染谷 昌宏
15	津布久 誠	FB	15	飯田 幸靖

昭和54年10月21日　G 秩父宮　R 池原 清　KO 12:45
交代　早大：渡辺一盛（津布久）

公式試合　No.530　昭和54年度　第4試合　対抗戦

早大		立大
47	—	6
25	前	6
22	後	0
4	T	1
3	G	0
1	PG	0
0	DG	0
3	T	1
2	G	0
2	PG	0
0	DG	0
8	反則	18

No	早大	Pos	No	立大
1	鬼沢 俊昭	FW	1	今井 洋三
2	佐伯 誠司		2	松本 大介
3	高野敬一郎		3	橋場 久雄
4	加藤 俊久		4	津布久慶輔
5	金澤 聡		5	村上 慶吾
6	梶原 敏補		6	後藤 直人
7	石橋 寿生		7	木所 正之
8	長沼 龍太		8	石川 雅弘
9	奥脇 教	HB	9	金原 伸行
10	本城 和彦		10	島田 壮二
11	大沢 健吾	TB	11	小泉 晃
12	日下 稔		12	板野 隆志
13	吉野 俊郎		13	日置 宣典
14	大竹 由紀		14	神木 誠
15	桜庭 雄耕	FB	15	広瀬 昭彦

昭和54年10月27日　G 伏見　R 真下 昇　KO 14:30

公式試合　No.531　昭和54年度　第5試合　対抗戦

早大		日体大
18	—	10
0	前	4
18	後	6
0	T	1
0	G	0
1	PG	0
0	DG	0
2	T	1
1	G	0
2	PG	0
0	DG	0
6	反則	17

No	早大	Pos	No	日体大
1	町田 英夫	FW	1	松本 藤男
2	佐伯 誠司		2	島田 郁夫
3	高野敬一郎		3	内村 司徳
4	加藤 俊久		4	井場 浩
5	金澤 聡		5	横山 香月
6	梶原 敏補		6	奥野 義房
7	石橋 寿生		7	岩出 雅之
8	長沼 龍太		8	浦田 裕弘
9	奥脇 教	HB	9	小野 義則
10	本城 和彦		10	永山 清隆
11	大沢 健吾	TB	11	尾形 文仁
12	日下 稔		12	小泉 博之
13	吉野 俊郎		13	奥野 晃広
14	大竹 由紀		14	辻 悦朗
15	津布久 誠	FB	15	古屋 勇紀

昭和54年11月3日　G 秩父宮　R 真下 昇　KO 14:30

公式試合　No.532　昭和54年度　第6試合　対抗戦

早大		筑波大
17	—	0
7	前	0
10	後	0
1	T	0
0	G	0
1	PG	0
0	DG	0
2	T	0
1	G	0
1	PG	0
0	DG	0
7	反則	17

No	早大	Pos	No	筑波大
1	町田 英夫	FW	1	渡辺 一郎
2	佐伯 誠司		2	鎌仲 正之
3	高野敬一郎		3	池浦 文昭
4	加藤 俊久		4	平 耕一
5	金澤 聡		5	西村 稔
6	梶原 敏補		6	花岡 伸明
7	石橋 寿生		7	近江 覚
8	長沼 龍太		8	町田 覚
9	奥脇 教	HB	9	勝田 隆
10	本城 和彦		10	小原 晃
11	大沢 健吾	TB	11	久保 重人
12	日下 稔		12	大野 保久
13	吉野 俊郎		13	高橋 克俊
14	大竹 由紀		14	森 正信
15	津布久 誠	FB	15	金子 敦之

昭和54年11月10日　G 秩父宮　R 八木宏器　KO 14:30

公式試合　No.533　昭和54年度　第7試合　対抗戦

早大		慶大
15	—	3
15	前	3
0	後	0
0	T	1
0	G	0
1	PG	0
0	DG	0
2	T	0
1	G	0
0	PG	1
0	DG	0
16	反則	13

No	早大	Pos	No	慶大
1	町田 英夫	FW	1	畑生 恵司
2	佐伯 誠司		2	水谷 重夫
3	高野敬一郎		3	緒方 研三
4	加藤 俊久		4	林 邦彦
5	金澤 聡		5	東山 勝英
6	梶原 敏補		6	根岸 章
7	石橋 寿生		7	渡部 政和
8	長沼 竜太		8	荒牧 滋美
9	奥脇 教	HB	9	桜井 靖二
10	本城 和彦		10	市嶋 隆
11	大沢 健吾	TB	11	大高 貞樹
12	日下 稔		12	阿部 匡
13	吉野 俊郎		13	塚田 治伸
14	大竹 由紀		14	四津 雅人
15	津布久 誠	FB	15	中川 龍士

昭和54年11月23日　G 秩父宮　R 真下 昇　KO 14:00

公式試合　No.534　昭和54年度　第8試合　対抗戦

早大		明大
6	—	16
0	前	7
6	後	9
0	T	1
0	G	1
0	PG	1
0	DG	0
1	T	1
0	G	1
1	PG	0
0	DG	0
16	反則	8

No	早大	Pos	No	明大
1	町田 英夫	FW	1	梨本 清隆
2	佐伯 誠司		2	藤田 剛
3	高野敬一郎		3	中谷 昌紀
4	加藤 俊久		4	川地 光二
5	金澤 聡		5	河瀬 泰治
6	梶原 敏補		6	岸 直彦
7	石橋 寿生		7	遠藤 敏治
8	長沼 龍太		8	瀬下 和夫
9	奥脇 教	HB	9	窪田 司
10	本城 和彦		10	砂村 光信
11	大沢 健吾	TB	11	平井 一明
12	日下 稔		12	渡辺 和男
13	吉野 俊郎		13	金谷 福身
14	大竹 由紀		14	坂本 基二
15	津布久 誠	FB	15	橋爪 利明

昭和54年12月2日　G 国立競技場　R 八木宏器　KO 14:35

公式試合　No.535　昭和54年度　交流試合

早大		大東大
19	—	7
3	前	7
16	後	0
0	T	1
0	G	1
0	PG	0
0	DG	0
2	T	0
1	G	0
0	PG	1
0	DG	0
7	反則	15

No	早大	Pos	No	大東大
1	町田 英夫	FW	1	室田 利弘
2	佐伯 誠司		2	星野 良一
3	高野敬一郎		3	斉藤 幸夫
4	加藤 俊久		4	坂爪 信之
5	金澤 聡		5	山田 哲良
6	梶原 敏補		6	白石 正純
7	石橋 寿生		7	北田 宣明
8	長沼 龍太		8	高橋 邦明
9	奥脇 教	HB	9	大沢 晃
10	本城 和彦		10	小原 善信
11	大沢 健吾	TB	11	前仏 孝継
12	日下 稔		12	幅下 昇
13	吉野 俊郎		13	高木 将夫
14	大竹 由紀		14	川口 輝康
15	津布久 誠	FB	15	鐃平名雅弘

昭和54年12月9日　G 秩父宮　R 真下 昇　KO 12:45
交代　宮崎誠（室田）

公式試合　No.536　昭和54年度　第16回大学選手権1回戦

早大		中京大
27	—	14
21	前	0
6	後	14
4	T	0
1	G	0
1	PG	0
0	DG	0
1	T	3
0	G	0
0	PG	0
0	DG	0
6	反則	22

No	早大	Pos	No	中京大
1	町田 英夫	FW	1	鍵仲 一明
2	佐伯 誠司		2	木村 康
3	高野敬一郎		3	池田洋七郎
4	加藤 俊久		4	山本 崇
5	金澤 聡		5	重村 政実
6	梶原 敏補		6	金海 義広
7	石橋 寿生		7	大久保 透
8	長沼 龍太		8	船津丸昭彦
9	奥脇 教	HB	9	村 守
10	本城 和彦		10	吉見 明人
11	大沢 健吾	TB	11	柳井 哲人
12	日下 稔		12	湊 勝己
13	吉野 俊郎		13	湊 勝己
14	大竹 由紀		14	大西 邦敏
15	津布久 誠	FB	15	神尾 信司

昭和54年12月22日　G 秩父宮　R 真下 昇　KO 14:00

公式試合　No.537　昭和54年度　第16回大学選手権準決勝

早大		同大
12	—	7
6	前	17
6	後	0
0	T	2
0	G	2
0	PG	2
0	DG	0
2	T	0
1	G	0
0	PG	0
0	DG	0
6	反則	14

No	早大	Pos	No	同大
1	町田 英夫	FW	1	前田 隆
2	佐伯 誠司		2	井上 雅浩
3	高野敬一郎		3	大原 茂桂
4	加藤 俊久		4	林 敏之
5	金澤 聡		5	豊田 典俊
6	梶原 敏補		6	林 昌一郎
7	石橋 寿生		7	横本 吉史
8	長沼 竜太		8	大森 康央
9	奥脇 教	HB	9	萩本 光隆
10	本城 和彦		10	森岡 公隆
11	大沢 健吾	TB	11	菅野有生央
12	日下 稔		12	西 正人
13	吉野 俊郎		13	伊佐治 望
14	大竹 由紀		14	三宅 秀和
15	津布久 誠	FB	15	原田 隆彦

昭和55年1月1日　G 秩父宮　R 八木宏器　KO 12:45

公式試合　No.538　昭和55年度　第1試合　対抗戦

早大		東大
47	—	16
26	前	9
21	後	7
4	T	1
2	G	1
0	PG	1
0	DG	0
2	T	1
1	G	0
0	PG	1
1	DG	0
15	反則	13

No	早大	Pos	No	東大
1	町田 英夫	FW	1	堀本 徹
2	清水 昇		2	斉藤 守弘
3	高野敬一郎		3	武村 敬三
4	杉崎 克己		4	竹内 直人
5	荒木 博和		5	独古 泰裕
6	益子 俊志		6	安藤 祥一
7	垣内 克彦		7	北 孝文
8	長沼 龍太		8	岸野 圭祐
9	奥脇 教	HB	9	渋川 志郎
10	本城 和彦		10	石見 直樹
11	野本 直輝	TB	11	天野 敦夫
12	佐々木 薫		12	国分 幹雄
13	吉野 俊郎		13	
14	岩本 有恒		14	三戸
15	安田 真人	FB	15	渡辺 孝恭

昭和55年10月5日　G 秩父宮　R 里岡勝郎　KO 14:30
交代　早大：渡辺一盛（佐々木）
　　　東大：小松正夫（武村）

公式試合 No.539 昭和55年度 第2試合 対抗戦

早大		帝京大	No	早大		No	帝京大
46	—	6	1	町田 英夫	FW	1	笠原 啓司
10	前	6	2	清水 昇		2	札場 太
36	後	0	3	松瀬 学		3	松田 浩
2	T	1	4	杉崎 克己		4	畠山 信明
1	G	1	5	荒木 博和		5	稲川 秀幸
0	PG	0	6	益子 俊志		6	竹村 光弘
0	DG	0	7	垣内 克彦		7	荒木 一夫
7	T	0	8	長沼 龍太		8	谷 芳之
4	G	0	9	奥脇 教	HB	9	土方 正実
0	PG	0	10	本城 和彦		10	尾崎 誠
0	DG	0	11	野本 直揮	TB	11	鬼沢 淳
11	反則	6	12	梶原 晃		12	坂上 耕一
			13	吉野 俊郎		13	田中 俊史
			14	中川 俊一		14	高倉 義行
			15	安田 真人	FB	15	比嘉 政邦

昭和55年10月12日　G 秩父宮　R 富沢政雄　KO 12:45

公式試合 No.540 昭和55年度 第3試合 対抗戦

早大		青学大	No	早大		No	青学大
31	—	17	1	町田 英夫	FW	1	三本 靖広
15	前	13	2	佐伯 誠司		2	渡部 雄二
16	後	4	3	松瀬 学		3	松本誠一郎
2	T	2	4	寺林 努		4	和田 久生
2	G	1	5	荒木 博和		5	星野 大介
1	PG	1	6	益子 俊志		6	民辻 竹弘
0	DG	0	7	垣内 克彦		7	安達 実
2	T	1	8	長沼 龍太		8	井上 龍一
1	G	0	9	奥脇 教	HB	9	中田 清
2	PG	0	10	本城 和彦		10	尾崎 誠
0	DG	0	11	野本 直揮	TB	11	飛田 達浩
12	反則	14	12	津布久 誠		12	牧野太二也
			13	吉野 俊郎		13	西岡 宏伸
			14	中川 俊一		14	岩岡 洋志
			15	安田 真人	FB	15	佐藤 哲夫

昭和55年10月19日　G 秩父宮　R 今岡俊輔　KO 12:45
交代 早大:山田悦朗(津布久)

公式試合 No.541 昭和55年度 第4試合 対抗戦

早大		立大	No	早大		No	立大
57	—	0	1	町田 英夫	FW	1	石田 克己
15	前	0	2	佐伯 誠司		2	中沢 竜治
42	後	0	3	高野敬一郎		3	吉川 尚
2	T	0	4	杉崎 克己		4	木所 正己
2	G	0	5	寺林 努		5	田島 大輔
1	PG	0	6	中熊 賢		6	小久保宣之
0	DG	0	7	益子 俊志		7	岩田 章
7	T	0	8	長沼 龍太		8	飛木 信彦
4	G	0	9	奥脇 教	HB	9	市川 博基
1	PG	0	10	本城 和彦		10	島田 壮二
0	DG	0	11	新谷 時男	TB	11	小泉 亘
6	反則	8	12	吉野 俊郎		12	板原 隆志
			13	津布久 誠		13	福田 明久
			14	中川 俊一		14	花島 正
			15	安田 真人	FB	15	秋山 正樹

昭和55年10月25日　G 秩父宮　R 斉藤直樹　KO 12:45

公式試合 No.542 昭和55年度 第5試合 対抗戦

早大		日体大	No	早大		No	日体大
36	—	0	1	町田 英夫	FW	1	酒井 康正
19	前	0	2	佐伯 誠司		2	島田 郁夫
17	後	0	3	高野敬一郎		3	根本 和彦
3	T	0	4	杉崎 克己		4	越山 昌彦
2	G	0	5	寺林 努		5	横山 香月
1	PG	0	6	梶原 敏補		6	内海 雅人
0	DG	0	7	長沼 龍太		7	遠藤 晋次
3	T	0	8	益子 俊志		8	井場 浩
1	G	0	9	奥脇 教	HB	9	小野 義則
1	PG	0	10	本城 和彦		10	河合 淳
0	DG	0	11	浜本 哲治	TB	11	城崎 孝夫
10	反則	13	12	津布久 誠		12	伊藤 薫
			13	吉野 俊郎		13	日出夫
			14	中川 俊一		14	古屋 勇紀
			15	安田 真人	FB	15	楫田 泰章

昭和55年11月2日　G 秩父宮　R 高橋 孝　KO 14:30
交代 早大:鬼沢俊昭(町田)

公式試合 No.543 昭和55年度 第6試合 対抗戦

早大		筑波大	No	早大		No	筑波大
40	—	4	1	町田 英夫	FW	1	加藤 清澄
18	前	0	2	佐伯 誠司		2	浮辺浩一郎
22	後	4	3	高野敬一郎		3	池浦 文昭
2	T	1	4	杉崎 克己		4	平 耕一
2	G	0	5	寺林 努		5	佐々木 康
1	PG	0	6	梶原 敏補		6	花岡 伸明
0	DG	0	7	長沼 龍太		7	近江 晃
3	T	1	8	益子 俊志		8	高倉 実
1	G	0	9	奥脇 教	HB	9	太田 勲
1	PG	0	10	本城 和彦		10	山本 昭生
0	DG	0	11	浜本 哲治	TB	11	古口 英夫
10	反則	14	12	津布久 誠		12	細野 安司
			13	吉野 俊郎		13	久保 憲二
			14	中川 俊一		14	中尾 仲己
			15	安田 真人	FB	15	森 正信

昭和55年11月16日　G 秩父宮　R 柏木君夫　KO 12:45

公式試合 No.544 昭和55年度 第7試合 対抗戦

早大		慶大	No	早大		No	慶大
16	—	16	1	町田 英夫	FW	1	畑生 恵司
10	前	7	2	佐伯 誠司		2	清原 定之
6	後	9	3	高野敬一郎		3	緒方 研三
1	T	1	4	杉崎 克巳		4	東山 勝英
0	G	1	5	寺林 努		5	平島 健右
2	PG	1	6	梶原 敏補		6	渡部 政和
0	DG	0	7	長沼 竜太		7	荒牧 滋美
0	T	0	8	益子 俊志		8	権正 逸之
0	G	0	9	奥脇 教	HB	9	柳田 琢二
1	PG	1	10	本城 和彦		10	中川 龍士
1	DG	0	11	浜本 哲治	TB	11	上野 精一
11	反則	7	12	津布久 誠		12	阿部 匡
			13	吉野 俊郎		13	柴田 勝浩
			14	中川 俊一		14	氏家 俊明
			15	安田 真人	FB	15	市橋 豊

昭和55年11月23日　G 秩父宮　R 真下 昇　KO 14:00

公式試合 No.545 昭和55年度 第8試合 対抗戦

早大		明大	No	早大		No	明大
18	—	33	1	町田 英夫	FW	1	梨本 清隆
12	前	18	2	佐伯 誠司		2	藤田 剛
6	後	15	3	高野敬一郎		3	井上 賢知
1	T	1	4	杉崎 克己		4	仲村 綱城
1	G	1	5	寺林 努		5	川地 光二
2	PG	4	6	梶原 敏補		6	坪 直康
0	DG	0	7	長沼 龍太		7	遠藤 敬治
1	T	3	8	益子 俊志		8	瀬下 和夫
0	G	1	9	奥脇 教	HB	9	砂村 光信
0	PG	1	10	本城 和彦		10	砂村 光信
0	DG	0	11	浜本 哲治	TB	11	平井 一朗
10	反則	16	12	津布久 誠		12	小林(角)日出夫
			13	吉野 俊郎		13	龍二
			14	中川 俊一		14	斉藤 信泰
			15	安田 真人	FB	15	橋爪 利明

昭和55年12月7日　G 国立競技場　R 高森秀蔵　KO 14:00

公式試合 No.546 昭和55年度 交流試合

早大		専大	No	早大		No	専大
9	—	40	1	町田 英夫	FW	1	金坂 篤
3	前	12	2	中村 俊久		2	仙石 久雄
6	後	28	3	松瀬 学		3	佐藤 秀爾
0	T	2	4	杉崎 克己		4	河村 年也
0	G	2	5	寺林 努		5	西村 建一
1	PG	1	6	梶原 敏補		6	嵯峨 良平
0	DG	0	7	長沼 龍太		7	長谷 充也
1	T	6	8	益子 俊志		8	安藤 和人
0	G	2	9	奥脇 教	HB	9	岡松 康雄
0	PG	0	10	本城 和彦		10	斉藤 昌男
0	DG	0	11	浜本 哲治	TB	11	柏木 宣久
	反則		12	津布久 誠		12	鈴木 光
			13	吉野 俊郎		13	吉田 徹
			14	池田 剛		14	堀川 英一
			15	安田 真人	FB	15	松永 浩一

昭和55年12月14日　G 秩父宮　R 八木宏器　KO 12:45

国際試合 No.51 昭和56年度 ダブリン大学来日

全早大		ダブリン大	No	全早大		No	ダブリン大
27	—	9	1	町田 英夫	FW	1	B. FULLER
18	前	6	2	橋本 裕幸		2	J. NARTNETL
9	後	3	3	松瀬 学		3	L. BOOTH
2	T	0	4	佐々木 忍		4	C. O'KELLY
2	G	0	5	杉崎 克己		5	A. BLAIR
1	PG	3	6	伊藤 隆		6	J. COULTER
0	DG	0	7	石塚 武生		7	M. RYAN
1	T	1	8	益子 俊志		8	D. SPRING
1	G	0	9	奥脇 教	HB	9	S. BLAIR
0	PG	0	10	樋山 信幸		10	J. BOURKE
1	DG	0	11	浜本 哲治	TB	11	T. McFARLAND
18	反則	11	12	吉野 俊郎		12	J. GARRVEY
			13	南川洋一郎		13	C. MITCHELL
			14	本城 和彦		14	B. DEVANEY
			15	津布久 誠	FB	15	H. McNIEL

昭和56年9月17日　G 国立競技場　R ウェルズビー　KO 19:00

公式試合 No.547 昭和56年度 第1試合 対抗戦

早大		東大	No	早大		No	東大
59	—	3	1	吉雄 達三	FW	1	斉藤 守弘
23	前	3	2	佐伯 誠司		2	尾関 智二
36	後	0	3	松瀬 学		3	小松 正夫
4	T	1	4	佐々木 忍		4	東 明彦
2	G	0	5	杉崎 克己		5	有坂 英一
1	PG	1	6	梶原 敏補		6	堀口 秀和
0	DG	0	7	桜庭 雄耕		7	北 孝文
7	T	0	8	益子 俊志		8	安藤 祥一
4	G	0	9	佐々木 卓	HB	9	関口 英輔
0	PG	1	10	津布久 誠		10	鴨崎 晃
0	DG	0	11	浜本 哲治	TB	11	白崎 智彦
	反則	14	12			12	赤坂 勉
			13	吉野 俊郎		13	国分 幹雄
			14	中川 俊一		14	三戸 秀國
			15	安田 真人	FB	15	天野 敦夫

昭和56年10月3日　G 秩父宮　R 今岡俊輔　KO 14:30

公式試合 No.548 昭和56年度 第2試合 対抗戦

早大		帝京大	No	早大		No	帝京大
54	—	3	1	西尾 進	FW	1	松田 浩
26	前	3	2	佐伯 誠司		2	札場 太
28	後	0	3	松瀬 学		3	伊藤 義孝
4	T	0	4	佐々木 忍		4	畠中 信明
2	G	0	5	杉崎 克己		5	塚本 浩二
2	PG	1	6	梶原 敏補		6	竹村 光弘
0	DG	0	7	土屋謙太郎		7	荒木 一夫
5	T	0	8	益子 俊志		8	稲川 秀幸
4	G	0	9	佐々木 卓	HB	9	土方 正実
0	PG	0	10	津布久 誠		10	田村 誠
0	DG	0	11	浜本 哲治	TB	11	鬼沢 淳
15	反則	7	12			12	村上 秀寿
			13	吉野 俊郎		13	田中 雅史
			14	野本 直揮		14	宮沢 和之
			15	安田 真人	FB	15	浅見 正信

昭和56年10月11日　G 三ツ沢　R 辻 茂樹　KO 14:30
交代 帝京大:鈴木正人(札場)

公式試合 No.549 昭和56年度 第3試合 対抗戦

早大		立大	No	早大		No	立大
116	—	6	1	木村 樹	FW	1	中沢 龍司
52	前	6	2	佐伯 誠司		2	鶴田健二郎
64	後	0	3	松瀬 学		3	石田 克己
10	T	0	4	佐々木 忍		4	田島 大輔
8	G	0	5	杉崎 克己		5	田島 雅弘
0	PG	2	6	梶原 敏補		6	岩田 章
0	DG	0	7	渡邊 隆		7	栗田正一郎
8	T	0	8	益子 俊志		8	高地 優二
8	G	0	9	佐々木 卓	HB	9	市川 博基
1	PG	0	10	津布久 誠		10	秋山 正樹
0	DG	0	11	新谷 時男	TB	11	小泉 亘
4	反則	14	12	本城 和彦		12	福田 明久
			13	吉野 俊郎		13	坂内 竜二
			14	野本 直揮		14	花島 正
			15	中川 俊一	FB	15	山口 雅弘

昭和56年10月17日　G 東伏見　R 奈良昭男　KO 14:00

公式試合 No.550　昭和56年度　第4試合　対抗戦
早大 42 — 12 青学大

早大		青学大
42	—	12
22	前	6
20	後	6
2	T	0
1	G	0
4	PG	2
0	DG	0
4	T	1
2	G	1
0	PG	0
0	DG	0
11	反則	10

No	早大	Pos	No	青学大
1	西尾　進	FW	1	松本誠一郎
2	佐伯　誠司		2	福嶋　伸容
3	伊藤　秀昭		3	三本　靖広
4	杉崎　克己		4	西端　泰史
5	寺林　努		5	和田　久生
6	梶原　敏輔		6	民辻　竹弘
7	土屋謙太郎		7	安達　実
8	益子　俊志		8	古屋　正仁
9	佐々木　卓	HB	9	山本　高義
10	津布久　誠		10	尾崎　直人
11	新谷　時男	TB	11	岩岡　洋志
12	本城　和彦		12	牧野太乃也
13	山田　悦朗		13	愛木　執
14	野本　直輝		14	植田　一
15	中川　俊一	FB	15	中村　正明

昭和56年10月25日　G 秩父宮　R 伊神勝彦　KO 12:45
交代 青学大:坊清隆(植田)

公式試合 No.551　昭和56年度　第5試合　対抗戦
早大 27 — 12 日体大

早大		日体大
27	—	12
15	前	6
12	後	6
1	T	0
1	G	0
3	PG	2
0	DG	0
1	T	1
1	G	1
1	PG	0
0	DG	0
11	反則	14

No	早大	Pos	No	日体大
1	伊藤　秀昭	FW	1	山本　清吾
2	佐伯　誠司		2	原　喜代司
3	松瀬　学		3	大島　芳和
4	杉崎　克己		4	井浦　浩
5	寺林　努		5	池上　正
6	梶原　敏輔		6	内海　雅人
7	渡邊　隆		7	葛西　祥文
8	益子　俊志		8	川上　聡彦
9	佐々木　卓	HB	9	大前　功雄
10	津布久　誠		10	島田　典彰
11	浜本　哲治	TB	11	後藤　義明
12	本城　和彦		12	檜山　正弘
13	吉野　俊郎		13	楢田　泰章
14	中川　俊一		14	城崎　孝夫
15	安田　真人	FB	15	鶴田　誠

昭和56年11月1日　G 秩父宮　R 真下　昇　KO 14:30
交代 早大:佐々木薫(吉野)

公式試合 No.552　昭和56年度　第6試合　対抗戦
早大 28 — 10 筑波大

早大		筑波大
28	—	10
18	前	10
10	後	0
1	T	2
1	G	1
3	PG	0
1	DG	0
2	T	0
1	G	0
0	PG	0
0	DG	0
14	反則	12

No	早大	Pos	No	筑波大
1	伊藤　秀昭	FW	1	加藤　清澄
2	佐伯　誠司		2	浮辺浩一郎
3	松瀬　学		3	中嶋　健二
4	杉崎　克己		4	佐々木　康
5	寺林　努		5	花岡　伸明
6	梶原　敏輔		6	脇坂　満
7	渡邊　隆		7	近江　定
8	益子　俊志		8	安藤　和宏
9	佐々木　卓	HB	9	太田　勲
10	本城　和彦		10	新井　均
11	浜本　哲治	TB	11	高谷　育弘
12	山田　悦朗		12	千葉　智則
13	佐々木　薫		13	竹下　史仁
14	野本　直輝		14	山本　隆
15	津布久　誠	FB	15	森　正信

昭和56年11月7日　R 八木宏器　KO 14:30
交代 早大:安田真人(津布久)

公式試合 No.553　昭和56年度　第7試合　対抗戦
早大 25 — 16 慶大

早大		慶大
25	—	16
16	前	12
9	後	4
2	T	2
1	G	2
2	PG	0
0	DG	0
1	T	1
1	G	0
1	PG	0
0	DG	0
12	反則	13

No	早大	Pos	No	慶大
1	伊藤　秀昭	FW	1	村田　毅
2	佐伯　誠司		2	篠原　定之
3	松瀬　学		3	板岡　司晃
4	杉崎　克己		4	良塚　正則
5	寺林　努		5	平島　健右
6	梶原　敏輔		6	石田　明文
7	渡邊　隆		7	林　邦彦
8	益子　俊志		8	権正　邦彦
9	佐々木　卓	HB	9	堀尾　直孝
10	本城　和彦		10	浅田　英男
11	新谷　時男	TB	11	上野　精一
12	佐々木　薫		12	松永　敏宏
13	吉野　俊郎		13	柴田　清志
14	野本　直輝		14	氏家　俊明
15	浜本　哲治	FB	15	市瀬　豊和

昭和56年11月23日　G 秩父宮　R 真下　昇　KO 14:00

公式試合 No.554　昭和56年度　第8試合　対抗戦
早大 21 — 15 明大

早大		明大
21	—	15
9	前	3
12	後	12
1	T	0
1	G	0
1	PG	1
0	DG	0
2	T	1
2	G	1
0	PG	0
0	DG	0
27	反則	11

No	早大	Pos	No	明大
1	伊藤　秀昭	FW	1	梨本　清隆
2	佐伯　誠司		2	佐藤　康信
3	松瀬　学		3	井上　賢和
4	杉崎　克己		4	相沢　雅晴
5	寺林　努		5	川地　光二
6	梶原　敏輔		6	岸　直彦
7	渡邊　隆		7	遠藤　敬治
8	益子　俊志		8	河瀬　泰治
9	佐々木　卓	HB	9	窪田　穣
10	本城　和彦		10	若狭　平和
11	新谷　時男	TB	11	寺尾　直樹
12	佐々木　薫		12	小林日出夫
13	吉野　俊郎		13	緒方　正美
14	野本　直輝		14	高橋　宏
15	安田　真人	FB	15	籾山　裕

昭和56年12月6日　G 国立競技場　R 高森秀蔵　KO 14:00
交代 早大:土屋謙太郎(益子)

公式試合 No.555　昭和56年度　交流試合
早大 28 — 6 東海大

早大		東海大
28	—	6
14	前	3
14	後	3
3	T	0
1	G	0
0	PG	1
0	DG	0
3	T	0
3	G	0
0	PG	0
0	DG	0
12	反則	11

No	早大	Pos	No	東海大
1	伊藤　秀昭	FW	1	藤原　秀幸
2	佐伯　誠司		2	矢野　幹美
3	松瀬　学		3	富田　裕樹
4	杉崎　克己		4	佐藤　賢司
5	寺林　努		5	上村　勝仁
6	梶原　敏輔		6	伊藤　文彦
7	渡邊　隆		7	鈴木　了
8	益子　俊志		8	小川　静男
9	佐々木　卓	HB	9	磯田　清昭
10	本城　和彦		10	山下　春久
11	新谷　時男	TB	11	手島　武男
12	佐々木　薫		12	牛山　睦美
13	山田　悦朗		13	小山田吉勝
14	野本　直輝		14	田村　雅人
15	安田　真人	FB	15	向井　昭吾

昭和56年12月13日　G 秩父宮　R 八木宏器　KO 14:00

公式試合 No.556　昭和56年度　第18回大学選手権1回戦
早大 16 — 3 福岡大

早大		福岡大
16	—	3
3	前	3
13	後	0
0	T	0
0	G	0
1	PG	0
0	DG	0
2	T	0
1	G	0
1	PG	0
0	DG	0
6	反則	7

No	早大	Pos	No	福岡大
1	伊藤　秀昭	FW	1	北田　昭
2	佐伯　誠司		2	古川　直之
3	松瀬　学		3	池之野良友
4	佐々木　忍		4	山浦　豊
5	杉崎　克己		5	星川　嘉宏
6	土屋謙太郎		6	植村　到
7	渡邊　隆		7	北里　利朗
8	益子　俊志		8	宮崎　耕太
9	佐々木　卓	HB	9	熊本　英喜
10	本城　和彦		10	原田　伸吾
11	浜本　哲治	TB	11	堤　明英
12	佐々木　薫		12	米塚　勝彰
13	山田　悦朗		13	長谷川深二
14	中川　俊一		14	末田　啓二
15	渡辺　一盛	FB	15	宮田耕太郎

昭和56年12月20日　G 久留米　R 近藤一雄　KO 14:00

公式試合 No.557　昭和56年度　第18回大学選手権準決勝
早大 25 — 0 専大

早大		専大
25	—	0
4	前	0
21	後	0
1	T	0
1	G	0
0	PG	0
0	DG	0
4	T	0
1	G	0
1	PG	0
0	DG	0
12	反則	13

No	早大	Pos	No	専大
1	伊藤　秀昭	FW	1	金坂　篤
2	佐伯　誠司		2	仙石　久俊
3	吉田　雄三		3	美ノ上寿彦
4	杉崎　克己		4	河村　年也
5	寺林　努		5	野口　公彦
6	梶原　敏輔		6	仁村　信志
7	渡邊　隆		7	溝口　信一
8	益子　俊志		8	安藤　和久
9	佐々木　卓	HB	9	安田　成根
10	本城　和彦		10	光本　良治
11	新谷　時男	TB	11	柏木　宣久
12	佐々木　薫		12	吉田　徹
13	吉野　俊郎		13	岩崎　武文
14	野本　直輝		14	長岡　法人
15	安田　真人	FB	15	仲宗根弘明

昭和57年1月2日　G 国立競技場　R 真下　昇　KO 12:15
交代 早大:土屋謙太郎(益子)、中村寛(吉野)

公式試合 No.558　昭和56年度　第18回大学選手権決勝
早大 12 — 21 明大

早大		明大
12	—	21
12	前	6
0	後	15
1	T	1
1	G	1
0	PG	1
0	DG	0
2	T	2
1	G	2
0	PG	0
0	DG	0
9	反則	9

No	早大	Pos	No	明大
1	伊藤　秀昭	FW	1	梨本　清隆
2	佐伯　誠司		2	佐藤　康信
3	松瀬　学		3	井上　賢和
4	杉崎　克己		4	相沢　雅晴
5	寺林　努		5	川地　光二
6	梶原　敏輔		6	岸　直彦
7	渡邊　隆		7	遠藤　敬治
8	土屋謙太郎		8	河瀬　泰治
9	佐々木　卓	HB	9	窪田　穣
10	本城　和彦		10	若狭　平和
11	浜本　哲治	TB	11	長谷川　浩
12	佐々木　薫		12	工藤　浩明
13	吉野　俊郎		13	小林日出夫
14	野本　直輝		14	新出　康史
15	安田　真人	FB	15	籾山　裕

昭和57年1月4日　G 国立競技場　R 八木宏器　KO 14:00

国際試合 No.52　昭和56年度　英仏遠征第1試合
全早大 3 — 50 パリ大

全早大		パリ大
3	—	50
3	前	16
0	後	34
0	T	5
0	G	2
1	PG	0
0	DG	0
0	T	6
0	G	5
0	PG	0
0	DG	0
5	反則	7

No	全早大	Pos	No	パリ大
1	伊藤　秀昭	FW	1	HENDERSON
2	佐伯　誠司		2	INSARDI
3	吉田　雄三		3	COUCHAUX
4	佐々木　忍		4	NOLLANDER
5	杉崎　克己		5	NOUVEL
6	梶原　敏輔		6	GOULAY
7	石塚　武生		7	SERRES-COUSINE
8	益子　俊志		8	TARDY
9	佐々木　卓	HB	9	ORDITZ
10	本城　和彦		10	LEBRAUD
11	新谷　時男	TB	11	SIMON
12	佐々木　薫		12	MOREAU
13	吉野　俊郎		13	FAGET
14	中川　俊一		14	BOUCHERIE
15	安田　真人	FB	15	CL.HAGET

昭和57年2月28日　G パリ大　R アルガシル　KO 18:00

国際試合 No.53　昭和56年度　英仏遠征第2試合
全早大 27 — 40 オックスフォード大

全早大		オックスフォード大
27	—	40
9	前	16
18	後	24
1	T	2
1	G	1
0	PG	0
0	DG	0
3	T	4
3	G	3
0	PG	0
0	DG	0
5	反則	7

No	全早大	Pos	No	オックスフォード大
1	町田　英夫	FW	1	N.HERROD
2	橋本　裕幸		2	M.KENNY
3	松瀬　学		3	J.WEBSTER
4	杉崎　克己		4	C.HAMMAN
5	寺林　努		5	M.GARGAN
6	伊藤　隆		6	J.SEARLE
7	石塚　武生		7	A.PECK
8	益子　俊志		8	A.BROOKS
9	奥脇　教	HB	9	R.LUDDINGTON
10	本城　和彦		10	S.HALLIDAY
11	浜本　哲治	TB	11	C.EWART
12	佐々木　薫		12	D.COLEMAN
13	南川洋一郎		13	P.CROWE
14	野本　直輝		14	S.SAUNDERS
15	植山　信幸	FB	15	A.BIBBY

昭和57年3月2日　G オックスフォード大　R PARKER　KO 14:30

国際試合 No.54　昭和56年度　英仏遠征第3試合
全早大 20 — 10 エジンバラ大

全早大		エジンバラ大
20	—	10
9	前	7
11	後	3
1	T	1
1	G	0
0	PG	1
0	DG	0
2	T	0
1	G	0
0	PG	0
0	DG	0
5	反則	7

No	全早大	Pos	No	エジンバラ大
1	町田　英夫	FW	1	J.ETERS
2	佐伯　誠司		2	B.WHITE
3	松瀬　学		3	W.JACK
4	佐々木　忍		4	C.ALDERSON
5	寺林　努		5	I.STEVENS
6	梶原　敏輔		6	K.SEEX
7	渡邊　隆		7	T.UPRICHARD
8	伊藤　隆		8	N.BROWNLIE
9	佐々木　卓	HB	9	K.HARPER
10	本城　和彦		10	A.GOLDIE
11	新谷　時男	TB	11	A.IRONS
12	南川洋一郎		12	M.OWENS
13	吉野　俊郎		13	S.SHIPTON
14	野本　直輝		14	R.AUKLAND
15	安田　真人	FB	15	K.HANNIFORD

昭和57年3月5日　G エジンバラ大　R MIERAS　KO 15:00

国際試合　No. 55　昭和56年度　英仏遠征第4試合

全早大		ケンブリッジ大		全早大			ケンブリッジ大
13	—	12	1	町田 英夫	FW	1	J. KINGSTON
9	前	3	2	橋本 裕幸		2	G. STEELE-BOSGER
4	後	9	3	松瀬 学		3	B. BAILEY
1	T	0	4	杉崎 克己		4	S. ATTFIELA
1	G	0	5	寺林 努		5	B. BIDDELL
1	PG	1	6	伊藤 隆		6	R. BELGER
0	DG	0	7	石塚 武生		7	D. TAYLOR
1	T	1	8	益子 俊志		8	P. LILLINGTON
0	G	1	9	奥脇 教	HB	9	R. SANDERS
0	PG	1	10	本城 和彦		10	M. BREDDY
0	DG	0	11	新谷 時男	TB	11	M. ROSE
24	反則	6	12	南川洋一郎		12	K. HOSKIN
昭和57年3月10日			13	吉野 俊郎		13	R. BOYD-MOSS
G ケンブリッジ大			14	野本 直揮		14	J. WHEELHOUSE
R SNOWDEN　KO 15:00			15	植山 信幸	FB	15	A. HAMPEL

交代　早大：佐伯誠司（橋本）

公式試合　No. 559　昭和57年度　第1試合　対抗戦

早大		東大		早大			東大
24	—	4	1	吉田 雄三	FW	1	宇羽野哲生
15	前	4	2	清水 昇		2	中川 将司
9	後	0	3	松瀬 学		3	松田 卓也
1	T	1	4	杉崎 克己		4	東 明彦
1	G	0	5	西山良太郎		5	有坂 真一
3	PG	0	6	梶原 敏補		6	堀口 和秀
0	DG	0	7	土屋謙太郎		7	陶久 昌明
1	T	0	8	益子 俊志		8	安藤 祥一
1	G	0	9	山田 浩史	HB	9	中村 津一
1	PG	0	10	本城 和彦		10	鴨崎 晃
0	DG	0	11	浜本 哲治	TB	11	野手 圭治
18	反則	16	12	佐々木 薫		12	広野 公一
昭和57年10月2日			13	大久保俊彦		13	荒井 隆雄
G 秩父宮			14	辻本 知伸		14	三戸 秀國
R 奈良昭男　KO			15	安田 真人	FB	15	天野 敦夫

公式試合　No. 560　昭和57年度　第2試合　対抗戦

早大		帝京大		早大			帝京大
34	—	17	1	山本 巧	FW	1	大沢日出雄
18	前	10	2	清水 昇		2	増淵 努
16	後	7	3	松瀬 学		3	松田 浩
2	T	1	4	杉崎 克己		4	稲川 秀幸
2	G	0	5	西山良太郎		5	塚本 浩二
2	PG	2	6	梶原 敏補		6	竹村 光弘
0	DG	0	7	土屋謙太郎		7	宮川 好規
3	T	1	8	益子 俊志		8	田中 良
2	G	0	9	松尾 元満	HB	9	池沢 猛
0	PG	1	10	本城 和彦		10	田村 誠
0	DG	0	11	辻本 知伸	TB	11	鬼沢 淳
7	反則	20	12	佐々木 薫		12	田中 雅史
昭和57年10月10日			13	梶原 晃		13	渡部 監祥
G 秩父宮			14	池田 剛		14	富沢 和之
R 高森秀蔵　KO 14:30			15	安田 真人	FB	15	加納 秀久

交代　帝京大：浅見正信（富沢）、池田智（田中良）

公式試合　No. 561　昭和57年度　第3試合　対抗戦

早大		立大		早大			立大
89	—	3	1	山本 巧	FW	1	柴村 良一
35	前	0	2	清水 昇		2	鶴田健二郎
54	後	3	3	松瀬 学		3	宮下 弘
6	T	0	4	西山良太郎		4	田島 雅弘
4	G	0	5	渡辺 幸男		5	田島 大輔
1	PG	0	6	梶原 敏補		6	高野 律雄
0	DG	0	7	土屋謙太郎		7	山口 雅弘
11	T	0	8	矢ケ部(角)博		8	三国 正晴
5	G	0	9	松尾 元満	HB	9	水野 富夫
0	PG	1	10	本城 和彦		10	井上 陽二
0	DG	0	11	辻本 知伸	TB	11	秋山 正樹
7	反則	12	12	佐々木 薫		12	堀谷 敦
昭和57年10月17日			13	吉野 俊郎		13	坂内 敬二
G 三ッ沢			14	池田 剛		14	中田 俊一
R 辻 茂樹　KO 14:30			15	安田 真人	FB	15	小泉 亘

交代　立大：吉川尚（鶴田）、金沢栄（田島雅）

公式試合　No. 562　昭和57年度　第4試合　対抗戦

早大		青学大		早大			青学大
80	—	0	1	吉田 雄三	FW	1	松本誠一郎
26	前	0	2	清水 昇		2	溝淵 毅
54	後	0	3	松瀬 学		3	鈴木 隆則
5	T	0	4	杉崎 克己		4	尾之内蔵夫
3	G	0	5	西山良太郎		5	西嶋 泰史
0	PG	0	6	梶原 敏補		6	吉田 悟
0	DG	0	7	土屋謙太郎		7	土屋 英樹
10	T	0	8	益子 俊志		8	西川 朋男
7	G	0	9	松尾 元満	HB	9	本幡 祐二
0	PG	0	10	本城 和彦		10	杉本 泰昭
0	DG	0	11	辻本 知伸	TB	11	岩熊 清司
12	反則	11	12	佐々木 薫		12	佐藤 臣司
昭和57年10月24日			13	吉野 俊郎		13	大島 徳善
G 秩父宮			14	池田 剛		14	植田 倫正
R 高橋 孝　KO 12:45			15	安田 真人	FB	15	石原 丈

公式試合　No. 563　昭和57年度　第5試合　対抗戦

早大		筑波大		早大			筑波大
25	—	9	1	吉田 雄三	FW	1	柴田 篤
15	前	9	2	清水 昇		2	横山 弘
10	後	0	3	松瀬 学		3	浮辺浩一郎
2	T	0	4	杉崎 克己		4	佐々木 康
2	G	0	5	西山良太郎		5	吉沢 和彦
1	PG	3	6	梶原 敏補		6	黒沢 光弘
0	DG	0	7	岡田 鉄太		7	近田 直人
2	T	0	8	益子 俊志		8	安藤 和宏
1	G	0	9	松尾 元満	HB	9	太田 勲
0	PG	0	10	本城 和彦		10	新井 均
0	DG	0	11	辻本 知伸	TB	11	山本 純生
9	反則	6	12	佐々木 薫		12	細野 安司
昭和57年10月31日			13	吉野 俊郎		13	千葉 智則
G 秩父宮			14	池田 剛		14	橋本 英一
R 富沢政雄　KO 14:30			15	安田 真人	FB	15	香中 峰秋

公式試合　No. 564　昭和57年度　第6試合　対抗戦

早大		日体大		早大			日体大
30	—	15	1	吉田 雄三	FW	1	山本 清悟
12	前	3	2	清水 昇		2	原 喜代司
18	後	12	3	松瀬 学		3	大島 芳和
1	T	0	4	杉崎 克己		4	小尾 由幸
1	G	0	5	西山良太郎		5	池上 正
1	PG	1	6	梶原 敏補		6	越山 昌彦
1	DG	0	7	岡田 鉄太		7	葛西 祥文
4	T	2	8	益子 俊志		8	薄葉 良
1	G	2	9	松尾 元満	HB	9	小野 義則
0	PG	0	10	本城 和彦		10	島田 典彰
0	DG	0	11	浜本 哲治	TB	11	楫田 泰章
9	反則	13	12	佐々木 薫		12	吉永宏二郎
昭和57年11月6日			13	吉野 俊郎		13	朽木 英次
G 秩父宮			14	池田 剛		14	雨宮 静也
R 八木宏器　KO 14:30			15	安田 真人	FB	15	大貫 慎二

交代　日体大：小島理（越山）

公式試合　No. 565　昭和57年度　第7試合　対抗戦

早大		慶大		早大			慶大
24	—	12	1	吉田 雄三	FW	1	中野 忠幸
17	前	0	2	西尾 進		2	清原 定之
7	後	12	3	松瀬 学		3	五所 紳一
3	T	0	4	杉崎 克己		4	平島 健右
1	G	0	5	西山良太郎		5	中山 剛
1	PG	0	6	梶原 敏補		6	田代 博
0	DG	0	7	土屋謙太郎		7	石田 明文
1	T	2	8	益子 俊志		8	林 邦彦
0	G	2	9	松尾 元満	HB	9	堀尾 直孝
1	PG	0	10	本城 和彦		10	浅田 武男
0	DG	0	11	浜本 哲治	TB	11	上野 精一
10	反則	7	12	佐々木 薫		12	松永 敏宏
昭和57年11月23日			13	吉野 俊郎		13	柴田 勝浩
G 秩父宮			14	池田 剛		14	村井大次郎
R 真下 昇　KO 14:30			15	安田 真人	FB	15	市瀬 豊和

公式試合　No. 566　昭和57年度　第8試合　対抗戦

早大		明大		早大			明大
23	—	6	1	塩入 英治	FW	1	佐藤 康信
4	前	6	2	西尾 進		2	相沢 勤太
19	後	0	3	松瀬 学		3	田中 龍幸
1	T	1	4	杉崎 克己		4	鈴木 清士
0	G	1	5	西山良太郎		5	村松研二郎
0	PG	0	6	梶原 敏補		6	岸 直彦
0	DG	0	7	土屋謙太郎		7	高田 健造
3	T	0	8	益子 俊志		8	河瀬 泰治
2	G	0	9	松尾 元満	HB	9	南 隆雄
1	PG	0	10	本城 和彦		10	小林日出夫
0	DG	0	11	浜本 哲治	TB	11	梅木 精豪
6	反則	11	12	佐々木 薫		12	工藤 浩明
昭和57年12月5日			13	吉野 俊郎		13	長野 智行
G 国立競技場			14	池田 剛		14	若狭 平和
R 八木宏器　KO 14:00			15	安田 真人	FB	15	籾山 裕

公式試合　No. 567　昭和57年度　交流試合

早大		大東大		早大			大東大
36	—	14	1	塩入 英治	FW	1	岡本 浩一
10	前	10	2	西尾 進		2	北村 雄二
26	後	4	3	松瀬 学		3	野沢 龍二
1	T	2	4	杉崎 克己		4	坂爪 信之
0	G	1	5	西山良太郎		5	平山 浩志
2	PG	0	6	梶原 敏補		6	伊藤 克弥
0	DG	0	7	土屋謙太郎		7	北島 功一
5	T	1	8	益子 俊志		8	ﾎﾎﾟｲ ﾀｲｵﾈ
3	G	0	9	松尾 元満	HB	9	根 本 隆
0	PG	0	10	本城 和彦		10	藤本 茂樹
0	DG	0	11	浜本 哲治	TB	11	一瀬 一美
12	反則	12	12	佐々木 薫		12	佐藤 明寛
昭和57年12月12日			13	吉野 俊郎		13	小野 一成
G 秩父宮			14	池田 剛		14	ﾉﾎﾑﾘ ﾀｳﾓｴﾌｧﾗｳ
R 本田泰則　KO 14:30			15	安田 真人	FB	15	北村 弘二

公式試合　No. 568　昭和57年度　第19回大学選手権1回戦

早大		京産大		早大			京産大
45	—	16	1	塩入 英治	FW	1	中田 章治
24	前	6	2	西尾 進		2	三原 正也
21	後	10	3	松瀬 学		3	河野 勇
4	T	1	4	杉崎 克己		4	藪田 卓憲
4	G	1	5	西山良太郎		5	久保田正樹
0	PG	0	6	梶原 敏補		6	笠木 伸二
0	DG	0	7	土屋謙太郎		7	秦 光広
4	T	2	8	益子 俊志		8	金丸 秀一
1	G	1	9	松尾 元満	HB	9	津守 利一
1	PG	0	10	本城 和彦		10	小野 智
0	DG	0	11	浜本 哲治	TB	11	坂本 秀彰
16	反則	9	12	佐々木 薫		12	田中 伴尚
昭和57年12月18日			13	吉野 俊郎		13	西川登志雄
G 花園			14	池田 剛		14	奥村 順一
R 伊神勝彦　KO 12:45			15	安田 真人	FB	15	安田 修一

交代　京産大：代川崎晴彦（秦）

公式試合　No. 569　昭和57年度　第19回大学選手権準決勝

早大		明大		早大			明大
9	—	13	1	塩入 英治	FW	1	佐藤 康信
6	前	4	2	西尾 進		2	藤田 剛
3	後	9	3	松瀬 学		3	山中 正孝
0	T	1	4	杉崎 克巳		4	鈴木 清士
0	G	0	5	西山良太郎		5	村松研二郎
2	PG	0	6	梶原 敏補		6	岸 直彦
0	DG	0	7	土屋謙太郎		7	高田 健造
0	T	1	8	益子 俊志		8	河瀬 泰治
0	G	1	9	松尾 元満	HB	9	窪田 穣
1	PG	1	10	本城 和彦		10	小林日出夫
0	DG	0	11	浜本 哲治	TB	11	梅木 精豪
6	反則	13	12	佐々木 薫		12	工藤 浩明
昭和58年1月3日			13	吉野 俊郎		13	長野 智行
G 国立競技場			14	池田 剛		14	末永 卓也
R 八木宏器　KO 12:15			15	安田 真人	FB	15	籾山 裕

国際試合 No.56　昭和58年度　ケンブリッジ大学来日

全早大		ケンブリッジ大
6	—	28
3	前	13
3	後	15
0	T	1
0	G	0
1	PG	3
0	DG	0
0	T	2
0	G	2
1	PG	1
0	DG	0
10	反則	11

全早大		ケンブリッジ大
1 町田 英夫	FW	1 J.KINGSTON
2 橋本 裕幸		2 P.GREEN
3 山本 巧		3 R.BAILEY
4 西山良太郎		4 P.LILLINGTON
5 栗原 誠治		5 W.STILEMAN
6 伊藤 隆		6 J.MACKLIN
7 土屋謙太郎		7 I.MORRISON
8 益子 俊志		8 J.ELLISON
9 奥脇 教	HB	9 J.CULLEN
10 本城 和彦		10 R.ANDREW
11 伊藤 寿浩	TB	11 M.BAILEY
12 佐々木 薫		12 H.DAVIES
13 吉野 俊郎		13 T.O'BRIEN
14 本城 直揮		14 S.SMITH
15 植山 信幸	FB	15 A.HAMPEL

昭和58年9月8日
G 国立競技場
R 真下 昇　KO 19:15
交代　早大：畠本裕士（植山）
　　　ケンブリッジ大：BENETT（MORRISON）

国際試合 No.57　昭和58年度　オックスフォード大学来日

全早大		オックスフォード大
6	—	28
6	前	6
0	後	22
0	T	0
0	G	0
2	PG	2
0	DG	0
0	T	2
0	G	2
0	PG	4
0	DG	0
27	反則	10

全早大		オックスフォード大
1 町田 英夫	FW	1 N.HERROD
2 西尾 進		2 J.WEBSTER
3 山本 巧		3 D.MILLS
4 西山良太郎		4 J.THOMSN
5 小出 順一		5 M.GARGAN
6 伊藤 隆		6 M.ASHALL
7 梶原 裕輔		7 J.SEARLE
8 益子 俊志		8 B.HABERGHAM
9 松尾 元満	HB	9 R.LUDDINGTON
10 藤崎 泰士		10 S.BARNES
11 伊藤 寿浩	TB	11 D.WOODROW
12 佐々木 薫		12 P.CROWE
13 吉野 俊郎		13 D.COLEMAN
14 本城 和彦		14 S.SAUNDERS
15 安田 直人	FB	15 H.MacNEILL

昭和58年9月23日
G 国立競技場
R クインテットン　KO12:30
交代　オックスフォード大：EDWARDS（GARGAN）

公式試合 No.570　昭和58年度　第1試合　対抗戦

早大		東大
43	—	0
25	前	0
18	後	0
5	T	0
1	G	0
1	PG	0
0	DG	0
4	T	0
1	G	0
0	PG	0
0	DG	0
13	反則	10

早大		東大
1 尾形 勉	FW	1 青山 和浩
2 堀 岳		2 宇羽野哲生
3 山本 巧		3 松田 卓也
4 西山良太郎		4 東 明彦
5 栗原 誠治		5 出口 敦
6 土屋謙太郎		6 堀口 和秀
7 矢ケ部 博		7 宇野 広一
8 小出 順一		8 陶久 昌明
9 松尾 元満	HB	9 長尾(関)弘
10 藤崎 泰士		10 赤坂 勉
11 浜本 哲治	TB	11 野手 圭治
12 佐々木 薫		12 鴨崎 晃
13 大久保俊彦		13 中井 隆雄
14 池田 剛		14 今田 太郎
15 石井 勝尉	FB	15 天野 敦夫

昭和58年10月9日
G 秩父宮
R 小畔 東　KO 12:45
交代　東大：中島達（荒井）

公式試合 No.571　昭和58年度　第2試合　対抗戦

早大		立大
46	—	3
28	前	3
18	後	0
6	T	0
2	G	0
0	PG	1
0	DG	0
4	T	0
1	G	0
0	PG	0
0	DG	0
8	反則	9

早大		立大
1 吉田 雄三	FW	1 小宮山昌明
2 西尾 進		2 寺田 弘
3 永井 雅之		3 宮下 弘
4 西山良太郎		4 三国 正晴
5 栗原 誠治		5 大木 康正
6 土屋謙太郎		6 高野 律雄
7 矢ケ部 博		7 松田 崇
8 小出 順一		8 黒川 誠
9 松尾 元満	HB	9 水野 富夫
10 藤崎 泰士		10 溝呂木 泉
11 鈴木 学	TB	11 霜崎 雄二
12 吉川 雅也		12 栗田正一郎
13 大久保俊彦		13 堀谷 深
14 池田 剛		14 谷岸 潔
15 石井 勝尉	FB	15 津山 純一

昭和58年10月16日
G 秩父宮
R 高橋 孝　KO 12:45
交代　立大：坂内敬二（栗田）

公式試合 No.572　昭和58年度　第3試合　対抗戦

早大		青学大
49	—	10
20	前	4
29	後	6
4	T	1
2	G	0
0	PG	1
0	DG	0
5	T	1
3	G	1
1	PG	0
0	DG	0
8	反則	11

早大		青学大
1 吉田 雄三	FW	1 音成 俊博
2 堀 岳		2 溝渕 毅
3 永井 雅之		3 鈴木 隆則
4 西山良太郎		4 塚原 康弘
5 栗原 誠治		5 山崎 善也
6 土屋謙太郎		6 近藤 憲彦
7 矢ケ部 博		7 村岡隆也
8 小出 順一		8 西川 朋男
9 松尾 元満	HB	9 藤原 祐一
10 藤崎 泰士		10 杉本 泰昭
11 伊藤 寿浩	TB	11 石原 丈
12 佐々木 薫		12 佐藤 臣司
13 大久保俊彦		13
14 池田 剛		14 野中 保宏
15 吉川 雅也	FB	15 中原 晃治

昭和58年10月23日
G 秩父宮
R 高橋 孝　KO 12:45
交代　青学大：日原孝浩（塚原）、井上慶（大島）

公式試合 No.573　昭和58年度　第4試合　対抗戦

早大		帝京大
19	—	23
9	前	9
10	後	14
1	T	3
1	G	2
1	PG	0
0	DG	0
2	T	2
1	G	1
0	PG	2
0	DG	0
12	反則	12

早大		帝京大
1 塩入 英治	FW	1 引間 弘美
2 堀 岳		2 安江 幸夫
3 山本 巧		3 鈴木 雅弘
4 西山良太郎		4 山田 英明
5 栗原 誠治		5 塚本 浩二
6 土屋謙太郎		6 佐藤 正
7 矢ケ部 博		7 池田 智
8 小出 順一		8 田中 良
9 松尾 元満	HB	9 池沢 猛
10 藤崎 泰士		10 監督
11 伊藤 寿浩	TB	11 鬼沢 淳
12 佐々木 薫		12 相沢 輝雄
13 大久保俊彦		13 田村 誠
14 池田 剛		14 冨沢 和之
15 吉川 雅也	FB	15 浅見 正信

昭和58年10月30日
G 東伏見
R 斉藤直樹　KO 14:00

公式試合 No.574　昭和58年度　第5試合　対抗戦

早大		日体大
8	—	15
0	前	3
8	後	12
0	T	0
0	G	0
0	PG	1
0	DG	0
2	T	2
0	G	2
0	PG	0
0	DG	0
8	反則	9

早大		日体大
1 塩入 英治	FW	1 原 喜代司
2 西尾 進		2 中原 雅史
3 永井 雅之		3 大島 芳和
4 西山良太郎		4 松本 明男
5 小出 順一		5 中野 泰幸
6 恵藤 公浩		6 越山 昌彦
7 土屋謙太郎		7 葛西 祥文
8 矢ケ部 博		8 石井 泰三
9 松尾 元満	HB	9 高嶋 利明
10 藤崎 泰士		10 朽木 英次
11 伊藤 寿浩	TB	11 大薗 穂積
12 佐々木 薫		12 永松宏二郎
13 大久保俊彦		13 鶴田 誠
14 池田 剛		14 大貫 慎二
15 吉川 雅也	FB	15 仙台 史明

昭和58年11月5日
G 秩父宮
R 入江康平　KO 14:30

公式試合 No.575　昭和58年度　第6試合　対抗戦

早大		筑波大
29	—	9
15	前	3
14	後	6
1	T	0
1	G	0
3	PG	1
1	DG	0
3	T	1
1	G	0
0	PG	1
0	DG	0
13	反則	20

早大		筑波大
1 尾形 勉	FW	1 柴田 篤
2 堀 岳		2 西脇 満
3 永井 雅之		3 岩田 実之
4 西山良太郎		4 藤掛 一典
5 小出 順一		5 吉沢 和彦
6 恵藤 公浩		6 竹村 章
7 土屋謙太郎		7 黒沢 光弘
8 矢ケ部 博		8 安藤 和宏
9 松尾 元満	HB	9 亀岡 敏之
10 藤崎 泰士		10 新井 隆之
11 伊藤 寿浩	TB	11 山本 純生
12 佐々木 薫		12 竹下 宏仁
13 大久保俊彦		13 大石 康晴
14 池田 剛		14 佐藤 公則
15 吉川 雅也	FB	15 高谷 育弘

昭和58年11月13日
G 秩父宮
R 本田泰則　KO 14:30
交代　早大：石井勝尉（佐々木）
　　　筑波大：亀山宏司（西脇）

公式試合 No.576　昭和58年度　第7試合　対抗戦

早大		慶大
6	—	4
6	前	4
0	後	0
1	T	1
1	G	0
0	PG	0
0	DG	0
0	T	0
0	G	0
0	PG	0
0	DG	0
0	反則	16

早大		慶大
1 尾形 勉	FW	1 村田 毅
2 西尾 進		2 橋本 達矢
3 永井 雅之		3 中山 忠幸
4 西山良太郎		4 平島 健右
5 小出 順一		5 中山 剛
6 恵藤 公浩		6 田代 博
7 土屋謙太郎		7 玉塚 元一
8 矢ケ部 博		8 林 邦彦
9 松尾 元満	HB	9 生田 久貴
10 藤崎 泰士		10 浅田 武男
11 伊藤 寿浩	TB	11 上野 精一
12 佐々木 薫		12 松永 敏宏
13 大久保俊彦		13 市瀬 豊和
14 池田 剛		14 氏家 俊明
15 安田 真人	FB	15 村井大次郎

昭和58年11月23日
G 国立
R 富沢政雄　KO 14:00

公式試合 No.577　昭和58年度　第8試合　対抗戦

早大		明大
12	—	21
4	前	8
8	後	13
1	T	2
0	G	0
0	PG	0
0	DG	0
2	T	2
0	G	1
0	PG	1
0	DG	0
10	反則	6

早大		明大
1 塩入 英治	FW	1 佐藤 康信
2 西尾 進		2 中村 紀夫
3 山本 巧		3 山中 正孝
4 西山良太郎		4 鈴木 清士
5 小出 順一		5 柳 瑞史
6 恵藤 公浩		6 広瀬 良治
7 土屋謙太郎		7 高田 健造
8 矢ケ部 博		8 高橋 善幸
9 松尾 元満	HB	9 中谷 康
10 藤崎 泰士		10 小林 日出夫
11 鈴木 学	TB	11 鈴木 繁
12 吉川 雅也		12 若狭 平和
13 大久保俊彦		13 長野 智行
14 池田 剛		14 末永 卓也
15 安田 真人	FB	15 村田 成人

昭和58年12月4日
G 国立競技場
R 真下 昇　KO 14:00

公式試合 No.578　昭和59年度　第1試合　対抗戦

早大		東大
81	—	3
39	前	0
42	後	3
6	T	0
5	G	0
1	PG	1
0	DG	0
7	T	0
4	G	0
0	PG	0
0	DG	0
10	反則	7

早大		東大
1 宮崎 達矢	FW	1 小原 道生
2 米倉 昭浩		2 渥美 泰典
3 山本 巧		3 塗坂 淳一
4 渡辺 幸男		4 斉藤 真一
5 栗原 誠治		5 小泉 孝明
6 恵藤 公浩		6 広瀬 孝
7 平島 英治		7 小林 久峰
8 矢ケ部 博		8 松本 光之
9 山田 浩史	HB	9 嵯峨 治夫
10 森田 博志		10 中島 達
11 鈴木 学	TB	11 大久保 力
12 吉川 雅也		12 土本 俊和
13 大久保俊彦		13 飛鷹 裕之
14 土肥 琢哉		14 安藤 公一
15 石井 勝尉	FB	15 加藤 芳明

昭和59年9月30日
G 秩父宮
R 中川敏世　KO 14:30

公式試合 No.579　昭和59年度　第2試合　対抗戦

早大		立大
76	—	0
28	前	0
48	後	0
4	T	0
7	G	0
1	PG	0
0	DG	0
4	T	0
4	G	0
0	PG	0
0	DG	0
2	反則	7

早大		立大
1 尾形 勉	FW	1 黒石 康暢
2 吉田 雄三		2 寺田 弘
3 山本 巧		3 宮下 弘
4 渡辺 幸男		4 大木 康正
5 栗原 誠治		5 多畑 志朗
6 恵藤 公浩		6 松田 崇
7 平島 英治		7 黒川 誠
8 矢ケ部 博		8 水野 富夫
9 山田 浩史	HB	9 小林 一幸
10 森田 博志		10 小林 一幸
11 鈴木 学	TB	11 栗田正一郎
12 吉川 雅也		12 栗田正一郎
13 大久保俊彦		13 溝呂木 泉
14 土肥 琢哉		14 吉田 隆晴
15 石井 勝尉	FB	15 津山 純

昭和59年10月14日
G 東伏見
R 高橋 孝　KO 14:30
交代　立大：谷岸潔（津山）

公式試合 No.580 昭和59年度 第3試合 対抗戦

早大		帝京大
29	—	0
7	前	0
22	後	0
1	T	0
0	G	0
1	PG	0
0	DG	0
4	T	0
3	G	0
0	PG	0
0	DG	0
11	反則	12

昭和59年10月20日　G 秩父宮　R 辻　茂樹　KO 14:30
交代　帝京大：高羽琢二（守吉）

早大	pos	No	帝京大
尾形　勉	FW	1	伊藤　義孝
米倉　昭浩		2	安江　幸夫
山本　巧		3	引間　弘美
渡辺　幸男		4	長沢　克美
栗原　誠治		5	塚本　浩二
恵藤　公浩		6	守吉　辰美
平島　英治		7	池田　智
矢ケ部　博		8	田中　良
松尾　元満	HB	9	池沢　猛
森田　博志		10	監部　監祥
鈴木　学	TB	11	林　清志
吉川　雅也		12	相沢　輝雄
大久保俊彦		13	影山　研介
土肥　琢哉		14	清水　辰彦
石井　勝尉	FB	15	小泉真一郎

公式試合 No.581 昭和59年度 第4試合 対抗戦

早大		青学大
36	—	6
22	前	0
14	後	6
4	T	0
3	G	0
0	PG	0
3	T	1
1	G	0
1	PG	1
0	DG	0
19	反則	9

昭和59年10月28日　G 三ッ沢　R 中川敏博　KO 14:30
交代　青学大：近藤憲彦（市瀬）

早大	pos	No	青学大
塩入　英治	FW	1	音成　俊博
米倉　昭浩		2	溝淵　毅
永井　雅之		3	須田　尚宏
志摩　明		4	日原　孝法
栗原　誠治		5	山崎　善也
渡辺　浩章		6	美川　竜二
恵藤　公浩		7	内田　芳信
矢ケ部　博		8	市瀬　和敏
松尾　元満	HB	9	藤原　祐一
森田　博志		10	熊谷　透
鈴木　学	TB	11	岩熊　清司
吉川　雅也		12	井上　慶
大久保俊彦		13	杉本　泰昭
土肥　琢哉		14	野中　保宏
石井　勝尉	FB	15	近藤　英一

公式試合 No.582 昭和59年度 第5試合 対抗戦

早大		日体大
21	—	15
3	前	3
18	後	12
0	T	0
0	G	0
0	PG	1
1	DG	0
3	T	2
3	G	2
0	PG	0
0	DG	0
5	反則	6

昭和59年11月4日　G 秩父宮　R 真下　昇　KO 14:30

早大	pos	No	日体大
尾形　勉	FW	1	淵御　敏博
米倉　昭浩		2	中原　雅史
山本　巧		3	富沢　宏
清水　明浩		4	井沢　慶太
栗原　誠治		5	中野　泰幸
恵藤　公浩		6	南　秀二
平島　英治		7	葛西　祥文
矢ケ部　博		8	石井　泰三
松尾　元満	HB	9	高崎　利明
森田　博志		10	朽木　英次
鈴木　学	TB	11	宇多村賢治
吉川　雅也		12	雨宮　静也
大久保俊彦		13	梅村　裕美
土肥　琢哉		14	阿久津友作
石井　勝尉	FB	15	仙台　史明

公式試合 No.583 昭和59年度 第6試合 対抗戦

早大		筑波大
41	—	13
16	前	13
25	後	0
2	T	2
1	G	1
2	PG	1
0	DG	0
3	T	0
2	G	0
3	PG	0
0	DG	0
4	反則	9

昭和59年11月10日　G 秩父宮　R 八木宏器　KO 14:30
交代　筑波大：藤山卓也（佐藤）

早大	pos	No	筑波大
尾形　勉	FW	1	湯沢　一道
米倉　昭浩		2	上杉　法靖
山本　巧		3	岩田　安史
清水　明浩		4	近藤　周平
栗原　誠治		5	谷地村克久
恵藤　公浩		6	河田　弘重
平島　英治		7	池田　直人
矢ケ部　博		8	前田　茂雄
松尾　元満	HB	9	亀岡　政幸
森田　博志		10	堤　荘司
鈴木　学	TB	11	山本　純生
吉川　雅也		12	大石　康晴
大久保俊彦		13	佐藤　公則
土肥　琢哉		14	
石井　勝尉	FB	15	藤井　邦之

公式試合 No.584 昭和59年度 第7試合 対抗戦

早大		慶大
11	—	12
4	前	6
7	後	6
1	T	0
0	G	0
0	PG	2
0	DG	0
1	T	1
0	G	1
1	PG	0
0	DG	0
4	反則	7

昭和59年11月23日　G 国立競技場　R 真下　昇　KO 14:00

早大	pos	No	慶大
尾形　勉	FW	1	音成　達矢
米倉　昭浩		2	五所　紳一
山本　巧		3	中野　忠幸
清水　明浩		4	柴田　忠通
栗原　誠治		5	中山　剛
恵藤　公浩		6	田代　博
平島　英治		7	玉塚　元一
矢ケ部　博		8	塚原　正剛
松尾　元満	HB	9	生田　久貴
森田　博志		10	市瀬　武男
鈴木　学	TB	11	市瀬　豊和
吉川　雅也		12	松永　敏宏
大久保俊彦		13	林　千春
土肥　琢哉		14	若林　俊彦
石井　勝尉	FB	15	村井大次郎

公式試合 No.585 昭和59年度 第8試合 対抗戦

早大		明大
10	—	6
3	前	3
7	後	3
0	T	0
0	G	0
1	PG	1
0	DG	0
1	T	1
1	G	0
0	PG	0
0	DG	0
4	反則	8

昭和59年12月2日　G 国立競技場　R 八木宏器　KO 14:30

早大	pos	No	明大
尾形　勉	FW	1	佐藤　康信
吉田　雄三		2	中村　礼夫
永井　雅之		3	山中　正孝
清水　明浩		4	柳　隆文
栗原　誠治		5	鈴木　清
恵藤　公浩		6	中島　修二
平島　英治		7	広瀬　良治
矢ケ部　博		8	高橋　善幸
松尾　元満	HB	9	南　隆雄
森田　博志		10	佐藤　聡
鈴木　学	TB	11	梅木　精豪
吉川　雅也		12	出向井　豊
大久保俊彦		13	川上　健司
伊藤　寿浩		14	鈴木　繁
石井　勝尉	FB	15	村井　成人

公式試合 No.586 昭和59年度 交流試合

早大		日大
32	—	6
20	前	0
12	後	6
4	T	0
2	G	0
0	PG	0
0	DG	0
3	T	1
1	G	0
0	PG	0
0	DG	0
11	反則	10

昭和59年12月15日　G 秩父宮　R 奈良昭男　KO 14:30
交代　早大：志摩明（栗原）

早大	pos	No	日大
塩入　英治	FW	1	林　久彦
吉田　雄三		2	菅原　貞之
永井　雅之		3	黒沢　克美
渡辺　幸男		4	市川　晴樹
栗原　誠治		5	尾崎　達博
恵藤　公浩		6	平野　克己
平島　英治		7	小寺俊信介
矢ケ部　博		8	小沢　健一
松尾　元満	HB	9	山田　礼光
森田　博志		10	野口　哲二
鈴木　学	TB	11	柴田　昭文
吉川　雅也		12	
大久保俊彦		13	佐藤　俊英
伊藤　寿浩		14	有家　章雄
石井　勝尉	FB	15	村田惣一郎

公式試合 No.587 昭和59年度 第21回大学選手権1回戦

早大		中京大
32	—	12
3	前	6
29	後	6
0	T	0
0	G	0
1	PG	2
0	DG	0
5	T	1
3	G	1
1	PG	0
0	DG	0
5	反則	8

昭和59年12月22日　G 瑞穂陸上競技場　R 入江康平　KO 14:30

早大	pos	No	中京大
尾形　勉	FW	1	鬼頭　健次
吉田　雄三		2	池沢　正行
永井　雅之		3	井本　伊織
渡辺　幸男		4	江田　浩生
清水　明浩		5	藤田　尉次
恵藤　公浩		6	松下　克己
平島　英治		7	辻本　寛人
矢ケ部　博		8	上野　真
松尾　元満	HB	9	高木　恒和
石井　勝尉		10	中尾　守彦
鈴木　学	TB	11	麦田　俊武
吉川　雅也		12	小林　卓哉
大久保俊彦		13	小林　卓哉
伊藤　寿浩		14	南　正人
池田　尚	FB	15	岡田　洋史

公式試合 No.588 昭和59年度 第21回大学選手権準決勝

早大		同大
7	—	27
4	前	14
3	後	13
1	T	2
0	G	2
1	PG	1
0	DG	0
1	T	3
0	G	2
1	PG	0
0	DG	0
4	反則	8

昭和60年1月2日　G 国立競技場　R 八木宏器　KO 14:30
交代　早大：土肥琢哉（鈴木）

早大	pos	No	同大
尾形　勉	FW	1	木村　敏隆
吉田　雄三		2	森川　進豪
永井　雅之		3	馬場　新
渡辺　幸男		4	園井　良
清水　明浩		5	八木津康史
恵藤　公浩		6	藤家　規大
平島　英治		7	浦野　健介
矢ケ部　博		8	土田　雅人
松尾　元満	HB	9	児玉　耕樹
森田　博志		10	松尾　勝博
鈴木　学	TB	11	清水　剛志
吉川　雅也		12	藤原　誠二
大久保俊彦		13	福井　俊之
伊藤　寿浩		14	系山　泰規
石井　勝尉	FB	15	綾城　高志

国際試合 No.58 昭和59年度 台湾遠征 第1試合

全早大		陸軍
22	—	18
9	前	12
13	後	6
1	T	2
1	G	2
1	PG	0
0	DG	0
2	T	0
1	G	0
1	PG	1
0	DG	1
17	反則	10

昭和60年3月17日　G 台北市営　R 不明　KO

全早大	pos	No	陸軍
尾形　勉	FW	1	
吉田　雄三		2	
永井　雅之		3	
渡辺　幸男		4	
清水　明浩		5	
梶原　敏補		6	
土屋謙太郎		7	
矢ケ部　博		8	
奥脇　教	HB	9	
本城　和彦		10	
池田　尚	TB	11	
吉川　雅也		12	
大久保俊彦		13	
伊藤　寿浩		14	
安田　真人	FB	15	

国際試合 No.59 昭和59年度 台湾遠征 第2試合

全早大		台北体専隊
41	—	11
19	前	0
22	後	11
4	T	1
3	G	0
0	PG	0
0	DG	0
3	T	1
0	G	0
0	PG	1
0	DG	0
3	反則	8

昭和60年3月19日　G 台北市営　R 不明　KO

全早大	pos	No	台北体専隊
永井　雅之	FW	1	
米倉　昭浩		2	
山本　巧		3	
渡辺　幸男		4	
志摩　明		5	
梶原　敏補		6	
土屋謙太郎		7	
益子　俊志		8	
山田　浩史	HB	9	
森田　博志		10	
池田　尚	TB	11	
吉川　雅也		12	
吉野　俊郎		13	
土肥　琢哉		14	
石井　勝尉	FB	15	

国際試合 No.60 昭和59年度 台湾遠征 第3試合

全早大		全建国中
32	—	0
4	前	0
28	後	0
1	T	0
0	G	0
0	PG	0
0	DG	0
6	T	0
2	G	0
0	PG	0
0	DG	0
8	反則	8

昭和60年3月21日　G 台北市営　R 不明　KO

全早大	pos	No	全建国中
永井　雅之	FW	1	
吉田　雄三		2	
山本　巧		3	
志摩　明		4	
渡辺　幸男		5	
梶原　敏補		6	
土屋謙太郎		7	
益子　俊志		8	
奥脇　教	HB	9	
本城　和彦		10	
伊藤　寿浩		11	
吉川　雅也		12	
吉野　俊郎		13	
池田　尚		14	
安田　直人	FB	15	

国際試合　No.61　昭和59年度　台湾遠征　第4試合

全早大　　光華隊

全早大		光華隊		全早大		光華隊
38	—	18	1	永井 雅之 FW	1	
15	前	0	2	吉田 雄三	2	
23	後	18	3	山本 巧	3	
2	T	0	4	志摩 明	4	
2	G	0	5	清水 明浩	5	
1	PG	0	6	梶原 敏補	6	
0	DG	0	7	恵藤 公浩	7	
4	T	4	8	矢ケ部 博	8	
2	G	1	9	奥島 教 HB	9	
1	PG	0	10	本城 和彦	10	
0	DG	0	11	伊藤 寿浩 TB	11	
13	反則	13	12	吉野 俊郎	12	

昭和60年3月24日　G 台北市営　R 不明 KO
13 大久保俊彦 13／14 土肥 琢哉 14／15 石井 勝尉 FB 15
交代　早大：吉川雅也（吉野）

公式試合　No.589　昭和60年度　第1試合　対戦

早大　　一橋大

早大		一橋大		早大		一橋大
68	—	0	1	塩入 英治 FW	1	高見 博
36	前	0	2	西谷 光宏	2	大石 晃慶
32	後	0	3	山本 巧	3	石田 大輔
6	T	0	4	坂本 光治	4	阿部 且
3	G	0	5	清水 明浩	5	大黒 哲也
2	PG	0	6	恵藤 公浩	6	原田 禎忠
0	DG	0	7	渡辺 浩章	7	早川 泰弘
7	T	0	8	浜野 彰	8	多田 幸弘
2	G	0	9	井上 明 HB	9	富田 修
0	PG	0	10	森田 博志	10	山下 正幸
0	DG	0	11	桑島 靖明 TB	11	大園 博司
7	反則	7	12	吉川 雅也	12	笹沼 武志

昭和60年9月29日　G 東伏見　R 松丸直樹 KO 14:30
13 土肥 琢哉 13 菊池 和彦／14 鈴木 学 14 河野 文昭／15 石井 勝尉 FB 15 遠藤誠一郎
交代　早大：永田隆憲（山本）

公式試合　No.590　昭和60年度　第2試合　対抗戦

早大　　東大

早大		東大		早大		東大
38	—	3	1	永田 隆憲 FW	1	長谷川雅彦
22	前	0	2	塩入 英治	2	小山 秀明
16	後	3	3	富岡 誠一	3	彦坂 淳一
3	T	0	4	坂本 光治	4	田中 竜郎
2	G	0	5	清水 真央	5	小泉 孝朗
2	PG	0	6	恵藤 公浩	6	高市 恭治
0	DG	0	7	渡辺 浩章	7	青山 卓也
4	T	0	8	中村 祐治	8	松本 光之
2	G	0	9	吉田隆太郎 HB	9	小野 正道
0	PG	1	10	石井 勝尉	10	中島 達
0	DG	0	11	池田 尚 TB	11	加藤 孝明
11	反則	12	12	吉川 雅也	12	古賀 久展

昭和60年10月6日　G 秩父宮　R 松尾啓次 KO 12:45
13 土肥 琢哉 13 庄司 英洋／14 鈴木 学 14 大久保 力／15 大友 直 FB 15 新 徹

公式試合　No.591　昭和60年度　第3試合　対抗戦

早大　　立大

早大		立大		早大		立大
55	—	6	1	尾形 勉 FW	1	黒石 康輔
21	前	6	2	塩入 英治	2	上西浩一郎
34	後	0	3	富岡 誠一	3	吉本 洋人
4	T	1	4	清水 明浩	4	鈴木 孝
1	G	1	5	栗原 誠治	5	広沢 孝行
1	PG	0	6	恵藤 公浩	6	三国 正晴
0	DG	0	7	渡辺 浩章	7	多畑 志朗
7	T	0	8	浜野 彰	8	大木 康正
3	G	0	9	井上 明 HB	9	水野 富夫
0	PG	0	10	石井 勝尉	10	半田 純一
0	DG	0	11	川崎 剛寿 TB	11	霜崎 雄二
5	反則	9	12	吉川 雅也	12	小林 一幸

昭和60年10月13日　G 東伏見　R 大倉浩美 KO 14:30
13 土肥 琢哉 13 上田 雄志／14 鈴木 学 14 谷岸 潔／15 池田 尚 FB 15 津山 純一
交代　早大：西谷光宏（塩入）

公式試合　No.592　昭和60年度　第4試合　対抗戦

早大　　帝京大

早大		帝京大		早大		帝京大
30	—	9	1	尾形 勉 FW	1	幸木 幸夫
14	前	9	2	塩入 英治	2	石井 陽資
16	後	0	3	山本 巧	3	引間 弘美
3	T	1	4	清水 明浩	4	長沢 克美
1	G	1	5	栗原 誠治	5	斉藤 孝博
1	PG	1	6	恵藤 公浩	6	高羽 琢二
0	DG	0	7	渡辺 浩章	7	池田 智
2	T	0	8	浜野 彰	8	田中 良
1	G	0	9	井上 明 HB	9	池沢 猛
2	PG	0	10	石井 勝尉	10	渡部 監祥
0	DG	0	11	川崎 剛寿 TB	11	田中 英治
7	反則	13	12	吉川 雅也	12	相沢 輝雄

昭和60年10月20日　G 秩父宮　R 八木宏器 KO 14:30
13 土肥 琢哉 13 土川 高史／14 鈴木 学 14 影山 研介／15 池田 尚 FB 15 小泉真一郎
交代　帝京大：田中義浩（引間）、田中良直（斉藤）

公式試合　No.593　昭和60年度　第5試合　対抗戦

早大　　青学大

早大		青学大		早大		青学大
7	—	6	1	尾形 勉 FW	1	樋口 賢二
3	前	6	2	塩入 英治	2	溝淵 毅
4	後	0	3	山本 巧	3	須及 尚宏
0	T	1	4	清水 明浩	4	天沼 秀一
0	G	0	5	栗原 誠治	5	山崎 善也
1	PG	0	6	恵藤 公浩	6	坂根 範直
0	DG	0	7	渡辺 浩章	7	美川 陽三
1	T	0	8	浜野 彰	8	市瀬 和敏
0	G	0	9	井上 明 HB	9	藤原 祐一
0	PG	0	10	石井 勝尉	10	鈴木 成明
0	DG	0	11	川崎 剛寿 TB	11	有川 浩一
4	反則	15	12	吉川 雅也	12	田中 達生

昭和60年10月27日　G 三ツ沢　R 阿世賀敏幸 KO 14:30
13 土肥 琢哉 13 佐藤 勝美／14 鈴木 学 14 井上 慶／15 池田 尚 FB 15 広野 正彦

公式試合　No.594　昭和60年度　第6試合　対抗戦

早大　　日体大

早大		日体大		早大		日体大
30	—	15	1	尾形 勉 FW	1	松尾 隆寛
14	前	6	2	塩入 英治	2	中原 雅史
16	後	9	3	山本 巧	3	富沢 宏
3	T	1	4	清水 明浩	4	木暮 伸一
1	G	1	5	栗原 誠治	5	西村 浩之
0	PG	1	6	恵藤 公浩	6	石井 泰三
0	DG	0	7	渡辺 浩章	7	上田 倫之
3	T	1	8	神田識二朗	8	岩井 英明
2	G	0	9	井上 明 HB	9	日原 修
0	PG	0	10	石井 勝尉	10	水上 敦
0	DG	0	11	川崎 剛寿 TB	11	志賀 浩一
4	反則	9	12	吉川 雅也	12	梅村 裕美

昭和60年11月3日　G 秩父宮　R 八木宏器 KO 12:45
13 土肥 琢哉 13 武山 哲也／14 鈴木 学 14 阿久津友作／15 池田 尚 FB 15 仙台 史明

公式試合　No.595　昭和60年度　第7試合　対抗戦

早大　　筑波大

早大		筑波大		早大		筑波大
30	—	7	1	尾形 勉 FW	1	中里 豊
6	前	7	2	塩入 英治	2	上杉 法靖
24	後	0	3	山本 巧	3	中村 正人
1	T	0	4	清水 明浩	4	池戸 成記
1	G	0	5	栗原 誠治	5	梶原 宏之
0	PG	0	6	恵藤 公浩	6	河田 弘重
0	DG	0	7	渡辺 浩章	7	西川 悟
4	T	1	8	神田識二朗	8	前田 茂雄
4	G	0	9	井上 明 HB	9	北沢 一利
0	PG	0	10	石井 勝尉	10	槙 荘司
0	DG	0	11	野口 裕一 TB	11	利根 尚志
4	反則	5	12	今駒 憲二	12	田中 裕之

昭和60年11月9日　G 秩父宮　R 富沢政雄 KO 14:30
13 吉川 雅也 13 田辺 伸一／14 鈴木 学 14 佐藤 公則／15 池田 尚 FB 15 藤本 邦之
交代　早大：西谷光宏（塩入）

公式試合　No.596　昭和60年度　第8試合　対抗戦

早大　　慶大

早大		慶大		早大		慶大
13	—	7	1	尾形 勉 FW	1	橋本 達矢
13	前	7	2	西谷 光宏	2	五所 純一
0	後	0	3	山本 巧	3	中野 忠幸
2	T	1	4	清水 明浩	4	田中 秀樹
1	G	1	5	栗原 誠治	5	山越 克雄
1	PG	0	6	恵藤 公浩	6	太田 将
0	DG	0	7	渡辺 浩章	7	油山 哲也
0	T	0	8	神田識二朗	8	柴田 志遠
0	G	0	9	井上 明 HB	9	生田 久貴
0	PG	0	10	石井 勝尉	10	清水 周英
0	DG	0	11	今駒 憲二 TB	11	瀬田 俊一
4	反則	10	12	吉川 雅也	12	青井 博生

昭和60年11月23日　G 国立競技場　R 真世茂 昇 KO 14:00
13 土肥 琢哉 13 林 千春／14 鈴木 学 14 若林 俊康／15 池田 尚 FB 15 渡瀬 裕司

公式試合　No.597　昭和60年度　第9試合　対抗戦

早大　　明大

早大		明大		早大		明大
6	—	8	1	尾形 勉 FW	1	太田 治
6	前	4	2	西谷 光宏	2	中村 紀夫
0	後	4	3	山本 巧	3	篠原 俊則
0	T	1	4	清水 明浩	4	乾 治生
0	G	0	5	栗原 誠治	5	田中 龍幸
1	PG	0	6	恵藤 公浩	6	土井 太志
1	DG	0	7	渡辺 浩章	7	中島 修二
0	T	1	8	神田識二朗	8	高橋 善幸
0	G	0	9	井上 明 HB	9	南 隆雄
0	DG	0	10	石井 勝尉	10	佐藤 聡
4	反則	9	11	今駒 憲二 TB	11	梅本 精豪
			12	吉川 雅也	12	出向井 豊

昭和60年12月1日　G 国立競技場　R 八木宏器 KO 14:00
13 土肥 琢哉 13 川上 健司／14 鈴木 学 14 末永 卓也／15 池田 尚 FB 15 村井 成人
交代　明大：鵜沼俊夫（末永）

公式試合　No.598　昭和60年度　交流試合

早大　　専大

早大		専大		早大		専大
22	—	7	1	尾形 勉 FW	1	小田 史朗
3	前	7	2	西谷 光宏	2	荒木 隆善
19	後	0	3	山本 巧	3	曽木 貢
0	T	1	4	清水 明浩	4	酒見 喜勝
1	G	0	5	栗原 誠治	5	コーナー オケーリー
1	PG	0	6	恵藤 公浩	6	中川 塊
0	DG	0	7	渡辺 浩章	7	新田目 剛
3	T	0	8	神田識二朗	8	番場 千尋
2	G	0	9	井上 明 HB	9	大山 栄広
0	PG	0	10	石井 勝尉	10	久保 正彦
0	DG	0	11	今駒 憲二 TB	11	斉藤 富雄
4	反則	9	12	吉川 雅也	12	河本 昌弘

昭和60年12月15日　G 秩父宮　R 斉藤直樹 KO 12:15
13 土肥 琢哉 13／14 鈴木 学 14 相良 亮／15 池田 尚 FB 15 入江 寿法

公式試合　No.599　昭和60年度　第22回大学選手権1回戦

早大　　同大

早大		同大		早大		同大
32	—	3	1	尾形 勉 FW	1	木村 敏隆
15	前	0	2	塩入 英治	2	広瀬 務
17	後	3	3	山本 巧	3	森川 進藤
4	T	0	4	清水 明浩	4	東口 明広
5	G	0	5	栗原 誠治	5	上杉 将之
1	PG	1	6	恵藤 公浩	6	竹田 晋二
0	DG	0	7	渡辺 浩章	7	杉本 慎二
3	T	0	8	神田識二朗	8	宮本 勝文
1	G	0	9	井上 明 HB	9	児玉 耕樹
0	PG	0	10	石井 勝尉	10	坂元 寿彦
	DG		11	今駒 憲二 TB	11	清水 剛志
12	反則	7	12	吉川 雅也	12	松尾 隆

昭和60年12月22日　G 瑞穂陸上競技場　R ファンワース KO 13:45
13 土肥 琢哉 13 福井 俊之／14 鈴木 学 14 赤山 泰規／15 池田 尚 FB 15 綾城 高志
交代　早大：川崎剛寿（今駒）

公式試合 No.600　昭和60年度　第22回大学選手権準決勝

早大		慶大
6	—	15
6	前	9
0	後	6
0	T	1
0	G	1
2	PG	1
0	DG	0
0	T	1
0	G	1
0	PG	0
0	DG	0
8	反則	13

早大		慶大
1　尾形　勉	FW	1　橋本　達矢
2　塩入　英治		2　五所　紳一
3　山本　巧		3　中野　忠幸
4　清水　明浩		4　柴田　志通
5　栗原　誠治		5　山越　克雄
6　恵藤　公浩		6　栗原　正信
7　渡辺　浩章		7　上島　治
8　神田識二朗		8　油山　哲也
9　吉田隆太郎	HB	9　生田　久貴
10　石井　勝尉		10　清水　周英
11　川崎　剛寿	TB	11　太田　浩介
12　吉川　雅也		12　井井　博也
13　土肥　琢哉		13　林　千春
14　鈴木　学		14　若林　俊康
15　池田　尚	FB	15　渡瀬　裕司

昭和60年12月28日　G　国立競技場　R　斉藤直樹　KO 14:00
交代　早大：森田博志(土肥)

公式試合 No.601　昭和61年度　第1試合　対抗戦

早大		一橋大
113	—	0
55	前	0
58	後	0
8	T	0
7	G	0
3	PG	0
0	DG	0
11	T	0
7	G	0
0	PG	0
0	DG	0
7	反則	10

早大		一橋大
1　永田　隆憲	FW	1　坂口　英治
2　西谷　光宏		2　仲谷　真三
3　頓所　明彦		3　坂東　正俊
4　坂本　光治		4　山徳　重嗣
5　岡本　武司		5　平出　浩一
6　渡辺　浩章		6　北川　雄一
7　神田識二朗		7　吉田　晴彦
8　清宮　克幸		8　多田　幸弘
9　吉田隆太郎	HB	9　富田　修
10　森田　博志		10　坂西　豊
11　島沢　明史	TB	11　岩田　淳
12　中島　健		12　小原　広之
13　北村　慶		13　デビット ジュール
14　南部　修		14　有田　博
15　加藤進一郎	FB	15　山下　正幸

昭和61年9月23日　G　三ッ沢　R　土本芳則　KO 14:30

公式試合 No.602　昭和61年度　第2試合　対抗戦

早大		東大
45	—	4
20	前	0
25	後	4
3	T	0
1	G	0
2	PG	0
0	DG	0
4	T	1
3	G	0
1	PG	0
0	DG	0
9	反則	15

早大		東大
1　永田　隆憲	FW	1　山口　哲
2　西谷　光宏		2　富田　賢一
3　頓所　明彦		3　青山　和浩
4　坂本　光治		4　神井　真之
5　岡本　武司		5　小泉　孝明
6　渡辺　浩章		6　志摩　昌彦
7　神田識二朗		7　小林　久峰
8　清宮　克幸		8　松本　光之
9　吉田隆太郎	HB	9　小野　正道
10　森田　博志		10　古賀　久展
11　島沢　明史	TB	11　加藤　芳明
12　中島　健		12　浅野　徹
13　北村　慶		13　冨沢　直行
14　中村　裕治		14　大久保　力
15　加藤進一郎	FB	15　長坂　省

昭和61年10月5日　G　秩父宮　R　阿世賀敏幸　KO 12:45

公式試合 No.603　昭和61年度　第3試合　対抗戦

早大		立大
74	—	0
34	前	0
40	後	0
7	T	0
3	G	0
0	PG	0
0	DG	0
8	T	0
4	G	0
0	PG	0
0	DG	0
5	反則	13

早大		立大
1　永田　隆憲	FW	1　佐藤　康暢
2　西谷　光宏		2　岩田　仰
3　富岡　誠一		3　上西浩三郎
4　坂本　光治		4　鈴木　修一
5　弘田　知巳		5　高野　陽一
6　渡辺　浩章		6　中野愛一郎
7　神田識二朗		7　榊木　靖
8　清宮　克幸		8　大木　康正
9　松坂　広之	HB	9　山本　聡志
10　森田　博志		10　関島　悟
11　川崎　剛寿	TB	11　天羽　啓太
12　石井　勝尉		12　矢部　景久
13　今駒　憲二		13　関島　隆晴
14　中村　裕治		14　中村
15　香取　鉄平	FB	15　元治　裕一

昭和61年10月11日　G　三ッ沢　R　土本芳則　KO 14:30
交代　早大：浜野彰(清宮)

公式試合 No.604　昭和61年度　第4試合　対抗戦

早大		帝京大
30	—	9
16	前	9
14	後	0
2	T	1
1	G	1
2	PG	0
0	DG	0
3	T	0
1	G	0
1	PG	0
0	DG	0
10	反則	13

早大		帝京大
1　永田　隆憲	FW	1　今村　宏明
2　西谷　光宏		2　石井　陽資
3　頓所　明彦		3　引間　弘美
4　坂本　光治		4　長沢　克美
5　栗原　誠治		5　須賀　孝弘
6　渡辺　浩章		6　中野　智雄
7　神田識二朗		7　高羽　琢二
8　清宮　克幸		8　大橋　啓
9　吉田隆太郎	HB	9　雨宮　靖
10　森田　博志		10　杉本　昌秀
11　川崎　剛寿	TB	11　相沢　輝雄
12　石井　勝尉		12
13　今駒　憲二		13　土川　高史
14　中村　裕治		14　益田　雄之
15　香取　鉄平	FB	15　小松　徳也

昭和61年10月19日　G　秩父宮　R　辻　茂樹　KO 12:45

公式試合 No.605　昭和61年度　第5試合　対抗戦

早大		青学大
39	—	3
26	前	0
13	後	3
6	T	0
1	G	0
0	PG	1
0	DG	0
2	T	0
1	G	0
1	PG	0
0	DG	0
10	反則	8

早大		青学大
1　永田　隆憲	FW	1　樋口　賢二
2　西谷　光宏		2　山口
3　頓所　明彦		3　須田　尚宏
4　坂本　光治		4　天沼　秀一
5　栗原　誠治		5　山崎　善也
6　渡辺　浩章		6　美川　竜二
7　神田識二朗		7　菊地　孝広
8　山本　宏文		8　鷲塚　高広
9　吉田隆太郎	HB	9　西沢　育延
10　森田　博志		10　鈴木　成明
11　今駒　憲二	TB	11　三枝　博之
12　石井　勝尉		12　井上　慶
13　北村　慶		13　佐藤　勝美
14　中村　裕治		14　田中　次織
15　香取　鉄平	FB	15　綿井　浩介

昭和61年10月25日　G　秩父宮　R　八木宏器　KO 14:30
交代　早大：加藤進一郎(香取)

公式試合 No.606　昭和61年度　第6試合　対抗戦

早大		日本大
39	—	7
18	前	3
21	後	4
2	T	0
2	G	0
2	PG	1
0	DG	0
3	T	1
3	G	1
1	PG	0
0	DG	0
13	反則	8

早大		日本大
1　宮崎　達矢	FW	1　松尾　隆寛
2　西谷　光宏		2　瀬戸内雅亮
3　頓所　明彦		3　富沢　宏
4　坂本　光治		4　木暮　均
5　栗原　誠治		5　西村　浩之
6　渡辺　浩章		6　石附　達夫
7　神田識二朗		7　横溝健一郎
8　山本　宏文		8　鳥井　修
9　吉田隆太郎	HB	9　駒井　正憲
10　森田　博志		10　高津　吉信
11　島沢　明史	TB	11　古賀　浩一
12　石井　勝尉		12　水上　敦
13　今駒　憲二		13　菅　準吉
14　中村　裕治		14　阿久津友作
15　香取　鉄平	FB	15　都築　吉則

昭和61年11月2日　G　秩父宮　R　八木宏器　KO 13:45
交代　早大：富岡誠一(頓所)

公式試合 No.607　昭和61年度　第7試合　対抗戦

早大		筑波大
25	—	9
13	前	3
12	後	6
2	T	0
1	G	0
1	PG	1
0	DG	0
1	T	1
1	G	0
0	PG	1
0	DG	0
11	反則	12

早大		筑波大
1　永田　隆憲	FW	1　佐藤　芳弘
2　西谷　光宏		2　薫田　真広
3　富岡　誠一		3　中村　正人
4　坂本　光治		4　池戸　成記
5　栗原　誠治		5　須川　俊哉
6　渡辺　浩章		6　河田　弘重
7　浜野　彰		7　西川　洋
8　神田識二朗		8　高田　哲
9　吉田隆太郎	HB	9　土屋　嘉彦
10　森田　博志		10　堤　荘司
11　島沢　明史	TB	11　藤井　邦之
12　石井　勝尉		12　藤山　卓也
13　今駒　憲二		13　桑島　靖司
14　桑島　靖明		14　利根　尚志
15　香取　鉄平	FB	15　戸谷　明宏

昭和61年11月8日　G　秩父宮　R　斉藤直樹　KO 14:30

公式試合 No.608　昭和61年度　第8試合　対抗戦

早大		慶大
18	—	15
6	前	6
12	後	9
0	T	0
0	G	0
2	PG	2
0	DG	0
1	T	1
1	G	1
1	PG	1
0	DG	0
10	反則	10

早大		慶大
1　永田　隆憲	FW	1　石森　久嗣
2　西谷　光宏		2　八柳　悟
3　頓所　明彦		3　中野　忠幸
4　坂本　光治		4　山越　克雄
5　栗原　誠治		5　橋本　篤幸
6　渡辺　浩章		6　堺　大祐
7　浜野　彰		7　上島　治
8　神田識二朗		8　柴田　志通
9　吉田隆太郎	HB	9　田中　慎一
10　森田　博志		10　良井　良
11　島沢　明史	TB	11　瀬田　俊一
12　石井　勝尉		12　杉本　猛
13　北村　慶		13　三枝
14　今駒　憲二		14　若林　俊康
15　香取　鉄平	FB	15　立石　郁雄

昭和61年11月23日　G　国立競技場　R　斉藤直樹　KO 14:00
交代　早大：桑島靖明(森田)

公式試合 No.609　昭和61年度　第9試合　対抗戦

早大		明大
12	—	13
6	前	9
6	後	4
0	T	0
0	G	0
0	PG	0
2	PG	3
0	DG	0
0	T	1
0	G	0
0	PG	1
0	DG	0
6	反則	13

早大		明大
1　永田　隆憲	FW	1　太田　治
2　西谷　光宏		2　岡本　時和
3　頓所　明彦		3　高橋　善幸
4　坂本　光治		4　芳村　正徳
5　栗原　誠治		5　乾　治生
6　渡辺　浩章		6　土井　太志
7　浜野　彰		7　尾上　研
8　神田識二朗		8　大西　一平
9　吉田隆太郎	HB	9　安東　文明
10　和久井秀一		10　高津　聡
11　島沢　明史	TB	11　笠　武史
12　今駒　憲二		12　加藤　尋久
13　北村　慶		13　川上　健司
14　桑島　靖明		14　竹之内弘典
15　加藤進一郎	FB	15　村井　成人

昭和61年12月7日　G　国立競技場　R　真下　昇　KO 14:00
交代　明大：中田雄一(安東)

公式試合 No.610　昭和61年度　交流試合

早大		法大
16	—	4
9	前	0
7	後	4
0	T	0
0	G	0
2	PG	0
0	DG	0
1	T	1
1	G	0
0	PG	0
0	DG	0
6	反則	12

早大		法大
1　永田　隆憲	FW	1　小倉　幸二
2　西谷　光宏		2　原田　繁生
3　頓所　明彦		3　福崎　誠哲
4　坂本　光治		4　深沢　真人
5　栗原　誠治		5　柏原　真
6　三島　秀樹		6　安森　嘉宏
7　浜野　彰		7　小関　明
8　神田識二朗		8　山本　寛
9　吉田隆太郎	HB	9　飯野　彰久
10　和久井秀一		10　高柳　鉄平
11　島沢　明史	TB	11　兵頭　由文
12　今駒　憲二		12　山内　逸央
13		13　鎌田　健一
14　桑島　靖明		14　前田　康徳
15　加藤進一郎	FB	15　野島　一博

昭和61年12月13日　G　秩父宮　R　富沢政雄　KO 14:00

公式試合 No.611　昭和61年度　第23回大学選手権1回戦

早大		京産大
34	—	6
16	前	6
18	後	0
2	T	0
2	G	0
2	PG	0
0	DG	0
1	T	0
1	G	0
0	PG	2
0	DG	0
13	反則	6

早大		京産大
1　永田　隆憲	FW	1　林　康彦
2　西谷　光宏		2　田倉　政憲
3　頓所　明彦		3　外山田登志
4　坂本　光治		4　藤井　智司
5　栗原　誠治		5　久保田正樹
6　渡辺　浩章		6　河野　弘
7　浜野　彰		7　下平　哲也
8　神田識二朗		8　迁川　武史
9　吉田隆太郎	HB	9　今田　大祐
10　森田　博志		10　沖　壮二郎
11　川崎　剛寿	TB	11　大　大典
12　石井　勝尉		12　長尾　行将
13　北村　慶		13　堀　元知
14　桑島　靖明		14　愛須　康一
15　香取　鉄平	FB	15　大曽根茂樹

昭和61年12月27日　G　京極　R　辻野雅三　KO 12:20

第3章 公式試合全記録

公式試合 No.612 昭和61年度 第23回大学選手権準決勝
早大 10 — 9 同大

	早大	同大
前	7	6
後	0	3
T	1	1
G	0	1
PG	1	0
DG	0	0
T	0	0
G	0	0
PG	1	1
DG	0	0
反則	10	13

No.	早大	同大
1	永田 隆憲 (FW)	嘉住 和彦 (FW)
2	西谷 光宏	広瀬 務
3	頓所 明彦	森川 進豪
4	坂本 光治	島田 明人
5	栗原 誠治	東口 明広
6	渡辺 浩章	武藤 規夫
7	浜野 彰	宮本 勝文
8	神田 識二朗	中尾 芳門
9	吉田隆太郎 (HB)	荒木 明義
10	森田 博志	松尾 勝博
11	川崎 剛寿 (TB)	小川 満夫
12	石井 勝尉	山田 朋徳
13	中島 健	山川 載人
14	桑島 靖明	酒井 督博
15	香取 鉄平 (FB)	綾城 高志

昭和62年1月4日　G 国立競技場　R 真下 昇　KO 14:00

公式試合 No.613 昭和61年度 第22回大学選手権決勝
早大 10 — 12 大東大

	早大	大東大
前	10	9
後	0	3
T	1	1
G	0	1
PG	2	0
DG	0	0
T	0	0
G	0	0
PG	1	1
DG	0	0
反則	7	9

No.	早大	大東大
1	永田 隆憲 (FW)	反町 光一 (FW)
2	西谷 光宏	島田 治
3	頓所 明彦	矢島 雅人
4	坂本 光治	日下 唯志
5	栗原 誠治	岡部 慎司
6	渡辺 浩章	飯島 均
7	浜野 彰	上野 勇
8	神田 識二朗	シナリ ラトウ
9	吉田隆太郎 (HB)	須藤 明
10	森田 博志	青木 忍
11	川崎 剛寿 (TB)	ワテソニ ナモア
12	石井 勝尉	佐藤 博剛
13	今駒 憲二	船田 義雄
14	島沢 明史	高田 国芳
15	香取 鉄平 (FB)	黒沢 誠

昭和62年1月10日　G 国立競技場　R 斉藤直樹　KO 14:00

国際試合 No.62 昭和61年度 アイルランド遠征第1試合
全早大 26 — 6 ダブリン大

	全早大	ダブリン大
前	9	0
後	17	0
T	0	0
G	0	0
PG	2	2
DG	1	0
T	3	0
G	1	0
PG	0	0
DG	1	0
反則	12	8

No.	全早大	ダブリン大
1	永田 隆憲 (FW)	R.MURRAY (FW)
2	西谷 光宏	D.McCANN
3	永井 雅之	J.FEEHAN
4	坂本 光治	J.MAQUIRE
5	栗原 誠治	J.COLLINS
6	渡辺 浩章	M.FITZGIBBON
7	神田 識二朗	R.CORDOH
8	益子 俊志	P.COSGRAVE
9	吉田隆太郎 (HB)	R.McNAMARA
10	本城 和彦	P.BELL
11	島沢 明史 (TB)	I.POWER
12	今駒 憲二	J.MORGAN
13	吉野 俊郎	M.McARDLE
14	中川 俊一	G.KILROY
15	石井 勝尉 (FB)	F.DUNLEA

昭和62年3月1日　G ダブリン大　R バーネット　KO 15:00

国際試合 No.63 昭和61年度 アイルランド遠征第2試合
全早大 6 — 12 コーク大

	全早大	コーク大
前	0	3
後	6	9
T	0	0
G	0	0
PG	0	1
DG	0	0
T	1	1
G	1	0
PG	0	0
DG	0	0
反則	10	

No.	全早大	コーク大
1	永田 隆憲 (FW)	B.HYLAND (FW)
2	西谷 光宏	M.BRADY
3	山本 巧	T.CAHILL
4	弘田 知巳	M.McKENNA
5	栗原 誠治	N.KOS
6	渡辺 浩章	T.CROTTY
7	神田 識二朗	T.O'SULLIVAN
8	益子 俊志	V.DOHNELLY
9	吉田隆太郎 (HB)	M.POLAND
10	本城 和彦	E.CRITTEN
11	島沢 明史 (TB)	G.MANNING
12	今駒 憲二	J.SHALLOE
13	吉野 俊郎	M.CAROLL
14	中川 俊一	M.WALSH
15	石井 勝尉 (FB)	K.O'GORMOR

昭和62年3月4日　G コーク大　R 不明　KO 15:30
交代　コーク大:COLEMAN (KOS)、DALY (CROTTY)

国際試合 No.64 昭和61年度 アイルランド遠征第3試合
全早大 18 — 15 ゴルウェイ大

	全早大	ゴルウェイ大
前	12	3
後	6	12
T	2	0
G	2	0
PG	0	1
DG	0	0
T	1	2
G	1	2
PG	0	1
DG	0	0
反則	7	8

No.	全早大	ゴルウェイ大
1	永田 隆憲 (FW)	M.BOYK (FW)
2	西谷 光宏	J.O'RIORDEN
3	山本 巧	G.FOGARTS
4	弘田 知巳	A.HIGGING
5	篠原 太郎	A.GALLAGHER
6	渡辺 浩章	A.HEFFERUN
7	神田 識二朗	L.FLYNN
8	益子 俊志	K.McARTHY
9	奥脇 教 (HB)	K.DINEEN
10	本城 和彦	S.CARTY
11	島沢 明史 (TB)	M.P.FARELL
12	土肥 琢哉	D.COLBERT
13	吉野 俊郎	J.CULLY
14	中川 俊一	R.BRENNAN
15	石井 勝尉 (FB)	O.BEIRNE

昭和62年3月7日　G ゴルウェイ大　R 不明　KO 15:05
交代　全早大:浜野彰(篠原)　ゴルウェイ大:K.McKENNA (HEFFERUN)

国際試合 No.65 昭和61年度 アイルランド遠征第4試合
全早大 13 — 27 クインズ大

	全早大	クインズ大
前	7	6
後	6	21
T	0	1
G	0	1
PG	0	1
DG	0	0
T	1	4
G	1	2
PG	1	1
DG	0	0
反則	9	9

No.	全早大	クインズ大
1	永田 隆憲 (FW)	C.ARMSTRONG (FW)
2	西谷 光宏	M.BLAIR
3	山本 巧	L.ASHFIELO
4	弘田 知巳	B.MURRAY
5	栗原 誠治	S.BRENNAN
6	渡辺 浩章	D.CAUGHEG
7	神田 識二朗	D.McBRIDE
8	益子 俊志	M.HAMPTON
9	吉田隆太郎 (HB)	S.MATCHETT
10	森田 博志	R.CULLEN
11	今駒 憲二 (TB)	P.FITZGERALD
12	本城 和彦	P.GAMBLE
13	吉野 俊郎	J.McNALLY
14	和久井秀一	C.CAMPBELL
15	香取 鉄平 (FB)	C.DICK

昭和62年3月10日　G クインズ大　R ヒルデス　KO 15:00

国際試合 No.66 昭和61年度 アイルランド遠征第5試合
全早大 19 — 21 UCダブリン

	全早大	UCダブリン
前	9	11
後	10	10
T	1	2
G	1	1
PG	1	1
DG	0	0
T	1	2
G	1	1
PG	2	0
DG	0	0
反則		

No.	全早大	UCダブリン
1	永田 隆憲 (FW)	R.WARD (FW)
2	西谷 光宏	R.POWER
3	永井 雅之	B.CULLITTON
4	弘田 知巳	J.COLCLOUGH
5	栗原 誠治	K.KAVANAGH
6	土屋謙太郎	P.SWAN
7	神田 識二朗	D.MADIGAN
8	益子 俊志	P.O'HARA
9	吉田隆太郎 (HB)	S.O'BIRNE
10	本城 和彦	J.FANAGAN
11	島沢 明史 (TB)	R.A.HERNON
12	今駒 憲二	P.FEDDIS
13	吉野 俊郎	R.O.HARNON
14	中川 俊一	E.HOWLETT
15	石井 勝尉 (FB)	M.CARNEY

昭和62年3月14日　G UCダブリン　R 不明　KO 15:00

国際試合 No.67 昭和62年度 アイルランド学生代表来日
全早大 16 — 15 アイルランド学生

	全早大	アイルランド学生
前	13	0
後	3	12
T	1	1
G	1	1
PG	1	1
DG	0	0
T	0	1
G	0	1
PG	1	0
DG	0	0
反則	14	14

No.	全早大	アイルランド学生
1	永田 隆憲 (FW)	R.WARD (FW)
2	西谷 光宏	P.KENNY
3	山本 巧	J.FEEHAN
4	坂本 光治	J.COLLINS
5	栗原 誠治	B.MURRAY
6	梶原 敏輔	D.SHEEAN
7	神田 識二朗	P.SWAN
8	益子 俊志	M.EGAN
9	堀越 正己 (HB)	S.O'BEIRNE
10	本城 和彦	E.CROTTY
11	桑島 靖明 (TB)	E.HOWLETT
12	今駒 憲二	D.HYLAND
13	吉野 俊郎	H.HERNAN
14	中川 俊一	J.SEXTON
15	石井 勝尉 (FB)	F.DONLEA

昭和62年9月20日　G 国立競技場　R メグソン　KO 14:30

公式試合 No.614 昭和62年度 第1試合 対抗戦
早大 86 — 6 成城大

	早大	成城大
前	42	6
後	44	0
T	7	1
G	4	0
PG	2	0
DG	0	0
T	8	0
G	4	0
PG	1	0
DG	0	0
反則	7	11

No.	早大	成城大
1	永田 隆憲 (FW)	清宮 進一 (FW)
2	森島 弘光	安西 直雄
3	頓所 明彦	佐々木英治
4	弘田 知巳	関口 守
5	篠原 太郎	山路 力
6	神田 識二朗	新国 泰正
7	清田 真央	河西裕二郎
8	清宮 克幸	二宮 謙
9	堀越 正己 (HB)	千倉 謙一
10	前田 夏洋	千倉 成示
11	川崎 剛寿 (TB)	細井 義之
12	今駒 憲二	石田 寛
13	北村 慶	小林 直志
14	桑島 靖明	藤田 達二
15	加藤進一郎 (FB)	浅香 尚敬

昭和62年9月27日　G 伊勢原　R 本田泰則　KO 14:00
交代　成城大:安達健治(川辺)

公式試合 No.615 昭和62年度 第2試合 対抗戦
早大 51 — 4 東大

	早大	東大
前	29	0
後	22	4
T	5	0
G	3	0
PG	1	0
DG	0	0
T	4	1
G	3	0
PG	0	0
DG	0	0
反則	14	16

No.	早大	東大
1	永田 隆憲 (FW)	山口 哲 (FW)
2	森島 弘光	内野 晃彦
3	頓所 明彦	長沢 重俊
4	弘田 知巳	神井 弘之
5	篠原 太郎	石井 健久
6	神田 識二朗	野崎 哲也
7	清田 真央	川本 一郎
8	清宮 克幸	上野 善信
9	堀越 正己 (HB)	川出 祐一郎
10	前田 夏洋	庄司 英洋
11	川崎 剛寿 (TB)	加藤 芳明
12	今駒 憲二	浅野 徹
13	藤掛 三男	南 亮
14	桑島 靖明	富谷 直行
15	加藤進一郎 (FB)	長坂 省

昭和62年10月4日　G 安田信託　R 阿世賀敏幸　KO 14:00
交代　早大:和久井秀一(島沢)

公式試合 No.616 昭和62年度 第3試合 対抗戦
早大 65 — 8 立大

	早大	立大
前	28	0
後	37	8
T	9	1
G	4	0
PG	1	0
DG	0	0
T	6	1
G	3	0
PG	0	0
DG	0	0
反則		

No.	早大	立大
1	永田 隆憲 (FW)	梅林 一郎 (FW)
2	森島 弘光	岩田 俊昭
3	渡辺 達矢	岩館 裕一郎
4	弘田 知巳	川崎 裕一
5	篠原 太郎	高野 陽一
6	竹村 典夫	中野賢二郎
7	神田 識二朗	佐野 光男
8	清田 真央	佐藤 嘉一
9	堀越 正己 (HB)	小林 一幸
10	前田 夏洋	小林 一幸
11	川崎 剛寿 (TB)	天羽 啓太
12	今駒 憲二	園部 誠
13	藤掛 三男	吉田 隆晴
14	桑島 靖明	吉田 隆靖
15	加藤進一郎 (FB)	元治 裕一

昭和62年10月11日　G 三ッ沢　R 阿世賀敏幸　KO 12:45

公式試合 No.617 昭和62年度 第4試合 対抗戦
早大 34 — 6 帝京大

	早大	帝京大
前	21	3
後	13	3
T	5	1
G	3	0
PG	1	0
DG	0	0
T	2	0
G	2	0
PG	1	1
DG	0	0
反則		

No.	早大	帝京大
1	永田 隆憲 (FW)	今村 宏明 (FW)
2	森島 弘光	石井 陽貴
3	渡辺 達矢	大内 英治
4	弘田 知巳	高橋 史郎
5	越水(速水)禎	田中 良雄
6	竹村 典夫	中野 智
7	神田 識二朗	高羽 琢二
8	清宮 克幸	高橋 啓
9	堀越 正己 (HB)	雨宮 晋
10	前田 夏洋	小泉真一郎
11	川崎 剛寿 (TB)	吉田 英治
12	今駒 憲二	杉本 昌彦
13	藤掛 三男	土川 高史
14	桑島 靖明	益田 佳之
15	加藤進一郎 (FB)	小松 徳也

昭和62年10月18日　G 江戸川　R 富沢政雄　KO 14:30

No.618

公式試合　No.618　昭和62年度　第5試合　対抗戦

早大／青学大：32 — 6／10 前 0／22 後 6／2 T 0／1 G 0／0 PG 2／0 DG 0／4 T 0／3 G 0／0 PG 0／0 DG 0／9 反則 8

昭和62年10月25日　G 早大所沢　R 奈良昭男　KO 14:00

早大No	早大	Pos	No	青学大
1	神野 勲	FW	1	樋口 賢二
2	森島 弘光		2	平野 勝一
3	渡辺 達矢		3	梅下 政幸
4	弘田 知巳		4	天沼 秀一
5	篠原 太郎		5	安藤 善政
6	神田識二朗		6	菊地 孝広
7	浜野 彰		7	内田 芳也
8	清宮 克幸		8	鷲塚 高広
9	堀越 正己	HB	9	綿井 浩介
10	前田 夏洋		10	浅田 剛司
11	川崎 剛寿	TB	11	三枝 博文
12	今駒 憲二		12	鈴木 成明
13	中島 健		13	森田 研治
14	桑島 靖明		14	田中 次織
15	加藤進一郎	FB	15	富岡 剛

No.619

公式試合　No.619　昭和62年度　第6試合　対抗戦

早大／日体大：17 — 6／9 前 0／8 後 3／1 T 0／1 G 0／0 PG 1／0 DG 0／2 T 0／0 G 0／0 PG 0／0 DG 0／7 反則 12

昭和62年11月1日　G 国立競技場　R 八木宏器　KO 13:50
交代　日体大：横田政人(谷手)

早大No	早大	Pos	No	日体大
1	神野 勲	FW	1	吉田 浩二
2	森島 弘光		2	諌見 雅隆
3	渡辺 達矢		3	昆 洋
4	弘田 知巳		4	井沢 慶太
5	篠原 太郎		5	木暮 司
6	神田識二朗		6	倉原 延行
7	清田 真央		7	北原 哲史
8	清宮 克幸		8	谷手 一政
9	堀越 正己	HB	9	駒井 正憲
10	前田 夏洋		10	福室 清美
11	川崎 剛寿	TB	11	楢葉 主敏
12	今駒 憲二		12	渡辺 修
13	中島 健		13	武山 哲也
14	桑島 靖明		14	鳥井 修
15	加藤一郎	FB	15	高橋 陽介

No.641

公式試合　No.641　平成1年度　第2試合　対抗戦

早大／立大：86 — 0／39 前 0／47 後 0／5 T 0／2 G 0／5 PG 0／0 DG 0／8 T 0／6 G 0／1 PG 0／0 DG 0／9 反則 17

平成1年10月8日　G 早大所沢　R 芹沢 栄　KO 14:00
交代　早大：菊地英之(藤掛)

早大No	早大	Pos	No	立大
1	岩下 伸行	FW	1	三浦 武人
2	森島 弘光		2	塩入 英樹
3	亀井 竜二		3	遠山 忠輝
4	春日 康利		4	川野 積
5	後藤 槙和		5	川幡 裕一
6	打矢二一郎		6	友竹 徹也
7	内匠 優		7	大平 智己
8	清宮 克幸		8	佐野 達哉
9	堀越 正己	HB	9	岩渕 英之
10	前田 夏洋		10	松尾 慎一
11	吉村 恒	TB	11	天羽 啓太
12	吉雄 潤		12	新垣 稔
13	藤掛 三男		13	園部 誠
14	郷田 正		14	杉浦 徹
15	今泉 清	FB	15	岩代 幸司

No.621

公式試合　No.621　昭和62年度　第8試合　対抗戦

早大／慶大：39 — 6／15 前 0／24 後 6／3 T 0／0 G 0／1 PG 0／0 DG 0／4 T 1／4 G 1／0 PG 0／0 DG 0／10 反則 7

昭和62年11月23日　G 国立競技場　R 真下 昇　KO 14:00
交代　慶大：中口健(良塚)

早大No	早大	Pos	No	慶大
1	永田 隆憲	FW	1	福本 正幸
2	森島 光弘		2	藤田 聖二
3	渡辺 達矢		3	志水 良輔
4	弘田 知巳		4	柴田 志通
5	篠原 太郎		5	古市 匡
6	神田識二朗		6	出原 正信
7	清田 真央		7	林 幹人
8	清宮 克幸		8	綱沢 弘達
9	堀越 正己	HB	9	西 規之
10	前田 夏洋		10	工藤 猛
11	今泉 清	TB	11	良塚 元一
12	今駒 憲二		12	川端 良三
13	中島 健		13	杉本 猛
14	桑島 靖明		14	田村 喜高
15	加藤進一郎	FB	15	立石 郁雄

No.622

公式試合　No.622　昭和62年度　第9試合　対抗戦

早大／明大：10 — 7／7 前 0／3 後 0／1 T 1／1 G 1／1 PG 0／0 DG 0／0 T 0／0 G 0／1 PG 0／0 DG 0／11 反則 7

昭和62年12月6日　G 国立競技場　R 真下 昇　KO 14:00
交代　早大：吉村恒(加藤)

早大No	早大	Pos	No	明大
1	永田 隆憲	FW	1	岡 浩美
2	森島 弘光		2	岡本 時和
3	頓所 明彦		3	須之内浩司
4	弘田 知巳		4	飛騨 誠
5	篠原 太郎		5	蜂谷 晶
6	神田識二朗		6	土井 太志
7	清田 真央		7	尾上 幹
8	清宮 克幸		8	大西 一平
9	堀越 正己	HB	9	安東 文明
10	前田 夏洋		10	加藤 尋久
11	今泉 清	TB	11	吉田 義人
12	今駒 憲二		12	川上 健司
13	中島 健		13	上井 雄三
14	桑島 靖明		14	竹之内弘典
15	加藤進一郎	FB	15	高岩 映善

No.623

公式試合　No.623　昭和62年度　交流試合

早大／専大：40 — 6／19 前 0／21 後 6／3 T 0／2 G 0／1 PG 0／0 DG 0／3 T 1／3 G 1／0 PG 0／0 DG 0／3 反則 10

昭和62年12月20日　G 国立競技場　R 八木宏器　KO 14:00

早大No	早大	Pos	No	専大
1	永田 隆憲	FW	1	田籠 一男
2	森島 弘光		2	桜田 俊夫
3	頓所 明彦		3	小田桐 団
4	弘田 知巳		4	松島 利治
5	篠原 太郎		5	小野 真司
6	神田識二朗		6	新田目 剛
7	清田 真央		7	崔 知幸
8	戸沢 孝幸		8	野口 泰秀
9	堀越 正己	HB	9	本村 弘司
10	前田 夏洋		10	宮下 昭一
11	今泉 清	TB	11	林田 健二
12	今駒 憲二		12	中井 昭義
13	中島 健		13	高橋 直樹
14	桑島 靖明		14	久野 峰生
15	加藤進一郎	FB	15	入江 寿法

No.624

公式試合　No.624　昭和62年度　第24回大学選手権1回戦

早大／京産大：29 — 4／10 前 0／19 後 4／2 T 0／1 G 0／0 PG 0／0 DG 0／3 T 1／2 G 0／1 PG 0／0 DG 0／11 反則 11

昭和62年12月27日　G 瑞穂陸上競技場　R 川崎重雄　KO 14:00
交代　京産大：松瀬朗(愛須)

早大No	早大	Pos	No	京産大
1	永田 隆憲	FW	1	林 康彦
2	森島 弘光		2	笹木 栄
3	頓所 明彦		3	田倉 政憲
4	弘田 知巳		4	井川 耕治
5	篠原 太郎		5	三木 康司
6	神田識二朗		6	辻川 武史
7	清田 真央		7	司農 将至
8	戸沢 孝幸		8	杉本 浩二
9	堀越 正己	HB	9	百也 克也
10	前田 夏洋		10	沖 壮二郎
11	今泉 清	TB	11	西 大典
12	今駒 憲二		12	馬野 宣行
13	藤掛 三男		13	武田 元知
14	桑島 靖明		14	愛須 康一
15	加藤進一郎	FB	15	前田 達也

No.625

公式試合　No.625　昭和62年度　第24回大学選手権準決勝

早大／大体大：31 — 3／16 前 3／15 後 0／2 T 0／1 G 0／2 PG 1／0 DG 0／3 T 0／2 G 0／1 PG 0／0 DG 0／4 反則 11

昭和63年1月2日　G 国立競技場　R 井上哲夫　KO 14:00

早大No	早大	Pos	No	大体大
1	永田 隆憲	FW	1	小山 健次
2	森島 弘光		2	上田 真一
3	頓所 明彦		3	角埴 剛
4	弘田 知巳		4	岩津 嘉志
5	篠原 太郎		5	高橋 一彰
6	神田識二朗		6	永田 克也
7	清田 真央		7	藤井 直生
8	清宮 克幸		8	江金 大猷
9	堀越 正己	HB	9	宮沢 正巳
10	前田 夏洋		10	稲田 雅巳
11	今泉 清	TB	11	上田 健史
12	今駒 憲二		12	藤原 康弘
13	藤掛 三男		13	岡本 隆
14	桑島 靖明		14	島津 哲守
15	加藤進一郎	FB	15	斉藤 久

No.626

公式試合　No.626　昭和62年度　第24回大学選手権決勝

早大／同大：19 — 10／13 前 3／6 後 7／2 T 0／1 G 0／0 PG 1／0 DG 0／1 T 1／1 G 1／1 PG 0／0 DG 0／4 反則 7

昭和63年1月10日　G 国立競技場　R 八木宏器　KO 14:00
交代　同大：村上博樹(宮本)

早大No	早大	Pos	No	同大
1	永田 隆憲	FW	1	岡田 修
2	森島 弘光		2	島津 英司
3	頓所 明彦		3	大村賢次郎
4	弘田 知巳		4	部谷 隆典
5	篠原 太郎		5	阿部 浩
6	神田識二朗		6	中尾 晃
7	清田 真央		7	武藤 規夫
8	清宮 克幸		8	宮本 勝文
9	堀越 正己	HB	9	漆崎 晃久
10	前田 夏洋		10	荒木 明廣
11	今泉 清	TB	11	山川 載人
12	今駒 憲二		12	小松 節夫
13	藤掛 三男		13	岡本 明徳
14	桑島 靖明		14	佐野 順
15	加藤進一郎	FB	15	細川 隆弘

No.627

公式試合　No.627　昭和62年度　日本選手権試合

早大／東芝府中：22 — 16／10 前 12／12 後 4／1 T 1／0 G 1／0 PG 2／0 DG 0／2 T 1／1 G 1／2 PG 0／0 DG 0／? 反則 ?

昭和63年1月15日　G 国立競技場　R 八木宏器　KO 14:00
交代　早大：神野勲(頓所)

早大No	早大	Pos	No	東芝府中
1	永田 隆憲	FW	1	藤沢 義之
2	森島 弘光		2	佐藤 康信
3	頓所 明彦		3	馬場 利宏
4	弘田 知巳		4	松本 康広
5	篠原 太郎		5	河村 年也
6	神田識二朗		6	花園 伸明
7	清田 真央		7	田中 良
8	清宮 克幸		8	芳村 正徳
9	堀越 正己	HB	9	田中 宏直
10	前田 夏洋		10	渡部 監祥
11	川崎 剛寿	TB	11	戸嶋 秀夫
12	今駒 憲二		12	小高 敏
13	藤掛 三男		13	奈良 修
14	桑島 靖明		14	鬼沢 淳
15	加藤進一郎	FB	15	向井 昭吾

No.628

公式試合　No.628　昭和62年度　朝日招待試合

早大／九州代表：37 — 14／14 前 4／23 後 10／3 T 1／1 G 1／0 PG 0／0 DG 0／3 T 1／2 G 1／1 PG 0／0 DG 0／? 反則 ?

昭和63年3月6日　G 平和台　R 吉丸秀利　KO 14:00
交代　早大：神野勲(頓所)
九州代表：源島浩二(西村)、稲田光生(藤本)

早大No	早大	Pos	No	九州代表
1	永田 隆憲	FW	1	古瀬 信弘
2	森島 弘光		2	三浦 芳弘
3	頓所 明彦		3	山元 照弘
4	弘田 知巳		4	福田 哲也
5	篠原 太郎		5	白川 和弘
6	神田識二朗		6	西村 行弘
7	戸沢 孝幸		7	西村 行弘
8	清宮 克幸		8	大久保智也
9	堀越 正己	HB	9	松尾 三満
10	前田 夏洋		10	竹之下 治
11	川崎 剛寿	TB	11	扇 和行
12	今駒 憲二		12	川内 鉄心
13	藤掛 三男		13	川内 鉄心
14	桑島 靖明		14	片岡 敬太
15	加藤進一郎	FB	15	藤本 薫

No.68（国際試合）

国際試合　No.68　昭和63年度　オーストラリア遠征第1試合

全早大／ノーザンサバーブス：35 — 11／23 前 7／12 後 4／4 T 1／2 G 0／1 PG 1／0 DG 0／3 T 1／1 G 0／1 PG 0／1 DG 0

昭和63年7月24日　G シドニー・ノーザンサバーブス　R SMITH　KO 15:00

全早大No	全早大	Pos	No	ノーザンサバーブス
1	永田 隆憲	FW	1	M.CASHMAN
2	森島 弘光		2	B.CUMMINS
3	永井 雅之		3	A.CASHMAN
4	篠原 太郎		4	J.FREELAND
5	栗原 誠治		5	G.EWENS
6	神田識二朗		6	P.MOORE
7	清田 真央		7	G.RIDALGH
8	益子 俊志		8	A.BERKELEY
9	堀越 正己	HB	9	D.SEYMOOR
10	本城 和彦		10	M.WILLIAMSON
11	今泉 清	TB	11	S.SISA
12	今駒 憲二		12	L.McGUIRK
13	藤掛 三男		13	P.GHENESSY
14	桑島 靖明		14	P.CAESHER
15	石井 勝尉	FB	15	M.KEARINS

国際試合 No.69　昭和63年度　オーストラリア遠征第2試合

全早大		豪州国立大
30	—	14
16	前	8
14	後	6
2	T	2
1	G	0
2	PG	0
0	DG	0
3	T	1
1	G	1
0	PG	0
0	DG	0
18	反則	8

No	全早大		No	豪州国立大
1	永田 隆憲	FW	1	T.NELSON
2	塩入 英治		2	S.L.FISHER
3	頓所 明彦		3	B.CARTER
4	春日 康利		4	M.SINDERBERRY
5	弘田 知巳		5	D.HARRISON
6	神田識二朗		6	J.VIRGONA
7	坂本 光治		7	D.LUCHETTI
8	清宮 克幸		8	M.CRAFT
9	野崎 光雄	HB	9	M.APPS
10	本城 和彦		10	G.BEALE
11	吉村 恒	TB	11	M.ROFF
12	今駒 憲二		12	S.PILGRIM
13	吉野 俊郎		13	B.COOK
14	島沢 明史		14	O.SHLATA
15	加藤進一郎	FB	15	D.CLAXTON

昭和63年7月27日
G キャンベラ・豪州国立大
R K.LEES KO 15:00

国際試合 No.70　昭和63年度　オーストラリア遠征第3試合

全早大		ジェームスクック大
39	—	3
11	前	0
28	後	3
2	T	0
0	G	0
1	PG	0
0	DG	0
6	T	1
5	G	0
0	PG	0
0	DG	0
9	反則	12

No	全早大		No	ジェームスクック大
1	永田 隆憲	FW	1	D.PITT
2	森島 弘光		2	C.BARRETT
3	永井 雅之		3	J.GREEN
4	春日 康利		4	T.McGINUESS
5	篠原 太郎		5	S.McBAIN
6	戸沢 孝幸		6	M.EGAN
7	清田 真央		7	P.HOWLETT
8	清宮 克幸		8	L.EADYE
9	堀越 正己	HB	9	A.DERRINGTON
10	前田 夏洋		10	P.SPRECKA
11	吉村 恒	TB	11	P.WOOD
12	小橋 哲治		12	P.WEIR
13	藤掛 三男		13	G.JEPHLOTT
14	島沢 明史		14	S.PIZZALI
15	今泉 清	FB	15	T.WEIR

昭和63年7月30日
G タウンズビル
R SPILLANE KO15:00

国際試合 No.71　昭和63年度　オーストラリア遠征第4試合

全早大		クィーンズランド大
25	—	18
10	前	15
15	後	3
2	T	2
1	G	2
0	PG	1
0	DG	0
2	T	0
2	G	0
1	PG	1
0	DG	0
8	反則	7

No	全早大		No	クィーンズランド大
1	塩入 英治	FW	1	T.VALLANCE
2	森島 弘光		2	T.CLEMENTS
3	永井 雅之		3	P.WILLIAMS
4	坂本 光治		4	J.STURGESS
5	栗原 誠治		5	R.PURSSEY
6	神田識二朗		6	S.WILLIAMS
7	清田 真央		7	C.FORSTER
8	益子 俊志		8	J.MACPHERSON
9	堀越 正己	HB	9	R.ISERAEL
10	本城 和彦		10	D.HEATH
11	今泉 清	TB	11	B.G.THOMSON
12	今駒 憲二		12	C.FREEMAN
13	吉野 俊郎		13	S.MORIARTY
14	桑島 靖明		14	D.NAYLOR
15	石井 勝尉	FB	15	J.SIMMNNDS

昭和63年8月3日
G ブリスベン・クィーンズランド大
R POWELL KO 18:40
交代 早大:吉村恒(今駒)

国際試合 No.72　昭和63年度　オーストラリア遠征第5試合

全早大		シドニー大
18	—	13
14	前	9
4	後	4
2	T	1
0	G	1
2	PG	0
0	DG	0
1	T	1
1	G	1
0	PG	0
0	DG	0
9	反則	6

No	全早大		No	シドニー大
1	塩入 英治	FW	1	T.RYAN
2	森島 弘光		2	A.NEGUNE
3	渡辺 達矢		3	H.NORRIS
4	篠原 太郎		4	G.GLAPHAM
5	栗原 誠治		5	M.TOOHER
6	神田識二朗		6	P.MADEW
7	清田 真央		7	B.PILLINGER
8	清宮 克幸		8	J.CARMODY
9	堀越 正己	HB	9	J.WARNOCK
10	前田 夏洋		10	J.KEARNEY
11	吉村 恒	TB	11	A.CIBEJ
12	今駒 憲二		12	D.HUGHES
13	藤掛 三男		13	N.VANGELDER
14	桑島 靖明		14	M.FRAWLEY
15	今泉 清	FB	15	S.LOOK

昭和63年8月7日
G シドニー大
R TYNDALL KO 15:30

国際試合 No.73　昭和63年度　オックスフォード大学来日

全早大		才大
15	—	39
6	前	18
9	後	21
1	T	1
0	G	1
1	PG	4
0	DG	0
1	T	3
1	G	3
0	PG	1
0	DG	0
9	反則	8

No	全早大		No	才大
1	永田 隆憲	FW	1	A.WILLIAMS
2	森島 弘光		2	E.NORWITZ
3	頓所 明彦		3	T.WILLIS
4	篠原 太郎		4	W.STILEMAN
5	栗原 誠治		5	S.CRAWFORD
6	神田識二朗		6	R.H.TAYLOR
7	清田 真央		7	A.CAMERON
8	清宮 克幸		8	M.EGAN
9	堀越 正己	HB	9	D.KIRK
10	前田 夏洋		10	D.EVANS
11	吉村 恒	TB	11	R.VESSEY
12	今駒 憲二		12	M.BROWN
13	藤掛 三男		13	D.POLKINGHORNE
14	今泉 清		14	I.WILLIAMS
15	石井 勝尉	FB	15	B.EGERTON

昭和63年9月18日
G 国立競技場
R 八木宏器 KO 19:00

公式試合 No.629　昭和63年度　第1試合　対抗戦

早大		立大
61	—	0
25	前	0
36	後	0
4	T	0
3	G	0
1	PG	0
0	DG	0
6	T	0
6	G	0
1	PG	0
0	DG	0
5	反則	19

No	早大		No	立大
1	岩下 伸行	FW	1	梅林 一郎
2	森島 弘光		2	岩田 俊昭
3	渡辺 達矢		3	柴田 紀之
4	春日 康利		4	鈴木 修一
5	篠原 太郎		5	高野 陽一
6	打矢 二郎		6	大平 智之
7	清田 真央		7	佐野 光男
8	清宮 克幸		8	高木 大祐
9	堀越 正己	HB	9	奈渕 英之
10	前田 夏洋		10	松尾 慎一
11	西谷 毅	TB	11	天羽 啓太
12	吉雄 潤		12	新垣 稔
13	藤掛 三男		13	園部 達
14	島沢 明史		14	松本 直久
15	小橋 哲治	FB	15	矢部 景久

昭和63年9月25日
G 早大所沢
R 相田真治 KO 14:00

公式試合 No.630　昭和63年度　第2試合　対抗戦

早大		明学大
51	—	9
25	前	3
26	後	6
1	G	0
1	PG	0
0	DG	0
5	T	1
3	G	0
0	PG	0
0	DG	0
9	反則	9

No	早大		No	明学大
1	岩下 伸行	FW	1	山崎 恰男
2	森島 弘光		2	内藤 周作
3	渡辺 達矢		3	新井 貴夫
4	春日 康利		4	小林 淳
5	後藤 禎和		5	茂木 直友
6	打矢 二郎		6	鈴木 信人
7	清田 真央		7	小島 俊一
8	清宮 克幸		8	藤井 健二
9	堀越 英俊	HB	9	外塚 修
10	前田 夏洋		10	井佐 敬三
11	島沢 明史	TB	11	井佐 敬三
12	吉雄 潤		12	大森 靖史
13	藤掛 三男		13	関谷 信昭
14	郷田 正		14	渡辺 千樹
15	小橋 哲治	FB	15	前田 寛之

昭和63年10月2日
G 東伏見
R 吉羽 茂 KO 14:00
交代 明学大:今泉尚(山崎)、森伸吾(大森)

公式試合 No.631　昭和63年度　第3試合　対抗戦

早大		東大
51	—	7
29	前	3
22	後	4
5	T	0
3	G	0
1	PG	1
0	DG	0
4	T	1
3	G	0
0	PG	0
0	DG	0
8	反則	9

No	早大		No	東大
1	岩下 伸行	FW	1	坂本 晃司
2	山中 謙治		2	日下 篤
3	渡辺 達矢		3	長沢 重俊
4	春日 康利		4	神井 弘之
5	篠原 太郎		5	鶴田 純
6	打矢 二郎		6	上野 善信
7	山本 昇		7	柳咲 哲也
8	清宮 克幸		8	上林 靖史
9	堀越 正己	HB	9	川出宗一郎
10	前田 夏洋		10	宮松 公篤
11	西谷 毅	TB	11	鈴木 康文
12	吉雄 潤		12	浅野 徹
13	藤掛 三男		13	南 亮
14	郷田 正		14	加藤 裕二
15	宝田 雄太	FB	15	長坂 省

昭和63年10月9日
G 早大所沢
R 中川敏博 KO 14:00
交代 早大:今泉清(宝田)
東大:長尾元彦(神井)

公式試合 No.632　昭和63年度　第4試合　対抗戦

早大		帝京大
58	—	9
6	前	9
52	後	0
8	T	1
5	G	0
2	PG	1
0	DG	0
0	T	0
0	G	0
0	PG	0
0	DG	0
9	反則	9

No	早大		No	帝京大
1	岩下 伸行	FW	1	今村 宏明
2	森島 弘光		2	佐藤 治
3	城谷 厚司		3	熊沢 伸明
4	後藤 禎和		4	石田 和也
5	篠原 太郎		5	井出 泰弘
6	打矢 二郎		6	太田 毅
7	清田 真央		7	渡辺 達也
8	清宮 克幸		8	高橋 啓
9	堀越 正己	HB	9	保坂 潤
10	前田 夏洋		10	尾又 意人
11	吉村 恒	TB	11	吉田 英治
12	吉雄 潤		12	松本 昌秀
13	藤掛 三男		13	益田 佳之
14	郷田 正		14	松本 英男
15	今泉 清	FB	15	阿部 智

昭和63年10月16日
G 秩父宮
R 川端重雄 KO 14:00
交代 早大:戸沢孝幸(清宮)、小橋哲治(今泉)
帝京大:諌見達一(松本)

公式試合 No.633　昭和63年度　第5試合　対抗戦

早大		青学大
59	—	6
16	前	6
43	後	0
3	T	1
2	G	1
0	PG	0
0	DG	0
8	T	0
8	G	0
1	PG	0
0	DG	0
9	反則	12

No	早大		No	青学大
1	岩下 伸行	FW	1	樋口 賢二
2	森島 弘光		2	平野 康一
3	城谷 厚司		3	梅下 政幸
4	後藤 禎和		4	天沼 秀一
5	篠原 太郎		5	安藤 善政
6	打矢 二郎		6	赤坂 範宏
7	清田 真央		7	稲葉 和宏
8	清宮 克幸		8	鷲塚 高広
9	堀越 正己	HB	9	槙川 直人
10	前田 夏洋		10	鈴木 成明
11	吉村 恒	TB	11	吹田 長生
12	吉雄 潤		12	森田 靖史
13	藤掛 三男		13	杉山 公信
14	郷田 正		14	田中 次織
15	小橋 哲治	FB	15	富岡 剛

昭和63年10月22日
G 秩父宮
R 奈良昭男 KO 14:00
交代 早大:西谷毅(吉雄)
青学大:浅田剛司(鈴木)

公式試合 No.634　昭和63年度　第6試合　対抗戦

早大		日体大
7	—	10
0	前	7
7	後	3
1	T	1
0	G	1
0	PG	0
0	DG	0
0	T	1
0	G	0
1	PG	0
0	DG	0
9	反則	18

No	早大		No	日体大
1	岩下 伸行	FW	1	吉田 浩二
2	森島 弘光		2	門脇 永記
3	城谷 厚司		3	古賀慎一郎
4	後藤 禎和		4	佐藤 勝久
5	篠原 太郎		5	横田 典之
6	打矢 二郎		6	井上 毅
7	清田 真央		7	鳥井 修
8	清宮 克幸		8	横田 政人
9	堀越 正己	HB	9	駒井 進
10	前田 夏洋		10	薬師寺大輔
11	西谷 毅	TB	11	松本 哲治
12	吉村 恒		12	武山 哲也
13	藤掛 三男		13	高橋 陽介
14	郷田 正		14	高橋 陽介
15	小橋 哲治	FB	15	福室 清美

昭和63年10月30日
G 秩父宮
R 八木宏器 KO 13:50

公式試合 No.635　昭和63年度　第7試合　対抗戦

早大		筑波大
20	—	0
7	前	0
13	後	0
1	T	0
1	G	0
1	PG	0
0	DG	0
2	T	0
1	G	0
1	PG	2
0	DG	0
9	反則	10

No	早大		No	筑波大
1	岩下 伸行	FW	1	矢野 義明
2	森島 弘光		2	羽岡 弘之
3	渡辺 達矢		3	中野 佳基
4	後藤 禎和		4	高木 邦夫
5	篠原 太郎		5	浜崎 浩秋
6	打矢 二郎		6	柴田 久寛
7	清田 真央		7	佐々木倫至
8	清宮 克幸		8	梶原 宏之
9	野崎 光雄	HB	9	簗沼 健
10	前田 夏洋		10	仲井 久
11	西谷 毅	TB	11	安村 光滋
12	吉雄 潤		12	宇留 宏治
13	藤掛 三男		13	高田 広
14	郷田 正		14	岡本 三郎
15	小橋 哲治	FB	15	吉田 育弘

昭和63年11月12日
G 秩父宮
R 望主幸男 KO 14:00

公式試合 No.636　昭和63年度　第8試合　対抗戦

早大		慶大
34	—	6
9	前	6
25	後	0
0	T	0
0	G	0
3	PG	2
0	DG	0
4	T	0
3	G	0
1	PG	0
0	DG	0
11	反則	12

昭和63年11月23日　G 秩父宮　R 斉藤直樹　KO 14:00

No	早大	位置	No	慶大
1	岩下 伸行	FW	1	福本 正幸
2	森島 弘光		2	犬飼 精二
3	渡辺 達矢		3	志村 良雄
4	後藤 禎和		4	橋本 篤幸
5	篠原 太郎		5	村上 信威
6	打矢 二郎		6	出原 正信
7	清田 真央		7	笠井 哲郎
8	清宮 克幸		8	山越 達雄
9	堀越 正己	HB	9	奥田 洋史
10	前田 夏洋		10	三輪 信敏
11	島沢 明史	TB	11	立石 郁雄
12	吉村 恒		12	川端 良三
13	藤掛 三男		13	荒木 孝昌
14	郷田 正		14	田村 喜喬
15	今泉 清	FB	15	中口 健

公式試合 No.637　昭和63年度　第9試合　対抗戦

早大		明大
15	—	16
3	前	10
12	後	6
0	T	2
0	G	1
1	PG	0
0	DG	0
1	T	1
1	G	1
1	PG	0
0	DG	0
	反則	13

昭和63年12月4日　G 国立競技場　R 真下 昇　KO 14:00

No	早大	位置	No	明大
1	岩下 伸行	FW	1	戸田 太
2	森島 弘光		2	岡本 時和
3	渡辺 達矢		3	須之内浩司
4	今西 俊貴		4	飛騨 誠
5	篠原 太郎		5	越野 愉太
6	打矢 二郎		6	小村 淳
7	清田 真央		7	尾上 研一
8	清宮 克幸		8	富岡 洋
9	堀越 正己	HB	9	安東 文明
10	前田 夏洋		10	加藤 尋久
11	島沢 明史	TB	11	吉田 義人
12	吉村 恒		12	一久保孝広
13	藤掛 三男		13	谷口 尚
14	郷田 正		14	竹之内弘典
15	小橋 哲治	FB	15	高岩 映善

公式試合 No.638　昭和63年度　交流試合

早大		専大
27	—	15
4	前	3
23	後	12
1	T	0
0	G	0
0	PG	1
0	DG	0
4	T	3
2	G	0
1	PG	0
0	DG	0
	反則	10

昭和63年12月17日　G 秩父宮　R 斉藤直樹　KO 12:15

No	早大	位置	No	専大
1	岩下 伸行	FW	1	田籠 一男
2	森島 弘光		2	桜田 俊夫
3	渡辺 達矢		3	雨宮 賢司
4	春日 康利		4	神宮 康広
5	篠原 太郎		5	安田 桂
6	打矢 二郎		6	村田マコト
7	清田 真央		7	野口 秀秀
8	佐藤 孝明		8	小野 真司
9	堀越 正己	HB	9	村田 瓦
10	前田 夏洋		10	板坂 剛
11	島沢 明史	TB	11	関口 智成
12	吉村 恒		12	中井 昭義
13	藤掛 三男		13	加田 雄紀
14	郷田 正		14	笠井 健治
15	今泉 清	FB	15	入江 寿法

公式試合 No.639　昭和63年度　第25回大学選手権1回戦

早大		同大
17	—	23
10	前	3
7	後	20
2	T	0
1	G	0
0	PG	1
0	DG	0
1	T	4
0	G	2
1	PG	0
0	DG	0
	反則	6

昭和63年12月25日　G 花園　R 太田 始　KO 14:00
交代　早大：島沢明史(吉村)／同大：中島聡(中尾)

No	早大	位置	No	同大
1	岩下 伸行	FW	1	岡田 修
2	森島 弘光		2	弘津 英司
3	渡辺 達矢		3	部谷 隆典
4	春日 康利		4	小林 将人
5	篠原 太郎		5	中尾 晃
6	打矢 二郎		6	島田 明人
7	清田 真央		7	東口 明広
8	清宮 克幸		8	荒木 雅章
9	堀越 正己	HB	9	李 光弘
10	前田 夏洋		10	浜川 真吾
11	吉村 恒	TB	11	細川 隆人
12	藤掛 三男		12	山川 載人
13	藤掛 三男		13	
14	郷田 正		14	栗山 紀一
15	今泉 清	FB	15	佐野 順

公式試合 No.640　平成1年度　第1試合　対抗戦

早大		東大
69	—	3
30	前	0
39	後	3
6	T	0
3	G	0
0	PG	1
0	DG	0
7	T	0
7	G	0
1	PG	0
0	DG	0
	反則	10

平成1年9月24日　G 早大所沢　R 中沢則行　KO 14:00
交代　東大：村瀬友英(上林)

No	早大	位置	No	東大
1	岩下 伸行	FW	1	日下 篤
2	森島 弘光		2	鈴木 直樹
3	亀井 竜二		3	川本 一郎
4	春日 康利		4	神井 弘之
5	後藤 禎和		5	鶴田 純
6	打矢 二郎		6	宅島 靖史
7	内匠 優		7	上林 靖史
8	清宮 克幸		8	上野 善作
9	堀越 正己	HB	9	川出宗一郎
10	前田 夏洋		10	新見 明久
11	吉村 恒	TB	11	渡辺 泰隆
12	吉雄 潤		12	井上 岳一
13	藤掛 三男		13	金子 茂
14	郷田 正		14	加藤 裕二
15	今泉 清	FB	15	宮下 匡之

公式試合 No.641　平成1年度　第2試合　対抗戦

早大		立大
86	—	0
39	前	0
47	後	0
5	T	0
2	G	0
0	PG	0
0	DG	0
8	T	0
7	G	0
1	PG	0
0	DG	0
	反則	6

平成1年10月8日　G 早大所沢　R 芹沢 栄　KO 14:00
交代　早大：菊地英之(藤掛)

No	早大	位置	No	立大
1	岩下 伸行	FW	1	三浦 武人
2	森島 弘光		2	塩入 英樹
3	亀井 竜二		3	遠山 忠輝
4	春日 康利		4	川野 積
5	後藤 禎和		5	川崎 裕一
6	打矢 二郎		6	友竹 徹也
7	内匠 優		7	大平 智己
8	清宮 克幸		8	佐野 達哉
9	堀越 正己	HB	9	岩渕 秀行
10	前田 夏洋		10	松尾 慎一
11	吉村 恒	TB	11	天河 啓太
12	吉雄 潤		12	新垣 稔
13	藤掛 三男		13	園部 誠
14	郷田 正		14	杉浦 徹
15	今泉 清	FB	15	岩代 幸司

公式試合 No.642　平成1年度　第3試合　対抗戦

早大		帝京大
79	—	6
25	前	0
54	後	6
4	T	0
3	G	0
1	PG	0
0	DG	0
10	T	1
7	G	1
0	PG	0
0	DG	0
7	反則	11

平成1年10月15日　G 駒沢　R 八木宏器　KO 14:00
交代　早大：中尾憲仁(前田)

No	早大	位置	No	帝京大
1	岩下 伸行	FW	1	今村 宏明
2	森島 弘光		2	佐藤 治
3	亀井 竜二		3	熊沢 伸明
4	春日 康利		4	井出 泰弘
5	後藤 禎和		5	石田 和也
6	打矢 二郎		6	太田 毅
7	内匠 優		7	亀川由紀男
8	清宮 克幸		8	高橋 幸治
9	堀越 正己	HB	9	大原 知治
10	前田 夏洋		10	尾又 寛人
11	吉村 恒	TB	11	佐伯 直人
12	吉雄 潤		12	益田 佳之
13	泥 成弥		13	河田 泰伸
14	郷田 正		14	阿部 智
15	今泉 清	FB	15	小松 徳也

公式試合 No.643　平成1年度　第4試合　対抗戦

早大		青学大
53	—	9
18	前	6
35	後	3
3	T	0
2	G	0
1	PG	1
0	DG	0
7	T	0
5	G	0
0	PG	2
0	DG	0
11	反則	10

平成1年10月22日　G 秩父宮　R 川崎重雄　KO 14:00
交代　青学大：相場教充(三枝)

No	早大	位置	No	青学大
1	岩下 伸行	FW	1	真鍋 信浩
2	森島 弘光		2	南 直樹
3	亀井 竜二		3	伊東 和弘
4	春日 康利		4	田中 克紀
5	後藤 禎和		5	鷲塚 孝宏
6	打矢 二郎		6	伏見 正直
7	佐藤 孝明		7	中川 明
8	清宮 克幸		8	大友 秀男
9	堀越 正己	HB	9	内田 隆尚
10	吉雄 潤		10	辻 憲二
11	前田 夏洋	TB	11	吹田 息生
12	中尾 憲仁		12	森田 研治
13	泥 成弥		13	三枝 博文
14	郷田 正		14	渡辺 浩二
15	今泉 清	FB	15	辻野 充彦

公式試合 No.644　平成1年度　第5試合　対抗戦

早大		日体大
24	—	25
18	前	9
6	後	16
2	T	0
1	G	0
1	PG	1
0	DG	0
2	T	2
2	G	2
2	PG	1
0	DG	0
9	反則	12

平成1年10月29日　G 秩父宮　R 真下 昇　KO 13:50
交代　日体大：横溝健一郎(鳥井)

No	早大	位置	No	日体大
1	岩下 伸行	FW	1	中洲 孝一
2	森島 弘光		2	当間 渡
3	亀井 竜二		3	小沢 克年
4	春日 康利		4	富井 和也
5	後藤 禎和		5	横田 典之
6	打矢 二郎		6	広本 直史
7	佐藤 孝明		7	五十嵐康雄
8	清宮 克幸		8	鳥井 豊
9	堀越 正己	HB	9	駒井 正憲
10	屋宜 泰宏		10	薬師寺大輔
11	吉雄 潤	TB	11	荒井 緑
12	中尾 憲仁		12	高根沢公一
13	泥 成弥		13	畠田 拓也
14	郷田 正		14	尾関 弘樹
15	今泉 清	FB	15	窪室 清美

公式試合 No.645　平成1年度　第6試合　対抗戦

早大		筑波大
38	—	4
17	前	0
21	後	4
3	T	0
2	G	0
1	PG	0
0	DG	0
3	T	1
3	G	0
1	PG	0
0	DG	0
10	反則	9

平成1年11月11日　G 秩父宮　R 八木宏器　KO 14:00
交代　早大：内匠優(相良)

No	早大	位置	No	筑波大
1	岩下 伸行	FW	1	矢野 義明
2	森島 弘光		2	眞石 健哉
3	亀井 竜二		3	中野 佳甚
4	春日 康利		4	中村 直人
5	後藤 禎和		5	浜崎 浩秋
6	打矢 二郎		6	畑 幸児
7	相良南海夫		7	柴田 久寛
8	清宮 克幸		8	多々 史英
9	堀越 正己	HB	9	飯沼 健
10	前田 夏洋		10	宮本 学
11	吉雄 潤	TB	11	宮本 和利
12	中尾 憲仁		12	渡辺 泰寿
13	泥 成弥		13	北川 貴之
14	郷田 正		14	本多 秀典
15	今泉 清	FB	15	吉田 幸弘

公式試合 No.646　平成1年度　第7試合　対抗戦

早大		慶大
39	—	15
9	前	6
30	後	9
1	T	0
1	G	0
1	PG	0
0	DG	0
5	T	0
4	G	0
1	PG	0
0	DG	0
5	反則	10

平成1年11月23日　G 秩父宮　R 真下 昇　KO 14:00

No	早大	位置	No	慶大
1	岩下 伸行	FW	1	福本 正幸
2	森島 弘光		2	山室 宗興
3	亀井 竜二		3	志賀 行介
4	春日 康利		4	小田切宏太
5	後藤 禎和		5	古市 匡
6	打矢 二郎		6	出原 正信
7	相良南海夫		7	林 學
8	清宮 克幸		8	山越 達雄
9	堀越 正己	HB	9	奥田 洋史
10	前田 夏洋		10	三輪 信敏
11	吉雄 潤	TB	11	良塚 元一
12	中尾 憲仁		12	神田 雅朗
13	泥 成弥		13	柿沼 岳史
14	郷田 正		14	永安 長生
15	今泉 清	FB	15	田村 喜喬

公式試合 No.647　平成1年度　第8試合　対抗戦

早大		明大
28	—	15
18	前	6
10	後	9
2	T	0
1	G	0
0	PG	2
0	DG	0
2	T	1
2	G	1
0	PG	1
0	DG	0
8	反則	7

平成1年12月3日　G 国立競技場　R 斉藤直樹　KO 14:00
交代　明大：剣持誠(一久保)、宮島勝利(中田)

No	早大	位置	No	明大
1	岩下 伸行	FW	1	戸田 太
2	森島 弘光		2	西原 在日
3	亀井 竜二		3	飯塚 淳
4	春日 康利		4	蛯谷 誠
5	後藤 禎和		5	飛騨 誠
6	打矢 二郎		6	海老名義隆
7	相良南海夫		7	小村 淳
8	清宮 克幸		8	富岡 洋
9	堀越 正己	HB	9	中田 雄一
10	前田 夏洋		10	丹羽 政彦
11	吉雄 潤	TB	11	吉田 義人
12	中尾 憲仁		12	一久保孝広
13	泥 成弥		13	加藤 尋久
14	郷田 正		14	竹之内弘典
15	今泉 清	FB	15	高岩 映善

公式試合 No.648 平成1年度 交流試合

早大		関東学院大
42	—	12
18	前	6
24	後	6
4	T	0
1	G	0
0	PG	2
0	DG	0
5	T	1
2	G	1
0	PG	0
0	DG	0
12	反則	7

#	早大	Pos	#	関東学院大
1	岩下 伸行	FW	1	渡辺 圭司
2	森島 弘光		2	加藤 一郎
3	亀井 竜二		3	末次 和行
4	春日 康利		4	田部 健一
5	後藤 禎和		5	野本 幸也
6	打矢 二郎		6	小出 浩
7	相良南海夫		7	早坂 弘之
8	清宮 克幸		8	小原 健二
9	堀越 正己	HB	9	石松 武
10	前田 夏洋		10	水上 秀樹
11	吉村 恒	TB	11	林 和彦
12	吉雄 潤		12	小林 恭二
13	泥 成弥		13	鈴木 裕志
14	郷田 正		14	矢板 成明
15	今泉 清	FB	15	松田 努

平成1年12月17日　G 秩父宮　R 城所富夫　KO 12:15

公式試合 No.649 平成1年度 第26回大学選手権1回戦

早大		京産大
40	—	4
14	前	0
26	後	0
2	T	1
0	G	0
2	PG	0
0	DG	0
5	T	0
3	G	0
0	PG	0
0	DG	0
13	反則	3

#	早大	Pos	#	京産大
1	岩下 伸行	FW	1	関口 高広
2	森島 弘光		2	岡本 淳
3	亀井 竜二		3	川村 剛
4	春日 康利		4	井川 耕治
5	後藤 禎和		5	三木 康司
6	打矢 二郎		6	前畑 耕一
7	相良南海夫		7	安原 宏和
8	清宮 克幸		8	杉本 浩二
9	堀越 正己	HB	9	吉田 克也
10	前田 夏洋		10	青木 克実
11	吉村 恒	TB	11	中 修
12	吉雄 潤		12	松瀬 朗
13	泥 成弥		13	谷手 一伸
14	郷田 正		14	西川 健二
15	今泉 清	FB	15	山口 敏郎

平成1年12月24日　G 瑞穂陸上　R 辻野雅三　KO 14:00
交代　早大：池田晃久（森島）　京産大：阪井誠一（田中）

公式試合 No.650 平成1年度 第26回大学選手権準決勝

早大		大体大
19	—	12
7	前	0
12	後	12
1	T	0
0	G	0
1	PG	0
0	DG	0
1	T	2
1	G	1
0	PG	0
0	DG	0
6	反則	14

#	早大	Pos	#	大体大
1	岩下 伸行	FW	1	木村 賢一
2	森島 弘光		2	仲川 和男
3	亀井 竜二		3	高橋 一彰
4	春日 康利		4	土井 正明
5	後藤 禎和		5	金城 秀雄
6	打矢 二郎		6	若山 智宏
7	相良南海夫		7	加田 敏
8	清宮 克幸		8	上野 雅典
9	堀越 正己	HB	9	福工 文明
10	前田 夏洋		10	真野 康弘
11	吉村 恒	TB	11	山中 一剛
12	吉雄 潤		12	西井一二三
13	泥 成弥		13	吉田 団之
14	郷田 正		14	藪内 太平
15	今泉 清	FB	15	北口 勝己

平成2年1月2日　G 国立競技場　R 斉藤直樹　KO 14:00

公式試合 No.651 平成1年度 第26回大学選手権決勝

早大		日体大
45	—	14
23	前	6
22	後	8
4	T	1
1	G	1
1	PG	0
0	DG	0
3	T	2
2	G	1
2	PG	0
0	DG	0
9	反則	13

#	早大	Pos	#	日体大
1	岩下 伸行	FW	1	中洲 孝一
2	森島 弘光		2	当間 豊
3	亀井 竜二		3	小沢 克年
4	春日 康利		4	野本 和也
5	後藤 禎和		5	横田 典之
6	打矢 二郎		6	広本 直史
7	相良南海夫		7	五十嵐康雄
8	清宮 克幸		8	鳥井 修
9	堀越 正己	HB	9	駒井 正憲
10	前田 夏洋		10	薬師寺大輔
11	吉村 恒	TB	11	荒井 誠
12	吉雄 潤		12	高根沢公一
13	泥 成弥		13	真田 拓也
14	郷田 正		14	尾関 弘樹
15	今泉 清	FB	15	福室 清美

平成2年1月6日　G 国立競技場　R 八木宏器　KO 14:00
交代　日体大：秋広秀一（福室）

公式試合 No.652 平成1年度 第27回日本選手権試合

早大		神戸製鋼
4	—	58
0	前	23
4	後	35
0	T	7
0	G	2
0	PG	4
0	DG	1
1	T	6
0	G	4
0	PG	1
0	DG	0
9	反則	13

#	早大	Pos	#	神戸製鋼
1	岩下 伸行	FW	1	兼子 盛輝
2	森島 弘光		2	中山 敬一
3	亀井 竜二		3	山下 利幸
4	春日 康利		4	林 敏之
5	後藤 禎和		5	大八木淳史
6	打矢 二郎		6	広瀬 良治
7	相良南海夫		7	杉本 慎治
8	清宮 克幸		8	武藤 規夫
9	堀越 正己	HB	9	萩本 光威
10	前田 夏洋		10	藪木 宏之
11	吉村 恒	TB	11	菅野有生央
12	吉雄 潤		12	平尾 誠二
13	泥 成弥		13	細川 隆弘
14	郷田 正		14	平林 正治
15	今泉 清	FB	15	綾城 高志

平成2年1月15日　G 国立競技場　R 八木宏器　KO 14:00

公式試合 No.653 平成1年度 朝日招待試合

早大		九州代表
17	—	20
6	前	13
11	後	7
0	T	1
0	G	0
2	PG	3
2	DG	1
2	T	1
1	G	0
0	PG	1
0	DG	0
13	反則	12

#	早大	Pos	#	九州代表
1	岩下 伸行	FW	1	永田 隆徳
2	森島 弘光		2	久保 明
3	亀井 竜二		3	山元 照弘
4	春日 康利		4	白川 和博
5	後藤 禎和		5	篠原 太郎
6	打矢 二郎		6	神田識二朗
7	相良南海夫		7	内田 賢二
8	清宮 克幸		8	大久保哲也
9	野崎 光雄	HB	9	永友 洋司
10	前田 夏洋		10	板坂 律
11	吉村 恒	TB	11	稲田 光生
12	吉雄 潤		12	松尾 宏司
13	泥 成弥		13	酒井 浩一
14	郷田 正		14	古賀 浩一
15	今泉 清	FB	15	片岡 敬三

平成2年3月4日　G 平和台　R 吉丸秀男　KO 14:00
交代　早大：小山義久（亀井）、上田雲平（義那）

国際試合 No.74 平成1年度 ケンブリッジ大学来日

全早大		ケ大
9	—	21
6	前	6
3	後	15
1	T	1
1	G	1
0	PG	1
0	DG	0
0	T	2
0	G	1
1	PG	1
0	DG	0
9	反則	17

#	全早大	Pos	#	ケ大
1	永田 隆徳	FW	1	J.FOSTER
2	森島 弘光		2	L.MAIR
3	頓所 明彦		3	S.WORDLEY
4	篠原 太郎		4	J.O'CALLAGHAN
5	栗原 誠治		5	A.MACDONALD
6	神田識二朗		6	R.POOL JONES
7	相良南海夫		7	S.HOLMES
8	清宮 克幸		8	J.WILBY
9	野崎 光雄	HB	9	A.BOOTH
10	前田 夏洋		10	A.DAVIES
11	吉村 恒	TB	11	G.DAVIES
12	吉雄 潤		12	S.JOHNSON
13	今駒 憲二		13	M.RISMAN
14	今泉 清		14	S.BELL
15	石井 勝尉	FB	15	A.TUNNINGLAY

平成2年3月21日　G 瑞穂ラグビー場　R 八木宏器　KO 14:00
交代　早大：堀越弘二（野崎）、義那彰久（吉雄）
ケンブリッジ大：J.TARRANT（HOLMES）

国際試合 No.75 平成1年度 マサチューセッツ大学来日

早大		マサチューセッツ大
30	—	6
14	前	6
16	後	0
2	T	0
2	G	0
0	PG	2
0	DG	0
4	T	1
2	G	0
0	PG	0
0	DG	0
7	反則	17

#	早大	Pos	#	マサチューセッツ大
1	小山 義弘	FW	1	マーフィー
2	池田 晃久		2	ジャニッキ
3	落合 勝		3	マッカラン
4	小川 洋平		4	ジェスマン
5	塚本 滋		5	ブラット
6	梶村 大索		6	スィーネイ
7	佐藤 隆明		7	ポール
8	新開 康博		8	フィンスクァ
9	堀越 弘二	HB	9	ビジャヤンサン
10	守屋 泰宏		10	シャーフナー
11	田口 晶司	TB	11	クラディック
12	中尾 憲仁		12	ブラウン
13	石井 晃		13	フェダースピエル
14	高木 洋介		14	ルシア
15	義那 彰久	FB	15	ハウ

平成2年3月31日　G 早大所沢　R 大倉浩美　KO 14:00

公式試合 No.654 平成2年度 第1試合 対抗戦

早大		東大
78	—	0
35	前	0
43	後	0
6	T	1
4	G	1
0	PG	0
0	DG	0
7	T	0
7	G	0
0	PG	0
0	DG	0
6	反則	16

#	早大	Pos	#	東大
1	小山 義弘	FW	1	竹尾 明
2	池田 晃久		2	梅川 悟司
3	佐藤 友重		3	佐々木一臣
4	小川 洋平		4	山内 祐輔
5	今西 俊貴		5	佐伯 洋
6	富野 永和		6	宝地戸伸明
7	相良南海夫		7	村瀬 友英
8	直江 恒洋		8	吉住 剛
9	野崎 光雄		9	重徳 和彦
10	守屋 泰宏		10	新見 明久
11	小野 勇人	TB	11	渡辺 泰隆
12	吉雄 潤		12	井上 岳一
13	藤掛 三男		13	田中 泰広
14	増保 輝則		14	青坂 泰彦
15	今泉 清	FB	15	宮下 匡之

平成2年9月24日　G 東伏見　R 増川照仁　KO 14:00

公式試合 No.655 平成2年度 第2試合 対抗戦

早大		立大
70	—	0
26	前	0
44	後	0
5	T	0
5	G	0
0	PG	0
0	DG	0
7	T	0
7	G	0
2	PG	0
0	DG	0
9	反則	17

#	早大	Pos	#	立大
1	小山 義弘	FW	1	一本木 洋
2	池田 晃久		2	遠山 忠輝
3	佐藤 友重		3	川野 積
4	小川 洋平		4	川崎 裕一
5	今西 俊貴		5	佐野 達哉
6	富野 永和		6	田口 修史
7	相良南海夫		7	内田 泰裕
8	直江 恒洋		8	神津 通成
9	堀越 正己	HB	9	杉山 洋
10	守屋 泰宏		10	杉山 洋
11	増保 輝則	TB	11	杉浦 徹
12	吉雄 潤		12	岩代 幸司
13	藤掛 三男		13	北島 博史
14	郷田 正		14	北島 博史
15	今泉 清	FB	15	川辺 雄一

平成2年10月7日　G 東伏見　R 鈴木寿久　KO 14:00
交代　早大：上田雲平（郷田）

公式試合 No.656 平成2年度 第3試合 対抗戦

早大		帝京大
41	—	6
10	前	3
31	後	3
1	T	1
0	G	0
2	PG	0
0	DG	0
5	T	0
4	G	0
1	PG	1
0	DG	0
14	反則	14

#	早大	Pos	#	帝京大
1	小山 義弘	FW	1	大内 英憲
2	池田 晃久		2	佐藤 治
3	佐藤 友重		3	熊沢 伸明
4	小川 洋平		4	阿部 克行
5	今西 俊貴		5	井出 泰弘
6	富野 永和		6	太田 毅
7	相良南海夫		7	亀川由島男
8	直江 恒洋		8	高橋 佳広
9	堀越 正己	HB	9	大原 知治
10	守屋 泰宏		10	中村 信之
11	増保 輝則	TB	11	照屋 泰伸
12	吉雄 潤		12	河田 泰伸
13	藤掛 三男		13	斉藤 信和
14	小野 勇人		14	佐伯 直人
15	今泉 清	FB	15	阿部 智

平成2年10月14日　G 秩父宮　R 笛 隆志　KO 14:00
交代　早大：山田俊成（佐藤）　帝京大：相沢誠司（照屋）

公式試合 No.657 平成2年度 第4試合 対抗戦

早大		青学大
28	—	0
7	前	0
21	後	0
1	T	0
1	G	0
1	PG	0
0	DG	0
3	T	0
2	G	0
0	PG	0
0	DG	0
17	反則	8

#	早大	Pos	#	青学大
1	小山 義弘	FW	1	田中 高信
2	池田 晃久		2	南 譲治
3	落合 一美		3	梅下 政幸
4	小川 洋平		4	田中 克紀
5	今西 俊貴		5	五十川勝規
6	富野 永和		6	上原 潤一
7	相良南海夫		7	武居 健作
8	直江 恒洋		8	大友 孝次
9	堀越 弘二	HB	9	樋川 直人
10	守屋 泰宏		10	辻 憲二
11	増保 輝則	TB	11	吹田 長生
12	吉雄 潤		12	
13	藤掛 三男		13	吉田 沢竜
14	小野 勇人		14	渡辺 浩二
15	今泉 清	FB	15	富岡 剛

平成2年10月21日　G 江戸川　R 井上哲夫　KO 14:00

No.658 平成2年度 第5試合 対抗戦 — 早大 vs 日体大

早大		日体大
36	—	8
19	前	4
17	後	4
3	T	1
1	G	0
1	PG	0
0	DG	0
3	T	1
1	G	0
1	PG	0
0	DG	0
11	反則	8

No	早大	Pos	No	日体大
1	小山 義弘	FW	1	中洲 孝一
2	池田 晃久		2	林 憲仁
3	佐藤 友重		3	小沢 克年
4	小川 洋平		4	富井 和也
5	今西 俊貴		5	渡辺 雅也
6	富野 永和		6	広本 直史
7	相良南海夫		7	五十嵐康雄
8	直江 恒洋		8	吉岡 健一
9	堀越 正己	HB	9	吹田 博史
10	守屋 泰宏		10	薬師寺大輔
11	増保 輝則	TB	11	田辺 浩二
12	吉雄 潤		12	高根沢公一
13	藤掛 三男		13	木本 亮一
14	郷田 正		14	尾関 弘樹
15	今泉 清	FB	15	秋広 秀一

平成2年11月4日　G 秩父宮　R 八木宏器 KO 13:50
交代 早大:上田雲平(今泉)／日体大:高正巳(吉岡)

No.659 平成2年度 第6試合 対抗戦 — 早大 vs 筑波大

早大		筑波大
32	—	15
6	前	12
26	後	3
1	T	2
1	G	1
0	PG	0
4	T	0
2	G	0
2	PG	1
0	DG	0
9	反則	11

No	早大	Pos	No	筑波大
1	小山 義弘	FW	1	矢野 義明
2	池田 晃久		2	大島 浩嗣
3	佐藤 友重		3	中野 佳基
4	小川 洋平		4	堀上 慎一
5	今西 俊貴		5	浜崎 浩秋
6	富野 永和		6	畑 幸児
7	相良南海夫		7	柴田 久哉
8	直江 恒洋		8	本多 史英
9	堀越 正己	HB	9	飯沼 健
10	守屋 泰宏		10	渡部 泰寿
11	増保 輝則	TB	11	本多 秀典
12	吉雄 潤		12	橋本 晃輝
13	藤掛 三男		13	北川 俊二
14	郷田 正		14	高木 謙一
15	今泉 清	FB	15	吉田 育弘

平成2年11月10日　G 秩父宮　R 下井真介 KO 14:00
交代 早大:小野勇人(守屋)

No.660 平成2年度 第7試合 対抗戦 — 早大 vs 慶大

早大		慶大
40	—	0
12	前	0
28	後	0
1	T	0
1	G	0
2	PG	0
0	DG	0
5	T	0
4	G	0
1	PG	0
0	DG	0
11	反則	13

No	早大	Pos	No	慶大
1	小山 義弘	FW	1	三宅清三郎
2	池田 晃久		2	東 弘二郎
3	佐藤 友重		3	志賀 行介
4	小川 洋平		4	伊藤 隆
5	今西 俊貴		5	五十嵐将之
6	富野 永和		6	山内 竜
7	相良南海夫		7	東 健太郎
8	直江 恒洋		8	小田切宏太
9	堀越 正己	HB	9	栗田幸一郎
10	守屋 泰宏		10	鈴木勝二郎
11	増保 輝則	TB	11	村井 健児
12	吉雄 潤		12	杉本 和史
13	石井 晃		13	神田 雅樹
14	郷田 正		14	林 晃弘
15	今泉 清	FB	15	月岡 匡人

平成2年11月23日　G 秩父宮　R 斉藤直樹 KO 14:00
交代 慶大:古田靖二(三宅)

No.661 平成2年度 第8試合 対抗戦 — 早大 vs 明大

早大		明大
24	—	24
9	前	10
15	後	14
0	T	3
0	G	0
3	PG	2
0	DG	0
2	T	2
2	G	2
1	PG	2
0	DG	0
13	反則	18

No	早大	Pos	No	明大
1	小山 義弘	FW	1	佐藤 豪一
2	池田 晃久		2	西原 在日
3	佐藤 友重		3	飯塚 淳
4	小川 洋平		4	青木 聡史
5	今西 俊貴		5	坂元 勝彦
6	富野 永和		6	佐藤 之富
7	相良南海夫		7	小村 淳
8	直江 恒洋		8	富岡 洋
9	堀越 正己	HB	9	永友 洋司
10	守屋 泰宏		10	松尾 雄治
11	増保 輝則	TB	11	吉田 義人
12	吉雄 潤		12	元木由記雄
13	石井 晃		13	朝比奈 隆
14	郷田 正		14	丹羽 政彦
15	今泉 清	FB	15	小杉山英克

平成2年12月2日　G 国立競技場　R 斉藤直樹 KO 14:00
交代 明大:清水秀司(飯塚)

No.662 平成2年度 交流試合 — 早大 vs 法大

早大		法大
44	—	17
18	前	4
26	後	13
2	T	1
1	G	0
1	PG	0
0	DG	0
5	T	2
3	G	1
1	PG	1
0	DG	0
13	反則	16

No	早大	Pos	No	法大
1	小山 義弘	FW	1	荒川 幸祐
2	高橋 大		2	西尾 辰博
3	落合 一美		3	平野 善之
4	小川 洋平		4	伊藤 剛臣
5	今西 俊貴		5	勝 利規
6	富野 永和		6	島津 久志
7	相良南海夫		7	長田 英二
8	直江 恒洋		8	三浦 弘樹
9	堀越 正己	HB	9	富樫 透
10	守屋 泰宏		10	南野 宏
11	増保 輝則	TB	11	中司竜一郎
12	吉雄 潤		12	伊藤 昌夫
13	藤掛 三男		13	矢作 一
14	郷田 正		14	真田 武洋
15	今泉 清	FB	15	小野木 修

平成2年12月16日　G 秩父宮　R 阿世知敏幸 KO 14:00
交代 法大:星野荘司(中司)

No.663 平成2年度 第27回大学選手権1回戦 — 早大 vs 福岡大

早大		福岡大
100	—	7
32	前	0
68	後	4
6	T	1
4	G	0
0	PG	0
0	DG	0
13	T	1
8	G	0
0	PG	0
0	DG	0
9	反則	12

No	早大	Pos	No	福岡大
1	菊地 隆	FW	1	山崎 正
2	高橋 大		2	福嶋 尚人
3	佐藤 友重		3	福島 忍
4	小川 洋平		4	石橋 宏文
5	今西 俊貴		5	谷山 智宣
6	富野 永和		6	鐘築 正純
7	相良南海夫		7	中州 吉隆
8	直江 恒洋		8	広野 健吾
9	堀越 正己	HB	9	石井 由彦
10	守屋 泰宏		10	半沢 和哉
11	増保 輝則	TB	11	広池誠一郎
12	吉雄 潤		12	井上浩太郎
13	藤掛 三男		13	村上 佳克
14	郷田 正		14	豊田 清
15	今泉 清	FB	15	飯田 泰平

平成2年12月23日　G 平和台　R 川崎重雄 KO 14:00
交代 早大:梶村大求(直江)

No.664 平成2年度 第27回大学選手権準決勝 — 早大 vs 同大

早大		同大
50	—	8
21	前	4
29	後	4
3	T	1
3	G	0
1	PG	0
0	DG	0
5	T	1
4	G	0
1	PG	0
0	DG	0
13	反則	13

No	早大	Pos	No	同大
1	小山 義弘	FW	1	北村 一彦
2	池田 晃久		2	砂辺 愛尊
3	佐藤 友重		3	中村 寺人
4	小川 洋平		4	谷口 善彦
5	今西 俊貴		5	上田 弘之
6	富野 永和		6	谷口 順一
7	相良南海夫		7	住田 延明
8	直江 恒洋		8	小林 将人
9	堀越 正己	HB	9	山西 伸幸
10	守屋 泰宏		10	李 光弘
11	増保 輝則	TB	11	伊藤 紀昌
12	吉雄 潤		12	朝比奈 隆
13	藤掛 三男		13	朝比奈 隆
14	郷田 正		14	近藤 孝弘
15	今泉 清	FB	15	北沢 仁

平成3年1月2日　G 国立競技場　R 真下 昇 KO 14:00
交代 早大:小野勇人(吉雄)／同大:文原洋一(上田)、栗山紀一(笹原)

No.665 平成2年度 第27回大学選手権決勝 — 早大 vs 明大

早大		明大
13	—	16
4	前	6
9	後	10
0	T	2
0	G	1
1	PG	0
0	DG	0
1	T	1
1	G	0
0	PG	0
0	DG	0
14	反則	12

No	早大	Pos	No	明大
1	小山 義弘	FW	1	佐藤 豪一
2	池田 晃久		2	西原 在日
3	佐藤 友重		3	飯塚 淳
4	小川 洋平		4	青木 聡史
5	今西 俊貴		5	坂元 勝彦
6	富野 永和		6	佐藤 之富
7	相良南海夫		7	小村 淳
8	直江 恒洋		8	富岡 洋
9	堀越 正己	HB	9	永友 洋司
10	守屋 泰宏		10	鈴木 博久
11	増保 輝則	TB	11	吉田 義人
12	吉雄 潤		12	岡安 倫明
13	藤掛 三男		13	岡安 倫明
14	郷田 正		14	丹羽 政彦
15	今泉 清	FB	15	小杉山英克

平成3年1月6日　G 国立競技場　R 八木宏器 KO 14:00
交代 明大:土佐恵慶(丹羽)

No.666 平成3年度 第1試合 対抗戦 — 早大 vs 東大

早大		東大
72	—	6
31	前	0
41	後	6
5	T	0
4	G	0
1	PG	0
0	DG	0
6	T	1
4	G	1
3	PG	0
0	DG	0
7	反則	13

No	早大	Pos	No	東大
1	小山 義弘	FW	1	田中 康博
2	池田 晃久		2	伊東 弘嗣
3	佐藤 友重		3	佐々木一宏
4	嶋内 英郎		4	山内 祐樹
5	塚本 滋		5	佐伯 洋
6	富野 永和		6	江上 浩之
7	相良南海夫		7	新妻 秀規
8	内田 弘憲		8	新原 拓太
9	堀越 正己	HB	9	畠中 徳人
10	守屋 泰宏		10	西森 栄太
11	永井信太郎	TB	11	谷貝 圭一
12	吉雄 潤		12	井上 浩一
13	南雲 博之		13	中山 有理
14	小野 勇人		14	大塚 康介
15	徳丸 真吾	FB	15	大井 洋介

平成3年9月22日　G 江戸川　R 城所富夫 KO 14:00
交代 東大:金子浩士(中山)

No.667 平成3年度 第2試合 対抗戦 — 早大 vs 立大

早大		立大
68	—	6
27	前	0
41	後	6
5	T	0
2	G	0
1	PG	0
0	DG	0
7	T	1
5	G	1
1	PG	0
0	DG	0
13	反則	15

No	早大	Pos	No	立大
1	小山 義弘	FW	1	一本木 洋
2	池田 晃久		2	西 勝利
3	佐藤 友重		3	遠山 忠範
4	塚本 滋		4	川野 積
5	遠藤 哲		5	柳沢 正之
6	富野 永和		6	田尻 義征
7	相良南海夫		7	佐野 達哉
8	内田 弘憲		8	内田 泰裕
9	堀越 正己	HB	9	山崎 港人
10	守屋 泰宏		10	北島 博文
11	永井信太郎	TB	11	桜井 賢治
12	吉雄 潤		12	山崎 一平
13	石井 晃		13	三谷 太一
14	小野 勇人		14	田中 弘之
15	徳丸 真吾	FB	15	谷口 俊夫

平成3年10月6日　G いわき市　R 阿世賀俊幸 KO 14:00
交代 早大:南雲博之(吉雄)

No.668 平成3年度 第3試合 対抗戦 — 早大 vs 帝京大

早大		帝京大
28	—	4
9	前	0
19	後	4
1	T	0
1	G	0
1	PG	0
0	DG	0
3	T	1
2	G	0
1	PG	0
0	DG	0
12	反則	20

No	早大	Pos	No	帝京大
1	小山 義弘	FW	1	阿部 克行
2	池田 晃久		2	熊沢 伸明
3	佐藤 友重		3	熊沢 伸明
4	塚本 滋		4	今村 貴志
5	遠藤 哲		5	井出 泰実
6	富野 永和		6	安藤 仁
7	相良南海夫（佐藤（片岡）孝明）		7	森 太
8	内田 弘憲		8	赤津 利之
9	堀越 正己	HB	9	大原 知治
10	守屋 泰宏		10	中村 信之
11	永井信太郎	TB	11	相沢 誠司
12	南雲 博之		12	ショーン リトン
13	石井 晃		13	斉藤 信和
14	小野 勇人		14	岡部 晃尚
15	徳丸 真吾	FB	15	阿部 智

平成3年10月13日　G 秩父宮　R 石井 勝 KO 14:00

No.669 平成3年度 第4試合 対抗戦 — 早大 vs 青学大

早大		青学大
36	—	15
15	前	0
21	後	15
2	T	0
1	G	0
1	PG	0
0	DG	0
4	T	2
2	G	1
0	PG	1
0	DG	0
19	反則	10

No	早大	Pos	No	青学大
1	小山 義弘	FW	1	田中 高信
2	池田 晃久		2	土谷 道人
3	落合 一美		3	福島 範治
4	遠藤 哲		4	田中 克紀
5	塚本 滋		5	古庄 守
6	富野 永和		6	上原 潤一
7	相良南海夫		7	武居 健作
8	佐藤 孝明		8	大友 孝芳
9	堀越 弘二	HB	9	樋川 直人
10	守屋 泰宏		10	辻 憲二
11	永井信太郎	TB	11	大場 貴康
12	吉雄 潤		12	沢地 沢電
13	増保 輝則		13	山本 力
14	小野 勇人		14	渡辺 浩二
15	徳丸 真吾	FB	15	上田 太郎

平成3年10月26日　G 秩父宮　R 斉藤直樹 KO 14:00
交代 早大:南雲博之(吉雄)／青学大:加藤寿岳(上原)、下田大輔(大場)、船木賢哉(上田)

公式試合　No.670　平成3年度　第5試合　対抗戦

早大		日体大	No	早大		No	日体大
38	—	24	1	小山 義弘	FW	1	手島 孝之
19	前	15	2	池田 晃久		2	竹中 克利
19	後	9	3	佐藤 友重		3	後藤 康夫
1	T	1	4	遠藤 哲		4	深藤 勝久
0	G	1	5	塚本 滋		5	小田 闘造
5	PG	3	6	富野 永和		6	広本 直史
0	DG	0	7	相良南海夫		7	木下 克弥
3	T	1	8	佐藤 孝明		8	今井 史雄
2	G	1	9	堀越 弘二	HB	9	築山 雅彦
1	PG	1	10	守屋 泰宏		10	薬師寺大輔
0	DG	0	11	永井信太郎	TB	11	田辺 浩二
7	反則	14	12	吉雄 潤		12	高根沢公一
			13	南雲博之		13	杯木 勇
			14	小野 勇人		14	尾関 弘樹
			15	徳丸 真吾	FB	15	秋広 秀一

平成3年11月2日　G 秩父宮　R 阿世賀敏幸 KO 13:50
交代 早大：南雲博之（小野）　日体大：新井昭夫（高根沢）

公式試合　No.671　平成3年度　第6試合　対抗戦

早大		筑波大	No	早大		No	筑波大
38	—	13	1	小山 義弘	FW	1	中村 隆義
12	前	6	2	池田 晃久		2	武石 健哉
26	後	7	3	佐藤 友重		3	浜浦 幸光
2	T	1	4	遠藤 哲		4	布施 孝介
2	G	1	5	今西 俊貴		5	元場 隆明
0	PG	0	6	富野 永和		6	畑 幸児
0	DG	0	7	相良南海夫		7	野村 剛
4	T	1	8	内田 弘憲		8	本多 史英
2	G	0	9	堀越 弘二	HB	9	増田 尚志
2	PG	1	10	守屋 泰宏		10	大島 永
0	DG	0	11	永井信太郎	TB	11	宮本 利制
10	反則	8	12	吉雄 潤		12	三戸部聡司
			13	南雲博之		13	松添 州生
			14	小野 勇人		14	高木 謙一
			15	徳丸 真吾	FB	15	本多 秀典

平成3年11月9日　G 秩父宮　R 増川照仁 KO 14:00
交代 早大：嶋内英郎（今西）、南雲博之（吉雄）　筑波大：武部安一（畑）、工藤壮郎（野村）

公式試合　No.672　平成3年度　第7試合　対抗戦

早大		慶大	No	早大		No	慶大
25	—	13	1	小山 義弘	FW	1	東 弘二郎
10	前	0	2	池田 晃久		2	古田 靖二
15	後	13	3	佐藤 友重		3	志村 久史
1	T	0	4	嶋内 英郎		4	五十嵐将之
0	G	0	5	遠藤 哲		5	関 大也
2	PG	2	6	富樫正太郎		6	山内 竜
0	DG	0	7	相良南海夫		7	奥泉 至高
2	T	2	8	内田 弘憲		8	小田切宏太
2	G	1	9	堀越 弘二	HB	9	斉藤 勝利
1	PG	1	10	守屋 泰宏		10	細田 恭祐
0	DG	0	11	増保 輝則	TB	11	神田 雅朗
8	反則	12	12	吉雄 潤		12	杉本 和史
			13	南雲 博之		13	江田裕一郎
			14	小野 勇人		14	村井 健児
			15	徳丸 真吾	FB	15	田治 之佳

平成3年11月23日　G 秩父宮　R 真下 昇 KO 14:00

公式試合　No.673　平成3年度　第8試合　対抗戦

早大		明大	No	早大		No	明大
12	—	16	1	小山 義弘	FW	1	佐藤 豪一
9	前	6	2	池田 晃久		2	藤 高之
3	後	10	3	佐藤 友重		3	清水 秀司
1	T	0	4	遠藤 哲		4	青木 聡史
1	G	0	5	今西 俊貴		5	高橋 一聡
1	PG	2	6	富野 永和		6	沢田 国治
0	DG	0	7	相良南海夫		7	小村 淳
0	T	2	8	佐藤 孝明		8	佐藤 久富
0	G	1	9	堀越 弘二	HB	9	津田 孝司
1	PG	0	10	守屋 泰宏		10	鈴木 博久
0	DG	0	11	増保 輝則	TB	11	土佐 忠麿
1	反則	6	12	吉雄 潤		12	元木由記雄
			13	南雲 博之		13	岡安 徹
			14	小野 勇人		14	渡辺 大吾
			15	徳丸 真吾	FB	15	田島 賢一

平成3年12月1日　G 国立競技場　R 斉藤直樹 KO 14:00

公式試合　No.674　平成3年度　交流試合

早大		法大	No	早大		No	法大
21	—	12	1	小山 義弘	FW	1	井村 拓也
3	前	12	2	池田 晃久		2	坂田 正彰
18	後	0	3	佐藤 友重		3	平野 善之
0	T	2	4	遠藤 哲		4	伊藤 剛臣
0	G	2	5	今西 俊貴		5	山田 育也
1	PG	0	6	富樫正太郎		6	内田 明
0	DG	0	7	相良南海夫		7	長田 英二
3	T	0	8	佐藤 孝明		8	三浦 弘樹
3	G	0	9	堀越 弘二	HB	9	富樫 透
0	PG	0	10	守屋 泰宏		10	堀 和人
0	DG	0	11	増保 輝則	TB	11	田中 康久
9	反則	13	12	吉雄 潤		12	江田 進
			13	南雲 博之		13	佐々木幹広
			14	小野 勇人		14	真田 武洋
			15	徳丸 真吾	FB	15	秋山 公二

平成3年12月14日　G 秩父宮　R 城所富夫 KO 14:00
交代 早大：永井信太郎（徳丸）

公式試合　No.675　平成3年度　第28回大学選手権1回戦

早大		大体大	No	早大		No	大体大
24	—	19	1	小山 義弘	FW	1	田中 俊輝
14	前	3	2	池田 晃久		2	筒井 司
10	後	16	3	佐藤 友重		3	大坪 和彦
2	T	0	4	遠藤 哲		4	阿部 浩之
2	G	0	5	今西 俊貴		5	金城 秀雄
2	PG	1	6	富野 永和		6	若山 智宏
0	DG	0	7	相良南海夫		7	森山 智
2	T	2	8	内田 弘憲		8	上野 雅俊
2	G	1	9	堀越 弘二	HB	9	瀬川 智志
0	PG	0	10	守屋 泰宏		10	吉岡 敏志
0	DG	0	11	増保 輝則	TB	11	山下 貴史
8	反則	8	12	吉雄 潤		12	西田 団之
			13	南雲 博之		13	木村 浩二
			14	小野 勇人		14	松坂 浩二
			15	徳丸 真吾	FB	15	上田 剛

平成3年12月22日　G 花園　R 八木宏器 KO 14:00
交代 早大：津田慎治（堀越）

公式試合　No.676　平成3年度　第28回大学選手権準決勝

早大		大東大	No	早大		No	大東大
12	—	22	1	小山 義弘	FW	1	米田 政明
3	前	12	2	池田 晃久		2	伊藤 透
9	後	10	3	佐藤 友重		3	江森 隆史
0	T	3	4	遠藤 哲		4	釜沢 晋
0	G	2	5	今西 俊貴		5	臼井 章弘
1	PG	0	6	富野 永和		6	井沢 航
0	DG	0	7	相良南海夫		7	藤井 洋明
1	T	2	8	内田 弘憲		8	シオネ ラトウ
1	G	1	9	堀越 弘二	HB	9	森 利恵
1	PG	0	10	守屋 泰宏		10	大鷲 紀幸
0	DG	0	11	増保 輝則	TB	11	青木 聡
9	反則	18	12	吉雄 潤		12	元木由記雄
			13	南雲 博之		13	小森 敦
			14	小野 勇人		14	ロペティ オト
			15	徳丸 真吾	FB	15	小倉 英輝

平成4年1月2日　G 国立競技場　R 斉藤直樹 KO 14:00
交代 早大：富樫正太郎（富野）

国際試合　No.76　平成3年度　英国遠征第1試合

全早大		スコットランド学生	No	全早大		No	スコットランド学生
32	—	13	1	永田 隆憲	FW	1	D. BLACKHURST
20	前	0	2	森島 弘光		2	B. McREGOR
12	後	13	3	佐藤 友重		3	U. SEEDHOUSE
4	T	1	4	嶋内 英郎		4	A. CAMPBELL
4	G	0	5	遠藤 哲		5	D. BOSWELL
0	PG	2	6	神田 識二朗		6	G. McLEAN
0	DG	0	7	相良南海夫		7	S. GRIFFIN
2	T	2	8	清宮 克幸		8	R. DUNLOP
2	G	1	9	堀越 弘二	HB	9	J. CROMBIE
2	PG	1	10	守屋 泰宏		10	M. ROBINSON
0	DG	0	11	吉村 恒	TB	11	M. PALMER
14	反則	8	12	今駒 憲二		12	C. BRUCE
			13	藤掛 三男		13	M. BOYD
			14	増保 輝則		14	D. HALL
			15	石井 勝尉	FB	15	M. LAIRD

平成4年2月23日　G セント・アンドリュウス　R RICKARD KO 15:00

国際試合　No.77　平成3年度　英国遠征第2試合

全早大		スコットランド大学XV	No	全早大		No	スコットランド大学XV
26	—	3	1	永田 隆憲	FW	1	J. DAVIS
8	前	0	2	森島 弘光		2	D. TIMMS
18	後	3	3	佐藤 友重		3	R. HASTING
2	T	0	4	今西 俊貴		4	A. CAMPBELL
2	G	0	5	遠藤 哲		5	M. McVIE
0	PG	1	6	富野 永和		6	C. BROWN
0	DG	0	7	神田 識二朗		7	G. McLEAN
4	T	0	8	清宮 克幸		8	D. JACKSON
4	G	0	9	堀越 正己	HB	9	A. MILNE
0	PG	0	10	前田 夏洋		10	D. LEE
0	DG	0	11	吉村 恒	TB	11	B. WHITE
6	反則	11	12	今駒 憲二		12	J. RUSSELL
			13	藤掛 三男		13	C. BRUCE
			14	増保 輝則		14	A. TURNER
			15	徳丸 真吾	FB	15	D. CHANGELING

平成4年2月26日　G マレーフィールド第2　R FLEMING KO 15:00
交代 早大：内田弘憲（富野）　スコットランド大学：XV M. CHANGELING (LEE)

国際試合　No.78　平成3年度　英国遠征第3試合

全早大		ケンブリッジ大	No	全早大		No	ケンブリッジ大
51	—	20	1	永田 隆憲	FW	1	D. M. JONES
13	前	14	2	池田 晃久		2	G. CLARE
38	後	6	3	佐藤 友重		3	M. CHAPPLE
2	T	3	4	嶋内 英郎		4	F. MacMILLAN
1	G	1	5	今西 俊貴		5	T. DOWER
1	PG	0	6	清宮 克幸		6	R. JENKINS
0	DG	0	7	相良南海夫		7	H. JONES
7	T	0	8	内田 弘憲		8	R. MIDGLEY
5	G	0	9	堀越 正己	HB	9	J. M. GIBSON
0	PG	2	10	守屋 泰宏		10	K. PRICE
0	DG	0	11	増保 輝則	TB	11	R. BATSTONE
23	反則	15	12	吉雄 潤		12	D. WRIGHT
			13	藤掛 三男		13	S. JOHNSON
			14	小野 勇人		14	R. GIVEN
			15	石井 勝尉	FB	15	N. ROBINSON

平成4年2月29日　G ケンブリッジ大　R THOMPSON KO 15:00
交代 早大：神田識二朗（内田）

国際試合　No.79　平成3年度　英国遠征第4試合

全早大		カーディフ大学	No	全早大		No	カーディフ大学
26	—	8	1	小山 義弘	FW	1	L. MOONEY
12	前	4	2	森島 弘光		2	M. RICHARDS
14	後	4	3	山田 俊政		3	S. HOBDEN
1	T	1	4	篠原 太郎		4	L. WILLIAMS
1	G	0	5	遠藤 哲		5	M. BILOUNE
2	PG	0	6	神田 識二朗		6	D. MORGAN
0	DG	0	7	清宮 克幸		7	M. DYER
2	T	0	8	内田 弘憲		8	T. BAYNER
2	G	0	9	津田 慎治	HB	9	S. REES
3	PG	1	10	前田 夏洋		10	J. REED
0	DG	0	11	吉村 恒	TB	11	J. TAYLAUR
10	反則	10	12	今駒 憲二		12	N. STOCKER
			13	増保 輝則		13	J. WALLACE
			14	小野 勇人		14	G. JOHN
			15	徳丸 真吾	FB	15	A. DAVIES

平成4年3月4日　G カーディフ大　R JOWES KO 13:00

国際試合　No.80　平成3年度　英国遠征第5試合

全早大		オックスフォード大	No	全早大		No	オックスフォード大
19	—	40	1	永田 隆憲	FW	1	S. WHITESIDE
15	前	10	2	森島 弘光		2	M. PATTON
4	後	30	3	佐藤 友重		3	A. EVERETT
1	T	4	4	篠原 太郎		4	T. HAYASHI（林敏之）
1	G	4	5	今西 俊貴		5	O. DAVIES
1	PG	4	6	神田 識二朗		6	R. DUDLEY
3	DG	1	7	相良南海夫		7	L. JONES
1	T	4	8	清宮 克幸		8	A. HILWARD
1	G	1	9	堀越 正己	HB	9	S. DU TOIT
0	PG	0	10	守屋 泰宏		10	E. RAYNER
0	DG	0	11	吉村 恒	TB	11	S. BARCLAY
14	反則	13	12	今駒 憲二		12	K. STREET
			13	藤掛 三男		13	M. JOT
			14	増保 輝則		14	W. HENDERSON
			15	石井 勝尉	FB	15	R. JONES

平成4年3月7日　G オックスフォード大　R BEAUMONT KO 12:00

国際試合 No.81 平成4年度 香港U24来日

早大		香港U24	No	早大		No	香港U24
16	—	16	1	山田 俊成	FW	1	レミングトン
6	前	10	2	中村星次郎		2	ユンキット
10	後	6	3	栗原正太郎		3	ユン
1	T	1	4	田中 孝二		4	マッコーミック
1	G	0	5	嶋内 英郎		5	ゲインズ
0	PG	2	6	富樫 永和		6	ピアソン
0	DG	0	7	山羽 教文		7	ドレイコット
2	T	1	8	竹内 俊二		8	コールマン
1	G	1	9	堀越 弘二	HB	9	リチャードソン
0	PG	0	10	徳丸 真輔		10	パーク
0	DG	0	11	坂上 勇輔	TB	11	マタソン
7	反則	15	12	酒井 良隆		12	パーカー
			13	土方 篤		13	アレン
			14	藤井 啓		14	ゴドフレイ
			15	星川 良介	FB	15	セイン

平成4年5月21日
G 秩父宮
R 井上哲夫 KO 14:00
交代：早大：西川誠山（富野）、橋本悟（酒井）
香港U24：ジェフリー（ピアソン）

公式試合 No.677 平成4年度 第1試合 対抗戦

早大		東大	No	早大		No	東大
104	—	7	1	原 大基	FW	1	竹尾 明
45	前	0	2	藤 浩太郎		2	江上 浩之
59	後	7	3	佐藤 友重		3	佐々木一臣
7	T	0	4	田中 孝二		4	田中 洋
5	G	0	5	遠藤 哲		5	新原 拓太
0	PG	0	6	植野 昌洋		6	竹内 崇
0	DG	0	7	富野 永和		7	氏森 毅
9	T	1	8	富樫正太郎		8	阿部 竜太
7	G	1	9	津田 慎治	HB	9	重徳 和彦
0	PG	0	10	堀川 隆延		10	佐分利 希
0	DG	0	11	内田 弘憲	TB	11	中尾 充孝
4	反則	12	12	土方 篤		12	西森 栄太
			13	渡辺 大介		13	中山 布彦
			14	笠井 道也		14	大塚 康介
			15	君塚 真	FB	15	大井 洋介

平成4年9月20日
G 札幌月寒
R 石井 勝 KO 13:00
注：この試合からトライ5点に
交代：早大：隈部謙太郎（渡辺）
東大：新妻秀規（竹内）、佐部浩太郎（中山）

国際試合 No.82 平成4年度 オックスフォード大学来日

全早大		オックスフォード大	No	全早大		No	オックスフォード大
25	—	27	1	永田 隆憲	FW	1	J.BUCKETT
15	前	10	2	藤 浩太郎		2	M.HUMPHREY
10	後	17	3	佐藤 友重		3	F.SANTOS
2	T	2	4	篠原 英治		4	D.EVANS
1	G	0	5	遠藤 哲		5	P.COVENEY
1	PG	0	6	富野 永和		6	C.LION-CACHET
0	DG	0	7	神田識二郎		7	D.KEEY
2	T	2	8	清宮 克幸		8	B.NASSER
0	G	2	9	津田 慎治	HB	9	C.JONES
0	PG	1	10	前田 夏洋		10	N.MALONE
0	DG	0	11	今泉 清		11	D.SPENCE
18	反則	15	12	土方 篤		12	B.O'MAHONY
			13	今駒 憲二		13	M.JOY
			14	浜中 泰大		14	S.SENNITT
			15	石川 勝尉	FB	15	M.HUTCHINGS

平成4年9月27日
G 秩父宮
R 阿世賀敏幸 KO 14:15

公式試合 No.678 平成4年度 第2試合 対抗戦

早大		立大	No	早大		No	立大
81	—	10	1	原 大基	FW	1	一本木 洋
39	前	0	2	石嶋 正幸		2	西 勝利
42	後	10	3	栗原正太郎		3	大倉 修治
5	T	0	4	竹内 俊二		4	川野 積
4	G	0	5	遠藤 哲		5	鈴木 貴輔
2	PG	0	6	富樫正太郎		6	田尻 義征
0	DG	0	7	山羽 教文		7	柳沢 正之
6	T	2	8	植野 昌洋		8	金丸 由身
6	G	0	9	山崎 文博	HB	9	北島 光
0	PG	0	10	堀川 隆延		10	暮地 拓己
0	DG	0	11	徳丸 真吾	TB	11	桜井 賢治
15	反則	12	12	土方 篤		12	川崎 一平
			13	藤 和恒		13	三谷 太二
			14	浜中 泰大		14	横松 修
			15	鈴木 貴之	FB	15	古賀 伸貴

平成4年10月4日
G 熊谷
R 石井泰三 KO 14:30
交代：早大：小栗研二郎（植野）、藤井啓（藤）

公式試合 No.679 平成4年度 第3試合 対抗戦

早大		帝京大	No	早大		No	帝京大
33	—	23	1	原 大基	FW	1	松島 大策
13	前	9	2	藤 浩太郎		2	伴野 正之
20	後	14	3	栗原正太郎		3	岩沢 進
1	T	0	4	竹内 俊二		4	今村 貴志
5	G	0	5	遠藤 哲		5	新土居貴光
2	PG	3	6	富野 永和		6	荒井 秀幸
1	DG	0	7	山羽 教文		7	林 洋介
3	T	2	8	小泉 和也		8	安田 伸介
1	G	2	9	津田 慎治	HB	9	岸田 康嗣
1	PG	0	10	堀川 隆延		10	中村 信之
0	DG	0	11	岩田 幸生	TB	11	宮本 亮平
12	反則	9	12	土方 篤		12	ショーン リトン
			13	隈部 政雄		13	斉藤 章一
			14	笠井 道也		14	清水 昭則
			15	徳丸 真吾	FB	15	相沢 誠司

平成4年10月11日
G 秩父宮
R 藤下 昇 KO 14:00
交代：早大：藤井啓（土方）

公式試合 No.680 平成4年度 第4試合 対抗戦

早大		青学大	No	早大		No	青学大
34	—	7	1	小山 義弘	FW	1	田中 高信
6	前	7	2	藤 浩太郎		2	柴田 守郎
28	後	0	3	佐藤 友重		3	福島 範治
0	T	1	4	竹内 俊二		4	田中 克則
0	G	1	5	遠藤 哲		5	武居 健作
2	PG	0	6	富野 永和		6	上原 潤一
0	DG	0	7	山羽 教文		7	加藤 寿岳
4	T	1	8	小泉 和也		8	大友 孝芳
0	G	1	9	津田 慎治	HB	9	鈴島 信介
2	PG	0	10	堀川 隆延		10	久保田智則
0	DG	0	11	坂上 勇輔	TB	11	大場 貴憲
12	反則	13	12	土方 篤		12	伊東 将
			13	勝田 政雄		13	M.フィッシャー
			14	笠井 道也		14	梅月 淳史
			15	徳丸 真吾	FB	15	渡辺 浩二

平成4年10月25日
G 秩父宮
R 斉藤直樹 KO 14:00
交代：早大：石嶋正幸（小山）、鈴木貴之（徳丸）
青学大：加藤勲（大友）

公式試合 No.681 平成4年度 第5試合 対抗戦

早大		筑波大	No	早大		No	筑波大
44	—	18	1	石嶋 正幸	FW	1	片山 博之
23	前	13	2	藤 浩太郎		2	武石 健哉
21	後	5	3	佐藤 友重		3	藤本 満
2	T	2	4	竹内 俊二		4	工藤 壮郎
2	G	0	5	遠藤 哲		5	布施 孝介
2	PG	1	6	富野 永和		6	飛高 浩介
0	DG	0	7	山羽 教文		7	峯岸 寛之
3	T	1	8	富樫正太郎		8	長谷川 毅
0	G	0	9	津田 慎治	HB	9	北川 健太
0	PG	0	10	堀川 隆延		10	梶山 英樹
0	DG	0	11	徳丸 真吾	TB	11	菅沼 直彦
18	反則	11	12	土方 篤		12	松添 径
			13	勝田 政雄		13	松添 州生
			14	藤井 啓		14	本多 秀典
			15	増保 輝則	FB	15	平井 盛太

平成4年10月31日
G 秩父宮
R 島田典彰 KO 14:00
交代：早大：植野昌洋（富樫）、鈴木貴之（増保）
筑波大：式部省一（飛高）

公式試合 No.682 平成4年度 第6試合 対抗戦

早大		日体大	No	早大		No	日体大
26	—	13	1	石嶋 正幸	FW	1	尾関 義紀
3	前	8	2	藤 浩太郎		2	松園 浩志
23	後	5	3	栗原正太郎		3	斉藤 正昭
0	T	1	4	竹内 俊二		4	角田 道生
0	G	0	5	遠藤 哲		5	小田 隆
1	PG	1	6	富野 永和		6	沖 久文
0	DG	0	7	山羽 教文		7	菅田 貴幸
0	T	0	8	小泉 和也		8	今井 博
2	G	0	9	津田 慎治	HB	9	後藤 裕吾
0	PG	0	10	隈部謙太郎		10	新井 昭夫
0	DG	0	11	坂上 勇輔	TB	11	新野 好之
17	反則	24	12	土方 篤		12	朽木 泰博
			13	渡辺 大介		13	斉藤 力也
			14	徳丸 真吾		14	田辺 浩二
			15	増保 輝則	FB	15	横山 紳

平成4年11月7日
G 市川
R 下村真介 KO 13:50
交代：早大：原大基（石嶋）、田中孝二（藤）
日体大：遠江徳知（尾関）、中原正義（小田）

公式試合 No.683 平成4年度 第7試合 対抗戦

早大		慶大	No	早大		No	慶大
54	—	13	1	原 大基	FW	1	志村 久史
18	前	3	2	栗原正太郎		2	東 宏之
36	後	10	3	佐藤 友重		3	松本啓太郎
2	T	0	4	竹内 俊二		4	松原 由昌
1	G	0	5	遠藤 哲		5	関 大也
2	PG	1	6	富野 永和		6	宇野沢和秀
0	DG	0	7	山羽 教文		7	奥泉 至高
4	T	1	8	小泉 和也		8	星野 剛男
0	G	1	9	津田 慎治	HB	9	柴田 亮
2	PG	0	10	隈部謙太郎		10	立花 国一
0	DG	0	11	坂上 勇輔	TB	11	月僧 匡人
20	反則	8	12	土方 篤		12	神田 雅朗
			13	藤井 啓		13	江田裕一郎
			14	徳丸 真吾		14	林 晃弘
			15	増保 輝則	FB	15	秋山 隆之

平成4年11月23日
G 秩父宮
R 下井真介 KO 14:00
交代：慶大：林洋光（宇野沢）、北折宏規（立花）

公式試合 No.684 平成4年度 第8試合 対抗戦

早大		明大	No	早大		No	明大
12	—	24	1	小山 義弘	FW	1	相田 博尉
12	前	9	2	藤 浩太郎		2	藤 高之
0	後	15	3	佐藤 友重		3	清水 秀尚
0	T	4	4	竹内 俊二		4	長谷川敬祐
0	G	3	5	遠藤 哲		5	渡 隆
4	PG	3	6	富野 永和		6	沢田 国治
0	DG	0	7	山羽 教文		7	海老名義隆
0	T	2	8	小泉 和也		8	高橋 一聡
0	G	0	9	津田 慎治	HB	9	永友 洋司
0	PG	5	10	隈部謙太郎		10	信野 将人
0	DG	0	11	坂上 勇輔	TB	11	吉田 光
19	反則	11	12	土方 篤		12	元木由記雄
			13	藤井 啓		13	岡安 倫朗
			14	徳丸 真吾		14	渡辺 大吾
			15	増保 輝則	FB	15	田島 賢一

平成4年12月6日
G 国立競技場
R 阿世賀敏幸 KO 14:00
交代：明大：文平竜太（岡安）

公式試合 No.685 平成4年度 交流試合

早大		大東大	No	早大		No	大東大
25	—	22	1	小山 義弘	FW	1	小川 修司
9	前	15	2	藤 浩太郎		2	永松 学
16	後	7	3	佐藤 友重		3	江森 隆史
0	T	3	4	竹内 俊二		4	釜沢 晋
0	G	3	5	遠藤 哲		5	山田 朋弘
3	PG	1	6	富野 永和		6	青柳 勝彦
0	DG	0	7	山羽 教文		7	高木 和幸
3	T	2	8	小泉 和也		8	シオネ 一
0	G	2	9	津田 慎治	HB	9	葦塚 由和
0	PG	0	10	隈部謙太郎		10	大鷲 紀幸
0	DG	0	11	坂上 勇輔	TB	11	小倉 光次
11	反則	24	12	土方 篤		12	星野 一郎
			13	藤井 啓		13	小森 敦
			14	徳丸 真吾		14	ロペティ オト
			15	増保 輝則	FB	15	大谷津昌品

平成4年12月13日
G 秩父宮
R 増川照仁 KO 14:00

公式試合 No.686 平成4年度 第29回大学選手権1回戦

早大		京産大	No	早大		No	京産大
25	—	12	1	小山 義弘	FW	1	大熊 宏明
3	前	0	2	藤 浩太郎		2	西松 輝行
22	後	12	3	佐藤 友重		3	松田 幸一
0	T	0	4	竹内 俊二		4	中嶋 信彦
0	G	0	5	遠藤 哲		5	竹下 忠彦
1	PG	0	6	富野 永和		6	南 貴浩
0	DG	0	7	山羽 教文		7	小野 努
4	T	2	8	小泉 和也		8	平井 清之
1	G	0	9	津田 慎治	HB	9	高野 一成
1	PG	1	10	隈部謙太郎		10	広瀬 佳司
0	DG	0	11	坂上 勇輔	TB	11	河合真志郎
10	反則	12	12	土方 篤		12	若葉 剛
			13	藤井 啓		13	吉田 明
			14	徳丸 真吾		14	大谷 康博
			15	増保 輝則	FB	15	清野 仁

平成4年12月20日
G 花園
R 阿世賀敏幸 KO 12:15

公式試合 No.687　平成4年度　第29回大学選手権準決勝

早大 — 關西学院大

早大		關西学院大
15	—	9
9	前	6
6	後	3
0	T	0
0	G	0
3	PG	2
0	DG	0
0	T	0
0	G	0
2	PG	1
0	DG	0
21	反則	17

平成5年1月2日　G 国立競技場　R 岩下真一　KO 12:15
交代　関東学院大：高橋靖久(沖牟田)

No.	早大	区分	No.	關西学院大
1	小山 義弘	FW	1	溝口 圭司
2	藤 浩太郎		2	大野 篤
3	佐藤 友重		3	瀧島 徳秀
4	竹内 俊二		4	横山 恒雄
5	遠藤 哲		5	星川 大輔
6	富野 永和		6	野本 卓也
7	山羽 教文		7	藤本 政治
8	小泉 和也		8	亀甲 康雄
9	津田 慎治	HB	9	西野 竜馬
10	堀田 隆延		10	岡村 要
11	徳丸 真吾	TB	11	工藤 直樹
12	土方 篤		12	清野 一
13	藤井 啓		13	平野 雄紀
14	小野 勇人		14	沖井義博
15	増田 輝則	FB	15	松田 努

公式試合 No.688　平成4年度　第29回大学選手権決勝

早大 — 法大

早大		法大
27	—	30
9	前	20
18	後	10
0	T	2
0	G	2
3	PG	0
0	DG	0
2	T	1
1	G	1
2	PG	1
0	DG	0
13	反則	13

平成5年1月6日　G 国立競技場　R 市川明夫　KO 14:00
交代　早大：富樫正太郎(山羽)

No.	早大	区分	No.	法大
1	小山 義弘	FW	1	下間 貴広
2	藤 浩太郎		2	坂田 正彰
3	佐藤 友重		3	中島 貴司
4	竹内 俊二		4	藤原 和也
5	遠藤 哲		5	竹部 太郎
6	富野 永和		6	内田 剛
7	山羽 教文		7	佐藤 康博
8	小泉 和也		8	伊藤 剛志
9	津田 慎治	HB	9	苑田 右二
10	堀川 隆延		10	中瀬 真広
11	徳丸 真吾	TB	11	秋山 公一
12	土方 篤		12	江田 憲仁
13	藤井 啓		13	島崎 大地
14	小野 勇人		14	星野 荘司
15	増田 輝則	FB	15	斉藤 政美

公式試合 No.689　平成5年度　第1試合　対抗戦

早大 — 東大

早大		東大
65	—	11
31	前	5
34	後	6
5	T	1
3	G	0
0	PG	0
0	DG	0
6	T	0
2	G	0
0	PG	2
0	DG	0
9	反則	14

平成5年9月26日　G 栃木　R 桜岡将博　KO 14:00

No.	早大	区分	No.	東大
1	入江 剛史	FW	1	多田 誠
2	藤 浩太郎		2	江上 浩之
3	古賀 大輔		3	梶原 裕貴
4	今田 俊一		4	木原 達章
5	遠藤 哲		5	新原 拓玉
6	富樫正太郎		6	竹内 崇
7	青木 信也		7	河野 訓加
8	小泉 和也		8	金子 浩士
9	前田 隆介	HB	9	谷見 圭一
10	隈部謙太郎		10	佐分利 永
11	増保 輝則	TB	11	秋下 徹
12	藤 和恒		12	西森 栄太
13	渡辺 大介		13	中山 有理
14	永島 茂樹		14	竹下誠一郎
15	星井 良介	FB	15	大井 洋介

公式試合 No.690　平成5年度　第2試合　対抗戦

早大 — 立大

早大		立大
91	—	10
49	前	10
42	後	3
7	T	1
7	G	1
0	PG	0
0	DG	0
6	T	0
6	G	0
6	PG	1
0	DG	0
11	反則	5

平成5年10月3日　G 日立　R 梅原秀紀　KO 14:00

No.	早大	区分	No.	立大
1	入江 剛史	FW	1	川崎 大
2	藤 浩太郎		2	横山 裕一
3	古賀 大輔		3	福島 幸治
4	今田 俊一		4	藤森 敦
5	山口 徹		5	鈴木 貴継
6	富樫正太郎		6	田尻 義征
7	青木 信也		7	内田 泰裕
8	小泉 和也		8	金丸 由和
9	前田 隆介	HB	9	森 大介
10	隈部謙太郎		10	亀甲 径
11	増保 輝則	TB	11	桜井 賢治
12	藤 和恒		12	川崎一平
13	渡辺 大介		13	三谷 太
14	永島 茂樹		14	古賀 伸貴
15	星井 良介	FB	15	横山 修

公式試合 No.691　平成5年度　第3試合　対抗戦

早大 — 帝京大

早大		帝京大
25	—	26
9	前	11
16	後	15
0	T	1
0	G	1
3	PG	0
0	DG	0
1	T	2
0	G	1
3	PG	1
0	DG	0
16	反則	19

平成5年10月11日　G 秩父宮　R 増川照仁　KO 14:00

No.	早大	区分	No.	帝京大
1	入江 剛史	FW	1	松島 大策
2	藤 浩太郎		2	内田 孝
3	佐藤 友重		3	吉岡源太郎
4	今田 俊一		4	新土居貴光
5	遠藤 哲		5	平野 貴大
6	富樫正太郎		6	林 洋介
7	山羽 教文		7	荒井 秀和
8	小泉 和也		8	安田 俊介
9	前田 隆介	HB	9	山田 孝之
10	隈部謙太郎		10	中村 信之
11	増保 輝則	TB	11	飯泉 景弘
12	渡辺 大介		12	田中 裕信
13	勝田 政雄		13	斉藤 司
14	永島 茂樹		14	宮本 勝美
15	鈴木 貴之	FB	15	宇津野 剛

公式試合 No.692　平成5年度　第4試合　対抗戦

早大 — 青学大

早大		青学大
37	—	5
9	前	0
28	後	5
0	T	1
0	G	0
3	PG	0
0	DG	0
3	T	1
2	G	0
0	PG	0
0	DG	0
11	反則	13

平成5年10月24日　G 秩父宮　R 阿世賀敏幸　KO 14:00

No.	早大	区分	No.	青学大
1	入江 剛史	FW	1	土佐 巌
2	藤 浩太郎		2	土谷 忠道
3	佐藤 友重		3	栗原 健一
4	竹内 俊二		4	瀬川 広一
5	遠藤 哲		5	柴本 和典
6	富樫正太郎		6	伊藤 博章
7	山羽 教文		7	武居 健作
8	田中 孝二		8	加藤 勲
9	前田 隆介	HB	9	鈴島 信之
10	隈部謙太郎		10	久保田智則
11	増保 輝則	TB	11	大場 貴憲
12	渡辺 大介		12	橋月 淳史
13	勝田 政雄		13	田口 大輔
14	永島 茂樹		14	片松 丈
15	鈴木 貴之	FB	15	糊谷 浩孝

公式試合 No.693　平成5年度　第5試合　対抗戦

早大 — 筑波大

早大		筑波大
21	—	16
6	前	11
15	後	5
0	T	1
0	G	0
2	PG	2
0	DG	0
6	T	1
0	G	1
5	PG	0
0	DG	0
13	反則	17

平成5年10月30日　G 秩父宮　R 大倉浩美　KO 14:00
交代　早大：藤和恒(増保)

No.	早大	区分	No.	筑波大
1	入江 剛史	FW	1	金田 俊介
2	藤 浩太郎		2	成見 宏樹
3	佐藤 友重		3	藤本 護
4	竹内 俊二		4	工藤 壮郎
5	遠藤 哲		5	柏木 一紀
6	鶴丸秀一郎		6	楢崎 康平
7	山羽 教文		7	峯岸 寛和
8	田中 孝二		8	長谷川 毅
9	足立 泰彦	HB	9	亀田 径
10	隈部謙太郎		10	柏倉 俊広
11	増保 輝則	TB	11	山口 隆利
12	勝田 政雄		12	松添 州生
13	渡辺 大介		13	菅沼 直彦
14	藤井 啓		14	菅沼 直彦
15	鈴木 貴之	FB	15	平井 盛太

公式試合 No.694　平成5年度　第6試合　対抗戦

早大 — 日体大

早大		日体大
49	—	27
25	前	8
24	後	19
1	T	1
1	G	1
6	PG	1
0	DG	0
7	T	3
6	G	2
2	PG	2
0	DG	0
13	反則	17

平成5年11月6日　G 秩父宮　R 下井真介　KO 12:00
交代　早大：今田俊一(竹内)、藤和恒(内田)　日体大：椎村昌丈(中原)

No.	早大	区分	No.	日体大
1	入江 剛史	FW	1	遠江 徳知
2	藤 浩太郎		2	松園 正隆
3	佐藤 友重		3	斉藤 正昭
4	竹内 俊二		4	角田 道生
5	遠藤 哲		5	田沼 広之
6	鶴丸秀一郎		6	木下 克弥
7	山羽 教文		7	中原 正義
8	田中 孝二		8	今井 史雄
9	足立 泰彦	HB	9	丹生 雅也
10	隈部謙太郎		10	伊東 真吾
11	藤 啓	TB	11	朽木 泰博
12	勝田 政雄		12	新井 昭大
13	渡辺 大介		13	小林 匡
14	内田 弘憲		14	新野 好之
15	鈴木 貴之	FB	15	後藤正二郎

公式試合 No.695　平成5年度　第7試合　対抗戦

早大 — 慶大

早大		慶大
40	—	15
20	前	15
20	後	0
3	T	1
3	G	0
1	PG	0
0	DG	0
3	T	0
3	G	0
0	PG	0
0	DG	0
13	反則	17

平成5年11月23日　G 秩父宮　R 下井真介　KO 14:00

No.	早大	区分	No.	慶大
1	入江 剛史	FW	1	東 弘二郎
2	藤 浩太郎		2	倉谷 英行
3	佐藤 友重		3	松本啓太郎
4	竹内 俊二		4	松原 由昌
5	遠藤 哲		5	関 大也
6	鶴丸秀一郎		6	宇野沢和夫
7	山羽 教文		7	平野 高史
8	田中 孝二		8	林 洋光
9	足立 泰彦	HB	9	荒川 潤
10	隈部謙太郎		10	江田 拓郎
11	増保 輝則	TB	11	藤川 一馬
12	勝田 政雄		12	江田裕一郎
13	渡辺 大介		13	川久保 勲
14	内田 弘憲		14	秋山 隆之
15	鈴木 貴之	FB	15	月崎 匡人

公式試合 No.696　平成5年度　第8試合　対抗戦

早大 — 明大

早大		明大
14	—	21
11	前	16
3	後	5
1	T	1
0	G	1
0	PG	3
0	DG	0
1	T	1
0	G	1
1	PG	0
0	DG	0
11	反則	20

平成5年12月5日　G 国立競技場　R 斉藤直樹　KO 14:00
交代　早大：堀川隆延(隈部)

No.	早大	区分	No.	明大
1	入江 剛史	FW	1	南条 賢太
2	藤 浩太郎		2	藤 高之
3	佐藤 友重		3	亀田 滋
4	竹内 俊二		4	安藤 裕樹
5	田中 孝二		5	赤塚 隆
6	鶴丸秀一郎		6	松本 幸雄
7	山羽 教文		7	天野 義久
8	足立 泰彦		8	高橋 一聡
9	足立 泰彦	HB	9	田中 英樹
10	隈部謙太郎		10	信野 将人
11	増保 輝則	TB	11	谷口 明彦
12	勝田 政雄		12	元木 幸雄
13	渡辺 大介		13	三輪 幸輔
14	内田 弘憲		14	渡辺 大吾
15	鈴木 貴之	FB	15	田島 賢一

公式試合 No.697　平成5年度　第30回大学選手権1回戦

早大 — 大体大

早大		大体大
88	—	15
43	前	5
45	後	10
7	T	1
4	G	0
0	PG	1
0	DG	0
7	T	2
7	G	1
1	PG	0
0	DG	0
7	反則	11

平成5年12月19日　G 三ツ沢　R 石井 勝　KO 14:00
交代　大体大：平野雄大(宮本)、西川浩史(西山)

No.	早大	区分	No.	大体大
1	入江 剛史	FW	1	宮本 強
2	藤 浩太郎		2	西山 博
3	佐藤 友重		3	橋本 正夫
4	竹内 俊二		4	山田 晋司
5	田中 孝二		5	松本 幹也
6	鶴丸秀一郎		6	清水 義顕
7	山羽 教文		7	森山 智
8	小泉 和也		8	西埜 輝一
9	足立 泰彦	HB	9	大原 勝治
10	隈部謙太郎		10	李 健伸
11	増保 輝則	TB	11	山下 貴史
12	勝田 政雄		12	織田己知郎
13	渡辺 大介		13	東口 文彦
14	内田 弘憲		14	久野 幹太
15	鈴木 貴之	FB	15	内部 昭二

公式試合 No.698　平成5年度　第30回大学選手権2回戦

早大 — 京産大

早大		京産大
21	—	22
16	前	5
5	後	17
1	T	1
1	G	1
0	PG	4
0	DG	0
1	T	1
0	G	1
0	PG	4
0	DG	0
13	反則	17

平成5年12月26日　G 平和台　R 吉羽 茂　KO 14:00

No.	早大	区分	No.	京産大
1	入江 剛史	FW	1	三邑 明
2	藤 浩太郎		2	小野 英宣
3	佐藤 友重		3	橋本 俊彦
4	竹内 俊二		4	中嶋 信彦
5	田中 孝二		5	奥山 暢宏
6	鶴丸秀一郎		6	池内 宏行
7	山羽 教文		7	小野 努
8	小泉 和也		8	平井 清之
9	足立 泰彦	HB	9	高野 一成
10	隈部謙太郎		10	広瀬 佳司
11	増保 輝則	TB	11	中川 哲也
12	勝田 政雄		12	若葉 聡
13	渡辺 大介		13	吉田 明
14	内田 弘憲		14	大谷 康博
15	鈴木 貴之	FB	15	江口 剛

公式試合 No.699 平成6年度 第1試合 対抗戦

早大		東大
108	—	9
54	前	9
54	後	0
8	T	0
7	G	0
0	PG	3
0	DG	0
8	T	0
7	G	0
0	PG	0
0	DG	0
11	反則	8

No	早大		No	東大
1	入江 剛史	FW	1	吉川 衛
2	猪谷 一也		2	安部 明
3	古賀 大輔		3	宇野 裕司
4	竹内 俊二		4	木村 聡
5	遠藤 哲		5	遠藤 達章
6	小泉 和也		6	林 宏典
7	山羽 教文		7	阿部 竜大
8	平田 輝志		8	多湖健太郎
9	月田 伸一	HB	9	佐分利 永
10	堀川 隆延		10	植田 英明
11	永島 茂樹	TB	11	中山 有理
12	吉田 修司		12	竹下謙太郎
13	隈部謙太郎		13	塩塚 俊弥
14	笠井 道也		14	谷貝 圭一
15	石川 安彦	FB	15	—

平成6年9月25日　G 早大所沢　R 川崎真澄　KO 14:00

公式試合 No.700 平成6年度 第2試合 対抗戦

早大		立大
64	—	0
31	前	0
33	後	0
3	T	0
2	G	0
4	PG	0
0	DG	0
5	T	0
4	G	0
0	PG	0
0	DG	0
9	反則	21

No	早大		No	立大
1	入江 剛史	FW	1	川崎 大
2	猪谷 一也		2	戸松 達也
3	古賀 大輔		3	福原 幸治
4	竹内 俊二		4	佐藤 敦
5	遠藤 哲		5	林 隆二
6	小泉 和也		6	成田 剛士
7	山羽 教文		7	金子 寛
8	平田 輝志		8	金丸 由和
9	月田 伸一	HB	9	森 大介
10	堀川 隆延		10	亀井 靖
11	永島 茂樹	TB	11	古賀 伸貴
12	吉田 修司		12	清水 孝暁
13	隈部謙太郎		13	健志
14	笠井 道也		14	青木 亮平
15	石川 安彦	FB	15	横松 修

平成6年10月1日　G 熊谷　R 藤実　KO 14:00
交代　早大：田中孝二(竹内)、富樫正太郎(田中)、前田隆介(月田)
　　　立大：西臣隆(成田)、大倉修治(福原)

公式試合 No.701 平成6年度 第3試合 対抗戦

早大		帝京大
32	—	10
12	前	5
20	後	5
0	T	1
0	G	0
4	PG	3
0	DG	0
1	T	1
1	G	1
0	PG	0
0	DG	0
5	反則	22

No	早大		No	帝京大
1	入江 剛史	FW	1	松尾 勝弘
2	猪谷 一也		2	内田 孝
3	古賀 大輔		3	吉岡源太郎
4	広瀬 崇		4	新土居貴光
5	遠藤 哲		5	早野 貴大
6	小泉 和也		6	林 洋介
7	山羽 教文		7	荒井 秀樹
8	平田 輝志		8	赤津 利之
9	月田 伸一	HB	9	柳田慎太郎
10	堀川 隆延		10	及川 真清
11	永島 茂樹	TB	11	飯泉 景呈
12	吉田 修司		12	田中 裕信
13	隈部謙太郎		13	山崎 昌利
14	笠井 道也		14	宮本 勝美
15	石川 安彦	FB	15	清水 昭則

平成6年10月9日　G 秩父宮　R 森勝義　KO 14:00
交代　帝京大：桑原誠(赤津)

公式試合 No.702 平成6年度 第4試合 対抗戦

早大		青学大
75	—	15
37	前	8
38	後	7
4	T	1
4	G	0
3	PG	1
0	DG	0
6	T	1
4	G	1
0	PG	0
0	DG	0
10	反則	13

No	早大		No	青学大
1	入江 剛史	FW	1	笹島 巌
2	猪谷 一也		2	土谷 忠道
3	古賀 大輔		3	栗原 健一
4	広瀬 崇		4	瀬川 広一
5	遠藤 哲		5	石井 信弘
6	小泉 和也		6	伊藤 博章
7	山羽 教文		7	加藤 勲
8	平田 輝志		8	尾身 嘉信
9	月田 伸一	HB	9	真木 一守
10	堀川 隆延		10	岩瀬 健輔
11	永島 茂樹	TB	11	糊谷 浩孝
12	渡辺 大介		12	梅月 淳史
13	隈部謙太郎		13	伊与 将
14	笠井 道也		14	片松 文
15	石川 安彦	FB	15	中村 大輔

平成6年10月16日　G 飯田　R 相田真治　KO 14:00
交代　早大：前田隆介(月田)
　　　帝京大：内古葉憲士(真木)、清水孝哉(梅月)

公式試合 No.703 平成6年度 第5試合 対抗戦

早大		筑波大
30	—	15
8	前	10
22	後	5
1	T	1
0	G	1
0	PG	0
0	DG	0
3	T	1
2	G	0
0	PG	0
0	DG	0
11	反則	14

No	早大		No	筑波大
1	入江 剛史	FW	1	金田 俊介
2	富樫正太郎		2	成見 宏樹
3	古賀 大輔		3	松井 伴繁
4	竹内 俊二		4	工藤 壮太郎
5	遠藤 哲		5	目黒 大介
6	小泉 和也		6	小林 毅治
7	山羽 教文		7	小林 剛
8	平田 輝志		8	手塚 航
9	前田 伸一	HB	9	岡元 省三
10	堀川 隆延		10	高橋 康明
11	永島 茂樹	TB	11	山口 隆利
12	渡辺 大介		12	松村 径
13	隈部謙太郎		13	箱守 浩治
14	笠井 道也		14	堀尾
15	星川 良治	FB	15	浦田 昇平

平成6年10月30日　G 秩父宮　R 下井真介　KO 14:00
交代　筑波大：藤高尚樹(工藤)、深堀敏也(松村)

公式試合 No.704 平成6年度 第6試合 対抗戦

早大		日体大
28	—	11
12	前	6
16	後	5
0	T	0
0	G	0
4	PG	2
0	DG	0
1	T	1
1	G	0
3	PG	0
0	DG	0
14	反則	16

No	早大		No	日体大
1	入江 剛史	FW	1	今村 守亨
2	富樫正太郎		2	横田 秀之
3	古賀 大輔		3	山本 義幸
4	竹内 俊二		4	渡辺 泰憲
5	遠藤 哲		5	田沼 広之
6	小泉 和也		6	菅田 一夫
7	山羽 教文		7	中原 正義
8	平田 輝志		8	椎村 昌文
9	月田 伸一	HB	9	丹生 雅也
10	堀川 隆延		10	新井 昭夫
11	永島 茂樹	TB	11	高井 健治
12	渡辺 大介		12	朽木 泰博
13	隈部謙太郎		13	樋口 正人
14	笠井 道也		14	薬師寺利弥
15	石川 安彦	FB	15	新野 好之

平成6年11月6日　G 三ッ沢　R 阿世賀敏幸　KO 14:00
交代　日体大：田中勝利(朽木)

公式試合 No.705 平成6年度 第7試合 対抗戦

早大		慶大
80	—	10
32	前	10
48	後	0
4	T	1
3	G	1
2	PG	0
0	DG	0
7	T	0
7	G	0
1	PG	0
0	DG	0
14	反則	14

No	早大		No	慶大
1	入江 剛史	FW	1	東 弘二郎
2	富樫正太郎		2	森内 勇策
3	古賀 大輔		3	松本啓太郎
4	竹内 俊二		4	村田 篤彦
5	遠藤 哲		5	西川 誠洋
6	小泉 和也		6	越智
7	山羽 教文		7	林 洋光
8	平田 輝志		8	渡辺 雄太
9	月田 伸一	HB	9	田中 望
10	河野 貴久		10	江田 拓郎
11	永島 茂樹	TB	11	角谷 康之
12	渡辺 大介		12	松原 浩三
13	隈部謙太郎		13	川久保 勲
14	笠井 道也		14	竹尾 哲也
15	石川 安彦	FB	15	豊田 裕之

平成6年11月23日　G 秩父宮　R 阿世賀敏幸　KO 14:00
交代　慶大：葉山浩樹(越智)

公式試合 No.706 平成6年度 第8試合 対抗戦

早大		明大
15	—	34
9	前	16
6	後	18
0	T	1
3	G	1
2	PG	1
0	DG	0
0	T	3
0	G	2
2	PG	0
0	DG	0
12	反則	15

No	早大		No	明大
1	入江 剛史	FW	1	南条 賢太
2	富樫正太郎		2	満島 史隆
3	古賀 大輔		3	亀田 滋
4	竹内 俊二		4	安藤 裕樹
5	遠藤 哲		5	赤塚 隆
6	小泉 和也		6	松本 幸雄
7	山羽 教文		7	天野 義久
8	平田 輝志		8	和嶋 仁
9	月田 伸一	HB	9	西田 将人
10	河野 貴久		10	信野 博人
11	永島 茂樹	TB	11	谷口 明彦
12	渡辺 大介		12	三輪 幸輝
13	隈部謙太郎		13	三輪 幸輝
14	笠井 道也		14	吉田 光
15	石川 安彦	FB	15	渡辺 大吾

平成6年12月4日　G 国立競技場　R 斉藤真直樹　KO 14:00
交代　早大：鈴木貴之(笠井)
　　　明大：中山大海(信野)

公式試合 No.707 平成6年度 第31回大学選手権1回戦

早大		大経大
62	—	0
31	前	0
31	後	0
5	T	0
3	G	0
0	PG	0
0	DG	0
5	T	0
5	G	0
0	PG	0
0	DG	0
9	反則	18

No	早大		No	大経大
1	石嶋 正幸	FW	1	由良 十男
2	猪谷 一也		2	水本 崇
3	古賀 大輔		3	勝野 泰彦
4	田中 孝二		4	高附 彰
5	遠藤 哲		5	中原 誠志
6	小泉 和也		6	曽我部太平
7	山羽 教文		7	柳原 貴之
8	平田 輝志		8	高田 正
9	月田 伸一	HB	9	斉藤 和己
10	河野 貴久		10	阿部 剛三
11	鈴木 貴	TB	11	小林 正和
12	吉田 修司		12	
13	渡辺 大介		13	伊藤 松隆
14	笠井 道也		14	岩下 敏也
15	石川 安彦	FB	15	木下 亮平

平成6年12月18日　G 秩父宮　R 相田真治　KO 14:00
交代　早大：藤井啓(鈴木)

公式試合 No.708 平成6年度 第31回大学選手権2回戦

早大		日体大
27	—	21
12	前	0
15	後	21
0	T	0
0	G	0
4	PG	0
0	DG	3
0	T	3
0	G	3
5	PG	0
0	DG	0
5	反則	17

No	早大		No	日体大
1	石嶋 正幸	FW	1	遠江 徳知
2	猪谷 一也		2	今村 守亨
3	古賀 大輔		3	松園 正隆
4	田中 孝二		4	渡辺 泰憲
5	遠藤 哲		5	養内 佳之
6	小泉 和也		6	天埜 快
7	山羽 教文		7	菅田 貴幸
8	平田 輝志		8	上野 哲
9	月田 伸一	HB	9	丹生 雅也
10	堀川 隆延		10	新井 昭夫
11	藤井 啓	TB	11	高井 健治
12	吉田 修司		12	樋口 猛
13	渡辺 大介		13	
14	笠井 道也		14	新野 好之
15	石川 安彦	FB	15	薬師寺利弥

平成6年12月24日　G 秩父宮　R 増川照仁　KO 14:00
交代　早大：前田隆介(月田)
　　　日体大：伊藤公一(松園)

公式試合 No.709 平成6年度 第31回大学選手権準決勝

早大		大東大
41	—	50
12	前	26
29	後	24
0	T	4
0	G	4
4	PG	2
0	DG	0
4	T	4
4	G	4
3	PG	2
0	DG	0
7	反則	35

No	早大		No	大東大
1	入江 剛史	FW	1	菊地 祐介
2	猪谷 一也		2	甲斐 章人
3	古賀 大輔		3	遠藤 敦
4	田中 孝二		4	山崎 豪
5	遠藤 哲		5	沢口 高正
6	小泉 和也		6	井沢 航
7	山羽 教文		7	青柳 勝彦
8	平田 輝志		8	シオネ トラウ
9	月田 伸一	HB	9	金子 博也
10	河野 貴久		10	仲野 哲也
11	石川 安彦	TB	11	大矢津島浩
12	渡辺 大介		12	
13	隈部謙太郎		13	土橋 輝之
14	笠井 道也		14	ロペティ オト
15	星川 良治	FB	15	森岡 研吾

平成7年1月2日　G 国立競技場　R 石井勝　KO 12:15
交代　早大：竹内俊二(平田)
　　　大東大：米田政朋(山崎)

公式試合 No.710 平成7年度 第1試合 対抗戦

早大		東大
96	—	10
43	前	5
53	後	5
6	T	1
6	G	1
1	PG	0
0	DG	0
8	T	1
8	G	0
0	PG	0
0	DG	0
12	反則	7

No	早大		No	東大
1	石嶋 照幸	FW	1	吉川 衛
2	青野 泰		2	安部 明
3	古賀 大輔		3	宇野 裕司
4	上斗 耕平		4	木原 達章
5	遠藤 哲		5	木村 聡
6	小泉 和也		6	河野 訓知
7	池本 信正		7	南塚 正人
8	平田 輝志		8	馬渕憲太郎
9	前田 隆介	HB	9	多湖健太郎
10	速水 直樹		10	竹下誠一郎
11	永島 茂樹	TB	11	舞立 智
12	酒井 良隆		12	小林 智夫
13	山本 裕司		13	村田 祐造
14	笠井 道也		14	吉岡 隆之
15	石川 安彦	FB	15	中沢 亮

平成7年9月23日　G 秩父宮　R 吉羽茂　KO 14:00
交代　早大：吉永雄一郎(山本)、堀川隆延(酒井)

公式試合 No.711 平成7年度 第2試合 対抗戦

早大 — 立大

早大	区分	立大	No	早大	P	No	立大
118	—	10	1	青山 敦司	FW	1	村松 一哉
59	前	3	2	猪谷 一也		2	戸崎 達也
59	後	7	3	山口 吉博		3	福原 幸治
9	T	0	4	吉上 耕平		4	佐藤 敦
7	G	0	5	田中 孝二		5	江上 俊夫
0	PG	1	6	小泉 和也		6	成田 剛士
0	DG	0	7	池本 信正		7	西 臣隆
9	T	1	8	平田 輝志		8	金子 寛
7	G	1	9	前田 隆介	HB	9	小関 力也
0	PG	0	10	速水 直樹		10	亀井 靖
10	反則	7	11	永島 茂樹	TB	11	石田 正司
			12	酒井 良隆		12	石廻 将人
			13	吉永雄一郎		13	吉野 有佐
			14	山本 肇		14	横松 達也
			15	鈴木 貴	FB	15	木内 一博

平成7年9月30日　G 前橋　R 小湊清光　KO 14:00
交代　早大：山崎勇気（永島）
立大：田口政光（吉廻）、石田要（佐藤）、田丸淳一（木内）、猪腰亮（石田正）

公式試合 No.712 平成7年度 第3試合 対抗戦

早大 — 帝京大

早大	区分	帝京大	No	早大	P	No	帝京大
16	—	20	1	青山 敦司	FW	1	山賀 敦之
7	前	10	2	猪谷 一也		2	阿部 仁
9	後	10	3	山口 吉博		3	岩沢 進
1	T	0	4	吉上 耕平		4	武田 英裕
1	G	0	5	田中 孝二		5	新土居貴光
0	PG	2	6	小泉 和也		6	本間 俊治
0	DG	0	7	池本 信正		7	林 洋介
0	T	1	8	平田 輝志		8	早野 貴永
0	G	1	9	前田 隆介	HB	9	柳田慎太郎
3	PG	1	10	河野 貴久		10	由良 康美
11	反則	12	11	永島 茂樹	TB	11	高橋 伸幸
			12	酒井 良隆		12	難波 英樹
			13	吉永雄一郎		13	伊藤 善幸
			14	山本 肇		14	飯泉 景弘
			15	鈴木 貴	FB	15	鈴木 紀之

平成7年10月8日　G 秩父宮　R 下井真介　KO 14:00
交代　早大：速水直樹（河野）、虹川誠悟（平田）

公式試合 No.713 平成7年度 第4試合 対抗戦

早大 — 成城大

早大	区分	成城大	No	早大	P	No	成城大
105	—	17	1	青山 敦司	FW	1	福田 隆
36	前	12	2	猪谷 一也		2	江幡 知泰
69	後	5	3	山口 吉博		3	田中憲一郎
4	T	0	4	吉上 耕平		4	田島 圭
2	G	0	5	田中 孝二		5	尾藤 有二
4	PG	4	6	小泉 和也		6	関 俊吾
0	DG	0	7	池本 信正		7	米山 仁
11	T	1	8	平田 輝志		8	水原 紳行
7	G	0	9	合庭 大輔	HB	9	滝藤 昌慶
0	PG	0	10	速水 直樹		10	赤津 徳彦
22	反則	14	11	鈴木 貴	TB	11	村瀬 寛
			12	青柳 竜正		12	白壁 健司
			13	吉永雄一郎		13	上野 博史
			14	山本 肇		14	橋爪慎一郎
			15	山崎 勇気	FB	15	小幡 剛嗣

平成7年10月15日　G 早大所沢　R 中原雅史　KO 14:00
交代　早大：山崎勇気（吉永）

公式試合 No.714 平成7年度 第5試合 対抗戦

早大 — 青学大

早大	区分	青学大	No	早大	P	No	青学大
72	—	27	1	石嶋 照幸	FW	1	笹島 巖
24	前	15	2	猪谷 一也		2	杉山 隆太
48	後	12	3	山口 吉博		3	栗原 健一
2	T	2	4	吉上 耕平		4	石井 信吾
1	G	1	5	田中 孝二		5	岡崎 匡秀
4	PG	0	6	小泉 和也		6	尾身 嘉信
0	DG	0	7	池本 信正		7	滝川 広一
8	T	2	8	虹川 誠悟		8	滝川 広一
4	G	1	9	前田 隆介	HB	9	内古閑憲士
0	PG	0	10	速水 直樹		10	岩淵 健輔
12	反則	18	11	鈴木 貴	TB	11	糟谷 浩孝
			12	青柳 竜正		12	梅月 淳史
			13	山本 裕司		13	豊原 鉄也
			14	山本 肇		14	片松 丈
			15	山崎 勇気	FB	15	中村 大輔

平成7年10月22日　G 秩父宮　R 斉藤直裕　KO 14:00
交代　早大：石川安彦（鈴木）
青学大：竹内薫樹（梅月）

公式試合 No.715 平成7年度 第6試合 対抗戦

早大 — 筑波大

早大	区分	筑波大	No	早大	P	No	筑波大
41	—	26	1	石嶋 照幸	FW	1	新居 久直
17	前	6	2	猪谷 一也		2	坂本 拓哉
24	後	20	3	山口 吉博		3	松井 伴繁
2	T	0	4	吉上 耕平		4	大久保尚哉
2	G	0	5	田中 孝二		5	菅家 淳
1	PG	2	6	小泉 和也		6	小林 剛
0	DG	0	7	池本 信正		7	目黒 大介
4	T	2	8	虹川 誠悟		8	手塚 航
2	G	2	9	前田 隆介	HB	9	岡元 省二
0	PG	0	10	河野 貴久		10	高橋 修博
14	反則	11	11	永島 茂樹	TB	11	大場 康博
			12	石川 安彦		12	柏倉 俊広
			13	青柳 竜正		13	深堀 敏也
			14	山本 肇		14	菅原 順
			15	吉永雄一郎	FB	15	浦田 昇平

平成7年10月29日　G 秩父宮　R 斉藤直裕　KO 14:00
交代　筑波大：井上誉智（菅家）、森田康平（大場）

公式試合 No.716 平成7年度 第7試合 対抗戦

早大 — 日体大

早大	区分	日体大	No	早大	P	No	日体大
18	—	19	1	石嶋 照幸	FW	1	天野 智史
13	前	7	2	猪谷 一也		2	今村 守亨
5	後	12	3	山口 吉博		3	斉藤 正昭
1	T	1	4	吉上 耕平		4	角田 道正
1	G	1	5	田中 孝二		5	久保 貴幸
2	PG	0	6	小泉 和也		6	田沼 広之
0	DG	0	7	池本 信正		7	中原 正義
1	T	2	8	虹川 誠悟		8	渡辺 泰憲
0	G	1	9	前田 隆介	HB	9	田井中龍史
0	PG	0	10	河野 貴久		10	伊東 真吾
18	反則	15	11	永島 茂樹	TB	11	高井 健治
			12	石川 安彦		12	品川 英貴
			13	青柳 竜正		13	勝野 大
			14	山本 肇		14	箕内 佳之
			15	吉永雄一郎	FB	15	飯塚 貴之

平成7年11月4日　G 秩父宮　R 増川匡仁　KO 14:00
交代　日体大：田中勝利（勝野）、福井希（中原）

公式試合 No.717 平成7年度 第8試合 対抗戦

早大 — 慶大

早大	区分	慶大	No	早大	P	No	慶大
26	—	8	1	石嶋 照幸	FW	1	森内 勇策
12	前	3	2	猪谷 一也		2	間宮 光健
14	後	5	3	山口 吉博		3	松本啓太郎
2	T	0	4	吉上 耕平		4	林 洋光
1	G	0	5	田中 孝二		5	西川 誠洋
0	PG	1	6	小泉 和也		6	越智 幸
0	DG	0	7	池本 信正		7	鯛 洋太郎
2	T	1	8	平田 輝志		8	平野 高史
2	G	0	9	前田 隆介	HB	9	熊谷 良
0	PG	0	10	速水 直樹		10	長沢 啓
15	反則	3	11	永島 茂樹	TB	11	平野井宏典
			12	石川 安彦		12	島野 光孝
			13	青柳 竜正		13	川久保 勲
			14	山本 肇		14	白崎太一郎
			15	吉永雄一郎	FB	15	稲葉 潤

平成7年11月23日　G 秩父宮　R WALLIS　KO 14:00
交代　慶大：布川基久（西川）

公式試合 No.718 平成7年度 第9試合 対抗戦

早大 — 明大

早大	区分	明大	No	早大	P	No	明大
20	—	15	1	石嶋 照幸	FW	1	満島 史隆
10	前	8	2	猪谷 一也		2	山岡 俊
10	後	7	3	山口 吉博		3	中地 嘉明
1	T	1	4	吉上 耕平		4	鈴木 健
1	G	1	5	田中 孝二		5	赤塚 隆
0	PG	0	6	小泉 和也		6	松本 幸雄
0	DG	0	7	池本 信正		7	安藤 裕樹
1	T	0	8	平田 輝志		8	神鳥 裕之
1	G	0	9	前田 隆介	HB	9	西田 英樹
0	PG	0	10	速水 直樹		10	信野 将人
10	反則	7	11	永島 茂樹	TB	11	福田 茂樹
			12	石川 安彦		12	文平 龍太
			13	青柳 竜正		13	清水 清功
			14	山本 肇		14	山品 博嗣
			15	吉永雄一郎	FB	15	山下 太一

平成7年12月3日　G 国立競技場　R 斉藤直裕　KO 14:00
交代　早大：虹川誠悟（平田）

公式試合 No.719 平成7年度 第32回大学選手権1回戦

早大 — 九州国際大

早大	区分	九州国際大	No	早大	P	No	九州国際大
112	—	21	1	石嶋 照幸	FW	1	薗田 佳宏
33	前	14	2	猪谷 一也		2	山戸阿利亘
79	後	7	3	古賀 賀		3	大坪 憲生
4	T	2	4	吉上 耕平		4	上田 宏
4	G	2	5	田中 孝二		5	加藤 考一
0	PG	0	6	青木 信也		6	太田 浩二
0	DG	0	7	池本 信正		7	武藤 浩二
13	T	1	8	平田 輝志		8	梶原淳一郎
7	G	1	9	前田 隆介	HB	9	高岡 清志
0	PG	0	10	速水 直樹		10	高廣 義之
10	反則	7	11	永島 茂樹	TB	11	鶴岡 仁志
			12	青柳 竜正		12	大藪 淳
			13	石川 安彦		13	若松 浩史
			14	山本 肇		14	北村 健
			15	吉永雄一郎	FB	15	片岡 秀城

平成7年12月17日　G 平和台　R 御領園昭彦　KO 14:00
交代　九州国際大：堀道輝（鶴岡）

公式試合 No.720 平成7年度 第32回大学選手権2回戦

早大 — 日体大

早大	区分	日体大	No	早大	P	No	日体大
25	—	13	1	石嶋 照幸	FW	1	天野 智史
11	前	6	2	猪谷 一也		2	今村 守亨
14	後	7	3	山口 吉博		3	斉藤 正昭
1	T	0	4	吉上 耕平		4	角田 道正
0	G	0	5	田中 孝二		5	久保 貴幸
2	PG	2	6	小泉 和也		6	田沼 広之
0	DG	0	7	池本 信正		7	中原 正義
2	T	1	8	平田 輝志		8	渡辺 泰憲
2	G	1	9	前田 隆介	HB	9	田井中龍史
0	PG	0	10	速水 直樹		10	伊東 真吾
16	反則	17	11	永島 茂樹	TB	11	高井 健治
			12	石川 安彦		12	品川 英貴
			13	青柳 竜正		13	勝野 大
			14	山本 肇		14	箕内 佳之
			15	吉永雄一郎	FB	15	飯塚 貴之

平成7年12月24日　G 秩父宮　R 相田真治　KO 14:00
交代　早大：吉永雄一郎（永島）
日体大：佐野健二（飯塚）、田中勝平（箕内）

公式試合 No.721 平成7年度 第32回大学選手権準決勝

早大 — 法大

早大	区分	法大	No	早大	P	No	法大
74	—	20	1	石嶋 照幸	FW	1	長位 章充
29	前	6	2	猪谷 一也		2	朱 賢太
45	後	14	3	山口 吉博		3	鶴長 健一
4	T	0	4	吉上 耕平		4	大久保直弥
3	G	0	5	田中 孝二		5	武本 憲幸
0	PG	2	6	小泉 和也		6	熊田 隆
0	DG	0	7	池本 信正		7	根本 亮
6	T	2	8	平田 輝志		8	大屋 尋政
5	G	2	9	前田 隆介	HB	9	中瀬 真広
0	PG	0	10	速水 直樹		10	前田 健介
21	反則	13	11	永島 茂樹	TB	11	福田 茂樹
			12	青柳 竜正		12	吉田晋一郎
			13	石川 安彦		13	吉田晋一郎
			14	山本 肇		14	保隈 孝三
			15	吉永雄一郎	FB	15	内田雄一郎

平成8年1月2日　G 国立競技場　R 石井 勝　KO 12:15
交代　早大：吉永雄一郎（永島）

公式試合 No.722 平成7年度 第32回大学選手権決勝

早大 — 明大

早大	区分	明大	No	早大	P	No	明大
9	—	43	1	石嶋 照幸	FW	1	満島 史隆
9	前	13	2	猪谷 一也		2	山岡 俊
0	後	30	3	山口 吉博		3	中地 嘉明
0	T	1	4	吉上 耕平		4	鈴木 健
0	G	1	5	田中 孝二		5	赤塚 隆
3	PG	2	6	小泉 和也		6	松本 幸雄
0	DG	0	7	池本 信正		7	安藤 裕樹
0	T	4	8	平田 輝志		8	神鳥 裕之
0	G	4	9	前田 隆介	HB	9	西田 英樹
0	PG	0	10	速水 直樹		10	信野 将人
13	反則	12	11	永島 茂樹	TB	11	福田 茂樹
			12	青柳 竜正		12	文平 龍太
			13	石川 安彦		13	三輪 武史
			14	山本 肇		14	山品 博嗣
			15	吉永雄一郎	FB	15	山下 太一

平成8年1月15日　G 国立競技場　R 阿世賀敏幸　KO 14:00
交代　早大：河野貴久（速水）、山崎勇気（山本）
明大：内村豊（鈴木）

国際試合 No.83　平成8年度　オックスフォード大学来日

全早大		オックスフォード大	No	全早大	pos	No	オックスフォード大
21	—	27	1	永田 隆憲	FW	1	J. BOTHWELL
7	前	15	2	嶋 弘光		2	K. SUOBODA
14	後	12	3	佐藤 友重		3	D. GRANT
1	T	2	4	田中 孝二		4	A. ROBERTS
1	G	1	5	有水 剛志		5	G. THOMAS
0	PG	1	6	清宮 克幸		6	J. BRITTON
0	DG	0	7	中竹 竜二		7	C. McCARTHY
2	T	2	8	平田 輝志		8	M. ORSLER
2	G	1	9	前田 隆介	HB	9	M. BUTTLER
0	PG	0	10	守屋 泰宏		10	T. JENSEN
0	DG	0	11	今泉 清	TB	11	R. BROWNE
14	反則	12	12	石川 安彦		12	J. RIONDET
			13	小駒 憲二		13	Q.A. de BRUYN
			14	山本 肇		14	C. SMART
			15	吉永雄一郎	FB	15	J. AVERIS

平成8年9月11日　G 江戸川　R 阿世賀敏幸　KO 18:30
交代　早大：石嶋照幸（永田）
オックスフォード大：I. TUCKER (M. ORSLER)

公式試合 No.723　平成8年度　第1試合　対抗戦

早大		東大	No	早大	pos	No	東大
35	—	0	1	青山 敦司	FW	1	桜井 和人
28	前	0	2	青野 泰郎		2	片桐 巌
7	後	0	3	山口 吉博		3	小沢 仁裕
4	T	0	4	中西 聡		4	本江 琢磨
1	G	0	5	有水 剛志		5	笹沢 史生
2	PG	0	6	野村 能久		6	虎石 貴
0	DG	0	7	吉上 耕平		7	南塚 正人
1	T	0	8	平田 輝志		8	高原 啓
1	G	0	9	前田 隆介	HB	9	多湖健太郎
0	PG	0	10	月田 伸一		10	小林 智太
0	DG	0	11	倉成	TB	11	舞立 昇治
18	反則	31	12	石川 安彦		12	植田 英明
			13	山本 裕司		13	貞元 隆司
			14	山本 肇		14	中沢 亮
			15	吉永雄一郎	FB	15	村田 祐造

平成8年9月22日　G 熊谷　R 大倉浩美　KO 14:00
交代　早大：小森允紘（山本）
東大：梅原正弘（笹沢）暴風雨のため秩父宮の試合は中止

公式試合 No.724　平成8年度　第2試合　対抗戦

早大		立大	No	早大	pos	No	立大
76	—	0	1	石嶋 照幸	FW	1	川崎 大
31	前	0	2	青野 泰郎		2	諏訪 竜志
45	後	0	3	山口 吉博		3	坂本 竜太
5	T	0	4	中西 聡		4	高橋 秀和
3	G	0	5	桜井 謙悟		5	佐藤 敦
0	PG	0	6	吉上 耕平		6	浜村圭太郎
0	DG	0	7	中竹 竜二		7	西 臣殿
7	T	0	8	平田 輝志		8	大川 浩司
5	G	0	9	前田 隆介	HB	9	猪越 亮
0	PG	0	10	月田 伸一		10	小林 朋寛
0	DG	0	11	永島 茂樹	TB	11	角 英明
18	反則	12	12	山本 裕司		12	清水 幸暁
			13	石川 安彦		13	林田 篤史
			14	末松 茂永		14	柿田 啓志
			15	吉永雄一郎	FB	15	木内 一博

平成8年9月28日　G 前橋　R 中沢剛行　KO 14:00
交代　早大：野村能久（中西）、倉成隆（山本）

公式試合 No.725　平成8年度　第3試合　対抗戦

早大		帝京大	No	早大	pos	No	帝京大
37	—	22	1	青山 敦司	FW	1	山賀 敦之
13	前	8	2	青野 泰郎		2	阿部 仁
24	後	14	3	山口 吉博		3	吉岡源太郎
1	T	1	4	中西 聡		4	山崎 洋吾
1	G	0	5	有水 剛志		5	長 朋浩
2	PG	1	6	吉上 耕平		6	本間 俊治
0	DG	0	7	中竹 竜二		7	住田ワタリ
3	T	2	8	平田 輝志		8	岸野 貴大
3	G	1	9	前田 隆介	HB	9	柳田慎太郎
1	PG	0	10	月田 伸一		10	由良 康夫
0	DG	0	11	永島 茂樹	TB	11	石田 由憲
17	反則	15	12	山崎 勇気		12	難波 英樹
			13	石川 安彦		13	夏山 昌利
			14	山本 肇		14	松本 匡史
			15	吉永雄一郎	FB	15	山口 豊一

平成8年10月6日　G 秩父宮　R 阿世賀敏幸　KO 14:00

公式試合 No.726　平成8年度　第4試合　対抗戦

早大		青学大	No	早大	pos	No	青学大
57	—	20	1	青山 敦司	FW	1	荒巻 孝生
38	前	10	2	青野 泰郎		2	興水 大介
19	後	10	3	山口 吉博		3	栗明 友成
6	T	1	4	中西 聡		4	田村博太郎
4	G	1	5	高田竜三郎		5	岡崎 匡秀
1	PG	1	6	吉上 耕平		6	柴本 和典
0	DG	0	7	中竹 竜二		7	佐藤 雅人
3	T	2	8	平田 輝志		8	滝川 広一
3	G	1	9	前田 隆介	HB	9	内古葉憲士
0	PG	0	10	月田 伸一		10	小松 堂
0	DG	0	11	永島 茂樹	TB	11	多賀 秀記
16	反則	7	12	山崎 勇気		12	竹内 薫樹
			13	吉永雄一郎		13	岩瀬 健輔
			14	山本 肇		14	梅月 淳史
			15	末永 茂	FB	15	中村 大輔

平成8年10月20日　G 秩父宮　R 阿世賀敏幸　KO 14:00
交代　早大：小森允紘（末永）、野村能久（平田）

公式試合 No.727　平成8年度　第5試合　対抗戦

早大		筑波大	No	早大	pos	No	筑波大
23	—	15	1	石嶋 照幸	FW	1	藤井 浩平
3	前	17	2	青野 泰郎		2	岩鶴 将典
20	後	3	3	山口 吉博		3	高瀬 将史
0	T	2	4	中西 聡		4	井上 菅智
0	G	2	5	高田竜三郎		5	菅家 淳
1	PG	1	6	野村 能久		6	古川 卓
0	DG	0	7	中竹 竜二		7	小林 剛
2	T	0	8	吉上 耕平		8	目黒 大介
2	G	0	9	前田 隆介	HB	9	椿原 徹也
2	PG	1	10	月田 伸一		10	高瀬 修明
0	DG	0	11	永島 茂樹	TB	11	福永 広明
9	反則	28	12	山崎 勇気		12	嶋津 右嗣
			13	石川 安彦		13	深堀 敏也
			14	山本 肇		14	横須賀功明
			15	吉永雄一郎	FB	15	浦田 昇平

平成8年10月27日　G 三ツ沢　R 下井真介　KO 14:00

公式試合 No.728　平成8年度　第6試合　対抗戦

早大		日体大	No	早大	pos	No	日体大
29	—	17	1	石嶋 照幸	FW	1	菅 義人
13	前	12	2	青野 泰郎		2	今村 守亨
16	後	5	3	山口 吉博		3	鶴長 健一
2	T	2	4	中西 聡		4	左子 達仁
0	G	1	5	有水 剛志		5	間瀬 一樹
1	PG	0	6	野村 能久		6	箕内 佳之
0	DG	0	7	中竹 竜二		7	中西 実
2	T	1	8	吉上 耕平		8	堀口 直樹
0	G	0	9	前田 隆介	HB	9	伊東 真吾
2	PG	0	10	月田 伸一		10	佐野 健二
0	DG	0	11	永島 茂樹	TB	11	
13	反則	20	12	山崎 勇気		12	金森 英貴
			13	石川 安彦		13	勝野 昌利
			14	山本 肇		14	薬師寺利弥
			15	吉永雄一郎	FB	15	中島 則文

平成8年11月3日　G 秩父宮　R 石井 勝　KO 14:00
交代　早大：和田健一（吉永）、正木宏和（青野）、和泉聡明（石川）

公式試合 No.729　平成8年度　第7試合　対抗戦

早大		慶大	No	早大	pos	No	慶大
17	—	18	1	石嶋 照幸	FW	1	森内 勇策
10	前	15	2	青野 泰郎		2	佐藤 将希
7	後	3	3	山口 吉博		3	高田 晋作
1	T	2	4	有水 剛志		4	阿久根 潤
1	G	1	5	中西 聡		5	田村 杜
1	PG	1	6	吉上 耕平		6	三森 卓
0	DG	0	7	中竹 竜二		7	渡辺 雄太
1	T	1	8	平田 輝志		8	熊谷 良
1	G	1	9	前田 隆介	HB	9	信濃 幸男
0	PG	0	10	月田 伸一		10	角谷 康之
0	DG	0	11	永島 茂樹	TB	11	鈴木加津彦
13	反則	16	12	山崎 勇気		12	
			13	和泉 聡明		13	
			14	山本 肇		14	平野宏典
			15	速水 直樹	FB	15	稲葉 潤

平成8年11月23日　G 秩父宮　R 桜岡将博　KO 14:00

公式試合 No.730　平成8年度　第8試合　対抗戦

早大		明大	No	早大	pos	No	明大
15	—	19	1	石嶋 照幸	FW	1	満島 史隆
0	前	9	2	青野 泰郎		2	山岡 俊
15	後	10	3	山口 吉博		3	甲斐 貴博
0	T	0	4	有水 剛志		4	斎藤 祐也
0	G	0	5	中西 聡		5	鈴木 健三
0	PG	3	6	吉上 耕平		6	松本 幸雄
0	DG	0	7	中竹 竜二		7	吉田 大輔
2	T	2	8	平田 輝志		8	神馬 裕之
1	G	1	9	前田 隆介	HB	9	澄 敏也
2	PG	0	10	月田 伸一		10	伊藤 宏明
0	DG	0	11	永島 茂樹	TB	11	山品 博嗣
20	反則	16	12	山崎 勇気		12	
			13	山本 裕司		13	三輪 幸補
			14	山本 肇		14	福田 茂樹
			15	吉永雄一郎	FB	15	鳥海 正人

平成8年12月1日　G 国立競技場　R 石井 勝　KO 14:00

公式試合 No.731　平成8年度　第33回大学選手権1回戦

早大		法大	No	早大	pos	No	法大
68	—	11	1	石嶋 照幸	FW	1	長位 章充
16	前	3	2	青野 泰郎		2	大西 良
52	後	8	3	山口 吉博		3	鶴長 健一
1	T	0	4	有水 剛志		4	内藤 公洋
1	G	0	5	中西 聡		5	武本 憲幸
1	PG	1	6	吉上 耕平		6	大屋 尊政
0	DG	0	7	中竹 竜二		7	田口 誠
7	T	1	8	平田 輝志		8	大久保直弥
5	G	0	9	前田 隆介	HB	9	東 隆弘
1	PG	0	10	月田 伸一		10	小林 新
0	DG	0	11	永島 茂樹	TB	11	前田 健一
12	反則	16	12	山崎 勇気		12	金森 英貴
			13	石川 安彦		13	入江 晶史
			14	山本 肇		14	松陰 孝三
			15	吉永雄一郎	FB	15	内田雄一郎

平成8年12月15日　G 秩父宮　R 桜岡将博　KO 14:00
交代　法大：西村圭哉輝（金森）、山口貴豊（大久保）

公式試合 No.732　平成8年度　第33回大学選手権2回戦

早大		筑波大	No	早大	pos	No	筑波大
32	—	21	1	石嶋 照幸	FW	1	藤井 浩平
19	前	8	2	青野 泰郎		2	佐藤 隆大
13	後	13	3	山口 吉博		3	高瀬 将史
1	T	3	4	有水 剛志		4	向井雄一郎
1	G	0	5	中西 聡		5	大久保尚哉
0	PG	0	6	吉上 耕平		6	小林 剛
0	DG	0	7	中竹 竜二		7	西槻 真
4	T	0	8	平田 輝志		8	目黒 大介
2	G	0	9	前田 隆介	HB	9	松沢 知孝
1	PG	0	10	月田 伸一		10	山本 義明
0	DG	0	11	永島 茂樹	TB	11	福永 広明
10	反則	14	12	山崎 勇気		12	嶋津 右嗣
			13	山本 裕司		13	伊藤 諭
			14	山本 肇		14	横須賀功明
			15	吉永雄一郎	FB	15	浦田 昇平

平成8年12月22日　G 花園　R 市川邦夫　KO 14:00
交代　筑波大：森田康平（山本）、山本正樹（高瀬）、岩鶴将典（佐藤）

公式試合 No.733　平成8年度　第33回大学選手権準決勝

早大		関東学院大	No	早大	pos	No	関東学院大
32	—	27	1	石嶋 照幸	FW	1	下田 高志
6	前	17	2	青野 泰郎		2	金岡 大剛
26	後	10	3	山口 吉博		3	松田 利彦
0	T	2	4	有水 剛志		4	松田 利彦
0	G	1	5	中西 聡		5	宮村 眞也
2	PG	2	6	吉上 耕平		6	古島 慶人
0	DG	0	7	中竹 竜二		7	神沼 光春
4	T	2	8	平田 輝志		8	襄内 拓郎
2	G	1	9	前田 隆介	HB	9	篠森 益昭
1	PG	0	10	月田 伸一		10	瀬上 宗志
0	DG	0	11	永島 茂樹	TB	11	伊藤 学
12	反則	14	12	山崎 勇気		12	萩谷 昌之
			13	山本 裕司		13	仙波 優
			14	山本 肇		14	矢口 和良
			15	吉永雄一郎	FB	15	市川 剛士

平成9年1月2日　G 国立競技場　R 斎藤直樹　KO 12:15

公式試合　No.734　平成8年度　第33回大学選手権決勝

早大		明大			早大			明大
22	—	32	1	石嶋	照幸	FW	1	満島 史隆
6	前	25	2	青野	泰郎		2	山岡 俊
16	後	7	3	山口	吉博		3	中地 嘉明
0	T	3	4	有水	剛志		4	斎藤 祐也
0	G	2	5	中西	聡		5	鈴木 健三
2	PG	2	6	吉上	耕平		6	松本 幸雄
0	DG	0	7	中竹	竜二		7	岡本 淳平
2	T	1	8	平田	輝志		8	神鳥 裕之
0	G	1	9	前田	隆介	HB	9	田中 澄憲
2	PG	0	10	伊藤	伸一		10	伊藤 宏明
0	DG	0	11	永島	茂樹	TB	11	山品 博嗣
21	反則	12	12	山崎	勇気		12	藤井 洋

平成9年1月15日
G 国立競技場
R 岩下真一　KO 14:00

			13	山本	裕司		13	三輪 伸幸
			14	山本	肇		14	福田 茂樹
			15	吉永雄一郎		FB	15	山下 太一

国際試合　No.84　平成8年度　アイルランド・英国遠征第1試合

全早大		ダブリン大			全早大			ダブリン大
41	—	37	1	永田	隆憲	FW	1	P. McNAMARA
29	前	7	2	青野	泰郎		2	B. DAVIS
12	後	30	3	山口	吉博		3	G. WALSH
5	T	1	4	吉上	耕平		4	P. MANDAL
2	G	1	5	田中	孝二		5	P. McMAHON
0	PG	0	6	小泉	和也		6	T. DODDY
0	DG	0	7	平田	輝志		7	F. BUTTIMER
2	T	4	8	清宮	克幸		8	W. ROBB
1	G	2	9	前田	隆介	HB	9	G. WALSH
0	PG	0	10	月田	伸一		10	R. WALLACE
0	DG	0	11	永島	茂樹	TB	11	B. CASEY
28	反則	16	12	山崎	勇気		12	C. MURPHY

平成9年3月1日
G ダブリン大
R P. GRAY　KO 12:00

			13	守屋	泰宏		13	M. DARAGH
			14	内田	弘憲		14	M. McDARAGH
			15	吉永雄一郎		FB	15	B. QUINN

交代　早大：中竹竜二（清宮）

国際試合　No.85　平成8年度　アイルランド・英国遠征第2試合

全早大		UCダブリン			全早大			UCダブリン
14	—	19	1	石嶋	照幸	FW	1	B. HAYES
7	前	5	2	萬匠	祐基		2	N. O'DRISCOLL
7	後	14	3	正木	宏和		3	D. HEWITT
1	T	1	4	中西	聡		4	J. HORKAN
1	G	0	5	虹川	誠悟		5	B. BAXTER
0	PG	2	6	吉上	耕平		6	H. COUGHLAN
0	DG	0	7	中竹	竜二		7	R. POWELL
1	T	2	8	平田	輝志		8	J. SHINE
1	G	1	9	月田	伸一	HB	9	S. ZINO
0	PG	0	10	速水	直樹		10	R. ORMOND
0	DG	0	11	永島	茂樹	TB	11	J. SHARPE
22	反則	10	12	山崎	勇気		12	A. PEAVOY

平成9年3月5日
G UCダブリン
R BUGGEY　KO 15:00

			13	山本	裕司		13	R. O'DONNELL
			14	山本	肇		14	J. SMITH
			15	末松	茂永	FB	15	J. DONAGHY

交代　早大：小泉和也（中竹）

国際試合　No.86　平成8年度　アイルランド・英国遠征第3試合

全早大		ケンブリッジ大			全早大			ケンブリッジ大
46	—	62	1	永田	隆憲	FW	1	G. REYNOLDS
15	前	33	2	青野	泰郎		2	J. GILBERT
31	後	29	3	山口	吉博		3	N. HOLGATE
2	T	5	4	田中	孝二		4	C. COURIENAY
1	G	4	5	小泉	和也		5	A. CRAIG
1	PG	0	6	清宮	克幸		6	J. COCKS
0	DG	0	7	吉上	耕平		7	J. GRIFFINTHS
5	T	5	8	平田	輝志		8	R. EARNSHAW
3	G	2	9	前田	隆介	HB	9	B. RYAN
0	PG	0	10	月田	伸一		10	R. ASHFORTH
0	DG	0	11	永島	茂樹	TB	11	S. LIPPIETT
23	反則	8	12	山崎	勇宏		12	I. HIGGINS

平成9年3月8日
G ケンブリッジ大
R G. A. JONES　15:00

			13	守屋	泰宏		13	N. HILL
			14	山本	肇		14	N. WALNE
			15	吉永雄一郎		FB	15	P. SURRIDGE

交代　早大：山本裕司（山崎）
ケンブリッジ大：P. GODFREY（HOLGATE）

国際試合　No.87　平成8年度　アイルランド・英国遠征第4試合

全早大		ダーラム大			全早大			ダーラム大
62	—	34	1	石嶋	照幸	FW	1	D. BARNES
25	前	17	2	青野	泰郎		2	M. GRIFFIN
37	後	17	3	正木	宏和		3	J. POOLE
3	T	3	4	中西	聡		4	R. HILLS
2	G	1	5	田中	孝二		5	M. GUNN
2	PG	0	6	小泉	和也		6	T. LONS
0	DG	0	7	吉上	耕平		7	G. HITCHELL
5	T	2	8	虹川	誠悟		8	A. MACDONALD
3	G	1	9	月田	伸一	HB	9	J. LAYCOCK
2	PG	1	10	速水	直樹		10	A. STRAUSS
0	DG	0	11	永島	茂樹	TB	11	N. PAWSON
12	反則	9	12	山崎	勇気		12	C. HEMING

平成9年3月12日
G ダーラム大
R PEARSON　KO19:30

			13	山本	裕司		13	N. SMITH
			14	内田	弘憲		14	C. KINDEN
			15	末松	茂永	FB	15	H. BISHOP

交代　早大：前田隆介（月田）、清宮克幸（虹川）、吉永雄一郎（末松）
ダーラム大：G. EILLS（A. STRAUSS）

国際試合　No.88　平成8年度　アイルランド・英国遠征第5試合

全早大		オックスフォード大			全早大			オックスフォード大
17	—	29	1	永田	隆憲	FW	1	D. GRANT
10	前	7	2	万匠	祐基		2	N. HOCKLEY
7	後	22	3	山口	吉博		3	J. BOTHWELL
1	T	1	4	吉上	耕平		4	T. EISENHAUER
1	G	1	5	田中	考二		5	A. ROBERTS
0	PG	0	6	小泉	和也		6	C. McCARTHY
0	DG	0	7	清宮	克幸		7	C. LANN
1	T	3	8	平田	輝志		8	M. ORSLER
1	G	2	9	前田	隆介	HB	9	C. JONES
0	PG	1	10	速水	直樹		10	T. JENSEN
0	DG	0	11	永島	茂樹	TB	11	T. BROWNE
16	反則	11	12	山崎	勇気		12	T. WALSH

平成9年3月15日
G オックスフォード大
R SHCARD　KO 17:45

			13	山本	裕司		13	G. WILLIAMS
			14	内田	弘憲		14	N. BOOTH
			15	吉永雄一郎		FB	15	R. MAHER

交代　早大：山本裕司（山崎）

公式試合　No.735　平成9年度　第1試合　対抗戦

早大		立大			早大			立大
147	—	7	1	石嶋	照幸	FW	1	伊藤 洋平
41	前	7	2	萬匠	祐基		2	諏訪 竜志
106	後	0	3	山口	吉博		3	坂本 竜太
7	T	1	4	中西	聡		4	石田 要
3	G	1	5	山崎	隆司		5	佐々木拓也
0	PG	0	6	井手上敬太			6	浜村 圭太
0	DG	0	7	沖	覚		7	廣瀬 義和
16	T	0	8	吉上	耕平		8	大川 浩司
13	G	0	9	月田	伸一	HB	9	猪鹿 倉
0	PG	0	10	速水	直樹		10	田口 政光
0	DG	0	11	倉成	隆	TB	11	宮崎 享祐
5	反則	16	12	山崎	勇気		12	井上 康

平成9年9月14日
G 熊谷
R 藤　実　KO 12:15

			13	石川	安彦		13	山本 朋実
			14	横井	寛之		14	角 英明
			15	吉永雄一郎		FB	15	木内 一博

交代　早大：森光鎮（横井）、笠尾弘高（山口）、辻高志（月田）
立大：徳永謙太郎（浜村）

公式試合　No.736　平成9年度　第2試合　対抗戦

早大		東大			早大			東大
105	—	0	1	石嶋	照幸	FW	1	桜井 和人
57	前	0	2	萬匠	祐基		2	片桐 巖
48	後	0	3	山口	吉博		3	小澤 仁裕
9	T	0	4	中西	聡		4	本江 琢磨
5	G	0	5	山崎	隆司		5	松岡 拓
0	PG	0	6	井手上敬太			6	青木 眞仁
0	DG	0	7	沖	覚		7	虎石 貴
8	T	0	8	吉上	耕平		8	早崎 宏
8	G	0	9	月田	伸一	HB	9	長谷井信弘
0	PG	0	10	速水	直樹		10	向井 亮
0	DG	0	11	倉成	隆	TB	11	紺谷 竜介
12	反則	18	12	山崎	勇気		12	貞包 隆行

平成9年9月20日
G 秩父宮
R 佐藤　淳　KO 14:00

			13	石川	安彦		13	小林 智夫
			14	吉成	俊介		14	村田 祐造
			15	吉永雄一郎		FB	15	舞立 昇治

交代　早大：山崎弘樹（吉成）、小森光鎮（石川）、笠尾弘高（山口）
東大：大芝篤史（舞立）、佐藤新（向井）

公式試合　No.737　平成9年度　第3試合　対抗戦

早大		帝京大			早大			帝京大
49	—	19	1	石嶋	照幸	FW	1	高橋 寛
21	前	12	2	萬匠	祐基		2	長 朋浩
28	後	7	3	山口	吉博		3	田嶋 英裕
3	T	2	4	中西	聡		4	武田 保彦
3	G	1	5	山崎	隆司		5	岩間 俊治
0	PG	0	6	井手上敬太			6	本間 俊治
0	DG	0	7	沖	覚		7	三井 通宏
4	T	1	8	吉上	耕平		8	伊東 聡
3	G	1	9	月田	伸一	HB	9	岡野 正樹
0	PG	0	10	速水	直樹		10	由良 康美
0	DG	0	11	倉成	隆	TB	11	松本 匡史
12	反則	9	12	山崎	勇気		12	佐川 英明

平成9年10月5日
G 秩父宮
R ジョンストン(A)　KO14:00

			13	小森	充紘		13	夏山 昌利
			14	山崎	弘樹		14	照屋 信治
			15	吉永雄一郎		FB	15	長島 修

交代　帝京大：相馬朋和（中曽）、田中中亮範（岡野）

公式試合　No.738　平成9年度　第4試合　対抗戦

早大		青学大			早大			青学大
56	—	24	1	石嶋	照幸	FW	1	荒巻 孝治
32	前	12	2	萬匠	祐基		2	輿水 大介
24	後	12	3	山口	吉博		3	栗田 友成
4	T	2	4	中西	聡		4	久松 泰治
3	G	1	5	山崎	隆司		5	山田 純平
2	PG	0	6	井手上敬太			6	尾身 嘉信
0	DG	0	7	沖	覚		7	友井 亮輔
4	T	2	8	吉上	耕平		8	鳥居 康平
2	G	1	9	月田	伸一	HB	9	小松 瞥
0	PG	0	10	速水	直樹		10	岩淵 健輔
0	DG	0	11	倉成	隆	TB	11	多賀 秀紀
18	反則	33	12	山崎	勇気		12	沖永 成敬

平成9年10月19日
G 三ツ沢
R 藤　実　KO 14:00

			13	小森	充紘		13	沖永 成敬
			14	石川	安彦		14	田中 晃生
			15	吉永雄一郎		FB	15	小島 琢也

交代　早大：片山大輔（萬匠）
青学大：秋山公郎（田中）、高橋善郎（山田）

公式試合　No.739　平成9年度　第5試合　対抗戦

早大		筑波大			早大			筑波大
32	—	26	1	石嶋	照幸	FW	1	藤井 浩平
16	前	12	2	萬匠	祐基		2	佐藤 幾久
16	後	14	3	山口	吉博		3	山本 正樹
1	T	2	4	中西	聡		4	井上 啓智
1	G	1	5	山崎	隆司		5	大久保尚哉
3	PG	2	6	井手上敬太			6	瓜生 恒平
0	DG	0	7	岩原	正樹		7	藤高 尚樹
1	T	2	8	吉上	耕平		8	向井雄一郎
1	G	1	9	月田	伸一	HB	9	松浦 知明
0	PG	0	10	速水	直樹		10	高橋 修明
0	DG	0	11	石川	安彦	TB	11	瓜生 丈治
5	反則	17	12	山崎	勇気		12	黒岩 広明

平成9年10月25日
G 秩父宮
R 桜岡将博　KO 14:00

			13	小森	充紘		13	深堀 敏也
			14	倉成	隆		14	横須賀明明
			15	吉永雄一郎		FB	15	浦田 昇平

交代　早大：山崎弘樹（石川）、辻高志（速水）、畑井雅明（小森）
筑波大：伊藤護（瓜生）、今崎克也（浦田）

公式試合　No.740　平成9年度　第6試合　対抗戦

早大		日体大			早大			日体大
39	—	27	1	石嶋	照幸	FW	1	菅 義人
15	前	5	2	片山	大輔		2	菊地 巻
24	後	22	3	山口	吉博		3	鈴木 利洋
2	T	1	4	中西	聡		4	佐子 達仁
1	G	1	5	高田	竜志		5	間瀬 一樹
2	PG	0	6	井手上敬太			6	岡本 信克
0	DG	0	7	岩原	正樹		7	後藤 慶悟
4	T	3	8	山崎	隆司		8	保泉 修一
3	G	1	9	辻	高志	HB	9	中村中龍史
0	PG	1	10	伊藤	伸一		10	品川 英貴
0	DG	0	11	倉成	隆	TB	11	荒木雄一郎
16	反則	9	12	山崎	勇気		12	萩原 健史

平成9年11月9日
G 秩父宮
R 吉羽　茂　KO 14:00

			13	小森	充紘		13	中嶋 則文
			14	山崎	弘樹		14	保坂 高志
			15	吉永雄一郎		FB	15	山崎太一郎

交代　早大：高野貴司（山崎弘）
日体大：根岸徹吉（萩原）、小又幹則（菊地）、佐藤智（保坂）

公式試合 No.741 平成9年度 第7試合 対抗戦

早大		慶大
12	—	42
9	前	13
3	後	29
0	T	2
0	G	0
3	PG	0
0	DG	0
0	T	4
0	G	3
1	PG	0
0	DG	0
14	反則	21

No	早大		No	慶大
1	石嶋 照幸	FW	1	左座正二郎
2	萬匠 祐基		2	佐藤 將貴
3	山口 吉博		3	高田 晋作
4	虹川 誠悟		4	阿久根 潤
5	山崎 隆司		5	阿久根 潤
6	井手上敬太		6	田村 和彦
7	沖 覚		7	益田 和明
8	吉上 耕平		8	三森 卓
9	月田 伸一	HB	9	牧野 健児
10	福田 恒輝		10	信濃 幸男
11	倉成 隆	TB	11	栗原 徹
12	山崎 勇気		12	島崎 光孝
13	小森 充紘		13	鈴木加津彦
14	石川 安彦		14	角谷 康之
15	吉永雄一郎	FB	15	稲葉 潤

平成9年11月23日
G 秩父宮
R 相田真治 KO 14:00
交代 慶大：和田康二（鈴木）、山本宗慶（角谷）、蓑田真也（益田）

公式試合 No.742 平成9年度 第8試合 対抗戦

早大		明大
21	—	27
6	前	6
15	後	21
0	T	0
0	G	0
0	PG	2
0	DG	0
0	T	2
0	G	1
1	PG	3
0	DG	0
	反則	20

No	早大		No	明大
1	石嶋 照幸	FW	1	黒川 侑一
2	萬匠 祐基		2	山岡 俊
3	山口 吉博		3	中村一郎
4	中西 聡		4	鈴木 健三
5	山崎 隆司		5	石井 誠
6	井手上敬太		6	阮 中理
7	沖 覚		7	岡本 淳平
8	吉上 耕平		8	斉藤 祐也
9	月田 伸一	HB	9	中山 澄憲
10	山崎 弘樹		10	伊藤 宏明
11	倉成 隆	TB	11	山品 博嗣
12	山崎 勇気		12	山口 大輔
13	小森 充紘		13	松添 健介
14	石川 安彦		14	福田 茂樹
15	吉永雄一郎	FB	15	岩倉 大志

平成9年12月7日
G 国立競技場
R 石井勝 KO 14:00
交代 明大：辻孝浩（阮）林丈太郎（中村）

公式試合 No.743 平成9年度 第34回大学選手権1回戦

早大		同大
47	—	34
19	前	15
28	後	19
2	T	2
0	G	1
3	PG	1
0	DG	0
4	T	3
1	G	2
0	PG	0
0	DG	0
17	反則	18

No	早大		No	同大
1	石嶋 照幸	FW	1	萩井 好次
2	片山 大輔		2	堂守 剛史
3	山口 吉博		3	尾崎 剛史
4	中西 聡		4	浜井 元基
5	山崎 隆司		5	黒川 雅弘
6	井手上敬太		6	田中 正純
7	沖 覚		7	蔵所 健太
8	吉上 耕平		8	駒井 克信
9	月田 伸一	HB	9	見先 恒郎
10	山崎 弘樹		10	高倉 公輔
11	倉成 隆	TB	11	船越 稔幸
12	山崎 勇気		12	大西将太郎
13	小森 充紘		13	向山 昌利
14	石川 安彦		14	足立 稔幸
15	森 正俊	FB	15	平尾 剛史

平成9年12月14日
G 秩父宮
R 吉羽茂 KO 12:15
交代 同大：川寄拓生（高谷）

公式試合 No.744 平成9年度 第34回大学選手権2回戦

早大		京産大
18	—	69
13	前	26
5	後	43
2	T	4
0	G	3
0	PG	0
1	DG	0
1	T	7
0	G	4
0	PG	0
0	DG	0
9	反則	9

No	早大		No	京産大
1	石嶋 照幸	FW	1	佐藤 友幸
2	萬匠 祐基		2	野山 隆二
3	山口 吉博		3	木下 智也
4	中西 聡		4	池田 篤人
5	山崎 隆司		5	内野 聡
6	井手上敬太		6	池上 王明
7	沖 覚		7	岡本 宗太
8	吉上 耕平		8	平田 政喜
9	月田 伸一	HB	9	山田 昌弘
10	山崎 弘樹		10	山岡 宏裁
11	倉成 隆	TB	11	佐藤 貴史
12	山崎 勇気		12	奥 玉
13	小森 充紘		13	木村 啓明
14	石川 安彦		14	岡田 吉之
15	吉永雄一郎	FB	15	大畑 大介

平成9年12月23日
G 花園
R 御領園昭彦 KO 14:00
交代 早大：正木宏和（萬匠）
京産大：大野光正（山岡）、大内亮助（内野）

国際試合 No.89 平成10年度 日英大学ラグビー

早大	オックスフォード	オックスフォード大
12	—	57
7	前	17
5	後	40
1	T	3
1	G	1
0	PG	0
0	DG	0
0	T	6
0	G	4
0	PG	0
0	DG	0
	反則	

No	早大		No	オックスフォード大
1	石嶋 照幸	FW	1	シャーブルス
2	正木 宏和		2	コラード
3	山口 吉博		3	ルーベン
4	栗原 誠治		4	ロバーツ
5	田中 孝二		5	アイゼンハワー
6	平田 輝志		6	リーネン
7	山羽 教文		7	ケラハー
8	吉上 耕平		8	オースラー
9	月田 伸一	HB	9	ジェンセン
10	守屋 泰宏		10	ジェンセン
11	青柳 竜亘	TB	11	マーシュ
12	山本 裕司		12	ペレット
13	山本 裕司		13	ラーセン
14	山本 肇		14	アドレン
15	今泉 清	FB	15	ビア

平成10年4月5日
G 横浜国際
R エド・モリソン KO 14:00 今泉 清
交代 早大：青山敦司（石嶋）、前田竜介（守屋）、石川安彦（山本裕）
オックスフォード大：箕内拓郎（リーネン）、ウールフォード（ペレット）、マティーソン（ロバーツ）、バーカー（コラード）、グルーコック（マーシュ）、パーソンズ（シャーブルス）、ビア（ポロック）

公式試合 No.745 平成10年度 第1試合 対抗戦

早大		立大
106	—	21
59	前	0
47	後	21
9	T	0
7	G	0
0	PG	0
0	DG	0
7	T	3
6	G	3
0	PG	0
0	DG	0
	反則	

No	早大		No	立大
1	成田 清志	FW	1	洲河 雅俊
2	大内 和樹		2	須藤 拓生
3	正木 宏和		3	坂本 幸太
4	高田竜三郎		4	佐々木拓也
5	堺 敏明		5	山田 高央
6	西澤 周二		6	浜村圭太郎
7	香川航太郎		7	廣瀬 義和
8	佐藤 貴洋		8	大川 浩司
9	松山 吾朗	HB	9	下村 健太
10	武川 正敏		10	桐谷 寛樹
11	西辻 勤	TB	11	松井 隆英
12	北川 正義		12	原田 篤志
13	高野 貴司		13	原田 篤志
14	山澤 裕樹		14	堀場 英治
15	東 輝雄	FB	15	宮崎 享祐

平成10年9月13日
G 早大所沢
R 中沢剛行 KO 14:00
交代 早大：坂本真一（成田）、井手上敬太（香川）、寺内周平（高野）

公式試合 No.746 平成10年度 第2試合 対抗戦

早大		東大
44	—	7
27	前	7
17	後	0
4	T	1
4	G	1
1	PG	0
0	DG	0
3	T	0
1	G	0
0	PG	0
0	DG	0
13	反則	19

No	早大		No	東大
1	成田 清志	FW	1	桜井 和人
2	大内 和樹		2	片桐 巌
3	正木 宏和		3	大岡 巧人
4	高田竜三郎		4	松岡 拓
5	堺 敏明		5	梅原 正弘
6	西澤 周二		6	虎石 貴
7	香川航太郎		7	中村 洋介
8	江原 和彦		8	高原 啓
9	辻 高志	HB	9	佐藤 新
10	武川 正敏		10	大芝 篤史
11	西辻 勤	TB	11	紺谷 通彦
12	北川 正義		12	小林 智夫
13	高野 貴司		13	成田 圭吾
14	山澤 裕樹		14	向井 真
15	山崎 弘樹	FB	15	福崎 耕平

平成10年9月27日
G 熊谷
R 小野塚隆 KO 14:00
交代 早大：松山吾朗（辻）
東大：深津晋一郎（福崎）、大山謙介（中村）、早崎宏（大山）

公式試合 No.747 平成10年度 第3試合 対抗戦

早大		青学大
61	—	38
27	前	24
34	後	14
4	T	4
4	G	3
2	PG	0
0	DG	0
2	T	2
2	G	1
1	PG	0
0	DG	0
15	反則	24

No	早大		No	青学大
1	安藤 敬介	FW	1	若林 周
2	大内 和樹		2	池田健太朗
3	正木 宏和		3	興水 大介
4	高田竜三郎		4	桑畑 充
5	山崎 隆司		5	吉川 光吉
6	西澤 周二		6	野中 義久
7	香川航太郎		7	戸田 真司
8	江原 和彦		8	鳥居 康平
9	辻 高志	HB	9	小松 督
10	武川 正敏		10	梅月 信吾
11	西辻 勤	TB	11	小島 琢也
12	北川 正義		12	田口中 啓
13	福田 恒輝		13	伊藤 紀彦
14	横井 寛之		14	鈴木 竜郎
15	山崎 弘樹	FB	15	本田 顕彦

平成10年10月18日
G 熊谷
R 中原雅史 KO 14:00
交代 早大：井手上敬太（香川）、田原耕太郎（辻）
青学大：吉岡憲史（桑畑）、佐藤真久（野中）、松下江一（鈴木）、田中正泰（吉川）、光延剛（小松）

公式試合 No.748 平成10年度 第4試合 対抗戦

早大		筑波大
29	—	29
10	前	15
19	後	14
2	T	2
2	G	2
0	PG	1
0	DG	0
2	T	1
0	G	1
0	PG	2
2	DG	1
14	反則	8

No	早大		No	筑波大
1	安藤 敬介	FW	1	藤重 浩平
2	大内 和樹		2	小柳 学
3	正木 宏和		3	大谷 学
4	高田竜三郎		4	井上 誉智
5	山崎 隆司		5	久保尚哉
6	大瀬 祐介		6	広瀬 恒平
7	香川航太郎		7	中山 知士
8	江原 和彦		8	向井雄一郎
9	辻 高志	HB	9	田中 大雄
10	武川 正敏		10	松岡 亮
11	西辻 勤	TB	11	瓜生 丈治
12	福田 恒輝		12	福永 公明
13	高野 貴司		13	安曽 一徳
14	横井 寛之		14	横須賀功明
15	山崎 弘樹	FB	15	今泉 克也

平成10年10月25日
G 秩父宮
R 田中伸明 KO 14:00
交代 早大：脇健太（江原）、萬匠祐基（大内）、井手上敬太（香川）
筑波大：杉山稔昭（安曽）小岩弘典（大久保）

公式試合 No.749 平成10年度 第5試合 対抗戦

早大		日体大
17	—	48
3	前	17
14	後	31
0	T	3
0	G	3
1	PG	0
0	DG	0
1	T	6
1	G	4
0	PG	1
0	DG	0
11	反則	27

No	早大		No	日体大
1	安藤 敬介	FW	1	原田陽一郎
2	萬匠 祐基		2	池田 晋一
3	正木 宏和		3	鈴木 利洋
4	高田竜三郎		4	佐子 達仁
5	山崎 隆司		5	郡 有紀夫
6	大瀬 祐介		6	船 有紀夫
7	香川航太郎		7	後藤 慶悟
8	江原 和彦		8	藤園 元
9	辻 高志	HB	9	宮澤 永将
10	武川 正敏		10	山崎太一郎
11	西辻 勤	TB	11	山田
12	福田 恒輝		12	森下 雄史
13	高野 貴司		13	佐藤 智
14	横井 寛之		14	高徳
15	山崎 弘樹	FB	15	金丸 健

平成10年11月8日
G 秩父宮
R 岩下真一 KO 14:00
交代 早大：山崎勇気（高野）、長井真弥（山崎弘）、井手上敬太（香川）
日体大：小林拓（郡）、山崎秀一郎（宮澤）、中村直樹（荒木）、杉浦太郎（佐藤）、高橋昌徳（森下）

公式試合 No.750 平成10年度 第6試合 対抗戦

早大		慶大
35	—	21
15	前	14
20	後	7
2	T	2
2	G	1
1	PG	0
0	DG	0
2	T	1
2	G	1
1	PG	1
0	DG	0
9	反則	21

No	早大		No	慶大
1	安藤 敬介	FW	1	左座正二郎
2	萬匠 祐基		2	岡本 知樹
3	正木 宏和		3	浜岡 勇介
4	高田竜三郎		4	高田 晋作
5	山崎 隆司		5	田中 晋作
6	大瀬 祐介		6	野上慶太郎
7	井手上敬太		7	三森 卓
8	江原 和彦		8	山本 英児
9	辻 高志	HB	9	熊谷 良
10	福田 恒輝		10	信濃 幸男
11	西辻 勤	TB	11	高橋 剛司
12	山崎 勇気		12	田中 豪人
13	小森 充紘		13	鈴木加津彦
14	長井 真弥		14	稲葉 潤
15	山崎 弘樹	FB	15	稲葉 潤

平成10年11月23日
G 秩父宮
R 相田真治 KO 14:00
交代 早大：武川正敏（高野）、香川航太郎（江原）、山崎勇気（長井）
慶大：益田和明（三森）、吉川聡（益田）、田中良史（浜岡）、川尻圭介（鈴木）、牧野健児（熊谷）

公式試合 No.751 平成10年度 第7試合 対抗戦

早大		明大
24	—	27
14	前	14
10	後	13
2	T	2
2	G	2
0	PG	1
0	DG	0
1	T	1
1	G	1
1	PG	3
0	DG	0
14	反則	17

No	早大		No	明大
1	安藤 敬介	FW	1	黒川 侑一
2	萬匠 祐基		2	山岡 俊
3	正木 宏和		3	石田 大起
4	高田竜三郎		4	辻 孝浩
5	山崎 隆司		5	石井 誠
6	大瀬 祐介		6	川上 利明
7	井手上敬太		7	阮 申琦
8	江原 和彦		8	斉藤 祐也
9	辻 高志	HB	9	後藤 和彦
10	福田 恒輝		10	嶋 正人
11	西辻 勤	TB	11	山倉 大輔
12	山崎 勇気		12	山口 大輔
13	小森 充紘		13	松添 健吉
14	長井 真弥		14	岩倉 大志
15	長井 真弥	FB	15	福田 茂樹

平成10年12月6日
G 国立競技場
R 石井勝 KO 14:00
交代 早大：北川正義（小森）、山崎弘樹（長井）、小林商司（正木）
明大：菅藤心（松添）、シンビン：福田茂樹

公式試合 No.752　平成10年度　第35回大学選手権1回戦

早大		龍谷大
53	—	15
15	前	3
38	後	12
2	T	0
1	G	0
1	PG	1
0	DG	0
5	T	2
5	G	1
1	PG	0
0	DG	0
17	反則	17

No	早大		No	龍谷大
1	安藤 敬介	FW	1	佐川 聰
2	萬匠 祐基		2	竹中 健高
3	小林 商司		3	三島 敏裕
4	高田竜三郎		4	前田 貴洋
5	山崎 隆司		5	永尾 元志
6	大瀬 祐介		6	山本真太郎
7	井手上敬太		7	古賀 正信
8	江原 和彦		8	岡本 行央
9	辻 高志	HB	9	渡辺孝太郎
10	福田 恒輝		10	重光 泰昌
11	西辻 勤	TB	11	松本 端
12	山崎 勇気		12	西村 清二
13	北川 正義		13	栗山 達也
14	江坂陽一郎		14	
15	山崎 弘樹	FB	15	三木 亮市

平成10年12月19日
G 秩父宮
R 森 勝範　KO 12:15
交代 早大：大内和樹(萬匠)、小森充紘(山崎勇)、堺敏明(高田)
龍谷大：中村洋平(竹中)、吉田達也(渡辺)、西田真司(佐川)

公式試合 No.753　平成10年度　第35回大学選手権2回戦

早大		法大
35	—	28
20	前	16
15	後	12
2	T	1
2	G	1
2	PG	3
0	DG	0
2	T	2
1	G	1
1	PG	0
0	DG	0
25	反則	15

No	早大		No	法大
1	安藤 敬介	FW	1	鶴長 健一
2	萬匠 祐基		2	大西 良
3	小林 商司		3	笠井 建志
4	高田竜三郎		4	細川 智広
5	山崎 隆司		5	平塚 純司
6	大瀬 祐介		6	山口 貴豊
7	井手上敬太		7	田口 誠
8	江原 和彦		8	佐藤 幹夫
9	辻 高志	HB	9	岡本 孝司
10	福田 恒輝		10	内田雄一郎
11	西辻 勤	TB	11	加賀谷 誠
12	山崎 勇気		12	川合 毅
13	小森 充紘		13	西村 圭志
14	横井 寛之		14	浦都 大輔
15	山崎 弘樹	FB	15	栗原 聖

平成10年12月27日
G 秩父宮
R 岩下真一　KO 12:15
交代 早大：井手上敬太(大瀬)
法大：豊田昭悟(浦都)、田中豊(田口)、渡辺庸介(佐藤)、赤沼源太(西村)

公式試合 No.754　平成10年度　第35回大学選手権準決勝

早大		関東学大
26	—	53
7	前	22
19	後	31
1	T	3
1	G	2
0	PG	1
0	DG	0
3	T	4
2	G	4
0	PG	1
0	DG	0
11	反則	14

No	早大		No	関東学大
1	安藤 敬介	FW	1	狩野 聖太
2	萬匠 祐基		2	下田 高志
3	正木 宏和		3	上田 孔徳
4	高田竜三郎		4	堀田 亙
5	山崎 隆司		5	宮村 眞也
6	大瀬 祐介		6	古島 慶人
7	井手上敬太		7	宮下 哲朗
8	江原 和彦		8	山口 智史
9	辻 高志	HB	9	池村 宗宏
10	福田 恒輝		10	淵上 宗志
11	西辻 勤	TB	11	矢口 和良
12	山崎 勇気		12	萩谷 昌之
13	小森 充紘		13	吉岡 秀一
14	横井 寛之		14	四宮 洋平
15	山崎 弘樹	FB	15	立川 剛士

平成11年1月2日
G 国立競技場
R 田中伸明　KO 12:15
交代 早大：大内和樹(萬匠)、香川航太郎(大瀬)、堺敏明(高田)
関東学院大：桜井寿貴(狩野)、萩原徹(四宮)、椎村政彦(吉岡)、服部勲則(宮下)

公式試合 No.755　平成10年度　第36回日本選手権1回戦

早大		トヨタ自動車
7	—	101
7	前	28
0	後	73
1	T	4
1	G	4
0	PG	0
0	DG	0
0	T	11
0	G	9
0	PG	0
0	DG	0
7	反則	12

No	早大		No	トヨタ自動車
1	安藤 敬介	FW	1	木村 賢人
2	萬匠 祐基		2	金城 秀雄
3	小林 商司		3	和田 孝之
4	高田竜三郎		4	山下 正博
5	山崎 隆司		5	椎村 公彦
6	大瀬 祐介		6	菅原 大志
7	香川航太郎		7	竹本 晃
8	江原 和彦		8	スチュアート ハービー
9	辻 高志	HB	9	大原 勝治
10	福田 恒輝		10	広瀬 佳司
11	西辻 勤	TB	11	バティリアイ ツイドラス
12	山崎 勇気		12	朽木 泰博
13	小森 充紘		13	陽宏
14	吉澤 裕樹		14	ロベティ オト
15	山崎 弘樹	FB	15	仙波 優

平成11年2月14日
G 秩父宮
R 田中伸明　KO 12:15
交代 早大：大内和樹(萬匠)、小森充紘(山崎勇)、田原耕太郎(辻)
トヨタ自動車：イシケリ・バシャロ(ハービー)、大藪正光(勝野)、上野雅幸(菅原)、中嶋信彦(金城)、島崎大地(朽木)、奥野徹朗(大原)、山本正人(和田)
シンビン：仙波優

公式試合 No.756　平成11年度　第1試合　定期戦

早大		立大
95	—	0
36	前	0
59	後	0
6	T	0
3	G	0
0	PG	0
0	DG	0
9	T	0
7	G	0
0	PG	0
0	DG	0
	反則	12

No	早大		No	立大
1	成田 清志	FW	1	伊藤 洋平
2	大内 和樹		2	島田 光
3	小林 商司		3	坂本 竜太
4	佐藤 喬輔		4	佐々木拓也
5	脇 健太		5	山田 高央
6	上村 康太		6	廣瀬 義和
7	井手上敬太		7	光山 義治
8	江原 和彦		8	大川 浩司
9	辻 高志	HB	9	日下健太郎
10	福田 恒輝		10	本間 寛
11	太田陽一郎	TB	11	松井 隆英
12	艶島 悠介		12	内堀 圭治
13	高野 貴司		13	高橋 秀和
14	横井 寛之		14	高橋 秀和
15	田留 晋吉	FB	15	小松圭之助

平成11年9月15日
G 早大所沢
R 中沢規行　KO 14:00
交代 早大：大江菊臣(萬匠)、坂東宏紀(小林)、寺内晴平(辻)、中村喜徳(上村)、佐藤喬輔(江原)、松山吾朗(辻)、武川正敏(田留)
立大：川島崇(宮崎)、坂本陽洋(小松)

公式試合 No.757　平成11年度　第2試合　対抗戦

早大		東大
118	—	12
61	前	12
57	後	5
8	T	1
8	G	1
0	PG	0
0	DG	0
9	T	1
9	G	0
0	PG	0
0	DG	0
10	反則	19

No	早大		No	東大
1	成田 清志	FW	1	桜井 和人
2	阿部(柴山)一醇		2	岩田 厚
3	栗原雄一郎		3	大岡 巧人
4	梅原 祥平		4	福岡 拓
5	脇 健太		5	後藤 達也
6	上村 康太		6	宋 仁浩
7	井手上敬太		7	原 英之
8	佐藤 貴洋		8	高原 啓
9	辻 高志	HB	9	佐藤 新
10	福田 恒輝		10	中山 朋寛
11	山下 大悟	TB	11	深津晋一郎
12	小森 充紘		12	大芝 篤史
13	高野 貴司		13	長井 真吾
14	仲山 聡		14	向井 亮
15	長井 真弥	FB	15	藤井 孝真

平成11年9月26日
G 熊谷
R 甲斐 孝　KO 12:15
交代 早大：艶島悠介(高野)、武川正敏(艶島)、大江眞臣(萬匠)、大内樹(阿部)、玉置顕(梅原)、図師淑隆(上村)

公式試合 No.758　平成11年度　第3試合　対抗戦

早大		青学大
64	—	12
31	前	9
33	後	3
5	T	0
3	G	0
0	PG	3
0	DG	0
5	T	0
4	G	0
0	PG	1
0	DG	0
17	反則	17

No	早大		No	青学大
1	成田 清志	FW	1	宮地 紳也
2	阿部 一樹		2	松長 哲平
3	栗原雄一郎		3	若林 周
4	佐藤 喬輔		4	桑畑 充
5	脇 健太		5	吉川 祐介
6	上村 康太		6	佐藤 義久
7	井手上敬太		7	野中 義久
8	佐藤 貴洋		8	鳥居 康平
9	辻 高志	HB	9	須藤 健
10	福田 恒輝		10	蔭山 昌弘
11	山下 大悟	TB	11	海沼 昌行
12	小森 充紘		12	新山 雄典
13	高野 貴司		13	中谷 雄典
14	横井 寛之		14	柴田 将文
15	長井 真弥	FB	15	石井 顕彦

平成11年10月3日
G 秩父宮
R 溝畑 潤　KO 14:00
交代 早大：仲山聡(小森)、図師淑隆(上村)、大内和樹(阿部)
青学大：和泉健太郎(松長)、吉田幸司(桑畑)、小島琢也(海沼)、川尻竜太郎(小島)、内田浩一(須藤)、戸田真司(鳥居)

公式試合 No.759　平成11年度　第4試合　対抗戦

早大		帝京大
33	—	22
10	前	17
23	後	5
1	T	1
1	G	1
0	PG	1
0	DG	0
3	T	1
3	G	0
0	PG	0
0	DG	0
22	反則	17

No	早大		No	帝京大
1	成田 清志	FW	1	岩間 保彦
2	阿部 一樹		2	小嶋 孝夫
3	栗原雄一郎		3	相馬 剛
4	佐藤 喬輔		4	山崎 洋吾
5	脇 健太		5	石川 茂幸
6	上村 康太		6	串田 義孝
7	井手上敬太		7	三井 通宏
8	江原 和彦		8	森原 弘蔵
9	辻 高志	HB	9	中井亮範
10	福田 恒輝		10	高 彰伸
11	山下 大悟	TB	11	藤坂 将至
12	小森 充紘		12	原藤 正雄
13	高野 貴司		13	山本 剛
14	横井 寛之		14	飯原 喬人
15	長井 真弥	FB	15	栄田 佑希

平成11年10月16日
G 秩父宮
R 下井真介　KO 14:00
交代 早大：艶島悠介(横井)、大内和樹(阿部)
帝京大：橋本紳太郎(小嶋)、大松真(栄田)、代昌実(相馬)、林正史(串田)、姫野真(森原)

公式試合 No.760　平成11年度　第5試合　対抗戦

早大		筑波大
44	—	32
12	前	20
32	後	12
2	T	2
1	G	2
1	PG	0
0	DG	0
5	T	2
2	G	1
0	PG	0
0	DG	0
14	反則	8

No	早大		No	筑波大
1	成田 清志	FW	1	今尾 暁
2	大内 和樹		2	橋本 隆一
3	小林 商司		3	大谷 学
4	佐藤 喬輔		4	小岩 弘典
5	脇 健太		5	長澤 誠也
6	図師 淑隆		6	広瀬 恒平
7	井手上敬太		7	真鍋 健治
8	江原 和彦		8	向井雄一郎
9	辻 高志	HB	9	岡 孝次
10	福田 恒輝		10	杉山 稔郎
11	山下 大悟	TB	11	安中 祐勝
12	小森 充紘		12	清水 博史
13	高野 貴司		13	竹下 敬介
14	横井 寛之		14	瓜生 文治
15	長井 真弥	FB	15	大門 隼人

平成11年10月23日
G 新潟
R 森 勝義　KO 14:00
交代 早大：艶島悠介(高野)、武川正敏(長井)、阿部一樹(大内)
筑波大：伊勢田長裕(真鍋)、田中大雄(岡)

公式試合 No.761　平成11年度　第6試合　対抗戦

早大		日本大
71	—	14
38	前	0
33	後	14
5	T	0
5	G	0
1	PG	0
0	DG	0
5	T	2
4	G	2
0	PG	0
0	DG	0
9	反則	17

No	早大		No	日本大
1	成田 清志	FW	1	七田 信志
2	大内 和樹		2	大谷 隆司
3	栗原雄一郎		3	原田隆一郎
4	佐藤 喬輔		4	瀬戸 渉
5	脇 健太		5	藤原 崇史
6	上村 康太		6	郭 有紀彦
7	井手上敬太		7	後藤 慶悟
8	江原 和彦		8	小林 拓
9	辻 高志	HB	9	藤戸泰一郎
10	福田 恒輝		10	大池 孝治
11	山下 大悟	TB	11	森下 雄史
12	小森 充紘		12	佐藤 智
13	高野 貴司		13	佐藤 智
14	横井 寛之		14	中村 直紀
15	長井 真弥	FB	15	岩宏太郎

平成11年11月3日
G 秩父宮
R 田中伸明　KO 14:00
交代 早大：梅原祥平(脇)、小山陽平(辻)、艶島悠介(横井)、小林商司(栗原)
日本大：金子創(原田)、東嶋亮司(七田)、村田益男(杉浦)

公式試合 No.762　平成11年度　第7試合　対抗戦

早大		慶大
21	—	29
18	前	5
3	後	24
2	T	1
1	G	0
0	PG	1
0	DG	0
1	T	3
0	G	3
0	PG	0
0	DG	0
18	反則	17

No	早大		No	慶大
1	成田 清志	FW	1	左座正二郎
2	大内 和樹		2	岡本 知樹
3	小林 商司		3	中村 泰登
4	佐藤 喬輔		4	高田 晋作
5	脇 健太		5	久我根 潤
6	上村 康太		6	三森 命
7	井手上敬太		7	野澤 武史
8	江原 和彦		8	山本 英児
9	辻 高志	HB	9	牧野 健二
10	福田 恒輝		10	中林 康二
11	山下 大悟	TB	11	藤井 慎介
12	小森 充紘		12	古谷 知晃
13	高野 貴司		13	川尻 圭介
14	横井 寛之		14	浦田 修平
15	長井 真弥	FB	15	新田健太郎

平成11年11月23日
G 秩父宮
R 石井 勝　KO 14:00
交代 早大：栗原雄一郎(小林)、中村喜徳(大内)、艶島悠介(高野)、小林商司(栗原)
慶大：鈴木孝徳(川尻)、吉川聡(阿久根)、田中良武(佐座)、浜岡勇介(中村)、益田和明(三森)、阿部達也(藤井)、高木洋彦(牧野)

公式試合 No.763　平成11年度　第8試合　対抗戦

早大		明大
10	—	27
3	前	20
7	後	7
0	T	3
0	G	3
0	PG	0
0	DG	0
1	T	1
1	G	1
1	PG	0
0	DG	0
11	反則	26

No	早大		No	明大
1	成田 清志	FW	1	石川 賢太
2	大内 和樹		2	滝沢 佳之
3	小林 商司		3	粂谷 知樹
4	佐藤 喬輔		4	伴谷 亮忠
5	脇 健太		5	加藤 均
6	上村 康太		6	川上 村明
7	井手上敬太		7	阮 申琦
8	江原 和彦		8	斉藤 祐也
9	辻 高志	HB	9	清水 伸章
10	福田 恒輝		10	菅藤 心
11	山下 大悟	TB	11	山口 大介
12	小森 充紘		12	大卒
13	高野 貴司		13	松添 健吉
14	横井 寛之		14	桜井 崇明
15	長井 真弥	FB	15	福田健太郎

平成11年12月5日
G 国立競技場
R 下井真介　KO 14:00
交代 早大：栗原雄一郎(小林)、中村喜徳(大内)、艶島悠介(高野)、沼田一樹(横井)
明大：松原裕司(千田)、山下広大(松添)

公式試合 No.764　平成11年度　第36回 大学選手権1回戦

早大		流経大
57	—	41
27	前	17
30	後	24
4	T	2
2	G	1
1	PG	1
0	DG	0
0	T	3
3	G	3
3	PG	1
0	DG	0
11	反則	13

#	早大	pos	#	流経大
1	成田 清志	FW	1	友利 玲臣
2	大内 和樹		2	児玉 智繁
3	小林 商司		3	久保木貴紀
4	佐藤 喬輔		4	川井 一馬
5	脇 健太		5	和田 泰輝
6	上村 康太		6	田島 厚
7	井手上敬太		7	土生谷雅典
8	江原 和彦		8	沼尻 好司
9	松山 喜朗	HB	9	後藤 崇志
10	福田 恒輝		10	加瀬 隆之
11	山下 大悟	TB	11	田島 正則
12	小森 充紘		12	フレンデン ニールソン
13	高野 貴司		13	関 哲史
14	西辻 勤		14	佐々木高之
15	山崎 弘樹	FB	15	島名 宣行

平成11年12月19日　G 秩父宮　R 桜岡将博　KO 12:15
交代　早大：艶島悠介（西辻）、長井真弥（山崎）、田原耕太郎（松山）、栗原雄一郎（小林）、中村喜徳（大内）
流経大：中西孝之（川井）、横山洋人（土生谷）、喜瀬直彦（佐々木）、荒井真悟（児玉）

公式試合 No.765　平成11年度　第36回 大学選手権2回戦

早大		同大
6	—	43
6	前	24
0	後	19
0	T	4
0	G	2
2	PG	1
0	DG	0
0	T	3
0	G	2
0	PG	1
0	DG	0
17	反則	11

#	早大	pos	#	同大
1	成田 清志	FW	1	南 知積
2	大内 和樹		2	水間 良武
3	小林 商司		3	尾崎 章
4	佐藤 喬輔		4	林 廣鎬
5	脇 健太		5	藤井 航介
6	上村 康太		6	太田 聡
7	井手上敬太		7	奥薗 裕基
8	江原 和彦		8	川嵜 拓生
9	辻 高志	HB	9	先見 恒郎
10	福田 恒輝		10	大西将太郎
11	山下 大悟	TB	11	中矢 俊
12	小森 充紘		12	伊勢 裕介
13	高野 貴司		13	松本 大輔
14	西辻 勤		14	馬場 大作
15	長井 真弥	FB	15	船越 稔幸

平成11年12月25日　G 花園　R 下村真介　KO 14:00
交代　早大：栗原雄一郎（佐藤）、梅原祥平（佐藤）、図師淑隆（上村）
同大：斉藤均（藤井）、大瀧正巳（南）、中井真一（大西）、杉原康文（水間）、徳野洋一（伊勢）

公式試合 No.766　平成12年度　第1試合　定期戦

早大		立大
114	—	0
41	前	0
73	後	0
7	T	0
3	G	0
3	PG	0
0	DG	0
11	T	0
9	G	0
0	PG	0
0	DG	0
8	反則	19

#	早大	pos	#	立大
1	安藤 敬介	FW	1	淵河 雅俊
2	中村 喜徳		2	太田 巳己
3	水野 敦之		3	伊藤 毅
4	高森 雅和		4	長舟 剛
5	脇 健太		5	野原 隆司
6	小山 陽平		6	飛田 亮
7	上村 康太		7	日下健太郎
8	江原 和彦		8	石原慎太郎
9	田原耕太郎	HB	9	下倉 良祐
10	武川 正敏		10	高橋 謙司
11	山下 大悟	TB	11	横山 晋平
12	口 勇人		12	内堀 圭治
13	高野 貴司		13	川島 崇
14	西辻 勤		14	
15	茂木 拓己	FB	15	矢部 哲哉

平成12年9月2日　G 江東区陸上　R 谷口 弘　KO 18:00
交代　早大：梅原祥平（佐藤）、阿部一樹（中村）、塩沢泰弘（田口）、柾沢保男（水野）、図師淑隆（小山）、羽生憲久（田原）
立大：堂内聖浩（安川）、沼田賢介（矢部）

公式試合 No.767　平成12年度　第2試合　対抗戦

早大		東大
74	—	0
31	前	0
43	後	0
3	T	0
3	G	0
0	PG	0
0	DG	0
7	T	0
4	G	0
0	PG	0
0	DG	0
13	反則	20

#	早大	pos	#	東大
1	安藤 敬介	FW	1	別所 力
2	中村 喜徳		2	大岡 巧人
3	水野 敦之		3	小嶋 陽輔
4	左京 泰明		4	松岡 拓
5	脇 健太		5	後藤 達也
6	小山 陽平		6	関口 大樹
7	上村 康太		7	宇 仁浩
8	江原 和彦		8	依田 光正
9	田原耕太郎	HB	9	佐藤 新
10	武川 正敏		10	大芝 駿史
11	山下 大悟	TB	11	岡田 学
12	艶島 悠介		12	深津 圭
13	高野 貴司		13	藤井 孝真
14	西辻 勤		14	
15	太田尾竜彦	FB	15	向井 亮

平成12年9月15日　G 熊谷　R 岸川剛之　KO 14:00
交代　早大：横井寛之（左京）、大江菊臣（安藤）、川上力也（上村）、横井寛之（武川）
東大：長嶺伸（佐藤）

公式試合 No.768　平成12年度　第3試合　対抗戦

早大		青学大
95	—	0
43	前	0
52	後	0
7	T	0
4	G	0
0	PG	0
0	DG	0
7	T	0
7	G	0
0	PG	0
0	DG	0
14	反則	17

#	早大	pos	#	青学大
1	安藤 敬介	FW	1	宮地 紳也
2	中村 喜徳		2	松長 哲平
3	水野 敦之		3	若林 周
4	高森 雅和		4	吉岡 廣
5	脇 健太		5	山崎 健介
6	小山 陽平		6	和泉健太郎
7	図師 淑隆		7	戸田 廣之
8	江原 和彦		8	吉川 祐介
9	田原耕太郎	HB	9	末崎 和貴
10	武川 正敏		10	東谷 拡史
11	山下 大悟	TB	11	小島 琢也
12	艶島 悠介		12	柴田 将文
13	豊田 大生		13	中谷 雄介
14	西辻 勤		14	松下 江一
15	太田尾竜彦	FB	15	蔭山 昌弘

平成12年9月30日　G 江戸川　R 戸田京介　KO 19:00
交代　早大：加藤かい（武川）、諏訪部智及（上村）、阿部一樹（小山）、梅原祥平（脇）、横井寛之（山下）、羽生憲久（田原）
青学大：田中享伯（東谷）、田部井博章（中谷）、佐野友則（田中）

公式試合 No.769　平成12年度　第4試合　対抗戦

早大		帝京大
6	—	19
0	前	14
6	後	5
0	T	2
0	G	2
2	PG	0
0	DG	0
0	T	1
0	G	1
1	PG	0
0	DG	0
10	反則	18

#	早大	pos	#	帝京大
1	安藤 敬介	FW	1	平田 裕宣
2	中村 喜徳		2	下山 貴弘
3	水野 敦之		3	代 昌実
4	佐藤 喬輔		4	石川 嘉幸
5	脇 健太		5	田中 雄作
6	小山 陽平		6	藤原 正雄
7	図師 淑隆		7	森原 弘蔵
8	江原 和彦		8	岡野 千城
9	田原耕太郎	HB	9	高 彰伸
10	沼田 一樹		10	高 彰伸
11	山下 大悟	TB	11	豊永 連博
12	艶島 悠介		12	栄田 佑希
13	豊田 大生		13	三木 一剛
14	西辻 勤		14	大芝 智
15	太田尾竜彦	FB	15	高 忠伸

平成12年10月15日　G 秩父宮　R 岩下真一　KO 14:00
交代　早大：梅原祥平（佐藤）、阿部一樹（江原）、高森雅和（佐藤）、栗原雄一郎（水野）
帝京大：桜井澄人（高彰）、川口勉（下山）

公式試合 No.770　平成12年度　第5試合　対抗戦

早大		筑波大
47	—	15
11	前	10
36	後	5
7	T	3
0	G	0
2	PG	1
0	DG	0
6	T	1
3	G	0
0	PG	0
0	DG	0
11	反則	20

#	早大	pos	#	筑波大
1	安藤 敬介	FW	1	今尾 暁
2	中村 喜徳		2	橋本 隆一
3	水野 敦之		3	加藤 哲
4	左京 泰明		4	保坂 豪
5	脇 健太		5	長澤 誠也
6	小山 陽平		6	広瀬 恒平
7	図師 淑隆		7	伊勢田長裕
8	江原 和彦		8	小俣 雄樹
9	田原耕太郎	HB	9	杉山 稔昭
10	沼田 一樹		10	杉山 稔昭
11	山下 大悟	TB	11	七字 克宣
12	艶島 悠介		12	横森 泰紀
13	矢部 哲郎		13	竹下 敬治
14	西辻 勤		14	大門 隼人
15	太田尾竜彦	FB	15	瓜生 文治

平成12年10月28日　G 熊谷　R 相田真治　KO 14:00
交代　早大：横井寛之（矢部）、栗原雄一郎（水野）、阿部一樹（図師）
筑波大：郷原裕孝（伊勢田）、西村知巳（瓜生）、槙原健太（竹下）

公式試合 No.771　平成12年度　第6試合　対抗戦

早大		日体大
82	—	14
37	前	7
45	後	7
7	T	1
7	G	1
1	PG	0
0	DG	0
7	T	1
7	G	1
0	PG	0
0	DG	0
5	反則	15

#	早大	pos	#	日体大
1	安藤 敬介	FW	1	七田 信志
2	中村 喜徳		2	大谷 隆司
3	栗原雄一郎		3	佐藤 勝尚
4	高森 雅和		4	半田 誠
5	脇 健太		5	福岡 肇
6	小山 陽平		6	武藤 峻
7	東 憲照		7	杉野 晃章
8	江原 和彦		8	山本 光明
9	田原耕太郎	HB	9	藤戸 康平
10	沼田 一樹		10	真宏
11	山下 大悟	TB	11	白鳥 憲之
12	艶島 悠介		12	真宏
13	高野 貴司		13	森下 雄史
14	西辻 勤		14	中村 直紀
15	太田尾竜彦	FB	15	

平成12年11月4日　G 秩父宮　R 田中伸明　KO 14:00
交代　早大：大江菊臣（安藤）、阿部一樹（中村）、横井寛之（高野）、茂木拓己（沼田）、図師淑隆（田原）
日体大：杉浦太郎（佐藤）、金子昌太（狩野）、浅野修一（杉野）、小木曽篤之（佐藤）、藤原崇史（福岡）

公式試合 No.772　平成12年度　第7試合　対抗戦

早大		慶大
10	—	31
5	前	12
5	後	19
1	T	2
1	G	2
1	PG	0
0	DG	0
1	T	3
1	G	1
0	PG	0
0	DG	0
24	反則	20

#	早大	pos	#	慶大
1	安藤 敬介	FW	1	左座正二郎
2	中村 喜徳		2	岡本 知樹
3	水野 敦之		3	安 龍煥
4	佐藤 喬輔		4	吉川 聡
5	脇 健太		5	犬塚 友範
6	小山 陽平		6	益田 和男
7	上村 康太		7	野澤 武史
8	江原 和彦		8	山本 英児
9	田原耕太郎	HB	9	牧野 健児
10	沼田 一樹		10	和田 康二
11	山下 大悟	TB	11	栗原 徹
12	艶島 悠介		12	尾関 弘志
13	高野 貴司		13	川尻 圭介
14	西辻 勤		14	浦田 修平
15	太田尾竜彦	FB	15	正面 正臣

平成12年11月23日　G 秩父宮　R 桜岡将博　KO 14:00
交代　早大：栗原雄一郎（水野）、左京泰明（佐藤）、大江菊臣（安藤）、阿部一樹（上村）、横井寛之（西辻）
シンビン：中村喜徳
慶大：野上慶太郎（益田）、田中泰人（和田）、浜岡勇介（佐座）、有馬宏彰（犬塚）、阿部達也（加藤）、本宗慶（浦田）

公式試合 No.773　平成12年度　第8試合　対抗戦

早大		明大
46	—	38
13	前	15
33	後	23
2	T	2
0	G	1
1	PG	0
0	DG	0
5	T	3
4	G	3
0	PG	0
0	DG	0
11	反則	11

#	早大	pos	#	明大
1	安藤 敬介	FW	1	石川 賢太
2	中村 喜徳		2	滝沢 佳之
3	水野 敦之		3	林 仰
4	佐藤 喬輔		4	諸 成万
5	脇 健太		5	飯沼 均
6	小山 陽平		6	岸本 拓也
7	上村 康太		7	安藤 雅巳
8	江原 和彦		8	後藤 和宏
9	田原耕太郎	HB	9	後藤 和宏
10	沼田 一樹		10	菅原 心
11	山下 大悟	TB	11	南 健太郎
12	艶島 悠介		12	菱山 卓
13	高野 貴司		13	神名 茂樹
14	西辻 勤		14	
15	山崎 弘樹	FB	15	福田健太郎

平成12年12月5日　G 国立競技場　R 下井良介　KO 14:00
交代　早大：横井寛之（高野）、大江菊臣（安藤）、太田尾竜彦（沼田）
明大：道前知則（菅藤）、瀬田豪（菱山）、目黒健太（加藤）

公式試合 No.774　平成12年度　第37回大学選手権1回戦

早大		京産大
62	—	32
38	前	6
24	後	26
6	T	4
4	G	3
0	PG	0
0	DG	0
4	T	1
2	G	1
1	PG	0
0	DG	0
15	反則	12

#	早大	pos	#	京産大
1	安藤 敬介	FW	1	千巌 和彦
2	阿部 一樹		2	塩見 主大
3	水野 敦之		3	山田 紘也
4	佐藤 喬輔		4	米嶋 新
5	脇 健太		5	福元 大
6	小山 陽平		6	伊藤 鐘史
7	上村 康太		7	川口 和晃
8	江原 和彦		8	平田 敬
9	田原耕太郎	HB	9	橋本 俊治
10	沼田 一樹		10	長井 達哉
11	山下 大悟	TB	11	南 和樹
12	艶島 悠介		12	井本 和樹
13	高野 貴司		13	松尾 博文
14	西辻 勤		14	
15	山崎 弘樹	FB	15	久保 秀司

平成12年12月17日　G 瑞穂　R 港雅和　KO 14:00
交代　早大：左京泰明（佐藤）、大江菊臣（安藤）、横井寛之（高野）、栗原雄一郎（小山）、武川正敏（田原）
京産大：尾方宏之（川口）

公式試合 No.775　平成12年度　第37回大学選手権2回戦

早大		関東学院大
25	—	38
6	前	22
19	後	16
0	T	6
0	G	4
2	PG	0
0	DG	0
2	T	1
2	G	1
3	PG	0
0	DG	0
12	反則	12

#	早大	pos	#	関東学院大
1	安藤 敬介	FW	1	久冨 雄一
2	中村 喜徳		2	蔵 憲治
3	水野 敦之		3	山村 亮
4	佐藤 喬輔		4	堀田 亘
5	脇 健太		5	北川 俊澄
6	小山 陽平		6	若松 大志
7	上村 康太		7	栗元勇一郎
8	江原 和彦		8	山口 智史
9	田原耕太郎	HB	9	春口 翼
10	沼田 一樹		10	今村 友基
11	山下 大悟	TB	11	川村 弘貴
12	艶島 悠介		12	松岡 悟
13	高野 貴司		13	水田 雄也
14	西辻 勤		14	
15	山崎 弘樹	FB	15	角濱 嘉彦

平成12年12月24日　R 森 勝義　KO 12:15
交代　早大：栗原雄一郎（水野）、横井寛之（高野）、大江菊臣（安藤）、武川正敏（田原）
関東学院大：渡邊章人（水野）、橋本達（春口）、山本貢（蔵）、赤井大介（山口）

公式試合 No.776　平成13年度　第1試合　対抗戦

早大		東大
100	—	7
50	前	0
50	後	7
8	T	0
5	G	0
0	PG	0
0	DG	0
8	T	1
5	G	1
0	PG	0
0	DG	0
7	反則	23

No	早大	Pos	東大
1	安藤 敬介	FW	田中 康之
2	竹本 佳正		岩田 厚
3	伊藤 雄大		小嶋 陽輔
4	高森 雅和		宮地 浩輔
5	尢京 泰明		渋谷 隆史
6	羽生 憲久		関口 大樹
7	佐藤 喬輔		宋 仁浩
8	上村 康太		依田 光正
9	田原耕太郎	HB	西尾 真治
10	大田尾竜彦		宮原 克典
11	仲山 聡	TB	小林 晃典
12	武川 正敏		平田 圭
13	山下 大悟		深津 洋介
14	山岡 正典		藤井 孝真
15	豊田 大生	FB	岡田 学

平成13年9月16日　G 神奈川体育センター　R 鬼沢 衛　KO 15:00
交代　早大：梅原祥平(北京)、山岡正典(山岡)、大江菊臣(安藤)、川上力也(上村)、樺沢保男(伊藤)、沼田一樹(山下)、石橋章匡(田原)
東大：恵土英士(小嶋)、橋本昌樹(恵土)

公式試合 No.777　平成13年度　第2試合　交流試合

早大		大東大
50	—	5
24	前	5
26	後	0
4	T	1
2	G	0
0	PG	0
0	DG	0
4	T	0
2	G	0
0	PG	0
0	DG	0
15	反則	15

No	早大	Pos	大東大
1	安藤 敬介	FW	島田 聡宣
2	福島 則人		吹越 秀則
3	伊藤 雄和		坂尾 英之
4	高森 雅和		生沼 知裕
5	尢京 泰明		山本 健太
6	羽生 憲久		相 亮太
7	紀 昌宏		林 博之
8	佐藤 喬輔		ルアタンギ バツベイ
9	田原耕太郎	HB	吉村 昭裕
10	大田尾竜彦		中垣 裕介
11	仲山 聡	TB	岩井 良二
12	沼田 一樹		田中 洋平
13	山下 大悟		ナタニエラ オト
14	山岡 正典		海老原康広
15	柳澤 眞	FB	大西 泰蔵

平成13年9月23日　G 秩父宮　R 民辻竹弘　KO 13:00
交代　早大：川上力也(羽生)、竹本佳正(福島)、大江菊臣(安藤)、内橋徹(川上)
大東大：森英生(岩井)、松尾健(中垣)、山中俊幸(吉村)、丸山隆正(バツベイ)、神野眞(オト)、片岡俊介(坂尾)

公式試合 No.778　平成13年度　第3試合　対抗戦

早大		青学大
125	—	9
47	前	9
78	後	0
7	T	0
6	G	0
0	PG	3
0	DG	0
12	T	0
9	G	0
0	PG	0
0	DG	0
16	反則	20

No	早大	Pos	青学大
1	安藤 敬介	FW	宮地 紳也
2	竹本 佳正		和泉健太郎
3	伊藤 雄大		若林 周
4	高森 雅和		松井 宏之
5	尢京 泰明		吉川 祐介
6	羽生 憲久		藤本 雄一
7	佐藤 喬輔		戸田 真司
8	上村 康太		吉田 幸司
9	田原耕太郎	HB	光延 剛
10	大田尾竜彦		隂山 達介
11	仲山 聡	TB	大木 道則
12	沼田 一樹		田中 享伯
13	山下 大悟		外村 政貴
14	山岡 正典		松村 佑馬
15	柳澤 眞	FB	中川 吾一

平成13年9月30日　G 高崎浜川　R 高津浩彰　KO 13:00
交代　早大：川上力也(羽生)、竹本佳正(福島)、大江菊臣(安藤)、石橋章匡(田原)、諸岡省吾(安藤)
青学大：野原邦夫(中川)、新山耕平(外村)、田部井博章(新山)、新川達也(吉川)、桐谷岳志(藤本)

公式試合 No.779　平成13年度　第4試合　対抗戦

早大		帝京大
27	—	16
19	前	8
8	後	8
3	T	1
2	G	1
0	PG	0
0	DG	0
1	T	1
0	G	0
0	PG	0
0	DG	0
15	反則	18

No	早大	Pos	帝京大
1	安藤 敬介	FW	居原裕一郎
2	阿部 一樹		泉山 義文
3	伊藤 雄大		下山 貴弘
4	高森 雅和		清野 護
5	尢京 泰明		衛藤 広顕
6	羽生 憲久		田中 雄作
7	川上 力也		藤原 正雄
8	佐藤 喬輔		瀬川 貴久
9	田原耕太郎	HB	中野 修
10	大田尾竜彦		村田 真範
11	仲山 聡	TB	高木 勝也
12	武川 正敏		高 忠伸
13	山下 大悟		大芝 均
14	山岡 正典		西川 達矢
15	豊田 大生	FB	豊永 隆博

平成13年10月14日　G 秩父宮　R 岩下真一　KO 14:00
交代　早大：沼田一樹(川上)
シンビン：佐藤喬輔
帝京大：石川茂幸(衛藤)、辻井将孝(瀬川)、太田洋治(中村)、高山賢一(西川)、小池雅幸(藤原)

公式試合 No.780　平成13年度　第5試合　対抗戦

早大		筑波大
62	—	19
38	前	14
24	後	5
6	T	2
4	G	1
0	PG	1
0	DG	0
4	T	1
2	G	0
0	PG	0
0	DG	0
4	反則	18

No	早大	Pos	筑波大
1	大江 菊臣	FW	金子 裕
2	阿部 一樹		橋本 隆一
3	伊藤 雄大		加藤 哲
4	高森 雅和		長澤 誠也
5	尢京 泰明		保坂 豪
6	羽生 憲久		郷原 裕幸
7	川上 力也		伊勢田長裕
8	内橋 徹		大久保徳雄
9	田原耕太郎	HB	中 大雄
10	大田尾竜彦		槙原 健太
11	加藤 かい	TB	藤岡 泰紀
12	沼田 一樹		松村 表
13	山下 大悟		大門 博人
14	山岡 正典		七宇 克重
15	柳澤 眞	FB	黒木 勇人

平成13年10月27日　G 秩父宮　R 民辻竹弘　KO 14:00
交代　早大：糀沢保男(伊藤)、豊田大生(柳澤)、岡本雅史(山岡)、紀昌宏(川上)、安藤敬介(大江)、後藤翔太(田原)、川崎亨(沼田)
筑波大：久保知大(金子)、棚橋健太(大久保)

公式試合 No.781　平成13年度　第6試合　対抗戦

早大		日本大
85	—	10
31	前	10
54	後	0
5	T	2
3	G	0
1	PG	0
0	DG	0
7	T	0
5	G	0
0	PG	0
0	DG	0
11	反則	17

No	早大	Pos	日本大
1	安藤 敬介	FW	南山 英之
2	阿部 一樹		橋本 学
3	糀沢 保男		金子 創
4	高森 雅和		半田 誠
5	岡本 雅史		船戸 渉
6	羽生 憲久		手島 康治
7	川上 力也		大島 淳史
8	佐藤 喬輔		福岡 肇
9	田原耕太郎	HB	藤原 恭平
10	大田尾竜彦		永田 真宏
11	加藤 かい	TB	金子 昌太
12	川崎 亨		手島 紘太
13	山下 大悟		千島 隼
14	山岡 正典		中村 直紀
15	柳澤 眞	FB	神村 康弘

平成13年11月3日　G 秩父宮　R 下井京介　KO 14:00
交代　早大：紀昌宏(川上)、大江菊臣(安藤)、豊田大生(加藤)、中村喜德(阿部)、沼田一樹(川崎)
日本大：高橋昌徳(船戸)、町田裕一(永田)、佐藤勝尚(金子創)、狩野健太(千島)

公式試合 No.782　平成13年度　第7試合　対抗戦

早大		慶大
54	—	21
33	前	9
21	後	12
5	T	0
4	G	0
0	PG	3
0	DG	0
3	T	1
1	G	0
0	PG	0
0	DG	0
19	反則	智

No	早大	Pos	慶大
1	安藤 敬介	FW	佐座定二郎
2	中村 喜德		猪口 拓
3	伊藤 雄大		岸 大介
4	高森 雅和		高木 宏
5	尢京 泰明		池末 英明
6	羽生 憲久		野澤 滋史
7	川上 力也		有馬 宏彰
8	佐藤 喬輔		山本 英児
9	田原耕太郎	HB	岡 健一
10	大田尾竜彦		田中 豪人
11	仲山 聡	TB	山内 朝敬
12	武川 正敏		廣瀬 俊行
13	山下 大悟		鈴木 孝徳
14	山岡 正典		瓜生 靖治
15	柳澤 眞	FB	中西 圭

平成13年11月23日　G 秩父宮　R 勝義　KO 14:00
交代　早大：糀沢保男(伊藤)、大江菊臣(安藤)、沼田一樹(大田尾)
慶大：銅崎大輔(山内)、由野正剛(佐座)、高谷順二(有馬)、藤井真介(阿部)、中村俊介(高谷)

公式試合 No.783　平成13年度　第8試合　対抗戦

早大		明大
36	—	34
14	前	22
22	後	12
2	T	3
2	G	2
2	PG	1
0	DG	0
4	T	2
4	G	1
0	PG	0
0	DG	0
5	反則	23

No	早大	Pos	明大
1	安藤 敬介	FW	植村 力
2	中村 喜德		山川 隼人
3	伊藤 雄大		石井 良昌
4	高森 雅和		諸 成万
5	尢京 泰明		加藤 均
6	羽生 憲久		岩上 篤史
7	川上 力也		藤本 太進
8	佐藤 喬輔		松原 裕司
9	田原耕太郎	HB	藤井 淳
10	大田尾竜彦		菅原 心
11	仲山 聡	TB	陣川 真也
12	武川 正敏		臼田 雅俊
13	山下 大悟		神名 茂樹
14	山岡 正典		瀬田 泰
15	柳澤 眞	FB	赤石 斉之

平成13年12月2日　G 国立競技場　R 下井京介　KO 14:00
交代　早大：岡本雅和(川上)
明大：岸本拓也(加藤)、石川賢太(植村)、今村圭吾(神名)

公式試合 No.784　平成13年度　第38回大学選手権1回戦

早大		大東大
49	—	24
14	前	12
35	後	12
2	T	2
1	G	2
0	PG	0
0	DG	0
5	T	2
4	G	1
0	PG	0
0	DG	0
11	反則	24

No	早大	Pos	大東大
1	安藤 敬介	FW	藤田 登
2	阿部 一樹		吹越 秀則
3	伊藤 雄大		坂尾 英之
4	高森 雅和		生沼 知裕
5	尢京 泰明		相 亮太
6	川上 力也		小林 博之
7	岡本 雅和		井上 潤
8	佐藤 喬輔		トゥビ マヘ
9	田原耕太郎	HB	吉村 昭裕
10	大田尾竜彦		松尾 健
11	仲山 聡	TB	大西 泰蔵
12	武川 正敏		中垣 裕介
13	沼田 一樹		中垣 裕介
14	山岡 正典		ルアタンギ バツベイ
15	神野 眞	FB	神野 眞

平成13年12月16日　G 秩父宮　R 戸田京介　KO 12:00
交代　早大：豊田大生(仲山)、川崎亨(沼田)、糀沢保男(伊藤)、神野、内橋徹
大東大：ナタニエラ・オト(マヘ)、畑山幸彦(松尾)、苫米地衆検(吉村)、丸山隆正(相)、山本剛(小林)、林田怜(吹越)

公式試合 No.785　平成13年度　第38回大学選手権2回戦

早大		大体大
58	—	54
43	前	12
15	後	42
7	T	2
4	G	1
0	PG	0
0	DG	0
2	T	6
1	G	3
0	PG	0
0	DG	0
10	反則	22

No	早大	Pos	大体大
1	安藤 敬介	FW	中川 聡
2	阿部 一樹		松川 功
3	伊藤 雄大		石塚 陽介
4	桑江 崇行		姫野 慶太
5	尢京 泰明		三浦 兆平
6	川上 力也		有田 伸吾
7	岡本 雅和		土井 慎介
8	田原耕太郎		菊谷 崇
9	田原耕太郎	HB	田辺 光宏
10	大田尾竜彦		赤木 清孝
11	仲山 聡	TB	大向 均
12	武川 正敏		三田村慶喜
13	沼田 一樹		峰 健洋
14	山岡 正典		三宅
15	柳澤 眞	FB	中西 圭

平成13年12月23日　G 秩父宮　R 原田隆司　KO 12:00
交代　早大：簑比久雄(中村)、豊田大生(柳澤)、内橋徹(佐藤)、川崎亨(沼田)、紀昌宏(川上)
大体大：猪瀬佑太(中川)、吉岡宏樹(土井)、中西大(赤木)、小林雄一(田辺)

公式試合 No.786　平成13年度　第38回大学選手権準決勝

早大		慶大
36	—	7
15	前	0
21	後	7
2	T	1
1	G	1
2	PG	0
0	DG	0
2	T	0
2	G	0
0	PG	0
0	DG	0
21	反則	16

No	早大	Pos	慶大
1	大江 菊臣	FW	佐座正二郎
2	中村 喜德		猪口 拓
3	伊藤 雄大		由野 正剛
4	桑江 崇行		水江 文人
5	尢京 泰明		高木 宏
6	川上 力也		野澤 武史
7	上村 康太		中嶋 俊数
8	佐藤 喬輔		山本 英児
9	田原耕太郎	HB	岡 健二
10	大田尾竜彦		田中 豪人
11	仲山 聡	TB	山内 朝敬
12	武川 正敏		廣瀬 俊行
13	山下 大悟		鈴木 孝徳
14	山岡 正典		瓜生 靖治
15	柳澤 眞	FB	中西 圭

平成14年1月2日　G 国立競技場　R 岩下真一　KO 12:15
交代　早大：安藤敬介(大江)、豊田大生(柳澤)、内橋徹(伊藤)、後藤翔太(田原)、岡本雅史(上村)、沼田一樹(武川)
慶大：岸大介(左座)、阿部達也(加藤)、高谷順二(中嶋)、中村俊介(水江)

公式試合 No.787　平成13年度　第38回大学選手権決勝

早大		関東学大
16	—	21
3	前	13
13	後	8
2	T	3
0	G	3
0	PG	0
2	DG	0
1	T	0
1	G	0
0	PG	0
0	DG	0
13	反則	15

No	早大	Pos	関東学大
1	大江 菊臣	FW	立川 大介
2	中村 喜德		山村 貢
3	伊藤 雄大		山村 亮
4	桑江 崇行		斉藤 泰裕
5	尢京 泰明		北川 俊澄
6	川上 力也		若松 大志
7	上村 康太		赤井 大介
8	佐藤 喬輔		吉田 昭裕
9	田原耕太郎	HB	春口 翼
10	大田尾竜彦		今村 友基
11	仲山 聡	TB	岸野 弘貴
12	武川 正敏		榎本 淳平
13	山下 大悟		荒牧 親
14	山岡 正典		三宅
15	西辻 勤	FB	角濱 嘉彦

平成14年1月12日　G 国立競技場　R 下井京介　KO 14:10
交代　早大：安藤敬介(大江)、柳澤眞(西辻)、岡本雅史(桑江)、羽生憲久(上村)
関東学院大：鈴木博貴(荒牧)、竹山将史(今村)、森部拓海(斉藤)、鈴木力(赤井)

公式試合　No.788　平成13年度　第39回日本選手権1回戦

早大		トヨタ			早大		トヨタ自動車
12	—	77	1	安藤 敬介	FW	1	戸﨑 篤司
0	前	35	2	中村 喜徳		2	七戸 昌宏
12	後	12	3	伊藤 雄大		3	豊山 昌彦
0	T	5	4	桑江 崇行		4	椎村 公彦
0	G	5	5	尨京 泰明		5	平塚 純司
0	PG	0	6	川上 力也		6	菅原 大志
0	DG	0	7	上村 康太		7	岡本 宗太
2	T	8	8	佐藤 喬輔		8	エロル ブレイン
1	G	6	9	田原耕太郎	HB	9	大原 勝治
0	PG	0	10	大田尾竜彦		10	廣瀬 佳司
0	DG	0	11	仲山 聡	TB	11	山田
9	反則	18	12	武川 正敏		12	難波 英樹
平成14年1月20日			13	小森 充紘		13	服部 学
G 秩父宮			14	山岡 正典		14	ロベティ 将博
R 桜岡将博　KO 14:00			15	後藤 翔太	FB	15	曽我部匡史

交代　早大：大江菊臣（安藤）、椛沢保男（伊藤）、岡本雅史（桑江）、羽生寛久（上村）
トヨタ自動車：コベントリー（椎村）、三木亮平（オト）、茂木寿昭（大原）、福島孝之（服部）、高柳健一（豊山）、岩間保彦（戸﨑）

国際試合　No.90　平成13年度　アイルランド・イングランド遠征第1試合

全早大		ダブリン大学			全早大		ダブリン大学
19	—	27	1	安藤 敬介	FW	1	
19	前	5	2	中村 喜徳		2	
0	後	22	3	佐藤 友重		3	
3	T	1	4	脇 健太		4	
2	G	0	5	遠藤 哲		5	
0	PG	0	6	吉上 耕平		6	
0	DG	0	7	上村 康太		7	
0	T	3	8	平田 輝志		8	
0	G	2	9	辻 高志	HB	9	
0	PG	0	10	大田尾竜彦		10	
0	DG	0	11	艶島 悠介	TB	11	
19	反則	13	12	武川 正敏		12	
平成14年2月27日			13	小森 充紘		13	
G ダブリン大			14	山岡 正典		14	
R KO 15:00			15	山崎 弘樹	FB	15	

交代　早大：青山敦司（中村）、水野敬之（佐藤友）、尨京泰明（遠藤）、佐藤喬輔（上村）、江原和彦（平田）、月田伸一（辻）、田原耕太郎（月田）、山田智久（艶島）

国際試合　No.91　平成13年度　アイルランド・イングランド遠征第2試合

全早大		オックスフォード大学			全早大		オックスフォード大学
13	—	50	1	安藤 敬介	FW	1	トカシュク
8	前	18	2	中村 喜徳		2	ブルックス
5	後	32	3	佐藤 友重		3	ストリート
1	T	3	4	脇 健太		4	ラッセル
0	G	0	5	遠藤 哲		5	エドワーズ
1	PG	1	6	上村 康太		6	マイル
0	DG	0	7	吉上 耕平		7	ジュメル
1	T	4	8	平田 輝志		8	ダーラム
0	G	2	9	辻 高志	HB	9	西岡 晃洋
0	PG	2	10	大田尾竜彦		10	淵上 宗志
0	DG	0	11	艶島 悠介	TB	11	エドワーズ
18	反則	9	12	小森 充紘		12	ディック
平成14年3月3日			13	山下 大悟		13	マーシュ
G 大			14	山岡 正典		14	スタッフォード
R R.Draper　KO 14:30			15	山崎 弘樹	FB	15	ル ビー

交代　早大：佐藤喬輔（吉上）、高野貴司（小森）、西辻勤（山崎）

国際試合　No.92　平成13年度　アイルランド・イングランド遠征第3試合

全早大		ケンブリッジ大学			全早大		ケンブリッジ大学
41	—	57	1	安藤 敬介	FW	1	オフライエン
29	前	19	2	中村 喜徳		2	コリンズ
12	後	38	3	佐藤 友重		3	フォード
4	T	3	4	脇 健太		4	インネス
3	G	2	5	尨京 泰明		5	マレット
1	PG	1	6	吉上 耕平		6	ジョンソン
0	DG	0	7	上村 康太		7	ブレイキー
2	T	6	8	佐藤 喬輔		8	ルアケレ
1	G	4	9	辻 高志	HB	9	チャップマンスミス
0	PG	0	10	大田尾竜彦		10	マッグラー
0	DG	0	11	山田 智久	TB	11	ベーカー
	反則		12	高野 貴司		12	リヴァロ
平成14年3月9日			13	山下 大悟		13	トマス
G ケ大	KO 15:00		14	山崎 弘樹		14	モファット
R W.Barnes			15	西辻 勤	FB	15	ニューマーチ

交代　早大：大江菊臣（安藤）、伊藤雄大（佐藤友）、平田輝志（吉上）、江原和彦（上村）、田原耕太郎（辻）、正典（西辻）
シンビン：佐藤友重、辻高志

国際試合　No.93　平成14年度　第5回日英大学対抗

早大		オックスフォード大学			早大		オックスフォード大学
23	—	23	1	大江 菊臣	FW	1	カチャク
9	前	10	2	阿部 一樹		2	ジュリアン
14	後	13	3	伊藤 雄大		3	ヒューズ
0	T	2	4	内橋 徹		4	エドワーズ
3	G	1	5	高森 雅和		5	ルーバンズ
3	PG	0	6	川上 力也		6	ゲムル
0	DG	0	7	羽生 憲久		7	ウッズ
0	T	1	8	佐々木隆道		8	ダラム
0	G	1	9	田原耕太郎	HB	9	タバーナー
0	PG	1	10	大田尾竜彦		10	ハニーペン
0	DG	0	11	仲山 聡	TB	11	エラビー
7	反則	18	12	安藤 栄次		12	ダグラス
平成14年9月15日			13	山下 大悟		13	ディクソン
G 大上井草			14	山田 智久		14	ルビー
R 下井真介　KO 14:00			15	内藤 晴児	FB	15	ルビー

交代　早大：内藤慎平（内藤晴）、桑江崇行（内橋）、山田（山田）
オックスフォード大：ラッセル（ダラム）、グリフィ（ジュリアン）、ギリム（ゲムル）

公式試合　No.789　平成14年度　第1試合　交流試合

早大		法大			早大		法大
45	—	31	1	大江 菊臣	FW	1	中村 嘉宏
14	前	24	2	阿部 一樹		2	谷口 大督
31	後	7	3	伊藤 雄大		3	福田 智則
2	T	4	4	高森 雅和		4	磯岡 和則
2	G	2	5	桑江 崇行		5	佐藤 平
0	PG	1	6	川上 力也		6	佐藤 崇幸
0	DG	0	7	内橋 徹		7	大隈 隆明
5	T	1	8	佐々木隆道		8	磯岡 正明
3	G	1	9	後藤 翔太	HB	9	麻田 一平
0	PG	0	10	大田尾竜彦		10	和田 剛志
0	DG	0	11	仲山 聡	TB	11	和田 剛志
16	反則	24	12	安藤 栄次		12	木村 慶太
平成14年9月22日			13	山下 大悟		13	金澤 良
G 秩父宮			14	山田 智久		14	小吹 祐介
R 藤 実　KO 13:00			15	内藤 慎平	FB	15	遠藤 幸佑

交代　早大：田原耕太郎（後藤）、内藤晴児（内藤慎）、羽生憲久（川上）、山岡正典（山田）
法大：菊沢広（福田）、磯田金吾（木村）、武藤充幸（佐藤崇）

公式試合　No.790　平成14年度　第2試合　対抗戦

早大		東大			早大		東大
156	—	0	1	大江 菊臣	FW	1	鈴木 靖人
64	前	0	2	阿部 一樹		2	小嶋 陽輔
92	後	0	3	伊藤 雄大		3	恵土 英
10	T	0	4	高森 雅和		4	斉藤 大
7	G	0	5	桑江 崇行		5	斉藤 顕也
0	PG	0	6	川上 力也		6	益谷 一平
0	DG	0	7	内橋 徹		7	橋本 昌嗣
14	T	0	8	佐々木隆道		8	依田 光正
11	G	0	9	後藤 翔太	HB	9	清水 雄治
0	PG	0	10	大田尾竜彦		10	椿原 直
0	DG	0	11	仲山 聡	TB	11	小野 祐典
15	反則		12	安藤 栄次		12	酒井 歩
平成14年9月29日			13	山下 大悟		13	酒井 歩
G 秩父宮			14	山田 智久		14	竹中進太郎
R 山田智知　KO 15:00			15	内藤 晴児	FB	15	竹中進太郎

交代　早大：田原耕太郎（後藤）、竹本佳正（阿部）、羽生憲久（内橋）、樺沢保男（伊藤）、山岡正典（仲山）、岡本雅和（川上）、安藤栄次（大田尾）
東大：小田健次郎（斉藤顕）、渡菱次進雄（椿原）、秋山岳士（依田）、斉藤顕也

公式試合　No.791　平成14年度　第3試合　対抗戦

早大		青学大			早大		青学大
128	—	0	1	大江 菊臣	FW	1	宮地 紳也
64	前	0	2	阿部 一樹		2	富田 億
64	後	0	3	伊藤 雄大		3	泉 晴之
10	T	0	4	高森 雅和		4	松井 宏之
9	G	0	5	桑江 崇行		5	関 翔太
0	PG	0	6	川上 力也		6	田中 享伯
0	DG	0	7	岡本 雅和		7	田中 享伯
1	T	0	8	佐々木隆道		8	高橋 佳孝
7	G	0	9	田原耕太郎	HB	9	末崎 勇人
0	PG	0	10	大田尾竜彦		10	白木孝一郎
0	DG	0	11	仲山 聡	TB	11	中川 吾一
10	反則	18	12	安藤 栄次		12	外村 政貴
平成14年10月6日			13	山下 大悟		13	松永 拓也
G 松本市アルウィン			14	山田 智児		14	竹内竜太郎
R 中西善幸　KO 14:00			15	内藤 晴児	FB	15	三上 芳貴

交代　早大：山岡正典（仲山）、椛沢保男（伊藤）、竹本佳正（阿部）、羽生憲久（川上）、岡本雅（川上）、古島直（岡本）、安藤栄次（大田尾）
青学大：新山耕平（三上）、中井啓晃（中川）、小澤洋道（関）、岡本亮介（竹内）、吉田隆之介（高橋）、落合孝祥（末崎）、本橋晃平（外村）

公式試合　No.792　平成14年度　第4試合　対抗戦

早大		筑波大			早大		筑波大
43	—	10	1	大江 菊臣	FW	1	金子 裕
19	前	8	2	阿部 一樹		2	加藤 圭太
24	後	5	3	椛沢 保男		3	久保 知大
3	T	1	4	高森 雅和		4	東 洋太
2	G	1	5	桑江 崇行		5	保坂 豪
0	PG	1	6	川上 力也		6	広瀬 恒平
0	DG	0	7	岡本 雅和		7	雨宮 敬将
4	T	1	8	佐々木隆道		8	小俣 雄樹
2	G	0	9	田原耕太郎	HB	9	中瀬 大雄
0	PG	0	10	大田尾竜彦		10	横原 晶友
0	DG	0	11	仲山 聡	TB	11	筒井 敏光
10	反則	12	12	安藤 栄次		12	芥川 俊英
平成14年10月20日			13	山下 大悟		13	山本 大介
G 秩父宮			14	山田 智児		14	大水 征史
R 御領園昭彦　KO 14:00			15	内藤 晴児	FB	15	黒木 勇人

交代　早大：屋比久健（椛沢）、羽生憲久（川上）、上村康太（岡本）、内藤慎平（内藤晴）
シンビン：大田尾竜彦
筑波大：藤岡康紀（山本）、中村孝之（国東）、池田大輔（久保）、青讃典史（広瀬）、安藤栄治（黒木）

公式試合　No.793　平成14年度　第5試合　対抗戦

早大		日体大			早大		日体大
90	—	27	1	大江 菊臣	FW	1	南山 英之
40	前	8	2	阿部 一樹		2	橋本 高行
50	後	19	3	屋比久 健		3	金子 創
6	T	1	4	高森 雅和		4	浅野 修一
6	G	1	5	桑江 崇行		5	葛西依依奈
0	PG	0	6	羽生 憲久		6	福岡 肇
0	DG	0	7	上村 康太		7	大島 淳史
8	T	3	8	佐々木隆道		8	伊藤 宏成
5	G	2	9	田原耕太郎	HB	9	藤戸 恭平
0	PG	0	10	大田尾竜彦		10	永田 真宏
0	DG	0	11	仲山 聡	TB	11	藤原 俊平
3	反則	7	12	豊山 寛		12	林 佑
平成14年10月27日			13	山下 大悟		13	狩野 健太
G 民辻竹弘			14	山田 智児		14	清水 純
R 民辻竹弘　KO 14:00			15	内藤 晴児	FB	15	根岸 康弘

交代　早大：後藤翔太（田原）、川上力也（羽生）、岡本雅和（豊山）、内藤慎平（内藤晴）、東野義康（大江）、安藤栄次（豊山）、阿部一和（阿部）、一和史浩（福岡）
日体大：吉田晃介（葛西）、津高宏行（清水）、佐藤勝尚（金子）、

公式試合　No.794　平成14年度　第6試合　対抗戦

早大		帝京大			早大		帝京大
64	—	10	1	大江 菊臣	FW	1	島田 啓文
17	前	10	2	阿部 一樹		2	川口 敦
47	後	0	3	伊藤 雄大		3	香月 直裕
3	T	2	4	高森 雅和		4	清野 護
1	G	0	5	桑江 崇行		5	石澤健太郎
3	PG	0	6	羽生 憲久		6	瀬川 貴久
0	DG	0	7	上村 康太		7	伊藤 宏成
7	T	0	8	佐々木隆道		8	辻井 将来
4	G	0	9	田原耕太郎	HB	9	長田 剛
0	PG	0	10	大田尾竜彦		10	岩戸 博和
0	DG	0	11	仲山 聡	TB	11	太田 洋子
11	反則	18	12	豊山 寛		12	高 忠伸
平成14年11月3日			13	山下 大悟		13	本吉 将吾
G 秩父宮			14	山田 智児		14	三上 芳貴
R 相田真治　KO 14:00			15	内藤 慎平	FB	15	豊永 隆博

交代　早大：屋比久健（伊藤）、安藤栄次（豊山）、川上力也（羽生）、岡本雅和（佐々木）
帝京大：増田和也（清野）、竹原滋（伊藤）、居原裕一郎（島田）、松岡元気（岩戸）、小池雅幸（香月）

公式試合　No.795　平成14年度　第7試合　対抗戦

早大		慶大			早大		慶大
74	—	5	1	大江 菊臣	FW	1	猪口 拓
17	前	0	2	阿部 一樹		2	鈴木 雅大
57	後	5	3	屋比久 健		3	由野 正剛
3	T	0	4	高森 雅和		4	水江 文人
1	G	0	5	桑江 崇行		5	中嶋 俊哉
3	PG	0	6	羽生 憲久		6	高谷 順二
0	DG	0	7	川上 力也		7	高谷 順二
9	T	1	8	佐々木隆道		8	岡 健二
4	G	0	9	田原耕太郎	HB	9	岡 健二
0	PG	0	10	大田尾竜彦		10	生野 太史
0	DG	0	11	仲山 聡	TB	11	野村 太介
12	反則	9	12	安藤 栄次		12	北村誠一郎
平成14年11月23日			13	山下 大悟		13	花町 雄輔
G 秩父宮			14	山田 智児		14	三原 純
R 相田真治　KO 14:00			15	内藤 慎平	FB	15	廣瀬 俊朗

交代　早大：市村茂義（屋比久）、豊山寛（安藤）、岡本雅史（川上）、内藤晴児（内藤慎）、内橋徹（桑江）、後藤翔太（田原）、青木佑輔（阿部）
慶大：宮崎健（由野）、岸大介（鈴木）、松尾亮太（高谷）、谷優太（山内）、銅冶大輔（反則）、山縣有孝（銅冶）

公式試合 No.796 平成14年度 第8試合 対抗戦

早大		明大
24	—	0
5	前	0
19	後	0
1	T	0
0	G	0
0	PG	0
0	DG	0
3	T	0
2	G	0
0	PG	0
16	反則	12

早大			明大
1	大江 菊臣	FW	1 林 仰
2	阿部 一樹		2 山川 隼人
3	東野 憲照		3 狭間 辰弘
4	高森 雅和		4 目黒 健太
5	桑江 崇行		5 目黒 健太
6	羽生 憲久		6 伊藤 太進
7	川上 力也		7 越 慎史
8	佐々木隆道		8 小堀 正博
9	田原耕太郎	HB	9 笠木 達郎
10	安藤 栄次		10 菅藤 心
11	仲山 聡		11 陣川 真也
12	豊山 寛		12 上田 雅俊
13	山下 大悟		13 山崎 智之
14	山岡 正典		14 林 雅俊
15	内藤 慎平	FB	15

平成14年12月1日
G 国立競技場
R 桜岡将博 KO 14:00
交代 早大：椛沢保男（東野）、岡本和則（川上）、後藤翔太（田原）、古庄史和（安藤）、内藤晴児（内橋）
明大：山下大輔（山川）、森亮喜（狭間）、星雄太（林）、藤井淳（笠木）、今村圭吾（陣川）

公式試合 No.797 平成14年度 第39回大学選手権1回戦

早大		流経大
79	—	3
36	前	3
43	後	0
6	T	0
3	G	0
0	PG	1
0	DG	0
7	T	0
4	G	0
0	PG	0
8	反則	7

早大			流経大
1	大江 菊臣	FW	1 紙田 周平
2	阿部 一樹		2 伊勢田彬人
3	東野 憲照		3 小沼 公二
4	高森 雅和		4 伊藤 徹
5	桑江 崇行		5 松元 宏憲
6	羽生 憲久		6 アンソニー・ローゲセン
7	川上 力也		7 大石 知宣
8	佐々木隆道		8 清水 裕亮
9	田原耕太郎	HB	9 森 洋三郎
10	安藤 栄次		10 栗原 喬
11	仲山 聡	TB	11 森竹 和幸
12	豊山 寛		12 永山 剛
13	山下 大悟		13 大石 知則
14	山岡 正典		14 徳永伸太郎
15	内藤 慎平	FB	15 土生 智之

平成14年12月15日
G 秩父宮
R 陣岡隆司 KO 12:00
交代 早大：椛沢保男（東野）、上村康太（川上）、大内智徳（仲山）、内藤晴児（内藤慎）、後藤翔太（田原）、青木佑輔（阿部）、内橋徹（桑江）
流経大：三木雄史（伊勢田）、森大二朗（永山）、井部啓（大石知）

公式試合 No.798 平成14年度 第39回大学選手権2回戦

早大		東海大
76	—	17
33	前	12
43	後	5
5	T	2
4	G	1
0	PG	0
0	DG	0
7	T	1
6	G	0
0	PG	0
13	反則	15

早大			東海大
1	大江 菊臣	FW	1 岩代 大輝
2	阿部 一樹		2 成島 雄三
3	東野 憲照		3 楢崎 善幸
4	高森 雅和		4 湯井 一義
5	桑江 崇行		5 須藤 孔心
6	羽生 憲久		6 梶村 真也
7	川上 力也		7 林 聡伸
8	佐々木隆道		8 山崎 貴志
9	田原耕太郎	HB	9 吉田 朋生
10	大田尾竜彦		10 三木 康之
11	仲山 聡	TB	11 陳 甲欣
12	安藤 栄次		12 杉山 尚平
13	山下 大悟		13 山岡 尚典
14	山岡 正典		14 百村彰二郎
15	内藤 慎平	FB	15 沼田 邦光

平成14年12月22日
G 花園
R 古賀善充 KO 12:00
交代 早大：椛沢保男（東野）、上村康太（川上）、内藤晴児（内藤慎）、豊山寛（大田尾）、後藤翔太（田原）、青木佑輔（阿部）、内橋徹（羽生）
東海大：高倉和起（杉山）、小澤俊介（岩代）、百武大二（高）、小原義巧（三木）、田村正憲（楢崎）、北村一真（吉田）、太田恭輔（須藤）

公式試合 No.799 平成14年度 第39回大学選手権準決勝

早大		法大
43	—	7
10	前	7
33	後	0
2	T	1
0	G	1
0	PG	0
0	DG	0
5	T	0
4	G	0
0	PG	0
11	反則	15

早大			法大
1	大江 菊臣	FW	1 中村 嘉宏
2	阿部 一樹		2 水山 尚範
3	東野 憲照		3 福田 智則
4	高森 雅和		4 磯岡 和則
5	桑江 崇行		5 佐藤 平
6	羽生 憲久		6 神山 卓大
7	川上 力也		7 磯岡 幸宏
8	佐々木隆道		8 磯岡 正明
9	田原耕太郎	HB	9 麻田 一平
10	大田尾竜彦		10 本城 和城
11	仲山 聡	TB	11 藤谷 淳
12	豊山 寛		12 木村 慶太
13	山下 大悟		13 澤畑 良
14	山岡 正典		14 小吹 祐介
15	内藤 慎平	FB	15 遠藤 幸佑

平成15年1月2日
G 国立競技場
R 下井真介 KO 14:10
交代 早大：市村茂展（東野）、上村康太（川上）、内藤晴児（仲山）、安藤栄次（豊山）、青木佑輔（阿部）、内橋徹（羽生）
法大：武藤喬幸（神山）、野村直矢（木村）、谷口大督（水山）、菊澤広（福田）、吉田永（佐藤平）

公式試合 No.800 平成14年度 第39回大学選手権決勝

早大		関東学大
27	—	22
22	前	10
5	後	12
3	T	2
2	G	1
0	PG	2
0	DG	0
1	T	2
0	G	1
1	PG	0
24	反則	21

早大			関東学院大
1	大江 菊臣	FW	1 立川 大介
2	阿部 一樹		2 高山 勝行
3	伊藤 雄太		3 山村 亮
4	高森 雅和		4 堺田 純
5	桑江 崇行		5 北川 俊澄
6	羽生 憲久		6 鈴木 力
7	川上 力也		7 赤井 大
8	佐々木隆道		8 山本 貢
9	田原耕太郎	HB	9 小畑 陽介
10	大田尾竜彦		10 入江 順成
11	仲山 聡	TB	11 水野 弘貴
12	豊山 寛		12 鈴木 博貴
13	山下 大悟		13 河浦 繁之
14	山岡 正典		14 三宅 敬
15	内藤 慎平	FB	15 有賀 剛

平成15年1月11日
G 国立競技場
R 岩下真一 KO 14:10
交代 早大：市村茂展（川上）、上村康太（仲山）、安藤栄次（豊山）、青木佑輔（阿部）、内橋徹（羽生）
関東学院大：北川義之（立川）、大津留邦宏（有賀）、高安厚史（小畑）

公式試合 No.801 平成14年度 第40回日本選手権1回戦

早大		リコー
31	—	68
14	前	26
17	後	42
3	T	4
2	G	3
0	PG	0
0	DG	0
1	T	6
0	G	3
0	PG	0
15	反則	21

早大			リコー
1	大江 菊臣	FW	1 友利 玲旺
2	阿部 一樹		2 滝澤 佳之
3	市村 茂展		3 小口 耕平
4	高森 雅和		4 井上 隆行
5	桑江 崇行		5 田沼 広之
6	羽生 憲久		6 赤羽根拓也
7	上村 康太		7 後藤 慶悟
8	内橋 徹		8 イポリト・フェスキタウ
9	田原耕太郎	HB	9 月田 伸一
10	大田尾竜彦		10 信野 将人
11	仲山 聡	TB	11 太田 幸己
12	豊山 寛		12 西村 圭哉
13	山下 大悟		13 小森 充敏
14	山岡 正典		14 山品 博嗣
15	内藤 慎平	FB	15 グレン・オズボーン

平成15年2月9日
G 秩父宮
R 森 勝義 KO 14:20
交代 早大：青木佑輔（阿部）、東野憲照（市村）
リコー：石井誠（赤羽根）、フレレティリキ・マウ（井上）、斉藤敦（オズボーン）、堀江幸（友利）、神島裕之（フェスキタウ）、後藤崇（太田）、佐々木大介（信野）

公式試合 No.802 平成14年度 第53回朝日招待試合

早大		九州代表
62	—	21
40	前	0
22	後	21
6	T	1
5	G	1
0	PG	0
0	DG	0
4	T	3
1	G	3
0	PG	0
11	反則	23

早大			九州代表
1	大江 菊臣	FW	1 山下 克典
2	阿部 一樹		2 内田 雅志
3	東野 憲照		3 西浦 達吉
4	高森 雅和		4 松岡 公法
5	岡本 雅和		5 遠藤 哲
6	羽生 憲久		6 神辺 光春
7	川上 力也		7 大庭 正裕
8	上村 康太		8 西端 要
9	田原耕太郎	HB	9 林 翔
10	大田尾竜彦		10 河野 哲也
11	仲山 聡		11 大宅 俊介
12	豊山 寛		12 澤 寛幸
13	山下 大悟		13 菅藤 友
14	山岡 正典		14 都成 信博
15	内藤 慎平	FB	15

平成15年3月9日
G 博多の森
R 古賀善充 KO 14:00
交代 早大：市村茂展（東野）、内藤晴児（内橋徹）、岡本（上村）、後藤翔太（田原）、小島浩之（岡本）、安藤栄次（豊山）、青木佑輔（阿部）
九州代表：進藤猛（神辺）、堀田雄三（三輪）、小柳大輔（村上）

国際試合 No.94 平成15年度 NZ大学選抜来日

早大		NZ大学選抜
37	—	31
14	前	14
23	後	17
2	T	2
2	G	1
2	PG	3
0	DG	0
3	T	2
1	G	3
2	PG	0
2	反則	28

早大			NZ大学選抜
1	諸岡 省吾	FW	1 C.ウィリアムズ
2	青木 佑輔		2 ウィルズ
3	市村 茂展		3 ジョンストン
4	内橋 徹		4 ハード
5	桑江 崇行		5 ターナー
6	川上 力也		6 モクスハム
7	松本 允		7 モクスハム
8	佐々木隆道		8 R.ウィリアムズ
9	後藤 翔太	HB	9 ハンフリーズ
10	大田尾竜彦		10 キッド
11	首藤甲子朗	TB	11 ツイアキ
12	豊山 寛		12 モレナー
13	内藤 晴児		13 スミス
14	山岡 正典		14 ルーチチ
15	内藤 慎平	FB	15 ホワイトマン

平成15年4月27日
G 秩父宮
R 御領園昭彦 KO 14:00
交代 早大：小島浩之（桑江）、東野憲照（諸岡）、安藤栄次（豊山）、屋比久健（井上）
NZ大学選抜：ノフロック（R.ウィリアムズ）、ボナーズ（ウィルズ）、アルドワース（C.ウィリアムズ）、ロチェ（ハンフリーズ）、ハイマオノ（モレナー）、ドネリー（ハード）、カワウ（ルーチチ）

公式試合 No.803 平成15年度 第1試合 交流試合

早大		東海大
61	—	17
35	前	5
26	後	12
5	T	2
4	G	1
0	PG	1
0	DG	0
4	T	1
1	G	0
1	PG	0
2	反則	15

早大			東海大
1	諸岡 省吾	FW	1 倉田 義則
2	紀 昌宏		2 高 聡伸
3	市村 茂展		3 楢崎 善幸
4	阿部 卓留		4 豊田 真人
5	桑江 崇行		5 山崎 和哉
6	川上 力也		6 鈴江 大智
7	松本 允		7 田中 俊治
8	佐々木隆道		8 太田 祐介
9	後藤 翔太	HB	9 吉田 朋生
10	大田尾竜彦		10 真崎 智央
11	今村 雄太	TB	11 沼田 邦光
12	曽我部佳憲		12 本村
13	内藤 晴児		13 鈴江 大輔
14	吉永 将宏		14 大平 洋久
15	内藤 慎平	FB	15

平成15年9月14日
G 三ツ沢陸上
R 小野塚隆 KO 14:00
交代 早大：東野憲照（諸岡）、青木佑輔（紀）、小嶋浩之（阿部）、吉島直（市村）、山岡正典（吉永）
東海大：木下幹夫（山崎）、小野寺政人（湯浅）、宇野翔平（吉田）、小原義巧（三木）、柴原英孝（大平）

国際試合 No.95 平成15年度 第6回日英大学対抗

早大		ケンブリッジ大学
38	—	22
23	前	7
15	後	15
3	T	1
1	G	1
3	PG	1
0	DG	0
2	T	2
1	G	1
1	PG	0
15	反則	18

早大			ケンブリッジ大学
1	諸岡 省吾	FW	1 R.ボッシュ
2	青木 佑輔		2 G.フォード
3	市村 茂展		3 J.チャンドラー
4	内橋 徹		4 P.ロビンソン
5	桑江 崇行		5 D.ウェブスター
6	川上 力也		6 M.ホッケン
7	松本 允		7 B.ウッズ
8	佐々木隆道		8 B.ドーマー
9	後藤 翔太	HB	9 B.サドラー
10	大田尾竜彦		10 D.ルイス
11	首藤甲子朗	TB	11 C.ライト
12	曽我部佳憲		12 J.ライト
13	内藤 晴児		13 M.マントル
14	吉永 将宏		14 N.ハイ
15	内藤 慎平	FB	15 I.マッキンロー

平成15年9月23日
G 秩父宮
R 岩下真一 KO 15:00
交代 早大：今村雄太（首藤）、東野憲照（市村）
ケンブリッジ大：R.ワークマン（J.チャンドラー）

公式試合 No.804 平成15年度 第2試合 対抗戦

早大		立大
97	—	7
47	前	7
50	後	0
7	T	1
6	G	1
0	PG	0
0	DG	0
8	T	0
7	G	0
0	PG	0
6	反則	17

早大			立大
1	東野 憲照	FW	1 飛田 亮
2	紀 昌宏		2 大場 和幸
3	古畑 博也		3 原 隆博
4	阿部 卓留		4 沼田 賢介
5	桑江 崇行		5 下村 尚也
6	古島 直		6 廣間 高広
7	池上 真介		7 清藤 崇
8	星野 淳		8 掛川 淳
9	矢富 勇毅	HB	9 大室 哲章
10	大田尾竜彦		10 西田 創
11	今村 雄太	TB	11 堂内 隆志
12	三角 公志		12 岸 祐也
13	内藤 晴児		13 安彦 寛太
14	山岡 正典		14 高橋 淳一
15	太田 淳平	FB	15 武藤 和秀

平成15年9月28日
G 熊谷
R 上村和弘 KO 14:00
交代 早大：種本直人（古畑）、宮崎将護（東野）、鈴木嘉二郎（古島）、末石鉄之祐（矢富）、三木健介（池上）、曽我部佳憲（豊山）、上村康太（内橋）
立大：石川誠宜（大場）、高橋務（清藤）、加藤修平（沼田）、山本駿（大室）、関澤翔太（堂内）

公式試合 No.805 平成15年度 第3試合 対抗戦

早大		青学大
116	—	0
62	前	0
54	後	0
10	T	0
7	G	0
0	PG	0
0	DG	0
8	T	0
7	G	0
0	PG	0
6	反則	17

早大			青学大
1	東野 憲照	FW	1 千葉 洸平
2	青木 佑輔		2 藤本 雄二
3	市村 茂展		3 本橋 晃司
4	内橋 徹		4 小澤 洋道
5	川上 力也		5 大木 良道
6	川上 力也		6 大木 良則
7	松本 允		7 田中 享伯
8	佐々木隆道		8 依田 賢人
9	後藤 翔太	HB	9 比企 直久
10	大田尾竜彦		10 白木孝一郎
11	今村 雄太	TB	11 首藤甲子朗
12	曽我部佳憲		12 外村 政貴
13	内藤 晴児		13 長永 拓也
14	吉永 将宏		14 竹内俊之丞
15	内藤 慎平	FB	15 野原 邦夫

平成15年10月5日
G 秩父宮
R 渡辺敏行 KO 14:00
交代 早大：種本直人（市村）、紀昌宏（青木）、阿部卓留（内橋）、古島直（川上）、矢富勇毅（後藤）、太田淳平（内藤慎）
青学大：泉畑大（本橋）、槻谷岳志（藤本）、下元智史（田中良）、松村佑馬（中川）、矢野洋史（比企）、三上芳義（野原）、新山耕平（外村）

公式試合 No.806　平成15年度　第4試合　対抗戦

早大　日体大

早大		日体大
87	—	33
52	前	12
35	後	21
8	T	1
6	G	1
0	PG	0
0	DG	0
5	T	3
5	G	3
0	PG	0
0	DG	0
14	反則	6

#	早大	位置	#	日体大
1	東野 憲照	FW	1	南山 英之
2	青木 佑輔		2	橋本 高行
3	市村 茂展		3	佐藤 勝尚
4	内橋 徹		4	森下 秀文
5	桑江 崇行		5	福岡 肇
6	川上 力也		6	長尾 豪太
7	松本 允		7	稲庄 文義
8	佐々木隆道		8	山口 昂希
9	後藤 翔太	HB	9	石井 淳
10	大田尾竜彦		10	津高 安之
11	首藤甲子郎	TB	11	小林 訓也
12	曽我部佳憲		12	武市 浩二
13	内藤 晴児		13	福海 史也
14	吉永 将宏		14	金子 昌五
15	内藤 慎平	FB	15	根岸 康弘

平成15年10月19日
R 岸川剛之　KO 14:00
交代　早大：種本直人(東野)、伊藤雄大(市村)、阿部卓留(川上)、小吹和也(内橋徹)、末石鉄之祐(後藤)、今村雄太(首藤)、豊山寛(内藤晴)
シンビン：豊山寛
日体大：小川真矢(佐藤)、八木下恵介(森下)、林佑(武市)

公式試合 No.807　平成15年度　第5試合　対抗戦

早大　筑波大

早大		筑波大
50	—	17
21	前	5
29	後	12
3	T	1
3	G	1
0	PG	0
0	DG	0
5	T	2
2	G	1
0	PG	0
0	DG	0
13	反則	10

#	早大	位置	#	筑波大
1	東野 憲照	FW	1	藤代 裕彦
2	青木 佑輔		2	神野慧二郎
3	市村 茂展		3	久保 知大
4	内橋 徹		4	鈴山 太陽
5	桑江 崇行		5	坂坂 豪
6	川上 力也		6	広瀬 恒平
7	松本 允		7	増田 光治
8	佐々木隆道		8	国東 洋太
9	後藤 翔太	HB	9	田中 大雄
10	大田尾竜彦		10	佐藤 優樹
11	首藤甲子郎	TB	11	中坊 元気
12	曽我部佳憲		12	藤岡 康紀
13	内藤 晴児		13	橋本圭一郎
14	吉永 将宏		14	西村 知巳
15	内藤 慎平	FB	15	西村 知巳

平成15年10月26日
G 秩父宮
R 藤 実　KO 14:00
交代　早大：諸岡省吾(東野)、伊藤雄大(市村)、池上真介(内藤慎)、山岡正典(吉永)
筑波大：山口篤史(久保)、雨宮敬将(広瀬)、大和樹(田中)、古屋正(藤岡)、今崎欽也(中坊)

公式試合 No.808　平成15年度　第6試合　対抗戦

早大　帝京大

早大		帝京大
64	—	26
21	前	19
43	後	7
3	T	1
3	G	2
0	PG	0
0	DG	0
7	T	1
4	G	1
0	PG	0
0	DG	0
14	反則	18

#	早大	位置	#	帝京大
1	諸岡 省吾	FW	1	糠盛 俊介
2	青木 佑輔		2	川口 勉
3	伊藤 雄大		3	香月 直裕
4	内橋 徹		4	カニーン
5	桑江 崇行		5	瀬川 貴久
6	川上 力也		6	竹野 慈
7	松本 允		7	辻井 将幸
8	佐々木隆道		8	岡田 正平
9	後藤 翔太	HB	9	長田 剛
10	大田尾竜彦		10	小西 大輔
11	首藤甲子郎	TB	11	木村 允彦
12	曽我部佳憲		12	太田 洋治
13	内藤 晴児		13	
14	吉永 将宏		14	柏原 歩
15	内藤 慎平	FB	15	岩戸 博和

平成15年11月8日
G 秩父宮
R 下村真不　KO 14:00
交代　早大：諸岡省吾(首藤)、市村茂展(伊藤)、豊山寛(内藤晴)
帝京大：江口広一郎(香月)、川下修平(本吉)、小野明盛(太田)、松岡元気(岩戸)、泉雄也(木村)

公式試合 No.809　平成15年度　第7試合　対抗戦

早大　慶大

早大		慶大
56	—	29
21	前	10
35	後	19
3	T	2
3	G	2
0	PG	0
0	DG	0
5	T	3
5	G	2
0	PG	0
0	DG	0
16	反則	11

#	早大	位置	#	慶大
1	諸岡 省吾	FW	1	石津 剛
2	青木 佑輔		2	猪口 拓
3	市村 茂展		3	宮崎 豊
4	内橋 徹		4	高木 宏
5	桑江 崇行		5	佐々木晴崇
6	川上 力也		6	青貫 逸
7	松本 允		7	高谷 順二
8	佐々木隆道		8	竹内隼太郎
9	後藤 翔太	HB	9	細野 健二
10	大田尾竜彦		10	廣瀬 俊朗
11	首藤甲子郎	TB	11	山内 朝敬
12	曽我部佳憲		12	吉中 宏弥
13	内藤 晴児		13	
14	吉永 将宏		14	三原 純
15	内藤 慎平	FB	15	箕輪 有孝

平成15年11月23日
G 秩父宮
R 桜岡将博　KO 14:00
交代　早大：市村茂展(伊藤)、東野憲照(諸岡)、阿部卓留(川上)、小吹和也(内藤慎)、紀昌宏(松本)、矢富勇毅(後藤)、今村雄太(大田尾)
慶大：藤田裕之(石津)、江副良(古中)、阿部達也(山内)、谷優太(高谷)

公式試合 No.810　平成15年度　第8試合　対抗戦

早大　明大

早大		明大
29	—	17
24	前	5
5	後	12
4	T	1
3	G	1
0	PG	0
0	DG	0
1	T	2
1	G	1
0	PG	0
0	DG	0
12	反則	12

#	早大	位置	#	明大
1	諸岡 省吾	FW	1	山下 大輔
2	青木 佑輔		2	山川 隼人
3	伊藤 雄大		3	狭間 弘弥
4	内橋 徹		4	中山鉱太郎
5	桑江 崇行		5	田中 渓介
6	川上 力也		6	長島 小次
7	松本 允		7	小堀 正博
8	佐々木隆道		8	日高 健
9	後藤 翔太	HB	9	藤井 淳
10	大田尾竜彦		10	鈴木 健
11	首藤甲子郎	TB	11	赤石 斉之
12	内藤 晴児		12	高崎 彬夫
13	今村 雄太		13	小堀 弘朝
14	吉永 将宏		14	
15	内藤 慎平	FB	15	

平成15年12月7日
G 国立競技場
R 下村真介　KO 14:00
交代　早大：東野憲照(諸岡)、市村茂展(伊藤)、古島直(松本)、小吹和也(内藤慎)
明大：林仰(山下)、森亮喜(狭間)、背川稔(藤井)、黒木孝太(山崎)

公式試合 No.811　平成15年度　第40回大学選手権1回戦

早大　関学大

早大		関学大
85	—	15
45	前	8
40	後	7
7	T	1
7	G	1
0	PG	0
0	DG	0
5	T	1
5	G	1
0	PG	0
0	DG	0
11	反則	10

#	早大	位置	#	関学大
1	東野 憲照	FW	1	濱野 信一
2	青木 佑輔		2	大賀 宏輝
3	市村 茂展		3	入江 和可
4	内橋 徹		4	下道 智明
5	桑江 崇行		5	羽佐間国司
6	川上 力也		6	伊藤 達也
7	松本 允		7	廣津 正志
8	古島 直		8	尾崎 澄輔
9	後藤 翔太	HB	9	奥河 圭介
10	大田尾竜彦		10	石井 隆広
11	太田 淳平	TB	11	山口 雄一
12	豊山 寛		12	平井 祥寛
13	今村 雄太		13	
14	吉永 将宏		14	増田 大輔
15	内藤 慎平	FB	15	金崎 悠

平成15年12月14日
G 秩父宮
R 河野文高　KO 14:00
交代　早大：阿部卓留(内橋)、矢富勇毅(豊山)、菅野朋幸(吉永)、正木健介(太田)
関学大：大石啓太(下道)、高橋秀夫(伊藤)、高田佑樹(奥河)、三好友博(山口)、大黒元之(増田)

公式試合 No.812　平成15年度　第40回大学選手権予選プールA

早大　京産大

早大		京産大
67	—	12
41	前	5
26	後	7
7	T	1
3	G	0
0	PG	0
0	DG	0
4	T	1
4	G	1
0	PG	0
0	DG	0
9	反則	10

#	早大	位置	#	京産大
1	東野 憲照	FW	1	山崎美智夫
2	青木 佑輔		2	中川 大輔
3	伊藤 雄大		3	松尾 健
4	内橋 徹		4	田中 謙一
5	桑江 崇行		5	村川 彰伸
6	川上 力也		6	谷口 勇人
7	松本 允		7	岡崎 聖生
8	古島 直		8	長田 一寿
9	後藤 翔太	HB	9	松岡 正人
10	久本元孝成		10	
11	首藤甲子郎	TB	11	廣岡 瞬
12	豊山 寛		12	南 元一郎
13	今村 雄太		13	芦尾 博文
14	吉永 将宏		14	
15	小吹 和也	FB	15	

平成15年12月21日
G 秩父宮
R 藤 実　KO 14:00
交代　早大：諸岡省吾(東野)、紀昌宏(青木)、佐々木隆道(川上)、矢富勇毅(豊山)、安藤栄次(小吹)、大田淳平(首藤)
京産大：岡本康裕(山崎)、富山勝由(中謙)、岩永大智(松岡)

公式試合 No.813　平成15年度　第40回大学選手権予選プールA

早大　東海大

早大		東海大
38	—	14
21	前	7
17	後	7
3	T	1
3	G	1
0	PG	0
0	DG	0
3	T	1
2	G	1
0	PG	0
0	DG	0
6	反則	14

#	早大	位置	#	東海大
1	東野 憲照	FW	1	満田 竜介
2	青木 佑輔		2	高 聡伸
3	伊藤 雄大		3	樹岡 善幸
4	内橋 徹		4	豊田 真人
5	桑江 崇行		5	湯井 一義
6	古島 直		6	梶村 真吾
7	松本 允		7	湯浅 大智
8	佐々木隆道		8	太田 祐介
9	後藤 翔太	HB	9	吉田 明生
10	久本元孝成		10	小原 義巧
11	首藤甲子郎	TB	11	沼田 邦光
12	豊山 寛		12	柴原 英之
13	今村 雄太		13	鈴江 大輔
14	吉永 将宏		14	陳 甲欣
15	内藤 慎平	FB	15	三木 佳彦

平成15年12月28日
G 秩父宮
R 本木真洋　KO 14:00
交代　早大：諸岡省吾(東野)、市村茂展(伊藤)、東条雄介(松本)、安藤栄次(小吹元)、内藤慎平(首藤)、池上真介(矢富)
シンビン：佐々木隆道
東海大：倉地義彰(満田)、奥田英二(樹岡)、下村健介(湯井)、小野寺政人(湯浅)、姫野拓也(鈴江)、大平洋久(沼田)

公式試合 No.814　平成15年度　第40回大学選手権予選プールA

早大　法大

早大		法大
19	—	12
12	前	7
7	後	5
2	T	1
1	G	1
0	PG	0
0	DG	0
1	T	1
1	G	1
0	PG	0
0	DG	0
8	反則	16

#	早大	位置	#	法大
1	東野 憲照	FW	1	中村 嘉宏
2	青木 佑輔		2	水山 尚範
3	伊藤 雄大		3	福田 智樹
4	内橋 徹		4	篠塚 之史
5	桑江 崇行		5	佐藤 崇幸
6	古島 直		6	大隈 隆明
7	松本 允		7	磯岡 亘
8	佐々木隆道		8	穂坂 昌
9	後藤 翔太	HB	9	
10	大田尾竜彦		10	森田 恭平
11	首藤甲子郎	TB	11	和田 剛志
12	池上 真介		12	
13	今村 雄太		13	金澤 良
14	吉永 将宏		14	山本 秀文
15	小吹 和也	FB	15	

平成16年1月2日
G 秩父宮
R 下村真介　KO 14:00
交代　早大：諸岡省吾(東野)、東条雄介(古島)、正木健介(首藤)
法大：長沼英孝(福田)、坂元修平(和田)
シンビン：和田剛志

公式試合 No.815　平成15年度　第40回大学選手権準決勝

早大　同大

早大		同大
38	—	33
31	前	14
7	後	19
4	T	2
4	G	2
0	PG	0
0	DG	0
1	T	3
1	G	3
1	PG	1
0	DG	0
5	反則	13

#	早大	位置	#	同大
1	東野 憲照	FW	1	児嶋 真悟
2	青木 佑輔		2	荻原 要
3	伊藤 雄大		3	山本 翼
4	内橋 徹		4	望月 雄太
5	桑江 崇行		5	清瀬 真人
6	古島 直		6	高橋 渉
7	松本 允		7	中山 義孝
8	佐々木隆道		8	端道 雅俊
9	後藤 翔太	HB	9	竹山 晃暉
10	大田尾竜彦		10	今森 甚
11	池上 真介	TB	11	
12	今村 雄太		12	仙波 智裕
13	吉永 将宏		13	平 浩二
14	小吹 和也	FB	14	鄭 良太
15			15	吉田 大樹

平成16年1月10日
G 国立競技場
R 桜岡将博　KO 12:00
交代　早大：諸岡省吾(東野)、川上力也(古島)
同大：山本英介(高橋)、大橋由和(正面)

公式試合 No.816　平成15年度　第40回大学選手権決勝

早大　関東学大

早大		関東学大
7	—	33
0	前	0
7	後	33
1	T	5
1	G	4
0	PG	0
0	DG	0
	T	
	G	
	PG	
	DG	
10	反則	14

#	早大	位置	#	関東学大
1	諸岡 省吾	FW	1	北川 喬之
2	青木 佑輔		2	田中 貢
3	伊藤 雄大		3	山村 亮
4	内橋 徹		4	堺田 純
5	桑江 崇行		5	犬飼 陽生
6	川上 力也		6	林 広大
7	松本 允		7	鈴木 貴博
8	佐々木隆道		8	八木 智丈
9	後藤 翔太	HB	9	小畑 陽介
10	大田尾竜彦		10	田井中啓彰
11	池上 真介	TB	11	河津賢太郎
12	今村 雄太		12	
13	吉永 将宏		13	霜村 誠一
14	小吹 和也	FB	14	北川 智規
15			15	有賀 真

平成16年1月17日
G 国立競技場
R 下村真介　KO 14:10
交代　早大：古島直(松本)、矢富勇毅(後藤)、正木健介(内藤慎)

公式試合 No.817　平成15年度　第41回日本選手権1回戦

早大　コカ・コーラウエストジャパン

早大		コカ・コーラウエストジャパン
32	—	29
10	前	22
22	後	7
1	T	3
1	G	3
	PG	
	DG	
	T	
	G	
	PG	
	DG	
10	反則	14

#	早大	位置	#	コカ・コーラウエストジャパン
1	諸岡 省吾	FW	1	下 克典
2	青木 佑輔		2	蔵 喬治
3	市村 茂展		3	西浦 達吉
4	内橋 徹		4	堀田 亘
5	桑江 崇行		5	柳 柳一郎
6	川上 力也		6	大津留祥光
7	松本 允		7	水田 大輔
8	佐々木隆道		8	デュラン ミカ
9	後藤 翔太	HB	9	ボイド グレスビー
10	大田尾竜彦		10	淵上 宗志
11	正木 健介	TB	11	
12	池上 真介		12	山口 智史
13	今村 雄太		13	徳住 茂久
14	吉永 将宏		14	
15	山田 智久	FB	15	菅藤 圭

平成16年2月21日
G 花園
R 原田隆司　KO 12:00
交代　早大：東野憲照(市村)、菊池和気(池上)
コカ・コーラウエスト：松岡公法(柳)、中原正義(大津留)、荒牧親(鶴丸)

公式試合　No.818　平成15年度　第41回日本選手権2回戦

早大		ワールド		早大		ワールド
16	—	26	1	諸岡 省吾 FW	1	立川 政則
6	前	5	2	青木 佑輔	2	安田 昇
10	後	21	3	伊藤 雄大	3	藤本 護
0	T	1	4	内橋 徹	4	ルーフ コーリー
0	G	0	5	桑江 崇行	5	羽根田智也
2	PG	0	6	川上 力也	6	高田 正
0	DG	0	7	松本 允	7	舛尾敬一郎
1	T	3	8	佐々木隆道	8	中井 正純
1	G	3	9	後藤 翔太 HB	9	中山 浩司
1	PG	0	10	大田尾竜彦	10	由良 康美
0	DG	0	11	正木 健介 TB	11	福間己知範
5	反則	19	12	安藤 栄次	12	福岡 幸治
平成16年2月29日			13	今村 雄太	13	大西将太郎
G 秩父宮			14	吉永 将宏	14	アティポキ
R 民辻竹弘　KO 12:00			15	山田 智久	15	三木 亮平

交代　早大：東野憲照（諸岡）、古島直（松本）、
ワールド：本多貴（安田）、北迫孝治（立川）、大内亮助（コーリー）、
南繁治（三木）、平野雅也（中山）、中矢健（織田）

国際試合　No.96　平成15年度　第1回定期戦

早大		高麗大		早大		高麗大
71	—	17	1	諸岡 省吾 FW	1	チェ スンホ
38	前	10	2	青木 佑輔	2	キム キョンク
33	後	7	3	畠山 健介	3	ハン ソンウ
6	T	2	4	内橋 徹	4	チョン テギュン
4	G	0	5	桑江 崇行	5	オ スンジョン
0	PG	0	6	古島 直	6	ムン サンヨン
0	DG	0	7	権丈 太郎	7	チン ソンギュン
5	T	1	8	佐々木隆道	8	イ ファンムン
4	G	1	9	矢富 勇毅 HB	9	イム デフン
0	PG	0	10	木元孝成	10	ホン ドンク
0	DG	0	11	小吹 和也 TB	11	ユ チュルキュ
3	反則	17	12	三角 公志	12	パク ドンフン
平成16年5月29日			13	谷口 拓郎	13	キム ソンス
G 秩父宮			14	松澤 良祐	14	ユ インス
R 藤 実　KO 14:00			15	五郎丸 歩 FB	15	チェ ジョン

交代　早大：寺山卓志（青木）、東条雄介（権丈）、菊池和気（久木元）、
高麗大：チェ チャンヒョン（ソンウ）、チャン ソクジン（スンホ）、アン ソンフク（デフン）、パク ミンウ（ソンス）、チャヨハン（ドンフン）シンビン：オ スンジョン

公式試合　No.819　平成16年度　第1試合　交流試合

早大		法大		早大		法大
71	—	10	1	諸岡 省吾 FW	1	中村 嘉宏
26	前	10	2	青木 佑輔	2	小田嶋 毅
45	後	0	3	伊藤 雄大	3	長沼 英幸
4	T	1	4	内橋 徹	4	篠塚 公史
3	G	1	5	桑江 崇行	5	玄 成哲
0	PG	1	6	古島 直	6	高根 修平
0	DG	0	7	東条 雄介	7	大隈 隆朗
7	T	0	8	佐々木隆道	8	磯岡 正明
5	G	0	9	後藤 翔太 HB	9	穂坂 亘
0	PG	0	10	安藤 栄次	10	森田 恭平
0	DG	0	11	小吹 和也 TB	11	小笠原 仁
10	反則	10	12	三角 公志	12	野村 直矢
平成16年9月12日			13	今村 雄太	13	福田 崇
G 秩父宮			14	勝田 譲	14	山本 秀文
R 民辻竹弘　KO 15:00			15	遠藤 隆明 FB	15	藤田 朋

交代　早大：菊池和気（三角）、畠山健介（伊藤）、首藤甲子郎（遠藤）、松本允（東条）、鈴木博幸（青木）、権丈太郎（古島）、三井大祐（後藤）
法大：小松学（小田嶋）、望月陽平（長沼）、鬼頭剛（玄）、山崎甲将（高根）、成田秀悦（篠塚）、佐藤慎之介（田沼）、西條正隆（藤田）

国際試合　No.97　平成16年度　第7回日英大学対抗

早大		オックスフォード大		早大		オックスフォード大
25	—	9	1	諸岡 省吾 FW	1	ストリート
10	前	9	2	青木 佑輔	2	ダルグレイシュ
15	後	0	3	伊藤 雄大	3	プロフィー
1	T	0	4	内橋 徹	4	ルーベンズ
1	G	0	5	桑江 崇行	5	ヴァンジル
1	PG	3	6	古島 直	6	ラフトレイ
0	DG	0	7	権丈 太郎	7	ウッズ
2	T	0	8	佐々木隆道	8	ヘイマン
1	G	0	9	後藤 翔太 HB	9	カウント
1	PG	0	10	安藤 栄次	10	フェンネル
0	DG	0	11	首藤甲子郎 TB	11	スレイド
12	反則	18	12	菊池 和気	12	ウィッテンガム
平成16年9月20日			13	今村 雄太	13	ブラッドショー
G 秩父宮			14	小吹 和也	14	ノックス
R 相田真治　KO 14:05			15	五郎丸 歩 FB	15	ノックス

交代　早大：畠山健介（伊藤）、松本允（権丈）、三角公志（首藤）
オックスフォード大：ローゼン（ダルグレイシュ）、ハリス（ヴァンジル）、ダーラム（ヘイマン）、アボット（ルーベンズ）、ラベリー（ジェームズ）
シンビン：カウント

公式試合　No.820　平成16年度　第2試合　対抗戦

早大		立大		早大		立大
92	—	0	1	諸岡 省吾 FW	1	奥富 雄一
33	前	0	2	鈴木 博幸	2	掛川 剛
59	後	0	3	畠山 健介	3	原 隆博
5	T	0	4	後藤 彰友	4	下村 尚也
4	G	0	5	桑江 崇行	5	高橋 務
0	PG	0	6	松本 允	6	座間 高広
0	DG	0	7	権丈 太郎	7	茂野 達郎
7	T	0	8	柏木 良也	8	戸谷佳千夫
7	G	0	9	矢富 勇毅 HB	9	山本 駿
0	PG	0	10	久木元孝成	10	西田 創
0	DG	0	11	三原 拓郎 TB	11	新谷 哲平
13	反則	5	12	豊山 寛	12	内田 大介
平成16年9月25日			13	松澤 良祐	13	福浦 裕
G アミノバイタルフィールド			14	勝田 譲	14	武藤 和秀
R 工藤隆太　KO 14:00			15	遠藤 隆明 FB	15	荒牧 哲郎

交代　早大：前田航平（鈴木）、寺山卓志（鈴木）、林徹（柏木）、鈴木顕（権丈）、三井大祐（矢富）、池上真介（豊山）
立大：石川誠匡（奥富）、高須健（戸谷）、高橋謙司（武藤）、金澤圭一（荒牧）、福嶋淳一（新谷）

公式試合　No.821　平成16年度　第3試合　対抗戦

早大		青学大		早大		青学大
79	—	0	1	諸岡 省吾 FW	1	泉 健太
36	前	0	2	青木 佑輔	2	桐谷 岳志
43	後	0	3	伊藤 雄大	3	本橋 晃司
6	T	0	4	内橋 徹	4	小澤 洋道
3	G	0	5	桑江 崇行	5	関 翔太
2	PG	0	6	古島 直	6	錦織 正憲
0	DG	0	7	松本 允	7	下元 悟介
7	T	0	8	佐々木隆道	8	田中 良介
4	G	0	9	後藤 翔太 HB	9	比企 直久
0	PG	0	10	久木元孝成	10	白木孝一郎
0	DG	0	11	三原 拓郎 TB	11	茂田井友成
9	反則	6	12	菊池 和気	12	外村 政貴
平成16年10月3日			13	小吹 和也	13	松村 佑馬
G 秩父宮			14	勝田 譲	14	三上 芳貴
R 新野好之　KO 14:00			15	五郎丸 歩 FB	15	三上 芳貴

交代　早大：松澤良祐（三原）、東条雄介（松本）、東条雄介（古島）、矢富勇毅（後藤）、鈴木博幸（青木）、豊山寛（菊池）
青学大：千葉洸平（泉）、依田賢人（田中）、高橋佳幸（関）、石井健也（外村）、清水雅也（茂田井）、富田徹（錦織）

公式試合　No.822　平成16年度　第4試合　対抗戦

早大		日体大		早大		日体大
88	—	3	1	諸岡 省吾 FW	1	工藤 祐輔
38	前	3	2	青木 佑輔	2	橋本 高行
50	後	0	3	伊藤 雄大	3	小川 慎也
6	T	0	4	内橋 徹	4	森下 秀文
4	G	0	5	桑江 崇行	5	八木下恵介
0	PG	1	6	古島 直	6	島田 尚希
0	DG	0	7	松本 允	7	大島 淳史
8	T	0	8	佐々木隆道	8	小林 訓也
6	G	0	9	後藤 翔太 HB	9	石井 淳
0	PG	0	10	菊池 和気	10	岡村 繁伸
0	DG	0	11	三原 拓郎 TB	11	河村 雄二
10	反則	7	12	豊山 寛	12	津島 安之
平成16年10月10日			13	池上 真介	13	山藤 史也
G 秩父宮			14	勝田 譲	14	根岸 康弘
R ガードナー　KO 14:00			15	五郎丸 歩 FB	15	海鋤伸太郎

交代　早大：畠山賢介（伊藤）、後藤彰友（内橋）、権丈太郎（松本）、菅野朋幸（勝田）、矢富勇毅（後藤）、鈴木博幸（青木）、久木元孝成（豊山）
日体大：橋本学（工藤）、山本健二（森下）、山崎雄吾（山口）、牛込紘太（山藤）

公式試合　No.823　平成16年度　第5試合　対抗戦

早大		筑波大		早大		筑波大
66	—	13	1	諸岡 省吾 FW	1	中村 彰宏
33	前	6	2	青木 佑輔	2	加藤 圭太
33	後	7	3	畠山 健介	3	海老沢 洋
6	T	1	4	内橋 徹	4	蓮葉 怜
3	G	1	5	桑江 崇行	5	鈴山 太陽
0	PG	0	6	松本 允	6	大谷 裕一
0	DG	0	7	権丈 太郎	7	鷲谷 洋輔
4	T	1	8	佐々木隆道	8	飯島 崇
3	G	1	9	後藤 翔太 HB	9	大和 穣
0	PG	0	10	菊池 和気	10	山本 大介
0	DG	0	11	菅野 朋幸 TB	11	阿部 博典
14	反則	9	12	豊山 寛	12	嶋崎 達
平成15年10月30日			13	今村 雄太	13	小山 智成
G 秩父宮			14	勝田 譲	14	大水 征史
R 岸川剛之　KO 14:00			15	五郎丸 歩 FB	15	西村 知巳

交代　早大：安藤栄次（菊池）、後藤彰友（内橋）、権丈太郎（松本）、矢富勇毅（後藤）、鈴木博幸（青木）、三原拓郎（勝田）
筑波大：神野慧二郎（中村彰）、久保知大（海老沢）、三宅邦隆（蓮葉）

公式試合　No.824　平成16年度　第6試合　対抗戦

早大		帝京大		早大		帝京大
42	—	17	1	諸岡 省吾 FW	1	島田 啓文
21	前	5	2	青木 佑輔	2	竹野 慈
21	後	12	3	伊藤 雄大	3	香月 直弘
3	T	1	4	内橋 徹	4	鄭 智弘
0	G	0	5	桑江 崇行	5	山下 明宏
4	PG	0	6	古島 直	6	川下 将平
0	DG	0	7	松本 允	7	辻井 孝幸
2	T	1	8	佐々木隆道	8	佐藤 拓
0	G	1	9	後藤 翔太 HB	9	長田 剛
0	PG	0	10	菊池 和気	10	岩戸 博和
0	DG	0	11	首藤甲子郎 TB	11	木村 允彦
9	反則	11	12	豊山 寛	12	榎 基俊
平成16年11月13日			13	今村 雄太	13	植西 正裕
G 秩父宮			14	小吹 和也	14	柏原 歩
R 相田真治　KO 14:00			15	五郎丸 歩 FB	15	留守善吾

交代　早大：畠山健介（伊藤）、安藤栄次（豊山）、三原拓郎（小吹）
帝京大：成基徳（香月）、田辺篤（島田）、河原崎峻（川下）、堀江翔太（山下）、新井賢二（岩戸）、永留健吾（柏原）

公式試合　No.825　平成16年度　第7試合　対抗戦

早大		慶大		早大		慶大
73	—	17	1	諸岡 省吾 FW	1	藤原 徳眞
52	前	12	2	青木 佑輔	2	金井 健雄
21	後	5	3	伊藤 雄大	3	平田 一久
8	T	1	4	内橋 徹	4	高木 宏
6	G	1	5	桑江 崇行	5	工藤 俊佑
0	PG	0	6	古島 直	6	青貫 浩之
0	DG	0	7	松本 允	7	高谷 順二郎
3	T	2	8	佐々木隆道	8	竹本隼太郎
3	G	0	9	後藤 翔太 HB	9	岡 健二
0	PG	0	10	安藤 栄次	10	山田 章仁
0	DG	0	11	首藤甲子郎 TB	11	岩渕 健志
14	反則	6	12	菊池 和気	12	中浜 聡志
平成16年11月23日			13	今村 雄太	13	堂場 壌治
G 秩父宮			14	小吹 和也	14	小田 龍司
R 桜岡将博　KO 14:02			15	五郎丸 歩 FB	15	小田 龍司

交代　早大：畠山健介（伊藤）、鈴木博幸（青木）、三角公志（菊池）、権丈太郎（松本）、矢富勇毅（後藤）、三原拓郎（首藤）
慶大：石津剛（藤原）、清野輝俊（工藤）、伊藤裕士（青貫）、吉中宏弥（堂場）

公式試合　No.826　平成16年度　第8試合　対抗戦

早大		明大		早大		明大
49	—	19	1	諸岡 省吾 FW	1	阿部 祐也
21	前	14	2	青木 佑輔	2	杉本 剛章
28	後	12	3	伊藤 雄大	3	狭間 辰弘
5	T	1	4	内橋 徹	4	雨宮 俊介
3	G	1	5	桑江 崇行	5	田中 渓介
0	PG	0	6	古島 直	6	延川 章二
0	DG	0	7	松本 允	7	趙 顕徳
4	T	2	8	佐々木隆道	8	和田佐 豊
3	G	2	9	後藤 翔太 HB	9	藤井 淳
0	PG	0	10	安藤 栄次	10	斉藤 玄樹
0	DG	0	11	首藤甲子郎 TB	11	加藤 郁己
12	反則	9	12	菊池 和気	12	高野 彬夫
平成16年12月5日			13	今村 雄太	13	山崎 智之
G 国立競技場			14	勝田 譲	14	山崎 智之
R 下井良介　KO 14:00			15	五郎丸 歩 FB	15	黒木 孝太

交代　早大：畠山健介（伊藤）、三角公志（菊池）、権丈太郎（松本）、寺山卓志
明大：山下大輔（阿部）、神田健司（狭間）、峯岸大輔（田中）、亀井崇（日和佐）、黒田崇司（高野）、渡辺義己（加藤）

公式試合　No.827　平成16年度　第41回大学選手権1回戦

早大		流経大		早大		流経大
84	—	13	1	諸岡 省吾 FW	1	金城 憲人
42	前	13	2	青木 佑輔	2	伊勢田彬人
42	後	0	3	伊藤 雄大	3	中井 高志
6	T	2	4	内橋 徹	4	鈴木 学
6	G	1	5	桑江 崇行	5	スティフォン グレイ
0	PG	0	6	古島 直	6	鈴木 敬弘
0	DG	0	7	松本 允	7	備瀬 大介
6	T	0	8	佐々木隆道	8	佐藤 幸平
6	G	0	9	後藤 翔太 HB	9	森 洋三郎
0	PG	0	10	安藤 栄次	10	ネーサン アンダーソン
0	DG	0	11	首藤甲子郎 TB	11	勝俣 啓友
12	反則	14	12	菊池 和気	12	久恒 勝平
平成16年12月19日			13	三角 公志	13	大石 横
G 秩父宮			14	小吹 和也	14	登喜 圭吾
R 河野文高　KO 12:00			15	五郎丸 歩 FB	15	森 大二朗

交代　早大：権丈太郎（佐々木）、畠山健介（伊藤）、勝田譲（首藤）、寺山卓志（青木）
流経大：湯原祐希（伊勢田）、村杉和哉（鈴木学）、永山剛（備瀬）、飯笹直哉（森洋）

396　第3章　公式試合全記録

公式試合　No. 828　平成16年度　第41回大学選手権2回戦

早大		大東大		早大			大東大
49	—	12	1	諸岡　省吾	FW	1	木川　隼悟
22	前	5	2	青木　佑輔		2	太田　秀己
27	後	7	3	伊藤　雄大		3	須藤　涼太
4	T	1	4	内橋　徹		4	トゥビ　マヘ
1	G	0	5	桑江　崇行		5	飯島　陽一
0	PG	0	6	古島　直		6	小泉　利治
0	DG	0	7	松本　允		7	牧野　隼人
5	T	1	8	佐々木隆道		8	ロトゥ　フィリピーネ
1	G	1	9	後藤　翔太	HB	9	升館　廣範
0	PG	0	10	安藤　栄次		10	戸嶋　良太
0	DG	0	11	小吹　和也	TB	11	岩淵　俊輔
8	反則	7	12	菊池　和気		12	塚元　賢州
平成16年12月26日			13	今村　雄太		13	藤山　慎也
G 秩父宮			14	内藤　慎平		14	畠山　健
R 石本月洋　KO 14:00			15	五郎丸　歩	FB	15	政田　孝之

交代　早大：三角公志（菊池）、権丈太郎（古島）、畠山健介（伊藤）、勝田譲（内藤）、矢富勇毅（後藤）
大東大：星知春（飯島）、松本卓也（塚元）、森雄基（須藤）

公式試合　No. 829　平成16年度　第41回大学選手権準決勝

早大		同大		早大			同大
45	—	17	1	諸岡　省吾	FW	1	児嶋　真悟
26	前	0	2	青木　佑輔		2	中村　喜樹
19	後	17	3	伊藤　雄大		3	山本　翼
4	T	0	4	内橋　徹		4	田原　太一
3	G	0	5	桑江　崇行		5	浦　真人
0	PG	0	6	権丈　太郎		6	峠　展海
0	DG	0	7	松本　允		7	大西　英文
3	T	3	8	佐々木隆道		8	熊谷　肇
2	G	1	9	後藤　翔太	HB	9	竹山　森
0	PG	0	10	安藤　栄次		10	今森　甚
0	DG	0	11	首藤甲子郎	TB	11	大橋　由和
15	反則	9	12	菊池　和気		12	仙波　智裕
平成17年1月2日			13	今村　雄太		13	平　浩二
G 国立競技場			14	内藤　慎平		14	宇薄　岳央
R 下井真介　KO 14:09			15	五郎丸　歩	FB	15	正面　健司

交代　早大：小吹和也（内藤）、三角公志（今村）、畠山健介（伊藤）、寺山卓志（青木）、後藤彰友（内橋）、矢富勇毅（後藤翔）、東条雄介（権丈）
同大：田中修司（山本）、高橋渉（熊谷）、深澤泰山（大西）

公式試合　No. 830　平成16年度　第41回大学選手権決勝

早大		関東学大		早大			関東学大
31	—	19	1	諸岡　省吾	FW	1	今　健治
12	前	7	2	青木　佑輔		2	田中　貴士
19	後	12	3	伊藤　雄大		3	坂本　亮
2	T	1	4	内橋　徹		4	石田　雅人
1	G	1	5	桑江　崇行		5	三根　秀敏
0	PG	0	6	古島　直		6	北川　忠資
0	DG	0	7	松本　允		7	坂元　弘幸
3	T	2	8	佐々木隆道		8	大鰐　健
2	G	1	9	後藤　翔太	HB	9	吉田　正明
0	PG	0	10	安藤　栄次		10	藤井　亮太
0	DG	0	11	首藤甲子郎	TB	11	小柳　泰貴
16	反則	5	12	菊池　和気		12	高山　国哲
平成17年1月9日			13	今村　雄太		13	有賀　剛
G 国立競技場			14	内藤　慎平		14	北川　智規
R 岩下眞一　KO 14:00			15	五郎丸　歩	FB	15	田井中啓彰

交代　関東学院大：笹倉康義（坂本）、竹山浩史（北川忠）、高安厚史（吉田）、櫻谷勉（高山）

公式試合　No. 831　平成16年度　第42回日本選手権1回戦

早大		タマリバクラブ		早大			タマリバクラブ
59	—	5	1	諸岡　省吾	FW	1	桜井　和人
26	前	5	2	青木　佑輔		2	中村　喜徳
33	後	0	3	伊藤　雄大		3	岩下　剛史
4	T	1	4	内橋　徹		4	有水　剛志
3	G	0	5	桑江　崇行		5	小泉　康治
0	PG	0	6	古島　直		6	野村　能久
0	DG	0	7	松本　允		7	西澤　周二
5	T	0	8	権丈　太郎		8	丹羽　雅彦
4	G	0	9	後藤　翔太	HB	9	松山　吾朗
0	PG	0	10	久木元孝成		10	福田　恒輝
0	DG	0	11	首藤甲子郎	TB	11	松濤　誠之
7	反則	6	12	菊池　和気		12	川崎　亨
平成17年2月5日			13	三角　公志		13	山本　裕司
G 秩父宮			14	内藤　慎平		14	長谷川圭紀
R 小野塚隆　KO 14:00			15	五郎丸　歩	FB	15	長井　真弥

交代　早大：寺山卓志（青木）、小吹和也（内藤）、畠山健介（伊藤）、三原拓郎（首藤）、後藤彰友（内橋）、矢富勇毅（後藤）、東条雄介（古島）
タマリバ：吉川良（岩下）、川崎大（桜井）、井戸聞多（小泉）、佐々木篤行（野村）、西岡晃洋（松山）、伊藤紀彦（福田）、吉川慶（長井）

公式試合　No. 832　平成16年度　第42回日本選手権2回戦

早大		トヨタ		早大			トヨタ自動車
9	—	28	1	諸岡　省吾	FW	1	高柳　健一
6	前	7	2	青木　佑輔		2	高山　勝行
3	後	21	3	伊藤　雄大		3	豊山　昌彦
0	T	1	4	内橋　徹		4	トロイ　フラベル
0	G	1	5	桑江　崇行		5	北川　俊澄
2	PG	0	6	古島　直		6	菅原　大志
0	DG	0	7	松本　允		7	菊谷　崇
0	T	3	8	佐々木隆道		8	フィロ　ティアティア
0	G	3	9	後藤　翔太	HB	9	茂木　寿昭
0	PG	0	10	安藤　栄次		10	広瀬　佳司
1	DG	0	11	首藤甲子郎	TB	11	水野　弘貴
8	反則	14	12	菊池　和気		12	難波　英樹
平成17年2月12日			13	今村　雄太		13	赤沼　源太
G 秩父宮			14	内藤　慎平		14	山本　剛
R 桜岡将博　KO 14:03			15	五郎丸　歩	FB	15	久住　辰也

交代　早大：小吹和也（首藤）、畠山健介（伊藤）
トヨタ自動車：山本正人（高柳）、阿部亮太（フラベル）、セコベ・レアウェレ（山本剛）、麻田一平（茂木）、アントン・クロフォード（ティアティア）

公式試合　No. 833　平成16年度　第55回朝日招待試合

早大		九州代表		早大			九州代表
45	—	24	1	諸岡　省吾	FW	1	田中　宗法
28	前	14	2	寺山　卓志		2	加古川雅嗣
17	後	10	3	伊藤　雄大		3	松尾　健一
4	T	2	4	内橋　徹		4	堀田　亘
4	G	2	5	桑江　崇行		5	柳　竜一郎
0	PG	0	6	古島　直		6	松岡　公法
0	DG	0	7	松本　允		7	吉上　耕平
3	T	2	8	権丈　太郎		8	新藤　猛
1	G	0	9	後藤　翔太	HB	9	江浦　干城
0	PG	0	10	安藤　栄次		10	上田　豊
0	DG	0	11	三原　拓郎	TB	11	大宅　俊介
13	反則	18	12	豊山　寛		12	ニールソン
平成17年3月13日			13	菊池　和気		13	今村　圭吾
G 博多の森			14	遠藤　隆明		14	森　大典
R 石本月洋　KO 14:00			15	五郎丸　歩	FB	15	徳住　茂久

交代　早大：矢富勇毅（後藤）、久木元孝成（豊山）、市村茂展（伊藤）、鈴木顕二郎（古島）、大浦哲平（三原）、今田圭太（松本）、鈴木博幸（寺山）
九州代表：日隅慎太郎（加古川）、田尻亮（松尾）、上本茂基（新藤）、西浦達吉（堀田）、香月武（江浦）、淵上宗志（今村）、簗城昌拓（大宅）

国際試合　No. 98　平成17年度　第2回定期戦

早大		高麗大		早大			高麗大
42	—	33	1	前田　航平	FW	1	金　光植
14	前	14	2	青木　佑輔		2	金　鐘旭
28	後	19	3	畠山　健介		3	韓　成雨
2	T	2	4	内橋　徹		4	鄭　泰均
2	G	2	5	後藤　彰友		5	鄭　大益
0	PG	0	6	権丈　太郎		6	延　權祐
0	DG	0	7	松本　允		7	朴　相玄
4	T	3	8	佐々木隆道		8	李　光紋
4	G	2	9	矢富　勇毅	HB	9	安　承赫
0	PG	0	10	久木元孝成		10	洪　俊基
0	DG	0	11	若野　祥大	TB	11	趙　寅秀
	反則		12	三角　公志		12	呉　鐘漢
平成17年5月5日			13	今村　雄太		13	金　成洙
G 高麗大G			14	小吹　和也		14	許　桐構
R 金　道錫　KO 14:00			15	松澤　良祐	FB	15	蔡　宰榮

交代　早大：種本直人（青木）、東条雄介（権丈）、市村茂展（畠山）、寺廻健太（内橋）、茂木隼人（矢富）、池上真介（今村）、高橋銀太郎（小吹）
シンビン：畠山健介
高麗大：張石珍、権在赫、丁成均、文祥容、車現宇、朴緡愚、車耀漢

国際試合　No. 99　平成17年度　第8回日英大学対抗

早大		ケンブリッジ大		早大			ケンブリッジ大学
33	—	8	1	前田　航平	FW	1	E. カルマン
19	前	3	2	青木　佑輔		2	J. クラーク
14	後	5	3	畠山　健介		3	T. カークマン
3	T	0	4	権丈　太郎		4	J. ブライキー
2	G	0	5	後藤　彰友		5	A. クレメンツ
0	PG	1	6	豊田　将万		6	N. アルバーツ
0	DG	0	7	松本　允		7	R. バーソロミュー
2	T	1	8	佐々木隆道		8	E. アンドリュース
2	G	0	9	矢富　勇毅	HB	9	C. ワーズリー
0	PG	0	10	久木元孝成		10	J. アフトン
0	DG	0	11	首藤甲子郎	TB	11	D. アキンルイ
9	反則	22	12	池上　真介		12	P. マギー
平成17年9月18日			13	今村　雄太		13	J. カンスブロ
G 秩父宮			14	勝田　譲		14	C. デスモンド
R 下井真介　KO 15:00			15	五郎丸　歩	FB	15	K. ブラッドショー

交代　早大：曽我部佳憲（久木元）、谷口拓郎（池上）、百合洋（権丈）、松田純平（松本）、茂木隼人（矢富）
ケンブリッジ大：C. ディックス（カルマン）、N. スピラーン（クレメンツ）、j. テイラー（バーソロミュー）、P. アーチャー（アフトン）、R. エヴァンス（ワーズリー）、S. エル（アンドリュース）

公式試合　No. 834　平成17年度　第1試合　対抗戦

早大		立大		早大			立大
78	—	10	1	滝澤　直	FW	1	三輪　庸介
31	前	5	2	臼井　陽亮		2	奥富　雄一
47	後	5	3	橋本　樹		3	原　隆博
5	T	1	4	森山　健		4	菊間　陽介
3	G	0	5	百合　洋		5	高橋　務
0	PG	0	6	東条　雄介		6	茂野　達郎
0	DG	0	7	松田　純平		7	三根　大介
7	T	1	8	豊田　将万		8	熊谷　健太
6	G	0	9	矢富　勇毅	HB	9	山本　駿
0	PG	0	10	久木元孝成		10	西田　創
0	DG	0	11	三原　拓郎	TB	11	武藤　和秀
4	反則	21	12	池上　真介		12	小林　道弘
平成11年9月25日			13	谷口　拓郎		13	内田　大介
G 札幌月寒			14	若野　祥大		14	井原　正博
R 谷口　弘　KO 14:00			15	五郎丸　歩	FB	15	金澤　圭一

交代　早大：茂木隼人（矢富）、須藤明洋（若野）、市村茂展（橋本）、小峰徹也（豊田）、曽我部佳憲（久木元）、関卓真（松田）
立大：加藤修平（三輪）、戸谷左千夫（三根）、安武裕太（原）、木暮元就（小林）、新谷哲平（井原）

公式試合　No. 835　平成17年度　第2試合　対抗戦

早大		青学大		早大			青学大
99	—	19	1	前田　航平	FW	1	千葉　洸平
58	前	19	2	臼井　陽亮		2	富田　億
41	後	0	3	畠山　健介		3	泉　健太
10	T	3	4	百合　洋		4	田中　良介
4	G	2	5	権丈　太郎		5	福地　亮太
0	PG	0	6	東条　雄介		6	高橋　佳孝
0	DG	0	7	松本　允		7	錦織　正憲
7	T	0	8	佐々木隆道		8	依田　賢人
3	G	0	9	矢富　勇毅	HB	9	比企　直久
0	PG	0	10	曽我部佳憲		10	白木孝一郎
0	DG	0	11	首藤甲子郎	TB	11	清水　雅也
6	反則	13	12	池上　真介		12	石井　健也
平成17年10月1日			13	今村　雄太		13	竹内竜之介
G 熊谷			14	勝田　譲		14	佐藤　資
R 松倉功和　KO 14:00			15	高津　雄矢	FB	15	三上　芳貴

交代　早大：三井大祐（矢富）、久木元孝成（曽我部）、橋本樹（畠山）、小峰徹也（松本）、谷口哲郎（今村）、森山健（勝田）
青学大：小澤洋道（田中）、鈴木貴成（竹内）、岡本亮介（清水）、加藤豪（富田）、榎本敬久（福地）

公式試合　No. 836　平成17年度　第3試合　対抗戦

早大		日体大		早大			日体大
95	—	0	1	前田　航平	FW	1	仁木　啓裕
48	前	0	2	青木　佑輔		2	工藤　祐輔
47	後	0	3	畠山　健介		3	小川　慎也
8	T	0	4	権丈　太郎		4	吉田　晃介
4	G	0	5	百合　洋		5	元島　賢
0	PG	0	6	豊田　将万		6	山口　昂希
0	DG	0	7	松本　允		7	高安勇太朗
7	T	0	8	佐々木隆道		8	八木下恵介
6	G	0	9	矢富　勇毅	HB	9	湯浅　直孝
0	PG	0	10	曽我部佳憲		10	石井　淳
0	DG	0	11	首藤甲子郎	TB	11	河村　雄二
12	反則	8	12	三角　公志		12	池田　悠治
平成17年10月16日			13	佐藤　晴紀		13	山藤　史也
G 秩父宮			14	菅野　朋幸		14	金澤　浩介
R 北中睦雄　KO 14:00			15	五郎丸　歩	FB	15	津高　安之

交代　早大：東条雄介（松本）、若野将大（五郎丸）、市村茂展（畠山）、三井大祐（矢富）、久木元孝成（曽我部）、須藤明洋（三角）、臼井陽亮（青木）
日体大：角田祐紀（金澤）、長尾豪太（高安）、南雲星一（池田）、野田啓司（工藤）

公式試合　No. 837　平成17年度　第4試合　対抗戦

早大		筑波大		早大			筑波大
64	—	17	1	前田　航平	FW	1	中村　彰宏
26	前	3	2	青木　佑輔		2	加藤　圭太
38	後	14	3	畠山　健介		3	海老沢　洋
4	T	0	4	百合　洋		4	蓬莱　怜
3	G	0	5	後藤　彰友		5	鈴山　太陽
0	PG	1	6	小峰　徹也		6	鷲谷　洋輔
0	DG	0	7	松本　允		7	飯島　崇
6	T	2	8	佐々木隆道		8	向井　友教
4	G	2	9	矢富　勇毅	HB	9	大和　嶺
0	PG	0	10	曽我部佳憲		10	中島　正太
0	DG	0	11	首藤甲子郎	TB	11	阿部　博典
13	反則	4	12	三角　公志		12	吉廣　広征
平成17年10月30日			13	谷口　拓郎		13	嶋崎　達也
G 秩父宮			14	菅野　朋幸		14	岩根　拓矢
R ガードナー　KO 14:00			15	若野　祥大	FB	15	今崎　欽也

交代　早大：星野邦夫（後藤）、東条雄介（小峰）、瀧澤直（前田）、臼井陽亮（青木）、三井大祐（矢富）、長尾岳人（三角）、巴山喜儀彦（首藤）
筑波大：神野慧二郎（中村彰）、山口篤史（海老沢）、今野達朗（蓬莱）、千葉剛（鷲谷）、小山智成（吉廣）、黒川郷（今崎）

公式試合 No.838　平成17年度　第5試合　対抗戦

早大 — 帝京大

早大		帝京大
29	—	8
5	前	0
24	後	5
1	T	0
0	G	0
0	PG	1
0	DG	1
4	T	1
2	G	0
0	PG	0
0	DG	0
9	反則	14

早大	No	Pos	No	帝京大
前田 航平	1	FW	1	田辺 篤
青木 佑輔	2		2	糟盛 俊介
畠山 健介	3		3	成 昂徳
百合 洋	4		4	山下 明宏
後藤 彰友	5		5	佐藤 拓
小峰 俊也	6		6	堀江 翔太
松本 允	7		7	河崎崎 峻
佐々木隆道	8		8	岡田 正平
矢富 勇毅	9	HB	9	天本 俊輔
曽我部佳憲	10		10	小西 大輔
首藤甲子郎	11	TB	11	木村 允彦
三角 公志	12		12	須田 浩平
今村 雄太	13		13	植田 裕
菅野 朋幸	14		14	倉林 史和
高津 雄矢	15	FB	15	道廣 裕太

平成17年11月6日
G 秩父宮
R 相田真治　KO 14:00
交代　早大：高橋銀太郎(高津)、内橋徹(百合)、東条雄介(小峰)、三井大祐(矢富)
帝京大：安江祥光(糟盛)、大森拓遠(岡田)、庄島啓倫(山下)、猿渡知(小西)

公式試合 No.839　平成17年度　第6試合　対抗戦

早大 — 慶大

早大		慶大
54	—	0
14	前	0
40	後	0
2	T	0
2	G	0
0	PG	0
0	DG	0
6	T	0
3	G	0
0	PG	0
0	DG	0
12	反則	14

早大	No	Pos	No	慶大
前田 航平	1	FW	1	宮崎 豊
青木 佑輔	2		2	金井 健雄
畠山 健介	3		3	平田 一久
内橋 徹	4		4	岡田 龍
後藤 彰友	5		5	太田 陽介
豊田 将万	6		6	青貫 浩之
松本 允	7		7	千葉 和哉
佐々木隆道	8		8	竹本隼太郎
矢富 勇毅	9	HB	9	皆良田 勝
曽我部佳憲	10		10	川村 祐輝
首藤甲子郎	11	TB	11	山縣 有孝
池上 真介	12		12	宮崎 智浩
今村 雄太	13		13	中浜 聡志
菅野 朋幸	14		14	明山 哲
五郎丸 歩	15	FB	15	山田 章仁

平成17年11月23日
G 秩父宮
R 藤 実　KO 14:03
交代　早大：勝田篤(首藤)、谷口拓郎(今村)、種本直人(青木)、市村茂展(畠山)、上田一貴(内橋)、三井大祐(矢富)、高橋銀太郎(曽我部)
慶大：渡辺真五(岡田)、三島宏(青貫)、花崎皆(皆良田)、村尾一樹(明山)

公式試合 No.840　平成17年度　第7試合　対抗戦

早大 — 明大

早大		明大
40	—	3
21	前	0
19	後	3
3	T	0
3	G	0
0	PG	1
3	DG	0
3	T	0
2	G	0
0	PG	0
0	DG	0
18	反則	8

早大	No	Pos	No	明大
前田 航平	1	FW	1	川俣 直樹
青木 佑輔	2		2	上野 隆太
畠山 健介	3		3	狭間 辰弘
内橋 徹	4		4	杉本 晃一
後藤 彰友	5		5	濱岡 雄介
豊田 将万	6		6	吉住 仁志
松本 允	7		7	長島 康一
佐々木隆道	8		8	日和佐 豊
矢富 勇毅	9	HB	9	茂木 大輔
曽我部佳憲	10		10	斉藤 玄樹
勝田 譲	11	TB	11	渡辺 義巳
池上 真介	12		12	日永田泰佑
今村 雄太	13		13	黒木 幸一
菅野 朋幸	14		14	濱島 悠
五郎丸 歩	15	FB	15	汀津 周平

平成17年12月4日
G 国立競技場
R 下井真介　KO 14:03
交代　早大：東条雄介(松本)、谷口拓郎(今村)、種本直人(青木)、市村茂展(畠山)、寺岡健太(内橋)、三井大祐(矢富)、高橋銀太郎(曽我部)
明大：土井貴弘(川俣)、杉本剛章(上野)、雨宮俊介(杉本晃)、山本紘史(日和佐)

公式試合 No.841　平成17年度　第42回大学選手権1回戦

早大 — 立命大

早大		立命大
126	—	0
67	前	0
59	後	0
11	T	0
6	G	0
0	PG	0
0	DG	0
9	T	0
7	G	0
0	PG	0
0	DG	0
12	反則	11

早大	No	Pos	No	立命大
前田 航平	1	FW	1	吉村 尚人
青木 佑輔	2		2	表 正行
畠山 健介	3		3	熊坂 裕
内橋 徹	4		4	近藤 洋至
後藤 彰友	5		5	木村 貴生
豊田 将万	6		6	長倉 立尚
松本 允	7		7	長倉 立尚
佐々木隆道	8		8	藤本 智久
矢富 勇毅	9	HB	9	松岡 真悟
曽我部佳憲	10		10	森 茂希
勝田 譲	11	TB	11	樫 直史
池上 真介	12		12	加藤 大三
今村 雄太	13		13	水沢 浩之
菅野 朋幸	14		14	
五郎丸 歩	15	FB	15	高山 翔太

平成17年12月18日
G 秩父宮
R 篠原克行　KO 14:00
交代　早大：東条雄介(表)、谷口拓郎(今村)、瀬澤直(前田)、寺岡健太(内橋)、三井大祐(矢富)、高橋銀太郎(曽我部)
立命大：猿渡雄介(表)、米山翔平(熊坂)、永井上智裕(藤本)、玉川英人(高山)、稲田詠介(加藤)、林良隆(樫)

公式試合 No.842　平成17年度　第42回大学選手権2回戦

早大 — 慶大

早大		慶大
26	—	8
21	前	0
5	後	8
3	T	0
3	G	0
0	PG	0
0	DG	0
1	T	1
1	G	0
0	PG	0
0	DG	0
12	反則	6

早大	No	Pos	No	慶大
前田 航平	1	FW	1	宮崎 豊
青木 佑輔	2		2	金井 健雄
畠山 健介	3		3	平田 一久
内橋 徹	4		4	岡田 龍
後藤 彰友	5		5	太田 陽介
豊田 将万	6		6	三島 宏
松本 允	7		7	千葉 和哉
佐々木隆道	8		8	竹本隼太郎
矢富 勇毅	9	HB	9	皆良田 勝
曽我部佳憲	10		10	川村 祐輝
勝田 譲	11	TB	11	山縣 有孝
池上 真介	12		12	宮崎 智浩
今村 雄太	13		13	中浜 聡志
菅野 朋幸	14		14	明山 哲
五郎丸 歩	15	FB	15	小田 龍司

平成17年12月25日
G 秩父宮
R 下井真介　KO 14:00
交代　早大：首藤甲子郎(勝田)、谷口拓郎(池上)、権太太郎(後藤)、三井大祐(矢富)、高橋銀太郎(今村)
慶大：花崎皆(皆良田)、青貫浩之(三島)、山田章仁(明山)、真鍋祐嗣(宮崎智)、高木翔平(小田)

公式試合 No.843　平成17年度　第42回大学選手権準決勝

早大 — 法大

早大		法大
61	—	5
33	前	5
28	後	0
5	T	1
4	G	0
0	PG	0
0	DG	0
4	T	0
4	G	0
0	PG	0
0	DG	0
17	反則	2

早大	No	Pos	No	法大
前田 航平	1	FW	1	鎌当 秀
青木 佑輔	2		2	坂田 悟
畠山 健介	3		3	山内 雅基
内橋 徹	4		4	篠塚 公史
後藤 彰友	5		5	玄 成哲
豊田 将万	6		6	遠藤 康宏
松本 允	7		7	岩爪 航
佐々木隆道	8		8	高根 修平
矢富 勇毅	9	HB	9	成田 秀悦
曽我部佳憲	10		10	野村 直矢
首藤甲子郎	11	TB	11	友井川 拓
池上 真介	12		12	大村 宏
今村 雄太	13		13	田沼 崇
菅野 朋幸	14		14	小笠原 仁
五郎丸 歩	15	FB	15	遠藤 正隆

平成18年1月2日
G 国立競技場
R 岩下眞一　KO 14:12
交代　早大：勝田譲(首藤)、谷口拓郎(今村)、種本直人(青木)、三井大祐(矢富)、市村茂展(畠山)、高橋銀太郎(曽我部)
法大：北島歩(山内)、柴崎和明(玄)

公式試合 No.844　平成17年度　第42回大学選手権決勝

早大 — 関東学院大

早大		関東学院大
41	—	5
20	前	0
21	後	5
2	T	0
2	G	0
1	PG	0
1	DG	0
3	T	1
3	G	0
0	PG	0
0	DG	0
12	反則	17

早大	No	Pos	No	関東学院大
前田 航平	1	FW	1	林 時光
青木 佑輔	2		2	田中 貴士
畠山 健介	3		3	笹倉 康義
内橋 徹	4		4	三根 秀敏
後藤 彰友	5		5	北川 勇次
豊田 将万	6		6	北川 忠資
松本 允	7		7	阪元 忠幸
佐々木隆道	8		8	土佐 誠
矢富 勇毅	9	HB	9	藤井 朋生
曽我部佳憲	10		10	藤井 亮太
首藤甲子郎	11	TB	11	小柳 泰貴
池上 真介	12		12	
今村 雄太	13		13	櫻谷 勉
菅野 朋幸	14		14	北川 智規
五郎丸 歩	15	FB	15	有賀 剛

平成18年1月8日
G 国立競技場
R 相田真治　KO 14:12
交代　早大：権太太郎(後藤)、勝田譲(菅野)、市村茂展(畠山)、高橋銀太郎(五郎丸)

公式試合 No.845　平成17年度　第43回日本選手権1回戦

早大 — タマリバクラブ

早大		タマリバクラブ
47	—	0
7	前	0
40	後	0
1	T	0
1	G	0
0	PG	0
0	DG	0
6	T	0
4	G	0
0	PG	0
0	DG	0
13	反則	5

早大	No	Pos	No	タマリバクラブ
前田 航平	1	FW	1	岩下 剛史
青木 佑輔	2		2	中村 喜徳
畠山 健介	3		3	小川 弘遠
内橋 徹	4		4	高田 晋作
後藤 彰友	5		5	桑江 崇行
豊田 将万	6		6	田代 良太
松本 允	7		7	小泉 康治
佐々木隆道	8		8	井戸 關多
矢富 勇毅	9	HB	9	西岡 隆洋
三井 大祐	10		10	竹山 将史
首藤甲子郎	11	TB	11	松濤 誠之
池上 真介	12		12	深津 雅一
今村 雄太	13		13	山本 裕司
菅野 朋幸	14		14	長谷川圭紀
五郎丸 歩	15	FB	15	井藤 宏樹

平成18年2月4日
G 秩父宮
R 相田真治　KO 14:00
交代　早大：権太太郎(後藤)、茂木隼人(三井)、東条雄介(佐々木)、谷口拓郎(今村)、勝田譲(首藤)、種本直人(青木)
タマリバ：秋山泰(西岡)、川崎太(岩下)、川崎亨(深津)、西澤周大(小泉)

公式試合 No.846　平成17年度　第43回日本選手権2回戦

早大 — トヨタ自動車

早大		トヨタ自動車
28	—	24
21	前	14
7	後	10
2	T	2
2	G	2
1	PG	0
0	DG	0
2	T	2
1	G	2
0	PG	0
0	DG	0
12	反則	12

早大	No	Pos	No	トヨタ自動車
前田 航平	1	FW	1	山本 正人
青木 佑輔	2		2	七戸 昌宏
畠山 健介	3		3	豊山 昌彦
内橋 徹	4		4	平塚 純司
後藤 彰友	5		5	トロイ フラベル
豊田 将万	6		6	菅原 大志
松本 允	7		7	阿部 亮太
佐々木隆道	8		8	フィロ ティフアティア
矢富 勇毅	9	HB	9	麻田 一平
曽我部佳憲	10		10	広瀬 佳司
首藤甲子郎	11	TB	11	山本 剛
池上 真介	12		12	難波 英樹
今村 雄太	13		13	遠藤 幸佑
菅野 朋幸	14		14	内藤 慎平
五郎丸 歩	15	FB	15	野中 弘貴

平成18年2月12日
G 秩父宮
R 稲岡将博　KO 14:00
交代　早大：権太太郎(後藤)、東条雄介(松本)、谷口拓郎(池上)
トヨタ自動車：セコペレアウェレ(山本剛)、菊谷崇(ティフアティア)、岩間保彦(七戸)、中野真二(山本正)、谷口智昭(平塚)
シンビン：フラベル

公式試合 No.847　平成17年度　第43回日本選手権準決勝

早大 — 東芝府中

早大		東芝府中
0	—	43
0	前	12
0	後	31
0	T	2
0	G	2
1	PG	2
0	DG	0
0	T	5
0	G	3
0	PG	0
0	DG	0
12	反則	11

早大	No	Pos	No	東芝府中
前田 航平	1	FW	1	高橋 寛
青木 佑輔	2		2	松尾 大樹
畠山 健介	3		3	笠井 建志
内橋 徹	4		4	大野 均
後藤 彰友	5		5	横山 恒雄
豊田 将万	6		6	渡邊 泰憲
松本 允	7		7	中居 智昭
佐々木隆道	8		8	ニコラス ホルテン
矢富 勇毅	9	HB	9	吉田 朋生
曽我部佳憲	10		10	日原 大介
首藤甲子郎	11	TB	11	ナタニエラ オト
池上 真介	12		12	スコット ファビアン
今村 雄太	13		13	富岡 哲平
菅野 朋幸	14		14	廣瀬 俊朗
五郎丸 歩	15	FB	15	松田 努

平成18年2月19日
G 秩父宮
R 岩下眞一　KO 14:00
交代　早大：高橋銀太郎(首藤)、権太太郎(豊田)、東条雄介(松本)、種本直人(青木)
東芝府中：猪口拓(松尾)、大窪歩(高橋)、望月雄太(大野)、バツベイ(ホルデン)、シオネ・ケブ(マクラウド)、吉田大樹(松田)、島崎正吾(松田)

公式試合 No.848　平成17年度　第56回朝日招待試合

早大 — 九州代表

早大		九州代表
27	—	38
12	前	19
15	後	19
3	T	3
3	G	2
0	PG	0
0	DG	0
1	T	5
1	G	4
0	PG	0
0	DG	0
8	反則	23

早大	No	Pos	No	九州代表
前田 航平	1	FW	1	中村 嘉宏
青木 佑輔	2		2	蔵 雅治
市村 茂展	3		3	三浦 達吉
内橋 徹	4		4	渡辺 正善
百合 洋	5		5	伊達 肇
松本 允	6		6	三浦 啓三
宮崎 昇	7		7	川寄 拓生
柏木 良枝	8		8	山本 英児
茂木 隼人	9	HB	9	徳永 剛
久米元孝成	10		10	沼田 一樹
勝田 譲	11	TB	11	松尾 元気
三角 公志	12		12	築城 昌彰
池上 真介	13		13	内山 将文
小吹 和也	14		14	内山 将文
早田 健二	15	FB	15	森 宰栄

平成18年3月12日
G 博多の森
R 石本月洋　KO 14:00
交代　早大：岡本周(勝田)、矢野友也(小吹)、星野邦夫(百合)、鈴木顕二郎(三井)、瀧澤直(前田)、三井大祐(茂木)
九州代表：松尾俊(西浦達)、竹山森(徳永)、川下修平(渡辺)、竹内恵良(沼田)、山下大輔(蔵)、西村将充(野々村)、上本茂基(山本)

国際試合 No.100　平成18年度　第3回定期戦

早大 — 高麗大

早大		高麗大
36	—	19
15	前	0
21	後	19
3	T	3
3	G	2
1	PG	0
0	DG	0
3	T	3
3	G	2
0	PG	0
0	DG	0
	反則	

早大	No	Pos	No	高麗大
滝沢 直	1	FW	1	金 光植
臼井 鷹亮	2		2	張 石珍
畠山 健介	3		3	韓 成雨
権文 太郎	4		4	鄭 大益
関 卓真	5		5	延 祥容
東条 雄介	6		6	呉 乗鐘
槻木 亮太	7		7	呉 眞圭
豊田 将万	8		8	朴 玩龍
矢富 勇毅	9	HB	9	洪 俊基
曽我部佳憲	10		10	洪 俊基
巴山 儀彦	11	TB	11	趙 寅秀
池上 真介	12		12	
今村 雄太	13		13	許 桐構
早田 健二	14		14	車 耀漢
五郎丸 歩	15	FB	15	

平成18年5月21日
G 国立競技場
R 石本月洋　KO 14:00
交代　早大：須藤明洋(佐藤)、後藤彰友(関)、小峰俊也(槻木)、鈴木崇大(今村)、桜井朋広(矢富)、坪田神(巴山)、大島佐和(巴山)
高麗大：徐亨節、権在赫、新申愛、朴基赫、車璟宇、金現祐、李政攻

国際試合　No.101　平成18年度　日英大学対抗戦

早大 － 才大（オックスフォード大学）

早大		才大	#	早大		#	才大
22	―	20	1	滝澤　直	FW	1	リチャード マシューズ
19	前	15	2	種本 直人		2	ウィンストン カーウィー
3	後	5	3	畠山 健介		3	オリバー トマスチェック
3	T	2	4	権丈 太郎		4	リチャード グラハム
2	G	1	5	後藤 彰友		5	ジョン チャンス
0	PG	1	6	東条 雄介		6	ジェイムス バックナル
0	DG	0	7	豊田 将万		7	ダン パーム
0	T	1	8	林　徹		8	マーセル ドゥイ
0	G	0	9	矢富 勇毅	HB	9	ケビン ブレナン
1	PG	0	10	曽我部佳憲		10	グレイグ マクマホン
1	DG	0	11	三原 拓郎	TB	11	トム トンブレンソ
13	反則	19	12	長尾 岳人		12	ジョー ロフ
			13	今村 雄太		13	クリス レコード
			14	菅野 朋幸		14	クリス ホゥ
			15	五郎丸 歩	FB	15	ギャレス ジェイコブス

平成18年9月17日　R 秩父宮　R 桜岡将博　KO 14；00
交代：オオ：ダン・ローゼン(カーウィ)、ジェイムス・ローンズ(バックナル)、クリス・ホゥ(オールフリー)
シンビン：オリバー・トマスチェック

公式試合　No.849　平成18年度　第1試合　対抗戦

早大		青学大	#	早大		#	青学大
97	―	0	1	滝澤　直	FW	1	加藤　豪
57	前	0	2	種本 直人		2	千葉 洸平
40	後	0	3	鈴木 崇大		3	大浦 洋平
9	T	0	4	権丈 太郎		4	田中 良介
6	G	0	5	後藤 彰友		5	福地 亮太
0	PG	0	6	上田 一貴		6	錦織 正憲
6	DG	0	7	豊田 将万		7	東　誠人
6	T	0	8	林　徹		8	依田 賢人
5	G	0	9	矢富 勇毅	HB	9	比企 直久
0	PG	0	10	曽我部佳憲		10	桑野 匡宏
0	DG	0	11	三原 拓郎	TB	11	山本 茂央
10	反則	11	12	長尾 岳人		12	関東 正敏
			13	今村 雄太		13	清水 雄也
			14	菅野 朋幸		14	茂田井友成
			15	五郎丸 歩	FB	15	伊藤　真

平成18年9月24日　G 熊谷　R 山田智也　KO 14:00
交代：早大：小沼智彦(鈴木)、橋本樹(鈴木)、寺廻健太(後藤)、近藤崇(豊田)、谷口哲郎(今村)、三井大介(三原)、南洋一(長尾)
青学大：岩立洋祐(千葉)、下元智史(福地)、目崎晋之助(錦織)、加藤謙太(関東)、平山優(山本)、佐藤資(清水)
シンビン：茂田井友成

公式試合　No.850　平成18年度　第2試合　対抗戦

早大		立大	#	早大		#	立大
55	―	0	1	滝澤　直	FW	1	川田 裕一
19	前	0	2	種本 直人		2	海老原一之
36	後	0	3	畠山 健介		3	三輪 庸介
3	T	0	4	近藤　崇		4	吉松 庸仁
2	G	0	5	後藤 彰友		5	菊間 陽介
0	PG	0	6	笠原　歩		6	安武 祐太
0	DG	0	7	豊田 将万		7	茂野 達朗
6	T	0	8	林　徹		8	戸谷佐千夫
3	G	0	9	三井 大祐	HB	9	高須　健
0	PG	0	10	久木元孝成		10	荒牧 哲朗
0	DG	0	11	三原 拓郎	TB	11	内田 大介
9	反則	14	12	長尾 岳人		12	小林 道弘
			13	今村 雄太		13	
			14	菅野 朋幸		14	大熊 政寛
			15	五郎丸 歩	FB	15	金澤 圭一

平成18年10月9日　G 秩父宮　R 渡辺敏行　KO 14:00
交代：早大：臼井陽亮(種本)、宮崎智野(豊田)、寺廻健太(後藤)、伊勢昌幸(三井)、谷口哲郎(今村)、田中渉太(三原)
立大：緒方公俊(三輪)、内山貴之(海老原)、吉原隼人(菊間)、三根大介(茂野)、倉橋慶(高須)、井原正博(荒牧)、新谷哲平(内田)

公式試合　No.851　平成18年度　第3試合　対抗戦

早大		日体大	#	早大		#	日体大
100	―	0	1	瀧澤　直	FW	1	仁木 啓裕
43	前	0	2	臼井 陽亮		2	野田 敬司
57	後	0	3	畠山 健介		3	小川 慎也
7	T	0	4	寺廻 健太		4	山本 健二
4	G	0	5	後藤 彰友		5	柴田 和宏
0	PG	0	6	東条 雄介		6	岡村 繁伸
0	DG	0	7	豊田 将万		7	前田 朝也
9	T	0	8	林　徹		8	八木下恵介
6	G	0	9	矢富 勇毅	HB	9	湯浅 直孝
0	PG	0	10	曽我部佳憲		10	石井　遼
5	反則	0	11	三原 拓郎	TB	11	白幡 陽平
			12	須藤 明洋		12	角田 祐紀
			13	山添 史也		13	山添 史也
			14	菅野 朋幸		14	豊前 貴士
			15	五郎丸 歩	FB	15	本郷理太郎

平成18年10月22日　G 秩父宮　R 谷口　KO 12:00
交代：早大：種本直人(臼井)、橋本樹(畠山)、権丈太郎(後藤)、笠原歩(東条)、伊勢昌幸(矢富)、村田賢史(須藤)、佐藤晴紀(今村)
日体大：元島健(山本)、中山俊(柴田)、藤平尚次朗(湯浅)、和田潤樹(藤平)、南雲星十(石井)
シンビン：須藤明洋

公式試合　No.852　平成18年度　第4試合　対抗戦

早大		筑波大	#	早大		#	筑波大
47	―	8	1	瀧澤　直	FW	1	中村 彰宏
21	前	8	2	臼井 陽亮		2	高木 貴裕
26	後	0	3	畠山 健介		3	海老沢 洋
3	T	1	4	権丈 太郎		4	今野 達朗
4	G	1	5	寺廻 健太		5	池田 重吾
0	PG	0	6	東条 雄介		6	島弘 一郎
0	DG	0	7	豊田 将万		7	飯島　崇
3	T	0	8	林　徹		8	向井 友教
5	G	0	9	矢富 勇毅	HB	9	赤山 元基
0	PG	0	10	曽我部佳憲		10	廣瀬 恵之
0	DG	0	11	早田 健二	TB	11	中津 良一
10	反則	12	12	須藤 明洋		12	本多 祐三
			13	今村 雄太		13	嶋崎　遼
			14	松澤 良祐		14	岩崎 拓矢
			15	五郎丸 歩	FB	15	岩根 拓矢

平成18年10月29日　G ユアテック仙台　R 新野好之　KO 14:00
交代：早大：種本直人(臼井)、橋本樹(瀧澤)、近藤崇(権丈)、有田幸平(東条)、菅野智裕(松澤)、伊勢昌幸(菅野)、佐藤晴紀(今村)
シンビン：須藤明洋
筑波大：広沢拓(池田)、大沢元(向井)、渡邊太生(吉廣)

公式試合　No.853　平成18年度　第5試合　対抗戦

早大		帝京大	#	早大		#	帝京大
57	―	0	1	瀧澤　直	FW	1	安江 祥光
22	前	19	2	種本 直人		2	平原 大敬
35	後	0	3	畠山 健介		3	伊東 秀剛
4	T	3	4	権丈 太郎		4	庄高 啓倫
1	G	2	5	後藤 彰友		5	佐藤　拓
0	PG	0	6	東条 雄介		6	古本修一郎
0	DG	0	7	豊田 将万		7	堀江 翔太
5	T	0	8	林　徹		8	岡田 正平
5	G	0	9	矢富 勇毅	HB	9	天本 俊輔
0	PG	0	10	曽我部佳憲		10	三好 啓太
0	DG	0	11	早田 健二	TB	11	野田　創
11	反則	9	12	谷口 拓郎		12	倉林 史和
			13	今村 雄太		13	鎌田 哲郎
			14	菅野 朋幸		14	河出 晃佑
			15	五郎丸 歩	FB	15	道廣 祐太

平成18年11月12日　G 秩父宮　R 桜岡将博　KO 14:00
交代：早大：臼井陽亮(種本)、松田純平(東条)、伊勢昌幸(菅野)、長尾岳人(今村)
帝京大：小嶋裕史(平原)、渡部弘巳(野田)、猿渡知(三好)、脇坂亮平(鎌田)、石井貴弘(河出)

公式試合　No.854　平成18年度　第6試合　対抗戦

早大		慶大	#	早大		#	慶大
41	―	26	1	瀧澤　直	FW	1	石井　剛
8	前	14	2	種本 直人		2	金井 雄雄
33	後	12	3	畠山 健介		3	磯邊雄太郎
1	T	2	4	権丈 太郎		4	宮崎 有生
0	G	2	5	後藤 彰友		5	藤岡 賢介
0	PG	0	6	東条 雄介		6	青貫 浩之
1	DG	0	7	豊田 将万		7	千葉 和哉
5	T	0	8	林　徹		8	松本 大輝
0	G	1	9	矢富 勇毅	HB	9	皆良田 勝
0	PG	0	10	曽我部佳憲		10	川本 祐輝
0	DG	0	11	早田 健二	TB	11	中浜 聡志
10	反則	12	12	谷口 拓郎		12	桂川 諒太
			13	今村 雄太		13	宮崎 智浩
			14	菅野 朋幸		14	山田 達仁
			15	五郎丸 歩	FB	15	小田 龍旬

平成18年11月23日　G 秩父宮　R 下井真介　KO 14:00
交代：早大：長尾岳人(谷口)
慶大：廣畑光太郎(磯邊)、岡本夏樹(松本)、花崎亮(皆良田)、桑野大典(川本)、出雲隆祐(桂川)

公式試合　No.855　平成18年度　第7試合　対抗戦

早大		明大	#	早大		#	明大
43	―	21	1	瀧澤　直	FW	1	川俣 直樹
17	前	0	2	種本 直人		2	上野 隆太
26	後	21	3	畠山 健介		3	梅原 洋平
3	T	5	4	権丈 太郎		4	雨宮 俊介
0	G	3	5	後藤 彰友		5	田中 敏介
0	PG	0	6	東条 雄介		6	日和佐 豊
1	DG	0	7	豊田 将万		7	趙　顕徳
5	T	0	8	林　徹		8	杉本 晃一
0	G	1	9	矢富 勇毅	HB	9	茂木 大輔
1	PG	0	10	曽我部佳憲		10	湯本 修平
0	DG	0	11	早田 健二	TB	11	渡辺 義久
9	反則	10	12	谷口 拓郎		12	安部 亮佑
			13	今村 雄太		13	日永田泰佑
			14	菅野 朋幸		14	濱島 圭介
			15	五郎丸 歩	FB	15	星野 将利

平成18年12月3日　G 国立競技場　R 相田真治　KO 14:00
交代：早大：臼井陽亮(種本)、宮崎智野(瀧澤)、橋本樹(畠山)、寺廻健太(東条)、有田幸平(林)、菅野智裕(矢富)、佐藤晴紀(五郎丸)
明大：杉本剛章(上野)、笠原誠(安部)、山本紘史(趙)
シンビン：五郎丸歩、東条雄介

公式試合　No.856　平成18年度　第43回大学選手権1回戦

早大		関西学院大	#	早大		#	関西学院大
85	―	7	1	瀧澤　直	FW	1	熊本隆太郎
47	前	0	2	種本 直人		2	松永 利明
38	後	7	3	畠山 健介		3	増尾 友南
7	T	1	4	権丈 太郎		4	大石 啓太
7	G	1	5	後藤 彰友		5	後藤 慶太
0	PG	0	6	上田 一貴		6	多田 陽一
0	DG	0	7	豊田 将万		7	西川 征克
1	T	0	8	林　徹		8	尾崎 遼輔
5	G	0	9	矢富 勇毅	HB	9	早崎 幸起
0	PG	0	10	村田 賢史		10	岡島 圭甫
0	DG	0	11	三原 拓郎	TB	11	尾尾
18	反則	9	12	谷口 拓郎		12	高橋 茂太
			13	今村 雄太		13	竹内 裕也
			14	菅野 朋幸		14	南野 公志
			15	五郎丸 歩	FB	15	西風太郎

平成18年12月17日　G 秩父宮　R 山田智也　KO 14:00
交代：早大：臼井陽亮(種本)、橋本樹(畠山)、丹下聡(権丈)、岸本大路(上田)、長尾岳人(村田)、田丸聡人(三原)、佐藤晴紀(今村)
関西学院大：小野貴弘(岡本)、堂山泰宏(増尾)、鵜川慎之助(竹田)、竹田裕志(多田)、今村太郎(早崎)、土岳志(南野)、増田大輔(尾尾)

公式試合　No.857　平成18年度　第43回大学選手権2回戦

早大		慶大	#	早大		#	慶大
33	―	22	1	瀧澤　直	FW	1	石井　剛
28	前	5	2	種本 直人		2	金井 健雄
5	後	17	3	畠山 健介		3	廣畑光太郎
4	T	1	4	権丈 太郎		4	岡田　龍
0	G	5	5	後藤 彰友		5	太田 陽介
0	PG	0	6	松田 純平		6	青貫 浩之
0	DG	0	7	豊田 将万		7	松本 和哉
3	T	2	8	林　徹		8	松本 大輝
0	G	2	9	矢富 勇毅	HB	9	花崎　亮
0	PG	0	10	曽我部佳憲		10	川本 祐輝
0	DG	0	11	首藤甲子郎	TB	11	中浜 聡志
10	反則	16	12	谷口 拓郎		12	桂川 諒太
			13	今村 雄太		13	宮崎 智浩
			14	菅野 朋幸		14	山田 達仁
			15	五郎丸 歩	FB	15	小田 龍旬

平成18年12月24日　G 秩父宮　R 石本周洋　KO 14:00
交代：早大：上田一貴(松田)、長尾岳人(谷口)、佐藤晴紀(五郎丸)
慶大：磯邊雄太郎(磯邊)、宮崎有生(岡田)、皆良田勝(花崎)、明山哲(宮崎)

公式試合　No.858　平成18年度　第43回大学選手権準決勝

早大		京産大	#	早大		#	京産大
55	―	12	1	瀧澤　直	FW	1	後藤 満久
17	前	7	2	種本 直人		2	小西 賢一
38	後	5	3	畠山 健介		3	長江 有祐
4	T	1	4	権丈 太郎		4	川嶋 敏秀
0	G	1	5	後藤 彰友		5	山田 浩二
0	PG	1	6	松田 純平		6	山田 真司
0	DG	0	7	豊田 将万		7	橋本 大輝
5	T	1	8	林　徹		8	坂野 智章
4	G	0	9	矢富 勇毅	HB	9	田中 史郎
0	PG	0	10	曽我部佳憲		10	大熊 史郎
0	DG	0	11	早田 健二	TB	11	徐　忠植
13	反則	0	12	谷口 拓郎		12	今村 六十
			13	今村 雄太		13	石蔵 義治
			14	菅野 朋幸		14	江藤 大和
			15	五郎丸 歩	FB	15	内田 憲佑

平成19年1月2日　G 国立競技場　R 桜岡将博　KO 14:10
交代：早大：笠原歩(松田)、茂木隼人(曽我部)、長尾岳人(谷口)
京産大：山下裕史(小西)、八藤後裕太(坂野)

公式試合　No.859　平成18年度　第43回大学選手権決勝

早大		関東学院大	#	早大		#	関東学院大
26	―	33	1	瀧澤　直	FW	1	西垣 大士
12	前	21	2	種本 直人		2	田中 貴士
14	後	12	3	畠山 健介		3	原田　豪
2	T	5	4	権丈 太郎		4	西　直紀
1	G	4	5	後藤 彰友		5	北川 勇次
0	PG	0	6	東条 雄介		6	大野潤滋朗
0	DG	0	7	豊田 将万		7	竹山 浩史
3	T	2	8	林　徹		8	土佐　誠
0	G	2	9	矢富 勇毅	HB	9	吉田 正明
0	PG	0	10	曽我部佳憲		10	藤井　志
0	DG	0	11	首藤甲子郎	TB	11	中園 真司
9	反則	19	12	谷口 拓郎		12	高山 国哲
			13	今村 雄太		13	樫谷　勉
			14	菅野 朋幸		14	朝見 力弥
			15	五郎丸 歩	FB	15	山下 祐史

平成19年1月13日　G 国立競技場　R 下井真介　KO 14:10
交代：早大：寺廻健太(権丈)、松田純平(東条)、臼井陽亮(松田)、早田健二(首藤)、長尾岳人(谷口)
関東学大：草下令怜(大野)

公式試合　No.860　平成18年度　第44回日本選手権1回戦

早大		九州電力
33	—	36
12	前	22
21	後	14
2	T	3
1	G	2
0	PG	1
0	DG	0
3	T	2
3	G	2
0	PG	0
0	DG	0
	反則	

No	早大	Pos	九州電力
1	中村 嘉宏	FW	谷口 大督
2	種本 直人		田尻 亮
3	畠山 健介		吉上 耕平
4	権丈 太郎		浦 真人
5	関 卓真		松本 允
6	東条 雄介		進藤 猛
7	小峰 徹也		川嵜 拓生
8	林 徹		
9	矢富 勇毅	HB	松尾 匡祐
10	曽我部佳憲		斉藤 玄樹
11	首藤甲子朗	TB	今村 圭吾
12	長尾 岳人		ナイサン グレイ
13	今井 雄太		吉岡 泰一
14			黒木 尚文
15	五郎丸 歩	FB	ピーター ミラー

平成19年2月3日
G 秩父宮
R 藤実　KO 12:02
交代　早大：笠原歩（東条）、臼井陽亮（種本）
九電：三輪幸輔（ナイサン）、河原崎裕峻（進藤）、田中宗法（中村）、松尾健一（谷口）

国際試合　No.102　平成19年度　第4回定期戦

早大		高麗大
26	—	17
5	前	7
21	後	10
1	T	1
0	G	1
1	PG	0
0	DG	0
3	T	2
3	G	2
0	PG	0
0	DG	0
	反則	

No	早大	Pos
1	瀧澤 直	FW
2	臼井 陽亮	
3	畠山 健介	
4	権丈 太郎	
5	橋本 樹	
6	有田 幸平	
7	覚来 弦	
8	丹下 聡	
9	三井 大祐	HB
10	田邊 秀樹	
11	田中 渉太	TB
12	長尾 岳人	
13	成田 伸明	
14		
15	五郎丸 歩	FB

平成19年5月13日
G 高麗大
R 不明　KO 14:00
交代　早大：安福宣孝（臼井）、横谷祐記（瀧澤）、奥野耕輔（橋本）、岸本大路（覚来）、後藤悠太（三井）、井上隼一（成田）、三原拓郎（早田）
高麗大：不明

国際試合　No.103　平成19年度　第10回日英大学対抗

早大		ケ大
47	—	19
40	前	7
7	後	12
6	T	1
5	G	1
0	PG	0
0	DG	0
1	T	2
1	G	1
0	PG	0
0	DG	0
	反則	

No	早大	Pos	ケ大
1	瀧澤 直	FW	アンソニー フィッツパトリック
2	臼井 陽亮		トーマス ウールジィ
3	畠山 健介		リチャード シュクウィックフォード
4	権丈 太郎		ジョン ブレイキー
5	橋本 樹		トレバー ポイントン
6	有田 幸平		ジュリアノ フィオリ
7	豊田 将万		トム メアニー
8	小峰 徹也		リチャード バーソロミュー
9	三井 大祐	HB	ロス ブレイク
10	山中 亮平		クリス ファイト
11	田中 渉太	TB	アンドリュー スティーブンソン
12	長尾 岳人		サンディー レイ
13	田邊 秀樹		デイル ルイス
14	大島 佐利		ジェームス ウェストランド
15	五郎丸 歩	FB	ジェームス グリーンウッド

平成19年9月16日
G 秩父宮
R 原田隆司　KO 17:00
交代　早大：中濱寛造（田中）
ケ大：パトリック・クロッスリー②、レウェリン・ビルビーム⑤、ジェームス・ランビー⑥、ジョーイ・ウィーラー⑦、スコット・マクレナン⑪、ヘイメッシュ・マレイ⑭

公式試合　No.861　平成19年度　第1試合　対抗戦

早大		成蹊大
108	—	5
61	前	0
47	後	5
9	T	0
8	G	0
0	PG	0
0	DG	0
7	T	1
6	G	0
0	PG	0
0	DG	0
6	反則	6

No	早大	Pos	成蹊大
1	瀧澤 直	FW	稲田 三郎
2	臼井 陽亮		柳瀬 晃佑
3	畠山 健介		永井 貴也
4	権丈 太郎		落合 伸之
5	橋本 樹		大庭 雄太
6	有田 幸平		出口 正人
7	豊田 将万		森岡 亮太
8	小峰 徹也		土井内 竜
9	三井 大祐	HB	池田 元
10	山中 亮平		藤巻 洋平
11	田中 渉太	TB	増田 昌樹
12	長尾 岳人		矢島 智亮
13	田邊 秀樹		三雲 淳
14	早田 健二		阿南 豪希
15	五郎丸 歩	FB	小林 大輔

平成18年9月8日
G 秩父宮
R 下井真介　KO 19:00
交代　早大：寺廻健太（畠山）、中村拓樹（有田幸）、三原拓郎（中濱）、井上隼一（長尾）
成蹊大：浦野秀平（増田）

公式試合　No.862　平成19年度　第2試合　対抗戦

早大		青学大
102	—	5
57	前	0
45	後	5
9	T	1
6	G	0
0	PG	0
0	DG	0
7	T	0
7	G	0
0	PG	0
0	DG	0
2	反則	10

No	早大	Pos	青学大
1	瀧澤 直	FW	加藤 豪
2	臼井 陽亮		中村雄太郎
3	畠山 健介		大浦 洋平
4	権丈 太郎		中原 大輔
5	橋本 樹		山口 大介
6	有田 幸平		榎本 敬久
7	豊田 将万		貴山 健一
8	小峰 徹也		目崎晋之助
9	三井 大祐	HB	椿田秀一郎
10	山中 亮平		中村 匠
11	田中 渉太	TB	山本 茂央
12	長尾 岳人		大山 裕之
13	田邊 秀樹		清水 雅也
14	中濱 寛造		佐藤 資
15	五郎丸 歩	FB	伊藤 真

平成19年9月24日
G 熊谷
R 堀江 学　KO 14:00
交代　早大：中濱寛造（田中）
青学大：安藤暁（中村雄）、岩岡勇機（大浦）、野口英樹（貴山）、加藤健太（山本）

公式試合　No.863　平成19年度　第3試合　対抗戦

早大		日体大
71	—	0
47	前	0
24	後	0
7	T	0
4	G	0
0	PG	0
0	DG	0
4	T	0
2	G	0
0	PG	0
0	DG	0
8	反則	7

No	早大	Pos	日体大
1	山下 達也	FW	工藤 祐輔
2	臼井 陽亮		吉永光一郎
3	橋本 樹		山田 祥史
4	権丈 太郎		大石 卓矢
5	寺廻 健太		柴田 和宏
6	有田 幸平		岡村 繁伸
7	豊田 将万		前田 敬也
8	小峰 徹也		室年 達彦
9	三井 大祐	HB	石原 祥行
10	山中 亮平		松本 昇
11	田中 渉太	TB	菊池功一郎
12	井上 隼一		曽根 良太
13	田邊 秀樹		高田 卓
14	大島 佐利		豊島 貴士
15	五郎丸 歩	FB	青木 和也

平成19年10月14日
G 新潟県陸上
R 河野文隆　KO 13:00
交代　早大：中田英里（寺廻）、中村拓樹（有田）、櫻井朋広（三井）、中濱寛造（田中）、佐藤晴紀（五郎丸）
日体大：廣瀬良太（工藤）、野田敬司（山田）、廣瀬慎也（大石）、柳原瑞樹（石原）、小松拓海（松本）

公式試合　No.864　平成19年度　第4試合　対抗戦

早大		筑波大
33	—	21
19	前	0
14	後	21
2	T	3
1	G	3
0	PG	0
0	DG	0
2	T	0
2	G	0
0	PG	0
0	DG	0
	反則	

No	早大	Pos	筑波大
1	山下 達也	FW	大渕 友介
2	臼井 陽亮		高木 貴裕
3	橋本 樹		荒木 直文
4	権丈 太郎		今野 達朗
5	寺廻 健太		廣澤 拓
6	有田 幸平		島 弘一郎
7	豊田 将万		向井 友教
8	小峰 徹也		佐々木尚文
9	三井 大祐	HB	中島 正太
10	山中 亮平		大野 亮
11	田中 渉太	TB	嶋崎 達也
12	井上 隼一		入江 将裕
13	田邊 秀樹		嶋崎 達也
14	早田 健二		入江 将裕
15	五郎丸 歩	FB	塩崎 広征

平成19年10月21日
G 三ツ沢
R 佐藤武久　KO 13:00
交代　早大：中英里里（寺廻）、中村拓樹（有田幸）、中濱寛造（田中）
筑波大：池田雅史（高木）、安仁屋愛亮（荒木）、椿光太朗（向井）、荒木浩造（中島）、西村亮真（入江）

公式試合　No.865　平成19年度　第5試合　対抗戦

早大		帝京大
61	—	8
26	前	0
35	後	8
4	T	1
2	G	0
0	PG	0
0	DG	0
5	T	0
5	G	0
0	PG	0
0	DG	0
	反則	

No	早大	Pos	帝京大
1	山下 達也	FW	小嶋 裕史
2	臼井 陽亮		天野 豪紀
3	橋本 樹		廣畑光太郎
4	権丈 太郎		ヘンドリック ツイ
5	寺廻 健太		福田 敏克
6	有田 幸平		吉田光治郎
7	豊田 将万		岩永 明浩
8	小峰 徹也		堀江 翔太
9	三井 大祐	HB	猿渡 知
10	山中 亮平		内田 涼
11	田中 渉太	TB	河出 晃佑
12	井上 隼一		徳永 泉
13	田邊 秀樹		山田 久寿
14	早田 健二		鎌田 哲郎
15	五郎丸 歩	FB	羽山 光

平成19年11月11日
G 秩父宮
R 桜岡将博　KO 14:00
交代　早大：小沼智彦（臼井）、畠山健介（橋本）、中田英里（寺廻）、上田一貴（覚来）、櫻井朋広（三井）、中濱寛造（田中）、宮澤正利（井上）
帝京大：伊東秀豪（小嶋）、國崎康生（吉田）、西村渉（猿渡）、野田創（沼尻）、井本克典（井尻）

公式試合　No.866　平成19年度　第6試合　対抗戦

早大		慶大
40	—	0
21	前	0
19	後	0
3	T	0
2	G	0
0	PG	0
0	DG	0
3	T	0
2	G	0
0	PG	0
0	DG	0
	反則	

No	早大	Pos	慶大
1	山下 達也	FW	加藤 博之
2	臼井 陽亮		金井 健雄
3	畠山 健介		廣畑光太朗
4	権丈 太郎		岡田 龍
5	橋本 樹		村田 毅
6	有田 幸平		山崎真二朗
7	覚来 弦		千葉 和哉
8	豊田 将万		松本 大輝
9	三井 大祐	HB	皆良田 勝
10	山中 亮平		川本 祐輝
11	田中 渉太	TB	出雲 隆佑
12	井上 隼一		小田 聡生
13	田邊 秀樹		増尾 介
14	早田 健二		山田 章仁
15	五郎丸 歩	FB	小田 龍征

平成19年11月23日
G 秩父宮
R 桜岡将博　KO 14:00
交代　早大：有田隆平（臼井）、瀧澤直（山下）、寺廻健太（橋本）、松田純平（有田幸）、櫻井朋広（三井）、宮澤正利（井上）、佐藤晴紀（五郎丸）
慶大：柳澤秀彦（金井）、藤原隆大（千葉）、花崎亮（皆良田）、浜本勇士（川本）、浜本将人（中浜）

公式試合　No.867　平成19年度　第7試合　対抗戦

早大		明大
71	—	7
19	前	7
52	後	0
3	T	1
1	G	1
0	PG	0
0	DG	0
8	T	0
6	G	0
0	PG	0
0	DG	0
12	反則	6

No	早大	Pos	明大
1	瀧澤 直	FW	川俣 直樹
2	臼井 陽亮		上野 豪
3	畠山 健介		梅原 洋平
4	権丈 太郎		雨宮 俊介
5	橋本 樹		杉本 晃一
6	有田 幸平		西原 忠佑
7	小峰 徹也		山本 紘史
8	豊田 将万		住谷 美尚
9	三井 大祐	HB	茂木 大輔
10	山中 亮平		田村 優
11	田中 渉太	TB	武田 晋
12	長尾 岳人		安部 亮佑
13	田邊 秀樹		衛藤 陽介
14	早田 健二		星野 将利
15	五郎丸 歩	FB	

平成19年12月2日
G 国立競技場
R 下井真介　KO 14:01
交代　早大：有田隆平（臼井）、山下達也（瀧澤）、寺廻健太（橋本）、覚来弦（小峰）、櫻井朋広（三井）、宮澤正利（長尾）、佐藤晴紀（五郎丸）
明大：峰岸大輔（西原）、奥田浩也（武田）

公式試合　No.868　平成19年度　第44回大学選手権1回戦

早大		中大
50	—	0
24	前	0
26	後	0
2	T	0
1	G	0
0	PG	0
0	DG	0
6	T	0
4	G	0
0	PG	0
0	DG	0
12	反則	

No	早大	Pos	中大
1	山下 達也	FW	菊田 史彦
2	臼井 陽亮		岡島 匡聡
3	橋本 樹		大塚智加人
4	権丈 太郎		小笠原和徳
5	寺廻 健太		真鍋 伸弥
6	有田 幸平		豊田耕太郎
7	覚来 弦		沖 伴成
8	豊田 将万		小山田 圭
9	三井 大祐	HB	片渕 裕太
10	山中 亮平		松下 隆三
11	田中 渉太	TB	中田 慎之
12	長尾 岳人		馬場 善太
13	田邊 秀樹		大塚 大輔
14	早田 健二		永友 光
15	五郎丸 歩	FB	

平成19年12月16日
G 秩父宮
R 山田智也　KO 14:01
交代　早大：有田隆平（臼井）、横谷祐記（山下）、中田英里（寺廻）、上田一貴（覚来）、宮澤正利（長尾）、佐藤晴紀（五郎丸）
中大：野末恭希（大塚智）、武田良二（岡島）、岡昇平（小笠原）、山下弘資（沖）、岡本遼（永友）

公式試合　No.869　平成19年度　第44回大学選手権2回戦

早大		法大
39	—	7
29	前	7
10	後	0
5	T	1
2	G	1
0	PG	0
0	DG	0
6	T	0
3	G	0
1	PG	0
0	DG	0
10	反則	

No	早大	Pos	法大
1	瀧澤 直	FW	浅原 拓真
2	臼井 陽亮		鎌田 佳之
3	畠山 健介		鎌田 秀
4	権丈 太郎		井上 雄大
5	橋本 樹		栗林 宜宏
6	有田 幸平		柳田 将太
7	覚来 弦		光安 俊貴
8	豊田 将万		竹中 淳
9	三井 大祐	HB	日和佐 篤
10	山中 亮平		文字 隆也
11	田中 渉太	TB	萩尾 真也
12	長尾 岳人		新井 光
13	田邊 秀樹		清川 幸市
14	早田 健二		松木 拓也
15	五郎丸 歩	FB	戸雄生

平成19年12月23日
G 秩父宮
R 渡辺敏行　KO 14:03
交代　早大：有田隆平（臼井）、上田一貴（有田幸）、田中渉太（五郎丸）
法大：垣内基伸（稲田）、小田正浩（浅原）、和田耕二（日和佐）、岸和田崇央（宮本）、近間洋平（松木）

公式試合 No.870 平成19年度 第44回大学選手権準決勝 早大 vs 帝京大

早大	区分	帝京大	No	早大選手	Pos	No	帝京大選手
12	—	5	1	瀧澤 直	FW	1	伊東 秀豪
7	前	5	2	臼井 陽亮		2	天野 豪紀
5	後	0	3	畠山 健介		3	平原 大敬
1	T	1	4	権丈 太郎		4	福田 敏克
1	G	0	5	橋本 樹		5	富田 秀樹
0	PG	0	6	松田 純平		6	ヘンドリック ツイ
0	DG	0	7	覺来 弦		7	吉田 光治郎
1	T	0	8	豊田 将万		8	堀江 翔太
0	G	0	9	三井 大祐	HB	9	猿渡 知
0	PG	0	10	山中 亮平		10	徳永 翔
0	DG	0	11	田中 渉太	TB	11	河出 晃佑
11	反則	9	12	宮澤 正利		12	山田 慎

平成20年1月2日
G 国立競技場
R 桜岡将博 KO 14:14
13 田邊 秀樹／13 林 克典　14 早田 健二／14 鎌田 哲郎　15 中濱 寛造 FB／15 石井 貴広
交代 早大：上田一貴（松田）
帝京大：小島裕史（伊東）、栗栖慎也（福田）、内田涼（山田）、岩永明浩（吉田）

公式試合 No.871 平成19年度 第44回大学選手権決勝 早大 vs 慶大

早大	区分	慶大	No	早大選手	Pos	No	慶大選手
26	—	6	1	瀧澤 直	FW	1	川村 慎
7	前	3	2	臼井 陽亮		2	小栁 貴裕
19	後	3	3	畠山 健介		3	廣畑光太郎
1	T	0	4	権丈 太郎		4	岡田 龍
1	G	0	5	橋本 樹		5	村田 毅
0	PG	1	6	有田 幸平		6	山崎真二朗
0	DG	0	7	覺来 弦		7	伊藤 隆大
3	T	0	8	豊田 将万		8	松本 大輝
2	G	1	9	三井 大祐	HB	9	皆良田 勝
1	PG	0	10	山中 亮平		10	林 祐輝
0	DG	0	11	中濱 寛造	TB	11	出雲 隆佑
	反則		12	長尾 岳人		12	中浜 聡志

平成20年1月12日
G 国立競技場
R 下村真介 KO 14:12
13 田邊 秀樹／13 増田 慶介　14 早田 健二／14 田山 章仁　15 五郎丸 歩 FB／15 小田 龍司
交代 早大：山下達也（瀧澤）、寺廻健太（橋本）
慶大：小澤直輝（村田）、千葉和哉（伊藤）、花崎亮（皆良田）、浜本将人（中浜）

公式試合 No.872 平成19年度 第45回日本選手権1回戦 早大 vs タマリバクラブ

早大	区分	タマリバ	No	早大選手	Pos	No	タマリバ選手
48	—	0	1	瀧澤 直	FW	1	岩下 将史
19	前	0	2	臼井 陽亮		2	加来 孝之
29	後	0	3	畠山 健介		3	小川 弘道
3	T	0	4	権丈 太郎		4	小泉 康治
2	G	0	5	橋本 樹		5	桑江 崇行
0	PG	0	6	有田 幸平		6	小山 陽平
0	DG	0	7	覺来 弦		7	西澤 隆二
5	T	0	8	豊田 将万		8	井戸 閲多
2	G	0	9	三井 大祐	HB	9	首藤三四郎
0	PG	0	10	山中 亮平		10	竹山 将俊
0	DG	0	11	中濱 寛造	TB	11	吉川 慶
8	反則	10	12	長尾 岳人		12	福山 宏樹

平成20年2月23日
G 秩父宮
R 戸田京介 KO 14:01
13 田邊 秀樹／13 池田 淳　14 田中 渉太／14 松濤 誠之　15 五郎丸 歩 FB／15 安川 敦
交代 早大：山下達也（瀧澤）、寺廻健太（橋本）
タマリバ：石川悠久（岩下）、野村能久（小山）、宮原克典（池田）、中井佑介（安川）、中牟田京（松濤）

公式試合 No.873 平成19年度 第45回日本選手権2回戦 早大 vs 東芝府中

早大	区分	東芝	No	早大選手	Pos	No	東芝選手
24	—	47	1	瀧澤 直	FW	1	高橋 寛
5	前	21	2	臼井 陽亮		2	塚越 賢
19	後	26	3	畠山 健介		3	櫻井 寿典
1	T	3	4	権丈 太郎		4	大野 均
0	G	3	5	橋本 樹		5	ニコラス ホルテン
0	PG	0	6	有田 幸平		6	渡邊 泰憲
0	DG	0	7	小峰 徹也		7	中居 智昭
3	T	6	8	豊田 将万		8	豊田 真人
2	G	3	9	三井 大祐	HB	9	伊藤 護
0	PG	0	10	山中 亮平		10	廣瀬 俊朗
0	DG	0	11	中濱 寛造	TB	11	ナタニエラ オト
7	反則	7	12	宮澤 正利		12	スコット マクラウド

平成20年3月1日
G 秩父宮
R 藤 実 KO 14:01
13 田邊 秀樹／13 冨岡 鉄平　14 早田 健二／14 吉田 大樹　15 五郎丸 歩 FB／15 ニールリ剛士
交代 早大：山下達也（瀧澤）、有田隆平（臼井）、中田英里（橋本）、上田一貴（有田幸）、櫻井朋広（三井）、田中渉太（中濱）
東芝：湯原祐希（塚越）、笠井建志（櫻井）、望月雄大（ホルテン）、宮下智樹（渡邊）、仙頭智裕（オト）、松田京（立川）

公式試合 No.874 平成19年度 朝日招待試合 早大 vs 九州代表

早大	区分	九州	No	早大選手	Pos	No	九州代表選手
35	—	12	1	瀧澤 直	FW	1	松尾 健一
28	前	5	2	臼井 陽亮		2	松園 正隆
7	後	7	3	畠山 健介		3	田尻 英亮
4	T	1	4	権丈 太郎		4	坂上 耕平
3	G	1	5	橋本 樹		5	伊達 肇
0	PG	0	6	有田 幸平		6	松本 允
0	DG	0	7	小峰 徹也		7	山口 智史
1	T	1	8	豊田 将万		8	西端 要
3	G	1	9	三井 大祐	HB	9	藪本 尚己
0	PG	0	10	山中 亮平		10	沼田 一樹
0	DG	0	11	田中 渉太	TB	11	今村 圭吾
7	反則	11	12	宮澤 正利		12	瀬名波 亨

平成20年3月23日
G 福岡レベルファイブスタジアム
R 下村眞一 KO 14:00
13 田邊 秀樹／13 徳住 茂久　14 早田 健二／14 吉永 将宏　15 五郎丸 歩 FB／15 古賀 貴彦
交代 早大：有田隆平（臼井）、山下達也（瀧澤）、寺廻健太（権丈）、中田英里（畠山）、上田一貴（有田幸）、中濱寛造（五郎丸）、三浦拓郎（宮澤）、坂本克行（田中）
九州代表：松尾将太（松園）、佐藤孝樹（松園）、中西光一（田尻）、渡辺正善（伊達）、山本英晃（西端）、原智啓太（古賀）、斎藤玄樹（沼田）、永留健吾（今村）

国際試合 No.104 平成20年度 第5回定期戦 早大 vs 高麗大

早大	区分	高麗大	No	早大選手	Pos	No	高麗大選手
45	—	14	1	瀧澤 直	FW	1	ソ ヒョンウォン
26	前	7	2	塚原 一貴		2	チョ ウンソン
19	後	7	3	橋本 樹		3	シン ミョンソプ
4	T	1	4	前田 吉寛		4	キム ギョル
3	G	1	5	丹下 聡		5	イ ジョンウォン
0	PG	0	6	村木 俊貴		6	ファン インジョ
0	DG	0	7	小峰 徹也		7	イ ウォンテ
3	T	1	8	豊田 将万		8	キム ヒョンス
2	G	1	9	櫻井 朋広	HB	9	パク ワンスン
0	PG	0	10	井上 隼人		10	イ ジョンミン
0	DG	0	11	田中 渉太	TB	11	キム ヒョンウ
7	反則	11	12	宮澤 正利		12	キム インギュ

平成20年6月22日
G 早大上井草
R 新野好之 KO 14:00
13 長尾 岳人／13 チョン チド　14 大島 正利／14 キム ナドウク　15 飯田 貴也 FB／15 ソ インス
交代 早大：岩井哲史（丹下）、清水直志（村木）、清水智文（櫻井）
高麗大：不明

国際試合 No.105 平成20年度 フランス大学選抜来日 早大 vs フランス大学選抜

早大	区分	仏	No	早大選手	Pos	No	フランス大学選抜選手
0	—	27	1	瀧澤 直	FW	1	ローラン シュミトカ
0	前	20	2	有田 隆平		2	セバスティアン プリエール
0	後	7	3	山下 高範		3	ブノア ザノン
0	T	3	4	前田 吉寛		4	ロイック シャルロン
0	G	2	5	丹下 聡		5	ダミアン ラグランジュ
0	PG	0	6	清水 直志		6	ロイック ベルナドゥ
0	DG	0	7	小峰 徹也		7	フレデリック メドラヴィ
0	T	1	8	豊田 将万		8	オレリアン デオレヴィ
0	G	1	9	櫻井 朋広	HB	9	マクシム マシュノー
0	PG	0	10	山中 亮平		10	ヴァンサン コルテス
0	DG	0	11	山下 高範	TB	11	ロマン プランテ
13	反則	13	12	宮澤 正利		12	ジュリアン レイ

平成20年7月6日
G 国立競技場
R 相田真治 KO 17:00
13 長尾 岳人／13 ジュリアン ゴルティス　14 田中 渉太／14 マリエル ダリニャ　15 飯田 貴也 FB／15 ジャン クリストフ
交代 早大：内田雄介（山下）、岩井哲史（前田）、村木俊貴（清水直）、清水智文（櫻井）、井上隼人（山中）、村田大志（宮澤）
フランス大学：不明

公式試合 No.875 平成20年度 第1試合 対抗戦 早大 vs 立大

早大	区分	立大	No	早大選手	Pos	No	立大選手
83	—	12	1	瀧澤 直	FW	1	市川 敬大
41	前	0	2	有田 隆平		2	金岡 正通
42	後	12	3	橋本 樹		3	緒方 公俊
7	T	0	4	前田 吉寛		4	吉松 謙仁
7	G	0	5	中田 英里		5	吉原 隼人
0	PG	0	6	村木 俊貴		6	佐瀬 玄輝
0	DG	0	7	小峰 徹也		7	三根 大介
6	T	1	8	豊田 将万		8	守本 公保
6	G	1	9	櫻井 朋広	HB	9	三輪 祐
0	PG	0	10	山中 亮平		10	浅川 健太
0	DG	0	11	中濱 寛造	TB	11	広石 聖大
16	反則	4	12	宮澤 正利		12	坂本 正直

平成20年9月13日
G 秩父宮
R 桜岡将博 KO 19:00
13 長尾 岳人／13 田中 翔吾　14 田中 渉太／14 三輪 聡　15 飯田 貴也 FB／15 平盛 拓人
交代 早大：内田雄介（瀧澤）、丹下聡（前田）、清水直志（村木）、清水智文（櫻井）、井上隼人（山中）、村田大志（長尾）
立大：馬場公彦（市川）、内山貴之（金岡）、井組圭介（吉原）、安部正輝（三根）、太田恭輔（田中）、吉田直人（平盛）

公式試合 No.876 平成20年度 第2試合 対抗戦 早大 vs 成蹊大

早大	区分	成蹊大	No	早大選手	Pos	No	成蹊大選手
60	—	0	1	瀧澤 直	FW	1	新井 容
38	前	0	2	有田 隆平		2	森岡 大丙
22	後	0	3	橋本 樹		3	福嶋 傑
6	T	0	4	前田 吉寛		4	落合 伸之
4	G	0	5	丹下 聡		5	大庭 雄太
6	PG	0	6	村木 俊貴		6	出口 正人
0	DG	0	7	小峰 徹也		7	吉田龍之佑
4	T	0	8	豊田 将万		8	永井 貴也
4	G	0	9	櫻井 朋広	HB	9	池田 元
0	PG	0	10	山中 亮平		10	藤巻 洋平
0	DG	0	11	中濱 寛造	TB	11	高橋 有祐
11	反則	15	12	宮澤 正利		12	三雲 淳

平成20年10月12日
G 高崎浜川
R 下村大和 KO 14:00
13 村田 大志／13 宮川 裕貴　14 田中 渉太／14 阿南 豪希　15 飯田 貴也 FB／15 信田 泰宏
交代 早大：塚原一喜（有田）、山本大介（瀧澤）、土屋廉一郎（前田）、上田一貴（村木）、藤森光祐（村木）、井上隼人（山中）、坂井克行（村田）
成蹊大：斎藤健（福嶋）、阿部慶介（新井）、太田雅宏（信田）、和田憲明（高橋）

公式試合 No.877 平成20年度 第3試合 対抗戦 早大 vs 筑波大

早大	区分	筑波大	No	早大選手	Pos	No	筑波大選手
64	—	0	1	瀧澤 直	FW	1	大渕 友介
28	前	0	2	有田 隆平		2	高木 貴裕
36	後	0	3	橋本 樹		3	山川 侑己
4	T	0	4	丹下 聡		4	白 隆和
4	G	0	5	中田 英里		5	廣澤 拓
4	PG	0	6	村木 俊貴		6	酒井 求
0	DG	0	7	小峰 徹也		7	福岡 昌則
6	T	0	8	豊田 将万		8	今野 達朗
4	G	0	9	櫻井 朋広	HB	9	梅田 紘一
0	PG	0	10	山中 亮平		10	渡邊 太生
0	DG	0	11	中濱 寛造	TB	11	入江 拝裕
10	反則	8	12	宮澤 正利		12	荒木 寿浩

平成20年10月19日
G 秩父宮
R 篠原克行 KO 12:00
13 村田 大志／13 山下 健太　14 田中 渉太／14 黒川 郷　15 飯田 貴也 FB／15 大野 亮
交代 早大：塚原一喜（有田）、山本大介（瀧澤）、上田一貴（村木）、榎木秋祐（櫻井）、井上隼人（山中）、早田健二（田中）
筑波大：古賀友貴（山川）、宮川拓也（白）、浦上正彦（酒井）、佐々木尚文（梅田）、西村亮真（山下）、岡田卓郎（入江）

公式試合 No.878 平成20年度 第4試合 対抗戦 早大 vs 帝京大

早大	区分	帝京大	No	早大選手	Pos	No	帝京大選手
7	—	18	1	瀧澤 直	FW	1	伊東 秀剛
7	前	3	2	有田 隆平		2	天野 豪紀
0	後	15	3	橋本 樹		3	平原 大敬
1	T	1	4	前田 吉寛		4	畠山 晃輝
0	G	1	5	中田 英里		5	デモシィ ボンド
0	PG	2	6	村木 俊貴		6	ヘンドリック ツイ
0	DG	0	7	上田 一貴		7	吉田光治郎
0	T	1	8	豊田 将万		8	野口 寛人
1	G	1	9	櫻井 朋広	HB	9	滑川 剛人
0	PG	0	10	山中 亮平		10	徳永 堯
0	DG	0	11	中濱 寛造	TB	11	沼尻 大輝
13	反則	17	12	宮澤 正利		12	南橋 直哉

平成20年11月2日
G 秩父宮
R 岸川剛之 KO 14:00
13 村田 大志／13 林 克典　14 田中 渉太／14 新井 克典　15 飯田 貴也 FB／15 船津 光
交代 早大：山下高範（瀧澤）、岩井哲史（前田）、中村拓紀（上田）、井上隼人（山中）、早田健二（田中）
帝京大：内田涼（船津）

公式試合 No.879 平成20年度 第5試合 対抗戦 早大 vs 日体大

早大	区分	日体大	No	早大選手	Pos	No	日体大選手
84	—	8	1	瀧澤 直	FW	1	篠田 俊文
41	前	0	2	有田 隆平		2	吉永光一郎
43	後	8	3	橋本 樹		3	山田 祥史
7	T	0	4	岩井 哲史		4	新開世志輝
0	G	1	5	中田 英里		5	柴田 和宏
6	PG	0	6	上田 一貴		6	浜倉 裕也
0	DG	0	7	小峰 徹也		7	大石 稔
4	T	1	8	豊田 将万		8	中山 俊
4	G	0	9	櫻井 朋広	HB	9	柳原 瑞樹
0	PG	0	10	山中 亮平		10	丸茂 遼
0	DG	0	11	中濱 寛造	TB	11	菊池沙一郎
11	反則	10	12	宮澤 正利		12	角田 祐紀

平成20年11月9日
G 熊谷
R 山田智也 KO 14:00
13 坂本 克行／13 福留 卓　14 田中 渉太／14 豊前 貴士　15 佐藤 晴紀 FB／15 山本 諭史
交代 早大：塚原一喜（有田）、山下高範（瀧澤）、土屋廉一郎（前田）、上田一貴（中濱）、大島佑利（佐藤）、中村龍樹（山田）、清水智文（櫻井）、井上隼人（中濱）
日体大：大石卓矢（新開）、森貴浩（大石稔）、迎優甫（高田）

第3章　公式試合全記録

公式試合 No.880　平成20年度　第6試合　対抗戦

早大		慶大	No.	早大		No.	慶大
34	—	17	1	瀧澤　直	FW	1	川村　慎
10	前	11	2	有田　隆平		2	柳澤　秀彦
24	後	6	3	山下　高範		3	廣畑光太郎
1	T	1	4	中田　英里		4	西川　大輔
1	G	0	5	橋本　樹		5	村田　毅
1	PG	2	6	上田　一貴		6	松本　大輝
0	DG	0	7	小峰　徹也		7	伊藤　隆大
4	T	0	8	豊田　将万		8	山本　直輝
2	G	0	9	櫻井　朋広	HB	9	花崎　亮
0	PG	2	10	山中　亮平		10	川本　祐喜
14	反則	8	11	中濱　寛造	TB	11	出雲　隆佑
			12	宮澤　正利		12	仲根健太
			13	長尾　岳人		13	竹本竜太郎
			14	村田　大		14	保坂　梓郎
			15	佐藤　晴範	FB	15	和田　拓

平成20年11月23日　G 秩父宮　R 下井真介　KO 14:00
交代　早大:山下昂大(上田)、岩井哲史(中田)
慶大:福岡良樹(川村)、三輪谷悟士(西川)、大口智太(松本)、浜本将人(竹本)、三木貴史(保坂)

公式試合 No.881　平成20年度　第7試合　対抗戦

早大		明大	No.	早大		No.	明大
22	—	24	1	瀧澤　直	FW	1	松浦　雄樹
5	前	7	2	有田　隆平		2	原前　開
17	後	17	3	山下　高範		3	土井　貴弘
1	T	1	4	中田　英里		4	鎌田祐太郎
0	G	0	5	橋本　樹		5	杉本　晃一
0	PG	2	6	中村　拓樹		6	西原　忠佑
0	DG	0	7	小峰　徹也		7	山本　紘史
2	T	2	8	豊田　将万		8	杉本　博昭
1	G	0	9	櫻井　朋広	HB	9	金澤　章太
0	PG	0	10	山中　亮平		10	田村　優
9	反則	17	11	中濱　寛造	TB	11	真瀬
			12	宮澤　正利		12	溝口　裕哉
			13	長尾　岳人		13	衛藤　陽介
			14	村田　大		14	奥田　浩也
			15	佐藤　晴範	FB	15	松本　憲利

平成20年12月7日　G 国立競技場　R 桜岡将博　KO 14:07
交代　早大:岩井哲史(中田)、榎本光祐(櫻井)、坂本行(田中)、田邊秀樹(宮澤)
明大:城彰(土井)、鈴木元(衛藤)

公式試合 No.882　平成20年度　第8試合　第45回大学選手権1回戦

早大		関東学院大	No.	早大		No.	関東学院大
21	—	5	1	瀧澤　直	FW	1	田中　圭一
11	前	0	2	有田　隆平		2	設楽　哲也
10	後	5	3	山下　高範		3	原田　豪
1	T	0	4	中田　英里		4	村下　雅章
0	G	0	5	橋本　樹		5	北川　勇次
1	PG	0	6	中村　拓樹		6	安藤　泰洋
0	DG	0	7	小峰　徹也		7	草下　怜
1	T	1	8	豊田　将万		8	土佐　誠
0	G	0	9	榎本　光祐	HB	9	細川　諭
0	PG	0	10	山中　亮平		10	田瀬慎之助
18	反則	11	11	中濱　寛造	TB	11	長谷川元気
			12	宮澤　正利		12	三輪　忠寛
			13	長尾　岳人		13	笹倉　康誉
			14	早田　健二		14	黒田　寛人
			15	田邊　秀樹	FB	15	吉田　高太

平成20年12月20日　G 秩父宮　R 下井真介　KO 14:00
交代　早大:丹下聡(橋本)、櫻井朋広(榎本)
関東学大:清水佑(村下)、大島脩平(細川)、谷野智紀(笹倉)

公式試合 No.883　平成20年度　第9試合　第45回大学選手権2回戦

早大		筑波大	No.	早大		No.	筑波大
59	—	25	1	瀧澤　直	FW	1	大渕　友介
21	前	13	2	有田　隆平		2	高木　貴裕
38	後	12	3	山下　高範		3	古賀　太貴
3	T	1	4	岩井　哲史		4	宮司　拓也
3	G	1	5	橋本　樹		5	廣澤　拓也
0	PG	2	6	中村　拓樹		6	今野　達朗
0	DG	0	7	小峰　徹也		7	福岡　員正
6	T	2	8	豊田　将万		8	梼　聡人
4	G	0	9	榎本　光祐	HB	9	梅田　紘一
0	PG	0	10	山中　亮平		10	河合　光
10	反則	10	11	中濱　寛造	TB	11	入江　将裕
			12	宮澤　正利		12	西村　亮真
			13	長尾　岳人		13	山下　翔
			14	早田　健二		14	黒川　郷
			15	田邊　秀樹	FB	15	大野　亮

平成20年12月28日　G 瑞穂　R 久保修平　KO 12:00
交代　早大:塚原一喜(小川)、山岸大介(橋本)、櫻井朋広(榎本)、坂本行(長尾)、井口剛士(山中)
筑波大:中村祐介(古賀)、鷲谷浩輔(宮司)、酒井求(梼)、佐々木尚文(梅田)、村上大記(河合)、小林良輝(西村)

公式試合 No.884　平成20年度　第10試合　第45回大学選手権準決勝

早大		東海大	No.	早大		No.	東海大
36	—	12	1	瀧澤　直	FW	1	三上　正貴
19	前	0	2	有田　隆平		2	岸　直弥
17	後	12	3	山下　高範		3	熊谷　隆
3	T	0	4	中田　英里		4	安井　龍太
2	G	0	5	橋本　樹		5	杉浦　直人
0	PG	0	6	中村　拓樹		6	マイケル　リーチ
0	DG	0	7	小峰　徹也		7	荒木　達也
2	T	2	8	豊田　将万		8	ジョシュア　マウ
2	G	1	9	榎本　光祐	HB	9	鶴田　諒
1	PG	0	10	山中　亮平		10	市原　繁夢
10	反則	9	11	中濱　寛造	TB	11	福田　亮介
			12	宮澤　正利		12	吉田　真吾
			13	長尾　岳人		13	山内　良之
			14	早田　健二		14	新井　龍一
			15	田邊　秀樹	FB	15	豊島　翔平

平成21年1月2日　G 国立競技場　R 桜岡将博　KO 12:18
交代　早大:塚原一喜(有田)、山岸大介(橋本)、岩井大(中田)、丹下聡(中村)、櫻井朋広(榎本)、坂本行(長尾)、井口剛士(田邊)
東海大:宮本陽平(岸)、端本太郎(熊谷)、木津武士(杉浦)、前川鐘平(荒木)、小西大樹(鶴田)、山田久郎(福田)

公式試合 No.885　平成20年度　第11試合　第45回大学選手権決勝

早大		帝京大	No.	早大		No.	帝京大
20	—	10	1	瀧澤　直	FW	1	伊東　秀剛
10	前	0	2	有田　隆平		2	天野　豪紀
10	後	7	3	山下　高範		3	平原　大敬
1	T	0	4	中田　英里		4	畠山　晃司
1	G	0	5	橋本　樹		5	デモシィ　ボンド
1	PG	0	6	中村　拓樹		6	ヘンドリック　ツイ
0	DG	0	7	小峰　徹也		7	吉田光治郎
1	T	1	8	豊田　将万		8	野口　真貴
1	G	1	9	榎本　光祐	HB	9	滑川　剛人
0	PG	1	10	山中　亮平		10	徳永　勇
9	反則	17	11	中濱　寛造	TB	11	野田　創
			12	宮澤　正利		12	南橋　直哉
			13	長尾　岳人		13	井本　克典
			14	早田　健二		14	鎌田　哲郎
			15	田邊　秀樹	FB	15	船津　光

平成21年1月10日　G 国立競技場　R 相可真治　KO 14:10
交代　早大:岩井哲史(中田)
シンビン:有田隆平
帝京大:甲斐洋充(吉田)、福田敏克(甲斐)
シンビン:ヘンドリック・ツイ、平原大敬

公式試合 No.886　平成20年度　第12試合　第46回日本選手権1回戦

早大		タマリバクラブ	No.	早大		No.	タマリバクラブ
55	—	13	1	瀧澤　直	FW	1	岩下　剛史
19	前	13	2	塚原　一喜		2	石川　悠久
36	後	0	3	山下　高範		3	小川　弘道
3	T	1	4	中田　英里		4	小泉　康治
2	G	0	5	橋本　樹		5	井戸　聞多
0	PG	0	6	中村　拓樹		6	桑江　功治
0	DG	0	7	山下　昴大		7	小山　陽平
6	T	1	8	豊田　将万		8	棚橋　建太
3	G	0	9	櫻井　朋広	HB	9	石橋　章匡
0	PG	0	10	山中　亮平		10	竹山　将史
	反則		11	中濱　寛造	TB	11	大松　直人
			12	宮澤　正利		12	羽田　一生
			13	坂井　克行		13	石原　克典
			14	村田　大志		14	若野　祥大
			15	田中　渉太	FB	15	飛騨　遼

平成21年2月7日　G 秩父宮　R 下村大輔　KO 14:01
交代　早大:山岸大介(塚原)、岩井哲史(橋本)、小峰徹也(豊田)、清水智文(櫻井)、長尾岳人(村田)、田邊秀樹(宮澤)
タマリバ:中村嘉徳(小川)、山岸大介(中田英)、川下繁(小山)、首藤三四郎(石橋)、高木竜輔(若野)

公式試合 No.887　平成20年度　第12試合　第46回日本選手権2回戦

早大		サントリー	No.	早大		No.	サントリー
20	—	59	1	瀧澤　直	FW	1	林　仰
6	前	24	2	有田　隆平		2	青木　佑輔
14	後	35	3	山下　高範		3	畠山　健介
0	T	3	4	中田　英里		4	早野　貴大
0	G	3	5	橋本　樹		5	篠塚　公史
0	PG	0	6	中村　拓樹		6	ロッキー　ハビリ
1	DG	0	7	小峰　徹也		7	上村　康太
2	T	5	8	豊田　将万		8	竹本隆太郎
2	G	4	9	榎本　光祐	HB	9	田中　史朗
0	PG	0	10	山中　亮平		10	野村　直矢
12	反則	5	11	中濱　寛造	TB	11	小野澤宏時
			12	宮澤　正利		12	ライアン　ニコラス
			13	長尾　岳人		13	山下　大悟
			14	田中　渉太		14	北條　純一
			15	田邊　秀樹	FB	15	長友　泰憲

平成21年2月15日　G 秩父宮　R 桜岡将博　KO 14:10
交代　早大:岩井哲史(山下)、山下昴大(井村)、坂本行(宮澤)、早田健二(中濱)
サントリー:岡岡俊平(林)、金井健夫(早野)、ハレ・ティーポレ(ハビリ)、元申駒(上村)、成田秀悦(田中)、平浩二(山下)、有賀健(北條)

公式試合 No.888　平成20年度　第59回朝日招待試合

早大		九州代表	No.	早大		No.	九州代表
55	—	38	1	瀧澤　直	FW	1	西浦　達吉
33	前	7	2	塚原　一喜		2	松園　正隆
22	後	31	3	橋本　樹		3	松尾　俊
5	T	1	4	岩井　哲史		4	伊達　肇
4	G	1	5	中田　英里		5	秋田　太朗
0	PG	0	6	中村　拓樹		6	西浦　啓三
0	DG	0	7	小峰　徹也		7	河原崎　俊
4	T	5	8	豊田　将万		8	川寄　拓生
5	G	4	9	榎本　光祐	HB	9	善月　武
0	PG	0	10	山中　亮平		10	福田　哲也
6	反則	5	11	中濱　寛造	TB	11	小柳　泰貴
			12	宮澤　正利		12	徳住　茂久
			13	坂井　克行		13	松添　健吉
			14	早田　健二		14	吉永　祥宏
			15	田邊　秀樹	FB	15	原留　大祐

平成21年3月20日　G 平和台　R 吉丸秀利　KO 14:00
交代　早大:和田(橋本)、横谷大(瀧澤)、吉村(原留)、土屋(岩井)、清水(豊田)、大島(小峰)、西田(榎本)、村田大(宮澤)、田中(中濱)
九州代表:蔵(松園)、申(西浦達)、山下克(松尾)、藪本(香月)、品川(松添)、菅(小柳)、山田(吉永)、江藤(福田)

公式試合 No.889　平成21年度　第1試合　対抗戦

早大		成蹊大	No.	早大		No.	成蹊大
106	—	0	1	横谷　祐紀	FW	1	福崎　傑
54	前	0	2	有田　隆平		2	高田　叔亮
52	後	0	3	瀧澤　直		3	新井　貴
8	T	0	4	井村　達朗		4	落合　伸之
7	G	0	5	中田　英里		5	永井　典也
0	PG	0	6	中村　拓樹		6	吉田龍之佑
0	DG	0	7	山下　昂大		7	永野　裕識
8	T	0	8	大島　佐和		8	小林　大樹
7	G	0	9	榎本　光祐	HB	9	池田　元
0	PG	0	10	山中　亮平		10	太田　雅浩
10	反則		11	中濱　寛造	TB	11	三浦　淳
			12	村田　大志		12	貝渕潤一郎
			13	坂井　克行		13	宮川　裕貴
			14	田中		14	三浦　直太
			15	田邊　秀樹	FB	15	信田　泰宏

平成21年9月13日　G 秩父宮　R 河野哲彦　KO 16:00
交代　早大:小原健嗣(有田)、和田卓也(横谷)、清水志志(中田)、清登明(中村)、藤野賢(井村)
成蹊大:斎藤賢(福崎)、三浦修司(高田)、高橋啓(永井)、藤本健友(貝渕)、浦野修平(三浦)

公式試合 No.890　平成21年度　第2試合　対抗戦

早大		立大	No.	早大		No.	立大
94	—	5	1	山岸　大介	FW	1	緒方　公俊
49	前	0	2	有田　隆平		2	佐瀬　友哉
45	後	5	3	瀧澤　直		3	市川　敬太
8	T	0	4	井村　達朗		4	井組　圭
7	G	0	5	中田　英里		5	吉原　隼人
0	PG	0	6	中村　拓樹		6	宣原　隼人
0	DG	0	7	山下　昂大		7	伊藤　尊
7	T	1	8	大島　佐和		8	安倍　正輝
7	G	0	9	榎本　光祐	HB	9	三輪　祐
0	PG	0	10	山中　亮平		10	浅川　健太
7	反則	18	11	中濱　寛造	TB	11	篠原　彰平
			12	村田　大志		12	梅　拓也
			13	坂井　克行		13	田中　翔吾
			14	田中		14	吉田　勝博
			15	田邊　秀樹	FB	15	吉田　佳敬

平成21年10月4日　G 秩父宮　R 清水塁　KO 14:00
交代　早大:小原健嗣(有田)、和田卓也(山岸)、清水直志(井村)、清登明(中村)、清登豊(田邊)
立大:元吉拓史(佐瀬)、門田隆一(市川)、福田大(吉原)、守本公保(伊藤)、中村洋平(三輪)、和田聡(平盛)、大槻壮史(吉田)

公式試合 No.891　平成21年度　第3試合　対抗戦

早大		筑波大	No.	早大		No.	筑波大
50	—	5	1	伊藤平一郎	FW	1	大渕　友介
12	前	0	2	彦坂		2	彦坂　圭
38	後	5	3	瀧澤　直		3	中村　祐介
2	T	0	4	井村　達朗		4	白　隆和
1	G	0	5	中田　英里		5	西元　気
0	PG	0	6	中村　拓樹		6	工藤　広志
0	DG	0	7	木村　俊貴		7	福岡　員正
6	T	1	8	大島　佐和		8	山崎　幸平
4	G	0	9	榎本　光祐	HB	9	佐々木尚文
0	PG	0	10	山中　亮平		10	梅田　紘一
10	反則		11	中濱　寛造	TB	11	小林　良輝
			12	村田　大志		12	荒木　寿浩
			13	坂井　克行		13	中舘　章
			14	早田　健二		14	彦坂　匡克
			15	田邊　秀樹	FB	15	川口　晴平

平成21年10月17日　G 熊谷　R 下井真介　KO 14:00
交代　早大:上田竜太郎(伊藤)、清水直志(井村)、武田康明(中村)、清澤慶吾(木村)、村田賢史(村田)
筑波大:山川侑己(大渕)、園中良宏(工藤)、崎野駿太(白)、青木元洋(佐々木)、村上大記(荒木)、内田啓太(彦坂匡)

公式試合　No. 892　平成21年度　第4試合　対抗戦

早大		帝京大			早大			帝京大
6	—	3	1	山岸 大介	FW	1	吉田 康平	
3	前	3	2	有田 隆平		2	森 太志	
3	後	3	3	瀧澤 直		3	伊東 秀剛	
0	T	0	4	清水 直志		4	菅原 貴広	
0	G	0	5	中田 英里		5	デミシィー ボンド	
1	PG	0	6	中村 拓樹		6	ヘンドリック ツイ	
0	DG	0	7	山下 昂大		7	吉田光治郎	
0	T	0	8	大島 佐利		8	野口 真寛	
1	PG	1	9	榎本 光祐	HB	9	滑川 剛人	
0	DG	0	10	山中 亮平		10	森田 佳寿	
0	DG	0	11	中濱 寛造	TB	11	野田 創	
10	反則	20	12	村田 大志		12	南橋 直哉	

平成21年10月31日　　　13　宮澤 正利
G 秩父宮　　　　　　　14　早田 健二
R 下井真介　KO 14:00　15　田邊 秀樹　FB 15　染山 航

交代　早大:櫻井朋広(榎本)、宮澤正利(坂井)
帝京大:白滝尚(森)、池尚希(野口)、小野寛智(森田)、玉村直之(伊藤)、内田剛(船津)

公式試合　No. 893　平成21年度　第5試合　対抗戦

早大		日体大			早大			日体大
82	—	0	1	伊藤平一郎	FW	1	廣瀬 良太	
40	前	0	2	有田 隆平		2	髙島卓久馬	
42	後	0	3	瀧澤 直		3	佐々木 駿	
6	T	0	4	清水 直志		4	大石 卓矢	
5	G	0	5	星野 泰祐		5	室井 達彦	
0	PG	0	6	中村 拓樹		6	中山 俊	
0	DG	0	7	山下 昂大		7	森 浩志	
6	T	0	8	大島 佐利		8	髙井 迪樹	
5	G	0	9	榎本 光祐	HB	9	柳原 瑞樹	
0	PG	0	10	山中 亮平		10	青木 和也	
0	DG	0	11	中濱 寛造	TB	11	清水 祐哉	
10	反則	6	12	村田 大志		12	辰川 翔	

平成21年11月7日　　　13　宮澤 正利
G 秩父宮　　　　　　　14　早田 健二
R 下村大輔　KO 14:00　15　田邊 秀樹　FB 15　山本 諭史

交代　早大:上田竜太郎(瀧澤)、和田卓也(伊藤)、岩井哲史(清水)、櫻井朋広(榎本)、坂井克行(宮澤)、中鑰隆彰(坂井)
日体大:立道裕昭(室井)、植松真吾(清水)、樫間秀幸(山本)

公式試合　No. 894　平成21年度　第6試合　対抗戦

早大		慶大			早大			慶大
20	—	20	1	山岸 大介	FW	1	川村 慎	
13	前	13	2	有田 隆平		2	金子 大介	
7	後	7	3	瀧澤 直		3	廣畑光太郎	
1	T	2	4	清水 直志		4	栗原 大介	
1	G	0	5	中田 英里		5	村田 毅	
2	PG	1	6	中村 拓樹		6	松本 大輝	
0	DG	0	7	山下 昂大		7	阿井宏太郎	
1	T	1	8	大島 佐利		8	小澤 直輝	
1	G	0	9	榎本 光祐	HB	9	藤代 尚彦	
0	PG	0	10	山中 亮平		10	村田 賢史	
0	DG	0	11	中濱 寛造	TB	11	三木 貴史	
7	反則	14	12	村田 大志		12	増田 慶介	

平成21年11月23日　　　13　坂井 克行
G 秩父宮　　　　　　　14　早田 健二
R 桜岡将博　KO 14:04　15　田邊 秀樹　FB 15　小林 俊雄

交代　早大:星野泰祐(清水)、和田卓也(伊藤)、櫻井朋広(榎本)、山中亮平(村田賢)、中鑰隆彰(田邊)
慶大:髙橋立寛(阿井)、吉岡承煦(藤代)、仲宗根健太(竹本)

公式試合　No. 895　平成21年度　第7試合　対抗戦

早大		明大			早大			明大
16	—	14	1	山岸 大介	FW	1	茅島 雅俊	
3	前	14	2	有田 隆平		2	伊吹 誠介	
13	後	0	3	瀧澤 直		3	小野 慎介	
0	T	2	4	清水 直志		4	鎌田裕太郎	
0	G	2	5	中田 英里		5	名嘉 翔伍	
1	PG	0	6	中村 拓樹		6	堀江 恭介	
0	DG	0	7	山下 昂大		7	西原 忠佑	
2	T	0	8	大島 佐利		8	杉本 博昭	
0	G	0	9	榎本 光祐	HB	9	秦 一平	
1	PG	0	10	山中 亮平		10	田村 優	
0	DG	0	11	中濱 寛造	TB	11	山口 真澄	
4	反則	9	12	内山 竜輔		12	溝口 裕ム	

平成21年12月6日　　　13　牛房 佑輔
G 国立競技場　　　　　14　小泉 将
R 下井真介　KO 14:00　15　飯田 貴也　FB 15　剛也

交代　早大:和田卓也(上田)、星野泰祐(中田)、櫻井朋広(榎本)、吉井耕平(山中)
明大:鈴木亮太郎(伊吹)、竹内健人(堀江)、染山茂範(衞藤)、居追雄大(染山)

公式試合　No. 896　平成21年度　第8試合　第46回大学選手権1回戦

早大		立命大			早大			立命大
38	—	0	1	上田竜太郎	FW	1	佐藤 憲	
24	前	0	2	伊藤平一郎		2	丸本 哲	
14	後	0	3	瀧澤 直		3	佐藤 誠	
4	T	0	4	清水 直志		4	辻本 雄起	
2	G	0	5	星野 泰祐		5	大戸 浩矢	
1	PG	0	6	中村 拓樹		6	大村陽一郎	
0	DG	0	7	山下 昂大		7	片岡 佑介	
2	T	0	8	大島 佐利		8	植松 崇之	
0	G	0	9	櫻井 朋広	HB	9	池町 信哉	
1	PG	0	10	山中 亮平		10	大嶌 圭	
0	DG	0	11	中濱 寛造	TB	11	谷崎 潤平	
18	反則	16	12	内山 竜輔		12	鵜川 雄太	

平成21年12月20日　　　13　宮澤 正利
G 瑞穂　　　　　　　　14　早田 健二
R 下村大輔　KO 14:00　15　飯田 貴也　FB 15　多田 雅彦

交代　早大:山岸大介(上田)、横谷大祐(瀧澤)、岩井哲史(星野)、濱登明(中村)、榎本光祐(櫻井)、吉井耕平(山中)、牛房佑輔(内山)
立命大:毛塚祐貴(佐藤)、沢居寛也(佐藤)、朝陽健成(大村)、安田大樹(植松)、中村新一(池町)、西田裕人(鵜川)、佐藤吉彦(多田)

公式試合　No. 897　平成21年度　第9試合　第46回大学選手権2回戦

早大		帝京大			早大			帝京大
20	—	31	1	上田竜太郎	FW	1	吉田 康平	
13	前	12	2	伊藤平一郎		2	森 太志	
7	後	19	3	瀧澤 直		3	伊東 秀剛	
1	T	0	4	清水 直志		4	内田 晃司	
1	G	1	5	星野 泰祐		5	ディモシー ボンド	
2	PG	0	6	中村 拓樹		6	ヘンドリック ツイ	
0	DG	0	7	山下 昂大		7	吉田光治郎	
1	T	3	8	大島 佐利		8	野口 真寛	
1	G	1	9	櫻井 朋広	HB	9	滑川 剛人	
0	PG	0	10	山中 亮平		10	德永 高	
0	DG	0	11	中濱 寛造	TB	11	富永 浩史	
14	反則	9	12	村田 大志		12	南橋 直哉	

平成21年12月27日　　　13　森田 佳寿
G 秩父宮　　　　　　　14　早田 健二
R 戸田京介　KO 14:03　15　飯田 貴也　FB 15　船津 光

交代　早大:山岸大介(上田)、横谷大祐(伊藤)、岩井哲史(星野)、濱登明(中村)、榎本光祐(櫻井)、吉井耕平(山中)、坂井克行(宮澤)
帝京大:浪岡祐貴(野口)、豊島貴広(森)、德永高(伊東)、福田敏克(吉田)、小野寛智(滑川)、河合航(德永)

国際試合　No. 106　平成22年度　第6回定期戦

早大		高麗大			早大			高麗大
45	—	17	1	安江 順己	FW	1		
12	前	10	2	斎藤 健		2		
33	後	7	3	横谷 大祐		3	森田 佳寿	
2	T	3	4	芦谷 勇帆		4		
1	G	0	5	岩井 哲史		5		
0	PG	0	6	土屋鷹一郎		6		
0	DG	0	7	中村 拓樹		7		
5	T	1	8	金 正奎		8		
4	G	1	9	西田 剛	HB	9		
1	PG	0	10	松井 一樹		10		
0	DG	0	11	中濱 寛造	TB	11		
	反則		12	宮澤 正利		12		

平成22年5月22日　　　13　村田 大志
G 高麗大　　　　　　　14　原田 季郎
R 安江　KO 14:00　15　原田 貴也　FB 15

交代　早大:髙家崇徳(斎藤)、小林勝宗(安江)、垣永真之介(横谷)、河原崎務(金)、南宮大地(西田)、宮澤正利(原田)、飯田貴也(井口)
高麗大:不明

公式試合　No. 898　平成22年度　第1試合　対抗戦

早大		立大			早大			立大
64	—	8	1	上田竜太郎	FW	1	迫田 泰英	
31	前	3	2	伊藤平一郎		2	佐瀬 友樹	
33	後	5	3	垣永真之介		3	市川 敬大	
5	T	0	4	岩井 哲史		4	佐藤 彰吾	
5	G	1	5	中田 英里		5	福田 大	
1	PG	0	6	中村 拓樹		6	宣原 甲太	
0	DG	0	7	金 正奎		7	守本 公保	
5	T	0	8	有田 隆平	HB	8	荒川 一	
5	G	0	9	山中 亮平		9	中澤 健宏	
0	PG	0	10	山中 亮平		10	中澤 健宏	
0	DG	0	11	中濱 寛造	TB	11	大槻 壮史	
5	反則	11	12	宮澤 正利		12	梅 純也	

平成22年9月12日　　　13　村田 大志
G 秩父宮　　　　　　　14　田中 翔吾
R 中鑰隆彰　KO 18:30　15　飯田 貴也　FB 15　対馬 直人

交代　早大:牛房佑輔(中村)、西田剛(榎本)
立大:網野功輝(迫田)、有賀太郎(佐藤)、伊藤尊(荒川)、杉山太郎(中村)、和田聡(対馬)

公式試合　No. 899　平成22年度　第2試合　対抗戦

早大		成蹊大			早大			成蹊大
88	—	0	1	上田竜太郎	FW	1	三浦 嶺	
41	前	0	2	伊藤平一郎		2	髙田 叔亮	
47	後	0	3	垣永真之介		3	新井 亮	
7	T	0	4	岩井 哲史		4	落合 伸之	
6	G	0	5	中田 英里		5	亀井 裕太	
0	PG	0	6	中村 拓樹		6	吉田龍之介	
0	DG	0	7	金 正奎		7	三浦 豪	
7	T	0	8	有田 隆平		8	小林 大輔	
6	G	0	9	榎本 光祐	HB	9	平野 理人	
0	PG	0	10	山中 亮平		10	太田 雅浩	
0	DG	0	11	中濱 寛造	TB	11	信田 泰宏	
8	反則	12	12	坂井 克行		12	宮川 裕貴	

平成22年9月25日　　　13　村田 大志
G 上柚木公園陸上競技場　14　中鑰 隆彰
R 清水 塁　KO 15:00　15　飯田 貴也　FB 15　五十嵐圭佑

交代　早大:須藤拓輝(上田)、芦谷勇帆(中田)、宮澤正利(中鑰)
成蹊大:竹内準(三浦豪)、斎籐賢二(三浦嶺)、髙橋隆(亀井)、水野裕識(平野)、具渕理一郎(宮川)、荒井泰斗(信田)

公式試合　No. 900　平成22年度　第3試合　対抗戦

早大		筑波大			早大			筑波大
34	—	26	1	上田竜太郎	FW	1	山川 侑己	
8	前	21	2	伊藤平一郎		2	彦坂 圭志	
26	後	5	3	垣永真之介		3	中村 祐介	
1	T	3	4	岩井 哲史		4	白 隆和	
1	G	2	5	中田 英里		5	工藤 元気	
1	PG	0	6	中村 拓樹		6	鶴谷 昌隆	
0	DG	0	7	金 正奎		7	福岡 員正	
3	T	3	8	有田 隆平		8	山崎 啓介	
2	G	1	9	榎本 光祐	HB	9	内田 啓介	
0	PG	0	10	山中 亮平		10	村上 大記	
0	DG	0	11	中濱 寛造	TB	11	桁島 亮太	
9	反則	11	12	坂井 克行		12	桁島 亮太	

平成22年10月2日　　　13　村田 大志
G 桜岡将博　　　　　　14　中鑰 隆彰
R 桜岡将博　KO 14:00　15　飯田 貴也　FB 15　内田 啓太

交代　早大:山下昂大(金)、井口剛志(飯田)
筑波大:田中良寛(工藤)、櫟山雅央(彦坂匡)

公式試合　No. 901　平成22年度　第4試合　対抗戦

早大		日体大			早大			日体大
91	—	3	1	上田竜太郎	FW	1	城 葵	
29	前	3	2	伊藤平一郎		2	髙島卓久馬	
62	後	0	3	垣永真之介		3	佐々木 駿	
1	T	3	4	岩井 哲史		4	新開世志輝	
1	G	3	5	中田 英里		5	立道 裕昭	
1	PG	0	6	金 正奎		6	安達 陽介	
0	DG	0	7	山下 昂大		7	髙井 迪樹	
7	T	0	8	有田 隆平		8	森 浩志	
3	G	0	9	榎本 光祐	HB	9	小島 悠輔	
1	PG	0	10	山中 亮平		10	松本 聖	
0	DG	0	11	中濱 寛造	TB	11	須藤 孔太	
5	反則	4	12	坂井 克行		12	植松 真吾	

平成22年10月24日　　　13　村田 大志
G 熊谷　　　　　　　　14　小沢 龍一
R 堀江 学　KO 14:00　15　井口 剛志　FB 15　今井 涼

交代　早大:牛房佑輔(金)、田邉秀樹(飯田)、原田季郎(中濱)
日体大:森川竜太郎(新開)、栗原大介(小沢)

公式試合　No. 902　平成22年度　第5試合　対抗戦

早大		帝京大			早大			帝京大
33	—	14	1	上田竜太郎	FW	1	吉田 康平	
7	前	7	2	伊藤平一郎		2	森 太志	
26	後	7	3	垣永真之介		3	坪井 秀龍	
1	T	2	4	岩井 哲史		4	菅原 貴広	
1	G	0	5	中田 英里		5	ディモシィ ボンド	
2	PG	0	6	中村 拓樹		6	ヘンドリック ツイ	
0	DG	0	7	山下 昂大		7	吉田光治郎	
3	T	2	8	有田 隆平		8	滑川 剛人	
4	G	0	9	榎本 光祐	HB	9	滑川 剛人	
0	PG	0	10	山中 亮平		10	中村 亮土	
0	DG	0	11	中濱 寛造	TB	11	富永 浩史	
13	反則	9	12	坂井 克行		12	南橋 直哉	

平成22年11月3日　　　13　村田 大志
G 秩父宮　　　　　　　14　森田 佳寿
R 相岡真治　KO 14:00　15　井口 剛志　FB 15　竹田 宣純

交代　早大:金正奎(有田)、西橋勇人(坂井)、田邉秀樹(中濱)
帝京大:小幡大彰(坪井)、出渕賢史(坪井)、木下修一(菅原)、橋口功(森田)、伊藤拓巳(小野)

公式試合 No.903　平成22年度　第6試合　対抗戦

早大		慶大
8	—	10
3	前	3
5	後	7
0	T	0
0	G	0
1	PG	1
0	DG	0
1	T	1
0	G	1
0	PG	0
0	DG	0
8	反則	8

	早大			慶大
1	上田竜太郎	FW	1	半田 恭平
2	伊藤平一郎		2	高橋 浩平
3	垣永真之介		3	古田 哲也
4	岩井 哲史		4	栗原 大介
5	中田 英里		5	村田 毅
6	中村 拓樹		6	柴田 翼
7	山下 昂大		7	井沢宏太郎
8	有田 隆平		8	小澤 直輝
9	榎本 光祐	HB	9	古岡 承勲
10	山中 亮平		10	井町 拓
11	中濱 寛造	TB	11	三木 貴生
12	坂井 克行		12	竹本竜太郎
13	村田 大志		13	増田 慎一
14	中藏 隆彰		14	児玉健太郎
15	井口 剛志	FB	15	小川 優輔

平成22年11月23日
G 秩父宮
R 下井真介 KO 14:03

交代 早大：金正奎(中村)、田邊秀樹(中藏)
慶大：小斉平聖人(古岡)、落合陽輔(増田)

公式試合 No.904　平成22年度　第7試合　対抗戦

早大		明大
31	—	15
17	前	3
14	後	12
2	T	0
2	G	0
1	PG	1
0	DG	0
2	T	2
2	G	1
0	PG	0
0	DG	0
15	反則	6

	早大			明大
1	上田竜太郎	FW	1	楢山 直幸
2	伊藤平一郎		2	渡部 逸記
3	垣永真之介		3	城 彰
4	岩井 哲史		4	古屋 章
5	中田 英里		5	名嘉 翔伍
6	中村 拓樹		6	三村勇飛丸
7	山下 昂大		7	堀江 恭佑
8	有田 隆平		8	杉本 博昭
9	榎本 光祐	HB	9	秦 一平
10	山中 亮平		10	田村 優
11	中濱 寛造		11	木村 圭吾
12	坂井 克行		12	大澤 良介
13	村田 大志		13	居迫 雄大
14	中藏 隆彰		14	衛藤 陽介
15	井口 剛志	FB	15	小泉 将

平成22年12月5日
G 国立競技場
R 桜岡将博 KO 14:00

交代 早大：金正奎(中村)、西田剛(榎本)、田邊秀樹(坂井)、飯田貴也(中藏)
明大：郷雄貴(渡部)、茅島雅俊(楢山)、友永恭平(名嘉)、千布亮輔(三村)、染山茂範(木村)、猿楽直希(大澤)

公式試合 No.905　平成22年度　第8試合　第47回大学選手権1回戦

早大		大体大
94	—	7
38	前	7
56	後	0
6	T	1
4	G	1
0	PG	0
0	DG	0
10	T	0
7	G	0
0	PG	0
0	DG	0
	反則	

	早大			大体大
1	上田竜太郎	FW	1	隅内 歩
2	伊藤平一郎		2	長崎健太郎
3	横谷 大祐		3	小林 謙太
4	岩井 哲史		4	柳川 大樹
5	中田 英里		5	秋山 瑞路
6	中村 拓樹		6	中谷 峻
7	山下 昂大		7	竹内 擁騎
8	有田 隆平		8	山内遼太郎
9	榎本 光祐	HB	9	福居 武
10	山中 亮平		10	田村 優
11	中濱 寛造	TB	11	大川 智由
12	坂井 克行		12	金沢 章
13	村田 大志		13	拝原 一樹
14	中藏 隆彰		14	李 修平
15	井口 剛志	FB	15	村村 健司

平成22年12月19日
G 秩父宮
R 藤内有己 KO 14:00

交代 早大：須藤拓輝(伊藤)、垣内真之介(横谷)、金正奎(中村)、西橋勇人(榎本)、田邊秀樹(西橋)、飯田貴也(中藏)
大体大：田中健太郎(隅内)、高見優太(小林)、忠津弘樹(長崎)、野田大(福居)、三瀬憲二朗(金沢)、沢良木僚平(大川)

公式試合 No.906　平成22年度　第9試合　第47回大学選手権2回戦

早大		関西学院大学
62	—	12
24	前	7
38	後	5
4	T	1
2	G	1
0	PG	0
0	DG	0
6	T	1
4	G	0
0	PG	0
0	DG	0
9	反則	5

	早大			関西学院大学
1	上田竜太郎	FW	1	高橋 賢
2	伊藤平一郎		2	緑川 昌樹
3	垣永真之介		3	幸田 雄治
4	岩井 哲史		4	白杵 春吉
5	中田 英里		5	藤原 慎介
6	中村 拓樹		6	丸山 央
7	山下 昂大		7	安田 尚矢
8	有田 隆平		8	小原 渉
9	榎本 光祐	HB	9	芦田 一顕
10	山中 亮平		10	渕本伸二郎
11	中濱 寛造	TB	11	松野 尾允
12	坂井 克行		12	村本聡一郎
13	村田 大志		13	田中 優太
14	中藏 隆彰		14	長野 直樹
15	井口 剛志	FB	15	小樋山 樹

平成22年12月26日
G 瑞穂
R 下井真介 KO 14:00

交代 早大：金正奎(中村)、西田剛(榎本)、田邊秀樹(坂井)
関西学大：折目光弘(幸田)、河合星(安田)、山本有輝(藤原)、林真一(丸山)

公式試合 No.907　平成22年度　第10試合　第47回大学選手権準決勝

早大		明大
74	—	10
15	前	10
59	後	0
3	T	1
1	G	0
0	PG	0
0	DG	0
8	T	1
7	G	0
0	PG	0
0	DG	0
9	反則	12

	早大			明大
1	上田竜太郎	FW	1	楢山 直幸
2	伊藤平一郎		2	渡部 逸記
3	垣永真之介		3	城 彰
4	岩井 哲史		4	古屋 直樹
5	中田 英里		5	名嘉 翔伍
6	中村 拓樹		6	三村勇飛丸
7	山下 昂大		7	堀江 恭佑
8	有田 隆平		8	杉本 博昭
9	榎本 光祐	HB	9	秦 一平
10	山中 亮平		10	田村 優
11	中濱 寛造		11	佳久 創
12	坂井 克行		12	大澤 良介
13	村田 大志		13	居迫 雄大
14	中藏 隆彰		14	衛藤 陽介
15	井口 剛志	FB	15	小泉 将

平成23年1月2日
G 国立競技場
R 相田真治 KO 14:00

交代 早大：金正奎(中村)、須藤拓輝(伊藤)、土屋鷹一郎(中田)、西田剛(榎本)、田邊秀樹(坂井)、飯田貴也(中藏)
明大：太田竣介(渡部)、日高駿(居迫)、千布亮輔(古屋)、下村真太郎(田村)、猿楽直希(衛藤)、山口裕貴(佳久)

公式試合 No.908　平成22年度　第11試合　第47回大学選手権決勝

早大		帝京大
12	—	17
7	前	11
5	後	6
1	T	1
1	G	1
0	PG	2
0	DG	0
1	T	1
1	G	1
0	PG	0
0	DG	0
	反則	

	早大			帝京大
1	上田竜太郎	FW	1	吉田 康平
2	伊藤平一郎		2	森 太志
3	垣永真之介		3	西村 尚紀
4	岩井 哲史		4	菅原 貴広
5	中田 英里		5	デモシィ ボンド
6	中村 拓樹		6	ヘンドリック ツイ
7	山下 昂大		7	吉田光治郎
8	有田 隆平		8	柴田 一昴
9	榎本 光祐	HB	9	滑川 剛人
10	山中 亮平		10	森田 佳寿
11	中濱 寛造	TB	11	富永 史乍
12	坂井 克行		12	南橋 直哉
13	村田 大志		13	黒川 勝平
14	中藏 隆彰		14	鬼海 建次
15	井口 剛志	FB	15	竹田 宣純

平成23年1月9日
G 国立競技場
R 平林泰三 KO 14:02

交代 早大：金正奎(中村)、田邊秀樹(坂井)
帝京大：小幡大彰(森)、坪井秀長(西村)、小野寛智(森田)、伊藤拓巳(鬼海)

公式試合 No.909　平成22年度　第12試合　第48回日本選手権1回戦

早大		NTTドコモ
43	—	66
19	前	31
24	後	35
3	T	4
1	G	4
0	PG	0
0	DG	0
4	T	5
2	G	5
0	PG	0
0	DG	0
10	反則	7

	早大			NTTドコモ
1	上田竜太郎	FW	1	松川 功
2	伊藤平一郎		2	水山 尚範
3	横谷 大祐		3	北島 良
4	岩井 哲史		4	鄭 智弘
5	中村 拓樹		5	熊谷 達
6	中村 拓樹		6	セモ シティヴィ
7	山下 昂大		7	尾方 宏之
8	有田 隆平		8	箕内 拓郎
9	榎本 光祐	HB	9	辻埜 和志
10	山中 亮平		10	ハミッシュ ガード
11	中濱 寛造	TB	11	渡辺 義之
12	坂井 克行		12	清瀬 浩太
13	村田 大志		13	宮里 尚樹
14	飯田 貴也		14	平瀬 健志
15	黒澤 健	FB	15	沼田 即光

平成23年2月6日
G 秩父宮
R 桜岡将博 KO 12:00

交代 早大：須藤拓輝(伊藤)、金正奎(中村)、原田季郎(飯田)
NTT：神野慎二郎(水山)、許継(北島)、マット・マスチャン(シティ)、吉岡宏樹(尾方)、笠木大(辻埜)、伊藤宏明(清瀬)、オロ将太(平瀬)

公式試合 No.910　平成23年度　第1試合　対抗戦

早大		青学大
69	—	12
47	前	7
22	後	5
7	T	1
6	G	1
0	PG	0
0	DG	0
4	T	1
1	G	0
0	PG	0
0	DG	0
14	反則	10

	早大			青学大
1	上田竜太郎	FW	1	在原 健太
2	高家 崇徳		2	林 隼河
3	横谷 大祐		3	平塚 真介
4	土屋鷹一郎		4	鈴木 健人
5	芦谷 勇帆		5	山本 祥太
6	金 正奎		6	糸岡 優碓
7	山下 昂大		7	星野 君明
8	大峯 功三		8	佐竹 哲実
9	西橋 勇人	HB	9	香山 良太
10	吉井 耕平		10	松林 篤哉
11	原田 季郎		11	久保山彰利
12	下平 泰生		12	阿部 兼利
13	村松 賢一		13	森田 健人
14	中藏 隆彰		14	大口 聡太
15	黒澤 健	FB	15	西脇 大貴

平成23年9月10日
G 秩父宮
R 桜岡将博 KO 13:00

交代 早大：齊藤健(横谷)、安江順(上田)、近藤貴敬(土屋)
青学大：中村拓(在原)、濱一成(山本)、三原壮志郎(松林)、宮城完爾(阿部)、明本貴信(久保山)、後藤友哉(星野)

公式試合 No.911　平成23年度　第2試合　対抗戦

早大		成蹊大
129	—	0
63	前	0
66	後	0
9	T	0
9	G	0
0	PG	0
0	DG	0
10	T	0
10	G	0
0	PG	0
0	DG	0
6	反則	11

	早大			成蹊大
1	安江 順	FW	1	竹内 準
2	高家 崇徳		2	高田 叔亮
3	横谷 大祐		3	嶺岸 亮祐
4	土屋鷹一郎		4	高橋 啓
5	芦谷 勇帆		5	三浦 圭介
6	金 正奎		6	亀井 裕太
7	山下 昂大		7	井上 高宗
8	大峯 功三		8	小林 大輔
9	西橋 勇人	HB	9	平賀 大輔
10	吉井 耕平		10	太田 雅浩
11	廣瀬 晃紀	TB	11	五十嵐圭佑
12	藤近鉱二郎		12	藤本 健友
13	下平 泰生		13	藤本 健友
14	中藏 隆彰		14	松井 渉
15	黒澤 健	FB	15	尾上 敏孝

平成23年9月24日
G 松本アルウィン
R 藤内有己 KO 14:00

交代 早大：垣永真之介(横谷)、小林廣也(金)、小倉順平(吉井)、村松賢一(下平)
成蹊大：廣江専寛(嶺岸)、太田裕太(亀井)、飯塚亨(井上)、永野裕議(平賀)、町田信吾(尾上)、斉藤孝紀(松井)

公式試合 No.912　平成23年度　第3試合　対抗戦

早大		日体大
93	—	0
36	前	0
57	後	0
6	T	0
4	G	0
3	PG	0
0	DG	0
9	T	0
9	G	0
0	PG	0
0	DG	0
11	反則	7

	早大			日体大
1	上田竜太郎	FW	1	城 葵
2	高家 崇徳		2	崩 友太
3	横谷 大祐		3	木浪 琢磨
4	土屋鷹一郎		4	青木 祐樹
5	芦谷 勇帆		5	阿部 聡
6	金 正奎		6	高井 迪郎
7	山下 昂大		7	安達 陽介
8	大峯 功三		8	杉本 耀
9	西橋 勇人	HB	9	佐分利建斗
10	吉井 耕平		10	渡邊 前
11	廣瀬 晃紀	TB	11	松下 彰吾
12	藤近鉱二郎		12	植松 真吾
13	村松 賢一		13	辰川 翔
14	中藏 隆彰		14	谷口 崇人
15	黒澤 健	FB	15	松本 聖

平成23年10月9日
G 秩父宮
R 下村大樹 KO 14:00

交代 早大：齊藤健(高家)、近藤貴敬(大峯)、近藤統治(金)、小倉順平(吉井)
日体大：西原慎二(崩)、芳浦輝哉(木浪)、保坂薫平(阿部)、今井涼(松本)

公式試合 No.913　平成23年度　第4試合　対抗戦

早大		筑波大
7	—	21
0	前	18
7	後	3
0	T	3
0	G	3
0	PG	0
0	DG	0
1	T	0
1	G	0
0	PG	0
0	DG	0
8	反則	11

	早大			筑波大
1	上田竜太郎	FW	1	中川 克信
2	高家 崇徳		2	彦坂 圭太
3	横谷 大祐		3	古賀 太貴
4	土屋鷹一郎		4	鶴谷 昌隆
5	芦谷 勇帆		5	圏田 良真
6	金 正奎		6	水上 彰太
7	山下 昂大		7	粕谷 俊輔
8	大峯 功三		8	内田 啓介
9	西橋 勇人	HB	9	内田 啓介
10	吉井 耕平		10	松下 彰吾
11	原田 季郎		11	竹中 伸
12	藤近鉱二郎		12	中濱 憲章
13	村松 賢一		13	山下 一真
14	中藏 隆彰		14	彦坂 匡克
15	黒澤 健	FB	15	内田 啓太

平成23年10月23日
G ケーズデンキ水戸
R 河面哲彦 KO 14:00

交代 早大：伊藤勇人(高家)、横谷大祐(横谷)、近藤貴敬(芦谷)、小倉順平(吉井)、廣部晃紀(黒澤)
筑波大：藤田幸作(山崎)、崎野諒太(水上)、椛島亮太(松下)
シンビン：水上彰太

公式試合 No.914　平成23年度　第5試合　対抗戦

早大		帝京大
8	—	12
8	前	5
0	後	7
1	T	1
0	G	1
1	PG	0
0	DG	0
0	T	1
0	G	1
0	PG	0
0	DG	0
9	反則	9

	早大			帝京大
1	上田竜太郎	FW	1	吉田 康平
2	高家 崇徳		2	白石 隆幸
3	横谷 大祐		3	前田 龍佑
4	土屋鷹一郎		4	ジョシュア マニング
5	芦谷 勇帆		5	ティモシー ボンド
6	金 正奎		6	大和田 立
7	山下 昂大		7	松永 浩平
8	大峯 功三		8	李 聖彰
9	西橋 勇人	HB	9	滑川 剛人
10	吉井 耕平		10	森田 佳寿
11	廣瀬 晃紀	TB	11	竹田 宜純
12	藤近鉱二郎		12	南橋 直哉
13	村松 賢一		13	中村 亮士
14	中藏 隆彰		14	森 喬馬
15	廣部 晃紀	FB	15	竹田 宣純

平成23年11月3日
G 秩父宮
R 下井真介 KO 14:00

交代 早大：齊藤健(高家)、近藤貴敬(芦谷)、小林勇也(山下)、村松(村松)
帝京大：猿渡康雄(前田)、小瀬尚弘(マニング)、木下修一(松永)

公式試合 No.915 平成23年度 第6試合 対抗戦

早大		慶大	早大			慶大
54	—	24	1 上田竜太郎	FW	1	三谷 俊介
34	前	10	2 伊藤平一郎		2	高橋 浩平
20	後	14	3 横谷 大祐		3	平野 裕馬
5	T	1	4 土屋鷹一郎		4	光男
3	G	1	5 芦谷 勇帆		5	藤本慎二郎
1	PG	1	6 金 正奎		6	石橋 拓也
0	DG	0	7 山下 昴大		7	伊藤 悠
4	T	2	8 大峯 功三		8	岡本 大樹
0	G	2	9 西橋 勇人	HB	9	渡辺 諒介
0	PG	0	10 小倉 順平		10	宮川 尚之
0	DG	0	11 原田 季郎	TB	11	児玉盛佑
14	反則	7	12 藤近紘二郎		12	仲宗根健太

平成23年11月23日　13 布巻 竣介　13 岩淵功太郎
G 秩父宮　14 中霧 隆彰　14 浦野 惟
R 桜岡将博 KO 14:00　15 井口 剛志 FB　15 新甫 拓

交代　早大:高家崇徳(伊藤)、垣永真之介(横谷)、近藤貴敬(山下)、小林勇也(大峯)、熊谷和樹(西橋)、吉村晋平(小倉)、村松賢一(布巻)
慶大:古田哲也(三谷)、渡辺祐司(高橋)、熊倉悠太(伊藤)、鹿児島昌平(石橋)、郡司光太(渡辺)、高田英(岩淵)、位田陸(浦野)

公式試合 No.916 平成23年度 第7試合 対抗戦

早大		明大	早大			明大
18	—	16	1 上田竜太郎	FW	1	石原慎太郎
3	前	13	2 伊藤平一郎		2	鈴木亮太郎
15	後	3	3 横谷 大祐		3	小野 慎介
0	T	1	4 土屋鷹一郎		4	池田 慶恭
0	G	1	5 芦谷 勇帆		5	比果 義稀
1	PG	2	6 金 正奎		6	竹内 健人
1	DG	0	7 山下 昴大		7	堀江 恭佑
2	T	0	8 大峯 功三		8	堀江 恭佑
1	G	0	9 西橋 勇人	HB	9	秦 一平
0	PG	1	10 小倉 順平		10	染山 茂範
0	DG	0	11 原田 季郎	TB	11	中山 翔平
6	反則	7	12 藤近紘二郎		12	溝口 裕哉

平成23年12月4日　13 布巻 竣介　13 西村 雄大
G 国立競技場　14 中霧 隆彰　14 小泉 将
R 下井真介 KO 14:00　15 井口 剛志 FB　15 仁平 佑樹

交代　早大:垣永真之介(横谷)
明大:楢山直幸(石原)、寺田大樹(池田)、小河廣蔵(比果)、田川剛洋(秦)、斉藤春樹(小泉)

公式試合 No.917 平成23年度 第8試合 第48回大学選手権1回戦

早大		大体大	早大			大体大
51	—	7	1 上田竜太郎	FW	1	隅内 歩
22	前	7	2 伊藤平一郎		2	長崎健太郎
29	後	0	3 横谷 大祐		3	伊尾木洋斗
3	T	1	4 土屋鷹一郎		4	上山 直之
2	G	1	5 芦谷 勇帆		5	山口 浩平
1	PG	0	6 金 正奎		6	奥中 大輔
0	DG	0	7 山下 昴大		7	竹内 摘騎
2	T	0	8 大峯 功三		8	忠津 康佑
0	G	0	9 熊谷 和樹	HB	9	福居 武
2	PG	0	10 小倉 順平		10	三瀬憲二朗
0	DG	0	11 原田 季郎	TB	11	半 修平
9	反則	11	12 藤近紘二郎		12	安田 鉄平

平成23年12月18日　13 布巻 竣介　13 拝原 一樹
G 瑞穂　14 中霧 隆彰　14 武藤 翔
R 藤内有己 KO 14:00　15 井口 剛志 FB　15 有村 健司

交代　早大:高家崇徳(伊藤)、垣永真之介(横谷)、近藤貴敬(山下)、小林勇也(金)、西橋勇人(熊谷)、森田慶良(小倉)、下平泰生(布巻)
大体大:王鏡関(長崎)、高見優太(伊尾木)、西井利宏(忠津)、川崎大翔(上山)、和田晋也(福居)、金沢章(三瀬)、白石良輔(拝原)

公式試合 No.918 平成23年度 第9試合 第48回大学選手権2回戦

早大		関東学院大	早大			関東学院大
26	—	28	1 上田竜太郎	FW	1	新井 信善
6	前	21	2 伊藤平一郎		2	新井 信善
20	後	7	3 垣永真之介		3	田中 圭一
0	T	3	4 土屋鷹一郎		4	中尾 光男
0	G	3	5 芦谷 勇帆		5	後藤 駿弥
2	PG	0	6 金 正奎		6	田邊 直人
0	DG	0	7 山下 昴大		7	西原 崇成
3	T	1	8 大峯 功三		8	安井 健斗
1	G	1	9 熊谷 和樹	HB	9	山路 健太
1	PG	0	10 小倉 順平		10	楢崎 翔
0	DG	0	11 原田 季郎	TB	11	小林 直純
10	反則	10	12 藤近紘二郎		12	清水 亮

平成23年12月25日　13 布巻 竣介　13 諏訪 諒一
G 秩父宮　14 中霧 隆彰　14 渡邊 昌起
R 塩崎公寿 KO 12:00　15 井口 剛志 FB　15 高 健二

交代　早大:横谷大祐(垣永)、小林勇也(金)、西橋勇人(熊谷)、下平泰生(藤近)
シンビン:小倉順平

公式試合 No.919 平成24年度 第1試合 第1回関東大学春季交流戦

早大		関東学院大	早大			関東学院大
95	—	0	1 上田竜太郎	FW	1	五絞雄一郎
41	前	0	2 伊藤平一郎		2	後藤 佳介
54	後	0	3 垣永真之介		3	岡 健太
7	T	0	4 近藤 貴敬		4	井澤 零二
7	G	0	5 芦谷 勇帆		5	川野 久視
0	PG	0	6 金 正奎		6	高桑 悠
0	DG	0	7 大峯 功三		7	栗山 陽繁
6	T	0	8 中野 裕太		8	安井 健太
6	G	0	9 西橋 勇人	HB	9	井上 卓哉
0	PG	0	10 小倉 順平		10	楢崎 翔
0	DG	0	11 原田 季郎	TB	11	阿部 和彰
8	反則	10	12 中西 康		12	高橋 健人

平成24年4月30日　13 藤近紘二郎　13 杉町 圭太
G 早大上井草　14 中霧 隆彰　14 佐々木渉太
R 堀江 学 KO 14:00　15 廣野 晃紀 FB　15 須田 晃徳

交代　早大:(略)
関東学大:小川優太(後藤)、本田慧(岡)

国際試合 No.107 平成24年度 第7回定期戦

早大		高麗大	早大			高麗大
92	—	10	1 上田竜太郎	FW	1	
52	前	10	2 須藤 拓輝		2	
40	後	0	3 垣永真之介		3	
8	T	1	4 近藤 貴敬		4	
6	G	1	5 芦谷 勇帆		5	
6	PG	1	6 金 正奎		6	
0	DG	0	7 中野 裕太		7	
6	T	0	8 大峯 功三		8	
6	G	0	9 西橋 勇人	HB	9	
0	PG	0	10 吉井 耕平		10	
	DG		11 原田 季郎	TB	11	
	反則		12 中西 康		12	

平成24年6月9日　13 藤近紘二郎　13
G 早大上井草　14 中霧 隆彰　14
R 河野哲彦 KO 12:00　15 片山 大輔 FB　15

交代　早大:伊藤平一郎(-)、大瀧祐司(-)、古賀壮一郎(-)、植田耕平(-)、吉田有輝(-)、森田慶良(-)、水野健人(-)(リザーブ交代者不明)
高麗大:不明

公式試合 No.920 平成24年度 第2試合 第1回関東大学春季交流戦

早大		流経大	早大			流経大
39	—	15	1 上田竜太郎	FW	1	山根 皓太
22	前	5	2 須藤 拓輝		2	植村健太郎
17	後	10	3 垣永真之介		3	小島 勝
4	T	1	4 永山 大志		4	加藤 優来
1	G	1	5 芦谷 勇帆		5	シオネ フシマロヒ
0	PG	0	6 金 正奎		6	木下 貴央
0	DG	0	7 大峯 功三		7	辻 直章
3	T	1	8 中野 裕太		8	高森 一輝
1	G	1	9 西橋 勇人	HB	9	合谷 和弘
0	PG	0	10 森田 慶良		10	合谷 和弘
0	DG	0	11 土肥 祥也	TB	11	リリダム ジョセフア
10	反則		12 中西 康		12	櫻場 弥

平成24年6月17日　13 藤近紘二郎　13 山田 太軌
G 水戸ケーズデンキ　14 中霧 隆彰　14 山田 太軌
R 涌井大輔 KO 12:00　15 片山 大輔 FB　15 矢吹 圭佑

交代　早大:伊藤平一郎(須藤)、安江順(垣永)、黒木東星(近藤)、黒沢健(中野)、辰野新之助(西橋)、吉井耕平(森田)、水野健人(中西)
流経大:阿部大地(小島)、嵩卓馬(木名)、鶴岡怜志(木下)、木村海斗(合谷和)、屋宣ショーンロバート(櫻場)

公式試合 No.921 平成24年度 第3試合 第1回関東大学春季交流戦

早大		大東大	早大			大東大
57	—	0	1 上田竜太郎	FW	1	高橋 洋丞
33	前	0	2 須藤 拓輝		2	増谷 俊祐
24	後	0	3 垣永真之介		3	蛯名 崇博
5	T	0	4 永山 大志		4	川端 尚也
4	G	0	5 芦谷 勇帆		5	藤川 貴之
1	PG	0	6 金 正奎		6	萩原 希人
0	DG	0	7 大峯 功三		7	種市 則之
4	T	0	8 古賀壮一郎		8	フィリペ フィナウ
4	G	0	9 西橋 勇人	HB	9	茂野 海人
0	PG	0	10 吉井 耕平		10	碓井 康
0	DG	0	11 原田 季郎	TB	11	橿津 健
8	反則		12 中西 康		12	太田修二郎

平成24年6月24日　13 藤近紘二郎　13 川瀬 幸輝
G 早大上井草　14 中霧 隆彰　14 川瀬 幸輝
R 田中利昇 KO 14:00　15 片山 大輔 FB　15 小間 昭寿

交代　早大:伊藤平一郎(須藤)、安江順(垣永)、黒木東星(近藤)、黒澤健(大峯)
大東大:柴田魁(増谷)、鯛名(蛯名)、浅野勇介(萩原)、木藤古翔吾(川瀬)、新井智喜(碓井)、濱谷倖司(鈴木)

公式試合 No.922 平成24年度 第4試合 第1回関東大学春季交流戦

早大		東海大	早大			東海大
43	—	38	1 上田竜太郎	FW	1	阿部 浩士
17	前	19	2 須藤 拓輝		2	崩 光瑠
26	後	19	3 垣永真之介		3	五十嵐健二
3	T	3	4 近藤 貴敬		4	黒川 賢亮
1	G	3	5 芦谷 勇帆		5	坂本 駿
1	PG	2	6 金 正奎		6	谷 昌樹
0	DG	0	7 大峯 功三		7	扇 勇人
4	T	2	8 黒木 東星		8	村山 康
2	G	1	9 西橋 勇人	HB	9	松島 鴻太
0	PG	2	10 吉井 耕平		10	阪本 圭輔
0	DG	0	11 原田 季郎	TB	11	三浦 太一
3	反則	13	12 中西 康		12	中島 拓也

平成24年7月1日　13 藤近紘二郎　13 安岡 大貴
G 三ツ沢　14 中霧 隆彰　14 安岡 大貴
R 小堀英之 KO 14:00　15 片山 大輔 FB　15 高平 拓弥

交代　早大:植田耕平(近藤)、中野裕太(大峯)、荻岳志(原田)、黒澤健(中霧)
東海大:藤田貴大(扇)、宮田一馬(三浦)

公式試合 No.923 平成24年度 第5試合 対抗戦

早大		日体大	早大			日体大
85	—	14	1 上田竜太郎	FW	1	城 葵
26	前	14	2 須藤 拓輝		2	西原 慎二
59	後	0	3 垣永真之介		3	芳洞 準輝
5	T	2	4 近藤 貴敬		4	石丸 健人
3	G	2	5 小谷田祐紀		5	阿藤 聡
3	PG	0	6 金 正奎		6	鈴野 翼
0	DG	0	7 大峯 功三		7	藤田龍太郎
9	T	0	8 佐藤 穣司		8	大谷 直也
9	G	0	9 辰野新之助	HB	9	堀 雄一
0	PG	0	10 小倉 順平		10	道下 龍
0	DG	0	11 荻野 岳志	TB	11	藤原 康太
9	反則		12 藤近紘二郎		12	田畠 和弥

平成24年9月9日　13 布巻 竣介　13 田島由和弥
G 秩父宮　14 中霧 隆彰　14 久良木 桐
R 小堀英之 KO 13:00　15 森澤 健 FB　15 片山 育志

交代　早大:伊藤平一郎(須藤)、安江順(上田)、金正奎(大峯)、中野裕太(佐藤)、西橋勇人(辰野)、吉村耕平(小倉)、森田慶良(水野)
日本大:佐々木春快(芳洞)、三宅春快(芳洞)、菊原旺旋(石丸)、森山敏志(大谷)、草柳隆明(栗原)、谷口崇人(久良木)

公式試合 No.924 平成24年度 第6試合 対抗戦

早大		青学大	早大			青学大
83	—	5	1 上田竜太郎	FW	1	長谷川友哉
50	前	5	2 須藤 拓輝		2	林 隼司
33	後	0	3 垣永真之介		3	梅田 怜
5	T	1	4 近藤 貴敬		4	梅原 康平
4	G	0	5 芦谷 勇帆		5	山本 祥太
1	PG	0	6 小谷田祐紀		6	星野 直人
0	DG	0	7 金 正奎		7	米岡 優健
8	T	0	8 古賀壮一郎		8	吉川 劇暁
8	G	0	9 西橋 勇人	HB	9	香山 良太
0	PG	0	10 小倉 順平		10	松林 篤志
0	DG	0	11 荻野 岳志	TB	11	丸本 卓輝
8	反則		12 水野 健人		12	谷山 健司

平成24年9月30日　13 藤近紘二郎　13 田中 健仁
G 熊谷　14 中霧 隆彰　14 宮城 完爾
R 山田智也 KO 15:00　15 森澤 健 FB　15 遠藤 一心

交代　早大:伊藤平一郎(須藤)、安江順(上田)、深津健吾(金)、岡田一平(古賀)、原田季郎(黒澤)、岡田一平(中西)、布巻竣介(藤近)
青学大:米山友二(吉川)、森山幸志(長谷川)、濱一成(林)、高橋敏也(香山)、久留米海平(松林)、高野祥太(森田)

公式試合 No.925 平成24年度 第7試合 対抗戦

早大		筑波大	早大			筑波大
7	—	26	1 上田竜太郎	FW	1	古賀 太貴
0	前	0	2 須藤 拓輝		2	彦坂 圭克
7	後	26	3 垣永真之介		3	大川幸一郎
	T		4 近藤 貴敬		4	鶴谷 昌隆
	G		5 芦谷 勇帆		5	井上 彰太
	PG		6 小谷田祐紀		6	水上 大介
	DG		7 金 正奎		7	粕谷 俊輔
1	T	4	8 佐藤 穣司		8	山本 浩輝
	G		9 西橋 勇人	HB	9	粕谷 俊輔
	PG		10 小倉 順平		10	松下真七郎
	DG		11 原田 季郎	TB	11	山下 一
	反則		12 布巻 竣介		12	中霧 憲章

平成24年10月14日　13 藤近紘二郎　13 中霧 隆彰
G 秩父宮　14 中霧 隆彰　14 彦坂 匡克
R 河野哲彦 KO 14:00　15 森澤 健 FB　15 内田 啓太

交代　早大:植田一平(西橋)、岡田一平(西橋)
筑波大:樺島亮太(松下)

405

公式試合 No.926　平成24年度　第8試合　対抗戦

早大		立大
67	—	0
22	前	0
45	後	0
3	T	0
2	G	0
1	PG	0
0	DG	0
7	T	0
5	G	0
0	PG	0
0	DG	0
13	反則	7

No.	位置	早大	立大
1	FW	安江 順	迫田 泰英
2		伊藤平一郎	斎藤慎太郎
3		垣永真之介	眞壁 貴男
4		近藤 貴敬	高沢 良平
5		芦谷 勇帆	山田龍之助
6		金 正奎	宇納 駿
7		黒木 東星	伊藤 尊
8		佐藤 穣司	白石 拓馬
9	HB	西橋 勇人	中村 洋平
10		小倉 順平	木村 修平
11	TB	原田 季郎	中川 雄太
12		布巻 竣介	河野 誠二
13		森田 慶良	杉浦 啓太
14		中薗 隆彰	大槻 壮丈
15	FB	黒澤 健	中澤 健宏

平成24年10月28日　G 熊谷　R 川尻竜太郎　KO14:00

交代　早大：須藤拓輝（伊藤）、大瀧祐司（安江）、大峯功三（近藤）、中野裕太（佐藤）、平野航輝（西橋）、藤近紘二郎（森田）、萩野岳志（中薗）
立大：宜原甲太（斎藤）、松本宗介（中村）、羽柴竜太（河野）、篠崎宏洋（中澤）

公式試合 No.927　平成24年度　第9試合　対抗戦

早大		帝京大
27	—	37
17	前	10
10	後	27
2	T	1
2	G	1
1	PG	1
0	DG	0
1	T	3
1	G	3
0	PG	0
0	DG	0
13	反則	9

No.	位置	早大	帝京大
1	FW	上田竜太郎	森田由起乙
2		須藤 拓輝	泉 敬
3		垣永真之介	出渕 賢史
4		近藤 貴敬	小瀧 尚弘
5		芦谷 勇帆	ジョシュア マニング
6		金 正奎	大和田 立
7		黒木 東星	松永 浩平
8		佐藤 穣司	李 聖拔
9	HB	西橋 勇人	流 大
10		間島 陸	森谷 圭介
11	TB	原田 季郎	磯田 彪馬
12		布巻 竣介	中村 亮士
13		森田 慶良	権 裕人
14		中薗 隆彰	小野 寛之
15	FB	黒澤 健	竹田 宜純

平成24年11月3日　G 秩父宮　R 工藤隆太　KO 12:00

交代　早大：伊藤平一郎（須藤）、大瀧祐司（上田）、藤近紘二郎（森田）
帝京大：マルジーン・イラウア（小瀧）、荒井基植（森谷）

公式試合 No.928　平成24年度　第10試合　対抗戦

早大		慶大
31	—	10
10	前	10
21	後	0
1	T	1
1	G	1
0	PG	1
0	DG	0
3	T	0
3	G	0
0	PG	0
0	DG	0
11	反則	5

No.	位置	早大	慶大
1	FW	大瀧 祐司	三谷 俊介
2		須藤 拓輝	渡辺 吉浩
3		垣永真之介	平野 裕馬
4		近藤 貴敬	佐藤 大朗
5		芦谷 勇帆	山田 亮介
6		金 正奎	茂木 俊和
7		大峯 功三	木原 俊裕
8		黒木 東星	鹿児島昌平
9	HB	西橋 勇人	宮澤 尚人
10		小倉 順平	宮川 尚之
11	TB	原田 季郎	瀧口晃太郎
12		水野 健人	高田 英
13		森田 慶良	大石 陽介
14		中薗 隆彰	鈴木 貴裕
15	FB	黒澤 健	浦野 龍基

平成24年11月23日　G 秩父宮　R 工藤隆太　KO 14:05

交代　早大：伊藤平一郎（須藤）、平野航輝（西橋）、間島陸（小倉）、藤近紘二郎（水野）、萩野岳志（黒澤）
慶大：青木周太（平野）、神谷哲平（渡辺）、遠藤洋介（山田）、森川翼（木原）、猪狩有智（宮澤）、川原健太朗（瀧口）、新甫拓（鈴木）

公式試合 No.929　平成24年度　第11試合　対抗戦

早大		明大
32	—	33
13	前	19
19	後	14
1	T	3
1	G	2
2	PG	2
0	DG	0
3	T	2
2	G	2
0	PG	0
0	DG	0
12	反則	6

No.	位置	早大	明大
1	FW	上田竜太郎	石澤慎太郎
2		須藤 拓輝	石沢 敦
3		垣永真之介	榎 真生
4		近藤 貴敬	寺田 大樹
5		芦谷 勇帆	比果 義稀
6		金 正奎	大根 慎也
7		大峯 功三	竹内 健人
8		黒木 東星	堀江 恭佑
9	HB	西橋 勇人	山口 修平
10		小倉 順平	染山 茂範
11	TB	原田 季郎	河野 和人
12		水野 健人	西村 雄大
13		森田 慶良	猿楽 直希
14		中薗 隆彰	斉藤 秀
15	FB	黒澤 健	高平 祐樹

平成24年12月2日　G 国立競技場　R 平林泰三　KO 14:00

交代　早大：平野航輝（西橋）、間島陸（水野）、萩野岳志（片山）
明大：須藤元気（榎）、古屋直樹（寺田）

公式試合 No.930　平成24年度　第12試合　第49回大学選手権セカンドステージ・プール戦

早大		天理大
46	—	14
29	前	14
17	後	0
4	T	1
4	G	1
0	PG	1
0	DG	0
4	T	1
3	G	1
0	PG	0
0	DG	0
12	反則	10

No.	位置	早大	天理大
1	FW	上田竜太郎	高元 晃太
2		須藤 拓輝	芳野 寛
3		垣永真之介	金光 大生
4		近藤 貴敬	佐々木 龍
5		芦谷 勇帆	青野 天悠
6		金 正奎	唄 圭太
7		小谷田祐紀	梶間 歩
8		黒木 東星	内山 朝日
9	HB	西橋 勇人	山本 昌太
10		小倉 順平	斎藤遼太郎
11	TB	原田 季郎	松井 謙斗
12		藤近紘二郎	トニシオ バイフ
13		森田 慶良	モセセ トンガ
14		中薗 隆彰	宮前 美規
15	FB	片山 大輔	塚本 健太

平成24年12月9日　G ヤンマースタジアム長居　R 戸田京介　KO 14:00

交代　早大：荻野岳志（片山）、間島陸（藤近）、大峯功一郎（須藤）、安江順（上田）、水野健人（森田）、平野航輝（西橋）
天理大：白井竜馬（斎藤）、高部志五（高元）、佐伯敦希（山本）、シアオシ・ナイ（唄）、松本悠介（トニシオ）

公式試合 No.931　平成24年度　第13試合　第49回大学選手権セカンドステージ・プール戦

早大		流経大
45	—	24
33	前	24
12	後	0
4	T	4
4	G	2
0	PG	0
0	DG	0
2	T	0
2	G	0
1	PG	0
0	DG	0
7	反則	8

No.	位置	早大	流経大
1	FW	上田竜太郎	山根 皓太
2		須藤 拓輝	植村健太郎
3		垣永真之介	堀 卓馬
4		近藤 貴敬	今野 勇秀
5		芦谷 勇帆	シオネ・フシマロヒ
6		金 正奎	今井 宏輔
7		小谷田祐紀	辻 直斉
8		黒木 東星	高森 一輝
9	HB	西橋 勇人	児玉 大輔
10		小倉 順平	オペティ・ファエマニ
11	TB	荻野 岳志	廣瀬 大河
12		藤近紘二郎	櫻場 弥
13		森田 慶良	周防
14		中薗 隆彰	伊禮 周
15	FB	原田 季郎	合谷 和弘

平成24年12月16日　G 秩父宮　R 加藤嘉也　KO12:00

交代　早大：大峯功三（小谷田）、間島陸（藤近）、安江順（上田）、水野健人（間島）
流経大：木村海斗（櫻場）、榎本佑太郎（シオネ）、ジョセファ・リリダム（伊禮）、阿部大地（山根）、屋宜ショーンロバート（廣瀬）

公式試合 No.932　平成24年度　第14試合　第49回大学選手権セカンドステージ・プール戦

早大		大体大
61	—	8
40	前	8
21	後	0
6	T	1
5	G	0
0	PG	1
0	DG	0
3	T	0
3	G	0
0	PG	0
0	DG	0
15	反則	9

No.	位置	早大	大体大
1	FW	上田竜太郎	高見 優太
2		須藤 拓輝	長崎健太郎
3		垣永真之介	伊尾木洋斗
4		近藤 貴敬	山口 浩平
5		芦谷 勇帆	川崎 大翔
6		金 正奎	奥中 大輔
7		黒木 東星	竹内 晴騎
8		古賀壮一郎	福本 翔平
9	HB	平野 航輝	古場 優介
10		小倉 順平	三瀬篤之介
11	TB	荻野 岳志	上手 雄磨
12		藤近紘二郎	佐藤 耕貴
13		森田 慶良	治京 祐
14		中薗 隆彰	永金 若馬
15	FB	原田 季郎	沢良木倭平

平成24年12月23日　G 花園　R 前田輔　KO 12:00

交代　早大：安江順（垣永）、滝川英志（古賀）、大峯功三（黒木）、間島陸（平野）、伊藤平一郎（須藤）、佐藤譲司（近藤）、布巻竣介（黒木）
大体大：蔵守吉彦（高見）、王鏡聞（長崎）、吉野晃平（左手）、松本直樹（福本）、門田卓也（治京）、松本航（奥中）

公式試合 No.933　平成24年度　第15試合　第49回大学選手権準決勝

早大		帝京大
10	—	29
10	前	7
0	後	22
1	T	1
1	G	1
1	PG	1
0	DG	0
1	T	3
1	G	3
0	PG	0
0	DG	0
13	反則	14

No.	位置	早大	帝京大
1	FW	上田竜太郎	森田由起乙
2		須藤 拓輝	泉 敬
3		垣永真之介	出渕 賢史
4		近藤 貴敬	小瀧 尚弘
5		芦谷 勇帆	ジョシュア マニング
6		金 正奎	マルジーン イラウア
7		古賀壮一郎	松永 浩平
8		黒木 東星	李 聖拔
9	HB	西橋 勇人	天野 寿紀
10		小倉 順平	森谷 圭介
11	TB	荻野 岳志	磯田 泰成
12		布巻 竣介	荒井 基植
13		森田 慶良	権 裕人
14		中薗 隆彰	小野 寛智
15	FB	原田 季郎	竹田 宜純

平成25年1月2日　G 国立競技場　R 戸田京介　KO 12:20

交代　早大：伊藤平一郎（須藤）、滝川英志（古賀）、平野航輝（西橋）、藤近紘二郎（森田）
帝京大：流大（天野）、大和田立（小瀧）、南原辰馬（竹田）、井上勝彦（泉）、猿渡駿雄（出渕）、坂手淳史（松永）、谷合圭介（中村）

公式試合 No.934　平成25年度　第1試合　第2回関東大学春季交流戦

早大		中大
56	—	5
34	前	5
22	後	0
2	T	1
2	G	0
0	PG	0
0	DG	0
6	T	0
6	G	0
0	PG	0
0	DG	0
9	反則	12

No.	位置	早大	中大
1	FW	大瀧 祐司	檜山 翔一
2		清水 新也	北村 彦樹
3		垣永真之介	三宮 翼
4		河野 秀明	福田 貴大
5		桑野 詠真	松山 尚由
6		金 正奎	小野 剛秀
7		小谷田祐紀	諏訪 弘樹
8		呉 泰誠	井坂 健人
9	HB	平野 航輝	浜岸 峻輝
10		間島 陸	渡辺 広人
11	TB	廣野 晃紀	山北 純嗣
12		飯野 恭史	山北
13		金澤 労	高橋 祐太
14		荻野 岳志	津越 航太
15	FB	滝沢 祐樹	羽野 一志

平成25年5月5日　G 早大上井草　R 河野哲彦　KO 13:15

交代　早大：佐藤勇人（垣永）、住友裕哉、古賀壮一郎（金）、岡田一平（平野）、水野健人（金澤）、山本龍平（荻野）
中大：柳亮宇（松山）、田井直樹（浜岸）、住吉藍好（田井）

公式試合 No.935　平成25年度　第2試合　第2回関東大学春季交流戦

早大		日本大
61	—	5
22	前	5
39	後	0
4	T	1
4	G	0
1	PG	0
0	DG	0
5	T	0
5	G	0
0	PG	0
0	DG	0
9	反則	12

No.	位置	早大	日本大
1	FW	光川 広之	三宅 春快
2		菅野 卓慶	畠山 和真
3		佐藤 壽大	高野 惠大
4		住友 裕哉	石丸 健人
5		仲元寺宏行	青木 祐樹
6		金 正奎	山村 啓祐
7		池本 翔一	杉本 輝
8		千葉 巧也	松田 龍二
9	HB	岡田 一平	堀川 太一
10		久富 悠介	石澤 周
11	TB	杉 聡司	藤原 健太
12		丹野 怜央	森 心
13		水野 健人	田島 和弥
14		中島 翼	萩谷 和輝
15	FB	滝沢 祐樹	宮川 剛大

平成25年5月18日　G 早大上井草　R 大塚修哉　KO 12:45

交代　早大：高橋俊太（光川）、滝沢宏太（佐藤）、池田良（金）、山岡篤樹（岡田）、坪郷勇輝（丹野）
日本大：佐々木都弥（畠山）、霜田佑哉（石丸）、森大二郎（藤原）、溝口優太（堀川）、塚本健（萩谷）

公式試合 No.936　平成25年度　第3試合　第2回関東大学春季交流戦

早大		法大
33	—	28
14	前	28
19	後	0
2	T	4
2	G	4
1	PG	0
0	DG	0
3	T	0
3	G	0
0	PG	0
0	DG	0
13	反則	16

No.	位置	早大	法大
1	FW	大瀧 祐司	石澤 輝
2		清水 新也	小池 一宏
3		垣永真之介	宇佐美元太
4		大峯 功三	小山 智暉
5		桑野 詠真	吉村公太朗
6		呉 泰誠	堺 光弘
7		小谷田祐紀	森井 涼太
8		古賀壮一郎	堀 大志
9	HB	平野 航輝	加藤 俊介
10		間島 陸	小澤 有輝
11	TB	廣野 晃紀	小澤 勇翼
12		小倉 順平	山翼
13		水野 健人	門屋 麗
14		山本 龍平	今橋 大翼
15	FB	滝沢 祐樹	森谷 貴義

平成25年5月26日　G 三ツ沢　R 清水 基　KO 14:00

交代　早大：河野秀明（桑野）、越田勝利（小池）、高橋湧（小山）、中島心太（森井）、大政亮介（出渕）
法大：鈴木智文（宇佐美）、高橋湧（小山）、猪村優仁（森谷）、半井成也（今橋）
シンビン：中村清伸

公式試合 No.937　平成25年度　第4試合　第2回関東大学春季交流戦

早大		慶大
5	—	43
0	前	17
5	後	26
0	T	2
0	G	2
0	PG	1
0	DG	0
1	T	4
0	G	4
0	PG	0
0	DG	0
9	反則	13

No.	位置	早大	慶大
1	FW	大瀧 祐司	三谷 俊介
2		清水 新也	中尾廣太郎
3		垣永真之介	青木 遼
4		大峯 功三	小山田潤平
5		桑野 詠真	野田 一宇
6		呉 泰誠	小野 健裕
7		小谷田祐紀	徳永 将
8		古賀壮一郎	森川 翼
9	HB	平野 航輝	南 裕太
10		間島 陸	宮川 尚之
11	TB	廣野 晃紀	服部祐一郎
12		小倉 順平	石橋 知也
13		水野 健人	大石 陽介
14		中島 翼	鈴木 貴裕
15	FB	滝沢 祐樹	浦野 龍基

平成25年6月2日　G 石橋運動公園　R 大塚修哉　KO 13:00

交代　早大：光川広之（大瀧）、近藤貴敬（桑野）、深津健吾（小谷田）、岡田一平（平野）、飯野恭史（間島）、鈴木亮（中島）
慶大：秋田智樹（青木）、神谷哲平（中尾）、大坪健太（木原）、定兼輝尚（野田）、猪狩有智（南）、佐藤龍羽（徳永）、下川桂嗣（児玉）

公式試合 No.938 平成25年度 第5試合 第2回関東大学春季交流戦

早大		日大
31	—	10
24	前	5
7	後	5
4	T	1
2	G	0
0	PG	0
0	DG	0
1	T	1
1	G	0
0	PG	0
3	反則	11

	早大			日大
1	光川 広之	FW	1	庵奥 翔太
2	須藤 拓輝		2	小谷 陽平
3	佐藤 勇人		3	大岩 誠
4	近藤 貴敬		4	舘山 博樹
5	河野 秀明		5	ｵｸﾌｧﾝｶﾝ ﾀﾞｳﾀﾞﾌｧﾆﾄﾝ
6	金 正奎		6	大窪 通
7	古賀壮一郎		7	辻 悠
8	深津 健吾		8	高橋優一郎
9	岡田 一平	HB	9	谷口 周
10	小倉 順平		10	下地 大朋
11	滝沢 晃紀	TB	11	西村 翔汰
12	飯野 恭史		12	佐藤 巧弥
13	藤近紘二郎		13	内山 泰伸
14	山本 龍平		14	マイケル バートロウ
15	滝沢 祐樹	FB	15	冨樫 玄

平成25年6月9日
G 早大上井草
R 久米村貴三 KO 13:15 滝沢 祐樹 冨樫 玄
交代 早大：清水新也(須藤)、大瀧祐司(光川)、大峯功三(河野)、池本翔一(金)、平野航輝(岡田)、浅見晋吾(小倉)、水野健人(藤近)
日大：前田周作(辻)、徳留宗也(冨樫)、小林徹(前田)
シンビン：大岩誠

国際試合 No.108 平成25年度 第8回定期戦

早大		高麗大
31	—	24
12	前	0
19	後	24
2	T	2
2	G	4
0	PG	0
0	DG	0
2	T	2
2	G	2
0	PG	0
	反則	

	早大			高麗大
1	大瀧 祐司	FW	1	
2	須藤 拓輝		2	
3	垣永真之介		3	
4	近藤 貴敬		4	
5	河野 秀明		5	
6	金 正奎		6	
7	池本 翔一		7	
8	呉 泰誠		8	
9	岡田 一平	HB	9	
10	小倉 順平		10	
11	深津 健吾	TB	11	
12	坪郷 勇輝		12	
13	藤近紘二郎		13	
14	山本 龍平		14	
15	廣野 晃紀	FB	15	

R 不明 KO 14:00
交代 早大：リザーブ交代者不明、菅野卓磨()、佐藤勇人()、大峯功三()、古賀壮一郎()、平野航輝()、間島陸()、鈴木亮()
高麗大：不明

公式試合 No.939 平成25年度 第6試合 対抗戦

早大		日体大
69	—	0
31	前	0
38	後	0
5	T	0
3	G	0
0	PG	0
0	DG	0
6	T	0
5	G	0
0	PG	0
7	反則	10

	早大			日体大
1	大瀧 祐司	FW	1	三宅 春快
2	清水 新也		2	畠山 和真
3	垣永真之介		3	高野 憲大
4	大峯 功三		4	石丸 健人
5	芦谷 勇帆		5	青木 祐樹
6	金 正奎		6	森 大二郎
7	布巻 竣介		7	藤原龍太郎
8	黒木 東星		8	杉本 耀
9	岡田 一平	HB	9	高嶋 就斗
10	小倉 順平		10	道下 龍
11	土肥 将也	TB	11	堀川 太一
12	坪郷 勇輝		12	
13	飯野 恭史		13	塚本 健
14	荻野 岳志		14	藤掘 陽太
15	山本哲士	FB	15	宮川 剛大

平成25年9月15日
G 秩父宮
R 山本哲士 KO 13:00
交代 早大：近藤貴敬(芦谷)、古賀壮一郎(布巻)、平野航輝(岡田)、間島陸(小倉)、廣野晃紀(土肥)
日体大：佐々木郁弥(畠山)、橋本裕二郎(三宅)、龍本創矢(高野)、小野竜哉(石丸)、細美紫今(杉本)、石澤周(宮川)、菅原拓哉(森)

公式試合 No.940 平成25年度 第7試合 対抗戦

早大		筑波大
20	—	17
10	前	3
10	後	14
2	T	0
1	G	0
0	PG	1
0	DG	0
1	T	2
1	G	1
1	PG	0
11	反則	11

	早大			筑波大
1	大瀧 祐司	FW	1	橋本 大吾
2	須藤 拓輝		2	村川 浩貴
3	垣永真之介		3	大川創太郎
4	黒木 東星		4	山本 浩輝
5	芦谷 勇帆		5	藤田幸一郎
6	金 正奎		6	水上 彰太
7	布巻 竣介		7	粕谷 俊輔
8	佐藤 穣司		8	元田 有祐
9	岡田 一平	HB	9	内田 啓介
10	間島 陸		10	山沢 拓也
11	深津 健吾	TB	11	福岡 堅樹
12	坪郷 勇輝		12	松下真七郎
13	藤近紘二郎		13	竹田 祐将
14	荻野 岳志		14	高橋 謙介
15	滝沢 祐樹	FB	15	

平成25年9月29日
G 秩父宮
R 町田裕一 KO 15:00 滝沢 祐樹 高橋 謙介
交代 早大：平野航輝(岡田)、浅見晋吾(間島)、飯野恭史(藤近)、廣野晃紀(滝沢)
筑波大：久内崇史(高橋)、下釜優次(水上)

公式試合 No.941 平成25年度 第8試合 対抗戦

早大		成蹊大
70	—	7
39	前	0
31	後	7
7	T	0
7	G	0
0	PG	0
0	DG	0
3	T	1
3	G	1
0	PG	0
7	反則	7

	早大			成蹊大
1	大瀧 祐司	FW	1	小池 大吾
2	菅野 卓磨		2	石田 航己
3	垣永真之介		3	塩江 専寛
4	黒木 東星		4	嶺岸 亮佑
5	芦谷 勇帆		5	瀬島 総
6	金 正奎		6	井上 高宗
7	布巻 竣介		7	八木 克憲
8	佐藤 穣司		8	池田 将
9	岡田 一平	HB	9	平丸 敬大
10	浅見 晋吾		10	山川 翔馬
11	深津 健吾	TB	11	宇津谷 瞳
12	坪郷 勇輝		12	原田 雄斗
13	飯野 恭史		13	大芝 優泰
14	荻野 岳志		14	糸賀 直希
15	滝沢 祐樹	FB	15	望月 大幹

平成25年10月13日
G 熊谷スポーツ文化公園
R 桜岡将博 KO 14:00
交代 早大：光川広之(菅野)、清水新也(菅野)、大峯功三(布巻)、平野航輝(岡田)、廣野晃紀(滝沢)
成蹊大：澤田悠太郎(小池)、渡邊健太(八木)、可西晴樹(原田)、東山琢匡(望月)、小守谷直樹(渡邊)

公式試合 No.942 平成25年度 第9試合 対抗戦

早大		青学大
19	—	6
12	前	3
7	後	3
2	T	0
2	G	0
1	PG	1
0	DG	0
1	T	0
1	G	0
0	PG	2
18	反則	6

	早大			青学大
1	大瀧 祐司	FW	1	在原 健太
2	清水 新也		2	林 隼司
3	垣永真之介		3	梅田 怜
4	黒木 東星		4	遠藤孝一郎
5	芦谷 勇帆		5	佐竹 哲哉
6	金 正奎		6	吉川 創暁
7	布巻 竣介		7	坪内 恒
8	佐藤 穣司		8	永岡 隆
9	中尾康太郎	HB	9	香山 良太
10	浅見 晋吾		10	岩満 亮
11	深津 健吾	TB	11	宮城 祐
12	坪郷 勇輝		12	谷山 俊平
13	飯野 恭史		13	足立 健斗
14	荻野 岳志		14	越智 和巳
15	滝沢 祐樹	FB	15	高野 祥太

平成25年10月19日
G 三宅渉
R 三宅 渉 KO 14:00
交代 早大：清水新也(清水)、大峯功三(布巻)、植田耕平(金)、岡田一平(中尾)、廣野晃紀(滝野)
青学大：清原拓哉(在原)、永井元太郎(林)、安東大揮(佐竹)、斉藤一心(宮城)、川本弘海(梅田)

公式試合 No.943 平成25年度 第10試合 対抗戦

早大		帝京大
31	—	40
11	前	19
20	後	21
1	T	3
1	G	3
2	PG	0
0	DG	0
3	T	3
3	G	3
1	PG	0
1	DG	0
3	反則	3

	早大			帝京大
1	大瀧 祐司	FW	1	森川由起乙
2	須藤 拓輝		2	坂手 淳史
3	垣永真之介		3	東恩納寛太
4	黒木 東星		4	小瀬 尚弘
5	芦谷 勇帆		5	町野 泰司
6	金 正奎		6	マルジーン イラウア
7	布巻 竣介		7	杉永 亮太
8	佐藤 穣司		8	李 聖彰
9	岡田 一平	HB	9	流 大
10	小倉 順平		10	中村 亮土
11	深津 健吾	TB	11	磯田 泰成
12	坪郷 勇輝		12	野口 渓貴
13	飯野 恭史		13	谷谷 大
14	荻野 岳志		14	松田 力也
15	滝沢 祐樹	FB	15	竹田 宜純

平成25年11月3日
G 秩父宮
R 平林泰三 KO 14:00
交代 早大：光川広之(大瀧)、清水新也(須藤)、佐藤勇人(垣永)、平野航輝(岡田)、廣野晃紀(滝沢)
帝京大：竹井勝彦(森川)、深村亮太(東恩納)、飯塚晃司(杉永)、大和田立(イラウア)、荒井康植(流)、牧田亘(竹田)、前原巧(野口)

公式試合 No.944 平成25年度 第11試合 対抗戦

早大		慶大
69	—	7
36	前	7
33	後	0
6	T	1
3	G	1
0	PG	0
0	DG	0
5	T	0
4	G	0
0	PG	0
6	反則	8

	早大			慶大
1	大瀧 祐司	FW	1	三宅 俊介
2	須藤 拓輝		2	中尾隼太朗
3	垣永真之介		3	青木 周大
4	黒木 東星		4	小山田潤平
5	芦谷 勇帆		5	川原健志朗
6	金 正奎		6	濱田 大輝
7	布巻 竣介		7	森川 翼
8	佐藤 穣司		8	森川 翼
9	岡田 一平	HB	9	南 篤志
10	小倉 順平		10	宮川 知
11	深津 健吾	TB	11	服部佑一郎
12	坪郷 勇輝		12	石橋 拓也
13	飯野 恭史		13	児玉健太朗
14	荻野 岳志		14	
15	藤田 慶和	FB	15	下川 桂嗣

平成25年11月23日
G 秩父宮
R 藤内有己 KO 14:07
交代 早大：清水新也(須藤)、大峯功三(布巻)、植田耕平(黒木)、辰野数之助(岡田)、浅見晋吾(飯野)、藤田慶和(藤田)
慶大：吉田貴大(三谷)、佐藤耀(中尾)、白子健太郎(木原)、佐々木大也(濱田)、渡辺諒介(南)、佐藤龍別(大石)、中村敬介(服部)

公式試合 No.945 平成25年度 第12試合 対抗戦

早大		明大
15	—	3
3	前	3
12	後	0
2	T	0
1	G	0
0	PG	1
0	DG	0
2	T	0
1	G	0
0	PG	0
7	反則	12

	早大			明大
1	大瀧 祐司	FW	1	勝木 来幸
2	須藤 拓輝		2	牛原 寛章
3	垣永真之介		3	須沢 元気
4	黒木 東星		4	寺田 慎也
5	芦谷 勇帆		5	大樹 慎也
6	金 正奎		6	上田 宥人
7	布巻 竣介		7	安来 賢
8	佐藤 穣司		8	圓生 正義
9	岡田 一平	HB	9	山口 修平
10	小倉 順平		10	茂木 崇
11	深津 健吾	TB	11	小澤 和人
12	坪郷 勇輝		12	川田 修司
13	飯野 恭史		13	
14	荻野 岳志		14	成田 秀平
15	藤田 慶和	FB	15	高平 祐輝

平成25年12月1日
G 国立競技場
R 工藤隆太 KO 14:00
交代 早大：浅見晋吾(小倉)、清水新也(須藤)
明大：太田竣介(牛原)、塚原巴巳(勝木)、松波昭哉(須沢)、松橋周平(寺田)、桶谷宗汰(上田)、田川満洋(山口)、佐藤渓真(川田)、田村熙(高平)

公式試合 No.946 平成25年度 第13試合 第50回大学選手権(プール戦)

早大		大体大
46	—	12
22	前	0
24	後	12
3	T	2
2	G	1
2	PG	0
0	DG	0
4	T	0
2	G	0
0	PG	0
7	反則	2

	早大			大体大
1	大瀧 祐司	FW	1	王 鏡閌
2	須藤 拓輝		2	長崎中将
3	垣永真之介		3	高見 優友
4	大峯 功三		4	上山 直之
5	芦谷 勇帆		5	秋山 陽路
6	金 正奎		6	川崎 大翔
7	布巻 竣介		7	竹内 摘騎
8	佐藤 穣司		8	福本 将司
9	岡田 一平	HB	9	古場 優介
10	間島 陸		10	三瀬憲二郎
11	深津 健吾	TB	11	沢良木俊平
12	坪郷 勇輝		12	奥 聖真
13	飯野 恭史		13	吉野 晃平
14	荻野 岳志		14	佐藤 耀也
15	藤田 慶和	FB	15	水田 健吾

平成25年12月8日
G 駒沢陸上
R 牧野伸幸 KO 12:00
交代 早大：光川広之(大瀧)、清水新也(須藤)、佐藤勇人(垣永)、植田耕平(布巻)、辰野数之助(平野)、浅見晋吾(間島)、藤田慶和(藤田)、土肥将也(藤田)
大体大：竹屋亮一(長崎)、伊篠木洋斗(高見)、廣田耀規(上山)、松本直樹(三瀬)、吉田功祐(古場)、門田豪也(吉野)、前田直孝(奥)

公式試合 No.947 平成25年度 第14試合 第50回大学選手権(プール戦)

早大		京産大
48	—	18
17	前	13
31	後	5
3	T	3
3	G	3
0	PG	0
0	DG	0
4	T	0
3	G	0
0	PG	0
8	反則	8

	早大			京産大
1	大瀧 祐司	FW	1	清水 佳祐
2	須藤 拓輝		2	中島 裕樹
3	垣永真之介		3	浅岡 周
4	大峯 功三		4	小川 雅人
5	芦谷 勇帆		5	泉森 直人
6	金 正奎		6	芦塚 大樹
7	布巻 竣介		7	李 智栄
8	黒木 東星		8	高田 薫平
9	岡田 一平	HB	9	梁 志秋
10	水野 健人		10	三原 亮太
11	深津 健吾	TB	11	下良 好純
12	坪郷 勇輝		12	山本 耀司
13	飯野 恭史		13	増田 大輝
14	荻野 岳志		14	森田 慎也
15	藤田 慶和	FB	15	森田 慎也

平成25年12月15日
G 瑞穂
R 細樋勇太 KO 12:00
交代 早大：光川広之(大瀧)、清水新也(須藤)、植田耕平(金)、古賀壮一郎(水野)、辰野数之助(李)、水野健人(荻野)
京産大：金亨志(中島)、絹川誠吾(清水)、嘉野拓也(李)、高原慎也(三原)、城戸慎也(森田)

公式試合 No.948 平成25年度 第15試合 第50回大学選手権(プール戦)

早大		中大
57	—	0
36	前	0
21	後	0
5	T	0
4	G	0
1	PG	0
0	DG	0
4	T	0
4	G	0
0	PG	0
8	反則	8

	早大			中大
1	大瀧 祐司	FW	1	坂井 博文
2	須藤 拓輝		2	檜山 翔一
3	垣永真之介		3	三宮 嘉修
4	黒木 東星		4	井坂 健斗
5	芦谷 勇帆		5	山下 諒之
6	金 正奎		6	小野 雄貴
7	布巻 竣介		7	山本 将也
8	佐藤 穣司		8	
9	岡田 一平	HB	9	長谷川嗣波
10	水野 健人		10	浜岸 竣輝
11	深津 健吾	TB	11	高橋 翔吾
12	坪郷 勇輝		12	山北 純嗣
13	飯野 恭史		13	津越 航大
14	藤崎 雄斗		14	
15	藤田 慶和	FB	15	羽野 一志

平成25年12月22日
G 熊谷
R 塩崎公寿 KO 14:00
交代 早大：浅見晋吾(小倉)、清水新也(須藤)、大峯功三(布巻)、植田耕平(金)、中尾隼太朗(岡田)、間島陸(飯野)、土肥将也(藤崎)
中大：新井亮介(坂井)、天田観吾(山本)、水嶌拓也(山下)、諏訪弘樹(西野)、高崎悠介(長谷川)、木上鴻佑(津越)、渡辺広人(高橋)、岡崎健三(三宮)

公式試合 No.949　平成25年度　第16試合　第50回大学選手権準決勝

早大		筑波大
29	—	11
10	前	8
19	後	3
1	T	1
1	G	0
1	PG	1
0	DG	0
3	T	0
2	G	0
0	PG	1
0	DG	0
8	反則	12

#	早大	Pos	#	筑波大
1	大瀧 祐司	FW	1	橋本 大吾
2	須藤 拓輝		2	村川 浩貴
3	垣永真之介		3	大川劃太郎
4	黒木 東星		4	藤井 俊希
5	芦谷 勇帆		5	町野 泰司
6	金 正奎		6	下釜 優次
7	布巻 竣介		7	粕谷 俊輔
8	佐藤 穣司		8	山本 浩輝
9	岡田 一平	HB	9	内田 啓介
10	小倉 順平		10	山沢 拓也
11	深津 健吾	TB	11	福岡 陽樹
12	坪郷 勇輝		12	亀山 宏大
13	飯野 恭史		13	片桐 康策
14	荻野 岳志		14	竹中 祥
15	藤田 慶和	FB	15	山下 一

平成26年1月2日　G 国立競技場　R 久保修平　KO 12:20
交代　早大：滝沢祐樹（藤田）
筑波大：藤田幸一郎（目崎）、元田有祐（下釜）、高橋謙介（竹中）、木村貴大（高橋）

公式試合 No.950　平成25年度　第17試合　第50回大学選手権決勝

早大		帝京大
34	—	41
10	前	12
24	後	29
1	T	4
1	G	1
1	PG	1
0	DG	0
4	T	4
2	G	4
0	PG	0
0	DG	0
8	反則	13

#	早大	Pos	#	帝京大
1	大瀧 祐司	FW	1	森川由起乙
2	須藤 拓輝		2	坂手 淳史
3	垣永真之介		3	深村 亮太
4	黒木 東星		4	小瀧 尚弘
5	芦谷 勇帆		5	町野 泰司
6	金 正奎		6	マルジーン イラウア
7	布巻 竣介		7	杉永 亮太
8	佐藤 穣司		8	李 聖彰
9	岡田 一平	HB	9	流 大
10	小倉 順平		10	松田 力也
11	深津 健吾	TB	11	磯田 泰成
12	坪郷 勇輝		12	中村 亮士
13	飯野 恭史		13	牧田 旦
14	荻野 岳志		14	森谷 圭介
15	藤田 慶和	FB	15	竹田 宜純

平成26年1月12日　G 国立競技場　R 平林泰三　KO 13:07
交代　早大：辰野新之助（岡田）
帝京大：東恩納寛太（深村）、飯島晃司（李）、大和田立（町野）、野田漠貴（松田）

公式試合 No.951　平成25年度　第18試合　第51回日本選手権1回戦

早大		ヤマハ発動機
16	—	36
11	前	24
5	後	12
1	T	4
1	G	2
0	PG	0
0	DG	0
2	T	4
1	G	2
0	PG	0
0	DG	0
8	反則	12

#	早大	Pos	#	ヤマハ発動機
1	大瀧 祐司	FW	1	山本 剛輝
2	須藤 拓輝		2	日野 剛志
3	垣永真之介		3	山村 亮
4	黒木 東星		4	大戸 裕矢
5	芦谷 勇帆		5	笠原 雄太
6	金 正奎		6	ヴァウォト ボトヒエッター
7	布巻 竣介		7	三村勇飛丸
8	佐藤 穣司		8	堀江 恭佑
9	岡田 一平	HB	9	矢富 勇毅
10	小倉 順平		10	太田尾竜彦
11	深津 健吾	TB	11	徐 吉敏
12	坪郷 勇輝		12	マレ サウ
13	飯野 恭史		13	宮澤 正利
14	荻野 岳志		14	田中 渉太
15	藤田 慶和		15	五郎丸 歩

平成26年2月16日　R 松岡辰也　KO 11:40
交代　早大：光川広之（大瀧）、清水新也（須藤）、大峯功三（黒木）
ヤマハ：加藤宏太（日野）、岸直弥（山本）、長野正和（山村）、斉田晃平（徐）、モセ・トゥイアリイ（ボトヒエッター）、池田信級（矢富）、曽我部佳憲（太田尾）、中園真司（田中）
シンビン：五郎丸歩

公式試合 No.952　平成26年度　第1試合　第3回関東大学春季交流戦

早大		大東大
69	—	35
22	前	21
47	後	14
3	T	3
2	G	3
0	PG	0
1	DG	0
7	T	2
6	G	2
0	PG	2
0	DG	0
1	反則	7

#	早大	Pos	#	大東大
1	高橋俊太郎	FW	1	本間 優
2	菅野 卓麿		2	柴田 魁
3	佐藤 勇人		3	江口 裕太
4	大峯 功三		4	森下 貴大
5	山口 和慶		5	鈴木 秀明
6	池本 翔一		6	長谷川峻太
7	小谷田祐紀		7	篠原 祥太
8	佐藤 穣司		8	テビタ ツボウ
9	平野 航輝	HB	9	小山 大輝
10	小倉 順平		10	川向 瑛
11	深津 健吾	TB	11	ホセア サウマキ
12	飯野 恭史		12	相馬 諒
13	勝浦 秋		13	久保田 力
14	荻野 岳志		14	戸室 達貴
15	滝沢 祐樹		15	

平成26年5月4日　G 熊谷　R 久米村貴三　KO 14:00
交代　早大：光川広之（高橋）、周藤直也（菅野）、千葉太一（佐藤勇）、桑野詠真（山口）、布巻竣介（池本）、岡田一平（平野）、丹羽怜央（深津）、本田宗詩（深津）
大東大：岡田健人（柴田）、中村和史（江口）、坂本裕太（森下）、佐藤駿（ツボウ）、菊池孝二（川向）、先谷積尚人（岡）、竹原慶彦（相馬）、蛭名崇博（本間）

国際試合 No.109　平成26年度　第9回定期戦

早大		高麗大
74	—	7
26	前	7
48	後	0
4	T	1
3	G	1
0	PG	0
0	DG	0
6	T	0
5	G	0
0	PG	0
0	DG	0
	反則	

#	早大	Pos	#	高麗大
1	高橋俊太郎	FW	1	
2	菅野 卓麿		2	
3	佐藤 勇人		3	
4	大峯 功三		4	
5	桑野 詠真		5	
6	池本 翔一		6	
7	小谷田祐紀		7	
8	佐藤 穣司		8	
9	平野 航輝	HB	9	
10	小倉 順平		10	
11	深津 健吾	TB	11	
12	飯野 晃司		12	
13	勝浦 秋		13	
14	荻野 岳志		14	
15	滝沢 祐樹		15	

平成26年5月11日　早大上井草　R 不明　KO 13:00
交代　早大：光川広之（高橋）、周藤直也（菅野）、千葉太一（佐藤勇）、桑野詠真（山口）、河野秀明（大峯）、布巻竣介（池本）、岡田一平（平野）、丹羽怜央（飯野）、本田宗詩（荻野）、仲元寺宏行（小谷田）、浅見晋吾（小倉）
高麗大不明

公式試合 No.953　平成26年度　第2試合　第3回関東大学春季交流戦

早大		流経大
59	—	0
35	前	0
24	後	0
5	T	0
5	G	0
0	PG	0
0	DG	0
4	T	0
4	G	0
0	PG	0
0	DG	0
9	反則	8

#	早大	Pos	#	流経大
1	光川 広之	FW	1	古村儀四郎
2	菅野 卓麿		2	小倉 晃
3	佐藤 勇人		3	山根 皓太
4	大峯 功三		4	水木 鴻太
5	桑野 詠真		5	今野 剛秀
6	吉田 有輝		6	兼村 広大
7	仲元寺宏行		7	花澤 将志
8	山口 和慶		8	ジョージ リサレ
9	岡田 一平	HB	9	黒木 大貴
10	小倉 順平		10	東郷太朗丸
11	深津 健吾	TB	11	合谷 和弘
12	飯野 恭史		12	木村 海斗
13	野澤 怜央		13	テアウラニ シオネ
14	荻野 岳志		14	八文字雅和
15	滝沢 祐樹		15	桑江健一郎

平成26年5月25日　G 竜ケ崎市たつのこ　R 川尻龍起太郎　KO 13:00
交代　早大：冨永千緩（古村）、諸徳寺駿（小倉）、加藤優来（兼村）、大西（リサレ）、楢崎貴志（黒木）、合谷明弘（八文字）

公式試合 No.954　平成26年度　第3試合　第3回関東大学春季交流戦

早大		中大
87	—	3
33	前	3
54	後	0
5	T	0
4	G	0
0	PG	1
0	DG	0
8	T	0
7	G	0
0	PG	0
0	DG	0
10	反則	5

#	早大	Pos	#	中大
1	光川 広之	FW	1	檜山 翔一
2	貝塚隼一郎		2	山本 将也
3	佐藤 勇人		3	岡崎 健人
4	大峯 功三		4	西野 嘉修
5	桑野 詠真		5	井坂 健人
6	吉田 有輝		6	山下 諒之
7	仲元寺宏行		7	佐野 亮亮
8	山口 和慶		8	小野 雄貴
9	平野 航輝	HB	9	長谷川新波
10	小倉 順平		10	浜端 凌也
11	深津 健吾	TB	11	高 悠也
12	飯野 恭史		12	木村 鴻佑
13	勝浦 秋		13	白井吾士矛
14	荻野 岳志		14	久住 祐樹
15	滝沢 祐樹		15	渡辺 広人

平成26年6月1日　G 早大上井草　R 工藤隆太　KO 13:00
交代　早大：佐田涼祐（光川）、千葉太一（貝塚）、河野秀明（仲元寺）、布巻竣介（吉田）、岡田一平（平野）、浅見晋吾（小倉）、山本龍平（深津）
中大：高田優成（山本）、井村兼人（岡崎）、鎌野健太（井坂）、赤池海（佐野）、住吉藍好（長谷川）、白石凱人（白井）、伊藤大地（久住）

公式試合 No.955　平成26年度　第4試合　第3回関東大学春季交流戦

早大		慶大
40	—	22
21	前	5
19	後	17
3	T	1
3	G	1
0	PG	0
0	DG	0
3	T	3
2	G	3
0	PG	0
0	DG	0
6	反則	11

#	早大	Pos	#	慶大
1	光川 広之	FW	1	眞鍋 泰明
2	貝塚隼一郎		2	山田 康介
3	佐藤 勇人		3	吉田 貴宏
4	大峯 功三		4	西出 翼
5	桑野 詠真		5	白子雄矢
6	吉田 有輝		6	高家 享徳
7	布巻 竣介		7	岩本 龍人
8	山口 和慶		8	徳永 将
9	平野 航輝	HB	9	星 康介
10	小倉 順平		10	正田 眞斗
11	深津 健吾	TB	11	服部祐一郎
12	飯野 恭史		12	廣瀬 恭
13	勝浦 秋		13	石橋 拓也
14	荻野 岳志		14	吉迫 雅俊
15	滝沢 祐樹	FB	15	新海龍基

平成26年6月15日　G 石川西部緑地　R 浅田幸臣　KO 13:00
交代　早大：高橋俊太郎（佐藤）、清水新也（貝塚）、千葉太一（光川）、仲元寺宏行（布巻）、佐藤穣司（山口）、岡田一平（平野）、久富悠介（丹羽）
慶大：青木隆大（眞鍋）、佐藤耀（山田）、鈴木達哉（高家）、森川寛（徳永）、南篤志（星）、中村敬介（廣瀬）、川原健太朗（服部）

公式試合 No.956　平成26年度　第5試合　第3回関東大学春季交流戦

早大		帝京大
10	—	28
10	前	14
0	後	14
1	T	2
1	G	2
1	PG	0
0	DG	0
0	T	2
0	G	2
0	PG	0
0	DG	0
10	反則	11

#	早大	Pos	#	帝京大
1	千葉 太一	FW	1	森川由起乙
2	清水 新也		2	坂手 淳史
3	佐藤 勇人		3	深村 亮太
4	大峯 功三		4	金 槻志
5	桑野 詠真		5	小瀧 尚弘
6	吉田 有輝		6	マルジーン イラウア
7	布巻 竣介		7	杉永 亮太
8	杉本 頼亮	HB	8	流 大
9			9	
10	小倉 順平		10	松田 力也
11	深津 健吾	TB	11	森谷 圭介
12	飯野 恭史		12	濱野 大輔
13	勝浦 秋		13	
14	荻野 岳志		14	尾崎 晟也
15	黒木 健人	FB	15	重 一生

平成26年6月22日　G 三ツ沢　R 藤内有之（千葉）　KO 14:00
交代　早大：高橋俊太郎（千葉）、仲元寺宏行（布巻）、山口和慶（佐藤穣）、本田宗詩（黒木）
帝京大：清水一斗（森川）、小川一真（坂手）、東恩納寛太（深村）、飯野晃司（吉田）、荒井康晴（流）、永野光也（濱野）、金田瑛司（重）
シンビン：重一生

公式試合 No.957　平成26年度　第6試合　対抗戦

早大		明学大
104	—	0
40	前	0
64	後	0
6	T	0
6	G	0
1	PG	0
0	DG	0
10	T	0
7	G	0
0	PG	0
0	DG	0
4	反則	0

#	早大	Pos	#	明学大
1	高橋俊太郎	FW	1	伊藤 良
2	菅野 卓麿		2	藤田 剛
3	千葉 太一		3	山元慎太郎
4	大峯 功三		4	富田 拓也
5	桑野 詠真		5	三嶋創太郎
6	仲元寺宏行		6	川口 駿
7	加藤 広人		7	久留米陽平
8	佐藤 穣司		8	小林 唯人
9	平野 航輝	HB	9	鳥飼 雅文
10	小倉 順平		10	上原 哲
11	本田 宗詩	TB	11	倉島 誉史
12	飯野 恭史		12	小川 基斉
13	勝浦 秋		13	内田 裕友
14	荻野 岳志		14	鹿野 貴也
15	滝沢 祐樹		15	高橋 知希

平成26年9月21日　G 秩父宮　R 山本哲士　KO 15:00
交代　早大：光川広之（千葉）、清水新也（菅野）、佐藤勇人（高橋）、吉田勇輝（仲元寺）、深津健吾（深津）
明学大：櫻井寛之（山元）、棚邊直義（三嶋）、鈴木大悟（金井）、津田祥之介（鳥飼）、穂戸田貴好（倉島）、松下海平（小川）

公式試合 No.958　平成26年度　第7試合　対抗戦

早大		筑波大
19	—	15
5	前	0
14	後	15
1	T	2
1	G	1
0	PG	0
0	DG	0
2	T	0
1	G	0
0	PG	1
0	DG	0
6	反則	7

#	早大	Pos	#	筑波大
1	高橋俊太郎	FW	1	橋本 大吾
2	菅野 卓麿		2	村川 浩貴
3	佐藤 勇人		3	薄井 諒介
4	大峯 功三		4	藤井 俊希
5	桑野 詠真		5	中村 大志
6	仲元寺宏行		6	山下 彰太
7	加藤 広人		7	窪田 寛
8	佐藤 穣司		8	横山 大輔
9	岡田 一平	HB	9	亀山 宏大
10	小倉 順平		10	松田 力也
11	深津 健吾	TB	11	福岡 陽樹
12	飯野 恭史		12	山下 裕七郎
13	勝浦 秋		13	鈴木 啓太
14	荻野 岳志		14	高屋 直哉
15	清水 塁	FB	15	内田 啓介

平成26年9月28日　G 秩父宮　R 相樂 崇　KO 15:00
交代　早大：清水新也（菅野）、千葉太一（佐藤勇）、布巻竣介（仲元寺）、本田宗詩（深津）
筑波大：目崎啓志（窪田）、元田有祐（水上）、亀山雄太（松下）、岸拓実（薄井）

公式試合 No.959　平成26年度　第8試合　対抗戦

早大		立大
97	—	0
45	前	0
52	後	0

#	早大	Pos	#	立大
1	千葉 太一	FW	1	日鼻 海
2	菅野 卓麿		2	眞壁 貴男
3	佐藤 勇人		3	森 一機
4	大峯 功三		4	高沢 良平
5	桑野 詠真		5	民部田直道
6	仲元寺宏行		6	久保 寛仁
7	加藤 広人		7	工藤 大地
8	佐藤 穣司		8	白石 拓馬
9	岡田 一平	HB	9	松本 宗介
10	小倉 順平		10	大高 将樹
11	深津 健吾	TB	11	加藤 雅大
12	飯野 恭史		12	岡村 直斗
13	勝浦 秋		13	岩田 健太
14	荻野 岳志		14	山田 雄太
15	滝沢 祐樹	FB	15	中川 誠太

平成26年10月12日　G 熊谷　R 西部文博　KO 12:00
交代　早大：高橋俊太郎（佐藤勇）、貝塚隼一郎（菅野）、庄村光史（千葉）、山口和慶（大峯）、仲元寺宏行（加藤）、杉本頼亮（岡田）、本田宗詩（深津）、盛田浩志（飯野）
立大：柳館行（森一）、玉川光太郎（日鼻）、大熊一輝（高沢）、横山大悟（民部田）、御殿剛（大高）、古屋太輝（御苑）、諫山純也（加藤）

No.960　平成26年度　第9試合　対抗戦

早大		青学大	No.	早大		青学大
50	—	0				
17	前	0	1	高橋俊太郎	FW	清原　拓哉
33	後	0	2	菅野　卓麿		林　隼司
3	T	0	3	佐藤　勇人		川本　弘海
1	G	0	4	大峯　功三		篠原　遼太
0	PG	0	5	桑野　詠真		安東　大揮
0	DG	0	6	中尾康太郎		吉川　劇暁
5	T	0	7	加藤　広人		村井　遼介
4	G	0	8	佐藤　積司		篠田　祥光
0	PG	0	9	岡田　一平	HB	香山　良太
0	DG	0	10	小倉　順平		小原　惇嗣
11	反則	13	11	本田　宗詩	TB	向井　誠
			12	飯野　恭史		谷山　俊平
			13	勝浦　秋		齋爪米一心
			14	黒木　岳志		久留米來平
			15	黒木　健人	FB	高野　祥太

平成26年10月19日　G 松本アルウィン　R 木下要弥　KO 13:00
交代　早大：光川広之(高橋)、貝塚隼一郎(菅野)、千葉太一(佐藤勇)、山和義信(中尾)、布巻俊介(加藤)、平野航輝(岡田)、浅見晋吾(小倉)、深津健吾(本田)。
青学大：小野幸太(清原)、平塚真介(川本)、熊坂大輔(篠原)、高橋龍也(香山)、岩満亮介(小原惇)、高橋智彦(高野)。

No.961　平成26年度　第10試合　対抗戦

早大		帝京大	No.	早大		帝京大
11	—	55				
11	前	20	1	千葉　太一	FW	森川由起乙
0	後	35	2	菅野　卓麿		坂手　淳史
1	T	3	3	佐藤　勇人		東恩納寛太
0	G	1	4	大峯　功三		金　嶺志
1	PG	1	5	桑野　詠真		小瀧　尚弘
1	DG	0	6	布巻　俊介		マルジーン イラウア
1	T	2	7	加藤　広人		杉永　亮太
0	G	2	8	佐藤　積司		河口　駿
0	PG	0	9	岡田　一平	HB	流　大
0	DG	0	10	小倉　順平		松田　力也
9	反則	16	11	本田　宗詩	TB	泰山　恭也
			12	飯野　恭史		森谷　圭介
			13	勝浦　秋		前原　巧
			14	黒木　岳志		権野　晟也
			15	黒木　健人	FB	重　一生

平成26年11月2日　G 秩父宮　R ニック・ホーガン(NZ)　KO 14:00
交代　早大：清水新也(菅野)、高橋俊太郎(佐藤勇)、仲元寺宏行(布巻)、千葉巧也(仲元寺)、平野航輝(岡田)、深津健吾(本田)。
シンビン：小倉順平
帝京大：徳永一斗(森川)、町野泰示(小瀧)、浅堀航平(東恩納)、姫野和樹(金)、飯野司(河口)、朴成基(松田)、濱野大輔(重)。

No.962　平成26年度　第11試合　対抗戦

早大		慶大	No.	早大		慶大
25	—	25				
15	前	13	1	高橋俊太郎	FW	青木　周大
10	後	12	2	清水　新也		神谷　哲平
2	T	1	3	千葉　太一		出口　桂
1	G	1	4	大峯　功三		小山田潤平
1	PG	2	5	桑野　詠真		白子雄太郎
0	DG	0	6	布巻　俊介		廣川　翔也
1	T	2	7	加藤　広人		木原　健裕
1	G	1	8	佐藤　積司		森野　真翼
1	PG	1	9	岡田　一平	HB	宮澤　尚人
0	DG	0	10	小倉　順平		矢山　智基
14	反則	10	11	本田　宗詩	TB	服部祐一郎
			12	飯野　恭史		石橋　拓也
			13	勝浦　秋		川原健太朗
			14	黒木　岳志		金澤　徹
			15	黒木　健人	FB	中村　敬介

平成26年11月23日　G 秩父宮　R 工藤健太　KO 14:08
交代　早大：千葉太一(千葉)、吉田勇輝(加藤)、平野航輝(岡田)、鶴川達彦(本田)。
慶大：吉岡是道(廣川)、南篤志(宮澤)、浦野龍紀(中村敬)。

No.963　平成26年度　第12試合　対抗戦

早大		明大	No.	早大		明大
37	—	24				
18	前	10	1	高橋俊太郎	FW	勝木　来幸
19	後	14	2	清水　新也		中村　駿太
2	T	1	3	佐藤　勇人		須藤　元樹
1	G	1	4	大峯　功三		東　和樹
2	PG	1	5	桑野　詠真		寺田　大樹
0	DG	0	6	布巻　俊介		上田　有人
3	T	2	7	加藤　広人		桶谷　宗汰
2	G	2	8	佐藤　積司		松橋　周平
0	PG	0	9	岡田　一平	HB	加納　遼太
0	DG	0	10	横山　陽介		武井　熙
13	反則	6	11	深津　健吾	TB	堀米　大地
			12	小倉　順平		尾又　寛汰
			13	飯野　恭史		梶村　祐介
			14	荻野　岳志		成田　秀平
			15	藤田　慶和	FB	村井佑太朗

平成26年12月7日　G 秩父宮　R 平林義三　KO 14:00
交代　早大：光川広之(高橋)、菅野卓麿(清水)、千葉太一(佐藤勇)、仲元寺宏行(加藤)、吉田勇輝(布巻)、平野航輝(岡田)、鶴川達彦(横山)、本田宗詩(深津)。
明大：牛原寛章(中村)、塚原巧己(勝木)、松波昭哉(須藤)、航(寺田)、大横慎也(上田)、三股久典(加納)、西橋誠人(堀米)。

No.964　平成26年度　第13試合　第51回大学選手権プール戦

早大		立命大	No.	早大		立命大
39	—	15				
15	前	9	1	高橋俊太郎	FW	渡邊　彪亮
24	後	6	2	清水　新也		髙島　忍
2	T	1	3	佐藤　勇人		西村　颯平
1	G	1	4	大峯　功三		清水　亮佑
1	PG	0	5	桑野　詠真		杉下　暢
0	DG	0	6	吉田　有輝		南　友紀
3	T	1	7	加藤　広人		小原　稜
4	G	1	8	佐藤　積司		中村　優樹
0	PG	0	9	岡田　一平	HB	西山　尚宏
0	DG	0	10	横山　陽介		宗像　仁
10	反則	6	11	深津　健吾	TB	宮田　遼
			12	小倉　順平		市原　淳平
			13	飯野　恭史		山田　一輝
			14	荻野　岳志		蔵田　知浩
			15	藤田　慶和	FB	山中　駿佑

平成26年12月14日　G 花園　R 川尻竜太郎　KO 12:00
交代　早大：光川広之(高橋)、菅野卓麿(清水)、千葉太一(佐藤勇)、仲元寺宏行(吉田)、平野航輝(岡田)、鶴川達彦(横山)、本田宗詩(深津)。
立命大：原山光正(中村優)、和田健吾(杉下)、萩原寿哉(小原)、橋川征怜(宗像)、別府太一(宮田)。

No.965　平成26年度　第14試合　第51回大学選手権プール戦

早大		同大	No.	早大		同大
18	—	17				
10	前	7	1	高橋俊太郎	FW	北川　賢吾
8	後	10	2	清水　新也		東　大樹
1	T	1	3	佐藤　勇人		才田　智
1	G	1	4	大峯　功三		山田　有人
1	PG	0	5	桑野　詠真		森山　雄
0	DG	0	6	吉田　有輝		土井　祐紀
1	T	1	7	加藤　広人		田淵　慎理
1	G	1	8	佐藤　積司		秦　啓祐
1	PG	0	9	岡田　一平	HB	大越　元気
0	DG	0	10	横山　陽介		渡邊　夏煌
14	反則	10	11	深津　健吾	TB	宮島　裕之
			12	飯野　恭史		木村　洋紀
			13	勝浦　秋		田中　幹太
			14	荻野　岳志		松井　千士
			15	藤田　慶和	FB	崎口鋭二朗

平成26年12月21日　G 花園　R 藤内有己　KO 12:00
交代　早大：千葉太一(佐藤勇)、平野航輝(岡田)、本田宗詩(深津)。
同大：中尾湧馬(東)、海士広太(才田)、山崎健司(山田有)、末永健雄(土井)、垣内悠輔(渡邊)、小林健太郎(崎口)。

No.966　平成26年度　第15試合　第51回大学選手権プール戦

早大		東海大	No.	早大		東海大
10	—	14				
5	前	7	1	高橋俊太郎	FW	五十嵐　優
5	後	7	2	清水　新也		北出　卓也
1	T	1	3	佐藤　勇人		平野　翔平
0	G	1	4	大峯　功三		ダラス タタ
0	PG	0	5	桑野　詠真		テトゥヒ ロバーツ
0	DG	0	6	布巻　俊介		橋本　皓
1	T	1	7	加藤　広人		藤田　貴大
0	G	1	8	佐藤　積司		金堂　礼
0	PG	0	9	岡田　一平	HB	松島　鴻太
0	DG	0	10	横山　陽介		大塚　大輔
10	反則	9	11	深津　健吾	TB	石井　魁
			12	小倉　順平		林　大生
			13	飯野　恭史		渡健太朗
			14	荻野　岳志		近藤　英人
			15	藤田　慶和	FB	野口　竜当

平成26年12月27日　G 秩父宮　R 梶原晃久　KO 11:40
交代　東海大：三浦昌悟(五十嵐)、渡邊隆之(平野)、湯本睦(松島)。

No.967　平成27年度　第1試合　第4回関東大学春季交流戦

早大		流経大	No.	早大		流経大
35	—	34				
35	前	17	1	佐田　涼祐	FW	大川　兼聖
0	後	17	2	周藤　直也		中村　篤郎
5	T	5	3	千葉　太一		足立　匡
5	G	3	4	桑野　詠真		加藤　優来
0	PG	0	5	沢登　直也		タウム7 ナエフタ
0	DG	0	6	仲元寺宏行		西川　叶
0	T	0	7	池本　翔一		廣瀬　直幸
0	G	0	8	佐藤　積司		大西　樹
0	PG	0	9	吉岡航太郎	HB	黒木　大貴
0	DG	0	10	浅見　晋吾		若木　琢也
13	反則	9	11	勝浦　秋	TB	杉森健太郎
			12	高橋　吾郎		藤林　聡志
			13	矢野　信人		シオネ テアウパ
			14	門田　成朗		當眞　皐
			15	黒木　健人	FB	橋本　利輝

平成27年5月5日　G 秩父宮　R 川尻竜太郎　KO 12:00
交代　早大：石川敬人(佐田)、柴田雄基(千葉)、古中大典(沢登)、宮里侑樹(池本)、横山陽介(浅見)。
流経大：相田祥平(足立)、鶴田大成(大西)、落合知之(當眞)。

No.968　平成27年度　第2試合　第4回関東大学春季交流戦

早大		法大	No.	早大		法大
45	—	14				
33	前	7	1	佐田　涼祐	FW	黒田　圭汰
12	後	7	2	貝塚隼一郎		前島　利明
5	T	1	3	千葉　太一		川地　光節
4	G	1	4	山口　和慶		牧野内翔馬
0	PG	0	5	桑野　詠真		吉村公太朗
0	DG	0	6	仲元寺宏行		大塚　馨
1	T	0	7	池本　翔一		堺　光弘
0	G	0	8	佐藤　積司		増田　和征
0	PG	0	9	吉岡航太郎	HB	樋塚　聖羅
0	DG	0	10	横山　陽介		林　修兵
14	反則	10	11	門田　成朗	TB	中井　健人
			12	高橋　吾郎		井上　光也
			13	盛田　志		小幡　一馬
			14	本田　宗詩		北島　遙生
			15	黒木　健人	FB	萩原　蓮

平成27年5月23日　G 法大多摩　R 片桐伸也　KO 13:00
交代　早大：千葉太一(佐田)、野本峻(貝塚)、柴田雄基(千葉)、古中大典(佐藤積)、宮里侑樹(仲元寺)、杉本峻(吉岡)、浅見晋吾(横山)、勝浦秋(門田)。
法大：李承記(黒田)、西竜徳(吉村)、佐々木瀬鐘(大塚)、坂本泰敏(根塚)、桶谷建史(中井)。

No.969　平成27年度　第3試合　第4回関東大学春季交流戦

早大		東海大	No.	早大		東海大
28	—	36				
7	前	24	1	佐田　涼祐	FW	平野　翔平
21	後	12	2	貝塚隼一郎		日高　将吾
1	T	4	3	千葉　太一		渡邊　隆之
1	G	4	4	仲元寺宏行		橋本　皓
0	PG	0	5	河野　秀明		テトゥヒ ロバーツ
0	DG	0	6	宮里　侑樹		藤田　貴大
3	T	2	7	池本　翔一		田澤　謙
3	G	1	8	佐藤　積司		磯辺　裕太
0	PG	0	9	吉岡航太郎	HB	野口　大輔
0	DG	0	10	横山　陽介		オカダ ロイド
14	反則	10	11	勝浦　秋	TB	石井　魁
			12	高橋　吾郎		池田　悠希
			13	盛田　志		
			14	本田　宗詩		齋藤　浩太
			15	黒木　健人	FB	近藤　英人

平成27年5月31日　G 早大上井草　R 武田　学　KO 13:00
交代　早大：石倉完太(佐田)、渡瀬完太(千葉)、門田成朗(勝浦)、久富慇介(岡田)。
東海大：五十嵐優(渡邊隆)、東条友宏(日高)、景山裕基(湯本)、比屋根裕樹(湯本)、藤崎眞樹(ロイド)。

No.970　平成27年度　第4試合　第4回関東大学春季交流戦

早大		帝京大	No.	早大		帝京大
12	—	73				
5	前	28	1	佐田　涼祐	FW	徳永　一斗
7	後	45	2	貝塚隼一郎		坂手　淳史
1	T	11	3	千葉　太一		深村　亮太
1	G	9	4	河野　秀明		金　廉
0	PG	0	5	桑野　詠真		飯野　晃司
0	DG	0	6	仲元寺宏行		マルジーン イラウア
1	T	0	7	池本　翔一		亀井　亮依
0	G	0	8	佐藤　積司		プロディ マクナラン
0	PG	0	9	吉岡航太郎	HB	荒井　康植
0	DG	0	10	横山　陽介		松田　力也
13	反則	10	11	門田　成朗	TB	竹山　晃暉
			12	高橋　吾郎		石垣　航平
			13	盛田　志		石垣　航平
			14	本田　宗詩		津岡翔太郎
			15	黒木　健人	FB	竹内　柊基

平成27年6月7日　G 早大上井草　R 丸山　力　KO 13:00
交代　早大：宮里侑樹(池本)、杉本峻亮(吉岡)、勝浦秋(門田)。
帝京大：浅堀航平(池本)、大西将史(坂手)、吾妻和昌(深村)、姫野和樹(金)、吉田杏(マクナラン)、吉川浩貴(荒井)、中村良真(松田)、矢澤蒼(園木)。

国際試合　No.110　平成27年度　第10回定期戦

早大		高麗大	No.	早大		高麗大
34	—	36				
12	前	21	1	佐田　涼祐	FW	1
22	後	15	2	貝塚隼一郎		2
2	T	3	3	柴田　雄基		3
1	G	3	4	河野　秀明		4
0	PG	0	5	桑野　詠真		5
0	DG	0	6	仲元寺宏行		6
3	T	3	7	田丸　暖		7
3	G	3	8	吉岡航太郎		8
0	PG	0	9	横山　陽介	HB	9
			10	横山　陽介		10
			11	門田　成朗	TB	11
			12	高橋　吾郎		12
			13	盛田　志		13
			14	本田　宗詩		14

平成27年6月14日　G 高麗大　R 岡　KO 14:30
交代　早大：石川敬人(佐田)、周藤直也(貝塚)、渡瀬完太(柴田)、悠(田丸)、水野孟(宮里)、杉本峻(吉岡)、杉本頼亮(横山)、勝浦秋(本田)。
高麗大：不明

公式試合 No.971 平成27年度 第5試合 第4回関東大学春季交流戦

早大		明大	No	早大	No	明大
14	—	66	1	佐田 涼祐 FW	1	植木 悠治
0	前	35	2	貝塚隼一郎	2	中村 駿太
14	後	31	3	千葉 太一	3	塚原 巧巳
0	T	5	4	河野 秀明	4	東 和樹
0	G	5	5	桑野 詠真	5	小林 航
0	PG	0	6	仲元寺宏行	6	近藤 雅喜
0	DG	0	7	田丸 暖	7	田中 健太
2	T	5	8	佐藤 穣司	8	桶谷 宗汰
2	G	3	9	杉本 頼亮 HB	9	兵頭 水軍
0	PG	0	10	横山 陽介	10	田村 熙
0	DG	0	11	門田 成朗 TB	11	林 祥太郎
11	反則	12	12	高橋 吾郎	12	川田 修司
			13	盛田 志	13	松浦 康一
			14	本田 宗詩	14	澤田 陵
			15	黒木 健人 FB	15	成田 秀平

平成27年6月21日　G 盛岡南公園　R 長谷川学　KO 13:00
交代　早大：池本翔一（田丸）、水野孟（河野）、久野悠介（高橋）、勝浦秋（門田）
明大：佐藤公彦（中村）、齊藤剣（植木）、矢野佑弥（塚原）、小宮カズヒ（東）、井上遼（田中健）、浦部岳之（兵頭）、忽那雄太（田村）、松尾将太郎（松浦）

公式試合 No.972 平成27年度 第6試合 対抗戦

早大		立大	No	早大	No	立大
57	—	12	1	佐田 涼祐 FW	1	玉川光太郎
33	前	5	2	貝塚隼一郎	2	山中 圭吾
24	後	7	3	柴田 雄基	3	眞壁 照男
5	T	1	4	河野 秀明	4	大熊 一輝
4	G	1	5	桑野 詠真	5	高橋 狩武
0	PG	0	6	宮里 侑樹	6	河野 誠二
0	DG	0	7	仲元寺宏行	7	工藤 大地
4	T	1	8	佐藤 穣司	8	増田智佳朗
2	G	1	9	吉岡竜太郎 HB	9	大高 将樹
0	PG	0	10	杉本 頼亮	10	御苑 剛
0	DG	0	11	桑山 聖生 TB	11	三浦 弘之
4	反則	5	12	久富 悠介	12	岩田 健吾
			13	盛田 志	13	福澤 瑛司
			14	門田 成朗	14	山田 雄太
			15	黒木 健人 FB	15	鈴木 寿朋

平成27年9月6日　G 秩父宮　R 川尻竜太郎　KO 15:00
交代　早大：石川敬人（佐田）、鷲野孝成（貝塚）、渡瀬宗太（柴田）、水野孟（桑野）、池本翔一（仲元寺）、浅見晋吾（杉本）、岡田一平（盛田）、勝浦秋（桑山）
立大：日鼻海（玉川）、森将貴（山中）、三木敬介（眞壁）、佐藤俊（増田）、荘加崎之（河野）、文将寿（大高）、諫山純弥（三浦）、篠崎宏洋（山田）

国際試合 No.111 平成27年度 英国遠征『奥記念杯』& World Univ. Rugby Cup

早大		才大	No	早大	No	才大
7	—	26	1	石川 敬人 FW	1	
7	前	12	2	貝塚隼一郎	2	
0	後	14	3	柴田 雄基	3	
1	T	2	4	桑野 詠真	4	
1	G	1	5	松井 丈典	5	
0	PG	0	6	池本 翔一	6	
0	DG	0	7	仲元寺宏行	7	
0	T	2	8	佐藤 穣司	8	
0	G	1	9	杉本 峻 HB	9	
0	PG	0	10	浅見 晋吾	10	
0	DG	0	11	桑山 聖生 TB	11	
	反則		12	鈴木 怜輔	12	
			13	盛田 志	13	
			14	勝浦 秋	14	
			15	滝沢 祐樹 FB	15	

平成27年9月13日　G Iffley Road　R 不明　KO 14:00

国際試合 No.112 平成27年度 World Univ. Rugby Cup

早大		ケープタウン大	No	早大	No	ケープタウン大
14	—	31	1	佐田 涼祐 FW	1	
14	前	31	2	貝塚隼一郎	2	
	後		3	千葉 太一	3	
2	T	1	4	加藤 広人	4	
2	G	1	5	桑野 詠真	5	
0	PG	0	6	宮里 侑樹	6	
	DG		7	佐藤 穣司	7	
	T		8	鶴川 達彦	8	
	G		9	杉本 峻 HB	9	
	PG		10	浅見 晋吾	10	
	DG		11	桑山 聖生 TB	11	
	反則		12	久富 悠介	12	
			13	岡田 一平	13	
			14	勝浦 秋	14	
			15	滝沢 祐樹 FB	15	

平成27年9月15日　G St. Edward School　R 不明　KO 16:30

国際試合 No.113 平成27年度 World Univ. Rugby Cup

早大		オックスフォード大グレイハウンズ校	No	早大	No	
19	—	10	1	石川 敬人 FW	1	
19	前	10	2	鷲野 孝成	2	
	後		3	柴田 雄基	3	
3	T	2	4	飯嶋	4	
2	G	0	5	松井 丈典	5	
0	PG	0	6	中庭 悠	6	
0	DG	0	7	宮里 侑樹	7	
	T		8	鶴川 達彦	8	
	G		9	吉岡航太郎 HB	9	
	PG		10	杉本 頼亮	10	
	DG		11	近田 望 TB	11	
	反則		12	鈴木 怜輔	12	
			13	盛田 志	13	
			14	勝浦 秋	14	
			15	門田 成朗 FB	15	

平成27年9月18日　G Christ Church College　R 不明　KO 11:00

国際試合 No.114 平成27年度 英国遠征 World Univ. Rugby Cup

早大		シベリア選抜	No	早大	No	ケープタウン大
26	—	5	1	佐田 涼祐 FW	1	
26	前	5	2	貝塚隼一郎	2	
	後		3	千葉 太一	3	
4	T	1	4	加藤 広人	4	
3	G	0	5	桑野 詠真	5	
0	PG	0	6	宮里 侑樹	6	
0	DG	0	7	佐藤 穣司	7	
	T		8	鶴川 達彦	8	
	G		9	杉本 峻 HB	9	
	PG		10	浅見 晋吾	10	
	DG		11	桑山 聖生 TB	11	
	反則		12	久富 悠介	12	
			13	岡田 一平	13	
			14	勝浦 秋	14	
			15	滝沢 祐樹 FB	15	

平成27年9月18日　G Ifly Road　R 不明　KO 15:30

国際試合 No.115 平成27年度 英国遠征 World Univ. Rugby Cup

早大		NZ選抜	No	早大	No	ケープタウン大
19	—	19	1	佐田 涼祐 FW	1	
0	前	14	2	貝塚隼一郎	2	
19	後	5	3	千葉 太一	3	
0	T	2	4	加藤 広人	4	
0	G	2	5	桑野 詠真	5	
0	PG	0	6	宮里 侑樹	6	
0	DG	0	7	佐藤 穣司	7	
3	T	1	8	鶴川 達彦	8	
2	G	0	9	杉本 峻 HB	9	
0	PG	0	10	浅見 晋吾	10	
0	DG	0	11	桑山 聖生 TB	11	
	反則		12	久富 悠介	12	
			13	岡田 一平	13	
			14	勝浦 秋	14	
			15	滝沢 祐樹 FB	15	

平成27年9月20日　G Ifly Road　R 不明　KO 14:00

公式試合 No.973 平成27年度 第7試合 対抗戦

早大		青学大	No	早大	No	青学大
52	—	17	1	佐田 涼祐 FW	1	小原 洋
26	前	10	2	貝塚隼一郎	2	大石 紘輝
26	後	7	3	千葉 太一	3	鈴木 健也
4	T	1	4	加藤 広人	4	安東 大揮
3	G	1	5	桑野 詠真	5	篠原 遼太
0	PG	0	6	宮里 侑樹	6	宮川修二郎
0	DG	0	7	池本 翔一	7	崔 玄祺
2	T	1	8	佐藤 穣司	8	森 篤嗣
2	G	0	9	杉本 峻 HB	9	高橋 敏也
0	PG	0	10	浅見 晋吾	10	岩海 亮
0	DG	0	11	桑山 聖生 TB	11	向井 誠
7	反則	1	12	久富 悠介	12	高谷 祥太
			13	岡田 一平	13	永岡 聖史
			14	門田 成朗	14	越智 拓哉
			15	滝沢 祐樹 FB	15	鈴木 二郎

平成27年10月4日　G 熊谷　R 川崎森　KO 14:00
交代　早大：石倉慶平（小原）、周藤直也（貝塚）、渡瀬宗太（千葉）、水野孟（池本）、山岡篤樹（杉本）、山川慶祐（滝沢）
青学大：猪飼怜（小原）、大原拓哉（鈴木）、遠藤孝一郎（篠原）、藤井達之助（宮川）、古賀駿汰（高橋）、森田健仁（永岡）、佐々木岳大（森）

公式試合 No.974 平成27年度 第8試合 対抗戦

早大		筑波大	No	早大	No	筑波大
25	—	45	1	佐田 涼祐 FW	1	橋本 大吾
13	前	28	2	貝塚隼一郎	2	稲垣 優志
12	後	17	3	千葉 太一	3	瀬 凌也
1	T	3	4	山口 和慶	4	中村 大志
1	G	0	5	桑野 詠真	5	渡邉 洋人
0	DG	0	6	宮里 侑樹	6	渡尾 大地
	T		7	加藤 広人	7	占部 航典
2	T	3	8	佐藤 穣司	8	横山 大輔
1	G	0	9	杉本 峻 HB	9	木村 貴大
0	PG	0	10	浅見 晋吾	10	亀山 宏太
0	DG	0	11	山川 慶祐 TB	11	亀山 雄太
2	反則	3	12	久富 悠介	12	
			13	岡田 一平	13	鈴木 啓太
			14	門田 成朗	14	本村 直樹
			15	藤田 慶和 FB	15	河野 友希

平成27年10月12日　G 秩父宮　R 藤内有己　KO 14:00
交代　早大：石川敬人（佐田）、中庭悠（山口）、水野孟（山川）、吉岡航太郎（杉本）、鈴木怜輔（浅見）、黒木健人（門田）
筑波大：大西剛平（稲垣）、永田敬（橋本）、渡邉槙介（崔）、鈴木隆文（中村）、長嶋輔（横山）、米村竜二（木村）、竹田祐得（鈴木啓）、島田拓也（本村）

公式試合 No.975 平成27年度 第9試合 対抗戦

早大		帝京大	No	早大	No	帝京大
15	—	92	1	佐田 涼祐 FW	1	徳永 一斗
	前	36	2	貝塚隼一郎	2	坂手 淳史
12	後	56	3	千葉 太一	3	深村 亮
0	T	14	4	加藤 広人	4	飯野 晃司
0	G	13	5	桑野 詠真	5	金 槵志
0	PG	0	6	宮里 侑樹	6	マルジーン イラウテ
1	DG	0	7	仲元寺宏行	7	亀井 亮依
2	T	0	8	佐藤 穣司	8	小野 貴久
2	G	0	9	杉本 峻 HB	9	小畑 健大
0	PG	0	10	浅見 晋吾	10	松田 力也
0	DG	0	11	山川 篤樹 TB	11	竹山 晃暉
0	反則	13	12	久富 悠介	12	金田 瑛司
			13	岡田 一平	13	重 一平
			14	門田 成朗	14	尾崎 晟也
			15	黒木 健人 FB	15	森谷 圭介

平成27年11月1日　G 秩父宮　R 平林泰三　KO 14:00
交代　早大：石川敬人（佐田）、山口和慶（加藤）、池本翔一（仲元寺）、浅見（杉本）、盛田志（久富）、黒木健人（門田）
帝京大：堀越康介（徳永）、味和田（坂手）、浅堀航平（深村）、秋山大地（小野）、姫野和樹（イラウア）、荒井康成（小畑）、濱野大輔（金田）、矢富洋明（重）
シンビン：深村亮介、飯野晃司

公式試合 No.976 平成27年度 第10試合 対抗戦

早大		日体大	No	早大	No	日体大
52	—	17	1	佐田 涼祐 FW	1	上野泰太郎
21	前	9	2	貝塚隼一郎	2	橋本裕二郎
31	後	8	3	千葉 太一	3	上口 昌彦
3	T	3	4	加藤 広人	4	小笠原 晶
3	G	1	5	桑野 詠真	5	石丸 健人
0	PG	0	6	宮里 侑樹	6	舛添 真太郎
0	DG	0	7	仲元寺宏行	7	荒川 祥大
2	T	0	8	佐藤 穣司	8	小野 竜哉
2	G	0	9	杉本 峻 HB	9	高嶋 就人
0	PG	0	10	浅見 晋吾	10	石澤 周
0	DG	0	11	鈴木 亮 TB	11	肥田木 晃
1	反則	5	12	久富 悠介	12	石田 一彦
			13	岡田 一平	13	秋田 凌斗
			14	山岡 篤樹	14	鹿内 剛
			15	藤田 慶和 FB	15	小笠原勇気

平成27年11月8日　G 群馬敷島公園　R 小堀英之　KO 12:00
交代　早大：石川敬人（佐田）、眞家直也（貝塚）、柴田雄基（千葉）、広瀬泰斗（浅見）、佐々木尚（鈴木）、盛田志（久富）
日体大：高田大輝（上野）、村山皓紀（村上）、伊藤史泰（舛添）、中山魁（小野）、菅原拓哉（鹿内）、小笠原勇気（中野）

公式試合 No.977 平成27年度 第11試合 対抗戦

早大		慶大	No	早大	No	慶大
32	—	31	1	佐田 涼祐 FW	1	加藤 宏
15	前	14	2	貝塚隼一郎	2	八木悠太朗
17	後	17	3	千葉 太一	3	
2	T	2	4	加藤 広人	4	西山 翼
1	G	2	5	桑野 詠真	5	大竹 大我
0	PG	0	6	宮里 侑樹	6	廣川 精兵
0	DG	0	7	仲元寺宏行	7	鈴木 達哉
2	T	3	8	佐藤 穣司	8	徳永 将
2	G	2	9	杉本 峻 HB	9	栗原 寛
0	PG	0	10	横山 陽介	10	矢川 智基
0	DG	0	11	鈴木 亮 TB	11	清水 祐輔
1	反則	6	12	久富 悠介	12	
			13	盛田 志	13	田畑 万伶
			14	山岡 篤樹	14	金澤 徹
			15	藤田 慶和 FB	15	澤邊 輝賢

平成27年11月23日　G 秩父宮　R 藤内有己　KO 14:06
交代　早大：石川敬人（佐田）
慶大：細田隼郎（加藤）、大塚健太（八木）、高家章徳（徳永）、辻雄康（高家）

公式試合　No.978　平成27年度　第12試合　対抗戦

早大		明大		早大		明大
24	—	32	1	佐川 涼祐 FW	1	植木 悠治
12	前	22	2	貝塚隼一郎	2	中村 駿太
12	後	10	3	千葉 太一	3	塚原 巧巳
2	T	3	4	加藤 広人	4	東 和樹
1	G	2	5	桑野 詠真	5	小林 航
0	PG	1	6	宮里 侑樹	6	田中 真一
0	DG	0	7	仲元寺宏行	7	田中 健太
2	T	1	8	佐藤 穣司	8	松橋 周平
1	G	1	9	杉本 峻 HB	9	浜野 達也
0	PG	1	10	横山 陽介	10	堀山 航平
0	DG	0	11	山岡 篤樹 TB	11	紀伊 皓太
9	反則	13	12	岡田 一平	12	梶村 祐介
平成27年12月6日 | | | 13 | 盛田 志 | 13 | 尾又 寛汰 |
G 秩父宮 | | | 14 | 本田 宗詩 | 14 | 成田 秀平 |
R 工藤隆太 KO 14:05 | | | 15 | 藤田 慶和 FB | 15 | 田村 熙 |
交代　早大：石川敬人（佐川）、鈴木亮介（山岡）
明大：祝原諒介（塚原）、古川満（小林）、井上遼（松橋）、川田修司（梶村）、齊藤剛光（紀伊）

公式試合　No.979　平成27年度　第13試合　第52回大学選手権プール戦

早大		天理大		早大		天理大
10	—	14	1	佐川 涼祐 FW	1	ナカンダカリ 知貴
10	前	7	2	貝塚隼一郎	2	藤浪 輝人
0	後	7	3	千葉 太一	3	木津 悠輔
1	T	1	4	加藤 広人	4	西川 征人
1	G	1	5	桑野 詠真	5	吉嶺 隼人
1	PG	0	6	宮里 侑樹	6	李 淳也
0	DG	0	7	仲元寺宏行	7	島根 一磨
1	T	1	8	佐藤 穣司	8	ファウルア マキシ
0	G	1	9	杉本 峻 HB	9	藤原 恵太
0	PG	0	10	横山 陽介	10	王子 拓也
0	DG	0	11	山岡 篤樹 TB	11	井関 信介
6	反則	12	12	岡田 一平	12	金丸 勇人
平成27年12月13日 | | | 13 | 盛田 志 | 13 | ジョシュア ケレビ |
G 花園 | | | 14 | 本田 宗詩 | 14 | 久保 直人 |
R 川尻竜太郎 KO 14:00 | | | 15 | 藤田 慶和 FB | 15 | 東口 剛士 |
交代　早大：鈴木亮（山岡）
天理大：水野健（木津）、中野真仁（マキシ）、モセセ・トンガ（金丸）

公式試合　No.980　平成27年度　第14試合　第52回大学選手権プール戦

早大		朝日大		早大		朝日大
71	—	12	1	佐川 涼祐 FW	1	ナカンダカリ 雄一
31	前	0	2	貝塚隼一郎	2	大毅
40	後	12	3	千葉 太一	3	竹田 空
5	T	0	4	加藤 広人	4	菊谷 草太
3	G	0	5	桑野 詠真	5	高橋 海真
0	PG	0	6	池本 翔一	6	猪村 優愛
0	DG	0	7	仲元寺宏行	7	後藤 力也
0	T	2	8	佐藤 穣司	8	シオネ ヴァイラス
6	G	1	9	杉本 峻 HB	9	木村 悠人
5	PG	0	10	横山 陽介	10	工藤 健太
0	DG	0	11	門田 成朋 TB	11	小野 雄貴
7	反則	9	12	鈴木 怜輔	12	金村 拓那
平成27年12月20日 | | | 13 | 岡田 一平 | 13 | 坂口 卓也 |
G 秩父宮 | | | 14 | 本田 宗詩 | 14 | 野間 諒希 |
R 関谷幸大 KO 11:40 | | | 15 | 藤田 慶和 FB | 15 | 金山 昌平 |
交代　早大：石川敬人（佐川）、貝塚隼（千葉）、山口和慶（加藤）、寺川賢太（仲元寺）、浅見晋吾（横山）、久富悠介（鈴木）
朝日大：重信渓史郎（ナカンダカリ）、山入端寛太（中川）、赤坂祐一（竹田）、小薗恭平（高橋海）、松本歩（木村）、渡口大貴（工藤）、木下雄斗（小野雄）、城間裕仁（猪村）

公式試合　No.981　平成27年度　第15試合　第52回大学選手権プール戦

早大		東海大		早大		東海大
15	—	48	1	石川 敬人 FW	1	三浦 昌悟
3	前	26	2	貝塚隼一郎	2	津田 将
12	後	22	3	加藤 広人	3	平野 翔平
0	T	4	4	桑野 詠真	4	景山 皓
0	G	3	5	池本 翔一	5	橋本 皓
1	PG	0	6	池本 翔一	6	磯辺 裕太
0	DG	0	7	仲元寺宏行	7	藤田 貴大
0	T	4	8	佐藤 穣司	8	フタラタ モエアテキオラ
1	G	1	9	杉本 峻 HB	9	湯本 睦
0	PG	0	10	横山 陽介	10	大和輝
0	DG	0	11	山岡 篤樹 TB	11	石井 魁
11	反則	11	12	岡田 一平	12	オスカ ロイド
平成27年12月27日 | | | 13 | 盛田 志 | 13 | 池田 悠希 |
G 江戸川陸上 | | | 14 | 本田 宗詩 | 14 | 近藤 英人 |
R 吉浦忠孝 KO 14:00 | | | 15 | 藤田 慶和 FB | 15 | 野口 竜司 |
交代　早大：佐川涼祐（石川）、寺川賢太（池本）、浅見晋吾（横山）、門田成朋（山岡）、久富悠介（盛田）
東海大：東森友宏（三浦）、日高将吾（津田）、高橋海（平野）、テトゥヒ・ロバーツ（モエアテキオラ）、松村亮（橋本皓）、比屋根裕樹（湯本）、藤崎眞樹（石井）、村松佑一郎（景山）

国際試合　No.116　平成28年度　第11回定期戦

早大		高麗大		早大		高麗大
36	—	17	1	鶴川 達彦 FW	1	
10	前	7	2	峨家 直也	2	
26	後	10	3	千葉 太一	3	
2	T	1	4	小須田隼人	4	
1	G	1	5	桑野 詠真	5	
2	PG	0	6	堤 悠	6	
0	DG	0	7	西田 強平	7	
2	T	2	8	宮里 侑樹	8	
1	G	0	9	杉本 峻 HB	9	
1	PG	1	10	広瀬 泰斗	10	
0	DG	0	11	フリン勝音 TB	11	
	反則		12	桐ケ谷稜介	12	
平成28年5月8日 | | | 13 | 千野 健斗 | 13 | |
G 早大上井草 | | | 14 | 本田 宗詩 | 14 | |
R 藤内有己 KO 14:30 | | | 15 | 伊藤 大貴 FB | 15 | |
交代　早大：鷲野孝成（峨家）、井上大二郎（鶴川）、柴田雄基（千葉）、山口和慶（小須田）、江副希典（堤）、緒形岳（杉本）、辺津勘太（広瀬）、高橋悟郎（桐ケ谷）

公式試合　No.982　平成28年度　第1試合　第5回関東大学春季交流戦

早大		青学大		早大		青学大
29	—	31	1	鶴川 達彦 FW	1	猪俣 惇
17	前	17	2	峨家 直也	2	大石 紘輝
12	後	14	3	千葉 太一	3	小原 洋
3	T	3	4	山口 和慶	4	遠藤孝一郎
1	G	2	5	桑野 詠真	5	濱田 大聖
2	PG	0	6	堤 悠	6	森 篤嗣
0	DG	0	7	西田 強平	7	越 玄樹
2	T	2	8	宮里 侑樹	8	谷頭 智也
1	G	2	9	杉本 峻 HB	9	古塚 駿汰
1	PG	0	10	広瀬 泰斗	10	岩満 亮
0	DG	0	11	フリン勝音 TB	11	向井 誠
9	反則	8	12	桐ケ谷稜介	12	西村 優吾
平成28年5月15日 | | | 13 | 千野 健斗 | 13 | 永岡 聖史 |
G 早大上井草 | | | 14 | 本田 宗詩 | 14 | 佐藤 拓磨 |
R 武政 学 KO 15:00 | | | 15 | 伊藤 大貴 FB | 15 | 中野 裕央 |
交代　早大：佐川涼祐（鶴川）、柴田雄基（千葉）、江副希典（西田）、佐々木尚（本田）
青学大：鈴木健也（猪俣）、越智拓哉（中野）

公式試合　No.983　平成28年度　第2試合　第5回関東大学春季交流戦

早大		拓殖大		早大		拓殖大
24	—	19	1	鶴川 達彦 FW	1	河田 和大
7	前	12	2	峨家 直也	2	井越 慎介
17	後	7	3	千葉 太一	3	具 裕介
1	T	4	4	山口 和慶	4	山本 裕介
1	G	1	5	桑野 詠真	5	シオネ ラベマイ
0	PG	0	6	堤 悠	6	高橋 慎吾
0	DG	0	7	西田 強平	7	木下 征吾
3	T	1	8	宮里 侑樹	8	石田 浩洋
1	G	1	9	杉本 峻 HB	9	富沢 篤
1	PG	0	10	広瀬 泰斗	10	大塚 隆史
0	DG	0	11	佐々木 大 TB	11	林 温礼
8	反則	10	12	桐ケ谷稜介	12	アセリ マシヴォウ
平成28年5月22日 | | | 13 | 千野 健斗 | 13 | 鹿野 内蓮 |
G 早大上井草 | | | 14 | 本田 宗詩 | 14 | 田原 蓮 |
R 渡辺知実 KO 13:00 | | | 15 | 伊藤 大貴 FB | 15 | 大園 誉兴 |
交代　早大：井上大二郎（鶴川）、柴田雄基（千葉）、尾島拓樹（峨家）、水野孟（山口）、杉本頼英（杉本峻）、勝浦秋（佐々木）、高橋悟郎（桐ケ谷）
拓殖大：黒嵩丸泰地（井越）、北畠優（ラベマイ）、二宮昴生（富沢）、原田洸太郎（木下）
シンビン：井越慎介

公式試合　No.984　平成28年度　第3試合　第5回関東大学春季交流戦

早大		慶大		早大		慶大
5	—	57	1	鶴川 達彦 FW	1	細田 隼都
0	前	19	2	鷲野 孝成	2	松岡 大介
5	後	38	3	千葉 太一	3	榎本 雄一
0	T	2	4	山口 和慶	4	辻 雄康
0	G	2	5	桑野 詠真	5	永末干加良
0	PG	0	6	加藤 広人	6	廣川 颯
0	DG	0	7	柴田 徹	7	竹田 和正
1	T	7	8	佐藤 真吾	8	山中 侃
0	G	7	9	杉本 頼亮 HB	9	江嵜 晋吾
0	PG	0	10	岸岡 智樹	10	古田 京
0	DG	0	11	桑山 淳生 TB	11	高木 一成
2	反則	7	12	桐ケ谷稜介	12	今福 健
平成28年6月5日 | | | 13 | フリン勝音 | 13 | 矢口 俊亮 |
G 花園 | | | 14 | 勝浦 秋 | 14 | 高野 慎也 |
R 関谷幸大 KO 14:00 | | | 15 | 伊藤 大貴 FB | 15 | 野澤 辰徳 |
交代　早大：佐川涼祐（鷲野）、柴田雄基（千葉）、吉満慎吾（桑野）、水野孟（山口）、水野孟（山口）、杉本頼英（杉本峻）、中村京介（竹田）、櫻井修（江嵜）、堀越貴晴（今福）、金澤龍介（丹治）

公式試合　No.985　平成28年度　第4試合　第5回関東大学春季交流戦

早大		大東大		早大		大東大
10	—	68	1	鶴川 達彦 FW	1	古畑 翔
5	前	33	2	鷲野 孝成	2	栗原 良多
5	後	35	3	柴田 雄基	3	大喜
1	T	5	4	山口 和慶	4	服部 鋼亮
0	G	4	5	桑野 詠真	5	佐々木 剛
0	PG	0	6	加藤 広人	6	湯川 純平
0	DG	0	7	西田 強平	7	河野 良太
1	T	5	8	佐藤 真吾	8	アマト ファカタヴァ
0	G	5	9	吉岡航太郎 HB	9	小山 大輝
0	PG	0	10	岸岡 智樹	10	川向 瑛
0	DG	0	11	勝浦 秋 TB	11	ホセア サウマキ
11	反則	8	12	高橋 一郎	12	ラトウ クルーガー
平成28年6月19日 | | | 13 | 中野 将伍 | 13 | アビオレフ 拓海 |
G 熊谷 | | | 14 | 本田 宗詩 | 14 | 市川 和真 |
R 工藤隆太 KO 14:00 | | | 15 | 梅津 友喜 FB | 15 | 大道 勇喜 |
交代　早大：佐川涼祐（鶴川）、千葉太一（柴田）、中山匠（西田）、水野孟（山口）、桐ケ谷稜介（高橋）、杉本頼英（吉岡）、佐々木尚（鷲野）
大東大：岩崎和也（古畑）、平田快童（栗原）、辻本浩之（藤井）、タラウ・ファカタヴァ（佐々木）、篠原大政（河野）、濱端挙士（小山）、大久大樹（ラトウ）、岡新之助（ホセア）

公式試合　No.986　平成28年度　第5試合　第5回関東大学春季交流戦

早大		法大		早大		法大
26	—	28	1	鶴川 達彦 FW	1	西内 勇二
14	前	14	2	鷲野 孝成	2	大澤 翔舞
12	後	14	3	柴田 雄基	3	金子 崇
2	T	2	4	山口 和慶	4	塩見 伊風
2	G	2	5	桑野 詠真	5	山根 樹
0	PG	1	6	加藤 広人	6	ウォーカーフレックス秀悟
0	DG	0	7	西田 強平	7	佐々木嵩穂
2	T	2	8	佐藤 真吾	8	原島 航佑
1	G	1	9	吉岡航太郎 HB	9	根塚 聖冴
0	PG	0	10	岸岡 智樹	10	林 修兵
0	DG	0	11	勝浦 秋 TB	11	嶋崎 亮介
10	反則	14	12	高橋 一郎	12	長利 完太
平成28年6月25日 | | | 13 | 中野 将伍 | 13 | 杉本悠太郎 |
G 保土ヶ谷 | | | 14 | 本田 宗詩 | 14 | 林 修兵 |
R 高橋史典 KO 14:00 | | | 15 | 梅津 友喜 FB | 15 | 蛯名 望 |
交代　早大：井上大二郎（鶴川）、佐々木尚（鷲野）、三浦駿平（加藤）、中山匠（西田）、桐ケ谷稜介（高橋）、水谷悠裕（佐々木）
法大：黒田圭佳（西内）、竹内広行（金子）、大塚（塩見）、小路央樹（内田）、北島遙生（蛯名）、中井健人（杉本）

公式試合　No.987　平成28年度　第6試合　対抗戦

早大		成蹊大		早大		成蹊大
71	—	0	1	鶴川 達彦 FW	1	志村 大基
31	前	0	2	貝塚隼一郎	2	澤田 貴大
40	後	0	3	千葉 太一	3	石井 智亮
3	T	0	4	山口 和慶	4	宇野 宥司
3	G	0	5	桑野 詠真	5	川口 高平
3	PG	0	6	加藤 広人	6	牛山 直哉
0	DG	0	7	佐藤 真吾	7	原島 航佑
6	T	0	8	中山 匠	8	清水 拳
3	G	0	9	斎藤 直人 HB	9	平丸 敬太
0	PG	0	10	岸岡 智樹	10	山川 翔馬
0	DG	0	11	桑山 淳生 TB	11	嶋崎 亮介
3	反則	7	12	宇野 明彦	12	阿部 亮介
平成28年9月17日 | | | 13 | 黒木 健人 | 13 | 大芝 優泰 |
G 海老名陸上 | | | 14 | 本田 宗詩 | 14 | 仲澤 龍 |
R 高橋史典 KO 16:00 | | | 15 | 梅津 友喜 FB | 15 | 望月 大幹 |
交代　早大：井上大二郎（鶴川）、小笠原優（千葉）、梅津友喜（鶴川）、増原蔵之介（中山）、緒形岳（桑山）、船越明義（宇野）
成蹊大：井洋行（川口）、甲山大悟（阿部）、阿部卓朗（原島）

公式試合　No.988　平成28年度　第7試合　対抗戦

早大		筑波大		早大		筑波大
46	—	12	1	鶴川 達彦 FW	1	永田 駿
24	前	0	2	貝塚隼一郎	2	大西 昴平
22	後	12	3	千葉 太一	3	崔 凌也
4	T	0	4	山口 和慶	4	渡邉 洋人
3	G	0	5	桑野 詠真	5	河野 大志
1	PG	2	6	加藤 広人	6	瀬尾 優大
0	DG	0	7	柴田 徹	7	占部 航典
3	T	2	8	斎藤 真吾	8	深浦 深也
2	G	1	9	斎藤 直人 HB	9	杉山 優平
1	PG	0	10	岸岡 智樹	10	山田 英貴
0	DG	0	11	桑山 淳生 TB	11	山田 英貴
6	反則	7	12	中野 将伍	12	亀山 雄太
平成28年10月2日 | | | 13 | 黒木 健人 | 13 | 鈴木 啓太 |
G 松丸 力 | | | 14 | 本田 宗詩 | 14 | 松岡 祐斗 |
R 高橋史典 KO 14:00 | | | 15 | 梅津 友喜 FB | 15 | 忽那 健太 |
交代　早大：三浦駿平（鳥田）、堀込紀行（渡邉）、河村峻太（永田）、前田土孝（山田）、長輪輔（瀬尾）、米村龍二（松岡）、花田大輝（大西）、鎌田慎平（崔）
筑波大：高瀬直生（鳥田）、堀込紀行（渡邉）、河村峻太（永田）、前田土孝（山田）、長輪輔（瀬尾）、米村龍二（松岡）、花田大輝（大西）、鎌田慎平（崔）

公式試合 No.989　平成28年度　第8試合　対抗戦

早大 — 日体大

早大		日体大
45	—	40
26	前	14
19	後	26
4	T	2
3	G	2
0	PG	0
0	DG	0
2	T	4
0	G	0
0	DG	0
7	反則	6

#	早大		#	日体大
1	鶴川 達彦	FW	1	高田 大輝
2	貝塚隼一郎		2	関 拓矢
3	千葉 太一		3	村上 昌彦
4	山口 和慶		4	北嶋 太一
5	桑野 詠真		5	伊藤 史泰
6	三浦 駿平		6	中島 駿
7	佐藤 真吾		7	荒川 翔太
8	中山 匠		8	舛添真太郎
9	斎藤 直人	HB	9	高嶋 就斗
10	岸岡 智樹		10	石田 一貴
11	桑山 聖生	TB	11	向井 誠
12	中野 将伍		12	石田 大河
13	黒木 健人		13	城 大二郎
14	本田 宗詩		14	小濱 逞
15	梅津 友喜	FB	15	中野 剛迷

平成28年10月16日
G 高崎浜川
R 新井卓也　KO 11:30
交代　早大：千野健人（中山）、沖野玄（佐藤）
日体大：深津賢登（中島）、下田隼也（伊藤）、鹿内凌（小濱）、村山晧紀（村上）

公式試合 No.990　平成28年度　第9試合　対抗戦

早大 — 青学大

早大		青学大
48	—	19
17	前	7
31	後	12
3	T	1
1	G	1
0	PG	0
0	DG	0
5	T	2
0	G	0
0	DG	0
8	反則	11

#	早大		#	青学大
1	鶴川 達彦	FW	1	鈴木 健也
2	貝塚隼一郎		2	鈴井元太郎
3	千葉 太一		3	芦川 学
4	山口 和慶		4	濱田 大聖
5	桑野 詠真		5	梶 信吾
6	三浦 駿平		6	高橋 昂大
7	柴田 徹		7	森 篤嗣
8	中山 匠		8	藤森 諒
9	斎藤 直人	HB	9	肘井 祐大
10	岸岡 智樹		10	岩満 亮
11	桑山 聖生	TB	11	澤田康一郎
12	中野 将伍		12	永岡 聖生
13	宇野 明彦		13	永岡 聖生
14	梅津 友喜		14	佐藤 拓磨
15	桑山 聖生	FB	15	佐藤 拓磨

平成28年10月23日
G 上柚木
R 木下要弥　KO 11:30
交代　早大：沖野玄（山口）、峨家直志（貝塚）、高橋吾一郎（梅津）、増岡龍之介（柴田）、佐田涼祐（鶴川）、勝浦秋（桑山）
青学大：高野恭二（向井）、阿戸輝精（永井）、岩以一剛（芦川）、下里雄大（高橋）、古賀駿汰（肘井）、猪狩悍（鈴木）、今村元気（澤田）

公式試合 No.991　平成28年度　第10試合　対抗戦

早大 — 帝京大

早大		帝京大
3	—	75
3	前	35
0	後	40
0	T	5
0	G	5
1	PG	0
0	DG	0
0	T	5
0	G	5
0	DG	0
10	反則	10

#	早大		#	帝京大
1	鶴川 達彦	FW	1	西 和磨
2	貝塚隼一郎		2	堀越 康介
3	千葉 太一		3	垣本 竜哉
4	山口 和慶		4	飯野 晃司
5	桑野 詠真		5	姫野 和樹
6	加藤 広人		6	ジョネ・ティ ロガヴァトゥ
7	佐藤 真吾		7	亀井 亮依
8	宮里 侑樹		8	ブロディ マカラン
9	斎藤 直人	HB	9	小畑健太郎
10	岸岡 智樹		10	松田 力也
11	桑山 聖生	TB	11	竹山 晃暉
12	中野 将伍		12	金村 良祐
13	黒木 健人		13	元田 翔太
14	本田 宗詩		14	吉田 杏
15	梅津 友喜	FB	15	尾崎 晟也

平成28年11月6日
G 秩父宮
R 梶原康久　KO 14:02
交代　早大：高橋吾郎（宇野）緒形岳（梅津）
帝京大：重一生（元田）、浅岡俊亮（垣本）、末拓実（小畑）、金槵志（姫野）、今村陽生（ロガヴァトゥ）、平井将太郎（西）、本郷泰司（マカラン）、竹井勇二（浅岡）

公式試合 No.992　平成28年度　第11試合　対抗戦

早大 — 慶大

早大		慶大
25	—	23
15	前	13
10	後	10
3	T	2
2	G	2
0	PG	1
0	DG	0
1	T	1
0	G	1
0	PG	1
0	DG	0
8	反則	7

#	早大		#	慶大
1	鶴川 達彦	FW	1	細川 隼都
2	貝塚隼一郎		2	松岡 大介
3	千葉 太一		3	角田 匠輝
4	山口 和慶		4	幸野 祥平
5	桑野 詠真		5	佐藤 大樹
6	加藤 広人		6	廣川 翔也
7	佐藤 真吾		7	村山 和真
8	宮里 侑樹		8	鈴木 達哉
9	斎藤 直人	HB	9	中鉢 敦
10	岸岡 智樹		10	栗原 由騎
11	梅津 友喜	TB	11	小原 錫満
12	中野 将伍		12	堀越 貴晴
13	黒木 健人		13	山口 俊亮
14	本田 宗詩		14	金澤 良
15	桑山 聖生	FB	15	丹治 辰碩

平成28年11月23日
G 秩父宮
R 清水塁　KO 14:10
交代　早大：柴徹也（佐藤）、横山陽介（岸岡）
慶大：中本慶太郎（松岡）、山内凧（廣川）、江嵜貫悟（中鉢）

公式試合 No.993　平成28年度　第12試合　対抗戦

早大 — 明大

早大		明大
24	—	22
10	前	10
14	後	12
1	T	1
1	G	1
1	PG	0
0	DG	1
2	T	2
0	G	1
1	PT	0
0	PG	0
9	反則	12

#	早大		#	明大
1	鶴川 達彦	FW	1	久保 綾眞
2	貝塚隼一郎		2	佐藤 公彦
3	千葉 太一		3	塚原 巧巳
4	山口 和慶		4	尾又 俊光
5	桑野 詠真		5	古川 満
6	加藤 広人		6	井上 遼
7	柴田 徹		7	楠谷 宗汰
8	佐藤 真吾		8	前田 剛
9	斎藤 直人	HB	9	浜野 達也
10	岸岡 智樹		10	堀米 航平
11	梅津 友喜	TB	11	山村 紘士
12	中野 将伍		12	梶村 祐介
13	黒木 健人		13	尾又 寛汰
14	本田 宗詩		14	矢野 湧大
15	桑山 聖生	FB	15	渡部 寛太

平成28年12月4日
G 秩父宮
R 平林泰三　KO 14:10
交代　明大：祝原淳介（小原）、葛原翔太（前田）、近藤雅彦（井上）、成田秀平（矢野）、武井日向（佐藤）、福田健太（浜野）、松尾将太郎（堀米）
シンビン：塚原巧巳

公式試合 No.994　平成28年度　第13試合　大学選手権準々決勝

早大 — 同大

早大		同大
31	—	47
0	前	33
31	後	14
0	T	7
0	G	4
0	PG	0
0	DG	0
5	T	2
3	G	2
2	PG	0
0	DG	0
4	反則	14

#	早大		#	同大
1	鶴川 達彦	FW	1	趙 隆泰
2	貝塚隼一郎		2	中尾 湧馬
3	千葉 太一		3	海士 広大
4	山口 和慶		4	田中 利和
5	桑野 詠真		5	堀部 直壮
6	加藤 広人		6	丸山 尚城
7	柴田 徹		7	神野 翔平
8	佐藤 真吾		8	末永 健雄
9	斎藤 直人	HB	9	大越 元気
10	岸岡 智樹		10	永冨健太郎
11	梅津 友喜	TB	11	安田 卓平
12	中野 将伍		12	永冨晨史郎
13	黒木 健人		13	石田 幹太
14	本田 宗詩		14	松井 千士
15	桑山 聖生	FB	15	崎口銀二朗

平成28年12月17日
G 花園
R 川尻竜太郎　KO 12:05
交代　同大：戎勇（堀部）、秦啓祐（末永）、三木章太郎（大越）、佐藤一樹（安田）、小林健太郎（崎口）
シンビン：海士広大

公式試合 No.995　平成29年度　第1試合　第6回関東大学春季交流戦

早大 — 大東大

早大		大東大
0	—	27
0	前	17
0	後	10
0	T	3
0	G	3
0	PG	0
0	DG	0
0	T	2
0	G	2
0	DG	0
4	反則	6

#	早大		#	大東大
1	鶴川 達彦	FW	1	猪飼 惇
2	鷲野 孝成		2	大石 紘輝
3	丸尾隆雅		3	小原 洋
4	沖野 玄		4	遠藤孝一郎
5	松井 丈典		5	濱田 大聖
6	増田龍之介		6	森 篤嗣
7	柴田 徹		7	谷頭 智也
8	加藤 広人		8	大野 駿太
9	斎藤 直人	HB	9	宮澤 駿斗
10	岸岡 智樹		10	岩満 亮
11	桑山 聖生	TB	11	向井 誠
12	中野 将伍		12	西村 優輝
13	黒木 健人		13	永岡 聖史
14	佐々木 尚		14	佐藤 拓磨
15	桑山 聖生	FB	15	佐藤 拓磨

平成29年4月23日
G 早大上井草
R 松丸力　KO 13:00
交代　早大：井上大二郎（丸尾）、宮里侑樹（鷲野）、フリン勝音（中野）、幸重天（増田）、作田蓮太郎（佐々木）
大東大：服部鋼亮（タラウ・ファカタヴァ）、シオペ・ロロ・タヴォ（盛田）

公式試合 No.996　平成29年度　第2試合　第6回関東大学春季交流戦

早大 — 東海大

早大		東海大
29	—	67
22	前	22
7	後	45
4	T	4
3	G	4
1	PG	0
0	DG	0
1	T	5
0	G	4
0	DG	0
8	反則	6

#	早大		#	東海大
1	井上大二郎	FW	1	津志田卓哉
2	宮里 侑樹		2	新井 望友
3	鶴川 達彦		3	川野 幹
4	沖野 玄		4	川瀬 大輝
5	松井 丈典		5	テトラ・ロバーツ
6	丸尾 崇真		6	藤山裕太朗
7	柴田 徹		7	西川 壮一
8	下川 甲嗣		8	テビタ・タタフ
9	斎藤 直人	HB	9	橋本 大志
10	岸岡 智樹		10	伊藤龍之介
11	古賀 由教	TB	11	平尾 充識
12	中野 将伍		12	池田 悠希
13	黒木 健人		13	小野木晃英
14	緒形 岳		14	齋藤 浩太
15	桑山 聖生	FB	15	山沢 京平

平成29年5月7日
G 早大上井草
R 関谷康平　KO 13:00
交代　早大：三浦駿平（柴田）、久保優（井上）、桑山聖生（横山）、高吉将也（丸尾）、フリン勝音（中野）
東海大：高北卓弥（津志田）、大塚憂也（新井）、名毛宏一（中野）、筒井エディ稜史（ロバーツ）、西薗浩太（齋藤）、王野尚希（タタフ）

公式試合 No.997　平成29年度　第3試合　第6回関東大学春季交流戦

早大 — 流経大

早大		流経大
15	—	10
12	前	5
3	後	5
2	T	1
1	G	1
1	PG	1
0	DG	0
0	T	1
0	G	0
0	DG	0
7	反則	12

#	早大		#	流経大
1	井上大二郎	FW	1	鹿子島良輔
2	鷲野 孝成		2	山川 遼人
3	鶴川 達彦		3	足立 匠
4	三浦 駿平		4	大野 祐太
5	沖野 玄		5	タウムア・ナエアタ
6	丸尾 崇真		6	弼塚 諒
7	下川 甲嗣		7	大西 樹
8	柴田 徹		8	大西 大希
9	斎藤 直人	HB	9	中嶋 大希
10	岸岡 智樹		10	桑江淳太郎
11	古賀 由教	TB	11	高山 和喜
12	中野 将伍		12	岡田 直人
13	黒木 健人		13	林 宣樹
14	緒形 岳		14	中川 彪流
15	桑山 聖生	FB	15	ヴィリアミ・タカヤワ

平成29年5月14日
G たつのこフィールド
R 山本哲士　KO 13:00
交代　早大：中野幸英（三浦）、柴田雄基（鶴川）
流経大：谷虎児志（山川）、積賢佑（弼塚）、佐藤拓也（中川）、藤田紘輔（鹿子島）

公式試合 No.998　平成29年度　第4試合　第6回関東大学春季交流戦

早大 — 帝京大

早大		帝京大
14	—	35
14	前	28
0	後	7
0	T	4
0	G	4
0	PG	0
0	DG	0
2	T	1
2	G	1
0	PG	0
0	DG	0
8	反則	10

#	早大		#	帝京大
1	井上大二郎	FW	1	西 和磨
2	鷲野 孝成		2	堀越 康介
3	鶴川 達彦		3	當眞 琢
4	三浦 駿平		4	藤田 達成
5	松井 丈典		5	金
6	加藤 広人		6	古田 凌
7	幸重 天		7	野沢 涼介
8	下川 甲嗣		8	古田 隼都
9	齋藤 直人	HB	9	小畑健太郎
10	岸岡 智樹		10	北村 将大
11	古賀 由教	TB	11	竹山 晃暉
12	中野 将伍		12	本郷 泰司
13	黒木 健人		13	矢富 洋則
14	緒形 岳		14	元田 翔太
15	桑山 聖生	FB	15	尾崎 晃輝

平成29年6月11日
G 帝京大G
R 新井卓也　KO 14:00
交代　早大：宮里侑樹（鷲野）、久保優（井上）、吉岡航太郎（中野巌）
帝京大：安田司（井上）、奥村翔（北村）、末拓実（小畑）、浅岡俊亮（當眞）、岡本慎太郎（西）、久保克斗（金）、鬼木秀一（本郷）、岩永健太郎（古田）

公式試合 No.999　平成29年度　第5試合　第6回関東大学春季交流戦

早大 — 明大

早大		明大
26	—	52
14	前	26
12	後	26
1	T	4
1	G	3
2	PG	0
0	DG	0
2	T	4
1	G	3
0	PG	0
0	DG	0
8	反則	11

#	早大		#	明大
1	井上大二郎	FW	1	齊藤 剣
2	鷲野 孝成		2	武井 日向
3	鶴川 達彦		3	祝原 淳介
4	三浦 駿平		4	小宮カズミ
5	松井 丈典		5	舟橋 諒将
6	加藤 広人		6	前田 剛
7	幸重 天		7	井上 遼
8	下川 甲嗣		8	坂 和樹
9	齋藤 直人	HB	9	福田 健太
10	高橋吾郎		10	堀米 航平
11	古賀 由教	TB	11	山崎 洋之
12	中野 将伍		12	森 勇登
13	黒木 健人		13	福田 馨
14	緒形 岳		14	石沢 貴大
15	桑山 聖生	FB	15	山沢 京平

平成29年6月18日
G 宮崎ハイビスカス
R 辻岡雅徳　KO 14:00
交代　早大：柴田雄基（井上）、丸尾崇真（幸重）、宮里侑樹（鷲野）、吉岡航太郎（齊藤）
明大：土井輝仁（小宮）、松尾将太郎（堀米）、安昌豪（齊藤）、吉岡大貴（祝原）、三段久典（福田）、佐藤諒（前田）、大塚健太郎（武井）、澤田陵（三段）

公式試合 No.1000　平成29年度　第6試合　対抗戦

早大 — 日体大

早大		日体大
54	—	20
35	前	6
19	後	14
5	T	1
5	G	1
0	PG	0
0	DG	0
3	T	2
2	G	2
0	PG	0
0	DG	0
8	反則	11

#	早大		#	日体大
1	鶴川 達彦	FW	1	渡邊 徹
2	宮里 侑樹		2	関 拓矢
3	久保 優		3	村山 皓紀
4	丸尾 崇真		4	中川真生哉
5	三浦 駿平		5	古閑 隼都
6	加藤 広人		6	渡邊 智永
7	幸重 天		7	吉田 義晴
8	下川 甲嗣		8	堤 英登
9	齋藤 直人	HB	9	堤
10	岸岡 智樹		10	石田 一貴
11	佐々木 尚	TB	11	小濱 逞
12	中野 将伍		12	石田 大河
13	黒木 健人		13	田代 和也
14	緒形 岳		14	深見 柊真
15	梅津 友喜	FB	15	高橋

平成29年9月16日
G 海老名運動公園
R 新井卓也　KO 15:00
交代　早大：千野健斗（鶴川）、中山匠（丸尾）、野口祐樹（中野）、高橋
日体大：酒井陽介（下田）、本堂吉虎（堤）、高橋耕太（渡邊）、加藤大暉（小濱）、毛利虎之介（古閑）、舛添真太郎（関）

公式試合 No.1001 平成29年度第7試合 対抗戦

早大		青学大
94	—	24
40	前	12
54	後	12
6	T	2
5	G	1
0	PG	
0	DG	
8	T	1
7	G	1
0	PG	
0	DG	
6	反則	9

No	早大		No	青学大
1	鶴川 達彦	FW	1	高橋 昂太
2	宮里 侑樹		2	岩切 一剛
3	久保 優		3	渡邊 悠飛
4	丸尾 崇真		4	稲垣 大聖
5	三浦 駿平		5	濱田 大聖
6	加藤 広人		6	森 篤嗣
7	幸重 天		7	村井 遥介
8	下川 甲嗣		8	藤森 直也
9	齋藤 直人	HB	9	肘井 祐大
10	岸岡 智樹		10	古賀 駿汰
11	佐々木 尚	TB	11	佐藤 熙
12	中野 将伍		12	工藤 優
13	黒木 健人		13	今井 元気
14	緒形 岳		14	齋藤 大介
15	古賀 由教	FB	15	西野 稜祐

平成29年10月1日
G 足利陸上
R 武田 学 KO 15:00
交代 早大：千野健斗(鶴川)、土田彬洋(久保)、野口祐樹(緒形)、一中山匠(三浦)、幸重天(佐藤)、吉岡航太郎(齋藤)、森島大智(宮里)、加藤皓己(岸岡)
青学大：渡邊将也(高橋)、猪飼悙(岩切)、山本恭平(今村)、松尾拓彦(稲垣)、山﨑走(齋藤)、石田僚(村井)

公式試合 No.1002 平成29年度第8試合 対抗戦

早大		筑波大
33	—	10
14	前	5
19	後	5
2	T	1
2	G	1
0	PG	
2	DG	
1	T	1
0	G	1
0	PG	
0	DG	
7	反則	8

No	早大		No	筑波大
1	鶴川 達彦	FW	1	河村 峻太
2	宮里 侑樹		2	大西 訓平
3	久保 優		3	薄井 諒介
4	加藤 広人		4	堀込 紀行
5	三浦 駿平		5	永井 達啓
6	佐藤 真吾		6	中村 大志
7	幸重 天		7	占部 航典
8	下川 甲嗣		8	土谷 深浩
9	齋藤 直人	HB	9	杉山 優平
10	岸岡 智樹		10	笠原 雄太
11	佐々木 尚	TB	11	亀山 雄大
12	中野 将伍		12	鈴木 啓太
13	黒木 健人		13	中角 亮斗
14	野口 祐樹		14	仁熊 秀斗
15	古賀 由教	FB	15	河野 良太

平成29年10月14日
G 秩父宮
R 梶原 晃久 KO 11:30
交代 早大：西田強平(佐藤)、柴田雄基(久保)、桑山淳生(佐々木)、千野健斗(鶴川)、鷲野孝成(宮里)、西田強平(佐藤)、吉岡航太郎(齋藤)

公式試合 No.1003 平成29年度第9試合 対抗戦

早大		帝京大
21	—	40
14	前	21
7	後	19
2	T	3
2	G	3
0	PG	
0	DG	
1	T	3
1	G	2
0	PG	
0	DG	
6	反則	6

No	早大		No	帝京大
1	鶴川 達彦	FW	1	和田 麿
2	宮里 侑樹		2	堀越 康介
3	久保 優		3	垣本 竜哉
4	加藤 広人		4	今村 陽良
5	三浦 駿平		5	秋山 大地
6	佐藤 真吾		6	ジョセファ・ロガヴァトゥ
7	幸重 天		7	プロディ・マクラレン
8	下川 甲嗣		8	吉田 杏
9	齋藤 直人	HB	9	小畑健太郎
10	岸岡 智樹		10	北村 将大
11	佐々木 尚	TB	11	竹山 晃暉
12	中野 将伍		12	矢富 洋則
13	黒木 健人		13	岡田 優輝
14	野口 祐樹		14	元田 翔太
15	古賀 由教	FB	15	尾崎 晟也

平成29年10月28日
G 秩父宮
R 藤内 有起 KO 14:00
交代 早大：西田強平(佐藤)、中山匠(三浦)、鷲野孝成(宮里)、中野幸英(中山)
帝京大：安田司(細田)、岡本慎太郎(西田)、淺岡俊亮(垣本)、ニコラス・マクラレン(ロガヴァトゥ)、菅原貴人(秋山)、末拓実(小畑)、金廉(堀越)、矢澤蒼(北村)

公式試合 No.1004 平成29年度第10試合 対抗戦

早大		成蹊大
99	—	14
42	前	14
57	後	0
6	T	2
6	G	2
0	PG	
0	DG	
9	T	0
9	G	0
0	PG	
0	DG	
5	反則	10

No	早大		No	成蹊大
1	鶴川 達彦	FW	1	志村 太基
2	宮里 侑樹		2	神田 晴行
3	久保 優		3	石井 智亮
4	中野 幸英		4	岩井 洋行
5	加藤 広人		5	川口 泉輝
6	西田 強平		6	牛山 直哉
7	幸重 天		7	原島 大貴
8	下川 甲嗣		8	伊集 大貴
9	齋藤 直人	HB	9	片山 眞
10	岸岡 智樹		10	神田 圭太
11	桑山 淳生	TB	11	嶋崎 晃陽
12	中野 将伍		12	阿部 亮也
13	黒木 健人		13	高橋 成典
14	緒形 岳		14	小原隆太郎
15	佐々木 尚	FB	15	川本 憲人

平成29年11月5日
G 相模原ギオンスタジアム
R 加古 大樹 KO 11:30
交代 早大：土田彬洋(久保)、千野健斗(鶴川)、桑山聖生(佐々木)、貝塚隆陸(齋藤)、加藤皓己(岸岡)、中山匠(西田)、鷲野孝成(宮里)
成蹊大：鈴木瑛敬(石井)、森遍太郎(川口)、二瓶航太(神田)、五十嵐剛(小原)、甲斐玲絆(藤井)、吉田直起(志村)、松本一樹(片山)

公式試合 No.1005 平成29年度第11試合 対抗戦

早大		慶大
23	—	21
6	前	7
17	後	14
3	T	3
3	G	3
0	PG	
0	DG	
2	T	0
2	G	0
1	PG	
0	DG	
1	反則	5

No	早大		No	慶大
1	鶴川 達彦	FW	1	細田 隼都
2	宮里 侑樹		2	安田 裕貴
3	久保 優		3	吉田 雄太
4	中野 幸英		4	辻 雄康
5	加藤 広人		5	佐藤 大樹
6	佐藤 真吾		6	中村 京介
7	幸重 天		7	永末 知弘
8	下川 甲嗣		8	松村凜太良
9	齋藤 直人	HB	9	江﨑 真悟
10	岸岡 智樹		10	栗原 由太
11	佐々木 尚	TB	11	小原 錫満
12	中野 将伍		12	堀越 貴晴
13	黒木 健人		13	柏木 明
14	野口 祐樹		14	宮本 瑛士
15	古賀 由教	FB	15	丹治 辰碩

平成29年11月23日
G 秩父宮ラグビー場
R 町田裕一 KO 14:08
交代 早大：西田強平(古賀)、中山匠(中野)
慶大：栗原由太(堀越)、豊田康平(宮本)、川合秀和(中村)

公式試合 No.1006 平成29年度第12試合 対抗戦

早大		明大
19	—	29
7	前	14
12	後	15
1	T	5
1	G	2
2	PT	
0	DG	
0	T	
0	G	
1	PG	
0	DG	
3	反則	7

No	早大		No	明大
1	鶴川 達彦	FW	1	久原 綾馬
2	宮里 侑樹		2	武井 日向
3	久保 優		3	祝原 涼介
4	加藤 広人		4	古川 満
5	三浦 駿平		5	箸本 龍雅
6	佐藤 真吾		6	前田 剛
7	幸重 天		7	井上 遼
8	下川 甲嗣		8	朝長 駿
9	齋藤 直人	HB	9	福田 健太
10	岸岡 智樹		10	堀米 航平
11	佐々木 尚	TB	11	山村 知也
12	中野 将伍		12	梶村 祐介
13	黒木 健人		13	高橋 汰地
14	野口 祐樹		14	高橋 広大
15	桑山 聖生	FB	15	山沢 京平

平成29年12月3日
G 秩父宮ラグビー場
R 藤内右近 KO 14:05
交代 明大：坂和樹(前田)、山﨑洋之(鶴川)、齋藤剣(久原)、三股久典(福田)、朴成浩(武井)、吉岡大貴(祝原)、忽那鐘太(堀米)

公式試合 No.1007 平成29年度第13試合 第54回全国大学選手権3回戦

早大		東海大
18	—	47
11	前	21
7	後	26
1	T	7
0	G	3
2	PG	
2	DG	
1	T	3
1	G	3
0	PG	
0	DG	
	反則	

No	早大		No	東海大
1	鶴川 達彦	FW	1	三浦 昌悟
2	宮里 侑樹		2	大塚 憂也
3	久保 優		3	春名 宏一
4	加藤 広人		4	川瀬 大輝
5	三浦 駿平		5	中村 匡汰
6	佐藤 真吾		6	藤山裕太朗
7	幸重 天		7	深見 瑠希
8	下川 甲嗣		8	アマナキ・モエアキオラ
9	齋藤 直人	HB	9	山菅 一平
10	岸岡 智樹		10	眞野 泰地
11	野口 祐樹	TB	11	齋藤 浩太
12	中野 将伍		12	鹿尾 貫太
13	黒木 健人		13	池田 悠希
14	中野 厳		14	モリキ・リード

平成29年12月16日
G 秩父宮ラグビー場
R 松丸力 KO 14:05
交代 早大：加藤皓己(野口)、桑山聖生(岸岡)、西田強平(佐藤)、柴田雄基(久保)
東海大：テビタ・タタフ(深見)、橋本法史(リード)、西川壮一(川瀬)、加藤竜聖(中村)、甲幹(春名)、河野大地(タタフ)、津志田卓哉(三浦)、伊藤龍之介(眞野)

国際試合 No.117 平成30年度 100周年記念遠征・奥記念杯

早大		オックスフォード大
19	—	27
7	前	12
14	後	15
1	T	4
1	G	2
0	PG	
0	DG	
0	T	3
0	G	2
0	PG	
0	DG	
	反則	

No	早大		No	オックスフォード大
1	井上大二郎	FW	1	
2	宮里 侑樹		2	
3	入谷 怜		3	
4	中野 幸英		4	
5	中山 匠		5	
6	西田 強平		6	
7	柴田 徹		7	
8	佐藤 真吾		8	
9	齋藤 直人	HB	9	
10	加藤 皓己		10	
11	古賀 由教	TB	11	
12	フリン勝己		12	
13	桑山 淳生		13	
14	佐々木 尚		14	
15	岸岡 智樹	FB	15	

平成30年3月11日
G Iffley road
R 松丸力 KO 14:00
交代 早大：武田雄多(井上)、岨家直也(宮里)、鷲野孝成(岨家)、土田彬洋(入谷)、沖野玄(中野幸)、高吉伸成(中山)、増原龍之介(柴田)、板垣悠太(増原龍之)、丸尾崇真(貝塚)、フリン勝己(中野将)、伊東大貴(桑山)、緒形岳(古賀)、佐藤健(佐々木)

公式試合 No.1008 平成30年度第1試合 第7回関東大学春季交流戦

早大		日本大
22	—	32
15	前	20
7	後	12
3	T	4
2	G	3
0	PG	
0	DG	
1	T	3
1	G	2
0	PG	
0	DG	
	反則	

No	早大		No	日本大
1	小澤 祐仁	FW	1	高橋 耕太
2	宮里 侑樹		2	舛添真太郎
3	土田 彬洋		3	中山 皓紀
4	中野 幸英		4	中川真生哉
5	西田 強平		5	ミキロニ・リサラ
6	柴田 徹		6	毛利虎之介
7	丸尾 崇真		7	永田 義峰
8	貝塚 隆治		8	クリスチャン・ラウイ
9	加藤 皓己	HB	9	中川 拓人
10	桑山 聖生		10	中川 拓人
11	伊藤 圭介		11	小濱 将
13	伊藤 大貴		13	石田 大河
14	梅津 友喜		14	高橋 拓行
15	高橋	FB	15	中野 剛通

平成30年4月22日
G 早大上井草
R 田崎宣之 KO 14:00
交代 早大：沖野玄(星沢)、板垣悠太(中野)、久保(土田)、鶴川達彦(小澤)
日本大：鎌田康(高橋)、高木陽太(土谷)、安城怜(伊藤)、大藤達也(リサラ)、遠利裕幸(村山)、林友堂(舛添)、中山魁(中川真)、沢村舜(中川拓)

公式試合 No.1009 平成30年度第2試合 第7回関東大学春季交流戦

早大		筑波大
21	—	38
0	前	24
21	後	14
3	T	6
3	G	4
0	PG	
0	DG	
3	T	
3	G	
0	PT	
0	DG	
2	反則	

No	早大		No	筑波大
1	鶴川 達彦	FW	1	安里 大吾
2	宮里 侑樹		2	大西 訓平
3	三浦 駿平		3	鎌田 慎平
4	松井 丈典		4	後垣海夏人
5	佐藤 真吾		5	中原 太生
6	柴田 徹		6	森 太生
7	幸重 天		7	中田 康幸
8	貝塚 隆治		8	白鳥 飛龍
9	堀越 友太	HB	9	杉山 優平
10	加藤 皓己		10	島田 悠平
11	桑山 聖生	TB	11	河野 友希
12	野中 祥平		12	岡崎 之介
13	伊藤 大貴		13	野中 亮志
14	安部 勇佑		14	仁熊 秀斗
15	梅津 友喜	FB	15	

平成30年5月5日
G 筑波大G R 三井健太 KO 13:30
交代 早大：岸岡智樹(幸重)、沖野玄(貝塚)、松本悠汰(松井)、宮里侑樹(岨家)、南喰啟(岸岡)、柴田徹(幸重)、松井丈典(三浦)、貝塚隆陸
筑波大：松永貫太(岡崎)、中野大希(森)、鳴島裕貴(杉山)、田上徳馬(仁熊)、森圭佑(森圭佑)、高橋秀樹(大西)、弘津陽介(森)

公式試合 No.1010 平成30年度第3試合 第7回関東大学春季大会

早大		中大
69	—	
38	前	
31	後	
6	T	1
4	G	1
0	PG	
0	DG	
5	T	
5	G	
0	PT	
0	DG	
8	反則	3

No	早大		No	中大
1	鶴川 達彦	FW	1	有藤孔次朗
2	岨家 直也		2	村田康太郎
3	久保 優		3	竹内 悠
4	中山 匠		4	青木 智成
5	松井 丈典		5	後藤 純平
6	佐藤 真吾		6	橋本 吾郎
7	幸重 天		7	亀頭 悠太
8	沖野 玄		8	白鳥 雅俊
9	堀越 友太	HB	9	多賀 慈綺
10	桑山 聖生		10	菅井 滉太
11	桑山 淳生	TB	11	菅本 滉太
12	松本 悠汰		12	武部 京佑
13	伊藤 大貴		13	明里 建汰
14	安部 勇佑		14	明里 建汰
15	梅津 友喜	FB	15	重松 隆宏

平成30年5月13日
G 早大上井草 R 三井健太
交代 早大：小澤祐仁(鶴川)、黒田瑛太(久保)、武田誠太(伊藤)、宮里侑樹(岨家)、南喰啟(岨家)、柴田徹(幸重)、松井丈典(三浦)、貝塚隆陸
中大：小澤(多賀)、森大地(明里)、柴田弘毅(竹内)、鈴川琉生(白鳥)、井上知之(村田)、荒川司郎(有藤)、綿引寛人(菅井)、岡野孝樹(藤田)

公式試合 No.1011 平成30年度第4試合 第7回関東大学春季大会

早大		法大
52	—	24
19	前	10
33	後	19
3	T	2
2	G	2
0	PT	
0	DG	
5	T	
4	G	
0	PG	
0	DG	
15	反則	

No	早大		No	法大
1	鶴川 達彦	FW	1	稲田壮一郎
2	宮里 侑樹		2	川越 隼
3	久保 優		3	菊田 圭佑
4	中山 匠		4	塩見 伊颯
5	松井 丈典		5	山根 嵩
6	佐藤 真吾		6	竹内仁之輔
7	柴田 徹		7	山下 憲太
8	沖野 玄		8	平田闘志雄
9	堀越 友太	HB	9	中村 翔
10	岸岡 智樹		10	金井 大雪
11	桑山 淳生	TB	11	斉藤 太朗
12	桑山 淳生		12	山根 雄矢
13	伊藤 大貴		13	山下 雄矢
14	安部 勇佑		14	ジョーンズ杏人楽
15	梅津 哉	FB	15	野崎 奈良

平成30年5月20日
G 早大上井草 R 加古大樹 KO 13:00
交代 早大：幸重天(柴田)、鷲野孝成(宮里)、貝塚隆陸(堀越)、井上大二郎(鶴川)、三浦駿平(中山)、島本雄太人(岸岡)、黒田瑛太(久保)
法大：橋本陸(山下)、髙橋達也(金井)、濱野隼也(塩見)、塚堀翔太朗(中村)、栗飯原舜(山下太)

国際試合 No.118　平成30年度　定期戦

早大		高麗大		早大		高麗大
55	—	12	1	武田 雄多	FW	1
33	前	12	2	鷲野 孝成		2
22	後	0	3	土田 彬洋		3
5	T	0	4	中山 匠		4
4	G	0	5	星谷 俊輔		5
0	PT	0	6	西田 強平		6
0	PG	0	7	柴田 徹		7
0	DG	0	8	板垣 悠太		8
4	T	2	9	貝塚 陸	HB	9
1	G	1	10	加藤 皓己		10
0	PT	0	11	桑山 聖生	TB	11
0	PG	0	12	平井 亮佑		12
0	DG	0	13	桑山 淳生		13
15	反則	7	14	安部 勇佑		14
			15	梅津 友喜	FB	15

平成30年6月2日
G 早大上井草 R G KO 15:00

公式試合 No.1012　平成30年度第5試合　第7回関東大学春季大会

早大		日大		早大		日大
50	—	14	1	千野 健太	FW	1 伊藤 大介
24	前	14	2	宮里 侑樹		2 藤村 琉士
26	後	0	3	久保 優		3 白川 直人
4	T	2	4	三浦 駿平		4 長谷銀次朗
2	G	2	5	松井 丈典		5 テビタ・オト
0	PT	0	6	西田 強平		6 飯田 光紀
0	PG	0	7	柴重 天		7 須藤 拓真
0	DG	0	8	丸尾 崇真		8 シオォ・ハラシリ
3	T	0	9	貝塚 陸	HB	9 村上 陽平
0	G	0	10	野中 智樹		10 須藤 芳徳
0	PT	0	11	佐々木 尚	TB	11 杉本 悠馬
0	PG	0	12	平井 亮佑		12 吉田 橋蔵
0	DG	0	13	桑山 淳生		13 フレイザー・クワーク
4	反則	12	14	梅津 友喜		14 金 志大
			15	南 徹哉	FB	15 内海 圭一

平成30年6月23日
G 早大上井草 R 久米村貴三 KO 14:00
交代　早大：井上大二郎(千野)、鷲野孝成(宮里)、小林賢太(久保)、堀越友太(貝塚)、伊藤大貴(佐々木)
日大：森本潤(白川)、サミソニ・アサエリ(オト)、栗津勇哉(吉田)、富山誠加(飯田)、森威(伊藤)、趙誠悠(須藤)

公式試合 No.1013　平成30年度第6試合　対抗戦

早大		筑波大		早大		筑波大
55	—	0	1	鶴川 達彦	FW	1 安里 大吾
17	前	0	2	宮里 侑樹		2 大西 訓平
38	後	0	3	小林 賢太		3 増田 瑛
2	T	0	4	中山 匠		4 後藤海真人
2	G	0	5	下川 甲嗣		5 石松 大空
0	PT	0	6	柴田 徹		6 中田 都来
1	PG	0	7	幸重 天		7 中原 健太
0	DG	0	8	丸尾 崇真		8 土谷 深浩
6	T	1	9	齋藤 直人	HB	9 杉山 優平
4	G	1	10	岸岡 智樹		10 島田 悠平
0	PT	0	11	古賀 由教	TB	11 河野 友希
1	PG	0	12	中野 将伍		12 岡崎 航太
0	DG	0	13	桑山 淳生		13 野中 亮志
6	反則	5	14	長田 智希		14 仁熊 秀斗
			15	河瀬 諒介	FB	15 前田 土琴

平成30年9月9日
G セナリオハウスフィールド三郷 R 清水寛 KO 15:00
交代　早大：梅津友喜(長田)、井上大二郎(鶴川)、森島純(下川)、鷲野孝成(宮里)、土田彬洋(小林)、佐藤真吾(丸尾)、貝塚陸(齋藤)、加藤皓己(岸岡)
筑波大：松永貫汰(前田)、長桂輔(石松)、北島純(安里)、吉田隼人(大西)、増田瑛(増田瑛)、田上徳馬(仁熊)、鳴尾裕貴(杉山)、森太志(中田都来)

公式試合 No.1014　平成30年度　第7試合　対抗戦

早大		成蹊大		早大		成蹊大
99	—	5	1	鶴川 達彦	FW	1 古市 龍馬
47	前	5	2	宮里 侑樹		2 山本京太郎
52	後	0	3	土田 彬洋		3 鈴木 瑛雅
7	T	1	4	中山 匠		4 藤井 洋行
6	G	0	5	三浦 駿平		5 川口 泉輝
0	PT	0	6	柴田 徹		6 安立祥一郎
0	PG	0	7	佐藤 真吾		7 阿部 卓朗
0	DG	0	8	丸尾 崇真		8 原島 航佑
8	T	0	9	齋藤 直人	HB	9 木村 陸
6	G	0	10	岸岡 智樹		10 川本 憲人
0	PT	0	11	古賀 由教	TB	11 二瓶 航太
0	PG	0	12	中野 将伍		12 中山 大悟
0	DG	0	13	中西 亮太		13 濱 慧悟
5	反則	9	14	佐々木 尚		14 五十嵐 剛
			15	梅津 友喜	FB	15 神田 圭太

平成30年9月23日
G 味の素スタジアム西競技場 R 武田学 KO 14:00
交代　早大：桑山聖生(梅津)、井上大二郎(鶴川)、蛾家直也(宮里)、松井丈典(中村)、船越明義(中野)、沖野玄(齋藤)、貝塚陸(齋藤)
成蹊大：木本捷斗(五十嵐)、田中耀太郎(山本)、高村魁志(木村)、鈴木大之(甲山)、荒川航章(川口)、金子知亘(安立)

公式試合 No.1015　平成30年度　第8試合　対抗戦

早大		青学大		早大		青学大
123	—	0	1	鶴川 達彦	FW	1 鈴木 健也
59	前	0	2	蛾家 直也		2 高山 偉壮
64	後	0	3	小林 賢太		3 渡邉 悠晃
9	T	0	4	三浦 駿平		4 今野 光緒
7	G	0	5	下川 甲嗣		5 森田 寛生
0	PT	0	6	柴田 徹		6 小島 静也
0	PG	0	7	幸重 天		7 下里 雄大
0	DG	0	8	丸尾 崇真		8 齊藤 裕大
10	T	0	9	齋藤 直人	HB	9 志賀 駿汰
7	G	0	10	岸岡 智樹		10 関根 慧
0	PT	0	11	梅津 友喜	TB	11 佐藤 煕
0	PG	0	12	中野 将伍		12 西村 優吾
0	DG	0	13	伊藤 大貴		13 今村 元気
5	反則	7	14	佐々木 尚		14 衣笠 竜也
			15	河瀬 諒介	FB	15 西野 稜祐

平成30年10月7日
G 足利市総合運動公園陸上競技場 R 大澤朋大 KO 11:30
交代　早大：桑山聖生(梅津)、千野健太(鶴川)、宮里侑樹(蛾家)、土田彬洋(小林)、佐藤真吾(柴田)、船越明義(中野)、中山匠(下川)、貝塚陸(齋藤)
青学大：稲垣大樹(森田)、岩切一剛(高山)、鎌田健太郎(齊藤)、工藤優也(西野)、渡邉将也(鈴木)、鷲家健志(渡邉)、堀本康平(今村)、小日向春介(古賀)

公式試合 No.1016　平成30年度　第9試合　対抗戦

早大		日体大		早大		日体大
68	—	10	1	鶴川 達彦	FW	1 鎌田 慶
21	前	10	2	宮里 侑樹		2 舛添真太郎
47	後	0	3	小林 賢太		3 村山 皓紀
3	T	1	4	三浦 駿平		4 玉置 将也
3	G	1	5	下川 甲嗣		5 ミキロニ・リサラ
0	PT	0	6	柴田 徹		6 クリスチャン・ラヴィ
1	PG	0	7	幸重 天		7 渡邉 智永
0	DG	0	8	丸尾 崇真		8 永田 禎人
7	T	0	9	齋藤 直人	HB	9 堤 英登
7	G	0	10	岸岡 智樹		10 中川 拓人
0	PT	0	11	古賀 由教	TB	11 竹田 賢二
0	PG	0	12	中野 将伍		12 石田 大河
0	DG	0	13	長田 智希		13 安城 怜
6	反則	6	14	佐々木 尚		14 ハラトア・ヴァイレア
			15	河瀬 諒介	FB	15 中野 剛通

平成30年10月21日
G 群馬県立敷島公園サッカー・ラグビー場 R 渡邉敬弘 KO 14:00
交代　早大：佐藤真吾(柴田)、千野健太(鶴川)、蛾家直也(宮里)、土田彬洋(小林)、中山匠(丸尾)、佐々木尚(長田)、貝塚陸(齋藤)、船越明義(中野)
日体大：高橋耕太(鎌田)、高橋拓行(ヴァイレア)、北原寿信(舛添)、高木隆太(堤)、高橋泰地(ラヴィ)、小西真太(村山)

公式試合 No.1017　平成30年度　第10試合　対抗戦

早大		帝京大		早大		帝京大
28	—	45	1	鶴川 達彦	FW	1 岡本愼太郎
0	前	28	2	宮里 侑樹		2 呉季 依典
28	後	17	3	小林 賢太		3 淺岡 俊亮
0	T	4	4	三浦 駿平		4 今村 隆良
0	G	4	5	下川 甲嗣		5 秋山 大地
0	PT	0	6	佐藤 真吾		6 菅原 貴人
0	PG	0	7	幸重 天		7 安田 司
0	DG	0	8	丸尾 崇真		8 プロティ・マクカラン
4	T	2	9	齋藤 直人	HB	9 小畑 健太郎
4	G	2	10	岸岡 智樹		10 北村 将大
0	PT	0	11	佐々木 尚	TB	11 竹山 晃暉
0	PG	0	12	中野 将伍		12 ニコラス・マクカラン
0	DG	0	13	長田 智希		13 尾崎 晃雅
5	反則	2	14	桑山 聖生		14 木村 朋也
			15	河瀬 諒介	FB	15 山口 晃暉

平成30年11月4日
G 秩父宮ラグビー場 R 町田裕一 KO 14:00
交代　早大：蛾家直也(宮里)、中山匠(三浦)、佐藤真吾(柴田)
帝京大：本郷泰司(ニコラス・マクカラン)、リッチモンド・トンガタマ(安田)、奥村翔(宮上)、細木康太郎(岡本)、富高窪(淺岡)、清水岳力(呉季)、矢澤雄一(木村)

公式試合 No.1018　平成30年度　第11試合　対抗戦

早大		慶大		早大		慶大
21	—	14	1	鶴川 達彦	FW	1 細田 隼都
11	前	0	2	宮里 侑樹		2 安田 裕貴
10	後	14	3	小林 賢太		3 大山 祥平
1	T	2	4	中山 匠		4 相部 開哉
0	G	2	5	下川 甲嗣		5 辻 雄康
0	PT	0	6	柴田 徹		6 川合 秀和
0	PG	0	7	幸重 天		7 山本 凱
0	DG	0	8	丸尾 崇真		8 山中 侃
3	T	0	9	齋藤 直人	HB	9 江嵜 真悟
2	G	0	10	岸岡 智樹		10 古田 京
0	PT	0	11	古賀 由教	TB	11 宮本 瑛祐
0	PG	0	12	中野 将伍		12 宮原 康平
0	DG	0	13	桑山 淳生		13 豊田 康平
10	反則	7	14	長田 智希		14 小原 錫満
			15	河瀬 諒介	FB	15 宮本 恭右

平成30年11月23日
G 秩父宮ラグビー場 R 清水政 KO 14:05
交代　早大：蛾家直也(宮里)、佐々木尚(河瀬)、千野健太(鶴川)、船越明義(岸岡)
慶大：菅公平(大山)、丹治辰碩(宮本)、中本慶太郎(安田)、渡部俊介(江嵜)、若林俊介(古田)、阿部匡清(豊田)

公式試合 No.1019　平成30年度　第12試合　対抗戦

早大		明大		早大		明大
31	—	27	1	鶴川 達彦	FW	1 安 昌豪
17	前	13	2	蛾家 直也		2 武井 日向
14	後	14	3	小林 賢太		3 祝原 涼介
2	T	1	4	中山 匠		4 片倉 康瑛
1	G	1	5	下川 甲嗣		5 箸本 龍雅
0	PT	0	6	柴田 徹		6 石井 洋介
1	PG	1	7	幸重 天		7 井上 遼
0	DG	0	8	丸尾 崇真		8 坂 和樹
2	T	2	9	齋藤 直人	HB	9 福田 健太
2	G	2	10	岸岡 智樹		10 松尾将太郎
0	PT	0	11	古賀 由教	TB	11 高橋 汰地
0	PG	0	12	中野 将伍		12 森 勇登
0	DG	0	13	桑山 淳生		13 渡邊 弐貴
9	反則	7	14	長田 智希		14 山村 知也
			15	河瀬 諒介	FB	15 雲山 弘貴

平成30年12月2日
G：秩父宮ラグビー場 R：梶原晃久 KO 14:00
交代　早大：宮里侑樹(蛾家)、佐々木尚(古賀)、船越明義(河瀬)、千野健斗(鶴川)、土田彬洋(小林)、佐々木尚(柴田)
明大：笹川大五(祝原)、小泉カズミ(箸本)、山崎洋之(高橋)、朝長駿(石井)、射場大輔(森)、松岡賢太(武井)、齊藤剣(安)

公式試合 No.1020　平成30年度　第13試合　第55回大学選手権準々決勝

早大		慶大		早大		慶大
20	—	19	1	鶴川 達彦	FW	1 細田 隼都
12	前	7	2	宮里 侑樹		2 中本慶太郎
8	後	12	3	小林 賢太		3 大山 祥平
2	T	3	4	中山 匠		4 相部 開哉
1	G	2	5	下川 甲嗣		5 辻 雄康
0	PT	0	6	柴田 徹		6 川合 秀和
0	PG	0	7	幸重 天		7 山本 凱
0	DG	0	8	丸尾 崇真		8 山中 侃
1	T	2	9	齋藤 直人	HB	9 江嵜 真悟
0	G	0	10	岸岡 智樹		10 古田 京
0	PT	0	11	佐々木 尚	TB	11 宮本 瑛祐
1	PG	0	12	中野 将伍		12 栗原 由太
0	DG	0	13	桑山 淳生		13 三木 竜弥
	反則		14	長田 智希		14 小原 錫満
			15	河瀬 諒介	FB	15 丹治 辰碩

平成30年12月22日
G：秩父宮ラグビー場 R：松本剛 KO 12:05
交代　早大：千野健斗(鶴川)、蛾家悠吏(宮里)、佐藤真吾(柴田)
慶大：原田衛(中本)、渡邊悠貴(細田)、南翔大(三木)、菅公平(大山)、宮本恭右(小原)、佐藤武蔵(川合)

公式試合 No.1021　平成30年度　第14試合　第55回大学選手権準決勝

早大		明大		早大		明大
27	—	31	1	鶴川 達彦	FW	1 安 昌豪
13	前	17	2	蛾家 直也		2 武井 日向
14	後	14	3	小林 賢太		3 祝原 涼介
1	T	2	4	中山 匠		4 片倉 康瑛
1	G	2	5	下川 甲嗣		5 箸本 龍雅
0	PT	0	6	柴田 徹		6 石井 洋介
2	PG	0	7	幸重 天		7 井上 遼
0	DG	0	8	丸尾 崇真		8 坂 和樹
2	T	3	9	齋藤 直人	HB	9 福田 健太
2	G	2	10	岸岡 智樹		10 忽那 鐘生
0	PT	0	11	佐々木 尚	TB	11 高橋 汰地
0	PG	0	12	中野 将伍		12 射場大輔
0	DG	0	13	桑山 淳生		13 森 勇登
	反則		14	長田 智希		14 山村 知也
			15	河瀬 諒介	FB	15 山沢 京平

平成31年1月2日
G 秩父宮ラグビー場 R 麻生彰久 KO 12:21
交代　早大：宮里侑樹(蛾家)、古賀由教(河瀬)、千野健斗(鶴川)、佐藤真吾(柴田)、三浦駿平(中山)
明大：松風将太郎(忽那)、松岡賢太(武井)、齊藤剣(安)、吉田大貴(祝原)、山村知也(山崎)、児玉樹(高橋)

巻末資料

日本代表でキャップを獲得した早大出身選手

　日本代表選手の栄誉を称え帽子を贈るキャップ制度が日本協会で始まったのは1982（昭和57）年12月だった。1930（昭和5）年夏、初めて編成された日本代表のカナダ遠征（6勝1分け）で唯一引き分けたブリティッシュ・コロンビア州代表戦までさかのぼり、まず、254人が認定された。この時点での最多キャップは森重隆の「27」で、続いたのがこの年、代表主将を務めていた石塚武生（昭和50年卒）の「26」だった。記念すべきキャップ認定初戦に出場したOBはPR太田義一（昭和7年卒）、CTB柯子彰（昭和9年卒）の2人。それから100人近くが桜のジャージーに袖を通し、キャップ認定試合に出場した。早大出身者で最多キャップは畠山健介（平成20年卒）の「78」。2008（平成20）年のアメリカ戦から11（平成23）、15（平成27）年のW杯にも出場、PR歴代最多キャップを誇る。

No.	キャップ ナンバー	氏名	キャップ数	No.	キャップ ナンバー	氏名	キャップ数
1	3	太田義一	1	27	108	谷口隆三	2
2	13	柯子彰	4	28	109	日比野弘	3
3	18	松原武七	3	29	110	尾崎政雄	2
4	20	大野信次	4	30	111	志賀英一	3
5	29	野上一郎	4	31	112	田中聖二	4
6	33	米華真四郎	4	32	115	富永栄喜	3
7	35	飯森隆一	2	33	116	北岡進	2
8	40	西海一嗣	2	34	119	結城昭康	1
9	45	山本春樹	1	35	144	藤本（蒲原）忠正	14
10	47	川越藤一郎	1	36	146	横井章	17
11	48	阪口正二	2	37	148	村山繁	1
12	49	鈴木功	2	38	150	加藤猛	1
13	56	田中昭	2	39	153	犬伏一誠	1
14	57	橋本晋一	4	40	157	後川光夫	12
15	58	藤井厚	2	41	158	猿田武夫	3
16	63	青木良昭	2	42	160	井沢義明	24
17	64	小山昭一郎	1	43	161	萬谷勝治	13
18	66	横岩玄平	4	44	172	小俣忠彦	3
19	67	佐藤英彦	10	45	173	石山貴志夫	2
20	78	原田秀雄	2	46	181	宿沢広朗	3
21	82	梅井良治	6	47	182	藤原優	22
22	90	山崎靖彦	1	48	183	山本巌	1
23	91	堀博俊	1	49	185	植山信幸	20
24	96	新井大済（茂裕）	6	50	186	大東和美	6
25	99	山本昌三郎	1	51	193	石塚武生	28
26	102	片倉胖	5	52	195	山下治	1

No.	キャップ ナンバー	氏名	キャップ数	No.	キャップ ナンバー	氏名	キャップ数
53	205	星野繁一	6	90	583	垣永真之介	9
54	209	金指敦彦	1	91	606	金正奎	7
55	212	豊山京一	6	92	625	伊藤平一郎	6
56	215	南川洋一郎	19	93	631	布巻峻介	6
57	223	松本純也	10	94	640	小倉順平	4
58	239	伊藤隆	8				
59	249	本城和彦	10				
60	265	安田真人	1				
61	267	吉野俊郎	7				
62	281	栗原誠治	3				
63	282	石井勝尉	1				
64	292	永田隆憲	1				
65	293	神田識二朗	2				
66	294	堀越正巳	26				
67	296	今駒憲二	2				
68	298	永井雅之	2				
69	300	今泉清	8				
70	307	郷田正	8				
71	316	増保輝則	47				
72	328	藤掛三男	3				
73	360	小泉和也	12				
74	410	月田伸一	9				
75	439	辻高志	7				
76	460	大田尾竜彦	7				
77	466	後藤翔太	8				
78	467	五郎丸歩	57				
79	479	安藤栄次	13				
80	480	今村雄太	39				
81	481	矢富勇毅	16				
82	490	青木佑輔	30				
83	494	佐々木隆道	13				
84	515	畠山健介	78				
85	529	豊田将万	9				
86	541	山中亮平	11				
87	552	有田隆平	9				
88	562	藤田慶和	31				
89	577	村田大志	2				

歴代部長・監督・主将・主務・OB会長

年度	創部年度	部長	監督	主将	主務	OB会長
大正7 (1918)	1	北沢新次郎	なし	井上成意	なし	なし
大正8 (1919)	2	〃	なし	〃	名和野秀雄	〃
大正9 (1920)	3	神尾錠吉	なし	石丸五郎	〃	〃
大正10 (1921)	4	〃	なし	〃	〃	〃
大正11 (1922)	5	〃	なし	大町　清	中村元一	〃
大正12 (1923)	6	〃	なし	朝桐尉一	〃	〃
大正13 (1924)	7	〃	なし	吉田光一	なし	〃
大正14 (1925)	8	〃	なし	兼子義一	五百旗部佐一	井上成意
大正15・ 昭和元 (1926)	9	宇都宮鼎	なし	片岡春樹	〃	〃
昭和2 (1927)	10	〃	なし	本領信治郎 →滝川末三 （9月から）	なし	〃
昭和3 (1928)	11	〃	本領信治郎	寺田半三	藤井正義	〃
昭和4 (1929)	12	〃	〃	坂倉雄吉	〃	〃
昭和5 (1930)	13	〃	馬場英吉	小船伊助	赤星　昂	〃
昭和6 (1931)	14	〃	〃	太田義一	勝田弥一	〃
昭和7 (1932)	15	〃	西尾重喜	田川　潔	〃	〃
昭和8 (1933)	16	〃	太田義一	柯子　彰	日置寧二	〃
昭和9 (1934)	17	林発未夫	大西栄造	松原武七	〃	〃
昭和10 (1935)	18	〃	〃	野上一郎	山本義雄	なし
昭和11 (1936)	19	〃	山本春樹	米華真四郎	〃	〃
昭和12 (1937)	20	〃	太田義一	川越藤一郎	〃	〃
昭和13 (1938)	21	〃	〃	村山礼四郎	木塚長敏	〃

年度	創部年度	部長	監督	主将	主務	OB会長
昭和14 (1939)	22	石川登喜治	大西栄造	山地　翠	舛田敬司	〃
昭和15 (1940)	23	〃	〃	松元秀明	〃	〃
昭和16 (1941)	24	〃	〃	遠藤　公	石崎長四郎	井上成意
昭和17 (1942)	25	〃	〃	鈴木昌雄（前期） 須崎修自（後期）	吉崎正典（前期） 福島良郎（後期）	〃
昭和18 (1943)	26	〃	なし	鹿子木聡	福島良郎	〃
昭和19 (1944)	27	戦争により活動なし					
昭和20 (1945)	28	石川登喜治	大西栄造	林正治郎	なし	〃
昭和21 (1946)	29	中村弥三次	鈴木　功	野上久雄	加藤俊彦	〃
昭和22 (1947)	30	池原義見	村山礼四郎	内田　堯	〃	木村文一
昭和23 (1948)	31	〃	西野綱三	堀　博俊	日野嘉恵	〃
昭和24 (1949)	32	竹野長次	〃	山上　弘	間壁善典	〃
昭和25 (1950)	33	〃	大西鐵之祐	松分光朗	〃	〃
昭和26 (1951)	34	〃	〃	橋本晋一	〃	〃
昭和27 (1952)	35	〃	〃	田中　昭	藤岡　栄	〃
昭和28 (1953)	36	〃	〃	高見沢顕二郎	〃	〃
昭和29 (1954)	37	〃	〃	高武昭夫	武　宏	〃
昭和30 (1955)	38	〃	西野綱三	新井大済	中上　一	〃
昭和31 (1956)	39	〃	〃	藤島勇一	中野　徹	〃
昭和32 (1957)	40	〃	〃	片倉　胖	大塚博靖	〃
昭和33 (1958)	41	〃	大野信次	冨永栄喜	浅海敏之	〃
昭和34 (1959)	42	吉村　正	〃	志賀英一	東森義昌	〃
昭和35 (1960)	43	〃	日置寧二	北岡　進	江藤一明	〃
昭和36 (1961)	44	〃	井上二郎	加賀谷久司	安倍典雄	〃
昭和37 (1962)	45	〃	大西鐵之祐	木本建治	高山博次	片岡春樹

年度	創部年度	部長	監督	主将	主務	OB会長
昭和38 (1963)	46	〃	〃	小俣忠彦	高津宏太郎	坂倉雄吉
昭和39 (1964)	47	〃	〃	佐藤紘司	牧弥太郎	〃
昭和40 (1965)	48	〃	横井 久	矢部達三	黒田守征	〃
昭和41 (1966)	49	新庄嘉章	結城昭康	藤本忠正	鈴木 埻	〃
昭和42 (1967)	50	〃	藤島勇一	猿田武夫	清田英史	〃
昭和43 (1968)	51	〃	白井善三郎	山本 巌	和泉武雄	〃
昭和44 (1969)	52	〃	木本建治	井沢義明	中村公彦	小船伊助
昭和45 (1970)	53	〃	日比野弘	大東和美	日野康英	〃
昭和46 (1971)	54	〃	白井善三郎	益田 清	高橋哲司	〃
昭和47 (1972)	55	〃	松元秀雄	宿沢広朗	大塚守男	〃
昭和48 (1973)	56	〃	日比野弘	神山郁雄	中村賢治	〃
昭和49 (1974)	57	〃	〃	石塚武生	佐野厚生	〃
昭和50 (1975)	58	高野竹三郎	〃	末石庸幸	水上 茂	〃
昭和51 (1976)	59	〃	大東和美	豊山京一	篠森健治	〃
昭和52 (1977)	60	〃	栗本利見	伊藤 隆 →松本純也	谷本幹治	藤井恒男
昭和53 (1978)	61	〃	白井善三郎	橋本裕幸	坂本典幸	〃
昭和54 (1979)	62	〃	〃	金澤 聡	〃	千葉 正
昭和55 (1980)	63	〃	橋本晋一	奥脇 教	宇田川岳志	〃
昭和56 (1981)	64	〃	大西鐵之祐	寺林 努		〃
昭和57 (1982)	65	大西鐵之祐	植山信幸	益子俊志	津布久誠	〃
昭和58 (1983)	66	〃	豊山京一	土屋謙太郎	久保田顕	〃
昭和59 (1984)	67	〃	日比野弘	矢ヶ部博	澤路 豊	〃
昭和60 (1985)	68	〃	〃	山本 巧	伊藤達哉	〃
昭和61 (1986)	69	水野 祐	木本建治	西谷光宏	遠藤卓巳	〃

年度	創部年度	部長	監督	主将	主務	OB会長
昭和62 (1987)	70	〃	〃	永田隆憲	田古島伸浩	〃
昭和63 (1988)	71	奥島孝康	佐藤秀幸	清田真央	澤渡直人	〃
平成元 (1989)	72	〃	〃	清宮克幸	光岡　肇	村山礼四郎
平成 2 (1990)	73	〃	高橋(松久)幸男	堀越正己	木賀澤智之	〃
平成 3 (1991)	74	〃	〃	相良南海夫	岩永太郎	内田　堯
平成 4 (1992)	75	〃	小林正幸	富野永和	米光裕晶	〃
平成 5 (1993)	76	〃	益子俊志	藤浩太郎	玉澤正徳	〃
平成 6 (1994)	77	〃	宿沢広朗	山羽教文	上木一徹	〃
平成 7 (1995)	78	佐藤英善	木本健治	小泉和也	中島誠一郎	〃
平成 8 (1996)	79	〃	石塚武生	中竹竜二	西雄二郎	松分光朗
平成 9 (1997)	80	〃	〃	石川安彦	和泉聡明	〃
平成10 (1998)	81	〃	日比野弘	山崎勇気 →正木宏和	池田剛人	〃
平成11 (1999)	82	〃	〃	小森允紘	小林健之	〃
平成12 (2000)	83	〃	益子俊志	江原和彦	田中孝文	高見沢顕二郎
平成13 (2001)	84	〃	清宮克幸	尤京泰明	日下　聡	〃
平成14 (2002)	85	〃	〃	山下大悟	竹内　大	〃
平成15 (2003)	86	〃	〃	大田尾竜彦	田原伸洋	〃
平成16 (2004)	87	〃	〃	諸岡省吾	小島浩之	冨永栄喜
平成17 (2005)	88	〃	〃	佐々木隆道	勝田　譲	矢部達三
平成18 (2006)	89	〃	中竹竜二	東条雄介	高橋興平	〃
平成19 (2007)	90	〃	〃	権丈太郎	尤京知久	〃
平成20 (2008)	91	〃	〃	豊田将万	堀内　哲	〃
平成21 (2009)	92	島田陽一	〃	早田健二	大川秀平	〃
平成22 (2010)	93	〃	辻　高志	有田隆平	西田　剛	志賀英一

年度	創部年度	部長	監督	主将	主務	OB会長
平成23 (2011)	94	〃	〃	山下昂大	堺　裕介	〃
平成24 (2012)	95	〃	後藤禎和	上田竜太郎	永山大志	宮澤隆雄
平成25 (2013)	96	〃	〃	垣永真之介	原　和人	〃
平成26 (2014)	97	〃	〃	大峯功三	池田　良	大東和美
平成27 (2015)	98	〃	〃	岡田一平	近田　望	〃
平成28 (2016)	99	〃	山下大悟	桑野詠真	市瀬奨一郎	〃
平成29 (2017)	100	〃	〃	加藤広人	大藤伊織	〃
平成30 (2018)	101	松嶋　敏泰	相良南海夫	佐藤真吾	小柴大和	〃

創部から100年間のできごと

年	早稲田大学	日本	世界
大正7年 (1918)	初代総長・大隈重信（1907—1922年）		11月11日　人類最初の世界大戦・第一次世界大戦が終結
大正8年 (1919)		2月14日　第1回東京箱根間往復大学駅伝競走（箱根駅伝）開催	1月10日　国際連盟成立・ベルサイユ条約発効 1月18日　パリ講和会議
大正9年 (1920)	3月31日　大学令による大学となり、政治経済学部、法学部、文学部、商学部、理工学部と大学院、早稲田高等学院を設置	5月2日　上野公園で日本最初のメーデー	8月14日　アントワープオリンピック開幕。テニスで熊谷一弥が男子シングルス、熊谷と柏尾誠一郎がダブルスで共に銀メダル。日本人初のメダリストに 8月26日　米国で女性参政権認められる
大正10年 (1921)		9月10日　大日本蹴球協会（日本サッカー協会）設立	5月5日　シャネル初の香水「NO.5」発売
大正11年 (1922)	1月17日　大隈重信死去・国民葬		12月30日　ソビエト連邦成立
大正12年 (1923)	名誉総長に大隈信常、第2代総長に塩沢昌貞、第3代総長に高田早苗	9月1日　関東大震災発生	10月16日　ウォルト・ディズニー・カンパニー成立
大正13年 (1924)		4月1日　第1回選抜中学校野球大会 8月1日　阪神甲子園球場竣工 10月25日　明治神宮外苑競技場（国立霞ヶ丘競技場の前身）竣工	1月25日　仏シャモニーで第1回冬期オリンピック開幕。日本は関東大震災により選手派遣を見送る 9月28日　ダグラスDVCが航空機世界一周
大正14年 (1925)	10月19日　応援の過熱などで決裂した早慶両校の野球復活	4月21日　治安維持法公布 9月20日　東京六大学野球リーグ戦始まる 11月1日　山手線環状運転開始 12月28日　大日本相撲協会設立	11月13日　ナチス親衛隊設立
大正15年・昭和元年 (1926)		8月6日　日本放送協会設立 11月30日　日本ラグビーフットボール協会設立 12月25日　大正天皇崩御	3月25日　南京事件
昭和2年 (1927)	10月20日　大隈記念講堂落成	8月3日　第1回全日本都市対抗野球大会 10月1日　火災専用電話番号が119へ 12月30日　上野－浅草間に初の地下鉄	5月21日　C.リンドバーグが初の大西洋無着陸飛行
昭和3年 (1928)	10月27日　早稲田大学坪内博士記念演劇博物館開館	5月26日　第1回日本学生陸上競技対抗選手権大会 11月10日　昭和天皇即位の礼	2月11日　サンモリッツオリンピック開幕。日本人が初めて冬季大会に出場 6月4日　張作霖爆殺事件 7月28日　アムステルダムオリンピック開幕。陸上男子三段跳

年	早稲田大学	日本	世界
昭和3年 (1928)			びの織田幹雄と水泳男子200メートル平泳ぎの鶴田義行がアジア人としても日本人としても初の金メダル。人見絹枝が陸上女子800メートルで銀メダル。日本女子として初 11月18日　ミッキーマウスとミニーマウスの誕生日
昭和4年 (1929)		11月22日　近鉄花園ラグビー場完成	10月24日　NY証券取引所で株価大暴落し世界恐慌の引き金に
昭和5年 (1930)		4月1日　上野駅に地下街 5月5日　第1回日本一健康優良児表彰式 11月1日　日比谷交差点に初の自動交通信号	3月6日　米国で世界初の冷凍食品販売 7月13日　第1回FIFA・ワールドカップがウルグアイで開催
昭和6年 (1931)	6月23日　第4代総長に田中穂積	8月25日　羽田飛行場（後の東京国際空港）開港 11月2日　東京科学博物館開館式	9月18日　柳条湖事件（満州事変）勃発
昭和7年 (1932)		2月17日　銀座の柳、植樹式で復活 5月14日　チャップリン来日 5月15日　五・一五事件 10月1日　東京市35区が成立	1月30日　独でヒトラーが首相に 3月1日　満州国が建国宣言 7月30日　ロサンゼルスオリンピック開幕。日本選手団は軍服姿で行進 11月8日　米大統領選でルーズベルトが当選
昭和8年 (1933)		12月23日　皇太子・明仁親王誕生	2月4日　レークプラシッドオリンピック開幕 10月14日　独が国際連盟脱退
昭和9年 (1934)		1月1日　東京宝塚劇場開場 4月21日　忠犬ハチ公除幕式 11月2日　米大リーガーのベーブ・ルースらが来日	3月1日　満州国で帝政。溥儀が皇帝に 9月18日　ソ連が国際連盟加盟
昭和10年 (1935)		4月6日　満州国皇帝溥儀来日 6月1日　NHKが国際放送開始 7月　外務省が日本の国号表記を「大日本帝国」に 12月1日　初の年賀郵便切手発売	3月16日　アドルフ・ヒトラーが、ナチス・ドイツの再軍備宣言 10月21日　ナチス・ドイツが国際連盟脱退
昭和11年 (1936)		2月5日　全日本職業野球連盟設立 2月26日　二・二六事件 4月15日　日本・ブラジル間に国際電話が開通 11月7日　永田町に国会議事堂 12月　沢村栄治が日本初のノーヒットノーラン	1月13日　スペイン内戦 2月6日　ガルミッシュ・パルテンキルヒェンオリンピック開幕。スピードスケートの石原省三が日本人として冬季初となる4位入賞 8月1日　ベルリンオリンピック開幕。ヒトラーがプロパガンダに利用。競泳女子200メー

年	早稲田大学	日本	世界
昭和11年 （1936）			トル平泳ぎの前畑秀子ら金メ ダル6個で閉幕 9月26日　ソ連でスターリンの 大粛清が本格開始
昭和12年 （1937）		4月15日　ヘレン・ケラー来日 7月7日　盧溝橋事件 8月15日　日本と中国で全面戦 争開始	5月25日　パリ万博開幕
昭和13年 （1938）		6月11日　エノケン日劇に初出演 7月15日　東京五輪開催権返上 11月28日　日本航空輸送と国際 航空が合併し大日本航空設立	1月24日　チリで大地震。死者 約8万人 3月13日　ナチスドイツがオー ストリア併合
昭和14年 （1939）		1月15日　双葉山の連勝が69で ストップ 5月5日　国家総動員法施行 5月12日　ノモンハン事件 9月30日　厚生省が「結婚十訓」 を発表。「産めよ殖やせよ国 のため」を標語に	12月15日　映画「風と共に去り ぬ」封切り
昭和15年 （1940）		4月1日　勤労所得の源泉徴収 開始 8月1日　東京府が食堂・料理 店での米食使用を禁止 9月27日　日独伊三国同盟成立 10月12日　大政翼賛会発会式	6月14日　ドイツ軍パリに無血 入城 8月31日　ポーランドから逃れ てきたユダヤ人にビザ発給を 始める 9月12日　フランスのラスコー 洞窟で壁画発見
昭和16年 （1941）		4月1日　国民学校令公布、ド レミファがイロハに 10月18日　東条英機が内閣総理 大臣となり、組閣 11月26日　ハル国務長官が日本 側乙案を拒否し中国撤兵要求 を提議。ハル・ノート 12月8日　日本軍の真珠湾攻撃 で太平洋戦争開戦。日本、対 米英宣戦布告 12月12日　日本政府、日中戦争も 含め戦争名を「大東亜戦争」と する	5月27日　第二次世界大戦・ド イツ海軍の戦艦ビスマルク沈 没、米国ルーズベルト大統領 「国家非常事態宣言」発令 8月12日　大西洋憲章発表
昭和17年 （1942）		3月5日　東京に初の空襲警報 5月17日　日本初の放し飼い動 物園「井の頭自然文化園」開園 6月5日　ミッドウエー海戦開始 7月12日　朝日新聞社が全国中 等学校優勝野球大会の中止を 発表 8月23日　甲子園球場で文部省 主催の全国中等学校野球大会開 幕。全国高等学校野球大会の記 録には残らず「幻の甲子園」に	7月16日　ナチス・ドイツ占領下 のフランスでユダヤ人13000人 一斉検挙 8月13日　米国でマンハッタン 計画開始

創部から100年間のできごと　　425

年	早稲田大学	日本	世界
昭和18年 （1943）	10月16日　戸塚球場で出陣学徒壮行早慶戦開催	3月18日　首相の権限強化などを含む戦時行政特例法・戦時行政職権特例等公布 5月24日　中学生以上の学徒勤労動員決定 8月17日　東京都が上野動物園の猛獣殺処分指令 10月21日　明治神宮外苑競技場で学徒出陣壮行会が開かれる	9月8日　イタリア、連合国に無条件降伏
昭和19年 （1944）	10月10日　第5代総長に中野登美雄	2月10日　俳優座結成 3月6日　全国の新聞で夕刊廃止 6月23日　北海道で昭和新山ができる 12月7日　東海道沖でM7.9の東南海地震発生。軍需工場に大被害	8月1日　ワルシャワ蜂起
昭和20年 （1945）		3月10日　米軍による東京大空襲 3月26日　米軍沖縄座間味島に上陸、沖縄戦開始 6月23日　沖縄戦組織的抵抗戦が終結 8月6日　広島に原爆投下 8月9日　長崎に原爆投下 8月15日　正午のラジオ放送で昭和天皇が終戦詔書を読み上げる。日本敗戦 12月31日　NHKラジオ第1放送で「紅白音楽試合」（後の紅白歌合戦）	2月4日　ヤルタ会談開催 4月28日　伊首相・ムッソリーニ銃殺 4月30日　独総統・ヒットラー夫妻が自殺 5月15日　第二次大戦欧州戦線終戦 7月26日　ポツダム宣言発表 10月24日　国際連合発足
昭和21年 （1946）	6月29日　第6代総長に島田孝一	1月1日　昭和天皇の人間宣言 3月6日　政府が憲法改正草案要綱を発表。主権在民・天皇象徴・戦争放棄 5月3日　極東国際軍事裁判所開廷 8月3日　後楽園球場で都市対抗野球大会復活 8月15日　西宮球場で全国中等学校野球大会再開 10月7日　日本国憲法成立	7月1日　米ビキニ環礁で原爆実験
昭和22年 （1947）		1月4日　箱根駅伝復活 3月15日　東京都が22区制に（8月には23区に） 3月22日　日本の国鳥をキジに 3月31日　教育基本法施行 4月1日　学校教育法施行。633制 5月1日　昭和天皇が初の記者会見 6月11日　国民体育大会歌「若	6月5日　米国務長官がマーシャルプランを発表 9月18日　米国防総省と中央情報局が発足

年	早稲田大学	日本	世界
昭和22年 （1947）		い力」の歌詞発表 8月4日　最高裁判所発足・三淵忠彦初代長官 8月9日　古橋廣之進が日本選手権で水泳400メートル自由形で非公式ながら世界新記録。後に「フジヤマのトビウオ」と呼ばれる 11月20日　東京ラグビー場（後の秩父宮ラグビー場）完成	
昭和23年 （1948）	4月24日　戦時中に中断した春季校友大会、5年ぶりに開催。新制の夜間4年制の早稲田工業高等学校発足、早稲田工業学校の生徒を第1・2学年に移行させて開校式	1月1日　23年ぶりに国民一般参賀 4月1日　新制高校発足 11月13日　大日本体育協会が日本体育協会に改称	1月30日　サンモリッツオリンピック開幕。日本は不参加 4月7日　世界保健機関（WHO）設立 7月29日　ロンドンオリンピック開幕。こちらも日本不参加
昭和24年 （1949）	3月31日　第一・第二高等学院廃校 4月16〜18日　新制早稲田大学11学部、第一・第二政治経済学部、第一・第二法学部、第一・第二文学部、教育学部、第一・第二商学部、第一・第二理工学部開校。早稲田高等学院第1回入学式 5月　戸山町の早稲田高等学院および早稲田工業高等学校の校舎竣工 7月1日　高田馬場－早大正門間にスクールバス開通	5月31日　新制大学発足 7月5日　下山事件 7月15日　三鷹事件 8月17日　松川事件 8月26日　シャウプ勧告 11月26日　プロ野球2リーグに分裂 12月1日　「サザエさん」朝日新聞夕刊で連載開始	4月4日　米など北大西洋条約機構（NATO）発足
昭和25年 （1950）	12月20日　付属早稲田高等学院を早稲田大学高等学院に、付属早稲田工業高等学校を早稲田大学工業高等学校の改称	7月2日　金閣寺、放火で焼失 11月28日　プロ野球第1回日本選手権で毎日が初優勝	6月25日　朝鮮戦争勃発
昭和26年 （1951）	3月25日　旧制学部最後の卒業式と、新制学部最初の卒業式 4月1日　新制大学院の修士課程発足。政治学研究科、経済学研究科、法学研究科、文学研究科、商学研究科、工学研究科を設置 5月31日　高等師範部および早稲田専門学校廃校。 10月31日　専門部および高等工学校廃校。	1月3日　第1回紅白歌合戦 3月20日　日本コロムビアが日本初のLPレコードを発売 4月11日　マッカーサーがGHQ最高司令官を解任される 7月2日　ユネスコ、日本の正式加盟承認 7月4日　第1回日本プロ野球オールスターゲーム 9月8日　日米安全保障条約締結 10月28日　プロレスの力道山デビュー	
昭和27年 （1952）	4月22日　体育会と体育部を廃止し、両者を統合した体育局を設置	4月1日　硬貨式公衆電話登場 4月18日　日本と西独が国交樹立 8月13日　日本が国際通貨基金	2月14日　オスロオリンピック開幕。日本と西ドイツが参加を許可され、復帰 6月15日　「アンネ・フランクの

創部から100年間のできごと　427

年	早稲田大学	日本	世界
昭和27年 （1952）		（IMF）に加盟	日記」刊行 7月19日　ヘルシンキオリンピック開幕。日本は16年ぶりに夏季大会に参加
昭和28年 （1953）		2月1日　NHKが日本で初のテレビジョン本放送を開始 12月25日　奄美群島日本に返還	5月29日　エドモンド・ヒラリーとテンジン・ノルゲイがエベレスト初登頂
昭和29年 （1954）	10月2日　第7代総長に大濱信泉 11月20〜24日　大学側の意向を無視して早稲田祭挙行。のちにこれを第1回と数える	2月1日　ジョー・ディマジオとマリリン・モンローが来日 3月1日　第五福竜丸が米国の水爆実験により発生した多量の放射性降下物、いわゆる死の灰を浴びる 4月5日　初の集団就職列車（青森-上野間）運行 4月28日　明治製菓が日本初の缶ジュース発売 11月3日　東宝映画「ゴジラ」公開	5月25日　写真家ロバート・キャパがインドシナ戦争取材中に爆死
昭和30年 （1955）	11月3日　大隈庭園内に校友会館が竣工	5月20日　東京国際空港（羽田空港）のターミナルビルが開館 7月9日　後楽園遊園地完成 8月6日　第1回原水爆禁止世界大会 12月1日　日本電信電話公社が公衆電話機を発売	9月30日　米国俳優ジェームス・ディーンが交通事故死
昭和31年 （1956）	8月11日　高等学院、戸山町キャンパスより練馬区上石神井へ移転	5月1日　水俣病第一号患者公式確認 5月9日　日本登山隊がマナスル初登頂 10月28日　大阪の通天閣再建 12月18日　日本が国際連合に加盟 12月26日　シベリア抑留者の最後の引揚者が舞鶴港に入港	1月31日　コルチナ・ダンペッツオオリンピックのスキー回転で猪谷千春が冬季日本初のメダルとなる銀メダル 9月9日　エルヴィス・プレスリーが「エド・サリヴァン・ショー」に初出演し、視聴率82.6%を記録 11月22日　メルボルンオリンピック開幕。日本選手団が史上最多となる銀メダル10個獲得
昭和32年 （1957）	10月20日　創立75周年を記念して戸山町キャンパスに記念会堂竣工	1月29日　日本の南極越冬隊が南極初上陸 3月6日　日本初の女性週刊誌「週刊女性」（主婦と生活社）創刊 4月1日　売春防止法施行 9月20日　糸川英夫東京大学教授らが初の国産ロケット発射に成功 11月4日　NHK「きょうの料理」始まる 12月17日　上野動物園で日本初のモノレール開業	5月15日　イギリス、初の水爆実験 10月4日　ソ連が初の人工衛星スプートニク1号の打ち上げ成功

年	早稲田大学	日本	世界
昭和33年 （1958）	5月15日　学術・文芸・スポーツ等に抜群の成果を挙げた学生を対象とする小野梓記念賞制度発足	3月9日　関門トンネル開通 3月28日　千鳥ケ淵戦没者墓苑が竣工 4月5日　巨人・長嶋茂雄、4打席4三振デビュー 5月5日　広島平和記念公園で、原爆症で死亡した佐々木禎子を追悼する「原爆の子の像」除幕式 10月14日　東京タワー竣工	10月1日　アメリカ航空諮問委員会（NACA）がアメリカ航空宇宙局（NASA）に
昭和34年 （1959）	3月31日　旧制早稲田大学（大学院、学部）廃止	1月14日　昭和基地で犬のタロとジロの生存確認 4月10日　皇太子・明仁親王と正田美智子さんが結婚 4月20日　東海道新幹線起工式 9月26日　伊勢湾台風で明治以後最大の被害。死者5041人 12月15日　第1回日本レコード大賞に水原弘歌唱の「黒い花びら」	1月1日　キューバ革命 3月10日　チベット蜂起 5月26日　IOC総会で1964年夏季オリンピックが東京に決まる
昭和35年 （1960）	11月15日　長野県菅平の土地購入を決定。運動部合宿所として使用	1月19日　日米相互協力及び安全保障条約（新安保条約）調印 3月30日　映画「ベン・ハー」が日本で公開。天皇・皇后が招かれ、日本映画史上初の天覧上映 4月30日　ソニーが世界初のトランジスタテレビを発売 9月10日　日本でカラーテレビの本放送開始 12月27日　池田首相、所得倍増計画を発表	5月22日　チリ地震発生、翌日日本でも津波被害 7月27日　経済協力開発機構（OECD）創設 8月25日　ローマオリンピック開幕。男子体操の小野喬が2大会連続の金メダル獲得 9月14日　石油輸出国機構（OPEC）結成
昭和36年 （1961）	7月20日　体育局の建物が戸山町キャンパスに竣工	4月3日　NHK朝の連続テレビ小説と「みんなのうた」の放送開始 8月20日　多摩川の河原にアキシマクジラの化石 10月20日　森光子主演の「放浪記」が東京・芸術座で初演	1月20日　米大統領にジョン・F・ケネディ就任 4月12日　人類初の有人衛星、ソ連宇宙船ボストーク1号がユーリイ・ガガーリン飛行士を乗せ、地球一周に成功 8月13日　東ドイツが東西ベルリンの境界を封鎖。後に「ベルリンの壁」を建設
昭和37年 （1962）	4月1日　戸山町キャンパスに文学部校舎竣工 4月6日　文学部移転後の本部キャンパスに教育学部が移転	2月1日　東京都が世界初の1000万人都市に 7月1日　巨人・王貞治の一本足打法がスタート 9月8日　国鉄の金田正一が対巨人戦で通算3509奪三振の世界新記録 12月20日　首都高速道路最初の供用区間となる京橋－芝浦間が開通	7月3日　第15回世界体操競技選手権（プラハ）で日本の男子団体が初優勝 8月5日　米女優マリリン・モンロー死去 8月12日　堀江謙一、小型ヨットで太平洋単独横断に成功 10月5日　ビートルズレコードデビュー 10月22日　米ケネディ大統領、

創部から100年間のできごと　429

年	早稲田大学	日本	世界
昭和37年 （1962）			キューバ海上封鎖を表明（キューバ危機）
昭和38年 （1963）	4月1日　理工学部校舎（現・西早稲田キャンパス）竣工 10月21日　大隈重信生誕125年記念祭開催。早稲田実業学校、学苑の系属校となる。	1月1日　日本国産連続30分テレビアニメ第1号「鉄腕アトム」放映開始 4月7日　NHK総合テレビで大河ドラマ放送開始。第1作は「花の生涯」 11月9日　三井三池炭鉱爆発事故発生 11月23日　初の日米間の衛星中継実験成功。ケネディ大統領暗殺事件を伝える	11月22日　米ケネディ大統領がダラスで暗殺される
昭和39年 （1964）	4月1日　教育学部教育学科に体育学専修を増設。理学科を新設。学生健康保険組合設立 10月10〜24日　東京オリンピックで記念会堂がフェンシング競技会場となる	4月28日　日本、OECDに正式加盟 7月13日　TBSラジオで「全国こども電話相談室」放送開始 9月7日　アジア初の国際通貨基金及び世界銀行総会が東京で開催 9月30日　常陸宮正仁親王・華子さんと結婚 10月3日　日本武道館開館 10月10日　アジア初開催の東京オリンピック開会 11月8日　東京パラリンピック開催。日本初参加 12月22日　世界貿易センタービルディング設立	2月7日　ビートルズ初訪米 4月1日　海外観光渡航自由化、所持金500USドルの制限付 5月28日　パレスチナ解放機構設立
昭和40年 （1965）	9月　応援部、「コンバット・マーチ」（作曲三木佑二郎・編曲牛島芳）を応援歌に採用 12月27日　正門前に第二学生会館竣工	4月1日　初の国産旅客機YS-11が就航 6月6日　日本サッカーリーグが開幕 10月6日　日本最初のカラーテレビアニメ「ジャングル大帝」放送開始 11月1日　東海道新幹線「ひかり」が東京-新大阪間で3時間10分運転を開始 11月17日　プロ野球第1回ドラフト会議	2月7日　アメリカ軍による北ベトナム爆撃開始 11月10日　中国で文化大革命が始まる 12月10日　日本、国際連合安全保障理事会の非常任理事国に当選
昭和41年 （1966）	6月22日　社会科学部設置。第一文学部の学生がストライキ中止を決定、155日間に及んだ「学費・学館紛争」の幕を閉じる 9月22日　第8代総長に阿部賢一	3月1日　日本の総人口一億人突破 4月1日　日本でメートル法完全施行 4月26日　日本で戦後最大の公共交通機関ストライキ 5月18日　文部省、大学への推薦入学制度採用を決定 6月25日　祝日法改正で建国記念の日・敬老の日・体育の日制	

年	早稲田大学	日本	世界
昭和41年 （1966）		定 6月29日　ビートルズ来日	
昭和42年 （1967）	4月　第一・第二理工学部、本部キャンパスより西大久保キャンパスへの全面移転完了	3月4日　高見山大五郎が相撲界で史上初の外国人関取に 3月6日　日本航空が世界一周線の運航開始 4月16日　東京都知事選挙で美濃部亮吉が当選、革新知事ブームに 7月4日　タカラが「リカちゃん人形」を発売 7月19日　東京女子医科大学の今井通子と若山美子が女性で初めてマッターホルン北壁の登頂に成功 10月2日　ニッポン放送系のラジオ番組「オールナイトニッポン」が放送開始	6月27日　ロンドンのバークレー銀行に世界初のATMが設置
昭和43年 （1968）	3月31日　早稲田大学工業高等学校廃校 4月1日　第二理工学部廃止、第一理工学部、理工学部と改称 6月20日　第9代総長に時子山常三郎	1月9日　円谷幸吉が自殺 1月27日　佐藤栄作首相、国会答弁で非核三原則に触れる 3月30日　テレビアニメ「巨人の星」放送開始。"スポ根ブーム"の代表作に 4月12日　日本初の超高層ビル・霞が関ビルディングがオープン 6月26日　小笠原諸島の日本復帰 7月1日　郵便番号制度実施 8月12日　ザ・タイガースが後楽園球場で日本初のスタジアムライブを開催 10月17日　川端康成が日本人で初めてノーベル文学賞受賞 12月9日　東京都府中市で三億円強奪事件発生	1月5日　チェコで「プラハの春」始まる 2月6日　グルノーブルオリンピック開幕。初めてマスコット「シュス」が登場 4月4日　マーティン・ルーサー・キング暗殺 10月11日　アメリカの有人宇宙船「アポロ7号」が打ち上げ 10月12日　メキシコシティーオリンピック開幕。サッカー銅メダル。釜本邦茂は6試合で7ゴールを決め得点王に
昭和44年 （1969）	7月12日　全学スト共闘（革マル系）が大隈講堂を占拠	1月18〜19日　東大安田講堂攻防戦で逮捕者600人以上 4月7日　連続射殺事件犯人、永山則夫逮捕 5月26日　東名高速道路が全区間開通 6月10日　日本の国民総生産（GNP）が西独を抜いて世界第2位に 8月27日　松竹映画「男はつらいよ」公開 10月1日　宇宙開発事業団発足 10月4日　TBS系でザ・ドリフターズの「8時だヨ! 全員集合」放送開始	7月20日　アポロ11号が人類初の月面有人着陸

創部から100年間のできごと　431

年	早稲田大学	日本	世界
昭和44年 （1969）		10月10日　巨人の金田正一が400勝達成	
昭和45年 （1970）	10月4日　第10代総長に村井資長	2月3日　日本政府、核拡散防止条約に調印 3月14日　日本万国博覧会（大阪万博）開幕 3月31日　日本航空機よど号ハイジャック事件発生 8月2日　東京都内ではじめての歩行者天国を銀座、新宿、池袋、浅草で実施 8月26日　植村直己が北米大陸最高峰マッキンリー山に単独初登頂。世界初の五大陸最高峰登頂者となる 9月13日　大阪万博、約6421万人来場 11月25日　三島由紀夫、市ヶ谷の自衛隊東部方面総監部にて割腹自決	4月10日　ビートルズ解散 9月17日　ソニー、ニューヨーク証券取引所に日本株として初の上場
昭和46年 （1971）		1月24日　横綱・大鵬が初場所千秋楽で32回目、最後の優勝 6月5日　新宿副都心の超高層ビル第1号となる京王プラザホテルが開業 6月17日　東京とワシントンで沖縄返還協定の調印式 7月20日　マクドナルド日本第1号店が銀座にオープン 8月28日　円変動相場制移行	1月15日　アスワンダムの公式開通 2月5日　アポロ14号が月に着陸 4月19日　ソ連、世界初の宇宙ステーション・サリュート1号打ち上げ 8月15日　アメリカが金とドルの交換停止（ニクソン・ショック） 12月2日　ソ連の火星探査機マルス3号が初の火星着陸に成功 12月18日　10ヶ国蔵相会議、通貨の多国間調整で合意。スミソニアン体制発足
昭和47年 （1972）		1月24日　グアム島で元日本陸軍兵士横井庄一の生存確認 2月13日　札幌オリンピック、70メートル級ジャンプで日本が金銀銅のメダルを独占 2月19日　連合赤軍による浅間山荘事件発生 3月21日　高松塚古墳で極彩色壁画発見 5月15日　アメリカから日本へ沖縄返還、沖縄県発足 9月29日　田中首相訪中、日中国交正常化の共同声明 10月1日　自動車の初心者マークが制定 10月28日　上野動物園にジャイアントパンダのランラン、カンカンが来園	1月5日　アメリカのリチャード・ニクソン大統領、スペースシャトル計画を発令 5月1日　ローマクラブ、報告書「成長の限界」を発表 5月30日　イスラエルのテルアビブ空港で日本赤軍乱射事件。24人死亡、100人負傷 9月4日　ミュンヘンオリンピック競泳のマーク・スピッツ（米）7冠達成

年	早稲田大学	日本	世界
昭和48年 (1973)	4月1日　第二政治経済学部・第二法学部・第二商学部を廃止し、第一政治経済学部を政治経済学部に、第一法学部を法学部に第一商学部を商学部に改称	4月12日　祝日法改正、振替休日制の導入 8月8日　金大中事件 10月1日　東京教育大学を廃して現在のつくば市に筑波大学を開学 10月17日　オイルショック 11月25日　五島勉解釈による「ノストラダムスの大予言」出版	1月27日　ベトナム和平協定 10月6日　第四次中東戦争勃発
昭和49年 (1974)		2月20日　ルバング島で小野田寛郎元少尉を発見 4月6日　選抜高校野球で徳島・池田高校「さわやかイレブン」が準優勝 5月15日　セブンイレブンが東京都江東区に第1号店を出店 7月24日　北の湖が史上最年少の21歳2か月で第55代横綱に 8月29日　「ベルサイユのばら」が宝塚大劇場で初演 8月30日　三菱重工爆破事件 10月14日　巨人の長嶋茂雄引退	8月8日　ウォーターゲート事件でニクソン米大統領辞任
昭和50年 (1975)		3月24日　集団就職列車の運行が終了 5月16日　エベレスト日本女子登山隊の田部井淳子が女性として世界初の登頂に成功 7月5日　沢松和子・アン清村組がウィンブルドン・テニス女子ダブルスで優勝 7月19日　沖縄国際海洋博覧会開幕 9月30日　昭和天皇・香淳皇后が史上初めて米国を公式訪問 10月15日　広島東洋カープが球団創設以来26年目で初優勝	4月30日　サイゴン陥落によりベトナム戦争終結
昭和51年 (1976)		1月20日　大和運輸（現・ヤマトホールディングス）が「宅急便」を発売 1月31日　鹿児島市で国内初の5つ子誕生 3月1日　後楽園球場に日本初の人工芝 7月27日　東京地検、ロッキード事件で田中角栄前首相逮捕 10月24日　富士スピードウェイで日本初のF1日本グランプリ	2月6日　米でロッキード事件が発覚 7月17日　モントリオールオリンピック開幕。人種差別問題など、国際的な政治問題の続発で参加国が激減
昭和52年 (1977)		4月29日　全日本柔道選手権大会で山下泰裕が19歳の史上最年少で初優勝 6月12日　全米女子プロゴルフ	8月12日　文化大革命終結宣言 12月25日　イギリスの喜劇王、チャールズ・チャップリン死去

年	早稲田大学	日本	世界
昭和52年 （1977）		選手権で樋口久子が優勝、日本人初の世界タイトルを獲得 7月14日　日本初の静止気象衛星「ひまわり」打ち上げ 7月17日　キャンディーズ「普通の女の子に戻りたい」と解散宣言 9月3日　巨人の王貞治がホームラン世界新記録756号 9月5日　国民栄誉賞創設で王貞治が第1回目受賞者に 11月25日　新潟市で横田めぐみさんが北朝鮮工作員に拉致される	
昭和53年 （1978）	11月5日　第11代総長に清水司	1月19日　TBS、人気音楽番組「ザ・ベストテン」放送開始 4月6日　東京都豊島区東池袋に60階建の超高層ビル、サンシャイン60 5月20日　新東京国際空港（現・成田国際空港）開港 8月12日　日中平和友好条約調印 10月4日　優勝経験のなかったヤクルトが球団創立29年目でセ・リーグ初優勝	7月25日　イギリスで世界初の体外受精児が誕生
昭和54年 （1979）		1月13日　初の国公立大学共通一次試験 5月12日　本州四国連絡橋の第1号、大三島橋が開通 10月7日　総選挙で自民党過半数割れ。四十日抗争勃発 11月18日　国際陸連初公認女子マラソン、第1回東京国際女子マラソン開催 12月12日　国鉄のリニアモーターカー、時速504キロを記録	1月1日　アメリカ合衆国と中華人民共和国が国交樹立 5月4日　イギリスでサッチャーが先進国初の女性首相に 10月26日　WHOが天然痘根絶を宣言 12月24日　ソ連アフガニスタン侵攻
昭和55年 （1980）		3月14日　日本で全国飴菓子工業協同組合がホワイトデーのイベント開始 12月12日　日本の自動車生産台数が世界第1位に	2月13日　レークプラシッドオリンピック開幕 5月24日　JOC総会の採決で日本のモスクワオリンピック不参加が決定 9月22日　イラン・イラク戦争勃発 12月8日　ジョン・レノン銃殺事件
昭和56年 （1981）		11月13日　国内では約100年ぶりに発見した新種の鳥をヤンバルクイナと名付けた	4月12日　スペースシャトル・コロンビアが打ち上げ 6月5日　アメリカ疾病予防管理センターが同性愛者5人のカリニ肺炎発症を発表。最初

年	早稲田大学	日本	世界
昭和56年 (1981)			のAIDS患者発見例 7月29日　ダイアナさんがチャールズ英皇太子と結婚
昭和57年 (1982)	3月10日　英仏遠征中のラグビー蹴球部、日本の単独チームとしては初めてケンブリッジ大学チームに勝利 10月21日　創立100周年記念式典 11月5日　第12代総長に西原春夫 12月　優秀な高校スポーツ選手を対象とする特別選抜入試を実施	2月8日　ホテル・ニュージャパンで火災 4月1日　500円硬貨発行 6月23日　東北新幹線が大宮－盛岡間で開業 11月15日　上越新幹線が大宮－新潟間で開業	4月2日　アイルランドと英国間でフォークランド紛争勃発 5月28日　ローマ教皇ヨハネ・パウロ2世がイギリスを訪問。カトリック教会とイングランド国教会が450年ぶりに和解 8月17日　フィリップスが世界初のCDを製造
昭和58年 (1983)		4月15日　千葉県浦安市に東京ディズニーランド開園。アメリカ国外では初	1月1日　インターネットが開始 6月18日　アメリカ人初の女性宇宙飛行士を乗せたスペースシャトル「チャレンジャー」打ち上げ 7月21日　南極・ボストーク基地で観測史上世界最低気温の－89.2℃を記録
昭和59年 (1984)		10月25日　オーストラリアからコアラ6頭が贈られ、日本に初上陸	1月24日　米アップルコンピュータが「Macintosh」を発表 2月8日　共産圏で初の冬季大会となるサラエボオリンピック開幕 7月28日　ロサンゼルスオリンピック開幕。カール・ルイスが陸上で4冠王に。柔道・無差別級で山下泰裕がケガをおして優勝 10月31日　インド首相、インディラ・ガンジーが暗殺 12月19日　英・サッチャー首相と中国・趙紫陽国務院総理が香港返還合意文書に調印
昭和60年 (1985)		2月20日　ミノルタが世界初のAF一眼レフカメラ「α-7000」を発売 3月17日　国際科学技術博覧会つくば'85始まる 8月12日　日本航空123便墜落事故が発生。乗客乗員524人のうち520人が死亡、4人生存。歌手の坂本九や作家の向田邦子も犠牲に 9月13日　任天堂のアクションゲーム「スーパーマリオブラザーズ」が日本で発売	4月15日　南アフリカ共和国、異民族間の結婚を禁止する法律を廃止 9月22日　アメリカのニューヨークでG5がプラザ合意。日本円は1ドル200円から100円に
昭和61年 (1986)		4月1日　男女雇用機会均等法施行 9月6日　社会党委員長に土井	1月28日　スペースシャトル・チャレンジャー号爆発事故。乗組員全員死亡

創部から100年間のできごと　435

年	早稲田大学	日本	世界
昭和61年 （1986）		たか子選出。初の女性党首誕生	4月26日　ソ連・チェルノブイリ原子力発電所事故(0426)
昭和62年 （1987）	4月1日　新設の所沢キャンパスに人間科学部設置 11月22日　安部球場で最後の全早慶野球戦	4月1日　国鉄分割民営化。日本国有鉄道はJRに 11月8日　全米女子プロゴルフ選手権で岡本綾子が日本人初の外国人賞金王に	1月1日　ミハイル・ゴルバチョフソ連書記長主導でペレストロイカ開始 2月23日　肉眼で見られる超新星SN1987Aが1604年以来に観測される。超新星爆発によるニュートリノも初観測 5月22日　第1回ラグビーワールドカップがニュージーランドとオーストラリアの共催により開幕 7月11日　世界の人口が50億人突破 10月19日　ブラックマンデー。ニューヨーク株式市場が大暴落 11月29日　金賢姫による大韓航空機爆破事件発生
昭和63年 （1988）		1月18日　日産自動車「シーマ」発売。爆発的なヒットとなり、シーマ現象と呼ばれる 3月13日　青函トンネル開業 4月10日　瀬戸大橋開通 7月30日　北陸自動車道全線開通	2月28日　カルガリーオリンピック、スピードスケート女子で橋本聖子が5種目すべてに日本新記録で入賞し、閉幕 4月14日　ソ連がアフガニスタンからの撤退に関して合意（ジュネーヴ合意） 5月23日　レーガン米大統領訪ソ、首脳会議 8月8日　ビルマで8888民主化運動発生 8月20日　イラン・イラク戦争停戦 9月17日　ソウルオリンピック開幕。柔道の斉藤仁が95kg超級で2大会連続金メダル。バサロ泳法の鈴木大地が100メートル背泳で金メダル 12月15日　日米両国相互間の観光ビザ免除協定が発効
平成元年 （1989）		1月7日　昭和天皇が崩御 1月8日　元号「平成」が始まる 2月1日　富士重工業が「レガシィ」を発売。ワゴンブームの火付け役に 4月1日　消費税法施行。税率3％ 4月21日　任天堂の携帯型ゲーム機「ゲームボーイ」が日本で発売開始 12月29日　日経平均株価が史上最高値の38,957円44銭を記録	6月4日　北京で天安門事件発生 6月18日　ポーランド議会選挙の2度目の投票で「連帯」の地滑り的圧勝。東欧革命の先駆けとなる 11月12日　ベルリンの壁崩壊 12月3日　ジョージ・ブッシュ米大統領とゴルバチョフソ連最高会議議長が冷戦終結を宣言

年	早稲田大学	日本	世界
平成元年 （1989）		12月31日　年末ジャンボ宝くじ、前後賞合わせて初の1億円の大台に	
平成2年 （1990）	11月5日　第13代総長に小山宙丸	2月14日　ローリング・ストーンズ初来日 3月3日　ポール・マッカートニーがソロとして初来日 6月29日　礼宮文仁親王が川嶋紀子さんと結婚。秋篠宮家を創設 11月12日　平成天皇即位の礼挙行 11月21日　任天堂が家庭用ゲーム機「スーパーファミコン」を発売 12月2日　TBS記者の秋山豊寛がソ連のソユーズTM11で日本人初の宇宙飛行	1月31日　ソ連初のマクドナルドがモスクワで開業 6月7日　ユニバーサル・スタジオ・フロリダ開業 7月28日　日系のアルベルト・フジモリがペルー大統領に就任 8月2日　イラクがクウェートに侵攻 9月5日　韓国・北朝鮮、南北分裂後初の両国首相会談 10月3日　西ドイツに東ドイツが編入される形で統一
平成3年 （1991）		1月17日　クウェートで湾岸戦争勃発 1月24日　日本政府が多国籍軍に110億円追加支援を決定 4月1日　東京都庁が西新宿に移転、新庁舎開庁 4月16日　ミハイル・ゴルバチョフソ連大統領訪日 5月31日　ジュリアナ東京オープン 8月25日　世界陸上東京大会、カール・ルイスが陸上100メートルで世界新記録を樹立	1月19日　登山家・田部井淳子が女性初の六大陸最高峰を登頂 4月6日　イラク、国連安保理の停戦勧告を受諾 7月1日　ワルシャワ条約機構解体 12月25日　ソビエト連邦崩壊、ゴルバチョフ大統領辞任
平成4年 （1992）		3月14日　東海道新幹線「のぞみ」が運転開始 3月25日　長崎県佐世保市でハウステンボス開業 4月25日　ロック歌手の尾崎豊が死去 5月2日　国家公務員の週休2日制スタート 8月16日　松井秀喜5打席連続敬遠 9月12日　毛利衛がスペースシャトル・エンデバーに搭乗、宇宙へ	2月8日　アルベールビルオリンピック、ノルディック複合団体で日本が金メダル 3月15日　国連カンボジア機構（UNTAC）発足 4月7日　ボスニア・ヘルツェゴビナ紛争勃発 6月3日　環境と開発に関する国際連合会議（地球サミット）がブラジルのリオデジャネイロで開催 7月27日　バルセロナオリンピック、競泳女子200メートル平泳ぎで岩崎恭子が史上最年少で金メダル
平成5年 （1993）		1月27日　大相撲の曙が外国人力士初の横綱に昇進 3月6日　荻原健司、FISワールドカップリベレツ大会で日本人初の個人総合優勝	1月1日　欧州経済共同体に加盟する12か国による単一市場が設置 1月20日　女優オードリー・ヘプバーンが死去

創部から100年間のできごと　437

年	早稲田大学	日本	世界
平成5年 （1993）		4月8日　カンボジアで選挙監視活動中に、国連ボランティア（UNV）の中田厚仁氏が射殺される 5月15日　Jリーグ開幕 6月9日　皇太子徳仁親王と小和田雅子さんの結婚の儀 8月26日　レインボーブリッジ開通 10月26日　東日本旅客鉄道（JR東日本）が上場 12月9日　法隆寺、姫路城、屋久島、白神山地が日本初の世界遺産に登録	11月1日　マーストリヒト条約の発効により欧州連合発足
平成6年 （1994）	11月5日　第14代総長に奥島孝康	2月4日　種子島宇宙センターからH-Ⅱロケット1号機、打ち上げ成功 4月26日　中華航空機が名古屋空港で着陸失敗、264人死亡 6月27日　松本サリン事件発生 9月4日　関西国際空港開港 9月20日　オリックス・イチローが史上初のシーズン200本安打	1月1日　北米自由貿易協定（NAFTA）発効 2月24日　リレハンメルオリンピック、ノルディック複合男子で、日本の岡部雅司・河野孝典・荻原健司が2大会連続の金メダル獲得 5月1日　アイルトン・セナ、F1・サンマリノGPで事故死 5月6日　英仏海峡トンネル開通 7月8日　日本人初の女性宇宙飛行士・向井千秋を乗せたスペースシャトルが打ち上げ 8月12日　メジャーリーグベースボールでプロスポーツ史上最長232日のストライキ決行 10月7日　イギリスのアンドリュー・ワイルズによってフェルマーの最終定理が証明され、360年に渡る歴史的議論に決着
平成7年 （1995）		1月17日　阪神・淡路大震災が発生 3月20日　地下鉄サリン事件発生 3月30日　警察庁長官狙撃事件発生 8月15日　第二次世界大戦終戦50年 11月23日　「Microsoft Windows 95」が日本で発売開始	1月1日　世界貿易機関（WTO）発足 6月24日　ラグビーワールドカップ・南アフリカ大会で地元南アフリカが優勝 8月25日　マイクロソフトが「Windows95英語版」を発売 9月5日　フランスが南太平洋で核実験を強行 11月9日　ロサンゼルス・ドジャースの野茂英雄が日本人初の大リーグ新人王
平成8年 （1996）		2月14日　羽生善治が谷川浩司から王将のタイトルを奪取、史上初の7冠を達成 11月23日　バンダイが「たまごっち」発売	5月8日　全人種の平等などを規定した南アフリカ共和国憲法が施行 7月5日　世界初のクローン羊「ドリー」がスコットランドで誕生

年	早稲田大学	日本	世界
平成 8 年 （1996）		12月5日　原爆ドームと厳島神社が世界遺産に登録	7月12日　英国チャールズ皇太子、ダイアナ皇太子妃夫妻が離婚 7月21日　アトランタオリンピック、男子サッカーが1次リーグでブラジルを破る「マイアミの奇跡」 9月10日　国連総会で包括的核実験禁止条約（CTBT）採択 9月17日　ロサンゼルス・ドジャースの野茂英雄が大リーグで日本人初のノーヒットノーラン達成 12月17日　在ペルー日本大使公邸占拠事件発生
平成 9 年 （1997）		4月1日　消費税が3％から5％に 10月16日　臓器移植法施行 11月16日　サッカー日本代表がジョホールバルでワールドカップ仏大会初出場を決める 11月22日　山一證券破綻 12月18日　東京湾アクアライン開通 12月11日　地球温暖化防止京都会議で京都議定書を採択	4月13日　男子プロゴルフマスターズ・トーナメントでタイガー・ウッズが大会最年少で初優勝 7月1日　香港がイギリスから返還 7月4日　米国の火星探査機が火星に着陸 8月31日　ダイアナ元英皇太子妃、パリで交通事故死 9月5日　マザー・テレサ死去 11月17日　ルクソール事件
平成10年 （1998）		2月17日　長野オリンピック、男子ジャンプ・ラージヒル団体で歓喜と涙の金メダル 4月5日　日本で明石海峡大橋が開通 7月4日　日本初の火星探査機「のぞみ」の打ち上げ成功 10月8日　金大中韓国大統領、日本訪問。日韓共同宣言採択 11月25日　江沢民中国国家主席、日本訪問	4月10日　イギリス、アイルランド間でベルファスト合意締結 6月10日　FIFAワールドカップ仏大会開幕。初出場の日本は3敗。中山雅史選手が1得点あげる 8月25日　「Windows98」発売 9月4日　Google設立 12月16日　国際連合の大量破壊兵器査察を拒否したイラクを米英が空爆
平成11年 （1999）		3月27日　日産自動車、フランスのルノーと資本提携を結ぶ 9月30日　茨城県東海村の核燃料施設JCOで日本初の臨界事故発生、2人死亡 12月1日　パイオニアが録画・再生可能なDVDレコーダー発売 12月31日　ミレニアムのカウントダウン	1月1日　欧州連合加盟の11か国でユーロ導入 7月15日　米シアトルに野球場セーフコ・フィールド開場 10月1日　第4回ラグビー・ワールドカップ1999がウェールズで開催 12月20日　マカオがポルトガルから中国に返還 12月31日　パナマ運河、アメリカ合衆国からパナマに返還
平成12年 （2000）		3月4日　ソニー・コンピューターエンタテインメント（SCEI）が日本で「PlayStation 2」を発売	6月13日　朝鮮半島の分断後55年で初の南北首脳会談 7月23日　ゴルフのタイガー・ウッズが史上最年少の24歳で

創部から100年間のできごと　　439

年	早稲田大学	日本	世界
平成12年 （2000）		7月21日　九州・沖縄サミット始まる 12月1日　日本でBSデジタル衛星放送が開始	グランドスラム達成 9月15日　シドニーオリンピック開幕 11月10日　イチローシアトル・マリナーズ入団、日本人野手初のメジャーリーガー 11月19日　ペルーのフジモリ政権が崩壊 12月31日　2千年紀、20世紀が終わる
平成13年 （2001）		1月6日　中央省庁再編で1府22省庁が1府12省庁に 3月31日　ユニバーサル・スタジオ・ジャパンが大阪府大阪市此花区に開園 4月1日　情報公開法施行 4月26日　小泉純一郎が第87代首相に就任 6月8日　大阪教育大学附属池田小学校事件。児童が犠牲に 9月4日　東京ディズニーシーが千葉県に開園 12月1日　愛子内親王誕生	4月1日　オランダで世界初の同性結婚法施行 9月11日　アメリカ同時多発テロ事件。死者3000人以上 10月23日　革命的デジタルオーディオプレイヤー「iPod」発表
平成14年 （2002）	11月5日　第15代総長に白井克彦	5月31日　日韓共催のFIFAワールドカップ開幕、日本は初の決勝トーナメント進出 9月17日　小泉純一郎首相が日本の首相として初めて朝鮮民主主義人民共和国を訪問。日朝首脳会談で、北朝鮮の金正日総書記が日本人拉致問題を公式に認める	1月1日　ユーロ紙幣とユーロ硬貨の流通開始 1月29日　ブッシュ米大統領が「悪の枢軸」発言 7月11日　アフリカのチャドで人類の祖先として最古の猿人化石
平成15年 （2003）	4月1日　スポーツ科学部、大学院公共経営研究科・情報生産システム研究科（北九州）、国際教養学部設置	1月19日　陸上自衛隊イラクに派遣。戦闘地域へは初 3月24日　中国人活動家が尖閣諸島に上陸、沖縄県警が逮捕 11月29日　奥克彦・井之上正盛外交官がイラクで射殺される	2月1日　アメリカ航空宇宙局のスペースシャトル・コロンビア号空中分解、墜落。宇宙飛行士7名全員死亡 3月19日　イラク戦争開戦 3月頃〜　中国で新型肺炎SARS（重症急性呼吸器症候群）が大流行 4月28日　米国で「iTunes Music Store」が開始 8月29日　記録的な猛暑によりフランス全土で死者11000人以上と発表 10月10日　第5回ラグビー・ワールドカップ2003がオーストラリアで開幕
平成16年 （2004）		4月7日　イラク日本人人質事件 5月22日　北朝鮮による拉致被害者の家族5人が帰国	5月1日　欧州連合に新たに10カ国が加盟、合計25ヶ国に 8月13日　アテネオリンピック

440　巻末資料

年	早稲田大学	日本	世界
平成16年 （2004）		12月12日　ソニー・コンピュータエンタテインメント（SCEI）が携帯型ゲーム機「Play Station Portable（PSP）」を世界に先駆け日本で発売	開幕。柔道の野村忠宏が前人未踏の3大会連続金メダル 9月28日　ニューヨーク商業取引所で原油先物相場が1バーレル50ドルを突破し、史上最高値を更新 11月21日　任天堂が携帯型ゲーム機「ニンテンドーDS」を世界に先駆けて北米で発売 12月26日　スマトラ島沖地震が発生。M9.1、22万人死亡
平成17年 （2005）		2月17日　中部国際空港（セントレア）開港 3月25日　愛知万博「愛・地球博」が開幕 4月25日　JR福知山線脱線事故が発生、死者107名 6月27日　平成天皇と皇后が太平洋戦争戦没者の慰霊でサイパン島を訪問 11月25日　歌舞伎がユネスコの無形文化遺産に登録されることが決まる	4月9日　北京で1万人規模の反日デモ 4月30日　ベトナム戦争終結30年 11月16日　中国で鳥インフルエンザ感染者が死亡
平成18年 （2006）	4月1日　大学院スポーツ科学研究科設置	5月9日　日本が国連人権理事会理事国に 12月1日　全都道府県庁所在地で地上デジタル放送の受信が可能に	2月10日　トリノ冬季オリンピック開幕 2月25日　米国商務省国勢調査局の「世界人口時計」による世界の推計人口が65億人突破 3月2日　第1回ワールド・ベースボール・クラシックが開幕 5月9日　マレーシア・クアラルンプールでASEAN国防相会議が初めて開催 6月9日　FIFAワールドカップドイツ大会開幕 8月1日　米国内での7月新車販売台数でトヨタ自動車がフォードを抜き、史上初めて2位に 8月24日　国際天文学連合により、冥王星が惑星から除外。準惑星に 9月19日　タイ軍事クーデターで全土に戒厳令発布
平成19年 （2007）	10月21日　創立125周年記念式典	7月16日　新潟県中越沖地震発生（M6.8）、柏崎刈羽原子力発電所が運転全面停止 10月1日　郵政三事業民営化	3月27日　インターネット検索大手のGoogleが携帯電話専用検索エンジン提供開始 4月10日　米国政府、中国における知的財産権侵害についてWTOに提訴 6月29日　米国で初代iPhone発売開始

創部から100年間のできごと　441

年	早稲田大学	日本	世界
平成19年 （2007）			9月7日　第6回ラグビーワールドカップ2007がフランスで開幕 9月10日　第5回FIFA女子ワールドカップが中国で開幕
平成20年 （2008）	11月9日　理工学部創設100周年記念式典	1月10日　松下電器産業、社名を「パナソニック株式会社」に変更することを発表 5月26日　プロスキーヤー三浦雄一郎が、日本人最高齢の75歳7ヶ月でチョモランマ登頂 6月8日　秋葉原通り魔事件	1月21日　アジア各地の証券市場が軒並み暴落 2月7日　南半球を中心に日食。昭和基地などで観測される 5月12日　四川大地震発生、約4万人死亡 8月14日　北京オリンピックで北島康介が100メートル、200メートル平泳ぎで日本人初の2大会連続2種目制覇。平泳ぎで2大会連続2種目制覇は世界でも初めて
平成21年 （2009）	4月1日　早稲田摂陵中学校・高等学校誕生。「大久保キャンパス」の名称を「西早稲田キャンパス」に	7月22日　日本などの国々や太平洋の島で皆既日食を観測。21世紀で最も継続時間の長い日食 9月16日　直近の衆院選挙結果を受け、自民党から民主党へ政権交代	1月20日　バラク・オバマが第44代米大統領に就任。黒人大統領は米国史上初 6月11日　世界保健機関（WHO）が、新型インフルエンザのパンデミック（世界的大流行）を宣言 10月9日　オバマ米大統領がノーベル平和賞受賞 10月22日　マイクロソフトのOS「Windows 7」発売開始
平成22年 （2010）	4月1日　高等学院中学部開校。早稲田佐賀中学校・高等学校開校 11月5日　第16代総長に鎌田薫	10月18日　名古屋市で第10回生物多様性条約締約国会議（COP10）開催	
平成23年 （2011）	3月17日　東日本大震災により、2010年度卒業式・大学院学位授与式中止発表。翌日、2011年度入学式中止も発表	3月11日　東日本大震災発生（M9.0）。世界で1900年以降4番目、日本国内観測史上最大 4月12日　東京電力福島第1原発事故の国際評価がレベル7のチェルノブイリ原発事故と同等に 7月24日　岩手・福島・宮城の被災3県を除く44都道府県で、地上デジタルテレビ放送へ全面移行	4月29日　英ウィリアム王子結婚 5月2日　アル・カーイダ最高指導者ウサマ・ビンラディン容疑者が殺害 7月17日　FIFA女子W杯ドイツ大会で日本女子代表が初優勝 9月9日　第7回ラグビーワールドカップNZ大会開幕
平成24年 （2012）		2月29日　高さ634メートルの東京スカイツリーが日本で竣工	4月11日　金正恩が朝鮮労働党第一書記に就任 7月27日　ロンドンオリンピック開会。旗手を務めたレスリングの吉田沙保里が3連覇 10月12日　ノーベル平和賞に欧州連合（EU）を選出
平成25年 （2013）	4月1日　大学院国際コミュニケーション研究科、グローバル	6月26日　富士山がユネスコの世界文化遺産に登録	8月21日　大リーグ・ヤンキースのイチローが日米通算史上

年	早稲田大学	日本	世界
平成25年（2013）	エデュケーションセンター設置。クォーター制を6学部・11大学院・2機関に導入。		3人目の4000本安打達成
平成26年（2014）	2月1日　大学総合研究センター設置	12月20日　東京駅開業100周年	4月16日　韓国のクルーズ旅客船「セウォル号」沈没、修学旅行の高校生ら死者294人 9月28日　香港で反政府デモ「雨傘革命」
平成27年（2015）		3月26日　北海道新幹線開業	2月20日　ソチオリンピックで、女子フィギュアスケートの浅田真央が渾身のフリー演技 7月20日　米国とキューバが54年ぶりに正式に国交回復 7月29日　マイクロソフトのOS最新版「Windows10」発売開始 9月19日　第8回ラグビーワールドカップ・イングランド大会で日本が南アフリカを34-32で破る 11月8日　ミャンマーでアウンサンスーチー率いる野党国民民主連盟が大勝
平成28年（2016）	3月25日　先端社会科学研究所、大学院経営管理研究科（専門職学位課程）設置	4月14日　熊本地震発生 5月27日　オバマが現職米国大統領として史上初めて広島を訪問 12月24日　史上最年少（14歳）プロ棋士の藤井聡太四段がデビュー	2月6日　英国王エリザベス2世在位満64年、歴代最長の在位記録 6月15日　マーリンズのイチローが通算4257安打達成。8月7日には史上30人目アジア人初のMLB通算3000本安打達成 6月23日　英国の国民投票で欧州連合（EU）離脱支持票が過半数に 8月19日　リオデジャネイロオリンピックで日本男子リレー初の銀メダル 11月30日　113番元素は「ニホニウム＝nihonium、元素記号：Nh＝」となることが確定
平成29年（2017）	3月21日　早稲田大学歴史館開館	12月5日　羽生善治棋聖が竜王戦で勝利、史上初の「永世七冠」達成	1月20日　トランプ大統領就任
平成30年（2018）	11月5日　第17代総長に田中愛治 11月25日　ラグビー部創部100周年記念式典	4月1日　日本体育協会が日本スポーツ協会に改称 7月11日　「少年ジャンプ」創刊50周年 8月5日　全国高校野球選手権大会100周年開幕 10月6日　築地市場営業終了 10月11日　豊洲市場取引開始	2月18日　平昌オリンピックで男子フィギュアスケートの羽生結弦が同種目では66年ぶりに2連覇

創部から100年間のできごと　443

編集後記

　2015年に創部100周年準備委員会が立ち上がった。歴史認識タスクフォース（TF）は部の歴史を長くとどめ、より多くの方々に知って頂こうと、「重厚版」と「流通版」の2種類を作成することにした。流通版はベースボール・マガジン社の全面協力により記念式典前の18年11月に発行され、好評だった。

　重厚版は、部としては、『早稲田ラグビー六十年史』以来の本格的刊行だった。なにぶんOB会員の素人作業が中心のため、苦労の連続となった。記念式典で、大東和美OB会長が「早稲田の公式記録はすべて残っている。前半の50年は片岡春樹先輩が主に編集して頂いた。後半50年は日比野弘先輩が寸暇を惜しんで全ての記録を残してくれた」と話したように2人の偉大な功績がなければ、とても完成できなかった。特に日比野氏には資料、記事の原型を提供して頂いたばかりか、校閲作業などでも多くのアドバイスを頂き、感謝してもしきれない。

　編集作業が遅れたこともあり、新元号の令和になっての完成となった。しかし、新時代での発刊を、次の100年に向け、さらに正確に充実したライブラリーを作っていく決意と前向きに捉えて頂きたい。細心の注意を払ったとはいえ、出場選手名など、まだ、まだ、完璧とはいえない。不十分な記載があることをお詫びしたい。

　最後に写真や記事の提供で、多くの報道機関をはじめ、各年代主将、部に長く関わって頂いている有志の方々、発行に当たっては早稲田大学出版部には大変、お世話になりました。この場をお借りして厚く御礼申し上げたい。

創部100周年準備委員会歴史認識TF

杉　山　　　聡

大田黒　由紀

森　田　博志

真　田　善彦

編者紹介

早稲田大学 R.O.B.（ラグビー・オールド・ボーイズ）倶楽部

大正 14（1925）年 4 月 1 日発足。初代会長にはラグビー部初代主将の井上成意が就いた。昭和 5（1930）年秋に関西支部が立ち上がり、初代支部長は服部憲照が務め、昭和 24（1949 年）春には九州支部もでき、淀川良介が初代支部長となった。平成 27（2015）年に創部 100 周年準備委員会を立ち上げ、大東和美実行委員長、安田真人事務局長のもと、①活動資金確保　②歴史認識　③記念式典、イベント企画　④映像制作　⑤海外交流の各タスクフォースが活動してきた。

早稲田ラグビー百年史

2019 年 8 月 10 日　初版第 1 刷発行

編　者	早稲田大学 R.O.B. 倶楽部
発行者	須賀　晃一
発行所	株式会社 早稲田大学出版部
	169-0051　東京都新宿区西早稲田 1-9-12
	電話 03-3203-1551
	http://www.waseda-up.co.jp
デザイン	河田　純・天川　真都（株式会社ネオプラン）
印刷・製本	シナノ印刷株式会社

©2019　Waseda University Rugby Football Old Boys Club　Printed in Japan
ISBN 978-4-657-19013-0
無断転載を禁じます。落丁・乱丁本はお取り替えいたします。